AF617148

***ACCESO GRATIS** a la Lectura en la Nube*

Para visualizar el libro electrónico en la nube de lectura envíe junto a su nombre y apellidos una fotografía del código de barras situado en la contraportada del libro y otra del ticket de compra a la dirección:

ebooktirant@tirant.com

En un máximo de 72 horas laborales le enviaremos el código de acceso con sus instrucciones.

La visualización del libro en **NUBE DE LECTURA** excluye los usos bibliotecarios y públicos que puedan poner el archivo electrónico a disposición de una comunidad de lectores. Se permite tan solo un uso individual y privado

TRANSMISIÓN DE ACCIONES Y PARTICIPACIONES SOCIALES

COMITÉ CIENTÍFICO DE LA EDITORIAL TIRANT LO BLANCH

María José Añón Roig
Catedrática de Filosofía del Derecho de la Universidad de Valencia

Ana Cañizares Laso
Catedrática de Derecho Civil de la Universidad de Málaga

Jorge A. Cerdio Herrán
Catedrático de Teoría y Filosofía del Derecho Instituto Tecnológico Autónomo de México

José Ramón Cossío Díaz
Ministro en retiro de la Suprema Corte de Justicia de la Nación y miembro de El Colegio Nacional

María Luisa Cuerda Arnau
Catedrática de Derecho Penal de la Universidad Jaume I de Castellón

Manuel Díaz Martínez
Catedrático de Derecho Procesal de la UNED

Carmen Domínguez Hidalgo
Catedrática de Derecho Civil de la Pontificia Universidad Católica de Chile

Eduardo Ferrer Mac-Gregor Poisot
Juez de la Corte Interamericana de Derechos Humanos Investigador del Instituto de Investigaciones Jurídicas de la UNAM

Owen Fiss
Catedrático emérito de Teoría del Derecho de la Universidad de Yale (EEUU)

José Antonio García-Cruces González
Catedrático de Derecho Mercantil de la UNED

José Luis González Cussac
Catedrático de Derecho Penal de la Universidad de Valencia

Luis López Guerra
Catedrático de Derecho Constitucional de la Universidad Carlos III de Madrid

Ángel M. López y López
Catedrático de Derecho Civil de la Universidad de Sevilla

Marta Lorente Sariñena
Catedrática de Historia del Derecho de la Universidad Autónoma de Madrid

Javier de Lucas Martín
Catedrático de Filosofía del Derecho y Filosofía Política de la Universidad de Valencia

Víctor Moreno Catena
Catedrático de Derecho Procesal de la Universidad Carlos III de Madrid

Francisco Muñoz Conde
Catedrático de Derecho Penal de la Universidad Pablo de Olavide de Sevilla

Angelika Nussberger
Catedrática de Derecho Constitucional e Internacional en la Universidad de Colonia (Alemania). Miembro de la Comisión de Venecia

Héctor Olasolo Alonso
Catedrático de Derecho Internacional de la Universidad del Rosario (Colombia) y Presidente del Instituto Ibero-Americano de La Haya (Holanda)

Luciano Parejo Alfonso
Catedrático de Derecho Administrativo de la Universidad Carlos III de Madrid

Consuelo Ramón Chornet
Catedrática de Derecho Internacional Público y Relaciones Internacionales de la Universidad de Valencia

Tomás Sala Franco
Catedrático de Derecho del Trabajo y de la Seguridad Social de la Universidad de Valencia

Ignacio Sancho Gargallo
Magistrado de la Sala Primera (Civil) del Tribunal Supremo de España

Elisa Speckman Guerra
Directora del Instituto de Investigaciones Históricas de la UNAM

Ruth Zimmerling
Catedrática de Ciencia Política de la Universidad de Mainz (Alemania)

Fueron miembros de este Comité:
Emilio Beltrán Sánchez, Rosario Valpuesta Fernández y **Tomás S. Vives Antón**

Procedimiento de selección de originales, ver página web:
www.tirant.net/index.php/editorial/procedimiento-de-seleccion-de-originales

TRANSMISIÓN DE ACCIONES Y PARTICIPACIONES SOCIALES

DIRECCIÓN

MARÍA BELÉN GONZÁLEZ FERNÁNDEZ

COORDINACIÓN

PATRICIA MÁRQUEZ LOBILLO

ENRIQUE MELCHOR GIMÉNEZ

tirant lo blanch

Valencia, 2025

Copyright ® 2025

Todos los derechos reservados. Ni la totalidad ni parte de este libro puede reproducirse o transmitirse por ningún procedimiento electrónico o mecánico, incluyendo fotocopia, grabación magnética, o cualquier almacenamiento de información y sistema de recuperación sin permiso escrito de la autora y del editor.

En caso de erratas y actualizaciones, la Editorial Tirant lo Blanch publicará la pertinente corrección en la página web www.tirant.com.

Esta investigación se enmarca en los siguientes Proyectos:
Proyecto Be SUSTAINABLE Co, Proyecto PRY122/22. I.P.:
Juan Ignacio Peinado Gracia.
Proyecto MRTPC-SCA (PID2023-149939NB-I00). II.PP.:
María Jesús Guerrero Lebrón y María Belén González Fernández.

COLECCIÓN DERECHO DE SOCIEDADES

Director:

JUAN IGNACIO PEINADO GRACIA

Catedrático de Derecho mercantil de la Universidad de Málaga,
Of Counsel en J&A Garrigues.

© VV.AA.

© TIRANT LO BLANCH

EDITA: TIRANT LO BLANCH
C/ Artes Gráficas, 14 - 46010 - Valencia
TELFS.: 96/361 00 48 - 50
FAX: 96/369 41 51
Email: tlb@tirant.com
www.tirant.com
Librería virtual: www.tirant.es
DEPÓSITO LEGAL: V-4676-2024
ISBN: 978-84-1095-320-8
MAQUETA: Innovatext

Si tiene alguna queja o sugerencia, envíenos un mail a: atencioncliente@tirant.com. En caso de no ser atendida su sugerencia, por favor, lea en www.tirant.net/index.php/empresa/politicas-de-empresa nuestro Procedimiento de quejas.

Responsabilidad Social Corporativa: http://www.tirant.net/Docs/RSCTirant.pdf

Autores

ALONSO-BARTOL BUSTOS, Antonio
ARAGÓN TARDÓN, Susana
ARPIO SANTACRUZ, Juan
ASTARLOA ARALUCE, Lucía
AUGOUSTATOS ZARCO, Nicolás
BALLESTEROS PALAZÓN, Beatriz
BUENO AYBAR, Naiara
CARRASCO PERERA, Ángel
CONTRERAS DE LA ROSA, Isabel
FERNÁNDEZ-SORDO LLANEZA, Enrique
GARCÍA COMPANYS, Anna
GARCÍA FERNÁNDEZ, Mónica
GARCÍA MARTÍNEZ, Andrea
GARCÍA-CRUCES, José Antonio
GONZÁLEZ ARJONA, Susana
GONZÁLEZ GARCÍA, Adriana
GONZÁLEZ-ORÚS CHARRO, Martín
HERNÁNDEZ CASTILLO, Pilar
HERNÁNDEZ DEL CASTILLO, Alejandro
IRÁCULIS ARREGUI, Nerea
JIMÉNEZ-GÓMEZ, Briseida Sofía
JORDANO LUNA, Martín
JURADO JURADO, Juan José
LEIÑENA MENDIZÁBAL, Elena
LÓPEZ ESPADA, M.ª Belén
MARQUÉS MOSQUERA, Cristina
MÁRQUEZ LOBILLO, Lucía
MARTÍNEZ CAPPA, Emilio
MEIJOMIL GONZÁLEZ, Andrea
MORALES AVILÉS, Raúl
NAVARRO MORALES, Amador
PADRÓN VILLALBA, Andrea
PALÁ LAGUNA, Reyes
PUGNAIRE PADRÓ, Patricia
QUIJANO GONZÁLEZ, Jesús
ROJÍ BUQUERAS, José María
ROLDÁN DESSY, Julio
SEGOVIA DE LA COLINA, José María
VÁZQUEZ ESTEBAN, Marina
VIVES RUIZ, Fernando

ÍNDICE

Capítulo 2
REPRESENTACIÓN Y TRANSMISIÓN DE ACCIONES MEDIANTE SISTEMAS BASADOS EN TECNOLOGÍA DE REGISTROS DISTRIBUIDOS
Reyes Palá Laguna

Capítulo 3
TRANSMISIÓN DE ACCIONES EN LAS SOCIEDADES DE CAPITAL: NUEVAS POSIBILIDADES Y RETOS JURÍDICOS
Briseida Sofía Jiménez-Gómez

Capítulo 4

LA PROHIBICIÓN DE TRANSMISIÓN O ENTREGA ANTES DE LA INSCRIPCIÓN: ARTÍCULO 34 DE LA LEY DE SOCIEDADES DE CAPITAL. LA VENTA Y GRAVÁMENES DE ACCIONES FUTURAS

M.ª Belén López Espada

Capítulo 5

LA INTRANSMISIBILIDAD DE LAS ACCIONES Y LAS PARTICIPACIONES ANTES DE LA INSCRIPCIÓN REGISTRAL: UNA INTERPRETACIÓN DESDE LA TEORÍA DE LA PERSONALIDAD JURÍDICA

Andrea Padrón Villalba

Capítulo 6

LA ADQUISICIÓN DE LOS DERECHOS DE SOCIO EN EL LEGADO DE PARTICIPACIONES

Andrea García Martínez

Capítulo 7

ESTRUCTURA DE PROPIEDAD Y TRANSMISIÓN RESTRINGIDA. LIMITACIONES A LA TRANSMISIÓN DE ACCIONES Y PARTICIPACIONES COMO MEDIO PARA PRESERVAR LA PROMOCIÓN DE OBJETIVOS DE INTERÉS GENERAL

Susana González Arjona

Capítulo 8

ALGUNAS REFLEXIONES EN TORNO A LAS TRANSMISIONES INDIRECTAS DE PARTICIPACIONES SOCIALES. SOLUCIONES Y PREVENCIONES PRÁCTICAS

Martín Jordano Luna

Capítulo 12
OPCIONES DE COMPRA DE ACCIONES Y PARTICIPACIONES SOCIALES: DENUNTIATIO Y HETEROEFICACIA
Ángel Carrasco Perera

Capítulo 13
REGULACIÓN ESTATUTARIA DEL VALOR DE TRANSMISIÓN DE PARTICIPACIONES SOCIALES
Enrique Fernández-Sordo Llaneza

Capítulo 14

LA TRANSMISIÓN FORZOSA DE PARTICIPACIONES SOCIALES POR SU VALOR CONTABLE

Nicolás Augoustatos Zarco

Capítulo 15

TUTELA DEL SOCIO ANTE LA MODIFICACIÓN DEL RÉGIMEN DE TRANSMISIÓN VOLUNTARIA POR ACTOS INTER VIVOS DE LAS PARTICIPACIONES SOCIALES Y ACCIONES NOMINATIVAS

Pilar Hernández Castillo

Capítulo 16

INCORPORAR O SUPRIMIR UNA RESTRICCIÓN A LA TRANSMISIÓN MORTIS CAUSA DE ACCIONES Y PARTICIPACIONES SOCIALES EN DOS CASOS PECULIARES: 1) PREVISIÓN DE EXCLUSIÓN DEL HEREDERO DEVENIDO SOCIO Y 2) ACCIONES CON VOTO DOBLE POR LEALTAD. ¿HACE FALTA EL CONSENTIMIENTO DE TODOS LOS SOCIOS?

Nerea Iráculis Arregui

Capítulo 18

INSCRIBIBILIDAD DE LAS CLÁUSULAS ESTATUTARIAS DE ARRASTRE (DRAG ALONG) Y DE ACOMPAÑAMIENTO (TAG ALONG)

Juan José Jurado Jurado

Capítulo 19

LA SUPRESIÓN POR LA MAYORÍA DE LAS RESTRICCIONES ESTATUTARIAS A LA LIBRE TRANSMISIÓN DE ACCIONES Y PARTICIPACIONES

Cristina Marqués Mosquera

Capítulo 20

TRANSMISIÓN DE PARTICIPACIONES SOCIALES CON PRESTACIÓN ACCESORIA EN UNA ENTIDAD ASOCIATIVA AGROALIMENTARIA

Anna García Companys

PARTE TERCERA
TRANSMISIÓN DE ACCIONES Y PARTICIPACIONES Y PACTOS PARASOCIALES

Capítulo 21

EL ALCANCE DE LOS PACTOS PARASOCACIALES EN SUPUESTOS DE TRANSMISIÓN DE ACCIONES Y PARTICIPACIONES SOCIALES

Mónica García Fernández

Capítulo 22

EFICACIA Y VALIDEZ DE LOS PACTOS PARASOCIALES. MEDIDAS PARA ASEGURAR SU CUMPLIMIENTO E INSTRUMENTOS PARA ARTICULAR LA PERMANENCIA DE LOS SOCIOS

Naiara Bueno Aybar

Capítulo 23

EFECTOS DERIVADOS DE LA TRANSMISIÓN DE ACCIONES O PARTICIPACIONES EN INCUMPLIMIENTO DEL PROTOCOLO FAMILIAR

Andrea Meijomil González

PARTE CUARTA
TRANSMISIONES Y OPERATIVA SOCIETARIA

Capítulo 24
LA ENAJENACIÓN DE LAS ACCIONES O PARTICIPACIONES COMO MEDIDA DE PROTECCIÓN DEL SOCIO EN LAS TRANSFORMACIONES INTERNAS DE LAS SOCIEDADES DE CAPITAL: LA TRANSMISIÓN DE LAS ACCIONES Y PARTICIPACIONES Y DE LA CONDICIÓN DE SOCIO

Juan Arpio Santacruz

Capítulo 25
RESTRICCIONES A LA LIBRE TRANSMISIÓN DE ACCIONES Y PARTICIPACIONES EN EL MARCO DE LAS MODIFICACIONES ESTRUCTURALES

Isabel Contreras de la Rosa

Capítulo 26

LA OBLIGACIÓN DE LA SOCIEDAD DE ADQUIRIR Y COMPENSAR LAS ACCIONES Y PARTICIPACIONES EN EL EJERCICIO DEL DERECHO DE SEPARACIÓN EN UNA TRANSFORMACIÓN TRANSFRONTERIZA

Elena Leiñena Mendizábal

Capítulo 27

LA TRANSMISIÓN DE LA CONDICIÓN DE ACCIONISTA COMO EFECTO ADVERSO DE LA REMUNERACIÓN MEDIANTE OPERACIONES DE SCRIP DIVIDENDS

Susana Aragón Tardón

Capítulo 28

EL VESTING DE PARTICIPACIONES: LA TRANSMISIÓN DE PARTICIPACIONES COMO INCENTIVO RETRIBUTIVO EN EL MARCO DE LAS START-UP

Emilio Martínez Cappa

Capítulo 29

LAS *STOCK OPTIONS*. LA TRANSMISIÓN DE ACCIONES COMO BASE DE LA RETRIBUCIÓN DEL ÓRGANO DE ADMINISTRACIÓN

Lucía Márquez Lobillo

Capítulo 30

LA ADJUDICACIÓN DE PARTICIPACIONES SOCIALES POR DISOLUCIÓN DE LA SOCIEDAD TITULAR DE AQUELLAS A UNO O VARIOS DE SUS SOCIOS EN CONCEPTO DE CUOTA DE LIQUIDACIÓN: ASPECTOS CONTROVERTIDOS

Martín González-Orús Charro

Capítulo 31

LA PROBLEMÁTICA EXISTENTE EN EL SUPUESTO DE ADQUISICIÓN POR LA PROPIA SOCIEDAD DE LAS PARTICIPACIONES SOCIALES DEL SOCIO EXCLUIDO CON UNA PARTICIPACIÓN IGUAL O SUPERIOR AL VEINTICINCO POR CIENTO DEL CAPITAL SOCIAL

Raúl Morales Avilés

PARTE QUINTA
TRASMISIÓN EN SITUACIONES DE CRISIS Y LITIGACIÓN

Capítulo 32
CONFLICTO ENTRE LA REGULACIÓN CONCURSAL Y SOCIETARIA CUANDO LA SOCIEDAD CONCURSADA ES TITULAR DE ACCIONES O PARTICIPACIONES SOCIALES AJENAS CON RESTRICCIONES A LA TRANSMISIBILIDAD
Beatriz Ballesteros Palazón

Capítulo 33

LA TRANSMISIÓN DE ACCIONES Y PARTICIPACIONES OBTENIDAS POR CAPITALIZACIÓN DE DEUDA EN UN PLAN DE REESTRUCTURACIÓN CONCURSAL

Antonio Alonso-Bartol Bustos

Capítulo 34

LA TRANSMISIÓN DE ACCIONES Y PARTICIPACIONES EN SOCIEDADES DE CAPITAL EN CRISIS

Marina Vázquez Esteban

Capítulo 35
LA PÉRDIDA DE LA CONDICIÓN DE SOCIO Y SU INCIDENCIA SOBRE EL "INTERÉS LEGÍTIMO" EN LOS PROCESOS DE LITIGACIÓN SOCIETARIA

Lucía Astarloa Araluce y Amador Navarro Morales

Capítulo 36

LA ACCIÓN DE ANULACIÓN DE LA TRANSMISIÓN DE ACCIONES O PARTICIPACIONES SOCIALES. EFECTOS DE LA PENDENCIA DEL PROCESO EN ACUERDOS SOCIALES ADOPTADOS CON POSTERIORIDAD Y PROBLEMAS PARA LA SATISFACCIÓN ÍNTEGRA DE LA PRETENSIÓN EJERCITADA

Adriana González García y José María Segovia de la Colina

PRÓLOGO

Es de justicia agradecer a quienes lideran la confección de este trabajo académico, especialmente a la profesora Belén González Fernández, en nombre de los registradores de España, a quienes represento y el motivo por el que se me ha ofrecido el privilegio de prologar esta obra, llamada a constituirse en un referente en el diseño conceptual y la construcción práctica del Derecho societario del futuro, desde el presente de nuestra tradición jurídica.

En esta construcción jurídica, sin duda, los registradores mercantiles tienen un papel relevante. Ello es así porque sólo mediante la inscripción se limita la responsabilidad de los socios, y es en el Registro mercantil donde deben inscribirse todos los actos de la vida societaria, legalizarse sus libros, o depositarse sus cuentas, previo el control de legalidad que realiza el registrador mediante la calificación. De este modo se da publicidad a toda la documentación de la sociedad (pública o privada), cualquiera que sea el lugar (nacional o extranjero) donde se haya generado. Las sociedades nacen, viven y mueren en el Registro.

Esta obra colectiva permite ofrecer a los estudiosos del Derecho mercantil, ampliado y rigurosamente revisado, el contenido del Congreso societario, que anualmente se celebra en la hermosa ciudad de Málaga, y que cada año esperamos impacientes para debatir con rigor sobre la realidad societaria.

En esta edición del Congreso, el VII Congreso Nacional de Derecho de Sociedades, estuvimos discutiendo sobre la transmisión de acciones y participaciones sociales. Como novedad, se incorporó la tertulia final, en la que varios miembros de la Comisión General de Codificación, en su sección de mercantil, moderados por su presidenta, la Profesora Alonso Ledesma, abordaron los trabajos de la Comisión para la reforma de la Ley de Sociedades de Capital.

Tras escuchar a todos los participantes, resulta ineludible/evidente/urgente regular la forma de hacer constar en el Registro Mercantil la identidad de los socios, preservando la confidencialidad de sus circunstancias personales, pero yendo más allá del cumplimiento de la obligación de declarar la titularidad real exigida por la Directiva de Blanqueo de Capitales, al menos una vez al año, acompañando el depósito de las cuentas.

Por una parte, tal y como ocurría en España hasta los años 90, y como ocurre hoy en el entorno comparado de las mayores economías de la zona euro (Italia, Alemania, Francia) y también en el Reino Unido, es imprescindible la inscripción y consecuente transparencia de la transmisión de las participaciones sociales en el Registro Mercantil[1].

La lucha contra el blanqueo de capitales y, en especial, contra la financiación del terrorismo, exige ir más allá del conocimiento de la titularidad real que pide la legislación vigente, tal y como resulta de la legislación comparada y la doctrina. Ello es así sin perjuicio del acreditado valor, por ser la información más precisa y actualizada, que tanto el Consejo de Estado[2] como el Tribunal Supremo[3] otorgan a la hoja que acompaña el depósito de cuentas, desde 2018 con especial intensidad desde 2023[4], como única forma de superar los problemas que la no inscripción plantea.

---

1 La transparencia de las participaciones de las sociedades de responsabilidad limitada | Notarios y Registradores

2 BOE.es - CE-D-2023-396

3 STS 4969/2024 - ECLI:ES:TS:2024:4969 - Poder Judicial

4 BOE-A-2023-12665 Resolución de 18 de mayo de 2023, de la Dirección General de Seguridad Jurídica y Fe Pública, referida a los modelos para la

De no inscribirse la trasmisión en el Registro Mercantil, no será posible conocer la titularidad de las participaciones sociales si no es a través del libro de socios de la sociedad que obra en manos del administrador. Sólo éste, como responsable del libro de socios, conoce la titularidad de las acciones o participaciones, adquirida a través de actos recogidos en toda clase de documentos, a veces públicos (administrativos, judiciales o notariales), y otras veces privados[5], de modo que sólo ante el administrador han de acreditarse los socios para ejercer los derechos inherentes a su condición. Se produce así una injustificada opacidad en el ámbito societario que choca con la necesaria transparencia y seguridad jurídica que ha de presidir el mercado y que no se compadece con las actuales tendencias tanto a nivel europeo como global, facilitando además cobertura a actividades delictivas que se benefician de la oscuridad del sistema.

Recientemente, el Consejo de Estado, en el informe y el Tribunal Supremo, en su sentencia de 10 de octubre de 2024 también referenciada, se han reiterado en la libertad de forma para la transmisión de las participaciones sociales.

Por otra parte, es igualmente necesaria la publicidad registral del protocolo familiar especialmente en cuanto a las prestaciones accesorias que excluyen al socio por su incumplimiento. De no ser

---

presentación en el Registro Mercantil de las cuentas anuales de los sujetos obligados a su publicación.

5 Las sentencias del Tribunal Supremo (sala de lo Civil, Sección 1ª) 234/2011, de 14 de abril de 2011. Recurso 1147/2007, y Sentencia 258/2012, de 5 de enero de 2012. Recurso 931/2008, así lo manifiestan, por ejemplo en la de 2011 se indica que ...*La referida exigencia formal ha sido entendida en el sentido de que no tiene carácter esencial -ad substantiam o solemnitatem- para la perfección de la transmisión, sólo cumple la función de medio de prueba -ad probationem- y de oponibilidad de la transmisión a los terceros -ad exercitium o utilitatem-, en sentido similar al que atribuye a la misma forma el artículo 1279 del Código Civil*...

así se generaría inseguridad jurídica y opacidad al prescindir de la publicidad mercantil[6].

Por todo ello es necesario dotar de transparencia a la estructura de propiedad de las sociedades, bien a través de la inscripción de las transmisiones, mediante la digitalización del registro de participaciones (incluido el empleo de tecnologías de blockchain o registro distribuido) para suprimir la anacrónica regulación del mismo, o bien a través del depósito del libro de socios en el Registro Mercantil, de modo que sólo los allí inscritos puedan ejercer los derechos derivados de la condición de socio. En ambos casos, se pondría en práctica cuidando la confidencialidad de lo inscrito, al que sólo tendrían acceso las Administraciones Públicas, el órgano de administración de la sociedad y los socios.

Termino este prólogo como lo he empezado, mirando al futuro desde la realidad. Sin buscar quimeras o experimentos no suficientemente contrastados que pongan en riesgo el magnífico sistema societario del que gozamos los españoles, perfectamente homologado con Europa.

Gracias de nuevo a los codirectores del Congreso, el profesor Juan Ignacio Peinado y la profesora Belén González Fernández, y a los ponentes por este magnífico libro. Nos vemos en el próximo Congreso de Derecho societario en Málaga.

Madrid, diciembre 2024

María Emilia Adán García
Decana de los Registradores de España

6 Sobre prestaciones accesorias y protocolos familiares. | Notarios y Registradores

PARTE PRIMERA

SOBRE EL RÉGIMEN GENERAL DE LA CONDICIÓN DE SOCIO Y SU TRANSMISIÓN

Capítulo 1

ACCIONES, PARTICIPACIONES SOCIALES Y DERECHOS DE LOS SOCIOS

Fernando Vives Ruiz
Abogado
Garrigues
Académico de número de la Real Academia de Jurisprudencia y Legislación de España

I. PLANTEAMIENTO

Mi aportación se titula "Acciones, participaciones sociales y derechos de los socios" y en ella pretendo analizar determinadas relaciones jurídicas entre las acciones y participaciones sociales en que se divide el capital social de una sociedad capitalista, la condición de socio que se deriva de su titularidad y los derechos que con ella se le atribuyen.

Me parece oportuno enmarcar los trabajos que van a desarrollarse en una obra dedicada a la transmisión de las acciones y participaciones, con una reflexión general sobre los efectos que dicha transmisión puede tener en la condición de socio y, en particular, sobre las consecuencias jurídicas de que los denominados derechos de socio se transmitan de forma independiente de aquéllas.

La pretensión conceptual bien podría ser alcanzar un marco normativo homogéneo, unas reglas comunes que permitieran abordar con criterios uniformes prácticas tan diversas como extendidas en la actualidad como el fraccionamiento del voto, el voto divergente, la compraventa del derecho de voto, o el denominado voto vacío, y que dieran respuesta, en la medida en que esto fuera posible, a las innovaciones financieras que, con certeza, se sucederán en este campo.

II. LOS DERECHOS DE SOCIO Y LA TITULARIDAD DE LAS ACCIONES O PARTICIPACIONES SOCIALES

Quizá sea metodológicamente apropiado comenzar constatando que la delimitación del marco jurídico de la participación en una sociedad de capital se ha asentado tradicionalmente sobre una estructura normativa incompleta y fragmentada que, no es original afirmar (ya lo hizo Aurelio Menéndez[1]), se estructura en tres niveles:

(i) El de la regulación común aplicable, con carácter general, al contrato de sociedad[2].

---

1 MENÉNDEZ MENÉNDEZ, A., "La configuración y representación de la participación social", *Estudios jurídicos en memoria del profesor Emilio Beltrán*, Rojo Fernández del Rio, A. y Campuzano, A. B. (coords.), vol. 1, Tirant lo Blanch, Valencia, 2015, pp. 227-246.

2 Su naturaleza contractual (artículos 1665 y ss. Cc) nos lleva a tener también como referencia normativa en la institución el conjunto de normas del Derecho común propias de las obligaciones y contratos en el más amplio sentido.

A este nivel corresponde la regulación común del contrato de sociedad en la que se determina el régimen general de la naturaleza jurídica de la participación en el capital social de la que resulta la condición de socio.

Sus dos consecuencias principales[3] son:

a) La organizativa: a través del contrato social se constituye una persona jurídica con su propio patrimonio y órganos de administración y gestión.

b) La obligacional: como parte del contrato de sociedad, se atribuye un complejo haz de relaciones jurídicas activas (derechos, obligaciones y facultades) que se anudan a la posición de socio y que, en una evidente simplificación semántica, se denominan habitualmente por la doctrina "derechos"[4].

En ambos sentidos, organizativo y obligacional, no cabe diferenciar la naturaleza contractual de la posición jurídica del socio entre los distintos tipos sociales.

(ii) El que identifica las especialidades propias y diferenciadas de las sociedades personalistas y de las capitalistas.

Véase, recientemente, PEINADO GRACIA, J. I., "El indeseado efecto político en el Derecho de sociedades", *Revista de Derecho Mercantil*, núm. 332, 2024, pp. 61 a 100, particularmente pág. 65.
La incardinación de la sociedad de capital en el sistema jurídico, comenzando por el propio concepto revisado de asociación, está presente ya en GIRÓN, J., *Derecho de Sociedades Anónimas*, Valladolid, 1952, pág. 71.

3 PAZ-ARES RODRÍGUEZ, C., "Comentario al artículo 1665 del Código Civil", *Comentario al Código civil*, Paz-Ares Rodríguez, C., Diez Picazo Ponce de León, L., Bercovitz Rodríguez-Cano, R., Salvador Coderch, P. (dirs.), tomo II, Ministerio de Justicia, Madrid, 1991, p. 1327.

4 DÍAZ MORENO, A., "Comentario al artículo 91", *Comentario a la Ley de Sociedades de Capital*, Rojo, A. y Beltrán, E. (coords.), tomo I, Madrid, Civitas, 2011, pp. 772-773.

Este segundo nivel diferencia las sociedades personalistas de las sociedades de capital y caracteriza a estas últimas en que la condición de socio se adquiere con la titularidad de acciones o participaciones sociales, que atribuyen a aquel un conjunto de derechos.

La condición de socio supone la participación originaria o adquirida en el contrato de sociedad. Como tal, se configura jurídicamente como el estatuto del que goza un titular subjetivo, por más que su transmisión se produzca, aun con matices, mediante la transmisión de las acciones o participaciones. Ello es lo propio de una situación real. Ahora bien, la cuota de propiedad que ostenta el socio sobre la sociedad viene dimensionada mediante las acciones y participaciones; que a su vez determinan la extensión de disfrute de algunos derechos de socio, particularmente los económicos. Otros derechos se reconocen en atención simplemente a la condición de socio (información) y aún los hay que se reconocen a todos, pero su ejercicio está condicionado a la titularidad, por sí o de forma agrupada, de una cuota de capital (derechos de minoría).

Como se ha señalado, no quiere esto decir que la acción (o la participación) sean literalmente un conjunto de derechos[5], sino que los derechos que configuran la condición de socio constituyen el contenido de la relación jurídica que se manifiesta (y se adquiere), precisamente, mediante la titularidad de las acciones o de las participaciones. En realidad, como el Tribunal Supremo ha subrayado[6], a través de cada una de las acciones o participaciones de las que el socio es titular.

5 DÍAZ MORENO, A., "Comentario al artículo 91", *op. cit.*, p. 770; y GONZÁLEZ FERNÁNDEZ, Mª. B., *Las acciones y participaciones como objeto de la venta de la unidad productiva. Dilema para las sociedades de capital cerradas*, Tirant lo Blanch, Valencia, 2024, pp. 45 a 50.

6 Considerando quinto, apartado 1 de la sentencia del Tribunal Supremo 601/2020, de 12 de noviembre.

(iii) El integrado por la regulación de cada tipo social e incluso por la configuración concreta que adopta cada sociedad en ejercicio de la autonomía de la voluntad societaria.

Los elementos normativos que configuran este tercer nivel pueden sintetizarse, a los efectos expositivos, en lo dispuesto en los artículos 90 y 91 de la Ley de Sociedades de Capital, que constituyen el hilo conductor de mi intervención, y que establecen dos reglas:

a) Cada participación social y cada acción confieren a su titular legítimo la condición de socio y le atribuyen los derechos reconocidos en la ley y en los estatutos.

b) Las participaciones sociales en la sociedad de responsabilidad limitada y las acciones en la sociedad anónima son partes alícuotas, indivisibles y acumulables del capital social.

En consecuencia, con carácter general, los derechos de socio se adquieren con la titularidad de las acciones o de las participaciones sociales. Sin embargo, las consecuencias jurídicas de la transmisión de las acciones o participaciones sobre la condición de socio carecen de simetría. Mientras que la condición de socio se alcanza con la adquisición de, al menos, una acción o participación social, tal y como establece el artículo 91 de la Ley de Sociedades de Capital, su pérdida sólo se produce con la transmisión de todas, y no de parte, de las acciones o participaciones de las que el socio sea titular.

En relación con la identificación entre socio y titular de, al menos una acción o participación social, quizá sea conveniente hacer una matización antes de continuar. Pese a la dicción literal del mencionado artículo 91 de la Ley de Sociedades de Capital, la adquisición de la condición de socio no requiere de la propiedad en exclusiva de una acción porque esta condición se extiende, en caso de copropiedad, a todos los comuneros. Todos ellos son socios porque lo es la comunidad y ello, aunque la ley, por lógicas razones operativas, exija la unificación subjetiva para el ejercicio de sus derechos frente a la sociedad (artículo 126 de la Ley de Sociedades de Capital)[7]. Si socio es, por tanto, la persona titular de, al menos, una parte indivisa de una acción o participación, la transmisión de esta condición solo requiere la cesión de esa cuota ideal. Hecha esta aclaración, y para simplificar mi exposición, identificaré en adelante la adquisición de la condición de socio con la titularidad de una acción o participación social.

Volviendo al núcleo de mi exposición, debo referirme a las tres características fundamentales que rigen la participación del socio en una sociedad de capital a través de la titularidad de las acciones o participaciones y que se proyectan sobre las diferencias entre sociedades personalistas y capitalistas respecto de las diferencias tipológicas de estas últimas: los principios de igualdad, indivisibilidad y acumulabilidad.

III. EL PRINCIPIO DE IGUALDAD EN EL CONTRATO DE SOCIEDAD

El principio de igualdad es una noción unitaria de todo contrato de sociedad que se asienta, como principio, sobre la autonomía de la voluntad y la buena fe contractual que cabe presumir de los contratantes. Como tal principio, rige el contrato social[8] y se proyecta sobre dos planos: en toda sociedad, cualquiera que sea su tipo, sobre la condición de socio; y, en el caso de las sociedades de capital, sobre cada una de las acciones y de las participaciones sociales.

7 Así lo establece, también, el considerando quinto, apartado 4 de la sentencia del Tribunal Supremo 601/2020, de 12 de noviembre.

8 PAZ-ARES RODRÍGUEZ, C., "Cap. 19, La sociedad en general: caracterización del contrato", *Curso de Derecho Mercantil*, Uría González, R. y Menéndez Menéndez, A., Civitas, Madrid, 1999, pp. 429-462, pp. 444-445.

Sin embargo, en ninguno de los dos planos, es un principio absoluto.

En el de la igualdad de las acciones o participaciones, la expresión legal de que *Las acciones representan partes alícuotas del capital social*, ya incluida en la Ley de Sociedades Anónimas de 1951 y reiterada en la de 1989 y en la Ley de Sociedades de Capital de 2010, fue excepcionada, en su formulación primera en el artículo 37 de la Ley de 1951, cuando aclaraba que podían existir distintas clases o series de acciones con diferentes derechos y distinto valor nominal.

En el de la igualdad de los socios establecido en el artículo 97 de la Ley de Sociedades de Capital, porque el mismo precepto precisa que su alcance se limita a los socios que se encuentren en condiciones idénticas, aunque el precepto no aclare cuáles han de entenderse como tales. A falta de aclaración en la propia norma, la interpretación de la expresión *condiciones idénticas* permite apuntar diferencias que exijan un tratamiento diverso y, entre ellas, no parece discutible que uno sea el número de acciones o participaciones que el socio acumula, por dos razones: porque, como antes se ha señalado, la acumulabilidad es uno de los principios que la ley confiere a las acciones y las participaciones sociales; y porque la Ley de Sociedades de Capital anuda consecuencias jurídicas diversas al número de acciones de las que un socio es titular[9].

En relación con este último aspecto, y es en este sentido en el que entra en juego el antes mencionado principio de acumulabilidad, no todas las posiciones jurídicas activas que la ley atribuye

9 Por su carácter de excepción merecen una interpretación restrictiva porque su contorno no es claro. La acumulación se predica en general de los derechos económicos, mientras que en otros derechos la situación es más incierta. Piénsese en el tratamiento diferencial que da la norma al derecho de información debido a la acumulación de cuotas de socio (artículo 197.4 LSC) que abre las puertas a una modulación de este derecho.

a los socios y que se conocen como derechos, pueden ejercitarse con la titularidad de una sola acción o participación en el capital social. Ser titular de una acción o participación (o de una fracción de ésta, como antes se ha comentado) es una condición necesaria pero no en todos los casos, suficiente para su ejercicio.

En concreto, cabe identificar los siguientes grupos de casos:

(i) Derechos que se pueden ejercitar con la propiedad de una sola acción o participación, porque así se establece por ley.

La regulación legal puede ser imperativa o dispositiva. Es, por ejemplo, imperativo el régimen jurídico del derecho de información, que la ley establece con carácter inderogable para todo socio, cualquiera que sea su participación en la sociedad. Solo para enervar la denegación de la información en caso de que se considerara que la solicitada perjudica el interés social, la ley exige una participación mayor: el 25% del capital social.

Entre las disposiciones que pueden ser estatutariamente derogadas, se puede citar el derecho de asistencia a la junta general de accionistas de una sociedad anónima. El régimen legal determina que es un derecho que puede ejercitarse por los socios titulares de una sola acción o participación. Sin embargo, la norma permite que los estatutos sociales eleven el umbral requerido para asistir a la junta general de una sociedad anónima, aunque si así se hiciera, el porcentaje estatutario no puede ser superior al uno por mil del capital social (o a 1.000 acciones en el caso de sociedades cotizadas).

(ii) El segundo grupo de casos es el integrado por los derechos atribuidos a los socios propietarios de una sola acción o participación, pero cuya cuantía es proporcional al número total de acciones o participaciones que cada socio acumule.

Este es el régimen aplicable tanto a los derechos económicos como al derecho de voto. Como en el anterior grupo de casos, también en el régimen legal de estos derechos proporcionales cabe identificar supuestos imperativos y dispositivos.

Entre estos últimos, la ley configura generalmente con carácter dispositivo los derechos de contenido económico. Este es, por ejemplo, el caso del derecho al dividendo, que se atribuye por igual a cada acción o participación individualmente considerada, pero que puede alterarse mediante la emisión o creación de acciones o participaciones privilegiadas (por ejemplo, aquellas que tienen derecho a un dividendo preferente).

Entre los definidos legalmente con carácter imperativo cabe destacar el derecho de voto y el derecho de suscripción preferente de las acciones en las sociedades anónimas, pues, según disponen los artículos 96.2 y 188.2 de la Ley de Sociedades de Capital, *...no podrán emitirse acciones que de forma directa o indirecta alteren la proporcionalidad entre el valor nominal y el derecho de voto o el derecho de preferencia...* En el caso de las sociedades de responsabilidad limitada, esta regla es aplicable al derecho de preferencia (número 3 del mencionado artículo 96 de la Ley de Sociedades de Capital), aunque no lo sea al derecho de voto.

(iii) Hay, por fin, un tercer grupo de casos integrados por derechos del socio para cuyo ejercicio no es suficiente con la titularidad de una acción o participación, sino que la ley lo condiciona a la propiedad de un determinado número de acciones o participaciones sociales. En estos casos, la acumulación de acciones es necesaria para el ejercicio de los derechos. Se trata así de derechos de titularidad individual del socio, pero de ejercicio colectivo.

Este número puede ser determinado en cuantía fija o variable. Entre los de cuantía fija, pueden citarse los denominados por la doctrina derechos de minoría, como el de poder solicitar la convocatoria de una junta general (que exige la titularidad del 5% del capital social o del 3% en sociedades cotizadas) y la impugnación de los acuerdos sociales, cuyo ejercicio queda condicionado, salvo en los supuestos de vulneración del orden público, a la titularidad de una participación de, al menos, el 1% del capital social en las sociedades de capital (0,1% en el caso de cotizadas).

En otras ocasiones el número de acciones legalmente exigido es variable. Es el caso, por ejemplo, del sistema de representación proporcional en las sociedades anónimas *ex* artículo 243 de la Ley de Sociedades de Capital[10].

Como conclusión provisional de lo expuesto hasta aquí, se pueden formular las siguientes dos proposiciones que, en lo que es relevante para esta exposición, sintetizan la regulación legal descrita:

(i) Cada acción o participación social confiere a su titular la condición de socio.

(ii) Para el ejercicio de determinados derechos no es suficiente con ser socio, sino que se debe ser titular de un determinado número de acciones o participaciones o llegar a acuerdos con otros socios que permitan alcanzar el porcentaje de participación mínimo exigido por la ley o los estatutos sociales.

Estas proposiciones pueden sustentarse, alternativamente, en una de estas dos justificaciones conceptuales:

10 Por todos, recientemente, PEINADO GRACIA, J. I., "La minoría en el Consejo de Administración: revisando la representación proporcional como sistema de acceso al Consejo", *Revista de Derecho Mercantil*, núm. 330, 2023, pp. 101-148.

(i) El socio es uno, y en esa calidad puede ser propietario de una o más acciones o participaciones sociales.

(ii) El socio, al serlo por el hecho de adquirir una sola acción o participación, es tantas veces socio como el número de acciones o participaciones de las que sea titular.

Optar por una de las dos justificaciones enunciadas tiene, como veremos, relevancia sustantiva en la determinación del régimen jurídico aplicable a determinados negocios jurídicos sobre los derechos del socio.

IV. LA INDIVISIBILIDAD DE LAS ACCIONES O PARTICIPACIONES

Esta característica de las acciones y de las participaciones sociales se incluye expresamente en el artículo 90 de la Ley de Sociedades de Capital, como antes se hacía en sus antecedentes en sede de anónimas: el artículo 40 de la Ley de Sociedades Anónimas de 1951[11] y el artículo 66 del texto refundido de la Ley de Sociedades Anónimas de 1989[12].

En relación con las sociedades de responsabilidad limitada, se reconocía expresamente en el artículo 1 de la Ley de Sociedades de Responsabilidad Limitada de 1953 y, pese a su omisión en la

11 Fue en esta norma cuando se recogió esta regla en la regulación legal de este tipo social, aunque antes era de inclusión frecuente en los estatutos sociales de las sociedades anónimas. Ver URÍA GONZÁLEZ, R., "Comentarios al artículo 40", *Comentario de la Ley de Sociedades Anónimas*, Garrigues, J. y Uría González, R., tomo I, Instituto de Estudios Políticos, Madrid, 1952, pp. 424-427 (p. 424).

12 SÁNCHEZ-PARODI PASCUA, J. L. y ALCOVER GARAU, G., *Comentarios a la Ley de Sociedades Anónimas: Real Decreto Legislativo 1564/1989, de 22 de diciembre, por el que se aprueba el texto refundido de la Ley de Sociedades Anónimas*, Arroyo y Embid (dirs), vol. 1, Tecnos, Madrid, 2009, pp. 683-725.

ley de 1995, se entendía de manera unánime aplicable también a las participaciones sociales.

La doctrina y la jurisprudencia entienden que la indivisibilidad reconocida por la ley es, en realidad, expresiva de dos reglas distintas, a las que denominaré "indivisibilidad horizontal" o real, en cuya aplicación debe entenderse prohibido el fraccionamiento de las acciones o participaciones por voluntad de su titularidad, e "indivisibilidad vertical", que se refiere a la inescindibilidad de los distintos derechos incorporados a una acción o participación.

1. La indivisibilidad horizontal

La "indivisibilidad horizontal" supone, en su sentido más inmediato, que las acciones y participaciones no pueden ser fraccionadas en partes más pequeñas del capital social por voluntad o decisión de su titular.

Esta regla se justifica por consideraciones económicas y jurídicas.

A partir de consideraciones de eficiencia económica, si cada propietario de una acción o participación pudiese dividirla como tuviese por conveniente, la circulación de las acciones y participaciones sería mucho más compleja y se incrementarían los costes de transmisión de las acciones y del ejercicio de los derechos.

Desde una perspectiva jurídica, la regla pretende la protección de los socios y de los terceros, ya que, si el fraccionamiento fuera posible a decisión de cada socio, se dificultaría, hasta hacer imposible, el conocimiento de la estructura accionarial de una sociedad, el de las clases y series de acciones y participaciones en que se divide su capital social y el de los derechos atribuidos a sus titulares. Aunque pueda parecer simplemente un juego de formas y apariencias, no estamos tan lejos de la cotitularidad que ya hemos mencionado, ni de que consideremos que la titularidad de una acción puede ser de una sociedad civil. El valladar estará en la no oponibilidad a la sociedad de estas titularidades.

Por lo expuesto, la fundamentación económica y jurídica de la regla justifica plenamente la prohibición de la división de las acciones y participaciones por sus titulares, como una limitación establecida en interés de los socios, de la sociedad y del tráfico jurídico. Al ser estos los interesados protegidos por la norma, esta no limita su disponibilidad a decisión de la junta general, mediante la correspondiente modificación estatutaria a través de la que puede alterar el valor nominal de las acciones o participaciones (operaciones comúnmente conocidas en la práctica societaria como desdoblamiento o *split* de acciones o participaciones, y su contraria, la agrupación o *contra-split*).

Con similar fundamento, la ley admite expresamente la posibilidad de cesión parcial del conjunto de los derechos de socio incorporados a una acción o participación, a través de la figura de la copropiedad, aunque para reducir los costes de transacción y por más que lógicas razones operativas, exija que los copropietarios actúen frente a la sociedad de forma unificada.

2. La indivisibilidad vertical: ¿indivisibilidad de la acción o participación o de la condición de socio?

2.1. De la admisibilidad del voto divergente en Derecho español

Expuestas las razones que justifican la eficiencia económica y jurídica de la regla de la "indivisibilidad horizontal" de las acciones y participaciones, y sus límites, cabe plantearse la aplicación de la misma regla a la condición de socio.

En efecto, la ecuación igualdad-acumulabilidad-indivisibilidad proyecta el problema, de forma casi natural, de la acción o participación a la condición de socio, planteándose en concreto la cuestión de si un socio debe necesariamente ejercitar todos los derechos que le atribuyen sus acciones o participaciones de forma unitaria (es decir, en el mismo sentido) o puede hacerlo de manera diferente para cada grupo de acciones o participaciones.

Aceptar la indivisibilidad de la posición de socio o, dicho en otros términos, que ha de ejercer los derechos correspondientes a todas sus acciones o participaciones en el mismo sentido, implica la premisa de que su consideración como tal es única, con independencia de que se sea titular de una o más acciones o participaciones.

La tesis contraria es la de que el socio lo es tantas veces como acciones o participaciones tiene, siendo la consecuencia que puede ejercitar los derechos de unas y no los de otras o, incluso, ejercitarlos en sentidos opuestos[13].

Es conveniente aclarar, en primer término, que el problema no se plantea conceptualmente respecto de los derechos económicos de las acciones o participaciones, ámbito en el que ha sido comúnmente aceptada. No se discute, por ejemplo, que un socio pueda ejercitar el derecho de preferencia en relación con algunas de sus acciones o participaciones y no con las demás.

El debate queda delimitado, por lo tanto, en la posibilidad de ejercicio divergente de los derechos políticos y, en especial, en relación con el ejercicio fraccionado o divergente del voto.

---

13 Se trata de la contraposición de la condición subjetiva del socio frente a un concepto objetivo que equipara la condición de socio a la propiedad de la acción o participación. De interés, GONZÁLEZ FERNÁNDEZ, *op. cit.*, pp. 56-59; y RONCERO SÁNCHEZ, A., *La representación del accionista en la junta general de la sociedad anónima*, McGraw Hill, Madrid, 1996, pp. 6 y ss.

Los defensores de la prohibición del fraccionamiento del voto o del voto divergente la han fundamentado tradicionalmente a partir del argumento de que si la condición de socio es única, lo es igualmente su voluntad y, por lo tanto, un socio, con una sola y única voluntad, deberá votar (o no votar) con todas sus acciones o participaciones en bloque y, además, deberá hacerlo en el mismo sentido con todas ellas (no cabe, así, el voto divergente, es decir, votar a favor con unas acciones o participaciones y en contra con las demás de las que sea propietario)[14].

Debemos anticipar que la actuación del socio que vota (o no lo hace) con todas sus acciones o participaciones y que vota con todas ellas en el mismo sentido, es, sin duda, la conducta normal, en términos estadísticos. El socio medio, titular de una pluralidad de acciones o participaciones, ejercitará normalmente sus derechos políticos de forma unitaria y en el mismo sentido.

Sin embargo, que el derecho de voto que deriva de las distintas acciones o participaciones de un mismo socio sea habitual y normalmente ejercido en el mismo sentido, que es lo que, con certeza, se quiso regular por ser el supuesto habitual, no parece argumento suficiente para justificar la prohibición imperativa del fraccionamiento del voto o de su ejercicio divergente[15].

14 SÁNCHEZ-CALERO GUILARTE, J., *La propuesta de generalización del voto divergente*, Documento de Trabajo del Departamento de Derecho Mercantil, Universidad Complutense de Madrid, 2014/86, junio 2014. https://docta.ucm.es/entities/publication/41a144c3-b1af-40d1-add7-b4dc-b8a29b48

15 MENÉNDEZ MENÉNDEZ, A., "El voto divergente en las sociedades de capital", *Estudios de derecho de sociedades y derecho concursal: libro homenaje al profesor Rafael García Villaverde*, Editorial Marcial Pons, Madrid, 2007, vol. 2, pp. 955-968 (p. 956).

En mi opinión, nuestro ordenamiento jurídico no solo no lo prohíbe, sino que su admisibilidad puede fundamentarse en sólidos argumentos dogmáticos.

(i) La ley prevé determinadas manifestaciones del fraccionamiento del voto y del voto divergente que están expresamente contempladas (y admitidas) en la normativa relativa a las sociedades cotizadas y, específicamente, en relación con las entidades intermediarias, en concreto en el artículo 524 de la Ley de Sociedades de Capital.

Podría interpretarse, así se ha señalado en ocasiones, que esta regla es, precisamente, una excepción a la regla general prohibitiva, que sólo cabe en el caso de las sociedades anónimas cotizadas y, únicamente, para las entidades intermediarias que actúen por cuenta de diversos beneficiarios últimos.

Sin embargo, no es esta mi opinión. El hecho de que se reconozca expresamente su admisibilidad en determinados casos no permite la aplicación de la siempre dudosa interpretación a contrario para defender una prohibición que no encontramos en nuestro ordenamiento. En efecto, la finalidad del artículo 524 de la Ley de Sociedades de Capital no es establecer una regulación completa, sino simplemente dar cumplimiento a la obligación de transposición de la Directiva 2007/36/CE. Así lo señaló expresamente la Comisión de Expertos en materia de Gobierno Corporativo[16] que, al proponer esta adición legal, subrayó que el voto

16 Estudio sobre propuestas de modificaciones normativas para la mejora del gobierno corporativo de 14 de octubre de 2014, disponible en la página web de la Comisión Nacional del Mercado de Valores: https://www.cnmv.es/docportal/publicaciones/codigo gov/cegc_estmodif_20131014.pdf.

divergente debe entenderse admitido con carácter general en nuestro sistema[17].

(ii) El segundo argumento es que su prohibición no encuentra justificación alguna desde una perspectiva dogmática.

La legitimidad del fraccionamiento del voto y del voto divergente es una consecuencia lógica de la acumulabilidad de las acciones y participaciones. En su virtud, aunque la posición de socio se adquiere con la titularidad de una sola acción o participación, en el caso de que se posean varias, la posición de socio resultante es la agregación de las distintas posiciones de socio que confiere cada una de dichas acciones o participaciones, sin que dichas posiciones pierdan su autonomía.

(iii) Finalmente, no parece difícil convenir que, de entenderse establecida la prohibición, sería una regla absolutamente ineficaz, dado que el reconocimiento del voto divergente viene exigido por la práctica societaria para acomodar intereses totalmente legítimos y dignos de tutela (por ejemplo, para dar cumplimiento a pactos parasociales o situaciones de titularidad compartida de acciones o participaciones a través de sociedades *holding* en el seno de grupos familiares) y que su prohibición en modo alguno responde a razones de moral u orden público.

Por lo expuesto, entiendo que debe admitirse la legitimidad del fraccionamiento del voto y del voto divergente, con la única limitación del fraccionamiento de la representación en las sociedades de responsabilidad limitada, expresamente prohibido por el artículo 183.3 de la Ley de Sociedades de Capital (aunque in-

17 ALFARO ÁGUILA-REAL, J., *El voto divergente*, en el blog Almacén de Derecho, entrada del 5 de febrero de 2018, https://almacendederecho.org/el-voto-divergente.

cluso para este supuesto haya doctrina que defiende que se trata de una norma que ha de entenderse de alcance dispositivo[18]).

2.2. *Del efecto de la admisibilidad del voto divergente sobre otros derechos del socio*

Si se acepta la admisibilidad del fraccionamiento del voto en Derecho español, es de especial relevancia su efecto sobre otros derechos del socio vinculados al voto y, en particular, en relación con los derechos a impugnar los acuerdos sociales, con el derecho de separación que reconoce la Ley de Sociedades de Capital en determinados supuestos como, por ejemplo, en caso de sustitución o modificación sustancial del objeto social (*ex* artículo 346.1.a) del mismo texto legal), y con el de enajenar las acciones y participaciones previsto en el Real Decreto-ley 5/2023, de 28 de junio, sobre modificaciones estructurales de las sociedades mercantiles.

La posibilidad de ejercitar estos derechos está vinculada al sentido del voto del socio en los acuerdos que se pretenden impugnar o que dan derecho a separarse de la sociedad, por lo que, admitido el voto divergente, se plantea si es posible, y en qué medida, ejercitar dichos derechos cuando se ha votado a favor con parte de las acciones o participaciones y en contra (o, simplemente, se ha abstenido) con las restantes.

En mi opinión, la solución que se dé a esta cuestión debe ser coherente con la que resulta la consideración de la posición de socio como la suma de las posiciones derivadas de cada una de las acciones o participaciones poseídas, sin que estas pierdan su autonomía. Como consecuencia, el socio debería poder ejercer

18 MENÉNDEZ MENÉNDEZ, A., "El voto divergente en las sociedades de capital", *op. cit.*, pp. 955-968.

dichos derechos en relación con cada una de sus posiciones (i.e., con cada una de sus acciones o participaciones) de forma distinta, siempre que se cumplan los requisitos legalmente establecidos para cada acción o participación.

Así, por ejemplo, si el socio titular de cien acciones de una sociedad vota con setenta y cinco a favor de un acuerdo de modificación del objeto social y con las restantes veinticinco en contra, debería, siguiendo la tesis expuesta, poder ejercitar el derecho de separación sólo en relación con estas últimas veinticinco acciones.

La doctrina mayoritaria y más autorizada aboga, sin embargo, porque, aunque el socio haya votado de forma divergente, pueda (o deba) ejercitar su derecho de separación en relación con la totalidad de su participación en la sociedad. Esta conclusión parte de la premisa de que el socio no puede ejercer fraccionadamente el derecho de separación. Se argumenta, para justificar esta opinión, que el derecho de separación es un remedio que se ofrece al socio al que, por un cambio de circunstancias relevante (recogidas en la ley o en los estatutos sociales), permanecer en la sociedad le resulta inaceptable, posición extrema que no admite la posibilidad de división, señalándose que, en consecuencia, el beneficio de la separación es personal y propio del sujeto, y no un atributo de la acción o participación.

No comparto la lógica de esta conclusión. En primer lugar, por una razón de coherencia con lo antes expuesto. Una vez admitida que la posición de socio es la suma de las posiciones resultantes de las acciones y participaciones poseídas, el beneficio de la separación es un atributo de cada posición de socio y, por tanto, de cada acción o participación, por mucho que todas estas posiciones confluyan en la misma persona. En consecuencia, en el plano de la pura lógica dogmática, el socio debería poder ejercitar su derecho de separación en relación con cada una de dichas posiciones como considere oportuno, siempre que se cumplan los requisitos legalmente exigibles.

Ahora bien, como antes he señalado, dicho derecho sólo podrá ejercitarse en relación con aquellas acciones y participaciones con las que se hubiese votado en el sentido requerido para la separación y, por una mínima coherencia, no debería poder ampliarse a las acciones o participaciones con las que el socio hubiere votado a favor del acuerdo[19].

Como se ha señalado, la legitimación para, por ejemplo, ejercitar el derecho de separación corresponde a los socios que no hayan votado a favor de la modificación estatutaria y siempre que ésta consista en la sustitución del objeto social, la prórroga de la sociedad, la reactivación de la sociedad, la creación, modificación o extinción anticipada de la obligación de prestaciones accesorias y el de la modificación del régimen de transmisión de participaciones sociales. Si, en su origen, la finalidad del derecho de separación en las sociedades personalistas era dar una opción al socio disidente para separarse de la sociedad, en las capitalistas su reconocimiento tiene, sin embargo, una relación más intensa con la protección de las minorías. No cabe duda de que entre la configuración de las sociedades personalistas y las capitalistas hay supuestos fronterizos, tipos societarios en los que, pese a su naturaleza capitalista, los rasgos personalistas presentan una mayor intensidad. Piénsese, por ejemplo, en las sociedades de profesionales.

Además, esta interpretación es la que mejor se acomoda con la lógica que permite acomodar distintos intereses legítimos y dignos de tutela, como antes mencionaba. En el ejemplo propuesto, el socio en cuestión, ante una modificación sustancial del objeto social, puede seguir interesado en participar en la sociedad,

19 En contra, MENÉNDEZ MENÉNDEZ, *op. ult. cit.*, p. 965.

pero con una inversión (riesgo) inferior y esto se consigue precisamente votando a favor del acuerdo con parte de sus acciones o participaciones (la inversión que considera conveniente mantener) y en contra con las restantes, respecto de las que desee ejercitar el derecho de separación.

Sería también el caso de un grupo familiar que participa en una sociedad de capital a través de una sociedad holding. Ante, por ejemplo, una transformación por cambio de domicilio al extranjero, parte de la familia puede querer abandonar la sociedad y otra continuar, lo que se consigue precisamente si se permite a la sociedad *holding* ejercitar el voto divergente y, a continuación, el derecho de separación en relación con las acciones o participaciones con las que hubiera votado en contra (cuyos beneficiarios últimos serían, precisamente, los miembros de la familia contrarios a la transformación).

Existen, por tanto, motivos sustantivos e intereses que considero válidos y dignos de tutela, por los que, también desde esta perspectiva, en caso de voto divergente el derecho de separación debería poder aplicarse de forma distinta en relación con cada acción o participación[20].

Finalmente, cabe preguntarse si a alguien, cuyos intereses también deberían ser tutelados por el derecho, perjudica esta solución.

20 En quienes se muestran más contrarios a la admisibilidad del voto divergente pesa quizás la idea de un mercado poco sofisticado y de empresas pequeñas. El elemento subjetivo de la *afectio* es esencial en su discurso. Sin embargo, participar en una sociedad cotizada es en la mayoría de los casos una decisión financiera. La mixtura de rentabilidad, riesgo y liquidez configura la inversión, y es perfectamente legítimo que, ante un cambio relevante, un inversor quiera reducir su exposición (separación parcial) pero no desinvertir completamente.

En este último sentido, aunque todos estamos conformes en que no se trata del supuesto más frecuente, no parece imposible que, como antes afirmábamos en relación con el voto divergente, un socio pudiera estar dispuesto a asumir con una parte de las acciones o participaciones de las que sea titular un régimen estatutario que le resulte más oneroso y, por el contrario, preferir separarse con otra parte de su participación.

Esta conclusión es, en mi opinión plenamente aplicable y su sentido último se ve respaldado con la reciente aprobación del Real Decreto-ley 5/2023, de 28 de junio, en lo que se refiere a las modificaciones estructurales de las sociedades mercantiles, que ha sustituido el derecho de separación tradicionalmente previsto en nuestro ordenamiento en los supuestos de transformación de sociedades, de traslado del domicilio social al extranjero y de fusión transfronteriza intra europea cuando la sociedad resultante tuviera su domicilio social en un Estado miembro distinto de España, por el derecho del socio a "*enajenar sus acciones, participaciones o cuotas*" (artículo 12 del real Decreto-Ley 5/2023).

Aunque la Ley hace referencia a la enajenación por el socio de sus acciones, su configuración como un instrumento de protección de los socios minoritarios y su articulación, al margen ahora de las reglas generales del derecho de separación, permite admitir, con todavía mayor claridad, que el socio que quiera evitar asumir mayores riesgos o, simplemente, una posición distinta a la que inicialmente se reconocía en los estatutos sociales, con una parte (pero no todas) sus acciones, pueda decidir la venta a la sociedad de parte de estas.

Otro tanto es predicable del derecho a impugnar los acuerdos sociales, que cabrá, aunque el socio haya ejercitado el voto de sus acciones o participaciones en sentido divergente y siempre que cumpla los requisitos legales para tener legitimación activa para impugnar en atención al concreto acuerdo social de que se trate.

En conclusión, aun a falta de una disposición estatutaria que, anticipo, considero plenamente admisible, la interpretación de la normativa aplicable debe llevar a la conclusión de la admisibilidad del voto divergente y de la posibilidad de ejercitar los derechos de separación, impugnación y enajenación de sus acciones, participaciones o cuotas.

3. La indivisibilidad vertical (o inescindibilidad)

La segunda regla que, según una doctrina y jurisprudencia sorprendentemente unánimes, recoge el artículo 90 de la Ley de Sociedades de Capital es la de *...la inescindibilidad, o imposibilidad de disociación, de los derechos que conforman la posición jurídica del socio, la cual se compone de un conjunto de derechos y facultades que forma un todo orgánico...*[21].

La doctrina ha señalado que, en su aplicación, no *...puede el accionista desgajar algunos de los derechos integrantes de la condición de socio y cederlo separadamente, o reservárselo al transmitir la acción, de manera que quede atribuido a una persona distinta del titular de la acción los restantes derechos del socio. Ni puede tampoco la propia sociedad consagrar o admitir en modo alguno un total desgajamiento...*[22].

21 Apartado 3 del considerando Quinto de la Sentencia del Tribunal Supremo 601/2020 de 12 de noviembre.

22 PANTALEÓN PRIETO, F., "Tomo IV, Las acciones, Volumen 3º, Copropiedad, usufructo, prenda y embargo", *Comentario al Régimen Legal de las Sociedades Mercantiles*, Madrid, Civitas, 1992, pp. 22 y 23. Por el contrario, parece abogar por la admisibilidad de la transmisión separada de derecho incluso políticos, GALACHO ABOLAFIO, A. *Transmisión y ejercicio separado de de-*

Siempre según esta doctrina, esta regla se extiende tanto a los derechos políticos o administrativos como a los económicos o patrimoniales[23], aunque respecto de estos últimos el debate es más teórico que práctico, porque parece haber un importante consenso en el sentido de admitir no solo la cesión de los derechos de crédito correspondientes a los dividendos y a la cuota de liquidación social aprobados sino, también, la de los créditos futuros.

Además, y por lo que se refiere a los derechos de preferencia, el artículo 306 de la Ley de Sociedades de Capital permite expresamente su transmisión separada en el caso de los aumentos de capital acordados.

La admisión explícita de la cesión en el supuesto del derecho de preferencia, la falta de un reconocimiento expreso de los derechos patrimoniales abstractos y la alternativa, económicamente equivalente, de transmitir los créditos presentes y futuros, ha motivado que las principales discusiones doctrinales se hayan referido a la inescindibilidad de los derechos administrativos y, singularmente, del derecho de voto. A este último aspecto me referiré en lo sucesivo.

3.1. Los argumentos normativos que pretendidamente fundamentan la inescindibilidad del derecho de voto

La inescindibilidad del derecho de voto se ha pretendido sustentar en los siguientes argumentos:

(i) La normativa aplicable lo prohíbe expresamente.

---

rechos del socio, Madrid, Marcial Pons, 2020. De forma más clara PEINADO GRACIA, en el "Prólogo" a esa misma obra, pp. 9 a 27.

23 PANTALEÓN PRIETO, "Las acciones", *op. cit.*, pp. 27-31.

Para los que sustentan esta objeción, el principio de la unidad esencial de la participación[24] o, en otros términos, la indivisibilidad de las acciones y participaciones sociales, se establece imperativamente en el artículo 90 de la Ley de Sociedades de Capital.

Desde los primeros y más autorizados comentarios a la Ley de Sociedades Anónimas de 1951 se ha defendido doctrinalmente este criterio, con fundamento en que el derecho de voto es un derecho personal del accionista que, por su naturaleza especial, solo puede ser ejercitado por el legítimo titular de las acciones, bien sea por sí o por medio de representantes, de forma que, a diferencia de los derechos patrimoniales, *...el derecho de voto no puede separarse de los demás que integran la condición o estado de socio para ser enajenado a título oneroso o gratuito y ejercitado así por quien no siendo titular de la acción no tenga la condición de accionista...*[25].

Sin embargo, no es sencillo deducir esta conclusión doctrinal de la literalidad del artículo 90 de la Ley de Sociedades de Capital, que se limita a establecer que las acciones y participaciones son partes indivisibles del capital social[26], lo que ha sido reconocido por la Dirección General de Seguridad y Fe Pública (anteriormen-

24 MARÍN DE LA BÁRCENA GARCIMARTIN, F., "La prohibición de disociar los derechos administrativos de la posición de socio", *Estudios sobre Órganos de Sociedades de Capital, Liber Amicorum Fernando Rodriguez Artigas, Gaudencio Esteban Velasco*, volumen I, Aranzadi, Cizur Menor, 2017, pp. 631-651.

25 URÍA GONZÁLEZ, R., "Comentario al artículo 39, La acción como conjunto de derechos", *Comentario de la Ley de Sociedades Anónimas*, Garrigues, J. y Uría, R., tomo I, Instituto de Estudios Políticos, Madrid, 1952, pp. 399-424, (pág. 421).

26 SÁNCHEZ GONZÁLEZ, J. C., "Cláusulas estatutarias sobre disgregación o escisión del derecho de voto", *Los Acuerdos Sociales*, González Fernández, Mª. B. (dir.), Tirant lo Blanch, Valencia, 2023, pp. 257-299 (p. 259). En el mismo sentido, GALACHO ABOLAFIO, *op. cit.*, p. 46-47; e IRIBARREN BLANCO, M., "La reserva de los derechos políticos en la compraventa de acciones con precio aplazado", *Revista de Derecho Mercantil*, núm. 290, 2013, pp. 271-292 (p. 273).

te Dirección General de los Registros y del Notariado)[27] al afirmar que no existe en la normativa rectora de la sociedad anónima solución expresa, positiva o negativa.

Como respuesta a este último planteamiento, se ha señalado, que, aun con la falta de claridad de la norma, no cabe una interpretación distinta si se interpreta el precepto en conexión con los preceptos que regulan los derechos de asistencia y voto a las juntas generales, que siempre tienen al accionista como sujeto de referencia (artículos 93, 102, 103, 105 y 111 de la Ley de Sociedades Anónimas).

No obstante, tampoco esta referencia parece suficientemente sólida si se considera que la Ley de Sociedades de Capital (como antes hacía la Ley de Sociedades Anónimas) utiliza la expresión *derechos del socio* para referirse a los derechos mínimos (tanto políticos como económicos) que atribuyen las acciones y las participaciones sociales y porque los que consideran, con esta referencia común, admisible la cesión de los derechos económicos, no parece que puedan negar sólidamente la licitud de la cesión de los derechos políticos.

Además, esta interpretación haría legalmente inadmisible la regla procedimental establecida para las sociedades cotizadas en el artículo 105.2 de la Ley de los Mercados de Valores y de los Servicios de Inversión que establece que las obligaciones de notificación al emisor y a la Comisión Nacional del Mercado de Valores de los derechos de voto se extienden a *...cualquier persona que, con independencia de la titularidad de las acciones, tenga derecho a adquirir, transmitir o ejercer los derechos de voto atribuidos por las mismas...*[28].

27 Resolución de 9 de diciembre de 1997 (BOE núm. 37, de 12 de febrero de 1998, páginas 5156 a 5157).

28 DÍAZ RUIZ, E., "La utilización de instrumentos financieros derivados en las tomas de control de control de empresas", *Manual de fusiones y adquisiciones*

En este mismo sentido, se ha pronunciado el Tribunal Supremo[29] cuando ha señalado que: *...La titularidad de las acciones permite al accionista disponer de los derechos inherentes a tal titularidad, y en concreto, permite la cesión del derecho de voto, articulada mediante el otorgamiento de representación. Por tanto, tal cesión del derecho de voto sea onerosa o gratuita, no es contraria al ordenamiento jurídico. De ahí que las normas sobre transparencia exijan la notificación de la transferencia temporal y a título oneroso de los derechos de voto asociados a las acciones cuando se trate de participaciones significativas, lo que es indicativo de su licitud...*

Pese a que el caso sobre el que la sentencia decide no era una disociación de los derechos de voto de los intereses económicos del socio[30], esta acepta, *obiter dicta*, su cesión, incluso mediante precio.

Lo expuesto no supone que la escisión de los derechos de voto no encuentre la limitación, lógica desde la perspectiva de su funcionalidad económica, de que no sea objetable para el ejercicio de los derechos frente a la sociedad.

(ii) Las excepciones de los supuestos del usufructo y de la prenda de acciones y participaciones (artículos 127 al 133 de la Ley de Sociedades de Capital), deben entenderse como excepciones que confirman la regla general de la inescindibilidad del derecho de voto.

Recordemos que el artículo 127 de la Ley de Sociedades de Capital establece que, en caso de usufructo de participaciones

---

de empresas, Sebastián Quetglas, R. (dir.), Wolters Kluwer, Madrid, 2021, pp. 691-718 (pp. 714-716).

29 Considerando séptimo, párrafo 1 de la sentencia del Tribunal Supremo de 12 de noviembre de 2014.

30 La sentencia se pronuncia sobre un supuesto de cesión del derecho de voto mediante representación en la que su ejercicio se ejerce en interés del socio.

o de acciones, la cualidad de socio reside en el nudo propietario, pero el usufructuario tendrá derecho en todo caso a los dividendos acordados por la sociedad durante el usufructo y, añade que, salvo disposición contraria de los estatutos, el ejercicio de los demás derechos del socio corresponde al nudo propietario. De esta forma la ley establece la escisión de los derechos económicos y admite, cuando así lo disponen los estatutos sociales, la de los demás derechos y, entre ellos, el de voto.

Por su parte, el artículo 132 de la Ley de Sociedades de Capital prevé para el caso de prenda de acciones y participaciones la escisión de los derechos del socio, cuando así lo dispongan los estatutos sociales, regla que el artículo 133 de la Ley de Sociedades de Capital extiende al embargo de acciones o participaciones.

En estos supuestos se atribuye la condición de socio al nudo propietario, que retendrá el derecho de voto salvo que los estatutos sociales dispongan que este pase al usufructuario, al acreedor pignoraticio o al acreedor que hubiera embargado las acciones o participaciones sociales.

Sin embargo, estas reglas son de atribución frente a la sociedad y no pretenden regular las relaciones internas entre, por ejemplo, usufructuario y nudo propietario, que se regirán por lo determinado en su título constitutivo, en la ley y, supletoriamente, en el Código Civil (artículo 127.2 de la Ley de Sociedades de Capital).

La funcionalidad económica de estos preceptos es plenamente consistente con la que antes se ha comentado para la copropiedad: establecer una regla en beneficio de la sociedad[31] *...permi-*

---

31 GARCÍA VICENTE, J. R., "Comentario al artículo 127", *Comentario de la Ley de Sociedades de Capital*, Rojo, A. y Beltrán, E. (dirs.), tomo I, Editorial Civitas, Madrid, 2011, pp. 1014-1022 (p. 1020), resoluciones de la Dirección General de los Registros y del Notariado de 4 de marzo de 1981 (BOE núm. 85, de

tiéndola desconocer como inoponibles frente a ella las disposiciones que el título constitutivo del usufructo pueda contener... y, por tanto, a la que esta debe poder renunciar mediante disposición estatutaria[32].

Se trata de normas que, por tanto, no prohíben la cesión del derecho de voto al usufructuario o al acreedor pignoraticio sino que se limitan a establecer su inoponibilidad frente a la sociedad, salvo que así sean reconocidas estatutariamente.

Por si estos argumentos no se consideraran suficientes, la doctrina mayoritaria[33], respaldada por los pronunciamientos judiciales[34] y de la Dirección General de Seguridad Jurídica y Fe Pública[35], considera que esta norma configura un sistema de *numerus apertus*, pudiendo —por tanto— extenderse su régimen jurídico a otros negocios de garantía sobre acciones o participaciones.

La Ley de Sociedades de Capital configura, así, un sistema que permite la aplicación de las normas previstas para el usufructo y la prenda de acciones a otros derechos reales que no tienen por

9 de abril de 1981, pp 7702 a 7704) y 10 de septiembre de 1982 (BOE núm. 261, de 30 de octubre de 1982, pp. 30029-30030) y sentencia del Tribunal Supremo de 5 de noviembre de 1987.

32 PANTALEÓN PRIETO, F., "Las acciones", *op. cit.*, p. 58.

33 En este sentido, FERNÁNDEZ DEL POZO, L., "Los problemas societarios y de gobierno corporativo del llamado "voto vacío" (*empty voting*)", *Revista de Derecho Mercantil*, núm. 289, 2013, pp. 153-214; IRIBARREN BLANCO, *op. cit.*, p. 273; SÁNCHEZ GONZÁLEZ, J. C., *op. cit.*, p. 278.

34 La sentencia del Tribunal Supremo 616/2012, de 23 de octubre de 2012 fundamenta, en parte, la licitud de un pacto de transmisión de acciones o participaciones con reserva de derechos de socio por la consideración del sistema como de *númerus apertus*.

35 Su respaldo a esta tesis puede encontrarse en la citada resolución de la Dirección General de los Registros y del Notariado de 9 de diciembre de 1997 (*"y se recoge el carácter abierto de los gravámenes que sobre ésta pueden constituirse (cfr. artículo 55.2 de la Ley de Sociedades Anónimas)"*).

qué estar tipificados como tales sino respecto de los que cabe la posibilidad de que, en ejercicio de la autonomía de la voluntad[36], se altere el contenido típico de los regulados y puedan constituirse derechos reales de garantía distintos a los legalmente tipificados[37]. Por ejemplo, a supuestos análogos como la venta de acciones con precio aplazado en la que el transmitente se reserva el derecho de voto como garantía[38]; la venta de acciones o participaciones con pacto de retroventa; un derecho de opción de compra en el que se atribuya al optante el ejercicio del derecho de voto; la donación de acciones con cláusula de reversión; o la donación de las acciones o participaciones con reserva del derecho de voto del donante, entre otras.

Finalmente, es preciso reiterar que, en todo caso, la norma no pretende establecer criterios de validez, como explícitamente establece el artículo 127.2 de la Ley de Sociedades de Capital, sino de la oponibilidad de estos derechos reales frente a la sociedad[39].

36 Se trata de una cuestión largamente debatida en derecho español, pero en el que la posición mayoritaria es el reconocimiento de la libertad en la constitución de derechos reales y en la modificación de la fisonomía de los establecidos por la ley. Ver DIEZ PICAZO, L., *Fundamentos del Derecho Civil Patrimonial III. Las relaciones jurídico-reales. El Registro de la Propiedad. La posesión*, EditorialCivitas, 1995, pp. 114-141.

37 Resoluciones de la Dirección General de los Registros y del Notariado de 8 de noviembre de 2018, 8 y 9 de agosto, 3 y 23 de septiembre y 8 de noviembre de 2019, todas ellas citadas por SÁNCHEZ GONZÁLEZ, J. C., *op. cit.*, pp. 277-280.

38 Supuesto expresamente admitido por la sentencia del Tribunal Supremo de 23 de octubre de 2012.

39 En el mismo sentido, la citada resolución de la Dirección General de los Registros y del Notariado de 9 de diciembre de 1997 dice: *"[...] que, en los casos legalmente previstos de disgregación de esos derechos y la calidad de socio, se requiere de forma categórica previsión estatutaria que así lo establezca; ha de concluirse en el no reconocimiento frente a la sociedad, de la cesión de los derechos políticos estipulada en el negocio cuestionado"*.

3.2. *Los argumentos que justifican la prohibición con fundamento en el principio de una acción un voto o con las justificaciones funcionales relacionadas con la ecuación riesgo-beneficio-poder*

Este grupo de argumentos conectan íntimamente dos problemas: el de la inescindibilidad de los derechos políticos y el de la proporcionalidad del derecho de voto y hacen, por tanto, depender su validez común de la efectividad y vigencia del principio "una acción-un voto".

La tesis es que el voto debe ser ejercitado por el titular de la acción o de la participación social y, por esta razón, que solo deben participar en las decisiones sociales aquellos que asumen, como titulares residuales, el riesgo de la empresa y participan en sus beneficios o pérdidas. En consecuencia, no cabría desgajar el voto de la participación en el capital, como tampoco, y por la misma razón, admitirse las acciones sin voto o la desproporción entre derechos económicos y políticos, dado que las diferencias entre este último supuesto y aquéllos no son esenciales sino, meramente, de grado o intensidad.

Es por esta identidad de razón, por lo que es oportuno dedicar unas líneas a analizar los argumentos que han soportado históricamente el principio "una acción-un voto":

(i) Desde un punto de vista político, su sustento es el del pretendido carácter democrático de la regla una acción-un voto.

(ii) Desde la perspectiva jurídico societario, se ha justificado a partir de la teoría de la agencia y del carácter incompleto, por naturaleza, del contrato de sociedad. La regla de la proporcionalidad permite integrar el contrato *ex ante*, atribuyendo el poder de decisión a los socios en proporción a su participación en el capital social como reflejo del binomio "riesgo-poder", es decir, alineando poder de voto e incentivos económicos.

(iii) Se argumenta, finalmente, que la regla de la proporcionalidad favorece el funcionamiento de un mercado de control corporativo transparente que valore correctamente la prima de control y la protección de la seguridad del tráfico.

Sin embargo, los argumentos sintéticamente enunciados, dado las limitaciones de espacio de que dispongo, adolecen de cierta trivialidad, tanto en términos conceptuales como, principalmente, prácticos.

Desde una perspectiva económica, se ha cuestionado sistemáticamente la regla de la proporcionalidad estricta destacando que no existe evidencia irrefutable de que sea, al menos en todos los casos y circunstancias, más eficiente que las estructuras que permiten disociar los riesgos económicos de las decisiones políticas. Las estructuras de voto plural pueden facilitar el acceso de las empresas a financiación a través de fondos propios sin que los fundadores o *insiders* tengan que perder el control de la sociedad.

Además, no puede ignorarse el distinto valor del voto para los diferentes accionistas y la conveniencia de disociar ambos derechos para una mejor asignación del binomio "riesgo-poder" y para una mejor valoración de las acciones y participaciones en función de las preferencias de los distintos tipos de inversores. En las últimas décadas esta disociación se ha revelado como necesaria para proteger el capital relacional y humano vinculado al proyecto de negocio de empresas innovadoras o en fases de crecimiento, lo que puede traducirse, además, en estos casos, en un menor coste de capital.

La propia ley, en sede de sociedades anónimas, prevé significativas excepciones. En efecto, frente a la afirmación del artículo 96.2 de la Ley de Sociedades de Capital que establece que ...*No podrán emitirse acciones que de forma directa o indirecta alteren la proporcionalidad entre el valor nominal y el derecho de voto o el derecho de preferencia...*, reiterada en el artículo 188.2 del mismo texto legal, la misma norma prevé las acciones sin voto (contempladas y reguladas en los artículos 98 a 103 de la Ley de Sociedades de Capital); la fijación estatutaria del número máximo de votos que puede emitir un mismo accionista (artículo 188.3 de la Ley de Sociedades de Capital), y la relativamente reciente introducción en nuestra Ley de Sociedades de Capital de las acciones con voto doble por lealtad o *loyalty shares*[40].

Para las sociedades de responsabilidad limitada que representan la inmensa mayoría de nuestras sociedades de capital, es un principio configurado con un carácter meramente dispositivo (artículo 188.1 de la Ley de Sociedades de Capital).

Además de estas significativas excepciones, previstas expresamente, la norma es totalmente ineficaz en términos prácticos, dado que la misma Ley de Sociedades de Capital que prohíbe la ruptura de la proporcionalidad entre voto y valor nominal, permite que los derechos económicos no sean proporcionales al valor nominal de las acciones y participaciones y, por tanto, a su derecho de voto, lo que hace posible la ruptura indirecta del principio[41].

40 Las acciones de lealtad han merecido más atención por la doctrina que por el mercado. Sin ánimo de exhaustividad: FERNÁNDEZ TORRES, I., *Las "loyalty shares": Cortoplacismo contra activismo accionarial*, Marcial Pons, 2017; FERNÁNDEZ DEL POZO, L., "La viabilidad de las «acciones de lealtad» en nuestro derecho de sociedades («loyalty shares»)", *Revista de Derecho bancario y bursátil*, núm. 152, 2018, págs. 9-64; CONTRERAS DE LA ROSA, I., "Lealtad del socio en las sociedades cotizadas. El voto adicional en el marco de las «loyalty shares»", *Revista de Derecho de sociedades*, núm. 64, 2022, pp. 217-258. Por el contrario, en nuestro mercado no llegan a seis las empresas que las han implementado.

41 Así ha sucedido en algún caso bien conocido en los mercados españoles, en los que, jugando con la posibilidad de alterar la proporcionalidad económica

Además, la prohibición de la desproporción entre el derecho de voto y el valor nominal de las acciones, como es igualmente predicable de la inescindibilidad de los derechos de socio, no ha evitado la implementación de mecanismos que consiguen resultados similares, pero con menor eficiencia, mayor coste, tanto directo como indirecto, y menor transparencia. Este es el caso, por ejemplo, de la utilización de estructuras piramidales o el recurso a los pactos parasociales o a instrumentos financieros derivados y otros productos de ingeniería financiera.

De hecho, la Comisión Europea, una de las grandes defensoras de la proporcionalidad estricta, ha ido abandonando progresivamente la regla "una acción-un voto", hasta el punto de que se acaba de publicar la Directiva relativa a las estructuras de acciones con derechos de voto múltiple en sociedades en proceso de salida a Bolsa[42].

Si las innovaciones financieras han contribuido a reforzar la banalidad de la norma de la proporcionalidad, lo mismo cabe decir de la regla de la inescindibilidad.

Por lo expuesto, y tanto por consideraciones dogmáticas como prácticas, debe admitirse en nuestro derecho la posibilidad de escisión obligacional del derecho de voto y su cesión al margen de las acciones o participaciones que lo atribuyen, como negocio jurídico *inter-partes*. Como también debe admitirse su eficacia frente a la sociedad cuando así lo prevean los estatutos sociales.

---

y la emisión de clases, se consiguió alterar indirectamente la proporcionalidad entre número de acciones y derechos políticos.

42 Directiva (UE) 2024/2810 del Parlamento Europeo y del Consejo de 23 de octubre de 2024 relativa a las estructuras de acciones con derechos de voto múltiple en sociedades que solicitan la admisión a cotización de sus acciones en un sistema multilateral de negociación. Véase: FERNÁNDEZ TORRES, I., "¿Hacia la ruptura definitiva del principio «one share one vote»?, *La Ley Mercantil*, núm. 115, 2024, julio.

3.3. *Limitaciones al reconocimiento de la escindibilidad del derecho del voto*

El reconocimiento de la posibilidad conceptual de ceder el derecho de voto de forma separada de la acción o participación de la que deriva no puede hacer olvidar los evidentes riesgos potenciales de esta práctica y, por tanto, la necesidad de implementar medidas de salvaguarda que protejan los intereses en juego dignos de tutela, entre los que considero relevantes los siguientes:

(i) El establecimiento de normas de transparencia sobre la titularidad de los derechos de voto (que pueden incluirse en los estatutos sociales), como existen en relación con el régimen de participaciones significativas en el caso de las sociedades cotizadas.

(ii) La temporalidad de la cesión del derecho de voto, en el sentido de que la separación de dicho derecho no puede ser total, permanente y definitiva, de tal forma que, por un lado, por voluntad de su titular, quedase una acción intrínsecamente sin voto y, por otro, un derecho de voto completamente autónomo y desconectado de la acción (o participación) de la que deriva originalmente. Al contrario, siempre debe mantenerse la relación funcional entre la acción y su derecho de voto subyacente.

(iii) Nos enfrentamos a un problema esencialmente de transparencia. Existe una unidad funcional de los derechos del socio. Se vota para decidir el camino de la sociedad, para capturar beneficios. La causa típica de la transmisión de una acción o participación es la transmisión de la condición de socio y, con ello, el ejercicio de todos los derechos. Pero el titular de una acción y el adquirente pueden tener otra causa, el lucro en el primero, el anonimato en el segundo, la no consolidación, o cualquiera que sea lícita. Frente a esta subjetividad de las partes en la utilización de instituciones jurídicas con otra causa típica, la transparencia es la mejor forma de intervención para preservar la autonomía de las partes y el interés de los restantes socios y del mercado.

(iv) La aplicación, *mutatis mutandi*, a la cesión del derecho de voto de las restricciones legales o estatutarias a la transmisión de las acciones o participaciones sociales de las que deriva, en protección de los legítimos intereses de los restantes socios de la sociedad.

(v) La aplicación al cesionario de los derechos de voto, de los mecanismos de prevención y gestión de los conflictos de intereses de los socios (artículo 190 de la Ley de Sociedades de Capital), así como la posibilidad de impugnar los acuerdos sociales adoptados con los votos ejercitados por el cesionario cuando dicho ejercicio haya perseguido un interés personal de este en perjuicio del interés social (siempre que se cumplan, lógicamente, los restantes requisitos del artículo 204 de la Ley de Sociedades de Capital para impugnar).

V. PRINCIPALES CONCLUSIONES

Como resultado del análisis realizado, podemos extraer las siguientes conclusiones a modo de recapitulación general:

(i) La delimitación del marco jurídico de la participación en una sociedad de capital se ha asentado tradicionalmente sobre una estructura normativa incompleta y fragmentada en la que es posible identificar tres niveles:

a) el de la regulación común aplicable, con carácter general, al contrato de sociedad.

b) El que identifica las especialidades propias de las sociedades personalistas y de las capitalistas.

c) El de las que corresponden a cada tipo social e, incluso, a la configuración de cada sociedad concreta en ejercicio de la autonomía societaria.

(ii) En el plano de las sociedades de capital, la condición de socio se adquiere con la titularidad de las acciones o participaciones sociales, como partes alícuotas del capital social a las que se anudan los derechos del socio. No quiere decir que la acción (o participación) sea literalmente un conjunto de derechos, sino que los derechos que configuran la condición de socio constituyen el contenido de la relación jurídica que se manifiesta (y se adquiere) a través de la titularidad de las acciones o participaciones.

(iii) El primero de los principios que rige el contrato social y que se refiere tanto a la condición del socio como a cada una de las acciones y participaciones sociales es el de igualdad. Sin embargo, este principio general queda inmediatamente modulado en un doble sentido: por el de la igualdad formal de las acciones o participaciones, pudiendo existir clases o series con diferentes derechos y/o valor nominal; y por el de igualdad material de los socios que se encuentren en condiciones idénticas.

(iv) El segundo principio es el de la indivisibilidad de las acciones o participaciones, consagrado en el artículo 90 de la Ley de Sociedades de Capital, que se proyecta en dos planos distintos: la "indivisibilidad horizontal" o real, que es la que impide que se fraccionen las acciones o participaciones como tales por voluntad de su titular; y la "indivisibilidad vertical", que se refiere a la inescindibilidad de los distintos derechos del socio y, singularmente, del derecho de voto.

(v) La "indivisibilidad horizontal" supone, en su sentido más inmediato, que las acciones y participaciones no pueden ser fraccionadas en partes más pequeñas del capital social por la sola voluntad o decisión de su titular. Nada impide, sin embargo, que la junta general de socios pueda modificar los estatutos sociales para alterar el valor nominal de las acciones o participaciones.

(vi) La "indivisibilidad horizontal" plantea igualmente el problema de su aplicación a la propia condición de socio y, en concreto, a si un socio debe necesariamente ejercitar todos los derechos de sus acciones o participaciones de forma unitaria.

En mi opinión, debe considerarse admitido, con carácter general, el voto divergente y, en coherencia, el ejercicio de los derechos de impugnación, de separación parcial y de enajenación de las acciones o participaciones en los supuestos de modificaciones estructurales en que la ley prevé esta protección.

(vii) Por su parte, la regla de la "indivisibilidad vertical" (o inescindibilidad) de las acciones y participaciones, de construcción doctrinal y jurisprudencial, defiende la imposibilidad de disociación de los derechos que conforman la posición jurídica de socio y, singularmente, proscribe la posibilidad de cesión del derecho de voto de manera separada de las acciones o participaciones que lo atribuyen.

En mi opinión, debe admitirse, con carácter general en nuestro derecho, la posibilidad de escisión obligacional del derecho de voto y su cesión al margen de las acciones o participaciones que lo atribuyen, como negocio jurídico inter-partes.

Cuestión distinta es la relativa a su oponibilidad real frente a la sociedad (en el sentido de determinar quién, frente a la sociedad, es la persona formalmente legitimada para el ejercicio material del derecho de voto). En este sentido, en beneficio de la transparencia, la seguridad y la fluidez del tráfico, la sociedad sólo permitirá el ejercicio del derecho de voto al titular formal de las acciones o participaciones, salvo disposición estatutaria en contrario.

(viii) Por último, en la materia que he abordado en mi intervención, los excesos interpretativos doctrinales, jurisdiccionales y legales nos han transmitido un espejismo de solidez del edificio normativo que no solo no se compadece con la realidad, sino que ha justificado la ausencia de una regulación eficaz que proteja adecuadamente los distintos intereses en juego.

VI. BIBLIOGRAFÍA

ALFARO ÁGUILA-REAL, J., *El voto divergente*, en el blog Almacén de Derecho, entrada del 5 de febrero de 2018, https://almacendederecho.org/el-voto-divergente.

CONTRERAS DE LA ROSA, I.,"Lealtad del socio en las sociedades cotizadas. El voto adicional en el marco de las «loyalty shares»", *Revista de Derecho de sociedades*, núm. 64, 2022.

DÍAZ MORENO, A., "Comentario al artículo 91", *Comentario a la Ley de Sociedades de Capital*, Rojo, A. y Beltrán, E. (coords.), tomo I, Madrid, Civitas, 2011.

DÍAZ RUIZ, E., "La utilización de instrumentos financieros derivados en las tomas de control de control de empresas", *Manual de fusiones y adquisiciones de empresas*, Sebastián Quetglas, R. (dir.), Wolters Kluwer, Madrid, 2021.

DIEZ PICAZO, L., *Fundamentos del Derecho Civil Patrimonial III. Las relaciones jurídico-reales. El Registro de la Propiedad. La posesión*, Editorial Civitas, 1995.

FERNÁNDEZ DEL POZO, L., "Los problemas societarios y de gobierno corporativo del llamado "voto vacío" (*empty voting*)", *Revista de Derecho Mercantil*, núm. 289, 2013.

— "La viabilidad de las «acciones de lealtad» en nuestro derecho de sociedades («loyalty shares»)", *Revista de Derecho bancario y bursátil*, núm. 152, 2018.

FERNÁNDEZ TORRES, I., *Las "loyalty shares": Cortoplacismo contra activismo accionarial*, Marcial Pons, 2017.

— "¿Hacia la ruptura definitiva del principio «one share one vote» ?, *La Ley Mercantil*, núm. 115, 2024, julio.

GALACHO ABOLAFIO, A. *Transmisión y ejercicio separado de derechos del socio,* Madrid, Marcial Pons, 2020.

GARCÍA VICENTE, J. R., "Comentario al artículo 127", *Comentario de la Ley de Sociedades de Capital*, Rojo, A. y Beltrán, E. (dirs.), tomo I, Editorial Civitas, Madrid, 2011.

GONZÁLEZ FERNÁNDEZ, Mª. B., *Las acciones y participaciones como objeto de la venta de la unidad productiva. Dilema para las sociedades de capital cerradas*, Tirant lo Blanch, Valencia, 2024.

GIRÓN, J., *Derecho de Sociedades Anónimas*, Valladolid, 1952.

IRIBARREN BLANCO, M., "La reserva de los derechos políticos en la compraventa de acciones con precio aplazado", *Revista de Derecho Mercantil*, núm. 290, 2013.

MARÍN DE LA BÁRCENA GARCIMARTIN, F., "La prohibición de disociar los derechos administrativos de la posición de socio", *Estudios Sobre Órganos de Sociedades de Capital, Liber Amicorum Fernando Rodriguez Artigas, Gaudencio Esteban Velasco*, volumen I, Aranzadi, Cizur Menor, 2017.

MENÉNDEZ MENÉNDEZ, A., "La configuración y representación de la participación social", *Estudios jurídicos en memoria del profesor Emilio Beltrán*, Rojo Fernández Del Rio, A. y Campuzano, A. B. (coords.), vol. 1, Tirant lo Blanch, Valencia, 2015.

— "El voto divergente en las sociedades de capital", *Estudios de derecho de sociedades y derecho concursal: libro homenaje al profesor Rafael García Villaverde*, vol. 2, Marcial Pons, Madrid, 2007.

PANTALEÓN PRIETO, F., "Tomo IV, Las acciones, Volumen 3º, Copropiedad, usufructo, prenda y embargo", *Comentario al Régimen Legal de las Sociedades Mercantiles*, Madrid, Civitas, 1992.

PAZ-ARES RODRÍGUEZ, C., "Comentario al artículo 1665 del Código Civil", *Comentario al Código civil*, Paz-Ares Rodríguez, C., Diez Picazo Ponce De León, L., Bercovitz Rodríguez-Cano, R., Salvador Coderch, P. (dirs.), tomo II, Ministerio de Justicia, Madrid, 1991.

— "Cap. 19, La sociedad en general: caracterización del contrato", *Curso de Derecho Mercantil*, Uría González, R. y Menéndez Menéndez, A., Civitas, Madrid, 1999

PEINADO GRACIA, J. I., "El indeseado efecto político en el Derecho de sociedades", *Revista de Derecho Mercantil*, núm. 332, 2024.

— "La minoría en el Consejo de Administración: revisando la representación proporcional como sistema de acceso al Consejo", *Revista de Derecho Mercantil*, núm. 330, 2023

RONCERO SÁNCHEZ, A., *La representación del accionista en la junta general de la sociedad anónima*, McGraw Hill, Madrid, 1996.

SÁNCHEZ GONZÁLEZ, J. C., "Cláusulas estatutarias sobre disgregación o escisión del derecho de voto", *Los Acuerdos Sociales*, González Fernández, Mª. B. (dir.), Tirant lo Blanch, Valencia, 2023.

SÁNCHEZ-CALERO GUILARTE, J., *La propuesta de generalización del voto divergente*, Documento de Trabajo del Departamento de Derecho Mercantil, Universidad Complutense de Madrid, 2014/86, junio 2014. https://docta.ucm.es/entities/publication/41a144c3-b1af-40d1-add7-b4dcb8a29b48.

SÁNCHEZ-PARODI PASCUA, J. L. y ALCOVER GARAU, G., *Comentarios a la Ley de Sociedades Anónimas: Real Decreto Legislativo 1564/1989, de 22 de diciembre, por el que se aprueba el texto refundido de la Ley de Sociedades Anónimas*, Arroyo y Embid (dirs), vol. 1, Tecnos, Madrid, 2009.

URÍA GONZÁLEZ, R., "Comentario al artículo 39, La acción como conjunto de derechos", *Comentario de la Ley de Sociedades Anónimas*, Garrigues, J. y Uría, R., tomo I, Instituto de Estudios Políticos, Madrid, 1952.

— "Comentarios al artículo 40", *Comentario de la Ley de Sociedades Anónimas*, Garrigues, J. y Uría González, R., tomo I, Instituto de Estudios Políticos, Madrid, 1952.

Capítulo 2
REPRESENTACIÓN Y TRANSMISIÓN DE ACCIONES MEDIANTE SISTEMAS BASADOS EN TECNOLOGÍA DE REGISTROS DISTRIBUIDOS

Reyes Palá Laguna

Catedrática de Derecho Mercantil
Universidad de Zaragoza

I. CONSIDERACIONES PREVIAS*

Los avances tecnológicos junto con las técnicas criptográficas han permitido una nueva forma de representación de los derechos: los criptoactivos o activos digitales representados mediante sistemas basados en tecnología de registros distribuidos (TRD). Los operadores económicos privados han incorporado la posibilidad de representación de los derechos-valor en forma digital a través de una red, libro mayor o registro compartido entre múltiples usuarios en sus nuevos modelos de negocio o bien los han adaptado a estas nuevas realidades. Y no solo el sector privado:

* Trabajo realizado en el marco del proyecto I + D de investigación estatal "Blockchain y Derecho societario (2). Bigdata, Fintech y la protección del usuario de los servicios financieros" (PID2022-137502NB-I00), II.PP., Reyes Palá Laguna y Pedro-José Bueso Guillén.

también la Administración utiliza la TRD, por ejemplo, en procesos de licitación pública[1].

El legislador español ha reconocido esta nueva forma de representación de los valores mobiliarios —o, en general, de los instrumentos financieros— en la Ley 6/2023, de 17 de marzo, de los Mercados de Valores y de los Servicios de Inversión[2], en

1 *Vid.* BERNAL BLAY, M.A., "Blockchain and public procurement", *European Review of Digital Administration & Law*, 2, 2021, pp. 121-128. Una de las aplicaciones de la TRD es la tecnología *blockchain*, utilizada por ejemplo para generar y transmitir bitcoins. Este criptoactivo ha sido reconocido como moneda de curso legal en El Salvador, en donde también tiene esta condición el dólar estadounidense.

2 Artículo 2.2 LMVSI: *También se considerarán instrumentos financieros los comprendidos en el apartado 1 cuando los mismos sean emitidos, registrados, transferidos o almacenados utilizando tecnología de registros distribuidos u otras tecnologías similares como soporte de esas actuaciones.*

En la redacción de este artículo 2.2 se transcribe literalmente la definición de *instrumento financiero basado en la TRD* recogida en el apdo. 11 del artículo 2 del Reglamento 2022/858 del Parlamento Europeo y del Consejo de 30 de mayo, sobre un régimen piloto de infraestructuras del mercado basadas en la tecnología de registro descentralizado, con una errata: se sustituye la conjunción copulativa "y" por la conjunción disyuntiva "o" (el Reglamento europeo se refiere a instrumentos que se emiten, registran, transfieren y almacenan utilizando tecnología de registro descentralizado. En la versión española, la "y" final se ha sustituido por una "o"). En nuestra opinión ello no tiene mayor transcendencia puesto que la norma europea que transpone la LMVSI es clara al respecto: el registro distribuido implica la emisión, transmisión y almacenamiento de estos criptoactivos en esa red virtual. Cosa distinta es que las claves privadas se custodien y conserven fuera de la red basada en TRD. Pero el criptoactivo está almacenado en el sistema TRD, lo que dota de inmutabilidad a la transacción y de mayor seguridad en su transmisión.

Este Reglamento no aborda la cuestión de carácter general de qué derechos-valor pueden emitirse, transmitirse y almacenarse con esta tecnología de registro distribuido. Remite este punto a la MiFID II que recoge un listado de instrumentos financieros ente los que se incluyen los valores mobiliarios en la sección C de su anexo I y en su artículo 4.1.15), la posibilidad de que estos instrumentos financieros *...se hayan emitido mediante tecnología de re-*

clara analogía con el régimen de los valores representados mediante anotaciones en cuenta. Sin perjuicio de las ventajas que aporta esta tecnología para la circulación de los derechos, por el momento no parece que vaya a sustituir completamente a las tradicionales formas de representación de los valores mobiliarios en el derecho español y comparado: los viejos títulos-valores (derechos representados en papel) y los valores representados mediante anotaciones en cuenta, reconocidos por primera vez con carácter general en nuestro país por la Ley del Mercado de Valores de 28 de julio de 1988.

Y ello por varias razones: en primer lugar, porque estamos ante una tercera forma de representación de los derechos valor, una tercera posibilidad, y no una obligada forma de representación de éstos como sucede, por ejemplo, con las acciones representadas mediante anotaciones en cuenta, que es el modo impuesto por el legislador para la representación de las acciones cotizadas en mercados regulados y sistemas multilaterales de negociación españoles (artículo 496 y disp. ad. decimotercera LSC[3]) y en sistemas multilaterales de negociación. La excepción a esta regla la constituyen los sistemas multilaterales de negociación y los sistemas de liquidación (o ambos conjuntamente) que se creen en nuestro país al amparo del Reglamento sobre un régimen piloto

---

gistro descentralizado. Rige al respecto el principio de equivalencia funcional. El Reglamento sobre un régimen piloto simplemente reconoce la posibilidad de que participen en estas *sandboxes* de infraestructuras de mercado basadas en TRD acciones, bonos y participaciones en organismos de inversión colectiva armonizados que se beneficien de la exención de solo ejecución conforme a la MiFID II (instrumentos financieros no complejos, artículo 216 LMV) con los límites cuantitativos referidos en el artículo 3 del Reglamento de 2022.

3 En la actualidad, al margen de las acciones de las sociedades cotizadas, no son muchas las sociedades que representan sus acciones mediante anotaciones en cuenta.

de infraestructuras de mercado basadas en la TRD. Por el momento, ninguna infraestructura en la que se transmiten acciones u otros valores mobiliarios basada en esta tecnología ha sido autorizada por la CNMV, sin perjuicio de la existencia de pruebas al respecto en el espacio controlado (*sandbox* financiera) al que se refiere la Ley 7/2020, de 13 de noviembre, para la transformación digital del sistema financiero.

En segundo término, porque carecemos de un régimen jurídico completo para estos cripto-instrumentos financieros. Los artículos 5 a 15 LMVSI se limitan a establecer los principios generales que permitan su emisión y requieren de desarrollo reglamentario. Además, en el caso de las acciones, no se ha modificado la LSC para reconocer su representación mediante sistemas basados en TRD. No estamos ante nada nuevo: el Real Decreto que desarrolló las previsiones de la Ley del mercado de valores de 1988 respecto a las anotaciones en cuenta, tardó casi cuatro años en ser publicado en el BOE[4]. Pero a diferencia de lo que sucedió en 1988, en que se modificó el TRLSA de 1989, la vigente LMVSI no ha modificado la LSC para incluir esta tercera forma de representación de las acciones, como desarrollamos en los epígrafes siguientes.

4 Real Decreto 116/1992, de 14 de febrero, sobre representación de valores por medio de anotaciones en cuenta y compensación y liquidación de operaciones bursátiles. A ello debe añadirse, para el caso concreto de las acciones de las sociedades anónimas que no es sino hasta el texto refundido de la Ley de Sociedades Anónimas de 22 de diciembre de 1989 cuando se reconoce con carácter general en su artículo 51 esta forma de representación de las acciones ([L]*as acciones podrán estar representadas por medio de títulos o por medio de anotaciones en cuenta. En uno y otro caso tendrán la consideración de valores mobiliarios*).

II. LA NECESIDAD DE UN RÉGIMEN JURÍDICO PROPIO PARA LOS CRIPTO-INSTRUMENTOS FINANCIEROS

Para proteger la seguridad del tráfico circulatorio de estos criptoactivos, es imprescindible la existencia de un régimen jurídico privado que, entre otras cosas, reconozca la validez frente a terceros de las transmisiones de estos activos digitales. Sin un régimen jurídico propio, los criptovalores no son más que derechos reflejados en un registro electrónico, sometida su cesión o transmisión a las reglas generales del derecho privado, sin que produzca efectos frente a terceros esa transmisión.

La representación cartular o cartácea de las acciones de las sociedades anónimas que permitió la incorporación del derecho al —o en el— documento conforme a la teoría general de los títulos valores a finales del s. XIX, convirtió a estas sociedades en «máquinas del capitalismo», en la conocida expresión de Ripert[5]. La masificación de las que cotizaban en las Bolsas de Valores españolas obligó a buscar sistemas, en un primer momento correctores, como el sistema del depósito colectivo previsto en el Decreto de 25 de abril de 1974[6]. No fue sino hasta la posibilidad de transmisión del derecho de forma electrónica sin necesidad de transmisión física del documento a raíz de las entonces nuevas tecnologías en los años 80 del siglo pasado que permitió la informatización de los derechos del socio y su instrumentación en valores representados mediante anotaciones en cuenta, cuando la acción (valor mobiliario) pierde su corporeización y se representa, en este sistema sustitutivo del tradicional del título valor en meras anotaciones contables de cuyo registro se

5 RIPERT, G., *Aspectos jurídicos del capitalismo moderno*, Bosch y cía eds., Buenos Aires, 1950, p. 125.

6 Decreto 1128/1974, de 25 de abril, por el que se establece un sistema de liquidación y compensación de operaciones en Bolsa y de depósito de valores mobiliarios.

encargan entidades sometidas a la supervisión administrativa de la CNMV. Nuevos avances tecnológicos ya en la primera década del nuestro siglo (la tecnología de registros distribuidos) permiten la representación en toquens (criptoactivos) de las acciones y su transmisión mediante sistemas basados en TRD. Pero el reconocimiento de esta tercera forma de instrumentación de las acciones ha sido parcial, en los términos que veremos. En todo caso, al menos respecto a las que circulan en mercados de valores o centros de negociación, ha de existir siempre una entidad responsable de la administración de la inscripción y registro de estas cripto-acciones en el sistema basado en TRD (artículo 8.4 LMVSI), de la misma forma que existe una entidad encargada del registro (contable) de las acciones representadas mediante anotaciones en cuenta (artículo 8.1 LMVSI). El carácter registral de ambos sistemas de representación de las acciones y otros valores negociables requiere, en el modelo legal centralizado de negociación de las acciones, de una entidad financiera autorizada responsable de la inscripción de los valores en el sistema. En el caso de valores no cotizados, si se representan mediante anotaciones en cuenta la entidad financiera ha de ser una empresa de servicios de inversión o una entidad de crédito; si se trata de criptoactivos, puede realizar esta función además la sociedad emisora; el legislador reconoce así las peculiaridades de esta tercera forma de representación de las acciones y otros valores mobiliarios.

Como ya indicáramos en otro lugar[7], el sustrato técnico que permite la creación de estos activos virtuales (TRD) da lugar a una nueva forma de representación de los derechos, con particularidades respecto a los títulos-valores —representados en papel— y a los valores mobiliarios anotados —representación tabular—. En

7 Con disculpas por la autocita, *Vid.* "Los criptoactivos valores negociables como nueva categoría de los derechos-valor", *Revista de Derecho del Mercado de Valores*, núm. 31, 2022, versión digital.

la elección del modo de representación —con la excepción de las cotizadas— rige el principio de neutralidad tecnológica[8]. Pero en los tres casos de lo que se trata es de garantizar la circulación rápida y segura de los derechos de forma que su transmisión no se vea sometida a las normas de la cesión de créditos y demás derechos incorporales (artículos 1526 y ss. CC) que privan al adquirente de la protección que le ofrece la circulación del derecho conforme al régimen de transmisión de las cosas muebles. La norma que permite la *corporeización* del derecho en un papel o la incorporación del derecho en el documento, en la teoría clásica de los títulos-valores, la digitalización del derecho en una anotación en cuenta o la toquenización del derecho para posibilitar su circulación a través de la tecnología de registro descentralizado (TRD), hacen posible la *mobilización* de los derechos y su circulación a través de la entrega (con requisitos adicionales en el caso de las acciones), la transferencia contable de los valores anotados, o la transmisión en una red TRD por medio de la ejecución de un *smart contract*[9].

Ha de tenerse en cuenta, a diferencia de la representación digital de valores mobiliarios en anotaciones en cuenta, en donde existía un interés público en el establecimiento de un régimen legal de adquisición y transmisión, interés público que pretendía facilitar la circulación de los valores mobiliarios en mercados financieros, para terminar con los inconvenientes del papel en la negociación de la deuda pública primero y de las acciones y obligaciones en bolsa después, en el caso de los criptoactivos han sido

---

8 Principio de neutralidad tecnológica por ejemplo citado en los considerandos 9 y 10 del citado Reglamento 2022/858 sobre un régimen piloto de infraestructuras del mercado basadas en la tecnología de registro descentralizado.

9 De forma clara indica el artículo 11.1 LMVSI que ...[l]*a inscripción o registro de la transmisión en el sistema de anotaciones en cuenta o en el sistema basado en tecnología de registros distribuidos, según corresponda, a favor del adquirente, producirá los mismos efectos que la entrega de los títulos.*

los particulares a través del experimento bitcoin (2008) quienes ha creado este sistema de representación digital de un valor o de un derecho mediante sistemas de registro distribuido, al margen del derecho del mercado de valores y, en un primer momento, sin el interés de las entidades financieras tradicionales; el derecho del mercado de valores hasta la nueva LMVSI de 2023 regulaba el tráfico de los valores negociables digitalizados en anotaciones en cuenta informáticas. Por otra parte, al margen de los cripto-instrumentos financieros a los que les es aplicable la LMVSI, el riesgo que implica la existencia de mercados de criptoactivos sin un régimen jurídico —incluso para la estabilidad financiera en el caso de las criptomonedas— ha llevado al legislador europeo a aprobar el Reglamento MICA que incluye en su título V el régimen de autorización de los proveedores de servicios de criptoactivos.

III. LA REPRESENTACIÓN DE LAS ACCIONES CON TRD: EL ESTADO DE LA CUESTIÓN

Como hemos indicado, han sido los particulares a través del experimento bitcoin quienes han desarrollado este modo de representación digital de un valor o de un derecho mediante sistemas basados en TRD. De ahí entre otras motivos la reticencia inicial de los intermediarios financieros al cambio normativo que habría permitido el reconocimiento con carácter general de la emisión, circulación y almacenamiento de los valores mobiliarios por en estas redes, y la prudencia con la que la Unión europea ha abordado la posibilidad de esta tercera forma de emisión y transmisión de los derechos-valor, prudencia que se aprecia claramente en la aprobación del experimento o *sandbox* de un régimen piloto de infraestructuras de mercado basada en la TRD (Reglamento 2022/858 de 30 de mayo) directamente aplicable desde el 23 de marzo de 2023. El Reglamento establece los requisitos de autorización (en realidad de exención) conforme a la MiFID II para las infraestructuras de mercado basadas en TRD de modo que puedan circular a través del registro distribuido de acciones emitidas por sociedades de capital de pequeña y mediana capitalización bursátil (hasta quinientos millones de euros), así como emisiones de obligaciones de importe moderado (hasta mil millones de euros) y participaciones en instituciones de inversión colectiva cuyos activos gestionados tengan un valor inferior a quinientos millones de euros (artículo 3 del Reglamento 2022/85). El temor del sector financiero español —y de los supervisores nacionales— a que España no tuviera legalmente prevista la posibilidad de representación de los valores negociables en criptoactivos a la fecha de aplicación directa del este Reglamento con la consiguiente pérdida de competitividad de nuestros mercados que ello hubiera supuesto, ha llevado al establecimiento de un régimen de mínimos para los criptovalores nagociables en la LMVSI, esto es, a reconocer la posibilidad de emisión, registro, transmisión y almacenamiento de los instrumentos financieros mediante sistemas basados en TRD (artículo 2.1 LMVSI[10]) confiando al desarrollo reglamentario de la Ley la concreción de ulteriores aspectos[11].

10 Artículo 2.1. LMVSI: *2. También se considerarán instrumentos financieros los comprendidos en el apartado 1 cuando los mismos sean emitidos, registrados, transferidos o almacenados utilizando tecnología de registros distribuidos u otras tecnologías similares como soporte de esas actuaciones.*

11 Y así lo hizo el Ministerio de Economía a través del Tesoro Público en el proyecto de real decreto de instrumentos financieros hecho público en septiembre de 2023, con un gobierno en funciones. Pero el Consejo de Estado dictaminó correctamente que el desarrollo del régimen de los criptovalores mobiliarios *parece exceder del despacho ordinario de los asuntos públicos*, como también lo indicara la abogacía del Estado. La conclusión del Consejo de Estado es que *un Gobierno en funciones no puede aprobar el régimen jurídico reglamentario que ha de aplicarse a los instrumentos financieros de estas características*; estamos ante ...*una opción de política normativa que trasciende de lo puramente técnico e instrumental, al fijar la regulación aplicable y, en definitiva el alcance con que se va a permitir la utilización de esta novedosa tecnología*. (Dictamen del Consejo de Estado 1222/2023, de 2 de noviembre

En relación con la toquenización de acciones, esto es, la representación digital de la posición de socio mediante sistemas basados en TRD, es preciso distinguir entre la emisión directa de acciones por la sociedad a través de tecnología de registro distribuido, esto es, el activo digital, el toquen, es el modo de representación de la acción creado directamente como tal, al igual que sucede con las anotaciones en cuenta, a través de esta tercera forma de representación de los valores mobiliarios[12] y la toquenización de una acción ya existente: esa parte alícuota del capital social está representada por medio de título o por medio de anotación en cuenta, ha sido emitida y suscrita, y lo que se toqueniza son, en todo o en parte, los derechos inherentes a la posición de socio de modo que lo que circula a través del registro distribuido es la representación en un activo digital (criptoactivo) de los derechos derivados de la posición de socio. Si se toquenizan todos los derechos inherentes a la posición de socio a los que se refiere

de 2023). Por ello, se han suprimido en el Real Decreto 814/2023, de 8 de noviembre, sobre instrumentos financieros, admisión a negociación, registro de valores negociables e infraestructuras de mercado, los desarrollos en materia de cripto-instrumentos financieros más allá de lo previsto en la LMVSI. De hecho sólo hay tres referencias sustantivas en el real decreto cuyo objetivo es permitir la creación de sistemas multilaterales de negociación españoles en TRD al amparo del Reglamento sobre un régimen piloto: el artículo 5, relativo al plan de contingencia con que ha de contar la entidad designada por el emisor como responsable de la administración de la inscripción y registro de los valores negociables representados mediante sistemas basados en TRD, que permita asegurar la adecuada gestión de los incidentes que puedan afectar a la red utilizada y la continuidad del registro en situaciones de fallo en su funcionamiento o por no resultar ya viable su utilización como sistema de registro, y los artículos 142 (entidades de contrapartida central) y 143 (depositario central de valores) para someter a estas entidades cuando operen con criptovalores al Reglamento europeo.

12 En este sentido, el artículo 10.1 2º párr. LMVSI: *Los valores negociables representados por medio de sistemas basados en tecnología de registros distribuidos se constituirán como tales mediante su primer registro en dichos sistemas, en favor del emisor o de los suscriptores de los valores.*

la LSC, pueden en nuestra opinión ser equiparados conceptual y funcionalmente esos tokens a la acción como valor mobiliario regulada en la LSC. Lo que circula entonces es la representación digital de la acción, la representación digital del derecho de propiedad sobre la acción[13], al modo de los recibos de depositario o certificados de depósito representativos de las acciones de sociedades emisoras no residentes, que tienen expresamente la consideración legal de valores negociables *exartículo* 2.1.a) LMVSI. Es preciso distinguir por tanto entre la emisión con TRD de la acción y la toquenización de todos o parte de los derechos atribuidos por la acción, acción o acciones de la sociedad que existen *off chain*, fuera del registro o sistema de TRD.

Si tomamos como ejemplo de toquenización de los derechos del socio la instrumentación en un toquen de los de contenido económico, que son los que interesa principalmente al inversor en bolsa, por ejemplo, la representación en el critptoactivo del derecho a participar en el reparto de las ganancias sociales (dividendo) y en el patrimonio resultante de la liquidación, no parece que estos toquens puedan tener., en una primera aproximación, la consideración de toques referenciados a activos en el sentido del Reglamento MiCA, que está pensando en este punto en criptomonedas o *stablecoins*[14]. Más seguro será calificarlos de valores mobiliarios si atendemos a la definición al respecto de la

---

13 Precisamente la necesidad de creación de un estándar internacional sobre aspectos relativos a la propiedad de los activos digitales ha fructificado en los Principios de UNIDROIT, sobre activos digitales y derecho privado de septiembre de 2023 (UNIDROIT *Principles on Digital Assets and Private Law*). El Principio 6 recoge la definición de control sobre un activo digital en una aproximación funcionalmente similar a la de la posesión de las cosas muebles.

14 El artículo, 3.1. 6 del MiCA define la *ficha referenciada a activos* como ...*un tipo de criptoactivo que no es una ficha de dinero electrónico y que pretende mantener un valor estable referenciado a otro valor o derecho, o a una combinación de ambos, incluidas una o varias monedas oficiales;*

LMVSI[15] y por tanto, aplicar el régimen que para los cripto-instrumentos financieros se recoge en ella, régimen que habrá de completarse con el del futuro real decreto de desarrollo de la LMVSI en esta materia. Pero esos derechos así toquenizados no tendrán la consideración de acciones de sociedades anónimas y no necesitarán de una ley *ad hoc* para circular en mercados financieros. Habrá de estarse al documento de emisión del criptoactivo y al reglamento de funcionamiento interno del sistema de TRD para conocer las reglas de su circulación.

Como ya hemos indicado en otro lugar, creemos que en nuestro país no es posible representar las acciones de las sociedades anónimas mediante sistemas basados en TRD al margen del Reglamento de 30 de mayo del 2022 sobre un régimen piloto de infraestructuras del mercado[16] si lo que se pretende es que estas criptoacciones gocen de las notas características de los títulos valores que la LMV de 1988 extendió por analogía a las anotaciones en cuenta y que la LMVSI de 2023 ha ampliado a los instrumentos financieros representados mediante tecnología de registros distribuidos.

Y ello por varias razones que podemos resumir en las que siguen: en primer lugar, porque no se ha modificado el artículo 92.1 LSC (*Las acciones podrán estar representadas por medio de títulos o por medio de anotaciones en cuenta. En uno y otro caso tendrán la consideración de valores mobiliarios*). Nos plantea serias dudas

15 [C]*ualquier derecho de contenido patrimonial, cualquiera que sea su denominación, que, por su configuración jurídica propia y régimen de transmisión, sea susceptible de tráfico generalizado e impersonal en un mercado financiero* [*Vid.* artículo 2.1.a) LMVSI].

16 *Vid.* "Las modificaciones de la Ley de Sociedades de Capital por la nueva Ley de los Mercados de Valores", *Análisis GA_P* de 23 de marzo de 2023, disponible en https://www.ga-p.com/publicaciones/las-modificaciones-de-la-ley-de-sociedades-de-capital-por-la-nueva-ley-de-los-mercados-de-valores/

afirmar que el Notario otorgará la escritura de constitución de una sociedad anónima con acciones representadas en TRD pese a que así lo recoja elartículo 23 d) LSC en relación con el capital social[17], ya que ello solo tiene conertura normativa, en nuestra opinión, en relación con la negociación de estas criptoacciones al amparo del Reglamento sobre un régimen piloto, como así lo establece elartículo 6.2 LMVSI (*...Los valores negociables admitidos a negociación en centros de negociación estarán necesariamente representados mediante anotaciones en cuenta o mediante sistemas basados en tecnología de registros distribuidos en el marco del Reglamento UE 2022/858 del Parlamento Europeo y del Consejo, de 30 de mayo de 2022...*) lo que no implica que no puedan ser toquenizados los derechos que incorporan las acciones y poder circular a través de TRD bajo el régimen general de circulación de los derechos, programado en el *smart contract* autoejecutable ínsito en el toquen, sin que tengan reconocidos los beneficios del régimen de circulación de los bienes muebles previsto para las anotaciones en cuenta.

En segundo, porque en materia de transmisión de acciones representadas mediante sistemas de registros distribuidos, la LSC no contiene remisión a la LMVSI, a diferencia de lo que sucede con las anotaciones en cuenta en el artículo 118. Esto es, en la LSC únicamente se regula la transmisión de acciones representadas mediante título (artículos 120 y ss.) y, por remisión a la LMVSI, la de los valores anotados. No hay siquiera referencia a la transmisión de los representados mediante sistemas basados en

17 Artículo 23 d) LSC: *Si la sociedad fuera anónima expresará las clases de acciones y las series, en caso de que existieran; la parte del valor nominal pendiente de desembolso, así como la forma y el plazo máximo en que satisfacerlo; y si las acciones están representadas por medio de títulos, o por medio de anotaciones en cuenta o mediante sistemas basados en tecnología de registros distribuidos. En caso de que se representen por medio de títulos, deberá indicarse si son las acciones nominativas o al portador (...).*

la TRD ni por ello, remisión a la LMVSI en este punto. Por ello existen dificultades para la protección jurídica del tercer adquirente en la transmisión de las criptoacciones al menos con la intensidad que se ofrece en la transmisión de las acciones representadas mediante título o mediante anotaciones en cuenta.

Es necesario modificar la LSC para, al menos y de forma análoga al régimen de las acciones representadas mediante anotaciones en cuenta, introducir una nueva sección dedicada a su representación mediante sistemas basados en TRD en la que, como mínimo, se recoja la remisión de su régimen a la normativa reguladora de los mercados de valores.

Curiosamente, probablemente producto de la apresurada tramitación legislativa en esta materia —aplicación directa del Reglamento sobre un régimen piloto a partir del 23 de marzo de 2023 requería del reconocimiento jurídico de los criptovalores, lo que se hizo en la LMVSI de 17 de marzo de 2023—, parece que sí es posible representar por medio de sistemas basados en TRD, sin distinciones, las acciones de las sociedades de inversión reguladas en la Ley de Instituciones de Inversión Colectiva (LIIC). La LMVSI modificó en su disposición final cuarta esta Ley 35/2003, de 4 de noviembre, y entre los artículos reformados encontramos el artículo 9 dedicado al "concepto y número mínimo de accionistas" de las sociedades de inversión. Estas sociedades especiales se rigen por lo establecido en la LIIC y, en lo no previsto en ella y a nuestros efectos, por la LSC. Pues bien: el artículo 9.3 LIIC establece expresamente que las acciones de estas sociedades «podrán estar representadas mediante títulos nominativos, anotaciones en cuenta o sistemas basados en tecnología de registros distribuidos», que es lo que hubiera sido establecer el legislador si se hubiera modificado también el artículo 92 LSC, limitado actualmente al reconocimiento de la representación de las acciones por medio de títulos o por medio de anotaciones en cuenta. En nuestra opinión, es posible aplicar sin limitaciones el régimen previsto en los artículos 5 a 15 de la LMVSI para los criptovalores mobiliarios en el caso de las criptoacciones de las sociedades de inversión,

Cierto es que en ambos casos los certificados de las criptoacciones (limitados al ámbito del Reglamento sobre un régimen piloto para los de las sociedades anónimas que no sean sociedades de inversión de las previstas en la LIIC) tienen la consideración de título ejecutivo *exartículo* 517 LEC[18], al no distinguir el precepto entre las acciones negociadas en el marco del Reglamento sobre un régimen piloto y las demás. Con la interpretación defendida en esta ponencia, al negar la posibilidad de emisión de acciones representadas mediante sistemas basados en TRD al margen del Reglamento piloto, no es posible, pese a la declaración general del artículo 517 LEC, extender para todas las acciones el privilegio de la ejecutividad de los certificados de inscripción en un registro distribuido.

En España carecemos de un régimen completo sobre los cripto-instrumentos financieros, quedando la reforma legal limitada en el caso de las acciones de las sociedades anónimas y a los efectos del Reglamento sobre un régimen piloto, a los artículos 5 a 15 LMVSI[19]. Urge por ello, además de la reforma del artículo 92

18 El artículo 517.2.7º considera títulos que llevan aparejada ejecución *7.º Los certificados no caducados expedidos por las entidades encargadas de los registros contables respecto de los valores representados mediante anotaciones en cuenta o por las entidades responsables de la administración de la inscripción y registro respecto de los valores representados mediante sistemas basados en tecnología de registros distribuidos a los que se refiere la Ley del Mercado de Valores, siempre que se acompañe copia de la escritura pública de representación de los valores o, en su caso, de la emisión, cuando tal escritura sea necesaria, conforme a la legislación vigente.*

19 Además del artículo 80 (remisión al desarrollo reglamentario de las particularidades para la ordenada liquidación de operaciones por la entidad de contrapartida central utilizando tecnología de registro distribuido) y el régimen

de la LSC, la aprobación del desarrollo reglamentario de la LMVSI para los criptoinstrumentos financieros puesto que otros ordenamientos jurídicos de la Unión Europea —como Italia o Alemania— cuentan con un régimen detallado, lo que provoca la pérdida de competitividad de nuestro país. Fuera de la Unión es destacable el derecho suizo al que nos referimos más adelante.

Es en este contexto en el que ha de entenderse la opinión de la CNMV expresada en el documento Preguntas y Respuestas frecuentes sobre los Instrumentos Financieros basados en Tecnologías de Registros Distribuidos (TRD), de 29 de mayo de 2024 que recoge en ocasiones unas manifestaciones quizá demasiado optimistas del supervisor respecto al estado de la cuestión en relación con las criptoacciones. Por ejemplo, a la pregunta *...6. ¿Se pueden emitir en España Instrumentos Financieros basados en TRD con plena seguridad jurídica?...*, responde el supervisor: *...Sí. La LMVSI, que entró en vigor el 7 de abril de 2023 contiene, entre otras, estas novedades: (i) Traspone al ordenamiento jurídico español la nueva configuración de instrumento financiero de MiFID II, con objeto de incluir a los Instrumentos Financieros basados en TRD. (ii) Reconoce en el ordenamiento jurídico español la representación de los valores negociables mediante sistemas basados en TRD como una tercera forma de representación de valores negocia-*

sancionador del artículo 279 LMVSI por incumplimiento de algunas de las prescripciones de los artículos 6 a 9 de esta misma Ley (infracciones relativas a la representación de valores negociables) y el artículo 300 (infracciones relativas a los sistemas de compensación, liquidación y registro de valores). Si bien el artículo 232 declara sujetas al régimen de supervisión, inspección y sanción establecido de la LMVSI a las entidades responsables de la administración de la inscripción y registro de los valores negociables representados mediante sistemas basados en tecnología de registros distribuidos (ERIR) conforme a lo dispuesto en esta ley y en su normativa de desarrollo y en la normativa europea de aplicación, no aparece citado el Reglamento sobre un régimen piloto entre las normas de ordenación y disciplina del mercado de valores recogidas en el artículo 268 LMVSI.

bles, y establece el régimen jurídico básico de esta nueva forma de representación... Efectivamente, es posible emitir en España instrumentos financieros basados en TRD, pero no todos ellos. En concreto, de las acciones de las sociedades cotizadas al margen del reglamento piloto y de las acciones de las sociedades de inversión reguladas en la LIIC, por las razones expuestas[20].

---

20 Creemos esta es también el modo de entender la respuesta a la pregunta 7 en el mismo documento relativa al régimen jurídico de los valores negociables representados mediante sistemas basados en TRD?: los artículos 6 a 15 de la LMVSI, indica la Comisión, *a semejanza con el régimen de anotaciones en cuenta, regula entre otras cuestiones (i) la constitución de valores negociables; (ii) la transmisión de valores negociables; (iii) constitución de derechos reales y otros gravámenes, (iv) la entidad responsable de la gestión del registro; (v) la legitimación registral y tracto sucesivo; (vi) certificados de legitimación; y (vii) el traslado de valores negociables en caso de concurso de la entidad responsable del registro. La LMVSI ha sido a su vez desarrollada por: – El artículo 5.2 del Real Decreto 814/2023 que establece la obligación de las entidades responsables de la administración de la inscripción y del registro de valores negociables representados mediante sistemas basados en TRD (en adelante, ERIR), de contar con un plan de contingencia para gestionar las incidencias del registro.– El artículo 2 b) del Real Decreto 815/2023 que establece un registro oficial de las ERIR, correspondiente a cada una de las emisiones de valores representados mediante sistemas basados en tecnología de registros distribuidos (más detalle en otra pregunta). Adicionalmente a lo anterior, el nuevo régimen de representación de valores se reconoce expresamente en la Ley de Sociedades de Capital (artículos 23 y 407), la Ley de Instituciones de Inversión Colectiva (artículos 7, 9 y 46) y en la Ley de Enjuiciamiento Civil (artículo 517).*

Pero, añadimos nosotros con la mejor doctrina, el legislador omitió la reforma del artículo 270 5.º LC de forma que no se contemplan como acreedores con privilegio especial (como sí se hace sobre los valores gravados con los titulares de créditos con garantía de valores representados mediante anotaciones en cuenta), a los titulares de créditos con garantía de valores representados mediante TRD, con lo que se deja sin valor esa garantía en el caso de que el deudor concedente devenga insolvente (*vid.* GÓNZALEZ VÁZQUEZ, J.C., entrada "Píldoras mercantiles: aprobación de la ley 6/2023, de 17 de marzo, de los mercados de valores y de los servicios de inversión: aspectos relevantes (III)", 3 de marzo de 2023, disponible en https://www.linkedin.com/pulse/pildoras-mercantiles-aprobaci%25C3%25B3n-de-la-ley-62023-17-y-jos%25C3%25A9-carlos-1e/?trackingId=Gt8JTPdiQwqkdgL8c3M2Ag%3D%3D)

En el caso de las cripto-obligaciones u otros valores de deuda, la solicitud de admisión a negociación en mercados regulados, sistemas multilaterales de negociación o sistemas organizados de contratación, no requiere el otorgamiento de escritura pública para la emisión de estos valores, sino que basta con el denominado "documento de emisión" al que se refiere el artículo 7 de la LMVSI; pero la inscripción en el Registro Mercantil de la emisión llevará al Registrador a valorar la viabilidad de la emisión de valores de deuda mediante TRD al margen del Reglamento europeo sobre un régimen piloto; si bien el objeto de este estudio son las criptoacciones y no las cripto-obligaciones, (sobre las que encontramos bastantes pruebas o experiencias de transmisión a través de sistemas basados en TRD), la principal crítica que hacemos al derecho español (el no reconocimiento con carácter general de su admisibilidad) es predicable también en el caso de estos criptovalores de deuda emitidos por las sociedades anónimas[21].

IV. TRANSMISIÓN DE LAS CRIPTOACCIONES

Tras las precisiones realizadas en los apartados anteriores, hemos de recordar que el artículo 6 de la LMVSI reconoce estas tres formas de representación de los valores negociables y regula los principales aspectos de su régimen jurídico en el capítulo II título I dedicado a los valores negociables, entre ellos su régimen de transmisión. Sin perjuicio del necesario desarrollo reglamentario del régimen de los criptovalores, el artículo 11 LMVSI se refiere al

21 Una interesante experiencia es la realizada a iniciativa de Bolsas y Mercados Españoles (BME) con una emisión de obligaciones del Banco Interamericano de Desarrollo cotizadas en el mercado regulado AIAF, obligaciones representadas por anotaciones en cuenta en el mercado primario pero transmitidas a través de la TRD en el secundario, *vid. BME Digital Bond project*, julio 2023, disponible en https://www.iberclear.es/docs/docsSubidos/Paper-Digital-Bond-20july.pdf?DBRILA

modo de transmisión del derecho y prevé: la «transmisión de los valores representados mediante sistemas basados en tecnología de registros distribuidos tendrá lugar mediante la transferencia registrada en el registro distribuido». Es quizá la cuestión más clara en el régimen de los critpoactivos: respecto a la aplicación de la teoría del título y el modo en la transmisión de las acciones, en el modelo de la LMVSI, para todos los cripto-valores negociables y no solo para las acciones, el registro de la transferencia a favor del adquirente por la entidad responsable de la inscripción y registro de los valores representados en TRD, a imagen y semejanza de lo previsto para las anotaciones en cuenta en este mismo artículo 11, *...producirá los mismos efectos que la entrega de los títulos...*

De nuevo y por tercera vez nos encontramos con una *fictio iuris* que, al igual que sucede con los valores anotados[22], parte de la ficción jurídica que supone la sujeción a las reglas de la transmisión de las cosas muebles de un derecho incorporado a un papel (título-valor) conforme al artículo 120 LSC y sobre la que se construye una segundo ficción al equiparar una transferencia contable electrónica a la transmisión de un título-valor (artículo 11 LMVSI) sobre la que, a su vez, se construye una tercera *fictio iuris:* el registro de la transferencia en una *blockchain* o en cualquier otra red o sistema basado en TRD (artículo 11 LMVSI) tiene los mismos efectos que la entrega de los títulos.

---

22 Como indica MADRID PARRA respecto a las anotaciones en cuenta, en una *traditio ficta*, un apunte electrónico se considera equivalente a la entrega. (MADRID PARRA, A., "Regulación inicial de los criptovalores", *Revista de Derecho del Sistema Financiero*, núm. 6, 2023, pp. 71-104, p. 74). Del artículo 11 LMVSI deduce sabiamente este autor los tres elementos constitutivos del régimen de transmisión de los criptovalores: a) el registro de la transferencia en el sistema TRD b) la constancia de la transferencia ha de tener lugar en el registro distribuido y c) la equivalencia del registro de la transferencia con la entrega del título (MADRID PARRA, *op. cit*. pp. 99-102)

Si tomamos como ejemplo una de las normativas más depuradas en esta materia, como es el Derecho suizo en donde se recoge la regla de transmisión de la propiedad por transferencia contable para los valores anotados, por lo que respecta a los criptovalores mobiliarios, se remite para su transmisión a las reglas del sistema de registro distribuido en el que se instrumentan y circulan estos criptoactivos; probablemente esté pensando —aunque no sólo en ello— en los sistemas de autenticación y de claves (públicas y privadas) exigidos con la tecnología más extendida para la transmisión de activos en TRD[23]. Esto es, en cuanto al modo, es el sistema del registro distribuido a través de su protocolo o consenso el que establecerá la forma en la que se transmitirán los criptovalores. El legislador español también lo ha previsto así para los certificados de legitimación: las responsables de la administración de la inscripción y registro de los criptovalores (ERIR) podrán expedir estos certificados de conformidad con las funcionalidades del sistema TRD que permita la prueba de forma indubitada de la titularidad de los derechos de que se trate, tal y como habrá de detallarse en el documento de emisión (artículo 14 LMVSI)[24].

23 Artículo 973f. 1 del Código suizo de Obligaciones: *Le transfert d'un droit-valeur inscrit est régi par les règles de la convention d'inscription.* La Ley federal sobre los servicios financieros de 15 de junio de 2018 recoge en su artículo 3b, la triple posibilidad de representación de los valores mobiliarios al incluir en el concepto de valor mobiliario tanto a los títulos-valores (*papiers-valeurs*) como a los derechos-valor, en particular lo que denomina *derechos-valores simples* y *derechos-valores inscritos*. Los derechos valor simples se corresponden con la categoría de los valores representados en anotaciones en cuenta susceptibles de ser difundidos en gran número en el mercado. La construcción legal de los cripto-valores (*droits-valeurs inscrits, registered uncertificated security*) la encontramos en los artículos 973d y ss. del Código suizo de las obligaciones, aunque sin mencionarse expresamente en el articulado la tecnología de registro distribuido.

24 Respecto a los certificados de legitimación de los criptovalores mobiliarios, por todos, MADRID PARRA, A., "La legitimación en los criptovalores", *Revista de Derecho del Mercado de Valores,* núm. 33, 2023, versión digital

De la misma forma que sucede con las entidades encargadas del registro de anotaciones en cuenta (en las bolsas de valores, el depositario central de valores y las entidades adheridas en un sistema de doble escalón), el régimen jurídico de los criptovalores negociables establece la necesaria existencia de una o varias entidades responsables de la administración de la inscripción y registro de los valores en el sistema (ERIR)[25], entidad que habrá de inscribirse en el pertinente registro de la CNMV (artículo 2 RD 815/2023[26]). Entre otras funciones, estas entidades llevan la gestión de la identificación de los titulares de los derechos derivados de los valores negociables[27], así como de los distintos eventos corporativos, inscripciones o gravámenes que afecten a la emisión (artículo 8.4 LMVSI). Tanto en el caso de las anotaciones en cuenta como en el de los criptovalores negociables, la legitimación es registral frente a la tradicional legimación cartular de los títulos valores. Desde el punto de vista de la legitimación activa, el titular inscrito (*la persona que aparezca le-*

25 Estas funciones las puede asumir el emisor de los criptovalores, aunque no parece que vaya ser éste el caso más frecuente.

26 Real Decreto 815/2023, de 8 de noviembre, por el que se desarrolla la Ley 6/2023, de 17 de marzo, de los Mercados de Valores y de los Servicios de Inversión, en relación con los registros oficiales de la Comisión Nacional del Mercado de Valores, la cooperación con otras autoridades y la supervisión de empresas de servicios de inversión.

27 No hay que olvidar que en el modelo español recogido en la LMV, los titulares de las criptoacciones han de estar identificados: el artículo 6.5 LMVSI recoge, como uno de los requisitos del sistema basado en TRD en el que se registran y transmiten los criptovalores, que el sistema o registro permita identificar *de forma directa e indirecta* a los titulares de los derechos sobre los valores negociables. En relación con estos titulares, es de aplicación la normativa sobre el Registro de Titularidades Reales a efectos del blanqueo de capitales y la financiación del terrorismo (*Vid.* la Ley 10/2010, de 28 de abril, de prevención del blanqueo de capitales y de la financiación del terrorismo y el Real Decreto 609/2023, de 11 de julio, por el que se crea el Registro Central de Titularidades Reales y se aprueba su Reglamento)

gitimada[28]) se presume titular legítimo y puede exigir de la entidad emisora las correspondientes prestaciones (artículo 13.1 LMVSI)[29]. Desde el punto de vista pasivo, [L]*a entidad emisora que realice de buena fe y sin culpa grave la prestación en favor del legitimado se liberará aunque este no sea el titular del valor negociable* (artículo 13.2 LMVSI).

También al igual que sucede en el caso de las entidades encargadas del registro de valores anotados, las ERIR (artículo 8.6 LMVSI) responderán civilmente frente a los perjudicados «por la falta de práctica de las correspondientes inscripciones, por las inexactitudes y retrasos en las mismas y, en general, por el incumplimiento intencionado o por negligencia de sus obligaciones legales». En el caso de criptovalores negociados en centros de negociación —SMN— la responsabilidad «recaerá sobre las infraestructuras de mercado autorizadas por la CNMV de conformidad con la normativa europea que resulte de aplicación» (artículo 8.5 LMVSI). Estas infraestructuras de mercado (centros de negociación, depositarios centrales de valores y las entidades de contrapartida central), también responden del incumplimiento de las obligaciones establecidas en elartículo 6.5: cuando no se

28 Se recoge en este artículo 13 LMVSI la distinción entre el beneficiario último y el titular formal al permitirse, tanto para los valores anotados como para los criptovalores, que el legitimado sea bien el beneficiario último, bien una empresa de servicios de inversión o entidad de crédito autorizada para la prestación del servicio auxiliar de inversión consistente en la custodia y administración por cuenta de clientes de instrumentos financieros. *Vid.* asimismo el artículo 497 LSC sobre el derecho de la sociedad a conocer la identidad de los beneficiarios últimos que recoge esta distinción.

29 En claro paralelismo también con la teoría de los títulos valores, el Código de obligaciones suizo prevé en el artículo 973e: *Quiconque, sauf s'il agit de mauvaise foi ou par négligence grave au moment de l'acquisition, acquiert un droit-valeur inscrit auprès de la personne à qui le registre de droits-valeurs confère la qualité de créancier est protégé dans son acquisition, même si l'aliénateur n'avait pas le pouvoir d'en disposer.*

garantiza la integridad e inmutabilidad de las emisiones en TRD o no se identifican correctamente a los titulares o hay errores en el número atribuido a cada uno de ellos o en sus características. En el Reglamento sobre un régimen piloto se contempla la responsabilidad del organismo rector de la infraestructura de mercado en el caso de pérdida de los criptovalores o de los fondos y garantias, *hasta el valor de mercado del activo perdido* en el momento en el que se produjo la pérdida, excepto en los casos de fuerza mayor (artículo 7.6). Deben contar con procedimientos para la gestión de las reclamaciones de los inversores por los perjuicios causados en estos casos de pérdida de los criptovalores, los fondos o las garantías.

En el desarrollo reglamentario de la LMVSI, debiera incluirse en derecho español una previsión en este mismo sentido, ya que la obligación para la ERIR de contar con un plan de contingencia que permita asegurar la adecuada gestión de los incidentes que puedan afectar a la red utilizada y la continuidad del registro en situaciones de fallo en su funcionamiento, o por no resultar ya viable, por cualquier motivo, su utilización como sistema de registro, obligación contemplada en el artículo 5 del RD 814/2023, no se refiere a estos casos de pérdida de los criptovalores o de errores en la inscripción. Aunque es cierto que, salvo los casos de hackeo —no siempre constitutivos de fuerza mayor—, no parecen frecuentes los errores en la inscripción de la transmisión a nombre del nuevo titular de las acciones en un sistema TRD, por la propia naturaleza de esta tecnología en la que el registro está distribuido en los diversos nodos de la cadena.

Ello no obstante debiera preverse reglamentariamente como se ha hecho, por ejemplo, en el Derecho suizo, un procedimiento, a imagen del tradicional de extravío, sustracción o pérdida del título valor para los casos de pérdida del criptovalor. Más exactamente, un procedimiento que permita al titular legítimo solicitar del juez la anulación del derecho-valor si puede demostrar que tenía el poder de disposición sobre el derecho (el control, en terminología de los Principios UNIDROIT) y ha perdido dicho poder. Como se establece en el artículo 973h del Código suizo de las obligaciones, obtenida la anulación del derecho-valor, el legítimo titular puede ejercitar los derechos que éste confiere al margen del registro o bien solicitar al deudor la atribución de un nuevo derecho-valor inscrito, asumiendo el solicitante los gastos de la operación. Al procedimiento y efectos de la anulación les son aplicables las normas del Código suizo previstas para la anulación de los títulos-valores. Estamos ante un procedimiento subsidiario en la media en la que las partes, pueden acordar un procedimiento simplificado de anulación del derecho-valor que permita la reducción de plazos y el número de anuncios públicos previstos en el Código para los valores en papel.

V. BIBLIOGRAFÍA SELECCIONADA

ÁLVAREZ ROYO-VILLANOVA, S. "Las ICOs como nueva forma de crowdfunding", *El notario del s. XXI*, 81, 2018, disponible en https://www.elnotario.es/hemeroteca/revista-81/8908-las-icos-como-nueva-forma-de-crowdfunding

DE CORES HELGUERA, C., "La circulación jurídica y sus señales. De la *traditio* a la blockchain", *Token Law and Markets,* Ibañez Jiménez, J. (dir.), Reus, Madrid, 2021.

FERRER MOLINA, R., "Tokenización de acciones y participaciones sociales", *Guía de criptoactivos MICA*, Madrid Parra, A. y Pastor Sempere, C. (dir.), Aranzadi, Cizur Menor, 2021.

GALLEGO CORCOLES, A., "El *blockchain* en la junta general", *Revolución digital, Derecho mercantil y token* economía, Muñoz Pérez, A. (dir.), Tecnos, Madrid, 2019.

GALLEGO LANAU, M., "El funcionamiento virtual de la junta general de las sociedades de capital y *blockchain*", *El sistema jurídico ante la digitalización. Estudios de Derecho privado,* Paniagua Zurera, M. (dir.), Tirant lo blanch, Valencia 2021.

GARRIDO GARCÍA, J., "Digital Tokens: A Legal Perspective", *International Monetary Fund, wp/23/151*, julio de 2023.

GÓNZALEZ VÁZQUEZ, J.C., entrada "Píldoras mercantiles: aprobación de la Ley 6/2023, de 17 de marzo, de los mercados de valores y de los servicios de inversión: aspectos relevantes (III)", 3 de marzo de 2023, disponible en https://www.linkedin.com/pulse/pildoras-mercantiles-aprobaci%-25C3%25B3n-de-la-ley-62023-17-y-jos%25C3%25A9-carlos-1e/?-trackingId=Gt8JTPdiQwqkdgL8c3M2Ag%3D%3D

IBÁÑEZ JIMÉNEZ, J.W., *Blockchain, primeras cuestiones en el ordenamiento español,* Dykinson, Madrid, 2018.

MADRID PARRA, A., "Regulación inicial de los criptovalores", *Revista de Derecho del Sistema Financiero,* núm. 6, 2023.

— "La legitimación en los criptovalores", *Revista de Derecho del Mercado de Valores,* núm. 33, 2023, versión digital.

MUÑOZ GARCÍA, A., "La tokenización de instrumentos financieros en la Ley de los Mercados de Valores y de los Servicios de Inversión", *Revista de Derecho Bancario y Bursátil,* núm. 170, 2024.

MUÑOZ PÉREZ, A.F., "Tokenizaciones. Caracterización de las Criptomonedas, los Criptoactivos y los Instrumentos financieros", *Revista de Derecho Bancario y Bursátil,* núm. 170, 2024.

PALÁ LAGUNA, R., "Los criptoactivos valores negociables como nueva categoría de los derechos-valor", *Revista de Derecho del Mercado de Valores*, núm. 31, 2022, versión digital

— "Las modificaciones de la Ley de Sociedades de Capital por la nueva Ley de los Mercados de Valores", *Análisis GA_P* de 23 de marzo de 2023, disponible en https://www.ga-p.com/publicaciones/las-modificaciones-de-la-ley-de-sociedades-de-capital-por-la-nueva-ley-de-los-mercados-de-valores/

PANISI, F., BUCKLEY, R. y ARNER, D, "Blockchain and Public Companies: A Revolution in Share Ownership Transparency, Proxy-Voting and Corporate Governance?", 2 *Stanford Journal of Blockchain Law and Policy* 2019.

ROMERO UGARTE, J.L., "Tecnología de registros distribuidos (DLT): una introducción", *Boletín Económico del Banco de España,* octubre de 2018.

TAKAHASHI, K., "Blockchain-based Negotiable Instruments (with Particular Reference to Bills of Lading and Investment Securities)", octubre de 2021, disponible en https://ssrn.com/abstract=3937664

Capítulo 3

TRANSMISIÓN DE ACCIONES EN LAS SOCIEDADES DE CAPITAL: NUEVAS POSIBILIDADES Y RETOS JURÍDICOS[1]

Briseida Sofía Jiménez-Gómez
Profesora Titular (acred.)
Universidad Complutense de Madrid

I. INTRODUCCIÓN

La Ley 6/2023, de 17 de marzo, de los mercados de valores y de los servicios de inversión permite una nueva forma de repre-

1 ORCID 0000-0003-0862-8188. Este trabajo ha sido realizado en el marco del proyecto de investigación nacional «Gobierno Corporativo: Desafíos Regulatorios ante la Digitalización del Derecho de Sociedades» (PID2019-104019RB-I00) financiado por el MCIN/AEI /10.13039/501100011033.

sentación de acciones mediante la tecnología de registro distribuido, en adelante, TRD[2]. Esta forma de representación es alternativa a las anotaciones en cuenta siempre que los valores sean admitidos a negociación en centros de negociación[3]. El objetivo de la Ley es reforzar y garantizar la seguridad jurídica para tener en cuenta los avances tecnológicos en materia de registro electrónico seguro. De esta forma, se da cumplimiento al mandato del legislador de la Unión Europea a los Estados miembros[4]. Las disposiciones contenidas en el Reglamento Piloto, en relación con la representación de valores mediante TRD, se aplicarán a aquellos valores que tengan la consideración de valores negociables de conformidad con lo dispuesto en la legislación española.

Las acciones representadas mediante la TRD son criptoactivos[5] y "*security tokens*" si cumplen con la definición de valor en la jurisdicción donde se emiten, comercializan, transfieren, inter-

2 *Vid.*, artículo 6.1 de la Ley 6/2023, de 17 de marzo, del mercado de valores y de los servicios de inversión, BOE núm. 66, 18 de marzo de 2023, (en adelante, LMVSI).

3 *Vid.*, artículo 6.2 de la LMVSI.

4 El Reglamento piloto de la UE entró en vigor el 23 de marzo de 2023, por lo que ese era el plazo para adaptar la legislación nacional, a menos que se solicitara una prórroga de 9 meses a la Comisión de la UE, véase el artículo 18.2 del Reglamento 2022/858 de la Unión Europea, de 30 de mayo de 2022, por el que se establece un régimen piloto para las infraestructuras de mercado basadas en la tecnología de registro distribuido y por el que se modifican los Reglamentos (UE) núm. 600/2014 y (UE) núm. 909/2014 y la Directiva 2014/65/UE, L 151/1, DO 2.6.2022 (en adelante Reglamento Piloto).

5 Se entiende que es una representación digital de un valor o de un derecho que puede transferirse y almacenarse electrónicamente, mediante tecnología de registro distribuido o una tecnología similar, artículo 3.5 del Reglamento (UE) 2023/1114 del Parlamento Europeo y del Consejo de 31 de mayo de 2023 relativo a los mercados de criptoactivos y por el que se modifican los Reglamentos (UE) núm. 1093/2010 y (UE) núm. 1095/2010 y las Directivas 2013/36/UE y (UE) 2019/1937. DO L 150/40, 9.6.2023 (en adelante Reglamento MICA).

cambian o almacenan. Además, las acciones representadas en la TRD son fungibles[6]; porque representan un bien fungible y, por tanto, reemplazable por otro del mismo género y especie (*tantundem eiusdem generis et qualitatis*)[7]. El artículo 6.4 de la LMVSI establece la fungibilidad a afectos de las operaciones de compensación y liquidación, si bien está pendiente de desarrollo reglamentario[8].

II. FUNDAMENTOS JURÍDICOS Y TECNOLÓGICOS DE LA TRD

1. Definiciones del Derecho de la UE: El Reglamento Piloto

La política de la UE para impulsar la innovación mediante la TRD en el mercado financiero interior se plasma en el Reglamento 2022/858 de la Unión Europea. La versión en español del Regla-

6 Existen dos niveles de fungibilidad, nos referimos al de que en determinados protocolos de Ethereum se identifican series de *tokens* de contenido idéntico (propio del llamado ERC 20), por eso se alude a que se trata de *tokens* fungibles. No obstante, los *tokens* tienen una configuración de hash única, lo que se contrapone con las anotaciones contables idénticas o identificadas por una referencia común ISIN, *vid*., IBAÑEZ JIMÉNEZ, J., *Tokens Valor (Security Tokens)*, Reus, Madrid, 2021, p. 218.

7 Otros ordenamientos como el luxemburgués han explicitado que la tenencia de cuentas de valores a través de un registro DLT no afecta a la fungibilidad de los valores en cuestión, *vid*., artículo 18 bis (1) de la Loi du 1er mars 2019 portant modification de la loi modifiée du 1er août 2001 concernant la circulation de titres. A111, núm. 7363. Con respecto a los efectos de la fungibilidad de las anotaciones en cuenta *vid*., RECALDE CASTELL, A.J., "Los valores anotados en cuenta después de los cambios en el régimen de la post-contratación", *La reforma del sistema de poscontratación en los mercados de valores*, Martínez Flórez, A., Garcimartín Alférez, F.J., Recalde Castells, A.R. (dirs.), Cizur, Aranzadi, 2017, pp. 751-796, p. 787.

8 Norma criticada como superflua en MUÑOZ GARCIA, A., "La tokenización de instrumentos financieros en la Ley de los Mercados de Valores y los servicios de inversión", *Revista de Derecho Bancario y Bursátil*, núm. 170, 2023, epígrafe III. 3.

mento hace referencia a tecnología de registro "descentralizado"[9]. Sin embargo, la traducción parece un error, porque debería expresar "distribuido", lo cual resultaría coherente con las versiones oficiales en otros idiomas. A pesar de que las redes distribuidas se parecen a las descentralizadas, en una red distribuida, la carga de trabajo se divide, a diferencia de lo que ocurre en una red descentralizada, en el que cada nodo puede actuar como servidor maestro de su pro-

9 Por ello varios autores se refieren a la tecnología de registro descentralizada, por ej. MARTÍNEZ NADAL, A., "Ámbito de aplicación y conceptos esencial de la propuesta de Reglamento relativo a los mercados de criptoactivos: la noción de criptoactivo y sus subcategorías", *Guía de criptoactivos MICA*, Pastor Sempere, C., Madrid Parra, A. (dirs.), Cizur Menor, Thomson Reuters, 2021, pp. 51-52; PALÁ LAGUNA, R., "Los criptoactivos valores negociables como nueva categoría de derechos-valor", *Revista de Derecho del Mercado de Valores*, núm. 31, 2022, epígrafe I. Sin embargo, otros autores se refieren a la tecnología de registro distribuido, BEDNARZ, Z., "La representación de acciones en forma de tokens en la blockchain", *Revista de Derecho del Mercado de Valores*, núm. 26, 2020, epígrafe I.; GARCÍA MARTÍNEZ, L. M., "Infraestructuras de mercado basadas en tecnología de registro distribuido (TRD): el futuro régimen piloto de la UE", *Revista de Derecho del Mercado de Valores*, núm.29, 2021, epígrafe I (consultada versión electrónica); HERRERO MORANT, R., "La tecnología DLT en el mercado de valores, en especial respecto de las acciones de las sociedades cotizadas. Aspectos generales y análisis de una posible desintermediación del mercado", *Revista de Derecho del Mercado de Valores*, núm. 26, 2020, epígrafe I (consultada versión electrónica); JIMÉNEZ-GÓMEZ, B.S., "Distributed Ledger Technology in Financial Markets: the European Union Experiment", *Cuadernos de Derecho Transnacional*, 2023, vol. 15, núm. 2, pp. 665-678, p. 665; LLOPIS BLANQUE, A., "La incidencia de las tecnologías de registro distribuido y criptoactivos y su normativa de desarrollo sobre los sistemas multilaterales de negociación y los inversores minoristas", *Revista de Derecho del Sistema Financiero*, núm. 3, 2023, pp. 113-142, p.116; MADRID PARRA, A., "Del valor anotado al "tokenizado", *Revista de Derecho del Sistema Financiero: mercados, operadores y contratos*, núm. 3, 2022, pp. 65-97, p. 59; PALÁ LAGUNA, L, "Digitalización de Registro Societarios: Blockchain", *Cuadernos de Derecho para Ingenieros*, Alonso Ledesma, C., Muñoz Pérez, A., F., De Rábago Marín J., y Martínez Garrido S., (coords.), Iberdrola, 2021, pp. 89-109, p. 95. Refiriéndose a la ley española, MUÑOZ GARCÍA, A., "La tokenización ...", *op. cit.*, epígrafe I.

pio punto de procesamiento. Es decir, en una red descentralizada, varios nodos pueden repartirse la capacidad de decisión, pero en un sistema de red distribuida, la capacidad de procesamiento se reparte uniformemente por toda la red.

La referencia al Reglamento Piloto de la UE resulta necesaria, porque establece las definiciones básicas de los instrumentos financieros bajo la forma de TRD[10] y los límites cuantitativos para la emisión de acciones "tokenizadas"[11]. En primer lugar, por registro distribuido se entiende un repositorio de información que mantiene registros de las transacciones y que se comparte y sincroniza entre un conjunto de nodos de la red TRD utilizando un mecanismo de consenso[12]. En segundo lugar, tecnología de registro distribuido o TRD significa una tecnología que permite el funcionamiento y uso de registros distribuidos[13]. La cadena de bloques o *blockchain* es un subtipo de tecnología de registro distribuido[14], que usaremos como sinónimo en el siguiente apartado. En tercer lugar, un instrumento financiero basado en la TRD es un instrumento financiero que se emite, registra, transfiere y almacena utilizando la tecnología de registro distribuido[15]. Ade-

10 No obstante, téngase en cuenta que el Reglamento Piloto se caracteriza por una aplicación temporal e implica un proceso de aprendizaje para las autoridades reguladoras, JIMÉNEZ-GÓMEZ, B.S., "Distributed Ledger Technology ...", *op. cit.*

11 Incluso se ha llegado a afirmar que la representación tendrá que mantenerse mediante anotaciones en cuenta para la negociación en mercados regulados nacionales que no se correspondan con las infraestructuras de mercado del Reglamento Piloto, MUÑOZ GARCÍA, A., "La tokenización...", *op. cit.*, epígrafe III.3.

12 Artículo 2(2) del Reglamento Piloto.

13 Artículo 2(1) del Reglamento Piloto.

14 MILLS, D.; WANG, K.; MALONE, B.; RAVI, A.; MARQUARDT, J.; CHEN, C.; BADEV, A.; BREZINSKI, T.; FAHY, L.; LIAO, K.; KARGENIAN, V.; ELLITHORPE, M.; NG. W. y BAIRD, M., "Distributed ledger technology in payments, clearing, and settlement", *Finance and Economics Discussion Series 2016-095*, Washington: Board of Governors of the Federal Reserve System, 2016, p. 10.

15 Artículo 2 (11) del Reglamento Piloto.

más, la LMVSI hace referencia a tecnología de registro distribuido en vez de descentralizado[16].

El Reglamento Piloto tiene primacía en el sistema de fuentes del Derecho europeo y pretende aumentar la competitividad de la Unión europea, pero resultan imprescindible las nociones de equivalencia de los registros y una inclusión legal a nivel nacional para que los operadores puedan "tokenizar" acciones de una sociedad. La posibilidad de pactar entre las partes los efectos de los valores anotados en registros distribuidos resulta muy limitada si no viene ayudada por el ordenamiento jurídico nacional, principalmente porque los efectos de los acuerdos entre las partes, en este caso el emisor de las acciones y sus eventuales inversores o beneficiarios, no tendrían efectos frente a terceros que no están vinculados por el acuerdo. La normativa registral nacional resulta necesaria para posibilitar transmitir las acciones "tokenizadas", por lo que será analizada en el epígrafe III.

2. Estructura tecnológica versátil de la TRD

La estructura tecnológica de la TRD o *blockchain* puede afectar a la determinación del régimen jurídico aplicable a las acciones "tokenizadas", por lo debe hacerse alusión al dilema del propio *blockchain*. Las *blockchains* públicas y que no requieren autorización (*permissionless*) se caracterizan por una mayor seguridad, por lo que el registro no está expuesto al sabotaje; y también por la descentralización, por lo que se puede prescindir de una autoridad central si varias personas trabajan a la vez[17]. Dicha estructu-

16 *Vid.*, por ejemplo, artículos 6, 8 y 10 de la LMVSI. También así se refieren a ella, MUÑOZ GARCÍA, A., "La tokenización...", *op. cit.*, epígrafe I.

17 *Vid.*, JIMÉNEZ-GÓMEZ, B.S., "Risks of Blockchain for Data Protection: a European Approach", *Santa Clara High Technology Law Journal*, vol. 36, issue 3, 2020, pp. 281-343, pp. 288-291.

ra parece más resiliente que las estructuras centralizadas[18]; pero estas características de la *blockchain* dificultan la escalabilidad de las mismas, por lo que las empresas usualmente desarrollan redes privadas y con requerimientos de autorización[19].

No obstante, la estructura de los mercados de valores debiera ser pública para que cualquier persona pudiera acceder, y distribuida, para garantizar la mayor transparencia, seguridad e inmutabilidad[20]. A este respecto, la LMVSI impone una estructura de registro centralizada para las anotaciones en cuenta de las acciones, aunque para las acciones representadas mediante TRD, la relevancia de la estructura se remite al documento de emisión en el que constará la identificación de la entidad encargada del registro contable, y donde la entidad emisora designa a la entidad o entidades que serán las responsables de la administración de la inscripción y registro de valores en el sistema[21].

No será obligatoria la compensación centralizada por parte de una entidad de contrapartida central de las operaciones sobre acciones y derechos de suscripción de acciones que sean realizadas en segmentos de contratación multilateral de los mercados regulados y de los SMN[22], ni que la liquidación de los valores deba ser realizada por un depositario central de valores (DCV)[23].

18 PEINADO GRACIA, J.I., "Las Juntas Generales en blockchain. Un apunte de gobierno corporativo", *Cuadernos de Derecho para Ingenieros*, Alonso Ledesma, C., Muñoz Pérez, A., F., De Rábago Marín J., y Martínez Garrido S., (coords.), Iberdrola, 2021, pp. 69-87, pp.77-78.

19 Para una descripción más pormenorizada y caracterización de las diferencias de redes, *vid.*, JIMÉNEZ-GÓMEZ, B.S., "El derecho de voto en las sociedades cotizadas a través de la tecnología blockchain", *Revista de Derecho Bancario y Bursátil*, 2022, núm. 168, pp. 141-170.

20 *Vid.*, MADRID PARRA, A., "Del valor anotado...", *op. cit.*, p. 82, hace referencia a redes "permisionadas" y privadas para el cumplimiento regulatorio, pero no tiene que ser realmente así, pues como dice se puede llegar a una acomodación.

21 *Vid.*, artículo 8.4 de la LMVSI.

22 Artículo 142.1 a) del Real Decreto 814/2023, de 8 de noviembre.

23 Artículo 143 del Real Decreto 814/2023, de 8 de noviembre.

En consecuencia, la LMVSI no parece que expresamente obligue a la centralización de la TRD; pero la intención del Estado para obligar a la centralización de las infraestructuras se justifica por otro orden de motivos, como la seguridad nacional y el cumplimiento de las funciones de control de las autoridades supervisoras en materias como la persecución contra el blanqueo de capitales, la financiación del terrorismo o la evasión de la tributación de las transacciones sobre valores mobiliarios. El miedo a la pérdida de control de los instrumentos financieros por parte de las autoridades reguladoras y supervisoras impulsa a que la TRD que se está creando no sea descentralizada, pues aparece una nueva entidad responsable de la administración de la inscripción y registro en un sistema de registro distribuido (ERIR), la cual será la propia infraestructura de mercado, salvo que los valores no coticen[24]. Las nuevas plataformas que se crean permiten que se realice directamente la negociación y la liquidación de valores, haciendo desaparecer la fase de compensación, lo que se corresponde con un mayor nivel de eficiencia y una disminución de costes.

III. NUEVAS POSIBILIDADES EN MATERIA DE REPRESENTACIÓN DE LAS ACCIONES

1. Evolución del ordenamiento jurídico

El modelo tradicional eran las acciones representadas mediante títulos, nominativos o al portador, que proporcionan una función de seguridad para la circulación de derechos, susceptibles de posesión y custodia. Las acciones en papel (por medio de títulos)

24 La ERIR podría ser una entidad de crédito o una empresa de servicios de inversión con obligaciones de custodia de valores. JIMÉNEZ-GÓMEZ, B.S., "El Reglamento Piloto sobre la tecnología de registros distribuidos en los mercados de valores: un análisis crítico", *Revista de Derecho Bancario y Bursátil*, núm. 172, 2024, pp. 37-66, p. 40.

constitutivos se transferían de mano en mano entre las partes por efecto de la "tradición". Sin embargo, la masificación de los valores mobiliarios provocó un cambio en la forma de representación[25]. La Ley del Mercado de Valores de 1988 materializó la representación de los valores mediante anotaciones en cuenta, creando un sistema alternativo a los títulos[26]. No obstante, cuando los valores se admitían a negociación en un mercado secundario oficial o en sistemas multilaterales de negociación, la representación mediante anotaciones en cuenta devenía obligatoria[27]. Esta nueva representación reduce los riesgos y los costes de transacción y se alinea con la lucha contra el blanqueo de dinero. A su vez se permitía la reversión de ambas formas de representación, pero se requería la autorización previa de la CNMV[28].

Como novedad, el artículo 6 de la LMVSI admite la posibilidad de representar valores negociables mediante anotaciones en cuenta, títulos o sistemas basados en TRD[29].

25 PAZ-ARES RODRÍGUEZ, J.C., "La desincorporación de los títulos valor", *Revista de Derecho Mercantil*, núm. 219, 1996, pp. 7-34.

26 *Vid.*, PALÁ LAGUNA, R., "Los criptoactivos valores...", *op. cit.*, epígrafe I. MADRID PARRA, A., "Del valor anotado al tokenizado", *op.cit.* p. 67, hace referencia a que la equivalencia funcional de anotaciones en cuenta mediante un sistema electrónico centralizado hace tiempo que está jurídicamente reconocida con la deuda pública desde 1987.

27 Artículo 6 (2) del TRLMV (2015).

28 Artículo 6 (3) del TRLMV (2015).

29 Algún autor advirtió la posibilidad de "tokenizar" valores incluso antes del cambio legislativo, si bien no podría hacerse de forma amplia y generalizada, *vid.*, MADRID PARRA, A., "Del valor anotado...", *op. cit.*, p. 87. En cambio, otros concluían que no era posible "tokenizar" acciones, ni aunque no estuvieran impresas ni emitidas, ni aunque estuvieran representadas mediante anotaciones en cuenta, ni mediante títulos nominativos, excepto las acciones al portador, FERRER MOLINA, R., "Tokenización de acciones y participaciones sociales", *Guía de criptoactivos MICA*, Pastor Sempere, C., Madrid Parra, A. (dirs.), Thomson Reuters, Cizur Menor, 2021, pp. 97-110. En contra de

El sistema español mantiene la política legislativa de reversión, ya que la representación de valores negociables puede modificarse de sistemas de TRD a títulos o anotaciones en cuenta, y viceversa, de anotaciones en cuenta a sistemas de TRD[30]. Sin embargo, el segundo cambio solo podrá llevarse a cabo si todos los titulares prestan consentimiento a dicha transformación[31]. No está claro si se requerirá autorización de la CNMV para transformar la representación a sistemas basados en la TRD, pues tiene que desarrollarse reglamentariamente, pero por lógica jurídica nos inclinamos a que sea necesario el requisito de autorización de la CNMV.

2. Principio de equivalencia en Derecho español

La equivalencia legal entre ambas formas de representación en las transmisiones de acciones como valores negociables resulta un componente necesario para garantizar el buen funcionamiento del sistema financiero en su conjunto y para que las operaciones se tramiten y ejecuten con firmeza. Por ello, la constancia de las transmisiones por medio de anotación en cuenta o por medio de un registro distribuido producirá los mismos efectos que la entrega de los títulos[32]. Se produce una equiparación entre la transmisión de acciones "tokenizadas" con el resto de las formas de representación hasta ahora utilizados. A este respecto, la Ley establece como determinante la primera anotación o inscripción en dichos sistemas a favor del emisor o de los suscriptores de los valores, pues determina la forma de registro en su constitución y posteriores transmisiones[33]. Es decir, la modalidad de represen-

la tokenizacion de las acciones de sociedades cotizadas, BEDNARZ, Z., "La representación...", *op. cit.*, epígrafe IV.1.

30 *Vid.*, artículo 6.3 tercera frase de la LMVSI.

31 *Vid.*, artículo 6.3 última frase de la LMVSI.

32 Artículo 11.1 de la LMVSI.

33 Artículo 10.1 para. 2 de la LMVSI.

tación de las acciones puede variar a lo largo del tiempo en distintas emisiones, pero la elegida debe ser coherente para todos los valores de una misma emisión (artículo 6.1 LMVSI y artículo 5.1 del Real Decreto 814/2023, de 8 de noviembre, sobre instrumentos financieros, admisión a negociación, registro de valores negociables e infraestructuras de mercado, BOE núm. 268, de 9 de noviembre de 2023).

Las acciones representadas mediante sistemas de TRD, al igual que las anotaciones en cuenta, se constituirán como tales en virtud de su inscripción en el correspondiente registro de la entidad encargada del registro contable[34]. Sin embargo, la regulación de desarrollo debería aclarar el efecto constitutivo para los valores representados mediante TRD, por ejemplo, en el caso de valores admitidos a negociación en un mercado secundario oficial o en un sistema multilateral de negociación, el efecto constitutivo se producirá con la inscripción en el registro central del depositario central de valores[35]. Esa tenencia indirecta de acciones mediante anotaciones debería poder convertirse en tenencia directa de acciones "tokenizadas"[36], para evitar los problemas de conflicto de leyes en el ámbito internacional[37].

34 Artículo 10.1 de la LMVSI.

35 Eso lo aclaraba el artículo 12.2 del Real Decreto 878/2015 para el caso de las acciones representadas por medio de anotaciones en cuenta. Hoy lo aclara el artículo 14.2 del Real Decreto 814/2023.

36 A favor de tal opción, JIMÉNEZ-GÓMEZ, B.S., "El derecho de voto...", *op. cit.*, pp. 164-165.

37 *Vid.*, GARCIMARTÍN ALFÉREZ, F.J. y SÁNCHEZ FERNÁNDEZ, S., "Valores negociables y custodia internacional: algunas cuestiones fundamentales", *La reforma del sistema de poscontratación en los mercados de valores*, Martínez Flórez, A., Garcimartín Alférez, F.J., Recalde Castells, A.R. (dirs.), Aranzadi, Cizur, 2017, pp. 797-830. PAZ-ARES RODRÍGUEZ J.C. y GARCIMARTÍN ALFÉREZ, FJ., "Conflictos de leyes y garantías sobre valores anotados en intermediarios financieros", *Revista de Derecho Mercantil*, núm. 7, 2000, pp. 1479-1518.

Los suscriptores de acciones basados en sistemas de TRD tendrán derecho a que se practiquen a su favor, de forma gratuita, las anotaciones correspondientes[38]. Además, las transmisiones de acciones basados en sistemas de TRD se producirán mediante la transferencia inscrita en el registro de tecnología distribuido[39]. Igualmente, con el registro distribuido, los valores circulan "a domino en virtud del consentimiento", por lo que ni la tradición ni la inscripción de la transmisión son requisitos para la transmisión de los valores[40]. Asimismo, el tercero que adquiera a título oneroso valores negociables representados mediante anotaciones en cuenta o mediante sistemas de registro basados en TRD, de una persona que, según los asientos del registro contable o del sistema de registro basados en TRD, aparezca legitimada para transmitirlos, no estará sujeto a reclamación, salvo que en el momento de la adquisición haya actuado de mala fe o con negligencia grave[41].

Algunos autores consideran que los principios de los valores negociables no se aplican a los valores anotados en cuenta[42], lo que también podría decirse de las acciones "tokenizadas". Sin embargo, los valores anotados en cuenta tienen la misma función que los valores en papel, por tanto, los valores anotados en

38 Artículo 10.3 de la LMVSI.

39 Artículo 11. 1 de la LMVSI.

40 *Vid.*, esta opinión con respecto a los valores representados en anotaciones en cuenta, PÉREZ MILLÁN, D., "La transmisión consensual de valores representados mediante anotaciones en cuenta", *La reforma del sistema de poscontratación en los mercados de valores*, Martínez Flórez, A., Garcimartín Alférez, F.J., Recalde Castells, A.R. (dirs.), Aranzadi, Cizur Menor, 2017, p. 847.

41 Artículo 11.3 de la LMVSI.

42 *Vid.*, SÁNCHEZ ANDRÉS, A., "Valores anotados y construcción jurídica de las anotaciones en cuenta", *Revista de Derecho del Mercado de Valores*, núm. 1, 2007, pp. 3-38. RECALDE CASTELL, A.J., "Los valores anotados en cuenta ... *op. cit.*

cuenta como los criptovalores podrían incluirse en la categoría de "derecho valor", siguiendo a la profesora PALÁ LAGUNA[43].

La norma más relevante de la nueva Ley es la presunción *iuris tantum* de legitimación de la persona que aparezca en los asientos del registro distribuido (artículo 13.1 de la LMVSI). A estos efectos puede estar legitimado el beneficiario último o las entidades de crédito, las sociedades de valores y las agencias de valores. Se ha interpretado que será infracción que el emisor sea el responsable de la administración de la inscripción y registro de las acciones (artículo 279.1.e de la LMVSI)[44], pero no es cierto, pues el propio emisor puede ser responsable también de esas funciones por el artículo 8. 3 de la LMVSI. Lo pertinente es que no se tiene en cuenta la opción de la autocustodia de los accionistas, prescindiendo de la eficacia que esa posibilidad otorgaría al sistema.

Por otra parte, se incide en que ...*De esta forma se está dando entrada y facilitando la aplicación del modelo tecnológico y jurídico propio del sistema anglosajón. En vez de limitarse al sistema patrio de registro contable de doble escalón, se acude a la fiducia...*[45]; pero nuestro sistema de doble escalón, aunque fuera en teoría de tenencia directa, funciona en la práctica como tenencia indirecta de acciones[46]. El problema de la norma aprobada es la pervivencia

43 *Vid.* PALÁ LAGUNA, R., "Los criptoactivos valores...", epígrafe I.

44 *Vid.* MUÑOZ GARCIA, A., "La tokenización...", *op. cit.*, epígrafe III.4.

45 MADRID PARRA, A., "La legitimación en los criptovalores", *Revista de Derecho del Mercado de Valores*, núm. 33, 2023, epígrafe IV. Para una crítica al sistema anglosajón, vid., MICHELER, E., "Custody Chains and Asset Values: Why Crypto-currencies are Worth Contemplating", *Cambridge Law Journal*, 2015, pp. 505-533.

46 *Vid.*, PEINADO GRACIA, J.I. y BEDNARZ, Z., "Cuestionando las bondades de la "blockchain" en las juntas generales. "un martillo buscando un clavo", *Revista de Derecho de Sociedades*, núm. 61, 2021. También PEINADO GRACIA, J.I., "Las Juntas Generales...", *op. cit.*, p. 81. JIMÉNEZ-GÓMEZ, B.S., "Block-

de la obligatoriedad de los intermediarios, pues el sistema de doble escalón también podría ser eliminado con la TRD y garantizar una tenencia directa.

La regulación española establece que la CNMV está obligada a llevar un registro de las entidades responsables de la administración de la inscripción y registro de valores negociables representados mediante sistemas basados en TRD correspondientes a una emisión[47], pero no se aclara si el efecto constitutivo se producirá con la inscripción en el DCV; de hecho, el emisor puede designar a una o varias entidades responsables de la administración de la inscripción y registro de los valores en el sistema, pudiendo ser el propio emisor o las entidades designadas por éste[48].

Tampoco los reglamentos de desarrollo de la LMVSI han aportado mayor luz al respecto, con la salvaguarda de mencionar los planes de contingencia en el artículo 5.2 del Real Decreto 814/2023, de 8 de noviembre, que obliga a la entidad designada por el emisor como responsable de la administración de la inscripción y registro de los valores negociables, representados mediante sistemas basados en TRD, a contar con un plan de contingencia que permita asegurar la adecuada gestión de los incidentes que puedan afectar a la red utilizada y la continuidad del registro en situaciones de fallo en su funcionamiento o por no resultar ya viable, por cualquier motivo, su utilización como sistema de registro.

chain as an opportunity to upgrade the right to vote in listed companies", *InDret*, núm.1, 2023, pp. 61-97, pp. 75-76.

47 Artículo 2 b) del Real Decreto 815/2023, de 8 de noviembre, por el que se desarrolla la Ley 6/2023, de 17 de marzo, de los Mercados de Valores y de los Servicios de Inversión, en relación con los registros oficiales de la Comisión Nacional del Mercado de Valores, la cooperación con otras autoridades y la supervisión de empresas de servicios de inversión. «BOE» núm. 268, de 9 de noviembre de 2023.

48 Artículo 8.4 de la LMVSI.

3. Avances en Derecho comparado

Determinados Estados miembros pretendían ser competitivos y atraer hacia sus fronteras a las sociedades más tecnológicas, incluso antes de la aprobación del Reglamento Piloto. A nuestros propósitos interesa destacar la situación jurídica en Francia, Luxemburgo e Italia. El legislador más pionero dentro de la UE fue el francés (2017). El Código Monetario y Financiero francés establece que los registros distribuidos son equivalentes al registro contable[49]; y que la transferencia de la propiedad de los valores negociables resulta de la inscripción de estos valores en los registros contables del adquirente o de la inscripción de estos valores en un sistema de TRD en beneficio del adquirente. Estas disposiciones protegen al adquirente de valores[50]. La LMVSI reconoce la inscripción registral como equivalente al registro tradicional y protege al adquirente de buena fe registrado de forma similar a la ley francesa.

Por otra parte, el legislador luxemburgués en un primer momento (2019) introdujo la posibilidad de utilizar la TRD para el registro y la transmisión de valores[51], mencionando que las transmisiones sucesivas por medio de un registro de TRD serían consideradas como una transmisión de valores anotados en cuenta[52]. Se establecía así una ficción jurídica para el correcto funcionamiento de los valores en la TRD, pero solo hacía referencia al mantenimiento y transmisión de valores negociables. Fue necesaria una segunda ley para hacer posible la emisión de valores a través de una cuenta mantenida con un DCV o un sistema de liquidación

49 Artículo 211.3 del Code monétaire et financier français. Ordonnance núm. 2017-1674 du 8 décembre 2017-artículo 2.
50 Artículo 211.17 del Code monétaire et financier français.
51 Loi du 1er mars 2019 portant modification de la loi modifiée du 1er août 2001 concernant la circulation de titres.
52 Artículo 18 bis de la Ley luxemburguesa de 1 de marzo de 2019.

sin necesidad de representación material de dichos valores[53]. Es decir, tanto la emisión como la circulación de acciones se puede realizar en una infraestructura TRD. La tercera modificación legal en Luxemburgo viene a implementar el Reglamento Piloto, estableciendo que un instrumento financiero puede ser representado usando la TRD y que se pueden crear garantías financieras sobre los mencionados valores, así como resultar oponibles frente a terceros y ser ejecutadas[54].

A continuación, mencionaremos la legislación italiana, pues quizás sea la más desarrollada en cuento a los efectos de las inscripciones en un registro distribuido. En el Decreto-Ley de 17 de marzo de 2023 se establecen los principios de Derecho registral también aplicables a un registro distribuido. El principio de legitimación establece que la persona a cuyo favor se practique la inscripción en el registro tendrá la plena y exclusiva legitimación para el ejercicio de los derechos relativos a los instrumentos financieros digitales objeto de dicha inscripción, de acuerdo con la normativa reguladora de los mismos y lo dispuesto en el Decreto-Ley[55]. El artículo 13 de la LMVSI tiene un efecto equivalente al precepto italiano. Además, la norma italiana se refiere a que la comprobación de la legitimación para el ejercicio de los derechos inherentes a los instrumentos financieros digitales se realizará por el emisor sobre la base de las inscripciones en el registro[56]. Por otra parte, la ley italiana hace referencia a la libertad de regu-

53 Loi du 22 janvier 2021 portant modification de la loi modifiée du 5 du abril 1993 relative au secteur financier; de la loi du 6 avril 2013 relative aux titres dématérialisés. A43, nº 7637.

54 Loi du 15 mars 2023. A147. Nº 8055, https://legilux.public.lu/eli/etat/leg/loi/2023/03/15/a147/jo

55 Artículo 5 (1) Decreto-Legge 17 marzo 2023, n. 25 convertito con modificazioni dalla L. 10 maggio 2023, n. 52.

56 Artículo 5 (3) Decreto-Legge convertito con modificazioni dalla L. 10 maggio 2023, n. 52.

lación y al principio de autonomía de la voluntad[57]. Los derechos inherentes a las acciones representadas mediante TRD son los clásicos derechos políticos y económicos de los accionistas, para los cuales la legislación societaria sigue siendo relevante, pero cuya regulación se ha clarificado para las acciones representadas mediante la TRD.

En el sistema italiano se transcribe el principio de buena fe e inoponibilidad también para los registros basados en TRD, por lo que no estará sujeta a ninguna reclamación o acción por parte de los titulares anteriores, siempre que la persona haya obtenido la inscripción a su favor de un instrumento financiero digital en el registro, sobre la base de un título adecuado y de buena fe[58]. En el ejercicio de los derechos inherentes a los valores digitales por la persona a cuyo favor se haya hecho la anotación, el emisor sólo podrá invocar las excepciones personales de dicha persona y las comunes a todos los demás titulares de los mismos derechos[59]. A este respecto el derecho a participar en la junta general y a ejercer los derechos de voto se determina con referencia a las inscripciones en el registro al final del día contable identificado en los estatutos del emisor[60]. El derecho al pago de los beneficios y otras distribuciones correspondientes a los instrumentos financieros digitales se determinará por referencia a los asientos de registro realizados al final del día contable identificado por el emisor.[61]

57 Sobre la posibilidad de elegir la ley aplicable, vid., epígrafe VI en este trabajo.

58 Artículo 5 Decreto-Legge convertito con modificazioni dalla L. 10 maggio 2023, n. 52.

59 Artículo 6 Decreto-Legge convertito con modificazioni dalla L. 10 maggio 2023, n. 52.

60 Artículo 7 Decreto-Legge convertito con modificazioni dalla L. 10 maggio 2023, n. 52.

61 Artículo 8 Decreto-Legge convertito con modificazioni dalla L. 10 maggio 2023, n. 52.

IV. POSIBLES SOLUCIONES PARA LOS EFECTOS DE LAS INSCRIPCIONES EN REGISTROS DISTRIBUIDOS

Dada la actual falta de desarrollo reglamentario, no puede afirmarse que se garantice la seguridad jurídica en la representación de acciones mediante sistemas basados en TRD, para permitir la aplicación en España del Reglamento Piloto. Uno de los aspectos a desarrollar debería ser el valor y los efectos de las inscripciones de las acciones "tokenizadas". Para ello resulta necesario acudir al futuro Derecho de la UE e incluso al Derecho comparado.

1. La Propuesta del Reglamento eIDAS

La propuesta del Reglamento eIDAS establece los efectos jurídicos de las inscripciones en registros distribuidos que podrían aplicarse también a los valores negociables representados mediante TRD[62]. En primer lugar, se propone la definición "libro mayor electrónico" como registro electrónico inviolable de datos que garantiza la autenticidad y la integridad de los datos que contiene, la exactitud de su fecha y hora y su orden cronológico; es decir, se trata de un registro de TRD, pues las características de inmutabilidad e integridad son básicas en dicha tecnología. En segundo lugar, un registro distribuido gozará de presunción de unicidad y autenticidad de los datos que contiene, así como a la secuencia cronológica interna[63]. En tercer lugar, no se le podrá denegar efectos jurídicos en procedimiento judiciales a un registro electrónico por ser electrónico o no cumplir los requisi-

62 Propuesta de Reglamento del Parlamento Europeo y del Consejo por el que se modifica el Reglamento (UE) núm. 910/2014 en lo que respecta al establecimiento de un Marco para una Identidad Digital Europea COM/2021/281 final. Bruselas, 3.6.2021.

63 *Vid.*, artículo 45 nonies 2 de la Propuesta de Reglamento eIDAS.

tos de registros cualificados[64]. Los requisitos que la propuesta de Reglamento eIDAS establece para los registros cualificados son los cuatro siguientes: 1) estar creado por uno o más prestadores cualificados de servicios de confianza; 2) garantizar la unicidad, autenticidad y correcta secuenciación de las entradas de datos grabadas en el libro mayor; 3) garantizar el orden cronológico secuencial correcto de los datos que contiene el libro mayor y la exactitud de la fecha y la hora de la entrada de datos; y 4) grabar datos de modo que sea posible detectar de forma inmediata cualquier modificación posterior de estos. En el caso de los mercados de valores, recordemos que la CNMV debe autorizar a las entidades encargadas de la administración y registros de valores, por lo que deberían contar con un prestador cualificado de servicios de confianza.

2. Inspiración en Derecho comparado

También podría servir de inspiración la normativa italiana al respecto. Debe destacarse que el artículo 28 de dicho Decreto-Ley de 17 de marzo 2023 introdujo un método alternativo para la transferencia de acciones al previsto en el artículo 2470 c.c., utilizando el *blockchain*. Sin embargo, será necesaria una regulación de la CONSOB para dar efecto real a este método alternativo de representación de las participaciones de sociedades de responsabilidad limitada. A modo comparativo el régimen contrasta con las limitaciones de la S.R.L. en España que no pueden representar las participaciones sociales mediante sistemas de TRD, no siendo éstas valores negociables, y su transmisión todavía exige la forma documento público (según los artículos 92.2 y 106.1 de la LSC).

64 *Vid.*, artículo 45 nonies 1 de la Propuesta de Reglamento eIDAS.

El Registro para la circulación digital de las acciones representadas mediante TRD debe cumplir varios requisitos[65].

Primero, el registro distribuido debe asegurar la integridad, la autenticidad, el no repudio[66], la no duplicidad y la validez de la anotación acreditativa de la titularidad y la trasmisión de los instrumentos financieros digitales y de sus correspondientes anexos.

Segundo, el registro distribuido debe permitir, directa o indirectamente, la identificación en cualquier momento de las personas a cuyo favor se realizan los asientos, el tipo y el número de instrumentos financieros digitales que posee cada una de ellas, así como su circulación.

Tercero, el registro distribuido permite a la persona a cuyo favor se efectúen las inscripciones acceder en cualquier momento a las inscripciones del registro relativas a sus instrumentos financieros digitales y extraer una copia en formato electrónico para todos los fines previstos por la ley, así como impide la pérdida o alteración no autorizada de los datos e inscripciones relativos a los instrumentos financieros digitales durante toda la vigencia de la inscripción.

Cuarto, el registro digital permite la inscripción de todo tipo de gravámenes sobre los instrumentos financieros digitales.

Quinto, el registro garantiza el acceso de las autoridades supervisoras (para el ejercicio de sus respectivas funciones).

65 Decreto-Legge 17 marzo 2023, n. 25. convertito con modificazioni dalla L. 10 maggio 2023, n. 52 (en G.U. 15/05/2023, n. 112).

66 En seguridad de la información, el no repudio es la capacidad de demostrar o probar la participación de las partes (origen y destino, emisor y receptor, remitente y destinatario), mediante su identificación, en una comunicación o en la realización de una determinada acción. "No repudio, ¿qué significa en seguridad informática?", *Ingeniería y Tecnología*, 4/02/2021, disponible en https://www.unir.net/ingenieria/revista/no-repudio-seguridad-informatica/

Sexto, el registro permite la identificación de: 1) la fecha de constitución del gravamen; 2) los instrumentos financieros digitales o sus especies; 3) la naturaleza del gravamen y cualquier otro dato adicional; 4) el motivo de la restricción y la fecha de realización de la operación; 5) la cantidad de instrumentos financieros digitales; 6) el titular de los instrumentos financieros digitales; 7) el beneficiario del gravamen y, cuando se revele, la existencia de un acuerdo entre las partes para el ejercicio de los derechos; y 8) la fecha de expiración del derecho de retención, en su caso.

V. NUEVOS RETOS JURÍDICOS

1. Forma de representación de acciones: incoherencias internas

La forma de representación de acciones en España ha cambiado desde el Texto Refundido de la LMV de 2015[67] a la nueva LMVSI de 2023, incluyendo como se ha expuesto la representación de valores negociables mediante TRD. En el sistema precedente, la LSC y el TRLMV mostraban concordancia, pues ambos textos especificaban la representación de acciones por los mismos métodos. Asimismo, la opción de representación mediante títulos no estaba disponible para las acciones de sociedades cotizadas en un mercado regulado[68], ya que las sociedades cotizadas deben tener valores desmaterializados, y concretamente, valores registrados en anotaciones en cuenta.

En el nuevo régimen, la disposición final sexta de la LMVSI modifica el artículo 23 d) de la LSC para contemplar la "tokenización" de acciones en las sociedades anónimas, pues las acciones

67 Real Decreto Legislativo 4/2015, de 23 de octubre, por el que se aprueba el texto refundido de la Ley del Mercado de Valores. BOE núm. 255. 24.10.2015, en adelante, LMV 2015.

68 Artículo 496.1 de la LSC.

pueden representarse también mediante sistemas basados en TRD. Estas modificaciones son coherentes con las posibilidades para otros instrumentos financieros, como las participaciones de los fondos de inversión[69] o los bonos, ya que ambos pueden ser representados mediante sistemas basados en TRD[70]. Dado que el legislador no establece una norma de carácter supletorio en cuanto a la representación de acciones, se ha interpretado que se trata de una mención de carácter esencial[71]. No obstante, no se ha modificado el artículo 92 de la LSC, que sigue estableciendo que las acciones podrán estar representadas por títulos o por anotaciones en cuenta. Pudiera parecer un descuido del legislador que podría debilitar la finalidad pretendida de la "tokenización" de acciones bajo la ley española.

En el caso de las acciones, el régimen societario de transmisión se rige por la *lex societatis*; porque las condiciones de transmisibilidad derivan directamente de la configuración del tipo societario[72]. Asimismo, la representación de las acciones se rige por la *lex societatis,* lo cual revela la importancia del Derecho sustantivo a la hora de elegir el lugar de establecimiento de una sociedad mercantil. Por tanto, desde la perspectiva societaria la LSC resulta muy significativa para garantizar la posibilidad de representar acciones mediante sistemas de TRD. Una opción para salvar este

69 Disposición final cuarta. Tres de la LMVSI.

70 Artículo 407.2 c) de la LSC modificado por la Disposición final sexta. Dos de la LMVSI.

71 MOYA, J., "Artículo 23", *Comentario de la Ley de Sociedades de Capital*, Rojo, A., y Beltrán, E. (dirs.), Tomo I, 2011, Aranzadi, Cizur Menor, p. 361. Otros autores, sin embargo, consideran que solo la mención del capital social es tan esencial como para resultar en la nulidad de la sociedad si los estatutos no lo nombran, pero la forma de representación de las acciones, aunque impediría la inscripción de la sociedad, no determinaría su nulidad, SERRANO ACITORES, A., "Sociedades de capital (I): Constitución", *Derecho de sociedades*, Alonso Ledesma, C. (dir.), Atelier, Barcelona, 4ª ed., 2022, p. 110.

72 JIMÉNEZ-GÓMEZ, B.S., "Blockchain as an opportunity ...", *op. cit.*, p. 72.

requisito legal podría ser la emisión de acciones a través de títulos y la "tokenización" de los mismos con posterioridad, pues no está claro que fuera posible "tokenizar" las acciones directamente. Además, el Real Decreto-ley 21/2017 tipifica como infracción muy grave o grave la negociación de acciones de sociedades cotizadas fuera de mercados regulados o sistemas multilaterales de negociación (SMN) en cumplimiento de la transposición del artículo 23 del MiFIR[73].

En consecuencia, el artículo 92 de la LSC debería modificarse para permitir claramente la representación de acciones mediante sistemas de TRD. Esto supondrá una coherencia interna entre la LMVSI y la LSC, necesaria para garantizar la seguridad jurídica pretendida.

2. Modo de transmisión de acciones: problemas de ley aplicable en acciones tokenizadas

A pesar de la relevancia de la *lex societatis*, los aspectos patrimoniales de las acciones están sujetos a la ley del país de situación del título físico (*lex cartae sitae*) o donde se encuentre la cuenta principal del registro de la acción (*lex conto sitae*) en el caso de valores anotados en cuenta[74]. Por una parte, la doctrina interpre-

---

73 Artículos 54 y 60 del Real Decreto-ley 21/2017, de 29 de diciembre, de medidas urgentes para la adaptación del Derecho español a la normativa de la Unión Europea en materia de mercado de valores, BOE núm. 317, 30.12.2017. SMFSA, artículo 298. Reglamento (UE) núm. 600/2014 del Parlamento Europeo y del Consejo, de 15 de mayo de 2014, relativo a los mercados de instrumentos financieros y por el que se modifica el Reglamento (UE) núm. 648/2012, DO L 173 de 12.6.2014, en adelante, MIFIR.

74 *Vid.*, Artículo 17.2 Real Decreto-Ley 5/2005, de 11 de marzo, de reformas urgentes para el impulso a la productividad y para la mejora de la contratación pública, BOE núm. 62, de 14 de marzo de 2005). Este artículo resulta de la transposición del artículo 9 de la Directiva 2002/47/CE sobre acuerdos de garantía financiera de 6 de junio de 2002 y, según el Considerando 7 de

ta que, con respecto a la emisión, el artículo 10.3 del Código Civil establece que «la emisión de los títulos-valores se atendrá a la ley del lugar donde se produzca», por lo que los requisitos formales que ha de tener el título para que se produzca la incorporación y los derechos que se derivan del título como instrumento negociable vienen condicionados por la ley del Estado donde se ha emitido[75]. Por otra parte, la constitución de derechos reales sobre acciones y participaciones depende de la forma en que estén representados[76].

El artículo 12 de la LMVSI aclara la posibilidad de inscripción de los valores negociables representados mediante anotaciones en cuenta o sistemas basados en TRD deberán anotarse en cuenta o inscribirse en el registro correspondiente, según los casos. Para la representación de valores negociables en la TRD, los sistemas deberán disponer de los mecanismos necesarios para la inscripción de cuantos actos y negocios jurídicos deban inscribirse conforme a derecho, incluyendo, entre otros, los embargos, las ejecuciones judiciales, las transmisiones *mortis causa* y la constitución de derechos reales limitados y demás gravámenes sobre los mismos. Asimismo, deberán contar con todas las funcionalidades necesarias para esta forma de representación de los valores negociables. También se establece el medio registral equivalente, ya que la inscripción de la prenda equivale al desplazamiento posesorio del título[77]. La constitución de la prenda sobre acciones es oponible a terceros desde el momento en que se haya practicado la

su Exposición de Motivos, se basa a su vez en el artículo 9.2 de la Directiva 98/26/CE de 19 de mayo de 1998 sobre la firmeza de la liquidación en los sistemas de pagos y de liquidación de valores.

75 GARCIMARTÍN ALFÉREZ, F.J., *Derecho internacional privado*, Civitas, Pamplona, 2021, 6ª ed., para. 28.4.

76 *Ibid.*, para. 28.20.

77 Artículo 12.1 de la LMVSI.

correspondiente inscripción registral [78]. Por tanto, en el caso de las acciones representadas mediante TRD, los aspectos relativos a la propiedad también están sujetos a la *lex situs*, pero no está claro dónde se encuentran tales acciones. Sin embargo, la norma de conflicto de la nueva LMVSI española podría utilizarse para interpretar los puntos de conexión necesarios para aplicar la *lex situs* en virtud del artículo 10.1 del Código Civil.

En primer lugar, la Ley de mercado de valores española tiene un ámbito de aplicación limitado, ya que sólo se aplica a la representación de acciones a modo de *lex mercatus*.

Esto resulta significativo; porque la cotización de acciones y otros valores mobiliarios en los mercados de capitales es un aspecto excluido del ámbito de aplicación de la *lex societatis*[79]. La ley aplicable será la del mercado de valores (*lex mercatus*) en el que se negocien las acciones de la sociedad[80]. Pueden surgir problemas si no es posible adaptar la regulación prevista en la *lex societatis* a la normativa del mercado de valores en el que vayan a cotizar las acciones de la sociedad[81]. El resultado sería la imposibi-

78 Artículo 12.2 de la LMVSI.

79 *Vid.*, ARENAS GARCÍA, R., "Sociedades", *Derecho de los negocios internacionales*, Fernández Rozas, J.C., De Miguel Asensio, P.A., Arenas García, R., 6ª ed., Iustel, Madrid, 2020, pp. 205-219, pp. 206-207.

80 *Vid.*, GARCIMARTÍN ALFÉREZ, F.J., "La interacción entre la *lex societatis* y la *lex mercatus*: normas de conflicto y "segundo escalón" en el Derecho internacional privado", *La internacionalización del Derecho de sociedades*, Arenas García, R., Górriz López, C., Miquel Rodríguez, J. (coords.), Atelier, Barcelona, 2010, pp. 201-216.

81 *Vid.*, TORRALBA MENDIOLA, E.C., "Las transacciones sobre acciones de sociedades anónimas en el ámbito internacional: cuestiones de derecho aplicable", *Revista Aranzadi de Derecho patrimonial*, 2013, No. 32, pp. 75-102, quien aconseja evitar la multiplicidad de leyes a una transmisión de acciones, a no ser que venga justificada por otros intereses en presencia que requieran tal fragmentación.

lidad de la cotización de los valores de una sociedad en mercados extranjeros con respecto al Estado cuya ley rige la sociedad[82].

3. Caso de las sociedades españolas cotizadas en mercados extranjeros

Por el contrario, las sociedades españolas que cotizan en un mercado extranjero pueden representar sus acciones en un sistema de TRD. Resulta especialmente relevante este último aspecto, teniendo en cuenta la fuga de empresas españolas a las bolsas internacionales[83]. En 2021 se introdujo el apartado 3 del artículo 495 de la LSC[84], el cual podría ser interpretado a los efectos de la representación de acciones "tokenizadas". Esta disposición supone una mejora técnica con respecto a la legislación precedente;

82 *Vid.*, SCHWARTZ, S.L., "The Universal Language of Cross-Border Finance", *Duke Journal of Comparative and International Law*, vol. 8, 1998, p. 237. Por ejemplo, esta dificultad se supera emitiendo "valores de segundo nivel", como acciones de depósito. Las "*depositary shares*" son instrumentos derivados construidos sobre un valor subyacente previamente emitido por una corporación extranjera de acuerdo con los requisitos y condiciones de su ordenamiento legal y normalmente aptos para ser negociados en el mercado interno de la corporación. Las "*depositary shares*" facilitan su negociabilidad, transferencia y cotización en mercados bursátiles extranjeros, *vid.*, MARCOS, F., *Las "depositary shares". La negociación cruzada de valores en mercados extranjeros*, Thomson Reuters, Cizur Menor, 2007, pp. 39-51. Se trata de una práctica habitual para acceder a la cotización en el mercado estadounidense. Su denominación concreta depende de cuál sea el mercado de destino de los valores.

83 *Vid.* DEL PUERTO, J.M., "La fuga de empresas españolas hacia bolsas internacionales se acelera en el último año", *El Español*, 16 enero de 2022, https://www.elespanol.com/invertia/mercados/20220116/fuga-empresas-espanolas-bolsas-internacionales-acelera-ultimo/642685826_0.html

84 Introducido por la Ley 5/2021, de 12 de abril, por la que se modifica el texto refundido de la Ley de Sociedades de Capital, aprobado por el Real Decreto Legislativo 1/2010, de 2 de julio, y otras normas financieras, en lo que respecta al fomento de la implicación a largo plazo de los accionistas en las sociedades cotizadas. BOE núm. 88, 13/04/2021.

porque aclara el régimen jurídico aplicable a las sociedades españolas que cotizan exclusivamente en mercados de valores extranjeros. En este caso, la norma sólo es relevante para las sociedades anónimas españolas que coticen exclusivamente en otro mercado regulado, ya sea otro Estado miembro del Espacio Económico Europeo o en un mercado comparable de un tercer país. Por tanto, la representación y documentación de las acciones puede ajustarse a los requisitos de la ley del mercado extranjero[85] .

Además, la LSC puede entenderse cumplida por equivalencia cuando la sociedad cumpla los requisitos funcionalmente análogos exigidos a las sociedades cotizadas por la ley del mercado extranjero, siendo inaplicables aquellos requisitos domésticos que sean incompatibles con los requisitos establecidos en la ley del mercado extranjero para la admisión a negociación y el mantenimiento de la misma[86].

Asimismo, las formas de comunicación y publicidad se ajustarán a lo previsto en la legislación del mercado extranjero. Por ejemplo, la información sobre el grado de cumplimiento de las recomendaciones de gobierno corporativo se formulará por referencia a los códigos o normas aplicables en el mercado extranjero[87]. Con respecto a las disposiciones referidas a la CNMV del título XIV de la LSC, será relevante la autoridad supervisora del mercado de valores extranjero[88].

La función de esta norma es facilitar la cotización de una sociedad española en un mercado extranjero. Por tanto, basta con que una sociedad española cotice en un mercado de valores o centro de negociación, nacional o extranjero, para que le sea de aplicación

85 *Vid.*, artículo 495.3 c) de la Ley de Sociedades de Capital.
86 Artículo 495.3 a) de la Ley de Sociedades de Capital.
87 Artículo 495.3 b) de la Ley de Sociedades de Capital.
88 Artículo 495. 3 d) de la Ley de Sociedades de Capital.

el régimen de las sociedades cotizadas españolas. No obstante, el régimen de las sociedades cotizadas debe ser flexible para que las sociedades puedan ajustarse a los requisitos establecidos por la *lex mercatus* del lugar donde coticen. Estos requisitos pueden cumplirse por equivalencia cuando la sociedad cumpla con requisitos análogos de la ley del mercado extranjero (*lex mercatus*)[89]. Esta norma podría considerarse restrictiva y la sociedad española sólo podría seguir la ley del mercado extranjero donde cotizan sus acciones. Sin embargo, la LSC es clara en cuanto a la inaplicabilidad de los requisitos nacionales si son incompatibles con la ley del mercado extranjero. En consecuencia, se trata de una disposición refinada[90].

En nuestra opinión, el artículo 495.3 de la LSC podría interpretarse en el sentido de permitir a las sociedades creadas conforme al Derecho español, pero que, sin embargo, no cotizan en el mercado español, representar sus acciones en una *blockchain*, o más ampliamente, en un sistema de TRD.

VI. CRITERIOS DE CONEXIÓN DE LAS ACCIONES TOKENIZADAS

1. La LMVSI y sus normas de conflicto

El artículo 3 de la LMVSI hace referencia a tres criterios de conexión para delimitar su ámbito de aplicación general, por tanto,

---

89 La propuesta de la Comisión General de Codificación en el Anteproyecto de Código Mercantil se refería a requisitos análogos o "más rigurosos" de la legislación del mercado donde cotizan las sociedades mercantiles.

90 *Cfr.* con la propuesta de la Comisión General de Codificación española para un nuevo Código de Comercio que contenía una norma referida a un mercado organizado extranjero. Sin embargo, el Anteproyecto de Código eliminó la norma expresa sobre las sociedades cotizadas españolas que cotizan en mercados extranjeros. Este Anteproyecto nunca ha sido aprobado. Para un análisis, *vid.*, VIRGÓS SORIANO, M., "Las reglas de Derecho internacional privado en el Anteproyecto de Código Mercantil", *Hacia un Nuevo Código Mercantil*, Bercovitz Rodríguez-Cano, A. (coord.), Aranzadi, Cizur Menor, 2014, pp. 668-669.

relevante con independencia de que las acciones se representen o no por la TRD. El primer criterio de conexión es la localización de cualquier tarea en el proceso de emisión, negociación y post-negociación[91]. Si cualquiera de los procesos (emisión, registro, negociación, comercialización, compensación o liquidación) se realiza en España, la ley española es aplicable como norma imperativa. El segundo criterio de conexión es el domicilio de las empresas de servicios de inversión, las empresas de asesoramiento financiero, los organismos rectores de los mercados regulados, los SMN, los SOC, las ECC, los DCV y los proveedores de datos[92]. Si el domicilio de los organismos mencionados se encuentra en España, se aplicará la legislación española. El tercer criterio de conexión es la dirección de los servicios prestados por parte de los DCV. Si sus actividades se dirigen a España, se aplicará la ley española. El orden público y la protección de los inversores en el mercado español resulta el fundamento de la regulación de los mercados de valores, por tanto, sus disposiciones no pueden ser derogadas por las partes.

La LMVSI incluye una norma de conflicto en el apartado 1 del artículo 5 para los valores negociables representados mediante TRD. En términos de criterios de conexión resulta innovadora en el ordenamiento jurídico[93]. En primer lugar, la LMVSI establece que "Las disposiciones de este Capítulo serán también de aplicación a aquellos valores negociables registrados o representados mediante sistemas basados en tecnología de registros distribuidos cuyos términos y condiciones de emisión, en lo que respecta

91 Artículo 3.1. de la LMVSI.
92 Artículo 3.1. de la LMVSI.
93 Por ejemplo, ha sido calificada de "singular", *vid.*, DE MIGUEL ASENSIO, P.A., "Instrumentos financieros y tecnología de registros distribuidos en el Proyecto de Ley de los Mercados de Valores y de los Servicios de Inversión: cuestión de Derecho aplicable", *La Ley Unión Europea*, núm. 107, 2022, epígrafe I.

al registro, transmisión y forma de representación de los valores, prevean la aplicación de esta ley, siempre que dicho acuerdo sea válido de conformidad con la ley aplicable al emisor y a la ley aplicable a los términos y condiciones de la emisión", (artículo 5.1. primera frase de la LMVSI).

La relación entre el artículo 3.1 y el artículo 5.1 de la LMVSI es de complementariedad, ya que el artículo 5.1 especifica el ámbito espacial del capítulo II, título I de la LMVSI en lo que respecta al registro, transmisión y forma de representación de los valores en la TRD[94]. Cabe afirmar que los aspectos patrimoniales incluyen la formación (constitución) y la emisión de valores[95]. Por tanto, existe una relación similar entre el artículo 3.1 de la LMVSI y el artículo 10.3 del CC, que establece el lugar de emisión de los valores como criterio de conexión para determinar la ley aplicable a la emisión de valores. El resultado final es la ley del país donde los valores se ponen en circulación, que puede ser el lugar de la entrega del título para los instrumentos físicos[96] y la ubicación de la cuenta o registro en el caso de valores representados por anotaciones en cuenta[97]. La norma tiene sentido si se considera que el régimen especial de los valores mobiliarios se construye sobre la seguridad jurídica y, por tanto, resulta razonable que sea la ley del lugar de puesta en circulación del valor la que establezca las condiciones para beneficiarse de este régimen especial. El apartado 3 del artículo 10 del Código Civil regula las relaciones en virtud del título-valor, que típicamente abarca la constitución del título-va-

94 DE MIGUEL ASENSIO, P.A., "Instrumentos financieros...", *op. cit.*, epígrafe II.
95 *Ibid.*
96 SPINDLER, G., "Digitalization, and the law applicable to proprietary effects on transactions in securities (tokens): a European perspective", *Uniform Law Review*, vol. 24, no. 4, 2019, pp. 724–737, p. 729.
97 VIRGÓS, M., "Las reglas de Derecho internacional privado ...", *op.cit.*, p. 666.

lor y las obligaciones derivadas de su carácter negociable, aspectos excluidos del ámbito de aplicación del Reglamento Roma I[98].

La LMVSI parece favorecer la elección de la ley si se incluye dentro de los términos y condiciones de emisión de las acciones representadas en la TRD en relación con el registro, la transmisión y la forma de representación de los valores. Esta opción puede resultar similar a la emisión de bonos, donde la forma de representación de los valores es una decisión del emisor, y, por tanto, puede regirse por una ley extranjera[99]. Sin embargo, no se trata de una elección totalmente libre de ley aplicable, ya que el acuerdo debe ser válido con arreglo a la ley aplicable al emisor, (entendemos la *lex societatis*), y a la ley aplicable a los términos y condiciones de la emisión de valores.

2. Problemas de interpretación

Cabe destacar varios problemas de interpretación que suscita esta nueva norma. La vaguedad lingüística de la norma sobre el criterio de conexión específico no ayuda a una interpretación uniforme. El criterio de conexión podría referirse al domicilio estatutario del emisor o a la administración central del emisor. La primera opción tiene la ventaja de que suele ser más clara que la administración central cuando el emisor opera en varios países. La incertidumbre con respecto al domicilio estatutario suele ser menor, porque se fija en los estatutos de la sociedad,

98 *Vid.*, artículo 1 (2) (d) del Reglamento (CE) núm. 593/2008 del Parlamento Europeo y del Consejo, de 17 de junio de 2008, sobre la ley aplicable a las obligaciones contractuales (Roma I), DOUE núm. 177, de 4 de julio de 2008.

99 GARCIMARTÍN ALFÉREZ, F.J., "Las novedades en materia de emisión de obligaciones bajo ley extranjera", 29.05.2015, https://derechomercantilespana.blogspot.com/2015/05/las-novedades-en-materia-de-emision-de.html

siempre que el emisor sea una persona jurídica[100]. Esta opción se refleja en los Principios de UNIDROIT sobre activos digitales (2023)[101], que también imponen la condición de que el domicilio estatutario debe ser fácilmente determinable por el público[102]. Por tanto, una mayor claridad textual proporcionaría mayor nivel de seguridad jurídica en la interpretación de la norma de conflicto.

En segundo lugar, la formulación unilateral de la norma debería bilateralizarse para contemplar la opción de elegir la ley de otro país si se cumplen los mismos requisitos. Si es posible elegir la ley aplicable, no debería permitirse únicamente la elección de la ley española en el documento de emisión de los criptoacciones. El segundo párrafo del apartado 1 del artículo 5 parece favorecer esta interpretación[103].

En tercer lugar, en caso de que el documento de emisión de valores guarde silencio sobre la ley aplicable, la ley española se aplicará también a aquellos valores registrados o representados a través de sistemas basados en TRD cuando el emisor tenga su domicilio social en territorio español o, cuando el emisor designe una única entidad responsable de la administración de la inscripción y registro de los valores en el sistema, siempre que dicha

100 En caso contrario y analizando la problemática de determinación de la administración central, *vid.*, JIMÉNEZ-GÓMEZ, B.S., *Garantías reales sobre bienes inmateriales en el comercio internacional*, Aranzadi, Cizur Menor, 2020, pp. 293-294.

101 UNIDROIT Principles on Digital Assets, 2023, disponible en: https://www.unidroit.org/work-in-progress/digital-assets-and-private-law/

102 Para un análisis de los Principios de UNIDROIT sobre activos digitales, *vid.*, JIMÉNEZ-GÓMEZ, B.S., "Los Principios de UNIDROIT sobre activos digitales: entre el Derecho mercantil y el Derecho internacional privado", *Anuario Español de Derecho internacional Privado*, vol. XXIII, 2023, pp. 283-325.

103 DE MIGUEL ASENSIO, P.A., "Instrumentos financieros...", *op. cit.*, epígrafe II.

entidad tenga su domicilio social en territorio español[104] . Se establece así un régimen subsidiario que resolverá los conflictos de leyes cuando las partes no hayan elegido ninguna ley aplicable en la emisión de acciones "tokenizadas" en cuanto al registro, la transmisión y la forma de representación de las acciones. No obstante, la norma no resulta apta para resolver todas las situaciones que se pueden plantear, en particular, cuando el emisor tenga el domicilio social en territorio nacional, pero exista una entidad extranjera para la administración de la inscripción y registro de las acciones. O incluso para los casos en que el emisor designara varias entidades, nacionales o extranjeras, que podrían encargarse de las mismas funciones, por ejemplo, gestionar la identificación de los titulares de derechos de los accionistas[105] o inscribir los diversos actos societarios, inscripciones o gravámenes que afecten a la emisión de las acciones.

Otra cuestión relevante resulta la inexistencia de jerarquía entre ambos criterios de conexión, lo que podría plantear dificultades en la interpretación de la norma a falta de una cláusula clara de elección de ley. Estas soluciones alternativas podrían aprovecharse para una interpretación beneficiosa del solicitante.

3. Mención del Derecho comparado

La Ley alemana de valores electrónicos (2021) ofrece un ejemplo de mayor precisión[106]. Los derechos de un criptovalor y las enajenaciones de un criptovalor están sujetos a: (1) la ley del

---

104 Segundo párrafo del artículo 5.1 de la LMVSI.

105 Una de las funcionalidades de la tecnología consiste en resolver el problema de identidad de accionistas, *vid.*, por ejemplo, IBAÑEZ JIMÉNEZ, J.W., *Blockchain primeras cuestiones en el ordenamiento español*, Dykinson, Madrid, 2018, nota a pie 178.

106 Artículo 32 de la *Gesetz über elektronische Wertpapiere* vom 3. Juni 2021 (BGBl. I S. 1423) eWpG. Esta nueva Ley de Valores Electrónicos solo permite

Estado cuya autoridad nacional supervisa a la entidad que lleva el registro criptovalores donde se inscriben; (2) si la entidad que lleva el registro no está bajo supervisión, resulta decisivo el domicilio social de la entidad que lleva el registro; y (3) si el domicilio social de la entidad que lleva el registro no puede determinarse, resulta decisivo el domicilio social del emisor del criptovalor.

Esta norma de conflicto establece tres criterios de conexión en cascada, y, por tanto, ordenados jerárquicamente. A pesar de estas especificaciones, también encontramos problemas interpretativos, pues no resuelve la situación en la que la entidad que lleva el registro está bajo la supervisión de dos Estados diferentes. Esta norma, además, presupone que un registro de criptovalores es una blockchain privada, lo cual no tendría por qué ser siempre así.

VII. CONCLUSIONES

La LMVSI posibilita "tokenizar" acciones de una sociedad mercantil y establece las bases de los principios registrales en los registros distribuidos, lo cual es una novedad en el sistema de representación y transmisión de acciones. Sin embargo, a falta de desarrollo reglamentario con respecto a los efectos de las inscripciones existen lagunas jurídicas, por lo que sería útil acudir al Derecho europeo todavía en fase de desarrollo o al Derecho comparado como inspiración para el legislador español, que debería garantizar la seguridad jurídica y plena eficacia de la transmisión de acciones mediante registros distribuidos.

Dado que *blockchain* o la TRD pueden ser consideradas internacionales por el hecho de contar con nodos en distintos países, o incluso poder acceder desde cualquier lugar, resulta especial-

la emisión de bonos y las participaciones de los fondos de inversión en blockchain.

mente problemático situar las acciones "tokenizadas" para determinar su régimen jurídico relevante para la representación y la transmisión. Por ello, actualmente encontramos incoherencias que deben ser solventadas a nivel interno. Primero entre la LSC y la LMVSI para garantizar la representación de acciones y transmisión mediante la TRD a modo de *lex societatis* o de *lex mercatus*. Segundo, encontramos también diferencias para sociedades españolas en función de que coticen o no en mercados extranjeros. La LSC podría interpretarse para permitir a las sociedades españolas que solo cotizan en mercados extranjeros representar sus acciones en registros distribuidos.

A estos efectos, la norma de conflicto de Derecho internacional privado introducida en la LMVSI resulta innovadora, pues facilita la elección de ley aplicable en el documento de emisión de acciones "tokenizadas"; pero tiene varias limitaciones y plantea varios interrogantes que afectan a la transmisión de acciones en un sistema de TRD.

VIII. BIBLIOGRAFÍA

ARENAS GARCÍA, R., "Sociedades", *Derecho de los negocios internacionales*, Fernández Rozas, J.C., De Miguel Asensio, P.A., Arenas García, R., 6ª ed., Iustel, Madrid, 2020, pp. 205-219.

BEDNARZ, Z., "La representación de acciones en forma de tokens en la blockchain", *Revista de Derecho del Mercado de Valores*, núm. 26, 2020.

DE MIGUEL ASENSIO, P.A., "Instrumentos financieros y tecnología de registros distribuidos en el Proyecto de Ley de los Mercados de Valores y de los Servicios de Inversión: cuestión de Derecho aplicable", *La Ley Unión Europea*, núm. 107, 2022.

DEL PUERTO, J.M., "La fuga de empresas españolas hacia bolsas internacionales se acelera en el último año", *El Español*, 16 enero de 2022 05:30, disponible en https://www.elespanol.com/invertia/mercados/20220116/fuga-empresas-espanolas-bolsas-internacionales-acelera-ultimo/642685826_0.html

FERRER MOLINA, R., "Tokenización de acciones y participaciones sociales", *Guía de criptoactivos MICA*, Pastor Sempere, C., Madrid Parra, A. (dirs.), Thomson Reuters, Cizur Menor, 2021.

GARCÍA MARTÍNEZ, L. M., "Infraestructuras de mercado basadas en tecnología de registro distribuido (TRD): el futuro régimen piloto de la UE", *Revista de Derecho del Mercado de Valores*, núm. 29, 2021.

GARCIMARTÍN ALFÉREZ, F.J., "La interacción entre la *lex societatis* y la *lex mercatus*: normas de conflicto y "segundo escalón" en el Derecho internacional privado", *La internacionalización del Derecho de sociedades*, Arenas García, R., Górriz López, C., Miquel Rodríguez, J. (coords.), Atelier, Barcelona, 2010.

— "Las novedades en materia de emisión de obligaciones bajo ley extranjera", 29.05.2015, https://derechomercantilespana.blogspot.com/2015/05/las-novedades-en-materia-de-emision-de.html.

— *Derecho internacional privado*, Civitas, Madrid, 2021, 6ª ed.

GARCIMARTÍN ALFÉREZ, F.J. y SÁNCHEZ FERNÁNDEZ, S., "Valores negociables y custodia internacional: algunas cuestiones fundamentales", *La reforma del sistema de poscontratación en los mercados de valores*, Martínez Flórez, A., Garcimartín Alférez, F.J., Recalde Castells, A.R. (dirs.), Aranzadi, Cizur Menor, 2017.

HERRERO MORANT, R., "La tecnología DLT en el mercado de valores, en especial respecto de las acciones de las sociedades cotizadas. Aspectos generales y análisis de una posible desintermediación del mercado", *Revista de Derecho del Mercado de Valores*, núm. 26, 2020.

IBAÑEZ JIMÉNEZ, J.W., *Blockchain primeras cuestiones en el ordenamiento español*, Dykinson, Madrid, 2018.

— *Tokens Valor (Security Tokens)*, Ed. Reus, Madrid, 2021.

JIMÉNEZ-GÓMEZ, B.S., "El Reglamento Piloto sobre la tecnología de registros distribuidos en los mercados de valores: un análisis crítico", *Revista de Derecho Bancario y Bursátil*, núm. 172, 2024, pp. 37-66.

— "Los Principios de UNIDROIT sobre activos digitales: entre el Derecho mercantil y el Derecho internacional privado", *Anuario Español de Derecho internacional Privado*, vol. XXIII, 2023, pp. 283-325.

— "Blockchain as an opportunity to upgrade the right to vote in listed companies", *Indret*, núm.1, 2023, pp. 61-97.

— "Distributed Ledger Technology in Financial Markets: the European

Union Experiment", *Cuadernos de Derecho Transnacional*, vol. 15, núm. 2, 2023, pp. 665-678.

— "El derecho de voto en las sociedades cotizadas a través de la tecnología blockchain", *Revista de Derecho Bancario y Bursátil*, núm. 168, 2022, pp. 141-170.

— "Risks of Blockchain for Data Protection: a European Approach", *Santa Clara High Technology Law Journal*, vol. 36, issue 3, 2020, pp. 281-343.

— *Garantías reales sobre bienes inmateriales en el comercio internacional*, Aranzadi, Cizur Menor, 2020.

LLOPIS BLANQUE, A., "La incidencia de las tecnologías de registro distribuido y criptoactivos y su normativa de desarrollo sobre los sistemas multilaterales de negociación y los inversores minoristas", *Revista de Derecho del Sistema Financiero*, núm. 3, 2023.

MADRID PARRA, A., "Del valor anotado al "tokenizado", *Revista de Derecho del Sistema Financiero: mercados, operadores y contratos*, núm. 3, 2022.

— "La legitimación en los criptovalores", *Revista de Derecho del Mercado de Valores*, núm.33, 2023.

MARCOS, F., *Las "depositary shares". La negociación cruzada de valores en mercados extranjeros*, Thomson Reuters, Cizur Menor, 2007.

MARTÍNEZ NADAL, A., "Ámbito de aplicación y conceptos esencial de la propuesta de Reglamento relativo a los mercados de criptoactivos: la noción de criptoactivo y sus subcategorías", *Guía de criptoactivos MICA*, Pastor Sempere, C., Madrid Parra, A. (dirs.), Thomson Reuters, Cizur Menor, 2021.

MICHELER, E., "Custody Chains and Asset Values: Why Crypto-currencies are Worth Contemplating", *Cambridge Law Journal*, 2015.

MILLS, D., WANG, K, MALONE, B, RAVI, A., MARQUARDT, J., CHEN, C., BADEV, A. BREZINSKI, T. FAHY, L. LIAO, K., KARGENIAN, V., ELLITHORPE, M., NG. W., BAIRD, M., "Distributed ledger technology in payments, clearing, and settlement", Finance and Economics Discussion Series 2016-095, Washington: Board of Governors of the Federal Reserve System, 2016.

MOYA, J., "Artículo 23", *Comentario de la Ley de Sociedades de Capital*, Rojo, A., y Beltrán, E. (dirs.), Tomo I, 2011, Cizur Menor, Aranzadi.

MUÑOZ GARCIA, A., "La tokenización de instrumentos financieros en la Ley de los Mercados de Valores y los servicios de inversión", *Revista de Derecho Bancario y Bursátil*, núm. 170, 2023.

PALÁ LAGUNA, L, "Digitalización de Registro Societarios: Blockchain", *Cuadernos de Derecho para Ingenieros*, Alonso Ledesma, C., Muñoz Pérez, A., F., De Rábago Marín J., y Martínez Garrido S., (coords.), Iberdrola, 2021.

— "Los criptoactivos valores negociables como nueva categoría de derechos-valor", *Revista de Derecho del Mercado de Valores*, núm. 31, 2022.

PAZ-ARES RODRÍGUEZ J.C. GARCIMARTÍN ALFÉREZ, FJ., "Conflictos de leyes y garantías sobre valores anotados en intermediarios financieros", *Revista de Derecho Mercantil*, núm. 7, 2000.

— "La desincorporación de los títulos valor", *Revista de Derecho Mercantil*, núm. 219, 1996.

PEINADO GRACIA, J.I., "Las Juntas Generales en blockchain. Un apunte de gobierno corporativo", *Cuadernos de Derecho para Ingenieros*, Alonso Ledesma, C., Muñoz Pérez, A., F., De Rábago Marín J., y Martínez Garrido S., (coords.), Iberdrola, 2021.

PEINADO GRACIA, J.I., BEDNARZ, Z., "Cuestionando las bondades de la "blockchain" en las juntas generales. "un martillo buscando un clavo", *Revista de Derecho de Sociedades*, núm. 61, 2021.

PÉREZ MILLÁN, D., "La transmisión consensual de valores representados mediante anotaciones en cuenta", *La reforma del sistema de poscontratación en los mercados de valores*, Martínez Flórez, A., Garcimartín Alférez, F.J., Recalde Castells, A.R. (dirs.), Aranzadi, Cizur Menor, 2017.

RECALDE CASTELL, A.J., "Los valores anotados en cuenta después de los cambios en el régimen de la postcontratación", *La reforma del sistema de poscontratación en los mercados de valores*, Martínez Flórez, A., Garcimartín Alférez, F.J., Recalde Castells, A.R. (dirs.), Aranzadi, Cizur Menor, 2017.

SÁNCHEZ ANDRÉS, A., "Valores anotados y construcción jurídica de las anotaciones en cuenta", *Revista de Derecho del Mercado de Valores*, núm. 1, 2007.

SCHWARTZ, S.L.,"The Universal Language of Cross-Border Finance", *Duke Journal of Comparative and International Law*, vol. 8, 1998.

SERRANO ACITORES, A., "Sociedades de capital (I): Constitución", *Derecho de sociedades*, Alonso Ledesma, C. (dir.), Atelier, Barcelona, 4ª ed., 2022.

SPINDLER, G., "Digitalization, and the law applicable to proprietary effects on transactions in securities (tokens): a European perspective", *Uniform Law Review*, vol. 24, no. 4, 2019.

TORRALBA MENDIOLA, E.C., "Las transacciones sobre acciones de sociedades anónimas en el ámbito internacional: cuestiones de derecho aplicable", *Revista Aranzadi de Derecho patrimonial*, núm. 32, 2013.

VIRGÓS SORIANO, M., "Las reglas de Derecho internacional privado en el Anteproyecto de Código Mercantil", *Hacia un Nuevo Código Mercantil*, Bercovitz Rodríguez-Cano, A. (coord.), Aranzadi, Cizur Menor, 2014.

Capítulo 4

LA PROHIBICIÓN DE TRANSMISIÓN O ENTREGA ANTES DE LA INSCRIPCIÓN: ARTÍCULO 34 DE LA LEY DE SOCIEDADES DE CAPITAL. LA VENTA Y GRAVÁMENES DE ACCIONES FUTURAS

M.ª Belén López Espada
Registradora Mercantil y de Bienes muebles de Jaén

I. LA PROHIBICIÓN DE TRANSMISIÓN O ENTREGA ANTES DE LA INSCRIPCIÓN: ARTÍCULO 34 LSC

1. Antecedentes legislativos

Artículo 34 LSC: *...Hasta la inscripción de la sociedad o, en su caso, del acuerdo de aumento de capital social en el Registro Mercantil, no podrán transmitirse las participaciones sociales, ni entregarse o transmitirse las acciones...*

Este artículo de la Ley de Sociedades de Capital tiene su antecedente en el artículo 14 de la Ley de Sociedades Anónimas de 1951, referido sólo a la constitución de la sociedad, y posteriormente la Ley de Sociedades Anónimas de 1989 amplía su aplicación al aumento de capital en su artículo 62 y en el mismo sentido el artículo 28 de la Ley de sociedades de responsabilidad limitada de 1995.

La redacción del artículo determina una norma de carácter imperativo, cuya contravención tiene como resultado la nulidad de pleno derecho que establece el artículo 6.3 del Código Civil.

La rigidez de la norma se ha mantenido en la actual Ley de sociedades de 2010.

En cuanto a la transmisión, el precepto está referido a las transmisiones voluntarias *inter vivos*, es decir, compraventa, permuta, donación o dación en pago. En cuanto a las transmisiones *mortis causa* y las forzosas nos referimos a ellas más adelante.

Sin embargo, tanto la doctrina como la jurisprudencia del Tribunal Supremo como la jurisprudencia de las Audiencias Provinciales han matizado su aplicación mediante una interpretación más flexible de la misma.

2. Finalidad de la norma

La doctrina ha explicado varias posibles razones que han llevado al legislador a establecer esta norma:

Mantener la identidad entre los socios fundadores y los socios de la sociedad en formación, no complicando el proceso fundacional con la intervención de personas que participaron en su origen.

Evitar la especulación durante la fase de la sociedad en formación. En el caso del aumento de capital hay que tener en cuenta el artículo 316 LSC (*...1. Cuando hubieran transcurrido seis meses* *desde la apertura del plazo para el ejercicio de derecho de preferencia sin que se hubieran presentado para su inscripción en el Registro los documentos acreditativos de la ejecución del aumento del capital, quienes hubieran asumido las nuevas participaciones sociales o los suscriptores de las nuevas acciones podrán pedir la resolución de la obligación de aportar y exigir la restitución de las aportaciones realizadas...*).

El riesgo que la sociedad en formación finalmente no se inscriba y se convierta en una sociedad irregular, en cuyo caso, los socios responden de las deudas sociales.

Si se inscribe, el posible riesgo de la responsabilidad por la diferencia de los socios con arreglo al artículo 38.3 LSC (*...3. En el caso de que el valor del patrimonio social, sumado al importe de los gastos indispensables para la inscripción de la sociedad, fuese inferior a la cifra del capital, los socios estarán obligados a cubrir la diferencia...*).

El carácter constitutivo de la inscripción registral: Al carecer de publicidad registral, los terceros que contraten con la sociedad en formación habrán de estar al contenido de la escritura pública, a la cual no tendrán acceso, y cualquier modificación de la misma, no será oponible a los mismos. Igualmente puede valer este argumento, en cuanto al carácter constitutivo de la inscripción del aumento de capital: la inoponibilidad frente a terceros de la ampliación de capital, en cuanto a la función de garantía que supone.

Por la seguridad del tráfico jurídico mercantil, especialmente en el caso de desembolsos pendientes en las sociedades anónimas, es decir, dotar de certidumbre jurídica, ante la inseguridad de la fase de la sociedad en formación, en la que no existe todavía el mecanismo de la publicidad registral que proteja a los terceros que contratan con la sociedad en esta fase.

3. Alternativas a la nulidad de la transmisión contraria al artículo 34 LSC

La evolución de la doctrina y la jurisprudencia ha ido encaminada a buscar alternativas a la sanción de nulidad del artículo 34 de la Ley de Sociedades de capital, superando una interpretación literal de la norma.

3.1. *En la doctrina*

La eficacia de la transmisión queda sujeta a condición suspensiva, es decir, a la *conditio iuris* de la inscripción de la constitución de la sociedad en formación o del aumento de capital en un momento posterior. Se admite así una transmisión con eficacia limitada.

Considerar que se trata de una cesión de contrato. El socio fundador transmite su posición jurídica en el contrato de sociedad, lo que requiere el consentimiento unánime del resto de los socios en la fase de la sociedad en formación, lo que implicaría el otorgamiento de una nueva escritura pública que incorpore al adquirente, como nuevo socio fundador.

La tesis que distingue entre los efectos obligacionales entre las partes de los efectos reales frente a terceros. Estos últimos sólo se producen en virtud de la inscripción registral. Se trata de una transmisión con eficacia limitada.

La personalidad jurídica innegable de la sociedad en formación permite la atribución a los socios de un derecho o cuota de participación que es transmisible, como cualquier otro derecho, conforme al artículo 1112 del Código Civil: *Todos los derechos adquiridos en virtud de una obligación son transmisibles con sujeción a las leyes, no se hubiere pactado lo contrario.*

Otra tesis mantiene que antes de la inscripción no existe la sociedad de capital como tal, hay una persona jurídica, pero no con las especialidades propias de una sociedad anónima o limitada, por tanto, no existen aún acciones ni participaciones sociales, ni se adquiere la cualidad de socio, por lo que no es transmisible una cuota de socio. Es posible un "acuerdo de transmisión" a un tercero, para que produzca efectos después de la inscripción. Se trata de un acuerdo previo a la inscripción, para realizar la transmisión después de la inscripción.

Por tanto, más que un problema de nulidad es una cuestión de normativa aplicable, en el sentido que mientras la sociedad anónima o limitada no esté inscrita no es aplicable su régimen jurídico especial y las acciones y participaciones sociales no existen como tales.

3.2. *En la Jurisprudencia*

La posición de la Jurisprudencia del Tribunal Supremo:

Tradicionalmente se mantuvo la nulidad radical de la transmisión antes de la inscripción, por ejemplo, en Sentencias del Tribunal Supremo de 22 de octubre de 1964, 14 de febrero de 1967, 8 de mayo de 1987 o 20 de febrero de 1988.

Pero posteriormente la jurisprudencia ha evolucionado hacia la tesis favorable en Sentencias de 16 de julio de 1992[1], 8 de junio de 1995, 12 de diciembre de 2002, 18 de marzo de 2005[2], 12 de abril de 2006, 4 de febrero y 3 de noviembre de 2009[3] y 13 de diciembre de 2017. En ellas, se declara válida la transmisión, si bien supeditada

1 ECLI:ES:TS:1992:6075.
2 ECLI:ES:TS:2005:1728.
3 ECLI:ES:TS:2009:6467.

su eficacia a *un momento posterior*. Admiten los efectos obligacionales de la compraventa, pero no produce por si sola el cambio de titularidad, el efecto jurídico real o traslativo se produce por la entrega del título una vez inscrita la sociedad o el aumento de capital.

Algunas de estas sentencias admiten la validez de un contrato que no tiene eficacia transmisiva, considerándolo como una cesión de derechos, una venta de cosa futura o bajo la condición suspensiva de la inscripción de la sociedad o como venta obligacional con diferimiento de la entrega de la cosa.

La sentencia 19/2009, de 4 de febrero[4], citando las Sentencias de 12 y 23 de noviembre de 1993, equiparó las acciones de una sociedad no inscrita a *créditos incorporales* transmisibles conforme a los artículos 347 y 348 del Código de comercio y los artículos 1526 y ss. Código Civil.

A continuación, algunas Sentencias del Tribunal Supremo y de las Audiencias Provinciales en esta materia.

— Tribunal Supremo:

Sentencia del Tribunal Supremo de 18 de marzo de 2005[5] en relación al antiguo artículo 62 de la Ley de Sociedades Anónimas: La prohibición del artículo 62 LSA *afecta sólo a la emisión y entrega de acciones antes de la inscripción de la sociedad o del aumento de capital, pero no prohíbe la celebración de negocios sobre estas acciones, dejando para momento posterior la consumación de los mismos mediante la transmisión de los títulos una vez creados.*

Sentencia del Tribunal Supremo de 13 de diciembre de 2017[6] citando la Sentencia de este tribunal 717/2009 de 3 de noviem-

4 ECLI:ES:TS:2009:165.
5 ECLI:ES:TS:2005:1728.
6 ECLI:ES:TS:2017:11726A.

bre: ...*la prohibición no alcanza a los negocios de obligación, que, como la compraventa o promesa de ella, no producen, por sí solos o inmediatamente un cambio de titularidad, sino que, al generar la obligación de transmitir los títulos, se limitan a prepararla para un momento futuro.*

— Audiencias Provinciales

Sentencia de la Audiencia Provincial de Almería de 19 de marzo de 2014[7]: ...*al igual que en la propia creación de una sociedad de capital la inscripción es constitutiva (sin ella, no existe ni tiene personalidad jurídica), también lo es en el ámbito de ampliación de capital social... de forma que, en el marco de los citados preceptos si "no existen esas participaciones sociales" por no haberse inscrito ni la escritura de constitución ni la de ejecución, no pueden ser objeto de transmisión.*

Sentencia de la Audiencia Provincial de Valencia de 16 de febrero de 2021[8]: Citando las sentencias del Tribunal Supremo de 12 de abril de 2006 y 18 de marzo de 2005, señala: *los negocios de transmisión que se hagan en relación con dichas acciones no pueden estar prohibidos si bien dejando para momento posterior la consumación de los mismos mediante la transmisión de los títulos una vez creados. Esa condición de consumación del negocio en el momento en el que la ampliación de capital sea efectiva y se hayan creado los títulos determina claramente que la validez del negocio depende de la inscripción lo que la convierte en* constitutiva. *En el mismo sentido de inscripción constitutiva de operaciones societarias, se pueden citar las sentencias del Tribunal Supremo de 11 de marzo de 2013 y 21 de mayo de 2012.*

7 ECLI:ES:APAL:2014:193.
8 ECLI:ES:APV:2021:512.

Sentencia de la Audiencia Provincia de A Coruña de 30 de julio de 2015[9]: ...*los preceptos citados no imposibilitan que previamente, en etapa presocial, se puedan concertar patos de enajenación de acciones entre los accionistas y terceros, de forma que la venta resulta eficaz y vinculante para los interesados directos en la misma, en cuanto que esos pactos de enajenación, aquí promesa de venta, representan un convenio válido para la transmisión de los títulos y son antecedentes a su debida formalización.*

Sentencia de la Audiencia Provincia de Castellón de 16 de octubre de 2012[10], con cita de Sentencias del Tribunal Supremo de 16 de julio de 1992[11] y de 12 de diciembre de 2002[12]: ...*considerando que los contratos de compraventa de participaciones sociales celebrados antes de la inscripción de la sociedad son válidos siempre que se consumen o materialicen tras la misma, esto es, cuando ya haya concluido su proceso de formación y nacido formalmente a la vida jurídica, sin perjuicio que para su plenitud de efectos deban respetarse las normas que regulan la transmisión de participaciones en el seno de la sociedad de que se trate.* Como de manera muy gráfica y expresiva dijo el demandado en el interrogatorio que su intención era *que cuando llegue el momento hacerlo como toca.*

Sentencia de la Audiencia Provincial de Barcelona de 5 de septiembre de 2008[13] referida al antiguo artículo 28 de la Ley de Sociedades de Responsabilidad Limitada: ...*ello no significa que las transmisiones anteriores sean nulas de pleno derecho, sino que tales transmisiones no producirán efecto hasta que se haya producido la inscripción registral.*

---

9 ECLI:ES:APC:2015:2186.
10 ECLI:ES:APCS:2012:1138.
11 ECLI:ES:TS:1992:6075.
12 ECLI:ES:TS:2002:8348.
13 ECLI:ES:APB:2008:13298.

4. Aspectos prácticos relacionados con la transmisión

4.1. ¿Qué ocurre si la sociedad no llega a inscribirse?

Si la sociedad no se inscribe deviene irregular y será de aplicación el régimen legal que resulta de los artículos 39 y 40 de la Ley de Sociedades de capital[14].

4.2. Facultad de disponer de las participaciones/acciones de la sociedad en formación

Hay que tener en cuenta los artículos 92 y 120.1 de la Ley de Sociedades de capital[15].

---

14 Artículo 39. *Sociedad devenida irregular.*
1. Una vez verificada la voluntad de no inscribir la sociedad y, en cualquier caso, transcurrido un año desde el otorgamiento de la escritura sin que se haya solicitado su inscripción, se aplicarán las normas de la sociedad colectiva o, en su caso, las de la sociedad civil si la sociedad en formación hubiera iniciado o continuado sus operaciones.
2. En caso de posterior inscripción de la sociedad no será de aplicación lo establecido en el apartado segundo del artículo anterior.
Artículo 40. *Derecho del socio a instar la disolución.*
En caso de sociedad devenida irregular, cualquier socio podrá instar la disolución de la sociedad ante el juez de lo mercantil del lugar del domicilio social y exigir, previa liquidación del patrimonio social, la cuota correspondiente, que se satisfará, siempre que sea posible, con la restitución de sus aportaciones.

15 Artículo 92. *La acción como valor mobiliario.*
1. Las acciones podrán estar representadas por medio de títulos o por medio de anotaciones en cuenta. En uno y otro caso tendrán la consideración de valores mobiliarios.
2. Las participaciones sociales no podrán estar representadas por medio de títulos o de anotaciones en cuenta, ni denominarse acciones, y en ningún caso tendrán el carácter de valores.
Artículo 120. *Transmisión de acciones.*
1. Mientras no se hayan impreso y entregado los títulos, la transmisión de acciones procederá de acuerdo con las normas sobre la cesión de créditos y demás derechos incorporales.

1. Mientras no se hayan impreso y entregado los títulos, la transmisión de acciones procederá de acuerdo con las normas sobre la cesión de créditos y demás derechos incorporales.

Las participaciones sociales no son en ningún caso valores mobiliarios.

¿Y las acciones? ¿Si aún no se ha inscrito la sociedad, tendrían la consideración de valores mobiliarios? Estimo que tampoco tendrían esta consideración, porque no existe todavía la sociedad anónima como tal, ni el socio fundador es todavía titular de la acción, sino sólo es titular de una parte alícuota del capital social.

Teniendo en cuenta esta premisa, en caso de transmisión de participaciones o acciones de una sociedad no inscrita se aplicaría las siguientes reglas:

Socio en régimen de gananciales:

Al no ser títulos valores, requiere el consentimiento de ambos cónyuges, aunque el socio sea sólo uno de ellos y, por tanto, no sería de aplicación el artículo 1384 del Código Civil[16].

Menores sujetos a patria potestad o personas con discapacidad:

Igualmente, al no considerarlos *títulos-valores* no precisaría del consentimiento de los padres, ni el curador necesitarían autorización judicial (artículos 166 y 287 del Código Civil), salvo que se consideren, atendidas las circunstancias del caso, como un *objeto precioso*[17].

16 Artículo 1384 del Código Civil: "*Serán válidos los actos de administración de bienes y los de disposición de dinero o títulos valores realizados por el cónyuge a cuyo nombre figuren o en cuyo poder se encuentren*.

17 Artículo 166 del Código Civil: *Los padres no podrán renunciar a los derechos de que los hijos sean titulares ni enajenar o gravar sus bienes inmuebles, establecimientos mercantiles o industriales, objetos preciosos y valores mobiliarios,*

Por tanto, ya se trate participaciones sociales como las acciones de la sociedad en formación, no tienen la consideración de "valores mobiliarios" y su transmisión estaría sujeta a las reglas sobre cesión de créditos y demás derechos incorporales (artículo 1526 y ss. del Código Civil), como indicaba la citada Sentencia del Tribunal Supremo de 4 de febrero de 2009.

4.3. Transmisiones mortis causa

En el caso del fallecimiento del socio en esta situación, es evidente, que los derechos el socio fallecido formaran parte del caudal hereditario.

Artículo 659 Cc. *La herencia comprende todos los bienes, derechos y obligaciones de una persona que no se extingan por su muerte.*

salvo el derecho de suscripción preferente de acciones, sino por causas justificadas de utilidad o necesidad y previa la autorización del Juez del domicilio, con audiencia del Ministerio Fiscal.
Los padres deberán recabar autorización judicial para repudiar la herencia o legado deferidos al hijo. Si el Juez denegase la autorización, la herencia sólo podrá ser aceptada a beneficio de inventario.
No será necesaria autorización judicial si el menor hubiese cumplido dieciséis años y consintiere en documento público, ni para la enajenación de valores mobiliarios siempre que su importe se reinvierta en bienes o valores seguros.
Artículo 287.2º del Código civil: *El curador que ejerza funciones de representación de la persona que precisa el apoyo necesita autorización judicial para los actos que determine la resolución y, en todo caso, para los siguientes: Enajenar o gravar bienes inmuebles, establecimientos mercantiles o industriales, bienes o derechos de especial significado personal o familiar, bienes muebles de extraordinario valor, objetos preciosos y valores mobiliarios no cotizados en mercados oficiales de la persona con medidas de apoyo, dar inmuebles en arrendamiento por término inicial que exceda de seis años, o celebrar contratos o realizar actos que tengan carácter dispositivo y sean susceptibles de inscripción. Se exceptúa la venta del derecho de suscripción preferente de acciones. La enajenación de los bienes mencionados en este párrafo se realizará mediante venta directa salvo que el Tribunal considere que es necesaria la enajenación en subasta judicial para mejor y plena garantía de los derechos e intereses de su titular.*

4.4. *Transmisiones forzosas*

Los acreedores del socio pueden embargar su posición jurídica, por lo que, llegada la ejecución, el rematante ocuparía dicha cualidad en la sociedad en formación, y en su día, la titularidad de las acciones o participaciones sociales transmitidas en esta fase (situación similar al embargo de la posición jurídica del adquirente de bienes con pacto de reserva de dominio o del arrendatario en el leasing, inscritos en el Registro de bienes muebles).

4.5. *Transmisión de acciones o participaciones sociales con prestaciones accesorias*

En las transmisiones *inter vivos* requiere autorización de la Junta General en las Sociedades Limitadas o de los Administradores en las Sociedades Anónimas, salvo disposición contraria de los Estatutos sociales (artículo 88 de la Ley de Sociedades de capital[18]).

En los supuestos de transmisión mortis causa, no está previsto legalmente, por lo que sería conveniente la inclusión en los estatutos de una regla específica.

18 Artículo 88. *Transmisión de participaciones o de acciones con prestación accesoria.*
1. Será necesaria la autorización de la sociedad para la transmisión voluntaria por actos inter vivos de cualquier participación o acción perteneciente a un socio personalmente obligado a realizar prestaciones accesorias y para la transmisión de aquellas concretas participaciones sociales o acciones que lleven vinculada la referida obligación.
2. Salvo disposición contraria de los estatutos, en las sociedades de responsabilidad limitada la autorización será competencia de la junta general; y, en las sociedades anónimas, de los administradores.
En cualquier caso, transcurrido el plazo de dos meses desde que se hubiera presentado la solicitud de autorización sin que la sociedad haya contestado a la misma, se considerará que la autorización ha sido concedida.

Sin perjuicio de que, en caso de transmisión mortis causa, si la prestación accesoria consiste en una obligación personalísima, el fallecimiento del socio vinculado por ella implica su extinción.

5. Posición jurídica del adquirente en la fase de formación de la sociedad

Si la transmisión de la acción o participación se produce antes de la inscripción de la constitución o del aumento de capital en el Registro mercantil, como hemos indicado anteriormente, la sociedad anónima o limitada como tal no existe, ni tampoco la acción o la participación social. Pero no hay duda que existe una entidad con personalidad jurídica y el adquirente adquiere la cualidad de socio de la sociedad en formación y los derechos inherentes a tal condición.

En el caso de acciones en la sociedad anónima, el título no es constitutivo de la condición de socio, tiene sólo un valor declarativo, pudiendo ejercer y transmitir los derechos de socio, aplicando como dijimos las reglas de la cesión de créditos y demás derechos incorporales. (Sentencia del TS de 4 de febrero de 2009[19]).

6. Forma de la transmisión

En cuanto la sociedad limitada: La formalización de la transmisión de las participaciones sociales debe efectuarse en documento público: Escritura pública o póliza (artículo 106.1 LSC).

En cuanto a las sociedades anónimas es aplicable el artículo 120.1 LSC: artículo 120.1 LSC: *Mientras no se hayan impreso y entregado los títulos, la transmisión de acciones procederá de acuerdo*

19 ECLI:ES:TS:2009:165.

con las normas sobre la cesión de créditos y demás derechos incorporales.

En esta fase de la sociedad en formación, en la que aún no existen propiamente tales participaciones o acciones, sino un derecho o titularidad correspondiente a una parte alícuota del capital social, son aplicables las normas de la cesión de créditos sería igualmente aplicable el artículo 1526 del Código Civil, lo que permitiría la trasmisión en documento privado cuya fecha sea fehaciente, en los supuestos del artículo 1227 del Código Civil[20].

El incumplimiento del requisito de formalización en documento público no produce la nulidad de pleno derecho del negocio jurídico transmisivo, pues, en coherencia con el principio de libertad de forma de los negocios jurídicos (CC 1278; CCom artículo 51), la falta de documento público no afecta a la validez del contrato privado de transmisión de participaciones, sino a su eficacia —CC artículo 1279— (AP Ourense 18 de noviembre de 2003[21]; AP Asturias 2 de marzo de 2004[22]; AP A Coruña 8 de febrero de 2007[23]).

El requisito de la constancia de la transmisión en documento público no tiene naturaleza constitutiva, ni es un requisito *ad solemnitatem*. Por tanto, la compraventa se perfecciona desde el momento en que se firma el contrato privado y la elevación a

20 Artículo 1526 C.c. *La cesión de un crédito, derecho o acción no surtirá efecto contra tercero sino desde que su fecha deba tenerse por cierta en conformidad a los artículos 1.218 y 1.227.*
Artículo 1227 C.c. *La fecha de un documento privado no se contará respecto de terceros sino desde el día en que hubiese sido incorporado o inscrito en un registro público, desde la muerte de cualquiera de los que lo firmaron, o desde el día en que se entregase a un funcionario público por razón de su oficio.*

21 ECLI:ES:APOU:2003:941.

22 ECLI:ES:APO:2004:745.

23 ECLI:ES:APC:2007:1122.

documento público solo afecta a la consumación, pero no al perfeccionamiento (AP A Coruña 8-2-07[24]).

Finalmente, coinciden los autores en admitir que, en esta fase de la sociedad en formación, deben cumplirse las normas legales y estatutarias en cuanto al derecho de adquisición preferente (artículo 107 LSC).

II. GRAVAMEN DE ACCIONES Y PARTICIPACIONES FUTURAS

La Ley de Sociedades de capital se ocupa de tres figuras concretas que podemos considerar "gravámenes" sobre las participaciones sociales y las acciones. Se trata del usufructo, la prenda y el embargo.

Usufructo: artículo 127 LSC

Prenda: artículo 132 LSC (regula los derechos sociales entre el socio y el acreedor pignoraticio)

Embargo: artículos 109 y 133 LSC.

En cuanto a la documentación necesaria, en la constitución de derechos reales, también hay que tener en cuenta los artículos 104, 105 y 106 LSC (participaciones sociales) y 116 y 121 (acciones).

El artículo 143 LSC prohíbe que la sociedad limitada acepte en prenda sus propias participaciones sociales.

El artículo 149 LSC permite que la sociedad anónima acepte en prenda sus propias acciones dentro de los límites y con los requisitos aplicables a la adquisición de las mismas.

---

24 ECLI:ES:APC:2007:1122.

En el caso acciones y participaciones futuras ¿qué encaje tendrían el embargo, el usufructo y la prenda?

1. El embargo

Sería posible el embargo de la posición jurídica del socio, es decir, de la cuota de titularidad en el capital de la sociedad en formación y en el caso de ejecución en procedimiento de apremio, sería aplicable el artículo 109 LSC. Llegada la adjudicación, el rematante ocuparía la posición jurídica del socio o accionista hasta el momento que se produzca la inscripción de sociedad y se convierta en titular de las participaciones o acciones correspondientes. Sería una situación similar al embargo en los contratos de financiación o en los contratos de leasing inscritos en el Registro de Bienes Muebles, en los que se embarga la posición jurídica del comprador o del arrendatario, quienes ostenta un *ius ad rem* o derecho expectante de adquirir el pleno dominio del bien en el futuro, cuando complete el pago o ejercite la opción de compra.

2. El usufructo

Resulta algo forzado imaginar un usufructo constituido sobre acciones o participaciones futuras, ya que el "fruto" por excelencia de una acción o participación social son los dividendos, y estos no se repartirían antes de transcurrir al menos un ejercicio, si es que la sociedad en formación da comienzo sus operaciones, aún no inscrita.

El artículo 127 LSC establece que el usufructuario tendrá derecho en todo caso a los dividendos acordados por la sociedad durante el usufructo. Salvo disposición contraria de los estatutos, el ejercicio de los demás derechos del socio corresponde al nudo propietario.

Pero hay tener en cuenta, el ya mencionado artículo 39 LSC[25], si transcurre un ejercicio sin producirse la inscripción la sociedad deviene irregular, aplicándose las normas de la sociedad colectiva o de la sociedad civil si la sociedad hubiera iniciado o continuado sus operaciones, por lo que el reparto de dividendos se regiría por las normas de este tipo de sociedades.

3. El derecho real de prenda

Tiene un mayor interés práctico. En el caso de acciones o participaciones futuras se plantean varias cuestiones no resueltas claramente por el derecho positivo.

¿Se considera la constitución de la prenda como una novación de contrato de sociedad que requiere el consentimiento de todos los socios[26]?

Como vimos al estudiar las posiciones doctrinales en torno al artículo 34 LSC, en cuanto a la transmisión, una posición doctrinal consideraba que se trataba de una cesión de contrato, lo que exigiría el consentimiento de todos los socios para la constitución de la prenda.

Sin embargo, el Tribunal Supremo no lo considera una cesión de contrato, sino una cesión de derechos, una venta de cosa futu-

25 Artículo 39. *Sociedad devenida irregular.*
1. Una vez verificada la voluntad de no inscribir la sociedad y, en cualquier caso, transcurrido un año desde el otorgamiento de la escritura sin que se haya solicitado su inscripción, se aplicarán las normas de la sociedad colectiva o, en su caso, las de la sociedad civil si la sociedad en formación hubiera iniciado o continuado sus operaciones.

26 PERDICES HUETOS, A., "La transmisión de participaciones sociales en la sociedad de responsabilidad limitada. Régimen general", *Tratando de la sociedad limitada*, Paz-Ares, J.C. (coord.), Fundación Cultural del Notariado, 1997, pp. 421 a 488; e "Intransmisibilidad de participaciones y acciones antes de la inscripción", Almacén de Derecho, 1 de octubre de 2020.

ra o bajo la condición suspensiva de la inscripción de la sociedad o como venta obligacional con entrega diferida de la cosa, por lo que dicho consentimiento de los demás socios no sería necesario.

En el caso que la sociedad en formación no se inscriba y devenga en sociedad irregular, sería aplicable el artículo 40 LSC. De manera que, si tiene lugar la disolución de la sociedad y la restitución de las aportaciones, la prenda recaerá sobre ellas[27].

¿Es aplicable a la constitución de la prenda de participaciones sociales el régimen legal del artículo 107 LSC en el momento de la constitución? ¿Habría un derecho de adquisición preferente al constituirse la prenda?

En las sociedades limitadas, no parece que sea muy lógico que exista un doble derecho de adquisición preferente, uno en la constitución y otro cuando tenga lugar la ejecución. La DGRN en Resolución de 22 de octubre de 1993 rechazó esta posibilidad porque el acreedor pignoraticio no tenía atribuido en los estatutos sociales el ejercicio de los derechos sociales y que dicha restricción tiene su utilidad cuando realmente se produce la transmisión en la subasta.

Por el contrario, en las sociedades anónimas rige el principio de libre transmisibilidad (salvo prestaciones accesorias-artículo 88 LSC), luego no tendría lugar un derecho de adquisición preferente.

Pero además de las normas dedicadas a la prenda en la Ley de Sociedades de capital, que regulan cuestiones formales y las

27 Artículo 40. *Derecho del socio a instar la disolución.*
En caso de sociedad devenida irregular, cualquier socio podrá instar la disolución de la sociedad ante el juez de lo mercantil del lugar del domicilio social y exigir, previa liquidación del patrimonio social, la cuota correspondiente, que se satisfará, siempre que sea posible, con la restitución de sus aportaciones.

relaciones entre la sociedad, el socio, el usufructuario o el acreedor, hay que tener en cuenta que el régimen legal sustantivo que define el derecho real de prenda, es decir, el título constitutivo, está formado por un denso panorama jurídico, porque no existe un derecho real de prenda, sino varias figuras de prenda muy diferentes entre sí:

— La Prenda ordinaria o común, también llamada prenda posesoria, regulada en el Código Civil (artículos 1863-1873 Cc).

— La Prenda sin desplazamiento de la posesión regulada en la Ley de Hipoteca Mobiliaria y Prenda sin desplazamiento de la posesión.

— La Prenda de acciones representadas por anotaciones en cuenta regulada en la Ley 6/2023, de 17 de marzo, de los Mercados de Valores y de los Servicios de Inversión, en los artículos 12-14 LMV.

Y las garantías financieras reguladas en el Real Decreto-ley 5/2005, de 11 de marzo, de reformas urgentes para el impulso a la productividad y para la mejora de la contratación pública, en sus artículos sexto, séptimo y octavo.

Existe también una regulación especial en el Derecho Civil Catalán de la prenda posesoria de valores incorporados a títulos nominativos o al portador. No regula la prenda de derechos representativos del capital social no incorporados a títulos, como serían las participaciones sociales

Visto el panorama jurídico existente, analicemos si sería posible constituir un derecho real de prenda sobre participaciones o acciones futuras y en concreto nos centraremos en las figuras de la prenda ordinaria y la prenda sin desplazamiento de la posesión.

3.1. La prenda ordinaria

En la situación de la sociedad en formación, el socio sólo tiene un titularidad o cuota sobre el capital social, pero todavía no es titular de las participaciones o acciones concretas, por tanto, no puede haber desplazamiento posesorio.

La prenda ordinaria requiere desplazamiento posesorio como requisito constitutivo (artículo 1863 Cc).

Respecto de las acciones, el Tribunal Supremo en Sentencia 793/2006, de 21 de julio, negó validez a una prenda de acciones, antes de que se hubieran emitido y entregado los títulos, atribuyéndole efectos obligacionales.

Pues bien, en la sociedad en formación, se produce una situación similar al supuesto de no haberse impreso y entregado los títulos, en el que la Ley de Sociedades de capital en el artículo 120.1, respecto de las transmisiones de las acciones, indica que se "procederá de acuerdo con las normas sobre la cesión de créditos y demás derechos incorporales", es decir, conforme a los artículos 1526 y ss. del Código Civil. La Sentencia del Tribunal Supremo de 4 de febrero de 2009 consideró a las acciones de una sociedad no inscrita como "créditos incorporales" transmisibles conforme a los artículos 347 y 348 del Código de comercio y los artículos 1526 y ss. Código Civil.

Las acciones o participaciones sociales de una sociedad en formación son un derecho incorporal o un crédito que representa una cuota en el capital social y que confiere al socio unos derechos frente a la sociedad. Un derecho de participación incorporal según Antonio Perdices Huetos[28].

28 PERDICES HUETOS, A., "La transmisión de participaciones sociales...", *op. cit.*, pp. 434 y ss.

El hecho de otorgarse la prenda en documento público dotará a la misma de la certeza de la fecha (artículo 106.1 LSC —participaciones sociales— y artículo 121.1 LSC y artículo 1865 Cc —acciones), lo cual es un requisito de eficacia, pero no equivale a la "traditio instrumental", no puede suplir el desplazamiento posesorio.

Tampoco la comunicación a la sociedad de constitución de la prenda sustituye al desplazamiento posesorio ni a la inscripción registral, no es un requisito constitutivo de la prenda, sino de legitimación frente a la sociedad para el ejercicio de los derechos de socios.

En la prenda ordinaria, el desplazamiento posesorio es un requisito constitutivo, por lo que, tratándose de prenda sobre bienes o derechos de crédito futuros, señala el Tribunal Supremo (STS 13 de marzo de 2017 y 15 de junio de 2023) que la inexistencia de corporeidad obliga a que de alguna forma se manifieste la desposesión del deudor.

En el caso de la constitución de la prenda sobre participaciones sociales o acciones futuras, la falta de desplazamiento posesorio tendría que suplirse por parte del acreedor, mediante actos que revelen la desposesión del deudor, como sería la entrega al acreedor pignoraticio de la escritura de sociedad, en la que consten las participaciones o acciones pertenecientes al deudor pignoraticio o actos inequívocos como el ejercicio por el acreedor de los derechos de socio[29].

3.2. Prenda sin desplazamiento de la posesión

La prenda de derechos de crédito (párrafo tercero del artículo 54 LHM y PSDP): *...Los derechos de crédito, incluso los créditos*

29 CARRASCO PERERA, A., CORDERO LOBATO, E. y MARIN LÓPEZ, M.J., *Tratado de los derechos de garantía*, tomo II, 4ª edición, Thomson Reuters Aranzadi, 2022, pp. 316 y ss.

futuros, siempre que no estén representados por valores y no tengan la consideración de instrumentos financieros a los efectos de lo previsto en el Real Decreto Ley 5/2005, de 11 de marzo, de reformas urgentes para el impulso a la productividad y para la mejora de la contratación pública, podrán igualmente sujetarse a prenda sin desplazamiento. Para su eficaz constitución deberán inscribirse en el Registro de Bienes Muebles...

Como ya hemos indicado, mientras la sociedad no esté inscrita el socio es titular de una cuota en el capital social, que en el futuro cuando la sociedad se inscriba se materializará en una participación social o acción. Mientras, dicha titularidad tiene la naturaleza de un derecho de crédito o bien incorporal. La titularidad del socio de una sociedad no inscrita es el derecho o crédito futuro que ostenta el socio frente a la sociedad, a la materialización o corporeización de su cuota en el capital social en participaciones sociales o acciones determinadas.

Esta situación de incorporalidad y, por tanto, de imposibilidad de desplazamiento, permitiría la opción de constituir la prenda sin desplazamiento de la posesión, en su modalidad de prenda sobre derechos de crédito futuros, prevista en el párrafo tercero del artículo 54 de la LHM y PSDP, que como bien ha interpretado el Tribunal Supremo, no es una prenda en garantía de créditos futuros, sino una prenda cuyo objeto pignorado es un derecho de crédito futuro, y en este sentido, la titularidad del socio de una sociedad no inscrita es el derecho o crédito futuro que ostenta el socio frente a la sociedad, a la materialización o corporeización de su cuota en el capital social en participaciones sociales o acciones determinadas.

Como también ha quedado expuesto anteriormente, las participaciones sociales nunca son valores mobiliarios y en el caso de las sociedades anónimas, la titularidad del accionista de la sociedad en formación le confiere un derecho a una acción "futura" que tampoco tendría la consideración de "valor mobiliario", al no existir aún título documental, ni las acciones tendrían la consideración de instrumento financiero, a los efectos del artículo 2 de la Ley del Mercado de Valores y del Real Decreto Ley 5/2005, de 11 de marzo[30].

Admitida esta posibilidad, la inscripción de la prenda sin desplazamiento en el Registro de Bienes Muebles, le dota de un régimen de publicidad frente a terceros, muy superior al de la prenda ordinaria, ante la dificultad en la prenda ordinaria del desplazamiento posesorio.

Para concluir, una referencia a la cuestión de la resistencia de la prenda sobre créditos futuros al concurso del deudor, porque nos permite a través de las sentencias del Tribunal Supremo conocer mejor las diferencias entre estos dos tipos de prenda sobre créditos futuros.

La figura de la prenda sobre créditos futuros ha adquirido interés en la actualidad en el ámbito del concurso de acreedores, a los efectos de lo que doctrina ha llamado "la resistencia de la prenda sobre créditos futuros al concurso del deudor".

Los créditos garantizados con una prenda de créditos futuros no existentes en el momento de declararse el concurso, pero que derivaban de contratos concertados o de relaciones jurídicas existentes antes de la declaración del concurso, han de considerarse resistentes a éste y otorgan a tales créditos la calificación de créditos con privilegio especial, aunque el crédito pignorado haya nacido tras la declaración de concurso.

30 VELA TORRES, P.J., "Intransmisibilidad de participaciones y acciones antes de la inscripción", García-Cruces González, J.A., y Sancho Gargallo, I. (dirs.), *Comentario de la Ley de Sociedades de Capital*, T. I, Tirant lo Blanch, 2021, pp. 795 a 799.

Por el contrario, no son resistentes al concurso las prendas sobre créditos que deriven de contratos o relaciones jurídicas cuyos caracteres definitorios estén recogidos en la escritura de constitución de la prenda, pero que se encuentren pendientes de concertar o que no hayan nacido aun cuando se declaró el concurso.

El Tribunal Supremo se ha ocupado de ello en varias ocasiones: STS 186/2016, de 18 de marzo, STS 180/2017, de 13 de marzo y, recientemente, la STS 965/2023, de 15 de junio, en paralelo a las sucesivas reformas de la Ley Concursal.

En esta última Sentencia de 15 de junio de 2023, el TS distingue varias cuestiones importantes en cuanto a la clasificación de los créditos con privilegio especial, en base al artículo 90.1.6ª de la Ley Concursal, tras la modificación de la Ley 40/2015, de 1 de octubre, que se corresponde con el actual Artículo 271.2 y 3 de la Ley Concursal (RDLeg 1/2020, de 5 de mayo[31]).

Distingue la prenda sobre créditos existentes y la prenda sobre créditos futuros.

En la prenda de créditos, ya existentes, bastará con que conste en documento con fecha fehaciente.

31 Artículo 271 Ley Concursal. *Requisitos del privilegio especial.*
2. Si se tratare de prenda de créditos de la masa activa, será suficiente con que la constitución de la garantía conste en documento con fecha fehaciente anterior a la declaración de concurso
3. Si se tratare de prenda sobre créditos futuros, será necesario que, antes de la declaración de concurso, concurran los dos siguientes requisitos:
1.° Que los créditos futuros hubieran nacido de contratos perfeccionados o de relaciones jurídicas constituidas antes de esa declaración.
2.° Que la prenda estuviera constituida en documento público o, en el caso de prenda sin desplazamiento, se hubiera inscrito en el registro público correspondiente.

Los créditos garantizados con prenda constituida sobre créditos futuros gozarán de privilegio especial, cuando concurran los siguientes requisitos:

— Que los créditos futuros nazcan de contratos perfeccionados o relaciones jurídicas constituidas con anterioridad a la declaración del concurso.

— Y que la prenda esté constituida en documento público o, en el caso de prenda sin desplazamiento de la posesión, se haya inscrito en el registro público competente.

Pues bien, en la Sentencia de 15 de junio de 2023, en el Fundamento de Derecho 10, el TS señala que la Ley Concursal "diferencia entre dos modalidades de prenda distintas: la común para la que se exige documento público y la prenda sin desplazamiento de la posesión para la que se requiere, además, inscripción registral.

Esta Sentencia es muy interesante, en el tema que nos ocupa, porque pone de manifiesto una cuestión relacionada con la naturaleza y efectos de estos dos tipos de prenda:

El Tribunal Supremo, en el Fundamento de Derecho 11, añade que la no inscripción de una prenda constituida como prenda sin desplazamiento de la posesión no la convierte en una prenda ordinaria, ya que no puede considerarse válida y eficazmente constituida, conforme al artículo 3 y 54.3 de la LHM y PSDP como tal, y tampoco sería válida como prenda ordinaria porque le falta el requisito constitutivo de la entrega de la posesión al acreedor o un tercero.

Señala Luis Fernández del Pozo[32], que el Tribunal Supremo deja sin resolver una importante cuestión en el caso de la prenda ordi-

32 FERNÁNDEZ DEL POZO, L., "Prenda común y Prenda sin desplazamiento sobre bienes/créditos futuros del pignorante. Nuevos y viejos problemas", *Revista de derecho concursal y paraconcursal: Anales de doctrina, praxis, jurisprudencia y legislación*, n.º 24, 2016, pp. 41-65.

naria al señalar que "la inexistencia de corporeidad obliga a que de alguna forma se manifieste la desposesión del deudor" y advierte de *la conveniencia de que en los casos de imposibilidad práctica de desplazamiento posesorio del objeto pignorado por ser éste un bien intangible, se entregue, al menos, al acreedor pignoraticio la representación documental de tal incorporal, como puede ser el contrato del que se derivan los derechos de crédito pignorados...*

Inconveniente que en la prenda sin desplazamiento de la posesión no existe, ya que como señala el TS en el Fundamento de Derecho 12, el desplazamiento posesorio es sustituido por la publicidad registral.

En el caso de las participaciones sociales y las acciones de la sociedad en formación, tendríamos una relación jurídica subyacente ya existente que es el contrato de sociedad, el documento público para la formalización de la prenda y la inscripción en el Registro de Bienes Muebles.

III. BIBLIOGRAFÍA

ALONSO LEDESMA, C., "Sociedad Anónima en formación y prohibición de transmisión de acciones antes de la inscripción", *Derecho de sociedades. Libro homenaje al profesor José Girón Tena*, tomo 2, vol. 2, 1994.

ARANDA RODRÍGUEZ, R., "La prenda de créditos como garantía mobiliaria hoy. Problemas jurídicos pendientes", *Revista Crítica de Derecho Inmobiliario*, núm. 764, noviembre, 2017.

BARBA DE VEGA, J.D., "Sociedades Anónimas. Nulidad de la transmisión de acciones antes de la inscripción de la sociedad en el Registro Mercantil", *Cuadernos Civitas de jurisprudencia civil*, núm. 14, 1987.

BAREA MARTÍNEZ, M.ª T., "La transmisión de las acciones y participaciones sociales", *Las sociedades de capital: cuestiones teóricas y prácticas*, Domínguez Mena, A. y Marqués Mosquera, C. (coords.), Cuadernos de Derecho y Comercio, tomo II, Consejo General del Notariado, Madrid, 2015.

CARRASCO PERERA, A., "Prendas sin desplazamiento y Prendas financieras sobre créditos. A propósito de una calificación denegatoria de un

Registrador de Bienes Muebles", en web notariosyregistradores.com, 16 de julio de 2013.

CARRASCO PERERA, A., CORDERO LOBATO, E. y MARÍN LÓPEZ, M.J., *Tratado de los derechos de garantía*, tomo II, 4ª edición, Thomson Reuters Aranzadi, 2022.

FERNÁNDEZ DEL POZO, L., "La transparencia de las participaciones de las sociedades responsabilidad limitada", en web notariosyregistradores.com, 11 de febrero de 2020.

— "Prenda común y Prenda sin desplazamiento sobre bienes/créditos futuros del pignorante. Nuevos y viejos problemas", *Revista de Derecho concursal y paraconcursal: Anales de doctrina, praxis, jurisprudencia y legislación*, núm. 24, 2016.

MADRAZO MELÉNDEZ, B., "La prenda de participaciones sociales. El artículo 132 de la LSC", Ponencia en el Congreso Nacional de Sociedades, Málaga, 2023.

MARQUÉS MOSQUERA, C., "La inscripción registral", *Tratado de Sociedades de capital. Comentario judicial, notarial, registral y doctrinal de la Ley de sociedades de capital*, Prendes Carril, P., Martínez-Echevarría y García de Dueñas, A. y Cabanas Trejo, R. (dirs.), Thomson Reuters-Aranzadi, 2017.

— Memento sociedades mercantiles, Francis Lefebvre, 2023.

PERDICES HUETOS, A., "La transmisión de participaciones sociales en la sociedad de responsabilidad limitada. Régimen general", *Tratando de la sociedad limitada*, Paz-Ares, J.C. (coord.), Fundación Cultural del Notariado, 1997.

— "Intransmisibilidad de participaciones y acciones antes de la inscripción", *Almacén de Derecho*, 1 de octubre de 2020.

REDONDO TRIGO, F., "Breves reflexiones sobre las prendas sobre créditos sin desplazamiento posesorio tras la reforma de la Ley del Mercado Hipotecario", *Revista Crítica de Derecho Inmobiliario*, núm. 708.

VALPUESTA GASTAMIZA, E., *Comentarios a la Ley de sociedades de capital*, 4ª Edición, Wolters Kluwer, Bosch, 2022.

VELA TORRES, P.J., "Intransmisibilidad de participaciones y acciones antes de la inscripción", *Comentario de la Ley de Sociedades de Capital*, García-Cruces González, J.A., y Sancho Gargallo, I. (dirs.), tomo I, Tirant lo Blanch, 2021.

Capítulo 5

LA INTRANSMISIBILIDAD DE LAS ACCIONES Y LAS PARTICIPACIONES ANTES DE LA INSCRIPCIÓN REGISTRAL: UNA INTERPRETACIÓN DESDE LA TEORÍA DE LA PERSONALIDAD JURÍDICA

Andrea Padrón Villalba
Ayudante de Derecho Mercantil
Universidad de La Laguna[1]

I. INTRODUCCIÓN

El artículo 34 de la Ley de Sociedades de Capital establece la intrasmisibilidad de las participaciones y acciones antes de la inscripción registral de la constitución de la sociedad, así

1 Doctora en Derecho. Esta publicación es parte del proyecto de I+D+i de Generación de Conocimiento, titulado *Sostenibilidad ambiental, social y económica de la administración de justicia. Retos de la Agenda 2030 (SOST JUST 2030)*, con referencia PID2021-126145OB-I00, financiado por MCIN/AEI/10.13039/501100011033/ y "FEDER Una manera de hacer Europa".

como, en supuestos de aumentos de capital social, antes de la inscripción de este. Se reproduce así una norma que se podía encontrar, casi textualmente, en la Ley de 17 de julio de 1951 sobre régimen jurídico de las sociedades anónimas, en el Texto Refundido de la Ley de Sociedades Anónimas de 1989 y en la Ley 2/1995, de 23 de marzo, de Sociedades de Responsabilidad Limitada. Entre los distintos textos legales se pueden encontrar algunas diferencias de redacción, pero no son sustanciales y se puede afirmar que es una prohibición que se ha ido aplicando norma tras norma.

Tradicionalmente este precepto se ha interpretado como la imposibilidad para transmitir la condición de socio antes de su inscripción en el Registro Mercantil, si la voluntad es la constitución de una sociedad de capital[2]. Sin embargo, a la luz de la teoría moderna sobre la personalidad jurídica y la sociedad en formación, resulta una postura difícil de mantener conceptualmente. Cabe plantearse si se trata efectivamente de una prohibición generalizada de la transmisión de la condición de socio o, únicamente, de la prohibición de negocios sobre, estrictamente hablando, las acciones o las participaciones, ya que estas no existirán hasta que no se haya inscrito y se aplique el régimen de las sociedades de capital.

Esta segunda interpretación, que es la que aquí acogemos, ya ha sido defendida anteriormente por parte de la doctrina y la jurisprudencia. Sin embargo, a pesar de llegar a la misma conclusión parece que el razonamiento seguido en ocasiones no ha sido el más coherente con la teoría sobre la personalidad jurídica. Podemos encontrar ejemplos en la jurisprudencia en los que se

2 La sentencia 222/2013 del Juzgado de Primera Instancia de Madrid núm. 55, de 6 de noviembre (TOL4.074.394), plasma un resumen de los cambios de parecer de la jurisprudencia a este respecto.

han empleado argumentos complejos, en lugar de plantear esta situación partiendo de la concepción de que la sociedad mercantil existe desde el momento del perfeccionamiento del contrato social y las reglas de la sociedad en formación.

II. INTERPRETACIONES TRADICIONALES DEL PRECEPTO

La prohibición establecida en el artículo 34 de la Ley de Sociedades de Capital es prácticamente idéntica a la redacción que se podía encontrar en las normas societarias anteriores. Eso justifica que los argumentos y razonamientos relacionados con aquellas sean perfectamente aplicables a este supuesto.

En ese sentido, analizaremos las respuestas que se han dado a este precepto a lo largo de los años. Tradicionalmente se han propuesto diferentes explicaciones de la existencia de este artículo que se pueden dividir entre aquellas que consideran que trata de asegurar una cierta estabilidad en el momento fundacional de la sociedad y aquellas que argumentan que este artículo tiene efectos muy limitados (únicamente relativos a la prohibición de transmisión del título)[3]. A continuación, explicaremos brevemente los principales argumentos de cada una de estas corrientes, así como las críticas que, en nuestra opinión, pueden hacerse.

1. Imposibilidad de transmitir la condición de socio

Uno de los motivos que se argumenta para justificar la existencia de esta prohibición es que pretende asegurar la estabilidad

3 Para un resumen de las diferentes tesis: MARQUÉS MOSQUERA, C., "Artículo 34. Intransmisibilidad de participaciones y acciones antes de la inscripción", *Tratado de Sociedades de Capital*, Prendes Carril, P., Martínez-Echevarría y García de Dueñas, A. y Cabanas Trejo, R. (dirs.), Thomson Reuters-Aranzadi, Pamplona, 2017, pp. 280-282.

subjetiva en el momento inicial[4]. Puesto que la figura de los socios fundadores cuenta con un régimen de responsabilidad particular es preferible que no pueda haber cambios entre el contrato prefundacional y el efectivo contrato social que se inscribe en el Registro Mercantil, para asegurar el cumplimiento de esa responsabilidad reforzada[5]. Se trata de un argumento similar a aquellos que consideran que, puesto que es posible que las acciones no estén totalmente desembolsadas, si se permitieran los negocios traslativos antes de la inscripción eso generaría poca seguridad[6].

La sentencia 221/2005 de la Audiencia Provincial de Asturias, de 10 de junio[7] siguió esa línea argumentativa al entender que se podría permitir la transmisión de la condición de socio entre un socio fundador y un tercero, pero no permitir la compra de acciones futuras por otro socio fundador. Este segundo supuesto reduciría el número de personas contra las que se podría pedir responsabilidad, en su caso, mientras que el primero mantiene en mayor medida la seguridad para los acreedores, ya que se sustituye a una persona física por otra: *...En definitiva no se desprende de ella que defienda la validez del precontrato cuando se concertó entre las personas que suscribieron acciones en la escritura fundacional. Con mayor claridad se pronuncia la más reciente de 12-12-02, en que se*

4 MAGARIÑOS BLANCO, V., "Transmisibilidad de las acciones antes de la inscripción de la sociedad anónima y del aumento del capital en el Registro Mercantil (I)", *Revista de Derecho Privado*, núm. 78 (2), 1994, pp. 100 y 109 y ss.: *...exige la conveniencia de no complicarlo con la interferencia de personas que no han intervenido en el acto constitutivo. [...] la entrada de nuevos socios, dada su hipotética multiplicación, podría suponer la pérdida de la fuerza o impulso necesarios para alcanzar aquel objetivo (la inscripción en el Registro)...*, p. 111.

5 En contra de esa opinión: MARQUÉS MOSQUERA, C., "Artículo 34. Intransmisibilidad de participaciones y acciones antes de la inscripción", *op. cit.*, p. 278.

6 ALONSO ESPINOSA, F. J., "Problemas en materia de documentación y transmisión de acciones", *Revista de Derecho Bancario y Bursátil*, núm. 45 (12), 1992, p. 48.

7 TOL700.241.

basan los recurrentes. En ella se razona que, en la etapa presocial, "se pueden concertar pactos de enajenación de acciones entre los accionistas y terceros" cuando no exista sospecha de fraude, y que la disciplina de aquéllos preceptos —en referencia al art. 14 de la Ley de 1951 y el 62 de la vigente LSA— "ha de limitarse al no libre tránsito entre los propios accionistas... pero no cuando el negocio liga a los accionistas con terceras personas". En definitiva, del examen de la Jurisprudencia cabe concluir que son nulas las ventas o promesas de venta llevadas a cabo con anterioridad a la inscripción en el Registro Mercantil de una sociedad, cuando esos contratos se conciertan entre las personas que han suscrito acciones, como sucede en el presente caso...[8].

Se trata, por tanto, de una interpretación muy estricta que lleva hasta sus últimas consecuencias prácticas la aplicación del artículo 34 LSC.

2. Imposibilidad de transmitir (únicamente) las acciones o las participaciones

El otro gran grupo de argumentos para justificar la existencia de este artículo señala que el precepto solo indica una obviedad: hasta el momento de la inscripción no hay acciones o participaciones[9], por lo que no se puede transmitir lo que todavía no existe: *...En efecto, el artículo 62, en lo que al recurso importa, respon-*

8 Fundamento jurídico segundo. No obstante, la sentencia del Tribunal Supremo 717/2009, de 3 de noviembre (TOL1.649.740), casa esta resolución de la Audiencia Provincial y dice expresamente que ha malinterpretado la jurisprudencia que cita para ese razonamiento: *...Sin embargo, esa doctrina fue modificada ya en la sentencia de 16 de julio de 1.992 —número 736/92—, mencionada pero no correctamente interpretada por el Tribunal de apelación...*

9 RECALDE CASTELLS, A., "Artículo 62. Intransmisibilidad de las acciones antes de la inscripción", *Comentarios a la Ley de Sociedades Anónimas,* Arroyo Martínez, I., Embid Irujo, J. M.; y Górriz López, C. (coords.), Tecnos, Madrid,

de a la voluntad del legislador de que no se entreguen o transmitan las acciones antes de la inscripción de la sociedad —entre otras razones porque las representadas por títulos necesitan contener la mención de los datos de identificación de dicha inscripción: artículo 53, apartado 1, letra a)...[10].

Este razonamiento se fundamenta en el hecho de que hasta el momento de la inscripción registral no puede considerarse que exista una sociedad anónima o una sociedad limitada. La división del capital social en partes alícuotas con esa denominación (acciones o participaciones) es una de las notas características del tipo de las sociedades de capital y lo que las diferencia, entre otras cuestiones, de otras sociedades mercantiles.

En ese sentido, el artículo se limitaría a reforzar lo dicho en el 33 de esa misma ley: ...*Con la inscripción la sociedad adquirirá la personalidad jurídica que corresponda al tipo social elegido...* y tendría unos efectos muy limitados: poner por escrito lo evidente[11], ya que no se puede transmitir lo que todavía no existe, según la interpretación conjunta de los dos preceptos.

Así lo explicaba la sentencia del Tribunal Supremo 169/2005, de 18 de marzo[12], que es, sin duda, la sentencia más clarificadora

---

2009, p. 641: *...En la norma late el interés por evitar que surja la apariencia de derechos de socio sometidos al régimen especial de los títulos-valor...*

10 Fundamento jurídico segundo de la sentencia del Tribunal Supremo 717/2009, de 3 de noviembre.

11 PERDICES HUETOS, A., "Intransmisibilidad de participaciones y acciones antes de la inscripción", *op. cit.*: *...En ese sentido la norma tendría un valor meramente declarativo, ya que se limitaría a explicitar lo que ya viene impuesto por la lógica jurídica, es decir, prohibir lo que no se puede hacer con la consecuencia de que los títulos prematuramente creados serían nulos...*
Igualmente, VALPUESTA GASTAMINZA, E., *Comentarios a la Ley de Sociedades de Capital,* Wolters Kluwer, Madrid, 2018, p. 146; o RECALDE CASTELLS, A., "Artículo 62. Intransmisibilidad de las acciones antes de la inscripción", *op. cit.*, p. 641.

12 TOL613.534.

con la que contamos sobre esta materia: *...el precepto indicado ha sido interpretado por un relevante sector de la doctrina científica en el sentido de que la imposibilidad material de confeccionar la acción antes de la inscripción puede ser un obstáculo para la entrega, pero no para la transmisión de los derechos del socio o futuro socio, de modo que la prohibición de transmisión se refiere sólo al título valor, que evidentemente no puede ser transferido si no existe como tal, por incorporarse a un soporte de papel o a ese otro de la anotación en cuenta, pero no a la acción concebida como conjunto de derechos o, más exactamente, a los derechos derivados de la cualidad de socio o de futuro socio...*

Por el contrario, también se ha defendido que a partir de la sociedad en formación ya se puede hablar de acciones o participaciones, en cuanto que sería una sociedad *de capital* en formación[13]. Sin embargo, no estamos de acuerdo con esta premisa, ya que entendemos que la inscripción registral es requisito necesario para que se puedan aplicar las normas relativas al régimen jurídico de las sociedades de capital. La sociedad en formación es una sociedad mercantil a la que se le aplican las normas de las sociedades colectivas (como régimen jurídico básico y supletorio), salvo en lo que está regulado en la Ley de Sociedades de Capital referente a la responsabilidad por los actos hechos desde la elevación a público del contrato social y la inscripción registral.

En cualquier caso, esta última es una posición muy residual y la corriente defendida mayoritariamente por la jurisprudencia y la doctrina moderna es aquella que entiende que las acciones como tal no existen hasta la inscripción de la sociedad. Esta corriente se reforzó, sobre todo, tras su acogida por las últimas sentencias del

13 *Vid.* MARQUÉS MOSQUERA, C., "Artículo 34. Intransmisibilidad de participaciones y acciones antes de la inscripción", *op. cit.*, p. 282.

Tribunal Supremo al respecto (la de 2005 y de 2009 ya citadas). A partir de esta consideración, se ha trabajado para estudiar qué reglas deben aplicarse para la transmisión de la condición de socio, ya que se entiende que eso sí es posible, además de deseable para el correcto funcionamiento del tráfico jurídico, a pesar de la aparente literalidad de este precepto.

3. Soluciones planteadas tradicionalmente y efectos de esa prohibición

Esta limitación que analizamos ha supuesto determinadas dificultades prácticas en el tráfico jurídico. Una de las características que más sobresale de las sociedades de capital, principalmente de las sociedades anónimas, es su facilidad para modificar la identidad de sus socios, por lo que todas las trabas a este respecto son siempre un elemento distorsionador. Por ello, a lo largo de los años se han buscado diferentes estrategias para soslayar esta prohibición[14].

Los defensores de la primera postura planteada, puesto que tenían una concepción muy estricta de las consecuencias del precepto, consideraban que no había ninguna forma de transmitir la condición de socio antes de la inscripción de la sociedad. Eso suponía incluso anular cualquier tipo de pacto con respecto a esas futuras acciones[15]. Así, la sentencia del Tribunal Supremo de 8 de

14 VELA TORRES, P. J., "Artículo 34. Intransmisibilidad de participaciones y acciones antes de la inscripción", *Comentario de la Ley de Sociedades de Capital*, García-Cruces, J. A. y Sancho Gargallo, I. (dirs.), Tirant lo Blanch, Valencia, 2021, p. 795. También MAGARIÑOS BLANCO, V., "Transmisibilidad de las acciones antes de la inscripción de la sociedad anónima y del aumento del capital en el Registro Mercantil (I)", *op. cit.*, p. 100.

15 De hecho, en un proyecto de ley de reforma de la Ley de Sociedades Anónimas se llegó a plantear establecer esta prohibición expresamente en la norma, MAGARIÑOS BLANCO, V., "Transmisibilidad de las acciones antes de la

mayo de 1987[16] consideró la nulidad radical de cualquier tipo de contrato relativo a esa condición de socio, incluso aunque fuera en forma de compraventa con eficacia aplazada.

Sin embargo, esa es precisamente la fórmula que se ha acogido mayoritariamente[17]. Tanto la jurisprudencia como la doctrina han considerado que la mejor forma de tener en cuenta todos los intereses en juego es permitir que el socio que quiera dejar de serlo y el tercero (ya sea realmente un tercero o uno de los otros consocios) puedan llegar a acuerdos de transmisión de las acciones o participaciones, pero aplazando su eficacia hasta que estas realmente existan, es decir, hasta el momento posterior a la inscripción registral.

Esta fue la fórmula que acogió el Tribunal Supremo en su sentencia de 2005 ya citada[18]: *...En definitiva, con seguimiento de la doctrina científica antes aludida y de las posiciones jurisprudenciales recién expuestas, consideramos que la prohibición del artículo 62 de la Ley de Sociedades Anónimas afecta sólo a la emisión y entrega de las acciones antes de la inscripción de la sociedad o del aumento del capital, pero no prohíbe la celebración de negocios sobre estas acciones, dejando para momento posterior la consumación de los mismos mediante la transmisión de los títulos una vez creados...*

Por lo tanto, se ha venido considerando que, si bien las acciones no existen como tal antes de la inscripción, no hay ningún

inscripción de la sociedad anónima y del aumento del capital en el Registro Mercantil (I)", *op. cit.*, p. 101.

16 RJ\1987\3389-TOL1.738.691.

17 MAGARIÑOS BLANCO, V., "Transmisibilidad de las acciones antes de la inscripción de la sociedad anónima y del aumento del capital en el Registro Mercantil (II)", *Revista de Derecho Privado*, núm. 78 (3), 1994, p. 204.

18 BROSETA PONT, M. y VICENT CHULIÁ, F., *La prohibida transmisión de acciones antes de la inscripción de la sociedad anónima en el Registro Mercantil*, Tecnos, Valencia, 1973, p. 18.
Así también lo interpreta el Tribunal Supremo en su sentencia 717/2009, de 3 de noviembre (TOL1.649.740).

problema en aceptar como válidos los pactos privados que se hagan con anterioridad, pero cuyos efectos solo se produzcan tras el comienzo de la aplicación de las normas de las sociedades de capital, esto es, con posterioridad a la inscripción.

Desde luego, en nuestra opinión, esta posibilidad es perfectamente válida y no se encuentra ningún motivo por el que pudiera contradecir la norma. Los preceptos que regulan el régimen de las sociedades de capital solo son aplicables a partir de la inscripción, pero si en el acuerdo se deja claro que los efectos están aplazados, no habría ningún inconveniente.

Sin embargo, como se observa, esta posibilidad obliga a que la transmisión de la condición de socio se aplace y no otorga una solución satisfactoria para aquellos que quieran efectuar el cambio con carácter previo a la inscripción. Quizás a efectos prácticos en general esta respuesta ha sido suficiente para los interesados, quienes no han sufrido grandes prejuicios por esperar hasta que esa condición se cumpliera. Sin embargo, si la sociedad mercantil existe desde el momento del perfeccionamiento del contrato social, no hay ningún motivo por el que no se pudiera llevar a cabo un cambio de socios, aunque no sea con las reglas de las sociedades de capital. Plantearse cómo resolver esta cuestión no solo es beneficioso para ofrecer la mejor respuesta a los interesados, sino también para establecer una teoría lo más perfecta posible.

III. INTERPRETACIÓN DEL ARTÍCULO DESDE UNA TESIS MODERNA DE LA PERSONALIDAD JURÍDICA

Un problema que ha lastrado la interpretación del precepto que analizamos es que reproduce una visión de la personalidad jurídica de las sociedades propia de otra época y que, aunque ya ha sido en gran medida superada, sus efectos no han sido del todo eliminados en la normativa[19]. Deriva de un contexto en el que se consideraba que la inscripción registral tenía naturaleza constitutiva[20], por lo que es perfectamente comprensible que no se permitieran las operaciones previas que supusieran cambios en su estructura. Es decir, antes de la inscripción no existía persona jurídica[21], por lo que no había nada que se pudiera transmitir;

19 PERDICES HUETOS, A., "Intransmisibilidad de participaciones y acciones antes de la inscripción", *Almacén de Derecho*, 1 de octubre de 2020, https://almacendederecho.org/intransmisibilidad-de-participaciones-y-acciones-antes-de-la-inscripcion: ...*Mucho nos tememos que esa norma es en gran medida un arrastre histórico, donde el legislador no alcanza a ver claramente su racionalidad y, tal vez por ello, no se atreve a suprimirla prefiriendo dejar las cosas como están para que sean doctrina y jurisprudencia los que se encarguen de lidiar el problema*...
De hecho, se pueden leer en algunos comentarios al respecto afirmaciones similares a esta que aquí copiamos: ...*esta limitación (en referencia al art. 62 de la Ley de Sociedades Anónimas) se explica fácilmente en atención a que antes de la inscripción registral ni hay personalidad jurídica ni verdadera sociedad anónima*..., URÍA GONZÁLEZ, R., *Derecho Mercantil*, Marcial Pons, Madrid, 1993, p. 292. También MAGARIÑOS BLANCO, V., "Transmisibilidad de las acciones antes de la inscripción de la sociedad anónima y del aumento del capital en el Registro Mercantil (I)", *op. cit.*, p. 100: ...*puesto que la sociedad anónima no adquiere su personalidad jurídica, es más, ni siquiera existe si no se inscribe*...
Por otro lado, no deja de ser cierto que este razonamiento (justificar la existencia del artículo en una desfasada interpretación de la personalidad jurídica) tiene como mayor obstáculo el hecho de que eso no explica por qué la prohibición se amplía también a los supuestos de ampliación de capital (*vid.* MAGARIÑOS BLANCO, V., "Transmisibilidad de las acciones antes de la inscripción de la sociedad anónima y del aumento del capital en el Registro Mercantil (I)", *op. cit.*, p. 103). Quizás el motivo está en que, puesto que la inscripción en el aumento también es obligatoria, se parte de la base de que hasta la inscripción no *existen* esas nuevas acciones.

20 Ampliamente sobre el tema ALFARO ÁGUILA-REAL, J., "El reconocimiento de la personalidad jurídica en la construcción del Derecho de Sociedades", *InDret*, núm. 1, 2016. También PADRÓN VILLALBA, A., *La personalidad jurídica de las sociedades de capital*, Comares, Granada, 2024, pp. 87 y ss y pp.138 y ss.

21 URÍA GONZÁLEZ, R., *Derecho Mercantil, op. cit.*, p. 177: ...*parece evidente que la escritura tiene especial valor en lo que afecta al aspecto institucional de la sociedad y a las relaciones de ésta con terceros, porque sin escritura no*

no ya las acciones o las participaciones en sentido estricto, sino tampoco la condición de socio. De hecho, encontramos ejemplos relativamente recientes de razonamientos desde esta postura que mantienen una relación entre la inscripción registral y el nacimiento de la personalidad jurídica (aunque sea parcialmente). Así, por ejemplo, la sentencia 221/2005 de la Audiencia Provincial de Asturias, de 10 de junio cuando señala: *...Así centrado el tema de la controversia, la misma queda reducida a determinar si la promesa de compra de acciones instrumentada en un documento público, antes de la inscripción de la sociedad en el Registro mercantil que le confiere plena personalidad jurídica (art. 7 LSA), es un negocio jurídico válido y eficaz o, por el contrario, es nulo de pleno derecho por contravenir lo dispuesto en el art. 62 de la LSA...*[22].

No obstante, sabemos que en nuestro ordenamiento jurídico actual está aceptada la idea de que la personalidad jurídica de las sociedades nace desde el perfeccionamiento del contrato social y, por lo tanto, desde ese momento se adquiere la condición de socio que debiera poder ser transmitida. Para ello no es necesario esperar a que sean aplicables las normas de las sociedades de capital, puesto que puede hacerse con carácter previo.

1. Nacimiento de la sociedad: ¿cuándo nace la condición de socio?

El contrato de sociedad, como cualquier otro, requiere de la concurrencia de tres elementos básicos: consentimiento, obje-

---

hay posibilidad de inscripción registral [...] y sin inscripción ni hay personalidad jurídica [...] ni tendrán validez los contratos celebrados por la sociedad con terceras personas... Mantiene esta misma idea en los capítulos relativos específicamente a la sociedad anónima (p. 239) y a la sociedad limitada (p. 474).

22 Hay que recordar que esta resolución fue casada por la sentencia del Tribunal Supremo 3 de noviembre de 2009. Sin embargo, el alto tribunal no se pronuncia sobre esta equivocada interpretación de la teoría de la personalidad jurídica.

to y causa[23]. Por ello, desde que todos los socios se ponen de acuerdo en los elementos que configurarán la sociedad externa (o desde el momento en el que se produce el acto unilateral en el caso de las unipersonales) se perfecciona el contrato y, en ese momento preciso, surge la personalidad jurídica[24]. Ciertamente no se trata todavía de una sociedad de capital, por mucho que esa sea la intención última de sus fundadores, pero sí puede ser una sociedad mercantil y eso implica que cuenta con personalidad jurídica plena. Consecuentemente, en ese momento se adquieren los derechos y deberes propios de la condición de socio de una sociedad mercantil.

Tradicionalmente la confusión a la hora de analizar muchas situaciones relacionadas con los momentos iniciales del nacimiento de una sociedad ha venido de creer que la personalidad jurídica pasa por un proceso de graduación[25]. En ese sentido, siguiendo esa lógica, en la fase previa, la sociedad tendría una personalidad *imperfecta* o, incluso se dice, que tendría *poca* personalidad jurídica; reservando el concepto de *personalidad plena* para su configuración como sociedad de capital[26].

23 URÍA GONZÁLEZ, R., *Derecho Mercantil, op. cit.*, pp. 172-173.

24 PAZ-ARES RODRÍGUEZ, J. C., "La sociedad civil (comentario de los arts. 1665-1708)", *Comentario al Código Civil*, Paz-Ares Rodríguez, J. C., Díez-Picazo y Ponce de León, L., Bercovitz Rodríguez-Cano, R. y Salvador Coderch, P. (dirs.), Ministerio de Justicia, Madrid, 1991, Tomo II, p. 1362.

25 Con bastante detalle al respecto: ARRIBA FERNÁNDEZ, M.ª. L., "La personalidad jurídica de la sociedad en formación. (Comentario a la RDGRN de 22 de abril de 2000)", *Derecho de Sociedades. Comentarios a la Jurisprudencia,* Rodríguez Artigas, F. (dir.), Thomson Reuters-Aranzadi, Pamplona, 2010, pp. 131-166. También MAGARIÑOS BLANCO, V., "Transmisibilidad de las acciones antes de la inscripción de la sociedad anónima y del aumento del capital en el Registro Mercantil (I)", *op. cit.*, p. 106: *...la personalidad jurídica no es un instrumento de precisión, sino que es más bien relativa y graduable...*

26 ARRIBA FERNÁNDEZ, M.ª. L., "La personalidad jurídica de la sociedad en formación [...]", *op. cit.*, p. 142.

Sin embargo, la naturaleza de la personalidad jurídica (como centro de imputación)[27] impide que esta pueda ser graduable[28]. Existen entes personificados y otros que no lo son, pero no podemos encontrar algunos con *algo de personificación*[29]. Aquellas tesis que defienden lo contrario, generalmente, confunden el hecho de contar con personalidad jurídica con otros elementos característicos de la entidad que se esté analizando.

27 La definición que ofrece Paz-Ares es la siguiente: *...realidad jurídica objetiva y subjetivamente indivisible que nace del contrato. La condición de existencia de la personalidad jurídica es que se haya pactado una sociedad externa (o, mejor dicho, que no se haya pactado una sociedad interna). La eficacia frente a terceros del vínculo social es una realidad jurídica objetiva y subjetivamente divisible que nace de circunstancias que varían en función del sector que se acote...*, PAZ-ARES RODRÍGUEZ, J. C., "La sociedad civil (comentario de los arts. 1665-1708)", *op. cit.*, p. 1362.

28 Somos perfectamente conscientes de que esta no es una postura mayoritaria, dado que doctrina muy autorizada defiende, expresamente, la graduación de la personalidad jurídica. Desde autores tradicionales hasta más actuales (véase por ejemplo a FLUME, W., "Die juristische Person", *Allgemeiner Teil des Bürgerlichen Rechts*, Springer, Berlín-Heidelberg, 1983, Volumen I, T. II, pp. 377 y ss.; o MARTÍNEZ FLÓREZ, A. y RECALDE CASTELLS, A., "Los efectos de la cancelación registral en relación con la extinción de las sociedades de capital", *Revista de derecho mercantil*, núm. 290, 2013, pp. 171-212). De hecho, algunas de las últimas sentencias del Tribunal Supremo sobre esta materia (aunque sobre la desaparición de la personalidad jurídica) utilizan términos como *personalidad jurídica controlada* o *cierto grado de personalidad* como la STS 324/2017, de 24 de mayo (TOL6.113.520) o la STS 469/2020, de 16 de septiembre (TOL8.091.905).
Sin embargo, defendemos que nuestra tesis, en el fondo, no es tan contradictoria con ese planteamiento, ya que en lo que se centra es en diferenciar lo que es tener o no personalidad jurídica con las características propias de cada uno de los regímenes jurídicos aplicables. Algo que, en nuestra opinión, aporta gran claridad a la hora de plantearse cómo afrontar problemas de las sociedades. Sobre nuestra postura con carácter general: PADRÓN VILLALBA, A., *La personalidad jurídica de las sociedades de capital, op. cit.*, pp. 166 y ss.

29 Ampliamente sobre el argumento de que debe revisarse e interpretarse toda la normativa societaria a la luz de un concepto de personalidad jurídica unitario, véase ALFARO ÁGUILA-REAL, J., *La persona jurídica,* Comares, Granada, 2023, *passim*.

Eso sucedía tradicionalmente, por ejemplo, con las sociedades personalistas: en ocasiones se ha defendido que estas sociedades tienen menor personalidad que las sociedades de capital por no contar sus socios con responsabilidad limitada[30]. No obstante, la responsabilidad limitada no es en absoluto un requisito de la personalidad jurídica, sino un elemento del tipo de las sociedades de capital. El régimen jurídico que deba aplicarse a cada tipo de sociedad, o según el momento temporal en el que se encuentre esta, es el que marcará la amplitud con la que se pueda ejercer estos derechos. Si hiciéramos un paralelismo con las personas físicas, la capacidad de obrar de las personas jurídicas estará delimitada por lo dispuesto en cada una de las específicas normas que las regulen. Sin embargo, eso en nada modificará su personalidad jurídica.

Una vez que se tiene esa idea clara es mucho más fácil responder a las dudas planteadas sobre qué normas aplicar para la transmisión de la condición de socio: el régimen jurídico aplicable será el propio del momento temporal en el que nos encontremos, pero sabiendo que en todo caso se tratará de una sociedad mercantil *plena* (pues no hay otra). A partir de la inscripción registral de la sociedad, lo único que se modifica es el conjunto de normas aplicables que pasarán a ser las propias de las sociedades de capital; esto, evidentemente, es un cambio de grandísima relevancia práctica, pero que, sin embargo, en nada afecta a la personalidad jurídica de la sociedad.

30 O, incluso, que no cuentan con personalidad jurídica. En España nuestro Código de Comercio siempre ha reconocido la personalidad jurídica de las sociedades de personas, pero países de nuestro entorno como Francia o Alemania se la han negado tradicionalmente. Para leer un análisis sobre esas diferencias, desde una perspectiva española, *vid.* GIRÓN TENA, J., "Sociedades civiles y sociedades mercantiles: distribución y relaciones en Derecho comparado", *Revista de Derecho mercantil*, núm. 6, 1946, pp. 345-404.

2. Transmisión de la condición de socio en una sociedad irregular

Si bien puede existir cierta polémica sobre el grado de personalidad con el que cuenta la sociedad mercantil que pretende ser una sociedad de capital antes de la inscripción registral, lo que está perfectamente aceptado es que con carácter previo a la inscripción cuenta con personalidad jurídica[31]. En ese sentido, como es bien sabido, a una sociedad cuyos socios pretenden que se convierta en una sociedad anónima o una sociedad limitada se le pueden llegar a aplicar las normas de las sociedades en formación y las de las sociedades irregulares. Vamos a empezar a analizar esta segunda situación, pues es la más fácil de coordinar con la literalidad del artículo 34 LSC.

Según lo dispuesto en el artículo 39 de la Ley de Sociedades de Capital, las sociedades mercantiles se considerarán irregulares cuando incumplan el requisito de inscribirse en el Registro Mercantil. Según la norma, en todo caso cuando haya pasado un año desde la elevación a escritura pública del contrato social sin que se haya inscrito o desde que se constate la voluntad de no inscribir. Ello implica que les será aplicable el régimen jurídico previsto para las sociedades colectivas cuando su objeto sea mercantil[32]. En ese sentido, y siguiendo la teoría general, si no se ha producido la inscripción, el artículo 34 LSC nos prohíbe que se transmitan sus acciones o participaciones, pero se podrá transmitir la condición de socio siguiendo las normas propias de las sociedades personalistas, tal y como está regulado en el Código de Comercio, en tanto que este es el régimen aplicable en su condición de irregular.

En las sociedades de personas para que se produzca un cambio de socios que implique la salida de uno y la entrada de otro debe

31 Destacamos como lectura básica al respecto: GIRÓN TENA, J., "Las sociedades irregulares", *Anuario de Derecho Civil*, núm. 4 (4), 1951, pp. 1291-1347.

32 Esta norma se acogió en la legislación en el artículo 16.2 de la Ley de Sociedades Anónimas.

contarse con el consentimiento unánime de todos los demás (artículo 143 Cco). La condición de socio es un derecho subjetivo susceptible, por tanto, de negocios jurídicos privados[33], si bien con esta limitación particular, dada la naturaleza *intuitu personae* de las sociedades colectivas.

Esto significa que, en el supuesto que estamos analizando, en caso de que el cambio de socios que se quisiera hacer no fuera posible por no estar inscrita la sociedad e ir en contra del artículo 34 LSC, los interesados podrían optar por un contrato de compraventa con eficacia aplazada o, si quisieran que el cambio tuviera efectos inmediatos, una modificación en el contrato social aprobada por unanimidad del resto de socios.

3. Transmisión de la condición de socio en una sociedad en formación

Más dudas podría generar la fase intermedia en la que la sociedad tiene naturaleza de sociedad en formación: es decir, el plazo de tiempo entre la elevación a escritura pública[34] del contrato social

33 ALFARO ÁGUILA-REAL, J., "Cambio de socios en sociedades de personas", *Almacén de Derecho,* 9 de octubre de 2018, https://almacendederecho.org/cambios-de-socio-en-sociedades-de-personas; o PERDICES HUETOS, A., "Intransmisibilidad de participaciones y acciones antes de la inscripción", *op. cit.*

34 Sobre si el régimen de la sociedad en formación se aplica también en el período que abarca el perfeccionamiento del contrato social hasta la elevación a escritura pública existe cierta polémica. Hay autores que defienden que sí (por ejemplo, VALPUESTA GASTAMINZA, E., "La "sociedad anónima irregular" ("sociedad devenida irregular") en la Ley de Sociedades de Capital", *Estudios de derecho mercantil en homenaje al profesor José María Muñoz Planas,* Piloñeta Alonso, L. M. e Iribarren Blanco, M. (coords.), Thomson Reuters-Civitas, 2011, p. 843). Igualmente, Uría define a la sociedad irregular como aquella sociedad mercantil que no está inscrita, pero también a aquella cuyo contrato social no se ha elevado a escritura pública (*vid.* URÍA GONZÁLEZ, R., *Derecho Mercantil, op. cit.*, p. 176); si bien es verdad que Uría realiza esta afirmación en una concepción tradicional de la personalidad jurídica (*vid.* ídem, p. 177).

hasta un año después sin que se haya producido la inscripción. La Ley de Sociedades de Capital establece unas normas propias para este momento temporal por el que pueden pasar las sociedades. Se trata de unos artículos centrados, en gran medida, en regular el régimen de responsabilidad por los actos efectuados durante ese tiempo (artículos 36 a 38 LSC), por lo que no explican con amplitud todo el régimen jurídico aplicable a estas sociedades. Al contrario que en el caso de las sociedades irregulares, no se les aplica el régimen de las colectivas por remisión expresa de la norma.

Sin embargo, el hecho de que no se les pueda aplicar directamente la misma solución ya planteada para las sociedades irregulares no nos puede llevar a la conclusión de que eso significa que no se puede transmitir la condición de socio en este momento temporal. Desde luego parecería una limitación injustificada, más aun teniendo en cuenta que los autores que han estudiado el régimen de la sociedad en formación están mayoritariamente de acuerdo en que se trata de una normativa creada por el legislador para beneficiar en cierta medida a aquellos socios que, al menos, han dado el paso de elevar a escritura pública el contrato social. Por lo tanto, con esa idea general no parece justificable que tuvieran que sufrir

Sin embargo, nosotros nos decantamos por defender que el régimen de la sociedad en formación solo es aplicable a partir de la elevación a escritura pública, siguiendo el parecer, entre otros, de Paz-Ares (cfr. PAZ-ARES RODRÍGUEZ, J. C., "La sociedad civil (comentario de los arts. 1665-1708, *op. cit.*, p. 1339). En esa misma línea: ...*Si los socios "programan" constituir una sociedad anónima o limitada y proceden a celebrar el contrato, acordar los estatutos y designar administradores, pero no otorgan la escritura pública no estaremos ante una sociedad anónima o limitada en formación pero no cabe duda de que estaremos ante una persona jurídica. Si, finalmente, la sociedad se documenta en escritura pública pero no se inscribe y deviene irregular, art. 39 LSC, la personalidad jurídica no se ve afectada. Es decir, la irregularidad no hace que le patrimonio social pierda ni la capacidad de obrar ni la capacidad jurídica*..., ALFARO ÁGUILA-REAL, J., *La persona jurídica, op. cit.*, p. 147. También CABANAS TREJO, R., *Inscripción y personalidad jurídica (Una lectura mercantil a la luz de la Constitución y la legislación de asociaciones)*, Consejo General del Notariado, Madrid, 2009, p. 370.

ese obstáculo mayor. Una vez determinado que la transmisión es posible queda plantearse qué normas serán las aplicables.

La respuesta pasa nuevamente por volver a la teoría general de la personalidad jurídica. Si la personificación de una sociedad mercantil no se ve afectada, ampliada o matizada por ninguna cuestión formal como pudiera ser la elevación a escritura pública, deben aplicarse las normas mercantiles básicas. En ese sentido, una regla fundamental es aquella que indica que a falta de regulación expresa para alguna cuestión relativa al funcionamiento de las sociedades mercantiles, se debe aplicar su régimen supletorio, es decir, la normativa del Código de Comercio[35]. En ese sentido, la sociedad colectiva es la sociedad básica de nuestro ordenamiento y su régimen jurídico es el aplicable en caso de dudas interpretativas o lagunas, como podría ser este caso[36], independientemente de que la norma no haga una remisión expresa a ella.

Por lo tanto, en caso de que los interesados quisieran que el cambio de socio tuviera eficacia inmediata tendrían que acudir a la transmisión de la condición de socio mediante la modificación del contrato social[37], con el consentimiento de todos los demás[38].

35 RECALDE CASTELLS, A., "Artículo 62. Intransmisibilidad de las acciones antes de la inscripción", *op. cit.*, p. 642.

36 Defendiendo la naturaleza de la sociedad colectiva como sociedad general del tráfico mercantil: PAZ-ARES RODRÍGUEZ, J. C., "La sociedad civil (comentario de los arts. 1665-1708)", *op. cit.*, p. 1321.

37 *...A nuestro juicio, la expresión "transmisión" se debe entender opuesta a "modificación de contrato" y en general, al cambio de socios por vía distinta a la transmisión. Esa "transmisión" a que se refiere e impiden el artículo 34 LSC es la del artículo 1112 CC, es decir, la técnica de sustitución de socios, y no, como se pudo interpretar anteriormente, la "transmisión" en el sentido de tradición o entrega a que se refiere el art. 609 CC...*, PERDICES HUETOS, A., "Intransmisibilidad de participaciones y acciones antes de la inscripción", *op. cit.*

38 RECALDE CASTELLS, A., "Artículo 62. Intransmisibilidad de las acciones antes de la inscripción", *op. cit.*, p. 642.

En la doctrina podemos encontrar algunos autores que han defendido previamente que se puede transmitir la condición de socio en las sociedades en formación y para ello han usado diferentes argumentos[39]. Sin embargo, en nuestra opinión, son razonamientos innecesarios para llegar a la misma conclusión: la aplicación de las normas propias de las sociedades colectivas. Así, por ejemplo, se ha justificado la aplicación de estas normas dado que en el momento de nacimiento de una sociedad tiene relevancia el carácter *intuitu personae* de los socios fundadores, teniendo en cuenta las normas de responsabilidad que los vinculan. Si bien es un razonamiento que podemos compartir, nos parece innecesario acudir a él, siendo susceptible de ser contraargumentado, mientras que la aplicación subsidiaria del régimen de las colectivas del Código de Comercio es una regla general societaria sobre la que no caben dudas.

IV. RESPONSABILIDAD DE LOS SOCIOS FUNDADORES EN CASO DE CAMBIOS EN EL CONTRATO SOCIAL NO INSCRITO

Una vez resuelta la pregunta sobre de qué manera es posible la transmisión de la condición de socio en las sociedades mercantiles no inscritas, ya sea en el momento en el que les son aplicables las normas de las sociedades en formación o las de las sociedades irregulares, queda plantearnos cuáles serán las consecuencias prácticas de permitir ese cambio. Como hemos destacado anteriormente, los fundadores de una sociedad de capital cuentan con un régimen de responsabilidad más estricto que el que se les aplica a los socios tras la inscripción en el Registro Mercantil[40]. La

39 PERDICES HUETOS, A., "Intransmisibilidad de participaciones y acciones antes de la inscripción", *op. cit.*

40 Artículo 30 de la Ley de Sociedades de Capital: ...*Responsabilidad de los fundadores.1. Los fundadores responderán solidariamente frente a la sociedad, los*

duda que se plantea en ese sentido es ¿a quiénes debemos considerar socios fundadores? ¿A aquellos que aparecen en el contrato social que finalmente se inscribe? ¿A aquellos que figuran en el momento de elevación a escritura pública? ¿O a todos los que hayan tenido algún tipo de intervención?

Según razona Perdices Huetos[41] un motivo que justificaría la existencia de la prohibición del artículo 34 es que el legislador esté pensando en la posibilidad de que se pueda llevar a cabo un cambio de socios fundadores sin que quede constancia en el contrato social de ese cambio; lo que, sin duda, sería problemático a la hora de aplicar las normas de responsabilidad. Los miedos del legislador parecen partir de entender que la transmisión tendría lugar del mismo modo que sucede en las sociedades de capital, esto es, anónimamente, sin que necesariamente quede constancia registral de quién es socio en cada momento. Sin embargo, como hemos visto, en ningún caso en nuestra propuesta para aceptar la transmisión de la condición de socio se plantearía este problema, ya que la aplicación de la legislación de las sociedades colectivas implica que ese cambio se lleve a cabo mediante la modificación del contrato social.

El otro problema interpretativo es qué se entiende estrictamente por *fundador*. Podría considerarse que la responsabilidad de socio fundador es aplicable únicamente a aquel que aparece

socios y los terceros de la constancia en la escritura de constitución de las menciones exigidas por la ley, de la exactitud de cuantas declaraciones hagan en aquella y de la adecuada inversión de los fondos destinados al pago de los gastos de constitución.

2. La responsabilidad de los fundadores alcanzará a las personas por cuya cuenta hayan obrado estos".

A este precepto debemos añadirle lo dispuesto en los artículos 36, 37 y 38 con respecto a la responsabilidad en el caso de la sociedad en formación.

41 PERDICES HUETOS, A., "Intransmisibilidad de participaciones y acciones antes de la inscripción", *op. cit.*

reflejado en la escritura pública que se inscribe (como pudiera parecer de lo dispuesto en el artículo 114 del Reglamento del Registro Mercantil)[42] o a quien haya actuado por cuenta de este (artículo 30.2 LSC). Un razonamiento tan restrictivo dejaría fuera a aquellas personas que comenzaron siendo socios, pero que al transmitir su interés en la sociedad ya no lo sean en el momento de la inscripción[43]. Esta, en nuestra opinión, no puede ser la consecuencia de permitir la transmisión de la condición de socio antes de la inscripción. Entre otras cosas, porque este concepto está pensado para la protección de los terceros, por lo que debiera ser interpretado de manera no restrictiva, que, además, es lo más coherente con el concepto actual de la sociedad mercantil[44].

Consideramos que debe aplicarse la condición de socio fundador a cualquier persona que haya intervenido en el nacimiento de la sociedad: eso incluye al primero que con su consentimiento produjo que surgiera la personalidad jurídica y a cualquier otro que haya formado parte del contrato social hasta el momento de su inscripción. Se trataría de un concepto de fundador amplio y no limitado a la formalidad registral[45]. Seguir el recorrido de quié-

---

42 Este concepto restrictivo es defendido por parte de la doctrina, pero especialmente aquella tradicional que partía de una concepción antigua del nacimiento de la personalidad jurídica, por lo que era coherente que solo consideraran fundador a aquellos que participaban en la escritura pública que se inscribía (así, por ejemplo, URÍA GONZÁLEZ, R., *Derecho Mercantil, op. cit.*, p. 246).

43 ...*Aquél, que siendo socio actuó abiertamente en su nombre sin suscribir la escritura vendría a ser una especie de tertium genus de fundador entre el formal y el oculto: una suerte de fundador anónimo...*, PERDICES HUETOS, A., "Intransmisibilidad de participaciones y acciones antes de la inscripción", *op. cit.*

44 *Vid.* CABANAS TREJO, R., *Inscripción y personalidad jurídica, op. cit.*, p. 374.

45 RECALDE CASTELLS, A., "Artículo 62. Intransmisibilidad de las acciones antes de la inscripción", *op. cit.*, p. 642: ...*(existe) confusión entre los requisitos formales (escritura) establecidos para acceder a la publicidad registral constitutiva, con lo sustantivo que es el consentimiento sobre el fin común de crear una sociedad anónima. Sólo este consentimiento constituye el ámbito relevante*

nes son estos socios no tendría dificultad, pues todos los posibles cambios se habrían hecho mediante la modificación del contrato social, de la que quedaría constancia.

Este concepto de socio fundador, además, es coherente con las normas propias de la responsabilidad de los socios salientes en las sociedades colectivas[46] y similar a la responsabilidad del exsocio de una sociedad de responsabilidad limitada que realizó una aportación no dineraria (artículo 73 LSC).

V. BREVES CONCLUSIONES

El estudio dogmático de los conceptos jurídicos, en ocasiones, se considera en una posición subordinada a la búsqueda de soluciones prácticas que resuelvan problemáticas concretas. Sin embargo, el análisis pausado de los términos no solo es imprescindible para lograr un sistema legislativo coherente y robusto, sino que, precisamente, puede acabar siendo la mejor ayuda para solventar cuestiones particulares. Como es evidente, el legislador no puede tener previsto todos los posibles casos que surgirán; pero si las bases teóricas son claras y son coherentes con el resto del sistema, la aplicación en el momento en el que aparezca la problemática será fácil.

Esto, en nuestra opinión, es justo lo que sucede con el precepto que aquí analizamos. No deja de resultar sorprendente que la norma societaria más importante de nuestro país cuente con un artículo de difícil aplicación que, además, resulte especialmente confuso entender por qué sigue vigente. Al respecto se han pro-

---

a efectos del negocio fundacional, mientras que no debería considerarse trascendente la forma en que se refleja el consentimiento...

46 ALFARO ÁGUILA-REAL, J., "Cambio de socios en sociedades de personas", *op. cit.*

puesto diversas opciones, tal y como aquí hemos plasmado; pero para alcanzarlas, en ocasiones, se ha seguido un razonamiento quizás algo más complejo de lo que hubiera sido necesario, si se hubiera partido de un estudio teórico profundo de los conceptos básicos afectados.

Así, en nuestra opinión, entender la personalidad jurídica de manera unitaria y como un continuo que existe desde el perfeccionamiento del contrato social hasta su extinción clarifica en gran medida enfrentarse a dudas como las aquí planteadas[47]. La personalidad jurídica es única, plena desde su inicio y no varía en los diferentes momentos temporales por los que va pasando una sociedad mercantil. Lo que se modifica según determinadas circunstancias es el régimen jurídico aplicable en cada etapa.

Esta conclusión es la que nos permite afirmar que, si bien este artículo prohíbe la transmisión de las acciones o las participaciones, como partes alícuotas en las que se divide una sociedad de capital, no impide los pactos sobre dichas transmisiones con eficacia aplazada, tal y como se ha aceptado mayoritariamente. Pero también se puede, con carácter previo a la inscripción, la

47 Por ejemplo, Perdices Huetos constantemente hace referencia al rol de "fundador de la sociedad en formación" y "fundador de la sociedad de capital", de tal manera que pareciera entenderse que se tratan de dos sociedades diferentes. También hace es distinción ARRIBA FERNÁNDEZ, M.ª. L., "La personalidad jurídica de la sociedad en formación [...]", *op. cit.*, p. 156.
Sin embargo, la sociedad es la misma, lo único que va cambiando es el régimen jurídico aplicable en cada momento. Por eso es mucho más fácil llegar a la conclusión de que aquel que puede considerarse fundador en el momento en el que se aplican las normas de la sociedad en formación también será considerado fundador tras la inscripción registral; porque la sociedad es la misma y su personalidad no se ha visto modificada en nada por esas cuestiones formales y cambios de régimen. *Vid.* PADRÓN VILLALBA, A., *La personalidad jurídica de las sociedades de capital, op. cit., passim.*

transmisión de la condición de socio, con aplicación de las normas previstas para las sociedades colectivas, por ser el régimen subsidiario de las sociedades mercantiles.

Asimismo, la convicción de que la sociedad que nació del perfeccionamiento del contrato social es la misma tras la inscripción —y que su personalidad jurídica no ha variado en nada— también permite defender fácilmente que el régimen de responsabilidad de los fundadores será aplicable a todos aquellos que tengan la condición de socio en algún momento del proceso fundacional, aunque finalmente no aparezcan como tales en la escritura pública que se inscriba.

VI. BIBLIOGRAFÍA Y REFERENCIAS DE LA JURISPRUDENCIA CITADA

ALFARO ÁGUILA-REAL, J., "El reconocimiento de la personalidad jurídica en la construcción del Derecho de Sociedades", *InDret*, núm. 1, 2016.

— "Cambio de socios en sociedades de personas", *Almacén de Derecho,* 9 de octubre de 2018, https://almacendederecho.org/cambios-de-socio-en-sociedades-de-personas.

— *La persona jurídica,* Comares, Granada, 2023.

ALONSO ESPINOSA, F. J., "Problemas en materia de documentación y transmisión de acciones", *Revista de Derecho Bancario y Bursátil*, núm. 45 (12), 1992.

ARRIBA FERNÁNDEZ, M.ª. L., "La personalidad jurídica de la sociedad en formación. (Comentario a la RDGRN de 22 de abril de 2000)", *Derecho de Sociedades. Comentarios a la Jurisprudencia,* Rodríguez Artigas, F. (dir.), Thomson Reuters-Aranzadi, Pamplona, 2010.

BROSETA PONT, M. y VICENT CHULIÁ, F., *La prohibida transmisión de acciones antes de la inscripción de la sociedad anónima en el Registro Mercantil,* Tecnos, Valencia, 1973.

CABANAS TREJO, R., *Inscripción y personalidad jurídica (Una lectura mercantil a la luz de la Constitución y la legislación de asociaciones)*, Consejo General del Notariado, Madrid, 2009.

FLUME, W., "Die juristische Person", *Allgemeiner Teil des Bürgerlichen Rechts*, Springer, Berlín-Heidelberg, 1983, Volumen I, T. II.

GIRÓN TENA, J., "Las sociedades irregulares", *Anuario de Derecho Civil*, núm. 4 (4), 1951.

— "Sociedades civiles y sociedades mercantiles: distribución y relaciones en Derecho comparado", *Revista de derecho mercantil*, núm. 6, 1946.

MAGARIÑOS BLANCO, V., "Transmisibilidad de las acciones antes de la inscripción de la sociedad anónima y del aumento del capital en el Registro Mercantil (I)", *Revista de Derecho Privado*, núm. 78 (2), 1994.

— "Transmisibilidad de las acciones antes de la inscripción de la sociedad anónima y del aumento del capital en el Registro Mercantil (II)", *Revista de Derecho Privado*, núm. 78 (3), 1994, pp. 203-222.

MARQUÉS MOSQUERA, C., "Artículo 34. Intransmisibilidad de participaciones y acciones antes de la inscripción", *Tratado de Sociedades de Capital*, Prendes Carril, P., Martínez-Echevarría y García de Dueñas, A. y Cabanas Trejo, R. (dirs.), Thomson Reuters-Aranzadi, Pamplona, 2017.

MARTÍNEZ FLÓREZ, A. y RECALDE CASTELLS, A., "Los efectos de la cancelación registral en relación con la extinción de las sociedades de capital", *Revista de derecho mercantil*, núm. 290, 2013.

PADRÓN VILLALBA, A., *La personalidad jurídica de las sociedades de capital*, Comares, Granada, 2024.

PAZ-ARES RODRÍGUEZ, J. C., "La sociedad civil (comentario de los artículos 1665-1708)", *Comentario al Código Civil*, Paz-Ares Rodríguez, J. C., Díez-Picazo y Ponce de León, L., Bercovitz Rodríguez-Cano, R. y Salvador Coderch, P. (dirs.), Ministerio de Justicia, Madrid, tomo II, 1991.

PERDICES HUETOS, A., "Intransmisibilidad de participaciones y acciones antes de la inscripción", *Almacén de Derecho*, 1 de octubre de 2020, https://almacendederecho.org/intransmisibilidad-de-participaciones-y-acciones-antes-de-la-inscripcion.

RECALDE CASTELLS, A., "Artículo 62. Intransmisibilidad de las acciones antes de la inscripción", *Comentarios a la Ley de Sociedades Anónimas*, Arroyo Martínez, I., Embid Irujo, J. M.; y Górriz López, C. (coords.), Tecnos, Madrid, 2009.

URÍA GONZÁLEZ, R., *Derecho Mercantil*, Marcial Pons, Madrid, 1993.

VALPUESTA GASTAMINZA, E., "La "sociedad anónima irregular" ("sociedad devenida irregular") en la Ley de Sociedades de Capital", *Estudios de derecho mercantil en homenaje al profesor José María Muñoz Planas,* Piloñeta Alonso, L. M. e Iribarren Blanco, M. (coords.), Thomson Reuters-Civitas, 2011.

— *Comentarios a la Ley de Sociedades de Capital,* Wolters Kluwer, Madrid, 2018.

VELA TORRES, P. J., "Artículo 34. Intransmisibilidad de participaciones y acciones antes de la inscripción", *Comentario de la Ley de Sociedades de Capital*, García-Cruces, J. A. y Sancho Gargallo, I. (dirs.), Tirant lo Blanch, Valencia, 2021.

Capítulo 6

LA ADQUISICIÓN DE LOS DERECHOS DE SOCIO EN EL LEGADO DE PARTICIPACIONES

Andrea García Martínez
Profesora Permanente Laboral de Derecho Mercantil
Universidad de Alicante

I. INTRODUCCIÓN

El presente trabajo pretende abordar la problemática determinación del momento de la adquisición de la condición de socio por parte del legatario de participaciones sociales. Ese instante marcará el inicio del ejercicio de los derechos inherentes a dicha condición y, por ende, el momento en el que el legatario podrá votar en la junta general de socios. Tratándose de un aspecto estrictamente societario que se enmarca dentro de la relación socio-sociedad, este tema no puede tratarse únicamente desde la legislación civil, sino que habrá de coordinarse lo dispuesto en el régimen general sobre la adquisición del legado con la regulación propia de la legislación societaria.

En este sentido, atendiendo a la normativa societaria, además de la norma básica contenida en el artículo 110.1 LSC, se establece que para el ejercicio de los derechos de socio se encuentra únicamente legitimado el sujeto inscrito en el libro registro de socios (artículo 104.2 LSC). Además de lo expresado, la norma determina en otro precepto (106.2 LSC) que el adquirente de las participaciones sociales podrá ejercer los derechos de socio frente a la sociedad desde que ésta tenga conocimiento de la transmisión. Atendiendo a ambos preceptos surge la duda de si, para poder ejercitar los derechos de socio, el legatario queda legitimado cuando la sociedad tenga conocimiento del fallecimiento del causante o si, por el contrario, resulta necesaria la inscripción en el libro registro de socios para ejercer los derechos de socio frente a la sociedad. A la vista de lo anterior, se realizará un análisis de la naturaleza y eficacia legitimadora del libro registro de socios, y tratará de llevarse a cabo una interpretación sistemática de ambos preceptos para determinar cuáles son los verdaderos requisitos constitutivos de la adquisición.

II. EL LEGADO DE PARTICIPACIONES COMO LEGADO DE COSA CIERTA

1. Concepto y naturaleza del legado

El Código Civil (en adelante CC) no define la institución del legado. Se limita en el artículo 660 a denominar heredero al que sucede a título universal, y legatario al que sucede a título particular. Con base en dicha calificación otorgada por el CC, heredero es aquella persona que sucede al causante en la práctica totalidad de bienes, derechos y obligaciones, haciéndose cargo del conjunto de relaciones jurídicas activas y pasivas que no se extinguen con su muerte, y subrogándose en todas ellas sobre la base de un solo título y de un solo acto[1].

1 *Vid.* CAÑIZARES LASO, A., "Artículo 660", *Comentarios al Código Civil, Tomo II (Arts. 268 a 743)*, Cañizares Laso, A. (dir.), Tirant lo blanch, Valencia, 2023, p. 3236.

A diferencia del heredero, el legatario sucede al causante en relaciones jurídicas determinadas. Es un simple adquirente o perceptor de bienes, un sucesor a título particular del causante que no se subroga en la posición de este. Por ende, no responde de sus deudas ni de las cargas de la herencia[2], salvo aquellas que el testador le hubiera impuesto particularmente dentro de los límites del legado.

Resaltando por tanto el carácter de sucesor a título particular del legatario, las mandas o legados podrían definirse como ... *aquellas liberalidades mortis causa a título singular que no atribuyen la cualidad de heredero, y que se imponen a cualquier persona que a título lucrativo reciba bienes del disponente, por voluntad del mismo o de la Ley...*[3].

De la definición anterior puede afirmarse que el legado es una institución cuya naturaleza[4] se concreta principalmente, en su carácter de sucesión *mortis causa* a título particular o singular. Esto es, en la atribución de una o varias relaciones jurídicas determinadas al legatario, sin que se confunda ni su personalidad ni su patrimonio con los del causante. Pero también hay que señalar como elementos caracterizadores de su naturaleza jurídica la liberalidad y la voluntariedad.

2 *Vid.* CAÑIZARES LASO, A., "Artículo 660"..., *op. cit.*, p. 3237.

3 Así lo define el artículo 241 de la Ley 1/1973, de 1 de marzo, por la que se aprueba la Compilación del Derecho Civil Foral de Navarra. En la doctrina, DÍAZ CRUZ lo define como ...*una disposición testamentaria a título singular, por la cual el testador le deja uno o varios bienes determinados a una o varias personas llamadas legatarios, para que le sean entregado por sus herederos o albaceas después de su muerte... Vid.* DÍAZ CRUZ, M., *Los legados*, Instituto editorial Reus, Madrid, 1951, pp. 5 y 6. Para ALBADALEJO GARCÍA "el legado es, como regla, una disposición mortis causa de bienes (en el sentido más amplio), a título particular, en beneficio del legatario y a cargo del patrimonio que fue del difunto". *Vid.* ALBADALEJO GARCÍA, M., *Comentarios al Código Civil y compilaciones forales*, Edersa, Madrid, 1998, p. 5.

4 O'CALLAGHAN, X., *Compendio de Derecho Civil. Tomo V (Derecho de sucesiones)*, Edersa, 1999. Consultado en https://app.vlex.com/

Generalmente el legado responde a un sentimiento de liberalidad por parte del testador[5], aunque cabe advertir que puede existir algún legado en el que no concurra este elemento[6]. Esto sucede en aquellos legados en los que el causante lega lo mismo que le debe al legatario —en cuyo caso el legatario percibirá aquello a lo que ya tenía derecho—, y en aquellos otros en los que el legado quede absorbido por ciertos gravámenes que se le impongan.

Así mismo, el legado es una atribución voluntaria, no viene impuesto forzosamente por la ley, sino que deriva de la voluntad del causante. Por consiguiente, el legatario solamente puede ser designado por el testador por medio de disposición testamentaria.

2. Legado de cosa específica y determinada y legado de parte alícuota

A pesar de que el artículo 660 CC distingue únicamente entre las figuras de heredero y legatario, no puede desconocerse la existencia de una tercera figura, el legatario de parte alícuota. Aun cuando no se encuentra expresamente contemplada por el CC, ha de admitirse su existencia debido a las diferentes alusiones que se hacen de ella en nuestro derecho positivo[7]. Dicha admisibilidad ha sido además confirmada por la doctrina jurisprudencial de nuestro más alto tribunal calificándola como una "modalidad irregular de la institución" que constituye una figura intermedia o *sui generis* entre el legatario y el heredero[8].

5 DÍAZ CRUZ, M., *Los legados..., op. cit.*, p. 9.

6 *Vid.* ALBADALEJO GARCÍA, M., *Comentarios al Código Civil..., op. cit.*, p.5.

7 Concretamente, en el artículo 655 del CC, en los artículos 146 y 152 del Reglamento Hipotecario, y en los artículos 782.1, 783.2, 795.2º y 795.4º de la Ley de Enjuiciamiento Civil.

8 Sentencia del Tribunal Supremo de 26 de mayo de 2020 (TOL7.966.068).

Esta figura tiene lugar cuando el testador dispone la atribución a una persona de una cuota líquida de la herencia sin que ello comporte la subrogación del legatario en la posición del causante, por lo que, a diferencia del heredero, el legatario no responde de las deudas hereditarias. No obstante, resulta asimilable a ciertos efectos de la figura del heredero en cuanto acreedor de una parte de la herencia.

Esa similitud derivada de la común atribución indeterminada de bienes contribuye a entender que el régimen del legado de parte alícuota es diferente del legado de cosa específica y determinada. Esa común atribución de bienes indeterminados se traduce en la obligación de concretar o materializar el derecho abstracto que recae sobre el global del caudal hereditario, lo que se realiza por medio de la partición a fin de fijar el contenido económico de la herencia y del legado previa deducción de las correspondientes cargas y gravámenes. Únicamente la partición atribuirá el dominio de bienes concretos pertenecientes a la herencia.

En consecuencia a todo lo anterior puede afirmarse que la jurisprudencia realiza una clara distinción entre el legatario de parte alícuota y el legatario de cosa específica y determinada. El primero adquiere un derecho abstracto sobre el global del caudal hereditario, y por ende, resulta propietario de los bienes legados por el testador después de la partición. El segundo, ostenta un derecho concreto, de tal modo que desde el mismo momento de la muerte del causante adquiere directamente la propiedad de los bienes legados.

Siendo esto así, en lo que respecta al legado de participaciones sociales, no cabe duda alguna que se trata de un legado de cosa cierta ya que su objeto no ofrece ningún tipo de indeterminación. Las participaciones sociales están perfectamente individualizadas e identificadas y no requieren de ninguna operación, por lo que este tipo de legado ha de ser encuadrado dentro de los legados de cosa específica y determinada[9] siéndole aplicable el régimen general previsto por el artículo 882 CC.

III. RÉGIMEN GENERAL DE ADQUISICIÓN DEL LEGADO DE COSA CIERTA

1. Presupuestos generales de adquisición del legado

El régimen general de adquisición del legado de cosa específica y determinada se regula en el artículo 882 CC. Según este precepto, el legatario de cosa específica y determinada adquiere la propiedad del bien objeto del legado de forma directa e inmediata con la muerte del testador, produciéndose con ello una sucesión particular del causante al legatario.[10] Ahora bien, el simple fallecimiento del testador no resulta suficiente. En este régimen general la adquisición de la propiedad por el legatario no conlleva la consecutiva posesión de la cosa legada, es decir, la posesión y la propiedad del bien legado se encuentran disociadas.

Hay que distinguir por tanto entre la adquisición de la propiedad, que tiene lugar en el momento de la muerte del causante, y la posesión o disfrute del bien, que al pasar directamente al heredero desde la apertura de la sucesión de conformidad con lo dispuesto en el artículo 440 CC[11], precisa que este lleve a cabo

---

9 Así lo ha calificado la doctrina. *Vid.* DIÉGUEZ OLIVA, R., "Artículo 882", *Comentarios al Código Civil, Tomo III (Arts. 744 a 1155)*, Cañizares Laso, A. (dir.), Tirant lo blanch, Valencia, 2023, p. 4233.

10 Artículo 882 párrafo 1: *...Cuando el legado es de cosa específica y determinada, propia del testador, el legatario adquiere su propiedad desde que aquél muere, y hace suyos los frutos o rentas pendientes, pero no las rentas devengadas y no satisfechas antes de la muerte...*

11 Artículo 440 CC: *...La posesión de los bienes hereditarios se entiende transmitida al heredero sin interrupción y desde el momento de la muerte del causante, en el caso de que llegue a adirse la herencia...*

la entrega al legatario. Así, la regla fundamental del artículo 882 CC se complementa con la del artículo 885 CC, prohibiendo al legatario ocupar por su propia autoridad el bien legado, debiendo solicitar su entrega al heredero o albacea, cuando éste se halle autorizado para darla.

La entrega constituye así un requisito complementario para la efectividad del legado, al mismo tiempo que una circunstancia *sine qua non*[12] para el legatario que desee disfrutar por sí mismo del bien legado, independientemente de la adquisición dominical que tendrá lugar en los términos previstos en el artículo 882 CC. En tal sentido, en la medida en que se otorga al legatario una acción personal *ex testamento* para solicitar la entrega ante el heredero, y una acción reivindicatoria frente a cualquier tercero que tuviera la cosa en su poder, la adquisición por el legatario de la cosa legada no resulta efectiva de forma inmediata, sino de forma mediata[13].

2. Régimen de adquisición del legado de participaciones sociales

En lo que respecta al legado de participaciones sociales, el régimen general anterior sería de aplicación al tratarse de un legado de cosa cierta y determinada. Ahora bien, la aplicación de dicho régimen comporta condicionar la adquisición del legado, —y por

12 Así lo señala la jurisprudencia del Tribunal Supremo. Entre otras, véase la Sentencia del Tribunal Supremo de 29 de mayo de 1963 (TOL4.329.008), la Sentencia del Tribunal Supremo de 21 de abril de 2003 (TOL1.071.098), la Sentencia del Tribunal Supremo de 28 de mayo de 2020 (TOL7.966.044), y la Sentencia del Tribunal Supremo de 13 de diciembre de 2021 (TOL8.702.326).

13 *Vid.* DIÉGUEZ OLIVA, R., "Artículo 882"..., *op. cit.*, p. 4230; HIJAS CID, E., "El legado de participaciones sociales en la reciente STS 862/2021, de 13 de diciembre", *Cuadernos de Derecho y Comercio*, núm. 77, 2022, p. 221.

ende, la de la condición de socio y el correspondiente ejercicio de sus derechos sociales— al requisito de la entrega posesoria. De esta forma, hasta que no se produzca la entrega de las participaciones, el legado no producirá el efecto de otorgar al legatario el ejercicio de los derechos de socio.

Frente a ello, ha de cuestionarse a quién corresponde el ejercicio de los derechos de socio en dicho ínterin. Si al heredero, a quien se ha transmitido la posesión civilísima de la cosa legada pero ni es socio ni puede serlo, o al legatario a pesar de no haberle sido entregadas las participaciones legadas, introduciendo así una excepción al régimen general de adquisición del legado de cosa cierta.

Para resolver la problemática anterior conviene señalar la finalidad pretendida con el requisito de la entrega. Y es que, si bien el régimen general establece para la plena efectividad de la adquisición del legado la necesaria entrega de la cosa legada, esa entrega posesoria únicamente tiene como misión la de procurar a los legatarios el disfrute de la posesión[14], toda vez que el dominio ya se adquiere por el legatario siempre que el objeto legado se encuentre en el patrimonio del testador.

Siendo esto así, la entrega posesoria tiene sentido cuando se trate de bienes de naturaleza corporal. En cambio, si los bienes son incorporales —como sucede con las participaciones sociales—, al no ser susceptibles de posesión real, no puede decirse que la entrega cumpla ningún efecto jurídico. En este caso los legatarios son directamente socios por cuanto la entrega de la

14 CARRASCO PERERA, A., "¿Adquiere inmediatamente la condición de socio el legatario de acciones o participaciones sociales específicas?". Consultado en https://www.ga-p.com/publicaciones/adquiere-inmediatamente-la-condicion-de-socio-el-legatario-de-acciones-o-participaciones-sociales-especificas/; HIJAS CID, E., "El legado de participaciones sociales...", *op. cit.*, p. 223.

posesión de las participaciones no es una *traditio* necesaria para adquirir la propiedad, si no que la ostenta previamente. Pero, además, mientras no se produzca la entrega tampoco se convierte al heredero en poseedor a título de dueño.

Hay que tener presente que el fundamento del artículo 885 CC es evitar que la cosa legada se encuentre sin poseedor ni un solo segundo[15], con lo que el heredero tan solo continúa la posesión del causante como poseedor de cosa ajena a fin de que la cosa tenga poseedor en todo momento, quedando sus facultades reducidas a la protección de la situación posesoria.

Por otra parte, en el CC existe una regla que parece confirmar que el ejercicio de los derechos de socio corresponde a la figura del legatario. Se trata de la regla sobre frutos contenida en el artículo 882 CC. Teniendo en cuenta lo dispuesto en dicho precepto resulta incongruente considerar al heredero como el titular de los derechos inherentes a las participaciones sociales en tanto no se produzca la entrega. En virtud del mismo, los frutos del legado se atribuyen al legatario desde el fallecimiento del causante, con lo que tratándose de un legado de participaciones sociales los frutos —esto es, los dividendos—, corresponden al legatario desde el mismo momento de la muerte del testador. En este sentido, lo razonable es considerar que, si desde ese momento el legatario tiene derecho al dividendo, también le corresponden el resto de derechos de socio.

Otro razonamiento posible para abordar la problemática de a quién corresponde el ejercicio de los derechos de socio es recurrir a una situación similar en sede de derecho societario. En este sentido, la disociación que se produce en el legado de participa-

15 Sobre el particular *Vid.* HIJAS CID, E., "El legado de participaciones sociales...", *op. cit.*, p. 224.

ciones entre la posesión y la propiedad puede ser equiparable a la situación planteada en el negocio jurídico del usufructo de participaciones sociales. En este último, la legislación societaria deja claro que la cualidad de socio reside en el nudo propietario, siendo este el titular potencial de todos los derechos sociales a salvo el derecho a participar en las ganancias sociales, que reside en el usufructuario[16]. No obstante, los estatutos pueden contener previsiones que configuren una distinta distribución de derechos entre nudo propietario y usufructuario.

Se observa así como a pesar de existir un tercero poseedor de las participaciones a título de usufructuario, es al titular de las mismas a quien verdaderamente corresponde la práctica totalidad de derechos sociales salvo disposición contraria en los estatutos. Y si resulta que un poseedor a título de usufructuario tan solo deviene titular del derecho a participar en las ganancias sociales, no existe razón alguna para considerar que aquel que tiene una simple posesión civilísima como el heredero pueda ejercitar los derechos de socio[17] cuando la ley ni siquiera le atribuye el único derecho que ostenta el usufructuario sino que el propio CC lo otorga al legatario.

En resumidas cuentas, desde mi punto de vista, la adquisición del legado de participaciones sociales se produce desde la muerte del testador con independencia de que la posesión no le haya sido entregada al legatario, correspondiendo desde ese mismo momento los derechos sociales al legatario[18].

---

16 Artículo 127 LSC.

17 MARIÑO PARDO, F., "El legado de participaciones sociales y la adquisición de la condición de socio por el legatario. La Sentencia del Tribunal Supremo de 13 de diciembre de 2021". Consultado en https://www.iurisprudente.com/2022/01/el-legado-de-participaciones-sociales-y.html.

18 Esta misma postura es la adoptada por el derecho catalán en el artículo 427-33 de la Ley 10/2008, de 10 de julio, del libro cuarto del Código Civil de Cataluña, relativo a las sucesiones donde establece "En el legado de acciones

IV. LA ADQUISICIÓN DE LA CONDICIÓN DE SOCIO EN EL LEGADO DE PARTICIPACIONES SOCIALES

1. Consideraciones generales

Para determinar la plena eficacia del legado de participaciones sociales no resulta suficiente con acudir a la doctrina civil. Dado que el objeto de este tipo de legados son las participaciones sociales, resulta necesario coordinar el régimen establecido en el Código Civil con la norma societaria, norma especial que ofrece un tratamiento distinto del legado de participaciones respecto de otros legados. Así, además de lo expuesto sobre su adquisición conforme al régimen del artículo 882 CC, debe tenerse presente el régimen de transmisión de las participaciones sociales previsto en el Texto Refundido de la Ley de Sociedades de Capital (en adelante LSC) para las sociedades de responsabilidad limitada. A tal efecto hay que partir de la previsión legal contenida en el artículo 110.1 LSC que recoge el régimen de la transmisión *mortis causa* de las participaciones sociales.

Este precepto es muy claro estableciendo que el heredero o legatario que adquiere por sucesión hereditaria alguna participación social del socio fallecido adquiere, en principio, la condición de socio. No obstante, los estatutos podrán establecer a favor de los socios sobrevivientes, y, en su defecto, a favor de la sociedad, un derecho de adquisición de las participaciones del socio fallecido, apreciadas en el valor razonable que tuvieren el día del fallecimiento del socio.

y participaciones sociales, corresponde al legatario el ejercicio del derecho de voto a partir de la delación, si es propietario de las mismas de acuerdo con los artículos 427-10 y 427-15, aunque la posesión no le haya sido entregada por el heredero".

Realizando una interpretación sistemática de dicho precepto con lo estipulado en el artículo 882 CC, que establece que el legado de cosa cierta se adquiere en el momento del fallecimiento del causante, puede aseverarse que el legatario adquiere la condición de socio desde el momento en que se produce el fallecimiento del testador.

Ahora bien, el acaecimiento de este suceso no consigue la legitimación del nuevo socio frente a la sociedad para el ejercicio de los derechos sociales. Lo cierto es que la LSC identifica dos momentos diferenciados al determinar el régimen de transmisión de las participaciones sociales. Uno en el que aparece el propio negocio de la transmisión referido únicamente a la relación entre las partes, y otro en el que el adquirente se legitima frente a la sociedad para el ejercicio de los derechos de socio. La cuestión clave reside por tanto en determinar en qué momento se entiende legitimado el legatario de las participaciones sociales.

A este respecto, la legislación societaria establece que para el ejercicio de los derechos de socio se encuentra únicamente legitimado el sujeto inscrito en el libro registro de socios (artículo 104.2 LSC). Pero además de lo expresado, la norma determina en otro precepto distinto (106.2 LSC) que el adquirente de las participaciones sociales podrá ejercer los derechos de socio frente a la sociedad desde que ésta tenga conocimiento de la transmisión. Tomando en consideración ambas disposiciones legales surge la duda de si el legatario puede quedar legitimado en su condición de socio en el momento en que la sociedad tenga conocimiento del fallecimiento del testador o si, por el contrario, la legitimación tan solo puede producirse en el momento de la inscripción en el libro registro de socios. Habida cuenta de lo anterior, resulta necesario analizar cada uno de los requisitos anteriores a fin de determinar si los mismos resultan verdaderamente requisitos constitutivos de la condición de socio.

2. Conocimiento de la transmisión por parte de la sociedad

En el ámbito de la sociedad de responsabilidad limitada la LSC dispone de forma inequívoca en el artículo 106.2 que "El adquirente de las participaciones sociales podrá ejercer los derechos de socio frente a la sociedad desde que ésta tenga conocimiento de la transmisión o constitución del gravamen".

Este precepto resulta un tanto impreciso en lo relativo al contenido y a las características del conocimiento de la transmisión por parte de la sociedad, por lo que hay que llevar a cabo una interpretación del mismo.

En primer lugar, ha de ponerse de relieve que la propia LSC considera al adquirente de las participaciones sociales como un socio *in fieri* desde la perspectiva del negocio de la transmisión de las participaciones. Efectivamente, la utilización del término "ejercer" da a entender que el adquirente de participaciones no es considerado plenamente socio en tanto que no se consuma el sistema de oponibilidad ante la sociedad o, en otras palabras, hasta que esta no lo admita como socio[19]. Con todo, dicho conocimiento por la sociedad es un conocimiento jurídico o formal[20], es decir, que cualquier conocimiento de la sociedad sobre la transmisión no puede reputarse válido a efectos legitimadores del adquirente. Ciertamente la sociedad no puede dar por bueno un conocimiento privado de la transmisión, sino que resulta necesaria la *denuntiatio* o solicitud de legitimación del titular de forma que exista constancia clara de la misma[21]. Pero esa puesta

19 *Vid.* ALONSO ESPINOSA, F.J., "Artículo 26", *Comentarios a la Ley de Sociedades de Responsabilidad Limitada*, Arroyo Martínez, I; Embid Irujo, J.M., y Górriz, C. (coords.), Tecnos, Madrid, 2009, p. 394.

20 *Ibídem.*

21 Al respecto, *vid.* PERDICES HUETOS, A., *El libro registro de socios. La legitimación del socio en las sociedades de capital*, Civitas, Madrid, 2000, p. 153; FER-

en conocimiento a la sociedad de la transmisión puede venir a través de cualquiera de las partes, esto es, tanto del adquirente como del transmitente[22].

La comunicación a la sociedad es un derecho del adquirente toda vez que la ley no obliga a que dicha transmisión deba superar el ámbito interno que relaciona a las partes en el negocio jurídico. Al mismo tiempo, la comunicación es una carga que se impone a adquirente y transmitente. Al primero para poder obtener la consideración de la condición de socio, y al segundo, para liberarse de la misma. No cabe duda que de igual forma que se presume el interés del adquirente en ser reconocido como socio, el transmitente puede tener interés en dejar de serlo. Por este motivo, la sociedad debe aceptar la eficacia de los actos realizados por cualquiera de las partes con el propósito de obtener el conocimiento exigido.

En lo que se refiere a la forma de la puesta en conocimiento de la sociedad, el artículo 106.2 LSC no exige formalidad alguna. El precepto ni siquiera requiere de una comunicación escrita como sí se exigía en el artículo 22 de la derogada Ley de Sociedades de Res-

NÁNDEZ DEL POZO, L., "Las funciones legitimadora e informativa del libro registro de socios en las sociedades de responsabilidad limitada. Un examen crítico", *Revista de Derecho Mercantil*, núm. 302, 2016, p. 23. Consultado en https://proview.thomsonreuters.com/.

22 En este sentido, *vid.* GALLEGO SÁNCHEZ, E., *Las participaciones sociales en la Sociedad de Responsabilidad Limitada*, McGraw Hill, Madrid, 1996, p. 501; ALONSO ESPINOSA, F.J., "Artículo 26"..., *op. cit.*, p. 395; VÉRGEZ SÁNCHEZ, M., "Régimen de transmisión de las participaciones sociales. (Artículos 26 a 34 de la Ley de Sociedades de Responsabilidad Limitada)", *Comentario al régimen legal de las sociedades mercantiles*, tomo XIV, vol. 1ºB, Uría, R., Menéndez, A, y Olivencia, M. (dirs.), Civitas, Madrid, 1999, p. 35. En diferente sentido, indicando que es el adquirente el que debe realizar la oportuna comunicación, *vid.* NIETO CAROL, U., "Régimen de las participaciones sociales. La transmisión", *La sociedad de responsabilidad limitada*, Nieto Carol, U. (coord.), Dykinson, Madrid, 1998, p. 464.

ponsabilidad Limitada de 1953. De ahí que pueda admitirse como legitimatorio el conocimiento expreso, el tácito e incluso por *facta concludentia*. Y es que, si bien es cierto que el conocimiento privado no puede ser considerado válido a efectos de que la sociedad pueda considerar legitimado al socio, cosa muy distinta es que la sociedad pueda legítimamente hacer caso omiso de determinados hechos concluyentes o implícitamente indicativos de un inequívoco deseo de ser reconocido como socio por la sociedad[23].

No obstante lo anterior, no puede ignorarse la complejidad real que acarrea el hecho de permitir que dicho conocimiento pueda producirse sin necesidad de notificación expresa de las partes a efectos de que el mismo se realice con las garantías suficientes. Por esta razón los estatutos sociales pueden determinar los requisitos o formas de obtención por la sociedad del conocimiento de la transmisión de participaciones sociales que estimen conveniente, pudiendo en tal caso la sociedad desconocer la eficacia de aquellos actos que no se ajusten a lo establecido en los estatutos.

Por último, ha de precisarse a quién debe dirigirse la puesta en conocimiento para que la sociedad logre el conocimiento efectivo de la transmisión. En otras palabras, quién es el órgano legitimado para reconocer al adquirente de las participaciones la condición de socio a fin de que este pueda ejercer sus derechos sociales.

A este respecto, la referencia que el artículo 106.2 LSC efectúa a la sociedad ha de entenderse realizada al órgano de administración en vista del ámbito de facultades de representación que la ley le confiere. Con todo, cabe la posibilidad de considerar válida la admisión por la junta de socios del adquirente de las participa-

---

23 *Vid.* PERDICES HUETOS, A., *El libro registro de socios ..., op. cit.*, p. 155; FERNÁNDEZ DEL POZO, L., "Las funciones legitimadora e informativa...", *op. cit.*, pp. 25-26.

ciones al permitirle asistir y votar en ella[24], constituyendo esta situación el equivalente a una solicitud implícita del reconocimiento como socio a cargo de la sociedad.

3. Inscripción en el libro registro de socios

3.1. Fundamento y naturaleza del libro registro de socios

Es común afirmar que el libro registro de socios de una sociedad de responsabilidad limitada surge, en su origen, como respuesta del derecho societario a los problemas derivados de la necesidad de presentación reiterada de los títulos. Se le atribuye así una finalidad simplificadora para acreditar la condición de socio frente a la sociedad en la medida en que, inscribiendo su derecho en el mencionado libro una única vez a través de la presentación de los correspondientes títulos, aquel queda eximido de la necesidad de tener que estar probando su condición de socio cada vez que se precise para el ejercicio de sus derechos sociales[25]. De manera que existiendo un libro registro y conseguida la inscripción de la transmisión a su favor, la sociedad debe tenerle por socio sin ninguna otra exigencia probatoria.

El libro registro de socios es de llevanza obligatoria para la sociedad de responsabilidad limitada, debiendo constar en él la

24 Esta posibilidad ha sido defendida por parte de la doctrina. Entre otros, *vid.* FERNÁNDEZ DEL POZO, L., "Las funciones legitimadora e informativa...", *op. cit.*, p. 35; PAZ-ARES, C., y PERDICES HUETOS, A., "Libro registro de acciones", *Enciclopedia jurídica básica*, Vol. III, Civitas, Madrid, 1995, p. 4098; VÉRGEZ SÁNCHEZ, M., "Régimen de transmisión...", *op. cit.*, p. 37. En sentido opuesto, señalando que no deben reputarse válidos otros sistemas para que la sociedad obtenga el conocimiento de la transmisión. *Vid.* ALONSO ESPINOSA, F.J., "Artículo 26"..., *op. cit.*, p. 395.

25 Sobre el particular, *vid.* FERNÁNDEZ DEL POZO, L., "Las funciones legitimadora e informativa...", *op. cit.*, p. 21; PERDICES HUETOS, A., *El libro registro de socios ..., op. cit.*, p. 131.

titularidad originaria y las sucesivas transmisiones, voluntarias o forzosas, de las participaciones sociales, así como la constitución de derechos reales y otros gravámenes sobre las mismas[26]. En cada una de las anotaciones que se realicen en el mencionado libro debe indicarse la identidad y domicilio del titular de la participación o del derecho o gravamen constituido sobre aquélla[27]. Permite a la sociedad identificar fácilmente quienes son las personas frente a las que se encuentra obligada a cumplir sus obligaciones, así como conocer a quien puede exigir el cumplimiento de las obligaciones que recaigan sobre los socios.

Ahora bien, la exigencia del libro registro determinada en la LSC no puede entenderse como una sustitución equiparable a la inscripción en el Registro Mercantil. El libro registro de socios es un registro privado[28]. En modo alguno puede considerarse como registro público en la medida en que no hay una publicidad formal típica de estos registros. La legitimación activa del examen al libro registro de socios se otorga exclusivamente en favor de los socios, no es un registro abierto a cualquier interesado. Además, tampoco se confiere a las inscripciones en él realizadas efecto constitutivo para la eficacia de la transmisión de las participaciones sociales.

Se trata de un mero registro interno, un elemento más de la organización interna de la sociedad de carácter auxiliar y no esencial en el contexto de las relaciones socio-sociedad[29].

---

26 Artículo 104.1 LSC.

27 Artículo 104.3 LSC.

28 Califican el libro registro de socios como un registro privado, entre otros, *vid.* VÉRGEZ SÁNCHEZ, M., "Régimen de transmisión...", *op. cit.*, p. 40; FERNÁNDEZ DEL POZO, L., "Un primer estudio sobre el nuevo régimen legal y estatutario de transmisión de las participaciones", *Revista Crítica de Derecho Inmobiliario*, núm. 628, 1995, p. 882.

29 *Vid.* ALONSO ESPINOSA, F.J., "Artículo 27", *Comentarios a la Ley de Sociedades de Responsabilidad Limitada*, Arroyo Martínez, I; Embid Irujo, J.M., y Górriz, C. (coords.), Tecnos, Madrid, 2009, p. 398.

En efecto, el libro registro de socios ha de considerarse auxiliar y no esencial en la organización de las relaciones internas de la sociedad limitada habida cuenta que esta forma jurídica responde a un tipo social en el que la titularidad de las participaciones así como las respectivas cuotas de participación de los socios o modificaciones sobre las mismas pueden probarse por otros medios que generalmente serán más efectivos como medio de prueba dado su carácter fehaciente (documentos públicos de transmisión de participaciones, escrituras de aumento o reducción de capital, etc...). De forma que, en estos casos, los pertinentes documentos públicos pueden sustituir la función del libro registro a fin de determinar con certidumbre los datos que la sociedad precisa para sus relaciones con los socios. La funcionalidad del libro queda así relegada, en principio, a cumplir una mera función informativa y, como bien ha manifestado algún que otro autor, posiblemente de la prueba de sus contenidos[30].

Lo anterior no significa que el libro registro de socios no cumpla ninguna otra función. Como se verá a continuación, al libro registro de socios le ha sido tradicionalmente asignada una función legitimadora.

3.2. Eficacia del libro registro de socios

La inscripción en el libro registro de socios produce distintos efectos. En este sentido hay que distinguir de un lado, los que dicha inscripción produce frente a terceros. Y de otro, los que genera en las relaciones socio-sociedad.

30 En este sentido, ALONSO ESPINOSA, F.J., "Artículo 27"..., *op. cit.*, p. 398. Otorgando asimismo una eficacia probatoria a la inscripción en el libro registro *vid.* SÁNCHEZ CALERO, F. y SÁNCHEZ-CALERO GUILARTE, J., *Instituciones de Derecho Mercantil*, Aranzadi, Cizur Menor, 2011, p. 664.

Respecto a terceros la inscripción de la transmisión en el libro registro de socios no tiene eficacia constitutiva[31]. La inscripción incide en las relaciones socio-sociedad, empero no genera efecto alguno en relación a la titularidad de los derechos ligados a las participaciones sociales. La transmisión de participaciones siempre es previa y constituye el presupuesto de la inscripción, pero en ningún caso está condicionada a la misma. La inscripción no es por tanto elemento constitutivo del efecto traslativo.

En otro orden de cosas, tratándose de las relaciones socio-sociedad, se dice que la inscripción en el libro registro de socios tiene eficacia legitimadora *ex* artículo 104.2 LSC al establecerse que "La sociedad solo reputará socio a quien se halle inscrito en dicho libro". Se otorga así al libro registro de socios una trascendencia similar a la del libro registro de acciones nominativas. Pero esto no siempre ha sido así.

Hay que advertir que esta previsión no se contenía en el régimen societario anterior previsto para las sociedades de responsabilidad limitada en la Ley de Sociedades de Responsabilidad Limitada de 1995 (en adelante LSRL 1995). Esto planteó multitud de problemas interpretativos existiendo dos posturas respecto a la eficacia legitimadora del libro registro de socios.

De un lado, se defendía que el libro registro de socios no tenía verdadera eficacia legitimadora. Se consideraba que al prescindirse en la LSRL 1995 de la necesidad de inscripción, el régimen de legitimación del socio era diferente en sociedades anónimas y sociedades limitadas. Para este sector doctrinal la legitimación

31 *Vid.* SEQUEIRA MARTÍN, A., "Normas supletorias para la transmisión voluntaria por actos inter vivos de las participaciones sociales", *Revista de Derecho de Sociedades*, núm. extraordinario, 1994, p. 210.

del socio se producía con la simple puesta en conocimiento de la sociedad de la transmisión[32].

Por otra parte, se sostenía que la legitimación del socio derivaba de la inscripción en el libro registro de socios, otorgándole de esta forma la misma eficacia legitimadora que al libro registro de acciones nominativas[33].

Pues bien, la LSC parece haber resuelto la disputa existente en torno a la legitimación al integrar en sede de limitadas una norma idéntica a la establecida para las sociedades anónimas en relación al libro registro de acciones nominativas. Aunque como veremos, realmente esto no ha hecho si no generar controversia acerca de la existencia de un monopolio legitimador *ex libro*, o de dos posibles sistemas de legitimación del socio.

A este respecto, la doctrina mayoritaria atribuye al libro registro de socios la función de crear una verdadera apariencia legitimadora de la condición de socio frente a la sociedad que favorece tanto al titular de la inscripción como a la propia sociedad[34] (aquél no tiene que acreditar su condición, esta ve facilitada su labor de reconocimiento). En otras palabras, el libro registro vendría a tutelar la posición jurídica de aquel que confía de buena fe

---

32 *Vid.* entre otros, GALLEGO SÁNCHEZ, E., *Las participaciones sociales..., op. cit.*, p. 512; BARBA DE VEGA, J., "Régimen de las participaciones sociales", *La sociedad de responsabilidad limitada*, Bercovitz Rodríguez-Cano, A. (coord.), Aranzadi, Navarra, 1998, p. 171; VICENT CHULIÁ, F., *Compendio crítico de Derecho Mercantil*, Tomo 1, Vol. 2º, Bosch, Barcelona, 1991, pp. 937-938; SEQUEIRA MARTÍN, A., "Normas supletorias ...", *op. cit.*, p. 211.
MEJÍAS GÓMEZ, J., "La transmisión de participaciones sociales", *Diario La Ley*, Núm.4, 1995, p. 7. Consultado en https://laleydigital.laleynext.es/.

33 *Vid.* PERDICES HUETOS, A., *El libro registro de socios ..., op. cit.*, pp. 129-130; PAZ-ARES, C., y PERDICES HUETOS, A., "Libro registro ...", *op. cit.*, pp. 4099-4100; FERNÁNDEZ DEL POZO, L., "Un primer estudio ...", *op. cit.*, p. 881.

34 *Vid.*, entre otros, VÉRGEZ SÁNCHEZ, M., "Régimen de transmisión...", *op. cit.*, p. 45 quien califica esta apariencia como apariencia histórica.

en dicha apariencia de forma similar a la función que cumplen los registros públicos. Así entendido, se considera que el libro registro de socios no sirve únicamente como prueba de la existencia y contenido de los derechos inscritos generando una presunción *iuris tantum*, sino que monopoliza la legitimación[35].

Ahora bien, lo anterior no se ajusta al origen y finalidad que tradicionalmente ha sido asignada al libro registro de socios, ni tampoco a la realidad de la práctica societaria. Y es que, si bien se afirma que el libro registro entraña un ahorro de costes y ayuda a simplificar los trámites, hay que dejar claro que ciertamente el ahorro que experimenta el socio por el hecho de no tener que presentar de forma reiterada su título cada vez que vaya a ejercitar sus derechos sociales —y que supuestamente le ahorra la llevanza del libro registro por parte de la sociedad— es absolutamente irrelevante. Si verdaderamente dicho ahorro de costes fuera tan significativo como se quiere hacer pensar, todas las sociedades limitadas cumplirían con la obligación legal de llevanza del libro registro y este no es el caso, es más, la ley ni siquiera prevé sanción especial alguna para su incumplimiento.

Si atendemos a la realidad de la práctica societaria se observa como son muchas las sociedades limitadas que prescinden de la llevanza del libro registro debido a los costes y a la gran carga administrativa que ello comporta. Esto lleva a pensar que a los socios no les debe compensar las aparentes ventajas del libro en comparación con los costes asociados al mismo, porque de lo contrario todos cumplirían con la obligación legal establecida.

Si se considerara ciertamente que existe un monopolio legitimador *ex libro registro* la gran mayoría de las sociedades limitadas

35 FERNÁNDEZ DEL POZO, L., "Las funciones legitimadora e informativa...", *op. cit.*, p. 21.

no podrían convocar juntas generales ni reconocer derechos a los socios, sin embargo, esto no es lo que sucede en la práctica[36]. Por lo general, siendo la limitada una sociedad de carácter cerrado y previsiblemente con pocos socios, estos mantienen relaciones de proximidad y trato frecuente entre sí y con la sociedad, con lo que suelen reconocerse mutuamente la condición de socios incluso sin la existencia de libro registro, simplemente en el marco de la celebración de cualquier junta general o en el propio ejercicio de los derechos sociales. Atendiendo pues a la realidad societaria vemos como la inscripción en el libro registro no constituye la forma de legitimación de este tipo social. La puesta en conocimiento de la sociedad es la que verdaderamente constituye la forma "práctica" de legitimación.

En virtud de lo anterior no puede afirmarse la existencia de una eficacia legitimadora fuerte del libro registro de socios. En mi opinión, la constancia en el libro registro de la titularidad de las participaciones crea una apariencia legitimadora de la condición de socio, pero como ahora veremos esa legitimación formal no es la única posible que tiene la sociedad de reconocer la condición de socio.

Junto al artículo 104.2 LSC legalmente está previsto a su vez, en el artículo 106.2 LSC, que el adquirente de las participaciones podrá ejercer los derechos de socio desde que la sociedad tenga conocimiento de la transmisión o constitución del gravamen.

Esta contradicción parece dar a entender que la legitimación tabular o *ex libro* no es la única posible, pudiendo el socio quedar legitimado por medio de la puesta en conocimiento de la sociedad. Pues bien, a pesar de la existencia de estas dos normas la

36 En idéntica opinión, FERNÁNDEZ DEL POZO, L., "Las funciones legitimadora e informativa...", *op. cit.*, pp. 34-35.

doctrina se inclina por afirmar que únicamente aquellos sujetos que se encuentren inscritos en el libro registro de socios pueden ejercitar los derechos sociales. Se atribuye así al libro registro de socios la misma eficacia legitimadora monopolista que en la sociedad anónima se concede a la inscripción en el libro registro de acciones nominativas.

Sin embargo, esto no me parece acertado. La norma contenida en el artículo 104.2 LSC no puede considerarse expresiva (a pesar del tenor literal) de un sistema exclusivo de legitimación formal *ex libro registro*. Y ello porque a pesar de tratarse de un precepto idéntico al previsto en el artículo 116.2 LSC para la sociedad anónima, en esta última no existe ninguna disposición como la del artículo 106.2 LSC que permita atender a otro sistema de legitimación.

La fórmula empleada en la sociedad limitada para regular la transmisión de las participaciones sociales establece que el adquirente de las mismas podrá ejercer los derechos de socio frente a la sociedad desde que ésta tenga conocimiento de la transmisión o constitución del gravamen, y por ende no puede hacerse caso omiso a la misma. De esta suerte, parece dejar entrever que lejos de imponerse un sistema objetivado y formalizado de legitimación construido sobre unos planteamientos propios que responden más a exigencias propias de una sociedad despersonalizada como la sociedad anónima y de la mayor negociabilidad de las acciones, en relación con la sociedad limitada la legitimación funciona con un sistema mucho menos formalista.[37]

37 En opinión de VÉRGEZ SÁNCHEZ, "en el caso de la sociedad de responsabilidad limitada la legitimación funciona más bien con arreglo a los principios generales del Código Civil, basados en los criterios sustantivos de titularidad que en relación con la transmisión de las participaciones sociales son los propios de la cesión de créditos y demás derechos incorporales". VÉRGEZ SÁNCHEZ, M., "Régimen de transmisión...", *op. cit., p. 45.*

Si la intención del legislador hubiese sido la de considerar un único sistema de legitimación por medio de la inscripción en el libro registro de socios no se entiende por qué ha mantenido dicha disposición en el régimen de transmisión de las participaciones sociales.

Excluyendo pues la legitimación monopolista *ex libro*, la forma de salvar la aparente contradicción existente entre ambos preceptos es realizar una interpretación conjunta de ambos preceptos.

En este sentido la doctrina más autorizada ha manifestado que para que la transmisión de participaciones sociales produzca efectos frente a la sociedad, se precisa tanto el conocimiento de esta como la inscripción en el libro registro. Ello comporta que solo desde que se practique la inscripción puede considerarse al socio legitimado.[38]

El problema que surge aquí es que, al hacer depender la legitimación de la inscripción, los administradores podrían maliciosamente retrasar la misma. Con ello impedirían el ejercicio de los derechos sociales por los socios, máxime cuando exista conflicto de intereses en los administradores que llevan el libro registro como acontece frecuentemente en muchas sociedades cerradas.

A este respecto, no resulta razonable que pueda trasladarse al socio las consecuencias de una dilación culpable o dolosa de los administradores cuando la sociedad ya tiene conocimiento de la transmisión. No tiene sentido que alguien pueda beneficiarse de sus propias acciones ilegítimas. Eso dejaría en manos de los

---

38 PERDICES HUETOS, A., "Artículo 106", *Comentario de la Ley de Sociedades de Capital*, Rojo, A. y Beltrán, E. (dirs.), Civitas, Cizur Menor, 2011, pp. 885. En similar sentido, aunque haciendo referencia no al momento de la inscripción si no a la solicitud expresa o tácita de la inscripción en el libro por parte del adquirente *vid.* la Sentencia del Tribunal Supremo de 13 de diciembre de 2021 (TOL8.702.326).

administradores la decisión de no inscribir o retrasar el acto debido para evitar que el socio pueda ejercitar legítimamente sus derechos.

Por este motivo, a mi parecer la inscripción en el libro registro no puede considerarse determinante de la legitimación. Si bien es cierto que crea una apariencia de legitimación en favor del titular inscrito y en beneficio de la sociedad, dicha apariencia debe ceder en esa función de legitimación frente al conocimiento de la transmisión por parte de la sociedad. La inscripción no deja de ser más que la materialización del acto por el que la sociedad reconoce el conocimiento de la transmisión[39], de modo que, acreditada la transmisión y el conocimiento por la sociedad, no cabe entender que esta pueda oponerse al ejercicio de los derechos sociales por el mero hecho de no existir inscripción en el libro registro.

Lo lógico sería entender que una vez la sociedad tenga conocimiento de la transmisión —sea de forma expresa, tácita o por *facta concludentia*— el órgano de administración debe proceder de inmediato a realizar la inscripción en el libro registro. Si no realiza la inscripción de forma efectiva, el nuevo socio tendrá derecho a ejercer sus derechos sociales puesto que el conocimiento de la transmisión por parte de la sociedad ya se produjo debidamente[40]. Se trataría pues, de equiparar esa puesta en conocimiento de la transmisión por la sociedad con la solicitud de inscripción en el libro registro.

En definitiva, no puede sostenerse la teoría que establece que la efectiva legitimación de la condición de socio depende del acto

39 Afirmando que la legitimación por la inscripción es el desenlace lógico de admitir la legitimación por la sola notificación PERDICES HUETOS, A., *El libro registro de socios ..., op. cit.*, p. 130.

40 De esta forma se expresa la Sentencia de la Audiencia Provincial de Madrid de 4 de diciembre de 2020 (TOL8.359.719).

de reconocimiento de la condición de socio por la sociedad materializado en la práctica de la inscripción. Ello chocaría frontalmente con el tenor del artículo 106.2 LSC. Además, en una interpretación analógica con la ya extinta sociedad nueva empresa, ni siquiera esta, como especialidad de sociedad limitada, establecía la obligatoriedad de la llevanza del libro registro de socios, sino que se acreditaba la condición de socio mediante el documento público con el que se hubiese adquirido.

4. El ejercicio de los derechos sociales por parte del legatario de participaciones

De conformidad con lo especificado en los apartados anteriores el legatario de participaciones sociales adquiere la propiedad de las mismas de forma automática desde el momento en que se produce el fallecimiento del causante sin necesidad de que se produzca la entrega de las mismas.

Ahora bien, para ejercitar los derechos de socio este debe estar legitimado por la sociedad. Dicha legitimación puede producirse con la simple puesta en conocimiento de la transmisión por la sociedad, siendo suficiente en este caso con acreditar el fallecimiento del causante y su condición de legatario, lo que puede hacerse con el correspondiente certificado de defunción y una copia del testamento. En este sentido, la comunicación puede entenderse realizada cuando convocado el socio fallecido a una junta general el legatario se presente a la misma y demuestre su condición de tal. De esta forma la sociedad tendría puntual conocimiento de la transmisión[41]. Así, el legatario que comunique su

41 ALCOVER GRAU, G., "Legado de participaciones sociales y adquisición de la condición de socio (Comentario crítico a la sentencia del Tribunal Supremo 862/2021, de 13 de diciembre), *Revista de Derecho de Sociedades*, núm. 65, p. 215.

adquisición a la sociedad debe poder ejercer sus derechos sociales, independientemente de que el órgano de administración no hubiere realizado la correspondiente anotación en el libro registro de socios[42].

Lo contrario chocaría con el tenor literal del artículo 106.2 LSC a más de ser incoherente ya que, si en aquellas sociedades en las que el causante tuviera una participación relevante o mayoritaria no se permitiera al legatario ejercer los derechos sociales por no estar inscrito en el libro registro únicamente existen dos posibilidades. La primera es que nadie pueda ejercer los derechos sociales, lo que parece un tanto ilógico. Y la segunda es que el ejercicio de los derechos sociales se ejercite por los herederos, que resulta todavía más disparatado habida cuenta que la titularidad de las participaciones no le pertenecen.

V. BIBLIOGRAFÍA

ALBADALEJO GARCÍA, M., *Comentarios al Código Civil y compilaciones forales*, Edersa, Madrid, 1998.

ALCOVER GRAU, G., "Legado de participaciones sociales y adquisición de la condición de socio (Comentario crítico a la sentencia del Tribunal Supremo 862/2021, de 13 de diciembre), *Revista de Derecho de Sociedades*, núm. 65, 2022.

ALONSO ESPINOSA, F.J., "Artículo 26", *Comentarios a la Ley de Sociedades de Responsabilidad Limitada*, Arroyo Martínez, I; Embid Irujo, J.M., y Górriz, C. (coords.), Tecnos, Madrid, 2009.

— "Artículo 27", *Comentarios a la Ley de Sociedades de Responsabilidad*

42 En esta línea, la Resolución de 9 de septiembre de 2020, de la Dirección General de Seguridad Jurídica y Fe Pública (BOE núm. 261, de 2 de octubre de 2020) establece que ...*Por lo demás, la falta de inscripción en el libro registro de socios, no es determinante de la privación de legitimación cuando el reconocimiento de la condición de socio es un hecho debido que no puede desconocer la sociedad...*

Limitada, Arroyo Martínez, I; Embid Irujo, J.M., y Górriz, C. (coords.), Tecnos, Madrid, 2009.

BARBA DE VEGA, J., "Régimen de las participaciones sociales", *La sociedad de responsabilidad limitada*, Bercovitz Rodríguez-Cano, A. (coord.), Aranzadi, Navarra, 1998.

CAÑIZARES LASO, A., "Artículo 660", *Comentarios al código civil, Tomo II (Arts. 268 a 743)*, Cañizares Laso, A. (dir.), Tirant lo blanch, Valencia, 2023.

CARRASCO PERERA, A., "¿Adquiere inmediatamente la condición de socio el legatario de acciones o participaciones sociales específicas?". Consultado en https://www.ga-p.com/publicaciones/adquiere-inmediatamente-la-condicion-de-socio-el-legatario-de-acciones-o-participaciones-sociales-especificas/

DIAZ CRUZ, M., *Los legados*, Instituto editorial Reus, Madrid, 1951.

DIÉGUEZ OLIVA, R., "Artículo 882", *Comentarios al código civil, Tomo III (Arts. 744 a 1155)*, Cañizares Laso, A. (dir.), Tirant lo blanch, Valencia, 2023.

FERNÁNDEZ DEL POZO, L., "Las funciones legitimadora e informativa del libro registro de socios en las sociedades de responsabilidad limitada. Un examen crítico", *Revista de Derecho Mercantil*, núm. 302, 2016, pp. 1-59. Consultado en https://proview.thomsonreuters.com/

— "Un primer estudio sobre el nuevo régimen legal y estatutario de transmisión de las participaciones", *Revista Crítica de Derecho Inmobiliario*, núm. 628, 1995.

GALLEGO SÁNCHEZ, E., *Las participaciones sociales en la Sociedad de Responsabilidad Limitada*, McGraw Hill, Madrid, 1996.

HIJAS CID, E., "El legado de participaciones sociales en la reciente STS 862/2021, de 13 de diciembre", *Cuadernos de Derecho y Comercio*, núm. 77, 2022.

MARIÑO PARDO, F., "El legado de participaciones sociales y la adquisición de la condición de socio por el legatario. La Sentencia del Tribunal Supremo de 13 de diciembre de 2021". Consultado en https://www.iurisprudente.com/2022/01/el-legado-de-participaciones-sociales-y.html

MEJÍAS GÓMEZ, J., "La transmisión de participaciones sociales", *Diario La Ley*, Nº4, 1995, pp. 1003-1036. Consultado en https://laleydigital.laleynext.es/

NIETO CAROL, U., "Régimen de las participaciones sociales. La transmisión", *La sociedad de responsabilidad limitada*, Nieto Carol, U. (coord.), Dykinson, Madrid, 1998.

O'CALLAGHAN, X., Compendio de Derecho Civil. Tomo V (Derecho de sucesiones), Edersa, 1999. Consultado en https://app.vlex.com/

PAZ-ARES, C., y PERDICES HUETOS, A., "Libro registro de acciones", *Enciclopedia jurídica básica*, Vol. III, Civitas, Madrid, 1995.

PERDICES HUETOS, A., "Artículo 106", *Comentario de la Ley de Sociedades de Capital*, Rojo, A. y Beltrán, E. (dirs.), Civitas, Cizur Menor, 2011.

— *El libro registro de socios. La legitimación del socio en las sociedades de capital*, Civitas, Madrid, 2000.

SÁNCHEZ CALERO, F. y SÁNCHEZ-CALERO GUILARTE, J., *Instituciones de Derecho Mercantil*, Aranzadi, Cizur Menor, 2011.

SEQUEIRA MARTÍN, A., "Normas supletorias para la transmisión voluntaria por actos inter vivos de las participaciones sociales", *Revista de Derecho de Sociedades*, núm. extraordinario, 1994.

VÉRGEZ SÁNCHEZ, M., "Régimen de transmisión de las participaciones sociales. (Artículos 26 a 34 de la Ley de Sociedades de Responsabilidad Limitada)", *Comentario al régimen legal de las sociedades mercantiles*, Tomo XIV, Vol. 1ºB, Uría, R., Menéndez, A, y Olivencia, M. (dirs.), Civitas, Madrid, 1999.

VICENT CHULIÁ, F., *Compendio crítico de Derecho Mercantil*, Tomo 1, Vol. 2º, Bosch, Barcelona, 1991.

Capítulo 7

ESTRUCTURA DE PROPIEDAD Y TRANSMISIÓN RESTRINGIDA. LIMITACIONES A LA TRANSMISIÓN DE ACCIONES Y PARTICIPACIONES COMO MEDIO PARA PRESERVAR LA PROMOCIÓN DE OBJETIVOS DE INTERÉS GENERAL[1]

Susana González Arjona
Contratada Predoctoral FPU
Área de Derecho Mercantil
Universidad de Málaga

I. INTRODUCCIÓN

La implicación efectiva del socio es una variable que puede influir de manera determinante en la consecución de los fines de la sociedad en la que participa. Además de aportar capital, el socio contribuye, entre otras cosas, a la formación de la voluntad so-

1 Este trabajo ha sido realizado en el marco del proyecto "Propuestas para una gobernanza corporativa sostenible (Be SUSTAINABLE Co)", Ref.: PRY122/22, financiado por la Fundación CENTRA, I.P.: Juan Ignacio Peinado Gracia, I.P.: María Teresa Otero Cobos.

cial, al diálogo entre los órganos sociales y a la fiscalización de la gestión. Resulta, por ello, crucial la forma en la que este ejercite su participación, pues la adopción de una determinada posición puede contribuir a mejorar no solo el rendimiento financiero de la sociedad, sino también el no financiero.

La implicación del socio adquiere una nueva dimensión en aquellos proyectos en los que al tradicional fin lucrativo se unen otras consideraciones de índole ético, personal o que, simplemente, exceden ese ánimo. En estos casos, la actuación y compromiso de aquel se tornan sustanciales a la hora de salvaguardar una línea de actuación acorde con dichos aspectos, pues su atención requerirá, en ocasiones, el sacrificio del socio respecto de sus derechos económicos e intereses particulares.

La composición de la estructura de propiedad de una sociedad está sujeta, no obstante, a variaciones como, por ejemplo, la entrada de nuevos socios, lo que puede derivar en conflictos y presiones que obstaculicen la materialización de tales objetivos, en el caso en el que estos no comulguen con los mismos ideales.

Con todo, esta posibilidad vendrá condicionada por el nivel de hermetismo de la sociedad, esto es, dependerá de las medidas que, con el fin de mantener el control, se implementen en el seno de la sociedad. Cabe examinar, por lo tanto, aquellos mecanismos que permitan restringir o condicionar la transmisión de la condición de socio, con el añadido de asegurar elementos ciertamente subjetivos, como son el compromiso ético de contribuir a la conservación de un concreto valor empresarial o de un fin de interés general.

Trataremos de analizar, teniendo en cuenta las reglas de cada tipo social y centrándonos en las transmisiones *inter vivos*, la admisibilidad de aquellas cláusulas que puedan limitar la transmisión en caso de no concurrir en el socio las cualidades exigidas, *v. gr.*

autorización de la Junta general o de un tercero independiente, pero también aquellas otras que, sin obstaculizar la transmisión, buscan conservar el control en manos de los socios-fundadores, facilitando, a su vez, la entrada de capital.

II. EL SOCIO COMO PROTAGONISTA DEL NUEVO MODELO DE GOBERNANZA CORPORATIVA. ALGUNOS APUNTES

La preocupación por la implicación de los socios en la sociedad ha sido objeto de amplia consideración por parte de la Unión Europea (en adelante, UE), en el marco del desarrollo de un modelo de gobierno corporativo orientado, principalmente, hacia la sostenibilidad. La transición hacia una economía sostenible ha sido uno de los principales objetivos en el diseño de las políticas de mejora del mercado interior[2]. Este propósito, aunque siempre presente, cobró especial relevancia con ocasión de la crisis económica de 2008. Esta reveló muchas de las deficiencias de nuestros sistemas financiero y económico, poniendo de manifiesto la necesidad de replantear las estrategias con el objetivo no solo de recuperar la estabilidad, sino de adoptar una postura que velase por la sostenibilidad a largo plazo[3].

Dentro de los factores identificados por la UE como obstáculos para la creación de un sistema financiero y económico que también fuese resiliente, se señaló el excesivo comportamiento

2 El Consejo Europeo marcaba al inicio del milenio un nuevo objetivo estratégico dirigido a convertir Europa en la economía *...más competitiva y dinámica del mundo, capaz de crecer económicamente de manera sostenible...* (*Vid.* Consejo Europeo, *Conclusiones de la presidencia*, 2000, Lisboa, disponible en: https://www.europarl.europa.eu/summits/lis1_es.htm#a)

3 Comisión Europea, *Europa 2020. Una estrategia para un crecimiento inteligente, sostenible e integrador*, 2010, Bruselas, (COM(2010) 2020 final), disponible en: https://eur-lex.europa.eu/LexUriServ/LexUriServ.do?uri=COM:2010:2020:FIN:ES:PDF

cortoplacista presente en las decisiones de inversión y que se extendía a la gestión de las sociedades en las que los inversores participaban[4]. Así las cosas, y para prevenir esta clase de dinámicas, parte de la atención del legislador se centró en abordar una completa modernización del sistema de gobernanza corporativa, con el objetivo de propiciar las condiciones adecuadas que favoreciesen la participación efectiva de los socios.

La revitalización de la posición del socio y el impulso de su implicación no es una cuestión novedosa. Ha sido una materia generalmente tratada desde el *soft law* y, en concreto, a través de los denominados *Stewardship Codes*[5]. Dentro de nuestro marco normativo, con anterioridad a la reforma de 2017, se ha-

4 Según la Comisión europea, la falta de implicación de los socios propicia, entre otras, cosas, una asunción excesiva de riesgos por parte de administradores y directivos, así como una planificación societaria focalizada en la inmediata obtención de rendimientos (*Vid.*, Comisión Europea, Plan de Acción: Derecho de sociedades europeo y gobierno corporativo — un marco jurídico moderno para una mayor participación de los accionistas y la viabilidad de las empresas, Estrasburgo, 2012, (COM(2012) 740 final), disponible en: https://eur-lex.europa.eu/LexUriServ/LexUriServ.do?uri=COM:2012:0740:FIN:Es:PDF)

5 El *UK Stewardship Code* de julio de 2010 fue el primer precedente en la materia, modelo que posteriormente ha ido expandiéndose hacia otros países (*Vid.* KATELOUZOU, D. y SIEMS, M., "The Global Diffusion of Stewardship Codes", *Global Shareholder Stewardship*, Katelouzou, D. and Puchniak, D. W. (eds) Cambridge University Press, Cambridge, 2022, pp. 631–662, disponible en: https://www.cambridge.org/core/books/global-shareholder-stewardship/global-diffusion-of-stewardship-codes/E4C0C926266ECF1149640DB8E82A87F2?utm_campaign=shareaholic&utm_medium=copy_link&utm_source=bookmark). En España, el tratamiento por el *soft law* de esta cuestión ha tomado recientemente forma con el Código de buenas prácticas de inversores (*Vid.*, Comisión Nacional del Mercado de Valores (CNMV), *Código de buenas prácticas de inversores institucionales, gestores de activos y asesores de voto en relación con sus deberes respecto de los activos conferidos o los servicios prestados («Código de buenas prácticas de inversores»)*, 2023, disponible en: https://cnmv.es/docportal/Buenas-practicas/CBPinversores.pdf)

bía aprobado la Directiva 2007/36/CE del Parlamento Europeo y del Consejo, de 11 de julio de 2007, sobre el ejercicio de determinados derechos de los accionistas de sociedades cotizadas[6]. Sus medidas no resultaron ser totalmente efectivas debido, entre otras, a dos circunstancias: su limitado alcance —enfocado principalmente en el refuerzo de los derechos del socio en el seno de la Junta general y su ejercicio transfronterizo[7]— y el surgimiento de nuevos sujetos que, como los inversores institucionales o gestores de activos, ejercían de intermediarios, y para los que la directiva no preveía medidas específicas[8]. La UE aprobó su reforma mediante la Directiva (UE) 2017/828, de 17 de mayo de 2017, por la que se modifica la Directiva 2007/36/CE en lo que respecta al fomento de la implicación a largo plazo de los accionistas[9], traspuesta a nuestro ordenamiento a través de la Ley 5/2021, la cual establece medidas que inciden de forma directa en la relación entre los intermediarios y sus socios. Entre otros aspectos, esta norma amplió el derecho de las socie-

6 Directiva 2007/36/CE del Parlamento Europeo y del Consejo de 11 de julio de 2007 sobre el ejercicio de determinados derechos de los accionistas de sociedades cotizadas, disponible en: https://eur-lex.europa.eu/legal-content/ES/TXT/PDF/?uri=CELEX:32007L0036

7 *Ibidem*, Cdo. núm. 5 y ss.

8 En este sentido, QUIJANO GONZÁLEZ, J., "La nueva Directiva de 2017 sobre implicación de los accionistas", *Derecho de sociedades y de los mercados financieros. Libro Homenaje a Carmen Alonso Ledesma*, Fernández Torres, I.; Arias Varona, F.J.; Martínez Rosado, J. (coord.), Iustel, Madrid, 2018, pp. 715-716, que identifica entre los factores que explicarían la insuficiencia de la Directiva de 2007, su limitado ámbito, dirigido principalmente al ejercicio de los derechos del accionista siempre relacionados con la celebración de la Junta general, y la atención a otros fenómenos como la aparición o el refuerzo de sujetos que actúan en calidad de intermediarios entre los inversores y las sociedades en las que se invierte.

9 Directiva (UE) 2017/828, de 17 de mayo de 2017, por la que se modifica la Directiva 2007/36/CE en lo que respecta al fomento de la implicación a largo plazo de los accionistas, disponible en: https://eur-lex.europa.eu/legal-content/ES/TXT/PDF/?uri=CELEX:32017L0828

dades cotizadas a identificar a sus accionistas, incluyendo a los beneficiarios últimos, es decir, a los partícipes de los intermediarios que formalmente figuran como accionistas de la sociedad (artículo 497 bis LSC). Del mismo modo, introdujo diversas modificaciones que inciden directamente sobre las obligaciones fiduciarias de estos intermediarios respecto de la gestión de los activos de sus clientes, de forma que con su actuación promuevan, como parte del interés de sus socios, que la gestión de las sociedades en las que se integran se enfoque hacia la creación de valor a largo plazo[10].

La atribución de un mayor protagonismo al socio forma parte del intenso y clásico debate sobre la efectiva distribución de poder entre socios y administradores, que responde a cuál debe ser el sistema de gobierno que rija la sociedad, específicamente, la gran sociedad anónima, donde la propiedad y el control se encuentran habitualmente separados. Al respecto, han convivido tradicionalmente dos posturas enfrentadas entre sí. La primera de ellas reclama un mayor margen de discrecionalidad para el administrador, de forma que este pueda modular de forma adecuada la diversidad de intereses que convergen en la sociedad[11]. La segunda se apoya en la necesidad de controlar los costes de

10 CHAMORRO DOMÍNGUEZ, MªC., "La influencia de los socios en la consecución de la sostenibilidad corporativa", *Derecho de sociedades y sostenibilidad*, Chamorro Domínguez, MªC. y Viera González, J. A. (dirs.), La Ley, Las Rozas (Madrid), 2023, p. 292.

11 Así, LIPTON, M. y SAVITT, W., "The Many Myths of Lucian Bebchuk", *Virginia Law Review*, vol. 93, núm. 733, 2007, p. 757, que señalan que sólo un órgano de administración con autoridad e independencia suficiente puede gestionar eficazmente la sociedad y mantener un enfoque largoplacista, pues aumentar el control que los socios pueden ejercer sobre su actividad, incrementa la posibilidad de influencias políticas que generen riesgos indeseados. Del mismo modo, STOUT, L.A., "The Mythical Benefit of Shareholders Control", *Virginia Law Review*, vol. 93, núm. 789, pp. 793 y ss.

agencia y de que los socios cuenten con herramientas legales que les permitan actuar para limitarlos[12].

Resulta notoria la inclinación del legislador europeo hacia esta última postura, es decir, al refuerzo y la consolidación de la posición jurídica del socio, partiendo de que los mismos se encuentran subordinados, en la práctica, a los administradores, como principales responsables de la gestión de la sociedad. A este enfoque se le suman las consideraciones vinculadas a la sostenibilidad corporativa, presumiendo que, si los administradores, en el ejercicio de sus facultades y discrecionalidad, no han adoptado una planificación a largo plazo, serán los propios socios los que, al contar con herramientas legales más sólidas (mayor información y transparencia, derecho de voto reforzado, etc.), se involucrarán en la sociedad, impulsando la integración de criterios de sostenibilidad como mejor fórmula para salvaguardar sus propios intereses.

Dicha suposición peca, no obstante, de cierta credulidad, pues presupone que la posibilidad de actuación del socio informado, siendo ello relevante, es suficiente como para que las compañías adopten una posición considerada social o políticamente correc-

12 Entre los principales defensores del refuerzo legal de la posición del socio, cabe destacar a BERLE, A.; MEANS, G., *Modern corporation and private property*, Macmillan Co., New York, 1933, pp. 277 y ss, al considerar que la especialización de la gestión de las grandes corporaciones y, con ello, el aumento de los poderes de los administradores sobre la sociedad, habían derivado en un proceso de debilitación de la posición del socio capitalista, reduciendo su capacidad de control y limitando sus derechos, dando lugar a que su propio interés hubiese quedado supeditado a la autonomía de la voluntad del consejo de administración. En un sentido similar, BEBCHUK, L.A., "The Case for Increasing Shareholder Power", *Harvard Law Review*, vol. 118, núm. 3, 2005, pp. 867 y ss., al afirmar que el ejercicio efectivo de control por parte de los socios, requería de una reforma legal que permitiese modificar los estatutos con el objetivo de introducir normas favorables al ejercicio de sus derechos.

ta. Sin embargo, las premisas de las que parte pueden ser fácilmente cuestionables, parcial o totalmente, comenzando por la atribución de un significado al "largo plazo" no siempre acertado, pasando por una sobreestimación del comportamiento del socio, y terminando por la ignorancia acerca de las posibilidades que el derecho societario ya ofrece y sobre aquellos otros aspectos que quizás merezcan mayor refuerzo.

La demonización del corto plazo, como algo indeseable dentro del ámbito de la gestión corporativa, surge de una correlativa sacralización del largoplacismo, como estrategia a la que de forma inherente se le atribuye carácter sostenible. Sin embargo, no es posible afirmar, en todos los casos, que un modelo basado en el largo plazo sea sinónimo de sostenibilidad. Esto depende de otra serie de variables, como la efectiva consideración de los intereses que confluyen en su desarrollo o del objetivo verdaderamente deseado[13]. Del mismo modo, tampoco puede asociarse de forma simplista a la perdurabilidad en sí de la sociedad, pues esta vendrá determinada, en su caso, por la propia voluntad de sus socios[14].

Dentro de la estructura de propiedad puede existir, además, una variada tipología de socios, sin que sea posible, incluso den-

13 Apuntan los errores de esta directa correlación, VIVES RUIZ, F., "El propósito de las sociedades y el paradigma del largo plazo", *Las sociedades de capital: sus intereses y sus conflictos,* Alcalá Díaz, M.ª A. (dir.), Colección Cátedra Garrigues de Modernización del Derecho de Sociedades, Tirant lo Blanch, Valencia, 2022, pp. 22 y ss.; CHAMORRO DOMÍNGUEZ, M.ª C., "La influencia de los socios en la consecución de la sostenibilidad...", *op. cit.*, p. 281.; NOVAL PATO, J., "La sostenibilidad en un contexto de primacía del accionista", *Revista de Derecho de Sociedades*, núm. 64, 2022, p. 159.

14 PEINADO GRACIA, J.I., "La sostenibilidad y el deber de diligencia de los administradores. Una primera reflexión sobre la sostenibilidad de la sociedad mercantil y la responsabilidad por falta de diligencia de los administradores", *Revista de Derecho Mercantil*, núm. 311, 2019, pp. 31 y 32.

tro de la misma clase, categorizarlos unitariamente[15]. En general, las medidas parten de la pasividad de los inversores institucionales, pero ignoran que ello pueda ser precisamente parte de su estrategia de inversión, o incluso que su activismo no se corresponda con el que la normativa pretende ensalzar[16].

Por otra parte, el fortalecimiento de los derechos del socio como herramienta para procurar una estrategia de gestión a largo plazo deja a un lado una visión más holística de su papel y, en concreto, de las posibilidades que encierra la flexibilidad de nuestro ordenamiento societario.

Siguiendo esta última línea, hemos de puntualizar que el socio ostenta una amplia gama de vías por las que influir de forma po-

15 Sobre la diversidad de socios, NAVARRO LÉRIDA, M.ª S., "El fomento de la visión a largo plazo en las inversiones: una cuestión de gobierno corporativo", *Derecho de sociedades y de los mercados financieros. Libro Homenaje a Carmen Alonso Ledesma*, Fernández Torres, I.; Arias Varona, F.J.; Martínez Rosado, J. (coord.), Iustel, Madrid, 2018, p. 631 y ss. y CHAMORRO DOMÍNGUEZ, M.ª C., "La influencia de los socios en la consecución de la sostenibilidad ...", *op. cit.*, pp. 270 y ss., que remarca la necesidad de tener en cuenta dichas diferencias a la hora de abordar la materia para evitar realizar afirmaciones absolutas, pues no todas las medidas serán válidas si existen socios en cuestión que no respondan a determinadas premisas.

16 Un marcado ejemplo de lo que referimos reside en los *hegde funds*, inversores institucionales que utilizan el activismo como una forma de estrategia de inversión con el objetivo de extraer valor, lo que puede comprometer, en cierta medida, el crecimiento a largo plazo de la compañía (Vid., en este sentido RONCERO SÁNCHEZ, A., "La implicación de los inversores institucionales y de los gestores de activos", *Derecho de sociedades y de los mercados financieros. Libro Homenaje a Carmen Alonso Ledesma*, Fernández Torres, I.; Arias Varona, F.J.; Martínez Rosado, J. (coord.), Iustel, Madrid, 2018, p. 774.; CHIU, I. y KATELOUZOU, D., "From Shareholder Stewardship to Shareholder Duties: Is the Time Ripe?", *Shareholders' Duties*, Birkmose, H. (Ed.), Kluwers Law International, The Hague (Netherlands), 2016, p. 137.; SÁEZ LACAVE, M., "Activismo accionarial, Hegde Funds, y el artículo 161 de la LSC", *InDret. Revista para el Análisis del Derecho*, núm. 4, 2018, p. 42, disponible en: https://indret.com/activismo-accionarial-hedge-funds-y-el-articulo-161-de-la-lsc/,)

sitiva en el desarrollo de un buen gobierno corporativo. Generalmente, a través de la Junta general, donde su poder puede ir más allá de los asuntos meramente societarios que las normas fijan[17]. En el caso de nuestro ordenamiento patrio, la Junta general está facultada para nombrar y separar a los administradores (artículo 160. b) LSC), blindar ciertos aspectos mediante la modificación de los estatutos sociales (artículo 160. c) LSC), solicitar información relativa a la gestión social (artículos 196 y 197 LSC) e incluso solicitar complementos de las convocatorias (artículos 172 LSC y 519 LSC) o presentar propuestas alternativas (derecho reconocido legalmente en las sociedades cotizadas —artículo 519.3 LSC—, pero extendido por la doctrina al resto de sociedades). Del mismo modo, la Junta general puede, según dispone el artículo 161 LSC, intervenir de forma activa impartiendo instrucciones o sometiendo a autorización determinados asuntos, o incluso procurar la aplicación del mismo precepto en sentido negativo, esto es, impidiendo estatutariamente que el mismo pueda ser utilizado cuando el administrador deba decidir sobre cuestiones que envuelvan de forma directa intereses sociales o medioambientales, de forma que los socios no puedan anteponer sus intereses particulares.

Fuera de la Junta general, el socio puede contribuir al diálogo entre los sujetos que integran el ámbito interno —e incluso externo— de la sociedad[18]. La herramienta del diálogo goza de ciertos

17 Sobre el ejercicio efectivo de los derechos y la influencia de la Junta general en materia de sostenibilidad corporativa, *vid.* SJÅFJELL, B., "Achieving Corporate Sustainability: What Is the Role of the Shareholder?", *Shareholders' Duties*, Birkmose, H. (Ed.), Kluwers Law International, The Hague (Netherlands), 2016, p. 390 y ss. En un sentido similar, CHAMORRO DOMÍNGUEZ, M.ª C., "La influencia de los socios en la consecución de la sostenibilidad ...", *op. cit.*, pp. 297 y ss.

18 De hecho, la mayoría de los Códigos de Conducta incitan a los adherentes a entablar un diálogo permanente y fluido con la sociedad, con el resto de

beneficios que no están presentes en las reuniones de la Junta general, como son la ausencia de un marco normativo que imponga formalidades o la privacidad o la frecuencia con la que se puede generar[19]. No obstante, el uso de este mecanismo puede ser contraproducente si el mismo se utiliza como medio para ejercer presión y alentar intereses particulares contrarios a una gestión adecuada desde el punto de vista sostenible, pues no existe, en la legislación societaria, referencia alguna a esta vía que impida su uso de forma abusiva[20].

El problema no es, por lo tanto, la ausencia de mecanismos que posibiliten al socio implicarse en la gestión e impulsar una gestión ética y sostenible, sino que su participación se alinee efectivamente con dichos principios[21]. El socio no tiene, en ningún caso, un deber de comportarse en dicho sentido, salvo que

los socios o gestores de activos, e incluso con otros grupos de interés, como pueden ser los trabajadores o la comunidad en la que la actividad de la sociedad se desarrolle, con el objetivo de cooperar y alinear posiciones.

19 BOWLEY, T.; HILL, J.; KOURABAS, S., "Shareholders Engagement Inside and Outside the Shareholder Meeting", Law Working Paper Núm. 709/2023, *ECGI Working Paper Series in Law*, 2023, p. 15, disponible en: https://papers.ssrn.com/sol3/papers.cfm?abstract_id=4465802

20 Se refiere a esta posibilidad, SJÅFJELL, B., "Achieving Corporate Sustainability: What Is the Role of the...", *op. cit.*, p. 394-395., que indica que la presión externa para alinear el comportamiento del sector empresarial hacia prácticas socialmente responsables se deshace en la privacidad en la que estas conversaciones se producen, y que, además, introduce el riesgo de reducir la independencia con la que debe actuar el órgano de administración.

21 Como señalan, BOWLEY, T.; HILL, J.; KOURABAS, S., "Shareholders Engagement Inside and Outside the Shareholder...", *op. cit.*, p. 12, a pesar de que la Junta general juega un importante papel en el ejercicio del activismo social, existen limitaciones en cuanto a su desempeño como *engagement forum*, principalmente debido a las bajas ratios de asistencia o al ejercicio imperfecto del derecho de voto, pero también a su configuración alrededor del mismo, lo que desalienta a los socios minoritarios de involucrarse y destinar recursos a cuestiones relacionadas con la gobernanza corporativa, al no encontrar incentivos para hacerlo.

legalmente se concrete un deber de fidelidad de forma que aquel se vea compelido a contribuir con su conducta a la conservación del negocio jurídico a través de una gobernanza equilibrada[22]. Hasta entonces, no existe precepto alguno que imponga al socio el deber de dirigir su actuación hacia una determinada dirección, pudiendo este ejercitar libremente sus derechos atendiendo a sus intereses particulares, sin que ello sea, a priori, ilícito. Es cierto que la actuación del socio, como parte del contrato de sociedad, está sometida a los principios generales de buena fe y a la prohibición de abuso de derecho (artículos 7 y 1258 C.C), que impiden que este pueda, por ejemplo, imponer un acuerdo lesivo para el interés social (artículo 204 LSC). Pero ello no significa que este deba postergar, al contrario de lo que sucede con el administrador, su interés particular[23], aunque ello implique la obtención por la sociedad de una ventaja inferior a la que podría haber obtenido de haberse comportado el socio de diferente forma[24].

Con todo, y a pesar de que el socio no tenga un deber de contribuir a la consecución de un mejor gobierno corporativo[25],

22 En relación con la configuración de la participación y el activismo del socio como un deber de fidelidad se pronuncian, SANZ BAYÓN, P., "El concepto de interés social en el derecho societario español: las teorías contractualistas e institucionalistas a debate", *Estudios jurídicos en homenaje al profesor Don José María Castán Vázquez*, Lázaro González, I.E. y Serrano Molina, A. (dir.), Editorial Reus, Madrid, 2019, pp. 507 y ss. y RONCERO SÁNCHEZ, A., "La implicación de los inversores institucionales y de los gestores de...", *op. cit.*, p. 776.

23 GONZÁLEZ FERNÁNDEZ, MªB., "El socio administrador que compite con su sociedad. Una propuesta de interpretación finalista de las prohibiciones de voto", *Revista de Derecho de Sociedades*, núm. 56, 2019, p. 9.

24 En palabras de CARRASCO PERERA, A., *Tratado del abuso de derecho y del fraude de ley*, Civitas, Madrid, 2016, p. 651, ...*nunca se abusa por quien prefiere el peor resultado común a un resultado alternativo en el que la otra parte sacará (...) una ventaja superior a la obtenida*...

25 Se muestran contrarias a esta afirmación, CHIU, I.; KATELOUZOU, D., "From Shareholder Stewardship to Shareholder Duties: Is the Time...", *op. cit.*, p.

resulta evidente que su comportamiento permite avanzar en la cuestión, siempre y cuando el mismo incline voluntariamente su participación hacia los ideales que propugna la sostenibilidad. En otras palabras, la forma en la que una sociedad desarrolle su objeto social dependerá del ideario concreto con el que los socios estén comprometidos. Ello ocurre, por ejemplo, en el caso de la empresa familiar, en la que la sociedad, además de llevar a cabo una actividad económica, actúa normalmente bajo una máxima incentivada por los socios: transmitir los valores familiares. Y lo mismo ocurrirá en materia de sostenibilidad, pues que una sociedad actúe siguiendo criterios ESG dependerá de que exista un compromiso voluntario y mayoritario de los socios de actuar conforme a los mismos[26]. En consecuencia, el perfil del socio es una variable a tomar en cuenta en la construcción de un determinado modelo de gobernanza[27].

III. LA PRESERVACIÓN DEL CONTROL COMO SALVAGUARDA DE FINES EXTRALUCRATIVOS

1. El desarrollo de las *Benefit Corporations* y su necesario acompañamiento societario: la lealtad del socio al compromiso social

En la última década hemos asistido al desarrollo legislativo de nuevas fórmulas organizativas que se han considerado híbridas,

143., que destacan, en referencia a los inversores institucionales, que la Directiva (UE) 2017/828 no está lejos de imponer una obligación de demostrar el compromiso, ya que existe una obligación de divulgar públicamente el nivel de aplicación y de logro de aquella.

26 CHAMORRO DOMÍNGUEZ, MªC., "La influencia de los socios en la consecución de la sostenibilidad..., *op. cit.*, p. 298

27 BANCEL, F.; GLAVAS, D.; "Ownership and sustainability, the type of shareholder matters", *Bankers, Markets & Investors*, núm. 169, 2022, pp. 32 y ss.

esto es, que combinan la atención a factores sociales con la lógica económica que caracteriza a las compañías mercantiles. El crecimiento de las tendencias en materia de responsabilidad social corporativa o sostenibilidad ha impulsado la necesidad de avanzar hacia la adaptación del marco jurídico para cumplir con las exigencias de estos modelos y, con ello, la creación de nuevas formas jurídicas que posibiliten la satisfacción de objetivos de interés general sin sacrificar la viabilidad financiera, pero que trasciendan la mera filantropía de empresa[28].

El sistema binario, extendido por la mayoría de los ordenamientos y compuesto por organizaciones típicamente lucrativas —en nuestro caso, sociedades de capital— y no lucrativas —que en nuestro país se encuadrarían dentro de la categoría del tercer sector o, en su caso, de la de economía social[29]—, no parecía satisfacer las necesidades de aquellos que, denominados como emprendedores sociales, demandaban un marco legal más flexible y adaptado a sus necesidades. Si bien es cierto que en determinados Estados no existían problemas para utilizar las organizaciones con ánimo de lucro como forma jurídica para llevar a cabo una actividad de corte social, *v. gr.* Alemania o Francia, e incluso España[30], también lo es el

28 BILLITERI, T.J., *Mixing Mission and Business: Does Social Enterprise Need a New Legal Approach? Highlights from an Aspen Institute Roundtable*, Aspen Institute, Washington DC, 2007, p. 2, disponible en: https://www.aspeninstitute.org/wp-content/uploads/files/content/docs/pubs/New_Legal_Forms_Report_FINAL.pdf; CLARK, W.H.; BABSON, E.K., "How benefit corporations are redefining the Purpose of Business Corporations", *William Mitchell Law Review*, vol. 38, núm. 2, 2012, p. 841.

29 Según dispone la Ley 5/2011, de 29 de marzo, de Economía Social, en nuestro país las entidades de la economía social son aquellas que desarrollan una actividad económica o empresarial, con la diferencia de que estas persiguen *...bien el interés colectivo de sus integrantes, bien el interés general económico o social, o ambos...* (artículo 2 LES).

30 En el Código Civil alemán los socios deben perseguir un fin común, pudiendo este revestir cualquier carácter, lucrativo o no (Artículo 175 *Bürgerliches Ge-*

que la normativa que le resulta de aplicación a este tipo de entidades está, en su mayoría, orientada a la satisfacción de los intereses exclusivamente económicos de los socios, lo que, en la práctica, puede dificultar el mantenimiento y el control del cumplimiento de esos otros fines no lucrativos[31]. Del mismo modo, aquellas formas jurídicas expresamente diseñadas para albergar este tipo de objetivos (asociaciones, fundaciones, cooperativas, etc.), están sometidas, en su actuación, a diversos límites que, en muchos casos,

---

setzbuch (BGB) "Durch den Gesellschaftsvertrag verpflichten sich die Gesellschafter gegenseitig, die Erreichung eines gemeinsamen Zweckes in der durch den Vertrag bestimmten Weise zu fördern, insbesondere die vereinbarten Beiträge zu leisten.").

El Código Civil francés, por su parte, reconoce la posibilidad de que los estatutos la sociedad incluyan una *raison d'être* (Artículo 1835 *Code Civil "(...) Les statuts peuvent préciser une raison d'être, constituée des principes dont la société se dote et pour le respect desquels elle entend affecter des moyens dans la réalisation de son activité.)* tras la reforma acometida en 2019 por la *LOI n° 2019-486 du 22 mai 2019 relative à la croissance et la transformation des entreprises.*

En el caso de España, aunque el Código Civil recoge de forma expresa la referencia al ánimo de lucro como causa del contrato de sociedad, su exigibilidad ha ido paulatinamente flexibilizándose por la doctrina (Entre los más representativos, GIRÓN TENA, J., *Estudios de Derecho Mercantil*, Revista de Derecho Privado, Madrid, 1995, p. 212 y ss.; PAZ-ARES RODRÍGUEZ, C., "Artículo 1.666", *Comentario del Código Civil*, Paz-Ares Rodríguez, C.; Díez-Picazo Ponce de León, L.; Bercovitz, R.; Salvador Coderch, P. (dirs.), tomo I., Ministerio de Justicia. Centro de Publicaciones, Madrid, 1991, p. 1333.; FERNÁNDEZ DE LA GÁNDARA, L., *La atipicidad en el Derecho de Sociedades*, Pórtico, Zaragoza, 1977, pp. 302 y ss.), que ha terminado por infiltrarse a las instancias de la Dirección General de Seguridad Jurídica y Fe Pública, que actualmente admite una interpretación del lucro compatible con la canalización de actividad de la sociedad de capital hacia fines de interés general (*Vid.* RDGSJFP de 17 de diciembre de 2020 [BOE-A-2021-342]).

31 VENTURA, L., "The Social Enterprise Movement and the Birth of Hybrid Organizational Forms as Policy Response to the Growing Demand for Firm Altruism", *The International Handbook of Social Enterprise Law. Benefit Corporations and Others Purpose-Driven Companies*, Peter, H.; Vargas Vasserot, C.; Alcalde Silva, J. (ed.), Springer, Cham (Switzerland), 2023, p. 11.

merman su capacidad para acceder a financiación y desarrollar un modelo de negocio competitivo[32].

Todas las iniciativas legislativas dirigidas a la regulación de una organización híbrida parten del tradicional modelo de compañía mercantil con ánimo de lucro, tomando como referencia la estructura básica de la figura e introduciendo algunas adaptaciones para encauzar su funcionamiento hacía objetivos sociales. Esta elección se debe, principalmente, a los principios esenciales que rigen esta clase de organizaciones, que coadyuvan a que las mismas sean un vehículo perfecto para participar en el mercado (especialidad en la gestión debido a la necesidad de nombrar a un administrador, limitación de la responsabilidad, flexibilidad en cuanto a la determinación de normas que rijan la toma de decisiones, etc.) y a su extendido desarrollo legal, doctrinal y jurisprudencial, que aporta seguridad jurídica a aquellos con los que se relaciona, ya sean acreedores, inversores o cualquier otro tercero.

Dentro de las variantes propuestas[33], han sido el modelo *Benefit Corporation,* o, en español, *Sociedad Benéfica,* el que mayor éxito ha

32 Principalmente porque su regulación les impone el cumplimiento de una serie de requisitos para preservar la adscripción de la organización al fin social al que se dedique, como la gestión democrática o la plena aplicación de sus fondos o resultado de forma que se garantice aquel. La reticencia de los inversores a ceder el beneficio monetario frente a la misión social, obliga a las entidades pertenecientes a la economía social a acudir a otras fuentes de financiación, privada, como créditos o préstamos, o pública, como el régimen de ayudas y subvenciones, existiendo aún una amplia brecha entre la demanda y la oferta de financiación en el mercado financiero (Lo reconoce así la Unión Europea que incita a la búsqueda de nuevos productos financieros que incentiven la inversión en esta clase de entidades, *vid.* European Commission, *Building an Economy that works for people: an action plan for the social economy*, Luxemburg, 2021, DOI:10.2767/12083, pp. 15 y ss., disponible en: https://ec.europa.eu/social/BlobServlet?docId=24986&langId=en)

33 Nos referimos a la *Community Interest Company*, introducida en el Reino Unido en 2005, la *Low-Profit Limited Liability Company (L3C)*, acogida en 2008 por el

alcanzado hasta la fecha. La generalización de este nuevo modelo organizativo forma parte de un movimiento impulsado por *B Lab*. Esta agencia de certificación nació con el objetivo de colmar la ausencia de mecanismos legales que favoreciesen que las sociedades de capital pudiesen perseguir, de forma efectiva, un fin de interés general, prestando servicios de asesoramiento, apoyo y certificación en caso de cumplir determinados estándares, además de supervisar y controlar su cumplimiento[34]. Con la paulatina extensión de su actividad e influencia en varios países, *B Lab* comenzó a desempeñar el papel de una suerte de *lobby* o grupo de presión en defensa de la creación de una forma legal específica que colmase el vacío legal del que adolecían aquellas empresas orientadas hacia un fin social[35].

Su acogida ha sido tal que las *Sociedades Benéficas* han sido ya contempladas por diversos ordenamientos jurídicos[36], inclu-

Estado de Vermont, o la *Flexible purpose Corporation*, en vigor desde 2012 en el estado de California. Todas ellas fueron diseñadas con el objetivo de atraer la inversión privada hacia proyectos guiados por un interés general, utilizando para ello la estructura tradicional de las corporaciones con ánimo de lucro. Ninguna de ellas ha obtenido, no obstante, éxito en la práctica, debido, por una parte, a la falta de confianza en su correcta utilización, por no contar con mecanismos de seguimiento adecuados y, por otra, a la rigidez que con la que su regulación trata la disposición de beneficios, lo que desincentiva la inversión (*Vid.* en este sentido, CHO, M., "Benefit Corporations in the United States and Community Interest Companies in the United Kingdom: Does Social Enterprise Actually Work", *Northwestern Journal of International Law & Business*, vol. 37, núm. 1, 2017, p. 167; KLEINBERGER, D., "A myth deconstructed: the "emperor's new clothes" on the low-profit limited Company", *Delaware Journal of Corporate Law*, vol. 35, núm.3, 2010, p. 902.)

34 MONTIEL VARGAS, A., "B lab and the Process of Certificating B Corps", *The International Handbook of Social Enterprise Law. Benefit Corporations and Others Purpose-Driven Companies*, Peter, H.; Vargas Vasserot, C.; Alcalde Silva, J. (ed.), Springer, Cham (Switzerland), 2023, p. 284.

35 MUNCH, S., "Improving the Benefit Corporations: How Traditional Governance Mechanisms Can Enhance the Innovative New Business Form", *Northwestern Journal of Law & Social Policy*, vol. 7, núm. 1, 2012, p. 184.

36 Las *Benefit Corporations* han sido acogidas legalmente en países como los Estados Unidos, donde actualmente más de cuarenta Estados reconocen la

yendo el patrio, en el que se reconocen — que no, regulan— bajo el nombre de *Sociedades de Beneficio e Interés Común*[37]. En la mayoría de los casos y a pesar de las particularidades propias de cada ordenamiento, estas sociedades tienen un régimen jurídico similar o idéntico al modelo impulsado por *B Lab*, recogido en el *Model Benefit Corporation Legislation*[38].

La principal característica de las *Sociedades Benéficas* es que, manteniendo la estructura propia de las sociedades de capital, están legalmente compelidas a perseguir un beneficio colectivo o de interés general, en adición al tradicional ánimo de lucro[39]. Es decir, su funcionamiento es idéntico al del resto de sociedades de capital "comunes", con la diferencia de que, en este tipo de organizaciones, el ánimo de lucro se encuentra sometido a la generación de un impacto positivo en la sociedad[40]. Su gestión deberá, por lo tanto, atender a una doble misión o finalidad dual[41].

figura en su normativa (*Vid.* https://socentlawtracker.org/#/bcorps) A esta tendencia legislativa se han sumado algunos países europeos como Italia, con la figura de la *Società Benefit*; Francia, con la *Société à Misión*; o Colombia, Ecuador, Perú y Uruguay, con la *Sociedad de Beneficio e Interés Colectivo.*

37 Disposición Adicional Décima de la Ley 18/2022, de 28 de septiembre, de creación y crecimiento de empresas.

38 Appendix A, *White Paper. The need and rationale for the Benefit Corporation: why it is the legal form that best addresses the needs of social entrepreneurs, investors, and, ultimately, the public.*, 2013, disponible en: https://growthorientedsustainableentrepreneurship.files.wordpress.com/2016/07/gv-white-paper-need-and-rationale-for-benefit-corporations.pdf

39 HILLER, J. S., "The benefit corporation and the corporate social responsibility", *Journal of Business Ethics*, vol. 118, 2013, p. 287.

40 Como indica, ZAVALA ORTIZ DE LA TORRE, I., "Las «benefit corporations» norteamericanas", *Deusto Estudios Cooperativos*, núm. 3, 2013, p. 81, el ánimo de lucro de las Benefit Corporations se encuentra redefinido, en cuanto que la legitimidad de este está sujeto a que la compañía se gestione de forma respetuosa con el medio y con la sociedad (civil), y, por supuesto, satisfaciendo la necesidad de interés general a la que se haya propuesto servir.

41 BRAKMAN REISER, D., "Benefit Corporations-A sustainable form of organization?", *Wake Forest Law Review*, vol. 46, núm.3, 2011, p. 592

La ventaja de esta figura es que ofrece al emprendedor social una oportunidad efectiva de contribuir a la satisfacción de un interés de carácter general debido a la configuración de este aspecto como un deber[42], el cual tomará forma, generalmente, mediante el reconocimiento de un concreto compromiso social y/o medioambiental en los estatutos de la sociedad, que deberá informar la toma de decisiones de los órganos de la sociedad. Y ello, acompañado de un régimen de supervisión y control, a menudo confiado a una entidad externa independiente, por el que deberá verificarse el grado de seguimiento y cumplimiento del compromiso.

La figura no ha estado, no obstante, libre de críticas. El hecho de que el compromiso social sea reconocido estatutariamente no resuelve, por sí mismo, la totalidad de las externalidades negativas que pueda producir la actividad desarrollada por la sociedad, al igual que tampoco garantiza que aquel despliegue correctamente sus efectos. Por el contrario, la coexistencia de dos finalidades, lucrativa y no lucrativa, puede generar un conflicto en aquellos casos en los que los intereses financieros sean contrarios al objetivo social, lo que requerirá de una ponderación equilibrada entre ambos[43]. Del mismo modo, la práctica ha demostrado la usual vaguedad con la que el compromiso social se define en los estatutos de estas sociedades[44], lo que abre la posibilidad a que estas sociedades

42 CLARK, W.H.; BABSON, E.K., "How benefit corporations are redefining the Purpose...", *op. cit*, p. 340.

43 ESTEBAN VELASCO, G., "Buen gobierno, fin/interés y responsabilidad social corporativa. Hacia un modelo de gobierno corporativo socialmente responsable", Sociedades Cotizadas y transparencia en los mercados, Rodríguez Artigas, F; Fernández de la Gándara, L.; Quijano González, J.; Alonso Ureba, A. Velasco San Pedro, L.A.; Esteban Velasco, G. (dirs.); Roncero Sánchez, A. (coord.), Aranzadi, Cizur Menor (Navarra), 2019, p. 1017.

44 Sobre este problema, FLEISCHER, H., "Corporate Purpose: A Management Concept and its Implications for Company Law", *Law Working Paper núm. 561/202, ECGI Working Paper Series in Law*, 2021, p. 20, disponible en: ht-

disfracen sus prácticas como beneficiosas para el interés general, cuando, realmente, no existe concreción suficiente para verificar su grado de cumplimiento[45]. Contar con un verificador externo tampoco evita que existan desviaciones en el seguimiento de la misión social. En muchas ocasiones, el sistema de medición es demasiado abstracto y no se ajusta a las particularidades concretas de cada sociedad[46], lo que, sumado a la falta de transparencia y a la inexactitud de los datos no financieros, puede reducir su estatuto jurídico a una mera herramienta de marketing o *greenwashing*[47]. En este sentido, han sido múltiples las voces que consideran primordial articular un correcto régimen de gobernanza corporativa que tome en cuenta aquellas dificultades e imponga mecanismos adecuados que sostengan societariamente el propósito no lucrativo durante toda la vida de la sociedad[48].

Como advertíamos, el comportamiento que asuman los socios resulta crucial a efectos de que el desarrollo de la actividad empresarial y el modelo de gobernanza se alineen con determinados valores[49]. En el caso de las *Benefit Corporations* o *Socieda-*

tps://papers.ssrn.com/sol3/papers.cfm?abstract_id=3770656; NOVAL PATO, J., "La sostenibilidad en un contexto de primacía del...", *op. cit.*, p. 177

45 LEE, J., "Benefit for Assesing Liability in Benefit Enforcement Proceedings, *Cornell Law Review*, vol. 103, núm. 4, 2018, p. 1092.

46 MUNCH, S., "Improving the Benefit Corporations: How Traditional Governance Mechanisms Can...", *op. cit.*, p. 194.

47 En este sentido, EL KHATIB, K., "The harms of the Benefit Corporations", *American University Law Review*, vol. 65, núm. 1, 2015, p. 182., que considera que la regulación de las Benefit Corporations, y en concreto la prevista por el Estado de Delaware, incentiva, más que previene, la utilización de esta figura con el objetivo de publicitarse como socialmente responsables, por carecer de mecanismos de supervisión y medición adecuados.

48 JOHNSTON, A., "Integrating Sustainability into Corporate Governance", *A Research Agenda for Corporate Law*, Bruner, C.; Moore, M. (ed.), (Forthcoming), 2022, p. 5, disponible en: https://papers.ssrn.com/sol3/papers.cfm?abstract_id=4070504

49 *Vid. Supra* II

des Benéficas, la persecución de un propósito complementario al ánimo de lucro hace aún más fundamental un compromiso de los socios, no sólo en cuanto a su incorporación, sino también en lo que respecta a su posterior promoción. El carácter voluntario de estas entidades pone inevitablemente el foco sobre los fundadores, cuya motivación es, precisamente, la de orientar su negocio hacia la resolución de problemas de interés colectivo. La motivación fundacional sostiene, en la mayoría de los casos, la misión o propósito social en su desarrollo, por lo que, cuando se produce la salida de los socios originales, por ejemplo, al vender sus acciones o participaciones para recuperar la inversión, el legado social suele decaer frente a la visión de los nuevos propietarios o gestores interpuestos por estos[50].

Una clara muestra de cómo el cambio de control de una compañía puede modificar la orientación social y, con ello, alterar la forma en la que se lleva a cabo la gestión, la encontramos en el caso de *Ben & Jerry's*. Desde sus inicios, los fundadores de esta compañía adoptaron una cultura empresarial orientada a la satisfacción de la comunidad, lo que influyó de manera determinante en la forma en la que aquella se expandió, enfocándose principalmente en la promoción de la economía local y en el constante activismo social y medioambiental a través de su actividad[51]. No obstante, tras su adquisición por la empresa multinacional *Unilever* y, a pesar de haberse establecido mecanismos de control —como la existencia de un consejo de administración independiente facultado para preservar y reforzar los objetivos de la misión

50 MAC CORMAN, S., "The emergence of New Corporate Forms. The need for alternative corporate designs integrating financial and social missions", *Summit on the Future of the Corporation*, Paper Series on Corporate Design, 2007, p. 97.

51 De forma más detallada sobre la alineación de su actividad con el compromiso social, *vid.* PAGE, A.; KATZ, R., "Freezing out Ben & Jerry: Corporate Law and the sale of a social enterprise icon", Vermont Law Review, vol. 35, núm. 1, 2010, pp. 217 y ss.

histórica de la empresa[52]—, *Ben & Jerry's* ha estado sumida en una serie de conflictos respecto de algunas de las decisiones tomadas por su actual matriz que, según sus fundadores, son inconsistentes con la visión social de la marca[53].

Por lo tanto, dentro de los diversos desafíos que enfrenta esta figura, destaca el relativo a la lealtad de los socios frente al compromiso social, es decir, cómo asegurar el propósito social frente a la entrada de nuevos socios, especialmente cuando ello suponga un cambio de control en la sociedad[54]. A pesar de que el modelo de *Sociedad Benéfica* pretenda invertir el principio de primacía del socio, en lo que respecta a la exigencia de responsabilidad, estos siguen siendo los únicos legitimados para ejercitar acciones frente al administrador, así como para intervenir en los procesos de toma de decisiones[55]. La ausencia de un sistema de control y participación efectiva de los terceros interesados provoca que la

52 B Lab, "FAQ. How can Ben & Jerry's Be a B Corp?", p. 7, disponible en: https://s3.amazonaws.com/blab-impact-published-production/public/bnBsBkwN46LdZrYnjT7bRPNqk7Qtgqhmt64RPmU2

53 Un ejemplo de este tipo de decisiones, la de comercialización de los productos de la empresa en Israel, lo que levantó ciertas asperezas en los socios fundadores debido a su posición sobre el conflicto israelí-palestino. *Vid.*, en este sentido, su comunicado, Ben & Jerry's, "Ben & Jerry's Will End Sales of Our Ice Cream in the Occupied Palestinian Territory.", 2021, disponible en: https://web.archive.org/web/20230104220830/https://www.benjerry.com/about-us/media-center/opt-statement

54 Así, CUMMINGS, B., "Benefit Corporations: How to enforce a mandate to promote the public interest", *Columbia Law Review*, vol. 112, núm. 3, 2012, p. 589.

55 Como señala MUNCH, S., "Improving the Benefit Corporations: How Traditional Governance Mechanisms Can...", *op. cit.*, p. 189., es cierto que la legitimación de empleados, clientes y otros terceros interesados para el ejercicio de la acciones de responsabilidad puede conducir a una incesante cantidad de litigios, lo que no es ni favorable ni conveniente. Pero en contraposición a esa ausencia de control externo, la ley tampoco prevé ninguna forma concreta de hacer partícipes a dichos terceros en la toma de decisiones, ni siquiera en aquellos casos en lo que estas puedan afectar a la misión social.

misión social quede a merced de la voluntad de los socios. Esto implica que, una vez constituida la sociedad, cualquier cambio en la estructura de propiedad pueda derivar en una regresión a la maximización del beneficio como finalidad principal[56].

Limitar el comportamiento cortoplacista del socio adquiere, en consecuencia, una relevancia acuciante en las entidades híbridas cuando los actuales propietarios de su capital pretendan evitar que la presión de quienes les sucedan pueda perjudicar la misión social[57]. Ello exige que, legal o estatutariamente, se prevean mecanismos societarios que garanticen que las alteraciones en la composición del accionariado no desvirtúen su espíritu, al igual que ocurre en el caso de las sociedades familiares[58]. Con el añadido de que en el presente supuesto no buscamos mantener una condición que, aunque afecta a la persona, es objetiva, como es ostentar o no un vínculo familiar, sino una condición subjetiva, en concreto, la voluntad de contribuir a un fin social que se contempla en los estatutos de la sociedad.

2. Restricciones a la transmisibilidad de acciones y participaciones como medio para preservar la visión del socio-fundador

El régimen de transmisión de acciones y participaciones desempeña un papel esencial en la configuración de la estructura de

56 BOERGER, N.; RUSSELL, R.; VILLIERS, C., "Companies, Shareholders and Sustainability", *Law Research Paper Series*, Paper #007 2020, University of Bristol, 2020, p. 23, disponible en: https://www.bristol.ac.uk/media-library/sites/law/documents/Boeger%20Russell%20Villiers%20BLRP%20No.%207%202020%20Companies%20Shareholders%20Sustainability%20-%20MERGED.pdf

57 MCDONELL, B., "Benefit Corporations and Public Markets: First Experiments and Next Steps", *Seattle University Law Review*, vol. 40, núm. 2, 2017, p. 724.

58 EMPARANZA SOBEJANO, A., "Transmisión de acciones y participaciones. Prestaciones accesorias", *Tratado jurídico y fiscal de la empresa familiar*, Ortega Burgos, E. (Dir.), Enciso Alonso-Muñumer, M.; Echevarría de Rada, M.ª T.; Charro Baena, M.ª. P. y Rabadán Villanueva, J. (Coords.), Tirant lo Blanch, Valencia, 2021, p. 95.

propiedad. Al establecer las reglas sobre cómo y bajo qué requisitos puede realizarse la venta o transferencia de acciones o participaciones, la transmisión permite asegurar un cierto nivel de poder y determinar la posición de los futuros socios respecto de la dirección de la sociedad. Es por ello por lo que una configuración estratégica del mismo puede ser una forma efectiva de preservar el control de la sociedad bajo los criterios de los fundadores[59].

En el caso de las *Sociedades Benéficas*, la coordinación de la salida y entrada de nuevos socios es indispensable para equilibrar las posibles necesidades de financiación con su marcado carácter de interés general. Del mismo modo, la previsión de pautas reguladoras sobre la transmisión permitiría evitar eventuales conflictos, pudiendo el socio disidente encontrar una vía de escape, a la vez que se garantiza el objetivo final, que no es otro que la buena marcha de la sociedad en el cumplimiento de su propósito.

La construcción de un régimen de transmisión *inter vivos* de acciones o participaciones que contribuya al alcance de una cultura empresarial alineada con un objetivo de interés general no es, sin embargo, sencilla. Principalmente, porque lo que debe valorarse es la idoneidad del tercero en relación con su implicación con el propósito social que persigue la sociedad, por lo que se habrá de estructurar un procedimiento de evaluación adecuado que, dentro de la relatividad inherente a la cuestión, sea concreto.

En el caso de España, a pesar de que la normativa que regulará las Sociedades de Beneficio e Interés Común —nuestra variante de *Sociedad Benéfica*— está aún pendiente de desarrollo, se reconoce que aquellas podrán constituirse tanto como sociedad limitada (en adelante, S.L.), como bajo la fórmula de la sociedad

59 RECALDE CASTELLS, A. y ARIAS VARONA, F.J., "Art. 123.1. Restricciones a la libre transmisibilidad", *Comentario de la Ley de Sociedades de Capital*, García-Cruces, J.A.; Sancho Gargallo, I. (dirs.), Tirant lo Blanch, Valencia, 2021, p. 1719.

anónima (en adelante, S.A.)[60]. Por lo tanto, la aplicación de restricciones a la transmisibilidad de participaciones sociales o acciones habrá de adaptarse al régimen legal previsto para cada una de ellas, teniendo en cuenta que, aunque en el caso de las S.L. el establecimiento de restricciones sea algo connatural al tipo social, para las S.A. rige la libre transmisión como principio fundamental.

Asimismo, hemos de tomar en consideración las barreras de financiación con las que eventualmente pudiesen encontrarse esta clase de sociedades. Aunque la razón principal que motivó la creación de esta figura fue mejorar el acceso al capital frente a otras figuras propias de la economía social, su orientación (también *social*) puede disuadir a aquellos inversores que no estén dispuestos a ceder en su búsqueda de rentabilidad económica a corto plazo. En este sentido, el establecimiento de restricciones a la transmisión debe evitar añadir limitaciones excesivas a las ya inherentes al mercado de compra, de forma que encierren verdaderamente al socio transmitente en la sociedad, desalentando la oferta de eventuales adquirentes frente al temor de no poder transmitir en un futuro.

Aunque cabría pensar que la problemática podría solucionarse mediante la atribución general de un derecho de adquisición preferente en favor de la sociedad o de sus socios, sin negar su eficacia, debe advertirse que este remedio puede no resultar siempre conveniente para el mantenimiento del propósito de la sociedad. Si a la adquisición siempre concurren los socios, es posible que se acabe generando una concentración de poder que, eventualmente, podría ser utilizada para satisfacer el interés particular de

60 Aunque sería posible que la Sociedad de Beneficio e Interés Común fuese una Sociedad anónima cotizada, no trataremos en este trabajo las cuestiones que, en dicho caso, plantearía el control sobre la entrada de nuevos inversores, pues ello precisa de un mayor y más concreto análisis por la incompatibilidad de la cotización y la transmisión restringida de acciones.

alguno de ellos. La adquisición derivativa por la sociedad tampoco sería muy eficiente, pues debemos recordar que la formación de autocartera se encuentra limitada (artículos 140, 144, 146 y 509 LSC) y que, en caso de producirse, las participaciones u acciones deberán amortizarse una vez cumplidos los plazos legales (artículos 141 y 145 LSC), debiendo procederse a la reducción del capital.

La delimitación de un régimen de transmisión que salvaguarde el interés general perseguido por la sociedad debe ir, por lo tanto, más allá. Deben explorarse otras vías que, aun permitiendo la entrada de nuevos socios a la sociedad, habiliten a los socios fundadores para evaluar la idoneidad del nuevo adquirente o para limitar aquellos derechos que, como el de voto, incrementan la amenaza que los cambios en la estructura de la propiedad suponen para el objetivo social.

En la configuración de un régimen de transmisión adecuado para —en nuestro ordenamiento jurídico— las Sociedades de Beneficio e Interés Común, nos parece que debería mantenerse, en todo caso, un control efectivo por la sociedad sobre la entrada de nuevos socios, lo que obligaría a someter a autorización cualquier transmisión *inter vivos*, ya de la Junta General o, en su caso, del Administrador o del Consejo de Administración.

En el caso de la S.L. la transmisión de participaciones se encuentra ya legalmente restringida debido al su configuración legal como sociedad cerrada. El legislador dispone, así, un modelo que ofrece a las partes estabilidad en las personas de los socios[61], por lo que el régimen de transmisibilidad es complejo, por sí mismo, a fin de con-

61 ALFARO AGUILA-REAL, J., "Los problemas contractuales de las sociedades cerradas", *InDret. Revista para el Análisis del Derecho*, núm. 4, 2005, p. 6., disponible en: https://www.raco.cat/index.php/InDret/article/view/79690/103938

trolar la salida y entrada de socios. Las previsiones que establece la norma respecto de las transmisiones *inter vivos* en la S.L. no solucionan, no obstante, la problemática que ahora planteamos. Aunque la sujeción de este tipo social al principio de *intuitu personae* implica que, fuera de los casos previstos en el artículo 107.1 LSC, la transmisión está sometida a consentimiento de la Junta general (artículo 107.2. b) LSC), la norma también tiene un claro enfoque familiar que hace que la transmisión sea libre cuando el adquirente sea cónyuge, ascendiente o descendiente del socio (artículo 107.1 LSC), a pesar de que estos puedan no ser idóneos desde el punto de vista de la misión social que persigue la sociedad[62]. Aun así, el régimen legal de transmisión de participaciones tiene carácter supletorio. La ley remite expresamente la materia a la libertad de pactos, de forma que los socios podrán convenir estatutariamente aquellas restricciones que consideren adecuadas, entre ellas, la de someter a autorización cualquier transmisión, incluso aquellas que la ley presupone libres[63].

Por el contrario, en la S.A. rige el principio general de libertad de transmisión de las acciones, por lo que la ley no prevé restric-

62 Lo expone así, aunque en general y no refiriéndose de forma expresa al uso de este tipo social para vertebrar una *Benefit Corporations*, PERDICES HUETOS, A., "Restricciones a la transmisión de acciones y participaciones. Algunas cuestiones respecto de las llamadas sociedades familiares", *El patrimonio familiar, profesional y empresarial. Sus protocolos constitución. gestión. responsabilidad, continuidad y tributación*, Garrido Melero, M.; Furgardo Estivill, J.M. (coord.), Bosch, Madrid, 2005, p. 491., que indica que ...*el régimen supletorio de la sociedad limitada construye una suerte de sociedad familiar presunta a estos efectos, ya que el legislador ha presumido que, en cuanto a las transmisiones entre vivos, las cualidades o aptitudes que llevaron a los socios a elegirse recíprocamente como consocios están presentes, en general, en sus parientes más próximos, presunción que como a nadie se le escapa puede resultar demasiado arriesgada...*

63 FERNÁNDEZ DE LA GÁNDARA, L., *Derecho de Sociedades*, vol. II, Tirant lo Blanch, Valencia, 2010, p. 1381.

ción alguna. Pero ello no obsta que los socios puedan establecer limitaciones a la transmisión de acciones. Pese a la atribución por parte del legislador de un carácter abierto a la S.A., en la práctica es perfectamente admisible una regulación estatutaria que restrinja la transmisión de acciones y que, incluso, la configure como una sociedad relativamente cerrada en virtud de la libertad contractual y la flexibilidad que ofrece nuestro ordenamiento[64]. De hecho, la normativa societaria prevé expresamente el sometimiento a autorización previa de la trasmisión de acciones, condicionada a que las acciones sean nominativas y se incluya la limitación expresamente en los estatutos (artículo 123.1 LSC).

En consecuencia, tanto en S.L. como en S.A. será posible condicionar a autorización la transmisión, debiendo en todo caso incluirlo en los estatutos sociales. Ahora bien, a los efectos que pretendemos, el problema se plantea a posteriori, esto es, en el proceso de decisión y, sobre todo, en el fundamento de la decisión del órgano social facultado para autorizar o rechazar la transmisión.

El sometimiento a autorización de la transmisión de acciones en las S.A. debe ir necesariamente acompañado, además, de un desglose de las causas que permitirían denegar la misma (artículo 123.3 LSC). En caso contrario, la estipulación estatutaria podría considerarse nula por hacer prácticamente intransmisible la acción al dejar a quien pretende transmitir indefenso (artículo 123.2 LSC), lo que generaría paradójicamente justo el efecto contrario, al quedar, como consecuencia, liberada la transmisión. En el caso que estudiamos, el objetivo de la restricción es preservar una determinada política empresarial motivada por una misión social. Aunque

64 En este sentido, PERDICES HUETOS, A., "La transmisión de acciones", *Estudios Jurídicos sobre la acción*, Veiga Copo. A (coord.), Thomson Reuters-Civitas, Cizur Menor, Navarra, 2014, p. 335; también ALFARO ÁGUILA-REAL, J., "Los problemas contractuales de las sociedades...", *op. cit.*, p. 6.

pueda existir cierta concreción (*v. gr.* no haber sido socio en sociedades con objetivos incompatibles), se nos antoja casi imposible que se lleguen a recoger o desglosar exhaustivamente todas las situaciones que podrían justificar la denegación, como también, en el supuesto de que se concreten de alguna forma esos motivos, determinar si dichas razones concurren en un caso particular[65].

Para las S.L., la ley no dispone nada al respecto. Sin embargo y, aunque no se exija el mismo nivel de concreción que en la S.A. en cuanto a las causas que justifican la denegación, hemos de tener en cuenta los límites que consagra el artículo 108 LSC. La prohibición absoluta de la transmisión de participaciones *inter vivos* está condicionada al reconocimiento estatutario de un derecho de separación (artículo 108.3 LSC) y, en caso contrario, a un plazo temporal de no más de cinco años (artículo 108.4 LSC). Si no se cumplen ninguno de los requisitos mencionados, la cláusula sería nula, lo que nos devolvería al régimen supletorio[66], obligando a la sociedad a presentar a un adquirente alternativo, e incluso, a admitir el reconocimiento de un derecho de separación *ad nutum* por concurrir justa causa[67].

65 Reconoce la dificultad de definir correctamente las causas de denegación la Dirección General de Seguridad Jurídica y Fe Pública, que considera que *...el sistema de predeterminación estatutaria de las causas denegatorias puede presentar, por una parte, la dificultad objetiva de individualizar anticipadamente y de precisar en los estatutos todas las posibles situaciones que justifiquen la denegación del consentimiento por hallarse objetivamente en conflicto con el interés social; y, por otro lado, no evitaría en muchas ocasiones la delicada tarea de dilucidar si esos motivos especificados estatutariamente hacen o no prácticamente intransmisibles las participaciones sociales afectadas...* (*Vid.*, RDGRN de 20 de mayo de 2016 [BOE-A-2016-5650], Fundamento de Derecho núm. 3, párrafo 2)

66 PERDICES HUETOS, A., "Artículo 108. Cláusulas estatutarias prohibidas", *Comentario a la Ley de Sociedades de Capital*, Rojo, A.; Beltrán, E. (coord.), Thomson Reuters-Civitas, Cizur Menor (Navarra), 2011, p. 899.

67 En este sentido, SANZ BAYÓN, P., "El derecho de separación del socio ante situaciones de bloqueo en sociedades con distribución de capital 50-50", *De-*

Por lo tanto, cabe cuestionar si existe alguna otra vía que, dentro de la inconcreción, asegure una valoración adecuada sobre la procedencia o no de la prohibición y que evite que pueda ser declarada nula. Frente al silencio del nuestro ordenamiento societario sobre esta cuestión, la doctrina ha reseñado el proceder de otros ordenamientos, concretamente el austriaco, en el que la norma abre la posibilidad de que sea el juez el que decida ante la negativa de la sociedad[68]. El juez solo podrá denegar la transmisión si aprecia que causa un daño a la sociedad o que concurren motivos suficientes (artículo 77 GmbHG y artículo 62.2 AktG). Ello, da la opción, como plantea el Tribunal Supremo austriaco, de que, aunque los estatutos no indiquen expresamente los motivos, incluyan una disposición por la que se señale cuál es la finalidad de la restricción y que sirva de indicio para la interpretación de la concurrencia o no de razones suficientes[69].

La remisión de la decisión al juez no elimina, no obstante, la subjetividad. No existe unanimidad a la hora de concebir qué puede o no ser perjudicial para la sociedad. En algunos casos bastará con la mera amenaza de daño, mientras que en otros, el daño habrá de ser real y concretarse en un hecho que lo evidencie[70], como, por ejemplo, que se transmita un número de acciones o participaciones que otorguen al socio la posibilidad de ejercitar

recho de Sociedades. Revisando el Derecho de Sociedades de Capital, González Fernández, M.ª B.; Cohen Benchetrit, A. (dirs.), Tirant lo Blanch, Valencia, 2018, p. 323.

68 ALFARO ÁGUILA-REAL, J., "Denegación por justa causa de la autorización para transmitir acciones o participaciones", *Derecho Mercantil*, 2020, en: https://derechomercantilespana.blogspot.com/2020/04/denegacion-de-la-autorizacion-para.html

69 *Vid.*, OGH 6 Ob 18/19v, de 27 de junio de 2019, fundamento jurídico núm. 6.2.2., norma a la que se puede acceder en el siguiente enlace https://rdb.manz.at/document/ris.just.JJT_20190627_OGH0002_0060OB00018_19V0000_000

70 *Ibidem*, fundamentos jurídicos núm. 3.3. y ss.

determinados derechos, como los que nuestra ley concede a la minoría.

Dentro de las opciones que permitan realizar una valoración objetiva del potencial socio o, al menos, reafirmar su compromiso con la misión, encontramos otra posibilidad: el denominado *screening device*. Este mecanismo es ya utilizado por algunas plataformas que operan en el mercado primario con el objetivo de ofrecer seguridad a las compañías que allí participan, verificando el perfil de los inversores, informándoles de la posibilidad de no obtener ningún o escaso rendimiento financiero y obligándoles a firmar un código de buenas prácticas para poder operar[71]. Aunque cuándo se habla sobre este instrumento se debate principalmente su aplicación a bolsas de valores destinadas a sociedades cotizadas con un enfoque social o medioambiental, podría constituir una alternativa viable para el resto de los tipos sociales.

Esta opción podría materializarse de dos modos. En primer lugar, mediante la atribución a un tercero de la facultad de valorar la idoneidad del adquirente, como, por ejemplo, alguna agencia de certificación que —al igual que actúa *B Lab* en el caso de las propias sociedades—, realice una valoración del adquirente sobre la base de estándares normalizados. El problema que plantea esta vía es que se enfrenta a la prescripción que, para las S.A., recoge nuestro Reglamento del Registro Mercantil en su artículo 123.2, por el que expresamente se prohíbe la atribución a un tercero de la facultad de consentir o autorizar la transmisión[72]. Por ende, y

71 DADUSH, S., "Regulating Social Finance: Can Social Stock Exchanges Meet the Challenge?", *University of Pennsylvania Journal of International Law*, vol. 37, núm. 1, 2015, p. 205.

72 Esta prohibición ha sido, no obstante, criticada por la doctrina, que considera que existe una extralimitación reglamentaria al limitar una posibilidad que la ley no prohíbe (*Vid.*, en este sentido, DE LA CÁMARA ÁLVAREZ, M., "Las cláusulas limitativas de la libre transmisibilidad de las acciones en la nueva

para evitar problemas registrales a la hora de inscribir la cláusula de autorización, sería conveniente, bien que el desarrollo de la figura en nuestro país prevea expresamente la inaplicación de la mencionada prohibición, o bien vincular el sentido de la decisión de la Junta general o del administrador a la del examen de dicho tercero.

En segundo lugar, también cabría, en el caso de que la sociedad contase con un código propio de buenas prácticas para el socio, suscribir un pacto por el que los socios convengan que el vendedor se obligue, respecto del resto, a asegurar que el adquirente suscriba el código, de forma que aquel no pueda transmitir sin antes cumplir con ello. Esta opción puede resultar, sin embargo, ineficaz por cuanto que el incumplimiento del pacto no enervaría, a priori, la validez de la transmisión por no ser oponible frente a la sociedad (artículo 29 LSC). Cuestión distinta sería que el cumplimiento de ese pacto se incluyera como prestación accesoria para todos los socios en los estatutos de la sociedad.

Por último y, aunque no implique en sí misma una restricción a la transmisión, la emisión de varias clases de participaciones y acciones puede ser un medio idóneo para permitir que los socios fundadores mantengan un control efectivo sobre la sociedad. En concreto, nos referimos a las participaciones y acciones sin voto (artículo 98 LSC), las cuales impiden que el socio pueda, como regla general, ejercitar su derecho de voto en Junta general. Como contrapartida a la privación del derecho de voto, los titulares de esta clase de acciones tienen derecho a obtener un dividendo anual mínimo preferente, que puede ser fijo o variable (artículo 99.1 LSC). Que un determinado socio no pueda hacer

legislación sobre sociedades anónimas", *Academia Sevillana del Notariado*, T. IV, 1991, p. 271. En contra, PEÑAS MOYANO, M. J., *Las prestaciones accesorias en la sociedad anónima*, Aranzadi, Cizur Menor (Navarra), 1996, p. 313.)

valer su voz en las decisiones que competen a la Junta elimina el riesgo de que pueda influir negativamente sobre los asuntos más relevantes de la sociedad, como designar administrador o entablar una acción de responsabilidad contra el mismo con el fin de entorpecer su gestión de corte *social*. Esta solución beneficia a ambas partes, inversores con interés económico y fundadores con interés "social".

IV. CONCLUSIONES

Como hemos expuesto, en las últimas décadas la preocupación por la implicación del socio en la gestión de la sociedad ha sido una máxima dentro del movimiento del *Gobierno Corporativo Sostenible*. La Unión Europea ha promovido, en este sentido, una amplia gama de acciones legislativas dirigidas, en el seno de las grandes sociedades cotizadas, a reforzar los derechos del accionista, presuponiendo que ello repercutirá en una gobernanza corporativa enfocada en el largo plazo. Sin embargo, aunque medidas como la transparencia o la información son claves a la hora de que el socio ejercite sus derechos de forma adecuada, no podemos afirmar que ello derive, en todo caso, en una gestión sostenible.

Actualmente, la normativa societaria ofrece a los socios una amplia gama de mecanismos para intervenir en la gestión. La cuestión es, por lo tanto, la forma en la que el socio oriente su utilización, lo que dependerá, en gran medida, de sus propias convicciones o estrategias de inversión, que pueden o no estar alineadas con una visión largoplacista. Y, salvo que legalmente se concrete, el socio no tiene el deber legal de comportarse en un determinado sentido, aunque ello derive en una menor ventaja para la sociedad. Por todo ello, el perfil del socio y el modo en el que este persiga sus aspiraciones dentro de la sociedad es una variable relevante a efectos de alcanzar una gobernanza equilibrada.

Esta variable cobra especial relevancia en relación con las denominadas organizaciones híbridas, *Benefit Corporations o Sociedades Benéficas*. Aunque estas entidades utilizan la estructura típica de las organizaciones con ánimo de lucro, se caracterizan por perseguir, junto a la finalidad lucrativa, una misión social o medioambiental, la cual deberá inspirar la gestión y funcionamiento de la sociedad.

Aunque en los últimos años hayan alcanzado popularidad, actualmente las *Sociedades Benéficas* plantean más problemas que soluciones. El enfoque voluntario, es decir, el hecho de que sean los socios los que decidan perseguir un determinado propósito social, abre la puerta a que, en caso de alteración en la estructura de propiedad, los nuevos socios, especialmente si ostentan el control, reviertan la actuación pro-*social* de la organización. El mantenimiento de la visión de los fundadores requiere, por lo tanto, de un desarrollo a la luz del derecho de sociedades que nos permita adecuar el régimen actual a las necesidades de esta modalidad societaria.

Una de las vías que nos permitirían salvaguardar el espíritu o motivación social reside en el régimen de transmisión de acciones y participaciones, cuya modulación puede ayudar a prevenir futuros conflictos en relación con el seguimiento de la finalidad social. El diseño de un adecuado régimen de transmisión de acciones y participaciones para las *Sociedades Benéficas*, debe tener en cuenta, entre otras cosas, las necesidades de financiación de la figura y su particular carácter social.

Partimos de la necesidad de que la sociedad mantenga, en todo momento, un adecuado control de las transmisiones. Ello, mediante la necesidad de autorización previa, que habrá de conceder bien la Junta general o, en su caso, el órgano de administración. La concesión de la autorización habrá de estar, no obstante, ligada a una adecuada valoración del adquirente, valoración que, por su subjetividad, puede suponer la nulidad de la restricción al hacer a las participaciones, pero sobre todo a las acciones, prácticamente intransmisibles. Frente a ello, cabría facultar a un tercero independiente para que, sobre la base de criterios determinados, valorase la entrada de nuevo socio o, en su caso, hacer que su decisión sea vinculante para la sociedad.

Del mismo modo, cabría valorar la emisión de acciones y participaciones de diversa clase, de forma que el control se mantenga en manos de aquellos socios comprometidos con la misión social; o la articulación del compromiso estatutario de perseguir los objetivos *sociales* de que se trate, además, por vía de un pacto parasocial, incorporando a su vez, o no, como prestación accesoria, la obligación de transmitir sólo a quien previamente lo haya firmado.

V. BIBLIOGRAFÍA

ALFARO ÁGUILA-REAL, J., "Denegación por justa causa de la autorización para transmitir acciones o participaciones", *Derecho Mercantil*, 2020, disponible en: https://derechomercantilespana.blogspot.com/2020/04/denegacion-de-la-autorizacion-para.html.

— "Los problemas contractuales de las sociedades cerradas", *InDret. Revista para el Análisis del Derecho*, núm. 4, 2005, disponible en: https://www.raco.cat/index.php/InDret/article/view/79690/103938

BANCEL, F. y GLAVAS, D.; "Ownership and sustainability, the type of shareholder matters", *Bankers, Markets & Investors*, núm. 169, 2022.

BEBCHUK, L.A., "The Case for Increasing Shareholder Power", *Harvard Law Review*, vol. 118, núm. 3, 2005.

BERLE, A.; MEANS, G., *Modern corporation and private property*, Macmillan Co., New York, 1933.

BILLITERI, T.J., *Mixing Mission and Business: Does Social Enterprise Need a New Legal Approach? Highlights from an Aspen Institute Roundtable*, Aspen Institute, Washington DC, 2007, disponible en: https://www.

aspeninstitute.org/wp-content/uploads/files/content/docs/pubs/New_Legal_Forms_Report_FINAL.pdf

BOERGER, N., RUSSELL, R. y VILLIERS, C., "Companies, Shareholders and Sustainability", *Law Research Paper Series*, Paper #007 2020, University of Bristol, 2020, disponible en: https://www.bristol.ac.uk/media-library/sites/law/documents/Boeger%20Russell%20Villiers%20BLRP%20No.%207%202020%20Companies%20Shareholders%20Sustainability%20-%20MERGED.pdf

BOWLEY, T., HILL, J. y KOURABAS, S., "Shareholders Engagement Inside and Outside the Shareholder Meeting", Law Working Paper Nº 709/2023, *ECGI Working Paper Series in Law*, 2023, disponible en: https://papers.ssrn.com/sol3/papers.cfm?abstract_id=4465802

BRAKMAN REISER, D., "Benefit Corporations-A sustainable form of organization?", *Wake Forest Law Review*, vol. 46, núm. 3, 2011.

CARRASCO PERERA, A., *Tratado del abuso de Derecho y del fraude de Ley*, Civitas, Madrid, 2016.

CHAMORRO DOMÍNGUEZ, Mª C., "La influencia de los socios en la consecución de la sostenibilidad corporativa", *Derecho de sociedades y sostenibilidad*, Chamorro Domínguez, M.ª C.; Viera González, J. A. (dirs.), La Ley, Las Rozas (Madrid), 2023.

CHO, M., "Benefit Corporations in the United States and Community Interest Companies in the United Kingdom: Does Social Enterprise Actually Work", *Northwestern Journal of International Law & Business*, vol. 37, núm. 1, 2017.

CLARK, W.H. y BABSON, E.K., "How benefit corporations are redefining the Purpose of Business Corporations", *William Mitchell Law Review*, vol. 38, núm. 2, 2012.

CUMMINGS, B., "Benefit Corporations: How to enforce a mandate to promote the public interest", *Columbia Law Review*, vol. 112, núm. 3, 2012.

DADUSH, S., "Regulating Social Finance: Can Social Stock Exchanges Meet the Challenge?", *University of Pennsylvania Journal of International Law*, vol. 37, núm. 1, 2015.

DE LA CÁMARA ÁLVAREZ, M., "Las cláusulas limitativas de la libre transmisibilidad de las acciones en la nueva legislación sobre sociedades anónimas", *Academia Sevillana del Notariado*, T. IV, 1991.

EL KHATIB, K., "The harms of the Benefit Corporations", *American University Law Review*, vol. 65, núm. 1, 2015.

EMPARANZA SOBEJANO, A., "Transmisión de acciones y participaciones. Prestaciones accesorias", *Tratado jurídico y fiscal de la empresa familiar*, Ortega Burgos, E. (Dir.), Enciso Alonso-Muñumer, M.; Echevarría de Rada, M.ª T.; Charro Baena, M.ª. P. y Rabadán Villanueva, J. (coord.), Tirant lo Blanch, Valencia, 2021.

ESTEBAN VELASCO, G., "Buen gobierno, fin/interés y responsabilidad social corporativa. Hacia un modelo de gobierno corporativo socialmente responsable", Sociedades Cotizadas y transparencia en los mercados, Rodríguez Artigas, F; Fernández de la Gándara, L.; Quijano González, J.; Alonso Ureba, A. Velasco San Pedro, L.A.; Esteban Velasco, G. (dirs.); Roncero Sánchez, A. (coord.), Aranzadi, Cizur Menor (Navarra), 2019.

FERNÁNDEZ DE LA GÁNDARA, L. *Derecho de Sociedades*, vol. II, Tirant lo Blanch, Valencia, 2010.

— *La atipicidad en el Derecho de Sociedades*, Pórtico, Zaragoza, 1977.

FLEISCHER, H., "Corporate Purpose: A Management Concept and its Implications for Company Law", *Law Working Paper núm. 561/202, ECGI Working Paper Series in Law*, 2021, disponible en: https://papers.ssrn.com/sol3/papers.cfm?abstract_id=3770656.

GIRÓN TENA, J., *Estudios de Derecho Mercantil*, Revista de Derecho Privado, Madrid, 1995.

GONZÁLEZ FERNÁNDEZ, M.ª B., "El socio administrador que compite con su sociedad. Una propuesta de interpretación finalista de las prohibiciones de voto", *Revista de Derecho de Sociedades*, núm. 56, 2019.

HILLER, J. S., "The benefit corporation and the corporate social responsibility", *Journal of Business Ethics*, vol. 118, 2013.

JOHNSTON, A., "Integrating Sustainability into Corporate Governance", *A Research Agenda for Corporate Law*, Bruner, C.; Moore, M. (ed.), (Forthcoming), 2022, disponible en: https://papers.ssrn.com/sol3/papers.cfm?abstract_id=4070504.

KATELOUZOU, D.; SIEMS, M., "The Global Diffusion of Stewardship Codes", *Global Shareholder Stewardship*, Katelouzou, D. and Puchniak, D. W. (eds) Cambridge University Press, Cambridge, 2022, disponible en: https://www.cambridge.org/core/books/global-shareholder-stewardship/global-diffusion-of-stewardship-codes/E4C0C926266ECF1149640DB8E82A87F2?utm_campaign=shareaholic&utm_medium=copy_link&utm_source=bookmark.

KLEINBERGER, D., "A myth deconstructed: the "emperor's new clothes" on the low-profit limited Company", *Delaware Journal of Corporate Law*, vol. 35, núm. 3, 2010..

LEE, J., "Benefit for Assessing Liability in Benefit Enforcement Proceedings, *Cornell Law Review*, vol. 103, núm. 4, 2018.

MAC CORMAN, S., "The emergence of New Corporate Forms. The need for alternative corporate designs integrating financial and social missions", *Summit on the Future of the Corporation*, Paper Series on Corporate Design, 2007.

MCDONELL, B., "Benefit Corporations and Public Markets: First Experiments and Next Steps", *Seattle University Law Review*, vol. 40, núm. 2, 2017.

MONTIEL VARGAS, A., "B lab and the Process of Certificating B Corps", *The International Handbook of Social Enterprise Law. Benefit Corporations and Others Purpose-Driven Companies*, Peter, H.; Vargas Vasserot, C.; Alcalde Silva, J. (ed.), Springer, Cham (Switzerland), 2023.

MUNCH, S., "Improving the Benefit Corporations: How Traditional Governance Mechanisms Can Enhance the Innovative New Business Form", *Northwestern Journal of Law & Social Policy*, vol. 7, núm. 1, 2012.

NAVARRO LÉRIDA, M.ª S., "El fomento de la visión a largo plazo en las inversiones: una cuestión de gobierno corporativo", *Derecho de sociedades y de los mercados financieros. Libro Homenaje a Carmen Alonso Ledesma*, Fernández Torres, I.; Arias Varona, F.J.; Martínez Rosado, J. (coord.), Iustel, Madrid, 2018.

NOVAL PATO, J., "La sostenibilidad en un contexto de primacía del accionista", *Revista de Derecho de Sociedades*, núm. 64, 2022.

PAGE, A.; KATZ, R., "Freezing out Ben & Jerry: Corporate Law and the sale of a social enterprise icon", Vermont Law Review, vol. 35, núm. 1, 2010.

PAZ-ARES RODRÍGUEZ, C., "Artículo 1.666" *Comentario del Código Civil,* Paz-Ares Rodríguez, C.; Díez-Picazo Ponce de León, L.; Bercovitz, R.; Salvador Coderch, P. (dirs.), T. II, Ministerio de Justicia. Centro de Publicaciones, Madrid, 1991.

PEINADO GRACIA, J.I., "La sostenibilidad y el deber de diligencia de los administradores. Una primera reflexión sobre la sostenibilidad de la sociedad mercantil y la responsabilidad por falta de diligencia de los administradores", *Revista de Derecho Mercantil*, núm. 311, 2019.

PEÑAS MOYANO, M. J., *Las prestaciones accesorias en la sociedad anónima*, Aranzadi, Cizur Menor (Navarra), 1996.

PERDICES HUETOS, A., "Restricciones a la transmisión de acciones y participaciones. Algunas cuestiones respecto de las llamadas sociedades familiares", *El patrimonio familiar, profesional y empresarial. Sus protocolos constitución. gestión. responsabilidad, continuidad y tributación*, Garrido Melero, M.; Furgardo Estivill, J.M. (coord.), Bosch, Madrid, 2005, pp. 481-522.

— "Artículo 108. Cláusulas estatutarias prohibidas", *Comentario a la Ley de Sociedades de Capital*, Rojo, A.; Beltrán, E. (coord.), Thomson Reuters-Civitas, Cizur Menor (Navarra), 2011.

— "La transmisión de acciones", *Estudios Jurídicos sobre la acción*, Veiga Copo. A (coord.), Thomson Reuters-Civitas, Cizur Menor (Navarra), 2014.

QUIJANO GONZÁLEZ, J., "La nueva directiva de 2017 sobre implicación de los accionistas", *Derecho de sociedades y de los mercados financieros. Libro Homenaje a Carmen Alonso Ledesma*, Fernández Torres, I.; Arias Varona, F.J.; Martínez Rosado, J. (coord.), Iustel, Madrid, 2018.

RECALDE CASTELLS, A. y ARIAS VARONA, F.J., "Art. 123.1. Restricciones a la libre transmisibilidad", *Comentario de la Ley de Sociedades de Capital*, García-Cruces, J.A.; Sancho Gargallo, I. (dirs.), Tirant lo Blanch, Valencia, 2021.

RONCERO SÁNCHEZ, A., "La implicación de los inversores institucionales y de los gestores de activos", *Derecho de sociedades y de los mercados financieros. Libro Homenaje a Carmen Alonso Ledesma*, Fernández Torres, I.; Arias Varona, F.J.; Martínez Rosado, J. (coord.), Iustel, Madrid, 2018.

SÁEZ LACAVE, M., "Activismo accionarial, Hegde Funds, y el artículo 161 de la LSC", *InDret. Revista para el Análisis del Derecho*, núm. 4, 2018, disponible en: https://indret.com/activismo-accionarial-hedge-funds-y-el-articulo-161-de-la-lsc/.

SANZ BAYÓN, P., "El concepto de interés social en el derecho societario español: las teorías contractualistas e institucionalistas a debate", *Estudios jurídicos en homenaje al profesor Don José María Castán Vázquez*, Lázaro González, I.E. y Serrano Molina, A. (dir.), Editorial Reus, Madrid, 2019.

SANZ BAYÓN, P., "El derecho de separación del socio ante situaciones de bloqueo en sociedades con distribución de capital 50-50", *Derecho de Sociedades. Revisando el Derecho de Sociedades de Capital*, González

Fernández, M.ª B. y Cohen Benchetrit, A. (dirs.), Tirant lo Blanch, Valencia, 2018.

SJÅFJELL, B., "Achieving Corporate Sustainability: What Is the Role of the Shareholder?", *Shareholders' Duties*, Birkmose, H. (Ed.), Kluwers Law International, The Hague (Netherlands), 2016.

VENTURA, L., "The Social Enterprise Movement and the Birth of Hybrid Organizational Forms as Policy Response to the Growing Demand for Firm Altruism", The International Handbook of Social Enterprise Law. Benefit Corporations and Others Purpose-Driven Companies, Peter, H.; Vargas Vasserot, C.; Alcalde Silva, J. (ed.), Springer, Cham (Switzerland), 2023.

VIVES RUIZ, F., "El propósito de las sociedades y el paradigma del largo plazo", *Las sociedades de capital: sus intereses y sus conflictos,* dir. Alcalá Díaz, Mª.A., Colección Cátedra Garrigues de Modernización del Derecho de Sociedades, Tirant lo Blanch, Valencia, 2022.

ZAVALA ORTIZ DE LA TORRE, I., "Las «benefit corporations» norteamericanas", *Deusto Estudios Cooperativos*, núm. 3, 2013.

Capítulo 8

ALGUNAS REFLEXIONES EN TORNO A LAS TRANSMISIONES INDIRECTAS DE PARTICIPACIONES SOCIALES. SOLUCIONES Y PREVENCIONES PRÁCTICAS[1]

Martín Jordano Luna

Abogado

SUMARIO: I. INTRODUCCIÓN Y PLANTEAMIENTO DEL PROBLEMA. II. LA FENOMENOLOGÍA DE LAS CLÁUSULAS RESTRICTIVAS Y SU EXTENSIÓN A LAS TRANSMISIONES INDIRECTAS. III. CONSTRUCCIONES DOGMÁTICAS PARA LA DEFENSA ANTE TRANSMISIONES INDIRECTAS. 1. La suspensión de derechos. 2. El fraude de ley. 3. La exclusión o rescate por justos motivos. 4. La vía de la responsabilidad civil extracontractual con la satisfacción *in natura*. 5. La reclamación contractual y la imputación del incumplimiento. IV. CONCLUSIONES. V. BIBLIOGRAFÍA.

I. INTRODUCCIÓN Y PLANTEAMIENTO DEL PROBLEMA

Los socios persona jurídica son enormemente habituales en el fenómeno corporativo moderno. Las razones probablemente son varias, pero mi intuición es que principalmente obedece a dos factores. El primero es que, a menudo, los grandes capitales se

---

1 Este trabajo, que es continuación y ampliación de alguna de las ideas que aporté en la ronda jurídica en la que tuve el honor de participar en el Congreso Nacional de Derecho de Sociedades de Málaga celebrado en febrero de 2024, se nutre de las discusiones mantenidas con mis colegas Fernando Gómez Pomar y Miguel Moratinos al respecto. Agradezco también a mis compañeros Alejandro Fuentes y Victoria Suárez-Santamarina su ayuda en la localización de algunas de las sentencias que aquí cito y a Emma López Mateu su colaboración en las labores de edición de este trabajo. Cualquier error es naturalmente atribuible a mí en exclusiva.

agrupan en torno a los fondos de inversión y grandes corporaciones que indefectiblemente canalizan esas inversiones a través de sociedades de capital, españolas o extranjeras, y en muchos casos a través de complejas estructuras o cadenas de sociedades en diferentes jurisdicciones. En la clásica estructura de *private equity*, el fondo de inversión localizado a veces en jurisdicciones exóticas (Gernsey, Islas Caimán, Islas Vírgenes...) opera en Europa a través de sociedades localizadas en Luxemburgo, mediante la conocida estructura de *doble luxco*.

Esta alambicada estructura de *doble luxco* suele ser imposición de los financiadores que consideran, aunque hay quien lo discute y quizás algún otro trabajo de esta obra lo aborde, que con ello consiguen (i) un único punto de ejecución de sus garantías reales, (ii) ahorro en tiempo y coste asociados a la ejecución de la garantía (las garantías se constituyen sobre activos localizados en Luxemburgo, normalmente las participaciones o contratos de financiación intragrupo regidos por dicha ley), y (iii) mitigar el riesgo relacionado con el régimen de rescisión concursal español (las garantías luxemburguesas estarían protegidas por el Reglamento (UE) 2015/848)[2].

El segundo motivo por el que los socios de sociedades sean predominantemente personas jurídicas es fiscal. Cualquier inversor con un mínimo de patrimonio que tenga participaciones en sociedades de capital, inmuebles y otros activos alternativos semejantes cuenta en su estructura con una sociedad patrimonial, ya que esa entidad sirve teóricamente para remansar las rentas —que no me lean los queridos amigos de la AEAT— que se re-

2 CHUCHET PRADO, N., "Pasos para la implementación de una estructura de doble Luxco en el marco de financiación", *El Derecho.com*, 30 de mayo de 2021, disponible en https://elderecho.com/pasos-para-la-implementacion-de-una-estructura-de-doble-luxco-en-el-marco-de-financiacion.

ciben de la inversión y que se vuelven a invertir en otros activos (este último punto es relevante para que la estructura funcione). Además, esa sociedad puede servir de cortafuegos ante la imposición derivada del Impuesto sobre el Patrimonio o el Impuesto Temporal de Solidaridad de las Grandes Fortunas.

Pues bien, en este contexto, la inmensísima mayoría de las sociedades de capital tiene un carácter cerrado, no tanto porque sean sociedades de responsabilidad limitada, sino porque los socios deciden configurarla así mediante cláusulas estatutarias restrictivas o, aquellos más sofisticados, mediante pactos de socios[3]. Por tanto, el elemento subjetivo de las partes que componen la

3 En la materia objeto de este trabajo resulta ineludible la cita a la STS 889/2011, de 10 de enero de 2011 (Roj: STS 708/2011) —que muchos se empeñan en denominar STS 708/2011—, cuyo ponente fue Francisco Marín Castán, y que contó con el voto particular de Rafael Gimeno-Bayón Cobos, que sobre la base de una interpretación muy cuestionable de los principios configuradores del tipo, consideró que no era admisible una cláusula de rescate en una SA. Esta sentencia ha sido comentada por muchos autores, entre otros, NAVARRO LÉRIDA, MªS., "Inadmisión en SA de cláusula estatutaria de transmisión indirecta de acciones", *Comentarios a las sentencias de unificación de doctrina (civil y mercantil)*. vol. 5, 2011-2012, pp. 591 ss.; REDONDO TRIGO, F., "Las restricciones a la libre transmisibilidad de acciones en las adquisiciones indirectas", *Revista Crítica de Derecho Inmobiliario*, núm. 726, 2011, pp. 2371 ss.; ALFARO ÁGUILA-REAL, J., "Transmisibilidad de acciones: una Sentencia de la Sala 1ª con voto particular: Institucionalistas 1–Contractualistas 0", *Blog de Derecho Mercantil*, 31 de marzo de 2011 (disponible en https://derechomercantilespana.blogspot.com/2011/03/transmisibilidad-de-acciones-una.html); SÁNCHEZ ÁLVAREZ, M. M., "Transmisión indirecta y principios configuradores del tipo (Comentario a la STS 708/2011, de 10 de enero)", *Revista de Derecho de Sociedades*, núm. 39, 2012, pp. 377 ss.; y GALLEGO LARRUBIA, J., "Reflexiones en torno a las transmisiones indirectas de acciones y participaciones sociales", *Delendus est leviathan. Liber amicorum. Profesor José María de la Cuesta Rute*, González Vázquez, J.C., Pablo-Romero Gil-Delgado, MªC., De los Ríos Sánchez, J.M., Valpuesta Gastaminza, E. (coords.), Wolters Kluwer, Madrid, 2020, pp. 338 ss. El sentir general es que la decisión no fue correcta, por unas u otras razones.

sociedad suele ser muy importante en la mayoría de las sociedades de capital españolas y el reto es conseguir mantener esa contemplación subjetiva cuando en el accionariado hay socios personas jurídicas e, incluso, cadenas de personas jurídicas como las de la estructura que antes he explicado.

El problema surge cuando las partes no prestan demasiada atención a la redacción de los pactos o a las consecuencias de tener socios con esa estructura y olvidan regular o guardan silencio sobre el impacto que puedan tener las transmisiones indirectas sobre esas restricciones a la transmisibilidad. O peor, prohíben o condicionan las transmisiones indirectas sin establecer las consecuencias o sin que el titular de la participación indirecta consienta esa restricción.

Pues bien, en este trabajo me propongo aportar algunas ideas para poder solucionar esas situaciones en las que las partes han guardado silencio, pero en la que, de las circunstancias del caso, se puede concluir que la contemplación subjetiva de los socios alcanza a los socios últimos de las personas jurídicas y, por tanto, a las transmisiones indirectas. Para ello, comenzaré con una precisión terminológica sobre qué entiendo yo por transmisiones indirectas y seguiré con los tipos de cláusulas restrictivas más comunes en la práctica y con la forma en que, idealmente, se deberían proteger contractual o estatutariamente esas restricciones ante transmisiones indirectas (ver apartado II *infra*). Tras ello, exploraré las diversas construcciones que se han creado para extender las restricciones de transmisión a operaciones sobre acciones o participaciones distintas de la sociedad objeto de la restricción ante la ausencia de pacto expreso de las partes (ver apartado III *infra*) y finalizaré con unas conclusiones (ver apartado IV *infra*).

II. LA FENOMENOLOGÍA DE LAS CLÁUSULAS RESTRICTIVAS Y SU EXTENSIÓN A LAS TRANSMISIONES INDIRECTAS

Como anticipaba, antes de entrar en el núcleo del análisis, creo conveniente realizar una aclaración terminológica. Por transmisiones indirectas me refiero a las relativas a participaciones distintas de la sociedad afectada por la restricción pero cuya transmisión tiene un efecto económico semejante a la disposición de las participaciones restringidas, ya que el activo de la sociedad cuyas participaciones o acciones se transmiten está compuesto exclusivamente o casi exclusivamente por las participaciones de la sociedad afectada por la restricción[4]. Recurriendo de nuevo al ejemplo de las estructuras típicas de *private equity*, la transmisión de una participación de la TopCo —la sociedad en la cúspide de la cadena— o de cualquiera de las MidCos —las sociedades intermedias— equivale a la transmisión de una participación de la OpCo —la sociedad operativa o holding española objeto de la restricción—. Junto a este tipo de transmisiones, están las que la doctrina denomina transmisiones intragrupo, que no es más que la realización de dos operaciones intrínsecamente relacionadas: (i) una venta intragrupo permitida por los estatutos y (ii) una correlativa venta de las acciones o participaciones del nuevo socio que ha adquirido libremente las participaciones de la sociedad afectada[5].

4 Mi entendimiento del concepto de transmisión indirecta es algo más estrecho o restringido que el enunciado por PERDICES HUETOS, A., *Cláusulas restrictivas de la transmisión de acciones y participaciones*, Civitas, Madrid, 1997, p. 365. Y es radicalmente distinto del de SÁNCHEZ ÁLVAREZ, M. M., Transmisión indirecta..., *op. cit.* pp. 383, 396 y 403 que contiene al menos dos definiciones de transmisiones indirectas: la más cercana a la que yo considero, que exige un cambio de control en el socio de la sociedad afectada y otra, que se centra únicamente en la consecuencia al entender que el propio rescate es la transmisión indirecta.

5 *Vid.* entre otros, PERDICES HUETOS, A., *Cláusulas restrictivas..., op. cit.*, pp. 368 ss. y MENÉNDEZ, A., "Sobre la transmisión intragrupo de acciones o par-

La precisión terminológica es relevante. A nadie se le ocurriría sostener que la transmisión de una acción de Banco Santander equivale a la transmisión de una participación de una JV que tiene Santander. No hay una identidad económica entre una y otra, porque Banco Santander tiene muchos más activos en su patrimonio que las participaciones de la JV. En estos casos, el concepto relevante para proteger la contemplación subjetiva de los socios es quizás el cambio de control; solo cuando el control cambia, podemos considerar que cambia la contemplación subjetiva del socio de la JV. Sin embargo, las cláusulas de cambio de control no plantean, o deberían plantear, grandes problemas ante transmisiones indirectas, ya que o bien se disparan o no. No parece razonable sostener que las partes quisieron protegerse ante un cambio de control, que no consista en una transmisión indirecta, si nada han dicho. Por eso, en este trabajo me centraré en las transmisiones indirectas propiamente dichas, si bien ocasionalmente realizaré alguna mención a los cambios de control.

Pues bien, para poder entender las soluciones a las transmisiones indirectas en sentido amplio, es preciso que me detenga brevemente en las diversas manifestaciones de lo que la doctrina más autorizada ha denominado el *hecho restrictivo*[6]. Básicamente podemos encontrar dos tipos de restricciones: (i) las cláusulas de autorización (entre las que se incluyen las prohibiciones de trans-

---

ticipaciones vinculadas", *Estudios jurídicos y universitarios*, Aranzadi, Navarra, 2015, pp. 747 ss.

6 PERDICES HUETOS, A., *Cláusulas restrictivas...*, *op. cit.* p. 45. Otra clasificación se puede encontrar en CASTELLÓ BERNABÉU, I. y BARDAJÍ GARCÍA, L., "Cláusulas estatutarias y parasociales limitativas de la transmisión de acciones y participaciones", *Revista de Derecho de Sociedades*, núm. 39, 2012, pp. 325 ss., inspirada seguramente en el trabajo de DE LA CÁMARA, M., "Las cláusulas limitativas de la libre transmisión de acciones en la nueva legislación de sociedades anónimas", *Anales de la Academia Sevillana del Notariado*, IV, Homenaje al Profesor Jordano Barea, Madrid, 1991, *passim*.

misión, que siempre se podrán dispensar en caso de autorización unánime) y (ii) las cláusulas de adquisición[7].

Entre las cláusulas de autorización nos encontramos manifestaciones de distinto tipo: prohibiciones absolutas de transmisión (cfr. artículo 108.4 LSC)[8], prohibiciones relativas —se restringe el universo de potenciales compradores, por ejemplo, excluyendo a competidores de las partes—, o cláusulas de autorización más estándar, que son aquellas *...que condicionan la posibilidad de transmitir la participación social a la autorización de un sujeto...*[9]. El beneficiario del derecho en este último caso podrá ser la propia sociedad, socios o incluso terceros[10].

Por su parte, entre las cláusulas de adquisición encontramos una fenomenología también amplia: derechos de primera oferta, derechos de adquisición preferente (que son, en el fondo, una suerte de derechos de opción de compra), derechos de venta conjunta, cláusulas de arrastre, etc.[11] En estos casos, los socios

7 PERDICES HUETOS, A., *Cláusulas restrictivas..., op. cit.*, pp. 45-50.

8 PERDICES HUETOS, A., *Cláusulas restrictivas..., op. cit.*, pp. 305 ss. las considera encuadradas entre las cláusulas de adquisición, en concreto, en el mismo capítulo que las cláusulas de rescate.

9 PERDICES HUETOS, A., *Cláusulas restrictivas..., op. cit.*, pp. 48-49.

10 PERDICES HUETOS, A., *Cláusulas restrictivas..., op. cit.*, p. 50. No me voy a detener en los requisitos concretos de estas cláusulas para que puedan inscribirse en el Registro. Se puede consultar el trabajo del profesor Perdices, que sigue siendo la referencia después de todos estos años.

11 Sobre unas y otras hay infinidad de variantes y problemáticas. *Vid.* entre otros, ROJO ÁLVAREZ-MANZANEDA, C., "La cláusula de arrastre o drag along: ¿una nueva causa estatutaria de exclusión del socio?", *El derecho de separación y la exclusión de socios en las sociedades de capital*, González Fernández, Mª B. (dir.), Márquez Lobillo, P. y Otero Cobos, MªT. (coords.), tomo II, Tirant lo Blanch, Valencia 2021, pp. 1575 ss.; CAMPINS VARGAS, A., "Articulación contractual y régimen jurídico de los pactos de acompañamiento (cláusulas de tag along)", *Revista de Derecho de Sociedades*, núm. 48, 2016 (edición online disponible en proview); MUÑOZ PLANAS, J.Mª "Derecho de adquisición preferente: alcance de la oferta de venta y valor real

no vendedores tienen una capacidad de influir en el proceso, no tanto autorizando o no una transacción, sino participando de ella (ya sea subrogándose en la posición del oferente, disponiendo de un derecho de primera oferta antes de que se inicie cualquier proceso de venta, disfrutando de un derecho a vender junto con el socio que pretende desprenderse de sus participaciones, etc.).

A la luz de lo anterior, especialmente en el caso de las cláusulas estatutarias, se plantea un problema de difícil solución, al menos a primera vista[12]. Si se quieren prohibir o condicionar las transmi-

de las acciones", *Estudios jurídicos en homenaje al profesor Aurelio Menéndez. Sociedades mercantiles*, tomo II, Civitas, Madrid 1996, pp. 2125 ss.; PERDICES HUETOS, A., *Cláusulas restrictivas..., op. cit.*, pp. 153 ss.; SÁNCHEZ GIMENO, S. y GONZÁLEZ MOZAS, N., "Validez de las cláusulas estatutarias de acompañamiento en las sociedades limitadas", *Tribuna Empresa Familiar*, Uría Menéndez, 2018, pp. 7-8 (disponible en https://www.uria.com/documentos/circulares/957/documento/7351/Tribuna_Empresa_Familiar_Febrero_2018.pdf?id=7351); BROSETA, M., *Restricciones estatutarias a la libre transmisibilidad de acciones*, Madrid, 1984, *passim*; y SÁEZ LACAVE, M.ª I. y BERMEJO GUTIÉRREZ, N., "Inversiones específicas, oportunismo y contrato de sociedad. A vueltas con los pactos de tag y de drag-along", *InDret*, núm. 1, 2007, disponible en https://indret.com/inversiones-especificas-oportunismo-y-contrato-de-sociedad/?edicion=1.07.

12 En caso de contravención de la disposición estatutaria, se ha discutido largamente si estamos ante supuestos de no oposición o de ineficacia de la transmisión. En un primer grupo, entre otros, se encuentra BROSETA, M., *Restricciones estatutarias..., op. cit.*, pp. 142 ss. y alguna jurisprudencia. V. por ejemplo, la SAP 700/2022 de Pontevedra (sección 1ª), de 23 de noviembre de 2022 (Roj SAP PO 2749/2022), la SAP 179/2013 de Madrid (sección 28ª), de 3 de junio de 2013 (Roj: SAP M 9825/2013) y alguna jurisprudencia histórica como la STS 24 de noviembre de 1978 (Roj: STS 157/1978) y, más recientemente, la STS 926/2007, de 21-IX-2007, que adoptan la tesis de la no oponibilidad. En el segundo grupo, esencialmente hay dos posiciones. DE LA CÁMARA, M., Las cláusulas limitativas..., *op. cit.* pp. 313 ss. que considera que la transmisión es ineficaz entre las partes, por una suerte de anulabilidad, y la de PERDICES HUETOS, A., *Cláusulas restrictivas..., op. cit.*, pp. 381 ss. que propugna simplemente que estamos ante un pacto de *non-cedendo* que debe tener eficacia real y que, consecuentemente, afecta a la transmisión de la participación por

siones indirectas, ¿cómo debe hacerse? Si el titular último de la cadena de sociedades —que es a quien se quiere controlar— no es socio de la sociedad afectada, difícilmente se puede obligar a no hacer algo. E igualmente, la sociedad titular de las participaciones no tendrá capacidad para vincular a su matriz e impedirle que venda su participación. Consecuentemente, una disposición por la que la sociedad filial con participaciones en la sociedad afectada se compromete a que no haya transmisiones indirectas, difícilmente será ejecutable frente al socio indirecto que no es parte del contrato social[13].

Ante esta problemática, las partes suelen recurrir a los pactos de socios omnilaterales para hacer que el titular último de las participaciones se comprometa a que las transmisiones indirectas queden también afectadas por las restricciones pactadas por las partes. El problema, en consecuencia, es otro: cómo hacer que esas restricciones tengan efectos frente a terceros y frente

falta de capacidad del cedente (cfr. artículo 1112 CC), pero sin que ello afecte al contrato de transmisión, que no se entenderá anulado, y por tanto la contraparte podría reclamar responsabilidad contractual por incumplimiento. Esta última postura, que parece la más atendible, parece haber decantado también en SARAZÁ JIMENA, R., "Artículo 112. Ineficacia de las transmisiones con infracción de ley de los estatutos", *Comentario de la Ley de Sociedades de Capital. T. II. Participaciones sociales y acciones. (Arts. 90 a 158)*, Tirant lo Blanch, Valencia 2021, pp. 1.561-1.562, a la sazón magistrado del Tribunal Supremo, y en la STS 215/2013, de 8 de mayo de 2013 (Roj: STS 3513/2013) al afirmar que *"sin negar los efectos obligacionales entre las partes, no se llegó a verificar la transmisión de las participaciones"*, por lo que no es oponible a la sociedad.

13 Esta problemática no es nueva ni acaba de ser identificada. V., entre otros, V. MENÉNDEZ, A., Sobre la transmisión intragrupo..., *op. cit.*, pp. 746 ss. y DE LA CÁMARA, M., Las cláusulas limitativas..., *op. cit.* pp. 287 ss. Más recientemente GARCÍA LAPUENTE, A., "¿Cómo cabe protegerse frente a las transmisiones indirectas no deseadas de acciones y participaciones sociales?", *Revista de Derecho de Sociedades*, 30-2008 (edición online, disponible en Aranzadi Insignis), pp. 1 ss. y GALLEGO LARRUBIA, J., "Reflexiones en torno a las transmisiones indirectas...", *op. cit.*, pp. 335 ss.

a la propia sociedad[14]. La praxis ha echado mano de todos los recursos que tenía disponibles[15]: hacer parte a cada una de las sociedades afectadas por las transmisiones —previa aprobación del pacto parasocial por unanimidad de los respectivos socios en junta general[16]— y, sobre todo, a través de la creación de prestaciones accesorias en cada una de las sociedades de la cadena consistentes en la firma y adhesión de cada socio al pacto parasocial y su cumplimiento[17]. Ante esto, ni la sociedad ni un comprador diligente podrán alegar desconocimiento de esos pactos y, por tanto, deberían ser plenamente oponibles a ellos[18].

---

14 GALLEGO LARRUBIA, J., "Reflexiones en torno a las transmisiones indirectas...", *op. cit.*, pp. 351 ss.

15 Sobre esta problemática, v. por todos, PAZ-ARES, C., "Violación de pactos, impugnación de acuerdos y principio de no contradicción", *Revista de Derecho Mercantil*, núm. 325, 2022 (edición online disponible en proview) y la irrazonable posición del Tribunal Supremo en este ámbito.

16 Nótese que son los mismos que firman el pacto, ya que el órgano de administración no debería tener competencia sobre ello. La (sobre) formalidad de este requisito resulta casi insoportable, pero el práctico del derecho ha sucumbido a ella para evitar inconvenientes a la luz de la STS 300/2022, de 7 de abril de 2022 (Roj: STS 1386/2022).

17 V. RDGRN de 26 de junio de 2018, que considera que el requisito legal de determinación queda cumplido cuando el contenido de la prestación es determinable sin necesidad de nuevo acuerdo entre las partes, como es el caso del cumplimiento del pacto parasocial (y sus modificaciones) cuyo contenido consta en una escritura pública identificada por su fecha y número de protocolo; también mediante la referencia a la puesta a disposición del pacto completo a los interesados en el domicilio social. Más recientemente en el mismo sentido se puede ver RDGSEJyFP de 11 de octubre de 2024. *Vid.* en especial, MUÑOZ CERVERA, M., "La exclusión de socios por incumplimiento de prestaciones accesorias y los pactos parasociales", *El derecho de separación y la exclusión de socios en las sociedades de capital*, González Fernández, Mª B. (dir.), Márquez Lobillo, P. y Otero Cobos, MªT. (coords.), tomo II, Tirant lo Blanch, Valencia 2021, pp. 1393 ss. Por tanto, debe quedar al abrigo de toda duda la viabilidad de esta práctica que no es sino una reacción a la inflexibilidad de los registradores mercantiles y de buena parte de nuestra doctrina en la interpretación de la legislación societaria y del contenido posible de los estatutos sociales.

18 No creo que se haya utilizado en la práctica, por lo obtuso de la regulación, el artículo 11 de la Ley 28/2022, de 21 de diciembre, de fomento del eco-

En cuanto a la concreta tecnología para hacer efectiva la restricción a la transmisión[19], la solución es en principio aparentemente sencilla en el caso de las cláusulas de autorización. Se somete a la aprobación de la parte correspondiente tanto las transmisiones directas como indirectas. Estatutariamente es más complicado estructurarlo, ya que el socio indirecto no es parte del contrato y no ha aceptado el pacto de *non-cedendo*[20]. En tal caso, seguramente haya que establecer una causa de exclusión del socio directo para el caso de que tenga lugar una transmisión indirecta de sus participaciones o una opción de compra en favor del resto de socios o la sociedad, cuyo precio sea calculado conforme a criterios objetivos para evitar la acusación de pacto comisorio[21]. Salta a la vista que esa solución no es equivalente a los efectos de la cláusula de autorización, ya que el socio podría estar obteniendo liquidez antes de lo pactado (por ejemplo, porque había una cláusula de *lock-up*). La solución evidente es establecer a su vez una cláusula penal que desincentive ese tipo de com-

sistema de las empresas emergentes, que regula la publicidad de los pactos parasociales de este tipo de empresas, ni el Real Decreto 171/2007, de 9 de febrero, por el que se regula la publicidad de los protocolos familiares (sobre este último, *Vid.* por todos, FERNÁNDEZ DEL POZO, L., *El protocolo familiar. Empresa familiar y publicidad registral*, Aranzadi, Cizur Menor 2008, *passim*).

19 En esta materia se puede ver GALLEGO LARRUBIA, J., "Reflexiones en torno a las transmisiones indirectas...", *op. cit.*, pp. 351 ss. y GARCÍA LAPUENTE, A., "¿Cabe protegerse frente a las transmisiones indirectas...?", *op. cit.* pp. 8 ss.

20 *Vid.* los intentos de PERDICES HUETOS, A., *Cláusulas restrictivas...*, *op. cit.* pp. 381 ss.

21 Como ya he apuntado, la STS 889/2011, de 10 de enero de 2011 (Roj: STS 708/2011), con un voto particular, considera que en una sociedad anónima no es posible establecer ese cláusula de rescate, por ir en contra de los principios configuradores del tipo. Que yo sepa, no es jurisprudencia por lo que espero que el Alto Tribunal enmiende esta doctrina a mi modo de ver, y sin que me pueda detener en los argumentos, errada. Además, desde que se permite expresamente la existencia de causas estatutarias de exclusión de accionistas en la SA, existe un argumento adicional para rechazar esta doctrina.

portamientos y que se active con la mera transmisión indirecta[22]. Esta cláusula podría estar tanto asociada al incumplimiento de la prestación accesoria, que será lo normal, como directamente en los estatutos (cfr. artículos 114.2.a) y 175.2.a) RRM).

La solución a las cláusulas de adquisición es algo más compleja[23]. Y es compleja porque el objeto de este tipo de cláusulas suele ser la transmisión o el derecho a transmitir las participaciones de la sociedad afectada por la cláusula. Por tanto, si se produce una transmisión indirecta, ¿tiene sentido que el socio no transmitente tenga un derecho de adquisición preferente sobre las participaciones efectivamente transmitidas? Seguramente no, porque las participaciones que querrá comprar serán las de la sociedad en cuestión, no las del socio indirecto de esta (que además puede tener deudas de adquisición u otras deudas incluso históricas que no querrá ni ver). Para estas situaciones, las partes (de nuevo, será mucho más fácil estructurarlo en un pacto de socios) se deberían conceder opciones de compra que recaigan sobre las participaciones que de verdad quieren adquirir. Si se produce una transmisión indirecta, el resto de socios tendrá un derecho de opción para adquirir las participaciones *directas* al precio que hayan pactado, para dar así efecto a la cláusula pactada que funciona solo con transmisiones indirectas. También podría estructurarse como una causa de exclusión.

22 *Vid.* GALLEGO LARRUBIA, J., "Reflexiones en torno a las transmisiones indirectas...", *op. cit.*, pp. 351 ss.

23 La STS 159/2005, de 14 de marzo de 2005 (Roj: STS 1573/2005) establece que, si no se ha pactado estatutariamente, la contravención de una cláusula de adquisición no otorga el derecho de retracto, por lo que no se reconocería el derecho de adquisición preferente indebidamente conculcado, sino simplemente la venta al tercero sería ineficaz. Así lo recoge también SARAZÁ JIMENA, R., "Artículo 112...", *op. cit.*, pp. 1561 y 1562. No estoy seguro de compartir del argumento. En cualquier caso, es un llamamiento a revisar nuestras cláusulas estatutarias de efectos de la contravención de las restricciones.

Por tanto, la solución en la práctica para extender las cláusulas de autorización o adquisición a transmisiones indirectas dependerá de la concreta cláusula que se haya pactado y habrá que disponer de los instrumentos jurídicos que más se asemejen a ella: derechos de opción de compra o venta, causas de exclusión de socios con una prestación accesoria que obligue a pagar una penalidad, hacer que el socio último sea parte del contrato y se obligue a no transmitir las participaciones de toda la cadena durante el período de *lock-up*, etc. Es decir, no hay una solución única para toda la problemática y las partes, y sus asesores, deberán estar atentos para aportar soluciones coherentes a cada situación[24]. Además, debemos rechazar la típica cláusula estatutaria que reproduce el artículo 112 LSC con un tenor semejante al siguiente: ...*Las transmisiones de participaciones de la sociedad que no se ajusten a lo previsto en los presentes estatutos no producirán efecto alguno frente a la sociedad*... Esta disposición nada soluciona, y mucho emborrona. Es preciso asociar una consecuencia clara a cada tipo de cláusula: una cláusula de rescate en caso de adquisición preferente, el ejercicio del derecho de *tag along*, en su caso, la ineficacia de la transmisión en el caso de la cláusula de *lock-up*, la causa de exclusión en caso de transmisiones indirectas o cambios de control, etc.

Pues bien, la cuestión más interesante es determinar qué ocurre cuando las partes no han sido cuidadosas o no han estado suficientemente bien asesoradas y se produce una transmisión

24 Los partes suelen estar menos atentas de lo habitual cuando, además de transmisiones indirectas, hay cambios de control y les dan la misma solución. La solución difícilmente podrá ser la misma especialmente en las cláusulas de adquisición, porque el precio de la transmisión que provoca el cambio de control difícilmente podrá ser la referencia para el ejercicio de las cláusulas de adquisición; las partes tendrán que pactar una metodología para acompañar al socio transmitente, ejercer un derecho de venta, un derecho de compra sobre las participaciones afectadas por el cambio de control, etc.

indirecta. ¿Se puede luchar ante eso? La doctrina y la jurisprudencia han tratado de construir distintas formas de hacerlo.

III. CONSTRUCCIONES DOGMÁTICAS PARA LA DEFENSA ANTE TRANSMISIONES INDIRECTAS

Cuando las partes no han pactado nada relativo a las transmisiones indirectas, en la generalidad de los casos, los jueces se atendrán a lo específicamente pactado por las partes. Esto es, a lo no pactado. Se puede entender, como presunción razonable, que si los beneficiarios de una restricción aceptan como socio a una persona jurídica, debe considerarse que en estos casos predomina la contemplación objetiva del socio y no tanto la subjetiva[25]. Por tanto, si las partes no han querido limitar las transmisiones indirectas, debería entenderse que estas escapan a las restricciones pactadas. *Pacta sunt servanda.* A esto responde, por ejemplo, lo preceptuado por el Juzgado de lo Mercantil de Barcelona en el caso Uniland cuando establece lo siguiente (SJM 3 de Barcelona de 18 de diciembre de 2006, Roj SJM B 246/2006) —si bien en una sociedad anónima—: *...La pauta de interpretación de las cláusulas estatutarias que limitan la libre transmisión de las acciones (STS de 15 de junio de 1994): "constituyendo las cláusulas estatutarias que condicionan tal libertad, una derogación convencional de la regla general, por lo que tales cláusulas tendrán que ser establecidas de un modo expreso y claro, y habrán de ser interpretadas restrictivamente....* Esta renuencia a extender restricciones a transmisiones indirectas —de nuevo, en sociedades anónimas[26]— la encontra-

25 PERDICES HUETOS, A., *Cláusulas restrictivas...*, *op. cit.* pp. 366 y 367 y GARCÍA LAPUENTE, A., ¿Cabe protegerse frente a las transmisiones indirectas...?, *op. cit.* p. 8.

26 Destaca este aspecto, sobre todo a raíz de la STS 889/2011 antes citada, GALLEGO LARRUBIA, J., Reflexiones en torno a las transmisiones indirectas..., *op. cit.*, p. 346.

mos también en la SAP de Asturias (Sección 5ª) de 11 de marzo de 1999 (Roj: SAP O 1001/1999), que fue confirmada por la STS 839/2005, de 8 de noviembre de 2005 (Roj: STS 6817/2005)[27].

Aun así, puede haber casos de incumplimiento evidente de lo pactado, atendiendo a su finalidad (cfr. artículo 1281 CC), especialmente, pero no solo, en sociedades de responsabilidad limitada donde el elemento subjetivo sea muy intenso[28]. La doctrina ha observado que estos supuestos se reconducen esencialmente a dos[29], que son precisamente los que ya he considerado como transmisiones indirectas más arriba. En primer lugar, la que podríamos denominar venta libre instrumental y, en segundo lugar, la venta de la sociedad instrumental.

El primer caso es más claro. Los estatutos, pactos parasociales o, incluso, la ley (cfr. artículo 107.1 LSC), establecen una cláusula de consorcialidad en virtud de la cual la transmisión de participaciones a sociedades del mismo grupo es libre, a pesar del resto de posibles restricciones. Si esas participaciones se transmiten a una

27 Tanto en un caso como en otro se trató de transmisiones en dos escalones. Primero una transmisión intragrupo permitida y después una transmisión fuera del grupo de la sociedad que es accionista. *Vid.* MENÉNDEZ, A., Sobre la transmisión intragrupo..., *op. cit.*, p. 744. En cualquier otro caso de cambio de control en la sociedad originariamente socio, no debería aplicar ninguna restricción, dice el profesor, si nada se ha pactado, *vid.* MENÉNDEZ, A., Sobre la transmisión intragrupo..., *op. cit.*, p. 748.

28 GARRIDO DE PALMA, V.M. "La sociedad anónima, limitada y familiar. La transmisión de acciones, de participaciones sociales y el cambio de socios en las mismas", *Estudios de Derecho mercantil en homenaje al profesor Manuel Broseta Pont*, tomo II, Tirant lo Blanch, Valencia, 1995, p. 1549, quien de forma algo lacónica ya defendía la aplicación de la restricción por identidad de *ratio*. Igualmente, PERDICES HUETOS, A., *Cláusulas restrictivas...*, *op. cit.* pp. 368 ss. A pesar de la STS 889/2011 antes citada, creo que lo mismo debería predicarse en sociedades anónimas, si bien, en este tipo social, será seguramente mucho más difícil la actividad probatoria de la esencialidad del elemento subjetivo.

29 PERDICES HUETOS, A., *Cláusulas restrictivas...*, *op. cit.* pp. 368 ss.

sociedad instrumental e inmediatamente después, o poco después, se vende esa sociedad instrumental, o cualesquiera de sus participaciones[30], está claro que hay una intención, permítasenos la expresión, fraudulenta, ya que mediante dos transmisiones en principio legales, se consigue un resultado claramente contrario al espíritu de lo pactado[31].

El segundo caso es, sin embargo, menos evidente. Desde el principio, se contrata con una sociedad instrumental pero no se establecen restricciones a las transmisiones indirectas. Por lo tanto, uno podría decir que la contemplación subjetiva, en ausencia de pacto, es irrelevante. Para poder luchar contra esa transmisión indirecta habría que sostener que, a pesar del silencio, las cualidades y condiciones de la sociedad instrumental son las de sus socios[32]. En estos casos será imprescindible probar ante el juez que los elementos subjetivos indirectos fueron esenciales a pesar de

30 Destaca la importancia del hilo temporal, GALLEGO LARRUBIA, J., Reflexiones en torno a las transmisiones indirectas..., *op. cit.*, p. 344.

31 *Vid.* para estas circunstancias, MENÉNDEZ, A., Sobre la transmisión intragrupo..., *op. cit.*, pp. 747 ss. y PERDICES HUETOS, A., *Cláusulas restrictivas..., op. cit.* pp. 368 ss. Ambos exigen para que esa previa transmisión sea "indirecta" que se transmita el control. La razón es clara. Ambos favorecen como solución, frente al fraude de ley (*Vid.* sección 0) u otras soluciones, la exclusión o rescate de las participaciones del socio, por justos motivos, sobre la base de una infracción del deber de fidelidad del socio. Sobre ello volveré. Baste ahora con apuntar que, para construir esa causa de exclusión, Perdices tiene que considerar que, en el fondo, con quien se está contratando cuando se trata de cláusulas consorciales, es el grupo y, consecuentemente, la transmisión indirecta solo es relevante si hay cambio de control (*vid.* PERDICES HUETOS, A., *Cláusulas restrictivas..., op. cit.* p. 370). En mi opinión, no es necesaria la transmisión del control. La transmisión de una sola participación de la sociedad instrumental equivaldrá a la transmisión de una participación en la sociedad afectada por la restricción. Solo si la sociedad receptora de la participación no es instrumental, entonces tiene sentido recurrir al cambio de control para que se disparen las consecuencias.

32 PERDICES HUETOS, A., *Cláusulas restrictivas..., op. cit.* pp. 371 y 372.

que no se dejara constancia en los estatutos sobre ello, cuestión que no será fácil (por ejemplo, explicando el desarrollo de las negociaciones, buscando cláusulas estatutarias que indirectamente lo presupongan[33], etc.).

Pues bien, en uno y otro supuesto, son tres las principales construcciones que se han esgrimido para tratar de invalidar esas transmisiones indirectas. Se trata del fraude de ley, la exclusión o rescate por justos motivos y el levantamiento del velo (unido a la consideración de la existencia de un incumplimiento contractual). A ellas añadiremos una potencial cuarta opción (el recurso a la tutela aquilina del crédito) que podría ser de utilidad en algunas situaciones y una primera consideración general, sobre el recurso a la autoejecución de la sanción o el recurso a medidas cautelares.

1. La suspensión de derechos

Antes de entrar en las acciones judiciales disponibles para los socios, o la sociedad, que se entiendan defraudados por una transmisión indirecta, es preciso realizar un breve apunte sobre la protección cautelar de sus derechos.

La doctrina viene a sostener que, cuando se conozca de la transmisión, se debe permitir a los socios defraudados por la transmisión indirecta solicitar a la sociedad y, en caso de una junta, al presidente, la paralización o suspensión de los derechos sociales y, en particular, el de asistencia a la junta o el voto[34]. Construye la doctrina este argumento sobre la base del artículo 79.1

33 Esto lo sostiene, GALLEGO LARRUBIA, J., Reflexiones en torno a las transmisiones indirectas..., *op. cit.*, p. 344.

34 MENÉNDEZ, A., Sobre la transmisión intragrupo..., *op. cit.*, p. 751 y PERDICES HUETOS, A., *Cláusulas restrictivas...*, *op. cit.* pp. 379 ss.

LSA (hoy artículos 142 y 148 LSC), si bien, me resulta un tanto cogido con pinzas, especialmente en ausencia de declaración estatutaria. Si los estatutos, en cambio, establecen que cualquier transmisión en contravención de los estatutos no tendrá efectos frente a la sociedad y será nula o, en su defecto, que los derechos políticos quedan suspendidos, la vía de la suspensión de esos derechos podría ser más evidente. Corresponderá, en consecuencia, al presidente de la junta general denegar esos derechos con el correspondiente riesgo personal que asume. Al mismo tiempo, quizás resulte demasiado pedirle eso al presidente y, probablemente, sea aconsejable tratar de obtener una medida cautelar al respecto si el presidente rehúsa actuar de la forma que se solicita. El riesgo, a su vez, será que si no se concede la medida cautelar, será muy difícil que el presidente de la junta decida negarles el derecho[35]. En definitiva, será una cuestión de estrategia procesal optar por una u otra vía.

294 2. El fraude de ley

La primera vía, principalmente encontrada en la jurisprudencia menor, para combatir las transmisiones indirectas ante ausencia de pacto es el recurso al fraude de ley[36]. Como se sabe, el fraude de ley consiste en una violación de una norma realizada de

35 *Vid.* por ejemplo, el AJM 6 de Madrid 282/2007, de 27 de abril de 2007, que deniega la concesión de medidas cautelares ante una transmisión indirecta, porque, acudiendo a la doctrina jurisprudencial antes citada, las restricciones a la transmisión deben interpretarse restrictivamente; también deniega el recurso al levantamiento del velo (que a veces se confunde con el fraude de ley) porque no se probó nada más que la sociedad cuyas participaciones se transmitieron era instrumental. Consideró que era preciso probar algo más.

36 También se menciona por la doctrina esta vía con mayor convencimiento (*Vid.* GALLEGO LARRUBIA, J., Reflexiones en torno a las transmisiones indirectas..., *op. cit.*, pp. 342 ss. y CASTELLÓ BERNABÉU, I., y BARDAJÍ GARCÍA, L., Cláusulas estatutarias..., *op. cit.*, p. 325) o menor (PERDICES HUETOS, A.,

forma oblicua o indirecta. Por lo tanto, se hace el acto al amparo de una norma, la denominada norma de cobertura, que ...*el autor de aquél pone al servicio de otra diferente, evitando así la aplicación de la norma defraudada que, bien por interpretación conjunta y sistemática con otros preceptos del ordenamiento o por su extensión a aquel supuesto por fuerza de la analogía (legis o iuris), ha de regir. La peculiaridad de la figura reside en la cobertura legal del acto, que hay que destruir*...[37]. La doctrina entiende que, para que opere el fraude de ley, es necesario hacer una interpretación extensiva y finalista de la ley que deba aplicarse a dicho negocio y correlativamente una interpretación estricta de la norma de cobertura[38]. Por tanto, estamos básicamente ante un problema de interpretación de las leyes[39]. La jurisprudencia tradicional no exige tener que probar la intención fraudulenta para considerar un acto o negocio jurídico como fraudulento, aunque lógicamente es preciso que la ley en que se ampara el acto no proteja el acto suficientemente lo que exigirá, en la mayoría de los casos, alguna prueba de conocimiento de la restricción y, por tanto, de intención fraudulenta (v. entre otras muchas, STS de 9 de marzo de 2006 (Roj: STS 1073/2006, que resume el estado de la cuestión)[40]. Es decir, el uso de la norma de cobertura debe decaer

Cláusulas restrictivas..., *op. cit.* pp. 375 ss. y MENÉNDEZ, A., Sobre la transmisión intragrupo..., *op. cit.*, p. 751).

37 GULLÓN BALLESTEROS, A., "Artículo 6. Eficacia Normativa", *Comentario del Código Civil*, Paz-Ares, Bercovitz, Díez-Picazo y Salvador Coderch (dirs.), Aranzadi, Cizur Menor 2015 (edición online, disponible en proview).

38 DE CASTRO, F. *El negocio jurídico*, Cívitas, Madrid 1985, p. 371.

39 SALVADOR CODERCH, P., AZAGRA MALO, A. y FERNÁNDEZ CRENDE, A., "Autonomía privada, fraude de ley e interpretación de los negocios jurídicos", *InDret*, núm. 3, 2004 (disponible online en https://indret.com/wp-content/uploads/2007/06/229_es.pdf), pp. 12 ss. y GÓMEZ POMAR, F., "Fraude de ley, teoría de la interpretación y regulación de precios mínimos", *InDret*, núm. 3, 2004, (disponible online en https://indret.com/wp-content/uploads/2007/06/230_es.pdf), pp. 2 ss.

40 MENÉNDEZ, A., "Sobre la transmisión intragrupo...", *op. cit.*, p. 751.

ante la preferente aplicación de la norma defraudada. Y la consecuencia, como específicamente prevé el artículo 6.4 CC, es que se aplique la norma que se hubiera tratado de eludir.

Pues bien, aplicando este concepto, encontramos dos sentencias razonablemente recientes. La primera es la SAP de Vizcaya (sección 4ª) 950/2018, de 28 de diciembre de 2018 (Roj: SAP BI 2224/2018) en la que se analizaba la vinculación de unas transmisiones indirectas de las participaciones de CNN y su relación con las restricciones contenidas en los estatutos de esta sociedad. En este caso, un socio de CNN (Global Noges) constituye una sociedad patrimonial (Global Incitatus), aportando a ella sus participaciones sociales de CNN, para su posterior transmisión a otros socios de CNN (Ingeteam a través de BBCapital y Murueta a través de Namure), para que se burle, mediante la transmisión de participaciones de la sociedad patrimonial (Global Incitatus), el régimen de cláusulas restrictivas de la libre transmisión de participaciones de la sociedad CNN fijadas estatutariamente. En esta sentencia se resalta el hecho de que los socios de CNN son personas jurídicas meras tenedoras de sus participaciones sociales y que, en atención al carácter eminentemente cerrado de la sociedad plasmado en sus estatutos, cuando se adquieren las participaciones del socio, se está pasando a controlar el ejercicio de los derechos económicos y políticos de las participaciones de la sociedad CNN, por lo que, a falta de articulación de las transmisiones indirectas en los propios estatutos, nada impide invocar la existencia de fraude de ley y así lo confirmó el tribunal en ese caso.

Sin embargo, la Audiencia no estimó la petición de la parte apelante de obligar a las mercantiles demandadas a adquirir sus participaciones sociales de CNN en las mismas condiciones que adquirieron las participaciones que tenía Global Noges, sino que estimó que la solución era la ineficacia de la transmisión. Es decir, estimó que la norma infringida, en lugar del derecho de adquisición preferente, era el artículo estatutario —que está en casi todos los estatutos de España— que propugna la ineficacia de las transmisiones realizadas en su contravención[41]. No estoy muy seguro de que la solución de la Audiencia sea la correcta ni la más eficiente[42]. Admitida la aplicación de la institución del fraude de ley (que ahora enseguida discutiré), esta disciplina precisamente lo que comporta es aplicar la norma defraudada y, en su caso, admitir el derecho de adquisición preferente, el derecho de acompañamiento o, en su defecto, la prohibición, todo ello ajustado a cómo se habría procedido en caso de que hubiese sido una transmisión directa. Si estamos ante una venta en dos instancias sobre la base de una cláusula consorcial, lo más lógico es invalidar la primera venta *libre* que nunca se tenía que haber producido, es decir, la venta que ha provocado el incumplimiento del pacto de *non-cedendo*. Lo que ocurra con la venta ulterior de la sociedad instrumental es irrelevante (salvo entre el correspondiente comprador y vendedor). Por tanto, lo lógico es que se admita el ejercicio de los derechos defraudados conforme a los estatutos de la sociedad española[43]. Esta solución, por lo demás, es la que se antoja más eficiente.

41 Sin ser tan evidente la razón en la que se basa, la STS 869/1999, de 25-X-1999 (Roj: STS 6619/1999) también anuló en un caso de contravención de una cláusula de derecho de adquisición preferente la transmisión (la aportación a una sociedad), pero no reconoció (quizás porque las partes no lo pidieron) el derecho de adquisición preferente.

42 Ya lo decía hace años DE LA CÁMARA, M., *Las cláusulas limitativas...*, *op. cit.* p. 316; el recurso a la nulidad en los casos de violación del derecho de adquisición preferente es a todas luces excesivo y es preferible reconocer, simplemente, el derecho de adquisición preferente defraudado. Si lo que se infringe es una prohibición de disponer o la necesidad de contar con la autorización de la Junta, que la deniega, entonces probablemente el efecto debería ser la ineficacia de la transmisión.

43 Recuérdese no obstante la STS 159/2005, de 14 de marzo de 2005 (Roj: STS 1573/2005) que he citado en la nota 23 anterior y la postura de SARAZÁ JIMENA, R., Artículo 112..., *op. cit.*, pp. 1561 y 1562, que no comparto. Dicho

La segunda sentencia reciente sobre la materia es la SAP de Barcelona (sección 15ª) 244/2023, de 2 de noviembre de 2023 (Roj: SAP B 11306/2023), si bien, en este caso, el tribunal niega la aplicación del fraude de ley al entender que no había en los estatutos —ni se probó por otros medios— previsión alguna que revelara la intención de proteger el elemento subjetivo de la sociedad o cierta preocupación de los socios por una estabilidad o una representación o proporción concreta en el accionariado.

Sea como fuere, el problema de recurrir a la vía del fraude de ley es doble. En primer lugar, salvo que se obtenga una medida cautelar, la transmisión se tendrá por efectuada hasta que, en su caso, se obtenga una sentencia firme en contrario. De ahí que la doctrina haya tratado de construir otra vía, mucho más expedida pero quizás más discutible[44]. Es la exclusión o rescate por justos motivos que trato en el apartado 3 siguiente.

En segundo lugar, la doctrina del fraude de ley no podemos olvidar que es eso, fraude de ley, no fraude de contrato[45]. Si ha habido un fraude de contrato (ya sea del pacto de socios o de los estatutos, que son las reglas de organización creadas en virtud del contrato de sociedad), significará que un tercero ha medrado para que el contrato se incumpla o que, en su caso, el propio contrato se ha incumplido por alguna de sus partes. Sobre estas

---

esto, como decía también antes, debemos rechazar las cláusulas estatutarias que se limiten a establecer la ineficacia de la transmisión.

44 No entiendo, no obstante, que la justificación sea evitar los problemas de prueba de la intención fraudulenta al que alude la doctrina (*vid.* MENÉNDEZ, A., Sobre la transmisión intragrupo..., *op. cit.*, p. 751 y PERDICES HUETOS, A., *Cláusulas restrictivas...*, *op. cit.* p. 377), cuando la doctrina general del fraude de ley, citada más arriba, no exige probarla.

45 La ubicación sistemática del artículo 6.4 CC es elocuente. Es cierto que podría decirse que la norma infringida es el artículo 1091 CC, pero creo que, aplicando el mismo modelo, es preferible el recurso a la responsabilidad contractual que explico en el apartado 0 siguiente.

dos cuestiones volveré en los apartados 4 y 5 siguientes. Antes, analizaré la exclusión o rescate por justos motivos.

3. La exclusión o rescate por justos motivos

La siguiente construcción ofrecida por la doctrina (esta vez, que sepamos, sin apoyo jurisprudencial) es la existencia de una causa de exclusión del socio por justos motivos, que se dispara a raíz de un incumplimiento de los deberes de fidelidad del socio. El deber de lealtad o fidelidad de los socios es una institución que en nuestro Derecho se da por supuesta y es comúnmente aceptada por nuestra mejor doctrina y por la jurisprudencia[46], aunque existen también algunos pronunciamientos en contra[47]. No es este el

46 Por todos, GIRÓN TENA, J., *Derecho de Sociedades Anónimas (Según la Ley de 17 de julio de 1951)*, Universidad de Valladolid, Valladolid 1952, pp. 198 y 199; ALFARO ÁgUILA-REAL, J., *Interés social y derecho de suscripción preferente. Una aproximación económica*, Civitas, Madrid 1995, p. 32 y MIQUEL RODRÍGUEZ, J., "Reflexiones sobre los deberes de fidelidad de socios y accionistas", *Estudios de Derecho mercantil. En memoria del profesor Aníbal Sánchez Andrés*, Aranzadi, Cizur Menor 2010, pp. 454 ss. (quien, además, en la nota al pie 10 realiza una exposición cronológica sobre la doctrina que se ha pronunciado a favor y en contra de la existencia de este derecho). Respecto de la jurisprudencia que reconoce este deber, se pueden destacar las SSTS 204/1993, de 6 de marzo de 1992 (Roj: STS 1883/1992) y 1001/1993, de 2 de noviembre de 1993 (Roj: STS 7322/1993). Estas viejas resoluciones han tenido eco recientemente, por ejemplo, en la SAP de La Coruña (sección 4ª), 116/2019, de 25 de marzo de 2019 (Roj: SAP C 742/2019), que considera una infracción del deber de lealtad que la sociedad no reparta beneficios durante dos ejercicios y los aplique a reservas.

47 Por ejemplo, DUQUE DOMÍNGUEZ, F., *La tutela de la minoría y la impugnación de acuerdos lesivos*, Universidad de Valladolid, Valladolid, 1957, pp. 54 ss.; VIVES RUIZ, F., "Los conflictos de intereses de los socios en la reforma de la regulación mercantil", *Anales de la Academia Matritense del Notariado*, núm. 55, 2015 pp. 195 y 208 y con una perspectiva algo distinta, CARRASCO PERERA, Á., *Tratado del abuso de derecho y del fraude de ley*, Aranzadi, Cizur Menor 2016 (versión electrónica disponible en proview), §18. II.1 y 2, o PEINADO GRACIA, J.I. "Abnegación y silencio en la sociedad mercantil", *Derecho*

lugar para enjuiciar la existencia o reconocimiento legal del deber de fidelidad del socio y, en su caso, su significación. Aunque se negare su existencia, las mismas conclusiones aquí expuestas se podrían seguramente alcanzar con el recurso a la mala fe o al abuso del derecho.

El análisis verdaderamente relevante es el relativo a la existencia de una causa legal no escrita de exclusión (y separación) de un socio por justos motivos[48]. La tesis principal de esta postura es que, al incorporarse cualquier socio a la sociedad, acepta (o mejor dicho, su deber de fidelidad o la propia posición jurídica como socio, ex artículo 1258 CC, incorpora la aceptación) que

de sociedades. Revisando el derecho de sociedades de capital, González Fernández, MªB. y Cohen Benchetrit, A., Tirant lo Blanch, Valencia 2018, p. 49. Entre la jurisprudencia, por ejemplo, encontramos la SAP de Vizcaya (sección 4ª) de 18 de diciembre de 2018 (Roj: SAP BI 2223/2018), párrafo 27, FJ 3º: ...*De ahí que puedan apreciarse los requisitos que la jurisprudencia establece para constatar abuso de derecho. Hay un ejercicio aparentemente correcto del derecho, que en realidad esconde una extralimitación en su ejercicio, porque lo pretendido, el dividendo, podía haber sido alcanzado sin comprometer el patrimonio social a través del ejercicio del derecho de separación que comporta la entrega de un valor razonable de las participaciones sociales. Aunque no exista un "deber de fidelidad" del socio respecto de la sociedad, semejante al "deber de lealtad" previsto en el art. 227 LSC para el administrador social, lo exigía el ejercicio de los derechos conforme al principio de buena fe establecido en el art. 7.1 CCv, y en sede contractual, por el art. 1258 CCv...*.

48 Sobre este tema, es obligado consultar el imprescindible trabajo de ALFARO ÁGUILA-REAL, J., "Conflictos intrasocietarios. (Los justos motivos por causa legal no escrita de exclusión y separación de un socio en la sociedad de responsabilidad limitada)", *Revista de Derecho Mercantil*, núm. 222, 1996, pp. 1079-1141 y, en especial, 1110 ss. Más recientemente GALLEGO LANAU, M.ª "La exclusión del socio por justa causa", *op. cit.*, pp. 1.513 ss., y CORBERÁ MARTÍNEZ, J. "Deslealtad y justa causa de exclusión del socio", *El derecho de separación y la exclusión de socios en las sociedades de capital*, González Fernández, Mª B. (dir.), Márquez Lobillo, P. y Otero Cobos, MªT. (coords.), tomo II, Tirant lo Blanch, Valencia 2021, pp. 1558 ss.; con más dudas, FACHAL, N. "Los justos motivos como causa de ruptura del vínculo social", *Revista Aranzadi Doctrinal*, núm. 5, 2022 (edición online disponible en proview).

podrá ser excluido en caso de que se aprecien justos motivos para ello[49]. En sociedades cerradas, sean del tipo que sean, donde la contemplación subjetiva es muy relevante, se deben aplicar por analogía las normas de las sociedades de personas y, por tanto, admitir sin ambages, según sostiene esta postura, la existencia de esta causa de exclusión por justos motivos si bien, en el caso de marras, modulada por la técnica del propio sistema restrictivo: el mecanismo de rescate[50].

Pues bien, aunque no me pueda detener, simpatizo con la idea de la exclusión por justos motivos. Y más que por los argumentos en torno al deber de fidelidad, por la aplicación, en sede societaria, del artículo 1124 CC. Es decir, admitido que la sociedad es básicamente un contrato (que opera como mecanismo de imputación de relaciones jurídicas y, por tanto, como un nexo para contratos), si uno de los socios lo incumple flagrantemente o abusa indebidamente de su derecho, debe ser forzoso admitir la posibilidad de recurrir al artículo 1124 CC y que se pueda resolver el contrato. Y, en sede de derecho de sociedades, la forma de resolver el contrato, cuando el resto de partes no incumplidoras no quieren resolverlo (es decir, disolver la sociedad), es precisamente proceder a una disolución parcial o, lo que es lo mismo, excluir al socio en cuestión.

49 *Vid.* ALFARO ÁGUILA-REAL, J., "Conflictos intrasocietarios...", *op. cit.* p. 1.101. En contra, BONARDELL LENZANO, R. y CABANAS TREJO, R., *Separación y exclusión de socios en la sociedad de responsabilidad limitada*, Aranzadi, Cizur Menor 1998, pp. 35 ss.; GALLEGO LANAU, M.ª, "La exclusión del socio...", *op. cit.* p. 1.527 y ALONSO LEDESMA, C., "La autonomía de la voluntad en la exclusión y separación de socios", *Revista de Derecho Mercantil*, núm. 287, 2013, pp. 89 ss. y en concreto, pp. 120 ss. En materia específica de transmisiones indirectas reconocen esta causa de exclusión, *Vid.* MENÉNDEZ, A., "Sobre la transmisión intragrupo...", *op. cit.*, pp. 751 ss. y PERDICES HUETOS, Antonio: *Cláusulas restrictivas...*, *op. cit.* pp. 379 ss.

50 MENÉNDEZ, A., "Sobre la transmisión intragrupo...", *op. cit.*, pp. 751 ss. y PERDICES HUETOS, A., *Cláusulas restrictivas...*, *op. cit.* p. 380.

Pero no podemos obviar que la existencia de una fuerte oposición doctrinal al reconocimiento de esta causa de exclusión (y probablemente más de rescate) es una fuente de incertidumbre a la hora de recurrir a esta vía autoejecutiva por los socios cumplidores. El socio incumplidor podrá ser excluido por acuerdo de la junta (salvo que sea titular de al menos el 25% del capital, v. artículo 352 LSC), pero si se acaba negando por el tribunal, volverá a la sociedad y se habrá perdido un tiempo precioso (por no hablar en el caso de que prospere una medida cautelar del socio excluido que impida la exclusión efectiva). Por otro lado, el recurso a esta vía en caso de transmisiones indirectas es todavía más complejo. En ellas (salvo en la operación de venta en dos pasos que ya he explicado), el socio de la sociedad no realiza ningún acto; es mero actor pasivo de una transmisión que opera sobre sus participaciones (o incluso de las de su sociedad dominante) sobre la que ningún control tiene. Por ello, la doctrina tiene que echar mano del concepto de grupo para sostener que las infracciones del socio indirecto son imputables a la sociedad titular de las participaciones sujetas a restricción. Se viene a decir que *...las cualidades y condiciones de la instrumental son las de sus socios, de modo que la voluntad de los beneficiarios de la restricción se forma únicamente sobre la base de las cualidades personales de los miembros de aquella*". Y que, en consecuencia, "*se debe extender el deber de fidelidad de la sociedad titular de participaciones vinculadas a los socios de la misma, cuando entre una y otros exista una plena identidad, como es el caso del socio único de una sociedad unipersonal o de la sociedad dominante en otra sociedad...*[51] Este concepto de imputación del incumplimiento no es absurdo (después volveremos sobre ello), pero unido a la incertidumbre de la vía de la exclusión por justos motivos, hace que los inconvenientes de recurrir en la práctica a ella no sean menores.

51 Ibid, *op. cit.* p. 375.

Además de estos inconvenientes de índole más jurídica, hay otro de orden económico. El instituto de la exclusión o del rescate, lógicamente, solo servirá cuando la cláusula que se haya infringido mediante la transmisión indirecta sea un derecho de adquisición preferente. Si se produce la infracción de otras cláusulas (por ejemplo, una prohibición de disponer), mal negocio es además darle liquidez al socio incumplidor mediante el mecanismo del rescate. Por tanto, no siempre será lo más recomendable, desde el punto de vista negocial, recurrir a la causa de exclusión o rescate por justos motivos, incluso aunque asumamos que es posible acudir a ella.

4. La vía de la responsabilidad civil extracontractual con la satisfacción *in natura*

Una tercera vía para poder luchar contra las transmisiones indirectas la podemos encontrar en un instituto aparentemente ajeno[52]. Se trata de la responsabilidad extracontractual del artículo 1902 CC y puede ser aplicable para el caso de que un tercero ajeno a los estatutos o al pacto adquiera indebidamente las participaciones sujetas a restricción. Me serviré de tres posibles argumentos en contra de la posibilidad de recurrir a esta institución, para justificar precisamente su admisibilidad.

Un primer obstáculo para recurrir a la responsabilidad extracontractual podría ser que, para ese tercero, los estatutos o el

52 No he descubierto el Mediterráneo. Esta opción procede de una discusión con mi compañero Miguel Moratinos a raíz de un caso profesional en el que él ha intervenido junto con otros compañeros (y respecto del que todavía no ha recaído sentencia, además de ser distinto a las transmisiones indirectas). Sin embargo, los argumentos esgrimidos en la demanda presentada (y posteriormente en el acto del juicio) pueden ser extrapolables a la materia objeto de este trabajo. Naturalmente, la idea de trasladar esa doctrina al supuesto objeto de este trabajo es solo mía.

pacto es *res inter alios acta* y, en principio, no le vinculan (artículo 1257 CC). Sin embargo, es evidente que este principio no es inmutable ni ilimitado[53]. Así nuestro Tribunal Supremo ha reconocido la *tutela aquiliana del derecho de crédito* en estos casos, la cual se resume así[54]: *...Doctrina y jurisprudencia han superado, desde luego, la idea de una absoluta irrelevancia, o total separación, de una concreta relación obligatoria respecto de terceros. Se admite un deber de respeto por el derecho de crédito y cabe afirmar una posición generalmente favorable a que el tercero que viola, por dolo o negligencia, un derecho ajeno, asuma una determinada responsabilidad, que ha de ser establecida bajo las reglas de la responsabilidad extracontractual (tutela aquiliana del crédito) ...*[55]. De este modo, si un tercero lesiona el derecho de crédito de un acreedor, este no solo puede reclamar contra su deudor por la vía contractual, sino también, contra el tercero que conociendo el hecho, colaboró con el deudor (entre otras muchas, v. STS 517/2015, de 6 de octubre de 2015 (Roj:4157/2015)). Y la consecuencia, es clara: *...el tercero que viole dolosa o negligentemente un derecho ajeno, asume, por este solo hecho, responsabilidad por los daños y perjuicios causados al titular del derecho, y asume una obligación de resarcimiento, que en caso de la actuación dolosa debe abarcar todas las consecuencias dañosas...* (v. STS 43/2014, de 5 de febrero de 2014 (Roj: STS 497/2014)).

Un segundo obstáculo al que se podría enfrentar esta idea es que el artículo 1902 CC solo permitiría la indemnización en dinero de los daños y perjuicios causados. Sin embargo, nada más lejos

53 DIEZ PICAZO, L., *Fundamentos del Derecho Civil Patrimonial. Vol. II. Las Relaciones Obligatorias*, Cívitas, Cizur Menor 2008 (sexta edición), p. 742.

54 Sigue siendo imprescindible la obra de PÉREZ GARCÍA, M., *La protección aquiliana del derecho de crédito*, Centro de Estudios del Colegio de Registradores, Madrid 2005, *passim*.

55 STS 600/2008, de 26 de junio de 2008 (Roj: STS 3953/2008).

de la realidad. La misma STS 43/2014, de 5 de febrero de 2014 (Roj: STS 497/2014) antes citada recoge que la reparación de la lesión por el tercero bajo el artículo 1902 CC debe hacerse principalmente *in natura*. La forma de construir la protección *aquiliana* en nuestro caso podría pasar, en la mayoría de las situaciones, por aplicar la doctrina de la protección de los derechos de opción a través de la tutela *aquiliana*[56]. Es decir, es muy claro que cuando se viola un derecho de adquisición preferente, directamente o a través de una transmisión indirecta, se está conculcando un derecho de opción. Pero probablemente lo mismo ocurre en los casos de los derechos a aprobar un cambio de control o a autorizar la transmisión de participaciones con una cláusula de *lock-up*[57].

Pues bien, en los casos de derechos de opción, la reparación *in natura* suele implicar la condena al tercero de transmitir el bien al beneficiario de la opción en los mismos términos que los previstos en la opción (*vid.* STS 24 de octubre de 1990 [Roj: STS 11082/1990] o STS 118/1997 de 13 de febrero de 1997 [Roj: STS 940/1997]). La aplicación de esta doctrina a los casos de derecho de adquisición preferente es líquida. Y expresada en términos más amplios, aplicables a nuestro caso, consistiría en que el tercero deberá soportar el ejercicio del derecho de crédito por su titular, produciéndose los efectos propios del derecho de crédito lesionado[58].

56 En general, sobre los contratos de opción, *Vid.* CAÑIZARES LASO, A., "Contrato de opción de compra", *Estudios de Derecho de contratos. T. I*, Boletín Oficial del Estado, Madrid, 2022, pp. 147-166.

57 En algún caso, el Alto Tribunal ha sostenido que la responsabilidad del tercero es contractual. *Vid.* STS 24 de octubre de 1990 (Roj: STS 11082/1990). Pero en otras muchas situaciones ha sostenido que la vía es la responsabilidad extracontractual (*vid.* referencias en PÉREZ GARCÍA, M., *La protección aquiliana...op cit.*, p. 359, nt. 472). Igualmente, CAÑIZARES LASO, A., "Tanteo y opción. Frustración del interés del titular del derecho (Comentario a la STS. Sala 1ª-24 de octubre de 1990)", *Anuario de Derecho Civil*, núm. 2, 1991, p. 935.

58 PÉREZ GARCÍA, M., *La protección aquiliana...op cit.*, p. 454.

Y un tercer obstáculo, aparente, de esta aproximación es que la doctrina y jurisprudencia vienen a exigir que el tercero tiene que haber actuado de mala fe (o, al menos, que conoce o, dadas las circunstancias, no puede desconocer la existencia del derecho ajeno)[59]. Por si fuera poco, en materia de transmisiones indirectas, habrá en muchos casos dos "terceros", uno más tercero que el otro. Me explico. El *primer* tercero es el socio de la sociedad instrumental o el que adquiere libremente las participaciones de otra sociedad de su grupo sobre la base de una cláusula consorcial. En ese caso, no cabe duda que ese tercero (que como he dicho, no es tan tercero) conoce el contenido de los derechos defraudados bajo el pacto. Y *segundo* tercero, el adquirente, será muy difícil que no sea de mala fe (o al menos será muy complicado considerar que no debía ni podía haber conocido el hecho). Esto es, a poco que la sociedad *indirectamente* adquirida sea relevante económicamente, el comprador realizará (o debería realizar) indefectiblemente una *due diligence* en la que investigará la titularidad del vendedor sobre las participaciones vendidas y el origen de su derecho de propiedad, realizando las preguntas oportunas para asegurarse de que dispone de título válido. Y ese comprador deberá revisar, como es habitual, los posibles pactos de socios de las sociedades participadas por la sociedad que se adquiere y sus estatutos sociales. Por tanto, de ese ejercicio, será difícil que no se conozcan las restricciones.

En consecuencia, las consideraciones hasta ahora vertidas serían predicables a los casos de ventas en dos pasos (a través de la cláusula de consorcialidad antes dicha) y los casos en los que la prohibición de transmisiones indirectas están expresamente acordadas en los pactos de socios y estatutos. En otros casos, la

59 *Vid.* por ejemplo, STS 28 de mayo de 1956 (Roj: STS 1583/1956) y, por todos, PÉREZ GARCÍA, M., *La protección aquiliana...op cit.*, p. 355.

labor probatoria de la mala fe del tercero realmente *tercero* será más complicada.

Sin embargo, el gran problema al que se enfrenta esta tesis es que, en ocasiones, la reparación *in natura* del daño por el tercero puede no ser deseable. En efecto, salvo en los casos de venta en dos pasos, el objeto de la transmisión no son las participaciones objeto de la restricción, sino de la sociedad instrumental. En consecuencia, como decía más arriba al tratar de la exclusión de socios por justos motivos, de nada sirve al socio o a la sociedad adquirir las participaciones de la sociedad instrumental. Nos encontramos, de nuevo, ante un atolladero en el que no se vislumbra una salida clara.

5. La reclamación contractual y la imputación del incumplimiento

La última vía que entiendo posible para hacer valer las restricciones ante transmisiones indirectas es el recurso a las diversas acciones disponibles por incumplimiento de contrato. Se trataría de considerar, sencillamente, que la transmisión indirecta constituye bien un incumplimiento del pacto de socios, bien un evento prohibido o condicionado por los estatutos (en relación con el pacto de *non-cedendo* o sujeto a restricciones ex. artículo 1112 CC). Y para ello, igual que se hacía con el fraude de ley, es preciso realizar una interpretación expansiva de lo pactado para considerar que la transmisión indirecta es un incumplimiento de contrato, sobre la base de elementos que evidencien la esencialidad de la contemplación subjetiva realizada por las partes, esto es, de la finalidad real (cfr. 1281 CC). Recurriríamos, podríamos decir, a la figura del *fraude de contrato*.

Para construir el recurso a la vía contractual debemos distinguir los dos supuestos básicos de transmisión indirecta. El primero, el más sencillo, es el caso de la venta en dos pasos. En estas situaciones, son varios los expedientes que se pueden utilizar, pero el más evidente es establecer que la primera venta, supuestamente permitida, en realidad no lo era, porque el socio no tenía capacidad de realizar *esa venta*, cuya causa está viciada. Esto es, no era en realidad una venta permitida o, en su defecto, es preciso entender que esa venta otorgaba a los otros socios, o a la sociedad, el derecho de adquisición preferente que se ha conculcado indebidamente. En el primer caso, la primera venta podrá ser declarada ineficaz y el tercero debería tener que devolver las participaciones adquiridas, pues su vendedor, en realidad, no podía disponer de ellas. En el segundo, el tercero debería soportar el ejercicio del derecho de adquisición preferente o, en su caso, el derecho de acompañamiento indebidamente hurtado.

Tradicionalmente se sostenía que en estos casos el deudor de la obligación incurría en responsabilidad contractual y el tercero en la responsabilidad *aquiliana* que hemos tratado antes. Sin embargo, como sostiene la mejor doctrina, en estos casos de complicidad necesaria de un tercero en el incumplimiento contractual, debería ser posible entender que se trata de un acto de violación conjunta del derecho de crédito y que es, en definitiva, un acto unitario sometido a un régimen también unitario de responsabilidad contractual[60]. Como he dicho más arriba, en estos casos no debería ser muy complejo probar la mala fe del tercero o, al menos, que debía conocer las restricciones anudadas a las participaciones adquiridas si hubiera actuado de forma mínimamente diligente. Es más, es probable que ni siquiera terceros supuestamente de buena fe puedan mantener la titularidad de las participaciones (salvo, en su caso, que se cumplan los requisitos

60 DIEZ PICAZO, L., *Fundamentos del Derecho Civil...*, *op. cit.* p. 743.

de la prescripción adquisitiva). Habrá que ver, en ese caso, si está disponible el recurso de la acción pauliana.

Más complicado resulta el supuesto de la pura transmisión indirecta, porque en ese caso el socio de la sociedad en realidad no habría incumplido formalmente el contrato. Pues bien, en estos casos, la única vía razonablemente disponible para hacer cumplir lo pactado es atribuir el incumplimiento del tercero (que no lo es tal, porque es el socio del socio titular de las participaciones sujetas a restricción) a su filial. No se trata aquí de *...levantar todo el velo societario de todas las sociedades instrumentales...*, sino simplemente considerar que el incumplimiento de uno es como si hubiera incumplido el otro y por tanto, considerar que, para esta circunstancia, se ha abusado de la personalidad jurídica de la sociedad instrumental. Este incumplimiento debería poder permitir atacar la transmisión indirecta o reconocer al resto de socios sus derechos conculcados. Esto, en principio, solo podrá ser así en sociedades instrumentales controladas por un único socio o un grupo de sociedades, ya sea de forma unipersonal o con un control exclusivo pero no total[61]. Se trata, en definitiva, de recurrir a la vía del levantamiento del velo societario, pero con ello no se anula totalmente la personalidad jurídica de la sociedad instrumental, ni la anula, ni nada parecido[62]. Tampoco se debería poder acusar de que el resto de socios son artífices o consentidores del entra-

61 Este levantamiento del velo se menciona, como algo semejante pero separado al fraude de ley, por ejemplo, en el AJM 6 de Madrid 282/2007, de 27 de abril de 2007, la SJM 3 de Barcelona de 18 de diciembre de 2006 (Roj SJM B 246/2006) (caso Uniland), la SJM 1 de Barcelona 6/2023 de 10 de enero de 2023 (Roj: SJM B 71/2023) y, entre nuestra doctrina, por DE LA CÁMARA, M., Las cláusulas limitativas..., *op. cit.* p. 288 y, algo de soslayo, por PERDICES HUETOS, A., *Cláusulas restrictivas..., op. cit.* p. 378.

62 Sobre los requisitos del levantamiento del velo, *Vid.* DE ÁNGEL YÁGÜEZ, R., *La doctrina del "levantamiento del velo" de la persona jurídica en la jurisprudencia*, Cívitas, Cizur Menor 2013 (6ª edición).

mado societario capaz de generar estos excesos (según establece la SJM 2 de Madrid, 322/2005, de 13 de abril de 2007) y, que por tanto, les está vedado reclamar el levantamiento del velo, si del resto de situaciones existentes en el caso, se desprende que la contemplación subjetiva ha sido esencial. Pero, acabando como empezábamos, no se puede desconocer que eso no será fácil: la STS 869/1999, de 25 de octubre de 1999 (Roj: STS 6619/1999) nos recuerda que ...*al incluir en el grupo accionarial a una persona jurídica, se viabiliza el que ésta pueda extender en el círculo social a terceras personas con el sencillo expediente de transmitir sus propias acciones, ya que en su acervo patrimonial figurarán, a su vez, las acciones aportadas, que llevan inherente el derecho de voto y consiguiente control de la otra sociedad...* Muchas veces será así, pero debemos admitir que puede haber casos en que sostener esto sea excesivo. No será tarea sencilla.

IV. CONCLUSIONES

La doctrina y jurisprudencia han ensayado diversas construcciones para luchar contra transmisiones indirectas de participaciones sociales sujetas a restricciones, a pesar de no haberse pactado nada expresamente al respecto en los estatutos sociales o pactos de socios. Se trata del fraude de ley, de la exclusión del socio por justos motivos o del recurso al levantamiento del velo unido a una infracción contractual. A ellos se podría añadir el recurso a la tutela *aquiliana* del derecho de crédito. Sin embargo, ninguna de las vías es plenamente satisfactoria para las partes que entiendan frustrados sus derechos o que se ha incumplido lo pactado. En algunos casos, porque su viabilidad jurídica es puesta en duda por la doctrina. En otros, porque hasta que se obtenga una sentencia firme declarando la ineficacia de la transmisión indirecta o el reconocimiento del derecho correspondiente, pasarán muchos años, y además no será fácil que se reconozca, pues los tribunales tenderán a interpretar restrictivamente las limitaciones a la transmisión pactadas, lo que exigirá una labor de prueba y convencimiento al juez de que lo realmente pactado incluía restringir las transmisiones indirectas. Nada de eso es sencillo.

Por ello, y como casi siempre en la vida, más vale prevenir que curar. Será imprescindible, si esa es la voluntad de las partes, contemplar y restringir las transmisiones indirectas en pactos de socios y estatutos y prever consecuencias adecuadas mediante las instituciones jurídicas más apropiadas. Solo así se podrán salvaguardar adecuadamente los derechos de las partes.

V. BIBLIOGRAFÍA

ALFARO ÁGUILA-REAL, J., *Interés social y derecho de suscripción preferente. Una aproximación económica*, Cívitas, Madrid 1995.

— "Conflictos intrasocietarios. (Los justos motivos por causa legal no escrita de exclusión y separación de un socio en la sociedad de responsabilidad limitada)", *Revista de Derecho Mercantil*, núm. 222, 1996.

— "Transmisibilidad de acciones: una Sentencia de la Sala 1ª con voto particular: Institucionalistas 1 — Contractualistas 0", *Blog de Derecho Mercantil*, 31 de marzo de 2011.

ALONSO LEDESMA, C., "La autonomía de la voluntad en la exclusión y separación de socios", *Revista de Derecho Mercantil*, núm. 287, 2013.

BONARDELL LENZANO, R. y CABANAS TREJO, R., *Separación y exclusión de socios en la sociedad de responsabilidad limitada*, Aranzadi, Navarra, 1998.

BROSETA, M., *Restricciones estatutarias a la libre transmisibilidad de acciones*, Madrid, 1984.

CAMPINS VARGAS, A., "Articulación contractual y régimen jurídico de los pactos de acompañamiento (cláusulas de tag along)", *Revista de Derecho de Sociedades*, núm. 48, 2016.

CAÑIZARES LASO, A., "Tanteo y opción. Frustración del interés del titular del derecho (Comentario a la STS. Sala 1ª-24 de octubre de 1990)", *Anuario de Derecho Civil*, II-1991, pp. 921 ss.

— "Contrato de opción de compra", *Estudios de Derecho de contratos*, tomo I, Boletín Oficial del Estado, Madrid, 2022, pp. 147 ss.

CARRASCO PERERA, Á., *Tratado del abuso de derecho y del fraude de ley*, Aranzadi, Navarra, 2016.

CASTELLÓ BERNABÉU, I. y BARDAJÍ GARCÍA, L., "Cláusulas estatutarias y parasociales limitativas de la transmisión de acciones y participaciones", *Revista de Derecho de Sociedades*, núm. 39, 2012.

CHUCHET PRADO, N., "Pasos para la implementación de una estructura de doble Luxco en el marco de financiación", *El Derecho.com*, 30 de abril de 2021, disponible en https://elderecho.com/pasos-para-la-implementacion-de-una-estructura-de-doble-luxco-en-el-marco-de-financiacion.

CORBERÁ MARTÍNEZ, J., "Deslealtad y justa causa de exclusión del socio", *El derecho de separación y la exclusión de socios en las sociedades de capital*, González Fernández, Mª B. (dir.), Márquez Lobillo, P. y Otero Cobos, MªT. (coords.), tomo II, Tirant lo Blanch, Valencia 2021.

DE ÁNGEL YÁGÜEZ, R. *La doctrina del "levantamiento del velo" de la persona jurídica en la jurisprudencia*, Cívitas, Madrid, 2013 (6ª edición).

DE LA CÁMARA, M. "Las cláusulas limitativas de la libre transmisión de acciones en la nueva legislación de sociedades anónimas", *Anales de la Academia Sevillana del Notariado*, IV, Homenaje al Profesor Jordano Barea, Madrid, 1991.

DIEZ PICAZO, L., *Fundamentos del Derecho Civil Patrimonial. Vol. II. Las Relaciones Obligatorias*, Civitas, Madrid, 2008 (sexta edición).

DUQUE DOMÍNGUEZ, F., *La tutela de la minoría y la impugnación de acuerdos lesivos*, Universidad de Valladolid, Valladolid, 1957.

FACHAL, N., "Los justos motivos como causa de ruptura del vínculo social", *Revista Aranzadi Doctrinal*, núm. 5, 2022.

FERNÁNDEZ DEL POZO, L., *El protocolo familiar. Empresa familiar y publicidad registral*, Aranzadi, Cizur Menor (Navarra) 2008

GALLEGO LANAU, M.ª, "La exclusión del socio por justa causa", *El derecho de separación y la exclusión de socios en las sociedades de capital*, González Fernández, Mª B. (dir.), Márquez Lobillo, P. y Otero Cobos, MªT. (coords.), tomo II, Tirant lo Blanch, Valencia 2021.

GALLEGO LARRUBIA, J., "Reflexiones en torno a las transmisiones indirectas de acciones y participaciones sociales", *Delendus est leviathan. Liber amicorum. Profesor José María de la Cuesta Rute*, Wolters Kluwer, Madrid, 2020.

GARCÍA LAPUENTE, A., "¿Cómo cabe protegerse frente a las transmisiones indirectas no deseadas de acciones y participaciones sociales?", *Revista de Derecho de Sociedades*, núm. 30, 2008.

GARRIDO DE PALMA, V.M., "La sociedad anónima, limitada y familiar. La transmisión de acciones, de participaciones sociales y el cambio de socios en las mismas", *Estudios de Derecho mercantil en homenaje al profesor Manuel Broseta Pont*, tomo II, Tirant lo Blanch, Valencia, 1995.

GIRÓN TENA, J., *Derecho de Sociedades Anónimas (Según la Ley de 17 de julio de 1951)*, Universidad de Valladolid, Valladolid, 1952.

GÓMEZ POMAR, F., "Fraude de ley, teoría de la interpretación y regulación de precios mínimos", *Indret*, núm. 3, 2004 (disponible online en https://indret.com/wp-content/uploads/2007/06/230_es.pdf).

GULLÓN BALLESTEROS, A., "Artículo 6. Eficacia Normativa", en *Comentario del Código Civil*, Paz-Ares, Bercovitz, Díez-Picazo y Salvador Coderch (dirs.), Aranzadi, Navarra, 2015.

MENÉNDEZ, A., "Sobre la transmisión intragrupo de acciones o participaciones vinculadas", *Estudios jurídicos y universitarios*, Aranzadi, Navarra, 2015.

MIQUEL RODRÍGUEZ, J., "Reflexiones sobre los deberes de fidelidad de socios y accionistas", *Estudios de Derecho mercantil. En memoria del profesor Aníbal Sánchez Andrés*, Aranzadi, Navarra, 2010.

MUÑOZ CERVERA, M., "La exclusión de socios por incumplimiento de prestaciones accesorias y los pactos parasociales", *El derecho de separación y la exclusión de socios en las sociedades de capital*, González Fernández, Mª B. (dir.), Márquez Lobillo, P. y Otero Cobos, MªT. (coords.), tomo II, Tirant lo Blanch, Valencia 2021.

MUÑOZ PLANAS, J.M.ª, "Derecho de adquisición preferente: alcance de la oferta de venta y valor real de las acciones", *Estudios jurídicos en homenaje al profesor Aurelio Menéndez. T. II. Sociedades mercantiles*, Cívitas, Madrid, 1996.

NAVARRO LÉRIDA, M.ªS., "Inadmisión en SA de cláusula estatutaria de transmisión indirecta de acciones", *Comentarios a las sentencias de unificación de doctrina (civil y mercantil)*, vol. 5, 2011-2012.

PAZ-ARES, C., "Violación de pactos, impugnación de acuerdos y principio de no contradicción", *Revista de Derecho Mercantil*, núm. 325, 2022.

PEINADO GRACIA, J.I., "Abnegación y silencio en la sociedad mercantil", *Derecho de sociedades. Revisando el derecho de sociedades de capital*, González Fernández, MªB. y Cohen Benchetrit, A., Tirant lo Blanch, Valencia 2018, .

PERDICES HUETOS, A., *Cláusulas restrictivas de la transmisión de acciones y participaciones*, Civitas, Madrid, 1997.

PÉREZ GARCÍA, M., *La protección aquiliana del derecho de crédito*, Centro de Estudios del Colegio de Registradores, Madrid, 2005.

REDONDO TRIGO, F., "Las restricciones a la libre transmisibilidad de acciones en las adquisiciones indirectas", *Revista Crítica de Derecho Inmobiliario*, núm. 726, 2011.

ROJO ÁLVAREZ-MANZANEDA, C., "La cláusula de arrastre o drag along: ¿una nueva causa estatutaria de exclusión del socio?", *El derecho de separación y la exclusión de socios en las sociedades de capital*, González Fernández, Mª B. (dir.), Márquez Lobillo, P. y Otero Cobos, MªT. (coords.), tomo II, Tirant lo Blanch, Valencia 2021.

SÁEZ LACAVE, M.ªI. y BERMEJO GUTIÉRREZ, N., "Inversiones específicas, oportunismo y contrato de sociedad. A vueltas con los pactos de tag y de drag-along", *InDret*, núm. 1, 2007 (disponible en https://indret.com/inversiones-especificas-oportunismo-y-contrato-de-sociedad/?edicion=1.07).

SALVADOR CODERCH, P., AZAGRA MALO, A. y FERNÁNDEZ CRENDE, A. "Autonomía privada, fraude de ley e interpretación de los negocios jurídicos", *InDret*, WP 229, 3/2004 (disponible online en https://indret.com/wp-content/uploads/2007/06/229_es.pdf).

SÁNCHEZ ÁLVAREZ, M.M., "Transmisión indirecta y principios configuradores del tipo (Comentario a la STS 708/2011, de 10 de enero)", *Revista de Derecho de Sociedades*, núm. 39, 2012.

SÁNCHEZ GIMENO, S. y GONZÁLEZ MOZAS, N., "Validez de las cláusulas estatutarias de acompañamiento en las sociedades limitadas", *Tribuna Empresa Familiar*, Uría Menéndez, 2018, disponible en https://www.uria.com/documentos/circulares/957/documento/7351/Tribuna_Empresa_Familiar_Febrero_2018.pdf?id=7351.

SARAZÁ JIMENA, R., "Artículo 112. Ineficacia de las transmisiones con infracción de ley de los estatutos", *Comentario de la Ley de Sociedades de*

Capital. T. II. Participaciones sociales y acciones. (Arts. 90 a 158), Tirant lo Blanch, Valencia 2021.

VIVES RUIZ, F., "Los conflictos de intereses de los socios en la reforma de la regulación mercantil", *Anales de la Academia Matritense del Notariado. Curso 2014/2015*, núm. 55, 2015.

Capítulo 9
TRANSMISIÓN DE ACCIONES Y PARTICIPACIONES CON PRESTACIÓN ACCESORIA

Alejandro Hernández del Castillo
Socio Montero Aramburu & Gómez-Villares Atencia Abogados
Abogado del Estado (ex.)
Profesor Asociado Universidad de Málaga

SUMARIO: I. EL ENFOQUE DE LA CUESTIÓN A LA LUZ DE LA FORMA SOCIETARIA Y LA LIBERTAD DE PACTOS. II. EL RÉGIMEN JURÍDICO DE LA TRANSMISIÓN DE ACCIONES Y PARTICIPACIONES CON PRESTACIÓN ACCESORIA. III. LA PRESTACIÓN ACCESORIA EN EMPRESAS EMERGENTES Y SU TRANSMISIÓN. IV. LA TRANSMISIÓN INDIRECTA DE ACCIONES Y PARTICIPACIONES CON PRESTACIÓN ACCESORIA: ¿UNA OPERACIÓN FRAUDULENTA O UNA MANIFESTACIÓN DE LA LIBRE VOLUNTAD DE LAS PARTES?. V. COROLARIO. VI. BIBLIOGRAFÍA. VII. RESOLUCIONES JUDICIALES.

I. EL ENFOQUE DE LA CUESTIÓN A LA LUZ DE LA FORMA SOCIETARIA Y LA LIBERTAD DE PACTOS

El Texto refundido de la Ley de Sociedades de Capital, aprobado por Real Decreto Legislativo 1/2010, de 2 de julio (TRLSC) dibuja un régimen jurídico de las prestaciones accesorias que, en esencia, se remite a las previsiones que al efecto puedan contener los estatutos sociales, y de ahí que tales prestaciones accesorias tengan carácter estatutario.

No obstante, para comprender las peculiaridades que presenta la transmisión de acciones y participaciones con prestación accesoria hemos de partir de que la tradicional distinción entre sociedades anónimas y de responsabilidad limitada, que se apoya en que las primeras son sociedades naturalmente abiertas y las segundas fundamentalmente cerradas, ha de entenderse superada, pues con independencia del fin perseguido con uno u otro tipo social, es lo cierto que en nuestro ordenamiento, y con excepción de las cotizadas, la mayor parte de la sociedades anónimas cuentan con unos estatutos que contemplan cláusulas limitativas a la libre transmisibilidad de las acciones. Es más, el TRLSC demuestra que se fomentan tales cláusulas limitativas ya que, aunque parezca que la declaración de nulidad de las cláusulas estatutarias que hagan prácticamente libre la transmisión voluntaria de las participaciones sólo rige para la sociedades de responsabilidad limitada (artículo 108), es lo cierto que para la sociedades anónimas, aun cuando el artículo 123.2 sólo refiera la nulidad de las cláusulas estatutarias que hagan prácticamente intransmisible la acción, el apartado 1 del propio precepto permite y acoge las restricciones o condicionamientos a la libre transmisibilidad de las acciones, cuando tales restricciones o condicionamientos aparezcan expresamente recogidos en los estatutos, de modo que al figurar inscritos estos en el Registro Mercantil pueden ser de general conocimiento. Ello se traduce en que el TRLSC prioriza, como en tantas otras ramas o áreas del derecho, la libertad de pactos de quienes deciden constituir una compañía, lo que no es más que traslación del principio de la autonomía de la voluntad consagrado en el artículo 1.255 del Código Civil, con carácter general, y en el artículo 28 del propio TRLSC, en particular (*...En la escritura y en los estatutos se podrán incluir, además, todos los pactos y condiciones que los socios fundadores juzguen conveniente establecer, siempre que no se oponga a las leyes ni contradigan los principios configuradores del tipo social elegido...*)[1]. Salvo aquellos elemen-

1 Específicamente, para las sociedades anónimas, el artículo 114.2 del Reglamento del Registro Mercantil: *Además, se harán constar en la inscripción los pactos y condiciones inscribibles que los socios juzguen convenientes establecer en la escritura o en los estatutos, siempre que no se opongan a las leyes ni con-*

tos que son considerados esenciales, y que finalmente están regulados por normas imperativas, la regla general es la libertad de todos aquellos pactos (incluidos los relativos a la transmisibilidad o intransmisibilidad de acciones y participaciones) que no sean contrarios a las leyes, a la moral o al orden público[2], pues los socios disponen de su potencialidad para reglamentar sus relaciones jurídicas conforme a sus propios intereses.

Y esa libertad de pactos se refleja perfectamente en el régimen de transmisión voluntaria de participaciones por actos inter vivos, tanto en lo que se refiere al fomento o restricción de dicha transmisión como al régimen a que debe sujetarse la misma, dibujándose un régimen legal (artículos 107 y 108 TRLSC) que no es sino el que recoge la enorme mayoría de las sociedades de responsabilidad limitada en sus estatutos por vía de esa libertad de pactos.

En principio, sabemos que es libre la transmisión voluntaria de participaciones por actos inter vivos entre determinadas personas (socios, cónyuge, ascendiente o descendiente del socio y en

tradigan los principios configuradores de la sociedad anónima, y para las sociedades de responsabilidad limitada, el artículo 175.2 del propio reglamento del Registro Mercantil: *Además, se harán constar en la inscripción los pactos y condiciones inscribibles que los socios juzguen convenientes establecer en la escritura o en los estatutos, siempre que no se opongan a las leyes ni contradigan los principios configuradores de la sociedad de responsabilidad limitada.*

2 Este principio se proyecta en una doble dirección, pues los socios son libres de constituir o no la compañía y dotarla de los correspondientes estatutos, como igualmente son libres para fijar el contenido de tales estatutos. Además, no tienen por qué ceñirse a las figuras contractuales previamente determinadas en la Ley, sino que en los pactos estatutarios pueden incluir otras diferentes de las prototípicas, aunque con el límite intrínseco comentado, además de respetar los límites de concepto, pero los socios no pueden variar la naturaleza de las cosas ni subvertir los conceptos jurídicos desnaturalizando los mismos (por ejemplo, no sería posible una donación a cambio de un precio).

favor de sociedades pertenecientes al mismo grupo que la transmitente), pero decimos que, en principio, porque esa libertad es más aparente que real, dado que el propio artículo 107 permite que los estatutos establezcan restricciones a esa libertad hasta el punto de que pueden llegar a prohibir la transmisión voluntaria de las participaciones sociales por actos inter vivos, aunque, claro está, en tal caso siempre y cuando los propios estatutos reconozcan al socio el derecho de separarse de la sociedad en cualquier momento, y con el condicionante añadido de que una cláusula así sólo será válida si consta la unanimidad de todos los socios (artículo 108.3).

Y, en cuanto al régimen de esa transmisión voluntaria de participaciones por actos inter vivos, será el que libremente fijen los socios en los estatutos, entrando en juego la aplicación del régimen diseñado por el apartado 2 del artículo 107 sólo en caso de ausencia de regulación estatutaria. En cuanto a la aplicación de la concreta norma para la transmisión, es esencial tomar en consideración la comunicación que el socio debe hacer a la sociedad de su propósito de transmitir, ya que el régimen de transmisión será el vigente en la fecha de esa comunicación (artículo 111), solventándose así los problemas de derecho transitorio[3] e impidiendo así darle efectos retroactivos.

3 El régimen prototípico al que se sujeta la transmisión es:
— El adquiriente de las participaciones sociales podrá ejercer los derechos de socio frente a la sociedad desde que tenga conocimiento de la transmisión. Dicha notificación fehaciente, dirigida a los administradores, deberá contener el nombre o denominación social, nacionalidad y domicilio del titular de la nueva participación.
— La sociedad llevará, en la forma prevista en la ley, un libro-registro de socios, en el que se hará constar la titularidad originaria y las sucesivas transmisiones de las participaciones sociales, pudiendo cualquier socio examinar este libro de registro, cuya llevanza y custodia corresponde a los administradores. El socio tiene derecho a obtener certificación de sus participaciones.

Tal es la libertad de que gozan los socios para configurar la transmisión de participaciones en los estatutos, que el artículo 112 del TRLSC declara con contundencia que las transmisiones de participaciones sociales que no se ajusten a lo establecido en dichos estatutos *...no producirán efecto alguno frente a la sociedad...*, del mismo modo que tampoco producirán efecto alguno frente a la sociedad las previsiones de participaciones sociales que no se ajusten a la ley, de modo que en ambos casos quedó ya abandonada la línea seguida por la vieja Ley de 1953 de Sociedades de Responsabilidad Limitada, que sancionaba el incumplimiento con la nulidad de la transmisión, de modo que ahora no se prejuzga la validez o los efectos *inter partes* de la transmisión, pues la no producción de efecto alguno lo es sólo frente a la sociedad. Puede, pues, la sociedad rechazar la transmisión y negar al adquirente la condición de socio y el ejercicio de los derechos inherentes a dicha condición, continuando considerando como socio al transmitente[4].

II. EL RÉGIMEN JURÍDICO DE LA TRANSMISIÓN DE ACCIONES Y PARTICIPACIONES CON PRESTACIÓN ACCESORIA

El breve régimen jurídico diseñado en el TRLSC para las prestaciones accesorias (artículos 86 a 89, inclusive, completado por los artículos 187 y 188 del Reglamento del Registro Mercantil, aprobado por Real Decreto 1784/1996, de 19 de julio) ciertamente

---

Los datos personales de los socios podrán modificarse a su instancia, no surtiendo entre tanto efectos frente a la sociedad.
— Hasta la inscripción de la sociedad no podrán transmitirse las participaciones.
— No obstante la libre transmisión de participaciones por actos inter vivos en los términos del artículo 107.1 del TRLSC, cuando se trate de participaciones sociales de naturaleza ganancial, los cónyuges, por mutuo acuerdo, podrán subrogase el uno al otro en su posición de socio, notificándolo a la sociedad para su anotación en el libro-registro de socios.

4 BERCOVITZ RODRÍGUEZ-CANO, A. (coord.), *La Sociedad de Responsabilidad Limitada*, Aranzadi, S.A., Pamplona, 1998, p. 191.

presenta lagunas de no fácil integración, debiéndose acudir, como en tantas otras ocasiones, a la aplicación supletoria de nuestro Código civil (artículo 4.3 de este: *...Las disposiciones de este Código se aplicarán como supletorias en las materias regidas por otras leyes...*) con especial invocación de los principios generales del derecho como fuente que son del mismo. Los principios generales de derecho no son sólo fuente del mismo, aunque se trate de una fuente subsidiaria de segundo grado, aplicable en defecto de ley y costumbre, sino que su papel va más allá, aplicándose permanentemente de forma indirecta a través de las demás fuentes dado su carácter informador del ordenamiento jurídico. Repárese en que, por ejemplo, la previsión contenida en el artículo 86 TRLSC exigiendo que los estatutos contemplen las *...eventuales cláusulas penales inherentes a su incumplimiento...* (se refiere al incumplimiento de las prestaciones accesorias) ha de completarse con la previsión del artículo 350 del propio TRLSC, que permite que la sociedad de responsabilidad limitada pueda excluir al socio que incumpla voluntariamente la obligación de realizar prestaciones accesorias, de modo que el órgano societario (junta general) no viene obligado, pero sí puede acordar la exclusión del socio incumplidor. Llamemos la atención en este caso acerca de la especial relevancia que adquiere la doctrina de los actos propios de la sociedad, cuya Junta General deja transcurrir un lapso prolongado de tiempo sin ejercitar el derecho a la exclusión del socio incumplidor, lo que puede dar lugar a la confianza de dicho socio incumplidor en que no se producirá la exclusión dado ese transcurso del tiempo, ya que un mínimo deber de coherencia limita la libertad de actuación de la compañía cuando se ha creado una expectativa razonable a la no exclusión pese a aquel incumplimiento.

Especial problemática puede plantear la transmisión de participaciones o de acciones con prestación accesoria. Vaya por delante que siempre será precisa la autorización de la sociedad para la transmisión voluntaria por actos inter vivos, y que serán los estatutos (manifestación una vez más de la autonomía de la voluntad) quienes establezcan si la autorización ha de provenir de la junta general o de los administradores y que, de no indicar los mismos nada al respecto, será competencia de la junta general en las sociedades de responsabilidad limitada, y de los administradores en las sociedades anónimas. Siendo preceptiva, pues, la autorización de la sociedad (de la junta general de una sociedad de responsabilidad limitada, si nada establecen los estatutos), esa exigencia legal tiene su razón de ser en el interés de la sociedad en el cumplimiento de las prestaciones accesorias anejas a las participaciones sociales, puesto que estarán vinculadas con el buen desarrollo del objeto social, que impone a los socios la obligación de llevar a cabo y ejecutar la actividad propia que constituye dicho objeto. Ahora bien, ello mismo determina que la exigencia de autorización no tenga el carácter de derecho necesario, y que los estatutos de la sociedad puedan establecer un régimen diferente llegando incluso a eximir a la transmisión del requisito de autorización previa de la sociedad, tal y como acertadamente señaló García-Villarrubia, M.[5] La autorización será ...*necesaria tanto en el caso de que se transmitan participaciones de un socio designado personalmente en los estatutos como obligado a realizar prestaciones accesorias como en el caso de que las prestaciones accesorias estén incorporadas a participaciones sociales, lo que significa que la obligación sigue a la titularidad de las participaciones sociales*.., y, ... *en el caso de que la prestación accesoria esté vinculada a acciones o participaciones determinadas el adquirente de las participaciones queda obligado a realizar la prestación accesoria asociado a la participación, y el socio transmitente liberado de la misma (total*

5 ...*La necesaria autorización de la sociedad por la transmisión de participaciones con prestaciones accesorias, ¿rige en el caso de escisión parcial de la sociedad tenedora de tales participaciones y como consecuencia de la escisión se adjudican dichas participaciones a la sociedad beneficiaria de la escisión?...*, El Derecho. Boletín de mercantil, número 31, 2010.

o parcialmente)...[6] En todo caso, debe entenderse que la solicitud de transmisión ha sido aprobada por la junta general si trascurren dos meses desde la presentación de la misma sin que la sociedad se haya pronunciado (segundo párrafo del artículo 88.2), de modo que esa falta de respuesta se traduce en una suerte de silencio positivo, en parangón con lo que ocurre en el ámbito del Derecho Administrativo.

Pero no sólo cabe la transmisión voluntaria de participaciones con prestación accesoria, pues queda igualmente admitido que los estatutos puedan imponer al socio vinculado por esa prestación accesoria la obligación de transmitir su participación a los demás socios, o incluso tercera persona determinada, cuando concurran circunstancias expresadas de forma clara y precisa en los estatutos (artículo 188.3 de Reglamento del Registro Mercantil), dejando en evidencia en tal caso que el problema va a venir de la mano del control de las concretas circunstancias incluidas estatutariamente.

Sin embargo, esa escueta regulación legal nada indica respecto de la transmisión de participaciones o acciones con prestación accesoria por actos mortis causa. Ello debe conducir, por ejemplo, en el caso de las participaciones sociales, al régimen legal contemplado en el artículo 110 del TRLSC, de modo que el correspondiente heredero o legatario adquirirá la condición de socio, pero los estatutos pueden establecer a favor de los socios sobrevivientes, y, en su defecto, a favor de la sociedad, un derecho de adquisición de las participaciones del socio fallecido según el valor razonable que tuvieren el día del fallecimiento. Se trata, sin duda, de una manifestación más del principio de autonomía

6 ALFARO ÁGUILA-REAL, J., "Una nota sobre prestaciones accesorias", *Patrimonio familiar, profesional y empresarial. Sus protocolos*, Garrido, M., Fugardo, J. B. y Garrido de Palma, M. (dirs.), tomo IV, Barcelona 2005, p. 433 y ss.

de la voluntad, y ese valor razonable de las participaciones no debe confundirse con el precio, sino que se trataría del valor real o valor de mercado, concepto que goza de una tradición acuñada a lo largo de los años en el ámbito tributario (particularmente, en materia de comprobaciones de valor en los impuestos cuyo régimen prevé dicha posibilidad), de modo que el valor de mercado habrá de coincidir con el precio que presumiblemente podría determinar la transmisión entre dos personas independientes[7]. Este valor razonable es el que aparece también como valor de adquisición de las participaciones que pretende transmitir el socio de una Sociedad de Responsabilidad Limitada y comunicará a la sociedad su propósito a fin de que los socios correspondientes puedan ejercer su derecho de adquisición preferente, en los casos en que la transmisión proyectada sea a título oneroso distinto de la compraventa o a título gratuito, por ser tales supuestos el precio no tiene por qué coincidir necesariamente con las condiciones convenidas y comunicada a la sociedad por el socio transmitente, sino que dicho precio será el fijado de común acuerdo entre las partes, pero si no hubiese acuerdo se habrá de estar al valor razo-

7 La Dirección General de Seguridad Jurídica y Fe Pública viene admitiendo que el valor razonable coincida con el valor contable cuando así se prevea en los estatutos de una sociedad de responsabilidad limitada, admitiendo que el socio disconforme pueda solicitar a su costa la intervención de un experto independiente nombrado por el Registro Mercantil a fin de fijar ese valor razonable. Tal es el caso de la resolución de dicha Dirección General de 28 de agosto de 2023 (BOE de 28 de octubre siguiente), que admite, incluso, que si la sociedad no acepta esa valoración de experto independiente, podrá dicha sociedad pedir a su costa la intervención del experto, fijándose el valor razonable en la media aritmética entre las dos valoraciones llevadas a cabo. El único requisito para admitir el valor contable fijado como valor razonable es que la cláusula estatutaria correspondiente haya sido adoptada por unanimidad de los socios (entre otras, Resolución de la Dirección General de los Registros y del notariado de 9 de mayo de 2019 —BOE de 1 de junio de 2019— y Resolución de la Dirección General de Seguridad Jurídica y Fe Pública de 17 de mayo de 2021-BOE de 4 de junio de 2021).

nable de las participaciones el día en que se hubiera comunicado la sociedad propósito de transmitir, y el valor razonable no es otro que el que determine un experto independiente, distinto del auditor de la sociedad, designado al efecto por los administradores de la misma. Desde que entró en vigor la Ley 22/2015, de 20 de julio, de Auditoría de Cuentas, el valor razonable no se determina por el auditor de la sociedad, como ocurría con anterioridad, sino por ese experto independiente (artículo 107.2.d) del TRLSC).

El problema se complica por la falta de claridad en la redacción del artículo 88.1 del TRLSC, que exige la necesaria autorización de la sociedad para la transmisión voluntaria por actos inter vivos, no solo de las participaciones sociales que lleven aparejada la prestación accesoria, sino de cualquier participación que pertenezca a un socio personalmente obligado a realizar la prestación accesoria de que se trate. En caso de pretenderse transmitir una participación que no tiene vinculada esa obligación debería decaer esa previa autorización societaria al perder su propia razón de ser. Es claro que, de acuerdo con el apartado 3 del artículo 86 TRLSC, las prestaciones accesorias pueden estar vinculadas, bien a todos o algunos de los socios (vinculación subjetiva), bien a la titularidad de una o varias participaciones sociales o acciones concretamente determinadas (vinculación objetiva), pero no alcanzamos a comprender por qué si un socio, titular de participaciones o acciones que llevan vinculada la obligación de realizar una prestación accesoria y de otras que no llevan vinculada dicha obligación, aun cuando personalmente se encuentre obligado a realizar prestaciones accesorias, necesite la autorización de la compañía para transmitir participaciones o acciones distintas de esas que llevan vinculada la referida obligación. Desconocemos si el legislador ha dicho lo que realmente no quería decir o si, por el contrario, ha tenido plena consciencia de exigir que el socio personalmente vinculado a realizar prestaciones accesorias necesite también la autorización de la sociedad para transmitir aquellas participaciones o acciones que no llevan aparejada prestación accesoria alguna.

Un segundo problema se plantea cuando se pretende transmitir una participación que lleva aparejada una prestación que los estatutos califican de principal, pero que, en realidad, atendiendo a su verdadera naturaleza, es una prestación accesoria (recuérdese el principio americano *substance over form*). Ello ha ocurrido, por ej., en casos donde los estatutos han pretendido fijar una cuota anual y por igual cuantía para todos los socios, con independencia de su participación en el capital, para atender los gastos de patrocinio de la sociedad de que se trata. En tales supuestos estamos ante una prestación accesoria, ya que, de considerarse como prestación principal, la fijación de una cuota anual igualitaria para todos los socios no tendría encaje legal al conculcarse claramente el principio de igualdad de trato de los socios consagrado en el artículo 97 TRLSC, y cuyo fundamento no es tanto el artículo 14 de la CE, sino el propio contrato de sociedad, partiendo de la premisa de que es esa la voluntad presumible de los otorgantes.[8] Hay casos de sociedades de responsabilidad limitada cuyos estatutos, después de definir su objeto social, contemplan también el patrocinio de las actividades que conforman dicho objeto, y ello no parece que constituya una prestación principal de los socios, que debe realizarse en proporción a la participación que cada uno de ellos tenga en el capital de la sociedad. Si a efectos puramente dialécticos entendiésemos que el patrocinio constituye una prestación principal, difícilmente se podría justificar la fijación con carácter obligatorio de una cuota anual y por igual para todos los socios, sin tener en cuenta la participación que tengan dichos socios en el capital social. Muy ilustrativo resulta, por ejemplo, lo dispuesto en el artículo 304.1 del TRLSC, en relación con el dere-

8 SÁNCHEZ-CALERO, J., "La igualdad de trato de los accionistas, ¿un principio general?", *Revista de Derecho de Sociedades*, núm. 35, 2011, p. 19-32.

cho de preferencia del socio en los aumentos de capital con emisión de nuevas participaciones: ...*En los aumentos de capital social con emisión de nuevas participaciones sociales o de nuevas acciones, ordinarias o privilegiadas, con cargo a aportaciones dinerarias, cada socio tendrá derecho a asumir un número de participaciones sociales o de suscribir un número de acciones proporcional al valor nominal de las que posea*... Pues bien, acudiendo a una aplicación analógica (artículo 4.1 del Código Civil: ...*Procederá la aplicación analógica de las normas cuando éstas no contemplen un supuesto específico, pero regulen otro semejante entre los que se aprecie identidad de razón*...), las mismas razones asistirían para tener que aplicar esa proporción a la participación de cada socio en el capital de la compañía de considerarse la actividad de patrocinio una prestación principal propia del objeto social. Y es que en el aumento de capital debe salvaguardarse siempre el principio de proporcionalidad de las aportaciones. La quiebra de la proporcionalidad de la aportación supondría, en tal hipótesis, contravenir el principio de igualdad de trato de los socios recogido en el artículo 97 del TRLSA y que ha sido definido por la doctrina científica como ...*núcleo de los valores centrales del sistema societario*...[9].

Al exigir el TRLSC que las prestaciones accesorias se establezcan en los estatutos sociales, expresando su contenido concreto y determinado y si han de realizarse gratuitamente o mediante retribución, así como las eventuales cláusulas penales inherentes a su incumplimiento, está exigiendo también que su creación, modificación o extinción anticipada requiere el cumplimiento de los requisitos exigidos para toda modificación estatutaria, pero, además, también requiere el consentimiento individual de los socios obligados. Y cuando los estatutos de una sociedad de responsabilidad limitada prevén, como prestación accesoria, el pago

9 SÁNCHEZ-CALERO, J., "La igualdad de trato de los accionistas, ¿un principio general?", *op. cit.*, p. 19-32.

de una cuota anual para patrocinio *...cuya cuantía será fijada anualmente por la junta general de socios de forma proporcional a la participación que cada socio tenga en el capital social...*, ello no impide que los socios puedan modificar los estatutos para determinar el pago de una cuota única anual como prestación accesoria, y en cuantía igual para todos los socios, independientemente de su participación en la sociedad, pero, como decimos, se exige la modificación de los estatutos, por exigir dicha modificación estatutaria la modificación de las propias prestaciones accesorias, pues a tal fin establece el artículo 89 del TRLSC:

1. *La creación, la modificación y la extinción anticipada de la obligación de realizar prestaciones accesorias deberá acordarse con los requisitos previstos para la modificación de los estatutos y requerirá, además, el consentimiento individual de los obligados.*

2. *Salvo disposición contraria de los estatutos, la condición de socio no se perderá por la falta de realización de las prestaciones accesorias por causas involuntarias.*

La modificación de estatutos requiere, por su parte, una mayoría reforzada, frente a la mayoría ordinaria del artículo 198 del TRLSC. Así lo establece el artículo 199 del propio TRLSC:

Por excepción a lo dispuesto en artículo anterior:

a) El aumento o la reducción del capital y cualquier otra modificación de los estatutos sociales requerirán el voto favorable de más de la mitad de los votos correspondientes a las participaciones en que se divida el capital social.

Por tanto, la fijación de una cuota única igual para todos los socios exigiría, desde el punto de vista de prestación accesoria, la modificación del correspondiente artículo de los estatutos relativo a las prestaciones accesorias, si fijan su cuantía en proporción a la participación en el capital social, y requiere, además de una mayoría reforzada, el consentimiento individual de cada obligado posibilitándose con ello la consecución de un doble objetivo: (i) que tenga carácter obligatorio para todos ellos; y (ii) que al ser una prestación accesoria, no se vería afectado el principio de igualdad de trato.

Y lo aquí expuesto sobre la cuestión que nos ocupa tiene especial trascendencia en aquellos casos en que son socios de una sociedad de responsabilidad limitada diversas Administraciones locales, pues al fijar como regla general la obligatoriedad y no la voluntariedad, los socios sujetos a fiscalización de la Intervención ex artículo 213 de la Ley Reguladora de las Haciendas Locales[10] (Real Decreto legislativo 2/2004, de 5 de marzo) tendrían una obligación estatutaria que, de no cumplir, les colocaría en situación de exclusión societaria ex artículo 350 del TRLSC[11].

10 *...Se ejercerán en las Entidades Locales con la extensión y efectos que se determina en los artículos siguientes las funciones de control interno respecto de su gestión económica, de los organismos autónomos y de las sociedades mercantiles de ellas dependientes, en sus modalidades de función interventora, función de control financiero, incluida la auditoría de cuentas de las entidades que se determinen reglamentariamente, y función de control de la eficacia.*
A propuesta del Ministerio de Hacienda y Administraciones Públicas, el Gobierno establecerá las normas sobre los procedimientos de control, metodología de aplicación, criterios de actuación, derechos y deberes del personal controlador y destinatarios de los informes de control, que se deberán seguir en el desarrollo de las funciones de control indicadas en el apartado anterior.
Los órganos interventores de las Entidades Locales remitirán con carácter anual a la Intervención General de la Administración del Estado un informe resumen de los resultados de los citados controles desarrollados en cada ejercicio, en el plazo y con el contenido que se regulen en las normas indicadas en el párrafo anterior...

11 *La sociedad de responsabilidad limitada podrá excluir al socio que incumpla voluntariamente la obligación de realizar prestaciones accesorias, así como al socio administrador que infrinja la prohibición de competencia o hubiera sido condenado por sentencia firme a indemnizar a la sociedad los daños y perjui-*

También presenta peculiaridades la transmisión de acciones y participaciones con prestación accesoria en el caso de sociedades laborales, ya sean éstas anónimas o de responsabilidad limitada. Recordemos que, de acuerdo con el artículo 1 de su ley reguladora (Ley 44/2015, de 14 de octubre), las sociedades laborales vienen calificadas como tales si cumplen conjuntamente dos requisitos: (i) que al menos la mayoría del capital social sea propiedad de trabajadores que presten en ellas servicios retribuidos de forma personal y directa, en virtud de una relación laboral por tiempo indefinido; y (ii) que ninguno de los socios sea titular de acciones o participaciones sociales que representen más de la tercera parte del capital social (aunque este con alguna excepción), de modo que el socio ya viene vinculado personalmente con la sociedad a modo de una prestación que, más que calificar como accesoria, tendría un carácter esencial, y tan es así que el artículo nueve regula el régimen y las consecuencias en caso de transmisión de acciones y participaciones en los supuestos de extinción de la relación laboral. En tal supuesto, el socio trabajador tiene que ofrecer la adquisición de sus acciones o participaciones, en el plazo de un mes desde la firmeza de la extinción de la relación laboral, a los demás socios trabajadores y trabajadoras no socios con contrato por tiempo indefinido, y si ninguno de ellos ejercitase su derecho de adquisición preferente el socio que ha extinguido su relación laboral conservará dicha cualidad de socio pero ya con acciones o participaciones de la clase general, no laboral.[12]

cios causados por actos contrarios a esta ley o a los estatutos o realizados sin la debida diligencia...

12 El artículo 9 de la citada Ley 44/2015, de 14 de octubre, señala también en el segundo párrafo del apartado 1 y en el apartado 2:
Existiendo compradores de tales acciones o participaciones sociales, si el socio que, extinguida su relación laboral y requerido notarialmente para ello, no procede, en el plazo de un mes, a formalizar la venta, ésta podrá ser otorgada por el órgano de administración por el valor razonable o, en su caso, el establecido conforme a los criterios de valoración previstos estatutariamente, que se con-

Por último, obsérvese que el régimen legal a que venimos haciendo referencia no contiene previsión alguna acerca de las causas o motivos por los que la sociedad podría denegar aquella autorización. Es claro que los estatutos pueden fijar esos motivos dado el carácter estatutario de las prestaciones accesorias y la regla general contenida en el artículo 107 TRLSC, que remite a los estatutos la fijación de reglas y limitaciones a la transmisión voluntaria por actos inter vivos de participaciones. En tal caso, y por mor de la seguridad jurídica, no estaría de más que los estatutos enumerasen las causas objetivas que permitan denegar la autorización, como acertadamente señala Bercovitz Rodríguez-Cano[13], de manera similar al sistema previsto para las restricciones a la libre transmisibilidad de acciones. No obstante, este sistema de enumeración de causas objetivas que permitan denegar la autorización tampoco está exento de problemas adicionales, ya que pone de manifiesto una cierta inadaptación del mismo a las peculiaridades propias de las sociedades de responsabilidad limitada, debiendo valorarse la incidencia que tal enumeración de causas objetivas pueda tener en relación con la declaración de nulidad de las cláusulas estatutarias que hagan prácticamente libre la transmisión voluntaria de las participaciones sociales por actos inter vivos. Como apunta con acierto el citado, es evidente que también podría llegarse a dicho resultado de ser prácticamente libre la transmisión voluntaria de participaciones sociales por actos inter vivos, si se efectúa una enumeración excesivamente

signará a disposición de aquél, bien judicialmente o bien en la Caja General de Depósitos o en el Banco de España.

2. Los estatutos sociales podrán establecer normas especiales para los casos de jubilación e incapacidad permanente del socio trabajador, para los supuestos de socios trabajadores en excedencia, así como para los socios trabajadores que por subrogación legal o convencional dejen de ser trabajadores de la sociedad.

13 BERCOVITZ RODRÍGUEZ-CANO, A. (coord.), *La Sociedad de Responsabilidad Limitada, op. cit.*, p. 181 y 182.

restrictiva de las causas que la sociedad pueda invocar para denegar la autorización pertinente, de la misma manera que una enumeración excesivamente permisiva podría dar lugar al efecto contrario.

Y es claro también que, si se tratase de una transmisión de participaciones sin prestaciones accesorias, el consentimiento de la sociedad solo podría ser denegado si ésta comunica al transmitente, por conducto notarial, la identidad de uno o varios socios o terceros que adquieran las participaciones de que se trate. Tratándose de la transmisión de participaciones con prestaciones accesorias, también resultará de aplicación esa previsión, e incluso hay que contemplar la posibilidad de que sea la propia sociedad la que pueda adquirir las participaciones que ningún socio o tercero aceptado por la junta quiera adquirir (adquisición derivativa), en el caso de que no sea posible comunicar al socio que pretende transmitir la identidad de uno o varios socios o terceros adquirentes de la totalidad sus participaciones (artículo 107.2.c), segundo párrafo) en los términos que establece el artículo 140 del TRLSC, pero puede que los estatutos no fijen los motivos por los cuales se pueda denegar esa autorización, y ello no puede significar, en modo alguno, que la sociedad pueda actuar de manera arbitraria y abusiva, ya que han de observarse en todos los casos los principios de buena fe e interdicción del abuso del derecho plasmados en el vigente artículo 7 del Código civil. Debemos entender, pues, que ante esa falta de concreción, la denegación por la sociedad de la transmisión de unas participaciones sociales con prestaciones accesorias deberá estar fundada en el buen desarrollo del objeto social, o lo que es lo mismo, la denegación de autorización para esa transmisión no puede tener otro soporte que el buen fin de la sociedad, ya que no se alcanzaría a comprender que una junta general, por ejemplo, denegase la autorización para la transmisión en base a razones puramente discrecionales, y, menos aún, arbitrarias, con la consiguiente tacha de estar sirviendo a fines propiamente espurios, que no sociales. Por supuesto que la sociedad, a través de su junta general, podrá adoptar con acierto su decisión si toma en consideración el buen fin social, y aunque goce de cierto margen de discrecionalidad, ello no puede confundirse con la arbitrariedad, pues no puede tratarse de una facultad de la sociedad totalmente libre, sino de una actuación que debe inspirarse en los mejores fines sociales. Aun admitiendo que se tratase de una facultad discrecional, esa facultad debe estar orientada a la mejor satisfacción de los fines sociales y, sin que quepa entender la discrecionalidad como una facultad omnímoda ni que pueda ejercitarse de forma arbitraria o injustificada, ya que debe moverse dentro de un marco de racionalidad o ponderación de todos los intereses en juego. Nos estamos refiriendo, en realidad, a la necesaria motivación que ha de contener el acuerdo de la junta general, pues será dicha motivación la que permita el control judicial, en su caso, del acuerdo de dicha junta, contribuyendo de este modo a hacer efectivo el derecho fundamental a la tutela judicial del artículo 24 CE. Ello nos conduce a la necesidad de motivación de la decisión correspondiente, sobre la cual existen multitud de pronunciamientos por parte del Tribunal Supremo, y aunque referidos a la motivación de los actos administrativos, cabe trasladar, *mutatis mutandis*, a la motivación de la oportuna decisión a adoptar por la junta general. Entre estas resoluciones puede citarse la Sentencia 713/2020 de la Sala de lo Contencioso-Administrativo, del 9 de junio de 2020, que señala respecto a las particularidades de la motivación de los actos administrativos que ...*constituye un requisito imprescindible en todo acto administrativo en la medida en que supone la exteriorización de las razones que sirven de justificación o fundamento a la concreta solución jurídica adoptada por la Administración*... A lo que añade, respecto del derecho de defensa, que ... *resulta de especial relevancia desde la perspectiva de la defensa del administrado ya que es la explicitación o exteriorización de las razones de la decisión administrativa la que le permita articular los concretos medios y argumentos defensi-*

vos que a su derecho interese y, además, permite que los Tribunales puedan efectuar el oportuno control jurisdiccional...

Y ello debe ponerse en relación, más aún, con la necesidad de motivación de aquellos casos en los que resulten de aplicación conceptos jurídicos indeterminados, como aquí ocurre, y que, como se ha puesto de relieve con anterioridad, precisan de un especial control. Sobre este extremo se ha pronunciado la Sentencia 22/2022, del 11 de enero de 2022, del Juzgado de lo Contencioso-Administrativo de Vitoria-Gasteiz, en cuyo fundamento de derecho segundo, establece lo siguiente: ... *Pero al estar refiriéndose a supuestos concretos y no a vaguedades imprecisas o contradictorias, es claro que la aplicación de tales conceptos o la calificación de circunstancias concretas no admite más que una solución: o se da o no se da el concepto; o hay buena fe o no la hay; o el precio es justo o no lo es; o se ha faltado a la probidad o no se ha faltado. Tertium non datur. Esto es lo esencial del concepto jurídico indeterminado: la indeterminación del enunciado no se traduce en una indeterminación de las aplicaciones del mismo, las cuales sólo permiten una "unidad de solución justa" en cada caso...*

Pero ahí no acaban los problemas, pues tanto "el buen desarrollo del objeto social" como *el buen fin de la sociedad* son conceptos jurídicos indeterminados, necesitados de su correspondiente control.

La Sentencia 9097/2000, de 12 de diciembre de 2000 (nº de recurso 233/1999) de la Sala de lo Contencioso-Administrativo del Tribunal Supremo, en su fundamento de derecho sexto, letra b), señala lo siguiente: ... *esa libre apreciación que es inherente a la individualización de los conceptos jurídicos indeterminados. Y en ese amplio margen hay que admitir, no solo la posibilidad de que exista una variedad de alternativas todas ellas igualmente legíti-*

mas, sino incluso que, en ocasiones, sea difícil hallar concretas razones de prioridad de un candidato frente a otros.

La libertad de que goza la junta general aparece referida al margen de apreciación que necesariamente conlleva la individualización de la única actuación legalmente autorizada para atender el buen fin social. Y para ese margen de apreciación suele aceptarse la amplia extensión que existe hasta el límite que representa la irracionalidad o la ostensible equivocación. Ello es lo que explica que en la mayoría de sus manifestaciones no esté establecida la exigencia formal de la motivación. El control ha de ser realizado, pero no desde la averiguación de cuál puede ser el buen fin social legitimador de la actuación de la junta general, sino desde el diferente parámetro de la racionalidad de esta última.

No obstante, debe matizarse que a quien invoque la irracionalidad en la decisión de la junta general que deniegue la transmisión de la participación con prestación accesoria incumbe probar los hechos que permitan apreciar que el órgano decisor obró con evidente error o clara irracionalidad.

III. LA PRESTACIÓN ACCESORIA EN EMPRESAS EMERGENTES Y SU TRANSMISIÓN

En nuestro entorno económico cobra cada vez más importancia la atracción de talento e inversión mediante la creación de ecosistemas favorables al establecimiento de emprendedores y empresas innovadoras, basadas en el conocimiento, de base digital y rápido crecimiento, conocidas como empresas emergentes o *startups,* así como la atracción de inversores especializados en la creación y crecimiento de estas empresas, también conocidos como *business angels*. Las peculiares características de estas empresas exigen su tratamiento diferenciado respecto de aquellas otras con modelos de negocio convencionales. Por ello, se fomenta la atracción de empresas emergentes bajo el prisma de tres elementos diferenciadores: (i) beneficios fiscales para los emprendedores, trabajadores e inversores, (ii) reducción de trabas administrativas y facilitación de visados y (iii) flexibilidad en la gestión de la empresa y en la aplicación de los principios mercantiles y concursales[14], con la ventaja adicional de que durante los tres años siguientes a la constitución de la compañía no será de aplicación la causa de disolución por pérdidas recogida en el artículo 363.1.e) del TRLSC.

El artículo 11 de la Ley 28/2022, de 21 de diciembre, reguladora de las mismas, expresa las formalidades aplicables a las empresas emergentes constituidas como sociedades limitadas, y en relación con la inscripción de actos y acuerdos en el Registro Mercantil, amén de agilizar dicha inscripción, el apartado 2 del precepto señala: ...*Los pactos de socios en las empresas emergentes en forma de sociedad limitada serán inscribibles y gozarán de publicidad registral si no contienen cláusulas contrarias a la ley. Igualmente, serán inscribibles las cláusulas estatutarias que incluyan una prestación accesoria de suscribir las disposiciones de los pactos de socios en las empresas emergentes, siempre que el contenido del pacto esté identificado de forma que lo puedan conocer no solo los socios que lo hayan suscrito sino también los futuros socios*...

Como no podía ser de otro modo, los pactos parasociales son susceptibles de inscripción sin otro requisito que no contengan cláusulas contrarias a la ley (habrá que entender cualquier ley), pero llama la atención la previsión del segundo inciso, que permite que los estatutos configuren como prestación accesoria la obligación de todos los socios, presentes y futuros (es decir, que

14 *Vid.* Preámbulo de la Ley 28/2022, de 21 de diciembre, de fomento del ecosistema de las empresas emergentes.

también afecta a aquellos que en el futuro quieren llegar a ser socios), de suscribir los pactos parasociales, pero con la condición de que tales pactos puedan ser, lógicamente, debidamente conocidos también por esos futuros socios al haberse procedido a la inscripción de los mismos, y cuya razón de ser no puede ser otra que el fortalecimiento de la seguridad jurídica consagrada en el artículo 9.3 CE. Y todo ello tiene la importante consecuencia de que, en caso de transmisión de participaciones con prestación accesoria a un tercero ajeno a la sociedad, ese tercero no se convierte en socio automáticamente, sino que tiene que viene obligado a suscribir los correspondientes pactos parasociales.

Recuérdese, además, que en estas sociedades emergentes o *startups* presenta también peculiaridades la adquisición derivativa de participaciones por la propia sociedad emergente, tal y como expresa el artículo 10 de la citada Ley 28/2022:

1. *Sin perjuicio de lo dispuesto en el artículo 140 del texto refundido de la Ley de Sociedades de Capital, aprobado por el Real Decreto Legislativo 1/2010, de 2 de julio, y en el artículo 12 de la Ley 44/2015, de 14 de octubre, de Sociedades Laborales y Participadas, la junta general de la sociedad podrá autorizar la adquisición de participaciones propias, hasta el 20 % del capital como máximo, para su entrega a los administradores, empleados u otros colaboradores de la empresa, con la exclusiva finalidad de ejecutar un plan de retribución.*
2. *El sistema de retribución mediante la entrega de participaciones deberá estar previsto en los estatutos y aprobado por la junta general, mediante acuerdo que incluirá el número máximo de participaciones que se podrán asignar en cada ejercicio a este sistema de remuneración, el valor de las participaciones que se tome como referencia y el plazo de duración del plan.*

3. La adquisición por la sociedad de participaciones propias en ejercicio de la autorización a la que se refiere el apartado 1 solo podrá producirse con las siguientes condiciones:

a) Que las participaciones a adquirir estén íntegramente desembolsadas.

b) Que el patrimonio neto, una vez realizada la adquisición, no resulte inferior al importe del capital social más las reservas indisponibles, legales o estatutarias. A estos efectos, en las sociedades laborales no se tendrá en cuenta la reserva especial regulada en el artículo 14 de la Ley 44/2015, de 14 de octubre, de Sociedades Laborales y Participadas.

c) Que la adquisición se produzca dentro de los cinco años siguientes al acuerdo de autorización.

IV. LA TRANSMISIÓN INDIRECTA DE ACCIONES Y PARTICIPACIONES CON PRESTACIÓN ACCESORIA: ¿UNA OPERACIÓN FRAUDULENTA O UNA MANIFESTACIÓN DE LA LIBRE VOLUNTAD DE LAS PARTES?

No hay duda de que hace falta la autorización de una sociedad A para que la legítima titular de participaciones con prestación accesoria B pueda transmitir las mismas a un tercero C ajeno a la sociedad de que se trate. La cuestión a tratar no es esa, sino que debemos plantearnos si el titular de B, que es D, debe contar también con la autorización de A para transmitir sus participaciones en B, y ello por cuanto cabría considerar que B no ha interesado la preceptiva autorización de la junta general de A en contra de lo preceptuado en el artículo 88 del TRLSC, y no ha comunicado dicha transmisión al resto de socios con derecho preferente, tal y como recoge el artículo 107 del TRLSC. Ello supone entender que se habría producido la transmisión indirecta de las participaciones de A, en cuyo caso cabría invocar la nulidad de dicha transmisión por faltar la autorización de la sociedad y no respetarse el derecho de suscripción preferente de los socios de la misma.

Lo que se plantea, en definitiva, es si estaríamos ante una transmisión fraudulenta por infracción de los estatutos de A, e incluso si más bien se trataría de una transmisión indirecta de las participaciones sociales de A, ya que lo que se habría producido sería una transmisión de participaciones entre dos de sus socios. Por el contrario, podemos plantearnos que no hay infracción estatutaria alguna de A porque la transmisión de que se trata no afecta a sus participaciones, sino a las de uno de sus socios, sin que exista transmisión indirecta a no ser tampoco de aplicación la doctrina sobre el levantamiento del velo o abuso de la personalidad jurídica societaria.

En defensa de la primera postura cabría argumentar que las restricciones inherentes a la transmisión de participaciones con prestación accesoria podría quedar desnaturalizada a través de un negocio indirecto o fraude de ley, transmitiendo las participaciones de la sociedad tenedora de la sociedad titular de la participaciones sociales, permitiendo así burlar la necesaria autorización de la junta (artículo 88 y 107 del TRLSC) y demás derechos y sus consecuencias (suscripción preferente, impugnación del acuerdo social, derecho de información a los socios, etc.). Ahora bien, ello implicaría extrapolar los estatutos de A a los estatutos de B, de forma que las prestaciones accesorias que afectan a la transmisión de participaciones sociales de A tendrían que exigirse también para la transmisión de las participaciones sociales de B, en cuyos estatutos no figura las prestaciones accesorias que sí se incluyeron en los estatutos de A.

Por el contrario, en apoyo de la segunda cabe invocar el especial régimen que se predica de las prestaciones accesorias, que responde a que los socios deban ser conocedores de las concretas obligaciones que contrato social del que forman parte les impone. Y es que no está de más recordar que la prestación accesoria deben constar en los estatutos, expresando su contenido de forma concreta y específica, el modo en que se deben realizar y las eventuales cláusulas penales inherente a su incumplimiento (artículos 86 y 88 del TRLSC). Y del mismo modo, el Reglamento del Registro Mercantil (artículo 187) insiste en la precisión y concreción de las prestaciones sociales accesorias en los estatutos de la sociedad. Y también el artículo 123 del TRLSC que, aun cuando se trata de un precepto referido a las sociedades anónimas, resulta de aplicación a las restricciones impuestas a la transmisión de participaciones sociales de las sociedades de responsabilidad limitada siquiera sea por la aplicación analógica que autoriza el artículo 4.1 del Código civil. Por todas, cabe citar la Sentencia del Tribunal Supremo, Sala Primera, de 14 de marzo de 2013[15].

Por tanto, son los estatutos de A los que prevén respecto de sus socios una restricción a la transmisión de sus participaciones con prestación accesoria, de forma que para el caso de que aquellos llevaran a cabo una transmisión de las participaciones de A, deberían obtener previamente la autorización de la junta general y la consiguiente comunicación al resto de socios, que podrían

15 *... Las prestaciones accesorias son obligaciones a cargo de todos o algunos de los socios, que han de estar previstas en los estatutos sociales (Sentencia de la Sala Primera del Tribunal Supremo número 776/2007, de 9 de julio, RC núm.3011/2000), y que son distintas de la obligación principal de realizar las aportaciones sociales correspondientes a las participaciones unidas por cada uno de ellos. Por lo tanto, integran el patrimonio social pero no el capital social su contenido puede ser muy variado: presta financiación a la sociedad, cubrir pérdidas, realizar pagos periódicos. Pueden tener también un carácter personalísimo, como es el caso de la realización de actividades laborales o profesionales para la sociedad. Asimismo, pueden ser de prestación continuada periódica, o de tracto único...* Sentencia del Tribunal Supremo, Sala Primera, de 14 de marzo de 2013 (ECLI:ES:TS:2013:1050).

ejercitar su derecho de adquisición preferente. Pero ocurre que la transmisión de la que hablamos no afecta a las participaciones de A, pues no son sus participaciones las que se transmiten a un tercero C, sino que se trata de la transmisión de participaciones de sociedades que forman parte de su capital social, y en cuyos estatutos no se recogen las prestaciones accesorias que sí se prevén en los estatutos de A. Y es que no cabe aceptar que las normas previstas para regular la transmisión de participaciones de A se pretendan aplicar sin más a la transmisión de participaciones de sociedades diferentes, por más que estas sean socias de A. Cada sociedad ha de regirse por las normas previstas en sus propios estatutos, no pudiéndose extrapolar las restricciones a la transmisión que estén recogidas en los estatutos de terceras sociedades de cuyo capital social participen (además, esa extensión o extrapolación, de admitirse, tendría que llevarse a cabo siempre de manera excepcional y con interpretación restrictiva dado el carácter de la norma a extrapolar).

No cabe entender, en definitiva, que se ha producido un fraude de ley[16], pues éste exige como mínimo acreditar el ánimo de defraudar o de eludir un resultado contrario a la ley.

La Sentencia del TS, Sala Primera, de 18 de marzo de 2008[17] resume la doctrina del fraude de ley: ... *La Sentencia de esta Sala de 9 de marzo de 2006, con cita de la de 28 de enero de 2005, viene a recoger la doctrina jurisprudencial sobre la interpretación del artículo 6.4 del Código Civil en los siguientes términos: el fraude de ley requiere como elemento esencial un acto o serie de actos que, pese a su apariencia de legalidad, violan el contenido ético de los*

16 Artículo 6.4 del Código Civil: *Los actos realizados al amparo del texto en un jurídica que persigan un resultado prohibido por el ordenamiento jurídico, o contrario a él, se considerarán ejecutados en fraude de ley y no impedirán la debida aplicación de la norma que se hubiera tratado de eludir.*

17 ECLI:ES:TS:2008:31918.

preceptos en que se ampara, ya se tenga o no conciencia de burlar la ley (sentencias, entre otras, de 17 de abril de 1997, 3 de febrero de 1998, 21 de diciembre de 2000). Se caracteriza (sentencias, entre otras, de 4 de noviembre de 1994, 23 de enero de 1999, 27 de mayo de 2001, 13 de junio de 2003) por la presencia de dos normas: la conocida, denominada "de cobertura", que es a la que se acoge quien intenta el fraude, y la que a través de esta se pretende eludir, que es la norma denominada "eludible o soslayable", amén que ha de presidir un resultado contrario a lo ordenado o prohibido imperativamente (Sentencia de 27 de marzo de 2001 y 30 de septiembre de 2002). Es claro que no se requiere la intención, o conciencia, hoy día dirigida burlar la ley (sentencias de 17 de abril de 1997, 3 de febrero de 1998 y otras), pero es preciso que la ley en que se ampara el texto presuntamente fraudulento no le proteja suficientemente (Sentencia de 23 de febrero de 1993) y que la actuación se encamine a la producción de un resultado contrario o prohibido por una norma tenida como fundamental en la materia, y tal resultado se manifieste de forma notoria inequívocamente (sentencias de 4 de noviembre de 1982 y 30 de junio de 1993)...

Tampoco cabe entender que estemos ante un supuesto de abuso del derecho que lleve aparejada la ineficacia de la transmisión y la correspondiente indemnización como reparación del daño causado[18], como tampoco sería posible la aplicación a este caso de la

18 La STS, Sala Primera, 199/2024, de 24 de enero (ECLI:ES:TS:2024:199), señala: ... *En la sentencia 10/2022, de 12 de enero dijimos : "La doctrina del abuso de Derecho, en palabras de la sentencia de 1 de febrero de 2006 (RC n.º 1820/2000), se sustenta en la existencia de unos límites de orden moral, teleológico y social que pesan sobre el ejercicio de los derechos, y como institución de equidad, exige para poder ser apreciado, una actuación aparentemente correcta que, no obstante, representa en realidad una extralimitación a la que la ley no concede protección alguna, generando efectos negativos (los más corrientes daños y perjuicios), al resultar patente la circunstancia subjetiva de ausencia de finalidad seria y legítima, así como la objetiva de exceso en el ejercicio del de-*

doctrina del levantamiento del velo, que exige una mayor carga probatoria sobre el abuso o el fraude, toda vez que es presupuesto previo para que pueda aplicarse el levantamiento del velo que quien invoque dicha aplicación corra con una carga probatoria adicionar, pues no podemos obviar que la doctrina jurisprudencial del levantamiento del velo se fundamenta en la equidad y en el principio de buena fe (Sentencia del Tribunal Supremo, Sala Primera, de 24 de diciembre de 2017, ECLI:ES:TS:2017:4683).

Por el contrario, en el supuesto referenciado *ad supra* habrá que entender que en caso de escisión parcial de la sociedad tenedora de las participaciones, y como consecuencia de la escisión se adjudican dichas participaciones a la sociedad beneficiaria de la escisión, será necesaria la previa autorización de la sociedad, evitando así cualquier atisbo de fraude de ley.

V. COROLARIO

La escasa y deficiente regulación de las prestaciones accesorias en el TRLSC origina la dificultad de encontrar en las normas mercantiles o societarias solución adecuada a las cuestiones que puede plantear la transmisión de acciones y participaciones con tales prestaciones accesorias. La respuesta a dichas cuestiones sólo puede venir de la mano de una aplicación adecuada de las fuentes del derecho y la integración de todas las lagunas a la luz de las normas de nuestro Código Civil, dado su carácter supletorio. A tal fin, el recurso a los principios generales del derecho deviene esencial, con especial mención de

recho (sentencias de 8 de julio de 198, 12 de noviembre de 1988, 11 de mayo de 1991 y 25 de septiembre de 1996). Su apreciación exige, en palabras de la sentencia de 18 de julio de 2000, una base fáctica que proclame las circunstancias objetivas (anormalidad en el ejercicio) y subjetivas (voluntad de perjudicar o ausencia de interés legítimo)...

los actos propios, ya que, por ej., el retraso deliberado en el ejercicio de los derechos, ya sea por parte del socio, ya sea por parte de la sociedad, puede delatar una conducta inequívoca de la renuncia del derecho.

Claro que un automatismo en la aplicación supletoria del Código Civil nos puede conducir a un semillero de problemas con la hermenéutica jurídica, pero la resolución de los mismos no puede descansar exclusivamente en la jurisprudencia que, como sabemos, no tiene asignado en nuestro ordenamiento el valor de fuente del derecho, limitándose a complementar el ordenamiento jurídico (artículo 1.6 del Código Civil: *La jurisprudencia complementará el ordenamiento jurídico con la doctrina que, de modo reiterado, establezca el Tribunal Supremo al interpretar y aplicar la ley, la costumbre y los principios generales del derecho.*

En definitiva, se hace necesaria una regulación positiva más completa y detallada de la transmisión de acciones y participaciones con prestación accesoria. En otro caso, continuará la disparidad de criterios y las soluciones seguirán pendientes.

VI. BIBLIOGRAFÍA

ALFARO ÁGUILA-REAL, J., "Una nota sobre prestaciones accesorias", *Patrimonio familiar, profesional y empresarial. Sus protocolos*, Garrido, M., Fugardo, J. B. y Garrido de Palma, M. (dirs.), tomo IV, Barcelona, 2005.

BERCOVITZ RODRÍGUEZ-CANO, A. (coord.), *La Sociedad de Responsabilidad Limitada*, Editorial Aranzadi, S.A., Pamplona, 1998.

GARCÍA-VILLARRUBIA, M., "La necesaria autorización de la sociedad por la transmisión de participaciones con prestaciones accesorias, ¿rige en el caso de escisión parcial de la sociedad tenedora de tales participaciones y como consecuencia de la decisión se adjudican dichas participaciones a la sociedad beneficiaria de la escisión?", *El Derecho. Boletín de mercantil*, número 31, 2010.

GONZÁLEZ FERNÁNDEZ, M.B. (dir.), *El derecho de separación y la exclusión de socios en las sociedades de capital*, Tirant lo Blanch, Valencia, 2021.

SÁNCHEZ-CALERO, J., "La igualdad de trato de los accionistas, ¿un principio general?", *Revista de Derecho de Sociedades*, núm. 35, 2011.

VII. RESOLUCIONES JUDICIALES

— STS, Sala Primera, de 14 de marzo de 2013 (ECLI:ES:TS:2013:1050)
— STS, Sala Primera, de 18 de marzo de 2008 (ECLI:ES:TS:2008:31918)
— STS, Sala Primera, de 24 de diciembre de 2017, (ECLI:ES:TS:2017:4683)
— STS, Sala Primera, 199/2024, de 24 de enero (ECLI:ES:TS:2024:199)

PARTE SEGUNDA

CLÁUSULAS ESTATUTARIAS SOBRE TRANSMISIÓN DE ACCIONES Y PARTICIPACIONES

Capítulo 10

DE LAS PUERTAS BLINDADAS A LAS PUERTAS GIRATORIAS: RESTRICCIONES ESTATUTARIAS A LA TRANSMISIÓN VOLUNTARIA INTER VIVOS DE ACCIONES Y PARTICIPACIONES

José María Rojí Buqueras
Árbitro. Abogado. Socio.
CMS Albiñana & Suárez de Lezo

I. INTRODUCCIÓN

Las presentes páginas están orientadas a formular una reflexión práctica sobre el régimen estatutario de transmisión voluntaria *inter vivos* de acciones y participaciones en las sociedades de capital.

Desde que en 1997 Perdices Huetos publicara el tratado *Cláusulas restrictivas de la transmisión de acciones y participaciones*[1] está prácticamente todo dicho, y bien dicho, respecto al objeto de estas páginas. Por ello, mi objetivo no es dar luz científica sobre un tema muy trabajado, para lo que tampoco estoy particularmente capacitado, sino formular una aproximación a las utilidades prácticas de dichas restricciones, categorizándolas en función de los distintos entornos en los que despliegan sus efectos y abordándolas desde la experiencia en la negociación y aplicación de las distintas soluciones restrictivas a las que me referiré.

El trabajo se dividirá en tres partes: a) Una aproximación práctica al entorno en que se aplican las restricciones a la transmisión voluntaria de acciones y participaciones inter vivos; b) Un repaso de los distintos mecanismos restrictivos, conforme a la catalogación clásica: prohibición, autorización, tanteo y rescate; y, c) Una reflexión final sobre las utilidades de dichos mecanismos, que incorporará una invitación a la acción.

El resultado pretendido es exponer cómo el régimen de transmisión de las acciones y participaciones constituye una pieza clave de la relación societaria y debe adaptarse a la realidad, naturaleza y expectativas de cada sociedad. Para ello, el derecho ofrece variadas soluciones con perfecto asiento en los estatutos sociales, que pueden trascender por tanto de lo meramente parasocial —instrumento frecuente para la regulación de esta materia—, y que, combinados entre sí, permiten dar una respuesta eficaz y satisfactoria a la mayoría de las cuestiones que las partes buscan ordenar en cuanto al régimen de transmisión.

1 PERDICES HUETOS, A. B., *Cláusulas restrictivas de la transmisión de acciones y participaciones*, Civitas, Madrid, 1997.

La conclusión final pretende reflejar cómo las restricciones a la transmisión, que se pueden estructurar como verdaderas cárceles para los socios, deben ser concebidas no como tales, o al menos no exclusivamente, sino como mecanismos a través de los cuales los socios consiguen en cada momento "tener los socios más adecuados", es decir, aquellos que reflejan o comparten una común *affectio societatis*. Los socios desafectos al proyecto —o a sus consocios— y, en consecuencia, en conflicto actual o latente, no suelen ser ese socio idóneo. Por ello, las restricciones que se introduzcan deben facilitar mecanismos para la no entrada de estos o, incluso su salida, aun cuando ello pueda llevar aparejada alguna suerte de penalización.

II. LOS ESTATUTOS COMO INSTRUMENTO PARA REGULAR EL RÉGIMEN RESTRICTIVO

Antes de abordar el contenido posible de la regulación estatutaria, conviene una referencia rápida al régimen legal, en la medida en que las previsiones a incluir en estatutos servirán para sustituir, completar o desarrollar este, que es por sí mismo completo y suficiente. En este sentido, no será necesario modificar ese régimen legal en los casos en que dé una respuesta adecuada y plena a las necesidades de una sociedad concreta.

De hecho, la regulación del régimen de transmisión no constituye un contenido estatutario necesario (artículo 23 de la Ley de Sociedades de Capital, en adelante LSC) y muchas sociedades o bien no regulan las transmisiones o simplemente se remiten al régimen legal o lo reproducen literalmente.

En cuanto al régimen legal, esta materia es una de las que presenta diferencias tipológicas más notables.[2] En las sociedades

---

2 RONCERO SÁNCHEZ, A. "Acciones y participaciones sociales", *Revista de Derecho de Sociedades* núm. 36, 2011; RECALDE CASTELLS, A. y ARIAS VA-

anónimas la norma general es la libre transmisibilidad de acciones sin restricción alguna (artículo 120). En cuanto a las sociedades de responsabilidad limitada, dado su carácter cerrado, sí se contemplan legalmente restricciones a la transmisibilidad de las participaciones, si bien susceptibles de modificación estatutaria, sin que se pueda configurar un régimen de absoluta libertad de transmisión (108.1 LSC) como el de las anónimas. En cuanto a las transmisiones voluntarias inter vivos, el régimen contempla una categoría de transmisiones libres basada en la vinculación entre transmitente y adquirente, quedando las restantes transmisiones sujetas a un régimen de autorización por la junta de socios que solo podrá denegarla ofreciendo un adquirente alternativo (107.2 LSC).

Existen no obstante supuestos especiales como cuando el socio está obligado realizar una prestación específica en favor de la sociedad articulada como prestación accesoria (86 LSC), situación que provoca la restricción de su transmisibilidad (88 LSC), o el régimen de las acciones no enteramente desembolsadas respecto a las sociedades anónimas.

El régimen legal sucintamente expuesto es susceptible de modificación estatutaria con ciertas limitaciones a las que me referiré a lo largo de este artículo. Adelanto que en las anónimas sólo son válidas las restricciones a la libre transmisibilidad de las acciones nominativas, no se pueden establecer para acciones al portador, y siempre que no hagan prácticamente intransmisible la acción. Por el contrario, en las sociedades de responsabilidad limitada, serán nulas las cláusulas estatutarias que hagan prácticamente libre la transmisión voluntaria de las participaciones, y aquellas por las que el socio que ofrezca la totalidad o parte de sus parti-

RONA, F. J., "Art. 123", *Comentario de la ley de sociedades de capital*, García Cruces y Sancho Gargallo (dirs.), tomo II, Tirant lo Blanch, Valencia, 2021.

cipaciones quede obligado a transmitir un número diferente al de las ofrecidas.

Es por tanto muy amplio el ámbito en el que el ejercicio de la autonomía de la voluntad de los socios puede regular estatutariamente regímenes específicos. En la mayoría de los casos estas previsiones tendrán acceso al Registro Mercantil, lo que permitirá su oponibilidad a terceros y que la sociedad pueda no reconocer la condición de socio a quien adquiera acciones o participaciones ignorando las cláusulas restrictivas.

Pese a lo anterior, sigue siendo frecuente la utilización de pactos parasociales y protocolos familiares para regular el régimen transmisivo, por ejemplo, en sociedades familiares o en *startups*, sin que en muchos casos se traslade lo allí dispuesto a los estatutos sociales de la sociedad a la que deben aplicar las restricciones. Esto exige una rápida consideración de dichos instrumentos alternativos para regular las transmisiones de acciones y participaciones.

A la hora de optar por regular esta materia exclusivamente al margen de los estatutos, debe tenerse presente su limitada eficacia frente a la sociedad y el riesgo en consecuencia de que la sociedad no reconozca transmisiones realizadas conforme al pacto, pero sin seguir el procedimiento estatutario. O viceversa, que reconozca la condición de socio en un adquirente pese a que en su adquisición haya contravenido el pacto parasocial, pero cumpliendo las condiciones estatutarias. Esto hace definitivamente preferible la regulación estatutaria a la parasocial.

Como ya hemos indicado, la evolución en la materia ha hecho posible la inscripción registral de pactos estatutarios relativos a la transmisibilidad complejos y sofisticados, como lo fueron en su momento los derechos de acompañamiento (*tag-along*) o arrastre (*drag-along*), entre otros.

Adicionalmente, la posibilidad a la que se hará referencia en estas páginas de poder discriminar entre socios, a través principalmente de distintas clases de acciones y participaciones, y la de poder establecer regímenes estatutarios sucesivos, permite considerar superadas ciertas justificaciones a la preferencia por los pactos parasociales, fundadas en aspectos de alcance subjetivo de las previsiones y de mayor facilidad para la adaptación y modificación de los pactos parasociales y protocolos familiares frente a los estatutos. Permiten por tanto los estatutos un amplio margen para adaptar el régimen de transmisión a las necesidades concretas de cada sociedad y los socios, con eficacia frente a terceros y la propia sociedad. Abordaremos a continuación cuáles son dichas necesidades en los supuestos más comunes en la práctica.

III. APROXIMACIÓN PRÁCTICA A GRUPOS DE CASOS EN QUE SE APLICAN LAS CLÁUSULAS RESTRICTIVAS

Para valorar la oportunidad y utilidad de los distintos mecanismos estatutarios para la implementación de las restricciones, resulta imprescindible discernir qué tipos de situaciones van a regular y, en consecuencia, qué problemas deben afrontar. Vale aquí el aforismo clásico *ubi societas, ibi ius, sic societas, sicut ius.*

Según la tipología de la sociedad merecerá una regulación estatutaria u otra y la propia regulación contribuirá a la modalización la sociedad. El régimen de transmisión tiene una incidencia decisiva en el carácter más o menos cerrado de la sociedad, armándolo con una puerta blindada que no permite ni entrar ni salir, o como una puerta giratoria que facilita el cambio de socios, lo que permitirá votar con los pies a los socios disidentes.

En las presentes páginas haremos una constante referencia a las empresas familiares, aunque no exclusiva, en la medida en que conforman gran parte de nuestro tejido empresarial y en las que, por su marcado carácter personalista, deviene crítico cuanto concierne al régimen de transmisión.

1. Distintos tipos de sociedades y distintos tipos de socios

El espectro de la tipología societaria es extraordinariamente amplio. En un extremo estarán las sociedades abiertas, por antonomasia las cotizadas, donde no hay restricciones a la transmisibilidad y además hay un mercado que permite considerar la participación en la sociedad como un activo con elevada liquidez. En el contrario, las sociedades cerradas con un régimen restrictivo y con poco mercado para sus acciones o participaciones, ya por su composición social (por ejemplo, las familiares) ya por su modelo de negocio, el estilo de gestión o la ausencia de un buen gobierno corporativo. Sociedades para las que no es fácil encontrar un inversor por falta de interés con causa en lo motivos reseñados, entre otros. En ese espectro se pueden encontrar grupos de casos con enormes similitudes en cuanto a su composición societaria.

Un paradigma son las empresas familiares a partir de segunda y tercera generación, sociedades con una cierta atomización y un fuerte sentido de pertenencia de los socios que quieren preservar su naturaleza familiar proscribiendo por tanto la entrada de extraños. El régimen tenderá a ser restrictivo, evitar transmisiones, y endogámico, limitarlas a quienes reúnen cierta condición, excluyendo a extraños o incluso a familiares, por ejemplo, a los que lo sean por afinidad o a los que no cumplan requisitos adicionales, como umbrales de edad. En muchos casos, no se pretende solo impedir que entren socios no familiares, sino evitar que los familiares puedan salir, como si la llevanza del apellido tuviera como carga la participación en la empresa.

Otra categoría distinguible la conforman las *startups*, que se caracterizan por procesos constantes y sucesivos de rondas de inversión que alteran la composición social como parte necesaria de su proceso de crecimiento y expansión, de modo que los regímenes de transmisión son particularmente dinámicos y la tipología de socios cambia con rapidez e intensidad a lo largo de su biografía. Arrancan con el socio fundador, prototipo del socio tecnológico; se apoyan en segunda instancia en los *families, friends and fools*; conviven con los anteriores o los sustituyen los *business angels*; maduran con los *venture capitals*; se profesionalizan con los fondos y acaban siendo transmitidos a socios industriales o sacándose a cotización en un mercado regulado. Todos estos cambios en ocasiones se producen en plazos temporalmente cortos. Los regímenes de estas sociedades tenderán a ser muy complejos pero abiertos, permitiendo entradas de extraños, tomas de participación de directivos; y contemplan salidas en bloque a través de pactos de arrastre y/o de acompañamiento e incluso son objeto de ofertas públicas de adquisición para su cotización.

En otros casos, la condición personal del socio es crítica, como por ejemplo en las sociedades profesionales que adoptan la forma de sociedad anónima o de responsabilidad limitada conforme a su norma rectora, la Ley 2/2007, de 15 de marzo, de sociedades profesionales. En estas sociedades el régimen de transmisión obedece a esa naturaleza, con un derecho de separación ad nutum ex lege y una imposibilidad de transmitir las acciones o participaciones a quien no reúna las condiciones profesionales requeridas, y a la vez con regulaciones sobre el valor de las acciones y participaciones a efectos de transmisión que no permitirán una auténtica obtención de valor en la desinversión. Son sociedades donde la puerta está abierta, pero para cruzarla hace falta una llave especial, la condición profesional. Esta facilidad para la salida explica que la conflictividad judicializada sea baja, dado que el socio disidente normalmente se separará de la sociedad.

Otros supuestos frecuentes traen causa de los acuerdos entre los socios, quienes en ese plano de relación, han decidido vincularse entre sí con mayor o menor intensidad al proyecto, lo que es común en las *joint-ventures*, o cuando uno o más socios tienen un fuerte componente tecnológico vital para el proyecto común, o es a su vez el gestor del proyecto. En estos casos, a falta de una restricción legal, los socios refuerzan el compromiso de permanencia en la sociedad —de todos o algunos de ellos— a través de pactos parasociales o estatutarios que normalmente imponen severas restricciones a la transmisibilidad y activan en favor de otros socios derechos como los de arrastre o acompañamiento cuando se produce un cambio en la composición societaria.

No es tampoco extraño o infrecuente que inversores profesionales, como las sociedades de capital riesgo, entren en sociedades cerradas exigiendo que para ellos haya una puerta especial permanentemente abierta, un derecho de liquidez estructurado a través de una promesa de compra o una opción de venta. Este derecho en favor de ese socio concreto suele estar causalizado en cuanto a su ejercicio activándose cuando se produce un determinado hecho o circunstancia. La necesidad de ofrecer un retorno en un plazo a sus inversores exige a los socios con estas características evitar el mantener largos litigios en conflicto y quedarse atrapados en una sociedad en la que no se dan las circunstancias que se consideraron idóneas para la inversión. Por ello, aprovechan su fuerza negociadora en el momento de su entrada en las sociedades en las que invierten para dejarse abierta una vía de escape.

Como conclusión de este apartado, la regulación dependerá de cómo sea el régimen de transmisión en la sociedad, quiénes sean sus socios y qué naturaleza o condiciones deban reunir.

2. El interés a proteger en función de la operación como cuestión clave para la configuración del régimen

Partiendo de la diversidad anterior, y dejando al margen las sociedades abiertas por caracterizarse precisamente por la ausencia de restricciones a la transmisibilidad, típicamente las cotizadas, distinguiré cinco escenarios, de menor a mayor interés respecto al objeto de estas páginas. Cada uno de ellos plantea problemas distintos en cuanto a los intereses a proteger que, en consecuencia, deberán recibir distintas soluciones.

2.1. Ventas de la totalidad de las acciones y participaciones

Cuando se vende la totalidad de las acciones o participaciones de una sociedad, ya sea por tener un socio único, por ejemplo cuando un grupo multinacional desinvierte en una filial, o porque la venta se haga de consuno por el conjunto de los socios, las restricciones estatutarias a la transmisibilidad carecen de relevancia e interés. Sean estas cuales fueren, incluso cuando incluyen una prohibición temporal de disponer, quedan superadas por la decisión de vender conjuntamente el 100% del capital. Incluso aunque se infringiera el procedimiento estatutario, ello no tendría consecuencia. Al participar en el negocio todos los interesados (los socios, los terceros no tienen un interés legítimo aquí) se produce una suspensión singular de facto del régimen estatutario.

Otro tanto ocurre cuando vende el socio titular del 100% del capital y vende solo un porcentaje. La restricción que se hubiera podido pactar, incluso la que impone transmitir conjuntamente todas las acciones o participaciones de las que un mismo socio sea titular, no aplicará a esa operación, si bien en este caso sí será relevante a futuro el régimen de transmisión en la medida en que se perderá esa condición de unipersonal. Lo mismo sucede cuando se transmite el 100% a una pluralidad de adquirentes.

2.2. Ventas de un paquete mayoritario o de control

El segundo grupo de casos de interés es el que se refiere a cuando lo que es objeto de venta es un paquete mayoritario o de control. En estos supuestos las restricciones estatutarias suelen estar encaminadas a proteger a los socios no vendedores, los minoritarios. Ya sea sometiendo a autorización la venta para evitar la sustitución del socio por otro de determinada condición, ya sea otorgándoles una oportunidad de dejar de ser socios o de ser minoritarios.

A estas finalidades responden: (i) el derecho de adquisición preferente, que le ha de permitir al minoritario comprar del mayoritario con preferencia al tercero, y por lo tanto acrecentar los minoritarios su participación, adquiriendo en su caso el control; y, (ii) el derecho de acompañamiento, venta conjunta o tag along, en alguna de sus modalidades, que permitirá al minoritario dejar de ser socio vendiendo su participación junto al socio o socios de control, beneficiándose además en este caso de compartir el valor de la prima de control.

Por lo tanto, el derecho de adquisición preferente del minoritario constituye una oportunidad para mejorar su condición, en unos casos incrementando su participación, los menos por lo que se dirá a continuación, en otros sustituyendo al socio de control.

Lo cierto es que la oportunidad real de ejercer el derecho de adquisición preferente dependerá de su capacidad financiera para pagar el precio y de su capacidad de gestión del proyecto como socio. Así, en una sociedad de alto valor y precio con un socio multinacional titular de un 95% y que el restante 5% esté en manos de los sucesores de los fundadores originarios, o de un grupo de directivos, o de un minoritario que haya estado históricamente relegado de la gestión y sea un socio pasivo, difícilmente se va a ejercitar el derecho de adquisición preferente por esos minoritarios. Probablemente ni tengan los recursos o la capacidad de obtenerlos ni la vocación por explotar esa sociedad como inversores únicos.

Sin embargo, aun en estos casos, el derecho de adquisición puede tener una utilidad, el permitir que, mediante su cesión u otros mecanismos, lo ejercite un tercero distinto al adquirente pretendido por el socio saliente, pudiendo así al minoritario elegir al nuevo socio y pactar con este las condiciones del contrato de sociedad como contraprestación a la posibilidad de adquirir por la cesión del derecho de preferencia.

El otro pacto de interés para el minoritario en la venta de un paquete de control es el derecho de acompañamiento o venta conjunta (*tag-along*). Ante la salida de un socio al que los demás han querido vincular su continuidad porque aquel es el socio de control (y los demás socios no quieren verse obligados a permanecer en la sociedad si cambia el control), por razón de confianza, de *know-how*, de maximización de valor o cualquier otra, los socios que decidan ejercitar este derecho de acompañamiento podrán abandonar la sociedad obteniendo un precio pactado por el vendedor y aceptado por los demás socios. En el acompañamiento, como en el arrastre, hay una mutualización del precio, y las condiciones suelen ser idénticas entre el socio receptor de la oferta y los que se adhieren. La Dirección General de los Registros y del Notariado en resolución núm. 5650/2016, de 20 mayo 2016, ha admitido la inscribibilidad de las cláusulas de esta naturaleza.

Así, en las ventas de paquetes de control, si estatutariamente se han establecido derechos de adquisición preferente y derechos de acompañamiento, los minoritarios no transmitentes podrán optar entre: i) no ejercitar ningún derecho y mantener su status pero con un nuevo socio de control, ii) si el precio y las condiciones les parecen atractivas, vender conjuntamente ejercitando el derecho de acompañamiento, iii) si les interesa la operación, tienen capacidad financiera y les parece que las condiciones son mejores para comprar que para vender, optarán por no acompañar y ejercitar el derecho de tanteo, ya para sí, ya para un tercero con quien se convengan.

Obsérvese cómo, en condiciones normales, cualquiera de estas alternativas debiera se asumible para el socio de control, ya que el que será normalmente su objetivo principal, que es el de obtener el precio, se ve satisfecho en todos los casos. Además, será habitual que el socio de control se haya protegido con un derecho de arrastre (*drag-along*) para obligar a los minoritarios a vender también, en una situación en la que el tercero adquirente pueda no tener interés en conservar a minoritarios cuando adquiera el control.

En virtud del pacto de *drag-along* el socio o socios que reciben una oferta para la enajenación de sus acciones o participaciones podrán exigir a los restantes socios que procedan a la enajenación de la totalidad de las suyas —aunque no de una parte de las mismas— a favor del tercero que hubiere realizado la oferta, normalmente al mismo precio y en los mismos términos y condiciones que los contenidos en la oferta formulada al socio que ejercita el derecho de arrastre y que éste hubiere comunicado al órgano de administración.

La incorporación a los estatutos de un derecho de arrastre aporta distintas utilidades y tiene diversas configuraciones en función de la naturaleza del fin pretendido en los diversos entornos en que se estipula, típicamente en operaciones de M&A en que participan inversores profesionales, como entidades de capital riesgo y similares. La Resolución de 4 de diciembre de 2017, de la Dirección General de los Registros y del Notariado, confirmó la inscribibilidad de una disposición estatutaria que incorporaba un drag-along, si bien exigía para la misma que el acuerdo de incorporar esta cláusula a los estatutos se adoptara por unanimidad.

Con el derecho de arrastre se evita que un socio minoritario pueda obstaculizar los objetivos del adquirente e impedir una operación o provocar que se realice con un peor precio. Este mecanismo desactiva conductas oportunistas, cuyo objetivo normalmente es obtener alguna ventaja particular. A su vez, el socio minoritario, como en el acompañamiento, se beneficia de una mutualización de la prima por mayoría en la medida en que el derecho de arrastre suele pactarse con igualdad de precio por acción o participación, con independencia de que forme parte o no de un paquete mayoritario. También es habitual el que se condicione la posibilidad de arrastrar a que se satisfaga un precio mínimo, fijo o referenciado a la inversión o a alguna magnitud de la compañía o su grupo.

2.3. Ventas de paquetes minoritarios en sociedades con uno o varios socios mayoritarios o de control

Un supuesto de mayor interés, a mi juicio, se refiere a las ventas de paquetes minoritarios y a cuál es la regulación que con carácter general deberá ser la más adecuada para proteger los derechos e intereses en juego.

La cuestión fundamental es que la restricción a la transmisibilidad más relevante en estas transmisiones no es ni legal ni estatutaria, la restricción crítica viene definida por la ausencia de un mercado de participaciones minoritarias de sociedades cerradas. Esto implica que generalmente los terceros no tengan interés en la compra y, en todo caso, que no estén dispuestos a pagar un valor que no lleve aparejado un descuento más que significativo sobre lo que sería el valor proporcional de la participación, el resultado de aplicar al valor total de compañía el porcentaje que el minoritario ostenta, que suele ser el valor esperado por el minoritario. El mercado, cualquier tercero, le aplicará descuentos por minoría o iliquidez, descuentos relevantes que suelen estar entre un 20% y un 35% del valor.

Con carácter general, el propio mercado, o más propiamente, la ausencia de un mercado real para la transmisión de paquetes minoritarios, constituye una auténtica limitación a la transmisión, en muchos casos la más eficaz. Es un lugar común que la venta de paquetes minoritarios en sociedades cerradas no despierta un interés en el mercado y, en consecuencia, que el titular de las mismas difícilmente encontrará un comprador competitivo para sus participaciones que ofrezca un precio satisfactorio. Como veremos, el establecimiento de ciertas restricciones a la transmisibilidad y, muy en particular, la existencia de derechos de tanteo que podrá ejercitar el mayoritario agrava dicha limitación.

Así, el derecho de adquisición preferente contribuye a incrementar las dificultades para la transmisión. Cuando el derecho de preferencia lo ostenta el mayoritario o socio de control frente a las ventas por el minoritario, en la práctica supone una carga gravosísima para el minoritario que quiere vender. Desincentiva que el inversor tercero asuma unos costes de transacción que suelen ser elevados (revisión de la información de la compañía, negociación de acuerdos, costes de oportunidad, etc.), cuando sabe que cuando culmine el esfuerzo de análisis y negociación y lance una oferta, el mayoritario, quien está en la mejor posición para comprar (tiene un conocimiento privilegiado de la sociedad, no tiene las limitaciones derivadas de ser minoría en cuanto a derechos y de participación en la gestión y no necesita protegerse con cláusulas sobre responsabilidades y garantías), puede ejercitar su derecho de tanteo y frustrar esa operación de transmisión entre el minoritario y el tercero.

Además, incorpora una distorsión, consistente en que el mayoritario tiene un incentivo para torpedear el proceso de venta del minoritario con el fin de influir en la reducción del valor ofertado por el tercero para abaratar el coste del ejercicio de su derecho de preferencia. La capacidad para torpedearlo se concreta el restringir el derecho de información, establecer mecanismos en la sociedad equivalentes a las medidas anti opa, disuadir al comprador advirtiéndole de que no será bien recibido, etc.

El mayoritario es el comprador idóneo para el minoritario. El que el mayoritario no tenga que competir y le baste con esperar anclado en su derecho de preferencia a que un tercero que sí aplicará descuentos naturales (iliquidez y minoría) y en el que puede provocar descuentos adicionales (por desinformación e inflación de riesgo), para comprar por ese precio ejerciendo su tanteo, perjudica enormemente al minoritario.

Por lo tanto, aunque hemos visto en el apartado anterior que el derecho de preferencia conviene al minoritario cuando el mayoritario vende —incluyendo unas cautelas que desarrollaremos más adelante— se convierte en una losa cuando es el minoritario quien quiere transmitir.

Algunas soluciones para que el minoritario pueda tener una cláusula de derecho de adquisición preferente eliminando o reduciendo el riesgo expuesto son, por ejemplo: (i) establecer que el derecho de adquisición preferente solo lo podrán ejercitar socios cuya participación sea inferior al 50%, lo que no excluiría a los sindicatos de control pero será útil en la mayoría de los casos; (ii) establecer la facultad del minoritario de sondear sin oferta previa y por un precio determinado el interés del mayoritario por la compra, quien deberá ejercer su preferencia contra ese globo sonda y, si este no compra, el minoritario tendría derecho a hacer una due diligence controlada y a su costa, pudiendo vender sin tanteo dentro los seis meses siguientes y por cualquier precio igual o superior al sondeado.

Por lo tanto, las restricciones a la transmisibilidad deben considerarse, particularmente respecto al minoritario, como restricciones adicionales a las propias del mercado, que no hará sino reducir las oportunidades de venta o el precio a percibir. La situación ideal para el minoritario como potencial vendedor sería la libertad de transmisión.

Las restricciones estatutarias suelen concretarse en prohibiciones temporales de venta, derechos de adquisición preferente y en reducciones del ámbito subjetivo del régimen de libre transmisibilidad. Son restricciones que tienden a cerrar la puerta, a dificultar la salida y a que, cuando se produzca, no sea para que entre un tercero sino para que acrezcan su participación otros socios, muchas veces con una penalización del precio que obtendrá el vendedor, el socio saliente.

Conviene ofrecer un último apunte respecto a la protección del minoritario como potencial vendedor que va más allá de la libertad de transmisión. Es absolutamente excepcional, pero no ignoto, que se conceda al minoritario un derecho de arrastre con el fin de que pueda forzar la venta del 100% bajo determinadas condiciones de precio (por encima de un umbral) y circunstancias (por ejemplo, ante determinadas conductas del socio mayoritario). En estos casos el minoritario deja de sufrir los efectos descritos en este apartado. Constituye una protección de altísimo valor, ya que no solo le permite vender su parte sino forzar a que se venda el todo, incrementando el interés de mercado y el precio que obtendría por su parte, si encuentra un potencial comprador.

2.4. *Ventas de un paquete minoritario en sociedades atomizadas*

El cuarto escenario a tratar se presenta en los supuestos de sociedades sin un socio mayoritario o un socio o sindicato de control y con una mayor o menor atomización. En este escenario también la mayoría de las transacciones vendrán referidas a paquetes minoritarios. Esto es habitual por ejemplo en empresas familiares a partir de la tercera generación, en sociedades anónimas de seguros creadas como consecuencia de un proceso de desmutualización o en inversiones bajo la modalidad de *club deal*.

Lo que caracteriza este escenario frente a aquellos en que hay un socio de control, es que para estas transacciones sí que existe un cierto mercado externo. Esto se debe a que hay menos prevenciones de los terceros para comprar que cuando hay un socio mayoritario y, también, a que se pueden lanzar ofertas para comprar a varios paquetes minoritarios adquiriendo una mayoría.

Pero además, hay un mercado interno, en la medida en que unos socios pueden comprar a otros y tienen incentivos para ello, en particular el aumentar su relevancia en el conjunto de socios o el alcanzar un paquete mayoritario. Sin embargo, los socios pueden tener interés en evitar que mediante operaciones en ese mercado interno se puedan alterar los equilibrios de poder. Las restricciones deben dirigirse en consecuencia a regular cada uno de los dos mercados: el interno y el externo.

En cuanto al mercado interno, tanto conforme al régimen legal como en la mayoría de los configurados estatutariamente, al ser libres las transmisiones entre socios, puede en estos escenarios adquirirse de un socio a otro para alcanzar o incrementar su control. En muchas sociedades, particularmente las familiares pero no solo, uno de los aspectos clave de la estructuración del capital consiste en la existencia de equilibrios de poder en la composición societaria. Ese equilibrio se puede romper si unos socios compran libremente a otros, lo que puede provocar una situación indeseada. También cuando hay socios no familiares, como directivos, socios históricos o inversores expertos a quien se les ha permitido tener una participación en un momento puntual, ya para dotar de recursos a la compañía ya para dar salida a un socio, etc.

Esto se produce también en lo que se conoce como *club deal*, sociedades en las que los socios son inversores cuya única coincidencia es haber invertido en la misma sociedad, con un único objeto —muchas veces la explotación de un activo concreto como puede ser un hotel— normalmente gestionado por un tercero, sujeto a un plan de negocio a largo plazo consensuado como condición de la inversión, con presencia proporcional en el órgano de administración y en el que han buscado precisamente la ausencia de un control y se rigen por un sistema de mayorías. Funcionan en cierta media como un fondo de inversión pero con forma societaria, siendo crítico para su equilibrio la ausencia de un socio de control distinto al gestor que pueda alterar con su mayoría los fundamentos del proyecto de inversión al que se adscribieron y que les unió.

Para evitar la ruptura del status quo, el régimen de transmisibilidad debe introducir mecanismos, normalmente no permitiendo la libre transmisión entre socios o del establecimiento de derechos de preferencia en cascada o subsidiarios, que ofrezcan soluciones a estas situaciones. Esto evitará las guerras de poder entre socios mediante adquisiciones entre sí que desequilibren la composición social. Son útiles para ello herramientas como el reconocimiento de derechos de adquisición preferente ordenados por estirpes dentro de una empresa familiar (lo que facilita el equilibrio entre ramas familiares), o por porcentajes de menor a mayor en un club deal u otro tipo de sociedades atomizadas (lo que permite la concentración de minoritarios en lugar del fortalecimiento de quienes tienen mayor porcentaje).

2.5. *Joint ventures* y, en general, sociedades con dos socios al 50%

Habría un quinto escenario a considerar que es el referido a las situaciones de *joint venture* y, en general, aquellas en las que hay dos socios titulares cada uno de ellos de un 50%. Es una situación tremendamente frecuente ya sea en supuestos de pura *joint venture*, de coinversión ordinaria o de empresas familiares, particularmente en segunda generación.

Lo cierto es que no se han acabado de encontrar ni legal ni convencionalmente soluciones a las situaciones de paridad en la participación y a los retos que plantean, particularmente en cuanto al bloqueo. Sabido es que los esfuerzos inútiles conducen a la melancolía, como nos dejó advertido Ortega y Gasset, por lo que tampoco intentaré dar respuesta a este problema en estas páginas, incluyendo solo unos apuntes en cuanto al régimen de transmisión.

Este riesgo de bloqueo en sociedades con una alta inversión, el 50% de la inversión total en ese proyecto, desincentiva enormemente que haya un mercado para este tipo de participaciones, con las consecuencias ya dichas en sede de participaciones minoritarias, y aunque estas no lo sean. A la vez, las soluciones basadas en los regímenes de autorización o de meros derechos de adquisición preferente se han mostrado poco eficaces en la práctica.

Todo ello ha llevado a que se articulen sistemas de resolución de conflictos mediante compras y ventas recíprocas o conjuntas entre los socios basados en la teoría del juego y conocidos bajo nombres tan exóticos y también inquietantes como el pacto andorrano, la ruleta rusa, el disparo mejicano con su variante tejana, etc. La propia denominación constituye un argumento para tratar de evitarlos.

Estos pactos rara vez tienen encaje estatutario, por lo que exceden del objeto de este análisis. Su finalidad es que las partes acaben haciendo una transacción pretendidamente equitativa. Para ello, en general, se separa la fijación del precio de la decisión de comprar o vender, de modo que o recaigan cada una de ellas en uno de los dos distintos interesados, o que mediante sistemas de subastas competitivas o ciegas se incentive el que cada una de las partes se esfuerce en ofrecer o solicitar un precio justo, en la medida en que de ofrecer un precio ruin se puede volver en su contra.

La bondad de estas cláusulas depende en gran medida de un análisis prospectivo previo sobre si los dos socios podrán ser igualmente compradores o no, en función de elementos como su capacidad económica, su anclaje en la sociedad, su carácter de socio tecnológico, financiero o industrial, o de su posición de riesgo o vinculación respecto a la sociedad, muchas veces relacionados con la existencia de otras relaciones jurídicas con la compañía.

Fernández del Pozo ha analizado con profundidad y acierto la problemática del bloqueo societario desde distintas perspectivas, entre ellas, sobre cómo las cláusulas de tag along y de drag along pueden utilizarse como mecanismo de desbloqueo.[3] La experiencia dice que pueden constituir una solución, pero, a la vez, un mecanismo de venta forzosa en supuestos de bloqueo puede incentivar que se provoque ese bloqueo.

La incorporación de cláusulas estatutarias para resolver los retos que plantean estos escenarios exige un análisis profundo de la realidad de cada uno de los socios y de las distintas situaciones y coyunturas en que se tendrán que aplicar a futuro en entornos no siempre previsibles, para evitar conductas oportunistas que perjudiquen a una de las partes o al proyecto común. En todo caso, dista de ser un problema que admita soluciones estándares y sencillas.

3 FERNÁNDEZ DEL POZO, L. "Las cláusulas estatutarias de «arrastre» («Drag-Along») o de «venta conjunta» a tercero como remedio contractual de las situaciones de bloqueo societario", *La Ley Mercantil*, núm. 38, Sección Sociedades, julio 2017.

3. Elementos de discriminación subjetiva y regulaciones dinámicas

Con carácter previo a abordar la tipología de cláusulas restrictivas y profundizar en sus características y utilidades, conviene incluir unas reflexiones adicionales en lo que concierne a los escenarios.

Hemos expuesto en apartados anteriores cómo cada sociedad es distinta según la naturaleza de sus socios y, también, cómo afecta la distribución del capital social y la posición en el mismo del potencial transmitente a la configuración de un régimen adecuado. Pero la realidad es más compleja.

Conviven con frecuencia en la misma sociedad socios con distinta naturaleza o vocación, como cuando tenemos industriales y financieros, o cuando los directivos se incorporan al capital. O tienen intereses legítimamente diversos, como cuando un socio es a su vez gestor, o cuando convive con la familia empresaria un capital riesgo forzado por su propio régimen jurídico a una desinversión en un plazo que se contrapone al interés de la familia empresaria en perpetuar su posición de propietaria.

Por otra parte, una realidad societaria que presenta unas características en un momento concreto puede evolucionar, en ocasiones es previsible que lo haga, y que se haya anticipado el sentido en que lo hará, siendo conveniente establecer regulaciones adecuadas a cada momento temporal.

Esto es típico en las empresas familiares cuando hay sucesiones intergeneracionales y se va atomizando progresiva o exponencialmente la participación en el capital, no siendo útiles normas pensadas para un reducido número de socios. O en una *joint venture* entre un fabricante extranjero y un distribuidor local, en la que el valor de aportación y el equilibrio de poder va variando y desplazándose inevitablemente con el propio progreso de la sociedad conjunta y como consecuencia de este.

Por todo ello, conviene considerar la posibilidad de introducir disposiciones estatutarias, cuyo objetivo sea discriminar entre socios o establecer regímenes diversos en el tiempo pero pactados desde un momento anterior, en ocasiones en el momento de constitución de la sociedad.

3.1. La posibilidad de establecer diferencias entre los socios

Un objetivo frecuente en la construcción del sistema de restricciones a la transmisibilidad consiste en la diferenciación entre socios o entre categorías de socios. El instrumento legalmente previsto para la discriminación o simple diferenciación consiste en la configuración de clases de acciones y participaciones con distintos derechos, según sea su contenido de derechos u obligaciones. Esto permitirá establecer diferentes regímenes de transmisión o derechos en la transmisión entre distintos socios o accionistas.

Estas clases se podrán asignar en función de la pertenencia a distintas estirpes dentro de una misma familia, o de la naturaleza del socio, por ejemplo, acciones con un régimen de transmisión específico cuando se emitan dentro de un programa de retribución de directivos. O, también, cuando se quiera privilegiar a un socio o un grupo de socios con el derecho a arrastrar al resto.

Por ejemplo, es frecuente que se pretenda mantener el equilibrio entre dos estirpes de una misma empresa familiar, que inicialmente pertenecía a dos hermanos titulares cada uno del 50%, y que fruto de la natural sucesión se va atomizando pero manteniendo un equilibrio entre estirpes, dado que cada uno de ellos hace sucesor a sus hijos por lo que siguen titulando cada grupo de hijos agrupadamente el 50%. Sin embargo, si se permiten las transmisiones libremente entre miembros de distintas estirpes, y se produce el transfuguismo oportunista familiar de uno de los hermanos, o incluso si todos tienen un derecho de adquisición preferente en la venta de uno de ellos a terceros, se puede romper el mencionado equilibrio.

Una solución consiste en atribuir acciones y participaciones de distintas clases entre estirpes, de modo que solo sean libres las ventas en el seno de la propia estirpe (no a socios de otra estirpe y en consecuencia titulares de acciones o participaciones de otra clase). A la vez se establece un derecho de adquisición preferente por orden, de modo que en la venta de un socio a un tercero o a un socio de otra estirpe, se activa una preferencia de los de su propia estirpe y solo subsidiariamente de los de la otra u otras.

3.2. *Posibilidad de establecer regulaciones estatutarias dinámicas*

La posibilidad de regular en los estatutos de manera asimétrica no se circunscribe al plano subjetivo sino también al temporal, de modo que se pueden incluir previsiones estatutarias de aplicación meramente temporal (durante un plazo), vinculadas a que se den determinadas circunstancias (por ejemplo que sigan siendo socios miembros de la primera generación), meramente transitorias (mientras no se produzca determinado hito seguro pero incierto en cuanto al momento), derechos que se agoten tras un primer ejercicio u oportunidad de ejercitar (por ejemplo de *tag along* o *drag along*) o que se activen únicamente de producirse un hito (que un porcentaje de la empresa familiar pase a ser propiedad de personas no miembros de la familia empresaria).

Estas regulaciones dinámicas aprobadas en un momento concreto, pueden, sin embargo, tener una distinta aplicación ante diferentes escenarios o en distintos momentos, sin necesidad de una ulterior modificación. Se trata de un mecanismo tremendamente eficaz para disponer de unos estatutos versátiles que respondan en cada momento a las circunstancias en que deban ser aplicados sin necesidad de reabrir un proceso de modificación, adaptándose así mejor a la voluntad "constituyente" de los socios y evitando que ante cada cambio de escenario esperado se deba realizar una revisión integral del modelo estatutario cuando se alteran los fundamentos que justificaron determinadas opciones constituyentes. Esto es particularmente importante en las sociedades de responsabilidad limitada, donde cualquier reforma sustancial del régimen de transmisión activa el derecho de separación de los socios disidentes (346 LSC).

Una misma sociedad puede combinar distintos regímenes aplicables a la transmisión de modo que no solo todas las acciones y participaciones no estén sujetas al mismo régimen de transmisión, sino que los distintos regímenes se sucedan el tiempo, dando a determinados pactos estatutarios una vigencia temporal determinada o condicionada a un hito objetivo, y señalando cuál le sustituirá una vez se extinga, para lo que cabe utilizar disposiciones estatutarias transitorias.

En otras ocasiones el elemento para delimitar la vigencia de un derecho no vendrá determinado por un elemento temporal sino por reducir la oportunidad de ejercicio a una sola opción, de manera que una vez se consuma la primera ocasión de ejercitarlo, su no ejercicio hará decaer definitivamente el derecho.

Así, por ejemplo, en el derecho de acompañamiento, una vez recibida la notificación que activa ese derecho, si el socio decide no vender conjuntamente, en una nueva venta futura por un consocio ya no tendría de nuevo el mismo derecho.

IV. TIPOLOGÍA DE RESTRICCIONES Y SU REGULACIÓN Y APLICACIÓN

Una vez vistos los escenarios y algunas consecuencias prácticas que pueden resultar de la regulación estatutaria del régimen de transmisión en dichos escenarios, conviene detenerse en las categorías de mecanismos estatutarios de un modo sistemático, aunque manteniendo el enfoque práctico y de análisis de utilidades.

Conforme a una catalogación clásica, los mecanismos restrictivos a la transmisión pueden consistir en una prohibición de transmitir, una transmisión condicionada a autorización, en un derecho de tanteo y en un derecho de rescate. Dichos mecanismos además no son excluyentes entre sí, sino que una cláusula restrictiva puede articularse en más de un escalón, por ejemplo, primero una fase de autorización de la transmisión y, en caso de denegarse esta, un derecho de adquisición preferente. Esta es por ejemplo la opción del legislador como régimen general para las transmisiones restringidas de participaciones sociales en el artículo 107.2 LSC.

1. Prohibición de transmitir

No me detendré en la categoría de la prohibición total de transmitir por considerarla comparativamente de menos interés. Pero, como es conocido, la prohibición solo puede ser temporal: dos años máximo en las anónimas (123.4 del Reglamento del Registro Mercantil, RRM) y cinco en las limitadas computados desde la constitución o desde la creación de las participaciones en una ampliación (108.4 LSC). Este mecanismo no consiste en cerrar una puerta sino en tapiarla.

En todo caso, las restricciones estatutarias no pueden imponer una prohibición total de transmitir. Como excepción a la regla anterior, en las sociedades de responsabilidad limitada se podrá limitar la transmisión voluntaria de las participaciones por actos *inter vivos*, durante un plazo temporal superior a cinco años si se reconoce el derecho de separación al socio (108.3 LSC), lo que de facto implica la libertad de transmisión, si bien en beneficio de un adquirente predeterminado y a un precio concreto que, en todo caso, deberá respetar el valor razonable (353 LSC).

Estas restricciones son muy útiles para asegurar la estabilidad del capital durante el periodo inicial, muchas veces durante aquél en el que la condición personal del socio puede ser más relevante si, por ejemplo, es el periodo de inversión en el que los socios se han comprometido a aportar recursos. Siguiendo con este ejemplo, en las anónimas ese objetivo se puede proteger mediante la emisión de acciones parcialmente desembolsadas o, tanto en anónimas como en limitadas, a través de prestaciones accesorias cuyo contenido sea una obligación de aportaciones adicionales. Como se ha mencionado en otro apartado, ambas figuras incorporan legalmente condiciones a la transmisión de acciones o participaciones que tengan aparejada esa prestación y de las acciones no liberadas.

2. Las cláusulas de autorización

La segunda categoría de restricciones son las cláusulas de autorización. Estas se caracterizan por condicionar la transmisión a una autorización previa, cuya concesión se puede residenciar en órganos distintos, incluso, en una posición no pacífica que comparto, en terceros, siendo en este caso la cuestión crítica si ese tercero debe sujetarse en su decisión de autorizar a la preservación del interés social o puede actuar movido por un interés ajeno a dicho interés social, incluso propio.

Dentro de la categoría de cláusulas de autorización las hay de distinta naturaleza y que ofrecen una pluralidad de utilidades. Expondremos sumariamente algunas.

Son habituales las cláusulas que solo permiten transmitir libremente a quien reúna una condición específica. Ser persona física, estar habilitado para el desempeño de una concreta profesión, ser español, etc. Las acciones o participaciones sólo se pueden transmitir a estas personas. La aplicación de esta cláusula no requiere ni siquiera la activación de un procedimiento estatutario, sino que admiten una mera verificación ex post. Equivale a una redefinición del ámbito subjetivo de personas respecto a las que las transmisiones son libres conforme al artículo 107.1 LSC. Evitan la sustitución del socio por otro salvo que tenga una determinada condición requerida. Lógicamente la restricción no puede ser de tal intensidad o irracionalidad que supongan de facto una prohibición absoluta a la transmisión por delimitar en la práctica un número muy reducido de potenciales adquirentes o que el delimitado defina un bloque de sujetos que no tengan un interés real en adquirir.

Otra subcategoría de estas cláusulas es la de aquellas que hacen depender la transmisión de la autorización de la sociedad, que concede o no en función de causas tasadas. Por ejemplo: se puede no autorizar la transmisión a un competidor; o a alguien que no sea miembro de la familia empresaria; o a quien no tenga una concreta titulación o condición profesional. Deben estar suficientemente determinadas, contribuyen a asegurar el carácter restringido de la sociedad a una tipología de socio y, de nuevo, deben proscribirse cuando hagan prácticamente intransmisible la posición de socio por la ausencia objetiva de potenciales compradores, lo que ocurre también cuando los únicos que podrían objetivamente comprar no tienen incentivos a hacerlo. Evitan la sustitución del socio por otro que tenga una determinada condición indeseada. Las transmisiones a quien no tenga esa tacha pueden ser libres o quedar sujetas al ejercicio de un derecho de adquisición preferente o a otra categoría de cláusulas restrictivas.

Una tercera modalidad vendría constituida por aquellas cláusulas que establecen una autorización discrecional de la sociedad, pero que de denegarse activa una obligación de adquirir o de presentar un adquirente (el paradigma de regulación de esta naturaleza es el régimen legal supletorio del artículo 107.2 LSC). No evitan la salida del socio, se limitan a activar un derecho de adquisición preferente como condición para la transmisión, con los inconvenientes respecto al derecho de adquisición preferente que relataremos a continuación.

3. Derechos de tanteo

El derecho de adquisición preferente en la modalidad de tanteo constituye la cláusula restrictiva más generalizada. A lo largo de estas páginas ya hemos tratado varios aspectos relacionados con el mismo. En todo caso, me remito también a otras publicaciones anteriores en la materia donde desgranaba alguna de las cuestiones de mayor interés.[4]

El derecho de adquisición preferente satisface de manera equilibrada los intereses de ambas partes. El del socio no transmitente en la medida en que le permite evitar la entrada de un tercero no deseado o, simplemente, incrementar su participación, si bien, lógicamente pagando un precio. El del socio transmitente, al permitirle la realización de valor, aunque no puede transmitir a quien desee, sino al titular del derecho de preferencia o a quien este designe cuando esté así establecido. Ahora bien, la eficacia de la protección de dichos intereses depende de la regulación efectiva del derecho de tanteo.

4 ROJI BUQUERAS, J. M.ª, "La protección práctica del derecho de adquisición preferente y otros regímenes especiales de transmisión en garantía de la eficacia del derecho del socio", *Actualidad Mercantil 2020*, Ortega Burgos, E. y Enciso-Alonso, M.ª (dirs.), Tirant lo Blanch, Valencia, 2020, pp. 271-298.

Señalaremos a continuación alguno de los elementos que refuerzan la utilidad y eficacia de los derechos de esta naturaleza.

3.1. Elementos comunes a considerar en cualquier derecho de tanteo

La inclusión de este derecho en los estatutos sociales hace aconsejable reflexionar sobre dos cuestiones que considero críticas y que concurren con carácter general, cualquiera que sea la modalidad de derecho de preferencia y el beneficiario del mismo, aunque cobran toda su dimensión y relevancia en las cláusulas de tanteo.

En primer lugar, se debe decidir si la preferencia se podrá ejercitar por el valor ofrecido por el tercero o si se topa o referencia el valor, por ejemplo, estableciendo un valor distinto al ofertado que podrá ser el menor entre el ofrecido por el ofertante y una fórmula de valor razonable (el que determine un experto independiente o un valor preconfigurado con una fórmula de mera aplicación aritmética referida o no al teórico contable)[5]. Cualquier mecanismo de fijación de precio que no permita al transmitente obtener el valor real devalúa su participación. A la vez, la ausencia de un mecanismo de fijación de valor objetivo puede impedir en la práctica al titular del derecho de preferencia el ejercicio de su derecho ante conductas oportunistas cuando no directamente ante maquinaciones del socio transmitente.

La fijación de una fórmula de valoración también resulta crítica en el ejercicio de los derechos de rescate y cuando se ejerce la preferencia respecto a una transmisión a título gratuito u one-

5 CAMPINS VARGAS, A., "¿Puerta abierta a la libre fijación en estatutos del precio de las participaciones?: A propósito de la RDGRN de 2 de noviembre de 2010", *Revista de Derecho de sociedades*, núm. 36, 2011, págs. 421-428.

roso distinto de la compraventa. En estos últimos casos conviene explicitar en los estatutos que el socio que pretende transmitir, ante el ejercicio de preferencia, puede desistir libremente de su intención y no tiene la obligación de transmitir al ejercitante. Esto se debe a que su interés en estos casos no es propiamente la obtención de valor sino una transmisión por un título (donación, permuta, aportación u otros) que el ejercicio de la preferencia impide y que no puede satisfacer por la mera sustitución de la contraprestación pretendida —o la no contraprestación— por el valor real.

En segundo lugar, se debe definir cuáles son las transmisiones que activan ese derecho y cuáles no; por ejemplo, si, además de las transmisiones inter vivos por negocios como la compraventa, la dación o la permuta, también se activan estas cláusulas en los casos de transmisiones de la titularidad de participaciones o acciones de una sociedad como consecuencia de una modificación estructural, en el caso de la transmisión de un derecho limitado sobre las acciones o participaciones, en la transmisión como consecuencia de pagos de cuota de liquidación, etc.

Un supuesto que está dando lugar en la actualidad a cierta controversia en el foro y en la academia es el referido a la aplicación de este tipo de restricciones cuando la transmisión de las acciones o participaciones se produce en un entorno concursal o preconcursal como parte de una unidad productiva.[6]

En nuestra opinión debe asegurarse la aplicación de las reglas establecidas estatutariamente a las transmisiones que se pudieran efectuar por cualquier título y a cualquier sujeto, incluyendo los casos de ventas indirectas y de operaciones de reestructuración

6 GONZÁLEZ FERNÁNDEZ, M.ªB., *Las acciones y participaciones como objeto de la venta de una unidad productiva. Dilema para las sociedades de capital cerradas*, Tirant lo Blanch, Valencia, 2024.

empresarial. Cuando se trate de sociedades anónimas, esta regulación deberá tener presente la Sentencia del Tribunal Supremo de 10 de enero de 2011 (STS 889/2010)[7], conforme a la cual en las sociedades con esa forma social no se pueden establecer restricciones de tal intensidad que acabe imponiéndose en un grado tal el sustrato personal que haga ilusorio el carácter capitalista y abierto de las mismas. Esta conclusión no es pacífica y cuenta con un valioso voto particular que disiente del criterio de la mayoría.

De otra manera, el legítimo interés en las sociedades cerradas del socio no transmitente expresado, de evitar la entrada de terceros, pese a estar protegido con un derecho de preferencia puede verse frustrado a través de una operación más compleja que escape de los negocios jurídicos *uti singuli*.

3.2. Elementos para la protección del minoritario

Junto a las dos cuestiones generales mencionadas, formularé dos específicas que considero vitales si se pretende establecer la preferencia como un derecho para el minoritario, cuando el mayoritario pretende vender.

En primer lugar, en los estatutos se deben prever plazos suficientemente largos con la finalidad de que los derechos se puedan ejercitar en la práctica y no resulte un derecho meramente nominal. El plazo de un mes, que es el más común, siempre resulta insuficiente para un minoritario que ha de comprar una participación mayor que la que posee. Salvo que se disponga de recursos propios líquidos disponibles, en un mes no es fácil encontrar ni la financiación ni a un caballero blanco (un tercero que

7 ECLI:ES:TS:2011:708.

esté dispuesto a adquirir directa o indirectamente y que sea del agrado del socio titular del derecho) para la adquisición.

En ese plazo, el socio que pueda pretender ejercitar su derecho, deberá: a) estudiar la oferta recibida por el socio transmitente que debe sustituir; b) pedir, en su caso, información complementaria; c) valorar la viabilidad de la adquisición, o el interés en vender si se activa un derecho de acompañamiento, o las consecuencias de no reaccionar frente a un arrastre; d) si se quiere adquirir, buscar, negociar y obtener, en su caso, la financiación necesaria o, alternativa o complementariamente, el apoyo de un caballero blanco; e) negociar los acuerdos accesorios necesarios (por ejemplo, con otros socios o con el equipo directivo); f) considerar, en las distintas alternativas, qué escenarios se pueden producir en función de la conducta de otros afectados; por ejemplo, si hay otros socios que pueden también ejercer el derecho, lo que puede llevar a la compra de sólo una parte proporcional de la participación; g) revisar otros impactos de ejercer o no el derecho, particularmente los fiscales, así como observar sus propios requisitos internos para completar la operación (por ejemplo 160.f LSC cuando se trate de activos esenciales); y, h) tras todo ello, ejercer el derecho en tiempo oportuno, en la forma adecuada y con un contenido que contemple las anteriores vicisitudes.

Si no se han previsto plazos adecuados, el derecho de adquisición preferente se reduce a un derecho meramente nominal; por ello, se deben articular en un modo tal que sean susceptibles de verdadero ejercicio en la práctica, particularmente cuando se contemplan sucesivos, primero unos socios, luego otros, luego la sociedad, por ejemplo. No obstante, los plazos tampoco pueden ser tan extensos que provoquen el efecto contrario, convertir el intento de transmisión en un peregrinaje interminable.

Un segundo aspecto que conviene regular para proteger al minoritario de modo que su derecho de adquisición preferente realmente sea viable, consiste en establecer en estatutos la previsión de que el minoritario tendrá acceso al menos a la misma información que la sociedad ha suministrado al oferente para realizar la oferta, particularmente cuando, como suele ocurrir con el minoritario, este no es administrador. Reconocer incluso que pueda realizar una *due diligence* con determinadas condiciones, lo que es inusual en la práctica, pero necesario. En todo caso, se debe establecer protegiendo el interés social: preservando la confidencialidad de la información, mediante su entrega anonimizada o agregada, el que los costes directos e indirectos los soporte el minoritario, debiendo este entregar el resultado de la *due diligence* a la compañía, advirtiendo y persiguiendo las consecuencias de un mal uso de la información, etc.

4. Las cláusulas de rescate como mecanismo de exclusión de socios cuando dejan de reunir una condición querida

Como última gran categoría a mencionar se encuentran las cláusulas de rescate. Dichas cláusulas actúan en la práctica como una causa de exclusión estatutaria, si bien el adquirente no será la sociedad sino otros socios o terceros (351 LSC).

Tienen diversas utilidades, con un elemento común, como es la posibilidad de adquirir las participaciones de un socio que ha dejado de cumplir una condición que se consideraba esencial. Puede ser una condición exigible a cualquier socio, por ejemplo, el que ostente un porcentaje mínimo, debiendo vender cuando un socio se diluye por debajo de un porcentaje, lo que por ejemplo reduce la atomización por sucesión. O respecto a socios concretos por ejemplo, cuando un socio lo es por su condición de directivo y deja de serlo o cuando se establece para excluir a cónyuges que han dejado de serlo por divorcio. En los casos de directivos, incluso se establecen distintas condiciones de rescate en función de cuál haya sido la causa por la que se ha perdido la condición de directivo, distinguiéndose entre lo que se conoce como *good leaver* (por ejemplo, el fallecimiento, la jubilación o el despido declarado improcedente) y *bad leaver* (la baja voluntaria o el despedido disciplinario), cambiando básicamente el precio de rescate.

Verificada la condición que activa el rescate, el socio en quien concurra deberá transmitir sus acciones o participaciones al titular del derecho de rescate, ya sea este la sociedad, los socios a prorrata, un socio concreto, o un tercero. Con ello se puede obligar a transmitir a quien deja de cumplir una condición objetiva o subjetiva que estatutariamente se estableció como imprescindible para conservar la condición de socio. Como se ha anticipado, para estos supuestos también resulta crítico definir adecuadamente el mecanismo de fijación del valor de las acciones o participaciones que se adquirirán en virtud del derecho de rescate.

La posibilidad de rescatar da respuesta a otra situación indeseada cuál es la transmisión indirecta de la condición de socio, problemática que trata también la ya citada Sentencia del Tribunal Supremo de 10 de enero de 2011 (STS 889/2010).[8]

Es habitual que la titularidad de las acciones o participaciones no corresponda a personas físicas, sino a personas jurídicas. Estas estructuras suponen sin embargo un riesgo de cambio material de socios aunque no lo haya en un sentido formal, al poderse transmitir las acciones o participaciones de la sociedad titular de las acciones o participaciones de la sociedad en la que se ha establecido alguna suerte de restricción, sin que se activen las previsiones estatutarias de estas. Este riesgo es particularmente intenso cuando estas sociedades tienen como único activo las acciones o participaciones sujetas a dicha restricción.

8 Esta problemática ha sido objeto de la reciente sentencia de la Audiencia Provincial de Barcelona de 2 de noviembre de 2023

Para evitar esa situación indeseada de entrada indirecta de socios, es conveniente introducir sistemas de control y reacción frente a las ventas indirectas cuando determinados socios titulan las acciones o participaciones a través de sus propios vehículos societarios, lo que es muy habitual en los miembros de las familias empresarias. El rescate es una solución idónea, estructurándose como una obligación de venta de las participaciones o acciones de la sociedad por el socio que ha sido objeto de un cambio de control. Para ello, el órgano de administración mantiene un libro registro de titularidades reales de los socios, y los socios de la sociedad se obligan a comunicar anualmente y para en el supuesto de que se haya producido algún cambio respecto del último ejercicio, la titularidad real de la persona jurídica tenedora de acciones o participaciones de la sociedad.

V. REFLEXIÓN FINAL, A ENEMIGO QUE HUYE PUENTE DE PLATA

Una última reflexión. Cuando se regula el régimen de transmisión por los socios fundadores o por la mayoría de socios con posterioridad a través de una modificación estatutaria se tiende a blindar la sociedad, a dificultar la salida y entrada de socios. En definitiva, a restringir la libertad para un cambio de socios mediante su transmisión.

Gran parte de los conflictos entre mayoritario y minoritario traen causa bien de la dificultad para vender o bien, aun siendo la causa distinta, se podrían resolver facilitando la salida de uno o varios socios.

Pero, ¿tan importante resulta encarcelar a un socio en una sociedad en la que no quiere estar? El socio no suele ser deudor de la sociedad, es irrelevante en muchos casos quién ostente tal condición cuando es un socio minoritario.

Cuando se establecen restricciones a la transmisión, normalmente asesorando al socio mayoritario que es quien suele tener el poder para imponerlas, conviene preguntarse hasta qué punto es necesario establecer cláusulas restrictivas de gran intensidad, sabiendo que el minoritario no va a tener mercado, como ya se ha explicado, constituyendo dicha realidad la mayor restricción. ¿No es más útil facilitarle la salida o comprarle a un precio razonable?

Por ello, debe valorarse el establecimiento de mecanismos que, en lugar de restringir la transmisión, faciliten que los socios puedan disponer y transmitir total o parcialmente de su participación.

Encerrar a un socio, cuando su voluntad o su proyecto son otros, suele ser contraproducente, y genera conflictos, con frecuencia devaluando el proyecto empresarial, en perjuicio de todos, pero principalmente de la empresa y de su valor. Por ello es importante que el régimen que se establezca permita dar salida a socios disidentes, incómodos o simplemente desalineados, si bien esa salida debe articularse en un modo que no perjudique ni a la empresa ni a los socios que desean permanecer en tal condición.

En la mayoría de las empresas, el comprador que está en mejores condiciones para ofrecer un mejor precio es el socio mayoritario, o quien devendrá tal como consecuencia de la adquisición. Esto se debe a que, como ya se ha expuesto, este socio no necesita aplicar descuentos por minoría o iliquidez, dado que el paquete que compra, aunque pertenezca a un minoritario, en el momento en que se integra en su patrimonio deja de ser minoritario o ilíquido.

Nuestra propuesta es que en lugar de poner una puerta blindada que dificulte la salida de socios se incluyan puertas giratorias que faciliten la sustitución de aquellos que no aportan nada al proyecto y están desalineados con el mismo, sustituyéndolos por otros más convenientes o, simplemente, más pacíficos.

VI. BIBLIOGRAFÍA

CAMPINS VARGAS, A. "¿Puerta abierta a la libre fijación en estatutos del precio de las participaciones?: A propósito de la RDGRN de 2 de noviembre de 2010", *Revista de Derecho de sociedades*, núm. 36, 2011.

FERNÁNDEZ DEL POZO, L., "Las cláusulas estatutarias de «arrastre» («Drag-Along») o de «venta conjunta» a tercero como remedio contractual de las situaciones de bloqueo societario", *La Ley Mercantil*, núm. 38, Sección Sociedades, julio 2017.

GONZÁLEZ FERNÁNDEZ, M.ª B., *Las acciones y participaciones como objeto de la venta de una unidad productiva. Dilema para las sociedades de capital cerradas*, Tirant lo Blanch, Valencia, 2024.

PERDICES HUETOS, A. B., *Cláusulas restrictivas de la transmisión de acciones y participaciones*, Civitas, Madrid, 1997.

RECALDE CASTELLS, A. y ARIAS VARONA, F. J., "Art. 123", *Comentario de la ley de sociedades de capital*, García Cruces/Sancho Gargallo (dir.), tomo II, Tirant lo Blanch, Valencia, 2021.

ROJI BUQUERAS, J.M.ª, "La protección práctica del derecho de adquisición preferente y otros regímenes especiales de transmisión en garantía de la eficacia del derecho del socio", *Actualidad Mercantil 2020*, Ortega Burgos, E. y Enciso-Alonso, M.ª (dirs.), Tirant lo Blanch, Valencia, 2020.

RONCERO SÁNCHEZ, A. "Acciones y participaciones sociales", *Revista de Derecho de Sociedades*, núm. 36, 2011.

Capítulo 11

DETERMINACIÓN ESTATUTARIA DE UN PRECIO DE ADQUISICIÓN PREFERENTE Y RESTRICCIONES A LA TRANSMISIÓN DE ACCIONES Y PARTICIPACIONES

José Antonio García-Cruces
Catedrático de Derecho Mercantil
Universidad Nacional de Educación a Distancia (Madrid)

I. EL DOGMA DEL *VALOR REAL O RAZONABLE* COMO *PRECIO JUSTO* Y SU INCIDENCIA EN LA TRANSMISIÓN DE ACCIONES Y PARTICIPACIONES SOCIALES

La práctica enseña que, ante las previsiones estatutarias que configuran una restricción a la transmisión de acciones o participaciones y que otorgan a los socios e, incluso, a la sociedad un derecho de preferencia para adquirir aquellas, es relativamente frecuente que surja el conflicto y que éste se concrete en la disconformidad respecto del precio que deba satisfacerse por quién ejercita ese derecho de preferente adquisición. Y este conflicto se viene a dar no sólo cuando la transmisión se actúa por título de compraventa, sino, también, en aquellas transmisiones *inter vivos* por título distinto a la venta, así como —aunque con menor frecuencia— cuando la transmisión se actúa *mortis causa*. El objeto de este texto es analizar la licitud y considerar algunas dudas que suscita una cláusula de posible inserción en los estatutos sociales a través de la cual busca ofrecerse una respuesta a tales problemas, mediante la determinación de un precio de preferencia cuando, ejercitándose ésta, venga a evitarse una enajenación *inter vivos* o a dejarse sin efecto una transmisión *mortis causa*. Quedan al margen de estas consideraciones los supuestos en que pretenda hacerse valer un pacto estatutario con este contenido cuando se trate de transmisiones forzosas, dadas las particularidades —y discusión[1]— que concurren en tal supuesto[2].

1 Sobre la protección de los intereses del resto de los socios y de su interés por evitar la entrada de terceros en la sociedad, en los casos de transmisión forzosa, *vid.* TRONCOSO REIGADA, M., *Transmisión forzosa de acciones y participaciones de S.L. y cláusulas restrictivas*, Civitas, 2004, passim, y la bibliografía allí citada.

2 Pese a excluir del contenido de estas líneas el problema de la posible extensión de estas cláusulas de precio de la preferencia a los supuestos de transmisión forzosa de acciones o participaciones, puede resultar oportuno ofrecer un esbozo de los pronunciamientos registrales habidos en la materia.

El criterio general advierte la licitud de este tipo de cláusulas estatutarias respecto de las transmisiones forzosas en las que se reconozca un derecho de preferencia a la sociedad (o a los socios) y un segundo grado de preferencia (en defecto del anterior) en favor de los socios (o, en su caso, de la sociedad), determinándose en estatutos cual sea el precio que deba satisfacer quién ejercite tal derecho de preferencia y que, frecuentemente, se identifica con el valor contable de las acciones o participaciones objeto del procedimiento de ejecución que se expresara en el último balance aprobado. Así se manifestó, entre otras, la RDGRN de 9 de mayo de 2019, al destacar que una cláusula de determinación del precio de la preferencia sobre las acciones y participaciones objeto de embargo ...*contribuye a definir el contenido jurídico de la posición social representada por aquéllas, y no resulta incompatible con las normas procedimentales, cuyo carácter subordinado —en cuanto deben dar cauces de actuación de los derechos sustantivos— no puede desconocerse (cfr., especialmente, el artículo 635.2 de la Ley de Enjuiciamiento Civil, según el cual —y para la fase propiamente de realización de bienes embargados—, si lo embargado fueren participaciones sociales, la realización se hará atendiendo a las disposiciones estatutarias y legales sobre enajenación de participaciones y, en especial, a los derechos de adquisición preferente). De este modo, en un caso como el presente, ejercitado el derecho de adquisición o excluido el socio cuyas participaciones están afectadas por el inicio de un procedimiento de embargo, el precio de la transmisión o la cuota de liquidación del socio excluido sustituye a las participaciones sociales cuyo embargo se pretendía iniciar...*

A lo anterior, la RDGSJyFP de 6 de febrero de 2020, reiterando el mismo criterio, añadió que el artículo 109 LSC *...no impide que, con base en el principio de autonomía de la voluntad (cfr. artículo 28 de la Ley de Sociedades de Capital), puedan prevenirse en los estatutos sociales sistemas alternativos como los establecidos en los estatutos objeto de la calificación impugnada, que, en caso de inicio de un procedimiento de embargo —en una fase anterior a la suspensión del remate o adjudicación a que se refiere el citado artículo 109 de la Ley de Sociedades de Capital— atribuye a la sociedad y a los socios el derecho de adquirir tales participaciones por su valor razonable (con la correlativa obligación del socio de transmitirlas —cfr. artículo 188.3 del Reglamento de Registro Mercantil—)...*

Por último, la RDGSJyFP de 17 de mayo de 2021, afirmó que *...las normas relativas a la fijación del valor de las participaciones en caso de ejercicio del derecho de adquisición preferente para las transmisiones forzosas por acto inter vivos sólo son aplicables en caso de que no exista otra previsión estatutaria que establezca alternativas al embargo —como es la exclusión del socio afectado—, con posibilidad de aplicar cláusulas de avalúo atendiendo al valor contable de las participaciones o sistemas de limitación de valor (...). En tales casos, el socio afectado, quienes ejerciten el derecho de adquisición preferente y los acreedores están obligados a pasar por tal valor, de modo que estos dos últimos recibirán lo mismo que recibiría el socio, y ese es el valor real de las participaciones. Así, el valor de liquidación de la participación determinado de tal forma es el valor del que se beneficiaría el socio y con el que debieron contar los acreedores en el momento del embargo...*

La postura del Centro Directivo se reitera en sus resoluciones de 23 de mayo de 2019 y 27 de febrero de 2020.

La RDGSJyFP de 28 de agosto de 2023 presenta una particularidad, pues, afirmando la licitud de una cláusula estatutaria fijando el precio de preferencia, atiende un problema específico. En efecto, en el pacto estatutario en cuestión se concretaba el valor razonable como valor contable conforme con el último balance aprobado, pero, a la vez, se disponía la posibilidad de que el socio manifestara —e hiciera valer— su discrepancia con éste. Así, comunicado ese valor contable de sus acciones o participaciones, el socio podía manifestar su disconformidad y requerir del Registro Mercantil el nombramiento de un experto independiente para fijar el valor de las acciones y participaciones, debiendo soportar el coste anudado a tal intervención profesional. Frente a esa valoración hecha por el experto independiente, la sociedad

Ante la realidad y frecuencia de este tipo de conflictos, no era desconocido que se buscara una solución disponiendo en los es-

podría afirmar su desacuerdo y, al igual que se le permitía al socio, quedaba facultada para instar el nombramiento de otro experto independiente que hiciera una nueva valoración, teniendo que pechar con el coste derivado. Tras ambos informes, el precio final (esto es, el valor razonable que quedaba fijado como precio a satisfacer) vendría dado por la media aritmética de las cifras expresadas en los dos informes. La duda se centraba en la procedencia de imponer al socio el coste asociado a la intervención del experto independiente que hubiera solicitado y que, acertadamente, se resuelve afirmando su licitud, dada la voluntad manifestada (en estatutos) por ese socio al incorporar dicha cláusula.

Frente a cuanto se ha expuesto, pudiera pensarse, no obstante, que alguna otra resolución afirma un criterio distinto, en la medida en que se rechazó la inscripción de ese pacto estatutario fijando el precio que, como precio de preferencia, debería satisfacerse en los supuestos de transmisión forzosa. Sin embargo, un examen detenido de tales resoluciones ha de llevarnos a una conclusión distinta.

En efecto, la RDGSJyFP de 17 de mayo de 2021 rechazó la inscripción de una cláusula de tal tipo, pese a afirmar la licitud de un pacto estatutario concretando un precio de preferencia, también los supuestos de transmisiones forzosas. La justificación del rechazo en este caso radicaba en el hecho de que el pacto fijando el precio de preferencia únicamente resultaba aplicable a los supuestos de transmisión forzosa, mientas que en cualquier otra transmisión de las participaciones resultaban de aplicación las disposiciones legales (artículos 107 y 110 LSC). En este caso, la citada cláusula de preferencia, dado su ámbito de aplicación, no parece obedecer a la finalidad que justifica su procedencia, habiéndose advertido que, en tales casos, podría incurrirse en un fraude **de** acreedores (el acreedor no recibe aquello que tiene entre sus manos el deudor, pues éste dispondrá de un mayor valor si la transmisión no es forzosa). *Vid.*, TRONCOSO, M., *Transmisión forzosa de acciones y participaciones de S.L. y cláusulas restrictivas*, *op. op. cit.*, pp. 41 y 42.

De otro lado, la RDGSJyFP de 23 de noviembre de 2020 también se manifestó favorable a la procedencia de una cláusula como la que nos ocupa, pero rechazó su inscripción con fundamento en que su redacción permitía que la adquisición de las participaciones fuera parcial, conculcando así cuanto dispone el artículo 108.2 LSC, a la vez que permitía a quién ejercitara la preferencia aplazar el pago hasta cinco años, lo que resulta derechamente contrario al carácter forzoso de la transmisión y se defraudaban los derechos del ejecutante.

tatutos sociales algunos criterios con los que determinar cuál habría de ser ese precio o, al menos, ciertas reglas que permitieran su concreción (lo que cabe denominar como *precio de preferencia*, en cuanto precio que habrá de satisfacer quién ejercite su preferencia de adquisición de las acciones o participaciones).

Sin embargo, ese recurso a la autonomía estatutaria vino a negarse, afirmando, como respuesta tradicional, la exigencia de que en la transmisión de acciones o participaciones el socio transmitente tenía derecho a *obtener el valor real de su participación en la sociedad*, de manera que, si se ejercitaba un derecho de preferencia para evitar la enajenación proyectada, ese imperativo no habría de venir a menos. En consecuencia, quedaba vedada la posibilidad de un pacto estatutario en el sentido indicado, debiendo concretarse en el momento de la transmisión —*hic et nunc*— cual era ese *valor real* de las acciones o participaciones que venían a transmitirse[3].

Ahora bien, no cabe desconocer que el denominado *valor real* (hoy en día expresado como *valor razonable*) no es una cualidad ínsita en la cosa que vaya a transmitirse (en nuestro caso, acciones o participaciones sociales), sino, mejor, el resultado del mercado en el que se intercambia el objeto de la enajenación. Dicho de otra manera, las cosas *no valen en sí*, sino, antes bien, su valor se determina en razón del precio al que son adquiridas o por aquél al que alguien puede estar interesado en adquirirlas. Por ello, en cualquier transmisión el valor real (o valor razonable) de lo transmitido se expresa en el precio que se satisface y que es re-

3 *Vid.* RDGRN de 4 de mayo de 2005, RDGRN de 30 de marzo de 1999, RDGRN de 6 de febrero de 1995, RDGRN de 7 de junio de 1994, RDGRN de 15 de noviembre de 1991, y RDGRN de 27 de abril de 1990, entre otras. Para una crítica de este criterio *vid.* PÉREZ HEREZA, J., "Cláusulas de valoración de las participaciones, ¿Existe un derecho inderogable a obtener su valor real?", *Cuadernos de Derecho y Comercio*, 50, 2008, pp. 132 y ss.

sultado de un acuerdo entre transmitente y adquirente. No otra cosa viene a poner de manifiesto la Primera Parte, apartado 6.2, del Plan General Contable[4].

En realidad, si se repasa el supuesto de hecho que interesa (transmisión de acciones o participaciones) parece razonable considerar que el socio transmitente habría de obtener un valor similar a aquél que conseguiría de actuarse la liquidación de su participación proporcional en una sociedad que, sin embargo, va a continuar con su actividad empresarial. Esto es, el *precio* será el del valor que cabría atribuir proporcionalmente a la participación que se titula en esa empresa en funcionamiento.

En todo caso, ese valor es un valor hipotético, por lo que habrá que preguntarse cómo se determina o concreta el *valor real* o, quizás mejor, el importe de esa *cuota parcial* (y anticipada) *de liquidación*[5].

Desde luego, nadie discutiría la corrección de ese valor si el mismo se expresa como el precio acordado entre dos partes —transmitente y adquirente de las acciones o participaciones— que son independientes entre sí y que han dispuesto de una completa y correcta información. De igual manera, se alcanzaría el mismo resultado y debería considerarse que se está ante el *valor real* cuando ese *precio* se hubiera determinado por un tercero experto independiente al que se le ha solicitado una valoración del objeto sobre el que recae la transmisión. Y, en el mismo sentido, se llegaría a idéntica conclusión si el precio se hubiera formado como

4 Donde se define al valor razonable como ...*el importe por el que puede ser intercambiado un activo o liquidado un pasivo, entre partes interesadas y debidamente informadas, que realicen una transacción en condiciones de independencia mutua*...

5 PERDICES HUETOS, A., *Cláusulas restrictivas de la transmisión de acciones y participaciones*, Civitas, Madrid, 1997, pp. 232 y 233

resultado de un procedimiento dispuesto para la enajenación de las acciones o participaciones en el que concurriera una pluralidad de ofertas, de manera que el contraste entre éstas diera lugar a la concreción del valor de lo enajenado (subasta). En todos estos casos, se dispone de un procedimiento (acuerdo, peritaje, subasta) que permite concretar ese valor hipotético de la cosa a transmitir; esto es, de las acciones o participaciones.

Ante estos resultados, el legislador establece que, en los supuestos en que, ante la transmisión, venga a ejercitarse un derecho de preferente adquisición por otro socio o la sociedad, el interesado deba satisfacer el precio determinado a través de esos procedimientos. Así, en los supuestos de transmisión voluntaria *inter vivos* las condiciones y el precio a satisfacer por quien ejercite la preferencia *serán las convenidas y comunicadas a la sociedad por el socio transmitente* (artículo 107.2.d] LSC). De otro lado, en los casos en que esa preferencia se ejercite ante una transmisión *mortis causa*, habrá de satisfacerse un precio que será la valoración dada *por un experto independiente, designado por el registrador mercantil del domicilio social* (artículo 110.2 LSC, que remite al artículo 353 LSC). Por último, y para los supuestos de transmisión forzosa, el texto legal advierte que el precio que habrá de pagar el interesado que ejercite la preferencia será el *importe del remate o, en su caso, de la adjudicación al acreedor*, incrementado con *todos los gastos causados* (artículo 109.3 LSC).

Si se repara en cuanto acaba de indicarse se comprobará que, en cualquiera de estos casos, el legislador no determina cual sea, en sí, el *valor real o valor razonable*, sino que, antes bien, ha dispuesto un procedimiento para concretar cual sea el *valor razonable* de las participaciones o acciones que en cada supuesto de transmisión se enajenan. De este modo, si se ejercitara un derecho de preferencia ante la transmisión de acciones o participaciones el interesado debería satisfacer el *precio* así determinado mediante el procedimiento que, en cada caso, se ha dispuesto (a través del acuerdo, del peritaje o como resultado de la subasta).

II. LA LICITUD DE LOS PACTOS ESTATUTARIOS DE FIJACIÓN DEL PRECIO A SATISFACER POR EL EJERCICIO DE LA PREFERENCIA ANTE LA TRANSMISIÓN DE ACCIONES Y PARTICIPACIONES

En principio, los socios, también, podrían adoptar el pacto estatutario que tuvieran por conveniente y con el que configuraran un procedimiento distinto para fijar o concretar ese valor real o razonable, para, de este modo, determinar el precio que habría de satisfacer quien ejercitara la preferencia a fin de evitar la entrada en el capital de terceros.

Un pacto estatutario de este tipo se justificaría, al menos aparentemente, en un fundamento material bastante, pues obedecería a una finalidad razonable, a la vez que respondería a una lógica económica. Desde luego, la finalidad a la que respondería esta previsión estatutaria es la de evitar cualquier conflicto futuro (entre transmitente y quién ejercitara la preferencia) en relación con cuál sea o deba ser el precio a satisfacer. Pero, también, dicho pacto obedecería a una razonable lógica económica, ya que permitiría conocer anticipadamente el coste anudado al mantenimiento de la base personal de la sociedad; esto es, el precio que deban soportar quiénes permanezcan en la sociedad y decidan impedir la entrada de terceros.

La duda que, entonces, surge es la de si es posible un pacto estatutario mediante el que la autonomía de la voluntad va más allá y fija un procedimiento para concretar el *valor razonable* de las acciones o participaciones a enajenar y, en consecuencia, determina el precio que habrá de satisfacer quién ejercite la preferencia de adquisición. Esa duda puede formularse de otro modo, en el sentido de interrogarnos si los procedimientos que prevé la LSC ante los distintos supuestos de transmisión de acciones y participaciones (artículos 107.2.d], 109.3 y 110.2 LSC) tienen, o no, carácter necesario o imperativo.

Y, en este contexto, no ha de dejarse de lado que nuestro Derecho, a fin de responder a ese interrogante, permite a la autonomía de la voluntad, mediante pacto estatutario, la posibilidad de delimitar el contenido y alcance de los derechos económicos unidos a las acciones y participaciones[6].

Así sucede, con especial relevancia, respecto del derecho a la cuota de liquidación que asiste a todo socio y en donde los pactos estatutarios vienen a delimitar la posición del socio y su valor económico en el —futuro— momento de la extinción social. En este sentido, el artículo 93.a] LSC atribuye al socio un derecho de cuota de liquidación, para, a renglón seguido, advertirnos de la posibilidad de modular el contenido de tal derecho mediante las oportunas disposiciones estatutarias (artículos 94 y 96.2 y 3 LSC y, sobre todo, artículo 392.1 LSC). El texto legal no permite excluir ese derecho de cuota de liquidación, aunque sí romper la exigencia de proporcionalidad del contenido de este derecho respecto del cociente de participación del socio en el capital social (creación de privilegios sobre cuota de liquidación). Por lo

6 Esta idea es destacada por quiénes se han ocupado acerca del fundamento al que pueda responder este pacto estatutario de fijación del precio de la preferencia. *Vid.*, PERDICES HUETOS, A., *Cláusulas restrictivas de la transmisión de acciones y participaciones*, *op. cit.* pp. 240 y ss. Con posterioridad, *vid.* PERDICES HUETOS, A., "Las restricciones a la transmisión de participaciones en la sociedad de responsabilidad limitada", en *Tratando de la Sociedad Limitada*, Fundación Cultural del Notariado, 1997, pp. 489 y ss.; ALFARO ÁGUILA-REAL, J., "La exclusión de socios", en *Tratando de la Sociedad Limitada*, Fundación Cultural del Notariado, 1997, pp. 885 y ss.; CAMPINS VARGAS, A., "¿Puerta abierta a la libre fijación del precio de las participaciones?", *Revista de Derecho de sociedades*, núm. 36, 2011, pp. 421 y ss.

tanto, y sin que sea posible otorgar un valor cero o irrisorio, es posible y lícito que los socios adopten un pacto estatutario determinando, respecto de distintas participaciones, el valor de la cuota de liquidación en una cifra inferior a la que correspondería de seguir un estricto criterio de proporcionalidad. Esto es, la regla de proporcionalidad en la atribución de la cuota de liquidación es disponible[7].

Y, de igual manera, la LSC es bastante generosa y permite a la autonomía de la voluntad determinar el valor de liquidación en los supuestos de separación y de exclusión (artículo 353.1 LSC). En orden a concretar el importe que ha de satisfacerse al socio como resultado de la separación o de la exclusión, el texto legal prima el consentimiento expresado por el socio (acuerdo socio y sociedad) fijando cual sea ese valor o determinando el procedimiento para concretar éste, respecto del criterio subsidiario que prevé la LSC (informe de experto independiente)[8].

7 Respecto de la creación de privilegios sobre el derecho de cuota de liquidación, *vid.*, últimamente, GANDÍA PÉREZ, E. y MARTÍNEZ FLOREZ, A., "Art. 392. El derecho a la cuota de liquidación", *Comentario de la Ley de Sociedades de Capital*, García-Cruces J.A. y Sancho Gargallo, I. (dirs.), tomo V, Tirant lo Blanch, Valencia, 2021, pp. 5411 y 5412. Con anterioridad, *vid.*, entre otros, CAMPUZANO LAGUILLO, A.B., "La división del patrimonio social", *La Liquidación de las Sociedades Mercantiles*, Rojo, A. y Beltrán, E. (dirs.), 3ª ed., Tirant lo Blanch, Valencia, 2016, pp. 356 y 357; MUÑOZ MARTÍN, N., "Derecho a la cuota de liquidación", *Diccionario de Derecho de Sociedades*, Alonso Ledesma, C. (dir), Iustel, Madrid, 2006, p. 465; MUÑOZ PÉREZ, A.F., *El proceso de liquidación de la Sociedad Anónima*, Aranzadi, Navarra, 2002, pp. 493 y 494.

8 La LSC *parte lógicamente por dar preferencia a la voluntad de las partes (el socio afectado y la sociedad) en la determinación del valor razonable de la participación del socio afectado*. CERDÁ ALBERO, F., "Art. 353. Valoración de las participaciones o de las acciones del socio", *Comentario de la Ley de Sociedades de Capital*, García-Cruces J.A. y Sancho Gargallo, I. (dirs.), tomo V, Tirant lo Blanch, Valencia, 2021, p. 4803. En consecuencia, cabe afirmar la licitud de un pacto estatutario que, en el ámbito de la separación y de la exclusión

No obstante, cabría dudar de cuanto se viene a afirmando bajo la consideración de que, en orden a la transmisión de las acciones y participaciones, al igual que en otros supuestos (p. ej. separación y exclusión del socio), el texto legal parece requerir que el precio a satisfacer sea el valor razonable de éstas. Desde este punto de vista habrá, entonces, que cuestionarse cual pueda ser el sentido de la referencia que se hace a ese valor razonable y, sobre todo, habrá que desentrañar sí la misma supone una merma o límite a la autonomía de la voluntad que asiste a los socios y que pueden, en su caso, plasmar en los estatutos sociales.

A fin de dar respuesta a estos interrogantes no han faltado autores que atribuyen a la noción de valor razonable la función de disponer un límite a la autonomía de la voluntad[9], de modo

del socio, establezca criterios o sistemas de determinación de ese *valor razonable*, al igual que la especificación de los requisitos que debe reunir el sujeto al que se confíe la valoración o la determinación del procedimiento o método que deba seguirse para efectuar dicha valoración.

9 Algún autor (LOJENDIO OSBORNE, I., "La determinación del precio en las cláusulas estatutarias restrictivas de la transmisión inter vivos de acciones", *Estudios de Derecho Mercantil en Homenaje al Profesor Manuel Broseta Pont*, 2, Tirant lo Blanch, Valencia, 1995, pp. 1995 y ss.) afirma la improcedencia de aquellas cláusulas estatutarias que determinen el precio de referencia o que dispongan un criterio para su fijación, admitiendo, sin embargo, aquéllas otras que, bajo ciertos límites, remitan a una determinación posterior. En este sentido, se afirma que ...*las primeras quedan más sometidas al control del Registrador, que no debe admitir ni un precio predeterminado que difícilmente corresponderá con el que en su día tengan las acciones, como sucedería en el caso de conceder un derecho de adquisición por el valor nominal, ni un criterio cuya aplicación lleve a un resultado que no tenga por qué coincidir, y normalmente tampoco coincidirá, con el valor real o, al menos, con el que sería un precio justo de las acciones, como sucedería en el caso de optar por el valor contable...* (p. 2025). En relación con el segundo tipo de cláusulas estatutarias (aquellas que remiten a la determinación posterior del precio) se muestra más permisivo, siempre que se cumpla con una exigencia, pues ...*el sistema le tiene que reconocer* (al socio) *un precio real o justo* (p. 2027), siendo bastante *con que se trate de un sistema objetivo e imparcial, que no prive al transmitente*

que los acuerdos en los que participe el socio y que no respeten tal exigencia devendrán nulos por contravención de la Ley[10]. Sin

de la obtención de un precio justo o razonable, como el que pagaría un inversor prudente, de un precio que, en definitiva, no le impida desprenderse de sus acciones... (p. 2030).

10 La discusión se ha centrado, principalmente, en torno a los acuerdos entre la sociedad y el socio cuando éste hubiera ejercitado su derecho de separación, y a fin de concretar el valor de reembolso de sus acciones o participaciones. En el sentido expresado en el texto, *vid.* BONARDEL LENZANO, L, R. y CABANAS TREJO, R., *Separación y exclusión de socios en la sociedad de responsabilidad limitada*, Aranzadi, Navarra, 1998, pp. 162 y ss. Conforme con esa función atribuida a la noción de valor razonable, no faltan autores que expresamente rechazan la posibilidad de que una cláusula estatutaria pueda determinar libremente cual sea el valor —*rectius*, precio— que deba satisfacerse en favor del socio. Así, PERALES VISCASILLAS, P., *La separación de socios y partícipes*, Tirant lo Blanch, Valencia, 2000, pp. 330 y 331; RODAS PAREDES, P., *La separación del socio en la Ley de Sociedades de Capital*, Marcial Pons, Madrid, 2013, pp. 121 y 122. De este modo, se considera que *la referencia al valor razonable forma parte, parece, del contenido mínimo esencial de la posición del socio*, por lo que un pacto estatutario que determine un criterio distinto deviene nulo. MARTÍNEZ SANZ, F. y PUETZ, A., "El derecho de separación de los socios en las modificaciones estructurales", *Las modificaciones estructurales de las Sociedades Mercantiles*, Aranzadi, Navarra, 2015, p. 338.

En sede de transmisión de acciones y participaciones no han faltado autores que reiteran el mismo criterio impeditivo de los pactos estatutarios fijando un precio a satisfacer por la preferencia. *Vid.*, p. ej., GARRIGUES, J., *Dictámenes de Derecho Mercantil*, tomo II, 1976, pp. 960 y 961; URÍA, R., "Comentario art. 46", *Comentario de la Ley de Sociedades Anónimas*, Garrigues, J. y Uría, R. (dirs.), tomo I, 3ª edición, 1976, pp. 530 y 531; BROSETA PONT, M., *Restricciones estatutarias a la libre transmisibilidad de las acciones*, 2ª edición, Tecnos, 1984, pp. 107 y ss.; DE LA CÁMARA ÁLVAREZ, M., "Las cláusulas limitativas de la libre transmisibilidad de las acciones en la nueva legislación sobre sociedades anónimas", *Academia Sevillana del Notariado*, núm. 4, 1991, 247 y ss.; GARCÍA VILLAVERDE, R., "Cláusula que establece un derecho preferente de compra de las acciones a favor del Consejo de Administración y los problemas que plantea la fijación de su precio (RDGRN 9 enero 1995)", *Revista de Derecho de sociedades*, núm. 4, 1995, pp. 239 y ss.; GARCÍA LUENGO, R., "Limitaciones estatutarias a la libre transmisibilidad de las acciones", *Derecho de Sociedades Anónimas*, tomo I, La Fundación, Civitas, Madrid, 1991, pp.177 y 178; NIETO CAROL, U., "Régimen jurídico de las embargo, una consideración detenida de la noción de valor razonable y, sobre todo, de su limitado empleo a lo largo del texto de la LSC ha de llevarnos a una conclusión distinta. En efecto, la norma parece atribuir distintas funciones a la noción de valor razonable[11] en atención a los diversos intereses que, en cada caso concreto, son merecedores de protección[12]. Cuando el texto le-

participaciones. La Transmisión", *La Reforma de la Sociedad de Responsabilidad Limitada*, Dykinson, Madrid, 1994, pp. 413 y ss.; GÓMEZ MENDOZA, M., "Régimen estatutario de la transmisión de las participaciones sociales", *Revista de Derecho de sociedades*, extraordinario, 1994, pp. 173 y ss.; y GALÁN LÓPEZ, C., "Transmisión forzosa y transmisión mortis causa", *Revista de Derecho de sociedades*, extraordinario, 1994, pp. 235 y ss.

Una posición intermedia ha sido la de afirmar la licitud de tal pacto estatutario de precio de preferencia en los casos en que se transmitan participaciones, mientras que, en consideración a cuanto dispone el artículo 123.6 RRM, se afirma la nulidad de tal cláusula estatutaria en la sociedad anónima. *Vid.* GÜELL FRADERA, P., "Consideraciones sobre la eficacia y validez del pacto estatutario modificativo del criterio de valor razonable para la adquisición preferente de participaciones sociales", *Revista de Derecho de sociedades*, núm. 26, 2006, pp. 411 y ss.

11 *...El valor de la acción nunca puede ser uno solo, ni tampoco cada uno de los posibles resultará a menudo trasladable sic et simpiciter a otros efectos. Por eso, lo que con cierto reduccionismo nuestra nueva ley califica como "valor real" de las acciones no suele coincidir con el nominal (resultado de dividir la cifra de capital por el número de títulos, si todos son iguales) ni tampoco con el llamado valor de Bolsa o mercado (que depende del resultado de capitalizar los dividendos y se ve influido por otros muchos factores, a veces puramente ocasionales o de coyuntura, difíciles de estimar, los cuales intentan apreciar los analistas de inversiones por medio de un research). Ese valor real es por tanto y siempre un concepto a establecer per relationem con referencia a la concreta finalidad (derecho de separación, fijación de la cuota de liquidación, exclusión del derecho de suscripción preferente, etc.) que en cada caso determine la valoración...* SÁNCHEZ ANDRÉS, A., "Comentario artículo 47", *Comentario al régimen legal de las Sociedades Mercantiles*, tomo IV, volumen 1, Civitas, Madrid, 1994, p. 94.

12 La LSC utiliza en diferentes ocasiones, y con muy distinta finalidad, la noción de *valor razonable*. En este sentido, este concepto obedece a una finalidad tuitiva de terceros. Así, dicho concepto es formulado como instrumento para asegurar la integridad del capital social mediante la determinación del valor razonable de los bienes objeto de aportación, ofreciendo una cierta protección

gal viene a emplear esta noción respecto de la posición del socio (p. ej. en sede de transmisión de las acciones o participaciones, o en los casos de separación y exclusión del socio), es obvio que atiende una razón de tutela de éste al abandonar, por una u otra vía, la sociedad. A decir del Centro directivo, es una suerte de *garantía del precio a percibir por el socio transmitente*[13], como bien se ha destacado[14]. La previsión legal encierra una norma que el socio, ante su disparidad respecto de lo que manifieste la sociedad acerca del valor de su participación, puede activar a fin de

a los acreedores sociales (artículo 69.b] LSC). Bajo la misma consideración, esa noción aparece como elemento dirigido a lograr una adecuada protección del patrimonio social, al fijar el precio mínimo por el que han de ser objeto de enajenación las participaciones que se encuentren en autocartera (artículo 141.1 LSC). La misma razón de ser se atiende al sentar ciertas exigencias que ha de ofrecer la información contable, como sucede al requerirse su manifestación en la memoria, con indicación de las técnicas de valoración seguidas, respecto ciertos componentes del patrimonio social (p. ej. instrumentos financieros ex artículo 260. Decimoquinta LSC). Junto con la anterior, la noción de *valor razonable* cumple con una segunda función de protección del socio frente a ciertos riesgos, en particular, el de dilución. Respondiendo a tal finalidad, se sanciona la exigencia de un informe de experto independiente manifestándose sobre el valor de las acciones en aquellos casos en que venga a acordarse la exclusión del derecho de suscripción preferente de las nuevas acciones a emitir (artículo 308.2.a] LSC), al igual que presumiendo que éste valor razonable, bajo ciertas condiciones, se corresponde con la cotización bursátil en el caso de que dicha exclusión se acordara en las sociedades cotizadas (artículo 504.2 y 3 LSC). Por último, el concepto de *valor razonable* viene identificado como un procedimiento posible para determinar lo que podría denominarse como *precio de salida del socio*, tanto en los supuestos de transmisión de sus participaciones y acciones (artículos 107.d]; 110.2; 124.2 LSC), como en los de separación y exclusión (artículos. 353.1 y 356.1 LSC).

13 RDGRN de 15 de noviembre de 2016. En igual sentido, RDGRN de 23 de julio de 2015, RDGRN de 25 de septiembre de 2014, y RDGRN de 3 de unió de 2013, entre otras.

14 SANJUÁN Y MUÑOZ, E., "El valor razonable de las acciones y participaciones sociales en supuestos de separación y exclusión de socios", *El derecho de separación y la exclusión de socios en las Sociedades de Capital*, González Fernández, B. (dir.), tomo II, Tirant lo Blanch, Valencia, 2021, p. 1796.

asegurarse un procedimiento para la más correcta determinación de éste. Por el contrario, si media un acuerdo acerca de la valoración de las acciones o participaciones, se habrá alcanzado ese resultado[15]. Esto es, la exigencia de valor razonable no tiene tanto un correlato material como la imposición, en favor del socio y a costa de la sociedad, de un procedimiento de determinación del valor de las acciones o participaciones a fin de evitar que éste pueda a imponerse a quién ha decidido abandonar la sociedad. Pero, no debe extenderse más allá, pues la voluntad de los intervinientes hace innecesario acudir al procedimiento dispuesto por la norma a fin de concretar ese valor razonable. En efecto, si media acuerdo entre el socio y la sociedad, el texto legal dispensa de la necesidad de seguir el procedimiento previsto (artículos 110.2 y 353 LSC) y el precio a satisfacer para que el socio abandone la sociedad será, simplemente, el acordado por ellos[16].

Ese acuerdo, en principio y conforme con el tenor literal de la Ley, no ha de satisfacer ninguna exigencia temporal, de manera que podrá ser alcanzado en el momento en que el socio pudiera requerir el procedimiento que se hubiera dispuesto para con-

15 En contra se ha pronuncia algún autor afirmando que la referencia al valor razonable como objeto del acuerdo socio-sociedad no está vacía de contenido y tiene carácter dispositivo, pero, también, imperativo, en cuanto que limita el contenido posible del acuerdo al requerir, dada la maleabilidad del concepto de valor razonable, que tal acuerdo determine un valor equitativo que atienda por igual a los distintos intereses afectados. En definitiva, con la exigencia de que el acuerdo delimite un "valor razonable" se racionalizan —valga la redundancia— los efectos patrimoniales anudados al abandono de la sociedad por el socio. (RUBIO DOMINGO, D., "Valor razonable y autonomía de la voluntad en la separación y exclusión de socios", *El derecho de separación y la exclusión de socios en las Sociedades de Capital*, González Fernández, B. (dir.), tomo II, Tirant lo Blanch, Valencia, 2021, pp. 1829 y ss.).

16 Recuérdese que los requisitos de la noción —contable— de valor razonable se vienen a satisfacer en tal caso, en la medida que las partes actúan *en condiciones de independencia mutua* y —cabe suponer— están *debidamente informadas*.

cretar el valor razonable de sus acciones o participaciones. Pero, nada impide que tal acuerdo se anticipe y pueda adoptarse en un momento anterior a fin de prever una respuesta ante un suceso futuro, como sería la eventual transmisión de la participación social o el ejercicio de un derecho de separación, teniendo el oportuno reflejo en los pactos estatutarios.

Todas estas ideas parecen llevarnos a afirmar la licitud de una cláusula de precio de preferencia que se viene considerando. De hecho, y al margen del silencio que sobre este particular guarda la LSC, la norma reglamentaria sí se pronuncia de modo expreso acerca de la procedencia y licitud de los pactos estatutarios que disciplinen o concreten la fijación de un precio por el ejercicio de la preferencia en los supuestos de transmisión *inter vivos* y *mortis causa*.

En este sentido, tanto respecto de la sociedad anónima (artículo 114.2.b] RRM), como en relación con la sociedad de responsabilidad limitada (artículo 175.2.b] RRM), se admite la inscripción del pacto estatutario mediante el que se fijan criterios y sistemas de determinación anticipada o previa acerca de cuál sea el valor razonable de las acciones o participaciones que fueran a transmitirse *inter vivos* o *mortis causa*, requiriendo con carácter necesario que dicho pacto se adopte por unanimidad de los socios. El consentimiento del socio, en principio individual, hace lícitos tal tipo de pactos, con independencia de que se alcance en el momento en que se produce la enajenación (acuerdo) o se exprese en un momento anterior (cláusula estatutaria).

Todas las ideas anteriores permiten llegar a una doble conclusión. En primer lugar, en el Derecho español es posible y lícito un pacto estatutario que, como procedimiento o mediante determinación, concrete el *valor real* o, mejor, *valor razonable* de las acciones o participaciones que se vayan a transmitir y que, en consecuencia, fije el precio que deba satisfacer el socio —o la sociedad— que ejercite su preferencia de adquisición. De otro lado, los procedimientos previstos en la LSC para cada supuesto de transmisión (precio comunicado, informe de experto independiente, remate y gastos) tienen un carácter meramente subsidiario (esto es, en defecto de pacto estatutario).

III. EXIGENCIAS Y LÍMITES DE LA CLÁUSULA ESTATUTARIA CONCRETANDO UN PRECIO DE PREFERENCIA

Este criterio es el que, rompiendo con el planteamiento precedente, fuera asumido por la Dirección General de Seguridad Jurídica y Fe Pública afirmando la licitud de un pacto estatutario que determine *ex ante* el precio a satisfacer (p. ej. el menor que derive de la comparación entre el precio comunicado en el proyecto de enajenación y el *valor contable*) cuando, ante la transmisión de acciones o participaciones, otro socio o la sociedad ejercitara el derecho de preferencia que le asista. Así, lo advirtió la RDGRN de 15 de noviembre de 2016, seguida de otras[17].

17 RDGSJyFP de 28 de agosto de 2023; RDGSJyFP de 17 de mayo de 2021; RDGSJyFP de 23 de noviembre de 2020; RDGSJyFP de 27 de febrero de 2020; RDGSJyFP de 6 de febrero de 2020. La RDGRN 2 de noviembre de 2010 admitió un pacto estatutario configurando, bajo ciertas condiciones, un *derecho de salida de los socios* (cláusula de liquidez), entendiendo que éste *comporta para el socio la facultad adicional de imponer potestativamente a la sociedad el deber de adquirirlas por un valor determinable mediante un sistema que no perturba la realización del valor patrimonial de las participaciones con una dificultad objetiva que sea prácticamente insalvable*. Pero, junto con lo anterior, también admitió la validez y eficacia de un pacto estatutario determinando el precio a satisfacer en favor del socio cuando éste ejercitara tal derecho de separación, si bien limitaba su procedencia a que el abandono de la sociedad obedeciera a esta separación *ad nutum*, excluyendo su posibilidad en aquellos casos en que respondiera a una causa legal. Esta limitación es criticada por CAMPINS VARGAS, A., "¿Puerta abierta a la libre fijación del precio de las participaciones?", *op. cit.*, pp. 424 y 425.

Ahora bien, habrá que cuestionarse si esa libertad para fijar el precio a satisfacer por el ejercicio de la preferencia está sujeta a algunas exigencias y debe respetar ciertos límites, teniendo en consideración que su fundamento radica en la posible alteración de la regla de proporcionalidad en la concreción de los derechos del socio[18].

Y, en este sentido, tal y como ponen de manifiesto las normas reglamentarias (artículo 114.2.b] y artículo 175.2.b] RRM RRM), así como el criterio formado por el citado Centro Directivo, la incorporación de un pacto estatutario fijando el precio de la preferencia ha de contar con el respaldo unánime de los socios. Desde luego, esa unanimidad se alcanza si tal cláusula estatutaria se incorporara en el momento fundacional (artículo 21 LSC). La duda se suscita en aquellos casos en que este pacto de precio de preferencia venga a incorporarse en estatutos durante la vida social y mediante la pertinente modificación estatutaria. En estos supuestos, cabría pensar que, quizás, se estaría afectando los derechos individuales de los socios y. en consecuencia, habrá que cuestionarse si la simple voluntad mayoritaria resul-

18 Desde luego, la alteración de la regla —legal— de proporcionalidad y, en su caso, el surgimiento de privilegios ha de respetar ciertos límites. En este sentido, se advirtió, en relación con la sociedad anónima, pero trasladable a todas las sociedades de capital, que *...la voluntad creadora del privilegio, que se actúa en la fase fundacional o durante la vida de la sociedad, no es más que el resultado de la libertad de configuración de la organización que se expresa como voluntad social. Por ello, en cuanto acto de la autonomía societaria que destaca el Derecho positivo como libertad de configuración, la decisión de establecer privilegios accionariales ha de adecuarse a los límites necesarios que rodean a aquélla. De este modo, bastará con recordar cómo la adopción o la reforma de los pactos estatutarios configuradores de tales preferencias serán lícitos siempre que no se opongan a las leyes ni contradigan los principios configuradores de la sociedad anónima...* GARCÍA-CRUCES, J.A., "El nuevo régimen de las acciones preferentes (art. 50.3 LSA)", *La(s) reforma(s) de la Ley de Sociedades Anónimas*, García-Cruces, J.A. (dir.), Tecnos, Madrid, 2000, p. 27.

taría suficiente en orden a lograr dicha modificación de los estatutos[19]. Ahora bien, si se repasan los elementos del supuesto de hecho podrá constatarse que con el mismo no se produce una afección negativa del derecho del socio, sino, antes bien, con la modificación estatutaria se le impone una obligación. El socio, en las condiciones dispuestas por la Ley y los estatutos sociales, tiene un derecho a transmitir su parte social, sean acciones o

19 La incorporación de esta cláusula de precio de preferencia supone, como toda modificación estatutaria, una manifestación de la voluntad social (acuerdo de la junta general) sujeta al régimen de mayorías. Sin embargo, dado su significado material, esa voluntad mayoritaria habría de completarse con ulteriores exigencias. En este sentido, y en la medida en que vinieran a afectar —si así se entendiera— los derechos individuales de los socios, la eficacia de tal decisión mayoritaria para el socio se sujeta, al menos respecto de la sociedad de responsabilidad limitada, a su consentimiento individual (artículo 292 LSC). No obstante, y respecto de la sociedad de responsabilidad limitada, debe recordarse que el artículo 346.1 LSC sanciona una regla particular para el supuesto en que la modificación estatutaria arrastrara el cambio del régimen de transmisión de las participaciones sociales, pues al disidente respecto de tal acuerdo se le atribuye un derecho de separación. En lo que hace a la sociedad anónima, ha de indicarse que el derecho afectado por la modificación estatutaria (derecho a transmitir las acciones) no permite hablar de clase, dado que lo titulan todos los accionistas y no genera —de por sí— posición diferenciada alguna. En consecuencia, a esta modificación estatutaria no resultaría de aplicación la regla de tutela colectiva que sanciona el artículo 293 LSC. Ahora bien, al igual que sucediera en el supuesto anterior, el régimen dispuesto para la sociedad anónima acoge una regla particular para aquellos supuestos en que se establezca la restricción (o, si así se considerara, la incorporación de la cláusula de precio de preferencia) a través de modificación estatutaria, sancionando un régimen de *vacatio* en el que tal acuerdo no surte efectos frente a los accionistas que no hubieran votado a favor del mismo. En ambos tipos sociales, la voluntad individual del socio (sea mediante el ejercicio del derecho de separación, sea mediante la transmisión ignorando la nueva cláusula estatutaria) tiene un particular relieve respecto de la eficacia del acuerdo social adoptado. Destaca la necesidad en estos supuestos de ese consentimiento individual del socio en la sociedad de responsabilidad limitada, MARTÍNEZ FLOREZ, A., "Los derechos individuales de los socios ante la modificación de los estatutos sociales en la sociedad limitada: Tipología. Segunda parte", *Revista de Derecho de sociedades*, 35, 2010, p. 37.

participaciones, y en el número que entienda oportuno, que no se ve directamente afectado. Con la incorporación, a través de la pertinente modificación estatutaria, de una cláusula como la que nos ocupa simplemente se incorpora la obligación de aceptar el precio así determinado en los estatutos cuando proyectada (trasmisión *inter vivos*) o realizada (transmisión *mortis causa*) la enajenación de las acciones o participaciones venga a ejercitarse una preferencia por otro u otros socios o, en su caso, por la propia sociedad.

Dado este significado material que ha de predicarse del nuevo pacto estatutario, se entenderá que, con ocasión de tal modificación de los estatutos sociales, ésta suponga una nueva obligación que *deberá adoptarse con el consentimiento de los afectados* (artículo 291 LSC). En consecuencia, y con carácter común a todas las sociedades de capital, cabe afirmar que la modificación estatutaria que incorpore una cláusula de precio de preferencia también ha de ser resultado de un pacto unánime, en la medida en que requiere el consentimiento individual de los socios.

Junto con esta primera exigencia —unanimidad— no estará de más advertir otra y que deriva de la finalidad a la que responde —o ha de responder— un pacto estatutario concretando ese precio de preferencia. En efecto, la finalidad de este tipo de pactos es la de determinar el valor real o razonable de las acciones o participaciones de cara a su transmisión y, por lo tanto, concretar el precio que ha de satisfacerse por el ejercicio de la preferencia. Por ello, la cláusula de precio de preferencia en las restricciones estatutarias a la transmisibilidad de acciones y participaciones ha de respetar un límite necesario, pues no puede tener, bajo ningún concepto, un significado material equivalente a una prohibición o imposibilidad de transmisión. De ser éste el caso, la cláusula ha mutado su significado y devendría nula por contravención de Ley (artículos 108.3 y 123.1 LSC).

No obstante, el riesgo que se asume con una cláusula de este tipo es que el precio fijado anticipadamente y conforme con la disposición estatutaria resulte ser inferior a aquél que, a través de otro procedimiento (p. ej. el dispuesto con carácter supletorio en la LSC), pueda llegar a concretarse en el momento de la transmisión.

A este respecto, hay que destacar, en primer lugar, que ese resultado no tiene carácter necesario, pues bien puede suceder que el precio previsto estatutariamente y que habrá de satisfacer quien ejercite la preferencia pueda ser mayor que el valor razonable de las acciones o participaciones que pudiera fijarse en el momento de la transmisión a través de otro procedimiento[20].

En todo caso, ese posible resultado (precio de preferencia inferior al valor que viniera a determinarse en el momento de la transmisión a través de otro procedimiento) ha de considerarse, de alguna manera, como irrelevante. Y ello es así en la medida en que el socio que desea transmitir manifestó su voluntad favorable (consentimiento) al pacto estatutario, disponiendo del valor que pudiera corresponderle con el hipotético valor de su cuota de liquidación parcial[21]. Afirmar otra cosa sería negar la libertad del

20 No obstante, la duda que puede suscitarse es la de la eficacia —o ineficacia— de ese pacto estatutario cuando, ejercitándose la preferencia por la sociedad, el precio determinado en estatutos resultara ser notablemente superior al que pudiera concretarse acudiendo al procedimiento previsto en la Ley (p. ej. el avalúo por tercero experto independiente). En este supuesto, no habrá de olvidarse que con el pago de ese precio de preferencia se estará llevando a cabo un acto de disposición del patrimonio social. En todo caso, y al margen de posibles fraudes, se trataría de un supuesto de difícil realización en la práctica.

21 A este respecto, el criterio expresado por el Centro Directivo se sintetiza, entre otras, en la RDGRN de 9 de mayo de 2019, al afirmar que, ...*aun cuando en el momento de realizar la transmisión el valor contable fuera inferior al valor*

socio a fin de adoptar un pacto de tal tipo, pero, también, vendría a negar la posibilidad de negocios sobre cosa futura, lo que no parece muy acertado.

En realidad, y de acuerdo con cuanto dispone el texto legal (en particular, artículo 392.1 LSC), la discordancia entre el precio de preferencia —fijado en estatutos— y el valor actualizado —a través de otro procedimiento— de las acciones o participaciones sólo es relevante cuando aquél resulte ser simbólico o inexistente. Recuérdese que, conforme con el significado que tiene la atribución del derecho de cuota de liquidación, éste no puede —en ningún caso— quedar excluido por pacto estatutario, aunque sí es posible alterar la regla de proporcionalidad que, en principio, ha de seguirse para determinar su concreto contenido. Desde luego, si mediara —lo que es difícilmente imaginable— una cláusula estatutaria afirmando la exclusión del derecho de cuota de liquidación o provocando que el importe de éste fuera meramente simbólico, cabría la revisión judicial de ese pacto recogido en los estatutos sociales.

También, en este contexto, se ha sugerido en alguna ocasión que la posibilidad de fijar anticipadamente ese precio en estatutos podría arrastrar la infracción de la tradicional prohibición de los pactos leoninos. Así, se advierte que cuando ese precio estatutario fuera inferior al valor actualizado de las acciones o participaciones se estaría privando al socio transmitente, en el caso de que se aplicara aquél, de una parte del valor de sus derechos económicos[22].

razonable, tampoco puede afirmarse que comporte enriquecimiento injusto o sin causa en favor de los restantes socios o de la sociedad, en tanto que responde a lo pactado y aceptado previamente por todos los socios...

22 FERNÁNDEZ DEL POZO, L. y HERRERO MORO, G., *El precio en las cláusulas restrictivas de la libre transmisión de acciones o participaciones*, Civitas, Madrid, 1994, pp. 36 y ss.

Sin embargo, si se analiza detenidamente esa argumentación, habrá razones para rechazarla. Desde luego, la vigencia de un pacto estatutario fijando un precio para el ejercicio de la preferencia no priva al socio de derecho económico alguno mientras permanezca en la sociedad (p. ej. el socio percibirá el dividendo que se reparta o recibirá la cuota de liquidación que corresponda). Una cláusula estatutaria de este tipo no provocaría privación o efecto alguno respecto del socio durante la vida social. De este modo, la posible afección negativa del valor de su parte social al que, según se dice, tendría derecho el socio solo vendría a realizarse en el caso de que concurriera un doble presupuesto, pues sería necesario que se diera —o fuera a darse— la transmisión de las acciones o participaciones y, además, se ejercitara una preferencia para adquirir éstas por otro u otros socios o, en su caso, la propia sociedad, ya que entonces —y solo entonces— se aplicaría el que se ha denominado como precio de preferencia.

Pero, incluso en el caso de que concurrieran tales presupuestos, no parece que deba aceptarse la argumentación que se critica, pues con ella se da un alcance excesivo a la prohibición de pactos leoninos que va mucho más allá de cuanto dispone el artículo 1691 C.c.[23]. En efecto, la articulación de la prohibición de pactos leoninos descansa en el cumplimiento de dos condiciones, pues exige que la exclusión del socio de las ganancias sociales sea total (*de toda parte en las ganancias*, afirma el texto legal), pero,

23 La prohibición de los pactos leoninos descansa en la idea de que *la participación en las ganancias sociales parece que es esencial, de todo punto, a la condición de socio. Si una persona realiza una atribución sin percibir a cambio nada, realiza una pura liberalidad. Si efectúa la atribución y recibe una retribución fija, podrá haber realizado un contrato de venta, de servicios, etc., pero no un contrato de sociedad. Solo se es socio participando en las ganancias*. DÍEZ PICAZO, L., "Los pactos leoninos en el contrato de sociedad", *Estudios Jurídicos en Homenaje al Profesor Federico de Castro*, tomo I, Tecnos, Madrid, 1976, p. 575.

también, que, como resultado de esa privación íntegra de las ganancias, otro u otros socios incrementan su participación en los derechos económicos.

Sin embargo, con el pacto estatutario determinando el precio a satisfacer en caso de ejercicio de la preferencia no hay exclusión de las ganancias, pues, al margen de que no se le priva al socio de ningún derecho económico mientras permanezca en la sociedad, tan solo se concreta anticipadamente el valor de su participación social o, si se prefiere, de su cuota de liquidación anticipada[24], que nunca puede ser simbólico. De otro lado, y como consecuencia de lo anterior, el resto de los socios no incrementan derecho alguno, pues todos están sujetos por la misma cláusula de determinación de precio.

IV. ALGUNOS SUPUESTOS PARTICULARES Y, TAMBIÉN, ALGUNAS DUDAS

La afirmación de la licitud de un pacto de determinación anticipada del precio a satisfacer por el ejercicio de la preferencia en el caso de transmisión de acciones y participaciones no puede ocultar algunos problemas que pudiera suscitar su aplicación, al igual que ciertas dudas.

En este sentido, en la práctica registral hubo la ocasión de enjuiciar un supuesto en el que se limitaba la extensión del pacto estatutario fijando un precio de referencia, en el sentido de que solo resultaba aplicable a aquellas transmisiones que tuvieran carácter forzoso, sujetándose el resto (inter vivos, mortis causa) al

24 *el socio, mientras lo es, percibe íntegramente los rendimientos de su participación. Sólo en el momento de vender su participación, a lo que en principio nadie le obliga, debe sufrir, en su caso, un coste como consecuencia de su desinversión.* PERDICES HUETOS, A., *Cláusulas restrictivas de la transmisión de acciones y participaciones*, *op. cit.*, p. 240.

régimen general previsto en la LSC (precio acordado entre transmitente y adquirente, informe de experto independiente).

En estas circunstancias en las que se pactara un precio de preferencia (cláusula *valor contable*) exclusivamente limitado a los casos de transmisiones forzosas, sin que pudiera extenderse al resto de los supuestos de transmisión, la Dirección General mostró su rechazo[25].

Como antes se indicara, este criterio del Centro Directivo es acertado, pues una cláusula estatutaria de este tipo que constriñe su ámbito de aplicación a las transmisiones forzosas seguramente no busca fijar el precio de la preferencia, sino, probablemente, alterar cuál pueda ser éste. Con una limitación como la señalada, es obvio que no se respeta una exigencia básica, pues se causa un perjuicio al tercero ejecutante. Y ello es así en la medida en que el ejecutante puede llegar a obtener, a través de la ejecución forzosa, un valor necesariamente inferior a aquél que, sin embargo, vendría a conseguir el socio si se acudiera a cualquier otro caso de transmisión (transmisiones inter vivos y mortis causa). Y esa pérdida de valor (el acreedor conseguiría un menor precio que el que podía obtener su deudor) solo obedece al pacto estatutario fijando un precio de referencia de alcance limitado.

En este caso, no se realiza el fundamento que legitima tal decisión de la autonomía de la voluntad, dado el fin perseguido.

También en la práctica registral se consideró un segundo problema que puede plantear el pacto estatutario que nos ocupa, en el sentido de rechazar la validez de la fijación estatutaria del valor contable como precio para el ejercicio de la referencia cuando

25 RDGSJyFP de 17 de mayo de 2021.

ésta se hiciera valer por la sociedad. En tales circunstancias, no se dudó en afirmar el rechazo a tal pacto estatutario[26].

El rechazo a una cláusula de valor contable, fijado como precio de preferencia que habría de satisfacer la sociedad para adquirir las participaciones o acciones que se vayan a transmitir, se hace descansar en el hecho de que sea la junta general quién aprueba el balance de ejercicio que determinará aquél. El argumento no puede aceptarse, pues nuestro Derecho positivo dispone un conjunto de reglas imperativas para la confección de tal documento contable, que puede ser objeto de verificación por un tercero (auditor), y que en su aprobación puede haber participado el propio socio transmitente, debiendo suponerse que expresa la imagen fiel requerida y que, además, puede ser objeto del oportuno control judicial mediante la impugnación del acuerdo que lo aprobara.

No obstante, cabría entender que la afirmación realizada por el Centro Directivo viene a hacerse eco de una resolución anterior en la que igualmente se enjuició una fórmula de determinación del precio a satisfacer al socio y cuya fijación se encomendaba a los órganos sociales[27]. De ser éste el supuesto, no hay duda de que la cláusula estatutaria debería rechazarse, en la medida

26 *...no puede desconocerse que la cláusula estatutaria debatida atribuye un derecho de adquisición preferente no sólo a los socios sino también a la sociedad y como ha reiterado esta Dirección General (vid., por todas la Resolución de 28 de enero de 2012), han de rechazarse todos aquellos sistemas de tasación que no respondan de modo patente e inequívoco a las exigencias legales de imparcialidad y objetividad. En el presente caso el sistema establecido no garantiza el cumplimiento de tales exigencias si el derecho de adquisición preferente es ejercitado por la sociedad, en tanto en cuanto el valor contable depende del balance aprobado por la junta general. Pero tal objeción no ha sido expresada en la calificación impugnada (cfr. artículo 326 de la Ley Hipotecaria)....* RDGRN 15 de noviembre de 2016.

27 RDGRN de 15 de noviembre de 1991.

en que la determinación de un elemento esencial del negocio de transmisión (el precio) quedaría al arbitrio de uno de los contratantes (la sociedad adquirente)[28].

Ahora bien, entre uno (valor contable) y otro criterio (determinación unilateral del precio) median diferencias sustanciales, pues en este segundo caso la decisión es libérrima, ya que no ha de sujetarse a regla imperativa alguna, ni ha de seguir un procedimiento como el dispuesto para la aprobación de las cuentas anuales[29].

Un último problema que ha tenido un papel protagonista en torno a la discusión sobre la validez de las cláusulas estatutarias de precio de referencia es el relativo a la interpretación que pueda merecer el artículo 123.6 RRM, norma que, respecto de la sociedad anónima, rechaza aquellos pactos estatutarios que *impidan al accionista obtener el valor real de las acciones*, añadiendo, a modo de salvaguarda, que *queda a salvo lo dispuesto en la legislación especial*.

En virtud de esta regla, tanto la doctrina registral[30] como buena parte de los autores[31], concluían en un doble sentido, afirmando su rechazo, más o menos matizado, de los pactos estatutarios

28 Lo que, obviamente, impide nuestro Derecho positivo (artículos 1256 y 1449 C.c.). Así se manifiestan, entre otros, LOJENDIO OSBORNE, I., "La determinación del precio en las cláusulas estatutarias restrictivas de la transmisión inter vivos de acciones", *op. cit.*, p. 2026; y PERDICES HUETOS, A., *Cláusulas restrictivas de la transmisión de acciones y participaciones, op. cit.*, p. 241.

29 El problema podría suscitarse en aquellos casos en que quepa constatar una capacidad de decisión o de influencia del socio interesado en ejercitar un derecho de preferencia (p. ej. socio mayoritario en la aprobación de CCAA en los casos de valor contable), pues con su actuación (como administrador, mediante su voto en junta) pudiera llegar a determinar ese precio. De ser éste el supuesto, cabría requerir el oportuno control judicial, interesando la aplicación de los artículos 1256 y 1449 C.c.

30 *Vid.* nota 3.

31 *Vid.* nota 10.

fijando un precio de referencia, a la par que extendían analógicamente la aplicación de la norma respecto de la transmisión de participaciones. En este sentido, la interpretación que se hiciera de este precepto llevó a afirmar que *lo que se quiere, pues, con esa norma, es garantizar al accionista potencial vendedor que el mecanismo de valoración de sus acciones nunca puede traducirse en que el precio resultante sea inferior al valor real*[32]. Dicho en otras palabras, *a lo que tiende la Ley (y los Estatutos que la reproducen), al imponer un valor real, es a todo lo contrario, a que el precio sea justo*[33]. En definitiva, viene a afirmarse que el artículo 123.6 RRM acogería el *dogma* del valor razonable, como límite imperativo, en el contenido de la posición del socio.

Esta previsión reglamentaria ha sido duramente criticada, pues es manifiesto que carece de la oportuna y necesaria habilitación legal, dado que a lo largo de la LSC no cabe encontrar una regla —legal— que pueda amparar cuanto dispone el citado artículo 123.6 RRM[34]. A ello ha de añadirse que no existe una norma similar en el texto reglamentario respecto de las participaciones sociales, y que la aplicación analógica en este caso resulta más que dudosa, dado que, en atención a su carácter limitativo, ha de actuarse una interpretación restrictiva del precepto[35].

Bastaría con tales circunstancias para buscar otra interpretación de la norma reglamentaria que, al menos, encontrara

32 MUÑOZ PLANAS, J. Mª., "Derecho de adquisición preferente: alcance de la oferta de venta y valor real de las acciones", *Estudios Jurídicos en Homenaje al Profesor Menéndez*, tomo II, Civitas, Madrid, 1992, p. 2126.

33 MUÑOZ PLANAS, J. Mª., "Derecho de adquisición preferente: alcance de la oferta de venta y valor real de las acciones", *op. cit.*, p. 2138.

34 ALFARO, J., "La exclusión de socios", *op. cit.*, pp. 922 y ss.

35 GÜELL FRADERA, P., "Consideraciones sobre la eficacia y validez del pacto estatutario modificativo del criterio de valor razonable para la adquisición preferente de participaciones sociales", *op. cit.*, p. 415.

cierto respaldo en el tenor de la Ley. En todo caso, y con carácter previo, habrá que advertir la necesidad de limitar el ámbito de aplicación de este artículo 123.6 RRM a la transmisión de acciones, quedando al margen la enajenación de participaciones, pues tal conclusión resulta obligada, al así imponerlo otros preceptos del propio RRM. En efecto, el artículo 175.2.b] RRM destaca la licitud de estos pactos estatutarios determinando un precio para el ejercicio de la preferencia de adquisición, en la medida en que cabe la inscripción de aquellos en los que se fijen *los criterios y sistemas para la determinación del valor razonable de las participaciones sociales previstas para el caso de transmisiones inter vivos o mortis causa*.

Pero, al margen de las consideraciones anteriores, no estará de más contrastar el tenor literal del artículo 123.6 RRM con uno de los principios básicos que configuran nuestro Ordenamiento jurídico privado. En efecto, en el Derecho privado español no está vigente un principio de *precio justo*[36], pues, conforme con la ideología liberal que lo inspira[37], no se sienta exigencia alguna de justicia o corrección en el precio[38], y así lo reitera el legislador al excluir la procedencia de la rescisión por lesión (artículo 1293 C.c.)[39], que queda circunscrita a supuestos muy particulares (contratos celebrados sin autorización judicial de tutores o curadores y contratos celebrados en representación de los ausentes,

36 A salvo, claro está, en aquellos supuestos en que, en virtud de una intervención administrativa, se fije o tase un precio, dentro de los márgenes previstos por la Ley.

37 DÍEZ-PICAZO, L., *Fundamentos del Derecho Civil Patrimonial*, tomo I, 6ª edición, Civitas, Madrid, 2007, p. 615.

38 LÓPEZ Y LÓPEZ, A., "Comentario artículo 1445", *Comentario del Código Civil*, tomo II, Ministerio de Justicia, 1991, p. 889.

39 DE CASTRO, F., *El negocio jurídico*, Instituto Nacional de Estudios Jurídicos, Madrid, 1971, p. 521

siempre que en ambos casos concurra la lesión de, al menos, la cuarta parte del valor de la cosa que constituya su objeto)[40].

Desde luego, si en nuestro Derecho no se sienta exigencia alguna de justicia en el precio y se confía a la autonomía de la voluntad su concreción, carece de sentido que una mera norma reglamentaria, sin respaldo legal alguno, pueda hacer venir a menos dicho principio. Una interpretación del artículo 123.6 RRM como la que se critica no parece tener cabida en nuestro sistema jurídico privado[41].

Es obvio, entonces, que la finalidad que atiende este artículo 123.6 RRM no puede ser la que ahora se critica y que deviene contraria a reglas básicas de nuestro Derecho privado. Pero, a ello se añade una circunstancia más, y que ha de obligarnos a buscar un significado distinto de tal precepto reglamentario. Así lo impone, además, una básica exigencia hermenéutica, en la medida en que, dada la dicción del artículo 114.2.b] RRM, la inteligencia de dicha norma ha de ser otra. En efecto, no cabe olvidar que en este último precepto el texto reglamentario se pronuncia, también relación con la sociedad anónima, en favor de la licitud del *establecimiento por pacto unánime entre los socios de los criterios y sistemas para la determinación previa del valor razonable de las*

40 La imposibilidad de la rescisión por lesión está sujeta a un límite necesario, como es el del mantenimiento de la solvencia del transmitente. Si, por el contrario, la falta de equivalencia de las prestaciones se constatara y posteriormente el socio transmitente fuera declarado insolvente, el planteamiento ha de ser necesariamente distinto dado que causa un perjuicio patrimonial que, sin requerirse ánimo defraudatorio alguno, soportan los terceros acreedores de este. *Vid.* artículo 1292 C.c. y artículo 226 TRLC.

41 Aun cuando no faltan autores que afirmaran que esta norma reglamentaria *está lejos de ser exótica*. FERNÁNDEZ DEL POZO, L. y HERRERO MORO, G., *El precio en las cláusulas restrictivas de la libre transmisión de acciones o participaciones, op. cit.*, p. 39.

acciones previstos para el caso de transmisiones inter vivos o mortis causa.

Todo ello ha de llevarnos a una interpretación muy distinta de cuanto parece sugerir la mera literalidad del artículo 123.6 RR. En realidad, esta norma reglamentaria impide la posibilidad de que el pacto estatutario permita eludir un procedimiento para determinar el valor razonable de las participaciones y acciones, a salvo que medie el consentimiento del socio. Esto es, no cabe en estatutos que la simple mayoría (acuerdo social) prive de un procedimiento para conseguir ese resultado de alcanzar el valor (y, en consecuencia, determinar el precio) de las participaciones o acciones a transmitir. La norma, de forma coherente con los postulados de nuestro Derecho privado, no impide, ni puede impedir, la sustitución del procedimiento de determinación del *valor razonable* de las participaciones y acciones por otro, siempre que éste sea consentido por el socio. Por ello, si ese consentimiento del socio se plasma, de forma unánime con el resto, en el texto de los estatutos sociales se habrá alcanzado la finalidad que atiende este artículo 123.6 RRM.

La citada norma reglamentaria ha sido objeto de reinterpretación por parte del Centro Directivo, como consecuencia de constatar que, entre las limitaciones legales a la autonomía de la voluntad, *no existe ninguna que prohíba pactar como precio o valor de las participaciones objeto del derecho de adquisición preferente el valor contable que resulte del último balance aprobado por la junta general*[42]. Y, ante la ausencia de habilitación legal para sostener la interpretación tradicional, ha venido a concluir que ésta ha de encontrarse en la prohibición de intransmisibilidad de la parte social, cuando ese resultado se produzca como consecuencia de

42 RDGRN de 23 de mayo de 2019, entre otras.

que el precio determinado en estatutos sea impeditivo de la enajenación[43].

Ahora bien, esa consideración del citado precepto reglamentario no hace más que reiterar, en coherencia con el significado que ha de predicarse de la autonomía de la voluntad, un límite que circunscribe ésta, en el sentido de impedir que el precio que resulte fijado no sea —o resulte— irrisorio. De ser éste el caso, el pacto estatutario habrá mutado su significado encerrando un efecto práctico similar a una prohibición de transmitir.

Pero, si se analiza con más detenimiento el supuesto de hecho podrá constatarse que, en realidad, el significado de ese precio insignificante tiene una relevancia mayor, ya que altera la propia

43 *...Este mismo Centro Directivo ha entendido que los «límites dentro de los cuales han de quedar encuadradas las restricciones estatutarias a la transmisibilidad de las acciones cobran especial importancia respecto de la fijación del precio que los titulares del derecho de adquisición preferente en que tales restricciones se traduzcan habrán de satisfacer en caso de discrepancia sobre tal importe con el accionista afectado. En este extremo, según el criterio de esta Dirección General (cfr., por todas, la Resolución de 20 de marzo de 2001), debe admitirse la validez de la cláusula estatutaria siempre que, por asegurar al accionista la razonable posibilidad de transmitir sus acciones, no pueda entenderse que le convierta en una suerte de «prisionero de sus títulos». Así, una cláusula que por el sistema de fijación de dicho precio impida, prima facie, al accionista obtener el valor razonable de las acciones ha de reputarse nula conforme al artículo 63.2 de la Ley de Sociedades Anónimas [actualmente, artículo 123.2 de la Ley de Sociedades de Capital] en tanto en cuanto haga prácticamente intransmisible la acción. Éste es el sentido que, en consideración a su rango normativo, debe darse a la norma del artículo 123.6 del Reglamento del Registro Mercantil y, por ende, no pueden proscribir los pactos que, amparados en la autonomía de la voluntad de los socios, no contradigan el mencionado precepto legal» (Resolución de 1 de diciembre de 2003)...* RDGRN de 15 de noviembre de 2016. En igual sentido, RDGSJyFP de 28 de agosto de 2023, RDGSJyFP de 17 de mayo de 2021, RDGSJyFP de 27 de febrero de 2020, RDGSJyFP de 6 de febrero de 2020, RDGRN de 23 de mayo de 2019, y RDGRN 9 de mayo de 2019.

causa del negocio de transmisión. En efecto, sin precio no hay venta, por lo que resulta manifiesto que el pacto estatutario devendría inexigible.

Por ello, cabe concluir advirtiendo que, sin resultar posible una exigencia de *precio justo*, la aplicación de un pacto estatutario fijando un precio de preferencia quedará impedida cuando éste resulte ser ínfimo o irrisorio, no pudiendo extenderse la misma conclusión respecto de aquellos otros casos en que el precio resultante pueda ser cualquier otro, incluso si el mismo se encontrara muy por debajo de aquél que podría concretarse a través de un procedimiento de valoración distinto al pactado en los estatutos sociales. Nuestro Derecho no excluye, ni prohíbe, la posibilidad de un *precio vil*.

Resta la duda, sin embargo, de si junto con este primer límite, no resultaría exigible un segundo en aquellos casos en que la transmisión de las participaciones o acciones arrastrara un efecto mayor. Se trata de aquellos casos en que, con la transmisión de la parte social, media una cesión del control sobre la sociedad emisora de las acciones o participaciones enajenadas. Desde luego, en este supuesto, el resto de los socios podrá tener interés en evitar la entrada de un tercero extraño que pueda venir a disponer de esa posición de dominio, pero también se dará ese mismo interés cuando el adquirente lo fuera otro socio, dada la alteración de la capacidad de decisión en la sociedad que la enajenación acarrearía.

La duda radica en sí, dado el cambio de control que puede suponer la transmisión, resulta —o no— adecuada la aplicación del pacto estatutario disponiendo un precio para la preferencia. Esto es, la transmisión de las acciones y participaciones supone, no solo la adquisición de éstas, sino, también, la de un poder decisión en la sociedad. Por decirlo gráficamente, es obvio que la transmisión de la parte social, dado su efecto sobre el control social, parece que ha de tener *un mayor valor* que si no fuera acompañada por tal resultado[44].

La posible respuesta a ese interrogante ha de venir dada, y ser coherente, con el fundamento que legitima una cláusula estatutaria disponiendo un precio para el ejercicio de la preferencia ante la restringida transmisión de acciones y participaciones. Y, si éste se encuentra en la autonomía de la voluntad y en la libertad de los socios para configurar su posición en el seno de la sociedad, resulta oportuno diferenciar entre los distintos tipos societarios. En efecto, el alcance de la autonomía estatutaria es diferente en razón de los principios configuradores que informar cada tipo social capitalista. Así, en el ámbito de la sociedad de responsabilidad limitada, la libertad de que gozan los socios es muy amplia, pues les permite disponer no sólo de sus derechos económicos y alterar la regla de proporcionalidad con que éstos se atribuyen. La posibilidad crear privilegios de contenido político (voto privilegiado o plural) en el seno de la sociedad de responsabilidad limitada tiene expreso reconocimiento en nuestra legislación[45], donde solo se excluyen aquellos que tengan por objeto el derecho de preferente asunción de participaciones. Por el contrario, y también de modo expreso, nuestro Derecho cercena esa libertad estatutaria

44 El precio a satisfacer en tales circunstancias encerrará un plusvalor, en la medida en que refleja —o habrá de reflejar— la plusvalía latente en la sociedad. Ese mayor valor, en el ámbito de las sociedades cotizadas, es objeto de normas que tienden a su redistribución —o hacer posible su redistribución— entre todo el accionariado (p. ej. régimen de OPAs). Ahora bien, el problema que ahora nos interesa (licitud y límites de un precio de preferencia) carece de sentido en el seno de las sociedades cotizadas, dada la obvia improcedencia de cualquier restricción a la libre transmisibilidad de las acciones. En relación con las sociedades no cotizadas, los autores que defendieran la vigencia —material— de un *valor razonable*, parecen entender que esa prima de control no habría de computarse para determinar éste. FERNÁNDEZ DEL POZO, L. y HERRERO MORO, G., *El precio en las cláusulas restrictivas de la libre transmisión de acciones o participaciones, op. cit.*, p. 130.

45 Artículos 96.3 y 188.1 LSC, y artículo 184.2.1º RRM.

cuando va referida a la sociedad anónima. En este sentido, los accionistas podrán alterar, a través de pacto estatutario, la regla de proporcionalidad en la atribución de derechos y configurar cuantos privilegios entiendan oportunos, pero éstos solo pueden recaer sobre derechos de contenido exclusivamente patrimonial (dividendo, cuota de liquidación)[46]. Esto es, el contenido político anudado a la acción necesariamente ha de ser proporcional respecto del valor nominal de la acción, vinculando la capacidad de decisión del socio a su inversión en la sociedad[47].

La consecuencia de cuanto acaba de señalarse no sería otra que la de afirmar, en el ámbito de la sociedad de responsabilidad limitada, la procedencia del pacto estatutario fijando un precio para el ejercicio de la preferencia con independencia de que la transmisión de las participaciones arrastre —o no— una cesión del control social. Por el contrario, la procedencia de esa cláusula estatutaria resulta dudosa cuando la enajenación tenga por objeto acciones y acarree ese mismo efecto.

V. A MODO DE CONCLUSIONES

La previsión en estatutos de un precio para el ejercicio de la preferencia ante la transmisión de acciones y participaciones no supone, en modo alguno, una expropiación de los derechos del socio. No ha de olvidarse que el socio no tiene, como tal, derecho alguno

46 Artículos 96.2 y 188.2 LSC.

47 En este sentido, se ha destacado que la regla del artículo 96.2 LSC, reiterada en el artículo 188.2 LSC, *persigue que el poder político del accionista en la sociedad sea proporcional al capital de riesgo que se ha suscrito. Impide no solo la emisión de acciones de voto plural sino también la creación de acciones en las que indirectamente se altere la regla de la proporcionalidad.* SARAZA JIMENA, R., "Comentario artículo 96. Prohibiciones en materia de privilegio", *Comentario de la Ley de Sociedades de Capital*, García-Cruces J.A. y Sancho Gargallo, I. (dirs.), Tomo II, Tirant lo Blanch, 2021, p. 1373.

(directo) sobre el patrimonio social, sino, antes bien, cualquier derecho que le asista lo es frente a la sociedad[48]. Una visión distinta, y en la que se afirmara, de alguna manera, una titularidad del socio sobre tal masa patrimonial supondría una consideración de la sociedad que, desconociendo su personalidad jurídica, vendría a entender ésta como una suerte de comunidad de bienes. Sin embargo, el socio, de por sí, no hace suyo el resultado del ejercicio, ni, tampoco, es condómino del remanente derivado de la liquidación social.

El socio titula sus derechos frente a la sociedad, que es la real titular de ese patrimonio social. Ello no supone el desconocimiento de los derechos del socio, ni la relevancia del patrimonio social en orden a determinar el contenido (concreto) de los derechos del socio. Pero, la posición del socio —y, por lo tanto, el contenido de sus derechos— viene determinada por la Ley y por los estatutos sociales. En nuestro Derecho, el legislador afirma una libertad de configuración de las posiciones de socio, con mayor o menor intensidad en los distintos tipos sociales, a través de la cual se concreta el contenido y ejercicio de aquellos.

En el supuesto que nos ocupa, no es sólo la voluntad social, expresada en las cláusulas estatutarias, la que fija un precio para el ejercicio de la preferencia ante la transmisión de acciones o participaciones, sino que, en la medida en que encierra una obligación

48 *...El problema fundamental de los que combaten la validez de las cláusulas de liquidación es que fundan su postura en una petición de principio, en una idea incorrecta dogmáticamente: la que hay una suerte de ligazón directa entre cada socio y el patrimonio social, lo que justificaría que, si salen de la sociedad, deberían poder "retirar" su parte. Esta concepción implica desconocer que, en las sociedades personificadas, dicha relación es solo mediata. La interposición de la personalidad jurídica de la sociedad hace que el derecho que los socios ostentan sobre el patrimonio social venga configurado por las normas que ordenan la persona jurídica-organización, lo que incluye, lógicamente, las normas legales o estatutarias que delimitan los derechos que tiene cada socio sobre el patrimonio social en caso de exclusión...* ALFARO ÁGUILA-REAL, J., "La exclusión de socios", *op. cit.*, pp. 924 y 925.

(sujetarse al precio estipulado), solo es eficaz en la medida en que el socio —todo socio— ha prestado su consentimiento. Y con esa doble manifestación de voluntad —la social a través del pacto estatutario, y la individual que da origen a ésta— se delimita la posición del socio en la sociedad, también en lo atinente al régimen de transmisión de la parte social[49].

A ello se añade un resultado más, pues una cláusula como la que nos ha ocupado no afecta —ni ha de afectar— negativamente a terceros interesados. En efecto, el juego de las cláusulas estatutarias, así como la aplicación de las normas de carácter imperativo, delimitarán cuál sea la posición del socio en la sociedad y el alcance de sus derechos y obligaciones, de modo que, sea cual sea ésta, la misma será conocida —o no podrá desconocerse— por esos terceros, dada la eficacia general de las normas de *ius cogens*, así como la publicidad registral de que goza el texto estatutario[50].

VI. BIBLIOGRAFÍA

ALFARO ÁGUILA-REAL, J., "La exclusión de socios", en *Tratando de la Sociedad Limitada*, Fundación Cultural del Notariado, 1997.

49 *Las normas estatutarias concretan los mandatos abstractos de las normas de organización a la vista de cada sociedad, incorporando en la manera permitida por las normas de Derecho necesario, otras normas que complementan las normas de Derecho necesario o modifican las normas dispositivas. Por ello, los estatutos regulan la organización de la sociedad y establecen o concretan los derechos y obligaciones de los socios.* DUQUE, J., "Escritura, estatutos y límites a la libertad estatutaria en la fundación de sociedades anónimas", *Derecho de Sociedades Anónimas*, tomo I, La Fundación, Civitas, 1991, p. 51.

50 Por ello, se ha destacado, en relación con las transmisiones *mortis causa*, que el precio de preferencia fijado estatutariamente no limita el derecho del heredero o del legatario a obtener el íntegro valor de las acciones o participaciones que se transmitan, en la medida en que no lo hace respecto del causante, pues no cabe atribuir a aquellos un valor superior que el que correspondiera al socio. CAMPINS VARGAS, A.: "¿Puerta abierta a la libre fijación del precio de las participaciones?", *op. cit.*, p. 426.

BONARDEL LENZANO, L, R. y CABANAS TREJO, R., *Separación y exclusión de socios en la sociedad de responsabilidad limitada*, Aranzadi, Navarra, 1998.

BROSETA PONT, M., *Restricciones estatutarias a la libre transmisibilidad de las acciones*, 2ª edición, Tecnos, 1984.

CAMPINS VARGAS, A., "¿Puerta abierta a la libre fijación del precio de las participaciones?", *Revista de Derecho de sociedades*, núm. 36, 2011.

CAMPUZANO LAGUILLO, A.B., "La división del patrimonio social", *La Liquidación de las Sociedades Mercantiles*, Rojo, A. y Beltrán, E. (dirs.), 3ª ed., Tirant lo Blanch, Valencia, 2016.

CERDÁ ALBERO, F., "Art. 353. Valoración de las participaciones o de las acciones del socio", *Comentario de la Ley de Sociedades de Capital*, García-Cruces J.A. y Sancho Gargallo, I. (dirs.), tomo V, Tirant lo Blanch, Valencia, 2021.

DE CASTRO, F., *El negocio jurídico*, Instituto Nacional de Estudios Jurídicos, Madrid, 1971.

DE LA CÁMARA ÁLVAREZ, M., "Las cláusulas limitativas de la libre transmisibilidad de las acciones en la nueva legislación sobre sociedades anónimas", *Academia Sevillana del Notariado*, núm. 4, 1991.

DÍEZ PICAZO, L., "Los pactos leoninos en el contrato de sociedad", *Estudios Jurídicos en Homenaje al Profesor Federico de Castro*, tomo I, Tecnos, Madrid, 1976.

— *Fundamentos del Derecho Civil Patrimonial*, tomo I, 6ª edición, Civitas, Madrid, 2007.

DUQUE, J., "Escritura, estatutos y límites a la libertad estatutaria en la fundación de sociedades anónimas", *Derecho de Sociedades Anónimas*, tomo I, La Fundación, Civitas, 1991.

FERNÁNDEZ DEL POZO, L. y HERRERO MORO, G., *El precio en las cláusulas restrictivas de la libre transmisión de acciones o participaciones*, Civitas, Madrid, 1994.

GALÁN LÓPEZ, C., "Transmisión forzosa y transmisión mortis causa", *Revista de Derecho de sociedades*, extraordinario, 1994.

GANDÍA PÉREZ, E. y MARTÍNEZ FLOREZ, A., "Art. 392. El derecho a la cuota de liquidación", *Comentario de la Ley de Sociedades de Capital*, García-Cruces J.A. y Sancho Gargallo, I. (dirs.), tomo V, Tirant lo Blanch, Valencia, 2021.

GARCÍA LUENGO, R., "Limitaciones estatutarias a la libre transmisibilidad de las acciones", *Derecho de Sociedades Anónimas,* tomo I, La Fundación, Civitas, Madrid, 1991.

GARCÍA VILLAVERDE, R., "Cláusula que establece un derecho preferente de compra de las acciones a favor del Consejo de Administración y los problemas que plantea la fijación de su precio (RDGRN 9 enero 1995)", *Revista de Derecho de sociedades,* núm. 4, 1995.

GARCÍA-CRUCES, J.A., "El nuevo régimen de las acciones preferentes (art. 50.3 LSA)", *La(s) reforma(s) de la Ley de Sociedades Anónimas,* García-Cruces, J.A. (dir.), Tecnos, Madrid, 2000.

GARRIGUES, J., *Dictámenes de Derecho Mercantil,* tomo II, 1976.

GÜELL FRADERA, P., "Consideraciones sobre la eficacia y validez del pacto estatutario modificativo del criterio de valor razonable para la adquisición preferente de participaciones sociales", *Revista de Derecho de sociedades,* núm. 26, 2006.

LOJENDIO OSBORNE, I., "La determinación del precio en las cláusulas estatutarias restrictivas de la transmisión inter vivos de acciones", *Estudios de Derecho Mercantil en Homenaje al Profesor Manuel Broseta Pont,* 2, Tirant lo Blanch, Valencia, 1995.

LÓPEZ Y LÓPEZ, A., "Comentario artículo 1445", *Comentario del Código Civil,* tomo II, Ministerio de Justicia, 1991.

MUÑOZ MARTÍN, N., "Derecho a la cuota de liquidación", *Diccionario de Derecho de Sociedades,* Alonso Ledesma, C. (dir), Iustel, Madrid, 2006.

PERALES VISCASILLAS, P., *La separación de socios y partícipes,* Tirant lo Blanch, Valencia, 2000.

MARTÍNEZ FLOREZ, A., "Los derechos individuales de los socios ante la modificación de los estatutos sociales en la sociedad limitada: Tipología. Segunda parte", *Revista de Derecho de sociedades,* 35, 2010.

MARTÍNEZ SANZ, F. y PUETZ, A., "El derecho de separación de los socios en las modificaciones estructurales", *Las modificaciones estructurales de las Sociedades Mercantiles,* Aranzadi, Navarra, 2015.

MUÑOZ PÉREZ, A.F., *El proceso de liquidación de la Sociedad Anónima,* Aranzadi, Navarra, 2002.

MUÑOZ PLANAS, J. Mª., "Derecho de adquisición preferente: alcance de la oferta de venta y valor real de las acciones", *Estudios Jurídicos en Homenaje al Profesor Menéndez,* tomo II, Civitas, Madrid, 1992.

NIETO CAROL, U., "Régimen jurídico de las participaciones. La Transmisión", *La Reforma de la Sociedad de Responsabilidad Limitada*, Dykinson, Madrid, 1994.

PERDICES HUETOS, A., *Cláusulas restrictivas de la transmisión de acciones y participaciones*, Civitas, Madrid, 1997.

— "Las restricciones a la transmisión de participaciones en la sociedad de responsabilidad limitada", en *Tratando de la Sociedad Limitada*, Fundación Cultural del Notariado, 1997.

PÉREZ HEREZA, J., "Cláusulas de valoración de las participaciones, ¿Existe un derecho inderogable a obtener su valor real?", *Cuadernos de Derecho y Comercio*, 50, 2008.

RODAS PAREDES, P., *La separación del socio en la Ley de Sociedades de Capital*, Marcial Pons, Madrid, 2013.

RUBIO DOMINGO, D., "Valor razonable y autonomía de la voluntad en la separación y exclusión de socios", *El derecho de separación y la exclusión de socios en las Sociedades de Capital*, González Fernández, B. (dir.), tomo II, Tirant lo Blanch, Valencia, 2021.

SÁNCHEZ ANDRÉS, A., "Comentario artículo 47", *Comentario al régimen legal de las Sociedades Mercantiles*, tomo IV, volumen 1, Civitas, Madrid, 1994.

SANJUÁN Y MUÑOZ, E., "El valor razonable de las acciones y participaciones sociales en supuestos de separación y exclusión de socios", *El derecho de separación y la exclusión de socios en las Sociedades de Capital*, González Fernández, B. (dir.), tomo II, Tirant lo Blanch, Valencia, 2021.

SARAZA JIMENA, R., "Comentario artículo 96. Prohibiciones en materia de privilegio", *Comentario de la Ley de Sociedades de Capital*, García-Cruces J.A. y Sancho Gargallo, I. (dirs.), Tomo II, Tirant lo Blanch, 2021.

TRONCOSO REIGADA, M., *Transmisión forzosa de acciones y participaciones de S.L. y cláusulas restrictivas*, Civitas, Madrid, 2004.

URÍA, R., "Comentario art. 46", *Comentario de la Ley de Sociedades Anónimas*, Garrigues, J. y Uría, R. (dirs.), tomo I, 3ª edición, 1976.

Capítulo 12

OPCIONES DE COMPRA DE ACCIONES Y PARTICIPACIONES SOCIALES: DENUNTIATIO Y HETEROEFICACIA

Ángel Carrasco Perera
Catedrático de Derecho civil
Universidad de Castilla La Mancha

SUMARIO: I. LA OPCIÓN DE COMPRA COMO TRANSMISIÓN SUJETA A RESTRICCIÓN ESTATUTARIA. II. LA OPCIÓN DE COMPRA CON HETEROEFICACIA. III. JURISPRUDENCIA. IV. PROPUESTA. V. BIBLIOGRAFÍA.

I. LA OPCIÓN DE COMPRA COMO TRANSMISIÓN SUJETA A RESTRICCIÓN ESTATUTARIA

Según el artículo 107.2 a) LSC, habrá de realizar la *denuntiatio* el socio que "se proponga transmitir sus participaciones". Desde este momento (si el enajenante cumple) empieza a correr el plazo para el ejercicio de la preferencia. Pero en caso de embargo/prenda, y aunque uno y otra deben comunicarse al titular en el momento de su constitución (contrato de prenda, decreto de embargo), el tiempo de ejercicio no empieza a correr, como pronto, sino a partir del momento justo anterior a la adjudicación (artículo 109.2), es decir, a lo que se correspondería con el momento de perfección de la venta obligatoria, y antes de la tradición, que tendría lugar con el remate. No existe ningún régimen predeterminado por ley respecto de las acciones sociales.

Quien concede una opción de compra no "se propone transmitir" sus acciones o participaciones. Aunque la cuestión es doctrinalmente debatida y Perdices propone que la comunicación y el plazo corren desde la constitución de la opción, en la medida en que ya en este momento el "transmitente" queda desapoderado de su facultad de aceptar la venta[1], en mi opinión esta opción es ineficiente. Los otros socios beneficiarios de la preferencia estarían sometidos a un plazo de caducidad sin que todavía hubiera un tercero con un compromiso en firme. Ni tampoco tiene sentido privar al socio optatario de la posibilidad de seguir siéndolo, ni que los titulares de la preferencia se vean investidos de una especie de derecho paralelo de opción. No pasa nada porque el optante pueda perfeccionar la venta con su sola declaración, pues la preferencia puede hacerse valer también frente a una transmisión perfeccionada, incluso consumada, porque en mi opinión *toda preferencia se convierte en retracto en un caso y otro.*

En efecto. Nunca podría proponerse que el contrato adquisitivo de acciones y participaciones con infracción del régimen estatutario de restricciones podría conducir a la nulidad del negocio[2]. Evidentemente el negocio transmisivo no es nulo porque ni le falta un elemento esencial ni es merecedor de reproche por razón de contenido. Podría proponerse que en tal caso se incurriese en un vicio de anulabilidad, de forma que la incertidumbre resultante estuviese al menos sujeta a un régimen de prescripción/caducidad de cuatro años[3]. En tercer lugar, se podría defender la inoponibilidad del negocio a la sociedad[4], que no tendrá que reconocer la condición de socio al adquirente en tanto en cuando

1 PERDICES HUETOS, A.B., *Cláusulas Restrictivas de la transmisión de acciones y participaciones*, Civitas, Madrid, 1997, pp. 227-229.

2 Conforme, SAP Madrid, 28ª, 8 febrero 2012 (ECLI:ES:APM:2012:2734).

3 Así STS 16 febrero 1996 (ECLI:ES:TS:1996:999), pero entendió que el vicio estaba convalidado. Lo mismo vino a sostener *obiter* la STS 8 noviembre 2005 (ECLI:ES:TS:2005:6817).

4 Y aquí habría que elegir si esta inoponibilidad proviene de una norma especial societaria o es la consecuencia de la ineficacia del negocio (y su efecto transmisivo) a la sociedad, como yo creo preferible.

no se produjera una ratificación en los términos del artículo 1259 CC, eternizando situaciones de interinidad ni siquiera cancelable mediante la usucapión. En mi opinión, ninguna de estas propuestas procede, al menos cuando las cláusulas estatutarias no son de pura prohibición salvo autorización. Si la cláusula contiene un derecho de adquisición preferente en favor de la sociedad o los socios, la única sanción admisible es reconfigurar la cláusula (si no lo han hecho ya los estatutos) como un derecho de retracto[5], en los mismos términos temporales, a contar desde que la transmisión ya efectuada se comunique a la sociedad[6]. Y si esta reconfiguración no es posible, hay que optar por la anulabilidad, por razones prácticas[7].

Milita en favor de esta idea que muchas opciones de compra son en sustancia "prendas comisorias" de acciones y participaciones, y deben tratarse en consecuencia. La opción se ejercita entonces con la atribución del bien gravado, y entonces se sabe o puede saber el precio de ejecución. Antes de ese tiempo, el optante sólo dispone de una garantía en fase de seguridad, y la preferencia tendría que ser (absurdamente) ejercitada mediante la

5 En contra, SAP Madrid, 28ª, 8 febrero 2012 (ECLI:ES:APM:2012:2734).

6 No está claro si es ésta la doctrina que propone la STS 10 abril 2007 (ECLI:ES:TS:2007:3402).

7 Mi propuesta discrepa del tratamiento canónico (y profundo) de la materia hecho por PERDICES HUETOS, A.B., *Cláusulas restrictivas de..., op. cit.,* en que no comparto su interpretación de los artículos 1261 (en cuanto a la falta de poder de disposición del *tradens*, p. 108) y 1259 (en cuanto hurta el conflicto sin necesidad del supuesto de la norma, p. 110) ni su concepción limitada de la anulabilidad (p. 110). Tampoco comparto su posición "estratégica" de salida de negar la existencia de un *numerus apertus* de derechos reales (de adquisición preferente), de forma que luego, de manera algo artificiosa (y procesalmente inviable), tiene que llegar a la misma situación que la que seguiría de un retracto, sin verse obligado a conceder *in verbis* que la eficacia del derecho de adquisición se resuelve en un retracto puro y duro (pp. 160-172).

subrogación del titular de la preferencia en la relación de crédito sobre la que se construyó la opción comisoria[8].

II. LA OPCIÓN DE COMPRA CON HETEROEFICACIA

La posibilidad de configurar un derecho convencional de adquisición preferente con efectos respecto de terceros causahabientes no tiene que ver con la inacabable polémica sobre la existencia o no de un *numerus apertus* de *derechos reales*. Se puede aceptar, aunque con reservas, que, en materia de bienes inmuebles, y en virtud de lo dispuesto en el artículo 2. 2º LH, la eficacia jurídico real es un predicado natural y exclusivo de los derechos reales, pero en materia de muebles, y más de muebles incorporales, no se puede afirmar tal cosa. Ni la propiedad incorporal se constituye por medio de *traditio* del artículo 609 CC ni los efectos respecto de tercero son predicados necesarios de un derecho real, sino, en general, predicados que pueden hacerse sobre la base de consideraciones sistemáticas muy diversas respecto de los límites y el alcance de los derechos obligacionales en su conjunto.

En materia de bienes muebles, y especialmente incorporales, carece de importancia si un esquema legal determinado es o no un derecho real. De hecho, aunque tal cosa hubiera como derechos reales (limitados) sobre bienes muebles, no serviría para asegurar con ello una eficacia frente a terceros, si el tercero no tiene en su favor una protección apariencial fundada en la posesión (posesión vale título), frente a él, y como principio, *las posiciones jurídicas constituidas por terceros valen con la extensión que les han dado estos terceros.* Los títulos obligacionales sobre muebles incorporales *producen el efecto que declaran.*

8 CARRASCO PERERA, A., CORDERO LOBATO, E. y MARÍN LÓPEZ, M.J., *Tratado de los derechos de garantía*, 4ª, Aranzadi, Pamplona, II, 2022, p. 322.

En el fondo, la cosa es también así en los derechos inmobiliarios inscribibles. Aunque la Dirección de los Registros ha considerado siempre que la patente de inscribibilidad supone que se rompe la barrera del numerus clausus y se amplía con ello la lista de "derechos reales", en el fondo no hay tal cosa. Y por debajo de tanta apoteosis evanescente sobre la figura de los derechos reales, lo que queda finalmente es que los derechos de adquisición convencional se inscriben como reales *cuando las partes lo quieren como reales y cuando están determinados espacial y temporalmente.* Lo cual es obvio requisito, incluso si no se quisieran configurar con heteroeficacia.

Resolución de la DGRN 18 febrero 2016[9]:

Hay una reiterada doctrina de esta Dirección General según la cual, con base en el criterio de «numerus apertus» que rige en nuestro ordenamiento, se permite la constitución de nuevas figuras de derechos reales no específicamente previstas por el legislador, incluyendo cualquier acto o contrato innominado de transcendencia real que modifique alguna de las facultades del dominio sobre bienes inmuebles o inherentes a derechos reales (cfr. artículos 2.2.º de la Ley Hipotecaria y 7 del Reglamento Hipotecario. Pero el ejercicio de esta libertad tiene que ajustarse a determinados límites y respetar las normas estructurales (normas imperativas) del estatuto jurídico de los bienes, dado su significado económico-político y la trascendencia «erga omnes» de los derechos reales, de modo que la autonomía de la voluntad debe atemperarse a la satisfacción de determinadas exigencias, tales como la existencia de una razón justificativa suficiente, la determinación precisa de los contornos del derecho real, la inviolabilidad del principio de libertad del tráfico, etc. No significa que sea suficiente la voluntad o la denominación del derecho para que éste se considere derecho real.

9 BOE núm. 61, de 11 de marzo de 2016.

En la Resolución de 6 de marzo de 2001, en un supuesto en el que se solicitaba la inscripción de un título en el que se pactaba un derecho de adquisición preferente similar al tanteo, pero en el que no se decía que tuviera carácter real, ni se establecía que sería inscribible, ni se expresaban las consecuencias del acto para el caso de que se realizara la venta contraviniendo la notificación pactada, afirma dicha Resolución que «para que el derecho pactado sea inscribible es de todo punto necesario que no quepa duda sobre su carácter real. Este requisito no concurre en el presente supuesto, pues ni se establece el carácter real del derecho, ni tal carácter real se induce de ninguno de los pactos del contrato (cfr. arts. 609, 1.462.2 y 1.464 y 633 en relación con el 334.10, todos ellos del Código Civil). Téngase en cuenta que el dominio se presume libre y que las restricciones al mismo deben establecerse expresamente. Queda con ello completado el conjunto de características y requisitos que se exigen para la configuración como real de estos derechos atípicos de preferente adquisición, incluyendo su configuración expresa como tales o estableciendo estipulaciones que indirectamente, pero de forma clara, permitan colegir la naturaleza real del derecho constituido por prever expresamente los efectos propios de tales derechos para el caso de su contravención.

Las anteriores consideraciones conducen necesariamente a confirmar la calificación impugnada, pues en la escritura en que se pacta el derecho de adquisición preferente debatido no se expresa que éste tenga carácter real, tampoco se establece que será inscribible, ni se determinan las consecuencias en caso de que se incumpla lo estipulado, y no aparece determinado el concreto contenido y extensión de las facultades que integran el derecho cuyo su acceso al Registro se pretende.

No puede compartirse el criterio según el cual un derecho de adquisición preferente con un plazo no determinado contractualmente deba considerarse que tiene una duración de treinta años, bajo la pretensión de que como plazo de duración de los contratos de arrendamiento en los que no figura plazo se tomará el de treinta años por analogía con el usufructo.

Resolución de la DGRN de 10 abril 2014[10]:

Ciertamente una de las razones por las que las antiguas Resoluciones de 4 de enero de 1927 y 27 de marzo de 1947 habían rechazado la inscribilidad y aun el mismo carácter de derecho real de los retractos allí examinados era la total indeterminación de los plazos para su ejercicio, lo que llevaba de la mano de la proscripción de la vinculación de la propiedad con cargas perpetuas a rechazar su admisibilidad.

Resulta imperativo la determinación de un plazo para el ejercicio de estos derechos al proscribirse en nuestro Derecho las vinculaciones, cargas o gravámenes perpetuos o indefinidos. La necesidad de fijación convencional de un plazo cierto en relación con los derechos de tanteo y retracto voluntarios (como fijados están en la ley para los retractos legales y para el retracto convencional o pacto de retro) ha sido reiterada y unánimemente subrayado tanto por la doctrina de esta Dirección General (cfr. Resoluciones de 27 de marzo de 1947, 20 de septiembre de 1966 y 19 de septiembre de 1974), como por la jurisprudencia del Tribunal Supremo (cfr. Sentencias de 3 de abril de 1981 y 3 de marzo de 1995).

Los efectos erga omnes que produciría una opción de compra "real" de acciones o participaciones serían los comunes de toda opción de compra que se configurase con esta naturaleza. Los ha explicado claramente la RDGRN de 6 de mayo de 1998[11]: el ejercicio de la opción prevalece sobre los actos dispositivos posteriores realizados por el concedente, de manera que, si existe una venta intermedia, la inscripción del ejercicio del derecho de opción provoca la cancelación de la misma. También las RRDGRN de 23 de julio de 2005[12] y 30 de enero de 2006[13] han insistido

10 BOE núm. 116, de 13 de mayo de 2014.

11 BOE núm. 126, de 27 de mayo de 1998.

12 BOE núm. 245, de 13 de octubre de 2005.

13 BOE núm. 57, de 8 de marzo de 2006.

sobre el tema afirmando que el ejercicio de la opción de compra inscrita permite el titular del mismo exigir la venta de la cosa tanto al concedente de la opción, como a los adquirentes posteriores.

Si la opción adquisitiva se pudiera considerar como un derecho con eficacia ante terceros, no por ello cambiaría su consideración desde el punto de vista societario. La opción "real" estaría sujeta a los artículos 107, 109, 123 y 125 LSC porque frente a la sociedad no es oponible el derecho como tal, en el sentido de que por ser ejercitable frente a causahabientes singulares de la condición de socio no por eso deja de estar sujeto a las reglas limitativas de la transmisión. Aunque sólo fuera porque el "gravamen" que soportan acciones y participaciones en virtud de las limitaciones estatutarias a la transmisibilidad es siempre *prior in tempore* de las opciones de compra constituidas sobre opciones y participaciones. Y si no lo fueran, las alteraciones estatutarias no *podrían modificar los derechos adquiridos,* artículo 111 LSC, que deberá aplicarse expansivamente.

Observemos que el artículo 14 del RH es una norma que genera argumentos reversibles respecto de la posibilidad de configurar derechos de opción de compra con efectos reales. De un lado puede alegarse que este precepto recoge la única excepción admisible al principio de que los derechos convencionales de adquisición no pueden configurarse como reales. La excepción confirmaría la regla y preservaría el *numerus clausus*. Pero también es admisible una argumentación no exclusiva. El artículo 14 RH no tendría valor especial en la cuestión relativa a los bienes muebles incorporales. O también, el artículo 14 RH no debería ser leído como una norma de admisibilidad sino como una restricción al Derecho común; según el Derecho común, podría decirse, todos los derechos de opción se podrían configurar como reales, pero, por la importancia que tiene el tráfico de bienes inmuebles, las opciones de compra sobre fincas sólo se admitirían en las condiciones *restrictivas* del artículo 14 RH. El artículo 14 no es un privilegio de las opciones de compra inmobiliarias, sino una restricción del Derecho común, precisamente por tratarse de fincas, sujetas al principio de publicidad registral.

Y el artículo 1510 CC podría utilizarse, otra vez acudiendo a la analogía, para sustentar la eficacia jurídico real de derechos de adquisición no inscritos. Según el precepto ...*El vendedor podrá ejercitar su acción contra todo poseedor que traiga su derecho del comprador, aunque en el segundo contrato no se haya hecho mención del retracto convencional, salvo lo dispuesto en la Ley Hipotecaria respecto de terceros*... El sentido de este precepto es que el retracto convencional pactado entre vendedor y comprador tiene por su propia naturaleza efectos jurídico reales y es oponible a todo tercero, salvo el que goce de la protección dispensada por los artículos 32 y 34 de la Ley Hipotecaria.

III. JURISPRUDENCIA

La jurisprudencia civil, que es fecunda en lo relativo a derechos adquisitivos convencionales, no se ha pronunciado hasta ahora de una manera terminante, porque jamás se ha enfrentado al dilema de si para que puedan postularse efectos frente a terceros, será preciso de partida que las partes quieran construir la opción como "real".

Pasamos a exponerla históricamente

La Sentencia del Tribunal Supremo de 24 octubre 1990[14], que cita otras anteriores, considera que el adquirente del activo gravado con una opción de compra es un causahabiente a título particular, pero causahabiente, del titular gravado, por lo que está afectado por el contrato en los términos del artículo 1257 I CC.

14 ECLI:ES:TS:1990:11082.

El motivo cuarto de este primer recurso, con el mismo apoyo procesal, acusa la no aplicación del art. 1257, primer inciso, del Código Civil en relación con los artículos 1101 y 1107; basándose en que la recurrente «Esso Española, S. A.» no fue parte en el contrato de 1 de junio de 1978, respecto a cuyos acuerdos es un tercero de buena fe; por otra parte, viene a sostener que al tratarse de una opción no inscrita en el Registro de la Propiedad no puede perjudicar a tercero, siendo los únicos implicados los contratantes entre los que no figura la ahora recurrente. Es de observar que la fuerza obligatoria de los contratos, relatividad de lo acordado en ellos, afecta generalmente sólo a los contratantes y sus herederos; pero ya de antiguo (Sentencia de 14 de mayo de 1928) se declaró que también obliga el contrato al sucesor a título particular de los contratantes y en general a los adquirentes de los derechos de éstos, y también se ha declarado que el tercero ajeno al contrato no puede impugnar en juicio su validez o su ineficacia —Sentencia de 25 de febrero de 1984—, contrariamente a lo que en el anterior motivo dice, en su criterio de ajena al contrato, la entidad recurrente. Mas es de tener en cuenta que siendo admitido que tal entidad adquirió derechos de quienes allí intervinieron en concepto de propietarios del inmueble cuya opción de compra se concedió a la recurrida, derechos adquiridos a través de una escritura de cesión de industria y de derecho de superficie, es claro que le afecta el contrato y sus efectos, pues, como declararon las sentencias de 17 de diciembre de 1959, 9 de febrero y 5 de octubre de 1965, el contratante a título particular, como lógica consecuencia de la relatividad de los contratos, ha de soportar los efectos de los que celebró con anterioridad quien le transmitió el derecho adquirido, sin que sea obstáculo dicha relatividad para que en otro aspecto pueda producir determinados efectos para los causahabientes a título singular, entre los que está la actual recurrente, que ha de soportar los efectos de los contratos celebrados por el causante de la transmisión con anterioridad a ella, por lo que no puede reputársele tercero en el orden civil.

La Sentencia del Tribunal Supremo de 3 marzo 1995[15] niega eficacia jurídico real a un retracto voluntario del retracto inscrito en el Registro de la Propiedad, especialmente por la razón de que, a diferencia de lo señalado en el artículo 1507 CC para la compraventa con pacto de retro, en el caso presente no se había señalado una delimitación temporal de la existencia y ejercicio de este derecho.

La Sentencia del Tribunal Supremo de 13 febrero de 1997[16] afirma otra vez que el adquirente es un causahabiente singular del artículo 1257 I C.c. y que no es de buena fe, al conocer la existencia del derecho de opción:

Cuestión distinta es la ejecución efectiva del referido derecho mediante el otorgamiento de la correspondiente escritura de compraventa, que vincula y se impone a «Aridcal, SA», por su actuación carente de buena fe, como se explicará y tratarse de una compraventa que se perfecciona, al ejercitarse válida y en tiempo el derecho de opción discutido.

Lo que se deja expuesto priva de toda justificación al motivo segundo que contiene infracción del artículo 1257 del Código Civil, en cuanto a los efectos personales que produce el contrato de opción de referencia y su proyección a la recurrente, que no fue parte en el contrato de arrendamiento que incluyó la cláusula opcional

15 ECLI:ES:TS:1995:1220. Comentarios de RUBIO TORRANO, E., "3 de marzo de 1995. Retracto convencional. derecho real o personal. Acceso al Registro de la Propiedad de un derecho real Alcance de la falta de plazo para su caracterización como derecho real", *Cuadernos Civitas de Jurisprudencia Civil*, núm. 38, 1995, § 1038, pp. 795-802, y ARANDA RODRÍGUEZ, R., "Retracto convencional. Legitimación pasiva y ejercicio en las subastas judiciales: analogías y diferencias entre compraventa y subasta judicial. Estudio a propósito de sentencia del Tribunal Supremo de 3 de marzo de 1995", *Anuario de Derecho Civil*, Vol. 49, núm. 2, 1996, pp. 885-906.

16 ECLI:ES:TS:1997:940.

debatida. El principio de la relatividad de los contratos, en cuanto a sus límites subjetivos, ha sido mitigado en su rigidez por la doctrina de esta Sala, al admitir que las obligaciones y los derechos dimanantes de los mismos transciende a los causahabientes de uno de los contratantes a título particular por actos «inter vivos» que se introducen en la relación jurídica creada, mediante negocio posterior celebrado con el primitivo contratante (Sentencias de 14 mayo 1928, 6 febrero 1981, 2 noviembre 1981 y 26 mayo 1989).

Durante la vigencia de la opción el optatario debe de mantener la oferta y dada su vinculación, facilitar su ejecución cuando se ejercita, con lo que se le prohíbe hacer todo aquello que puede frustrar su efectividad (Sentencias de 22 diciembre 1992, 21 julio 1993 y 24 abril 1995). Existiendo un contrato de opción vigente y conocido por la recurrente —conforme hecho probado firme— en el momento de la incorporación de las dos fincas a su haber social no le asiste condición blindada de tercero de buena fe, ajeno a la relación de opción, la que le afecta, así como sus consecuencias en cuanto a su cumplida ejecución (Sentencias de 17 diciembre 1959, 9 febrero y 5 octubre 1965, 24 octubre 1990 y 24 febrero 1993), pues aplicando la doctrina del levantamiento del velo de las personas jurídicas entre DECSA y «Aridcal, SA», se da coincidencia de intereses y actuación que hacen que esta última no se la repute como tercero totalmente ajeno, pues se burlarían los efectos de una opción ejercitada en forma eficaz y vinculante, por lo que ha de soportar las consecuencias del contrato celebrado con anterioridad por el causante de la transmisión, y contribuir a su ejecución, sin perder su propia naturaleza personal.

La doctrina de que el conocimiento del derecho preexistente basta para sustentar la oponibilidad está corroborada por una jurisprudencia más antigua. De esta forma, las sentencias de 13 de diciembre de 1958, 16 de febrero de 1973 y 25 de abril de 1992[17].

17 ECLI:ES:TS:1992:3434.

En todas ellas, no ya la mala fe del adquirente, sino el mero conocimiento de la situación preferencial basta para hacer oponible el derecho adquisitivo.

Según la Sentencia del Tribunal Supremo 16 diciembre 2004[18], el tanteo convencional no podía desplegar efectos frente a terceros, pero la justificación final que aporta para ello es paradójica. Los propietarios de un manantial de aguas que abastece a un balneario lo arriendan a la sociedad Malavella que se responsabiliza de aportar las aguas al balneario en la cantidad pactada. Los dueños del balneario pactan con los propietarios del manantial un derecho de tanteo convencional, en caso de que se quisiera vender el balneario. Más tarde, la sociedad arrendataria Malavella amplía el capital, que es suscrito por tres propietarios del manantial, que lo aportan a la sociedad como contravalor, con todos los derechos inherentes. El balneario, hasta entonces explotado por un arrendatario persona física, se vende a una sociedad constituida por dicho arrendatario y su hermana. Se plantea una acción referida al derecho de tanteo pactado entre los propietarios del balneario y del manantial (en el momento del pleito, las acciones de Malavella habían pasado en su integridad a Vichy).

La sentencia de apelación establece que, aun tratándose de tanteo convencional, es oponible a los compradores, porque éstos tenían su efectivo conocimiento, y aunque en el contrato se reconoció solamente el tanteo, es una de las dos fases del derecho de adquisición preferente, pues concedida la primera (tanteo), se entiende concedida la segunda también (retracto). El plazo a aplicar es el de enfiteusis, por analogía (1 año). El TS casa la sentencia en tanto en cuanto dice que "es sólo una verdad relativa que el tanteo y el retracto sean dos facetas del mismo dere-

18 ECLI:ES:TS:2004:8191.

cho" (lo mismo dice también STS de 3 marzo 1995[19]) y que, en todo caso, el tanteo convencional es sólo ejercitable *inter partes*. En caso de incumplimiento, lo único que se puede exigir es la indemnización de daños y perjuicios y *la oponibilidad al tercero de la enajenación sólo se puede accionar por medio de un contrato celebrado en perjuicio del tercero, pero no por la acción de retracto, que ni siquiera se ha pactado en el contrato en cuestión* (sic).

La Sentencia del Tribunal Supremo de 29 abril 2005 sostiene la eficacia real de un derecho de retracto y tanteo convencional en un contrato de abanderamiento de estación de servicio, cuando el adquirente inscrito conocía el derecho de adquisición no inscrito.

Según la Sentencia del Tribunal Supremo de 13 mayo 2009[20], "ciertamente, el tema es doctrinalmente polémico", y que incluso de fallos anteriores del Tribunal Supremo podría deducirse "otro criterio". Mas la doctrina jurisprudencial "actual" es la consideración del retracto convencional como derecho real. En favor de este criterio se citan como precedentes las Sentencias de 29 de abril de 2005[21] y de 22 de abril de 2008[22]. No es verdad que estos precedentes sostengan esta concepción, ni por la doctrina ni por la naturaleza de los hechos de cada caso. Pero, como quiera que sea, ignorando el contenido de la STS 16 noviembre 2004, la STS 13 mayo 2009[23] ha regresado al punto de vista original y sostenido que un derecho de retracto voluntario (no sólo un retracto

19 ECLI:ES:TS:1995:1220.
20 ECLI:ES:TS:2009:2886.
21 ECLI:ES:TS:2005:2761.
22 ECLI:ES:TS:2008:2028.
23 MARÍN LÓPEZ, J.J., "Sentencia de 13 de mayo de 2009. Retracto voluntario: distinción del retracto convencional y del retracto legal. Calificación del derecho de retracto voluntario como derecho real; eficacia frente a terceros y oponibilidad del retracto voluntario no inscrito en el Registro de la Propiedad", *Cuadernos Civitas de Jurisprudencia Civil*, núm. 82, 2010, § 2174, pp. 379-408.

convencional del artículo 1510 C.c.) es un derecho real oponible a terceros, en una doctrina en la que la verdadera *ratio decidendi* se halla en que este tercero era pleno conocedor del pacto, y asumía con el vendedor parte de la indemnización en que se hubiera incurrido frente al arrendatario titular del derecho de adquisición, pues "no es razonable que se asuma pagar por un no ejercicio de un derecho, el cual no se reconoce como existente".

La misma división de criterios se encuentra en las sentencias de Audiencias. La SAP Las Palmas de 26 marzo 2008[24] constata que el tanteo convencional sólo puede tener efectos obligacionales, pues no entra en el ámbito del poder de los particulares la atribución "incondicionada" del carácter real a un derecho de tanteo, la cual necesitará siempre el respeto de la legislación hipotecaria y la inscripción en el Registro. En el caso de los autos en el que no se ha inscrito el derecho, se desestima la acción de retracto, señalando que lo único que puede pedir la actora es la indemnización de daños y perjuicios. No obstante, la SAP Guadalajara de 7 noviembre 2007[25] declara que cabe oponibilidad del tanteo no inscrito a terceros, si éstos han conocido su existencia y por tanto estima la acción de retracto.

El examen de jurisprudencia no es decisorio para resolver nuestro extremo relativo a la posibilidad de configurar opciones de compra jurídico reales de acciones o participaciones sociales. La heteroeficacia se funda en la jurisprudencia de modo relevantísimo —aparte de otros argumentos que puedan concurrir— en la circunstancia causal y singular del conocimiento efectivo del tercer adquirente, no en la configuración como tal de la opción. De forma que acabaríamos otorgando sin más eficacia jurídico real a las opciones simples inscritas en el Libro Registro de los

24 ECLI:ES:APGC:2008:542.
25 ECLI:ES:APGU:2007:440.

artículos 104 y 116 LSC, aunque luego la transmisión a tercero se realice mediante endoso del título (en el que no figura la existencia de la opción) ex artículos 120 y 121.

IV. PROPUESTA

A pesar de lo expuesto, estimo que la opción de compra se puede configurar de origen con efectos reales. Si existe un Libro Registro, y a pesar de que normalmente se afirma que la inscripción carece de efectos constitutivos del gravamen, el efecto real dependerá de la inscripción en dicho Registro, por razones pragmáticas y de mínima protección de terceros. Y en todo lo demás seguiría el régimen de la prenda de acciones y participaciones, por lo que debería existir una anotación con desglose en caso de que las acciones estuvieran anotadas en cuenta. Y un endoso en garantía si las acciones fueran tituladas. Es decir, sostenemos que la opción de compra se puede configurar con efectos jurídico reales si la opción se constituye con las formalidades propias de la prenda (la mayoría de opciones de compra son prendas comisorias). Y, residualmente, conforme al criterio jurisprudencial, proponemos adicionalmente que toda opción de compra deberá cursar con efectos frente a terceros si el causahabiente singular del derecho societario ha tenido conocimiento efectivo de esta opción, siempre que el derecho esté debidamente especificado y que se determine un tiempo de vigencia de la opción.

V. BIBLIOGRAFÍA

ARANDA RODRÍGUEZ, R., "Retracto convencional. Legitimación pasiva y ejercicio en las subastas judiciales: analogías y diferencias entre compraventa y subasta judicial. Estudio a propósito de sentencia del Tribunal Supremo de 3 de marzo de 1995", *Anuario de Derecho Civil*, Vol. 49, n.º 2, 1996.

CARRASCO PERERA, A., CORDERO LOBATO, E. y MARÍN LÓPEZ, M.J., *Tratado de los derechos de garantía*, 4ª, Aranzadi, Pamplona, II, 2022.

MARÍN LÓPEZ, J.J., "Sentencia de 13 de mayo de 2009. Retracto voluntario: distinción del retracto convencional y del retracto legal. Calificación del derecho de retracto voluntario como derecho real; eficacia frente a terceros y oponibilidad del retracto voluntario no inscrito en el Registro de la Propiedad", *Cuadernos Civitas de Jurisprudencia Civil*, n.º 82, 2010, § 2174

PERDICES HUETOS, A.B., *Cláusulas Restrictivas de la transmisión de acciones y participaciones*, Civitas, Madrid, 1997.

RUBIO TORRANO, E., "3 de marzo de 1995. Retracto convencional. derecho real o personal. Acceso al Registro de la Propiedad de un derecho real Alcance de la falta de plazo para su caracterización como derecho real", *Cuadernos Civitas de Jurisprudencia Civil*, núm. 38, 1995, § 1038.

Capítulo 13

REGULACIÓN ESTATUTARIA DEL VALOR DE TRANSMISIÓN DE PARTICIPACIONES SOCIALES

Enrique Fernández-Sordo Llaneza
Doctor en Derecho. Universidad CEU San Pablo
Asociado en KRINO Abogados

I. PLANTEAMIENTO GENERAL

1. Sentido de la cláusula estatutaria de fijación del valor de transmisión

En los últimos años han alcanzado cierto grado de notoriedad algunas Resoluciones de la hoy llamada Dirección General de Seguridad Jurídica y Fe Pública que admiten determinadas cláusulas estatutarias que regulaban o incluso fijaban un concreto valor de transmisión de participaciones sociales según el caso, ya fuere por el ejercicio de un derecho de preferente adquisición ante una transmisión *mortis causa* o forzosa, o por amortización de las mismas en los supuestos de exclusión. Ciñéndonos en todo momento al ámbito de las sociedades de responsabilidad limitada, el interés de estas Resoluciones se refiere al propio método de valoración en sí, asimilando el valor contable con el valor razonable; o a la forma de adopción del acuerdo societario de modificación estatutaria.

Pero en primer lugar, cabe referirse al interés de establecimiento de este tipo de cláusulas estatutarias, cuya justificación cabe encontrar en el análisis de la naturaleza y configuración de una entidad de naturaleza esencialmente cerrada como lo es la sociedad limitada. El sentido, por ello, parece lógico, y es el de evitar largos y probablemente costosos sistemas de valoración por medio de un experto independiente designado por el Registro Mercantil, en su caso. De modo que, la determinación de un concreto sistema de carácter objetivo, puede resultar idóneo para la evitación de potenciales conflictos y de incertidumbre, si bien ha de matizarse que la objetividad de dicha valoración, no se refiere a su fiabilidad, sino a su cálculo posiblemente directo o automático. Es cierto que este tipo de cláusulas tradicionalmente suponían materia reservada a los pactos privados de socios como forma de evitación o solución de posibles conflictos, de modo que se establecía el concreto sistema de valoración, o persona o entidad encargada de la misma, en determinados supuestos de transmisión. Sin embargo, este tipo de pactos se han elevado a rango estatutario con el beneplácito de la Dirección General, lo que cabe imputarse a la seguridad que la eficacia de la oponibilidad frente a terceros otorga la inscripción de la cláusula estatutaria. Sin embargo, ello nos plantea si resulta coherente fijar un valor de transmisión o realización de la participación precisamente frente a aquellos terceros que no han participado en el establecimiento del método de valoración, como el legatario adquirente *mortis causa* o el acreedor embargante en los supuestos forzosos, frente a quienes el resto de los socios puedan ejercer un derecho de adquisición preferente a un concreto valor.

Por ello, en la elaboración de un régimen específico que tenga por objeto regular y determinar estatutariamente el valor de transmisión de participaciones sociales, ya sea mediante métodos objetivos o mediante remisión a la valoración por un experto independiente, ha de tenerse en cuenta la especial naturaleza de la sociedad limitada, la intervención de terceros, y la consideración del valor razonable de la participación.

2. La concreta problemática que puede suponer este tipo de cláusulas

Sentada la justificación e incluso idoneidad de la fijación estatutaria del valor de transmisión, la cuestión estriba en los problemas que ello acarrea, que nosotros hemos sintetizado principalmente en tres, y que constituyen el desarrollo del presente trabajo.

Porque para identificar los elementos abiertos al debate en el establecimiento de este tipo de cláusulas, hemos de partir de la práctica admitida por las referidas Resoluciones de la DGSJyFP así como por el contenido de las mismas de las que cabe deducir, en algunos casos de una forma un tanto presuntiva, cuál son los criterios en los que basarse y sobre los que la Dirección General parece admitir.

En primer lugar, las referidas Resoluciones de determinación de un concreto valor de transmisión tienen como elemento común la remisión del cálculo al valor contable resultante del último balance aprobado por la junta general, lo que plantea, por un lado, si cabe la asimilación del calor contable como valor razonable, o si habría otros métodos alternativos de valoración. En segundo lugar, respecto a los sujetos intervinientes en este tipo de cláusulas (socios, terceros, y la propia sociedad) ya sea para la adopción societaria del acuerdo, si es por mayoría o por unanimidad; frente a quiénes se puede ejercer o imponer este método; y quién puede ejercer, en su caso, el derecho de adquisición a ese valor objetivo previamente determinado en estatutos. Y en tercer lugar, si habida cuenta de las diferencias entre los distintos tipos de transmisión, si cabría establecer un método distinto de valoración según el caso de transmisión.

Sobre estas cuestiones, de las actuales Resoluciones, la Dirección General parece que su posición es la de: (i) admitir la asimilación del valor contable como valor razonable; (ii) exigir la unanimidad de los socios para la adopción de este tipo de cláusulas estatutarias, de afección a terceros, sin que en cambio la propia sociedad pueda ejercer un derecho de adquisición; y (iii) negar la posibilidad de establecer distintos métodos según el tipo de transmisión. Sirva este trabajo para desarrollar este aparente planteamiento.

II. LA FIJACIÓN DEL VALOR DE TRANSMISIÓN

1. Valor contable como valor razonable

Ha sido característica común de las Resoluciones de la Dirección General que admitían la cláusula estatutaria de fijación del valor de transmisión de participaciones sociales, la de remitirse al valor contable resultante del último balance aprobado por la junta general como forma de establecimiento del valor razonable o de mercado que este tipo de transmisiones exigen. Esta asimilación ya fue objeto de la Resolución de la entonces Dirección General de los Registros y del Notariado de 30 de julio de 2018, que fue ciertamente comentada entre nuestra comunidad científica, y que admitía la equiparación del valor contable como valor razonable en un concreto supuesto en transmisión voluntaria de participaciones sociales *inter vivos*[1]. Ha de tenerse en cuenta que

1 ALFARO ÁGUILA-REAL, J.: "Las cláusulas de liquidación del socio según valor contable son inscribibles", *Almacén de Derecho,* 2 de diciembre de 2016, disponible en https://derechomercantilespana.blogspot.com/2016/12/las-clausulas-de-liquidacion-del-socio.html; CAMPINS VARGAS, A.: "La

dicha equiparación resulta cuanto menos de sencilla ejecución pues se trata de un valor objetivo que no requiere de más cálculo que una sencilla operación aritmética. Pero asimismo, la propia norma ya contempla su admisibilidad en concretos supuestos de índole fiscal, lo que se refleja en el artículo 37.1.b) de la Ley del Impuesto sobre la Renta de las Personas Físicas al admitir dentro de los supuestos de *...condiciones normales de mercado...* el *...valor del patrimonio neto que corresponda a los valores transmitidos resultante del balance correspondiente al último ejercicio cerrado con anterioridad a la fecha del devengo del Impuesto...*

La cuestión es ¿realmente podemos asimilar valor contable como valor razonable?

No resulta necesario hacer un estudio muy extenso para advertir de forma muy sencilla que la pregunta se responde en sentido negativo, entre otras cuestiones porque las propias Resoluciones de la Dirección General ya lo reconocen, son plenamente conscientes de la difícil equiparación entre ambos conceptos, pues llega a utilizar argumentos como que tal asimilación vendría a ser un cálculo *"por aproximación"*. Para llegar a tal conclusión, resulta necesario entender que la imposibilidad de asimilación de dichos valores no responde a ningún error en la formulación contable sino en su propia normativa. Póngase como ejemplo una sociedad inmobiliaria, cuyo balance consigna en el activo aquellos inmuebles adquiridos a su valor neto contable, es decir, coste de adquisición menos amor-

DGRN abre la puerta a la libre fijación estatutaria del precio de las participaciones", *Almacén de Derecho*, 4 de diciembre de 2016, disponible en https://almacendederecho.org/la-dgrn-abre-la-puerta-la-libre-fijacion-estatutaria-del-precio-las-participaciones/ y CAZORLA GONZÁLEZ-SERRANO, L.: "La DGRN abre la puerta a la libre fijación estatutaria del precio de las participaciones", *Blog Luis Cazorla*, diciembre de 2016, disponible en http://luiscazorla.com/2016/12/la-dgrn-sobre-la-libertad-de-valor-de-liquidacionventa-de-participaciones-sociales/.

tizaciones, lo que supone que si dichos inmuebles tienen una cierta antigüedad, su valor contable se va minorando, pero el real previsiblemente se ha incrementado, la diferencia entre el valor contable y el real o de mercado puede llegar a ser muy significativa. Y ello, claro está, afectará al valor de transmisión de la participación si éste se supedita al valor contable, lo que entrañará que dicho valor puede hallarse lejos de su valor real.

Sin embargo, el debate en torno a aquella cláusula no se refirió a la reconocida diferencia entre ambos valores, o a su difícil equiparación, sino a su admisibilidad como cláusula estatutaria. Entonces, se justificaba conforme a lo dispuesto en el Reglamento del Registro Mercantil, artículos 128, 175 y 188, dado que el método de valoración *...responde a lo pactado y aceptado previamente por todos los socios...,* si bien es cierto que ya existía un precedente jurisprudencial sobre el que sustentar la posible admisibilidad legal de la cláusula, como fue la Sentencia de 24 de julio de 2015 de la Audiencia Provincial de Madrid[2]: *...en los casos de separación o de exclusión de socios se considerará valor razonable de las participaciones sociales el valor neto contable de las misma",* pues dicho método *"ni se opone a las leyes ni contradice los principios configuradores de las sociedades de responsabilidad limitada....*

No obstante, cabe matizar que dicho concreto supuesto se refería entonces a un caso de transmisión *inter vivos*, sólo para sociedades de responsabilidad limitada, sin afección a terceros, y

2 Sentencia de la Sección 28 de la Audiencia Provincial de Madrid, de 24 de julio de 2015, siendo Ponente D. Alberto Arribas Hernández, en el núm. de Resolución 216/2015. Roj.: SAP M 13644/2015. Referencia Tirant Online documento TOL5.544.582, Sentencia comentada por CAMPINS VARGAS, A.: "El criterio del valor razonable de las participaciones no es imperativo", *Almacén de Derecho,* 8 de diciembre de 2015, disponible en https://almacendederecho.org/el-criterio-del-valor-razonable-de-las-participaciones-no-es-imperativo/.

sin que la propia sociedad pudiera ejercer un derecho de adquisición preferente.

2. Métodos alternativos de valoración

Ceñirse al método de valor contable entraña obtener un valor de transmisión de forma rápida y automática, lo que dista en cambio del método legalmente previsto, el de valoración de la participación por medio de un experto independiente designado por el Registro Mercantil. Este sistema conlleva en cambio un coste temporal y económico, tanto el de los honorarios del propio experto, como el del lapso en que tarde en emitir su informe una vez entregada toda la documentación por parte de la sociedad, quizás reacia a poner en manos de una persona ajena a la entidad todos los entresijos financieros de la compañía. Y precisamente sobre los honorarios del experto se refiere la Resolución de la DGSJyFP de 28 de agosto de 2023, publicada en el BOE de 12 de octubre de 2023. En ese supuesto, tanto en transmisión de participaciones como en exclusión de socios, el método de valoración se remite al valor contable, si bien otorga la posibilidad al socio afectado y disconforme con dicho valor, que inste la designación de un experto independiente designado por el Registro Mercantil para tal valoración, si bien con la particularidad que, frente a lo dispuesto en el artículo 355 de la Ley de Sociedades de Capital, los honorarios del experto serían íntegramente asumidos por el socio afectado. Igualmente, si la sociedad en segunda instancia no se conformaba con ese informe, podría solicitar el informe de un segundo experto, éste a costa de la sociedad, realizándose una media aritmética entre ambas valoraciones. Llámese la atención, como decimos, del coste económico y temporal de este concreto supuesto, lo que precisamente tratan de evitar las cláusulas estatutarias que establecen métodos objetivos o automáticos de valoración, y de los cuales, el valor contable es uno, pero no el único posible, máxime si como reconocen las propias Resoluciones que admiten remitirse a ese sistema, la asimilación de conceptos entre contable y real puede distar de ser real. La cuestión, por tanto, se centra en si existe algún método de valoración objetiva y automática de participaciones sociales, toda vez que, a diferencia de las sociedades anónimas cotizadas, no existe un mercado de participaciones propiamente dicho. Una reflexión lógica invita a una respuesta negativa, pues difícilmente podremos encontrar un sistema de aplicación ciertamente válido, sin perjuicio de que pueda ser cuanto menos aproximado. Y utilizamos a propósito la mención a "valor aproximado" pues la referida RDGSJyFP de 28 de agosto de 2023, reconocía que el valor contable podría suponer una *"aproximación"* al valor real. Y puede no equivocarse, o sí, porque lo cierto es que dependerá del caso en concreto, ya que mientras el caso de una entidad inmobiliaria de activo antiguo, la disparidad entre ambos criterios de valoración puede ser muy amplia; en otros supuestos como por ejemplo una entidad tenedora de valores cotizados, cuanto más actualizada sea la fecha del balance, más estaremos seguramente cercanos a la asimilación del valor contable con el valor real.

Es por ello que, no pudiendo establecer un valor objetivo y automático, el valor contable sea un método que, según el caso, pueda ser más o menos acertado, pues ello dependerá de las concretas vicisitudes de la compañía y de su actividad en concreto, materias sobre las cuales el Registrador Mercantil ni puede ni debe entrar a valorar. Es decir, no resultaría admisible que el Registrador denegase la inscripción de una cláusula estatutaria de sometimiento al valor contable en los supuestos de transmisión, pese a haber sido adoptado de forma unánime, escudándose en la dificultad de asimilar los referidos métodos de valoración según la actividad de la compañía. Ello será, en su caso, problema de los socios que han decidido adoptar ese método cuando tal vez no sea el más idóneo. La cuestión es que, como desarrollaremos más adelante, la problemática de este tipo de cláusulas radica en su posible afección a terceros ajenos a los socios, terceros que no participan en ese método de valoración y a quienes, en cambio, se les impone. Tal vez por ello la práctica societaria, en función de la naturaleza de la sociedad en cuestión, pueda abrirse a otros sistemas de valoración objetiva. Por ejemplo, partir del valor de capitalización según lo establecido en el artículo 37 de la Ley del IRPF; o establecer un concreto coeficiente multiplicador sobre la facturación, el EBITDA o sobre la cuenta de resultados, coeficiente que podría extraerse de la situación general del mercado respecto de la concreta actividad desempeñada. Criterios todos ellos objetivos en lo que a la determinación se refiere, pero que en modo alguno implican necesariamente objetividad en lo que a exactitud implica. Ello no obsta, así lo entendemos, a que dichos métodos sean igualmente admisibles como forma de determinación estatutaria ante una posible transmisión de participaciones.

III. LA INTERVENCIÓN DE LOS DISTINTOS SUJETOS EN LA ADOPCIÓN DEL ACUERDO Y EN LA EJECUCIÓN DE LA TRANSMISIÓN

1. Elementos de debate

Como anteriormente exponíamos, el establecimiento de sistemas específicos de valoración *ex ante* de participaciones sociales al acaecimiento de un concreto supuesto, como la transmisión *inter vivos* o la contraprestación en los supuestos de separación y exclusión, tradicionalmente constituía materia de pactos privados de socios, ahora elevados a rango estatutario oponible frente a terceros. Pero esa elevación normativa, a nuestro juicio puede resultar a su vez el germen de parte de su problemática, especialmente en lo que a la adopción del acuerdo societario se refiere. Porque si aceptamos que pueda pasar a constituir materia estatutaria cuestiones que, por su contenido o por su forma, podían tener mayor encaje en un pacto de socios; entonces hemos de asumir que tal vez el establecimiento o modificación de tales cláusulas deba regirse por las mismas normas de modificación de los pactos o contratos, esto es, por el consentimiento expreso de todas las partes. Es decir, el establecimiento y modificación de este tipo de cláusulas ¿requiere de la unanimidad de los socios?

Pero esa no es la única cuestión, pues aunque asumiéramos a estos efectos la unanimidad como requisito necesario para el establecimiento de dichas cláusulas, dicho sea a efectos meramente dialécticos sin que ello suponga nuestra conformidad, la problemática radica en la afección a terceros ajenos a los socios, pero frente a quienes se podría estar ejerciendo un derecho de preferente adquisición a valor contable (*v. gr.* un no socio legatario de un socio fallecido; o un acreedor embargante de las participaciones de otro socio) a tenor de una cláusula estatutaria establecida sin su consentimiento, por la obvia razón de no ser socios. En tal caso, ¿cabe imponerles un concreto valor de transmisión a quien no ha participado en la admisión de la determinación de la valoración?

Y por último, aun en tales asunciones, dicho nuevamente de forma dialéctica, ese ejercicio preferente ¿puede ser ejercido por la propia sociedad, o ha de ser exclusivamente por los propios socios? Sobre estas cuestiones entramos a continuación.

2. Eficacia de la cláusula frente a terceros no intervinientes

Que la diferencia entre un pacto de socios y una cláusula estatutaria inscrita en el Registro Mercantil se halla en la oponibilidad frente a terceros de esta última, es una cuestión del más elemental sentido del Derecho societario. Por ello, precisamente la elevación a rango estatutario de lo que hasta entonces podía constituir materia objeto de pacto, entraña la problemática de esa afección frente a unos terceros que, no sólo no han participado en la adopción del acuerdo, sino lo que a priori resulta más significativos, son terceros a quien se les impone un concreto valor de transmisión.

Poníamos el ejemplo de una persona, no socia de una sociedad en cuestión, que por vía de herencia o legado resulta adjudicataria de las participaciones sociales de un socio fallecido, en cuya sociedad los estatutos sociales, al objeto de evitar la entrada de terceros ajenos al actual núcleo (con posible restricción de transmisión libre *inter vivos* o *mortis causa* incluso a descendientes o cónyuges) reconocen al resto de socios actuales un derecho de adquisición preferente sobre las participaciones del socio fallecido. O el caso de un acreedor que en el marco de un procedimiento de ejecución forzosa, traba embargo sobre las participaciones de un socio deudor, reconociéndose estatutariamente de igual forma un derecho de adquisición preferente del resto de socios. Hasta aquí, la cuestión resulta incluso lógica habida cuenta del carácter esencialmente cerrado de la sociedad de responsabilidad limitada, en el posible caso de una sociedad con reducido número de socios y reacios a la entrada de nuevos intervinientes. Sin embargo, la cuestión no resulta tan clara, o por lo menos resulta discutible, si la cláusula estatutaria en cuestión establece cuál habrá de ser el método de valoración de las participaciones sociales titularidad del socio fallecido o embargado sobre las cuales los socios ejercen su derecho de adquisición preferente; y de forma más concreta, si dicha cláusula establece que dicho valor será el contable resultante del último balance aprobado. Es decir, se le impone al referido legatario o al acreedor embargante el importe que percibirá en contraprestación a la no adjudicación de las participaciones legadas o embargadas.

Sin perjuicio del carácter sumamente discutible de la medida e imposición frente a terceros, la cuestión parece estar a día de hoy superada por las distintas Resoluciones de la Dirección General de los Registros y del Notariado, en concreto las de fecha 9 y 23 de mayo de 2019, publicadas en el Boletín Oficial del Estado en días 1 y 13 de junio del mismo año, que comparten contenido y Notario autorizante. En aquellos supuestos, comunes a los casos de transmisión forzosa y exclusión de socios, se reconocía el derecho de los socios a evitar la subasta de las participaciones sociales titularidad del socio embargado, adquiriendo las mismas al valor contable, y debiendo consignar ante la autorización judicial o administrativa el importe de dicha adquisición a fin de que fuera puesto a disposición del acreedor, quien verá en parte satisfecho su crédito. ¿A su valor real? Tal vez no, tal vez como hemos dicho, la expectativa del acreedor fuese muy superior al entender que el valor real de la participación embargada era muy superior al contable. Sin embargo, la oponibilidad de la cláusula inscrita le afecta de igual modo, por lo que nada podrá oponer frente a dicha transmisión.

En el caso de la transmisión forzosa, aquellas Resoluciones se remitían a lo establecido en el artículo 623 de la Ley de Enjuiciamiento Civil, como motivación para la admisibilidad de la cláusula, toda vez que la norma reguladora de la ejecución judicial y la traba de embargos reconocía la existencia y prevalencia de la norma reguladora de las acciones y participaciones sociales embargadas, lo cual no debe en cambio confundirse con el derecho del acreedor a obtener el justiprecio del patrimonio embargado de su deudor. Pues aun asumiendo dicha admisibilidad ¿qué ocurre en el caso de la transmisión *mortis causa*? ¿Por qué motivo o bajo qué argumento cabe imponer a un heredero o legatario de un socio fallecido un concreto valor de transmisión, si no ha participado en la adopción de dicho acuerdo? Esto es, que otorgando una consideración distinta a la transmisión forzosa frente a la *mortis causa*, ¿existen motivos para imponer al citado legatario el valor del bien legado?

Ello nos llevaría por tanto al alcance y eficacia de esa oponibilidad frente a terceros que implica la inscripción registral de la cláusula estatutaria. Pero una cuestión es que los pactos de funcionamiento social, como el régimen de mayorías, la cifra de capital social, o las causas de separación y exclusión apliquen a los actuales socios y a quienes adquieran dicha condición en el futuro, y otra muy distinta es que el legítimo (y tal vez momentáneo) titular de unas participaciones sociales heredadas o legadas, se vea sometido a una obligación de transmisión bajo un criterio de valoración previamente preestablecido sin su concurrencia. Sin embargo, la actual doctrina registral se inclina por admitirlo, lo cual ya fue objeto de análisis y crítica en estudios anteriores[3].

3. ¿Unanimidad para la adopción del acuerdo?

Si bien no parece exigirse la concurrencia de potenciales terceros afectados por la cláusula, cabe preguntarse qué régimen de mayoría o unanimidad debe exigirse para su incorporación a estatutos. Pero plantear si el establecimiento de las cláusulas estatutarias de fijación del valor de transmisión de participaciones sociales requiere de la unanimidad o no de todos los socios, partiendo de la práctica actual conforme a las distintas Resoluciones de la Dirección General, puede resultar un tanto engañoso. Porque si nos ceñimos a las citadas Resoluciones, la respuesta a la cuestión parecería afirmativa en cuanto a la necesaria exigencia de unanimidad. Sin embargo, lo que de verdad debe aflorar es que la Dirección General no se ha visto aún en la tesitura de tener que decantarse por exigir o no de forma contundente la unanimidad, toda vez que los supuestos a los que hasta ahora se ha enfrentado

3 LÓPEZ-HERMOSO AGIUS, J.C. y FERNÁNDEZ-SORDO LLANEZA, E.: "La DGRN sobre el régimen de transmisión forzosa de participaciones sociales", *Revista El Notario del Siglo XXI*, núm. 88, 2019.

han sido todos ellos adoptado por la unanimidad de todos sus socios, de modo que no podemos afirmar con rotundidad la postura de la Dirección General al respecto, aunque sí intuirla. Porque en la anteriormente citada Resolución de 28 de agosto de 2023, expone que ese tipo de establecimiento de cláusulas ...*no puede afirmarse que comporte enriquecimiento injusto o sin causa en favor de los restantes socios o de la sociedad, en tanto que responde a lo pactado y aceptado previamente por todos los socios. Por lo demás, si el acuerdo sobre la referida disposición estatutaria ha sido adoptado por unanimidad de los socios en junta general universal, se cumple el requisito establecido en el citado artículo 175.2.b) del Reglamento del Registro Mercantil para la inscripción del "pacto unánime de los socios de los criterios y sistemas para la determinación del valor razonable de las participaciones sociales previstas para el caso de transmisiones 'inter vivos' o 'mortis causa'*...

Como decimos, aún no se ha visto en la tesitura de tener que enfrentarse a una calificación de un supuesto de adopción del acuerdo por mayoría reforzada, pero no unánime, si bien parece inclinarse a tal exigencia precisamente a tenor de un artículo del Reglamento que, conforme a lo indicado en el apartado anterior por su afección a terceros, puede resultar cuestionable. Pero claro, es que el artículo 175.2.b) del Reglamento se refiere también al 188.3 sobre la obligación de transmisión de participaciones, como por ejemplo acontece con el derecho de arrastre o *drag along*, lo que tiene su sentido al afectar a la titularidad de la participación, pero cuestión distinta es la valoración de la misma.

Pues bien, en nuestra opinión nos parece cuestionable la citada exigencia de unanimidad para el establecimiento de este tipo de cláusulas, lo que nos lleva por tanto a cuestionar el citado artículo 175.2.b) del Reglamento del Registro Mercantil, precisamente y entre otros motivos porque éste se circunscribe a los supuestos de transmisión *mortis causa* y forzosa, cuando la primera Resolución de la Dirección General citada que establecía la admisibilidad de la cláusula estatutaria de remisión al valor contable, la de 30 de julio de 2018, era precisamente en el no contemplado, en el de transmisión *inter vivos*. Pero nuestro planteamiento va más allá, por tres motivos.

El primero, porque en líneas generales y salvo concretos y justificados supuestos, entendemos que el Derecho de sociedades huye (y debe huir) de la exigencia de unanimidad para la adopción de acuerdos, planteamiento que consideramos cabe imbuir en el contenido del artículo 200 de la Ley de Sociedades de Capital. No alcanza evidentemente la condición de principio general del Derecho societario, toda vez que como hemos dicho, sí existen supuestos de necesaria concurrencia y conformidad de todos los socios al poder afectar a sus derechos individuales, pero tal vez sí la consideración de objetivo perenne. Por ello, como decíamos anteriormente, si admitimos la transposición y elevación a estatutos de lo que tradicional y objetivamente podía constituir materia de pacto privado entre socios, entonces evidentemente tendremos que asumir el riesgo que su establecimiento o modificación deberá responder a las normas de la modificación contractual, esto es, con el consentimiento expreso de todos los sujetos intervinientes.

El segundo, porque no encontramos correlación entre la concreta fijación del valor de transmisión, con los derechos individuales de los socios en lo que al artículo 292 de la Ley de Sociedades de Capital se refiere. Esto es, como decíamos antes, el establecimiento de las cláusulas estatutarias de arrastre, por mor de lo dispuesto en el artículo 188.3 del Reglamento del Registro Mercantil, obviamente requiere del consentimiento del afectado, ya que se está poniendo en juego su inalienable derecho a la propiedad de la participación social, de modo que la admisibilidad de su posible enajenación forzosa en favor de un tercero por causas absolutamente ajenas al socio en cuestión (como podría ser el embargo de su patrimonio) requerirá de su previo consentimiento expreso. Se trata por tanto de un derecho individual del socio cuya propiedad se halla protegida constitucionalmente. Ahora bien, si el derecho a transmitir o a no hacerlo es un derecho individual del socio, no tanto habrá de merecer tal consideración su valoración económica, máxime si ello responde a criterios objetivos y admitidos, como lo es el valor contable. Porque el socio que transmite, por voluntad propia (transmisión *inter vivos*) o de manera forzada o forzosa, va a recibir su precio, que podrá ser más o menos ajustado, pero que responde a un método objetivo de valoración aceptado en la práctica, lo que, al no afectar a un derecho individual, no encontramos motivos por tanto para exigir el consentimiento de todos los socios. Es cierto, no obstante, que como hemos dicho antes, el valor contable puede encontrarse en algunos supuestos muy lejos del valor real o de mercado, y que precisamente ello, en caso de no requerirse la unanimidad para la adopción de este tipo de acuerdo, pudiere servir de argucia al socio mayoritario para imponer al minoritario un concreto valor de transmisión al mayoritario en ejercicio de un derecho preferente, a ese valor contable inferior al real. Pero como cualquier otro acuerdo social, su adopción por el cauce procedimental previsto, incluso su ulterior inscripción registral, no obsta al socio disconforme al ejercicio de la acción de impugnación del acuerdo por resultar abusivo, de modo que la salvaguarda de los derechos del socio a quien se le hubiere impuesto tal mecanismo de valoración de transmisión, estarían protegidos.

Y el tercero, porque si realizamos una sencilla comparativa entre la posible imposición a terceros ajenos a la sociedad de un concreto valor de transmisión, como los aludidos casos del legatario no socio o del acreedor embargante; no encontramos por tanto correlación en que sí se requiriese tal consentimiento de todos los socios, lo que nos lleva a la aludida crítica del artículo 175.2.b) del Reglamento. Es decir, si para la adopción del acuerdo se requiere el consentimiento unánime de los socios en aplicación del artículo 292 de la Ley de Sociedades de Capital, con cierta ironía nos preguntaríamos ¿y quién ha preguntado al legatario no socio o al acreedor embargante si están conformes con la valoración de las participaciones sociales sobre las que tienen una expectativa de posible titularidad o realización? La verdad es que nadie. Sí, claro, la justificación se halla en la oponibilidad frente a terceros de la cláusula estatutaria, su eficacia *erga omnes*, pero dicha eficacia y oponibilidad resultará idéntica frente a terceros, como frente a los propios socios, hayan votado a favor o en contra del acuerdo. Por ese motivo, no alcanzamos a comprender esa disparidad de criterios, y que en un supuesto de transmisión voluntaria *inter vivos* en ejercicio de un derecho de adquisición preferente, el socio transmitente deba consentir expresamente el método de valoración, cuando ello no es un supuesto contemplado en el artículo 175.2.b) del Reglamento del Registro Mercantil, y en cambio no deba hacerlo el legatario no socio potencialmente y/o momentáneamente adquirente antes de que el resto de socios ejerzan su derecho de adquisición. Ello, igualmente y como hemos dicho, cuando el establecimiento de este tipo de pactos por el cauce procedimental no ampara ni los abusos de derecho ni el fraude de terceros.

4. Distintos métodos en distintos supuestos

Si la cuestión problemática radica en la teórica imposición de un concreto valor de transmisión, sea a los propios socios en un acuerdo adoptado por mayoría pero no por unanimidad, o sea a terceros ajenos al capital social en supuestos de adquisición *mortis causa* o forzosa, cabría plantearse si, en tal caso, podría resultar admisible establecer un distinto método de valoración en los diferentes supuestos de transmisión. Sin embargo, la Dirección General no parece muy proclive a ello, pues así lo expuso en su Resolución de 17 de mayo de 2021 (BOE de 4 de junio de 2021): *...deben considerarse no inscribibles las cláusulas debatidas en tanto* *en cuanto, como se ha expresado, el criterio del valor contable no se aplica para las transmisiones voluntarias por acto inter vivos y para las transmisiones mortis causa, así como para la exclusión de socios por causas diferentes al inicio de procedimiento de embargo (casos para los que se establece el criterio de valor razonable determinado por auditor de cuentas)...* Sin embargo, ello nos plantea si, conforme a la autonomía de la voluntad de los socios *ex* artículo 28 de la Ley de Sociedades de Capital, cabría establecer un método distinto de valoración según el tipo de transmisión. En nuestra opinión, precisamente por las vicisitudes que entrañan los distintos métodos y la pluralidad de sujetos distintos cuyos intereses pudieren verse afectados, no consideramos que debiera existir inconveniente para ello, de la misma manera que los procesos de separación y exclusión tampoco tienen por qué verse igualmente sujetos al mismo proceso de valoración de mediar un previo acuerdo entre las partes con constancia estatutaria. Esto es, en estos casos, la Ley establece que, a falta de acuerdo entre las partes, el valor de la participación será determinado por auditor de cuentas designado por el Registro Mercantil, y ese acuerdo previo fue lo que motivó las Resoluciones de 9 y 23 de mayo de 2019 toda vez que se establecía un acuerdo unánime y *ex ante*, una remisión al valor contable. Ello nos plantea si habría sido admisible esa remisión al valor contable, por ejemplo en el supuesto de exclusión, y una remisión al informe de experto independiente en el supuesto de separación, sobre lo que sinceramente no vemos inconveniente, ya que la naturaleza, motivos y causas de la separación pueden ser muy distintos al de la exclusión, esto es, por ejemplo una mera decisión del socio (separación *ad nutum* si así consta en estatutos) frente a un potencial incumplimiento del socio que motive la exclusión, de lo cual sería lógico que al socio incumplidor que hubiere incurrido en un hipotético incumplimiento que diera origen al nacimiento de la cláusula de exclusión, se viera penalizado mediante al recibir una contraprestación a valor contable, quizás inferior al valor razonable. Por ello, en tal supuesto, si no existe aparente inconveniente legal en que los mecanismos de valoración de la participación en la separación y exclusión sean distintos, mismo razonamiento nos llevaría a plantearlo en los diferentes sistemas de transmisión de participaciones.

5. Sobre el posible derecho de adquisición por la propia sociedad

De nuevo ciñéndonos a la práctica que emana de las Resoluciones de la Dirección General comentadas, los citados derechos de adquisición preferente a valor contable podrán ser ejercidos por el resto de socios, pero no por la sociedad. No es que en los últimos supuestos planteados se excluya de forma expresa, sino porque la propia redacción de la cláusula estatutaria se circunscribe exclusivamente al derecho de los socios.

Ello es cierto que, a priori, puede resultar llamativo, toda vez que el artículo 109 de la Ley de Sociedades de Capital reconoce de forma expresa a la propia sociedad un derecho de retracto respecto de las participaciones adjudicadas al rematante o al acreedor si la sociedad, y en su defecto los socios, asume y se subroga en todas las condiciones de la subasta, esto es, precio alzado, consignación y gastos asociados. Y ese precisamente era y es el sentido de la cláusula de valoración de la transmisión forzosa de participaciones: (i) evitar el coste económico y temporal entre la traba del embargo y la adjudicación en subasta, habida cuenta de los tiempos procesales dependientes de la administración competente; y (ii) evitar la incertidumbre en una situación de convivencia con un socio cuyo patrimonio se encuentra retenido.

No es el único supuesto, pues los artículos 353 y siguientes de la Ley de Sociedades de Capital, comunes para los casos de separación y exclusión, establecen un régimen de valoración de acciones y participaciones sociales *...a falta de acuerdo en-*

tre sociedad y el socio sobre el valor razonable, sobre la persona que haya de valorarlas, o sobre el procedimiento a seguir..., lo que en este caso, dado que la "adquisición" (no en sentido técnico) puede ser ejercida por la propia sociedad vía amortización de las participaciones del socio separado o excluido, parece por tanto que la Ley abre la puerta a que sea la propia sociedad la que pueda hacer uso de un derecho de adquisición preferente también a valor contable.

Por ello, si la Ley parece admitirlo expresamente, ¿por qué las cláusulas estatutarias objeto de las Resoluciones de la Dirección General citadas no contemplan esa posibilidad? Parecería que todas las sociedades en cuestión se hubieren puesto de acuerdo, si no fuera porque ello emana de lo dispuesto en la primera Resolución que trató la cuestión, la aludida Resolución de la entonces Dirección General de los Registros y del Notariado de 15 de noviembre de 2016 (BOE de 2 de diciembre de 2016) que excluyó de forma expresa esa posibilidad: ...*La cláusula estatutaria debatida atribuye un derecho de adquisición preferente no sólo a los socios sino también a la sociedad y como ha reiterado esta Dirección General (...) han de rechazarse todos aquellos sistemas de tasación que no respondan de modo patente e inequívoco a las exigencias legales de imparcialidad y objetividad. En el presente caso el sistema establecido no garantiza el cumplimiento de tales exigencias si el derecho de adquisición preferente es ejercitado por la sociedad, en tanto en cuanto el valor contable depende del balance aprobado por la junta general...*

Sin embargo, conforme reconoce la Resolución, ello no fue objeto de calificación por el Registrador por lo que no pudo el centro directivo resolver en sentido negativo a dicha cláusula que, de haber podido, lo habría hecho. Pero con sinceridad, no alcanzamos a comprender tal consideración ni argumentación, por no conllevar una motivación jurídica lógica, y por no guardar correlación con otros supuestos asimilables en que sí admite un supuesto similar.

Decir que la sociedad no puede, o no debe, ejercer un derecho de adquisición preferente a valor contable por ser ella misma la que establece dicho valor contable, resulta cuanto menos ilógico, máxime además en un tipo social como lo es la sociedad de responsabilidad limitada de carácter cerrado, en la que no es inhabitual que exista una clara identidad subjetiva entre el órgano de administración encargado de formular las cuentas anuales (de las que emana el valor contable) y el núcleo mayoritario de los socios los cuales serán los que ejerzan el citado derecho de adquisición preferente. Porque dicho sea con un cierto grado de ironía, de una afirmación como la de la citada Resolución parecería que el valor contable es libremente elegible, que las cuentas anuales pueden ser formuladas con un cierto criterio libre y arbitrario, como si las normas de contabilidad más allá de los criterios de prudencia no resultaren aplicables. No existe por tanto motivación jurídica válida en la pretendida alusión a la falta de imparcialidad, pues el valor contable, sea quien sea el que participe en su formulación y posterior aprobación, es el que es, independientemente de si el derecho preferente lo ejercitan los socios, o éstos de forma indirecta a través de la propia sociedad. Pero el sinsentido se torna más claro todavía si se correlaciona esa fundamentación, con las posteriores Resoluciones de la misma Dirección General de 9 y 23 de mayo de 2019 sobre un caso un tanto similar[4], el de la cláusula estatutaria que regulaba la exclusión del socio a quien se le hubieren embargado sus participaciones sociales, de modo que en tal caso operaría

4 FERNÁNDEZ-SORDO LLANEZA, E.: "Exclusión de la sociedad limitada por embargo de participaciones sociales, y protección de acreedores", *El derecho de separación y la exclusión de socios en las sociedades de capital. Tomo II*, González Fernández, M.B. (dir.), Márquez Lobillo, P. y Otero Cobos, M.T. (coords.), Ed. Tirant lo Blanch, 2021.

un procedimiento automático de amortización de sus participaciones, recibiendo el socio excluido (vía puesta a disposición del líquido resultante a la autoridad judicial o administrativa que ordenó la traba de embargo) el valor contable de sus participaciones, como asimilación al valor razonable. Pues bien, carece por completo de sentido lógico que no se permita a la sociedad ejercer un derecho para adquirir participaciones propias a valor contable, pero sí en cambio amortizar las de un socio al mismo valor, entre otras cuestiones porque el efecto patrimonial en la sociedad en cuestión resulta idéntico en ambos casos, ya que en caso de adquisición, ese "activo" teórico que tendría, se compensa con la reserva en el pasivo por el valor de adquisición. Y ello sin tener en cuenta que las participaciones sociales propias en la sociedad limitada deberán ser enajenadas o amortizadas en el plazo legalmente previsto. Por tanto, carece de sentido que no se permita una adquisición que, de forma indirecta vía amortización, y al mismo precio, conlleva el mismo efecto. En conclusión, no existiendo motivación ni correlación, resultaría aconsejable que la Dirección General matice dicho criterio, admitiendo a las propias sociedades el ejercicio del derecho de adquisición preferente, el cual como hemos dicho en los supuestos de transmisión forzosa, viene expresamente reconocido en el artículo 109 de la Ley de Sociedades de Capital.

IV. BIBLIOGRAFÍA

ALFARO ÁGUILA-REAL, JESÚS, "Conflictos intrasocietarios (los justos motivos como causa legal no escrita de exclusión y separación de un socio en la sociedad de responsabilidad limitada)", *Estudios de Derecho Mercantil. Homenaje Al Profesor Justino Duque Domínguez*, vol. I, Valladolid, 1998.

— "Las cláusulas de liquidación del socio según valor contable son inscribibles", *Almacén de Derecho*, 2 de diciembre de 2016.

CAMPINS VARGAS, A.: "La DGRN abre la puerta a la libre fijación estatutaria del precio de las participaciones", *Almacén de Derecho*, 4 de diciembre de 2016.

— "El criterio del valor razonable de las participaciones no es imperativo", *Almacén de Derecho,* 8 de diciembre de 2015.

CAZORLA GONZÁLEZ-SERRANO, L.: "La DGRN abre la puerta a la libre fijación estatutaria del precio de las participaciones", *Blog Luis Cazorla,* diciembre de 2016.

FERNÁNDEZ-SORDO LLANEZA, E.: "Exclusión de la sociedad limitada por embargo de participaciones sociales, y protección de acreedores", *El derecho de separación y la exclusión de socios en las sociedades de capital. Tomo II*, González Fernández, M.B. (dir.), Márquez Lobillo, P. y Otero Cobos, M.T. (coords.), Ed. Tirant lo Blanch, 2021.

EMPARANZA SOBEJANO, A.: "Separación y exclusión de socios", *Comentarios a la Ley de Sociedades de Capital,* tomo II, Rojo Fernández-Río, A. y Beltrán Sánchez, E. (dirs.). Ed. Civitas Thomson Reuters, 2011.

LÓPEZ-HERMOSO AGIUS, J.C. y FERNÁNDEZ-SORDO LLANEZA, E.: "La DGRN sobre el régimen de transmisión forzosa de participaciones sociales", *Revista El Notario del Siglo XXI*, núm. 88, 2019.

LORA-TAMAYO VILLACIEROS, M.: "El derecho de separación 'ad nutum' a la luz de la sentencia del Tribunal Supremo de 15 de noviembre de 2011", *Revista El Notario del Siglo XXI*, núm. 42, 2012.

SÁNCHEZ-CALERO GUILARTE, J.: "Admitida la prohibición estatutaria de la constitución de derechos reales sobre participaciones sociales", *Juan Sánchez Calero Guilarte Blog*, 21 de septiembre de 2018.

Capítulo 14

LA TRANSMISIÓN FORZOSA DE PARTICIPACIONES SOCIALES POR SU VALOR CONTABLE

Nicolás Augoustatos Zarco
Profesor Contratado Doctor de Derecho Mercantil
Universidad Pablo de Olavide

I. INTRODUCCIÓN

El artículo 109 del Real Decreto Legislativo 1/2010, de 2 de julio, por el que se aprueba Texto Refundido de la Ley de Sociedades de Capital (TRLSC, en lo sucesivo), recoge, bajo el título de ...*(R)égimen de la transmisión forzosa*..., la normativa aplicable a los supuestos en que las participaciones sociales de un socio son objeto de un procedimiento de ejecución; es decir, un procedimiento, judicial o administrativo, en el que un acreedor de un socio pretende, previo embargo de las mismas, la ejecución de las participaciones de que sea titular, al objeto de poder satisfacer la deuda frente a aquel acreedor.

El sistema que establece el precitado artículo 109 del TRLSC es coherente con el carácter cerrado que informa a la sociedad de responsabilidad limitada[1], pues permite que el resto de consocios del deudor, o a la propia sociedad, cuando los estatutos le hayan reconocido esta posibilidad, adquieran las participaciones sociales objeto del procedimiento de ejecución con preferencia al acreedor ejecutante.

Al hilo de esta posibilidad que la ley reconoce en los supuestos de ejecución sobre participaciones sociales, han proliferado, en nuestra práctica societaria, cláusulas estatutarias que disciplinan el derecho, tanto de los socios como de la sociedad, a adquirir, con preferencia al acreedor, las participaciones sociales objeto de ejecución. Lo interesante de estas disposiciones estatutarias, más allá de la forma en que se concreta ese derecho de adquisición preferente[2], es que ya preestablecen el precio o valor de las participaciones sociales embargadas, de forma que determinan, *ex ante*, el *quantum* que recibiría el acreedor ejecutante; precio o valor que sustituiría o desplazaría el que podría obtener el acreedor en el caso de que el proceso de ejecución culminase con la subasta, y posterior adjudicación, de las participaciones sociales del socio deudor. El denominador común que se aprecia en todas

1 La derogada Ley 2/1995, de 23 de marzo, de Sociedades de Responsabilidad Limitada (*vid.* Exposición de Motivos, II) ya recogía este carácter cerrado del tipo. El TRLSC vuelve a reiterarlo, aunque advirtiendo que esta distinción entre sociedades abiertas y cerradas no es absoluta, al menos, en la práctica española, donde se aprecia que la mayoría de sociedades anónimas no cotizadas tienen restricciones estatutarias a la libre circulación de sus acciones (*vid.* Exposición de Motivos, IV).

2 Un resumen, sistematizado por grupos, de la configuración de estas cláusulas estatutarias, puede verse en FERNÁNDEZ DEL POZO, L. y TRONCOSO REIGADA, M., "El artículo 109 de la Ley de Sociedades de Capital y el derecho del acreedor al valor que tiene la participación en manos de su deudor", *Almacén de Derecho,* 14 de junio de 2021, accesible en https://almacendederecho.org/el-articulo-109-de-la-ley-de-sociedades-de-capital-y-el-derecho-del-acreedor-al-valor-que-tiene-la-participacion-en-manos-de-su-deudor#comment-6473.

estas cláusulas es que establecen, como precio de preadquisición, el valor contable de las participaciones.

De estas cláusulas resultan de interés, para el presente estudio, dos cuestiones, principalmente. La primera va referida a la posibilidad misma de establecer como valor o precio de transmisión, en caso de existencia de un derecho de adquisición preferente, el valor contable de las participaciones sociales. La cuestión se plantea respecto de cualquier supuesto en que, bien por ley bien porque así lo contemplen los estatutos sociales, este derecho se reconozca a los socios o a la sociedad. En este sentido, la posibilidad de establecer el valor contable de las participaciones sociales como precio de transmisión puede presentarse tanto en supuestos de transmisión *inter vivos* (*ex* artículo 107 TRLSC) cuanto *mortis causa* (*ex* artículo 110 TRLSC).

La cuestión, ciertamente, ha sido analizada por parte de la doctrina patria e, incluso, tanto la actual Dirección General de Seguridad Jurídica y Fe Pública (DGSJFP, en lo sucesivo) cuanto su antecesora, la Dirección General de los Registros y del Notariado (DGRN, en adelante), han refrendado la posibilidad de pactar, vía estatutos sociales, como precio de transmisión, el valor contable de las participaciones sociales. No obstante, se hace necesario tratar la cuestión toda vez que, la admisión de esta posibilidad, constituye el presupuesto para analizar la validez de las cláusulas estatutarias que imponen el valor contable de las participaciones sociales en los casos de transmisión forzosa (artículo 109 TRLSC), que es, a la sazón, el objeto principal de la presente contribución.

La segunda cuestión interesante —la nuclear de este trabajo— que se plantea en torno a estas cláusulas estatutarias que establecen, como precio de adquisición, el valor contable de las participaciones sociales, es la relativa a su propia validez; con otras palabras, ¿puede una cláusula de este tipo afectar al acreedor que pretende la ejecución de las participaciones sociales de titularidad de un socio que es su deudor? Lo que se plantea, en suma, es hasta qué punto una cláusula con este contenido puede imponerse a un tercero —el acreedor—, que no es ni la sociedad ni ostenta la condición de socio, estableciendo, de antemano, el valor o precio que va a recibir en el procedimiento de ejecución de las participaciones sociales embargadas; pues esto, si se observa, es lo que comporta, en última instancia, este tipo de cláusulas: que el acreedor ejecutante reciba, no el precio de la ejecución, sino el valor contable de las participaciones sociales ya predeterminado por los estatutos de la sociedad del socio deudor. En este sentido, estas cláusulas parecen conculcar el derecho del acreedor a obtener el precio que pudiera alcanzarse en el procedimiento de ejecución mediante la subasta de las participaciones embargadas, siendo que el procedimiento de ejecución tiene carácter de *ius cogens* o de orden público[3].

El presente trabajo pretender indagar en la validez de este tipo de cláusulas en los casos de transmisión forzosa de las participaciones de una sociedad de responsabilidad limitada.

3 La Sentencia del Tribunal Supremo núm. 332/2012, de 29 de mayo (TOL2.549.961), dice, sobre el carácter de orden público del procedimiento de ejecución, lo siguiente: ... *Pero ha de tenerse en cuenta que las restricciones estatutarias a la libre transmisibilidad de las acciones deben respetar las exigencias imperativas del principio de ejecución forzosa (régimen de la responsabilidad patrimonial universal —cfr. art. 1911 CC—), y por ello no puede dejarse al arbitrio de los demás socios o de la sociedad sustituir el precio ya obtenido por otro inferior previsto en los estatutos, de modo que, en detrimento de los acreedores ejecutantes, quede en beneficio injustificado de los socios parte de valor de los bienes que responden de la deuda ejecutada...* (Fundamento de Derecho Sexto, 1º). Ciertamente que la sentencia versa sobre la ejecución forzosa de acciones y no de participaciones sociales, y que el propio tribunal, más adelante, se encarga de marcar las diferencias de régimen entre la transmisión forzosa de acciones, *ex* artículo 125 del TRLSC, y el de transmisión forzosa de participaciones sociales, *ex* artículo 109 del TRLSC (*vid.* Fundamento de Derecho Sexto, 5º). Sin embargo —y esto es lo importante—, el carácter de Derecho necesario que informa al procedimiento de ejecución, como medio de satisfacción forzosa del derecho de crédito del acreedor, queda claramente destacado, sin que esta característica cambie según el objeto de la ejecución, sea éste acciones, sea participaciones, sea, en fin, bienes o derechos de otro tipo.

II. ALGUNAS CONSIDERACIONES SOBRE EL VALOR CONTABLE

A modo de digresión, se hace necesario dedicar un epígrafe previo a despejar qué debe entenderse por valor contable de las participaciones sociales, toda vez que el objeto de la presente investigación versa sobre cláusulas estatutarias que establecen este valor como precio de ejercicio de derechos de adquisición preferente reconocidos a favor de socios o de la propia sociedad.

Sin perjuicio —lógicamente— de la referencia al valor nominal, el TRLSC no contiene una sola alusión al valor contable de las acciones o de las participaciones sociales. Sí hay, por el contrario, constantes menciones al valor real o razonable[4], principalmente en aquellos supuestos en que se hace necesario determinar un precio para las mismas, bien porque hay transmisión [*v. gr.*, artículo 107.2, d), párrafos 2º[5] y 3º[6], en sede de transmisiones voluntarias e *inter vivos* de participaciones sociales; artículo 110.2[7],

4 Valor real o razonable que son términos empleados indistintamente en el TRLSC, sin que signifiquen valores o realidades distintos. En este sentido, SÁNCHEZ RUS, M., *La facultad de exclusión de socios en la teoría general de las sociedades*, Civitas, Madrid, 2006, p. 288, señala que el cambio terminológico obedeció al deseo del legislador de facilitar la labor del auditor de cuentas, así como al acercamiento de la legislación española a las tendencias internacionales en materia contable.

5 Que dice así: ...*(E)n los casos en que la transmisión proyectada fuera a título oneroso distinto de la compraventa o a título gratuito, el precio de adquisición será el fijado de común acuerdo por las partes y, en su defecto, el valor razonable de las participaciones el día en que se hubiera comunicado a la sociedad el propósito de transmitir. Se entenderá por valor razonable el que determine un experto independiente, distinto al auditor de la sociedad, designado a tal efecto por los administradores de ésta...*

6 Que reza así: ...*(E)n los casos de aportación a sociedad anónima o comanditaria por acciones, se entenderá por valor real de las participaciones el que resulte del informe elaborado por el experto independiente nombrado por el registrador mercantil...*

7 Que indica: ...*(N)o obstante lo dispuesto en el apartado anterior, los estatutos podrán establecer a favor de los socios sobrevivientes, y, en su defecto, a favor*

para transmisiones *mortis causa* de participaciones sociales; artículo 124.2[8], para transmisiones *mortis causa* de acciones] bien porque, no habiendo transmisión, el socio debe recibir un precio por sus acciones o participaciones (artículo 353.1[9], en caso de separación o exclusión del socio).

Que no haya una sola referencia en el TRLSC al concepto de valor contable no significa que éste sea desconocido en nuestra legislación societaria. En este sentido, el Real Decreto-ley 5/2023, de 28 de junio[10], hace mención, si bien en contadas ocasiones, a este valor contable. Así, por ejemplo, en los artículos

de la sociedad, un derecho de adquisición de las participaciones del socio fallecido, apreciadas en el valor razonable que tuvieren el día del fallecimiento del socio, cuyo precio se pagará al contado. La valoración se regirá por lo dispuesto en esta ley para los casos de separación de socios y el derecho de adquisición habrá de ejercitarse en el plazo máximo de tres meses a contar desde la comunicación a la sociedad de la adquisición hereditaria...

8 Que dice: *...para rechazar la inscripción de la transmisión en el libro registro de acciones nominativas, la sociedad deberá presentar al heredero un adquirente de las acciones u ofrecerse a adquirirlas ella misma por su valor razonable en el momento en que se solicitó la inscripción, de acuerdo con lo previsto para la adquisición derivativa de acciones propias en el artículo 146...*

9 Que indica: *...(A) falta de acuerdo entre la sociedad y el socio sobre el valor razonable de las participaciones sociales o de las acciones, o sobre la persona o personas que hayan de valorarlas y el procedimiento a seguir para su valoración, serán valoradas por un experto independiente, designado por el registrador mercantil del domicilio social a solicitud de la sociedad o de cualquiera de los socios titulares de las participaciones o de las acciones objeto de valoración...*

10 Real Decreto-ley 5/2023, de 28 de junio, por el que se adoptan y prorrogan determinadas medidas de respuesta a las consecuencias económicas y sociales de la Guerra de Ucrania, de apoyo a la reconstrucción de la isla de La Palma y a otras situaciones de vulnerabilidad; de transposición de Directivas de la Unión Europea en materia de modificaciones estructurales de sociedades mercantiles y conciliación de la vida familiar y la vida profesional de los progenitores y los cuidadores; y de ejecución y cumplimiento del Derecho de la Unión Europea, que regula actualmente las operaciones de modificación estructural de las sociedades mercantiles, tras derogar la Ley 3/2009, de 3 de abril, sobre modificaciones estructurales de las sociedades mercantiles.

36.2; 59; 60; y, decididamente, en el artículo 101.2, que, al tratar sobre las condiciones de la fusión, indica: ...*(E)l hecho de que la legislación de, al menos, uno de los Estados afectados permita que la compensación en efectivo, que forma parte del tipo de canje, supere el diez por ciento del valor nominal o, en su defecto, del valor contable de las acciones o participaciones que se canjeen, no será obstáculo para la realización de una fusión*... Si se observa, esta última alusión al valor contable de las acciones o participaciones no es baladí. Antes bien, al contrario, el valor contable se toma en consideración como medida para poder realizar la fusión. Cierto es, sin embargo, que, al margen de esta norma aislada, el valor que se prefiere en nuestro Derecho de Sociedades, cuando se trata de pagar al socio un precio por sus participaciones, es el valor real o razonable.

De la misma forma que el valor nominal es la relación, o proporción, que una acción o participación guarda con la cifra de capital social estatutario, el valor contable es la relación que la acción o participación representa respecto del patrimonio neto contable de la sociedad, y que se obtiene restando el pasivo al activo, según balance —balance de situación—. El valor contable se calcularía dividiendo el valor del patrimonio neto contable, o fondos propios, por el número de acciones o participaciones que existe en la sociedad.

Esta definición que se ofrece sobre el valor contable, referido a acciones o participaciones, puede extraerse a partir del concepto que, sobre el mismo, ofrece el Plan General de Contabilidad (PGC, en adelante)[11], si bien con matizaciones, porque el que se da en esta norma va referido a cualquier elemento que puede aparecer en el balance de la sociedad —como activo o como pa-

11 Real Decreto 1514/2007, de 16 de noviembre, por el que se aprueba el Plan General de Contabilidad.

sivo—, pero que es susceptible de depreciación: *...(E)l valor contable o en libros es el importe neto por el que un activo o un pasivo se encuentra registrado en balance una vez deducida, en el caso de los activos, su amortización acumulada y cualquier corrección valorativa por deterioro acumulada que se haya registrado*[12]... Las acciones o participaciones que integran el capital de la sociedad no son depreciables ni, por tanto, se someten a la técnica contable de la amortización para la corrección de su valor[13]. En cualquier caso, el concepto general de valor contable que ofrece el PGC puede servir de base para definir el valor contable de las acciones o participaciones de una sociedad, en el sentido antes indicado (valor de los fondos propios divido entre el número de acciones o participaciones).

Menor dificultad plantea el concepto de valor razonable referido a las acciones o participaciones de una sociedad, porque la definición que de él ofrece el PGC es perfectamente aplicable. El PGC define el valor razonable[14] como *...el importe por el que puede ser intercambiado un activo o un pasivo, entre partes interesadas y debidamente informadas, que realicen una transacción en condiciones de independencia mutua...*

12 Marco Conceptual de la Contabilidad, 6°, Criterios de valoración, 9, Valor contable o en libros.

13 De hecho, las acciones o participaciones de una sociedad de capital se contabilizan en la cuenta 100 (cuenta de "Capital social"), por su valor nominal, constituyendo la primera partida del neto o fondos propios. Cuestión distinta son las acciones o participaciones que una sociedad tuviese en otra sociedad, que se contabilizarían como activos financieros, que sí son susceptibles de depreciación de valor, pero estas acciones o participaciones no integran el capital social de la entidad en cuestión; no son, por ende, las acciones o participaciones objeto de nuestro análisis.

14 Marco Conceptual de la Contabilidad, 6°, Criterios de valoración, 6.2, Valor razonable.

Ahora bien, el valor razonable no es un concepto exento de problemas interpretativos[15]; la propia amplitud y generalidad con que se define genera dificultades a la hora de determinar, no ya el valor razonable, que también, sino el método para llegar a ese valor razonable[16], principalmente porque no todos los elementos a valorar son homogéneos ni todos disponen de un mercado activo en el que conocer el precio a que se intercambian[17]. Como indica la Sentencia del Tribunal Supremo núm. 635/2012, de 2 de noviembre (Tol2.697.538), no existe un único valor razonable de acciones o participaciones, habida cuenta de los múltiples factores que pueden influir en su determinación, y sólo puede hablarse de aproximaciones o juicios razonables sobre el valor real (*vid.* apartado 48). Quizá, como confirmación de cuanto dice la sentencia aludida, se ha conceptuado el valor razonable como la parte proporcional de las acciones o participaciones del socio respecto del valor de la empresa, o sea, la parte de su capital social más la parte proporcional de las ganancias acumuladas por la sociedad[18]; o el valor que tendría la participación del socio en caso de liquidación total de la socie-

15 A este respecto, la Resolución de 7 de octubre de 2010, del Instituto de Contabilidad y Auditoría de Cuentas, por la que se publica la Norma Técnica de Auditoría sobre el valor razonable, señala en su introducción (*vide* 1.2), lo siguiente: ...*(E)l propio concepto de valor razonable no está exento de dificultades interpretativas...*

16 Sobre métodos para hallar el valor razonable, *vid.* SANJUAN, E., "El valor razonable de las acciones y participaciones sociales en supuestos de separación y exclusión de socios", *El derecho de separación y la exclusión de socios en las sociedades de capital,* González Fernández, Mª B. (dir.), Tirant lo Blanch, Valencia, 2021, tomo II, pp. 1.790-1.795.

17 Como indica la Norma Internacional de Información Financiera 13, sobre la valoración del valor razonable, ...*(P)ara algunos activos y pasivos, es posible que se disponga de información de mercado o de transacciones en el mercado observables. Para otros activos y pasivos, es posible que no se disponga de tal información ni de tales transacciones...* (*vid.* punto 2).

18 SÁNCHEZ RUS, M., *La facultad de exclusión..., op. cit.*, p. 288.

dad[19], esto es, vendiendo la empresa por separado en cada uno de sus elementos.

Sea como fuere, lo que se evidencia es que, el valor razonable, salvo en aquellos casos en el que elemento a valorar tiene un mercado constante, no es sino una apreciación, aproximación o, si se prefiere, un juicio de valor[20]. Desde esta perspectiva, no cabe duda de que el valor contable, en cuanto se basa en datos certeros —que no necesariamente ciertos— como es la contabilidad, es un valor más objetivo o, si se prefiere, objetivable.

Mas, como se ha indicado antes, el valor contable no es el preferido por el TRLSC cuando se trata de ofrecer un precio al socio por sus acciones o por sus participaciones. Antes bien, al contrario, opta por el valor razonable o real de las mismas, quizá porque el valor contable, en cuanto deriva de la contabilidad y, por ende, de la técnica contable, *...está sujeto a una serie de principios, tales como la prohibición de incluir determinados elementos, como puede ser el fondo de comercio no adquirido a título oneroso, o la obligación de hacerlo con otros elementos esenciales del activo por el precio de adquisición, y, en general, el de prudencia, que si bien impide la inclusión de beneficios potenciales, sí obliga a recoger las pérdidas y riesgos que tengan tal carácter, y que, si son lógicos en cuanto a otros fines de interés público, en especial la protección de los acreedores sociales, quiebran a la hora de proteger el derecho del socio a obtener el valor de su participación en la sociedad...* (parafraseando la Resolución de la DGRN de 4 de mayo de 2005); o quizá, también, porque el va-

19 ALFARO ÁGUILA-REAL, J., y CAMPINS VARGAS, A., "La liquidación del socio que causa baja como consecuencia de su separación o exclusión", *Derecho de Sociedades*, vol. III, Cizur Menor, 2013, pp. 676 y 713.

20 Cfr. FERNÁNDEZ DEL POZO, L. y TRONCOSO REIGADA, M., "El artículo 109 de la Ley de Sociedades de Capital...", *op. cit.*

lor razonable tiende a recoger las incertidumbres a las que está sometida la actividad de la empresa[21], lo que acerca más este valor al precio que un tercero, bien informado, estaría dispuesto a pagar por ella.

Sea como fuere, el Tribunal Supremo ha declarado que el valor contable no es un método generalmente adecuado para valorar una empresa, y, por extensión, para valorar sus acciones o participaciones[22] [*vid.*, en este sentido, la Sentencia núm. 419/2017, de 13 de diciembre (Tol6.502.012), apartado 76, y la Sentencia núm. 320/2012, de 18 de mayo (Tol2.581.448), apartado 42].

Lo anterior no significa, empero, que, aun no siendo el sistema más adecuado, carezca, por completo, de eficacia. La propia objetividad del método del valor contable, en cuanto deriva de datos como son los obtenidos del balance, permite tenerlo como punto de partida para la determinación del valor real de las acciones o participaciones, de suerte que el valor razonable no debería ser inferior al valor contable. En este sentido, se ha dicho que el valor contable debería actuar como suelo del valor razonable (Sentencia del Tribunal Supremo núm. 419/2017, de 13 de diciembre (Tol6.502.012), apartado 76) o como límite mínimo de dicho valor (Resolución de la DGRN de 20 de agosto de 1993).

21 ALFARO ÁGUILA-REAL, J., "Valor contable y valor razonable", *Derecho Mercantil*, 14 de marzo de 2014, accesible en https://derechomercantilespana.blogspot.com/2014/03/valor-contable-y-valor-razonable.html

22 En el mismo sentido, MUÑOZ GARCÍA, A., "Determinación del valor razonable de las acciones o participaciones por un tercero, en el caso de restricción estatutaria a la transmisibilidad inter vivos", *Revista de Derecho de Sociedades*, núm. 25, 2005, pp. 301 y 302; SANJUAN, E., "El valor razonable...", *op. cit.*, p. 1.785.

III. EL VALOR CONTABLE COMO PRECIO EN LAS TRANSMISIONES NO FORZOSAS

Seguramente por ser el valor razonable, por definición[23], el valor que más se acerca al precio de mercado de un bien, nuestro Derecho de Sociedades tiende a preferirlo, frente a cualquier otro valor, en los casos de transmisión de participaciones sociales. Y esto se aprecia tanto en los casos de transmisión voluntaria e *inter vivos* cuanto en los de transmisión *mortis causa*.

La cuestión —si se pone en relación con el objeto del presente trabajo— reside en determinar si es posible pactar, vía estatutos sociales, el valor contable como precio de las participaciones sociales en estos supuestos de transmisión no forzosa.

1. En las transmisiones voluntarias por actos *inter vivos*

 En la transmisión voluntaria de participaciones distinta de la compraventa y en los negocios a título gratuito, el precio de adquisición de las participaciones será, a falta de acuerdo entre las partes, el valor razonable[24] que tuvieran las participaciones el día en que se hubiera comunicado a la sociedad el propósito de transmitir (artículo 107.2, d), párrafo 2º, TRLSC).

Cuando el negocio traslativo sea el de compraventa, el precio de adquisición será, por el contrario, el convenido entre el socio

---

23 Recuérdese que el PGC define el valor razonable como el importe por el que puede ser intercambiado un activo o un pasivo, entre partes interesadas y debidamente informadas, que realicen una transacción en condiciones de independencia mutua (*vid. supra*, apartado II).

24 Entendiéndose por valor razonable, a tales efectos, el que determine un experto independiente, distinto del auditor de la sociedad, nombrado por ésta (artículo 107.2, d), párrafo 2º, TRLSC).

y el tercero adquirente, que ha de ser comunicado a la sociedad al objeto de que se active el derecho de adquisición preferente reconocido legalmente[25] sobre las participaciones del socio que pretende venderlas (artículo 107.2, d), párrafo 1º TRLSC). En este caso la ley no ha optado por el valor razonable como precio de las participaciones en el ejercicio del derecho de adquisición preferente[26], sino que, directamente, obliga a los beneficiarios de ese derecho a pagar el precio consensuado entre el socio transmitente y el tercero potencial adquirente[27]. Debe entenderse que esta norma no proscribe la posible negociación entre el *tradens* y los titulares del derecho de preadquisición en orden a determinar el precio; lo que sí parece da a entender su tenor literal es que, en caso de falta de acuerdo sobre el precio, el socio transmitente puede imponer el previamente pactado con el tercero adquirente.

No obstante, lo anterior, la Dirección General ha admitido la posibilidad de que, aun en el supuesto de que el negocio traslativo sea la compraventa, los estatutos sociales establezcan que el precio de ejercicio del derecho de adquisición preferente sea el valor razonable determinado por un experto independiente distinto del auditor de la sociedad; o sea, que también para el caso de la compraventa se puede establecer, vía estatutos, el mismo sistema de fijación del precio previsto para los casos en que la transmisión sea distinta a la compraventa o lo sea a título gratuito

25 Derecho de adquisición preferente que la ley reconoce a favor de los otros socios, de uno o varios terceros designados por la sociedad, o de la sociedad misma si así lo acuerda la junta general (artículo 107.2, c) TRLSC).

26 SÁNCHEZ GONZÁLEZ, J. C., "Transmisión de participaciones sociales", *La Sociedad de Responsabilidad Limitada*, Garrido de Palma, V. M. (dir.), Trivium, Madrid, 1996, Tomo I, p. 685.

27 En efecto, el párrafo 1º de la letra d) del apartado 2 del artículo 107 TRLSC parece elocuente al respecto: ...*(E)l precio de las participaciones, la forma de pago y las demás condiciones de la operación, serán las convenidas y comunicadas a la sociedad por el socio transmitente...*

(*vid.*, en este sentido, la Resolución de la DGRN de 4 de mayo de 2005, Fundamento de Derecho Primero, párrafo 1º).

En cualquier caso, el régimen de transmisión voluntaria entre vivos de las participaciones sociales previsto en el TRLSC es un régimen esencialmente dispositivo; el inicio del apartado 2 del artículo 107 es clarificador al respecto: ...*(A) falta de regulación estatutaria, la transmisión voluntaria de participaciones sociales por actos inter vivos se regirá por las siguientes reglas...* Este carácter dispositivo permitiría plantearse, por vía de principio, si, sobre la base de la autonomía de la voluntad, pueden pactarse cláusulas estatutarias que prevean, como precio de adquisición, el valor contable de las participaciones sociales.

Frente al anterior argumento favorable, se presenta otro contrario a dicha posibilidad, basado en la necesidad de que esas cláusulas estatutarias deben respetar, en cualquier caso, el derecho del socio que quiere transmitir a obtener el valor real o razonable de sus participaciones. Desde este planteamiento, la autonomía de la voluntad de los socios es plena para establecer el sistema de restricción a la transmisión de participaciones que consideren más adecuado, pero siempre respetando la posibilidad del socio a recibir el valor real o razonable. Es cierto que, en sede de sociedades de responsabilidad limitada, no existe ninguna norma que, de forma expresa, prohíba la admisión de cláusulas estatutarias que impidan al socio la obtención del valor real o razonable de sus participaciones, a diferencia de cuanto sucede para las sociedades anónimas, donde esta prohibición sí se contempla; en este sentido, puede compararse el tenor literal de los artículos 108 del TRLSC[28] y 188 del Reglamento del Registro Mercantil[29] (RRM[30],

28 Que recoge las cláusulas estatutarias prohibidas en la transmisión de participaciones sociales.

29 Que también recoge tipos de cláusulas estatutarias prohibidas en la transmisión de participaciones sociales.

en lo sucesivo) con el del artículo 123.6 del RRM[31]. Sin embargo, la Dirección General viene manteniendo, desde largo, bajo un argumento analógico, la aplicación de esta idea rectora al ámbito de las sociedades de responsabilidad limitada[32], de manera que, también en éstas, toda cláusula estatutaria que restringa la transmisión de participaciones debe permitir al socio la obtención del valor real o razonable de sus participaciones sociales[33] (*vid.*, en este sentido, la Resolución de 4 de mayo de 2005, Fundamento de Derecho Primero, párrafo 2º).

30 Real Decreto 1784/1996, de 19 de julio, por el que se aprueba el Reglamento del Registro Mercantil.

31 Que recoge las cláusulas estatutarias prohibidas en materia de restricciones a la libre transmisibilidad de acciones.

32 La traslación de la norma contenida en el artículo 123.6 del RRM, prevista para las sociedades anónimas, al ámbito de las sociedades de responsabilidad limitada, fue criticada por ALFARO ÁGUILA-REAL, J., "La exclusión de socios", *Tratando de la Sociedad de Responsabilidad Limitada*, Paz-Ares, C. (coord..), Fundación Cultural del Notariado, Madrid, 1997, pp. 922-928. Ítem más, no solo esto, sino que afirma la nulidad del artículo 123.6 del RRM incluso en sede de sociedades anónimas, considerando que una norma de carácter reglamentario no puede imponer una limitación de tal calado a la autonomía privada sin apoyo en una norma con rango de ley (pp. 922-923). Por su parte, GÜELL FRADERA, P., "Consideraciones sobre la eficacia y validez del pacto estatutario modificativo del criterio del valor razonable para la adquisición preferente de participaciones sociales", *Revista de Derecho de Sociedades*, núm. 26, 2006, p. 415, sobre la base de un argumento literal y sistemático, sostiene que el artículo 123.6 del RRM sólo es aplicable a las sociedades anónimas, y no a las sociedades de responsabilidad limitada.

33 En el mismo sentido que la Dirección General se pronuncia CABANAS TREJO, R., "Visión global y crítica de la nueva Ley de Sociedades de Responsabilidad Limitada", *La reforma de las Sociedades de Responsabilidad Limitada*, La Notaría, Madrid, 1995, tomo I, p. 79, quien considera que, aunque no se prohíban de forma expresa en la ley las cláusulas estatutarias que impiden al socio transmitente obtener el valor real de sus participaciones, una valoración conjunta del sistema, apreciando la regulación establecida sobre la transmisión de participaciones, sobre la separación y sobre la exclusión, debe llevar a concluir la existencia de ese límite.

Los dos anteriores serían, en resumen, los argumentos enfrentados sobre la admisibilidad, o no, de cláusulas estatutarias que estableciesen el valor contable como precio en las transmisiones voluntarias e *inter vivos* de participaciones sociales.

En un primer momento, si bien resolviendo recursos planteados con ocasión de la inscripción de cláusulas estatutarias de sociedades anónimas[34], la Dirección General rechazó la posibilidad de admitir el valor contable como sustitutivo del valor real, por aplicación, precisamente, de la norma contenida en el artículo 123.6 del RRM. Esto trajo como consecuencia que las sociedades limitadas que pretendían establecer en sus estatutos cláusulas que incorporasen el valor contable en los supuestos de transmisión de participaciones sociales las dibujasen[35] como forma de concreción del valor real —en el sentido de que los socios decidían considerar como valor real el valor contable determinado por el balance último aprobado antes de la transmisión—. En esta fase temporal, la Dirección General, invocando, para la sociedad limitada, la aplicación analógica del artícu1o 123.6 del RRM, rechazaba estas cláusulas estatutarias que recogían el valor contable en vez del valor razonable (por todas, la Resolución de la DGRN de 4 de mayo de 2005[36]). Finalmente, a partir de la Resolu-

34 GÜELL FRADERA, P., "Consideraciones sobre la eficacia y validez...", *op. cit.*, p. 418.

35 De ...*engañar a la Dirección General*... calificaban esta práctica ALFARO ÁGUILA-REAL, J., "Las cláusulas de liquidación del socio según valor contable son inscribibles", *Derecho Mercantil*, 2 de diciembre de 2016, accesible en https://derechomercantilespana.blogspot.com/2016/12/las-clausulas-de-liquidacion-del-socio.html; en idéntico sentido, CAMPINS VARGAS, A., "La DGRN abre la puerta a la libre fijación estatutaria del precio de las participaciones", Almacén de Derecho, 4 de diciembre de 2016, accesible en http://almacendederecho.org/la-dgrn-abre-la-puerta-la-libre-fijacion-estatutaria-del-precio-las-participaciones

36 En el último párrafo del Fundamento de Derecho Primero de la citada resolución, puede leerse cuanto sigue: ...*Cierto que, como alega el recurrente, la*

ción de la DGRN de 15 de noviembre de 2016[37], el Centro Directivo modifica la doctrina mantenida hasta entonces, y comienza a admitir las cláusulas estatutarias de sociedades de responsabilidad limitada que imponen el valor contable como precio en la transmisión voluntaria e *inter vivos* de participaciones sociales. El cambio de criterio parece explicarse por diversas razones. Amén de la vigencia de la autonomía de la voluntad como principio rector del régimen de las sociedades de responsabilidad limitada, la Dirección General invoca el carácter subsidiario que, en el TRLSC, informa el régimen de transmisión *inter vivos* de participaciones sociales, y que se colige claramente del tenor literal del apartado 2 del artículo 107[38], para sostener que no existe ninguna norma

---

norma estatutaria respeta la exigencia del "valor real", pero tan sólo de manera nominal, pues al remitirlo al "que resulte del último balance auditado" da lugar, por la contradicción denunciada entre valor real y valor contable, a un confusionismo incompatible con la claridad que ha de demandarse a los pronunciamientos registrales en cuanto presididos, como están, de la presunción legal de exactitud y validez (art. 20.1 del Código de Comercio)...

37 En puridad, parece que la primera resolución que admite el valor contable en sustitución del valor razonable es la Resolución de la DGRN de 2 de noviembre de 2010, si bien no resolvía un supuesto de cláusula restrictiva a la transmisión *inter vivos* de participaciones sociales, sino uno de separación, en el que la cláusula estatutaria controvertida establecía como valor de reembolso al socio saliente el valor contable de sus participaciones, según el último balance aprobado por la sociedad (cfr. CAMPINS VARGAS, A., "La DGRN abre la puerta a la libre fijación...", *op. cit.*)

38 En el Fundamento de Derecho Segundo de la resolución, puede leerse, en el párrafo 3, lo siguiente: *...la norma establecida en el artículo 107.2, d) de la Ley de Sociedades de Capital, dado su carácter subsidiario, sólo es aplicable a falta o por insuficiencia del régimen estatutario, y éste únicamente queda sujeto a los límites generales derivados de las leyes y de los principios configuradores del tipo social elegido (artículo 28 de la Ley de Sociedades de Capital) así como a las limitaciones específicas establecidas en el artículo 108 de la misma Ley»*, para, a continuación, apostillar en el párrafo 3: «*(E)ntre tales limitaciones legales no existe ninguna que prohíba pactar como precio o valor de las participaciones objeto del derecho de adquisición preferente el valor contable que resulte del último balance aprobado por la junta general...*

que impida pactar, como precio de adquisición de las participaciones del socio transmitente, el valor contable de las mismas[39].

2. En las trasmisiones *mortis causa*

A la hora de regular la transmisión de participaciones sociales por causa de muerte, la ley sigue considerando el carácter cerrado de la sociedad de responsabilidad limitada, permitiendo que los estatutos de la sociedad puedan impedir la entrada de los sucesores del socio premuerto. Por tanto, el ingreso del heredero o legatario en la sociedad, como socio, va a depender de si los estatutos limitan o no esta posibilidad, de suerte que, ante el silencio de éstos, el sucesor adquirirá la condición de socio (artículo 110.1 TRLSC).

39 Pero lo más destacado de este giro doctrinal sea, quizá, la interpretación —o reinterpretación— que se ofrece del artículo 123.6 del RRM. Ya este precepto no actúa como límite infranqueable a la libertad estatutaria para determinar el precio de adquisición, ni siquiera en sede de sociedades anónimas. De acuerdo con esta nueva doctrina, lo que prohíbe el precepto reglamentario son aquellas cláusulas estatutarias que, por el valor de adquisición que imponen, impidan al accionista vender, en la práctica, sus acciones, porque el precio que recojan los estatutos sea tan irrisorio que terminen desincentivando al socio a querer transmitirlas, convirtiéndolo en una suerte de cautivo de las mismas. Evidentemente esta interpretación del artículo 123.6 del RRM no es extrapolable al ámbito de las sociedades de responsabilidad limitada, porque el carácter cerrado de éstas impide la libre circulación de las participaciones, y porque el régimen de transmisión parte, a diferencia del de acciones, de las restricciones a la transmisión de participaciones sociales.

Por otro lado, y, ciertamente, este giro interpretativo sobre el artículo 123.6 del RRM se inicia con la Resolución de la DGRN de 20 de marzo de 2001, tal y como indica la misma resolución que se comenta en el texto. Lo que sí hace la Resolución de la DGRN de 15 de noviembre de 2016 es confirmarlo y, desde entonces, se ha mantenido como constante en la doctrina de la Dirección General (*vid.*, por ejemplo, la Resolución de la DGRN 19 de mayo de 2019 o la de 23 de mayo de 2019, o, en fin, la Resolución de la DGSJFP de 17 de mayo de 2021, que se remiten a ella).

Los estatutos pueden, sin embargo, establecer a favor del resto de socios sobrevivientes, o de la propia sociedad[40], un derecho de adquisición preferente sobre las participaciones del socio fallecido.

El derecho de adquisición preferente por causa de muerte debe ejercitarse —señala el apartado 2 del artículo 110 del TRLSC— por el valor razonable que tuviesen las participaciones sociales el día del fallecimiento del socio. Y para la determinación del valor razonable de las participaciones, la norma remite al régimen establecido para la separación y exclusión de socios; o sea, en esencia, al artículo 353 del TRLSC.

Siendo, pues, el valor de referencia el razonable, surge la cuestión de si este valor, predeterminado legalmente, puede ser sustituido por los estatutos al regular la transmisión *mortis causa* de participaciones sociales, señalando que el precio a pagar al heredero o legatario por las participaciones del socio premuerto sea el valor contable de las mismas.

Ciertamente, parece que no puede trasladarse, sin más, a la transmisión por causa de muerte, la solución establecida para las transmisiones *inter vivos*, donde, como se ha visto, se acepta la

40 La solución que literalmente ofrece el artículo 110 del TRSCL, reconociendo el establecimiento de un derecho de adquisición preferente a favor de los restantes socios y, en su caso, de la sociedad, contrasta con la prevista, en el artículo 107.2, c) del mismo cuerpo legal, para la transmisión voluntaria *inter vivos*, donde se admite la posibilidad de reconocer ese derecho de preadquisición a terceros no socios. Favorable a una interpretación literal de la norma y, por tanto, contrario al reconocimiento del derecho de adquisición preferente a favor de terceros, se manifiesta, por ejemplo, MAGARIÑOS BLANCO, V., "Régimen de las participaciones sociales", *La Sociedad de Responsabilidad Limitada*, Consejo General del Notariado, Madrid, 1995, p. 193. Favorable, por el contrario, al reconocimiento del derecho de preadquisición también a terceros no socios, SÁNCHEZ GONZÁLEZ, J. C., "Transmisión de participaciones sociales", *op. cit.*, pp. 759 y 760.

posibilidad de sustituir el valor razonable por el contable. Como se ha indicado por parte de algún autor[41], el fenómeno sucesorio tiene una especial implicación personal y familiar, y el alcance de la protección que merece la libertad de transmisión por actos entre vivos no es el mismo que en el de la sucesión *mortis causa*, pues, en este caso, la modificación subjetiva que implica la transmisión de la participación social resulta imperiosa y fruto del azar, y, con ella, se trata de permitir y facilitar la continuación de la obra del causante. La consecuencia de esta tesis sería que la norma del apartado 2 del artículo 110 del TRLSC tendría carácter imperativo, no pudiendo, por tanto, admitirse cláusulas estatutarias que modificasen el valor razonable de las participaciones del socio fallecido[42].

Ahora bien, para la determinación del valor razonable de las participaciones sociales del socio premuerto, el artículo 110.2 del TRLSC remite a la regulación de la separación y exclusión de socios. En este régimen, la determinación del precio que recibe el socio saliente queda confiado, en un primer momento, al acuerdo entre éste y la sociedad; son el socio y la sociedad los que, libremente, pactan el precio de salida, que podrá ser coincidente con el valor razonable de sus participaciones o no. El recurso al experto independiente designado por el Registrador Mercantil sólo está previsto en la ley como subsidiario; esto es, para el caso de que el socio y la sociedad no lleguen a un acuerdo sobre el valor

41 MAGARIÑOS BLANCO, V., "Régimen de las participaciones sociales", *op. cit.*, p. 193.

42 MAGARIÑOS BLANCO, V., "Régimen de las participaciones sociales", *op. cit.*, p. 193; SÁNCHEZ GONZÁLEZ, J. C., "Transmisión de participaciones sociales", *op. cit.*, p. 761. Contrario con esta tesis, admitiendo la posibilidad de sustituir el valor razonable, también en las transmisiones *mortis casusa*, PERDICES HUETO, A. B., "Las restricciones a la transmisión de participaciones en la SRL", *Tratando de la Sociedad de Responsabilidad Limitada*, Paz-Ares, C. (coord.), Fundación Cultural del Notariado, Madrid, 1997, p. 583.

de reembolso[43]. Estamos, pues, ante un régimen primariamente dispositivo[44], sometido, en un primer momento, a la autonomía de la voluntad.

Sobre la base, precisamente, de esta autonomía de la voluntad, parece que no debe haber inconveniente en admitir cláusulas

43 El artículo 353 del TRLSC establece, a la hora de determinar el valor de reembolso del socio separado o excluido, una especie de ...*sistema en cascada*... (cfr. AGUILERA RAMOS, A, "El derecho de separación del socio", *Derecho de Sociedades de Responsabilidad Limitada. Estudio sistemático de la Ley 2/1995*, Rodríguez Artigas, F. y otros (coord.), Mc-Graw Hill, Madrid, 1996, pp. 1105 y 1106) en el que se van sucediendo distintos estadios cuando fracasa el anterior. Así, el valor será determinado, en primer lugar, por el acuerdo entre el socio y la sociedad; en segundo lugar, si el acuerdo sobre el precio no se consigue, por acuerdo, también, entre el socio y la sociedad, pero referido ahora a la persona que ha de realizar la valoración y al procedimiento para llevarla a cabo; y, finalmente, si ninguno de los anteriores acuerdos se alcanza, se llega a la valoración efectuada por el experto independiente designado por el Registrador Mercantil (sobre este sistema escalonado —con disculpas por la autocita—, *vid.* AUGOUSTATOS ZARCO, N., "Viabilidad del pago aplazado en el reembolso del valor de las acciones o participaciones del socio separado o excluido", *El derecho de separación y la exclusión de socios en las sociedades de capital,* González Fernández, Mª B. (dir.), Tirant lo Blanch, Valencia, 2021, tomo II, pp. 1.911-1.913).

44 Primariamente dispositivo porque la determinación del valor de reembolso de las participaciones del socio saliente se confía al acuerdo entre éste y la sociedad, bien sobre el precio en sí, bien sobre la persona y el procedimiento de valoración, que también deben ser acordados por ambos si no se alcanza el acuerdo sobre el precio. Lo que no es dispositivo, sino, antes bien, derecho necesario, es la determinación del valor de reembolso efectuada por el experto independiente designado por el Registrador Mercantil. Esto no es dispositivo; esto no se somete a la autonomía de la voluntad; no caben cláusulas estatutarias que alteren la regulación contenida en el artículo 353.1 del TRLSC en la parte relativa a la actuación y valoración del experto independiente. La autonomía de la voluntad cabe a la hora de pactar el valor de reembolso, o para determinar la persona que ha de valorar y el procedimiento de valoración, pero cuando nada de esto ha sido posible, y la autonomía de la voluntad ha fracasado, sólo cabe el recurso al experto independiente, y esto ya queda abstraído a la voluntad del socio y de la sociedad (*vid., amplius,* AUGOUSTATOS ZARCO, N., "Viabilidad del pago aplazado..., *op. cit.*, p. 1914).

estatutarias que determinen, para los casos de separación o exclusión de socios, el valor de reembolso de las participaciones del socio saliente, aun cuando éste no coincida con el valor razonable. De hecho, esta posibilidad ha sido admitida por parte de nuestra doctrina[45], por la Dirección General (Resolución de la DGSJFP de 17 de mayo de 2021), por parte de alguna audiencia provincial [Sentencia núm. 216/2015, de 24 de julio, de la Audiencia Provincial de Madrid, Sección 28 (ECLI:ES:APM:2015:13644)], y, en fin, por el mismo Tribunal Supremo [Sentencia del Tribunal Supremo núm. 942/2022, de 20 de diciembre de 2022 (ECLI:ES:TS:2022:4721)]. Siendo esto es así, y si, para la concreción del precio a abonar al sucesor del socio fallecido, el artículo 110.2 del TRLSC remite al régimen de la separación y exclusión de socios, no debe haber inconveniente en admitir la posibilidad de que, por vía estatutaria, pueda establecerse que el valor de las participaciones sociales, en caso de transmisión *mortis causa*, sea su valor contable.

IV. EL VALOR CONTABLE EN LA TRANSMISIÓN FORZOSA DE PARTICIPACIONES SOCIALES

1. Previo

El análisis tanto de los supuestos de transmisión de participaciones sociales voluntarias e *inter vivos* cuanto de los de transmisión por causa de muerte han permitido concluir la validez de cláusulas estatutarias que establecen el valor contable como

45 Cfr. AGUILERA RAMOS, A, "El derecho de separación del socio", *op. cit.*, p. 1016; ALFARO ÁGUILA-REAL, J., "La exclusión de socios", *op. cit.*, p. 915; CAMPINS VARGAS, A., "El criterio del valor razonable de las participaciones no es imperativo", *Almacén de Derecho*, 8 de diciembre de 2015, accesible en https://almacendederecho.org/el-criterio-del-valor-razonable-de-las-participaciones-no-es-imperativo

sustitutivo del valor real o razonable, que, como se ha reiterado constantemente en las páginas precedentes, es el preferido o querido por nuestra legislación societaria.

Toca ahora examinar si esta posibilidad cabe también en los supuestos de transmisión forzosa de participaciones sociales; esto es, si caben cláusulas estatutarias que determinen que, en aquellos casos en que las participaciones sociales de algún socio se vean sometidas a un procedimiento de ejecución, el precio a pagar por ellas pueda ser el preestablecido por los estatutos de la sociedad, siendo éste el del valor contable de las mismas.

La cuestión no es, desde luego, baladí, pues están en juego diversos intereses contrapuestos[46]. Frente al interés de la sociedad —y, por extensión, del resto de socios— por evitar la entrada de personas ajenas al círculo societario[47], está el interés del acreedor del socio en satisfacer su derecho de crédito en cuantía suficiente, intentando obtener el mayor precio posible con la ejecución de dichas participaciones sociales. Frente al carácter cerrado de la sociedad, que se presenta como un principio configurador de la sociedad de responsabilidad limitada, está el carácter de orden público del procedimiento de ejecución[48]. Por otro lado, no debe perderse de vista que, en puridad, una cláusula estatutaria de este tipo —en cuanto ya predetermina lo que el acreedor recibiría

46 Un resumen perfecto del estado de la cuestión puede verse en TRONCOSO REIGADA, M., *Transmisión forzosa de acciones y participaciones de S.L. y cláusulas restrictivas*, Thomson-Civitas, Madrid, 2004, pp. 17; 24 y 25; 29 y 30; 31; 33 y 34.

47 Lo que podría tener lugar, indudablemente, si el procedimiento de ejecución sobre las participaciones del socio deudor terminara con la adquisición por un tercero de dichas participaciones o por la adquisición directa de las mismas por el propio acreedor ejecutante.

48 Destacado indudablemente por nuestra jurisprudencia [*vid.* Sentencia del Tribunal Supremo núm. 332/2012, de 29 de mayo (TOL2.549.961)], y el comentario en la nota 3 (*supra*).

por las participaciones sociales objeto de ejecución— afecta a los derechos de un tercero que no es miembro de la sociedad en cuyo régimen jurídico interno la cláusula se incardina; quizás, también, una cláusula estatutaria con este contenido pueda contravenir el artículo 1.257 del Código Civil, que, como bien es sabido, establece, en su párrafo 1º, que los contratos sólo producen efectos entre las partes celebrantes y sus causahabientes.

2. Resumen de la doctrina registral

Los intereses contrapuestos que se han enunciado en torno a la validez de cláusulas estatutarias que determinan que, en caso de transmisión forzosa de participaciones sociales, éstas serán valoradas conforme a su valor contable, han sido tomados en consideración por la Dirección General, para concluir admitiendo su validez. Son varios los pronunciamientos al respecto: así, y como más recientes, los contenidos en la Resolución de la DGRN de 9 de mayo de 2019, en la de 23 de mayo de 2019 o, finalmente, en la Resolución de la DGSJFP de 17 de mayo de 2019[49]. Un

49 No obstante, y en verdad, en esta última resolución, el Centro Directivo confirma la calificación del Registrador, quien había rechazado la inscripción de la cláusula. Esto merece una breve explicación. La Dirección General, continuando con la doctrina sentada en resoluciones anteriores, admite la validez general de las cláusulas estatutarias que establecen el valor contable en los supuestos de transmisión forzosa de participaciones sociales. Sin embargo, rechaza la validez en el supuesto concreto analizado porque, examinando la cláusula en cuestión conjuntamente con otras que también pretendían inscribirse, llega a la conclusión de que la cláusula pretende perjudicar los derechos de los acreedores del socio deudor cuyas participaciones son objeto de ejecución, pues no otra conclusión podría extraerse cuando las cláusulas estatutarias que regulaban la transmisión *inter vivos* y las que regían la transmisión *mortis causa* contemplaban el valor razonable de las participaciones sociales, mientras que la que normaba la transmisión forzosa —y sólo ésta— optaban por el valor contable. Esta diferencia de valor previsto en las distintas cláusulas estatutarias, aun cuando todas ellas regulaban supuestos

análisis conjunto de todas estas resoluciones permite extraer que la validez de este tipo de cláusulas estatutarias se fundamenta en argumentos como los siguientes.

El régimen de transmisión forzosa de participaciones sociales, contemplado en el artículo 109 del TRLSC, es perfectamente compatible con el principio de la autonomía de la voluntad, consagrado, con carácter general, en el artículo 28 del TRLSC, de manera que los socios pueden establecer derechos de adquisición preferente también en estos supuestos de transmisión forzosa.

La especial naturaleza jurídica de la participación en la sociedad de responsabilidad limitada. Ésta se configura como una posición jurídica compleja cuyo contenido viene definido por los estatutos sociales, en cuanto norma rectora de la vida y funcionamiento de la sociedad, y, dentro de este contenido, se hallan las posibles cláusulas estatutarias que permiten impedir la entrada de terceros, incluido los posibles acreedores de los socios.

Es cierto que las normas procesales no tienen, en principio, carácter dispositivo, y, por tanto, no pueden alterarse por vía convencional los trámites del procedimiento de apremio, pero también lo es que no puede afirmarse la ejecución incondicionada de las participaciones sociales con total desconocimiento de su contenido jurídico, representado por los estatutos sociales y, en adicción, por las posibles cláusulas estatutarias que concreten cómo proceder en estos supuestos en los que se pretende, por un tercero, la ejecución de las participaciones sociales de un socio, máxime, cuando el Ordenamiento procesal tiene carácter subordinado y está al servicio del ejercicio de los derechos sustantivos.

de transmisión de participaciones sociales, no estaba justificada para la Dirección General.

Éstos son, en resumen, los argumentos empleados por la Dirección General para admitir la validez de cláusulas estatutarias que, regulando el procedimiento de transmisión forzosa de participaciones sociales, establecen un derecho de adquisición preferente en favor de los socios o de la sociedad, apreciadas por su valor contable. Sin embargo, también cabe cuestionarse hasta qué punto esta doctrina coincide o, por lo contrario, contraviene, el pronunciamiento del Tribunal Supremo sobre el carácter de orden público que informa al procedimiento de ejecución, contenido en la meritada Sentencia núm. 332/2012, de 29 de mayo (Tol2.549.961), y que sostiene *...que las restricciones estatutarias a la libre transmisibilidad de las acciones deben respetar las exigencias imperativas del principio de ejecución forzosa, y que no puede dejarse al arbitrio de los demás socios, o de la sociedad, sustituir el precio ya obtenido por otro inferior previsto en los estatutos, de modo que, en detrimento de los acreedores ejecutantes, quede en beneficio injustificado de los socios parte de valor de los bienes que responden de la deuda ejecutada...*

3. Apoyatura legal para admitir las cláusulas estatutarias que regulan la transmisión forzosa de participaciones sociales

El régimen sobre transmisiones forzosas de participaciones sociales[50] se encuentra regulado en el artículo 109 del TRLSC. Es una regulación con la que se confirma, una vez más, el carácter cerrado de la sociedad de responsabilidad limitada, pues permite a la sociedad evitar la entrada de terceros, reconociendo al resto de socios y, en el caso de que así lo hayan previsto los estatutos, a la sociedad, un derecho de adquisición preferen-

50 Régimen que también se aplica en los supuestos de ejecución del derecho real de prenda sobre participaciones sociales, de acuerdo con la remisión que efectúa el artículo 132.2 del TRLSC.

te[51], consistente en subrogarse en la posición del rematante o del acreedor adjudicatario, mediante la aceptación expresa de todas las condiciones de la subasta y la consignación íntegra del importe del remate o, en su caso, de la adjudicación al acreedor y de todos los gastos causados (apartado 2, artículo 109 TRLSC). Desde esta perspectiva, en cuanto pretende mantener el carácter cerrado del tipo social, la regulación se alinea con la establecida para las transmisiones voluntarias y para la transmisión por causa de muerte.

Sin embargo, se observa una notable diferencia en cuanto a la configuración de la regulación se refiere. En efecto, tanto para la transmisión *inter vivos* cuanto para la *mortis causa*, el TRLSC sigue un sistema parecido: primero reconoce la libertad de los estatutos sociales para configurar, mediante cláusulas, el régimen interno aplicable para cuando tenga lugar la situación que actúa como supuesto de hecho; y, segundo, y para el caso de que los estatutos no hagan uso de esta facultad, se establece por la propia ley el régimen a seguir, que, evidentemente, actúa de forma supletoria. Así, en la transmisión voluntaria, y a falta de regulación estatutaria, procede el régimen legal detallado en el apartado 2 del artículo 107 del TRLSC; en la transmisión *post mortem*, se permite a los estatutos evitar la entrada del heredero o legatario del socio fallecido, bajo las condiciones indicadas en el apartado 2 del artículo 110 del TRLSC, y si los estatutos no hacen uso de esta prerrogativa, entra en juego la previsión legal, que consis-

51 Sobre la naturaleza concreta de este derecho de adquisición preferente reconocido en el artículo 109.2 del TRLSC existen diversas opiniones. Se ha calificado como derecho de tanteo (cfr. MAGARIÑOS BLANCO, V., "Régimen de las participaciones sociales", *op. cit.*, p. 190) o como derecho de retracto [cfr. FERNÁNDEZ SORDO-LLANEZA, E., "Exclusión de la sociedad limitada por embargo de participaciones sociales, y protección de acreedores", *El derecho de separación y la exclusión de socios en las sociedades de capital*, González Fernández, Mª B. (dir.), Tirant lo Blanch, Valencia, 2021, tomo II, p. 1606.

te en reconocer la condición de socio al causahabiente del socio premuerto (apartado 1, artículo 110 TRLSC). Pues bien, esto no funciona así cuando se trata de la transmisión forzosa. De la lectura de todo el artículo 109 no se advierte, en ningún momento, ninguna referencia a la facultad de los estatutos sociales de configurar un régimen propio que impida la entrada en la sociedad al acreedor ejecutante o al adjudicatario, de forma que, ante la ausencia de este régimen estatutario, se aplique, supletoriamente, la solución prevista legalmente. Antes bien, al contrario, de la lectura del precepto la conclusión que se obtiene es que la regulación allí contenida es imperativa, que no cabe libertad estatutaria para tal situación, y que, en caso de embargo de participaciones sociales en cualquier procedimiento de apremio, lo único que pueden los socios, para mantener cerrada a la sociedad, es hacer uso de la facultad allí establecida; esto es, subrogarse en la posición del acreedor o del rematante mediante la aceptación del precio del remate y demás condiciones de la subasta[52]; nada más.

Sin embargo, y como se ha visto a lo largo del presente trabajo, la tesis imperante, principalmente en la doctrina de la Dirección General, no es ésta, sino la contraria: la admisión de la posibilidad de los estatutos de la sociedad de establecer cláusulas que regulen la transmisión forzosa de participaciones sociales, sustituyendo o desplazando el régimen legal contenido en el artículo 109 del TRLSC, en especial, en su apartado 3. Personalmente creo que esto es así, que la sociedad tiene la facultad de regular, en sus estatutos, un régimen particular que actúe para los supuestos de transmisiones forzosas de participaciones, y que esta facultad encuentra cobertura legal más allá de la autonomía de la voluntad de los socios consagrada en el tan reiterado artículo 28 del TRLSC.

52 Cfr., en este sentido, MAGARIÑOS BLANCO, V., "Régimen de las participaciones sociales", *op. cit.*, p. 190.

Ahora bien, esta apoyatura legal no se encuentra en el TRLSC —léase de nuevo el artículo 109 del TRLSC para tratar de encontrar alguna referencia a la libertad de los estatutos para regular la situación—, sino en otra ley; concretamente en la Ley de Enjuiciamiento Civil[53] (LEC, en lo sucesivo), y, además, en el mismo plano de sustantividad que el TRLSC, lo que lleva a poner en tela de juicio aquella consideración que hace la Dirección General acerca de que el Ordenamiento procesal tiene carácter subordinado y está al servicio del ejercicio de los derechos sustantivos[54]. En este caso, en materia de transmisión forzosa de participaciones sociales, la regulación contenida en la LEC no es adjetiva, sino que complementa lo que falta en la regulación del TRLSC.

En efecto, el apartado 3 del artículo 623 de la LEC dice lo siguiente: ...*(S)i se embargaren participaciones en sociedades civiles, colectivas, comanditarias, en sociedades de responsabilidad limitada o acciones que no cotizan en mercados secundarios oficiales, se notificará el embargo a los administradores de la sociedad, que deberán poner en conocimiento del tribunal la existencia de pactos de limitación a la libre transmisión de acciones o cualquier otra cláusula estatutaria o contractual que afecte a las acciones embargadas*... Y el apartado 2 del artículo 635 de la LEC, en su párrafo 1º, señala: ...*(S)i lo embargado fueren acciones o participaciones societarias de cualquier clase, que no coticen en Bolsa, la realización se hará atendiendo a las disposiciones estatutarias y legales sobre enajenación de las acciones o participaciones y, en especial, a los derechos de adquisición preferente*... Ambos preceptos reconocen la posibilidad de que la sociedad, en cuyo capital social se integran las participaciones embargadas, puedan tener cláusulas estatutarias que regulen esta situación; posibilidad que, paradójicamente, no se reconoce en el artículo 109 del TRLSC. Obsérve-

53 Ley 1/2000, de 7 de enero, de Enjuiciamiento Civil.

54 *Vid. supra*, en IV.2.

se, en adicción, que estos dos preceptos de la LEC no desarrollan la regulación contenida en el citado artículo 109 del TRLSC, sino que la complementan o la completan, regulando lo que en él no se contempla.

Pero es que, además, la lectura conjunta de todos estos preceptos, tanto de la LEC como el del TRLSC, permite sostener —ahora sí— que la regulación que se establece para la transmisión forzosa de participaciones sociales sigue el mismo esquema establecido para las transmisiones voluntarias y para las transmisiones por causa de muerte, en el que, primero, se reconoce la libertad estatutaria para regular la cuestión, y, luego, en defecto de ésta, se establece una solución legal que actúa supletoriamente: la posibilidad de los estatutos sociales de poder configurar un régimen propio que regule primariamente los casos de transmisión forzosa de participaciones sociales se reconoce en la LEC (artículos 623.3 y 635.2, párr. 1º), y la solución legal supletoria se reconoce en el TRLSC (artículo 109.3).

4. Análisis secuencial del régimen de transmisión forzosa de participaciones sociales

Como se ha acaba de indicar, el régimen legal de la transmisión forzosa de participaciones sociales se encuentra compartido entre los artículos 109 del TRLSC y los artículos 623.3 y 635.2 de la LEC, y, además, en plena armonía, como seguidamente se comprobará. Podrá advertirse, adicionalmente, que el procedimiento de transmisión forzosa de participaciones sociales no sigue, linealmente, la secuencia temporal que marca el artículo 109 del TRLSC, sino que, antes bien, al contrario, dentro de éste se intercalan los preceptos contenidos en la LEC.

Una apreciación previa, de carácter puramente procesal, para la mejor comprensión del régimen de transmisión forzosa sobre participaciones. En el esquema del procedimiento de ejecución, regulado en la LEC, el embargo es siempre previo a la realización del bien o derecho, y tiene por objeto la sujeción del objeto de la ejecución. La realización, por su parte, que es posterior al embargo, tiende a la enajenación del bien o derecho embargado, en orden a la satisfacción última del acreedor. Pues bien, la subasta es una forma de realización del objeto embargado, pero no es la única; junto a la subasta, la LEC recoge otras formas de realización, como pueden ser el convenio de realización (artículo 640 LEC), la realización por entidad especializada (artículo 641 LEC), la entrega directa al ejecutante, cuando se trate de los bienes indicados en el artículo 634 de la LEC, o la realización a través de la entidad rectora del mercado donde se negocien valores admitidos a negociación continua (artículo 635 LEC).

Procede ahora ir a la secuencia temporal del procedimiento de transmisión forzosa de participaciones sociales.

El esquema se inicia con el embargo de las participaciones del socio —el deudor del acreedor ejecutante—. Al respecto, señala el apartado 1 del artículo 109 del TRLSC: ...*(E)l embargo de participaciones sociales, en cualquier procedimiento de apremio*[55], *deberá ser notificado inmediatamente a la sociedad por el juez o autoridad administrativa que lo haya decretado*[56], *haciendo cons-*

55 Cabe cuestionarse si, dentro del supuesto de hecho de la norma, tienen cabida otros procedimientos de ejecución que no sean estrictamente judiciales o administrativos, por ejemplo, la subasta notarial, regulada en los artículos 72 a 76 de la Ley del Notariado de 28 de mayo de 1862. Para una respuesta afirmativa, cfr. SÁNCHEZ GONZÁLEZ, J. C., "Transmisión de participaciones sociales", *op. cit.*, pp. 738 y 739.

56 Amén del embargo decretado por la autoridad judicial en cualquier procedimiento de ejecución, la norma está pensando también en procedimientos de apremio de carácter administrativo, por ejemplo, el regulado en el capítulo II del título III del Real Decreto 939/2005, de 29 de julio, por el que se aprueba el Reglamento General de Recaudación; o el contemplado en el capítulo I del

tar la identidad del embargante así como las participaciones embargadas. La sociedad procederá a la anotación del embargo en el Libro registro de socios, remitiendo de inmediato a todos los socios copia de la notificación recibida... Esta comunicación del embargo de las participaciones a la sociedad tiene una doble finalidad: por un lado, y desde el ámbito interno, que la sociedad, a su vez, notifique a los socios la existencia de dicho embargo[57], como indica el precepto transcrito del TRLSC; y, por otro lado, que la sociedad manifieste, al órgano encargado de la ejecución, la posible existencia de cláusulas restrictivas que pudieran afectar el procedimiento de ejecución que se sigue contra las participaciones sociales embargadas, como establece el artículo 623.3 de la LEC[58]. Por tanto, en este momento inicial, el apartado 1 del artículo 109

---

título III del Real Decreto 1415/2004, de 11 de junio, por el que se aprueba el Reglamento General de Recaudación de la Seguridad Social.

57 Evidentemente, la finalidad de esta comunicación no puede ser tanto que la sociedad anote, en el libro registro de socios, el embargo sobre las participaciones sociales; no puede ser, en suma, una cuestión puramente formal. La anotación del embargo en el libro registro de socios parece ir más encaminada a determinar quién queda legitimado frente a la sociedad, si el socio, titular de las participaciones embargadas, o el embargante, cuestión que la ley deja a la decisión de los estatutos sociales (artículo 133, en relación con el artículo 132 TRLSC).

58 En términos similares al artículo 623.3 de la LEC se pronuncia el artículo 80.6, párrafo 1º, del Real Decreto 939/2005, de 29 de julio, por el que se aprueba el Reglamento General de Recaudación: ...*(T)ratándose de participaciones en el capital de sociedades de responsabilidad limitada, la diligencia de embargo se notificará al órgano de administración de la sociedad para su inscripción en el libro registro de socios...*, o el artículo 99 del Real Decreto 1415/2004, de 11 de junio, por el que se aprueba el Reglamento General de Recaudación de la Seguridad Social: ...*(C)uando se embarguen participaciones en sociedades civiles, colectivas, comanditarias, en sociedades de responsabilidad limitada o acciones que no coticen en mercados secundarios oficiales, se comunicará el embargo a los administradores de la sociedad, que deberán poner en conocimiento de la unidad de recaudación ejecutiva la existencia de pactos de limitación a la libre transmisión de acciones o cualquier otra causa estatutaria o contractual que afecte a las acciones embargadas...*

del TRLSC y el apartado 3 del artículo 623 de la LEC se sitúan en la misma secuencia de tiempo.

El esquema procedimental continúa con la realización del objeto embargado; en este caso, con la realización de las participaciones sociales. En este momento, la secuencia temporal se para en el párrafo 1º del apartado 3 del artículo 635 de la LEC: *...(S)i lo embargado fueren acciones o participaciones societarias de cualquier clase, que no coticen en Bolsa, la realización se hará atendiendo a las disposiciones estatutarias y legales sobre enajenación de las acciones o participaciones y, en especial, a los derechos de adquisición preferente...* El tenor del precepto es claro: existiendo cláusulas estatutarias al respecto[59], la realización de las participaciones sociales debe hacerse conforme previenen dichas cláusulas[60]. Dicho con otras palabras, la cláusula estatutaria desplaza a cualquier otro método de realización de las participaciones sociales, incluyendo la subasta. Y si estas cláusulas estatutarias establecen que el precio de ejercicio del derecho de adquisición preferente reconocido a favor de los restantes socios, o de la sociedad misma, es el valor contable, este valor es al que debe atenderse, y, consecuentemente, entregarse al acreedor ejecutante. En este punto, los argumentos contrarios al reconocimiento de cláusulas estatutarias que regulen la transmisión forzosa de participaciones sociales parece que se desvanecen.

59 Se insiste: la literalidad del precepto debe dejar fuera de toda duda la posibilidad de establecer, en la sociedad limitada, a través de sus estatutos, cláusulas que condicionen, limiten, restrinjan o regulen cómo proceder ante un procedimiento de ejecución forzosa sobre sus participaciones.

60 En términos similares al artículo 635.2, párrafo 1º, de la LEC se pronuncia el artículo 80.6, párrafo 2º, del Real Decreto 939/2005, de 29 de julio, por el que se aprueba el Reglamento General de Recaudación: *...(E)l procedimiento de adjudicación de las participaciones se llevará a cabo de acuerdo con su normativa específica...*

En efecto, sostener que una cláusula de este tipo puede conculcar el procedimiento de ejecución forzosa recogido en la LEC queda sin base desde el instante en que es la propia LEC la que permite, no sólo la existencia de estas cláusulas, que también, sino que la realización de las participaciones sociales se haga conforme a ellas. Sostener, por otro lado, que cláusulas con este contenido pueden perjudicar el derecho del acreedor a obtener el precio o valor del remate en una subasta es un ejercicio de comparación apriorística en el que se coteja un valor conocido de antemano —el contable previsto en la cláusula estatutaria— con otro hipotético[61] —el que pudiera obtener el acreedor en la subasta—, sin que esto sea suficiente para desdeñar un procedimiento de realización de bienes embargados por otro. Y, en fin, como se ha apuntado por algún autor[62], el acreedor no puede ejecutar más de lo que tiene el deudor, y lo que puede ejecutar son sus participaciones sociales, cuyo contenido, también económico, viene configurado por los estatutos sociales[63], incluyendo, por supuesto, estas posibles cláusulas que determinan que, en caso de ejecución forzosa, lo que al socio correspondería sería el valor contable de las mismas.

Secuencialmente, el procedimiento de ejecución forzosa continúa con la previsión contenida en el párrafo 2º del artículo 635.3

61 Y, desde luego, este ejercicio podría hacerse con cualquier otro procedimiento de realización de bienes embargados previsto en la LEC. Así, podría compararse el valor contable de las participaciones, según se establece en los estatutos sociales, con el precio que hipotéticamente podría obtenerse si se encomendara su realización a una entidad especializada, por ejemplo. ¿Acaso esta comparación permitiría poner en tela de juicio la validez o idoneidad del procedimiento de realización mediante entidad o persona especializada? Parece que no.

62 FERNÁNDEZ DEL POZO, L. y TRONCOSO REIGADA, M., "El artículo 109 de la Ley de Sociedades de Capital...", *op. cit.*; TRONCOSO REIGADA, M., *Transmisión forzosa..., op. cit.*, p. 31.

63 ALFARO ÁGUILA-REAL, J., "La exclusión de socios", *op. cit.*, pp. 923-926.

de la LEC: ...*(A) falta de disposiciones especiales, la realización se hará a través de subasta judicial*... La subasta judicial —que, recuérdese, es una forma más de realización de bienes embargados— únicamente tiene lugar cuando la realización de las participaciones sociales no se ha efectuado conforme a ...*disposiciones especiales*...; disposiciones especiales que, según se coligue del párrafo 1º del mismo artículo 635.3 de la LEC, no son otras que las contenidas en los estatutos de la sociedad. En otros términos, si los estatutos no regulan la situación en la que las participaciones de un socio son objeto de un proceso de ejecución, si no existen cláusulas estatutarias al respecto, la realización de las mismas sólo puede tener lugar mediante subasta pública.

El esquema procedimental prosigue con la previsión contenida en el apartado 2 del artículo 109 del TRLSC: ...*(C)elebrada la subasta o, tratándose de cualquier otra forma de enajenación forzosa legalmente prevista, en el momento anterior a la adjudicación, quedará en suspenso la aprobación del remate y la adjudicación de las participaciones sociales embargadas. El juez o la autoridad administrativa remitirán a la sociedad testimonio literal del acta de subasta o del acuerdo de adjudicación y, en su caso, de la adjudicación solicitada por el acreedor. La sociedad trasladará copia de dicho testimonio a todos los socios en el plazo máximo de cinco días a contar de la recepción del mismo*... El precepto decreta la paralización del remate en el caso de que la realización de las participaciones hubiera tenido lugar mediante subasta, o la paralización de la adjudicación al adjudicatario, en el supuesto de que la realización de las participaciones se hubiera llevado a cabo a través de otra forma que no hubiera sido la subasta. Mas, en cualquier caso, lo que no ofrece dudas es que las previsiones contenidas en el artículo sólo operan cuando la realización de las participaciones no se hubiera efectuado conforme a ...*las disposiciones estatutarias sobre enajenación de las participaciones*..., como preceptúa, primariamente, el párrafo 1º del apartado 2 del artículo 635 de la

LEC. No existe otra forma de entender el apartado 2 del artículo 109 del TRLSC, sinceramente, si se pone en relación con la norma de la LEC que se comenta. En conclusión, si existen disposiciones estatutarias, la realización de las participaciones embargadas se efectuará conforme a ellas; si tales disposiciones estatutarias no existen, la realización de las participaciones embargadas tendrá lugar por subasta o por cualquier otro método de realización previsto en la LEC, siempre y cuando sea posible, evidentemente, (*v. gr.*, mediante convenio de realización o mediante entidad especializada).

En esta situación no puede cuestionarse la validez de una cláusula estatutaria que establezca un derecho de adquisición preferente en caso de embargo y ejecución forzosa de las participaciones de algún socio. Y no puede cuestionarse porque, sencillamente, si la realización ha tenido lugar por subasta, o por cualquier otro sistema, es porque tales cláusulas estatutarias no existen, o bien porque, existiendo, los beneficiarios no han hecho uso del derecho de adquisición preferente que les reconocen.

Finalmente, el esquema procedimental se cierra con la previsión contenida en el apartado 3 del artículo 109 del TRLSC: ... *(E)l remate o la adjudicación al acreedor serán firmes transcurrido un mes a contar de la recepción por la sociedad del testimonio a que se refiere el apartado anterior. En tanto no adquieran firmeza, los socios y, en su defecto, y sólo para el caso de que los estatutos establezcan en su favor el derecho de adquisición preferente, la sociedad, podrán subrogarse en lugar del rematante o, en su caso, del acreedor, mediante la aceptación expresa de todas las condiciones de la subasta y la consignación íntegra del importe del remate o, en su caso, de la adjudicación al acreedor y de todos los gastos causados. Si la subrogación fuera ejercitada por varios socios, las participaciones se distribuirán entre todos a prorrata de sus respectivas partes sociales...* Lo que recoge el precepto es la solución legal que, de modo subsidiario, se aplica cuando los estatutos sociales no han hecho uso de la facultad de regular la situación que se produce con ocasión del embargo y ejecución de las participaciones de algún socio. En ausencia de disposición estatutaria especial, los socios, y, si lo permiten los estatutos, la sociedad, podrán subrogarse en la posición del rematante o adjudicatario de las participaciones. En este caso, evidentemente, el precio de ejercicio del derecho de adquisición sobre las participaciones sociales embargadas será el del remate o el de la adjudicación, más los gastos generados por el procedimiento de ejecución.

Podría plantearse, ya para concluir, la situación en que, existiendo disposiciones estatutarias al respecto, los socios, o, en su caso, la sociedad, no hicieran uso del derecho de adquisición preferente que contemplaran dichas disposiciones, considerando, incluso, que los estatutos reconocieran, como precio de ejercicio del derecho de preadquisición, el valor contable de las participaciones embargadas. No parece que, en esta hipótesis, pudiera imponerse al rematante o adjudicatario de las participaciones el valor contable previsto en los estatutos sociales. Y no lo parece porque, al haber hecho los beneficiarios dejación del derecho reconocido en los estatutos, la realización de las participaciones ha tenido que efectuarse mediante subasta pública o mediante otra forma de realización, no mediante el sistema previsto los estatutos. En esta hipótesis, intentar adquirir las participaciones embargadas por el valor contable y no por el precio del remate, o por el valor en que se las hubiera adjudicado el acreedor, sí conculcaría el derecho del acreedor a satisfacer su crédito[64].

64 Como indicaba la Sentencia del Tribunal Supremo núm. 332/2012, de 29 de mayo (TOL2.549.961), *...no puede dejarse al arbitrio de los demás socios o de la sociedad sustituir el precio ya obtenido por otro inferior previsto en los estatutos, de modo que, en detrimento de los acreedores ejecutantes, quede en beneficio injustificado de los socios parte de valor de los bienes que responden de la deuda ejecutada...*

5. A modo de conclusión sobre el valor contable en la transmisión forzosa de participaciones sociales

De acuerdo con lo expuesto hasta aquí, pueden señalarse las siguientes conclusiones:

Primera. Existiendo cláusulas estatutarias que contemplen el supuesto en que se embarguen y ejecuten participaciones de un socio, debe aplicarse primeramente el procedimiento en ellas contemplado, con preferencia a cualquier otro procedimiento de realización de las participaciones embargadas, incluido el de subasta.

Segunda. Si las cláusulas estatutarias sobre transmisión forzosa de participaciones sociales prevén, como precio de ejercicio del derecho de adquisición preferente de los socios, —o, en su caso, de la sociedad—, el valor contable de las mismas, éste será el precio o valor a recibir por el acreedor ejecutante.

Tercera. En el caso de que los estatutos no contemplaran la situación producida por el embargo y ejecución forzosa de las participaciones de algún socio, la realización de las participaciones sociales ya sólo puede llevarse a cabo mediante subasta, o mediante cualquier otro procedimiento de realización de bienes embargados previsto legalmente. En este caso, los socios o la sociedad sólo podrían subrogarse en la posición del rematante o adjudicatario de las participaciones sociales embargadas, pagando el precio del remate o el precio por el que vaya a tener lugar la adjudicación, más los gastos derivados del proceso de ejecución.

Cuarta. Si existen cláusulas estatutarias que reconocen, en caso de embargo y ejecución sobre participaciones sociales de algún socio, un derecho de adquisición preferente en favor del resto de socios, o de la sociedad, ejercitable por su valor contable, pero no se hace uso de él, la realización de las participaciones sociales embargadas sólo puede llevarse a cabo mediante subasta, o mediante cualquier otro procedimiento de realización de bienes embargados previsto legalmente.

En este supuesto, los socios, o, en su caso, la sociedad, sólo podrían subrogarse en la posición del rematante o adjudicatario de las participaciones sociales embargadas, pagando el precio del remate o el precio por el que vaya a tener lugar la adjudicación, más los gastos causados. En este caso los titulares del derecho de adquisición preferente reconocido en los estatutos no podrían exigir al rematante o adjudicatario la adquisición de las participaciones sociales embargadas por su valor contable; en esta hipótesis no podrían imponer al adquirente el valor contable previsto en los estatutos sociales.

V. BIBLIOGRAFÍA

AGUILERA RAMOS, A, "El derecho de separación del socio", *Derecho de Sociedades de Responsabilidad Limitada. Estudio sistemático de la Ley 2/1995*, Rodríguez Artigas, F. y otros (coord.), Mc-Graw Hill, Madrid, 1996.

ALFARO ÁGUILA-REAL, J., "La exclusión de socios", *Tratando de la Sociedad de Responsabilidad Limitada*, Paz-Ares, C. (coord..), Fundación Cultural del Notariado, Madrid, 1997, pp. 897 y ss.

— "Valor contable y valor razonable", *Derecho Mercantil*, 14 de marzo de 2014, accesible en https://derechomercantilespana.blogspot.com/2014/03/valor-contable-y-valor-razonable.html

— "Las cláusulas de liquidación del socio según valor contable son inscribibles", *Derecho Mercantil*, 2 de diciembre de 2016, accesible en https://derechomercantilespana.blogspot.com/2016/12/las-clausulas-de-liquidacion-del-socio.html

ALFARO ÁGUILA-REAL, J., y CAMPINS VARGAS, A., "La liquidación del socio que causa baja como consecuencia de su separación o exclusión". *Derecho de Sociedades, vol. III*, Cizur Menor, 2013.

AUGOUSTATOS ZARCO, N., "Viabilidad del pago aplazado en el reembolso del valor de las acciones o participaciones del socio separado o excluido", *El derecho de separación y la exclusión de socios en las sociedades de capital,* González Fernández, Mª B. (dir.), Tirant lo Blanch, Valencia, 2021, Tomo II.

CABANAS TREJO, R., "Visión global y crítica de la nueva Ley de Sociedades de Responsabilidad Limitada", *La reforma de las Sociedades de Responsabilidad Limitada,* La Notaría, Madrid, 1995, Tomo I.

CAMPINS VARGAS, A., "El criterio del valor razonable de las participaciones no es imperativo", *Almacén de Derecho,* 8 de diciembre de 2015, accesible en https://almacendederecho.org/el-criterio-del-valor-razonable-de-las-participaciones-no-es-imperativo

— "La DGRN abre la puerta a la libre fijación estatutaria del precio de las participaciones", Almacén de Derecho, 4 de diciembre de 2016, accesible en http://almacendederecho.org/la-dgrn-abre-la-puerta-la-libre-fijacion-estatutaria-del-precio-las-participaciones

FERNÁNDEZ DEL POZO, L. y TRONCOSO REIGADA, M., "El artículo 109 de la Ley de Sociedades de Capital y el derecho del acreedor al valor que tiene la participación en manos de su deudor", *Almacén de Derecho,* 14 de junio de 2021, accesible en https://almacendederecho.org/el-articulo-109-de-la-ley-de-sociedades-de-capital-y-el-derecho-del-acreedor-al-valor-que-tiene-la-participacion-en-manos-de-su-deudor#comment-6473

FERNÁNDEZ SORDO-LLANEZA, E., "Exclusión de la sociedad limitada por embargo de participaciones sociales, y protección de acreedores", *El derecho de separación y la exclusión de socios en las sociedades de capital,* González Fernández, Mª B. (dir.), Tirant lo Blanch, Valencia, 2021, Tomo II.

GÜELL FRADERA, P., "Consideraciones sobre la eficacia y validez del pacto estatutario modificativo del criterio del valor razonable para la adquisición preferente de participaciones sociales", *Revista de Derecho de Sociedades,* núm. 26, 2006.

MAGARIÑOS BLANCO, V., "Régimen de las participaciones sociales", La Sociedad de Responsabilidad Limitada, Consejo General del Notariado, Madrid, 1995.

MUÑOZ GARCÍA, A., "Determinación del valor razonable de las acciones o participaciones por un tercero, en el caso de restricción estatutaria a la transmisibilidad inter vivos", *Revista de Derecho de Sociedades,* núm. 25, 2005.

PERDICES HUETO, A. B., "Las restricciones a la transmisión de participaciones en la SRL", *Tratando de la Sociedad de Responsabilidad Limitada*, Paz-Ares, C. (coord..), Fundación Cultural del Notariado, Madrid, 1997.

SÁNCHEZ GONZÁLEZ, J. C., "Transmisión de participaciones sociales", *La Sociedad de Responsabilidad Limitada.* Garrido de Palma, V. M. (dir.), Trivium, Madrid, 1996, Tomo I.

SÁNCHEZ RUS, M., *La facultad de exclusión de socios en la teoría general de las sociedades*, Civitas, Madrid, 2006.

SANJUAN, E., "El valor razonable de las acciones y participaciones sociales en supuestos de separación y exclusión de socios", *El derecho de separación y la exclusión de socios en las sociedades de capital,* González Fernández, Mª B. (dir.), Tirant lo Blanch, Valencia, 2021, Tomo II.

TRONCOSO REIGADA, M., *Transmisión forzosa de acciones y participaciones de S.L. y cláusulas restrictivas*, Thomson-Civitas, Madrid, 2004.

Capítulo 15

TUTELA DEL SOCIO ANTE LA MODIFICACIÓN DEL RÉGIMEN DE TRANSMISIÓN VOLUNTARIA POR ACTOS INTER VIVOS DE LAS PARTICIPACIONES SOCIALES Y ACCIONES NOMINATIVAS

Pilar Hernández Castillo
Abogada
Doctoranda de Derecho Mercantil
Universidad de Alicante

I. INTRODUCCIÓN

En nuestro marco regulatorio, el régimen de transmisión de las participaciones sociales y acciones nominativas puede ser objeto de modificación por voluntad de la mayoría, lo que tiene como efecto típico que todos los socios, incluso los disidentes y ausentes que no hubieran participado en la votación, queden vinculados por los acuerdos sociales adoptados (artículo 159.2 LSC).

Como contrapartida a ello, nuestro ordenamiento jurídico proporcionó mecanismos de protección al socio minoritario que no hubiera contribuido con su voto a la adopción del acuerdo social, bajo la consideración de que esta tipología de acuerdos supone una modificación relevante de las circunstancias primitivas en las que el socio decidió adherirse a la mercantil y, asimismo, una alteración de la transmisibilidad originaria de su participación social o acción nominativa con la que puede estar disconforme.

Ahora bien, el legislador ante un mismo problema para dos formas sociales diferentes, proporcionó un tratamiento asimétrico y un distinto ámbito de protección al socio según la forma social elegida.

En particular, nuestro derecho positivo reconoce un derecho de separación al socio de la sociedad limitada cuando se acuerde modificar el régimen de transmisión de las participaciones sociales (artículo 346.2 LSC) y, en el supuesto de las sociedades anónimas no cotizadas, dispensa al socio de quedar sometido al acuerdo modificativo por un plazo de tres meses ("vacatio") cuando el acuerdo societario implique una mayor restricción de la transmisión de las acciones nominativas (artículo 123.1 LSC).

La *ratio* de proporcionar un distinto régimen tuitivo al socio según la forma social elegida obedece al diferente diseño tipológico de la sociedad limitada y la sociedad anónima, cuyo principal elemento técnico-jurídico de diferenciación viene constituido por el dispar régimen de transmisión de las participaciones sociales y acciones. Así, mientras en las sociedades limitadas la transmisibilidad de las participaciones sociales está legalmente restringida, en las sociedades anónimas las acciones son esencialmente transmisibles[1].

Desde esta perspectiva, en la sociedad limitada se hacía necesario reconocer un derecho de separación al socio a los efectos de que no quedara "prisionero" de sus títulos o inversión al estar restringida la transmisión de sus participaciones sociales y al no tener un mercado hábil para poder enajenarlas. En contraste, dicha alternativa se descartó en la sociedad anónima a razón de que la esencial transmisibilidad de la acción, teóricamente, eliminaba en todo caso la vinculación indefinida del socio de la sociedad. Y es que, ante la posibilidad para el socio de desprenderse de sus acciones por la vía ordinaria, a saber, negociando y enajenando en el mercado, ello justificaba una protección inferior del socio en esta forma social amparada a través de la "vacatio".

Sin embargo, dicha contraposición tipológica no tardó en ser desmentida por la realidad al existir numerosas sociedades anónimas que incluyen en sus estatutos sociales cláusulas limitativas a la transmisión de las acciones nominativas y que, además, carecen de un mercado líquido para permitir al socio la desvinculación de la sociedad. Es por lo que, conforme al actual diseño legal, el socio de la sociedad anónima no cotizada puede encontrarse con las mismas dificultades que el socio de la sociedad limitada para deshacerse de su parte social transmitiéndola a un tercero.

---

1 RONCERO SÁNCHEZ, A., "Acciones y participaciones sociales", *Revista de Derecho de sociedades*, núm. 36, 2011 (Bib 2011\512); URÍA, R., *Derecho mercantil*, 28ª ed. revisada por Mª. Luisa Aparicio, Marcial Pons, Madrid, 2002, p. 289 y 492; VILLANUEVA GARCÍA-POMAREDA, B., "Las restricciones a la libre transmisibilidad de las acciones y su relación con los principios configuradores de la sociedad anónima", *Revista de Derecho Bancario y Bursátil*, núm. 131, 2013 (Bib 2013\15114); BRENES CORTES, J., "El derecho de separación, principales novedades tras las últimas modificaciones operadas en el derecho de sociedades", *Revista de Derecho de Sociedades*, núm. 37, 2011(Bib 2011\1692).

A merced de lo anterior, es evidente que, en la actualidad, no concurren diferencias tipológicas suficientes entre la sociedad limitada y la sociedad anónima no cotizada que amparen esta diversidad de tratamiento. Precisamente por ello, lejos de ser una discusión bizantina, es propósito de este trabajo analizar la idoneidad de unificar el mecanismo de tutela del socio cuando se produce una modificación del régimen de transmisión de las participaciones sociales o acciones nominativas en sentido restrictivo y, a la par, valorar los sujetos que merecen ostentar dicha legitimación.

En cumplimiento de dicha labor, se muestra como paso previo ineludible la exposición de las diferencias más notorias entre el régimen de transmisión voluntaria por actos inter vivos de las participaciones sociales y las acciones. Y ello, por ser el núcleo esencial de la diferente configuración tipológica de la sociedad anónima y la limitada, con base en la cual el legislador ha dotado de una diferente tutela al socio de la sociedad limitada respecto al de la sociedad anónima en relación con esta materia.

II. RÉGIMEN DE TRANSMISIÓN VOLUNTARIA POR ACTOS INTER VIVOS DE LAS PARTICIPACIONES SOCIALES Y ACCIONES

1. Consideraciones conceptuales

De sobra es conocido, la constante aspiración de nuestro legislador de reservar la sociedad anónima para las sociedades de gran entidad económica de carácter "abierto" y, por el contrario, emplear la sociedad limitada para la pequeña y mediana empresa de carácter "cerrado", donde la identidad y las características personales de los socios alcanzan relevancia jurídica[2].

2 ROJO FERNÁNDEZ-RÍO, Á., "Los Grupos de sociedades en el Derecho español", *Revista de Derecho Mercantil,* núm. 220, 1996 (Bib 1996\1648); VILLANUEVA GARCÍA-POMAREDA, B., "Las restricciones a la libre...", *op. cit.*;

Ligado a dicha concepción dogmática, se concluyó que, la movilidad de los socios en las sociedades limitadas debía ser inferior al de las sociedades anónimas[3], bajo el pensar legislativo de que, para el socio de la sociedad limitada es vital el factor personal de sus consocios, a diferencia del socio de la sociedad anónima.

En coherencia con dicha vocación, nuestro ordenamiento jurídico instauró, como principal elemento de diferenciación tipológica de ambas formas sociales, un distinto régimen de transmisión de las acciones y participaciones sociales. Diseñando a la acción como esencialmente transmisible. Mientras que, la participación social, aun siendo susceptible de ser transmitida, se fijó un régimen transmisivo de carácter restrictivo con la finalidad de limitar el acceso a la mercantil de personas extrañas al primitivo círculo de socios.

No obstante, lo cierto es que, legalmente, ambas formas sociales se configuraron como vestiduras jurídicas flexibles. Estando los socios facultados para conformar convencionalmente una sociedad discrepante con el modelo legal[4] mediante la supresión, ampliación o restricción de la transmisibilidad de las acciones nominativas y participaciones sociales, siempre y cuando no sobrepasen determinados límites infranqueables relacionados *ex lege*.

Exposición de motivos de la Ley 2/1995, de 23 de marzo, de Sociedades de Responsabilidad Limitada.

3 SÁNCHEZ CALERO, F., "Elección del tipo societario: sociedad anónima, sociedad de responsabilidad limitada y comanditaria por acciones", *¿Sociedad Anónima o Sociedad de Responsabilidad Limitada?*, Editorial Civitas, Madrid, 1992, p. 227.

4 PERDICES HUETOS, A. B., *Cláusulas restrictivas de la transmisión de acciones y participaciones*, Civitas, Madrid, 1997, p. 25.

2. Régimen de transmisión voluntaria por actos inter vivos de las participaciones sociales

De la regulación contenida en la LSC es evidente la consideración de la sociedad limitada como sociedad de capital de carácter híbrido y cerrado. Entendiéndose por sociedad cerrada aquella en la que no es libremente transmisible la condición de socio[5].

En conexión con ello, nuestro *ius positivum* rechazó la consideración de las participaciones sociales como valores mobiliarios y la imposibilidad de ser denominadas acciones, ni estar representadas por medio de títulos o anotaciones en cuenta (artículo 92 LSC)[6], y ello a los efectos de excluir su negociación y libre circulación en los mercados.

Asimismo, legalmente, se fijó un régimen traslativo especial para las participaciones sociales, sometiendo a restricciones las transmisiones voluntarias por actos *inter vivos*[7].

5 BERCOVITZ RODRÍGUEZ CANO, A., "Capítulo III. Noción y características de la sociedad de responsabilidad limitada", *La sociedad de responsabilidad limitada*, Bercovitz Rodríguez Cano, A. (coord.), Aranzadi, 2006, p. 109; ROJO FERNÁNDEZ-RÍO, Á. "Los Grupos de sociedades...", *op. cit.* (Bib 1996\1648).

6 BERCOVITZ RODRÍGUEZ-CANO, A., "Capítulo II. Génesis y significado de la Ley de Sociedades de Responsabilidad limitada de 1995", *La Sociedad de Responsabilidad Limitada*, Bercovitz Rodríguez Cano, A. (coord.), Aranzadi, 2006, p. 72; GALLEGO SÁNCHEZ, E., "El derecho estatutario de salida del inversor en las sociedades de capital cerradas", *Estudios de derecho mercantil. Liber Amicorum profesor Dr. Francisco Vicent Chuliá*, Cuñat, V. Edor, Massaguer, J. Alonso Espinosa, F. y Gallego Sánchez, E. (dirs.), Tirant lo Blanch, 2013, p. 301; FERNÁNDEZ DEL POZO, L., "Un primer estudio sobre el nuevo régimen legal y estatutario de transmisión de las participaciones sociales. Examen de los artículos 26 a 34 de la nueva Ley", *Revista crítica de derecho inmobiliario*, núm. 628, 1995, pp. 874-875; GALLEGO SÁNCHEZ, E., *Las participaciones sociales en la Sociedad de Responsabilidad limitada*, Mcgraw-Hill/ Interamericana de España, 1996, p. 15.

7 SARAZÁ JIMENA, R., "Art. 107 Régimen de la transmisión voluntaria por actos inter vivos", *Comentario de la Ley de Sociedades de Capital*, García

Concretamente, nuestro *corpus* legal restringió este tipo de transmisiones a excepción de que se realizara entre socios, a favor del cónyuge, ascendiente o descendiente del socio o en favor de una sociedad perteneciente al mismo grupo, en cuyo caso existe plena libertad de transmisión. En caso contrario, el resto de supuestos, quedarían subordinados al consentimiento de la sociedad, expresado en junta general que, de ser negativo, estaría condicionado a la presentación de un adquirente, ora un tercero, ora otro socio o socios ora, en última instancia, la propia sociedad (artículo 107 LSC)[8].

La *ratio* de esta solución legislativa obedece a la *mens legis* de compaginar dos intereses antagónicos dignos de tutela, por un lado, el del socio interesado en trasmitir sus participaciones sociales y, por otro lado, el de la sociedad y el resto de consocios

Cruces, J. y Sancho Gargallo I. (dirs.), Tirant lo Blanch, Valencia, 2021, p. 1485; GARCÍA-CRUCES, J.A., *Derecho de sociedades mercantiles*, Tirant lo Blanch, Valencia, 2021, p. 251; QUIJANO GONZÁLEZ, J. y PEÑAS MOYANO, M. J., "La empresa familiar como empresa mercantil", *La empresa familiar y los nuevos retos de gestión*, Nogales Lozano, F. (coord..), Fundación EOI, 2007, p. 156; GALLEGO SÁNCHEZ, E. y FERNÁNDEZ PÉREZ, N., *Derecho mercantil. Parte primera*, Tirant lo Blanch, Valencia, 2019, p. 428.; GALLEGO SÁNCHEZ, E., "Participaciones SRL (transmisión voluntaria inter vivos)" *Diccionario de derecho de sociedades*, Alonso Ledesma, C. (dir.), Iustel, 2006, p. 899.

8 Para algunos autores esta disciplina fijada *ex lege* para la sociedad limitada, más que configurar a la sociedad limitada como una sociedad estrictamente "*cerrada*", la ha diseñado como una "*sociedad prácticamente abierta estatutariamente clausurable*" en la medida en que la sociedad, solo puede sustituir al adquirente, pero no puede vedar la transmisión al socio de sus participaciones sociales. Vid. ALONSO ESPINOSA, F. J., "Capítulo IV: art. 29 Régimen de la transmisión voluntaria por actos inter vivos", *Comentarios a la ley de sociedades de responsabilidad limitada*, Arroyo, I., Embid, J.M y Górriz, C. (coords), Editorial Tecnos, S.A., Madrid, 2009, pág. 419; FERNÁNDEZ DE LA GÁNDARA, L., *Derecho de Sociedades*, Tirant lo Blanch, Valencia, 2010, p. 1375.

en mantener el sustrato personal de la sociedad[9] como elemento configurador del tipo[10].

Ahora bien, conforme a la dicción del artículo 107 LSC, en esta materia se hizo primar la libertad de pactos como fuente primaria de regulación, cuyo reflejo debe obrar en estatutos sociales.

Luego, vía estatutaria, es posible fijar un régimen estatutario restrictivo diferente al disciplinado legalmente. Empero, supeditándolo a dos límites fundamentales, cuya contravención conlleva la más grave sanción fijada en nuestro ordenamiento jurídico, a saber, la nulidad. Así, por un lado, se reputan nulas aquellas cláusulas estatutarias que hagan prácticamente libre la transmisión de las participaciones por actos *inter vivos* (artículo 108.1 LSC) y, por otro lado, las que prohíban dicha transmisión, salvo que, se restrinjan temporalmente a un máximo de 5 años o, simultáneamente, vayan acompañadas del reconocimiento al socio de un derecho de separación *ad nutum* (artículo 108.3 LSC).

Evidentemente, con estas previsiones, se deduce con claridad que, en la construcción tipológica de la sociedad limitada se ha elevado a principio configurador el carácter cerrado de esta forma social, opción normativa que ha sido criticada por varias voces de la doctrina científica[11]. Pero que, en cualquier caso,

---

9 GALLEGO SÁNCHEZ, E., *Las participaciones sociales...*, *op. cit.*, pp. 21-22, FERNÁNDEZ DE LA GÁNDARA, L., *Derecho de Sociedades...*, *op. cit.*, p. 1381; PERDICES HUETOS, A. B., *Cláusulas restrictivas...*, *op. cit.*, p. 26; FERNÁNDEZ DEL POZO, L., "Un primer estudio...", *op. cit.*, p. 875.

10 ALONSO ESPINOSA, F. J., "Capítulo IV: art. 29...", *op. cit.*, p. 425; VELASCO SAN PEDRO, L. A., "Concepto y caracteres de la sociedad de responsabilidad limitada", *Derecho de sociedades de responsabilidad limitada. Estudio sistemático de la ley 2/1995*, Vol. 1, Rodríguez, F., García, R., Fernández, L., Alonso, A., Velasco, L. y Esteban, G. (coords.), Mcgraw-Hill/Interamericana de España, 1996, p. 52.

11 ALONSO ESPINOSA, F. J., "Capítulo IV: art. 29...", *op. cit.*, p. 437; GALLEGO SÁNCHEZ, E., *Las participaciones sociales...*, *op. cit.*, p. 365.

permite determinar los límites infranqueables a la autonomía de la voluntad (artículo 28 LSC) pues los socios podrán suavizar el carácter cerrado de la sociedad limitada, más no podrán incluir cláusulas estatutarias por las que sea libre la transmisión de las participaciones sociales.

3. Régimen de transmisión de las acciones

Por contraposición, la sociedad anónima se estableció *ex lege* como la mercantil por excelencia de carácter "abierto". Subrayándose con el empleo de dicho adjetivo la voluntad del legislador de facilitar el acceso y el abandono de la condición de socio mediante la transmisión de la acción. De ahí que, la acción se configurase como un valor negociable y transmisible (artículo 120 y 123 LSC) al ser su destino final la circulación en los mercados[12].

Ahora bien, desde el origen, nuestro ordenamiento jurídico convirtió a la sociedad anónima en una forma social flexible susceptible de ser configurada estatutariamente como una sociedad cerrada[13], mediante la introducción de restricciones a la transmi-

12 BERCOVITZ RODRÍGUEZ CANO, A., "Capítulo III. Noción y características...", *op. cit.*, p. 99

13 Exposición de Motivos de la LSA de 1951; FERNÁNDEZ DE LA GÁNDARA, L., *Derecho de Sociedades...*, *op. cit.*, p. 144; RECALDE CASTELLS, A. y ARIAS VARONA, F. J., "Art. 123. Restricciones a la libre transmisibilidad", *Comentario de la Ley de Sociedades de Capital*, García Cruces, J.A y Sancho Gargallo, I. (dirs.), Tirant lo Blanch, Valencia, 2021, p. 1718; MARTÍ MIRAVALLS, J., "La ampliación del derecho de separación del socio en las sociedades de capital cerradas", *Simplificar el derecho de sociedades*, Hierro Anibaro, S. (coord.), Marcial Pons, 2010, p. 497; ALONSO ESPINOSA, F., J. "Ante la elección de la forma societaria (algunas consideraciones prácticas)", *Revista Jurídica Región de Murcia*, nº 15, 1992, p. 43; GARRIDO DE PALMA, V. M., "La sociedad anónima en el derecho vivido", *Revista de Derecho Mercantil*, núm. 174, 1984 (Bib 1984\561); ALONSO UREBA, A., "El capital como cuestión tipológica",

sibilidad de las acciones nominativas. Conllevando ello, a la célebre "polivalencia funcional" de esta forma societaria.

Seguramente, la razón de esta forma de proceder deba buscarse en que, al tiempo de promulgarse la Ley de sociedades anónimas de 1951 no existía en nuestro ordenamiento jurídico un marco regulatorio de las sociedades limitadas. De ahí que, todas las sociedades debieron quedar sometidas a un estatuto jurídico unitario con la finalidad de no dejar al margen de esta Ley aquellas sociedades de capital personalistas surgidas al amparo del Código de Comercio[14]. O bien, el motivo deba buscarse en que, nuestro legislador, en lugar de adoptar un modelo excluyente de sociedad anónima, en el que bajo dicha vestidura sólo se pudiera albergar la gran empresa abierta —como el modelo alemán de la *Aktiengesellchaft*— optó por un modelo prevalente afín al sistema latino, en virtud del cual si bien estaría prevista la sociedad anónima para esta tipología de empresas nada impedía que se pudiesen albergar otras sociedades de tipo más modesto y corte cerrado[15].

En cualquier caso, lo cierto es que, convencionalmente, los socios de la sociedad anónima no cotizada pueden cerrar la mercantil al objeto de impedir *verbi gratia*, la entrada de terceros extraños[16]. Es decir, pueden diseñar una sociedad anónima en la

---

Estudios de derecho mercantil: Homenaje al profesor Justino Duque Domínguez, Universidad de Valladolid, Valladolid, 1998, pp. 128-129.

14 POLO DÍEZ, A., "Ante una nueva reforma de la sociedad anónima", *Discurso inaugural del año Académico 1965-66 en la Universidad de Barcelona*, 1965, p. 71.

15 MENÉNDEZ MENÉNDEZ, A., "Algunas reflexiones sobre la reforma de la Ley de Sociedades de Responsabilidad limitada", *¿Sociedad Anónima o Sociedad de Responsabilidad Limitada?*, Editorial Civitas, Madrid, 1992, p. 248; ROJO FERNÁNDEZ-RÍO, A. "La sociedad anónima como problema", *Revista de Derecho Mercantil*, núm. 187, 1988 Bib 1988\491.

16 FERNÁNDEZ DE LA GÁNDARA, L., *Derecho de Sociedades...*, *op. cit.*, p. 505; QUIJANO GONZÁLEZ, J. y PEÑAS MOYANO, M. J., "La empresa familiar...", *op. cit.*, p. 158.

que aflore el *intuitu personae*, donde el factor personal adquiera relevancia tanto interna como externamente.

Antes bien, esta soberanía de la junta general para restringir la transmisibilidad de las acciones nominativas no es absoluta ni incondicionada. Por el contrario, está sometida, en todo caso, al estricto cumplimiento de lo preceptuado reglamentariamente (artículo 123 RRM) y, al condicionante de que no se haga, de *facto* o de *iure*[17], prácticamente intransmisible la acción (artículo 123 LSC) so pena de nulidad[18]. Esto es, la libertad de transmisión de las acciones nominativas puede ser reducida vía estatutos sociales, más, en ningún caso, puede ser excluida en el sentido de hacer prácticamente intransmisible la acción.

En razón de todo lo expuesto, es evidente que, en la construcción de los modelos tipológicos es esencial la distinta circulación de las partes en las que está dividida el capital social. Así, para las sociedades anónimas es un principio configurador la libre transmisibilidad de las acciones[19] —o más bien, la transmisibilidad en la medida en que se puede derogar esa libertad plena estatutariamente mediante la imposición de limitaciones[20]— frente a las

17 *Vid.* GALLEGO SÁNCHEZ, E. y FERNÁNDEZ PÉREZ, N., *Derecho mercantil..., op. cit.*, p. 432.

18 Ahora bien, esta proscripción de carácter general y en términos inequívocos se suaviza en aquellos supuestos en que, se proceda a una prohibición total de la transmisión de las acciones, pero por plazo no superior a dos años desde la fecha de constitución de la mercantil (artículo 123.4 RRM).

19 FERNÁNDEZ DE LA GÁNDARA, L., *Derecho de Sociedades..., op. cit.* p. 495; VILLANUEVA GARCÍA-POMAREDA, B., "Las restricciones a la libre transmisibilidad..., *op. cit.* (Bib 2013\15114); FERNÁNDEZ PÉREZ, N., "Transmisión de acciones", *Diccionario de derecho de sociedades*, Alonso Ledesma, C. (dir.), Iustel, 2006, p. 1282.

20 BROSETA PONT, M. y MARTÍNEZ SANZ, F., *Manual de Derecho Mercantil. Introducción y estatuto del empresario. Derecho de la competencia y de la propiedad industrial, derecho de sociedades*, Vol. I, 25ª edición, Editorial Tecnos, 2018, p. 437; GALLEGO SÁNCHEZ, E., *Las participaciones sociales..., op. cit.*,

restricciones a la transmisión de las participaciones sociales en las sociedades limitadas[21].

III. TUTELA DEL SOCIO ANTE LA MODIFICACIÓN DEL RÉGIMEN DE TRANSMISIÓN VOLUNTARIA POR ACTOS INTER VIVOS DE LAS PARTICIPACIONES SOCIALES Y ACCIONES NOMINATIVAS

1. Consideraciones generales

Como se ha expuesto, nuestro ordenamiento jurídico ha confiado la regulación del régimen de transmisión de las acciones nominativas y participaciones sociales a los socios como fuente primaria de regulación, cuyo reflejo debe obrar expresamente en estatutos sociales. Tan solo operando el marco regulatorio fijado en la LSC en defecto de previsión estatutaria.

La razón de reservar la ordenación de esta materia a los estatutos sociales obedece a la consideración del régimen transmisivo como aspecto básico de la organización societaria y, asimismo, por motivos garantistas y de seguridad jurídica. Garantistas pues los socios merecen conocer de antemano la disciplina respecto del régimen de transmisión dada su extraordinaria relevancia para la posición jurídica del socio dentro la sociedad. Y, por razones de seguridad jurídica toda vez que, es necesario dotar a esta materia de un cierto grado de estabilidad, certidumbre y previsibilidad.

Evidentemente, como toda previsión estatutaria, por razones prácticas y teóricas, su contenido es disponible para los socios,

p. 202; SÁNCHEZ GONZÁLEZ, J. C., "La acción como título y como valor mobiliario negociable. La transmisión de acciones", *Las sociedades de capital conforme a la nueva legislación*, Editorial Trivium, Madrid, 1990, pp. 350-351.

21 FERNÁNDEZ DEL POZO, L., "Un primer estudio...", *op. cit.*, p. 873.

quienes deberán respetar las leyes y los principios configuradores del tipo social elegido por imperativo legal ex artículo 28 LSC. Correspondiendo su modificación en exclusiva a la junta general de socios al ser el máximo órgano soberano de la sociedad en el que se forma y expresa la voluntad social.

Así, la junta general por voluntad de la mayoría puede alterar el régimen de transmisión voluntaria por actos inter vivos de las acciones nominativas y participaciones sociales, cuyo efecto típico será que, todos los socios, incluso los disidentes y ausentes que no hubieran participado en la votación, quedarán vinculados por dicho acuerdo social (artículo 159.2 LSC).

Pues bien, a la luz de que es posible alterar el régimen transmisivo de las acciones nominativas y las participaciones sociales sin el consentimiento o conformidad del socio, nuestro ordenamiento precisó poner límites al poder de la mayoría y, paralelamente, positivizar instrumentos de protección del socio minoritario, hábiles para permitir la reacción del mismo frente a la adopción un acuerdo originador de un cambio esencial del contrato social.

En cumplimiento de dicha labor, en primer lugar, se definió legalmente un ámbito material inmodificable vía estatutaria y, por tanto, inquebrantable por la mayoría. En concreto, en sede de sociedades anónimas, la imposibilidad de hacer intransmisible la acción y, *sensu contrario*, para las sociedades limitadas, la prohibición de hacer prácticamente libre la transmisión de las participaciones sociales. Con ello, se tuteló el posible interés que tuvieron los socios al elegir una determinada forma social[22], donde el régimen de transmisión se configura como uno de los pilares esenciales en los que se asienta el diseño tipológico de la sociedad anónima y la sociedad limitada.

22 GALLEGO SÁNCHEZ, E., *Las participaciones sociales..., op. cit.*, pp. 364-366.

Y, simultáneamente, se proporcionaron *ex lege* mecanismos de tutela en favor del socio o de la minoría[23], bajo la consideración de que, esta tipología de modificaciones incide de manera esencial en la posición del socio al conllevar una alteración de la transmisibilidad originaria de su acción nominativa o participación social que, por voluntad ajena a aquéllos, puede no resultarle de interés o ser perjudicial.

A estos efectos, en consecución de dicho objetivo, el legislador contaba con una pluralidad de opciones legislativas. Así, podría haber condicionado la modificación estatutaria al consentimiento del socio[24]. Igualmente, podría haber requerido para esta tipología de acuerdos la unanimidad, lo que está inequívocamente proscrito en nuestro ordenamiento jurídico *ex* artículo 200 LSC. O bien, sin ánimo de exhaustividad, podría haber instaurado un régimen transversal para las sociedades limitadas y sociedades anónimas no cotizadas, reconociendo a los socios disconformes de ambas formas sociales un mismo grado o mecanismo de tutela.

23 PERALES VISCASILLAS, M., "Capítulo I. Introducción. Orígenes de la Separación de socios y partícipes", *La separación de socios y partícipes*, Tirant lo Blanch, 2000 (TOL228.377); MARTÍN VERGARA, C., "Algunas consideraciones sobre el sistema clásico de proteccionismo del accionariado en la gran sociedad anónima", *Revista de Derecho (Valparaíso)*, núm. XI, 1987, pp. 29 y 33; ALONSO ESPINOSA, F. J., "La posición jurídica del socio en la Ley 2/1995, de 23 de marzo, de sociedades de responsabilidad limitada (Aspectos generales)", *Estudios Jurídicos en homenaje al Profesor Aurelio Menéndez*, Vol. 2, Iglesias Prada, J. L. (coord.), Civitas, 1996, p. 1456.

24 Esta opción fue tácitamente desechada bajo la consideración de que, la agravación o imposición de nuevas restricciones a la transmisión de acciones o participaciones no es equiparable a la imposición de nuevas obligaciones para los socios (artículo 291 LSC) ni tampoco supone una privación de derechos esenciales e individuales de los socios (artículos 292 LSC y 158.3 RRM). *Vid* FERNÁNDEZ DE LA GÁNDARA, L., *Derecho de Sociedades...*, *op. cit.*, p. 506; GALLEGO SÁNCHEZ, E., *Las participaciones sociales...*, *op. cit.*, pp. 348-349.

Sin embargo, con ocasión de la diferente configuración tipológica de la sociedad limitada respecto de la sociedad anónima, el derecho nacional, como opción legislativa, ante un mismo problema para dos formas sociales diferentes, proporcionó dos soluciones jurídicas distintas, a saber, el derecho de separación en las sociedades limitadas y la *vacatio* en las sociedades anónimas.

En este sentido, como se expondrá *ut infra*, si bien ambos mecanismos de tutela presentan características y regímenes dispares, no obstante, comparten elementos en común que, merecen ser someramente enunciados antes de analizar el distinto ámbito de protección entre ambas formas jurídicas.

Respecto a este menester, merece destacar que, tanto la *vacatio* como el derecho de separación, comparten teleológicamente que son instrumentos concedidos por el legislador al socio como contrapartida a la adopción de un acuerdo por mayoría, entendido como perjudicial para la posición e intereses del socio. Igualmente, ambos operan como una excepción a la regla de sumisión de los socios a los acuerdos adoptados por la mayoría (artículo 159.2 LSC), teniendo por objeto facilitar la desvinculación del socio de la mercantil[25] cuando no estuviera conforme con la modificación proyectada. Y, por último, ambos instrumentos de tutela comparten la legitimación para su ejercicio pues, en ambos casos se concede legitimación al socio que no hubiera votado a favor de

25 GARCÍA MARTÍNEZ, A., "La indispensable sustancialidad de la modificación del régimen de transmisión de las participaciones sociales a fin de ejercitar el derecho de separación (a propósito de la resolución de la DGRN de 4 de julio de 2018)", *Revista de Derecho de Sociedades*, núm. 57, 2019 Bib 2019\9181; GARCÍA MARTÍNEZ, A., "El derecho de separación por modificación del régimen de transmisión de las participaciones sociales", *Derecho de sociedades. Los derechos del socio*, González, M. B. y Cohen, A (dirs.), Tirant lo Blanch, Valencia, 2020, p. 1003.

la modificación[26], lo que incluye no solo a los socios disidentes, sino también a los que se hubieren abstenido, a los ausentes y a los privados o que no lleven incorporado el derecho de voto.

2. Tutela del socio en la sociedad limitada

En relación con la sociedad limitada, el artículo 346.2 LSC reconoce un derecho de separación al socio que no hubiera votado a favor del acuerdo social de modificación del régimen de transmisión de las participaciones sociales.

El fundamento de proporcionar este mecanismo de defensa deriva, según confesó el precedente normativo consistente en la LSRL de 1995[27], de la propia construcción tipológica de la sociedad limitada[28]. Presentándose para el legislador esta causa de separación como la mejor salida en una forma social en la que se presume la dificultad del socio para transmitir su condición ante

26 MARINA GARCÍA-TUÑON, A., "Supuestos específicos de modificación estatutaria: modificaciones perjudiciales a determinadas clases de acciones, restricciones a la libre transmisibilidad de las acciones y cambio de domicilio social", *Derecho de sociedades anónimas III Modificación de estatutos, aumento y reducción del capital. Obligaciones,* Vol. I, Alonso, A., Esteban, G., Duque, J., García, R., Sánchez, F. (coords.), Civitas, Madrid, 1994, p 126; FERNÁNDEZ DE LA GÁNDARA, L., *Derecho de Sociedades..., op. cit.*, pp. 876 y 1894; ÁVILA DE LA TORRE, A., *La modificación de estatutos en la sociedad anónima*, Vicent Chuliá, F. (dir), Tirant lo Blanch, Valencia, 2001, pp. 624-625.

27 De esta forma, se rechazó el planteamiento erróneo del legislador de 1953, cuando expresó que en las sociedades limitadas *"no existe problema de defensa de las minorías"*. *Vid.* GARRIDO DE PALMA, V. M., *La sociedad de Responsabilidad Limitada,* Editorial Trivium, S.A., 1992, p. 66; JUSTE MENCÍA, J., "Derechos de minoría", *Estudio sistemático de la ley 2/1995,* Vol. 1, Rodríguez, F., García, R., Fernández, L., Alonso, A., Velasco, L. y Esteban, G. (coords.), Mcgraw-Hill/Interamericana de España, 1996, p. 705.

28 FERNÁNDEZ DE LA GÁNDARA, L., *Derecho de Sociedades..., op. cit.,* p. 1893; VIERA GONZÁLEZ, A. J., *Las sociedades de capital cerradas. Un problema de relaciones entre los tipos SA y SRL,* Aranzadi, 2002, pp. 271-273.

la inexistencia de un mercado líquido que permita la desvinculación de la sociedad y la existencia de restricciones estatutarias o legales al *ius disponendi*, que dificultan su venta a un tercero.

2.1. Concepto y fundamento del derecho de separación

En una primera aproximación, el *ius separationis* puede conceptuarse como un derecho individual por el que se permite al socio desvincularse de manera voluntaria y unilateral de la sociedad, sin acarrear su disolución[29], mediante la recuperación por el socio del valor razonable de sus participaciones sociales.

En origen, su reconocimiento legal está vinculado a la adopción de determinados acuerdos sociales que tienen en común, la alteración de elementos esenciales de la mercantil o de los derechos de los socios que hacen inexigible al socio permanecer en la sociedad. Es por lo que, para el legislador se erige la extinción del vínculo societario como la solución más satisfactoria para los intereses contrapuestos de las partes[30]. Por un lado, el interés del socio minoritario de abandonar la sociedad ante cambios esenciales del contrato social y, por otro lado, el interés de la sociedad de mantener su propia existencia y maximizar el interés social.

A merced de ello, en este contexto, el derecho de separación es concebido como un mecanismo de tutela de carácter excep-

29 FERNÁNDEZ DE LA GÁNDARA, L., *Derecho de Sociedades..., op. cit.*, p. 1881; CAMPUZANO, A., "Cap. 9. La separación y exclusión de socios", *La sociedad de responsabilidad limitada*, Campuzano, A. B. (coord.), Tirant lo Blanch, Valencia, 2008 Tol 1.413.563; URÍA, R.; MENÉNDEZ, A. e IGLESIAS PRADA, J. L., "Capítulo 46 La sociedad de responsabilidad limitada: Exclusión y separación de socios", *Curso de derecho mercantil*, I, Aparicio González, M. L. (coord..), Editorial Aranzadi, 2006, pp. 1261

30 FERNÁNDEZ DE LA GÁNDARA, L., *Derecho de Sociedades..., op. cit.*, p. 1888; BONARDELL LENZANO, R. y CABANAS TREJO, R., *Separación y exclusión de socios en la sociedad de responsabilidad limitada*, Aranzadi, 1998, p. 21.

cional[31] porque supone una excepción a la regla del artículo 159.2 LSC, es decir, al principio general de soberanía de la junta general y del sometimiento de todos los socios a la regla de la mayoría. Y, asimismo, porque desde un punto de vista económico y patrimonial, su ejercicio entraña un riesgo de descapitalización para la sociedad, siendo potencialmente nocivo tanto para la mercantil como para los acreedores sociales ya que la restitución de la participación al socio separado debilita el patrimonio social, instituido como garantía de terceros.

2.2. Derecho de separación por modificación del régimen de transmisión de las participaciones sociales

Como se ha enunciado, nuestro ordenamiento jurídico, al amparo del artículo 346.2 LSC, reconoce como causa legal de separación la modificación del régimen de transmisión de las participaciones sociales. Desde esta perspectiva, se conceptúa, expresamente, el régimen de transmisión de las participaciones sociales como un pilar básico de la configuración de la sociedad limitada[32], implicando su alteración una modificación sustancial del contrato social, motivo por el que no es exigible al socio su permanencia dentro de la sociedad.

Concretamente, acorde con la interpretación literal del artículo 346.2 LSC, este derecho de separación surgiría ante la modificación del régimen de transmisión establecido, cualquiera que

31 GARCÍA MARTÍNEZ, A., "La indispensable sustancialidad..., *op. cit.*

32 BRENES CORTES, J., "¿En qué momentos se consolida el derecho de separación del socio en una SRL?", *Actualidad Jurídica Aranzadi*, núm. 715, 2006 Bib 2006\1289; MARTÍNEZ JIMÉNEZ, M. I., "Separación y exclusión de socios", *Comentarios a la ley de sociedades de responsabilidad limitada*, Arroyo, I., Embid, J.M y Górriz, C. (coords), Editorial Tecnos, S.A., Madrid, 2009, p. 1077.

fuera el alcance y el contenido de la modificación introducida[33]. Es decir, con plena insensibilidad de la entidad y del sentido liberal o restrictivo de la alteración estatutaria y, por tanto, indiferentemente, de si se elimina, se intensifica el carácter cerrado o se amplía la transmisibilidad de las participaciones sociales.

Con tal forma de proceder, el legislador no solo está protegiendo al socio ante la imposición de mayores restricciones que pueden acarrear mayores dificultades en la transmisión de su condición, sino también su eventual interés en que exista una suerte de *status quo* o inmovilismo en el tránsito de circulación de las partes sociales[34] y, por ende, en el sustrato personal de la sociedad.

Bajo este planteamiento es necesario realizar tres consideraciones respecto a los términos empleados en la norma. En primer lugar, no deja de suscitar objeciones entre la doctrina científica la amplia generosidad con la que ha sido reconocido este derecho

33 FERNÁNDEZ DE LA GÁNDARA, L., *Derecho de Sociedades..., op. cit.*, p. 1896; MARTÍNEZ JIMÉNEZ, M. I., "Separación y...", *op. cit.*, p. 1077; BRENES CORTES, J., "El derecho de separación, principales novedades...", *op. cit.*; FERNÁNDEZ DE CÓRDOBA CLAROS, I., "La separación y exclusión de socios en las sociedades de capital", *Revista de Derecho de Sociedades,* núm. 41, 2013 (Bib 2013\2524); BONARDELL LENZANO, R. y CABANAS TREJO, R., *Separación y exclusión de socios..., op. cit.*, p. 50; PULGAR EZQUERRA, J., "Capítulo 12. Separación y exclusión de socios en sociedades de capital", *Tratado de conflictos societarios*, Ortega Burgos, E. (dir.), Tirant lo Blanch, Valencia, 2019, p. 541; UGENA MUÑOZ, S., "Capítulo IX. La separación y exclusión de socios", *La sociedad de responsabilidad limitada*, Campuzano, A. (coord.), Tirant lo Blanch, Valencia, 2008 (Tol 1.413.563).

34 VIERA GONZÁLEZ, A. J., *Las sociedades de capital cerradas. Un problema de relaciones entre los tipos SA y SRL*, Editorial Aranzadi, 2002, pp. 407-408; BONARDELL LENZANO, R. y CABANAS TREJO, R., *Separación y exclusión de..., op. cit.*, pp. 49-51; BRENES CORTES, J., "¿En qué momentos se consolida...", *op. cit.* Bib 2011\1692; MARTÍNEZ MUÑOZ, M., "El Derecho de separación en el Anteproyecto de la Ley de Código mercantil.", *Revista CEFLEGAL*, núm. 175-176, 2015, p. 21; SAP Valencia núm. 984/2022 (Roj: SAP V 3798/2022).

de separación, que abarca cualquier tipo de modificación estatutaria del régimen de transmisión, aun cuando no fuera sustancial. Siendo ajena la dicción del artículo 346.2 LSC a que exista una proporcionalidad entre la modificación y la consecuencia derivada del derecho de separación[35]. Pues bien, reconocer un derecho de separación con independencia del calado de la modificación es, cuanto menos, exacerbado e incoherente con los caracteres inherentes a este derecho[36]. Es tanto como habilitar la salida del socio ante cualquier modificación estatutaria por nimia que fuere.

Evidentemente, estos términos absolutos proporcionados por el legislador en el artículo 346.2 LSC colisionan frontalmente con el fundamento mismo del derecho de separación y su carácter como remedio excepcional. Y es que, si la alteración del régimen de transmisión, en términos cualitativos y cuantitativos, no es esencial, resulta irresponsable e imprudente conceder un derecho de separación al socio, previsto para modificaciones estatutarias trascendentes. En el mismo sentido, su redacción actual chocaría frontalmente con la función del derecho de separación como herramienta compositiva de intereses contrapuestos. En el bien entendido de que los términos actuales suponen sobrevalorar el interés del socio, ignorando las graves consecuencias de un ejercicio indiscriminado del derecho de separación que, inexorablemente, podrá comprometer el patrimonio social en perjuicio de la mercantil y de los posibles acreedores[37].

35 ALFARO AGUILA-REAL, J., "Modificación de la cláusula estatutaria que regula la transmisión de las participaciones sociales" en su blog de 19 de julio de 2018, disponible en derechomercantilespana.blogspot.com; GARCÍA MARTÍNEZ, A., "La indispensable sustancialidad de...", *op cit.* Bib 2019\9181; VIERA GONZÁLEZ, A., J. *Las sociedades de capital cerradas..., op. cit.*, pp. 411-412.

36 GALLEGO SÁNCHEZ, E., *Las participaciones sociales..., op. cit.*, p. 351; GARCÍA MARTÍNEZ, A., "El derecho de separación por...", *op. cit.*, pp. 1007-1008; UGENA MUÑOZ, S., "Capítulo IX. La separación...", *op. cit.* Tol 1.413.563.

37 BONARDELL LENZANO, R. y CABANAS TREJO, R., *Separación y exclusión de..., op. cit.*, p. 51.

En virtud de lo anterior, no es de extrañar que, en nuestra doctrina se haya abogado por una interpretación correctora del precepto en coherencia con el carácter excepcional del *ius separationis,* defendiéndose que, el reconocimiento de este derecho de separación al socio debería venir anudado a que la modificación del régimen de transmisión de las participaciones sociales fuera sustancial[38]. Dicha circunstancia está silenciada en la norma a diferencia de lo acontecido con la sustitución o modificación del objeto social en el que se exige la sustancialidad de la modificación a raíz de la Ley 25/2011 de 1 de agosto, de reforma parcial de la Ley de Sociedades de Capital.

En segundo lugar, la redacción actual del artículo también ha sido censurada por algunos autores de la doctrina científica porque, en relación con esta materia, deja escaso margen a la autonomía de la voluntad de los socios para adaptar la mercantil a sus necesidades y expectativas[39]. Y es que, en efecto, el legislador, en una hipérbole del carácter personalista de la sociedad limitada y en un intervencionismo exagerado, ha olvidado la consideración de la sociedad limitada como sociedad de capital flexible, abandonando la libertad de pactos típica de toda sociedad de capital.

En tercer lugar, también ha suscitado reservas entre algunos autores de la doctrina científica la circunstancia de que el naci-

38 GÓMEZ MENDOZA, M., "Cláusulas estatutarias de transmisión voluntaria por actos inter vivos de las participaciones sociales de una sociedad de responsabilidad limitada", *Derecho de sociedades de responsabilidad limitada. Estudio sistemático de la ley 2/1995, Vol. 1*, Rodríguez, F., García, R., Fernández, L., Alonso, A., Velasco, L. y Esteban, G. (coords.), Mcgraw-Hill/Interamericana de España, 1996, p. 423; GARCÍA MARTÍNEZ, A., "La indispensable sustancialidad de...", *op cit.*

39 ALFARO ÁGUILA-REAL, J., "Modificación de la cláusula estatutaria...", *op. cit.*; BERCOVITZ ÁLVAREZ, R., "Capitulo XIX. Separación y exclusión de socios", *La Sociedad de Responsabilidad Limitada*, Bercovitz Rodríguez Cano, A. (coord.), Editorial Aranzadi, S.A., 2006, p. 793

miento del derecho de separación surja tanto cuando la modificación haga más gravoso como más liberalizador el régimen de transmisión establecido de las participaciones sociales. Dicho enfoque contrasta, por un lado, con la orientación seguida en la sociedad anónima, por la que se protege al socio tan solo cuando la modificación estatutaria haga más gravosa la transmisibilidad de las acciones nominativas (artículo 123 LSC). Y, por otro lado, es inconsecuente con la función que atribuye a esta causa legal de separación consistente en servir como mecanismo de salida al socio ante la inexistencia de mercado y restricciones a la transmisibilidad. Y es que, si la modificación estatutaria tiende a liberalizar el régimen de transmisión de las participaciones sociales, el derecho de separación quedaría injustificado toda vez que, entonces, el socio estaría protegido por las mayores posibilidades de transmitir sus participaciones sociales a un tercero[40]. Por ello, algunas voces de la doctrina han defendido como solución de *lege ferenda* que, esta causa legal de separación debe limitarse a las modificaciones estatutarias que hagan más restrictiva la transmisión voluntaria por actos inter vivos de las participaciones sociales[41].

3. Tutela del socio en la sociedad anónima

De igual modo, como se ha expuesto, respecto a las sociedades anónimas, la LSC permite restringir o condicionar la transmisibilidad de las acciones nominativas mediante modificación estatutaria. Ahora bien, conforme al artículo 123.1 LSC, los socios que no hubieran votado a favor de dicho acuerdo social no quedarán

40 En términos similares, BONARDELL LENZANO, R. y CABANAS TREJO, R., *Separación y exclusión de..., op. cit.*, p. 49.

41 BONARDELL LENZANO, R. y CABANAS TREJO, R., *Separación y exclusión de..., op. cit.*, pp. 49-51; MARTÍNEZ JIMÉNEZ, M. I., "Separación y...", *op. cit.*, p. 1077; URÍA, R., *Derecho mercantil..., op. cit.*, p. 549.

sometidos al mismo por un plazo de 3 meses a computar desde la publicación del acuerdo en el BORME.

Dentro de este plazo, el socio estará facultado para transmitir por actos *inter vivos* sus acciones nominativas sin sometimiento a las nuevas restricciones[42], pudiendo deshacerse de todas o parte de sus acciones antes de que entren en juego las nuevas restricciones. Más, irremediablemente, transcurridos esos tres meses, el acuerdo social de modificación recobrará toda su eficacia, quedando todos los socios titulares de este derecho sometidos a este acuerdo.

Con esta solución, el legislador está protegiendo al accionista que adquirió sus acciones nominativas bajo un régimen de transmisión, el cual va a quedar intensamente alterado. Sin embargo, a diferencia del mecanismo de tutela de la sociedad limitada, la modificación deberá ir dirigida a restringir o condicionar la transmisión de las acciones nominativas bajo la presunción legal de que este tipo de modificaciones suponen un empeoramiento de la posición del socio al rebajarse la transmisibilidad de sus acciones nominativas[43]. De ahí que, ante la posibilidad de que el socio pueda haber perdido el interés en mantenerse en la sociedad, legalmente se fija un plazo de tres meses de *vacatio* o suspensión temporal de efectividad del acuerdo, para que aquél pueda transmitir sus acciones nominativas sin subordinación a las nuevas restricciones.

---

42 BRENES CORTES, J., "El derecho de separación, principales...", *op. cit.*; RECALDE CASTELLS, A. y ARIAS VARONA, F. J., "Art. 123. Restricciones a la libre...", *op. cit.*, p. 1722; BONARDELL LENZANO, R. y CABANAS TREJO, R., *Separación y exclusión de..., op. cit.*, p. 48; GARCÍA-CRUCES, J.A., *Derecho de sociedades..., op. cit.*, p. 447; FERNÁNDEZ DE LA GÁNDARA, L., *Derecho de Sociedades..., op. cit.*, p. 1896; URÍA, R., *Derecho mercantil..., op. cit.*, p. 373.

43 GALLEGO SÁNCHEZ, E., *Las participaciones sociales..., op. cit.*, p. 350; MARINA GARCÍA-TUÑON, A., "Supuestos específicos de modificación...", *op. cit.*, pp. 125 y 128; RECALDE CASTELLS, A. y ARIAS VARONA, F. J., "Art. 123. Restricciones a la libre ...", *op. cit.*, p. 1722.

Previsiblemente, este beneficio legal, al igual que sucede en sede de sociedades limitadas, tiene defensores y detractores. Entre los primeros se encuentran aquellos que, entienden que la tutela proporcionada con la *vacatio* guarda correspondencia con los intereses en juego[44]. Por un lado, el interés del socio a no quedar sometido a una modificación que supone una variación del régimen de circulación de sus acciones; y, de otro lado, el interés de la sociedad a determinar su propia idiosincrasia sin comprometer su patrimonio social, el cual podría verse amenazado con el reconocimiento de un derecho de separación.

En cambio, los segundos critican este mecanismo de protección por su escasa utilidad y el grado de insatisfacción que entraña tanto para el socio como para la sociedad[45]. Por un lado, respecto del socio, por cuanto de ser partícipe de una sociedad no cotizada cuyas acciones no se negocien en mercados con suficiente liquidez, por lo general, la posible transmisión de su cuota a un tercero será algo más teórico que real. En efecto, si, ya *per se*, resulta estéril para el socio encontrar un potencial adquirente de sus acciones libremente transmisibles, evidentemente, esta situación se verá agravada ante acciones que lleven incorporadas restricciones a la transmisión. Es más, la imposición de estas res-

44 GALLEGO SÁNCHEZ, E., *Las participaciones sociales..., op. cit.*, p. 351; MARTÍNEZ, A., "El derecho de separación por...", *op. cit.*, p. 1004.

45 MARINA GARCÍA-TUÑON, A., "Supuestos específicos de modificación...", *op. cit.*, p 128; ÁVILA DE LA TORRE, A., *La modificación de estatutos..., op. cit.*, pp. 629-631; PERDICES HUETOS, A. B., *Cláusulas restrictivas..., op. cit.*, pp. 425 y 426; RECALDE CASTELLS, A. y ARIAS VARONA, F. J., "Art. 123. Restricciones a la libre ...", *op. cit.*, p. 1722; ALONSO ESPINOSA, F. J., "Modificación de estatutos y aumento y reducción del capital" *Cuadernos de Derecho y Comercio*, núm. 8, 1990, p. 65; PERDICES HUETOS, A., "*Supresión de cláusulas restrictivas de la transmisibilidad de acciones y participaciones que reconocen derechos de adquisición preferente a los socios*", en Almacén de Derecho, 31 de marzo de 2017, disponible en: https://almacendederecho.org/supresion-clausulas-restrictivas-la-transmisibilidad-acciones-participaciones-reconocen-derechos-adquisicion-preferente-los-socios.

tricciones puede acarrear una disminución del valor de la acción, originando incluso actuaciones oportunistas de los mayoritarios, interesados en adquirir las acciones del minoritario a un precio inferior al que le correspondería.

Por otro lado, la insatisfacción respecto de la sociedad devendría de que, si la voluntad de los socios era cercenar el sustrato personal de la sociedad a través de la imposición de restricciones, la posibilidad de enajenar a cualquier tercero durante el plazo de 3 meses puede provocar, con desatino, lo contrario a lo pretendido por los socios con la modificación estatutaria.

4. Fundamento de la diferencia de tutela entre ambas formas sociales

De lo expuesto hasta el momento, es evidente que la protección del socio de la sociedad limitada vía derecho de separación es superior y más amplia que el de la sociedad anónima. De hecho, nos encontramos ante el escenario legal contradictorio de que la tutela del socio en la sociedad limitada peca en exceso ante la indiscriminación de su configuración, mientras que, en la sociedad anónima peca por defecto en méritos de su exigua utilidad.

Pues bien, el motivo de proporcionar legalmente un tratamiento asimétrico y una diferente tutela al socio según la forma social elegida obedece, no a una cuestión técnica, sino a una cuestión de política legislativa, cuya valoración merece ser realizada desde esta perspectiva.

Concretamente, esta diferencia de protección deriva de la distinta concepción dogmática de la sociedad limitada como sociedad *"cerrada"* y la sociedad anónima como sociedad *"abierta"*[46], cuya

46 SEQUEIRA MARTÍN, A., "Derecho de separación y la exclusión del socio", *Revista de Derecho de Sociedades,* núm. 36, 2011 (Bib 2011\518).

distinción más sobresaliente estribaría en la diferente circulación de las partes sociales y, por tanto, en las distintas posibilidades del socio de deshacerse de su condición vía transmisión de su cuota.

Así, en lo atinente a las sociedades anónimas, el legislador nacional entiende que, aun cuando la transmisión de las acciones nominativas puede ser restringida vía estatutaria, en la medida en que no es posible hacerla esencialmente intransmisible, ello proporciona una protección equivalente al derecho de separación[47]. Es por lo que, teóricamente, en esta forma social era estéril reconocer un *ius separationis*, resultando ocioso afirmar que, de existir una fácil transmisibilidad de la condición de socio, se dejaría vacuo de fundamento el derecho de separación pues el socio disconforme podría desvincularse voluntariamente de la sociedad con la transmisión de su posición a un tercero sin necesidad de alterar el sustrato patrimonial de la mercantil.

En contraposición con lo anterior, en la sociedad limitada se revelaba necesario conceder un derecho de separación ante la modificación del régimen de transmisión de las participaciones sociales, como fórmula alternativa a la inexistencia de un mercado organizado en el que el socio pudiese negociar su participación social y, asimismo, ante la existencia de restricciones a la transmisibilidad[48].

Con esta forma de proceder, el legislador en su diseño tipológico de la sociedad limitada fija como dos manifestaciones de su

47 GARCÍA MARTÍNEZ, A., "El derecho de separación por...", *op. cit.*, p. 997; GARCÍA-CRUCES, J.A. *Derecho de sociedades...*, *op. cit.*, p. 279.

48 NAVARRO MATAMOROS, L., "El derecho de separación de los socios de sociedades de responsabilidad limitada: comentario de la resolución de 25 de septiembre de 2003 de la Dirección General de los Registros y el Notariado", *Cuadernos de derecho y comercio*, núm. 44, 2005, p. 180; MARTÍ MIRAVALLS, J., "La ampliación del derecho de separación...", *op. cit.* p. 498; MARTÍNEZ JIMÉNEZ, M. I., "Art 95 causas legales de...", *op. cit.*, p. 1071.

carácter típico las restricciones a la transmisibilidad de las participaciones y, en compensación, el derecho de separación[49]. Actuando, en cierto modo, como contrapeso a la pérdida de la fungibilidad de las participaciones sociales y desechando, por ende, en esta forma social la *vacatio* como mecanismo de protección del socio, posiblemente, ante lo inoperante de esta técnica en una forma social en la que se presume la dificultad del socio para localizar un comprador[50]. A pesar de ello, no han faltado autores que han defendido que, el legislador debería haber meditado la posibilidad de introducir como mecanismo de protección del socio de la sociedad limitada una *vacatio* similar a la prevista para las sociedades anónimas, en aquellos supuestos en los que la modificación conlleve una agravación de la transmisión[51]. Más como se ha expuesto, el legislador consciente de la escasa viabilidad de esta herramienta como mecanismo de salida en una sociedad que se presume cerrada, optó por reconocer un derecho de separación.

IV. RECAPITULACIÓN CRÍTICA Y CONSIDERACIONES DE *LEGE FERENDA*

1. De la polivalencia funcional entre la sociedad anónima no cotizada y la sociedad limitada

Si bien la justificación formal relatada en el ordinal precedente no plantea dificultades, lo cierto es que la contraposición tipoló-

49 VIERA GONZÁLEZ, A. J., *Las sociedades de capital cerradas...*, *op. cit.*, p. 271.

50 BRENES CORTES, J., "El derecho de separación, principales...", *op. cit.*

51 GALLEGO SÁNCHEZ, E., *Las participaciones sociales...*, *op. cit.*, p. 352 o bien; GÓMEZ MENDOZA, M. es favorable al reconocimiento del derecho de separación ante determinados supuestos de modificación, sin embargo, defiende la posición de que debería haberse recurrido a la técnica de la vacatio en las sociedades limitadas ante determinados supuestos GÓMEZ MENDOZA, M., "Cláusulas estatutarias...", *op. cit.*, p. 424.

gica entre sociedades limitadas y sociedad anónimas no es incondicional, salvo en el supuesto de sociedades cotizadas[52], como inequívocamente demuestra la práctica societaria y el dispositivo fijado en la norma.

Y es que, gracias al juego de la autonomía de la voluntad, las características adscritas a cada forma social se intercambian con asiduidad. De tal modo que, aspectos definitorios de la sociedad limitada, son en muchos casos compartidos con la sociedad anónima no cotizada a razón de que esta forma social puede ser configurada estatutariamente como una sociedad cerrada con caracteres personalistas mediante la introducción de cláusulas limitativas a la transmisibilidad de las acciones nominativas[53], en la que la identidad de los socios o sus cualidades se configuren como esenciales.

De lo anterior, no es ajeno el legislador, quien relata esta problemática de la polivalencia funcional entre la sociedad anónima no cotizada y sociedad limitada en la propia Exposición de Motivos de la LSC[54], razón por la que no se comprende con exactitud el devenir legislativo en relación con lo que es objeto de este trabajo.

En este sentido, de sobra es conocido que, la LSC supuso un hito legislativo de especial trascendencia toda vez que, inició un procedimiento de unificación, aportando soluciones legislativas

52 En las sociedades cotizadas es inadmisible las restricciones a la transmisibilidad de las acciones por imperativo legal *ex* artículo 9.4 RD 1310/2005, de 4 de noviembre, por el que se desarrolla parcialmente la LMV.

53 FERNÁNDEZ DEL POZO, L., "Un primer estudio...", *op. cit.;* UGENA MUÑOZ, S., "Capítulo IX. La separación...", *op. cit.;* IRIBARREN, M., "La supresión de la cláusula estatutaria de adquisición preferente de acciones", *Revista de Derecho Bancario y Bursátil*, núm. 167, 2022 (Bib 2022\3153).

54 Apartado IV de la exposición de motivos de la LSC; EMBID IRUJO, J. M., "Capítulo I. Concepto, delimitación y tipología de las sociedades de capital", *Derecho de sociedades de capital. Estudio de la Ley de sociedades de capital y de la legislación complementaria*, Marcial Pons, 2016, p. 15.

comunes a ambas formas sociales, que originalmente solo estaban previstas para una de estas formas de sociedades de capital[55]. Sin embargo, en relación al derecho de separación, esta homogeneización realmente solo fue parcial e incompleta.

Y es que, respecto al *ius separationis*, nuestro ordenamiento jurídico procedió a extender normativamente a las sociedades anónimas no cotizadas la mayoría de las causas legales de separación privativas de las sociedades limitadas, tomándose como base la regulación contenida en la LSRL de 1995[56]. Más, seguramente derivado de la falta de implementación de una política legislativa clara, interrelacionada y coherente sobre la tipología societaria y por una posible persuasión de nuestro legislador por llevar un planteamiento tipológico a ultranza, se extendieron todas las causas de separación previstas originariamente para la sociedad limitada a la sociedad anónima, a excepción de la correspondiente a la "*modificación del régimen de transmisión de las participaciones sociales*", actualmente prevista en el artículo 346.2 LSC con exclusividad para la sociedad limitada.

2. De la posible unificación del mecanismo de tutela y del supuesto de hecho desencadenante

A merced de esta desnaturalización o más bien, polivalencia funcional entre la sociedad anónima y limitada es oportuno plantearnos la conveniencia de unificar el régimen de protección del

55 VIERA GONZÁLEZ, A. J., "Closed capital companies in the Spanish legislative evolution: Problems of legal policy and regulatory interpretation", *Private Company Law reform in Europe: the race for flexibility*, Aranzadi, enero de 2015 (Bib 2015\11453).

56 BRENES CORTES, J., "El derecho de separación, principales...", *op. cit.*; CERDÁ ALBERO, F., "Art. 346. Causas legales de separación", *Comentario de la Ley de Sociedades de Capital*, García Cruces, J.A. y Sacho Gargallo, I. (dirs.), Tirant lo Blanch, Valencia, 2021, p. 4640.

socio para las sociedades limitadas y las sociedades anónimas no cotizadas[57] cuando como consecuencia de una modificación estatutaria se hiciera más restrictiva o gravosa la transmisibilidad de las acciones nominativas o participaciones sociales[58] y ello ante la inexistencia de diferencias tipológicas suficientes que amparen esta diversidad de tratamiento.

Y es que, la realidad nos demuestra que, tanto los socios de las sociedades limitadas como los socios de las sociedades anónimas no cotizadas encuentran los mismos problemas para extinguir su vínculo con la sociedad al no existir un mercado alternativo en el que enajenar sus acciones nominativas o participaciones sociales. Y, adicionalmente, resulta que, al igual que para la sociedad limitada es un elemento esencial su carácter cerrado, para la socie-

57 FERNÁNDEZ DE CÓRDOBA CLAROS, I., "La separación y exclusión..." *op. cit.*; SÁNCHEZ GONZÁLEZ, J. C., "Acerca del régimen estatutario de transmisión de participaciones sociales y acciones y sobre la separación y la exclusión de socios de sociedades de capital en la propuesta de Código Mercantil", *Estudios jurídicos. En memoria del profesor Emilio Beltrán. Liber Amicorum*, Campuzano, A. B. y Rojo, A. (coords.), Tirant lo Blanch, 2015, p. 780; VIERA GONZÁLEZ, A. J., "Closed capital companies in the Spanish...", *op. cit.*; GARRIDO DE PALMA, V. M., "La causa del contrato de sociedad y su continuada influencia: la separación y la exclusión de socios", *El derecho de separación y la exclusión de socios en las sociedades de capital*, González Fernández, M (dir.), Tirant lo Blanch, Valencia, 2021, p. 65; VIERA GONZÁLEZ, A. J., *Las sociedades de capital cerradas..., op. cit.*, p. 412.

58 Tarea que, en principio, hubiera sido posible abordar a través de la LSC, ya que la habilitación efectuada al ejecutivo mediante la disposición final séptima de la Ley 3/2009, de 3 de abril consistente en regularizar, aclarar y armonizar las normas dispersas originales, se trata de la delegación legislativa más amplia prevista en el artículo 82.5 CE. Permitiéndose por medio de esta delegación, conforme a la doctrina del Tribunal Constitucional *...introducir normas adicionales y complementarias a las que son estrictamente objeto de refundición, siempre que sea necesario para colmar lagunas, precisar su sentido o, en fin, lograr la coherencia y sistemática del Texto único Refundido... Vid.* SSTC núm. 13/1992 de 6 de febrero de 1992, FJ 16 (Tol 80.629) y núm. 166/2007, de 4 de julio de 2007, FJ 8 (Tol 1.115.500).

dad anónima es esencial su carácter abierto. Por lo que, partiendo de la justificación de que cualquier imposición de mayores restricciones a la transmisibilidad supone una alteración de un elemento esencial del contrato social, misma protección merecerían los socios de ambas formas sociales. Por ello, no se entiende acertado el distinto tratamiento según la forma social elegida. Máxime cuando la sociedad anónima pasaría de un régimen de plena libertad o más abierto, a un régimen más restrictivo, conllevando mayores perjuicios y dificultades para el socio de esta mercantil transmitir sus acciones nominativas en comparación con el régimen precedente. Mientras que, en contraposición, la sociedad limitada pasaría de un sistema de restricción a otro cuantitativa y cualitativamente diverso de corte restrictivo[59].

A razón de lo anterior, sería oportuno apartarse del criterio tradicional de que la transmisibilidad de las acciones nominativas y la limitación de la responsabilidad de los socios proporciona una protección equivalente al derecho de separación en las sociedades anónimas no cotizadas, ante la falta de realidad de ello.

Así, es por lo que, en este estado de la cuestión, resulta necesario plantearse, por un lado, la idoneidad de unificar el régimen de protección del socio para las sociedades limitadas y las sociedades anónimas no cotizadas y, asimismo, el supuesto de hecho desencadenante. De manera que se reconociera para ambas formas sociales un derecho de separación al socio cuando, como consecuencia de una modificación estatutaria, se hiciera sustancialmente más restrictiva o gravosa la transmisibilidad de las acciones nominativas o participaciones sociales. Es decir, la solución que se propugna de *lege ferenda* consiste en reconocer para ambas formas sociales el derecho de separación cuando los

59 GARCÍA MARTÍNEZ, A., "El derecho de separación por...", *op. cit.*, p. 1004.

acuerdos sociales modificativos conlleven una mayor restricción a la transmisión de las acciones o las participaciones sociales.

De hecho, en esta dirección parece estar avanzando el Anteproyecto de la Ley de Código Mercantil, el cual pretende homogeneizar esta materia ante la inexistencia de diferencias tipológicas suficientes que amparen esta diversidad de protección entre la sociedad anónima no cotizada y la sociedad limitada[60].

En concreto, se propone dotar de una mayor corrección técnica a esta cuestión al incluir en el proyectado artículo 271-5 como causa legal de separación, común a todas las sociedades de capital, la modificación del régimen de transmisión, cuyo resultado conlleve una ampliación de los supuestos de transmisión restringida o una mayor dificultad para la transmisión de las participaciones sociales o las acciones nominativas.

Con ello, evidentemente el legislador se apartaría del fundamento del derecho de separación concedido actualmente en las sociedades limitadas, el cual es extremadamente paternalista de los intereses que pudieron llevar al socio a seleccionar una determinada forma social, que se presume cerrada a cualquier tipo de liberalización en su base subjetiva. E igualmente, existiría una mayor coherencia entre el fundamento del derecho de separación, su concepción como última *ratio*, y un mayor equilibrio entre los intereses en juego, eliminándose algunas incoherencias del diseño actual, las cuales han sido objeto de crítica *ut supra*. Quedando el resto de modificaciones concernientes al régimen de transmisión, como podría ser una mayor flexibilización de la transmisibilidad de las acciones nominativas y de las participaciones sociales, remitidas a la autonomía de la voluntad de los socios expresada en estatutos sociales.

60 SÁNCHEZ GONZÁLEZ, J. C., "Acerca del régimen estatutario de transmisión...", *op. cit*.

No obstante, lo cierto es que, el anterior precepto proyectado tampoco ha estado exento de críticas[61] a razón de que, prevé como única vía de solución la salida del socio ante la adopción de esta tipología de acuerdos sociales y asimismo, activa el derecho de separación ante la imposición de cualquier restricción, obviando que las restricciones estatutarias pueden ser de diversa modalidad y configuración —cláusulas de autorización, de consentimiento, de rescate, de adquisición preferente, etc.—.

3. De la legitimación

En la actualidad, como se ha expuesto, tanto el derecho de separación contemplado en el artículo 346.2 LSC como la *vacatio*, coinciden en la legitimación respecto de su ejercicio. Así, ambos derechos se reconocen a *...los socios que no hubieran votado a favor del acuerdo...*, entre los que se incluyen, además de los disidentes, los que se abstuvieron de votar, los que no asistieron a la junta general, los que emitieron un voto nulo, los privados del derecho de voto o bien, sin derecho al mismo[62].

Respecto a este menester, es a todas luces lógico que el derecho de separación no se proporcione al socio que hubiera votado a favor del acuerdo toda vez que, con su voto ha contribuido a la adopción del acuerdo y además ha mostrado de forma expresa su conformidad con el mismo. *Ergo*, dicho acuerdo le vincula de manera inmediata, con independencia de su inscripción, cuyo

61 PERDICES HUETOS, A., "*Supresión de cláusulas restrictivas...*", *op. cit.*

62 GARCÍA-CRUCES, J.A., *Derecho de sociedades...*, *op. cit.*, p. 447; MARTÍNEZ JIMÉNEZ, M. I., "Separación y ...", *op. cit.*, p. 1074; MARINA GARCÍA-TUÑON, A., "Supuestos específicos...", *op. cit.*, p 126; FERNÁNDEZ DE LA GÁNDARA, L., *Derecho de Sociedades...*, *op. cit.*, pp. 876 y 1894; ÁVILA DE LA TORRE, A., *La modificación...*, *op. cit.*, pp. 624-625.

objeto no es otro que proteger a terceros de buena fe ajenos a la sociedad[63].

Sin embargo, parece excesivo que se proteja al socio ausente, que con su falta de asistencia a la junta general demuestra exiguo interés en el asunto correspondiente, o al socio pasivo e indiferente con la decisión relativa a la modificación del régimen de transmisión. Máxime a razón de los graves perjuicios que puede acarrear el ejercicio del derecho de separación para el capital social, la continuidad de la mercantil, las inversiones y los acreedores.

En este sentido, es evidente que, el ordenamiento jurídico debe tutelar los intereses del socio ante la modificación de un elemento esencial que el socio disconforme no tiene obligación de soportar al suponer una alteración de la base contractual concluyente de la *affectio societatis*. Más, carece de justificación proteger el interés de un socio o una minoría si la persona o personas que conforman la misma muestran indiferencia frente a la decisión social con su absentismo o su pasividad pues, en dicho caso, no existiría interés alguno que salvaguardar.

Pero, es más, la opción legislativa actualmente adoptada puede dar lugar a situaciones oportunistas y estratégicas en la medida en que, algunos socios ante la adopción de este tipo de acuerdos, decidirán ausentarse o abstenerse de votar, a los efectos de conservar el derecho de separación, contribuyendo con su abstención o ausencia a la aprobación del acuerdo. Es por lo que, sería oportuno cuestionarse si tales socios son merecedores de la protección que le confiere el ordenamiento jurídico[64].

---

63 MARINA GARCÍA-TUÑON, Á., "Supuestos específicos de modificación estatutaria...", *op. cit.*, p 127.

64 FARRANDO MIGUEL, I., *El derecho de separación del socio en la Ley de sociedades anónimas y la Ley de sociedades de responsabilidad limitada*, Civitas, Madrid, 1998, pp. 127-128; EGÜEN SAN MIGUEL, D., "Hacia la protección real de los

En relación con esta problemática, el Anteproyecto de la Ley de Código Mercantil, supondría un avance al requerir en el proyectado artículo 271-5 que el socio *...hubiera votado en contra...* del acuerdo. De esta forma, la legitimación sería más restrictiva que la actualmente prevista en el artículo 346.2 LSC, pues solamente se reconocería a los socios que ostentaran derecho de voto y, además hubieran llevado una actuación activa, consistente en votar en contra del acuerdo en la junta general[65].

En cambio, dicha legitimación dejaría completamente desprovistos de cualquier protección a los socios que no ostentaran o estuvieran privados del derecho político de voto y ello, a pesar de que la modificación del régimen de transmisión de las participaciones sociales y acciones nominativas también les afectaría. Precisamente por ello, en defensa del patrimonio social, sería conveniente abordar la posibilidad de reconocer legitimación al socio que hubiera hecho constar en el acta su protesta ante el acuerdo adoptado —en términos similares al artículo 348 bis LSC[66]—. De

derechos económicos de los socios minoritarios en sociedades mercantiles no cotizadas", *Anuario Jurídico y Económico Escurialense, LIV*, 2021, p. 35.

65 Tradicionalmente, nuestro ordenamiento jurídico empleaba dos fórmulas alternativas para la legitimación del derecho de separación, cuya diferencia radicaba en la distinta amplitud de los sujetos legitimados. Así, de un lado, en algunos casos, se reconocía este derecho al socio que hubiera *"votado en contra"* del acuerdo, expresión restrictiva y limitadora de este derecho a los socios que ostentaran derecho de voto y lo hubieran ejercido en sentido negativo en la junta general, excluyéndose entre los sujetos legitimados a quienes no tuvieran derecho de voto o estuvieran privados de él, a los no asistentes y a los que se hubieran abstenido de votar. De otro lado, en otros casos, se reconocía legitimación a los socios que *"no hubieran votado a favor del acuerdo"*, expresión más amplia. *Vid* PULGAR EZQUERRA, J., "Capítulo 12. Separación...", *op. cit.*, p. 549.

66 En el año 2018, por mor de la Ley 11/2018 en virtud de la cual se modificó el tenor literal del artículo 348 bis LSC, se atribuyó legitimación para el ejercicio del derecho de separación en relación a la causa específica del insuficiente reparto de dividendos al *...socio o socia que hubiera hecho constar en el acta*

esta forma, estarían legitimados para ejercer el derecho de separación todos los socios asistentes a la junta general, ostenten o no el derecho político de voto, si bien, estableciéndose, *ministerio legis,* como requisito de procedibilidad[67], la constancia expresa de la protesta del socio en el acta de la junta general.

Con ello, se demandaría la asistencia del socio a la junta general[68], ya sea por sí o mediante representación conferida a un tercero, y una actitud activa a ejercer por su parte por la que muestre expresamente su disconformidad con la decisión adoptada, lo que, adicionalmente, evitaría actuaciones oportunistas de determinados socios que, con su abstención o falta de asistencia, terminan por perjudicar a la sociedad, ejerciendo un derecho a todas luces perjudicial para aquélla.

V. BIBLIOGRAFÍA

ALFARO ÁGUILA-REAL, J., Modificación de la cláusula estatutaria que regula la transmisión de las participaciones sociales", en su blog de 19 de julio de 2018, disponible en derechomercantilespana.blogspot.com.

---

su protesta por la insuficiencia de los dividendos reconocidos... Evidentemente, esta nueva expresión supuso una variación y una gran diferencia con respecto a los términos empleados hasta el momento por el legislador sobre los sujetos legitimados para el ejercicio del derecho de separación. *Vid* GONZÁLEZ FERNÁNDEZ, M., "Separación e impugnación en el artículo 348 bis de la Ley de Sociedades de Capital: ¿acciones compatibles?", *Revista de Derecho Mercantil,* núm. 319, 2021 (Bib 2021\81).

67 CERDÁ ALBERO, F., "Artículo 348 bis. Derecho se separación en caso de falta de distribución de dividendos", *Comentario de la Ley de Sociedades de Capital,* J. García Cruces y I. Sancho Gargallo (dirs.), Tirant lo Blanch, 2021, p. 4745.

68 GONZÁLEZ FERNÁNDEZ, M., "Separación e impugnación en el artículo...", *op. cit.*; SÁNCHEZ GONZÁLEZ, J., "Ejercicio del derecho de separación por el socio ex art. 348 bis LSC: Plazo, forma y actos posteriores", *Derecho de sociedades. Cuestiones sobre órganos sociales*. González Fernández, M y Cohen Benchetrit, A. (dirs.), Tirant lo Blanch, 2019, p. 319.

ALONSO ESPINOSA, F. J., "Ante la elección de la forma societaria (algunas consideraciones prácticas)", *Revista Jurídica Región de Murcia,* núm. 15, 1992.

— "La posición jurídica del socio en la Ley 2/1995, de 23 de marzo, de sociedades de responsabilidad limitada (Aspectos generales)", *Estudios Jurídicos en homenaje al Profesor Aurelio Menéndez,* Vol. 2, Iglesias Prada, J. L. (coord.) Editorial Civitas, S.A., 1996.

— "Capítulo IV: art. 29 Régimen de la transmisión voluntaria por actos inter vivos", *Comentarios a la ley de sociedades de responsabilidad limitada*, Arroyo, I., Embid, J.M y Górriz, C. (coords), Editorial Tecnos, S.A., Madrid, 2009.

ALONSO UREBA, A., "El capital como cuestión tipológica", *Estudios de derecho mercantil: Homenaje al profesor Justino Duque Domínguez*, Universidad de Valladolid, Valladolid, 1998.

ÁVILA DE LA TORRE, A., *La modificación de estatutos en la sociedad anónima*, Vicent Chuliá, F. (dir), Tirant lo Blanch, Valencia, 2001.

BERCOVITZ ÁLVAREZ, R., "Capitulo XIX. Separación y exclusión de socios", *La Sociedad de Responsabilidad Limitada*, Bercovitz Rodríguez Cano, A. (coord.), Aranzadi, 2006.

BERCOVITZ RODRÍGUEZ-CANO, A., "Capítulo III. Noción y características de la sociedad de responsabilidad limitada" *La Sociedad de Responsabilidad Limitada*, Bercovitz Rodríguez Cano, A. (coord.), Aranzadi, 2006.

— "Capítulo II. Génesis y significado de la Ley de Sociedades de Responsabilidad limitada de 1995", *La Sociedad de Responsabilidad Limitada*, Bercovitz Rodríguez Cano, A. (coord.), Aranzadi, 2006.

BONARDELL LENZANO, R. y CABANAS TREJO, R., *Separación y exclusión de socios en la sociedad de responsabilidad limitada*, Aranzadi, 1998.

BRENES CORTES, J. "¿En qué momentos se consolida el derecho de separación del socio en una SRL?", *Actualidad Jurídica Aranzadi,* núm. 715, 2006 (Bib 2006\1289).

— "El derecho de separación, principales novedades tras las últimas modificaciones operadas en el derecho de sociedades", *Revista de Derecho de Sociedades*, núm. 37, 2011 (Bib 2011\1692).

BROSETA PONT, M. y MARTÍNEZ SANZ, F., *Manual de Derecho Mercantil. Volumen I. Introducción y estatuto del empresario. Derecho de la competencia y de la propiedad industrial, derecho de sociedades,* 25ª edición, Editorial Tecnos (grupo Anaya, s.a.), 2018

CAMPUZANO, A. B., "Cap. 9. La separación y exclusión de socios", *La sociedad de responsabilidad limitada*, Campuzano, A. B. (coord.), Tirant lo Blanch, Valencia, 2008 (Tol 1.413.563).

CERDÁ ALBERO, F., "art. 346. Causas legales de separación", *Comentario de la Ley de Sociedades de Capital*, García Cruces, J.A. y Sancho Gargallo, I. (dirs.), Tirant lo Blanch, Valencia, 2021.

EGÜEN SAN MIGUEL, D., "Hacia la protección real de los derechos económicos de los socios minoritarios en sociedades mercantiles no cotizadas", *Anuario Jurídico y Económico Escurialense, LIV*, 2021.

FARRANDO MIGUEL, I., *El derecho de separación del socio en la Ley de sociedades anónimas y la Ley de sociedades de responsabilidad limitada*, Civitas, Madrid, 1998

FERNÁNDEZ DE LA GÁNDARA, L., *Derecho de Sociedades*, Tirant lo Blanch, Valencia, 2010.

FERNÁNDEZ DE CÓRDOBA CLAROS, I., "La separación y exclusión de socios en las sociedades de capital", *Revista de Derecho de Sociedades*, núm. 41, 2013 (Bib 2013\2524).

548 FERNÁNDEZ DEL POZO, L. "Un primer estudio sobre el nuevo régimen legal y estatutario de transmisión de las participaciones sociales. Examen de los artículos 26 a 34 de la nueva Ley", *Revista crítica de derecho inmobiliario*, núm. 628, mayo-junio, 1995.

FERNÁNDEZ PÉREZ, N., "Transmisión de acciones", *Diccionario de derecho de sociedades*, Alonso Ledesma, C. (dir.), Iustel, 2006.

GALLEGO SÁNCHEZ, E., *Las participaciones sociales en la Sociedad de Responsabilidad limitada*, Mcgraw-Hill/Interamericana de España, 1996.

— "El derecho estatutario de salida del inversor en las sociedades de capital cerradas", *Estudios de derecho mercantil. Liber Amicorum profesor Dr. Francisco Vicent Chuliá*, Cuñat, V. Edor, Massaguer, J. Alonso Espinosa, F. y Gallego Sánchez, E. (dirs.), Tirant lo Blanch, Valencia, 2013.

— "Participaciones SRL (transmisión voluntaria inter vivos)", *Diccionario de derecho de sociedades*, Alonso Ledesma, C. (dir.), Iustel, 2006.

GALLEGO SÁNCHEZ, E. y FERNÁNDEZ PÉREZ, N., *Derecho mercantil*. Parte primera, Tirant lo Blanch, Valencia, 2019.

GARCÍA-CRUCES, J.A., *Derecho de sociedades mercantiles*, Tirant lo Blanch, Valencia, 2021.

GARCÍA MARTÍNEZ, A., "La indispensable sustancialidad de la modificación del régimen de transmisión de las participaciones sociales a fin de ejercitar el derecho de separación (a propósito de la resolución de la DGRN de 4 de julio de 2018)", *Revista de Derecho de Sociedades,* núm. 57, 2019 (Bib 2019\9181).

— "El derecho de separación por modificación del régimen de transmisión de las participaciones sociales", *Derecho de sociedades. Los derechos del socio*, González, M. B. y Cohen, A (dirs.), Tirant lo Blanch, Valencia, 2020.

GARRIDO DE PALMA, V. M., "La sociedad anónima en el derecho vivido", *Revista de Derecho Mercantil*, núm. 174, 1984 (Bib 1984\561).

— *La sociedad de Responsabilidad Limitada*, Editorial Trivium, S.A., 1992.

— "La causa del contrato de sociedad y su continuada influencia: la separación y la exclusión de socios", *El derecho de separación y la exclusión de socios en las sociedades de capital*, González Fernández, M (dir.), Tirant lo Blanch, Valencia, 2021.

GÓMEZ MENDOZA, M., "Cláusulas estatutarias de transmisión voluntaria por actos inter vivos de las participaciones sociales de una sociedad de responsabilidad limitada", *Derecho de sociedades de responsabilidad limitada. Estudio sistemático de la ley 2/1995, Vol. 1*, Rodríguez, F., García, R., Fernández, L., Alonso, A., Velasco, L. y Esteban, G. (coords.), Mcgraw-Hill/Interamericana de España, 1996.

GONZÁLEZ FERNÁNDEZ, M., "Separación e impugnación en el artículo 348 bis de la Ley de Sociedades de Capital: ¿acciones compatibles?", *Revista de Derecho Mercantil,* núm. 319, 2021 (Bib 2021\81).

JUSTE MENCÍA, J., "Derechos de minoría", *Estudio sistemático de la ley 2/1995,* Vol. 1, Rodríguez, F., García, R., Fernández, L., Alonso, A., Velasco, L. y Esteban, G. (coords.), Mcgraw-Hill/Interamericana de España, 1996.

MARINA GARCÍA-TUÑON, A., "Supuestos específicos de modificación estatutaria: modificaciones perjudiciales a determinadas clases de acciones, restricciones a la libre transmisibilidad de las acciones y cambio de domicilio social", *Derecho de sociedades anónimas III Modificación de estatutos, aumento y reducción del capital. Obligaciones.* Volumen I, Alonso, A., Esteban, G., Duque, J., García, R., Sánchez, F. (coords.), Editorial Civitas, Madrid, 1994.

MARTÍ MIRAVALLS, J., "La ampliación del derecho de separación del socio en las sociedades de capital cerradas", *Simplificar el derecho de sociedades*, Hierro Anibaro, S. (dir.), Marcial Pons, 2010.

MARTÍN VERGARA, C., "Algunas consideraciones sobre el sistema clásico de proteccionismo del accionariado en la gran sociedad anónima", *Revista de Derecho (Valparaíso), núm. XI*, 1987.

MARTÍNEZ JIMÉNEZ, M. I., "Separación y exclusión de socios", *Comentarios a la ley de sociedades de responsabilidad limitada*, Arroyo, I., Embid, J.M y Górriz, C. (coords), Editorial Tecnos, S.A., Madrid, 2009.

MARTÍNEZ MUÑOZ, M., "El Derecho de separación en el Anteproyecto de la Ley de Código mercantil", *REVISTA CEFLEGAL*, núms. 175-176, 2015.

MENENDEZ MENENDEZ, A., "Algunas reflexiones sobre la reforma de la Ley de Sociedades de Responsabilidad limitada", *¿Sociedad Anónima o Sociedad de Responsabilidad Limitada?*, Editorial Civitas, Madrid, 1992.

NAVARRO MATAMOROS, L., "El derecho de separación de los socios de sociedades de responsabilidad limitada: comentario de la resolución de 25 de septiembre de 2003 de la Dirección General de los Registros y el Notariado", *Cuadernos de derecho y comercio*, núm. 44, 2005.

PERALES VISCASILLAS, M., "Capítulo I. Introducción. Orígenes de la Separación de socios y partícipes", *La separación de socios y partícipes*. Tirant lo Blanch, 2000 (TOL228.377)

PERDICES HUETOS, A. B., *Cláusulas restrictivas de la transmisión de acciones y participaciones*, Civitas, Madrid, 1997.

— "*Supresión de cláusulas restrictivas de la transmisibilidad de acciones y participaciones que reconocen derechos de adquisición preferente a los socios*", en Almacén de Derecho, 31 de marzo de 2017, disponible en: https://almacendederecho.org/supresion-clausulas-restrictivas-la-transmisibilidad-acciones-participaciones-reconocen-derechos-adquisicion-preferente-los-socios

POLO DÍEZ, A., "Ante una nueva reforma de la sociedad anónima" *Discurso inaugural del año Académico 1965-66* en la Universidad de Barcelona, 1965.

PULGAR EZQUERRA, J., "Capítulo 12. Separación y exclusión de socios en sociedades de capital", *Tratado de conflictos societarios*, Ortega Burgos, E. (dir.), Tirant lo Blanch, Valencia, 2019.

QUIJANO GONZÁLEZ, J. y PEÑAS MOYANO, M. J., "La empresa familiar como empresa mercantil", *La empresa familiar y los nuevos retos de gestión*, Nogales Lozano, F. (coord..), Fundación EOI, 2007.

RECALDE CASTELLS, A. y ARIAS VARONA, F. J., "art. 123. Restricciones a la libre transmisibilidad", *Comentario de la Ley de Sociedades de Capital*, García Cruces, J.A y Sacho Gargallo, I. (dirs.), Tirant lo Blanch, Valencia, 2021.

RONCERO SÁNCHEZ, A., "Acciones y participaciones sociales", *Revista de Derecho de sociedades*, núm. 36, 2011 (Bib 2011\512).

ROJO FERNÁNDEZ-RÍO, Á. "La sociedad anónima como problema", *Revista de Derecho Mercantil*, núm. 187, 1988 (Bib 1988\491).

— "Los Grupos de sociedades en el Derecho español", *Revista de Derecho Mercantil*, núm. 220, 1996 (Bib 1996\1648).

SÁNCHEZ CALERO, F., "Elección del tipo societario: sociedad anónima, sociedad de responsabilidad limitada y comanditaria por acciones", *¿Sociedad Anónima o Sociedad de Responsabilidad Limitada?*, Editorial Civitas, Madrid, 1992.

SÁNCHEZ GONZÁLEZ, J. C., "Acerca del régimen estatutario de transmisión de participaciones sociales y acciones y sobre la separación y la exclusión de socios de sociedades de capital en la propuesta de Código Mercantil", *Estudios jurídicos. En memoria del profesor Emilio Beltrán. Liber Amicorum*, Campuzano, A. B. y Rojo, A. (coords.), Tirant lo Blanch, 2015.

— "Ejercicio del derecho de separación por el socio ex art. 348 bis LSC: Plazo, forma y actos posteriores", *Derecho de sociedades. Cuestiones sobre órganos sociales*. González Fernández, Cohen Benchetrit (dirs.), Tirant lo Blanch, 2019.

— "La acción como título y como valor mobiliario negociable. La transmisión de acciones", *Las sociedades de capital conforme a la nueva legislación*, Editorial Trivium, Madrid, 1990.

SARAZÁ JIMENA, R., "Art. 107 Régimen de la transmisión voluntaria por actos inter vivos", *Comentario de la Ley de Sociedades de Capital*, García Cruces, J. y Sancho Gargallo I., Tirant lo Blanch, Valencia, 2021.

SEQUEIRA MARTÍN, A., "Derecho de separación y la exclusión del socio", *Revista de Derecho de Sociedades*, núm. 36, 2011 (Bib 2011\518).

UGENA MUÑOZ, S., "Capítulo IX. La separación y exclusión de socios", *La sociedad de responsabilidad limitada*, Campuzano, A. (coord.), Tirant lo Blanch, Valencia, 2008 (Tol 1.413.563).

URÍA, R., *Derecho mercantil*, 28ª ed. revisada por Mª. Luisa Aparicio, Marcial Pons, Madrid, 2002.

URÍA, R.; MENÉNDEZ, A. e IGLESIAS PRADA, J. L., "Capítulo 47 La sociedad de responsabilidad limitada: Exclusión y separación de socios", *Curso de derecho mercantil, I*, Aparicio González, M. L. (coord..), Editorial Aranzadi, 2006.

VELASCO SAN PEDRO, L. A., "Concepto y caracteres de la sociedad de responsabilidad limitada", *Derecho de sociedades de responsabilidad limitada. Estudio sistemático de la ley 2/1995*, Vol. 1, Rodríguez, F., García, R., Fernández, L., Alonso, A., Velasco, L. y Esteban, G. (coords.), Mcgraw-Hill/Interamericana de España, 1996.

VIERA GONZÁLEZ, A. J., *Las sociedades de capital cerradas. Un problema de relaciones entre los tipos SA y SRL*, Editorial Aranzadi, 2002.

— "Closed capital companies in the Spanish legislative evolution: Problems of legal policy and regulatory interpretation", *Private Company Law reform in Europe: the race for flexibility*, Editorial Aranzadi, enero de 2015 (Bib 2015\11453).

VILLANUEVA GARCÍA-POMAREDA, B., "Las restricciones a la libre transmisibilidad de las acciones y su relación con los principios configuradores de la sociedad anónima", *Revista de Derecho Bancario y Bursátil*, núm. 131, 2013 (Bib 2013\15114).

Capítulo 16

INCORPORAR O SUPRIMIR UNA RESTRICCIÓN A LA TRANSMISIÓN MORTIS CAUSA DE ACCIONES Y PARTICIPACIONES SOCIALES EN DOS CASOS PECULIARES: 1) PREVISIÓN DE EXCLUSIÓN DEL HEREDERO DEVENIDO SOCIO Y 2) ACCIONES CON VOTO DOBLE POR LEALTAD. ¿HACE FALTA EL CONSENTIMIENTO DE TODOS LOS SOCIOS?*

Nerea Iráculis Arregui
Profesora Titular de Derecho Mercantil
Universidad del País Vasco (UPV/EHU)

* Este trabajo se ha realizado en el seno del Grupo de Investigación del Sistema Universitario Vasco IT1765-22 «Tendencias actuales del Derecho Mercantil en la era de la digitalización».

I. INTRODUCCIÓN

La incorporación o supresión de una cláusula estatutaria relativa a la transmisión *mortis causa* de acciones y participaciones sociales, al igual que la relativa a la transmisión *inter vivos*, nos conducen aquí a la cuestión de si la adopción del correspondiente acuerdo social puede quedar sometida a la exigencia de recabar el consentimiento de todos los socios. El propio criterio del consentimiento o voluntad individual marca la naturaleza excepcional y particular de la cuestión. En este sentido, es conveniente el análisis separado de los planos que se advierten en esta materia: el plano general, en el que se presenta la disposición estatutaria referente a la transmisión de acciones y participaciones sociales como una mera modificación estatutaria y, el plano particular, en el que se presenta aquella disposición estatutaria con un fin y contenido específico.

Desde la perspectiva general, el hecho de incorporar o suprimir una previsión estatutaria, con independencia de su contenido, constituye una modificación de los estatutos sociales, por lo que la regla a aplicar en la adopción del acuerdo social aprobatorio consta en el régimen establecido para la adopción de los distintos acuerdos sociales en los diferentes tipos de sociedades de capital. En todos los casos, y tratándose de una modificación estatutaria, el TRLSC prevé el principio mayoritario. Así, en sede de sociedades de responsabilidad limitada, el artículo 199 a), bajo el título "Mayoría legal reforzada", requiere lograr, para cualquier modificación de los estatutos sociales (además del aumento o la reducción del capital social) el voto favorable de más de la mitad de los votos correspondientes a las participaciones en que se divida el capital social. Igualmente, en sede de sociedades anónimas, el artículo 201.2, bajo el título "Mayorías", y con remisión a los acuerdos incluidos en el artículo 194, entre los que se encuentra cualquier modificación de los estatutos sociales, requiere lograr mayoría absoluta si el capital presente o representado supera el cincuenta por ciento, y el voto favorable de los dos tercios del capital presente o representado en la junta cuando en segunda convocatoria concurran accionistas que representen el veinticinco por ciento o más del capital suscrito con derecho de voto sin alcanzar el cincuenta por ciento. Para todas las mayorías legales establecidas se prevé el refuerzo estatutario (artículo 200.1 en las sociedades de responsabilidad limitada y con exclusión expresa de la regla de la unanimidad; artículo 201.3 en las sociedades anónimas, sin mención alguna a dicho principio). De manera inequívoca, el principio mayoritario rige en este plano general que se advierte en materia de transmisión de acciones y participaciones sociales a efectos de su incorporación o supresión estatutaria.

Desde la perspectiva particular, el hecho de incorporar o suprimir una previsión estatutaria relativa a la transmisión de acciones y participaciones sociales nos conduce a la fijación de su contenido concreto, lo que puede permitir responder con certeza a la cuestión de si la adopción del acuerdo social en particular puede quedar sometida a la exigencia de recabar el consentimiento de todos los socios. Dada la naturaleza excepcional y extraordinaria de la cuestión, podemos responder que solo cuando aquel contenido recogido en la cláusula estatutaria se sujeta legalmente al principio del consentimiento de los socios, también quedará sujeta a dicha exigencia la adopción del acuerdo social por el que aquella cláusula se incorpora o suprime. Así, en este marco específico, la tarea consiste en analizar el régimen que contiene la concreta disposición estatutaria a incorporar o suprimir en lo que respecta a la transmisión de acciones y participaciones sociales. En este estudio, conforman su contenido, las cláusulas estatutarias que restringen la transmisión de las acciones y participaciones sociales, en particular, de aplicación a la transmisión *mortis causa* (*ex* artículos 124 y 110 TRLSC), haciendo hincapié en dos casos específicos, que integran peculiares previsiones estatutarias restrictivas. Por un lado, la restricción estatutaria por causa de muerte que supone la exclusión del heredero devenido socio y, por otro, la restricción estatutaria por causa de muerte que prevé la supresión del beneficio del voto doble que conllevan las acciones con voto por lealtad (reguladas en el TRLSC en sede de sociedades cotizadas, artículos 527 ter-527 undecies), a pesar de ser una transmisión en la que legalmente aquel voto doble beneficia también al adquirente. Ante estos contenidos específicos, puede hacer falta que los socios presten su consentimiento para adoptar el acuerdo social de modificación de estatutos correspondiente (consistente en incorporar o suprimir la concreta previsión estatutaria restrictiva). El objetivo de este estudio es clarificar esta cuestión.

II. LA RESTRICCIÓN ESTATUTARIA A LA TRANSMISIÓN POR CAUSA DE MUERTE QUE CONSTITUYE LA EXCLUSIÓN DEL HEREDERO DEVENIDO SOCIO

Si el límite a la transmisión por causa de muerte, tanto en el caso de las acciones como en el de las participaciones sociales, a prever en una disposición estatutaria, constituye la exclusión del heredero devenido socio, cabe plantearse la siguiente pregunta: ¿la incorporación y, por ende, la supresión, de dicha previsión estatutaria, requiere el consentimiento de todos los socios? La razón del planteamiento de dicha cuestión se encuentra en el contenido específico de la cláusula estatutaria a incorporar o suprimir en lo que respecta a la transmisión de acciones y participaciones sociales. La restricción que contiene aquella cláusula no es una autorización, ni la asignación en favor de socios, de terceros o de la propia sociedad de un derecho de tanteo, al ser estos contenidos, en primer lugar, los que integran el régimen jurídico de la transmisión *inter vivos* de las acciones y participaciones sociales y, en segundo lugar, los que integran las cláusulas estatutarias que restringen la transmisión misma [voluntaria por actos *inter vivos* de las participaciones sociales, *ex* artículo 107.2.c) TRLSC] o la libre transmisibilidad de las acciones (*inter vivos*, *ex* artículo 123.3 TRLSC). La restricción que contiene aquella cláusula es un límite que representa un caso de exclusión del heredero devenido socio, por lo que es un contenido que integra de manera específica el régimen jurídico de la transmisión *mortis causa* de las acciones y participaciones sociales, conformándolo con previsiones estatutarias que se prevén para el caso del fallecimiento del socio. En este contexto de admisibilidad estatutaria, hacemos hincapié en aquella restricción que consiste en el establecimiento en favor de los socios sobrevivientes y, en su defecto, en favor de la sociedad, de un derecho de adquisición de las acciones o participaciones sociales del socio fallecido, siendo este contenido el que integra el régimen jurídico de la transmisión *mortis causa* de las acciones y participaciones sociales (*ex* artículos 124.2 y 110.2 TRLSC). Nos encontramos así ante una cláusula estatutaria que contiene como restricción el mecanismo legal del derecho de adquisición, a través del cual opera la exclusión de quien deviene socio por transmisión *mortis causa*. Aquí radica la particularidad de aquella previsión estatutaria restrictiva, no solo en que contiene un derecho de adquisición, a favor de los consocios del socio fallecido o de la propia sociedad, respecto de las acciones o participaciones sociales transmitidas por causa de muerte, sino en el efecto que se produce si se ejercita aquel derecho, como es la exclusión del heredero nuevo socio, al perder éste la condición alcanzada por la adquisición de las acciones o participaciones sociales del socio fallecido. Aquel derecho de adquisición no solo limita la transmisión *mortis causa* de las acciones o participaciones sociales, sino que representa un caso de exclusión del heredero devenido socio, por lo que aquel particular contenido tiene un vínculo estrecho con aquel que integra el régimen jurídico de la exclusión de los socios, desde la admisibilidad estatutaria precisamente.

Además de la cláusula estatutaria restrictiva que establece el derecho de adquisición en favor de los socios sobrevivientes y, en su defecto, en favor de la sociedad, integrando el régimen legal de carácter dispositivo (artículos 124.2 y 110.2 TRLSC), otras cláusulas estatutarias restrictivas son posibles en torno al caso de fallecimiento del socio, con el mismo efecto pretendido de excluir de la sociedad al sucesor a título *mortis causa*. Nos referimos a las cláusulas que prevean el fallecimiento del socio como causa de disolución parcial de la sociedad —*rectius,* como causa que conlleva la pérdida de la condición de socio, sin que las acciones o participaciones sociales lleguen a entrar entre los bienes que constituyen la herencia. La diferencia entre estos tipos de cláusulas es evidente, como veremos a continuación, pero lo que ponemos aquí de manifiesto es el objetivo común que se persigue con aquellas previsiones estatutarias restrictivas en materia de transmisión, como es la previsión de una situación que dé lugar a la exclusión del sucesor a título *mortis causa*.

A continuación, brevemente, se expone aquella normativa de carácter dispositivo en materia de transmisión por causa de muerte de las acciones y participaciones sociales, en virtud de la cual cabe introducir cláusulas estatutarias que establezcan un derecho de adquisición de las acciones o participaciones sociales del socio fallecido, junto a la posibilidad de introducir otros pactos estatutarios para el caso de fallecimiento de un socio, con el fin último de clarificar la cuestión de si la adopción del acuerdo social en concreto puede quedar sometida a la exigencia de recabar el consentimiento de todos los socios. Dada la naturaleza excepcional de esta exigencia para la adopción de los acuerdos sociales, pierde relevancia el hecho de que la normativa prevea solo una determinada cláusula estatutaria restrictiva, suscitándose la duda respecto a otras cláusulas estatutarias posibles, y la gana el hecho de que la correspondiente cláusula estatutaria restrictiva establezca como límite una situación referida al fallecimiento del socio que, a su vez, se someta legalmente al principio del consentimiento de todos los socios.

1. El derecho de adquisición de las acciones o participaciones sociales del socio fallecido: ¿implica una situación, para cuya incorporación o supresión estatutaria el régimen legal exige el consentimiento de todos los socios?

El TRLSC, en sus artículos 124.2 y 110.2, establece una determinada cláusula estatutaria con la que es posible alterar el régimen legal supletorio previsto para la transmisión por causa de muerte [artículos 124.1 y 110.1; en particular este último precepto, que prevé la regla general de la libre transmisión de las participaciones sociales a los herederos o legatarios del socio fallecido), cuyo contenido consiste en el establecimiento de un derecho de adquisición de las acciones o participaciones sociales del socio fallecido a favor de los socios sobrevivientes y, en su defecto, a favor de la sociedad.

1.1. *Establecimiento de un derecho de adquisición y su ejercicio*

Del tenor literal del artículo 110.2 TRLSC, se desprende el reconocimiento expreso de un derecho de adquisición respecto de las participaciones sociales transmitidas *mortis causa*. No así, del régimen previsto en el artículo 124.2 TRLSC, del que deriva un reconocimiento implícito de aquel derecho, al limitarse su apartado primero a fijar la regla de la necesaria previsión estatutaria de la restricción aplicable a las adquisiciones por causa de muerte. Sin perjuicio de ello, en ambos preceptos legales queda regulado un derecho de adquisición que beneficia, en primer lugar, a los socios sobrevivientes y, en su defecto, a la sociedad.

El primer elemento característico de este derecho es su ubicación temporal, en el sentido de que su ejercicio es posterior a la adquisición de las acciones o participaciones sociales del socio fallecido por el heredero y, en consecuencia, a la adquisición por éste de la condición de socio. De ahí que se le denomine "derecho de rescate"[1], con una activación *ex post*, es decir, ulterior a la transmisión *mortis causa* propiamente dicha (en el artículo 124.2, primer inciso TRLSC, parece señalarse el momento antes del cual debe activarse aquel derecho de adquisición: la solicitud de inscripción de la transmisión en el libro registro de acciones nominativas).

El segundo rasgo característico de este derecho es su naturaleza funcional, en el sentido de que con su ejercicio se alcanza el objetivo perseguido, como es que tenga lugar una nueva transmisión de las participaciones sociales o de las acciones, saliendo del patrimonio del heredero y entrando en el patrimonio de los socios sobrevivientes o en el de la sociedad como adquirente *a posteriori*. Efectivamente, se habla de beneficiarios de aquel derecho, lo que requiere que los socios sobrevivientes o, en su defecto, la sociedad lo ejercite, con lo que se obliga así al heredero devenido socio a retransmitir aquellas acciones o participaciones sociales a dichos beneficiarios. Si no se ejercita, o mientras no se ejercite, el heredero devenido socio conserva las acciones o participaciones sociales que le han correspondido

1 SARAZÁ JIMENA, R., "Artículo 110. Régimen de la transmisión *mortis causa*", *Comentario de la Ley de Sociedades de Capital*, García-Cruces, J.A. y Sancho Gargallo, I. (dirs.), Tirant lo blanch, Valencia, 2021, p. 1543.

en la transmisión *mortis causa* y, en consecuencia, conserva su condición de socio.

Por último, ponemos el foco de atención en el fin último que se persigue obligando al heredero devenido socio a retransmitir las acciones o participaciones sociales adquiridas *mortis causa* al beneficiario que ejercita su derecho. La ratio de la incorporación de una cláusula estatutaria restrictiva de este tipo a la transmisión *mortis causa*, no es única, pero sí responde a un interés único, tal como la capacidad de los socios sobrevivientes o de la propia sociedad para reaccionar frente a la valoración de que la entrada en la sociedad del heredero del socio fallecido va a perjudicar a la sociedad o a los demás socios. En línea con este diverso alcance perjudicial que puede estimarse ante la entrada en la sociedad del heredero del socio fallecido, la ratio de incorporar el derecho de adquisición puede ser doble: (i) controlar qué personas adquieren la condición de socio, a efectos de asegurar que el causahabiente comparte la *affectio societatis* de la que participaba el causante; y (ii) asegurar las relaciones de poder dentro de la sociedad. En esta ocasión, el ejercicio del derecho de adquisición se vincula con la circunstancia de que los socios sobrevivientes consideren inadecuado el ingreso en la sociedad de aquella persona que deviene socia por transmisión sucesoria, por lo que el fin último de aquel ejercicio es la exclusión del nuevo socio.

1.2. *El ejercicio del derecho de adquisición implica la exclusión del nuevo socio (heredero)*

Como se ha indicado anteriormente, el derecho de adquisición (o derecho de rescate) opera *ex post* a la transmisión *mortis causa*, por lo que su ejercicio no constituye una restricción que condicione propiamente aquella transmisión hereditaria, sino que conlleva una nueva transmisión de aquellas acciones o participaciones sociales que ya forman parte del patrimonio del heredero, siendo rescatadas por el beneficiario que ejercita aquel derecho de adquisición. Si ponemos el foco de atención en el efecto inmediato que supone el ejercicio del derecho de adquisición, esto es, en la obligación del heredero devenido socio a ejecutar la transmisión de las acciones o participaciones sociales adquiridas por sucesión a favor del beneficiario de aquel derecho, cabría entender que aquella cláusula estatutaria que contempla el derecho de adquisición implica la atribución de una obligación a aquellos socios (quienes han adquirido *mortis causa* las acciones o participaciones sociales del socio fallecido y cuyo ingreso en la sociedad se presupone que va a ser perjudicial).

La previsión estatutaria que implica nuevas obligaciones es una situación expresamente regulada en el TRLSC, en su artículo 291, en el seno de un conjunto normativo específico de tutela de los socios. Dejando aparte el fin que subyace a dicha disposición legal, se trata aquí de exponer, brevemente, en qué consiste una previsión estatutaria que atribuye nuevas obligaciones a los socios, para, de esa manera, concluir si la previsión estatutaria que establece un derecho de adquisición de las acciones o participaciones sociales del socio fallecido a favor de los socios sobrevivientes y, en su defecto, a favor de la sociedad, a modo de derecho de rescate, implica una atribución de nuevas obligaciones a aquellos nuevos socios por adquisición hereditaria y, por ende, encaja en aquel artículo 291.

Esta cuestión nos lleva al contenido obligacional de la condición de socio y a la posibilidad de que pueda alterarse. En esta línea, la aplicación del artículo 291 TRLSC requiere los siguientes presupuestos[2]: (i) la obligación a imponer surge en el marco del proceso de previsión de una cláusula estatutaria, no siendo aque-

---

2 *Vid.*, entre otros, ÁVILA DE LA TORRE, A., "Artículo 291. Nuevas obligaciones de los socios", *Comentario de la Ley de Sociedades de Capital,* García-Cru-

lla obligación la mención misma de una cláusula estatutaria o su objeto específico: "Cuando la modificación de los estatutos implique...". En el supuesto, aquí objeto de análisis, que representa el pacto estatutario que limita la transmisión *mortis causa* con el establecimiento del derecho de adquisición o derecho de rescate, cabe responder que no se advierte aquella articulación indirecta o de enmarque de la obligación en el proceso de una determinada previsión estatutaria. Al contrario, se advierte una articulación directa o de consideración de la obligación como objeto específico de una determinada previsión estatutaria. La obligación del heredero devenido socio de transmitir las acciones o participaciones sociales adquiridas por transmisión *mortis causa* al beneficiario que ejercite el derecho de adquisición estatutariamente previsto, participa del mismo carácter estatutario que aquel derecho reconocido, porque aquel derecho de adquisición se prevé en la cláusula estatutaria teniendo por objeto único la imposición de aquella obligación. El establecimiento estatutario del derecho de adquisición para el caso del fallecimiento del socio tiene el efecto directo de imponer estatutariamente la obligación de operar una nueva transmisión, esta vez, de las acciones o participaciones sociales del socio adquiridas por herencia a favor del beneficiario que ejercite aquel derecho de rescate. Por consiguiente, no concurre el primer presupuesto de aplicación del artículo 291 TRLSC en un supuesto en el que la obligación no surge en el marco de una modificación estatutaria, sino que, al contrario, la modificación estatutaria pretende el establecimiento estatutario de la obligación. La obligación del heredero de retransmitir las acciones o participaciones sociales adquiridas *mortis causa* del socio fallecido al beneficiario que ejercita su derecho de adquisición, se configura como una obligación estatutaria.

ces, J.A. y Sancho Gargallo, I. (dirs.), Tirant lo blanch, Valencia, 2021, pp. 4071-4072.

En segundo término, (ii) la obligación que implica la modificación estatutaria ha de ser nueva. El presupuesto de la novedad de la obligación a imponer, requerida para la aplicación del artículo 291 TRLSC, es apreciable si tenemos en cuenta que para estos supuestos el legislador articula un mecanismo efectivo de defensa de los socios afectados, como es su consentimiento. La obligación de operar una nueva transmisión a favor del beneficiario que ejercite el derecho de adquisición implica una carga nueva para el nuevo socio que ha adquirido la condición de tal por adquirir *mortis causa* las acciones o participaciones sociales del socio fallecido. Sin embargo, como ya hemos apuntado *supra*, es una situación que escapa a la aplicación de aquel precepto, en tanto en cuanto no concurre el presupuesto de que la obligación impuesta se articule o nazca a modo de requisito necesario o indispensable de la prevista disposición estatutaria, sino como objeto principal de esta.

Volviendo a poner el foco de atención en el efecto inmediato que supone el ejercicio del derecho de adquisición para el caso del fallecimiento del socio, esto es, en la obligación del heredero devenido socio a operar la transmisión de las acciones o participaciones sociales de adquisición hereditaria a favor del beneficiario de aquel derecho, con la correspondiente pérdida de su condición de socio, cabría entender que aquella cláusula estatutaria que contempla el mencionado derecho de adquisición implica una cláusula estatutaria de exclusión del nuevo socio (heredero). Las causas estatutarias de exclusión de socios se regulan en el artículo 351 TRLSC. Dejando aparte, por un instante, la específica disciplina contemplada en este precepto legal, se trata aquí de exponer, brevemente, uno de los elementos de aquella regulación, como es la admisibilidad estatutaria referida a causas "determinadas", precisando el significado del requisito de "determinación" de las causas de exclusión, para, de esa manera, concluir si la previsión estatutaria que establece un derecho de adquisición de las acciones o participaciones sociales del socio fallecido a favor de los socios sobrevivientes y, en su defecto, a favor de la sociedad, a modo de derecho de rescate, constituye una causa de exclusión de socios y, por ende, encaja en aquel artículo 351.

La exigencia de "determinación"[3] puede comprender un doble ámbito: (i) la propia formulación del supuesto de hecho o perspectiva formal, y (ii) el contenido de dicho supuesto de hecho o perspectiva material. Desde una perspectiva formal, subyace la exigencia de precisión, de manera que no sería admisible una presentación ambigua o vaga del supuesto de hecho que desata la exclusión. En el supuesto, aquí objeto de análisis, que representa el pacto estatutario que establece el derecho de adquisición o derecho de rescate a favor de los socios sobrevivientes y, en su defecto, a favor de la sociedad, para el caso del fallecimiento del socio, cabe responder que sí se advierte aquella formulación precisa o concreta del supuesto de hecho desencadenante de la exclusión del nuevo socio (heredero), como motivo que puede acreditarse para la validez de la nueva transmisión que provoca el ejercicio de aquel derecho y con la que el heredero devenido socio queda excluido de la sociedad.

Desde una perspectiva material y haciendo hincapié en el contenido que puede integrar aquel supuesto de hecho, si tenemos en cuenta la peculiaridad de la causa estatutaria de exclusión que aquí nos concierne, no precisamente una causa que constituye el objeto directo de una cláusula estatutaria de exclusión, sino el objeto directo de un pacto estatutario para limitar la transmisión *mortis causa* de acciones o participaciones sociales, sub-

---

3 *Vid.*, entre otros, CERDÁ ALBERO, F., "Artículo 351. Causas estatutarias de exclusión de socios", *Comentario de la Ley de Sociedades de Capital*, García-Cruces, J.A. y Sancho Gargallo, I. (dirs.), Tirant lo blanch, Valencia, 2021, pp. 4779-4783.

yace no tanto la exigencia de una justificación, sino la exigencia formal de precisión o concreción de dicha justificación. Es decir, que por el referido requisito de "determinación", en su vertiente material, son admisibles aquellos supuestos de hecho en los que apoyar o fundamentar, con absoluta firmeza, la adopción de un acuerdo social de exclusión, en forma de conductas, situaciones o circunstancias que resulten perjudiciales para la sociedad (nos podemos encontrar con una amplia tipología de supuestos de hecho, pero, en atención a la gravedad de sus consecuencias, la clave de la validez de un supuesto de hecho, desde la perspectiva material, está en que se repute perjudicial para la sociedad, lo que justifica la extinción forzosa del vínculo contractual del socio con la sociedad). Sin embargo, al no ser aquel supuesto de hecho la base para la válida adopción de un acuerdo de exclusión, por el referido requisito de "determinación", pero en su vertiente formal, son admisibles aquellas cláusulas estatutarias que cumplen la exigencia de precisión o concreción, señalando la

causa que desencadena la exclusión del nuevo socio (heredero). Esto es lo que ocurre con aquel pacto estatutario que introduce el derecho de adquisición para limitar la transmisión de acciones o participaciones sociales por causa de muerte de un socio, quedando así precisada la situación del nuevo socio (heredero) que se considera causa de exclusión, como es la concurrencia en él de alguna circunstancia que lleva a los socios sobrevivientes o, en su defecto, a la sociedad a considerar inadecuado su ingreso en la sociedad, operando su exclusión a través del mecanismo estatutario del derecho de adquisición.

En definitiva, la cláusula estatutaria que contempla aquel derecho de adquisición implica la inclusión estatutaria como causa de exclusión del nuevo socio (heredero) la referida a circunstancias o vicisitudes concurrentes en la persona de dicho socio que provocan que su ingreso en la sociedad se presuponga por los socios sobrevivientes o, en su defecto, por la sociedad, que va a ser perjudicial. Así pues, cabe hablar de una cláusula estatutaria de exclusión del socio (del heredero devenido socio), a pesar de que opere a través del mecanismo que constituye el derecho de adquisición, por lo que aquel pacto estatutario que limita la transmisión *mortis causa* de acciones o participaciones sociales queda sujeto a la aplicación del artículo 351 TRLSC, en tanto en cuanto concurre el presupuesto de que aquel pacto estatutario precisa o concreta la justificación de la exclusión del nuevo socio (heredero).

1.3. La incorporación o supresión estatutaria de la cláusula que prevé el derecho de adquisición requiere el consentimiento de todos los socios

El artículo 351 TRLSC exige el consentimiento de todos los socios para aquella previsión estatutaria por la que se incorporan, modifican o suprimen causas determinadas de exclusión. La regla de la unanimidad, de manera excepcional, aparta al principio de la mayoría para la adopción de un acuerdo social de modificación de los estatutos sociales [artículos 199.a) y 201.2 TRLSC]. El carácter excepcional de esta exigencia del consentimiento unánime se explica en la incidencia que tiene en la posición jurídica de socio una modificación estatutaria de aquel contenido, incorporándose una nueva causa de exclusión de socios o, al contrario, modificándose o suprimiéndose cualquiera de las ya existentes. En ambos sentidos, la trascendencia de esta previsión estatutaria en el estatus jurídico del socio es manifiesta, equiparándose la necesidad de tutela de aquella posición jurídica a la necesidad de tutela individual de los derechos del socio (contenida en el artículo 292 TRLSC en el caso de la sociedad de responsabilidad limitada). Ciertamente, la garantía del consentimiento unánime va más allá del mecanismo de tutela de los derechos del socio, ya sea en el supuesto de tutela individual en la sociedad de responsabilidad limitada (artículo 292 TRLSC) o se trate de la tutela colectiva de los derechos de los titulares de clases de acciones en la sociedad anónima (artículo 293 TRLSC), ya que se trata de un refuerzo absoluto requerir que el acuerdo social de modificación estatutaria se adopte por unanimidad, frente a la exigencia de recabar el consentimiento del socio o de los socios afectados o frente a la exigencia de recabar el respaldo mayoritario de los accionistas afectados[4].

Por ello, quizá sea más conveniente equiparar aquella necesidad de tutela de la posición jurídica de socio a la necesidad de tutela del estatuto jurídico del socio, donde el legislador determina el límite al principio mayoritario estableciendo la exigencia de que todos los socios consientan la incorporación de la correspondiente modificación estatutaria o la modificación o supresión de la previsión ya existente. El artículo 351 TRLSC, cuando exige el consentimiento de todos los socios para aquella previsión estatutaria por la que se incorporan, modifican o suprimen causas determinadas de exclusión de socios, está igualando este supuesto con el previsto en el artículo 347 TRLSC, constitutivo de una modificación estatutaria que tiene por objeto causas de separación del socio y para la que se requiere el consentimiento de todos los socios. El régimen homogéneo se manifiesta tanto en el ámbito objetivo como en el subjetivo, haciéndose extensible la protección a todos los socios, porque todos ellos pueden

4 *Vid.*, entre otros, ÁVILA DE LA TORRE, A., "Artículo 293. La tutela colectiva de los derechos de los titulares de clases de acciones en la sociedad anónima", *Comentario de la Ley de Sociedades de Capital*, García-Cruces, J.A. y Sancho Gargallo, I. (dirs.), Tirant lo blanch, Valencia, 2021, pp. 4099-4100, al presentar los diferentes mecanismos de tutela de los intereses de los socios; uno, con el adjetivo de "fuerte y rígido", en referencia al sistema que impone el consentimiento individual de los socios afectados y, otro, con el adjetivo de "más débil y flexible", en referencia al sistema de tutela que somete la adopción del correspondiente acuerdo de modificación estatutaria al complemento del acuerdo adoptado por los accionistas afectados.

verse afectados por la modificación estatutaria. Y, en el ámbito objetivo, tanto la exclusión como la separación constituyen situaciones en las que hay un interés que justifica la exigencia del consentimiento unánime, como es la incidencia o el impacto en el estatuto jurídico del socio, al tener como efecto la extinción del vínculo contractual con la sociedad y, por ende, la pérdida de la condición de socio por parte del socio excluido o separado[5]. Ambos preceptos legales prevén el consentimiento de todos los socios como instrumento de tutela del estatuto jurídico del socio, quedando en manos de cada socio la autorización para cualquier modificación estatutaria con trascendencia en la relación societaria o contractual entre el socio y la sociedad.

Una de dichas modificaciones estatutarias es la que deriva de la autonomía de la voluntad en la incorporación, modificación o supresión de causas estatutarias de exclusión de socios, como modalidad de salida de los socios, "forzosa" en este caso, y, por tanto, determinando la resolución de la relación contractual del socio excluido con la sociedad, manteniendo el vínculo societario los restantes socios. Sí, como aquí se ha postulado, la incorporación o supresión de una previsión estatutaria que limita la transmisión *mortis causa* de acciones o participaciones sociales mediante el establecimiento de un derecho de adquisición a favor de los socios sobrevivientes y, en su defecto, a favor de la sociedad, equivale a la incorporación o a la supresión estatutaria de una causa de exclusión del nuevo socio (heredero o legatario, *ex* artículo 110 TRLSC), entonces, aquella cláusula exige el con-

5 *Vid.*, entre otros, CERDÁ ALBERO, F., "Artículo 346. Causas legales de separación", *Comentario de la Ley de Sociedades de Capital,* García-Cruces, J.A. y Sancho Gargallo, I. (dirs.), tirant lo blanch, Valencia, 2021, p. 4632, al señalar que "la separación de socios, como su exclusión de la sociedad, son instituciones que integran el estatuto jurídico del socio y se refieren a la extinción de su relación contractual con la sociedad".

sentimiento de todos los socios, porque el efecto que persigue impacta en el estatuto jurídico del heredero devenido socio, con la consiguiente extinción del vínculo contractual con la sociedad y, por ende, la pérdida de la condición de socio adquirida por la transmisión *mortis causa* propiamente dicha o, por el contrario, conservando aquella posición jurídica.

2. La disolución parcial de la sociedad en caso de fallecimiento de un socio: ¿implica una situación, para cuya incorporación o supresión estatutaria el régimen legal exige el consentimiento de todos los socios?

Y, ¿si no nos quedamos en el tipo de cláusula estatutaria prevista legalmente, que es aquella que establece un derecho de adquisición en favor de los socios sobrevivientes y, en su defecto, en favor de la propia sociedad? ¿se puede concebir otro tipo de cláusula que limite la transmisión por causa de muerte de las acciones o participaciones sociales y su previsión o supresión equivalga, igualmente, a la incorporación o supresión estatutaria de una causa de exclusión del nuevo socio (heredero)?

2.1. El fallecimiento de un socio como causa de disolución parcial de la sociedad

La disolución parcial de la sociedad, entendida como punto y final de la relación contractual de un determinado socio con la sociedad, no es una figura legalmente contemplada como tal, a diferencia de la disolución de la sociedad, que se prevé como presupuesto jurídico de la extinción de la sociedad de capital o punto y final de su personalidad jurídica y como procedimiento cuya puesta en marcha se apoya en la existencia de una causa legal o estatutaria de disolución (artículo 363 TRLSC). Junto a esta modalidad de disolución, que precisa la concurrencia de una causa para que pueda operar, se prevén otras dos modalidades: la disolución de pleno derecho (artículo 360 TRLSC), que opera automáticamente en los casos previstos en el mencionado precepto; y la disolución por mero acuerdo de la junta general (artículo 368 TRLSC), que requiere únicamente una decisión de aquel órgano societario adoptada con la mayoría exigida para las modificaciones estatutarias. De manera breve, ponemos el foco de atención en la modalidad de disolución por concurrencia de causa legal o estatutaria y, en particular, en la posibilidad de que la disolución de la sociedad opere por la existencia de una causa estatutaria, de manera que la configuración del elenco de causas de disolución es materia comprendida en la autonomía de la voluntad. Si hablamos de causas estatutarias de disolución, interesa destacar que su previsión estatutaria no está sometida al requisito del consentimiento de todos los socios, sino al principio mayoritario que rige en las sociedades de capital (artículo 364 TRLSC). Así, la incorporación y, por ende, la modificación o supresión, de una cláusula estatutaria que contemple causas determinadas de disolución no se sujeta a la regla de la unanimidad, ni siquiera a la regla de la mayoría cualificada o reforzada propia de la modificación de los estatutos sociales, siendo suficiente su constatación por acuerdo de la mayoría ordinaria (artículo 364 TRLSC). Aquí no subyace una trascendencia tal de la previsión estatutaria que justifique la exigencia de que todos los socios la consientan, porque los afectados por aquella no son los socios, sino la propia sociedad, al ampliarse los hechos que desencadenan su disolución. Siendo el propio acuerdo de disolución, en aquella modalidad causalizada, el que se adopta por mayoría ordinaria, la incorporación de una causa estatutaria de disolución no puede precisar una mayoría cualificada o reforzada, imponiéndose la mayoría ordinaria en todo aquel procedimiento de disolución.

Este régimen general y no excepcional ratifica la importancia que tiene el impacto de la concreta modificación estatutaria en el ámbito jurídico personal del socio, porque solo cuando se produce esta incidencia tiene cabida el régimen excepcional que aparta al principio de la mayoría propia de la modificación estatutaria. Y, dicho impacto es manifiesto cuando se incorpora a los estatutos una nueva causa de exclusión o separación del socio (o, cuando se suprime cualquiera de las ya previstas). En estos supuestos, la previsión estatutaria impacta en la posición jurídica del socio, canalizándose su tutela necesaria a través del expediente más completo como es el consistente en requerir que el acuerdo social de modificación estatutaria se adopte por unanimidad. No se advierte aquel impacto cuando se incorpora a los estatutos sociales una nueva causa de disolución de la sociedad, aunque sea en relación al fallecimiento de un socio.

Pero, volviendo a la disolución parcial de la sociedad, entendida como la extinción de la relación contractual de un determinado socio con la sociedad, que opera de forma automática si acontece el hecho o situación prevista como su causa, nos encontramos ante conceptos distintos y desligados, pese a provocar el mismo resultado extintivo, pero con un alcance visiblemente diferente, dando lugar al inicio del proceso que finaliza con la extinción de la sociedad o pérdida de su personalidad jurídica[6] en el caso de la adopción del acuerdo social de disolución de la sociedad y provocando la desvinculación de un socio en el caso de acaecer la causa prevista que da lugar a aquella disolución parcial de la sociedad. Centramos ahora la atención en estas causas que desencadenan

6 ALFARO, J., "Disolución y liquidación societaria: la extinción de la personalidad jurídica y la terminación del contrato de sociedad", en el blog jurídico *Almacén de Derecho*, 2017, disponible en: https://almacendederecho.org/disolucion-liquidacion-societaria-la-extincion-la-personalidad-juridica-la-terminacion-del-contrato-sociedad.

la desvinculación contractual de un socio, no por un interés directo en este campo también de la autonomía de la voluntad, sino, de forma indirecta, por la posibilidad de que, a través de pactos estatutarios que incluyan aquellas causas, se otorgue una trascendencia de tal alcance al fallecimiento del socio, determinando este hecho que las acciones o participaciones sociales del socio no sean objeto de transmisión por causa de muerte.

Si bien, en el siguiente apartado se pone de manifiesto lo que conlleva esta otra trascendencia otorgada al fallecimiento del socio, en este punto cabe proclamar que el fallecimiento del socio puede constituir una causa estatutaria de disolución parcial de la sociedad. Al no haber una disciplina o régimen legal en torno a las causas de disolución parcial de la sociedad, frente a la presentación legal de las causas de disolución de la sociedad (artículo 363 TRLSC), tampoco hay un criterio con el que atender el establecimiento de aquellas causas o hechos que conducen a la disolución parcial de la sociedad con la desvinculación del socio afectado. Únicamente, cabría tomar en consideración que la disolución parcial de la sociedad determina que el socio afectado queda automáticamente desvinculado de la sociedad. En este contexto de impacto inmediato [como ocurre con la disolución de pleno derecho (artículo 360 TRLSC)], es razonable pensar que las previstas causas de disolución parcial de la sociedad contemplen situaciones objetivas e internas (a las que se pueda conferir un carácter intuitu personae) que permitan desencadenar la desvinculación del socio en concreto. Al no haber unas causas legales, estas causas de disolución parcial de la sociedad son disponibles para los socios, adecuando su contenido a situaciones o circunstancias referentes a los socios. El fallecimiento del socio es tal circunstancia objetiva e interna, por lo que cabe estimar que es admisible su reconocimiento en los estatutos sociales como causa de disolución parcial de la sociedad, continuando ésta con el resto de socios.

2.2. *El fallecimiento de un socio implica la exclusión del heredero como nuevo socio*

A continuación, vamos a poner de manifiesto lo que significa esta otra trascendencia otorgada al fallecimiento del socio, cuando se proclame esta circunstancia como el contenido de una causa estatutaria de disolución parcial de la sociedad. A diferencia de la cláusula estatutaria que establece el derecho de adquisición en favor de los socios sobrevivientes y, en su defecto, en favor de la sociedad, en caso de fallecimiento del socio, que limita la transmisión y, por ende, constituye causa de exclusión del heredero devenido socio (en caso de que se ejercite), la cláusula estatutaria que establece el fallecimiento del socio como causa de disolución parcial de la sociedad, impide propiamente la transmisión *mortis causa*, por lo que se plantea la duda de si aquella circunstancia interna puede implicar la exclusión del heredero como nuevo socio.

La previsión estatutaria del fallecimiento del socio como causa de disolución parcial de la sociedad, esto es, como causa de extinción de la relación contractual del socio con la sociedad, trae consigo la sustitución de las acciones o participaciones sociales del socio fallecido y desvinculado por el importe de su valor de reembolso (que es el valor razonable, tal y como se fija en el artículo 353 TRLSC, como norma de valoración de las acciones o participaciones sociales del socio separado o excluido). En consecuencia, las acciones o participaciones del socio fallecido no entran en el caudal hereditario, que se integra por el importe de aquel valor razonable[7]. Se impide al heredero la adquisición de la condición de socio, que le corresponde de manera directa por transmisión *mortis causa*. Aquel tipo de cláusula estatutaria, ¿constituye una previsión de exclusión del heredero como nuevo socio? o, más

7 SARAZÁ JIMENA, R., "Artículo 110. Régimen de la transmisión *mortis causa*", *op. cit.*, p. 1549.

bien, ¿supone la exclusión del socio fallecido? El efecto de la exclusión es la pérdida de la condición de socio, quedando extinguida la relación contractual del socio afectado con la sociedad. En el caso del socio fallecido, ciertamente pierde la condición de socio, pues se extingue su vínculo contractual con la sociedad, pero el origen no es un acuerdo de exclusión que le afecta, sino la concurrencia de la circunstancia establecida como causa de disolución parcial de la sociedad, en este caso, su fallecimiento. Por ello, no cabe hablar de exclusión del socio fallecido, sino de efecto fundamental de que acaezca la causa estatutaria de disolución parcial de la sociedad: el fallecimiento.

Y, respecto del heredero, ¿cabe hablar de su exclusión como nuevo socio? La respuesta no es sencilla si la confrontamos con el supuesto de la cláusula estatutaria que establece el derecho de adquisición como límite a la transmisión *mortis causa*, pero sin llegar a impedirla propiamente. Ante este tipo de cláusula, si se ejercita aquel derecho de adquisición por un beneficiario, el heredero convertido en socio pierde propiamente aquella condición lograda por sucesión *mortis causa*. En el supuesto de la cláusula estatutaria que establece el fallecimiento del socio como la causa por la que se extingue su vínculo contractual con la sociedad, el heredero no llega a convertirse en socio, por lo que no se ve afectado respecto a dicha posición jurídica. Sin embargo, no cabe hablar en términos absolutos cuando hay una matización que debe tenerse en cuenta, como es la referida al efecto que se persigue con aquella cláusula estatutaria que prevé el fallecimiento del socio como causa de disolución parcial de la sociedad. Resulta innegable el nexo existente entre aquella previsión estatutaria[8] y el

8 SARAZÁ JIMENA, R., "Artículo 110. Régimen de la transmisión *mortis causa*", *op. cit.*, p. 1549, al fallecimiento del socio con el mecanismo consistente en la celebración de contratos de compraventa de las acciones o participaciones sociales entre los socios con la inclusión de la condición suspensiva consis-

freno a la transmisión de las acciones o participaciones sociales al heredero del socio fallecido. Una transmisión automática por sucesión a título *mortis causa* que, de manera simultánea, queda truncada por aquella otra trascendencia otorgada al fallecimiento del socio, previsto estatutariamente como causa de disolución parcial de la sociedad. Así, en virtud de este efecto perseguido de desactivar la transmisión por causa de muerte, cabe responder que sí se produce una exclusión, en concreto, la del sucesor a título *mortis causa,* al ser sustituidas las acciones o participaciones sociales del socio fallecido por el importe de su valor de reembolso. Y, si se afirma aquella pérdida de la condición de socio del heredero, solo queda por afirmar que aquella cláusula estatutaria que establece el fallecimiento del socio como causa de disolución parcial de la sociedad constituye una cláusula estatutaria de exclusión del heredero como nuevo socio.

2.3. La incorporación o supresión estatutaria de la cláusula que prevé el fallecimiento del socio como causa de disolución parcial de la sociedad, requiere el consentimiento de todos los socios

Sí, como finalmente se ha postulado, la incorporación o supresión de una cláusula estatutaria que impide la transmisión *mortis causa* de acciones o participaciones sociales mediante la previsión del fallecimiento del socio como causa de la disolución parcial de la sociedad, equivale a la incorporación o a la supresión estatutaria de una causa de exclusión del heredero como nuevo socio, entonces, aquella cláusula exige el consentimiento de todos los socios, porque el efecto que persigue impacta en la

tente en el fallecimiento del socio. En ambas situaciones, cuando se produce el fallecimiento del socio, en su herencia ya no están sus acciones o participaciones sociales, impidiéndose su transmisión.

posición jurídica del sucesor *mortis causa*, provocando que éste pierda la condición de socio adquirida por la transmisión *mortis causa* propiamente dicha.

III. LA RESTRICCIÓN ESTATUTARIA A LA TRANSMISIÓN POR CAUSA DE MUERTE QUE SUPRIME EL BENEFICIO DEL VOTO DOBLE ASOCIADO A LAS ACCIONES POR LEALTAD

El estudio de este marco específico de disposiciones estatutarias a incorporar o suprimir en lo que respecta a la transmisión *mortis causa* de acciones o participaciones sociales, con el efecto no solo de limitar esta transmisión, sino de impedir la transmisión propiamente dicha, nos ha conducido a la necesaria fijación de su contenido concreto, para, desde ahí, tratar de responder con seguridad a la pregunta de si la adopción del acuerdo social correspondiente queda o no sometida a la exigencia de recabar el consentimiento de todos los socios. Por la importancia de apartarse del principio mayoritario, siquiera de forma excepcional, para exigir que todos los socios consientan el correspondiente acuerdo de modificación estatutaria, resulta crucial ligar el contenido concreto establecido en dicha cláusula estatutaria con la disciplina legal que sustenta el régimen jurídico en el principio del consentimiento de los socios, porque es ese vínculo el que provoca que la adopción del acuerdo social por el que aquella cláusula estatutaria se incorpora o se suprime quede sujeta a la exigencia de la unanimidad. Ello lo hemos advertido en las previsiones estatutarias que tienen por objeto restringir la transmisión *mortis causa,* por un lado, mediante el establecimiento de un derecho de adquisición a favor de los socios sobrevivientes y, en su defecto, a favor de la propia sociedad y, por otro, mediante el establecimiento del fallecimiento del socio como causa de disolución parcial de la sociedad. En ambos casos, ligando el contenido concreto de cada cláusula estatutaria con la regulación de la exclusión de socios, cuyo régimen impone la regla de la unanimidad (artículo 351 TRLSC), se alcanza una respuesta favorable a la admisibilidad estatutaria de incorporar o suprimir pactos concretos para el caso de fallecimiento del socio, siempre y cuando se recabe el consentimiento de todos los socios.

Para perfilar este estudio sobre las disposiciones estatutarias a incorporar o suprimir en lo que respecta a la transmisión *mortis causa* de acciones o participaciones sociales, desde una perspectiva de contenidos específicos o particulares, se incluye aquí el análisis de la previsión estatutaria que restringe la transmisión *mortis causa* de las acciones con voto doble por lealtad (reguladas en el TRLSC en sede de sociedades cotizadas, artículos 527 ter-527 undecies), mediante la supresión del beneficio del voto doble que conllevan, en el seno de un régimen legal que contempla aquel voto doble como beneficio también para el adquirente sucesor *mortis causa* [artículo 527 decies.2.a) TRLSC]. También aquí se plantea el reto de responder con evidencia a la pregunta de si la adopción del acuerdo social correspondiente queda o no sometida a la exigencia de recabar el consentimiento de todos los socios. Por ello, el camino a seguir es el marcado por la necesaria fijación del contenido concreto de la disposición estatutaria correspondiente, para, después, analizar su vínculo con el régimen jurídico que sustenta la disciplina de la incorporación o supresión de cláusulas estatutarias en el requisito del consentimiento de todos los socios. La advertencia de este vínculo o nexo es lo que determina que la adopción de un acuerdo o pacto respecto de un contenido específico o particular se someta a aquella exigencia de la unanimidad. Dado el carácter excepcional y extraordinario de esta regla, ante la falta de aquella advertencia clara, no cabe apartarse del principio de la mayoría para la adopción de acuerdos de modificación estatutaria, que es la regla aplicable para cuando no haya previsto un régimen que exige el consentimiento de todos los socios.

1. El beneficio del voto doble asociado a las acciones por lealtad: atribución de un derecho de voto doble

Antes de pasar a analizar el efecto que tiene sobre el voto doble la transmisión de las acciones que lo atribuyen, en particular, la transmisión *mortis causa*, se presenta, brevemente, la caracterización básica del voto doble por lealtad. Las acciones con voto doble por lealtad presentan dos elementos básicos de caracterización: (i) por un lado, su contenido, consistente en atribuir un voto adicional al accionista, lo que significa atribuirle un mayor voto, por encima del que corresponde a cada una de las acciones en función de su valor nominal. Se advierte así la atribución al accionista de un derecho de voto reforzado, que modifica la regla de la proporcionalidad entre el valor nominal de cada acción y el voto, como posibilidad expresamente acogida en el artículo 527 ter.1 TRLSC, aunque con carácter excepcional frente a aquel principio configurador de la sociedad anónima que acoge el artículo 188.2 TRLSC[9] y trasladando la decisión respecto a dicha modificación al ámbito de la autonomía de la voluntad, a través de la previsión estatutaria del voto adicional al accionista[10]. El refuerzo del derecho de voto o cantidad de votos atribuidos no es objeto de disponibilidad estatutaria, siendo concretado en la pro-

9 Vid, entre otros, ALVIÑANA CILVETI, C., "El voto doble por lealtad: una novedad en nuestro Derecho de sociedades", *Estudios en homenaje al profesor Luis María Cazorla Prieto*, González-Serrano Cazorla, L. (dir.), Thomson Reuters Aranzadi, Cizur Menor, 2021, pp. 1755-1758, explicando la evolución en la política legislativa, tanto en el ámbito europeo como en el nacional, en esta materia relativa al acogimiento del principio de proporcionalidad, con apertura a la admisión de derogaciones legales. Ello es lo que se advierte en el artículo 527 ter.1 TRLSC, que acoge la derogación legal de dicho principio, con traslado de la decisión al ámbito de la autonomía de la voluntad.

10 Artículo 527 ter.1, párrafo primero TRLSC: "Como excepción a lo previsto en los artículos 96.2 y 188.2, los estatutos de la sociedad anónima cotizada podrán modificar la proporción entre el valor nominal de la acción y el derecho de voto (...)".

pia norma, que fija la atribución del voto doble[11]. Y, (ii) por otro, la activación de dicho contenido, como hecho que se produce en favor del socio que se mantiene en tal posición jurídica durante un tiempo mínimo ininterrumpido, en concreto, durante dos años consecutivos ininterrumpidos desde la fecha de inscripción en el libro registro especial (artículo 527 ter.1 TRLSC). A través de esta caracterización, el legislador recurre a la lealtad o fidelidad del socio para activar aquel derecho de voto doble, lo que significa convertir el voto en la recompensa o premio al accionista leal o fiel a la sociedad por mantener su participación en el capital social durante un concreto periodo de tiempo.

Se habla así de un derecho de voto doble, como beneficio asociado a la persona del socio y no a la acción cuya titularidad le atribuye la condición de socio[12], por lo que la transmisión de la titularidad de sus acciones con voto doble por lealtad conlleva la pérdida de aquel beneficio, volviendo a ser títulos ordinarios cuyos nuevos titulares ya no se benefician de poder ejercitar un mayor número de votos. Se habla, asimismo, de un derecho de voto doble, como privilegio en materia de voto. Ciertamente, el artículo 527 septies.3 TRLSC menciona al accionista privilegiado, cuando se refiere al deber de comunicar y justificar ante la socie-

---

11 Artículo 527 ter.1, párrafo primero TRLSC: "(...) para conferir un voto doble a cada acción (...)". En su párrafo segundo, se define el voto doble como "el doble de los votos que correspondan a cada una de las acciones en función de su valor nominal".

12 GANDÍA PÉREZ, E., "El nuevo voto privilegiado en Italia. Breve comentario al régimen jurídico de las acciones de voto plural y de las loyalty shares introducidas por el Decreto-legge núm. 91, de 24 de junio", *Cuadernos de Derecho y Comercio*, núm. 65, 2016, pp. 188-189, al expresar, en orden a diferenciar las acciones de voto plural de las loyalty shares, que: "En las de voto plural es la propia acción la que incorpora un mayor número de votos; es una característica propia de la estructura objetiva de los títulos (...). Por el contrario, en las loyalty shares el privilegio no es inherente a la acción, sino que se atribuye directamente al accionista por el hecho de haber mantenido su participación en el capital social durante un concreto periodo de tiempo".

dad, para su constancia en el libro registro especial de acciones con voto doble, cualquier cambio que reduzca el número de votos por lealtad allí inscritos a su favor. Por lo que, cabe entender que el accionista privilegiado es quien, respecto de las acciones así inscritas en el mencionado libro registro especial, ya tiene reconocido el derecho de voto doble, beneficiándose de poder ejercitar un mayor voto. Sin embargo, el uso del término "privilegio", ya sea desde una perspectiva objetiva (como una modalidad de voto) o subjetiva (con mención al accionista privilegiado), es susceptible de generar la creencia de que las acciones con voto doble por lealtad constituyen una clase especial de acciones. Y, aunque por expresa disposición legal (artículo 527 ter.4 TRLSC) no cabe tal configuración, es preferible hablar de beneficio, de accionista beneficiado, porque el mayor voto se atribuye al accionista, no siendo un atributo incorporado en la propia acción, que justifique su agrupamiento en una clase de acciones que confieren algún privilegio frente a las ordinarias (artículo 94 TRLSC).

Esta configuración como "beneficio" explica la previsión estatutaria de las acciones con voto doble por lealtad, es decir, el margen de autonomía estatutaria que se concede a las sociedades anónimas cotizadas para introducir el mecanismo del voto como recompensa o premio por la lealtad o fidelidad del accionista[13]. No obstante, llama la atención que se prevea una norma especial para la incorporación estatutaria de aquel voto doble por lealtad, imponiéndose una mayoría específica, más o menos reforzada, en función de la asistencia a la junta general que vaya a aprobar aquella inclusión (artículo 527 quater.1 TRLSC, permitiéndose en el apartado segundo de este precepto, el establecimiento estatutario de un sistema de mayorías y quórums más exigente).

13 ALVIÑANA CILVETI, C., "El voto doble por lealtad...", *op. cit.*, p. 1759, señalando la alternativa seguida por el legislador francés, regulando el voto plural de los socios leales como regla legal, salvo que una previsión estatutaria la excluya.

Lo que pone de manifiesto esta mayoría legal necesaria es, a mi entender, que la previsión estatutaria de incluir el voto doble por lealtad no solo comporta la atribución de un beneficio al accionista titular de dichas acciones, sino la atribución de un derecho en materia de voto, con afección al derecho de voto, aunque con una incidencia inapreciable en el reparto establecido del poder de decisión en la sociedad, habida cuenta de que todos los socios están en igualdad de condiciones para obtener aquel beneficio del mayor voto[14]. En cambio, la eliminación de una previsión estatutaria del voto doble por lealtad no se sujeta a una norma especial, sino a la norma general fijada en el artículo 201.2 TRLSC (artículo 527 sexies, párrafo segundo TRLSC) en cuanto a los requisitos de quórums y mayorías cuando se trata de acordar válidamente cualquier modificación de los estatutos sociales. Lo que pone de manifiesto esta remisión al régimen general es la distinta repercusión de una modificación que elimina la cláusula estatutaria que acoge aquel derecho de voto doble por lealtad, restableciéndose la regulación del derecho de voto, ciertamente afectada por la introducción del voto por lealtad.

2. El beneficio del voto doble asociado a las acciones por lealtad en caso de transmisión *mortis causa*

Bajo el título "Transmisiones de las acciones por el accionista con voto doble", el artículo 527 decies TRLSC diseña el efecto

14 GANDÍA PÉREZ, E., "El nuevo voto privilegiado en Italia. Breve comentario...", *op. cit.*, p. 189, al señalar la regulación especial a la que se sujeta en Italia la previsión estatutaria de las loyalty shares, con eliminación del derecho de separación del accionista ausente o disidente, cuya crítica el autor tacha de excesiva, por cuanto la afección sí alcanza al derecho de voto, pero es mínima la incidencia sobre la concreta distribución del poder de decisión en la sociedad, "por cuanto todos los socios pueden acceder al privilegio de voto en igualdad de condiciones".

que tiene, sobre el beneficio del voto doble por lealtad atribuido al accionista, la transmisión de las acciones que lo atribuyen. Se trata de un diseño coherente con la caracterización del voto doble por lealtad, como beneficio asociado a la persona del socio y no como derecho integrado en la acción cuya titularidad le atribuye la condición de socio. Así, el tratamiento jurídico comienza acogiendo la extinción del voto doble por lealtad, como consecuencia del cambio de titularidad que se produce por efecto de la transmisión de las acciones respecto de las que se ha reconocido aquel derecho, aunque, se prevé, al mismo tiempo, ciertas excepciones en las que dicho cambio en la posición de socio no conlleva la pérdida del voto doble por lealtad.

2.1. Pérdida del beneficio del voto doble por lealtad en caso de cesión o transmisión: punto de partida

Si bien nuestro supuesto se enmarca en la sede de excepciones, es trascendental exponer el punto de partida del régimen regulador de la transmisión de las acciones para las que se ha reconocido el beneficio del voto doble por lealtad, donde queda reflejada la naturaleza jurídica de dichas acciones, en las que no va integrado un derecho de voto doble y por lo que tienen esa clara desventaja de no incorporar el atributo en caso de transmisión.

En virtud del artículo 527 decies.1 TRLSC, el voto doble por lealtad se extingue como consecuencia de la cesión o transmisión, directa o indirecta, por el accionista de las acciones a las que se asocia, no solo a título oneroso, sino también a título gratuito[15]. Con esta fórmula abierta, el derecho de voto doble por lealtad se pierde en todos aquellos supuestos que impliquen un cambio en

---

15 ALVIÑANA CILVETI, C., "El voto doble por lealtad...", *op. cit.*, p. 1767, señalando la acogida de una fórmula abierta, que incluye toda transmisión de la titularidad.

la persona titular de aquel, comprendiendo no solo negocios tales como la compraventa y la donación, sino también otros negocios que comportan la transmisión de la titularidad de una participación en el capital social, tales como la permuta y la aportación de títulos a otra sociedad[16]. Esta interpretación amplia del término "cesión o transmisión", incluso se extiende más por la doctrina, comprendiendo aquellos supuestos que, aunque no comporten un cambio en la propiedad o titularidad de la participación, sí pueden implicar un cambio en la persona titular de aquel derecho de voto doble por lealtad, tales como el usufructo o la prenda que se constituyen sobre las acciones a las que se asocia aquel beneficio[17]. En coherencia con el requisito que activa este beneficio del voto doble por lealtad, es decir, con el requisito de la permanencia ininterrumpida durante un tiempo mínimo y, en esencia, con su carácter de recompensa o premio al accionista estable, a los efectos de perderlo la referencia debe dirigirse no solo al titular formal de la participación en el capital social, sino también al sujeto titular o favorecido por aquel beneficio (como podría ser el usufructuario o el acreedor pignoraticio, en cuyo caso aquel derecho de voto se perdería, siendo suficiente la transmisión del mismo, aunque no lleve consigo un cambio en la titularidad de la acción, en atención a la *ratio* de la norma de estimular el ejercicio del voto por parte de los accionistas que con su permanencia

16 Negocios señalados por GANDÍA PÉREZ, E., "El nuevo voto privilegiado en Italia. Breve comentario...", *op. cit.*, p. 194, al delimitar el concepto de "cesión o transmisión" con base en el efecto que comporta de cambiar el titular del derecho de voto asociado a las *loyalty shares*.

17 Supuestos señalados por GANDÍA PÉREZ, E., "El nuevo voto privilegiado en Italia. Breve comentario...", *op. cit.*, p. 195, sustentando la pérdida del derecho de voto doble por lealtad no necesariamente en el cambio en la propiedad de las acciones, sino en el cambio en el titular de aquel derecho de voto, lo que puede suceder en los supuestos de constitución de un usufructo o de un derecho de prenda sobre las acciones a las que va asociado aquel mayor voto.

demuestran una implicación con la sociedad. En cambio, de una lectura literal del mencionado artículo 527 decies.1 TRLSC, no puede desprenderse tal ampliación, ya que su tenor comprende la "cesión o transmisión" en sentido estricto o como aquella que lleva aparejada un cambio en la titularidad de las acciones que llevan asociado el derecho de voto doble por lealtad: "El voto doble por lealtad se extinguirá como consecuencia de la cesión o transmisión, directa e indirecta, por el accionista del número de acciones, o parte de ellas, al que está asociado el voto doble, incluso a título gratuito". La norma parece advertir que la pérdida del voto doble por lealtad se refiere solo a las acciones "de fidelidad" transmitidas, por lo que parece ligar aquella pérdida a la transmisión de las acciones a las que está asociado el voto doble por lealtad, no teniendo cabida la pérdida ligada a la transmisión del propio derecho atribuido al accionista estable. Frente a esta interpretación estricta, es preferible la versión que atiende al fin de la norma, que no es otro que reforzar la posición política de los accionistas estables y, por ende, implicados con la sociedad, de manera que, junto al cambio en la titularidad de la acción respecto de la que se reconoce el derecho de voto doble, el cambio en la titularidad de este derecho, aunque no lleve consigo un desplazamiento en la titularidad de la acción, también determina la pérdida de este mayor voto atribuido[18].

La pérdida del mayor voto atribuido por lealtad, ligada a la mera transmisión del derecho mismo, encuentra su refuerzo en la previsión de la renuncia por su titular como el otro supuesto de

18 Así lo ilustra GANDÍA PÉREZ, E., "El nuevo voto privilegiado en Italia. Breve comentario...", *op. cit.*, p. 195, en referencia a la mera transmisión del derecho de voto doble asociado a las *loyalty shares*: "Por tanto, si el derecho de voto se atribuye al usufructuario o al acreedor pignoraticio, las *loyalty shares* —que, en manos del nudo propietario o del accionista pignorante conservarían el voto privilegiado— pasarán a funcionar como simples acciones ordinarias".

pérdida del atribuido derecho de voto doble por lealtad. Como se dispone en el artículo 527 septies.5 TRLSC: ...*El accionista inscrito en el libro registro especial podrá comunicar a la sociedad en cualquier momento su renuncia total o parcial al voto doble que pueda corresponderle. En tal caso, la sociedad procederá a la modificación o cancelación de la inscripción correspondiente...*, la renuncia confirma la caracterización del voto doble por lealtad como un beneficio ligado a la persona del accionista, quien puede decidir que ya no desea seguir beneficiándose, en todo o en parte, de aquel mayor voto, pasando de ser el accionista beneficiado a ser el accionista renunciante (total o parcialmente). Si el accionista puede renunciar al derecho atribuido por lealtad, con el efecto directo consiguiente de pérdida, en este ámbito de libertad decisoria también se incluye la cesión o transmisión de aquel derecho, pasando a ser un tercero (por ejemplo, el usufructuario o el acreedor pignoraticio) el titular del mismo, con el efecto directo consiguiente de pérdida también en este supuesto, equiparándose aquel cambio de titularidad del aumento del número de votos a la renuncia o abandono de aquel aumento por parte del titular de las acciones a las que se asocia. En ambos supuestos, se pierde el atribuido derecho de voto doble por lealtad y las acciones a las que se asocia dejarán de funcionar como "acciones de lealtad" o acciones cuyo valor en votos se dobla.

2.2. *Conservación del beneficio del voto doble por lealtad en caso de transmisión mortis causa: punto de llegada y disposición legal excepcional*

El artículo 527 decies.2 TRLSC dispone la conservación del voto doble por lealtad, en caso de transmisión de las acciones a las que se asocia aquel derecho, en tres grupos de casos excepcionales, manteniéndose el beneficio en favor del adquirente de dichas acciones, salvo que los estatutos dispongan lo contrario. Por la materia aquí objeto de estudio, se centra toda la atención en el primer grupo de excepciones, acogido en la letra a) del mencionado precepto y, en particular, en su primer apunte, referido a la transmisión *mortis causa*. El régimen excepcional dispuesto para cuando el cambio de titularidad de las acciones a las que se asocia el voto doble por lealtad procede de la sucesión *mortis causa* refleja dos previsiones, *a priori*, una de ellas de difícil comprensión.

La primera previsión, inmediatamente posterior a la norma de la extinción del voto doble por lealtad en caso de transmisión de las acciones a las que se asocia tal derecho (artículo 527 decies.1 TRLSC), es que aquella extinción no se produce si el cambio de titular tiene su origen en la sucesión *mortis causa*. Nos encontramos ante una salvedad legal, por lo que resulta de interés determinar a qué responde. La mejor doctrina no da una explicación unívoca, aduciendo diversos motivos. Por una parte, se postula que la razón que lleva a mantener el derecho de voto doble por lealtad, del que se beneficia el adquirente a título *mortis causa*, es que se trata de un cambio de titularidad de las acciones en manos de personas físicas, que sobreviene por circunstancias involuntarias y que solamente pueden acaecer en este marco: el fallecimiento del accionista persona física o la disolución y liquidación de la sociedad de gananciales[19]; por otra parte, se postula que aquel motivo es la continuación jurídica del heredero en los derechos y prerrogativas del causante[20]. Para el caso de la sucesión *mortis causa*, la explicación más clara de aquel régimen excepcional que mantiene el voto doble por lealtad se encuentra en la mis-

19 ALVIÑANA CILVETI, C., "El voto doble por lealtad...", *op. cit.*, p. 1767, enmarcando el primer grupo de excepciones de la letra a) del artículo 527 decies.2 TRLSC en los supuestos de titularidades por personas físicas.

20 GANDÍA PÉREZ, E., "El nuevo voto privilegiado en Italia. Breve comentario...", *op. cit.*, p. 192, extendiendo esta explicación del régimen excepcional a los casos de fusión y escisión del titular de las acciones.

ma lógica de la sucesión, la cual no altera la situación de fondo, al suceder el heredero en los derechos y beneficios del causante.

La segunda previsión recorta aquella primera mencionada, en la medida en que la norma que prevé que se mantenga el voto doble por lealtad en el caso de transmitir por causa de muerte las acciones a las que se asocia aquel beneficio, también permite, simultáneamente, la salvedad estatutaria de aquella conservación (artículo 527 decies.2 TRLSC). Nos encontramos con una norma de carácter dispositivo, permitiendo expresamente establecer la regla contraria en los estatutos, por lo que, en este aspecto también resulta trascendental determinar a qué responde aquella posibilidad de pacto estatutario en contrario. La doctrina no encuentra una explicación a aquel régimen abierto en cuanto a la posibilidad de la previsión estatutaria en contrario, tildándolo de "incomprensible" si se atiende a la razonabilidad de la norma que mantiene el voto doble por lealtad en caso de sucesión *mortis causa* del titular de las acciones a las que queda asociada aquella ventaja[21]. Ciertamente, es nítida y razonable la norma que prevé el mantenimiento del derecho de voto doble por lealtad en el caso de la transmisión de las acciones por causa de muerte, porque merced a esta transmisión el heredero deviene socio, sucediendo en todos los derechos y atributos asignados al causante, produciéndose así una continuidad en la participación en el capital de la sociedad. Este razonamiento es suficiente para dejar a la vista la falta de justificación que tiene la posibilidad del pacto en contrario. Salvedad estatutaria, de la que se prescinde en relación con las acciones asignadas gratuitamente con ocasión de ampliaciones de capital en relación con acciones con voto de lealtad que ya se posean (artículo 527 decies.3 TRLSC). ¿Por qué este es un supuesto en el que la extensión del voto doble por

21 GANDÍA PÉREZ, E., "El nuevo voto privilegiado en Italia. Breve comentario...", *op. cit.*, p. 192.

lealtad es automática y, además, no admite pacto en contrario? La respuesta tiene que ver con la naturaleza de la operación: una "ampliación de capital gratuita", de la que resulta una participación del accionista en el capital social que no se altera, de ahí que el beneficio del voto doble por lealtad deba extenderse a las acciones emitidas. Este último supuesto no entra dentro de los tres grupos de casos excepcionales en los que, salvo que los estatutos establezcan lo contrario, el voto doble por lealtad beneficia también al adquirente de las acciones a las que se asocia dicho beneficio; sin embargo, se advierte en todos ellos el mismo motivo que lleva, en un caso, a mantener automáticamente el voto doble por lealtad [artículo 527 decies.2, letras a), b) y c) TRLSC, aunque permitiendo establecer la regla contraria en los estatutos] y, en otro, a prever la extensión siempre del voto doble por lealtad a las acciones emitidas con ocasión de aumentos de capital gratuitos (artículo 527 decies.3 TRLSC): la continuidad en la participación en el capital social, cuando se mantiene inalterada a pesar de emitir nuevas acciones o cuando el heredero sucede en la posición jurídica al accionista fallecido titular de acciones con voto doble por lealtad[22].

En atención a la estructura del artículo 527 decies TRLSC, que regula el efecto que genera la transmisión de las acciones a las que está asociado el voto doble por lealtad en la conservación o pérdida de este derecho (así como los aumentos de capital "gratuitos"), con un diseño amplio, pero que reconduce adecuadamente el régimen al que se sujeta aquella transmisión, precisándose lo que comporta, de manera general y de manera excepcional, cabría concluir que la admisión de la previsión estatutaria en contrario no tiene sentido. A mi juicio, no tiene cabida la admisión de la salvedad estatutaria en una regulación de alcance amplio, que

22 GANDÍA PÉREZ, E., "El nuevo voto privilegiado en Italia. Breve comentario...", *op. cit.*, pp. 192-193.

prevé no solo el punto de partida, sino también el de llegada, a fin de evitar cualquier repercusión en la caracterización del voto doble por lealtad que, por expresa disposición legal, depende de que el accionista mantenga su participación en el capital social durante un concreto periodo de tiempo (artículo 527 ter. TRLSC).

3. La salvedad estatutaria de la conservación del voto doble por lealtad en caso de transmisión *mortis causa*: ¿exige el consentimiento de todos los socios?

A pesar de la valoración desfavorable o contraria realizada a la salvedad estatutaria que admite el artículo 527 decies.2 TRLSC, la constatación del carácter dispositivo de esta norma es expresa, permitiéndose establecer lo contrario en los estatutos, "salvo disposición estatutaria en contrario". Mientras una disposición legal prevé que el derecho de voto doble atribuido por lealtad se mantiene en caso de sucesión *mortis causa* del titular de las acciones para las que aquel se reconoce, una cláusula estatutaria puede establecer la regla contraria, suprimiendo aquel derecho y no pudiendo beneficiarse del mismo el sucesor hereditario. Como nos encontramos ante un límite a la transmisión por causa de muerte, restringido al caso de las acciones, a prever en una disposición estatutaria, aquí también se plantea como pregunta clave sí la incorporación y, por ende, la supresión, de dicha previsión estatutaria, requiere el consentimiento de todos los socios. Sin duda, se trata de una peculiar previsión estatutaria restrictiva, al suprimir el beneficio del voto doble que se asocia a las acciones del socio leal fallecido, que legalmente se extiende también al sucesor hereditario. Pero, ¿se trata de un contenido que implique una situación sujeta legalmente al principio del consentimiento de los socios? Dicha situación se refiere a la trascendencia de la previsión estatutaria en la posición jurídica del socio, que es donde el legislador determina el límite al principio mayoritario estableciendo la exigencia de que todos los socios consientan la incorporación de la correspondiente modificación estatutaria o la modificación o supresión de la previsión ya existente. La exclusión y la separación constituyen situaciones en las que hay un interés que justifica la exigencia del consentimiento unánime, como es el impacto en el estatus jurídico de socio, al derivarse la extinción del vínculo contractual con la sociedad y, por ende, la pérdida de la condición de socio por quien es excluido o se separa. En este caso, la trascendencia de la desaparición del voto doble por lealtad en perjuicio del sucesor a título *mortis causa* no es equiparable a la previsión de una causa determinada de exclusión o de separación del socio, por lo que la tutela de la posición jurídica del heredero adquirente hay que dirigirla por otro cauce que integre la tutela no tanto del estatus de socio, sino de su estatuto jurídico relativo a los derechos a adquirir por sucesión hereditaria. Podría parecerse la tutela del heredero que continúa jurídicamente al causante a la tutela individual de los derechos del socio (contenida en el artículo 292 TRLSC en el caso de la sociedad de responsabilidad limitada).

En el ámbito de aplicación de dicha norma de tutela individual de los derechos del socio[23], podría incluirse el derecho de voto doble asociado a las acciones por lealtad adquiridas a título *mortis causa*, como derecho del heredero devenido socio, en este caso, singular, legalmente reconocido (artículo 527 decies.2 TRLSC) y que puede ser alterado por la voluntad social (artículo 527 decies.2 TRLSC). Si en este aspecto de la posición jurídica del sucesor hereditario, se entiende de aplicación, por analogía, el artículo 292 TRLSC, la modificación estatutaria que afecte a la extensión de aquel derecho de voto doble por lealtad al adquirente *mortis causa*, en concreto, a través de su supresión, ¿exige el consenti-

23 *Vid.*, entre otros, ÁVILA DE LA TORRE, A., "Artículo 292. La tutela individual de los derechos del socio en la sociedad de responsabilidad limitada", *Comentario de la Ley de Sociedades de Capital*, García-Cruces, J.A. y Sancho Gargallo, I. (dirs.), Tirant lo blanch, Valencia, 2021, pp. 4084-4093.

miento de todos los socios afectados? o, más ampliamente, ¿exige el consentimiento individual de todos los socios?

La respuesta está en el alcance de la afección de aquella disposición estatutaria, esto es, si genera desigualdades entre los socios o si no las genera. Viéndose afectado el derecho de voto doble por lealtad asociado a las acciones del socio fallecido, privándose de su beneficio al sucesor hereditario, no se produce una desigualdad entre los socios, ya que la supresión de aquel derecho altera el estatuto jurídico del heredero devenido socio como sucesor jurídico en los derechos y atributos del causante. Por consiguiente, cabría responder que, aquella modificación estatutaria que elimina la extensión del beneficio del voto doble por lealtad al adquirente por causa de muerte, requiere el consentimiento individual de todos los socios. La modificación del derecho de voto doble por lealtad, suprimiendo su extensión al adquirente *mortis causa*, constituye una situación en la que existe un interés que justifica el requisito del consentimiento individual, haciéndose extensible a todos los socios, porque todos pueden verse afectados por aquella modificación.

IV. BIBLIOGRAFÍA

ALFARO ÁGUILA-REAL, J., "Disolución y liquidación societaria: la extinción de la personalidad jurídica y la terminación del contrato de sociedad", en el blog jurídico *Almacén de Derecho*, 2017.

ALVIÑANA CILVETI, C., "El voto doble por lealtad: una novedad en nuestro Derecho de sociedades", *Estudios en homenaje al profesor Luis María Cazorla Prieto*, González-Serrano Cazorla, L. (dir.), Thomson Reuters Aranzadi, Cizur Menor, 2021.

ÁVILA DE LA TORRE, A., "Artículo 291. Nuevas obligaciones de los socios", *Comentario de la Ley de Sociedades de Capital*, García-Cruces, J.A. y Sancho Gargallo, I. (dirs.), Tirant lo blanch, Valencia, 2021.

ÁVILA DE LA TORRE, A., "Artículo 292. La tutela individual de los derechos del socio en la sociedad de responsabilidad limitada", *Comentario de la*

Ley de Sociedades de Capital, García-Cruces, J.A. y Sancho Gargallo, I. (dirs.), Tirant lo blanch, Valencia, 2021.

— "Artículo 293. La tutela colectiva de los derechos de los titulares de clases de acciones en la sociedad anónima", *Comentario de la Ley de Sociedades de Capital,* García-Cruces, J.A. y Sancho Gargallo, I. (dirs.), Tirant lo blanch, Valencia, 2021.

CERDÁ ALBERO, F., "Artículo 346. Causas legales de separación", *Comentario de la Ley de Sociedades de Capital,* García-Cruces, J.A. y Sancho Gargallo, I. (dirs.), Tirant lo blanch, Valencia, 2021.

— "Artículo 351. Causas estatutarias de exclusión de socios", *Comentario de la Ley de Sociedades de Capital,* García-Cruces, J.A. y Sancho Gargallo, I. (dirs.), Tirant lo blanch, Valencia, 2021.

GANDÍA PÉREZ, E., "El nuevo voto privilegiado en Italia. Breve comentario al régimen jurídico de las acciones de voto plural y de las loyalty shares introducidas por el Decreto-legge núm. 91, de 24 de junio", *Cuadernos de Derecho y Comercio,* núm. 65, 2016.

SARAZÁ JIMENA, R., "Artículo 110. Régimen de la transmisión *mortis causa*", *Comentario de la Ley de Sociedades de Capital,* García-Cruces, J.A. y Sancho Gargallo, I. (dirs.), Tirant lo blanch, Valencia, 2021.

Capítulo 17

VICISITUDES DEL EJERCICIO DEL DERECHO DE ADQUISICIÓN PREFERENTE EN UNA SOCIEDAD ANÓNIMA CERRADA: PERFECCIÓN Y EJECUCIÓN DE LA COMPRAVENTA E IMPUGNACIÓN DE LA VALORACIÓN

Patricia Pugnaire Padró
Julio Roldán Dessy
Abogados en Cuatrecasas, Gonçalves, Pereira

I. INTRODUCCIÓN

El presente trabajo tiene por objeto poner de relieve las vicisitudes que el ejercicio del derecho de adquisición preferente puede entrañar hasta su plena satisfacción cuando se ejercita en el seno de un conflicto societario entre dos accionistas sofisticados, con recursos económicos y temporales suficientes.

El análisis que se presenta a continuación parte de un caso real que, por las particularidades mencionadas, ha permitido que ambas partes, en defensa de sus intereses, utilicen la gran mayoría de las herramientas que el ordenamiento jurídico ofrece de forma completa (acciones sociales de responsabilidad, impugnación de acuerdos sociales, convocatoria registral de junta de accionistas, nombramiento de auditor por el Registro Mercantil, incluso, procedimientos penales).

El caso de referencia se enmarca en un conflicto societario que enfrenta al accionista mayoritario y minoritario de una sociedad anónima cerrada[1] (titulares del 51% y 49% del capital social, respectivamente), que alcanza su punto álgido tras el ejercicio del derecho de adquisición preferente estatutario por este último. La comunicación del ejercicio de ese derecho por parte del accionista minoritario desencadena en el accionista mayoritario una estrategia de oposición, negación e incluso tentativas fraudulentas de vaciamiento de contenido del derecho de adquisición preferente.

Frente a ello, el accionista minoritario, en defensa de sus derechos y del interés social, se ve obligado a instar una serie de procedimientos judiciales como solución a cada una de las actuaciones de resistencia que el socio mayoritario y administrador único de la sociedad desplegó hasta la resolución definitiva del conflicto.

En un escenario como el descrito, se plantea el análisis de las cuatro principales resistencias desplegadas por el socio mayoritario para frustrar el ejercicio del derecho de adquisición preferente y la correspondiente defensa efectuada por el socio minoritario. De esta manera, el presente trabajo se estructura en cuatro apartados que abordan las siguientes actuaciones de resistencia y su respuesta: (i) la retirada de la oferta de venta tras el ejercicio del

1 En los términos expuestos en la Exposición de Motivos de Real Decreto Legislativo 1/2010, de 2 de julio, por el que se aprueba el texto refundido de la Ley de Sociedades de Capital ("LSC").

derecho de adquisición preferente por el socio minoritario; (ii) los intentos frustrados de modificación del régimen de transmisión de acciones estatutario para eliminar el derecho de adquisición preferente; (iii) la falta de cumplimiento de la obligación de transmisión de las acciones ordenada en sentencia firme; y (iv) la impugnación de la valoración de las acciones efectuada por el experto independiente designado al efecto por el Registro Mercantil.

A la vista del resultado que ha ofrecido el ordenamiento jurídico para la resolución del conflicto societario, observaremos críticamente la aplicación del marco regulatorio actual por los tribunales de justicia, como el servicio público que debe proteger —en un periodo de tiempo razonable— el derecho del socio o accionista que ejercita legítimamente el derecho de adquisición preferente, cuando este es negado por aquel que viene obligado a transmitir sus títulos; y, en su caso, efectuar propuestas de mejora o reivindicaciones concretas, de distinta naturaleza, para evitar que el beneficiario del derecho se vea abocado a un complejo entramado de procedimientos judiciales, con los costes económicos y temporales asociados a estos, y a mitigar algunos de los riesgos que supone la dilación excesiva de la materialización de ese derecho.

II. EL EJERCICIO DEL DERECHO DE ADQUISICIÓN PREFERENTE EN UNA SOCIEDAD ANÓNIMA "CERRADA"

En el caso de autos, la sociedad, a pesar de mantener un carácter "cerrado" dada la relevancia para la sociedad de las condiciones personales de sus accionistas, estuvo administrada en exclusiva por el socio mayoritario, sin la intervención del minoritario titular del 45%. El socio mayoritario gestionaba en exclusiva el único negocio social. El conflicto societario surgió entre ambos socios como consecuencia de las discrepancias que surgieron en relación con la gestión de la sociedad.

En el seno de dicho conflicto, con procedimientos judiciales en ejercicio de acciones sociales de responsabilidad en curso, el socio mayoritario comunicó al socio minoritario su voluntad de transmitir todas sus acciones a un precio determinado en la oferta recibida por un tercero ajeno a la sociedad, por si era de su interés ejercitar el derecho de adquisición preferente. Dentro del plazo conferido, el socio minoritario comunicó notarialmente su aceptación de la oferta, así como su discrepancia en relación con el precio estipulado en la misma.

En este caso, el artículo de los estatutos sociales regulador de las restricciones para las transmisiones de acciones *inter vivos*, como es habitual observar en sociedades anónimas "cerradas", contemplaba un derecho de adquisición preferente a favor del resto de socios en caso de transmisión de acciones *inter vivos*. Asimismo, los estatutos sociales permitían al socio adquirente discrepar del precio de la oferta, en cuyo caso, el valor real de las acciones debería determinarse por el auditor de la compañía o, en su defecto, por un experto independiente designado por el Registro Mercantil.

El socio adquirente solicitó al Registro Mercantil la designación del tercero independiente para la determinación del valor razonable de las acciones. el socio mayoritario y vendedor, tras conocerlo, retiró su oferta de venta, manifestando que su interés en enajenar sus acciones había cesado. Todo ello, a la vista de que el valor razonable de las acciones podría determinarse por debajo del precio de la oferta, aunque fuera razonable. Lógicamente, se negó a otorgar la escritura de compraventa de las acciones a favor del socio minoritario.

En consecuencia, el socio minoritario interpuso una demanda de juicio ordinario contra el socio mayoritario solicitando que: (i) que se declarara perfeccionado el contrato de la compraventa de acciones como consecuencia del ejercicio del derecho de adquisición preferente, y (ii) que se condenara al socio mayoritario al otorgamiento de escritura pública de compraventa a favor del socio minoritario al precio que determinara el experto independiente nombrado al efecto por el Registro Mercantil. Asimismo, para garantizar la tutela principal, la parte demandante instó la adopción de medidas cautelares consistentes en la prohibición de enajenación o disposición de las acciones objeto de autos y su comunicación a la sociedad para su anotación en el libro registro de acciones nominativas.

La posición de la parte demandante se basaba en la interpretación literal de los estatutos sociales y en la asunción de la licitud y validez del derecho de adquisición preferente contemplado en estatutos. Para ésta, el negocio jurídico de compraventa de acciones ya había sido perfeccionado, concretamente, desde el momento en que éste le transmite y el socio mayoritario recibe su aceptación de la oferta de venta discrepando del precio establecido. En consecuencia, el negocio jurídico ya existía y sólo faltaba consumarlo.

Por el contrario, el socio mayoritario se opuso a las pretensiones deducidas por el socio minoritario y consideró que la comunicación que había remitido con la oferta de venta sólo se mantuvo en sede de tratos preliminares, sin llegar a conformar un contrato vinculante. Para el socio vendedor, no existió concurso entre la oferta y la aceptación pues no hubo tal aceptación, sino sólo una contrapropuesta; ya que el socio minoritario discrepó del precio ofertado e instó su determinación por un tercero independiente designado por el Registro Mercantil en lugar de aceptar la oferta pura y simplemente en todos sus términos.

Las sentencias de primera y segunda[2] instancia analizan de forma íntegra si es posible retirar la oferta de venta de unas ac-

2 Sentencia de la Audiencia Provincial de Baleares (Sección 5ª), núm. 348/2018, de 30 de julio [ECLI:ES:APIB:2018:1623].

ciones sobre la que se ha ejercitado un derecho de adquisición preferente, discrepando del precio previsto. En ambas instancias, el poder jurisdiccional concluye que la compraventa se perfeccionó desde el momento de la recepción de la aceptación y, desde ese momento, obligó a las partes en sus términos. La resolución de segunda instancia y su condena al otorgamiento de la escritura de compraventa de acciones devino firme al no estimarse los recursos presentados ante el Tribunal Supremo[3], tras la debida y longeva tramitación de este tipo de procedimientos.

Confirmada la validez de las cláusulas restrictivas de la transmisión de acciones en sociedades anónimas, entre otras[4], por el propio legislador en el artículo 123 de la LSC y tomando como referencia que, en este caso, las restricciones: (i) recaían sobre acciones nominativas, (ii) permitían la transmisión de acciones y (iii) constaban debidamente expuestas en los estatutos sociales, el análisis debe centrarse en el momento de perfección del contrato de compraventa de acciones cuando se ejercita un derecho de adquisición preferente con la posibilidad de discrepar del precio.

Como es sabido, los tratos preliminares se separan de un contrato de compraventa cuando éste no *...llega al consentimiento como conjunción de declaraciones de voluntad de vender, por la parte vendedora, y de comprar, por la parte compradora, sobre el objeto y con la causa...*[5].

3 Auto de 10 de febrero de 2021 de la Sala Primera del Tribunal Supremo dictado en el recurso de casación 4543/2018.

4 También nuestros Tribunales han confirmado la validez de este tipo de restricciones, por ejemplo, la Sentencia de la Audiencia Provincial de Salamanca (Sección 1ª), núm. 320/2015, de 27 de octubre [ECLI:ES:APSA:2015:525] o la Sentencia de la Audiencia Provincial de Baleares (Sección 5ª), núm. 30/2017, de 7 de febrero [ECLI:ES:APIB:2017:188]

5 Sentencia del Tribunal Supremo (Sala de lo Civil), núm. 1.112/2000, de 29 de noviembre [ECLI:ES:TS:2000:8728].

En el caso de transmisiones efectuadas como consecuencia del ejercicio del derecho de adquisición preferente cabría preguntarse qué naturaleza jurídica tiene la comunicación que traslada la oferta el socio vendedor al resto de socios en el juego del concurso de la oferta y la aceptación (*denuntiatio*).

El carácter irrevocable de la *denuntiatio* ha sido confirmado por nuestra más reputada doctrina en esta materia, cuando se afirmó lo siguiente: *...A nuestro juicio, el socio puede alterar o interrumpir el proceso de activación del derecho potestativo de adquisición del beneficiario de la preferencia a través de una nueva denuntiatio, de sentido contrario, hasta el momento en que aquél ejercite su derecho de adquisición... De lo que no cabe lógicamente dudar es que, tras el ejercicio del derecho de preferencia por su beneficiario, ya no habrá ocasión de arrepentimiento; el derecho de opción ya se ha verificado y circunstancias sobrevenidas no pueden remover una situación ya consolidada...*[6].

Así lo ha establecido el Tribunal Supremo en diversas ocasiones, exponiendo que, para la existencia de un contrato basta con que el objeto sea determinable. En el caso de la compraventa, específicamente, el artículo 1447 del Código Civil prevé *...la perfección del contrato de compraventa a falta de determinación del precio en caso de que éste lo señale una persona determinada...* Así, *...no era necesario incluir el precio, siquiera cierto, de la transmisión en la primera comunicación por la que la actora, por escrito, notifica su deseo de transmitir su paquete accionarial para que sea vinculante y ya se inicie con aquélla el cómputo de los plazos...* [7].

En consecuencia, el derecho de adquisición preferente previsto en estatutos funciona como un precontrato ya fijado en la nor-

6 PERDICES HUETOS, A., *Cláusulas restrictivas de la transmisión de acciones y participaciones*, Civitas, Madrid, 1997, p. 190.

7 Sentencia de la Sala Primera del Tribunal Supremo (Sala de lo Civil), núm. 1.105/2006, de 2 de noviembre [ECLI:ES:TS:2006:6616].

mativa social y con publicidad registral. De esta manera, el socio que quiere vender su participación, si se ejercita el derecho de adquisición preferente, los elementos del contrato quedan establecidos en los términos exigidos en la ley y hay que descartar la existencia de tratos preliminares.

Bastará para ello que el socio interesado en adquirir las acciones manifieste su interés, y *...a la hora de patentizar su desacuerdo con el precio resultante del mismo, no parece que resulte exigible otro requisito —que desde luego cumplieron los demandantes— que el de solemnizar su oposición de manera expresa...*[8]. Incluso pudiendo realizarse en el seno de una junta general de accionistas[9]. En este sentido también concuerda la doctrina[10].

Así, la clave en esta cuestión no es que el socio vendedor conozca el precio que recibirá por su paquete accionarial, sino que quede salvaguardado su derecho a obtener el valor real de su participación y eso es posible con la determinación del precio por un tercero independiente. Sólo así se puede evitar la estrategia de comunicar una oferta de compra muy superior al precio de mercado a través de un tercero vinculado (disponiendo de un contrato reservado con éste con una compensación por el sobreprecio al comprador) para evitar que el otro socio o socios ejerciten el derecho de adquisición preferente.

Si bien la primera cuestión es susceptible de encontrar distintas posiciones teóricas, la jurisprudencia es constante al determi-

---

8 Sentencia de la Audiencia Provincial de Madrid (Sección 28ª), núm. 223/2010, de 8 de octubre (ECLI: ES:APM:2010:13914), confirmada por la Sentencia del Tribunal Supremo (Sala Primera), núm. 817/2012, de 15 de enero de 2013 (ECLI: ES:TS:2013:430).

9 Sentencia del Tribunal Supremo (Sala Primera), núm. 817/2012, de 15 de enero de 2013 (ECLI: ES:TS:2013:430).

10 PERDICES HUETOS, A., *Cláusulas restrictivas de la* transmisión..., *op. cit.*, p. 197.

nar la validez de las cláusulas de derecho de adquisición preferente con posibilidad de discrepar del precio en sociedades anónimas y el ejercicio de una acción declarativa de la perfección y de condena del otorgamiento es una respuesta eficaz contra el socio que se niega a reconocerlo.

III. MODIFICACIONES ESTATUTARIAS DESTINADAS A VACIAR EL EJERCICIO DE DERECHO DE ADQUISICIÓN PREFERENTE

En este apartado plantearemos los problemas que puede provocar el socio en conflicto que no desea cumplir con lo dispuesto en los estatutos sociales y se aprovecha de la demora en la tramitación de procedimientos para vaciar el derecho de adquisición preferente, cuál ha sido la respuesta del ordenamiento jurídico y si existen ámbitos de mejora. En particular, analizaremos dos actuaciones que son susceptibles de realizarse durante la tramitación del procedimiento que determinará en su caso la obligación de transmitir las acciones.

En primer lugar, cabe preguntarse si es posible acometer una modificación de estatutos sociales sobre la base de la posición mayoritaria del socio para alterar la restricción a la libre transmisibilidad de las acciones y retirar la posibilidad de que se cuestione el precio ofertado. Sin perjuicio de que el cambio de estatutos sociales no tiene efectos retroactivos, dicha alteración permitiría a la sociedad dar carta de naturaleza a una transmisión posterior, anotarla en el libro registro de acciones y el tercero de buena fe sería protegido en su adquisición.

A este respecto, para proteger los intereses del socio adquirente cabe la adopción de una medida cautelar de prohibición de enajenación de las acciones e incluso ordenar su anotación en el libro registro para lo que es necesaria la colaboración del órgano de administración, por lo que en ocasiones puede ser insuficiente.

Máxime cuando el socio mayoritario y administrador prepara un nuevo proyecto estratégico y solicita la autorización a la junta de accionistas para la venta de los activos de la sociedad con los que se conforman el negocio. Lógicamente, si se venden los activos con los que se realiza el negocio y ese precio se reparte como dividendos, en el momento en que se declare la perfección de la compraventa, la compañía será un mero vehículo vacío, frustrando el derecho de adquisición preferente.

La única respuesta posible ante este tipo de acuerdos en su impugnación judicial sobre la base de lo dispuesto en el artículo 204 de la LSC, en particular, sobre la base de la consideración del acuerdo como abusivo en beneficio de la mayoría y en perjuicio de la minoría[11]. Y ello por la excesiva prudencia que mantienen los Juzgados y Tribunales a la hora de adoptar la intervención o administración cautelar de sociedades. Estas medidas, ciertamente más invasivas que otras como la prohibición de enajenación, quizás merezcan una reflexión por parte del legislador para establecer unos requisitos o casos específicos en los que su adopción otorgue tranquilidad a los Juzgados y Tribunales.

IV. LA EJECUCIÓN DE LA OBLIGACIÓN DE OTORGAR LA ESCRITURA PÚBLICA DE COMPRAVENTA DE LAS ACCIONES OBJETO DEL DERECHO DE ADQUISICIÓN PREFERENTE

La plena satisfacción del socio u accionista que ha ejercitado el derecho de adquisición preferente no se produce hasta que este no puede ejercitar los derechos sociales que los títulos afectados

11 Sentencia de la Audiencia Provincial de Baleares (Sección 5ª), núm. 3/2017, de 7 de febrero [ECLI:ES:APIB:2017:188].

a los que se refiere ese derecho llevan aparejados. No obstante, la casuística que se observa desde la *praxis* forense es que, con frecuencia, esa "completa satisfacción" no tiene lugar sino tras un arduo, costoso y largo proceso judicial en el que aquel "obligado" a transmitir sus títulos obstaculiza por todos los medios a su alcance la materialización del derecho de adquisición preferente ejercitado. Y esta situación se manifiesta con mayor intensidad cuando existe un conflicto societario irreconciliable (y, muchas veces, irresoluble) entre las partes afectadas y, en mayor medida si cabe, en sociedades en las que el socio o accionista que viene obligado a transmitir sus títulos ostenta la mayoría del capital social y es, a su vez, administrador único de la sociedad. Es en estos supuestos en los que, con mayor facilidad, se producen situaciones de abuso que pretenden, a la postre, impedir la efectividad del derecho de adquisición preferente por quien lo ha ejercitado.

En un escenario como el descrito, en el que el accionista condenado en firme a vender sus títulos al accionista minoritario se negó a dar cumplimiento a la condena, se efectúa un análisis crítico sobre los concretos mecanismos procesales de los que se valió el accionista beneficiado por el derecho de adquisición preferente en el procedimiento de ejecución forzosa y que le permitieron satisfacer plenamente el mismo.

En la demanda de ejecución, por un lado, el demandado instó la ejecución de las condenas de hacer, solicitando al Juzgado que emitiera el correspondiente mandamiento al Registro Mercantil del domicilio social actual de la sociedad para que designara a un auditor de cuentas que fijara el precio de venta de las acciones, elemento esencial pendiente de determinar desde hacía años; y que requiriera al ejecutado para que colaborara activamente entregando la documentación que se precisara por el Registro Mercantil tanto para que tuviera lugar el citado nombramiento, como para la determinación del precio de las acciones. Por otro lado, solicitó que, fijado el precio de las acciones, el Juzgado acordara requerir al ejecutado para el otorgamiento de la escritura pública de venta. Acto que revestía especial importancia, pues no sería hasta entonces que el accionista ejecutante devendría titular de las acciones y, por ende, accionista único de la sociedad.

No obstante, la actuación fraudulenta y abusiva manifestada por el ejecutado —que como hemos apuntado había dado lugar a numerosos procedimientos judiciales que enfrentaban a las partes— desde el ejercicio del derecho de adquisición preferente, unida a su negativa a cumplir voluntariamente la condena, llevaron al ejecutante a solicitar al Juzgado la adopción de dos medidas adicionales que fueron acordadas por el Juzgado.

En primer lugar, al amparo del artículo 731.1 de la LEC[12], el ejecutante solicitó el mantenimiento de las medidas cautelares acordadas durante la tramitación del procedimiento, con devolución de la caución. Si bien el mantenimiento de las medidas opera *ex lege*, en este caso, la solicitud vino además motivada por el riesgo fundado —y probado— de que, tras su levantamiento, el ejecutado transmitiera o intentara transmitir las acciones de su titularidad a un tercero, lo cual hubiera supuesto la frustración de la ejecución y, por ende, de la efectividad del derecho de adquisición preferente ejercitado por el accionista. En cuanto a la procedencia de la devolución de la caución, el ejecutante justificó que, ante la concurrencia de una sentencia estimatoria firme, no se devenga ningún tipo de perjuicio al demandado derivado de la adopción de las medidas cautelares, su devolución se encontraba plenamente justificada[13]. En este caso, el Juzgado acordó

12 Auto de la Audiencia Provincial de Barcelona (Sección 4ª), núm. 110/2011, de 18 de julio (ECLI:ES:APB:2011:5662ª).

13 GUTIÉRREZ BARRENENGOA, A., "La exigencia de caución para la adopción de medidas cautelares en el proceso civil y su posible colisión con el derecho a la tutela judicial efectiva", *Revista de Derecho, Empresa y Sociedad*, núm. 15, julio-diciembre 2019, pp. 29 y 38.

mediante auto la conversión de las medidas cautelares adoptadas en el procedimiento en actuaciones de ejecución, procediendo a la devolución de la caución al ejecutante.

En segundo lugar, al amparo de los artículos 700 y 727.2º de la LEC, el accionista solicitó que el Juzgado ordenase, como medida de aseguramiento[14], la administración judicial de la sociedad de la que iba a devenir accionista único de forma inminente. El accionista, además de justificar la concurrencia de los requisitos legales para la adopción de la citada medida, expuso de forma sucinta los hechos concretos que explicaban la necesidad de asegurar la efectividad de la condena mediante esa medida. Por un lado, aludió a la existencia de un conflicto societario irreconciliable e irresoluble con el ejecutado, así como al aprovechamiento de este último de su doble condición de administrador único y accionista mayoritario para obtener el máximo rédito personal, en perjuicio del interés social. El accionista acreditó documentalmente que, desde el ejercicio de su derecho de adquisición preferente, el ejecutado había llevado a cabo una estrategia fraudulenta con el fin de beneficiarse personalmente de la sociedad, en unos casos, y de negar el derecho de adquisición preferente del ejecutante, en otros, llegando a intentar vaciar de contenido dicho derecho en su configuración estatutaria y a transmitir las acciones de su titularidad a un tercero. Entre las actuaciones del ejecutado destacó la paradójica imposición abusiva de acuerdos sociales que únicamente respondían a su interés personal, en perjuicio de la sociedad y/o del accionista minoritario y que habían sido declarados nulos, con posterioridad, a instancias del ejecutante (*vid.*

14 ORTELLS RAMOS, M., *La ejecución de prestaciones no dinerarias en la Ley de enjuiciamiento civil de 2000*, Estudios de Derecho judicial (Consejo General del Poder Judicial), 2005, afirma que estas medidas *...están autorizadas en el párrafo primero del art. 700 y son medidas destinadas a posibilitar que el título pueda ser ejecutado en sus propios términos...*

apartado III). Por otro lado, el accionista acreditó que la conducta referida le había llevado a iniciar otros procedimientos judiciales —algunos de ellos ya concluidos con sentencia favorable de sus pretensiones— de diversa índole, incluso ante la jurisdicción penal, en defensa de sus derechos y del interés social. Al tiempo de instar la ejecución y de solicitar la administración judicial de la sociedad el ejecutado había sido condenado por un delito de obstrucción al ejercicio del derecho de información de los accionistas; su conducta había dado lugar a un procedimiento de diligencias previas contra él, en el que se había llegado a acordar una medida cautelar de suspensión de acuerdos societarios; y se había estimado en firme una acción social de responsabilidad contra él.

Además, tras la presentación de la demanda, el ejecutante instó al Juzgado a acordar la administración judicial con urgencia habida cuenta del acuerdo que el ejecutado pretendía aprobar en una junta general extraordinaria convocada y que suponía, *de facto,* un vaciamiento de su derecho de propiedad que le correspondía sobre la sociedad. Dicho acuerdo consistía en la aprobación de un contrato de arrendamiento sobre la totalidad de activos de la sociedad, durante veinte años, a una tercera sociedad cuyas últimas cuentas anuales ponían en duda su capacidad para satisfacer la renta acordada. La afectación al derecho de propiedad del accionista ejecutante era palmaria.

El Juzgado dictó auto[15] en el que acordó constituir la administración judicial de la sociedad, procediendo al nombramiento de

15 Auto del Juzgado Mercantil núm. 2 de Palma de Mallorca, 10 de noviembre de 2021 que afirma que *...se pretende evitar que, estando próxima a consumarse la compraventa de las acciones de la entidad XXX, S.L. por parte de la entidad XXXX, S.A. y que así se va a convertir en accionista único de la sociedad, se realicen actos por parte de su actual administrador XXX que comprometan el patrimonio social, como recientemente ya ha realizado, o cualquier acto lesivo para la sociedad o que despatrimonialice la mercantil, que deje vacío*

dos interventores, por entender que los datos del procedimiento aconsejaban la adopción de la medida interesada, instrumental y la única posible para garantizar el cumplimiento de la sentencia objeto de ejecución.

Es obligado mencionar que, desde la presentación de la demanda de ejecución hasta la conclusión del procedimiento de ejecución, el ejecutado obstaculizó y dilató dicho proceso por todos los mecanismos procesales a su alcance, oponiéndose a la ejecución y llegando a interponer recursos frente a la práctica totalidad de resoluciones dictadas —incluso aquellas de mero trámite— con el único objeto de evitar lo inevitable: la transmisión de las acciones y su consiguiente salida de la sociedad.

En otro orden de cosas, y ante la disconformidad de las partes sobre la fecha a la que debía ir referida la valoración y el riesgo de que el auditor emitiera dos valoraciones alternativas, a instancias del ejecutante, el Juzgado aclaró dicha cuestión. Tras la emisión del informe de valoración el Juzgado requirió al ejecutado para el otorgamiento de la escritura pública de compraventa de las acciones, requerimiento que no fue atendido por el mismo, obligando a solicitar al Juzgado *ex* artículo 708.1 de la LEC que tuviese por emitida la declaración de voluntad objeto de ejecución y acordase el otorgamiento de la escritura pública de compraventa de las acciones titularidad del ejecutado en la sociedad en cuestión, por el precio determinado por el auditor designado por el Registro Mercantil. Dicha petición que fue estimada por el Juzgado[16] y, tras la consignación del precio por el ejecutante en

de contenido o seriamente comprometido el derecho de propiedad del futuro propietario, garantizando una transición pacífica y ordenada de la sociedad hasta que se consume la compraventa de las acciones por parte de la entidad XXX, S.A...

16 Auto del Juzgado Mercantil núm. 2 de Palma de Mallorca de 21 de marzo de 2022.

la cuenta de consignaciones y depósitos del Juzgado, se otorgó la escritura de compraventa de las acciones sin intervención del ejecutado, quien actuó representado por la juez del Juzgado Mercantil número 2 de Palma de Mallorca. Instrumento público cuyo otorgamiento resultaba además necesario para la inscripción de ciertos actos en el Registro Mercantil[17].

Así, tras siete años de contienda judicial y pese a la contumaz negativa del ejecutado a transmitir sus acciones, el accionista pudo ver plenamente satisfecho su derecho de adquisición preferente. La ejecución resultó exitosa, al menos en buena medida, gracias a la posibilidad de hacer uso de distintos mecanismos procesales que, por un lado, impidieron que el ejecutado perjudicara —más si cabe— el derecho del ejecutante —i.e., el mantenimiento de las medidas cautelares o la intervención de la administración judicial—; y, por otro, que el otorgamiento de la escritura de compraventa de acciones pudiera tener lugar sin su intervención.

Especial valoración positiva merece la posibilidad contemplada en el artículo 708.1 de la LEC que, pese a no ser considerada una solución novedosa, drástica, ni "valiente" por algunos autores[18], a nuestro juicio resulta adecuada, pues protege el derecho

---

17 Resolución de la Dirección General de Registros y del Notariado de 28 de mayo de 2007 que afirma: ...*el apartado segundo del art. 708 de la Ley de Enjuiciamiento Civil supone una excepción de lo previsto en el apartado primero. Así, y sin perjuicio de lo dispuesto por este primer apartado (que el juez podrá tener por emitida la declaración de voluntad a que fue condenado el demandado, si estuviesen predeterminados los elementos esenciales del negocio) exige aquel segundo la observancia de las normas civiles y mercantiles sobre forma y documentación de actos y negocios jurídicos...*

18 MARÍN CASTÁN, F. y otros, "La sustitución de la declaración de voluntad del obligado", *Comentarios a la Ley de Enjuciamiento Civil,* Tomo V, p. 3.126, Tirant lo blanc, Valencia, 2015, afirma que ...*La regulación de la nueva LEC no constituye novedad [...], no habiendo optado el legislador por soluciones valientes, como pudo haber sido tener por emitida la declaración de voluntad con la firmeza de la sentencia, salvo que dependiera de una contraprestación y hasta*

del ejecutante al evitar dejar al arbitrio del ejecutado la emisión de la declaración de voluntad a la que viene obligado, permitiendo que esta pueda ser sustituida por la voluntad del órgano judicial, sin necesidad de intervención de quien se niega a cumplir las condenas judiciales firmes.

V. LA IMPUGNACIÓN DEL VALOR RAZONABLE DE ACCIONES O PARTICIPACIONES SOCIALES DETERMINADO POR EXPERTO INDEPENDIENTE. CUESTIONES PROCESALES

Si bien la designación del auditor por el Registro Mercantil se rodea de ciertas garantías tendentes a potenciar su imparcialidad, estas no aseguran la corrección o acierto en la determinación del valor razonable fijado por este[19], tarea que presenta gran complejidad, especialmente cuando se trata de sociedades cerradas[20]. Por este motivo, tanto la jurisprudencia[21] como la

que esta se prestare; antes bien el legislador se ha limitado a ser continuador de la línea jurisprudencial que ya existía...

19 En este sentido se pronuncia la Sentencia del Tribunal Supremo (Sala de lo Civil) núm. 320/2012, de 18 de mayo (ECLI:ES:TS:2012:4587). En el mismo sentido, la Sentencia de la Audiencia Provincial de Baleares (Sección 5ª) núm. 403/2018, de 11 de septiembre (ECLI:ES:APIB:2018:1570).

20 En este sentido se pronuncian las Sentencias del Tribunal Supremo (Sala de lo Civil) núm. 320/2012, de 18 de mayo (ECLI:ES:TS:2012:4587), y núm. 635/2012, de 2 de noviembre (ECLI:ES:TS:2012:7812) y la Sentencia de la Audiencia Provincial de Burgos (Sección 3ª), núm. 404/2022, de 27 de octubre (ECLI:ES:APBU:2022:904).

21 Entre otras, la referida Sentencia del Tribunal Supremo (Sala de lo Civil), núm. 320/2012, de 18 de mayo (ECLI:ES:TS:2012:4587); la Sentencia de la Audiencia Provincial de Madrid (Sección 28ª) número 311/2009, de 23 de diciembre (ES:APM:2009:10874); la Sentencia de la Audiencia Provincial de Las Palmas (Sección 4ª) núm. 317/2016, de 3 de octubre (ECLI: ES:APGC:2016:1902) o la Sentencia de la Audiencia Provincial de Salamanca (Sección 1ª) núm. 406/2008, de 30 de diciembre (ECLI:ES:APSA:2008:583).

doctrina[22] más autorizada han reconocido la posibilidad de que las partes afectadas por esa valoración y que no estén conformes con esta, puedan instar su revisión o corrección en alguno de sus extremos, a fin de que sean los tribunales los que verifiquen si el valor determinado por el experto se corresponde con el valor razonable de las participaciones sociales o acciones valoradas. No obstante, el alcance del control judicial de la valoración realizada por el experto independiente no es libre[23], sino que la jurisprudencia ha venido concretando los parámetros de revisión de esta[24], estableciendo como motivos de impugnación los vicios en el consentimiento; la mala fe; la iniquidad manifiesta; el incumplimiento por el arbitrador de las instrucciones que las partes le señalaron para la fijación del precio[25]; y la contravención por el arbitrador de la *lex artis*[26], que se infringirá cuando la valoración no sea razonable. Ahora bien, la impugnación de la valoración deber ser en

22 ALFARO ÁGUILA REAL, J. y CAMPINS VARGAS, A, "Revisión por los Tribunales de los informes de los auditores que fijan el valor real de las acciones con ocasión de un derecho de preferencia estatutario", *Revista de Derecho de Sociedades*, núm. 35, 2010, pp. 301-310.

23 A este respecto, por su especial claridad conviene citar la muy reciente Sentencia de la Audiencia Provincial de Barcelona núm. 1107/2022, de 4 de julio (ECLI:ES:APB:2022:6821), en la que se afirma que ...*(...)toda valoración existe un alto grado de subjetividad, [...] sin que sea posible determinar de forma exacta el valor de la participación, por lo que hemos de partir de que cualquier valor será una mera aproximación. Lo anterior ha de limitar la revisión judicial no debiendo sustituir el criterio del experto, salvo cuando resulte ser irrazonable o arbitrario, no ajustándose a la lex artis, o cuando se acredite que se ha producido un error relevante [...]...*

24 Sentencia de la Audiencia Provincial de Madrid (Sección 11ª), núm. 419/2017, de 13 de diciembre (ECLI:ES:APB:2022:6821).

25 Sentencia del Tribunal Supremo (Sala de lo Civil) número 822/2006, de 1 de septiembre (ECLI: ES:TS:2006:5155).

26 En este sentido, la Sentencia del Tribunal Supremo (Sala de lo Civil) núm. 118/2010, de 22 de marzo (ECLI: ES:TS:2010:1297) señala que la valoración será impugnable cuando no atienda a *"un criterio objetivamente adecuado al criterio normal dentro del sector de la comunidad en que se realiza la determinación"*.

cierto modo restringida y no buscar una valoración alternativa, sino demostrar que la del experto —dotada de una presunción de corrección— es errónea o incorrecta, para lo cual se debe acreditar que no ha seguido un método científico adecuado, que ha cometido errores o que ha usado datos falsos o inexactos. Cuestión que ha sido ampliamente tratada por la jurisprudencia[27], la cual ha establecido qué elementos deben analizarse para juzgar si el valor fijado por el experto independiente es razonable o no. En cuanto a las consecuencias de la estimación de la impugnación de la valoración, la doctrina y la jurisprudencia coinciden en que la solución pasa por que *...lo procedente sería que el tribunal efectuase las correcciones correspondientes...*[28], y no por declarar la nulidad o ineficacia del informe realizado[29].

En el caso de referencia, haciendo uso de dicha posibilidad, el accionista beneficiario del derecho de adquisición preferente presentó demanda de impugnación del valor razonable de las acciones fijado por el auditor nombrado por el Registro Mercantil, por entender que el informe emitido por este adolecía de errores objetivos, técnicos y de gravedad al aplicar la metodología de valoración. En virtud de esta, el accionista solicitaba que el Juzgado

27 Entre otras, la citada Sentencia del Tribunal Supremo (Sala de lo Civil), núm. 320/2012, de 18 de mayo (ECLI:ES:TS:2012:4587); la Sentencia de la Audiencia Provincial de Guipúzcoa (Sección 2ª) núm. 103/2018, de 2 de marzo (ECLI: ES:APSS:2018:97); la Sentencia de la Audiencia Provincial de Valencia (Sección 9ª) núm. 1013/2019, de 17 julio (ECLI: ES:APV:2019:3504); o la Sentencia de la Audiencia Provincial de La Rioja, Sección 1ª, número 163/2014, de 16 junio (ECLI: ES:APLO:2014:327).

28 ALFARO ÁGUILA REAL, J. y CAMPINS VARGAS, A, “Revisión por los Tribunales de los informes de los auditores que fijan el valor real de las acciones...”, *op. cit.*, p. 308.

29 Entre otras, las sentencias de las sentencias de las Audiencias Provinciales de Madrid, (Sección 28ª) núm. 204/2008, de 29 de julio (ECLI: ES:APM:2008:11737), y de Burgos, (Sección 3ª) núm. 374/2009, de 9 de octubre (ECLI: ES:APBU:2009:871).

declarara la incorrección del valor razonable fijado por el auditor; que determinara el valor razonable correcto de las acciones de conformidad con ciertos parámetros; y que condenara al demandado a abonar la diferencia entre el valor razonable fijado —si ya hubiera sido abonado— por el experto independiente y el valor razonable corregido, determinado por el juzgado. En la actualidad, dicho procedimiento se encuentra en tramitación.

Siendo pacífica la posibilidad de impugnar judicialmente el valor razonable, debe hacerse una breve referencia a dos cuestiones de naturaleza procesal que han sido establecidas por la jurisprudencia, ante el silencio que aún guarda la Ley de Sociedades de Capital al respecto.

La primera de estas se refiere al plazo de ejercicio de la acción que, no siendo una cuestión pacifica, la doctrina y jurisprudencia mayoritarias[30] son favorables a la extensión analógica del plazo de caducidad de tres meses del artículo 1.690 del Código Civil. En este sentido, resulta de obligada cita, la Sentencia de la Audiencia Provincial de Madrid, Sección 28ª, Sentencia 424/2021 de 17 de noviembre, que justifica la aplicación de dicho plazo de caducidad por tres razones: *...i) la función de "arbitrador " del art 1447 CC [...] presenta una clara "eadem ratio decidendi" con el art 1.690 CC , [...] de modo que es lógico que se acuda a este para colmar los vacíos normativos del primero (art 4CC), no solo para sostener la impugnabilidad sino también para fijar el plazo de impugnación; ii) no estamos ante una norma excepcional o restrictiva que no permita su aplicación analógica, sino ante una norma que fija el régimen*

30 Entre otras, la Sentencia de la Audiencia Provincial de Madrid (Sección 28ª) núm. 424/2021, de 17 de noviembre (ECLI:ES:APM:2021:14058); la Sentencia de la Audiencia Provincial de Castellón, sección 3ª, núm. 135/2017, de 21 de abril de 2017 (ECLI:ES:APCS:2017:653); o la Sentencia de la Audiencia Provincial de Las Palmas, sección 4ª, núm. 317/2016, de 3 de octubre de 2016 (ECLI: ES:APGC:2016:1902).

del ejercicio del derecho, por lo que no hay obstáculo en su extensión analógica a un supuesto que no tiene una previsión específica, pero que presenta identidad de razón con el contemplado en el art 1.690 CC [...]; iii) el plazo de tres meses está en sintonía con los breves plazos que establece la LSC en esta materia. [...] plazos breves por exigencias de seguridad jurídica por la propia estabilidad de la sociedad, por la recomposición patrimonial que la separación de un socio implica.... En contra de la posición predominante, existe doctrina[31] y jurisprudencia[32] que niega la aplicación del plazo de caducidad de tres meses del artículo 1.690.1 del Código Civil, abogando por la aplicación del plazo de prescripción de tres años del artículo 947 del Código de Comercio. Ante estas dos posturas contrapuestas, parece que la posición más razonable, prudente y conservadora de los derechos de aquel socio, accionista o sociedad que pretenda impugnar la valoración, sería el ejercicio de la acción dentro del plazo de tres meses desde que hubiera tenido conocimiento de esta. De lo contrario, y ante la disparidad de criterios y la laguna legal sobre esta cuestión, existe el riesgo de que el juzgado que conozca de la acción entienda que está ha caducado. No obstante, hay que tener en cuenta que la presentación de la demanda en un plazo de tiempo tan breve puede dificultar la aportación del informe pericial que analice y justifique la impugnación de la valoración del experto independiente junto con

31 CERDÁ ALBERO, F. "Artículo 354. Informe del experto independiente", *Comentario de la Ley de Sociedades de Capital,* tomo V, Tirant lo blanc, Valencia, 2021, p. 4.850 afirma que ...*la acción de impugnación del informe del experto independiente prescribe a los tres años. [...] en cuanto a dies a quo en el cómputo de este plazo, el articulo 947.II C.com señala que es la fecha de inscripcion registral de la separación o exclusión del socio...*, en supuestos relativos a la acción de impugnación del informe de experto independiente referida al valor de liquidación de la participación del socio que ha ejercitado el derecho de separación o que ha sido excluido de la sociedad.

32 Entre otras, la ya citada Sentencia de la Audiencia Provincial de Madrid, sección 11ª, núm. 419/2017, de 13 de diciembre de 2017 (ECLI:ES:APB:2022:6821).

el escrito de demanda. Informe que, de no poder aportarse en un momento inicial, deberá anunciarse al amparo del artículo 337.1 de la LEC, para su incorporación a los autos en cuanto disponga de este y, en todo caso, cinco días antes de la audiencia previa.

La segunda cuestión procesal que, no siendo controvertida, ha dado lugar a numerosa jurisprudencia[33] es la de la legitimación pasiva en los procedimientos de impugnación del informe de experto independiente. Al respecto, *...merece subrayarse que la demanda de impugnación de la valoración se interpone contra el socio o la sociedad (según quién demande), pero no contra el experto independiente, ya que éste no es titular del derecho litigioso ni está obligado a soportar su ejercicio [sts (1ª) 635/2012, de 18 de mayo (ES:TS:2012:4587]. Y ello sin perjuicio, claro está, de la acción de responsabilidad que pudiera ejercitarse contra el experto independiente por el daño causado con su conducta antijurídica [...] plasmada en su informe...*[34]. Y, en el mismo sentido ha tenido ocasión de pronunciarse numerosa jurisprudencia, entre la que destaca la reciente Sentencia de la Audiencia Provincial de Barcelona (Sección 15ª) núm. 1107/2022, de 4 de julio (ECLI:ES:APB:2022:6821) que afirma la inadecuación de demandar por esta vía al valorador independiente[35].

---

33 Sentencia del Tribunal Supremo (Sala de lo Civil) núm. 320/2012, de 18 de mayo (ECLI: ES:TS:2012:4587) o jurisprudencia menor como la Sentencia de la Audiencia Provincial de Valladolid (Sección 3ª), núm. 113/2009, de 28 de abril (ECLI:ES:APVA:2009:386), la Sentencia de la Audiencia Provincial de Burgos (Sección 3ª), núm. 304/2021, de 1 de junio (ECLI:ES:APBU:2021:634) o la reciente Sentencia de la Audiencia Provincial de Barcelona (Sección 15ª) núm. 1107/2022, de 4 de julio (ECLI:ES:APB:2022:6821).

34 CERDÁ ALBERO, F., "Artículo 354. Informe del experto independiente", *op. cit.*, p. 4.844.

35 *...no es preciso, en contra de lo que afirma la sentencia recurrida, demandar al experto designado por el registrador, basta con plantear la discrepancia ante el juez a fin de que sea éste quien determine, con base en los informes periciales que se aporten, el valor razonable de las acciones del socio que se separa. [...]...*

Pues bien, pese a la ingente doctrina y jurisprudencia que se ha ocupado de la posibilidad de impugnación de la valoración del experto independiente, como se ha dicho, la Ley de Sociedades de Capital sigue guardando silencio al respecto. Sin embargo, atendiendo a la importancia de la cuestión para los socios o accionistas de sociedades de capital y a la controversia existente sobre algunos extremos relacionados con esta —i.e., el plazo de impugnación—, se aprecia la conveniencia —en aras de la seguridad jurídica— de que el legislador cubra la laguna legal existente, positivizando dicha posibilidad y estableciendo los presupuestos de su ejercicio —con especial atención al plazo— y los efectos de su estimación, entre otras cuestiones.

VI. CONCLUSIONES

Las conclusiones que se incorporan al final de cada apartado de esta comunicación apuntan en una misma dirección. La falta de medios materiales, humanos y económicos en la Administración de Justicia provoca que los Juzgados y Tribunales adopten en ocasiones la postura más prudente, en lugar de acordar la solución justa y prevista por el ordenamiento para el conflicto en cuestión, dando lugar a procedimientos dilatados en el tiempo que se ven abocados a la acumulación con otros procedimientos y a una intrincada tramitación.

Las disputas societarias habitualmente cristalizan en numerosas aristas de la vida de una sociedad mercantil pues se trata de un ente “vivo” (administración, estatutos sociales, aprobación de cuentas anuales, etc.) que opera en el tráfico y que interacciona con otros agentes a pesar de la disputa interna. Y, en estos casos, en los que es más que probable que con la resolución de un procedimiento el conflicto no se termine, es preciso que los Juzgados y Tribunales se atrevan a adoptar decisiones que traten de resolver el conflicto definitivamente (e.g. mediante la integración de la voluntad social en caso de atesoramiento injustificado de beneficios).

Otra posible solución para los conflictos societarios enquistados y en los que un socio rebelde desoye los acuerdos, las leyes e incluso las resoluciones judiciales, lesionando el interés social y el devenir de la sociedad, puede ser la previsión de una acción de responsabilidad dirigida con el socio que provoca un daño en la sociedad, por ejemplo, mediante su voto.[36]

VII. REFERENCIAS JURISPRUDENCIALES Y BIBLIOGRÁFICAS

Jurisprudencia

— Sentencia del Tribunal Supremo (Sala de lo Civil), núm. 1.112/2000, de 29 de noviembre [ECLI:ES:TS:2000:8728].

— Sentencia del Tribunal Supremo (Sala de lo Civil) número 822/2006, de 1 de septiembre (ECLI: ES:TS:2006:5155).

— Sentencia de la Sala Primera del Tribunal Supremo (Sala de lo Civil), núm. 1.105/2006, de 2 de noviembre [ECLI:ES:TS:2006:6616].

— Sentencia de la Audiencia Provincial de Madrid, (Sección 28ª) núm. 204/2008, de 29 de julio (ECLI: ES:APM:2008:11737).

— Sentencia de la Audiencia Provincial de Salamanca (Sección 1ª) núm. 406/2008, de 30 de diciembre (ECLI:ES:APSA:2008:583).

— Sentencia de la Audiencia Provincial de Valladolid (Sección 3ª), núm. 113/2009, de 28 de abril (ECLI:ES:APVA:2009:386).

— Sentencia de la Audiencia Provincial de Burgos (Sección 3ª) núm. 374/2009, de 9 de octubre (ECLI: ES:APBU:2009:871)

— Sentencia de la Audiencia Provincial de Madrid (Sección 28ª) número 311/2009, de 23 de diciembre (ES:APM:2009:10874).

— Sentencia del Tribunal Supremo (Sala de lo Civil), núm. 118/2010, de 22 de marzo (ECLI: ES:TS:2010:1297).

36 IRIBARREN BLANCO, M., *La responsabilidad de los socios por los acuerdos de la junta general*, Thomson Reuters, febrero 2022.

— Sentencia de la Audiencia Provincial de Madrid (Sección 28ª), núm. 223/2010, de 8 de octubre (ECLI: ES:APM:2010:13914).

— Auto de la Audiencia Provincial de Barcelona (Sección 4ª), núm. 110/2011, de 18 de julio (ECLI:ES:APB:2011:5662ª).

— Sentencia de la Sala Primera del Tribunal Supremo (Sala de lo Civil), núm. 817/2012, de 15 de enero [ECLI:ES:TS:2013:430].

— Sentencia del Tribunal Supremo (Sala de lo Civil), núm. 320/2012, de 18 de mayo (ECLI:ES:TS:2012:4587).

— Sentencia del Tribunal Supremo (Sala de lo Civil) núm. 635/2012, de 2 de noviembre (ECLI:ES:TS:2012:7812).

— Sentencia de la Audiencia Provincial de La Rioja, Sección 1ª, número 163/2014, de 16 junio (ECLI: ES:APLO:2014:327).

— Sentencia de la Audiencia Provincial de Salamanca (Sección 1ª), núm. 320/2015, de 27 de octubre [ECLI:ES:APSA:2015:525].

— Sentencia de la Audiencia Provincial de Las Palmas (Sección 4ª), núm. 317/2016, de 3 de octubre (ECLI: ES:APGC:2016:1902).

— Sentencia de la Audiencia Provincial de Baleares (Sección 5ª), núm. 3/2017, de 7 de febrero [ECLI:ES:APIB:2017:188].

— Sentencia de la Audiencia Provincial de Castellón (Sección 3ª), núm. 135/2017, de 21 de abril (ECLI:ES:APCS:2017:653).

— Sentencia de la Audiencia Provincial de Madrid (Sección 11ª), núm. 419/2017, de 13 de diciembre (ECLI:ES:APB:2022:6821).

— Sentencia de la Audiencia Provincial de Guipúzcoa (Sección 2ª) núm. 103/2018, de 2 de marzo (ECLI: ES:APSS:2018:97).

— Sentencia de la Audiencia Provincial de Baleares (Sección 5ª), núm. 348/2018, de 30 de julio [ECLI:ES:APIB:2018:1623].

— Sentencia de la Audiencia Provincial de Baleares (Sección 5ª), núm. 403/2018, de 11 de septiembre (ECLI:ES:APIB:2018:1570).

— Auto de 10 de febrero de 2021 de la Sala Primera del Tribunal Supremo dictado en el recurso de casación 4543/2018.

— Sentencia de la Audiencia Provincial de Valencia (Sección 9ª) núm. 1013/2019, de 17 julio (ECLI: ES:APV:2019:3504).

— Sentencia de la Audiencia Provincial de Burgos (Sección 3ª), núm. 304/2021, de 1 de junio (ECLI:ES:APBU:2021:634).

— Sentencia de la Audiencia Provincial de Madrid (Sección 28ª) núm. 424/2021, de 17 de noviembre (ECLI:ES:APM:2021:14058).

— Sentencia de la Audiencia Provincial de Barcelona (Sección 15ª) núm. 1107/2022, de 4 de julio (ECLI:ES:APB:2022:6821).

— Sentencia de la Audiencia Provincial de Burgos (Sección 3ª), núm. 404/2022, de 27 de octubre (ECLI:ES:APBU:2022:904.

Doctrina

ALFARO ÁGUILA REAL, J. y CAMPINS VARGAS, A, "Revisión por los Tribunales de los informes de los auditores que fijan el valor real de las acciones con ocasión de un derecho de preferencia estatutario", *Revista de Derecho de Sociedades*, núm. 35, 2010.

CERDÁ ALBERO, F. "Artículo 354. Informe del experto independiente", *Comentario de la Ley de Sociedades de Capital,* tomo V, Tirant lo blanc, Valencia, 2021.

GUTIÉRREZ BARRENENGOA, A., "La exigencia de caución para la adopción de medidas cautelares en el proceso civil y su posible colisión con el derecho a la tutela judicial efectiva", *Revista de Derecho, Empresa y Sociedad,* núm. 15, julio-diciembre 2019.

IRIBARREN BLANCO, M., *La responsabilidad de los socios por los acuerdos de la junta general,* Thomson Reuters, febrero 2022.

MARÍN CASTÁN, F. y otros, "La sustitución de la declaración de voluntad del obligado", *Comentarios a la Ley de Enjuciamiento Civil,* tomo V, Tirant lo Blanch, Valencia, 2015.

PERDICES HUETOS, A., *Cláusulas restrictivas de la transmisión de acciones y participaciones*, Civitas, Madrid, 1997.

ORTELLS RAMOS, M., *La ejecución de prestaciones no dinerarias en la Ley de enjuiciamiento civil de 2000*, Estudios de Derecho judicial (Consejo General del Poder Judicial), 2005.

Capítulo 18

INSCRIBIBILIDAD DE LAS CLÁUSULAS ESTATUTARIAS DE ARRASTRE (DRAG ALONG) Y DE ACOMPAÑAMIENTO (TAG ALONG)

Juan José Jurado Jurado
Registrador Mercantil de Sevilla

SUMARIO: I. LAS CLÁUSULAS DE ARRASTRE Y DE ACOMPAÑAMIENTO COMO LIMITATIVAS DE LA TRANSMISIBILIDAD DE LAS ACCIONES O PARTICIPACIONES SOCIALES. II. LAS CLÁUSULAS DE ARRASTRE (*DRAG ALONG*). 1. Concepto. 2. Naturaleza. 3. Admisibilidad y licitud. 4. Fundamento. 5. Estructura. 5.1. Sujetos. 5.2. Objeto. 5.3. Forma. 6. Fases. 6.1. Fase preparatoria, previa o preliminar. 6.2. Fase posterior, operativa o de funcionamiento. 6.3. Derecho de preferente adquisición incluido en la cláusula de arrastre. 7. Modalidades. 7.1. Arrastre total (o de salida conjunta total). 7.2. Arrastre parcial (o de salida conjunta parcial o proporcional). Su validez. 8. Requisitos o elementos para su ejercicio. Especial consideración acerca de la obligatoriedad del consentimiento unánime de los socios y de la determinación del precio. 9. Su eficacia. 9.1. Arrastre total (o de salida conjunta total). 9.2. En pactos parasociales. III. LAS CLÁUSULAS DE ACOMPAÑAMIENTO (*TAG ALONG*). 1. Concepto. 2. Naturaleza. 3. Fundamento. 4. Posibilidad de su coexistencia con una cláusula de adquisición preferente. 5. Modalidades más frecuentes. 5.1. De salida conjunta total. 5.2. De salida conjunta parcial o proporcional. 6. Elementos que debe contener la cláusula. 7. Su eficacia. 7.1. En estatutos. 7.2. En pactos parasociales. IV. MODELO ESTATUTARIO DE CLÁUSULA DE ARRASTRE Y ACOMPAÑAMIENTO. V. BIBLIOGRAFÍA.

I. LAS CLÁUSULAS DE ARRASTRE Y DE ACOMPAÑAMIENTO COMO LIMITATIVAS DE LA TRANSMISIBILIDAD DE LAS ACCIONES O PARTICIPACIONES SOCIALES

La transmisión de las acciones y de las participaciones sociales puede verse limitada respetando lo preceptuado en la LSC. Respecto de la S.A., en principio, la transmisibilidad de las acciones es libre; sin embargo, cabe regular estatutariamente restricciones o condicionamientos a dicha transmisión pero, para que las mismas sean válidas frente a la sociedad, han de recaer sobre acciones nominativas y estar expresamente impuestas por los estatutos (*cfr.* artículo 123.1 LSC)[1]. Por su parte, tratándose de S.L., el artículo 107 LSC, a propósito del régimen de la transmisión voluntaria de las participaciones sociales por actos inter vivos, da también carácter preferente a los estatutos en el sentido de que solo cuando no regulen esta modalidad de transmisión, deberá aplicarse el régimen legal previsto en su apartado 2. Mas ello no quiere decir que la misma pueda ser completamente libre, pues el artículo 108.1 LSC establece claramente que ...-*serán nulas las cláusulas estatutarias que hagan prácticamente libre la transmisión voluntaria de las participaciones sociales por actos inter vivos...*

Pues bien, las cláusulas de arrastre y de acompañamiento pueden considerarse como condicionantes o limitativas del régimen de transmisión de las acciones nominativas y de las participaciones sociales, y ambas modalidades de cláusulas pueden coexistir estatutariamente o en pactos parasociales, ya sea en sede de S.A. o en S.L.

II. LAS CLÁUSULAS DE ARRASTRE (*DRAG ALONG*)

1. Concepto

Es una cláusula en virtud de la cual se otorga un derecho al socio, que reciba la oferta de un tercero dispuesto a adquirir la totalidad o un paquete determinado de sus acciones o participaciones

1 Existió polémica doctrinal en su día, a raíz de la LSA de 1951 sobre si era posible establecer restricciones a los títulos al portador, posibilidad admitida por el artículo 104 RRM de 1956, que exigía se hiciera constar en el título la limitación en cuestión. *Cfr.* MUÑOZ MARTÍN, N. "Restricciones a la libre transmisibilidad de las acciones (RDGRN 20 agosto 1993)", *Revista de Derecho de Sociedades*, núm. 3, 1994, pp. 298-318.

sociales, para obligar al resto de socios a transmitir también las suyas a dicho tercero en las mismas condiciones estipuladas entre este último y aquel socio que pretende transmitir.

En la inmensa mayoría de los casos el titular de esta cláusula suele ser el socio mayoritario, y dicha titularidad puede ostentarla un socio o varios.

2. Naturaleza

Estamos ante una cláusula llamada de *salida*, o dicho en otros términos, ante una modalidad o tipo de *venta conjunta*, de *co-venta*. El Tribunal Supremo en su auto de 10 de julio de 2012 los denomina *pactos de salida*: *...|el pacto que se recoge en la mencionada cláusula es de los denominados "pactos de salida", en concreto de los denominados "tag-along" o "derecho de acompañamiento...*[2]

A diferencia de lo que sucede en la cláusula de acompañamiento en la que el socio o socios beneficiarios de la cláusula (normalmente los minoritarios) tienen derecho a transmitir sus acciones o participaciones y el socio que quiere vender (generalmente, el mayoritario) solo puede hacerlo si media el ofrecimiento a aquellos de participar en la operación (a lo que debe avenirse el tercero), en la cláusula de arrastre, en cambio, es el socio mayoritario el que obliga al resto de socios minoritarios a vender sus acciones o participaciones; o lo que es lo mismo, el legitimado por esta cláusula ejercita, pues, su derecho, mientras que los *socios arrastrados* se ven en la obligación de transmitir total o parcialmente su capital, según los casos.

2 ATS, Civil (sección 1), de 10 de julio de 2012 (ECLI:ES:TS:2012:7662A).

3. Admisibilidad y licitud

Este tipo de cláusula carece de regulación en nuestra legislación, si bien el frustrado Anteproyecto de Ley de Código Mercantil la tipificaba para la S.L., concretamente en su artículo 232.11.1, y para las sociedades anónimas no cotizadas, en el artículo 233.19.4. Mas el hecho de carecer en la actualidad de regulación legal no es obstáculo para su admisibilidad, y así se ha generalizado su uso y su inscribibilidad en los Registros Mercantiles.

Frente a la invocación del citado artículo 108.1 LSC en defensa de la inadmisibilidad de esta cláusula, cabe argumentar que no existe indefinición o indeterminación sobre los eventuales compradores o adquirentes, y que la transmisión no es enteramente libre, pues son los estatutos los llamados a tal concreción con arreglo al principio de especialidad registral, cuya exigencia viene determinada por la claridad y precisión que debe presidir el contenido estatutario. En efecto, el artículo 188.3 RRM establece que *serán inscribibles en el Registro Mercantil las cláusulas estatutarias que impongan al socio la obligación de transmitir sus participaciones a los demás socios o a terceras personas determinadas cuando concurran circunstancias expresadas de forma clara y precisa en los estatutos*, exigencia esta que también fue recogida en el Anteproyecto de Ley de Código Mercantil en su artículo 232.11.3. Además, no hay que olvidar lo dispuesto en el artículo 28 LSC que, en concordancia con el artículo 1.255 CC, consagra el principio de autonomía de la voluntad al decir que *en la escritura y en los estatutos se podrán incluir, además, todos los pactos y condiciones que los socios fundadores juzguen conveniente establecer, siempre que no se opongan a las leyes ni contradigan los principios configuradores del tipo social elegido*. Esa claridad y concreción exigibles determinan, pues, la necesidad de la calificación registral de este tipo de cláusulas. A todo ello hay que añadir que las mismas, una vez contenidas en los estatutos, vinculan al tercero que pretenda adquirir, pues para su inclusión es imprescindible el consentimiento de todos los socios, ya sea en la escritura de constitución de la sociedad, ya sea en una posterior modificación estatutaria, todo ello sin perjuicio de la posibilidad de que esta modalidad de cláusula pueda venir, al igual que la de acompañamiento, recogida en pactos parasociales, con eficacia entonces muy distinta. En cualquier caso, conviene recordar esa exigencia de unanimidad (*cfr.* así artículo 89.1 sobre creación, modificación extinción anticipada de prestaciones accesorias; artículo 291, modificaciones estatutarias que conlleven nuevas obligaciones a los socios; y 351, causas estatutarias de exclusión de socios), todos ellos de la LSC, que exigen el consentimiento individual de los socios afectados.

4. Fundamento

— Facilita que el socio mayoritario pueda salir de la compañía, evitando así la conducta obstaculizadora y abusiva de los minoritarios, que podrían hacer inviable la transmisión empresarial, al suponer esta la entrada de un nuevo socio o socios dispuesto a gestionar la sociedad con más eficacia y competitividad[3].

— Evita que el minoritario, por la composición del capital social o sobre la base de pactos o alianzas, bloquee o paralice los órganos sociales[4].

---

3 Ver al respecto FERNÁNDEZ DEL POZO, L. "Las cláusulas estatutarias de «arrastre» («Drag-Along») o de «venta conjunta» a tercero como remedio contractual de las situaciones de bloqueo societario", *La Ley mercantil*, núm. 38, 2017 (La Ley 10021/2017), pp. 1 y ss.

4 FERNÁNDEZ DEL POZO, L., "Las cláusulas estatutarias de «arrastre» («Drag-Along»)...", *op. cit.*, p. 5.

— Posibilita que en los grupos de sociedades haya una mejor y óptima armonización a los efectos de su gestión, dirección, organización y coordinación[5].

— Económicamente, esta cláusula impide que, por la transmisión que se realice, el socio minoritario siga en la sociedad beneficiándose del aumento de valor que el tercer adquirente puede dar lugar con su gestión, o que aquel pueda poner obstáculos a esta.

Respecto de las *startups*, afirma Solans Chamorro[6] que, para garantizar la continuidad de este tipo de sociedades, puede pactarse en sus estatutos la permanencia, por un tiempo determinado, de aquellos socios fundadores que realizaron la inversión, por ser los que pusieron en marcha o perfilada la estrategia para el adecuado desarrollo social, interesándoles que en los estatutos se haga constar que la cláusula de arrastre no pueda ser ejercitada durante un periodo temporal, el cual no podrá exceder del legal para así no incurrir en abuso e ilegalidad (el artículo 108.4 LSC prevé la posibilidad de que los estatutos puedan impedir ...*la transmisión voluntaria de las participaciones por actos inter vivos durante un período de tiempo no superior a cinco años a contar desde la constitución de la sociedad o para las participaciones procedentes de una ampliación de capital, desde el otorgamiento de la escritura pública de su ejecución*)...

5 GARCÍA MARTÍNEZ, A. "Las cláusulas de arrastre en la doctrina de la Dirección de los Registros y del Notariado. (A propósito de la resolución de la DGRN de 4 de diciembre de 2017)", *Revista de Derecho de Sociedades*, núm. 53, 2018, p. 253.

6 Ver a este respecto, SOLANS CHAMORRO, L. "Contratos entre socios y startups. Aspectos prácticos", *Actualidad Jurídica Uría Menéndez*, núm. 52, 2019, pp. 36-52. Disponible en: https://www.uria.com/documentos/publicaciones/6670/documento/art03.pdf?id=8954.

5. Estructura

Su esquema, como afirma Fernández del Pozo[7], es similar a una estipulación en favor de tercero, contemplada en el artículo 1257.2 del CC. En base a ello, cabe establecer su estructura con arreglo a los elementos configuradores de la relación jurídica.

5.1. *Sujetos*

a) Activo: el socio o conjunto de socios legitimado por el arrastre (*socio arrastrante*, denunciante, oferente o estipulante), que se propone transmitir todo o parte de su capital social y quien negocia con un tercero las condiciones de la venta y, en consecuencia, la de los socios obligados al arrastre. Como ya hemos dicho, suele ser el mayoritario, pero no hay impedimento alguno para que pueda serlo el socio o socios minoritarios, aunque tal supuesto no suele darse en la práctica.

b) Pasivo (*socio arrastrado*): es el socio o socios obligados a la venta distinto del legitimado por la cláusula, esto es, el resto de socios, que están sujetos a la posibilidad de que el tercero adquiera sus acciones o participaciones en las mismas condiciones establecidas y pactadas entre este y el *socio arrastrante*. Normalmente son los minoritarios.

c) Potencial adquirente (*comprador en arrastre*): es quien contrata las condiciones de la transmisión con el socio legitimado por la cláusula, a las que se ven sujetos los *socios arrastrados*.

7 FERNÁNDEZ DEL POZO, L., "Las cláusulas estatutarias de «arrastre» («Drag-Along»)...", *op. cit.*, p. 3.

5.2. *Objeto*

En la cláusula de arrastre, por su propia estructura, media una opción de compra concretada en un precio, que el tercero que pretende adquirir ofrece al socio legitimado por la cláusula, aunque puede ocurrir que sea este el que vaya al encuentro de un tercero al que le pueda interesar la compra.

5.3. *Forma*

Puede hacerse constar en estatutos o en pactos parasociales, con distinta eficacia según se incorpore la cláusula de una u otra manera.

En estatutos: puede ser en el momento de constituirse la sociedad en la escritura pública correspondiente (artículos 23 y 28 LSC) o con posterioridad por vía de modificación de estatutos. En todo caso, como más adelante veremos, se requiere el consentimiento de todos los socios para su inclusión estatutaria (*vid.* artículos 291 y 351 LSC).

6. Fases

El desenvolvimiento de la cláusula de arrastre opera en dos períodos o fases: una preliminar y otra posterior, que es cuando despliega su eficacia la cláusula.

6.1. *Fase preparatoria, previa o preliminar*

Una vez pactada la cláusula, la misma vincula y obliga a los *socios arrastrados* a estar y pasar por lo pactado entre el tercero y el socio transmitente, y en ese sentido, condiciona y restringe la transmisibilidad de las acciones o participaciones sociales.

6.2. *Fase posterior, operativa o de funcionamiento*

Implica la operatividad y puesta en funcionamiento de la cláusula a través de la oferta que el tercero potencial hace al socio mayoritario, y que conlleva que este último ponga tal oferta en conocimiento del órgano de administración de la sociedad que, a su vez, deberá notificarlo a los socios *arrastrados* u *obligados*. En todo caso, deben quedar claramente precisados y concretados los términos configuradores que delimitan el ejercicio de la cláusula, como más adelante veremos en el epígrafe 8.

6.3. *Derecho de preferente adquisición incluido en la cláusula de arrastre*

Cabe la posibilidad de que medie un derecho de preferente adquisición reconocido por las partes, ínsito en la misma cláusula de arrastre, lo cual es admisible conforme a lo establecido en el citado artículo 188.3 RRM. Pero también dicha cláusula puede darse sin tal derecho de preferencia.

Se ha planteado si cabe la exclusión expresa de tal derecho de adquisición preferente por vía estatutaria, de manera particular en sede de S.L. El contenido mínimo de los estatutos lo marca el artículo 23 LSC, que deben respetar lo preceptuado en su artículo 28, del que se deducen dos límites:

1º. Las leyes, cuales son las del derecho contractual y de obligaciones, y las leyes societarias, cabiendo la autonomía de la voluntad con los límites derivados del artículo 1255 CC.

2º. Los principios configuradores del tipo social elegido:

Respecto del primero de dichos límites, se ha sostenido que, con base en el artículo 108.1 LSC, la exclusión de tal derecho de preferencia podría ser contrario a la Ley al hacer prácticamente libre la transmisión de las participaciones sociales, si bien es cierto que no hay una expresa prohibición legal al respecto. Respecto del otro límite, el de los principios configuradores, del artículo 108.1 LSC parece deducirse que la ley, en relación a la S.L., parte de su *carácter cerrado*, elevándolo a principio configurador básico y esencial, en el que priva la configuración personal. Tal fue la línea de DGSJFP, en su resolución de 17 de octubre de 1998[8], al entender que tal exclusión del derecho de adquisición preferente ...*choca frontalmente con el citado artículo 30.1 de la Ley de S.R.L. haciendo prácticamente libre la transmisión de participaciones...* Entiéndase ahora el artículo 108.1 LSC[9].

En conclusión, hay autores que han defendido que la exclusión estatutaria de tal derecho de adquisición preferente podría atentar contra el carácter configurador de la S.L. No obstante, hay quien sostiene la posibilidad de que los socios pacten que, tras la denuncia del socio legitimado por la cláusula de arrastre, no funcione la cláusula de adquisición preferente que se pactó en estatutos[10].

¿Y qué es lo que se pretende con dicho derecho de adquisición preferente? ¿Cuáles son las consecuencias si se le da preferencia sobre el de arrastre? Lo pretendido es que el socio o socios minoritarios arrastrados por la cláusula y obligados a vender puedan adquirir las acciones o participaciones puestas a la venta por el mayoritario que se pretende marchar de la sociedad, y de esa manera evitar el control societario por parte del tercer adquirente, que se erigiría en el elemento definidor de la política de

8 RDGRN de 17 de octubre de 1998 (BOE núm. 263, de 03/11/1998).

9 VÁZQUEZ, A. "Derecho de adquisición preferente y activación del derecho de arrastre (Drag Along)", Disponible en: https://www.cysae.com/derecho-de-adquisicion-prefere/.

10 FERNÁNDEZ DEL POZO, L., "Las cláusulas estatutarias de «arrastre» («Drag-Along»)...", *op. cit.*, pp. 10 y ss.

la sociedad, bien como socio único o como socio mayoritario, y que podría, en definitiva, provocar la salida definitiva de los *socios arrastrados.* Supone también tal derecho una restricción a la transmisibilidad, y su previsión y ejercicio podrían conllevar, en ciertos casos, cierta reducción del valor de las acciones o participaciones que se pretendiesen transmitir, con la consiguiente pérdida de aliciente a la hora de presentar ofertas de adquisición, si bien ello tendría también, como contrapartida, el relativo mantenimiento del ámbito de socios existente, caso de que se ejercitara tal derecho de preferencia en la adquisición[11].

7. Modalidades

Dentro de la diversidad de casos que pueden darse, vamos a centrarnos en los más usuales.

7.1. *Arrastre total (o de salida conjunta total)*

La modalidad típica es la de la adquisición de todo el capital social: el tercero adquiere todo el paquete de capital del que es titular el socio transmitente, como el del que son titulares el resto de socios obligados por el arrastre, deviniendo el tercero socio único.

Una modalidad de arrastre total, que puede resultar discutible, es aquella en que el tercero pacta comprar una parte del capital del socio beneficiario de la cláusula —pues la voluntad de este es vender solo parte de su paquete—, pero sujetando en arrastre

11 *Cfr.* ALFARO ÁGUILA-REAL, J., "Qué es un derecho de adquisición preferente", disponible en: https://almacendederecho.org/que-es-un-derecho-de-adquisicion-preferente/. Ver también el trabajo *Las cláusulas drag along y tag along. [drag along and tag along rights.]*, por GÁLVEZ DOMÍNGUEZ, C., Facultad de Derecho, Universidad de La Laguna, pp. 26 y ss.

al resto de socios a una venta de la totalidad de sus acciones o participaciones. Cierto es que esta modalidad podría encontrar amparo en el artículo 188.3 RRM y en la prestación del consentimiento de todos los socios en el caso de que tal modalidad se incluyera en estatutos, pero también cabría objetar en contra de su aplicación la falta de igualdad, proporcionalidad y equidad en el trato (*cfr.* artículo 97 LSC), y que más bien podría encubrirse una exclusión de los minoritarios. Contempla esta modalidad Fernández del Pozo[12].

7.2. Arrastre parcial (o de salida conjunta parcial o proporcional). Su validez

En este caso se sujeta a los *socios arrastrados* a una venta de parte de su capital, habiéndose planteado su validez: ¿pueden los *socios arrastrados* verse sujetos a estar y pasar por lo pactado entre el socio legitimado por el arrastre y el tercero cuando aquéllos no han intervenido en la operación de transmisión?

Los que no son partidarios de la licitud del arrastre parcial alegan el artículo 108.2 LSC: *serán nulas las cláusulas estatutarias por las que el socio que ofrezca la totalidad o parte de sus participaciones quede obligado a transmitir un número diferente al de las ofrecidas*; y también el artículo 123.5 del RRM: *No podrán inscribirse en el Registro Mercantil las restricciones estatutarias por las que el accionista o accionistas que las ofrecieren de modo conjunto queden obligados a transmitir un número de acciones distinto a aquél para el que solicitan la autorización.*

En realidad, como afirma Luís Fernández del Pozo, estos preceptos contemplan un supuesto diferente al del arrastre parcial:

12 FERNÁNDEZ DEL POZO, L., "Las cláusulas estatutarias de «arrastre» («Drag-Along»)...", *op. cit.*, p. 3.

...Lo que se trata de prevenir allí es que, en relación con una cláusula de preferente adquisición (o consentimiento), el socio que pretenda vender a un tercero un determinado paquete de acciones o participaciones no tenga porqué soportar el tanteo o retracto (o el consentimiento) parciales de los sujetos beneficiarios de la cláusula... ni al socio que pretende vender ni al tercero que pretende comprar de éste les resulta indiferente comprar el paquete completo inicialmente negociado o una fracción del mismo paquete...aunque para ello se reduzca proporcionalmente el precio...[13]. Y es que podría darse un efecto perverso no deseado: que el socio que pretendiera marcharse de la sociedad no pudiera hacerlo y se quedara con un paquete mínimo, marginal, residual; y, por otro lado, el tercero no pudiera adquirir lo que realmente quería comprar, por lo que la operación de compra ya no le interesaría. En realidad, los preceptos antes referidos están más bien pensando en evitar que un eventual ejercicio del derecho de adquisición preferente pueda alterar las condiciones de la venta proyectada.

Podríamos decir que realmente la admisibilidad de este tipo de cláusula tiene su fundamento en el principio de autonomía de la voluntad: su inclusión estatutaria vincula a todos los socios de la compañía, los cuales tuvieron que prestar su consentimiento unánime, y, en consecuencia, a los sucesivos adquirentes de las acciones o participaciones, lo que conlleva la determinación estatutaria de cuál sea el porcentaje mínimo para poder adquirir dicha participación que suponga el control de la sociedad y el procedimiento de distribución objetivo y justo que supone el arrastre para los socios que se ven sujetos a él. Ejemplo: piénsese en el caso de un socio titular de participaciones que representan el 55% del capital, y que recibe de un tercero una oferta de compra de su paquete condicionada a la adquisición de un por-

13 FERNÁNDEZ DEL POZO, L., "Las cláusulas estatutarias de «arrastre» («Drag-Along»)...", *op. cit.*, pp. 14 y ss.

centaje del 70% (ni más, ni menos) del capital de la sociedad. En ese caso los socios arrastrados estarán obligados a transmitir a dicho tercero un paquete de participaciones o acciones de su titularidad necesarias para completar la oferta, por el precio y demás condiciones de ésta, debiendo fijarse al respecto un procedimiento de distribución entre todos los socios, tanto del *socio arrastrante* como de los *arrastrados*. Lo razonable es fijar una regla de prorrata para garantizar la paridad en el trato, en función de la respectiva participación en el capital social[14]. Encontramos casos análogos de dicha regla en la LSC (*cfr.* sus artículos 107.2, 307.1, 339.2).

En defensa de la validez de estas cláusulas se puede alegar que de una interpretación lógica y sistemática de los artículos 86.3 (que permite en estatutos vincular la obligación de realizar prestaciones accesorias a la titularidad de una o varias participaciones sociales o acciones concretamente determinadas), 88.1 (necesidad de autorización para la transmisión de aquellas participaciones o acciones con vinculación de prestaciones accesorias) y 350 (exclusión del socio que incumpla voluntariamente la obligación de realizar prestaciones accesorias), todos de la LSC, se infiere que el socio no debería soportar la exclusión de la sociedad respecto de aquellas participaciones o acciones que no estén vinculadas a tales prestaciones y en relación a las cuales su transmisión no está sujeta a la autorización de la sociedad.

14 CAFFARENA PÉREZ, B., "Derechos de acompañamiento y arrastre, prohibición de constitución de derechos reales sobre participaciones y su inscribibilidad (comentario a la resolución de 30 de junio de 2018 de la DGRN)" —sic—, *Cuadernos de Derecho y Comercio,* núm. 70, 2018, p. 315. Ver la Resolución en BOE núm. 223, de 14/09/2018, ref. 12557. En realidad, la resolución es de fecha 30 de julio de 2018.

8. Requisitos o elementos para su ejercicio. Especial consideración acerca de la obligatoriedad del consentimiento unánime de los socios y de la determinación del precio

Los requisitos o elementos pueden ser sintetizados en los siguientes:

a) Para su inclusión estatutaria se requiere el consentimiento de todos los socios. Así la resolución de la DGSJFP de 4 de diciembre de 2017[15] declara: ... *En el presente caso, la "cláusula de arrastre" —próxima a la "clausula di trascinamento" como se la conoce en Derecho italiano o en la denominación inglesa de "drag-along"— tanto se considere que es un supuesto de imposición de obligaciones a los socios a que se refiere el artículo 291 de la Ley de Sociedades de Capital, como una causa estatutaria de exclusión del socio (artículo 351 de la misma ley), exige en su configuración estatutaria el consentimiento unánime de los socios, sin que pueda suplirse, dicho consentimiento unánime, atribuyendo un derecho de separación al socio que no hubiere votado a favor, por no ser una mera cláusula de restricción de transmisión de participaciones sociales (cfr. artículo 346.2 LSC). Ello no significa que el consentimiento de todos los socios deba ser necesariamente expresado en forma de acuerdo adoptado por unanimidad en la junta general en la que hayan estado presentes o representados todos los socios. Es suficiente el acuerdo mayoritario de la junta siempre que a tal acuerdo presten su consentimiento individual todos los demás socios, en la misma junta o en un momento posterior (así resulta del artículo 207.2 del RRM, que para la inscripción de la introducción en los estatutos sociales de una nueva causa de exclusión exige que «conste en escritura pública el consentimiento de todos los socios o resulte de modo expreso dicho consentimiento del acta del acuerdo social pertinente, la cual deberá estar firmada por aquéllos...*

15 RDGSJFP de 4 de diciembre de 2017 (BOE núm. 314, de 27/12/2017).

Inciden también en la exigencia de dicho consentimiento de todos los socios las resoluciones de dicho Centro Directivo de 15 de noviembre de 2016 y 17 de mayo de 2021[16], como más adelante veremos. En idéntico sentido la generalidad de la doctrina[17].

b) Determinación del porcentaje mínimo exigido para que el socio legitimado por la cláusula (*socio arrastrante*) pueda ponerla en funcionamiento, con independencia de que este sea socio mayoritario o minoritario, sea un socio o un conjunto de socios. Ej.: el socio o grupo de socios que sumen, al menos, el 60% del capital social.

c) Comunicación que debe hacer el socio *arrastrante* al órgano de administración, con indicación del plazo de que este dispone, de la oferta recibida del tercero potencial, en la que se recojan todos los términos y condiciones de la transmisión (identidad del tercero potencial y del socio arrastrante, número y característi-

cas de las participaciones o acciones afectadas, precio, forma de pago...), oferta que ha de ser firme e irrevocable.

d) Comunicación que debe hacer el órgano de administración, a contar desde que reciba la comunicación de la oferta efectuada por el socio arrastrante (con indicación del plazo de que dispone), para poner la misma en conocimiento de los *socios arrastrados*, en la que se recojan todos los términos y condiciones de la transmisión antes reseñados, identidad del socio transmitente y del tercer adquirente, precio...).

16 RDGSJFP de 15 de noviembre de 2016 (BOE núm. 291, 02/12/2016) y resolución de 17 de mayo de 2021 (BOE núm. 133, de 04/06/2021).

17 Como ejemplo de ello, GARCÍA MARTÍNEZ, A., "Las cláusulas de arrastre en la doctrina de la Dirección General de los Registros y del Notariado...", *op. cit.*, p. 262.

e) Plazo de que disponen los socios obligados por el arrastre, desde la fecha en que reciban la comunicación de la oferta, para transmitir sus participaciones al tercer adquirente, por el mismo importe y condiciones recogidos en la oferta. Dicha transmisión habrá de formalizarse, en la fecha que se señale, en virtud del pertinente documento público de transmisión, en el que deberán intervenir todos los sujetos implicados (tercer adquirente, *socio arrastrante* u oferente, *socios arrastrados*).

En todos los casos, los plazos que se fijen han de ser prudenciales, razonables y suficientes, de manera que permitan el legítimo ejercicio de los derechos y el cumplimiento de las obligaciones de los involucrados por las notificaciones; y en cuanto a la forma de notificar, la misma ha de ser fehaciente y por escrito (p. ej. correo certificado con acuse de recibo, o burofax del mismo tipo, y si es por correo electrónico consentido, que se garantice su recepción).

¿Qué sucede si los *socios arrastrados*, todos o alguno o algunos de los mismos, no comparecen? En este caso, se plantea la duda de si se puede incluir en la cláusula la privación de su derecho de voto. Estimamos que sí. Pensemos en lo preceptuado en el artículo 83.1 LSC que establece que *el accionista que se hallare en mora en el pago de los desembolsos pendientes no podrá ejercitar el derecho de voto*, o (salvando las distancias) en el artículo 15.2 de la LPH que afirma que *los propietarios que en el momento de iniciarse la junta no se encontrasen al corriente en el pago de todas las deudas vencidas con la comunidad y no hubiesen impugnado judicialmente las mismas o procedido a la consignación judicial o notarial de la suma adeudada, podrán participar en sus deliberaciones si bien no tendrán derecho de voto.* No olvidemos que estamos ante un pacto de salida. Es posible, por otra parte, que en la cláusula estatutaria se establezca, para tal caso, un poder irrevocable a favor del órgano de administración a efectos de que comparezca e intervengan en su nombre en el documento público de transmisión.

f) En cuanto al precio, cabe hacer algunas consideraciones:

Ha de ser determinado o susceptible de determinación en estatutos, pues el mismo es de suma trascendencia para el buen funcionamiento de la cláusula y el despliegue de sus efectos (*cfr.* los artículos 114.2 b y 175. 2.b del RRM).

En la fijación del precio se ha polemizado sobre si debe ser obligatoria e imperativa la exigencia de que el mismo se fije atendiendo al *valor razonable*, entendiendo por tal el valor real (propiamente, el del mercado) ya que, de no ser así, y si fuera inferior, podría estarse ante una exclusión del socio *arrastrado*, con perjuicio patrimonial para el mismo, por conllevar una suerte de *expropiación* al verse penalizado injustificadamente su legítimo derecho de reembolso (*cfr.* artículo 353 LSC)[18]. Tal criterio, en lo referente a los efectos de la separación y exclusión de socios fue mantenido por la DGSJFP en resoluciones de 30 de marzo de 1999, 28 de julio de 2009 y la de 28 de enero de 2012[19].

Frente a tal postura, se ha defendido también el carácter dispositivo y no imperativo, en esta concreta materia de separación de socios (no olvidemos que el ejercicio de esta modalidad de cláusulas de arrastre y acompañamiento conlleva la *salida* del socio o socios afectados). De esta opinión son algunos autores sobre la base de que es un caso similar a la determinación del valor razonable de las acciones o participaciones cuando media limitación o restricción a su transmisibilidad[20], y alegan para ello

18 EMPERANZA SOBEJANO, A. "Artículo 353 LSC. Valoración de las participaciones o de las acciones del socio", *Comentarios de la Ley de Sociedades de Capital*, Tomo II, Civitas Thomson Reuters, 2011, pp. 2507 y ss.

19 RDGRN de 30 de marzo de 1999 (BOE núm. 104, 01/05/1999); RDGRN de 28 de julio de 2009 (BOE núm. 227, de 19/09/2009); y RDGRN de 28 de enero de 2012 (BOE núm. 43, de 20/02/2012).

20 Así SÁNCHEZ GONZÁLEZ, J. C., "Normas comunes a la separación la exclusión de socios (Artículos 353-359)", *Tratado de Sociedades de Capital, Comentario*

el principio de autonomía de la voluntad defendido al respecto en la resolución de 2 de noviembre de 2010 de dicho Centro Directivo[21] que admitió la inscribibilidad de aquellas cláusulas estatutarias referentes a la valoración de participaciones para el supuesto de su transmisión por actos inter vivos, aun cuando dicho valor no fuera coincidente con su valor razonable, con apoyo en el artículo 175.2, letra b RRM, y si ... *por las circunstancias del caso concreto, la fijación del valor de las participaciones pudiese implicar para el socio una vinculación excesiva o abusiva, o un perjuicio para terceros, quedará a salvo el eventual control judicial de este extremo, atendiendo a tales circunstancias...*

También la resolución de 15 de noviembre de 2016[22] admitió tal posibilidad, habiendo sido adoptado el acuerdo unánimemente por todos los socios. La cláusula en cuestión se refiere a un caso de transmisión voluntaria de participaciones por acto inter vivos con previsión de un derecho de adquisición preferente, ejercitable por el valor razonable de las participaciones transmitidas, que sería el menor de los dos siguientes: el precio comunicado a la sociedad por el socio transmitente, o el valor contable que resulte del último balance aprobado por la Junta, y en los casos en que la transmisión proyectada fuera a título oneroso distinto de la compraventa o a título gratuito, el valor razonable coincidirá con el valor contable que resulte del último balance aprobado por la Junta. El Centro Directivo declaró que ... *la norma establecida en el artículo 107.2.d) de la LSC, dado su carácter subsidiario, sólo es aplicable a falta o por insuficiencia del régimen estatutario, y éste únicamente queda sujeto a los límites generales derivados de*

Judicial, Notarial, Registral y Doctrinal de la Ley de Sociedades de Capital, Prendes Carril, P., Martínez-Echevarría y García de Dueñas, A. y Cabanas Trejo, R. (dirs.), Tomo II, Thomson Reuters, Aranzadi, 2017, pp. 178 y ss.

21 RDGRN de 2 de noviembre de 2010 (BOE núm. 283, de 23/11/2010).

22 RDGRN de 15 de noviembre de 2016 (BOE núm. 291, de 02/12/2016).

las leyes y de los principios configuradores del tipo social elegido... Entre tales limitaciones legales no existe ninguna que prohíba pactar como precio o valor de las participaciones objeto del derecho de adquisición preferente el valor contable que resulte del último balance aprobado por la junta general...Una cláusula como la que se rechaza en la calificación impugnada no puede reputarse como prohibición indirecta de disponer, pues no impide «ex ante» y objetivamente obtener el valor razonable, o un valor que será más o menos próximo a aquél según las circunstancias y los resultados de la sociedad así como del hecho de que se hayan retenido o no las ganancias. Por ello, no puede afirmarse que la cláusula debatida tenga objetivamente carácter expropiatorio o sea leonina para el socio transmitente. Y, aun cuando en el momento de realizar la transmisión el valor contable fuera inferior al valor razonable, tampoco puede afirmarse que comporte enriquecimiento injusto o sin causa en favor de los restantes socios o de la sociedad, en tanto que responde a lo pactado y aceptado previamente por todos los socios. En el presente caso, el acuerdo debatido ha sido adoptado por unanimidad de los socios en junta general universal, por lo que se cumple el requisito establecido en el citado artículo 175.2.b) del Reglamento del Registro Mercantil...

Y más recientemente, y en lo que aquí interesa, cabe citar la resolución DGSFP de 17 de mayo de 2021[23] referente a una escritura en la que se elevaron a públicos los acuerdos adoptados por unanimidad en junta universal de una S.L. en la que se había incluido en los estatutos una cláusula en virtud de la cual se disponía que sería causa de exclusión de la Sociedad el inicio de un procedimiento administrativo o judicial que acordase el embargo de las participaciones de cualquier socio, ya fuese de forma total o parcial, exclusión que debería ser acordada por la Junta General,

23 RDGSJFP de 17 de mayo 2021 (BOE núm. 133, de 04/06/2021).

debiendo procederse por la sociedad a amortizar las participaciones sociales del socio afectado por la exclusión, cuya valoración a efectos de su contraprestación sería el valor razonable de las participaciones afectadas, entendiéndose por tal el valor contable que resultase del último balance aprobado por la Junta. El Centro Directivo admitió tal valor:

...En relación con el derecho de adquisición preferente en caso de inicio o apertura de un procedimiento administrativo o judicial de embargo de las participaciones sociales, este Centro Directivo en las citadas Resoluciones de 9 y 23 de mayo de 2019 ya afirmó que debe tenerse en cuenta que, respecto del régimen de transmisión de participaciones sociales en caso de procedimiento administrativo o judicial de embargo, el artículo 109 LSC establece la suspensión del remate y de la adjudicación de las participaciones sociales embargadas y el derecho de los socios y, en su defecto —sólo si los estatutos le atribuyen en su favor el derecho de adquisición preferente—, de la sociedad, a subrogarse en lugar del rematante o, en su caso, del acreedor, mediante la aceptación expresa de todas las condiciones de la subasta y la consignación íntegra del importe del remate o, en su caso, de la adjudicación al acreedor y de todos los gastos causados. Pero este régimen legal no impide que, con base en el principio de autonomía de la voluntad (cfr. artículo 28 LSC), puedan prevenirse en los estatutos sociales sistemas alternativos como los establecidos en los estatutos objeto de la calificación impugnada, que, en caso de inicio de un procedimiento de embargo —en una fase anterior a la suspensión del remate o adjudicación a que se refiere el citado artículo 109 LSC— atribuye a la sociedad y a los socios el derecho de adquirir tales participaciones por su valor razonable (con la correlativa obligación del socio de transmitirlas —cfr. artículo 188.3 del RRM), con la previsión añadida de que, en defecto de ejercicio de tal derecho de adquisición, pueda la junta general adoptar el acuerdo de excluir al socio afectado por el inicio de ese procedimiento de embargo de las participaciones,

con la consiguiente amortización de las participaciones del socio afectado por la exclusión....En un caso como el presente, ejercitado el derecho de adquisición o excluido el socio cuyas participaciones están afectadas por el inicio de un procedimiento de embargo, el precio de la transmisión o la cuota de liquidación del socio excluido sustituye a las participaciones sociales cuyo embargo se pretendía iniciar...Debe advertirse que, al gozar los estatutos de publicidad registral, el acreedor instante de la ejecución tiene conocimiento del verdadero objeto de la realización por la vía de apremio...El régimen de transmisión voluntaria de las participaciones sociales por actos «inter vivos» únicamente queda sujeto a los límites generales derivados de las leyes y de los principios configuradores del tipo social elegido (artículo 28 LSC) así como a las limitaciones específicas establecidas en el artículo 108 de la misma ley. Entre tales limitaciones legales no existe ninguna que prohíba pactar como precio o valor de las participaciones objeto del derecho de adquisición preferente el valor contable que resulte del último balance aprobado por la junta general. Deben admitirse también cláusulas como la enjuiciada en la citada Resolución de 15 de noviembre de 2016...En definitiva, como admite determinado sector doctrinal, las normas relativas a la fijación del valor de las participaciones en caso de ejercicio del derecho de adquisición preferente para las transmisiones forzosas por acto inter vivos sólo son aplicables en caso de que no exista otra previsión estatutaria que establezca alternativas al embargo —como es la exclusión del socio afectado—, con posibilidad de aplicar cláusulas de avalúo atendiendo al valor contable de las participaciones o sistemas de limitación de valor, siempre —y esto es fundamental— que no estén referidos tales sistemas sólo a los casos de embargo, sino que sean aplicables con carácter general en los casos de liquidación de la participación. En tales casos, el socio afectado, quienes ejerciten el derecho de adquisición preferente y los acreedores están obligados a pasar por tal valor, de modo que estos dos últimos recibirán lo mismo que recibiría el socio, y ese es el valor real de las participaciones. Y la misma resolución trae a colación la sentencia número 216/2015, de 24 de julio, de la Audiencia Provincial de Madrid[24] que, en un caso de impugnación judicial de una calificación registral, incide en la admisión, en los casos de separación o de exclusión de socios, del valor razonable de las participaciones sociales por el valor neto contable de las mismas, pues en dicha cláusula estatutaria media consentimiento unánime de los socios, ... *no implica la renuncia anticipada de derecho alguno del socio excluido o que se separa, y además tiene la ventaja para la sociedad y los socios de fijar...un sistema de fácil fijación evitando, a falta del difícil acuerdo entre la sociedad y el socio una vez surgido el conflicto, las dificultades y gastos vinculados al cálculo del valor razonable, así como la inevitable dilación e incertidumbre en caso de que se discuta judicialmente su determinación...*[25]

Así pues, según las resoluciones citadas, cabría, a pesar de seguir siendo discutible, fijar estatutariamente como valor razonable el valor neto contable según balance.

También caben otras formas estatutarias de obtener dicho valor a efectos de la determinación del precio, a saber: fijación por referencia a un procedimiento legal (así el fijado por un auditor de cuentas distinto del de la sociedad o por un experto independiente, 107.2 LSC y 351. y ss. RRM, y concordantes); fijación de un precio mínimo previamente determinado; realización de una pública subasta voluntaria, con un precio inicial que satisfaga a las partes. Asimismo, es posible la inclusión de pactos incentivadores del cumplimiento de la cláusula (como penas de descuento en

24 Sentencia número 216/2015 (ECLI:ES:APM:2015:13644).

25 Ver también al respecto, CAMPUZANO, A. B., "El valor razonable de las participaciones sociales", Disponible en: https://dictumabogados.com/nvntia-las-noticias-de-tum/https://dictumabogados.com/articulos/el-valor-razonable-de-las-participaciones-sociales/28509/

caso de morosidad por los obligados en arrastre, indemnizaciones por retraso...)[26].

9. Su eficacia

La eficacia de esta cláusula es muy distinta, según se establezca en estatutos o en pactos parasociales.

9.1. *Arrastre total (o de salida conjunta total)*

Inscrita estatutariamente la cláusula, esta despliega su eficacia frente a todos por los efectos propios de los principios de publicidad y oponibilidad (artículo 21 Cco, y 4.2 y 9 RRM), vinculando, pues, tanto a las partes (esto es a los socios entre ellos), como a la propia sociedad, y a los terceros y a los futuros, eventuales y sucesivos adquirentes de las acciones o participaciones.

Consecuencia de ello, durante la fase de pendencia dicho adquirente o subadquirente quedará vinculado al futuro cumplimiento de la cláusula, porque no puede ignorar la posibilidad de una venta del paquete de capital del *socio arrastrante*, toda vez que, en definitiva, está sujeto a la posibilidad de una venta futura y condicionada en virtud de la norma estatutaria inscrita. No hay que olvidar que los estatutos tienen valor normativo y articulan, vertebran y estructuran orgánica y permanentemente el funcionamiento de la vida societaria, no solo respecto de los socios, sino también frente a terceros, lo que no ocurre con los pactos parasociales.

En el caso, pues, de que no se respete la cláusula, si el tercero ha adquirido del socio transmitente acciones o participaciones afectadas por la misma, puede dar lugar a que aquel

26 *Cfr*. FERNÁNDEZ DEL POZO, L., "Las cláusulas estatutarias de «arrastre» («Drag-Along»)...", *op. cit*., pp. 10 y ss.

adquirente carezca de legitimación frente a la sociedad (piénsese, por ejemplo, que no se haya respetado un derecho de adquisición preferente contenido en la cláusula —*cfr.* artículos 112 y 123.1 LSC).

9.2. En pactos parasociales

Sabido es que estos pactos, como los define el TS, son *convenios celebrados por todos o algunos de los socios de una sociedad mercantil con el objeto de regular, con la fuerza del vínculo obligatorio entre ellos, aspectos de la relación jurídica societaria sin utilizar los cauces específicamente previsto en la ley y los estatutos* (*cfr.* STS de 7 de abril de 2022, y las citadas por ella)[27].

Dado el principio de la relatividad de los contratos, la cláusula solo vincularía a las partes contratantes, o lo que es lo mismo, la oponibilidad o exigibilidad de la misma sería la propia de todo contrato: vincularía sólo a los socios que la suscribieron y a sus herederos (artículos 1091 y 1257.1 CC, y 29 LSC), pero no a la sociedad. Quiero ello decir que a los terceros adquirentes o subadquirentes de buena fe y a título oneroso no les afectaría la cláusula, salvo que se adhiriesen a la misma mediante su aceptación. Mas, ¿qué sucede si dichos pactos son *omnilaterales*, es decir, si han sido suscritos por todos los socios no habiendo sido parte la sociedad? ¿Es eficaz y oponible el pacto? Sin entrar en las distintas posturas mantenidas en orden a la oponibilidad del pacto en el caso de que sea omnilateral[28], nuestra posición es clara: no se puede pretender que

27 STS 7 de abril de 2022, Sala de lo Civil, núm. 300/2022 (ECLI:ES:TS:2022:1386).

28 Véase en esta materia, entre otros muchos, a PAZ-ARES, C., "El enforcement de los pactos parasociales", *Actualidad Jurídica Uría & Menéndez*,, núm. 5, 2003, disponible en https://www.uria.com/documentos/publicaciones/1052/documento/03Candido.pdf, y el mismo autor en "La cuestión de la validez de los pactos parasociales", *Actualidad Jurídica Uría & Menéndez. Homenaje al profesor D. Juan Luis Iglesias Pradas*, extraordinario, 2011, disponible en ht-

un pacto parasocial tenga iguales efectos que los estatutos, o que los desvirtúen. A este respecto la STS antes citada (7 de abril de 2022), se refiere a una acción de cumplimiento de un pacto parasocial que se ejercita tanto frente a los socios como a la sociedad en cuestión. Así, tras analizar la doctrina y la jurisprudencia existentes sobre tales pactos (en lo que no entramos, pues excedería de los límites de este estudio y de su lógica y exigida extensión), insiste el TS, en síntesis, en el principio de la relatividad de los contratos y en su inexigibilidad e inoponibilidad respecto de la sociedad afectada, así como en la alienidad de la misma, pues esta es un sujeto distinto de los socios suscriptores del pacto, no pudiendo exigirse en el ámbito societario lo que se ha convenido por la vía exclusivamente contractual. De ello se deriva que, para que la sociedad quede vinculada, se hace necesario que la propia sociedad firme y se adhiera al pacto parasocial. Cabe añadir que incluso el anteproyecto de Ley de Código Mercantil en el artículo 213.21.1 mantenía tal principio de inoponibilidad frente a la sociedad.

III. LAS CLÁUSULAS DE ACOMPAÑAMIENTO (*TAG ALONG*)

1. Concepto

Esta cláusula tiende a amparar generalmente a los socios minoritarios, ya que mediante la misma, cuando un socio (normalmente

tps://www.uria.com/documentos/publicaciones/3216/documento/art32.pdf, pp. 252 y ss. ; PERDICES HUETOS, A. "Lecciones:Tag–along", Almacén de Derecho, mayo 19, 2016, Mercantil, https://almacendederecho.org/lecciones-tag-along; CEPERO ARÁNGUEZ, M. A., "Inoponibilidad a la sociedad de los pactos parasociales omnilaterales", *Uría & Menéndez*, julio 2022, https://www.uria.com/es/publicaciones/7984-inoponibilidad-a-la-sociedad-de-los-pactos-parasociales-omnilaterales; HIJAS CID, E., "Pactos parasociales: ¿pueden ser eficaces vía acción de impugnación de acuerdos sociales?", en https://www.elnotario.es/practica-juridica/6784-pactos-parasociales-pueden-ser-eficaces-via-accion-de-impugnacion-de-acuerdos-sociales.

el mayoritario) pretende la transmisión de sus acciones o participaciones a un tercero —o este es el que ofrece adquirirlas—, el resto de socios tiene derecho a unirse a dicha transmisión en las mismas condiciones que el socio o conjunto de socios que pretenda enajenarlas.

El anteproyecto de Ley de Código Mercantil la tipificaba para la SRL, concretamente en su artículo 232.11.2.

Por los mismos argumentos que los empleados para las cláusulas de arrastre, las de acompañamiento son igualmente admisibles y lícitas. Su inclusión exige igualmente el consentimiento de todos los socios, y su titular suele ser el socio minoritario, pero no hay impedimento para que lo sea el mayoritario.

2. Naturaleza

Como la cláusula de arrastre, es una modalidad de *venta conjunta* o *coventa*, de *pacto de salida*. Su diferencia con aquella es que el socio o grupo de socios minoritario tiene derecho a transmitir su paquete de capital —o, en su caso, parte de él—, de manera que el socio que quiere vender solo puede hacerlo si da la oportunidad a aquellos de participar en la operación, circunstancia esta que debe aceptar el tercero. Estamos, pues, ante una *venta cumulativa o de refuerzo*. En realidad, no es una estipulación a favor de tercero, sino a cargo del tercero, o bien, como algunos autores consideran, una promesa de hecho ajeno[29].

Se configura, pues, este tipo de cláusula como una *cláusula de autorización*. Como afirma Perdices Huetos, ... *solo se autoriza la venta pretendida en el caso de que se permita que a la misma se*

29 FERNÁNDEZ DEL POZO, L., "Las cláusulas estatutarias de «arrastre» («Drag-Along»)...", *op. cit.*, p. 17, y CAMPINS VARGAS, A., "Articulación contractual y régimen jurídico de los pactos de acompañamiento (cláusulas de «Tag Along»)", *Revista de Derecho de Sociedades,* núm. 48, 2016, pp. 74-75.

sumen el resto de socios. En defecto de lo anterior, la venta no está autorizada (artículo 123 LSC). De ahí que no deba haber lugar a dudas acerca de la admisibilidad estatutaria de estas cláusulas en dehors"...[30], o de *obligación de no vender si el tercero no se aviene a comprar al resto de socios*[31].

3. Fundamento

Es un mecanismo de *anti-oportunismo*. Conviene al minoritario favoreciendo tanto su salida como su desinversión ante el cambio de control que puede producirse por la entrada de un nuevo socio mayoritario, y de esa manera aquel no se ve obligado a quedar "prisionero" de una nueva e incierta gestión empresarial que, incluso, puede ser contraria a sus intereses. De ahí que se dé esta cláusula en las *private equity*, *startup*, en sociedades cerradas...

Se erige en una garantía para los minoritarios, que pueden salirse de la sociedad en los mismos términos y condiciones que el socio vendedor, participando, en su caso, como afirma Campins Vargas, ... *en la prima de control pagada al mayoritario por la venta del control de la sociedad, o, cuando menos, evitando el "descuento por minoría"" que pudiera aplicarse a la venta individual de su paquete minoritario, que coloca a quien lo adquiera en una posición alejada a la gestión y control de la sociedad.* En idéntico sentido, Fernández del Pozo[32].

30 PERDICES HUETQS, A., "Lecciones:Tag–along", *Almacén de Derecho*, mayo 19, 2016, Mercantil, https://almacendederecho.org/lecciones-tag-along

31 CAMPINS VARGAS, A., "Articulación contractual y régimen jurídico de los pactos de acompañamiento...", *op. cit.*, p. 77.

32 CAMPINS VARGAS, A., "Articulación contractual...", *op. cit.*, p. 70; y FERNÁNDEZ DEL POZO, L., "Las cláusulas estatutarias de «arrastre» («Drag-Along»)...", *op. cit.*, pp. 17 y ss.

Este pacto puede presentar, sin embargo, un inconveniente para el socio mayoritario, y es la de su "efecto cerrojo", a saber: que el tercero inversor que pretende adquirir las acciones o participaciones no desee adquirir más de las inicialmente ofertadas por el socio vendedor (mayoritario), en cuyo caso este, tanto para garantizar el derecho del minoritario de poder incorporarse a la venta como para respetar la oferta que realiza el tercero, deberá realizar la transmisión proporcionalmente con los minoritarios que se hayan sumado a la oferta, en cuyo caso podría ocurrir que el mayoritario no lograse salirse de la sociedad.

Para poder evitar ese efecto de sentirse *prisionero* o *efecto cerrojo* cabe introducir un condicionamiento en la cláusula: que el socio que pretende vender pueda apartarse de la transmisión en el caso de que el tercero no desee adquirir más acciones o participaciones de las deseadas cuando el socio minoritario se incorpore a la venta (*cfr.* al respecto la resolución de la DGSJFP de 20 de mayo de 2016)[33].

4. Posibilidad de su coexistencia con una cláusula de adquisición preferente

Esta cláusula puede coexistir con un derecho de adquisición preferente, que se diluye en el supuesto de que en la sociedad solo haya dos socios, un mayoritario y un minoritario, siendo indiferente en tal caso cuál de los derechos se ejercita antes, si bien ello quedará sujeto a la disponibilidad económica del minoritario.

Si son varios socios la cosa cambia, pues se plantea entonces la cuestión de si el ejercicio de tal derecho de adquisición preferente debe ser anterior o posterior a la venta conjunta. Lo razonable, como afirma Campins Vargas[34], es que sea posterior, pues si el

33 RDGRN de 20 de mayo de 2016 (BOE núm.139, de 09/06/2016).
34 CAMPINS VARGAS, A., "Articulación contractual...", *op. cit.*, p. 88.

derecho de acompañamiento se ejercita antes, permitirá a aquel consocio que no haya ejercitado tal cláusula de acompañamiento, poder saber a ciencia cierta cuál es el montante concreto del paquete sobre el que versa la transmisión, integrado por el del mayoritario más los de los socios beneficiados por la cláusula que se hayan adherido. Lo que sí parece claro es que, en el caso de anteponer el derecho de preferencia sobre el de acompañamiento, si aquel no se ejercita cuando se comunica la oferta de venta a un tercero, quedará extinguido el derecho a ejercerlo respecto del paquete de capital de aquellos socios que se hayan adherido a la venta.

5. Modalidades más frecuentes

Puede haber diversidad de variantes. Veamos los más usuales.

5.1. De salida conjunta total

Cabe distinguir:

a) El tercero adquiere todo el capital social del socio o socios mayoritarios, así como la totalidad del de los socios minoritarios quedando, pues, el tercero como socio único y con el control total de la sociedad.

b) Los socios minoritarios legitimados por la cláusula —o aquellos que lo deseen— venden todo su capital social, con independencia de que el mayoritario no quiera vender la totalidad de las acciones o participaciones que le han ofrecido transmitir. Dicho de otra manera: si el socio minoritario es titular de 50 participaciones o acciones y el mayoritario, siendo titular de 200, solo quiere transmitir 100, la cláusula permite que el minoritario pueda vender todo su capital, aunque el mayoritario solo quiera vender parte del suyo. El socio beneficiario de la cláusula queda así desvinculado de la sociedad.

5.2. De salida conjunta parcial o proporcional

Los beneficiarios de esta cláusula tienen derecho a vender un porcentaje de su paquete de capital proporcional al vendido por el socio transmitente mayoritario.

Reviste dos modalidades en función de que el derecho de salida sea por una cantidad de acciones o participaciones superior a las que el tercero ofrece adquirir, o bien sea por la cantidad desde un principio ofertada.

a) Si es por encima de la oferta: aunque el tercero potencial solo quiera comprar del mayoritario un número determinado de acciones o participaciones, sin embargo se verá obligado a adquirir también de los minoritarios un número proporcional al porcentaje ofertado al socio transmitente. Ej.: el tercero solo quiere comprar 100 acciones o participaciones; el socio mayoritario tiene 200 y solo va a transmitir la mitad (100), y el único socio minoritario tiene 50. Pues bien, éste último podrá exigir al tercero que adquiera 25 de las suyas, sumadas a las 100 del mayoritario.

b) Supuesto que el tercero solo quiera comprar el paquete de capital máximo convenido en un principio con el socio transmitente, no obligándose a adquirir uno superior: en tal caso, debe distribuirse proporcionalmente tal paquete ofertado entre el socio mayoritario vendedor y los demás consocios minoritarios. Ejemplo: el mayoritario transmitente tiene 2000 participaciones. El minoritario 400. El tercero solo pretende adquirir 1200. En consecuencia, el minoritario podrá exigir al tercero que adquiera 200, y 1000 del mayoritario.

6. Elementos que debe contener la cláusula

Partiendo de la base de que tal cláusula exige para su inclusión en estatutos, al igual que la de arrastre, el consentimiento de todos ellos, cabe indicar como elementos:

a) Necesidad de que la cláusula contenga para su operatividad un negocio transmisivo a título oneroso. Normalmente es la compraventa.

b) La previsión referente a la eventual determinación del socio o socios transmitentes, así como de la de los beneficiarios de la cláusula.

c) Determinación del porcentaje de capital que debe reunir el socio o conjunto de socios que quiere transmitir al tercero potencial sus acciones o participaciones para que los beneficiarios de la cláusula la pongan en funcionamiento.

d) Precio de la transmisión, que ha de ser determinado o determinable, y forma de pago, en su caso (en la medida que pueda resultar procedente, vale lo dicho respecto de la cláusula de arrastre, en orden a la consideración del precio y demás términos y condiciones de la oferta).

Cabe resaltar que los socios legitimados por la cláusula son libres o no de adherirse a la transmisión. Así, si no les interesa el precio fijado, podrán renunciar al ejercicio de su derecho. Incluso en el supuesto de que se haya pactado un derecho de adquisición preferente a su favor, podrán adquirir las acciones o participaciones en condiciones favorables. También el socio minoritario, como dice Fernández del Pozo, ... *podrá participar equitativamente —junto con el mayoritario— en el reparto de la prima de control negociada por el mayoritario con el tercero mediante un sistema contractual equivalente funcionalmente al desplegado en las coti-*

zadas por el mecanismo de la OPA obligatoria por cambio de control...[35]

e) Procedimiento para el ejercicio y funcionamiento de la misma, a saber:

— Notificación que el socio que pretende transmitir debe realizar al tercero comunicándole la existencia de dicha cláusula de acompañamiento, así como al resto de consocios favorecidos por la misma sobre el acuerdo al que, en su caso, ha llegado con dicho adquirente potencial, con especificación de la identidad del mismo. A tales efectos, comunicará al órgano de administración los términos y condiciones de la transmisión pretendida, para que este, a su vez, los ponga en conocimiento de los socios beneficiarios de la cláusula que, desde la fecha en que reciban los términos del acuerdo, tendrán la posibilidad de manifestar, en un plazo determinado, si van a ejercitar o no su derecho de acompañamiento, en idénticas condiciones que el socio transmitente. Si todos ellos comunican que no se adhieren, quedará libre este último para enajenar sus acciones o participaciones en los mismos términos que fueron notificados a aquellos. Si todos los minoritarios acuerdan que van a ejercitar su derecho, la venta entonces, tanto para el transmitente como para los beneficiarios de la cláusula, deberá realizarse en los mismos términos acordados y notificados. Iguales términos han de predicarse cuando lo sean algunos, y no todos, los que se adhieran.

— Plazo para el otorgamiento, en su caso, del documento de transmisión, en el que deberán intervenir el socio o socios transmitente/s, el tercero potencial y los titulares beneficiarios

35 FERNÁNDEZ DEL POZO, L., "Las cláusulas estatutarias de «arrastre» («Drag-Along»)...", *op. cit.*, p. 16. Ver también CAMPINS VARGAS, A., en cuanto a los presupuestos o elementos, *cfr.* "Articulación contractual...", *op. cit.*, p. 82 y ss.

de la cláusula de acompañamiento que se hayan adherido a la transmisión.

Respecto de los plazos, debe fijarse un plazo de tiempo desde que el socio transmitente recibe la oferta —o desde que es este el que la realiza al tercero— para que los consocios favorecidos por la cláusula dispongan del tiempo necesario para comunicarle a aquel si ejercitan o no su derecho de unirse a la venta. Plazo que ha de ser, pues, razonable y suficiente habida cuenta de que, según sea el supuesto, puede determinar la salida o no del titular de la cláusula. Criterio este de suficiencia y razonabilidad de los plazos que debe regir también para las notificaciones referidas.

La forma de notificación debe ser por escrito y fehaciente, como ya hemos comentado respecto de la cláusula de arrastre.

f) Cabe fijar los casos en que no procede que la cláusula despliegue sus efectos. Así puede pactarse que, si no se cubre un determinado porcentaje de capital a efectos de la transmisión, no sea operativa la cláusula.

7. Su eficacia

La eficacia es muy diferente según estén contenidas en unos o en otros. Sintéticamente sería:

7.1. En estatutos

Partiendo de la base de que los mismos consten inscritos, la cláusula tiene eficacia frente a todos por el juego de los principios de publicidad y oponibilidad, dado los términos que consagra el artículo 21.1 Cco. Estamos, pues —como hemos aludido antes al citar a Perdices—, ante una *cláusula de autorización*: la venta puede tener lugar siempre y cuando se le dé a los beneficiarios de la cláusula la posibilidad de adherirse a la venta del socio transmitente. ¿Y qué ocurre si no se les da tal posibilidad? Un sector doctrinal opina que el negocio realizado entre el socio transmitente y el tercero despliega sus efectos, pero el mismo no es oponible a la sociedad; de donde se deriva que no podrá inscribirse la adquisición realizada por el tercer adquirente en el libro registro de socios (o de acciones nominativas, en su caso), por carecer de legitimación, lo cual supondría la privación del ejercicio de los derechos propios de socio (*cfr.* artículos 104.2 y 116.2 LSC). Sigue esta línea la jurisprudencia del TS en algunas de sus sentencias, como las de 14 de noviembre de 2011 (y con anterioridad las de 10 de abril y 21 de septiembre de 2007). En cambio, otro sector doctrinal llega a una postura más radical en cuanto a los efectos que se derivan de la infracción: se produce una falta de capacidad para disponer del socio transmitente que contrata con el tercero, lo que conlleva un impedimento para que quede completo, perfecto y consumado el negocio de transmisión. La sociedad no se ve vinculada porque, sencillamente, no se reconoce la legitimación de aquel socio. Tal es la postura de Perdices y Campins Vargas[36].

7.2. En pactos parasociales

En consonancia con Campins Vargas[37], hay que distinguir dos supuestos: antes que acepte el tercero o después de que este haya aceptado.

Antes de la aceptación: sólo vincula a los socios que firmaron el pacto (artículo 1257 CC). No podrá, pues, oponerse la cláusula

36 La citada autora CAMPINS VARGAS, A. también comenta ambas posturas con cita de los autores Vicent Chuliá y Broseta y jurisprudencia antes aludida en "Articulación contractual...", *op. cit.*, p. 89.

37 CAMPINS VARGAS, A., "Articulación contractual...", *op. cit.*, pp. 88 y ss.

a la sociedad ni al tercero que adquiera. Mas si mediara connivencia dolosa entre el socio transmitente y el tercero para lesionar los derechos de los socios minoritarios beneficiarios de la cláusula, podríamos encontrarnos ante un ilícito civil con la posibilidad de que fuera nula la adquisición (*cfr.* 1275 CC), con exigencia, además de indemnización de daños y perjuicios. Y ello podría dar lugar a dos tipos de responsabilidades: la contractual del transmitente (1101 CC) y la extracontractual del tercero que adquirió (1902 CC). No obstante, también hay un sector doctrinal y jurisprudencial que es partidario de "equiparar" y unificar el resarcimiento del daño y la culpa, o lo que es lo mismo, someter las consecuencias dichas un solo régimen de responsabilidad, lo que conllevaría una responsabilidad contractual solidaria entre el transmitente y el adquirente.

En el supuesto de que el pacto sea omnilateral, vale lo dicho anteriormente respecto de la cláusula de arrastre: no vincula a la sociedad, salvo que la misma firme el pacto aceptándolo y adhiriéndose.

Si el tercero acepta: su adhesión a la cláusula implica que quede vinculado por lo pactado en la cláusula a partir de su aceptación.

IV. MODELO ESTATUTARIO DE CLÁUSULA DE ARRASTRE Y ACOMPAÑAMIENTO

Artículo.... Derecho de arrastre y acompañamiento. *Derecho de arrastre.* En el supuesto de que los socios, individual o conjuntamente, que representen, al menos, el sesenta por ciento —60%— del capital de la sociedad (*socio arrastrante*), reciban de un tercero (*comprador en arrastre*) una oferta vinculante de compra de sus participaciones condicionada a la adquisición de un porcentaje igual o superior al ochenta por ciento —80%— del capital de la sociedad, el resto de los socios (*socio arrastrado*) estará obligado a transmitir a dicho tercero las participaciones de las que sean titulares y que sean necesarias para completar su oferta, por el precio y demás condiciones y términos de esta. Cuando la oferta no alcance la totalidad de las participaciones de la sociedad (más del ochenta por ciento pero menos del cien por cien) tanto el *socio arrastrante* como el *socio arrastrado* estarán obligados a transmitir a dicho tercero, a prorrata de su respectiva participación en el capital social, el número de participaciones de su titularidad que sean necesarias para completar dicha oferta. En su virtud, ejercitado el derecho de arrastre por el socio titular del mismo, los restantes socios estarán, pues, obligados a vender sus respectivas participaciones al tercero en los mismos términos y condiciones que aquel, así como a realizar cuantas actuaciones sean precisas para llevar a buen fin la transmisión. Si el pago de todo o parte del precio estuviera aplazado, el importe objeto de aplazamiento deberá estar avalado por una entidad de crédito. A efectos de que los socios sujetos al arrastre puedan cumplir con la obligación de transmitir, el socio *arrastrante* deberá comunicar al órgano de administración la oferta recibida, por escrito y fehacientemente, y ello en un plazo máximo de..., con indicación de su identidad y la del tercer adquirente, precio, su forma de pago y demás condiciones de la transmisión. El órgano de administración, a su vez, en el plazo máximo de..., a contar desde la recepción de tal comunicación, dará traslado a los restantes socios, también por comunicación fehaciente, de copia del escrito de oferta, en la que constará la identidad del socio arrastrante y del potencial adquirente, precio y demás términos y condiciones de aquella. El documento público de transmisión deberá otorgarse en el plazo de...desde que el socio arrastrante haya comunicado al órgano de administración el ejercicio de su derecho. Los demás socios, a prorrata de su participación en el capital social, podrán ejercitar su derecho de adquisición preferente, aceptando el precio, forma de pago y demás términos y condiciones de la transmisión con arreglo a la oferta que fue comunicada al órgano de administración, y por este al resto de socios. Dicho derecho de adquisición preferente deberá ser ejercitado en el plazo de..., desde la recepción de la comunicación, mediante escrito dirigido fehacientemente al órgano de administración. Si ninguno de los obligados por el arrastre hubiera ejercitado su derecho de preferencia, o solo lo hubieran ejercitado alguno o algunos de ellos, el socio legitimado por la cláusula podrá, en tal caso, obligar a todos y cada uno de los que no hayan ejercido tal derecho, a que transmitan sus respectivas participaciones al tercero que se ofreció a comprarlas y por el precio comunicado, para lo cual dispondrán de un plazo de...desde que finalizó el plazo para ejercitar su derecho de preferencia, transmisión que se formalizará en el correspondiente documento público, en unión del socio arrastrante y del tercero, por el mismo precio, condiciones y términos recogidos en la oferta. El precio de adquisición será el fijado de común acuerdo por los socios y, en su defecto, el valor razonable de las participaciones sociales el día en que el socio que pretende transmitir hubiera comunicado a la sociedad la oferta de venta. Se entenderá por valor razonable el que determine un experto independiente, distinto al auditor de la sociedad, designado a tal efecto por el órgano de administración. Los socios confieren al órgano de administración mandato irrevocable para que, con arreglo al ejercicio de su poder de representación, puedan intervenir en su nombre en el otorgamiento del documento público de transmisión. *Derecho de acompañamiento*. En el caso de que un socio o socios que representen, al menos, el sesenta por ciento —60%— del capital social reciba/n una oferta de un tercero para la compra de la totalidad de las participaciones sociales de las que sean respectivamente titulares, los demás socios tendrán también derecho a transmitir las suyas al tercero, en el mismo precio, condiciones y términos que los ofrecidos a aquel o a aquellos. Si el tercero conviniera con el socio transmitente adquirir el ochenta por ciento exacto del capital social, cada uno de los socios interesados en la operación transmitirá un número de participaciones proporcional a dicho porcentaje ofertado, a prorrata de lo que respectivamente le corresponda en el capital de la sociedad. Si el pago de todo o parte del precio estuviera aplazado, el importe objeto de aplazamiento deberá estar avalado por una entidad de crédito. A efectos de que los socios titulares del acompañamiento puedan cumplir con tal derecho, el socio que pretende transmitir deberá: 1º. Cuando reciba la oferta notificar, fehacientemente y por escrito, la existencia del derecho de acompañamiento al tercero interesado en la adquisición de sus participaciones. 2º. Dar traslado al órgano de administración, por igual medio, de copia de la oferta recibida, y ello en un plazo máximo de..., quien, a su vez, en el plazo máximo de ..., a contar desde la recepción de la notificación efectuada por el socio que pretende transmitir, pondrá dicha oferta en conocimiento de los demás socios, debiendo constar, pues, la identidad del socio/s transmitente, la del tercero que pretende adquirir, así como el precio y los demás términos y condiciones de la oferta. Los restantes socios dispondrán de un plazo máximo de...desde la fecha en que reciban la notificación de la oferta, para otorgar, en unión del socio que recibió la oferta, el documento público de transmisión de sus participaciones al tercer adquirente, todo ello en el precio, términos y condiciones ofertadas. Los socios confieren al órgano de administración mandato irrevocable para que, con arreglo al ejercicio de su poder de representación, puedan intervenir en su nombre en el otorgamiento del documento público de transmisión.

V. BIBLIOGRAFÍA

ALFARO ÁGUILA-REAL, J., "Qué es un derecho de adquisición preferente", disponible en: https://almacendederecho.org/que-es-un-derecho-de-adquisicion-preferente/.

CAFFARENA PÉREZ, B., "Derechos de acompañamiento y arrastre, prohibición de constitución de derechos reales sobre participaciones y su inscribibilidad (comentario a la resolución de 30 de junio de 2018 de la DGRN)" —sic—, *Cuadernos de Derecho y Comercio*, núm. 70, 2018.

CAMPUZANO, A. B., "El valor razonable de las participaciones sociales", disponible en: https://dictumabogados.com/nvntia-las-noticias-de-tum/ https://dictumabogados.com/articulos/el-valor-razonable-de-las-participaciones-sociales/28509/

CEPERO ARÁNGUEZ, M. A., "Inoponibilidad a la sociedad de los pactos parasociales omnilaterales", *Uría & Menéndez*, julio 2022, https://www.uria.com/es/publicaciones/7984-inoponibilidad-a-la-sociedad-de-los-pactos-parasociales-omnilaterales

EMPERANZA SOBEJANO, A. "Artículo 353 LSC. Valoración de las participaciones o de las acciones del socio", *Comentarios de la Ley de Sociedades de Capital*, Tomo II, Civitas Thomson Reuters, 2011.

FERNÁNDEZ DEL POZO, L. "Las cláusulas estatutarias de «arrastre» («Drag-Along») o de «venta conjunta» a tercero como remedio contractual de las situaciones de bloqueo societario", *La Ley mercantil*, núm. 38, 2017 (La Ley 10021/2017).

GÁLVEZ DOMÍNGUEZ, C., *Las cláusulas drag along y tag along. [drag along and tag along rights.]*, por Facultad de Derecho, Universidad de La Laguna.

GARCÍA MARTÍNEZ, A. "Las cláusulas de arrastre en la doctrina de la Dirección de los Registros y del Notariado. (A propósito de la resolución de la DGRN de 4 de diciembre de 2017)", *Revista de Derecho de Sociedades*, núm. 53, 2018.

HIJAS CID, E., "Pactos parasociales: ¿pueden ser eficaces vía acción de impugnación de acuerdos sociales?", en https://www.elnotario.es/practica-juridica/6784-pactos-parasociales-pueden-ser-eficaces-via-accion-de-impugnacion-de-acuerdos-sociales.

MUÑOZ MARTÍN, N. "Restricciones a la libre transmisibilidad de las acciones (RDGRN 20 agosto 1993)", *Revista de Derecho de Sociedades*, núm. 3, 1994.

PAZ-ARES, C., "El enforcement de los pactos parasociales", *Actualidad Jurídica Uría & Menéndez,*, núm. 5, 2003, disponible en https://www.uria.com/documentos/publicaciones/1052/documento/03Candido.pdf.

— "La cuestión de la validez de los pactos parasociales", *Actualidad Jurídica Uría & Menéndez. Homenaje al profesor D. Juan Luis Iglesias Prada*, extraordinario, 2011, disponible en https://www.uria.com/

documentos/publicaciones/3216/documento/art32.pdf

PERDICES HUETOS, A. "Lecciones:Tag–along", Almacén de Derecho, mayo 19, 2016, Mercantil, https://almacendederecho.org/lecciones-tag-along.

SÁNCHEZ GONZÁLEZ, J. C., "Normas comunes a la separación la exclusión de socios (Artículos 353-359)", *Tratado de Sociedades de Capital, Comentario Judicial, Notarial, Registral y Doctrinal de la Ley de Sociedades de Capital*, Prendes Carril, P., Martínez-Echevarría y García de Dueñas, A. y Cabanas Trejo, R. (dirs.), Tomo II, Thomson Reuters, Aranzadi, 2017.

SOLANS CHAMORRO, L. "Contratos entre socios y startups. Aspectos prácticos", *Actualidad Jurídica Uría Menéndez*, núm. 52, 2019, disponible en: https://www.uria.com/documentos/publicaciones/6670/documento/art03.pdf?id=8954.

VÁZQUEZ, A. "Derecho de adquisición preferente y activación del derecho de arrastre (Drag Along)", disponible en: https://www.cysae.com/derecho-de-adquisicion-prefere/.

FERNÁNDEZ DEL POZO, L., "Las cláusulas estatutarias de «arrastre» («Drag-Along»)...", *op. cit.*, p. 17, y CAMPINS VARGAS, A., "Articulación contractual y régimen jurídico de los pactos de acompañamiento (cláusulas de «Tag Along»)", *Revista de Derecho de Sociedades,* núm. 48, 2016.

Jurisprudencia

— ATS, Civil (sección 1), de 10 de julio de 2012 (ECLI:ES:TS:2012:7662A).

— STS de 7 de abril de 2022, Sala de lo Civil, n.º 300/2022 (ECLI:ES:TS:2022:1386).

— Sentencia 216/2015, de 24 de julio, de la Audiencia Provincial de Madrid (ECLI:ES:APM:2015:13644).

Resoluciones de la Dirección General de Seguridad Jurídica y Fe Pública

— R. 17 de octubre de 1998 (BOE núm. 263, de 03/11/1998).

— R. 30 de marzo de 1999 (BOE núm.104, de 01/05/1999).

— R. 28 de julio de 2009 (BOE núm.227, de 19/09/2009).

— R. 2 de noviembre de 2010 (BOE núm.283, de 23/11/2010).

— R. 28 de enero 2012 (BOE núm. 43, de 20/02/2012).

— R. 29 octubre de 2014 (BOE núm.285, de 25/11/2014).

— R. 20 de mayo de 2016 (BOE núm.139, de 09/06/2016).

— R. 15 de noviembre de 2016 (BOE núm.291, de 02/12/2016).
— R. 30 de julio de 2018 (BOE núm. 223, de 14/09/2018).
— R. 17 de mayo 2021 (BOE núm. 133, de 04/06/2021).

Capítulo 19

LA SUPRESIÓN POR LA MAYORÍA DE LAS RESTRICCIONES ESTATUTARIAS A LA LIBRE TRANSMISIÓN DE ACCIONES Y PARTICIPACIONES

Cristina Marqués Mosquera
Notaria

SUMARIO: I. INTRODUCCIÓN. II. MARCO LEGISLATIVO. III. ¿EXIGENCIA DE CONSENTIMIENTO INDIVIDUALIZADO PARA LA SUPRESIÓN DE RESTRICCIONES O LIMITACIONES A LA LIBRE TRANSMISIBILIDAD?. 1. Cláusulas de consentimiento o autorización. 2. Cláusulas que atribuyen derechos de adquisición preferente o rescate. 2.1. La supresión de los derechos de adquisición preferente y rescate en las sociedades limitadas. 2.2. La supresión de los derechos de adquisición preferente y rescate en las sociedades anónimas. 3. Cláusulas de acompañamiento y arrastre. IV. LOS PRINCIPIOS CONFIGURADORES DE LAS SOCIEDADES DE CAPITAL Y SU PAPEL A LA HORA DE SUPRIMIR LAS RESTRICCIONES A LA TRANSMISIÓN DE ACCIONES Y PARTICIPACIONES. V. CONCLUSIONES. VI. BIBLIOGRAFÍA.

I. INTRODUCCIÓN

El objeto del presente trabajo es ...*la supresión por la mayoría de las restricciones estatutarias a la libre transmisión de acciones y participaciones*... Así planteado, parece que estamos ante una materia cuya solución no es compleja, dado que, al tratarse de restricciones estatutarias, el procedimiento aplicable a su supresión no debería de diferir del previsto para su establecimiento, es decir, un acuerdo en junta general adoptado con la mayoría reforzada legalmente prevista para las modificaciones estatutarias (artículos 194 y 201.2 y 199 de la Ley de Sociedades de Capital —en adelante LSC— para sociedades anónimas y limitadas, respectivamente), amén de cumplir el resto de requisitos exigibles para este tipo de modificaciones.

Sin embargo, la respuesta no es tan sencilla, de ahí que voy a intentar profundizar en esta cuestión para ver si para la supresión de restricciones de esta naturaleza el principio mayoritario puede considerarse prevalente o si, por el contrario, hay otros factores a tener en cuenta que nos lleven a considerar que es preciso acuerdo unánime o consentimiento individualizado de los accionistas o socios afectados.

II. MARCO LEGISLATIVO

En primer lugar, vamos a analizar cuál es la normativa aplicable a esta materia:

1. En las sociedades de capital la introducción en los estatutos sociales de restricciones a la transmisión de acciones y participaciones exige cumplir con todos los requisitos de las modificaciones estatutarias. No obstante, para la adecuada protección de los accionistas o socios que vean mermadas sus posibilidades de vender en un futuro sus acciones o participaciones sociales, el legislador ha previsto dos mecanismos distintos según que estemos ante una sociedad anónima o limitada[1]:

1 Llama la atención la diversidad de régimen dado que, mientras que en las sociedades anónimas son por definición abiertas y por tanto cualquier limitación a la transmisión de acciones debería tener como contrapartida una protección mayor de los accionistas que en las sociedades limitadas, una *vacatio* en la aplicación del nuevo régimen de solo tres meses puede resultar insuficiente. Ciertamente, en estos casos el accionista disidente tiene la potestad de negociar su salida al valor que él considere adecuada, pero puede darse el caso de que no encuentre comprador en dicho periodo, en cuyo caso quedaría "atrapado" en la sociedad. El derecho de separación, por el contrario, aun siendo reglado su ejercicio, lo que imposibilita obtener una contraprestación

— En el caso de sociedades anónimas, el establecimiento de un periodo de tres meses desde la publicación del acuerdo en el BORME durante el cual los accionistas afectados que no hubieran votado a favor el acuerdo podrán transmitir sus acciones sin que las nuevas limitaciones introducidas les sean de aplicación (artículo 123.1.II LSC). Prima por tanto el principio mayoritario, decretándose la inaplicación temporal de las nuevas reglas de transmisión para permitir la salida de los accionistas disconformes.

La norma habla del "establecimiento" de las limitaciones, por lo que lo primero que hay que plantearse es si esta *vacatio* resulta también de aplicación en el caso de que lo acordado sea la supresión de las cláusulas limitativas de la transmisión de acciones. A priori, no parece tener sentido la inaplicación temporal del nuevo clausulado en los supuestos de supresión, porque si de lo que se trata es dar la posibilidad de salir de la sociedad a los disidentes que de otro modo verían sus posibilidades reducidas, la supresión de las restricciones produce el efecto contrario, de ahí que no tenga sentido la inaplicación temporal del nuevo clausulado aprobado por la mayoría social[2]. Ahora bien, ¿qué ocurre si lo que se ha suprimido es un derecho de adquisición preferente en favor de los accionistas y en el plazo de *vacatio* de tres meses algún accionista pretende vender sus acciones? La respuesta depende de cuál entendemos que es la *ratio* de la protección conferida por

más allá del "valor razonable", siempre va a permitir una salida digna al socio en cuestión.

2 Así lo entienden RECALDE CASTELLS, A. y ARIAS VARONA, F.J., "Comentario del art. 123", *Comentario de la Ley de Sociedades de Capital*, en García-Cruces, J.A. y Sancho Gargallo, I. (dirs.), Tirant lo Blanch, Valencia, 2021, pp. 1722 y 1723: *...la herramienta de protección diseñada solo puede servir para el tránsito de una sociedad sin restricciones en la transmisión a otra con ellas...* En el mismo sentido VILLANUEVA GARCÍA-POMAREDA, B., "Las restricciones a la libre transmisibilidad de las acciones y su relación con los principios configuradores de la sociedad anónima", *Revista de Derecho Bancario y Bursátil*, núm. 131, 2013, p. 6.

el legislador, porque solo si entendemos que es la protección del socio y su posición en la sociedad en general y no únicamente el hecho de ver limitadas sus posibilidades de salir de la misma, se podrá abogar por una aplicación del artículo 123.1.II LSC también en los supuestos de supresión en que se produzca un empeoramiento en la posición del socio. La solución no es sencilla porque, tal y como han puesto de manifiesto varios autores[3], se trata de una norma desafortunada en todo caso, dada su reducida eficacia. Sobre esta cuestión volveremos más adelante.

— En sociedades limitadas, por el contrario, la protección se articula a través del reconocimiento de un derecho de separación (artículo 346.2 LSC) en caso de "modificación" del régimen de transmisión de las participaciones sociales[4]. Resulta llamativo y

3 En este sentido, señala PERDICES HUETOS, A., *Cláusulas restrictivas de la transmisión de acciones y participaciones*, Civitas, 1997, pp. 424 a 429: que esta norma no resulta satisfactoria ni para el afectado por la restricción ni para su beneficiario, pudiendo dar lugar además a comportamientos oportunistas y estratégicos de los accionistas, pues basta con abstenerse o no acudir a la junta en que se apruebe la restricción para reservarse la facultad de decidir o no sobre la transmisión total o parcial de las propias acciones durante tres meses; en la misma línea, en "Supresión de cláusulas restrictivas de la transmisibilidad de acciones y participaciones que reconocen derechos de adquisición preferente a los socios", *Almacén de Derecho* [en línea], 31 de marzo de 2017, disponible en: https://almacendederecho.org/supresion-clausulas-restrictivas-la-transmisibilidad-acciones-participaciones-reconocen-derechos-adquisicion preferente-los-socios; el citado autor apunta lo siguiente: "*en el caso de la anónima ese remedio carece de sentido si se tiene en cuenta que el posible comprador de esa acción en trance de quedar vinculada va a descontar ese hecho con lo que las posibilidades de encontrar un adquirente serán pocas y en todo caso, el precio que pagara ya reflejará la limitación a que va a quedar sometido.*", defendiendo el citado autor que la norma debería ser revisada, posición que compartimos. También ponen de manifiesto la eficacia reducida de la norma abogando por condicionar la modificación estatutaria al consentimiento individual de cada accionista RECALDE CASTELLS, A. y ARIAS VARONA, F.J., "Comentario del art. 123", *op. cit.*, pp. 1722 y 1723.

4 Resulta interesante dilucidar si el derecho de separación se activa con cualquier "modificación" o si la misma ha de tener carácter sustancial. En este

criticable que este derecho de desvincularse de la sociedad exista cualquiera que sea la modificación del régimen de transmisión llevada a efecto: no deberían recibir el mismo tratamiento aquellas modificaciones que únicamente afecten a la sociedad (por ejemplo, suprimir un derecho de adquisición preferente en favor de la misma) o que amplíen las posibilidades del socio de transmitir sus participaciones o de reforzar su posición en la sociedad (por ejemplo, cuando se establezca en favor de los socios un derecho de adquisición preferente), que aquellas en que efectivamente se reduzcan sus posibilidades de transmitir las mismas o que cercenen sus opciones de mantener o mejorar su posición dentro de la sociedad, en cuyo caso sí que está justificado el derecho de separación[5].

El derecho de separación también habrá de contemplarse estatutariamente y además podrá ejercitarse en cualquier momento cuando de forma sobrevenía se prohíba en los estatutos la transmisión *inter vivos* de las participaciones sociales, prohibición que únicamente podrá introducirse mediando el consentimiento de todos los socios ex artículo 108.3 LSC[6].

segundo sentido se ha pronunciado la DGSJyFP en resolución de 4 de julio de 2018 por entender —en un supuesto donde se pretendía ampliar la libre transmisión de las participaciones por actos *inter vivos* a los ascendiente— que la misma tenía carácter sustancial y, por ende, procedía el juego del derecho de separación por parte de socio disidente. Sobre esta cuestión, *vid.* ROJI, J. M. "Modificación ¿sustancial? del régimen de transmisión de participaciones sociales y derecho de separación", www.cms.law, septiembre, 2018, disponible en: https://cms.law/es/esp/publication/modificacion-sustancial-del-regimen-de-transmision-de-participaciones-sociales-y-derecho-de-separacion.

5 En este sentido se pronuncia PERDICES HUETOS, A., *Cláusulas restrictivas de..., op. cit.*, p. 430; y "Supresión de cláusulas...", *op. cit.*, poniendo de relieve además la paradoja que supone que si la mayoría de una anónima o una limitada lo que quiere hacer es únicamente modificar el método de fijación de precio que pactaron entre todos los socios, aquí sí será necesario su consenso (artículos 114.2.b y 175.b RRM).

6 Señala al respecto PERDICES HUETOS, A., "Supresión de cláusulas...", *op. cit.*, lo siguiente: *...lo que no deja de ser curioso desde el momento que provoca que*

2. Por otro lado, hay que tener en cuenta los rasgos caracterizadores de los dos tipos sociales objeto de análisis. Mientras que en sede de sociedades anónimas el artículo 123.2 LSC dispone que *...(s)erán nulas las cláusulas estatutarias que hagan prácticamente intrasmisible la acción...*, para limitadas el artículo 108.1 LSC establece precisamente lo contrario: *...(s)erán nulas las cláusulas estatutarias que hagan prácticamente libre la transmisión voluntaria de las participaciones sociales por actos inter vivos...*

Esta divergencia obedece a que, tal y como señala la propia Exposición de Motivos de la LSC, *...mientras que las primeras* —en referencia a las sociedades anónimas— *son sociedades naturalmente abiertas, las sociedades de responsabilidad limitada son sociedades esencialmente cerradas*"; matizando a continuación el legislador que "*esa contraposición tipológica entre sociedades abiertas y sociedades cerradas no es absoluta, por cuanto que, como la realidad enseña, la gran mayoría de las sociedades anónimas españolas —salvo, obviamente, las cotizadas— son sociedades cuyos estatutos contienen cláusulas limitativas de la libre transmisibilidad de las acciones...*

3. Finalmente, en el capítulo de la LSC, dedicado a las modificaciones estatutarias, encontramos otros dos preceptos relevantes a nuestros efectos:

— El artículo 293 LSC, en sede de anónimas, exige para cualquier modificación estatutaria que afecte directa o indirectamente a los derechos de una determinada clase de acciones —o parte de ella y suponga un trato discriminatorio—, acuerdo mayoritario no solo de la junta general, sino también de la clase o acciones afectadas.

una participación intransmisible sea más liquida que una transmisible ya que su titular podrá separarse ad nutum mientras que el de una transmisible tendrá la misión imposible de encontrar comprador...

¿Y qué ocurre con las sociedades de responsabilidad limitada? En la práctica está admitida la existencia de grupos de participaciones que atribuyan derechos diferentes, de ahí que podamos hablar de distintas "clases", pero eso no significa que resulte de aplicación a las mismas el sistema de tutela recogido en el citado artículo 293 LSC, dado que las mismas tienen sus propios mecanismos de protección como el mentado artículo 346.2 y el artículo 292 LSC que pasamos a analizar[7].

— El artículo 292 LSC dispone, únicamente para sociedades limitadas, que ...*(c)uando la modificación* —estatutaria— *afecte a los derechos individuales de cualquier socio de una sociedad de responsabilidad limitada deberá adoptarse con el consentimiento de los afectados*".

El principal problema que plantea la aplicación de este precepto es determinar qué se entiende por "derechos individuales". Como señalara Martínez Florez[8], existen dos tesis principales al respecto:

a) la que identifica los derechos individuales de los socios con los derechos especiales o privilegiados atribuidos por

7 En este sentido podemos citar la resolución de la DGSJyFP de 13 de diciembre de 2006, a cuyo tenor: ...*la distinción que, en su caso, se estableciera entre diversas «clases» de participaciones, atendiendo a la desigualdad de derechos que atribuyan, no implicaría el tránsito a un sistema de tutela de minorías como el previsto en el seno de las sociedades anónimas (de distinción entre clases o categorías de acciones, por la exigencia de votación separada —cfr. el artículo 148 de la Ley de Sociedades Anónimas—), toda vez que son otras las medidas tuitivas que la Ley de Sociedades de Responsabilidad Limitada previene, según diferentes supuestos: la exigencia de acuerdo de todos los socios (cfr. los artículos 30.3, 74.1, 79,2, 81.4, 96, 98.2 y 119.2); la necesidad de consentimiento individual del socio afectado o interesado (cfr. los artículos 25.2 y 71.1, párrafo segundo), y el derecho de separación (véanse los artículos 95 y 96)...*

8 MARTÍNEZ FLOREZ, A.; "Los derechos individuales ante la modificación de los estatutos sociales en la sociedad limitada. Primera Parte", *Revista de Sociedades*, núm. 34, 2010, pp. 9 a 67.

los estatutos o por el contrato social que singularizan la posición de uno o varios socios frente al resto; y

b) la que incluye dentro de los derechos individuales de los socios también los derechos integrantes de la condición de socio que podemos denominar comunes u ordinarios, en tanto que la modificación pretendida afecte al núcleo del derecho.

La autora citada aboga por esta segunda tesis considerando incluidos dentro de los "derechos individuales": los derechos especiales o privilegiados atribuidos por los estatutos a todos o algunos socios; los que las leyes societarias denominan "derechos de los socios" en la medida en que puedan ser regulados estatutariamente; e, inclusive, los derechos atribuidos por los estatutos a los socios de los que la junta no pueda disponer teniendo en cuenta la naturaleza y finalidad de los mismos.

III. ¿EXIGENCIA DE CONSENTIMIENTO INDIVIDUALIZADO PARA LA SUPRESIÓN DE RESTRICCIONES O LIMITACIONES A LA LIBRE TRANSMISIBILIDAD?

La cuestión central de la materia objeto de esta ponencia es si procede la aplicación o no del citado artículo 292 LSC a la supresión de las limitaciones que pudieran existir a la transmisión de participaciones sociales y si la exigencia de consentimiento individualizado, en su caso, es trasladable o no al ámbito de las sociedades anónimas. Para ello, hemos de distinguir entre las distintas modalidades de restricciones que nos podemos encontrar, ya que, como veremos, la solución no necesariamente ha de ser la misma en todos los supuestos.

Las restricciones a la libre transmisibilidad de acciones y participaciones pueden plantear formas muy diversas, por lo que nos vamos a centrar en los tres tipos más frecuentes en la práctica: las cláusulas de consentimiento o autorización para transmitir; las que reconocen un derecho de adquisición preferente o la posibilidad de rescatar determinadas acciones o participaciones ante circunstancias predeterminadas, ya sea en favor de la sociedad o de todos o algunos socios; y las cláusulas de acompañamiento y arrastre.

1. Cláusulas de consentimiento o autorización

Comenzando por las primeras, las de consentimiento o autorización, si la facultad corresponde a la sociedad, en tanto que no suponen un reconocimiento a los accionistas o socios de ningún derecho o facultad, sino, más bien, una posibilidad de veto ante la pretensión de ingreso en la sociedad de personas que no cumplen los requisitos estatutariamente previstos mediante el ejercicio de voto en la junta general cuando así se ha previsto estatutariamente, no parece que la supresión de este tipo de restricciones pueda avalar el reconocimiento de un derecho individual de los socios en los términos del artículo 292 LSC, por lo que sería suficiente el acuerdo mayoritario para su supresión.

Más discutible es el supuesto en que la facultad de autorizar la transmisión no se haya concedido a la sociedad sino a determinados socios. Al respecto, Perdices señala que *...las cláusulas de autorización a favor de sujetos determinados contienen en sí mismas la regla de su modificabilidad... Si para conceder la autorización se exige estatutariamente el consentimiento de ciertos socios este mismo consentimiento será necesario para modificar esta regla; y lo mismo si se trata de todos los socios o de una mayoría cualificada...*[9]. No comparto esta opinión. Obviamente habrá que estar a la redacción concreta de la cláusula, pero desde el momento en que no parece que pueda tratarse de una facultad totalmente dis-

9 PERDICES HUETOS, A., *Cláusulas restrictivas de...*, *op. cit.* pp. 446 y 447.

crecional, sino que las causas de denegación han de estar fijadas de antemano —al menos por lo que a las sociedades anónimas se refiere, ex artículos 123.3 LSC y 123.3 del Reglamento del Registro Mercantil—, difícilmente podemos hablar de un derecho subjetivo o individual reconocido a los socios que hayan de conceder la autorización, por lo que habrá que estar a las reglas generales y permitir su supresión por acuerdo mayoritario.

2. Cláusulas que atribuyen derechos de adquisición preferente o rescate

En cuanto a las cláusulas de rescate o que atribuyen derechos de adquisición preferente, lo primero que hay que tener en cuenta es que las mismas tampoco suponen necesariamente un reconocimiento de derechos a los socios, dado que la facultad de rescate o el derecho de adquisición preferente no tiene por qué corresponder a los mismos. Por lo tanto, nos vamos a centrar en el análisis de aquellas restricciones que suponen reconocer a otros socios distintos del transmitente un derecho de adquisición preferente en caso de venta o de rescate de participaciones o acciones ya transmitidas. ¿Podemos hablar en estos casos de un "derecho individual" del socio en el sentido previsto en el artículo 292 LSC que exigiría el consentimiento individualizado de los socios afectados para suprimirlo? Y de ser así, ¿resulta también exigible el consentimiento individualizado de los socios afectados en sede de anónimas?

2.1. La supresión de los derechos de adquisición preferente y rescate en las sociedades limitadas

En cuanto a la primera de las cuestiones planteadas, la posible aplicación del artículo 292 LSC ante la supresión en sociedades limitadas de cláusulas estatuarias que reconozcan derechos de adquisición preferente o de rescate en favor de todos o algunos socios, podemos distinguir dos posturas doctrinales:

a) La tesis sostenida tradicionalmente por la doctrina y más recientemente por autores como Carbajo Gascón[10] consiste en defender que el consentimiento individualizado de los socios no es exigible en estos casos. Los argumentos a favor de esta tesis serían los siguientes:

— La exigencia de consentimiento individualizado no concuerda con los principios configuradores de las sociedades de capital donde la regla mayoritaria debería prevalecer en todo caso en la modificación de estatutos y donde priman los aspectos patrimoniales consustanciales a la organización sobre los personales;

— La protección de los socios disidentes en todos los supuestos de modificación del régimen de transmisión de las participaciones sociales, entre los que hay que considerar incluidos los supuestos de supresión, se consigue a través del derecho de separación al que hemos hecho referencia;

— No estamos ante derechos privilegiados;

10 CARBAJO GASCÓN, F., "La supresión de restricciones estatutaria a la libre transmisión de acciones por imposición de la mayoría", *Estudios de derecho de sociedades y de derecho concursal. Libro en homenaje al Profesor Jesús Quijano González*, Peñas Moyano, M.ª J. (coord.), ediciones Universidad de Valladolid, 2023, pp. 173 a 176. A favor de la posible supresión por acuerdo mayoritaria de las cláusulas limitativas de la transmisión de la acciones y participaciones *vid.* también CHEVES AGUILAR, N., *El derecho de adquisición preferente como cláusula restrictiva a la transmisibilidad de las acciones y de las participaciones sociales*, Mc Graw Hill, Madrid, 1999, pp. 154 a 164.

— La exigencia de consentimiento individualizado no ha sido avalada por los tribunales[11];

— Los posibles abusos de la mayoría pueden ser atajados por la vía de la impugnación de los acuerdos sociales[12].

---

11 En esta línea podemos citar la STS 123/2007, de 16 de febrero (ECLI:ES:TS:2007:1175), que, en relación con un acuerdo adoptado por la mayoría social para suprimir un derecho de adquisición preferente, consideró que el mismo era nulo, pero no por falta de consentimiento individualizado —pese a entender que *...ello implica una alteración sustancial del derecho del socio...*—, sino porque el informe de los administradores sobre la propuesta no cumplía las condiciones mínimas para su validez y eficacia. Por su parte la resolución de la DGSJyFP de 4 de diciembre de 2017 señala que "*cabe recordar que según la jurisprudencia el derecho de adquisición preferente reconocido a los socios no tiene el carácter de derecho individual a tales efectos* (en referencia al artículo 292 LSC)".

12 Al respecto, señala GALLEGO CÓRCOLES, A., "La impugnación de acuerdos de la junta general por abuso de mayoría", *Revista de Derecho Mercantil*, núm. 308, abril-junio 2018; que *...siendo posible antes de la reforma de la Ley de Sociedades de Capital* (en referencia a la operada por la Ley 31/2014, de 3 de diciembre) *la impugnación de los acuerdos adoptados por abuso de mayoría, la tipificación de esta nueva causa de impugnación parece ahora facilitar que pueda ser declarada la abusividad de los acuerdos a través de los que la mayoría genera un daño a los demás socios en interés propio, liberando a la minoría de tener que acreditar previamente los elementos constitutivos del abuso de derecho (art. 7.2. CC). Esto es, parece que se ha establecido un cauce más cómodo para la minoría, aunque evidentemente deberán concurrir los elementos que permitan configurar esta causa: ausencia de una necesidad razonable, interés propio y detrimento injustificado...* Por su parte, CARBAJO GASCÓN, F., "La supresión de restricciones estatutarias..." *op. cit.*, pp. 176 a 182; trae a colación diversas sentencias en que se ha enjuiciado el carácter abusivo o no del acuerdo de supresión de derechos de adquisición preferente de acciones o participaciones, con resultados diversos según las circunstancias concurrentes en cada caso, defendiendo la posible declaración de abusividad de aquellos acuerdos adoptados por la mayoría que son contrarios al interés social o que, sin responder a una necesidad razonable de la sociedad, hayan sido adoptados en interés propio y en detrimento injustificado de los demás socios. Entiende además que lo relevante a efectos de apreciar la abusividad no es el tipo social en cuestión sino *...el carácter cerrado de la organización societaria establecido —y manteni-*

Para estos autores, por tanto, para suprimir cualquier tipo de restricción o limitación en la transmisión de las participaciones sociales es suficiente con cumplir los requisitos necesarios para cualquier otra modificación estatutaria, bastando el acuerdo mayoritario.

b) Otros autores como Perdices[13], Alfaro[14], Martínez Florez[15] o Recalde y Arias Varona[16] defienden la postura contraria sobre la base fundamentalmente de dos argumentos:

— Si hay un derecho claramente individual es el de adquisición concedido al socio —sea preferente en el caso de venta o ex post facto como en el caso del rescate— y por tanto resulta procedente la aplicación del artículo 292 LSC;

— No puede considerarse que estemos ante derechos corporativos, dado que no son derechos ejercitables frente a la sociedad sino frente a otros socios que tienen un origen contractual y, por tanto, puede considerarse que se trata de derechos subjetivos que forman parte del patrimonio de los socios y que estamos ante cláusulas solo formalmente estatuta-

do— por los socios desde su fundación y la inexistencia de justificación objetiva y razonable alguna para suprimir las restricciones cuando la organización venía funcionando en condiciones de normalidad...

13 PERDICES HUETOS, A., *Cláusulas restrictivas de...*, *op. cit.*, pp. 451 a 454; y "Supresión de cláusulas..." *op. cit.*

14 ALFARO ÁGUILA-REAL, J. "Qué es un derecho de adquisición preferente (*Resumen apostillado de unas páginas de* Antonio Perdices, Cláusulas restrictivas de la transmisión de acciones y participaciones)", *Almacén de Derecho*, 9 de diciembre de 2018. Disponible en: https://almacendederecho.org/que-es-un-derecho-de-adquisicion-preferente.

15 MARTÍNEZ FLOREZ, A.; "Los derechos individuales ante la modificación de los estatutos ...", *op. cit.*, pp. 15 a 17, 24 a 30.

16 RECALDE CASTELLS, A. y ARIAS VARONA, F.J., "Comentario del art. 123", *op. cit.*, p. 1723.

rias cuya supresión o modificación exige el consentimiento de los socios afectados.

Además, en favor de esta postura también cabe aducir que la impugnación de los acuerdos adoptados cuando lo han sido con abuso de la mayoría o son perjudiciales para el interés social no siempre es una solución satisfactoria, debido a la incertidumbre que conlleva siempre el ejercicio de una acción judicial en cuanto al resultado definitivo de la misma; a la demora en el tiempo que puede suponer la resolución judicial del conflicto; y a que en el ínterin se puede causar un perjuicio a los socios disidentes de producirse la transmisión de participaciones sociales sin sujeción a las limitaciones suprimidas e impugnadas.

Por lo tanto, según esta tesis, en aquellos casos en que estatutariamente estén reconocidos derechos de adquisición preferente o rescate en favor de todos o determinados socios, su supresión exigiría el consentimiento de los mismos, ya sea obtenido en la junta general en que se adopte el acuerdo de supresión o con posterioridad.

2.2. La supresión de los derechos de adquisición preferente y rescate en las sociedades anónimas

¿Y qué decir de las sociedades anónimas? ¿Procede exigir también el consentimiento de todos los accionistas afectados por la supresión de las cláusulas limitativas de la transmisión de las acciones?

Al respecto, encontramos también dos posturas opuestas, si bien en este caso como argumento adicional en favor de la prevalencia del acuerdo mayoritario se puede aducir la libre transmisibilidad de las acciones como principio configurador o rasgo caracterizador de las sociedades anónimas[17], dado que la supresión

17 Así lo entendió DE LA CÁMARA ÁLVAREZ, M., "Las cláusulas limitativas de la libre transmisibilidad de las acciones en la nueva legislación de sociedades

de cualquier limitación a la trasmisión de las acciones no hace sino favorecer la libre circulación de las mismas.

Por el contrario, para aquellos autores que abogan por la exigencia de consentimiento individualizado de los accionistas afectados también en estos casos, no estamos ante un "principio configurador", en tanto que no constituye un límite a la libertad estatutaria desde el momento que hoy está generalmente admitida la posibilidad de introducir cláusulas estatutarias que limiten la trasmisión de las acciones. Por tanto, para estos autores, también en sede de anónimas procedería exigir el consentimiento de los accionistas afectados[18], ya sea por la vía de entender aplicable analógicamente a las sociedades anónimas el artículo 292 LSC o, sencillamente, esgrimiendo los argumentos ya reproducidos, especialmente la naturaleza no corporativa sino contractual de estos derechos por mucho que se incorporen a los estatutos, y la idea de que no se puede privar a nadie de un derecho sin su consentimiento (artículos 1256 y 1205 CC).

anónimas", *Anales de la Academia sevillana del Notariado*, tomo IV, 1990; por entender que *...si la Junta por mayoría puede establecer una restricción donde antes no existía, con igual o mayor razón podrá suprimir la preexistente, ya que mediante tal supresión la acciones recobran lo que constituye su condición normal...*; en idéntico sentido GALÁN LÓPEZ, C. "Cláusulas de autorización o consentimiento a la transmisión de acciones", *Derecho de Sociedades Anónimas II. Capital y acciones*, Alonso Ureba, A. y Esteban Velasco, G. (coords.), vol. 2, Civitas, Madrid, 1994, p. 1067. En esta línea también se pronuncia SOTILLO MARTÍ, A., "Unanimidad o mayoría para la incorporación a los estatutos sociales de cláusulas de acompañamiento y de arrastre en la transmisión de acciones o participaciones", *Revista Española de Capital Riesgo*, núm. 1, 2021, pp. 19 y 20; para quien *...en el caso de sociedades anónimas no existiría un derecho individual del socio para impedir la correspondiente modificación estatutaria...*

18 En estos términos se expresan RECALDE CASTELLS, A. y ARIAS VARONA, F.J., "Comentario del art. 123", *op. cit.*, pp. 1718 y 1719; PERDICES HUETOS, A., *Cláusulas restrictivas de...op. cit.*, pp. 451 a 454; y ALFARO ÁGUILA-REAL, J. "Qué es un derecho de adquisición preferente (*Resumen apostillado...*", *op. cit.*

3. Cláusulas de acompañamiento y arrastre

Nuevamente hay que distinguir las dos principales modalidades que nos podemos encontrar:

a) En primer lugar, estaría la cláusula de acompañamiento (*"tag-along"*) que implica la posibilidad de que el beneficiario de la misma pueda adherirse a la oferta de adquisición de acciones o participaciones de otro/s de los socios en iguales condiciones. La finalidad de este tipo de cláusulas es favorecer a los socios minoritarios, posibilitando su salida de la sociedad cuando el/los socios mayoritarios deciden vender. ¿Significa esto que podemos hablar de un derecho "individual" reconocido a los minoritarios que justifique la necesidad de contar con su aquiescencia para su supresión? ¿Pueden colocarse en el mismo nivel aquellos derechos que velan por que el socio pueda mantener su posición en la sociedad evitando la entrada de extraños que aquellos que únicamente permiten una vía de escape de la sociedad, máxime cuando, en el caso concreto de las sociedades limitadas, a los socios que votan en contra de la supresión de estos derechos se les reconoce precisamente un derecho a separarse de la sociedad? Sobre la respuesta a estos interrogantes volveremos más adelante, simplemente adelantar que, en todo caso, de reconocerse la existencia de unos derechos que justifiquen la necesidad del consentimiento de sus titulares para su supresión, estos últimos serían exclusivamente los minoritarios con derecho de "acompañar" a los salientes.

b) En segundo lugar, nos encontramos con la cláusula de arrastre (*"drag-along"*) en cuya virtud los socios afectados quedan obligados a vender sus participaciones o acciones a un tercero cuando otro socio negocia la venta de las suyas con él. La finalidad aquí es otra, la de posibilitar a los mayoritarios la venta de la sociedad a un tercero arrastrando consigo a los minoritarios. En relación con este tipo de cláusulas se ha planteado si para su introducción estatutaria es necesario el consentimiento de los afectados. A favor de la exigencia de dicho consentimiento se mostró la Dirección General de los Registros y del Notariado (hoy DGSJyFP) en resolución de 4 de diciembre de 2017 sobre la base de entender que no estamos propiamente ante una cláusula de restricción de la transmisión de las participaciones sino de imposición de obligaciones a los socios que exigiría su consentimiento por aplicación del artículo 291 LSC o de exclusión de los mismos que también exigiría el consentimiento de los socios ex artículo 351 LSC. En contra de la postura del Centro Directivo se ha mostrado Sotillo Martí[19] por considerar que estas cláusulas también pueden considerarse ventajosas para el socio minoritario que quiera especular con el valor de su cuota social, ya que el valor de su participación tendrá la misma consideración que la cuota social mayoritaria, además de evitar que quede prisionero en la sociedad en caso de salida de la mayoría; y también por entender que el derecho de propiedad del socio sobre sus acciones o participaciones no es absoluto, sino condicionado y sometido al interés de la empresa.

Teniendo en cuenta lo anteriormente expuesto, ante una eventual supresión de estas cláusulas de arrastre, cabe preguntarse no sólo si hace falta o no el consentimiento de los socios

19 SOTILLO MARTÍ, A., "Unanimidad o mayoría para la incorporación a los estatutos sociales de cláusulas de acompañamiento y de arrastre en la transmisión de acciones o participaciones", *Revista Española de Capital Riesgo*, núm. 1, 2021, pp. 9 a 15.

afectados, sino también, en su caso, quiénes son éstos: ¿sólo los socios a favor de los cuales se reconocía el derecho —los mayoritarios— o también aquellos que habrían de ser "arrastrados" —los minoritarios—? En mi opinión, así como es sumamente discutible que puedan introducirse este tipo de cláusulas sin consentimiento de los socios minoritarios que quedan obligados a transmitir sus participaciones sociales o acciones con ocasión de la salida del mayoritario, para su supresión solo sería necesario, en su caso, el consentimiento de los socios mayoritarios que tengan reconocido a su favor el derecho de obligar a los minoritarios en los términos expresados. Por el contrario, parece razonable pensar que el consentimiento individualizado de los minoritarios no será exigible en ningún caso para la supresión de este tipo de cláusulas, dado se les libera de una obligación que puede implicar una salida forzosa de la sociedad y en la que no tienen la posibilidad de decidir, por mucho que dicha salida en la práctica en algunos casos pueda resultar económicamente beneficiosa para ellos. Ahora bien, precisamente por tratarse de derechos reconocidos en favor de los mayoritarios, ¿tiene sentido exigir su conformidad para suprimir estos derechos? ¿No sería suficiente con el acuerdo mayoritario adoptado en junta?

IV. LOS PRINCIPIOS CONFIGURADORES DE LAS SOCIEDADES DE CAPITAL Y SU PAPEL A LA HORA DE SUPRIMIR LAS RESTRICCIONES A LA TRANSMISIÓN DE ACCIONES Y PARTICIPACIONES

Llegados a este punto, es hora de tomar partido por una u otra posición doctrinal, pero para ello me gustaría detenerme antes, siquiera brevemente, en una serie de cuestiones.

En primer lugar, mención obligada merecen los "principios configuradores" de las sociedades de capital, dado que operan como límite a la hora de configurar las cláusulas estatutarias ex artículo 28 LSC. La introducción de los mismos en nuestro ordenamiento por la Ley 19/1989, de 25 de julio, de reforma parcial y adaptación de la legislación mercantil da las Directivas de la Comunidad Económica Europea, parece obedecer a la intención de frenar la deformación de los tipos legales por la vía de la libertad de pactos[20], pero lo cierto es que se trata de una categoría difusa, que algunos han calificado "en crisis"[21] y que en ocasiones aporta más oscuridad que luz, dado que no existe consenso a la hora de definirlos.

Algunos autores[22] los identifican con el orden público societario, es decir, una mera especificación del límite a la autonomía de la voluntad que constituye el orden público con carácter general (artículo 1255 CC). Para Vaquerizo, sin embargo, ...*los principios configuradores se pueden —y deben— identificar con las características o los rasgos estructurales básicos de la sociedad, que se pueden inducir del articulado de la Ley...*[23]. Profundizando en

20 Así lo indica REDONDO TRIGO, F., "Las restricciones a la libre transmisibilidad de acciones en las adquisiciones indirectas", *Revista Crítica de Derecho Inmobiliario* núm. 726, julio-agosto, 2011, p. 2385.

21 Así, NAVARRO LÉRIDA, M.ª S., "Comentario de la sentencia del Tribunal Supremo de 10 de enero de 2011 (708/2011). Inadmisión en SA de cláusula estatutaria de transmisión indirecta de acciones", *Comentarios a las sentencias de unificación de doctrina (civil y mercantil)*, Yzquierdo Tolsada, M., vol. 5º, Dykinson, Madrid., 2011-2012, p. 602.

22 En este sentido, REDONDO TRIGO, F., "Las restricciones a la libre transmisibilidad...", pp. 2394; señala que ...*(l)a referida carencia de fundamento extrapositivo de los principios alegados suponen, a nuestro entender, que la limitación de la autonomía de la voluntad que se pretende mediante el recurso a los mismos haya de coincidir con los tradicionales límites de la autonomía de la voluntad, como son la norma imperativa y el orden público, aplicables también en nuestro Derecho General de Sociedades...*

23 VAQUERIZO, A., "Comentario del art. 28", *Comentario de la Ley de Sociedades de Capital*, en Rojo, A. y otros (dirs.)/Beltrán, E. (coord.), tomo I, Civitas, Madrid, 2011, p. 394 y 395.

esta idea, para Sánchez Álvarez[24]: *...(l)o que, desde el artículo 10 LSA, se han venido llamando principios configuradores del tipo, ni siquiera son un trasunto societario de los Principios Generales del Derecho, son más bien un catálogo de características sectoriales y de conjunto que se consideran necesarias e inderogables por ser definitorias del modelo legal dado, que se deducen a partir del régimen legal de la sociedad a la que conciernen y que se refieren a la morfología de la sociedad, a su configuración estatutaria... deben diferenciarse nítidamente de las normas imperativas del régimen legal societario, con las que no pueden ni deben confundirse...*

En segundo lugar, partiendo del propio concepto de principio configurador, cabe plantearse si el principio mayoritario lo es o no. En mi opinión sí, en tanto que regla rectora de la actuación de los órganos sociales por dos razones fundamentales: evitar la paralización de la actividad social y porque la voluntad mayoritaria se identifica con el interés colectivo[25]. Y, además, porque la unanimidad está prohibida en las sociedades de capital (artículo 200.1 LSC para sociedad limitadas, si bien la doctrina admite de forma generalizada su aplicación a las sociedades anónimas)[26].

24 SÁNCHEZ ÁLVAREZ, M.Mª, "Transmisión indirecta de acciones y principios configuradores del tipo (Comentario a la STS 708/2011, de 10 de enero)", *Revista de Derecho de Sociedades* núm. 39, julio-diciembre 2012, p. 392.

25 En este sentido, GARCÍA-TUÑÓN, A.M., "Supuestos específicos de modificación estatutaria: modificaciones perjudiciales a determinadas clases de acciones, restricciones a la libre transmisibilidad de las acciones y cambio de domicilio social", *Derecho de Sociedades Anónimas III. Modificación de estatutos. Aumento y reducción de capital. Obligaciones*, en Alonso Ureba, A./Esteban Velasco, G./otros (coords.), Civitas, Madrid, 1994, pp. 82 a 84.

26 Algunos autores han planteado si podría exigirse estatutariamente la unanimidad para la adopción de determinados acuerdos exigiendo el consentimiento individualizado de todos los accionistas o socios para la adopción de los mismos. A favor de esta posibilidad se muestra ALFARO ÁGUILA-REAL. J., "La prohibición de unanimidad en la adopción de acuerdos sociales", *Almacén de Derecho*, 11 de noviembre de 2016, disponible en https://almacendederecho.org/la-aparente-prohibicion-la-exigencia-unanimidad-la-adop-

Pero esto no significa que el principio mayoritario sea absoluto o que carezca de limitaciones, ya que en determinados supuestos en que el acuerdo a adoptar puede suponer un perjuicio para los socios por afectar a determinados derechos o imponerles nuevas obligaciones, el legislador exige "unanimidad" o el "consentimiento" de los afectados por el acuerdo a aprobar. En esta línea podemos citar los artículos 108.3 (prohibición de transmisión de participaciones por actos *inter vivos* con simultánea introducción de un derecho de separación *ad nutum*), 347.2 y 351 (introducción, modificación o supresión de causas de separación o exclusión), 329 (reducción de capital con devolución de aportaciones que no afecta a todas por igual), 89 (creación, modificación o extinción anticipada de la obligación de realizar prestaciones accesorias), 291 (la imposición de obligaciones a los socios), o

cion-acuerdos-sociales; que entiende que *...debe concluirse que los socios de la sociedad anónima o limitada pueden limitar las facultades de la junta y someter al consentimiento de todos los socios o a la regla de la unanimidad, si se quiere, la adopción de determinadas decisiones sobre el patrimonio social, es decir, requerir para la eficacia del acuerdo social, además, de su adopción conforme al procedimiento establecido en los estatutos, la "autorización" de los socios./El art. 200.1 LSC no se opone a esta conclusión porque lo único que prohíbe este artículo es que se sustituya la regla de adopción de acuerdos de la junta de la mayoría por la de la unanimidad, para todos o para una clase determinada de acuerdos, pero no prohíbe —no podría prohibir— que los socios decidan someter la eficacia de los acuerdos sociales a la autorización de los propios socios...* En contra, DÍAZ MORENO, A., "Consentimiento de los socios y adopción de acuerdos sociales por unanimidad", en *GA-P.com*, septiembre 2020 (disponible en https://www.ga-p.com/wp-content/uploads/2020/09/Consentimiento_socios_unanimidad.pdf), para quien la prohibición legal de la unanimidad impide que los estatutos puedan supeditar al consentimiento individual de todos los socios (o algunos de ellos) la validez y la eficacia de los acuerdos adoptados en juna general, ya que la lectura del art. 200.1 LSC y su conexión con los artículos precedentes *...demuestran que también pretende prohibir que la exigencia de unanimidad vaya referida a todos los votos correspondientes a las participaciones en que se divide el capital social. Lo que la Ley quiere evitar es que los estatutos puedan atribuir discrecionalmente un derecho de veto a todos y cada uno de los socios...*

el ya mentado 292, todos ellos de la LSC, así como el artículo 114.2.b RRM (el establecimiento de criterios y sistemas para la determinación previa del valor razonable de las acciones en caso de transmisiones *inter vivos* o *mortis causa*). No obstante, fuera de estos supuestos en los que el legislador ha considerado que existen otros intereses en juego que justifican alterar la regla general, ésta sigue siendo la de la mayoría. Ahora bien, también en este punto se pueden apreciar diferencias entre el régimen de sociedades anónimas y de limitadas, ya que en nuestra normativa podemos apreciar una mayor tutela de los derechos de los socios en las sociedades de responsabilidad limitada que en las sociedades anónimas[27].

En tercer lugar, en el caso concreto de las sociedades anónimas, cabe plantearse si su naturaleza abierta tiene carácter esencial. Así pareció entenderlo nuestro Alto Tribunal en la conocida y controvertida sentencia de 10 de enero 2011[28]. Desde nuestra perspectiva, lo más interesante de la argumentación de la sentencia es haberse planteado si en una sociedad anónima es admisible una regulación estatutaria que acentué la prevalencia del elemento personal hasta el punto de convertirla en una sociedad esencialmente cerrada, en definitiva, si la libre transmisibilidad de las acciones opera como principio configurador y, por tanto, como límite a la autonomía de la voluntad.

¿Y qué es lo que opina nuestro legislador? Como ya hemos anticipado, en la Exposición de Motivos de la Ley de Sociedades de Capital, califica las sociedades anónimas de “naturalmente” y no “esencialmente” abiertas. Además, la realidad es que en la práctica apenas se constituyen sociedades anónimas a día de hoy. De

27 En este sentido, la Exposición de Motivos de la Ley de Sociedades de Responsabilidad Limitada de 1995 establecía que: ...*Entre las ideas rectoras de la Ley destaca la de una más intensa tutela del socio y de la minoría...*

28 STS 708/2011 (ECLI:ES:TS:2011:708).

hecho, como el propio legislador reconoce, en la actualidad *...la distinción esencial radicaría en tener o no la condición de sociedad cotizada...*

¿Qué sentido tiene entonces mantener esta dualidad tipológica? Quién sabe si en un futuro no muy lejano el legislador zanjará esta discusión regulando un único tipo de sociedad de capital donde se establezcan distintas normas según que se trate o no de una sociedad cotizada. Sin embargo, hasta la fecha el legislador ha optado por mantener la dualidad tipológica y por tanto no hay que desdeñar lo que distingue a un tipo de otro, especialmente por la relevancia que tiene en esta materia el hecho de dividirse el capital social en acciones o participaciones sociales, con sus características respectivas y, en concreto, el distinto régimen de transmisión legalmente previsto para una y otras. En este punto coincido con Sánchez Álvarez[29] cuando señala que *...las diferen-*

29 SÁNCHEZ ÁLVAREZ, M. M.ª, "Transmisión indirecta de acciones y principios configuradores del tipo...", *op. cit.* p. 398; A juicio de este autor: *...Si partimos de la diferencia entre concepto y tipo normativo, puede decirse que la sociedad de capital es un concepto, que se contrapone al concepto de sociedad de personas...En consecuencia, la calificación de una determinada sociedad como de capital plantearía un problema de identificación de primer grado dentro del fenómeno de las figuras societarias... Establecido que esa sociedad es de capital se suscita un problema de identificación de segundo grado, a saber: establecer si la misma es anónima, comanditaria por acciones o limitada. El legislador ha seguido al respecto el procedimiento de fijar un conjunto de características a las que se atribuye una función definitoria, por entenderse propias y específicas de cada una de esas sociedades. Por ser definitorias, estas características deben darse necesariamente y no deben concurrir en las otras clases de sociedades... La anónima, comanditaria por acciones y limitada no son tipos societarios sino clases o formas de sociedad. Finalmente, en alguna de esas clases de sociedad pueda advertirse la existencia de distintos tipos normativos, lo que plantea un problema de identificación de tercer grado o nivel. Este sería el caso de la distinción normativa entre sociedad anónima no cotizada y cotizada. Va de suyo que esa progresiva tarea de identificación obliga a fijar los núcleos normativos a los que se les atribuye esa función caracterizadora, distinguiendo a su vez, entre los que tienen carácter necesario y por ello se consideran como conceptuales,*

cias que existen entre los regímenes legales de la transmisión inter vivos de la acción y de la participación tienen un significado caracterizador de sus sociedades respectivas, por lo que, a la vista del vigente régimen jurídico, no parece que las normas legales de transmisión de la condición de socio de las distintas clases de sociedad de capital puedan considerarse como intercambiables...

A mayor abundamiento, defender que ambos tipos son intercambiables puede conllevar el efecto contrario al pretendido: acabar limitando la autonomía de la voluntad en lugar de ampliarla. Me explico:

— A la hora de constituir una sociedad de capital a día de hoy el legislador nos ofrece dos opciones principales: la sociedad limitada, donde nos encontramos toda una serie de normas tendentes a dar prevalencia al elemento personal; y la sociedad anónima, donde el punto de partida es precisamente el contrario. Siendo así, lo lógico es que los socios fundadores opten por el tipo social que mejor se adecúe, no solo al objeto social y envergadura de la actividad económica a desarrollar, sino también a la forma en que quieren articular las relaciones entre ellos.

— Elegido un tipo u otro, la autonomía de la voluntad ha de prevalecer en el sentido de poder adaptar mejor aún la sociedad a su propia idiosincrasia, de ahí que personalmente crea que estatutariamente cabe introducir

y los que son meramente caracterizadores que, consideradas individualmente, pueden no darse en una sociedad dada y que, por eso se consideran como tipológicos y no conceptuales. Lo anterior no debe llevar a ignorar el significado de la elección del tipo que realizan los fundadores en la escritura fundacional y estatutos al elegir el nomen iuris de la sociedad que constituyen pues dicha elección provoca la automática necesidad de que la sociedad a la que la misma se refiere se conforme jurídicamente según dicho nomen...

limitaciones a la transmisión de diversa índole, no solo tratándose de participaciones sociales sino también en el caso de las acciones; y que las mismas habrán de ser interpretadas en sus justos términos[30].

— Ahora bien, si los socios fundadores han optado por la sociedad anónima, es posible que la razón de dicha elección haya sido la libre transmisibilidad de las acciones que la caracteriza y que permite una entrada y salida libre de la sociedad. Y también puede ser que sobrevenidamente cambien los socios o sus necesidades e intereses y que esa libre transmisibilidad se restrinja por acuerdo mayoritario, pero lo que no parece que quepa es la posibilidad de que uno o varios accionistas acaben teniendo derecho de veto si la mayoría opta por volver al régimen de libre transmisibilidad de las acciones. De defender lo contrario, no solo habríamos conseguido una deformación del tipo social, sino que también en determinados casos podríamos conseguir un efecto perverso: impedir que en una sociedad anónima la mayoría pueda decidir sobre

30 A favor de su interpretación restrictiva podemos citar la STS de 17 de abril de 1967, STS 4536/1988 de 14 de junio (ECLI:ES:TS:1988:4536) y más recientemente la STS 193/2015 de 4 de febrero (ECLI:ES:TS:2015:193); o VÁZQUEZ GARCÍA, R. J., "Restricciones a la libre transmisibilidad de las acciones Referencia a las que alcanzan a las participaciones sociales", *Contratos sobre acciones*, Gil del Moral, F., Moreu Serrano, G, Pascual de Miguel, A. (dirs.), Civitas, Madrid, 1994, p. 368. En contra, PERDICES HUETOS, A., "Restricciones a la transmisión de acciones y participaciones: interpretación y efectos en la práctica reciente" *Estudios Jurídicos sobe la Acción*, Veiga Copo, A. B. (dir.), Civitas Thomson-Reuters, 2010, pp. 335 a 337; o ALFARO ÁGUILA-REAL, J. "Qué es un derecho de adquisición preferente..." *op. cit.* y "La doctrina de la interpretación restrictiva de las cláusulas estatutarias que restringen la transmisibilidad de las acciones", *Almacén de Derecho*, 27 de marzo de 2020, disponible en https://almacendederecho.org/la-doctrina-de-la-interpretacion-restrictiva-de-las-clausulas-estatutarias-que-restringen-la-transmisibilidad-de-las-acciones.

algo tan importante como si las acciones son o no libremente transmisibles y coartar, en definitiva, la libertad de quienes a la hora de poner en marcha un proyecto optan voluntariamente por configurar una sociedad abierta con todo lo que ello implica, dado que en un futuro podrían ver cómo ciertas restricciones a la libre transmisibilidad introducidas en un momento determinado por necesidades o intereses sobrevenidos se perpetúan, sin que la voluntad mayoritaria pueda imponerse para volver al *status quo* inicial.

— Además, si los accionistas de forma sobrevenida desean no sólo restringir la transmisión de las acciones sino proteger los derechos de los accionistas derivados de dichas cláusulas ante futuras modificaciones, tienen a su disposición la posibilidad de transformar la anónima en limitada.

V. CONCLUSIONES

En mi opinión, tanto para anónimas como para limitadas cabe admitir la introducción por acuerdo mayoritario en junta de restricciones o limitaciones a la transmisibilidad de las acciones o participaciones sociales, ya sea mediante cláusulas de autorización o consentimiento, derechos de adquisición preferente o rescate o cláusulas de arrastre o acompañamiento, incluidas aquellas que pretendan evitar transmisiones indirectas indeseadas, con la única salvedad de aquellas que impliquen la imposición de obligaciones a todos o algunos socios, en cuyo caso será imprescindible contar con el consentimiento de los obligados.

Y a la inversa, cuando de lo que se trata es de suprimir las restricciones o limitaciones introducidas, el acuerdo mayoritario adoptado en junta debería de ser también la regla general, lo que no es óbice para que en determinados supuestos en los que contamos con apoyo normativo para ello podamos defender la exigencia de consentimiento individualizado de los afectados.

Por lo tanto, en tanto que subsista la actual dicotomía entre sociedades anónimas y limitadas, en sociedades anónimas hay que defender que basta el acuerdo mayoritario para suprimir este tipo de restricciones, a falta de una norma específica que establezca lo contrario. Además, en estos casos, no parece que proceda la inaplicación temporal del nuevo régimen prevista en el artículo 123.1.II LSC, ya que la ratio del precepto parece estar vinculada a la libre transmisibilidad de las acciones como regla general, por lo que solo tiene sentido el juego de la *vacatio* cuando se restringe la misma y no al contrario.

Cuestión distinta es la conveniencia de que de *lege ferenda* se sustituya esta regla de la inaplicación temporal por un derecho de separación cuando se modifique el régimen de transmisión de las acciones, tal y como ocurre en sociedades limitadas, máxime si tenemos en cuenta que es en sociedades anónimas donde se predica la libre transmisibilidad y donde la protección de los accionistas ante la introducción o modificación de restricciones debería de ser mayor.

¿Y qué ocurre con las sociedades de responsabilidad limitada? Personalmente, pese a ser muy sugerente, no me convence la tesis que defiende, en el caso de los derechos de rescate o adquisición preferente, que no se trata de derechos propiamente corporativos y que estamos ante cláusulas solo formalmente estatutarias. De igual manera que creo que no hay que confundir lo parasocial con lo estatutario por mucho que el acuerdo parasocial lo hayan suscrito todos los socios, no se puede predicar de determinados derechos reconocidos estatutariamente, solo por el hecho de ejercitarse ante determinados socios o terceros, que por esa razón tienen una naturaleza obligacional y no propiamente corporativa y han de regirse por las reglas generales en materia contractual. Desde mi punto de vista, desde el momento que un derecho se incorpora a los estatutos cambian las reglas del juego y el derecho societario resulta de plena aplicación. Cuestión distinta es que el carácter esencialmente cerrado de las sociedades limitadas justifique una protección especial de los socios cuando lo que se pretende es la supresión de cláusulas que concedían a los mismos determinados derechos, más allá de la protección general que concede a todos los socios la existencia de un derecho de separación ante cualquier modificación estatutaria del régimen de transmisión de participaciones sociales. El problema radica por tanto en determinar qué derechos quedan amparados por este artículo 292 LSC. Apuntar, además, que existe un problema adicional, y es que este tipo de cláusulas restrictivas de las transmisiones en muchos casos son complejas, puesto que incorporan restricciones de distinta índole, lo que obligará a realizar un análisis de las distintas limitaciones por separado siempre que dicho desdoblamiento sea factible. En caso contrario, creo que el criterio correcto será estar a la limitación principal a la hora de dilucidar si el consentimiento individualizado es o no exigible.

Por lo tanto, la supresión de este tipo de clausulado en sociedades limitadas deberá de regirse por las reglas generales de toda modificación estatutaria, si bien, en aquellos casos en los que pueda hablarse de un "derecho individual" de los socios, será imprescindible su consentimiento individualizado.

Como ya he anticipado, en mi opinión, no se puede hablar de la existencia de tales derechos si nos encontramos con cláusulas de consentimiento o autorización, mientras que, a mi juicio, la exigencia de consentimiento individualizado resultaría de aplicación tratándose de derechos de adquisición preferente o rescate, porque aquí sí que podemos hablar de derechos individuales de los socios. Más discutible es el supuesto de cláusulas de arrastre o acompañamiento, si bien en estos casos opino que no está justificada la exigencia de consentimiento individualizado. En este punto coincido parcialmente con los autores que entienden que no tiene sentido la exigencia de consentimiento individualizado cuando se trata de suprimir cláusulas restrictivas de la transmisión de participaciones, toda vez que los socios gozan ya de una protección específica como es el derecho de separación. Sin embargo, creo que hay que matizar esta posición y llevar a cabo una interpretación sistemática de los artículos 292 y 346.2 LSC atendiendo además a la ratio de los mismos. Así, mientras que en el caso del artículo 346.2 LSC se puede hablar de una protección general, la protección del artículo 292 LSC es más específica y se circunscribe a aquellos supuestos en que se trata de la supresión de determinados derechos y no de cualquier modificación del régimen de transmisión de participaciones. Partiendo de esta idea, hay que distinguir entre las cláusulas de adquisición preferente o rescate, cuya finalidad es evitar la entrada de terceros mejorando la posición de los titulares de estos derechos en la sociedad; de las cláusulas de arrastre y acompañamiento, que tienen por objeto permitir una salida de la sociedad a determinados socios ante circunstancias concretas —ya sea a los minoritarios cuando los mayoritarios pretenden vender sus participaciones sociales para evitar quedar atrapados en la sociedad, o a los mayoritarios que arrastran consigo a los minoritarios como medio de lograr una salida más ventajosa—. Pues bien, esta segunda finalidad puede verse cumplida en términos similares a través del ejercicio del derecho de separación que surgiría en favor de los disidentes al pretender suprimir este tipo de derechos sin contar con el consentimiento de los afectados. Por el contrario, cuando se trata de derechos de retracto o adquisición preferente, donde la finalidad es precisamente la contraria, conservar e inclusive mejorar la posición dentro de la sociedad, de no reconocerse la exigencia de consentimiento de los afectados para la supresión de estos derechos, los disconformes se verán obligados a elegir entre continuar en la sociedad habiendo perdido sus opciones de mantener o mejorar su posición en la sociedad ante la pretensión de otros socios de transmitir sus participaciones a terceros o de salir de la misma. Por todo ello, creo que puede defenderse que la exigencia de consentimiento individualizado ofrece a los socios titulares de estos derechos de retracto o adquisición preferente una protección especial distinta de la prevista con carácter general para otras modificaciones del régimen de transmisión de acciones y que está justificada precisamente porque la finalidad conseguida a través de dicha exigencia no se lograría a través del ejercicio del derecho de separación. No así tratándose de cláusulas de arrastre y acompañamiento.

Finalmente, en cuanto a los supuestos en que se pretenda la supresión de derechos de adquisición preferente o rescate, me gustaría matizar que, en mi opinión, no será exigible la aquiescencia de aquellos socios que en su momento hubiesen votado en contra, en blanco o se hubieran abstenido en la votación por la que se introdujeron las limitaciones a la transmisión cuya supresión hoy se pretende, pues difícilmente puede justificarse una especial protección de los titulares de los mismos en estos casos. ¿Y qué decir de los que hubiesen ingresado en la sociedad con posterioridad a la introducción de dichas limitaciones? En estos casos, en tanto que cláusulas estatutarias, entiendo que al ingresar en la sociedad quedan vinculados por todo lo pactado estatutariamente, ya sea en favor o en contra suyo, y, por tanto, puede considerarse que ostentan un derecho "individual" que exigiría también su conformidad a la hora de suprimir las limitaciones en cuestión.

VI. BIBLIOGRAFÍA

ALFARO ÁGUILA-REAL, J., "La prohibición de unanimidad en la adopción de acuerdos sociales", blog *Almacén de Derecho*, 11 de noviembre de 2016. Disponible en https://almacendederecho.org/la-aparente-prohibicion-la-exigencia-unanimidad-la-adopcion-acuerdos-sociales

— "Qué es un derecho de adquisición preferente (*Resumen apostillado de unas páginas de* Antonio Perdices, Cláusulas restrictivas de la transmisión de acciones y participaciones)", en el blog *Almacén de Derecho*, 9 de diciembre de 2018, disponible https://almacendederecho.org/que-es-un-derecho-de-adquisicion-preferente

— "La doctrina de la interpretación restrictiva de las cláusulas estatutarias que restringen la transmisibilidad de las acciones" en *Almacén de Derecho*, 27 de marzo de 2020, disponible en https://almacendederecho.org/la-doctrina-de-la-interpretacion-restrictiva-de-las-clausulas-estatutarias-que-restringen-la-transmisibilidad-de-las-acciones.

CABANAS TREJO, R., MACHADO PLAZAS, J., "Restricciones a la libre transmisibilidad de las acciones en los supuestos especiales de adquisición *mortis causa* y en virtud de procedimiento de ejecución", *Revista de Derecho de Sociedades*, núm. 5, 1995.

CANO RICO, J.R., "Las limitaciones a la libre transmisibilidad de las acciones en el derecho de sociedades español", *Derecho de Sociedades. Libro homenaje al profesor Sánchez-Calero*, volumen 1, McGraw-Hill, Madrid, 2002.

CARBAJO GASCÓN, F., "La supresión de restricciones estatutaria a la libre transmisión de acciones por imposición de la mayoría", *Estudios de Derecho de sociedades y de Derecho concursal. Libro en homenaje al Profesor Jesús Quijano González*, en Peñas Moyano, M.ª J. (coord.), ediciones Universidad de Valladolid, Valladolid, 2023.

CASTELLÓ BERNABEU, I., BARDAJI GARCÍA, L., "Cláusulas estatutarias y parasociales limitativas de la transmisión de acciones y participaciones", *Revista de Derecho de Sociedades*, núm. 39, julio-diciembre 2012.

CHEVES AGUILAR, N., *El derecho de adquisición preferente como cláusula restrictiva a la transmisibilidad de las acciones y de las participaciones sociales,* Mc Graw Hill, Madrid, 1999.

CUESTA LÓPEZ, J.V., "Mecanismos jurídicos para le defensa de la Empresa Familiar, *Organismo Público Valenciano de Investigación*, Valencia, 2001.

DE LA CÁMARA ÁLVAREZ, M., "Las cláusulas limitativas de la libre transmisibilidad de las acciones en la nueva legislación de sociedades anónimas", *Anales de la Academia sevillana del Notariado*, tomo IV, 1990.

DÍAZ MORENO, A., "Consentimiento de los socios y adopción de acuerdos sociales por unanimidad", en *GA-P.com*, septiembre 2020, disponible en https://www.ga-p.com/wp-content/uploads/2020/09/Consentimiento_socios_unanimidad..pdf

GALÁN LÓPEZ, C. "Cláusulas de autorización o consentimiento a la transmisión de acciones", *Derecho de Sociedades Anónimas II. Capital y acciones*, Alonso Ureba, A., Esteban Velasco, G. (coords.), vol. 2, Civitas, Madrid, 1994.

GALLEGO CÓRCOLES, A., "La impugnación de acuerdos de la junta general por abuso de mayoría", *Revista de Derecho Mercantil*, núm. 308, abril-junio 2018.

GARCÍA-TUÑÓN, A.M., "Supuestos específicos de modificación estatutaria: modificaciones perjudiciales a determinadas clases de acciones, restricciones a la libre transmisibilidad de las acciones y cambio de domicilio social", *Derecho de Sociedades Anónimas III. Modificación de estatutos. Aumento y reducción de capital. Obligaciones*, Alonso Ureba, A./ Esteban Velasco, G./otros (coords.), Civitas, Madrid, 1994.

MARTÍNEZ FLOREZ, A., "Los derechos individuales ante la modificación de los estatutos sociales en la sociedad limitada. Primera Parte", *Revista de Sociedades*, núm. 34, 2010.

— "Los derechos individuales ante la modificación de los estatutos sociales en la sociedad limitada: tipología. Segunda Parte", *Revista de Sociedades*, núm. 35, 2010.

MARTÍNEZ MARTÍNEZ, M.T., "Los acuerdos adoptados con abuso de mayoría en perjuicio de los socios minoritarios; caracterización y casuística", *Revista de Derecho Mercantil*, núm. 310, octubre-diciembre 2018..

MARROQUÍN MOCHALES, F. y DE DIEGO MISIEGO, I., "Cláusula estatutaria sobre restricciones a la transmisibilidad de participaciones sociales", *Revista de Derecho de Sociedades*, núm. 26, 2006.

MUÑOZ GARCÍA, A., "Determinación del valor razonable de las acciones o participaciones por un tercero en el caso de restricción estatutaria a la transmisibilidad intervivos", *Revista de Sociedades*, núm. 25, 2005.

NAVARRO LÉRIDA, M.ª S., "Comentario de la sentencia del Tribunal Supremo de 10 de enero de 2011 (708/2011). Inadmisión en SA de cláusula estatutaria de transmisión indirecta de acciones", *Comentarios a las sentencias de unificación de doctrina (civil y mercantil)*, en Yzquierdo Tolsada, M., Dykinson, vol 5º, 2011-2012.

PERDICES HUETOS, A., "Las restricciones a la transmisión de participaciones en la sociedad de responsabilidad limitada (Observaciones a propósito del derecho proyectado)", *Revista Jurídica del Notariado* n.º 8, octubre-diciembre 1993, pp. 313 a 359.

— *Cláusulas restrictivas de la transmisión de acciones y participaciones*, Civitas, Madrid, 1997.

— "Restricciones a la transmisión de acciones y participaciones", *Conflictos en torno a los patrimonios personales y empresariales*, Garrido Melero, M., Fugardo Estivil, J.Mª (coords.), Tomo I, Bosch, Barcelona, 2010.

— "Restricciones a la transmisión de acciones y participaciones: interpretación y efectos en la práctica reciente" *Estudios Jurídicos sobe la Acción*, Veiga Copo, A.B. (dir.), Civitas/Thomson-Reuters, 2010.

— "Supresión de cláusulas restrictivas de la transmisibilidad de acciones y participaciones que reconocen derechos de adquisición preferente a los socios", blog *Almacén de Derecho* [en línea], 31 de marzo de 2017. Disponible en: https://almacendederecho.org/supresion-clausulas-restrictivas-la-transmisibilidad-acciones-participaciones-reconocen-derechos-adquisicion preferente-los-socios.

RECALDE CASTELLS, A. y ARIAS VARONA, F.J., "Comentario del art. 123", *Comentario de la Ley de Sociedades de Capital*, García-Cruces, J.A. y Sancho Gargallo, I. (dirs.), Tirant lo Blanch, Valencia, 2021.

REDONDO TRIGO, F., "Las restricciones a la libre transmisibilidad de acciones en las adquisiciones indirectas", *Revista Crítica de Derecho Inmobiliario*, núm. 726, julio-agosto 2011.

ROJI, J.M.ª. "Modificación ¿sustancial? del régimen de transmisión de participaciones sociales y derecho de separación", www.cms.law [en línea], septiembre 2018. Disponible en: https://cms.law/es/esp/publication/modificacion-sustancial-del-regimen-de-transmision-de-participaciones-sociales-y-derecho-de-separacion

SÁNCHEZ ÁLVAREZ, M.M., "Transmisión indirecta de acciones y principios configuradores del tipo (Comentario a la STS 708/2011, de 10 de enero)", *Revista de Derecho de Sociedades*, núm. 39, 2012.

SOTILLO MARTÍ, A., "Unanimidad o mayoría para la incorporación a los estatutos sociales de cláusulas de acompañamiento y de arrastre en la transmisión de acciones o participaciones", *Revista Española de Capital Riesgo*, núm. 1, 2021, enero-marzo 2021,

TRONCOSO REIGADA, M., "Cláusulas restrictivas a la libre transmisibilidad y transmisión forzosa de acciones y participaciones de SL", *Libro homenaje a Fernando Sánchez-Calero*, tomo 4, McGraw Hill, Madrid, 2002.

VAQUERIZO, A., "Comentario del art. 28", *Comentario de la Ley de Sociedades de Capital*, Rojo, A. (dirs.), Beltran, E. (coord.), tomo I, Civitas, 2011.

VÁZQUEZ GARCÍA, R.J., "Restricciones a la libre transmisibilidad de las acciones Referencia a las que alcanzan a las participaciones sociales" *Contratos sobre acciones*, Gil Del Moral, F., Moreu Serrano, G, Pascual De Miguel, A. (dirs.), Civitas, Madrid, 1994

VILLANUEVA GARCÍA-POMAREDA, B., "Las restricciones a la libre transmisibilidad de las acciones y su relación con los principios configuradores de la sociedad anónima", en *Revista de Derecho Bancario y Bursátil*, núm. 131, julio-septiembre 2013.

Capítulo 20

TRANSMISIÓN DE PARTICIPACIONES SOCIALES CON PRESTACIÓN ACCESORIA EN UNA ENTIDAD ASOCIATIVA AGROALIMENTARIA

Anna García Companys
Profesora Lectora de Derecho Mercantil
Universidad de Lleida

SUMARIO: I. INTRODUCCIÓN. II. ENTIDAD ASOCIATIVA AGROALIMENTARIA. 1. Marco legal. 2. Concepto de entidad asociativa agroalimentaria. 3. Clases de entidades asociativas. 4. Régimen contractual de la Ley de cadena alimentaria. III. EL PAPEL DE LA PRESTACIÓN ACCESORIA EN LAS ENTIDADES ASOCIATIVAS AGROALIMENTARIAS. 1. Régimen legal de las prestaciones accesorias. 2. Disposiciones a incorporar en los Estatutos sociales. 3. Consecuencias en la aplicación de la Ley de cadena alimentaria. IV. TRANSMISIÓN DE PARTICIPACIONES CON PRESTACIÓN ACCESORIA EN LAS ENTIDADES ASOCIATIVAS AGROALIMENTARIAS. 1. Transmisión de prestaciones accesorias. 2. Consentimiento de la sociedad. 3. Órgano competente para autorizar la transmisión. 4. Procedimiento de transmisión. 5. Derecho de separación del socio. 6. Valoración de las participaciones con prestación accesoria. V. REFLEXIONES Y CONCLUSIONES. VI. BIBLIOGRAFÍA.

I. INTRODUCCIÓN

El presente trabajo analiza el régimen de transmisión de participaciones sociales con prestación accesoria en el supuesto de una sociedad limitada que sea entidad asociativa agroalimentaria. Comenzaremos enmarcando el sujeto de nuestro estudio, su régimen legal, el concepto y las clases, centrándonos en el régimen jurídico de las sociedades capitalistas. Como se detallará, es en estos supuestos en los que la figura de las prestaciones accesorias toma relevancia. Seguidamente, valoraremos el régimen de la transmisión de participaciones en las entidades asociativas con forma de sociedad de capital y, en particular, en las sociedades limitadas, cuando cuentan con socios obligados a aportar producción agroalimentaria a su entidad.

II. ENTIDAD ASOCIATIVA AGROALIMENTARIA

1. Marco legal

El término "entidad asociativa agroalimentaria" aparece en dos leyes de hace ya diez años y cuya aprobación fue consecutiva: la Ley 12/2013, de 2 de agosto, de medidas para mejorar el funcionamiento de la cadena alimentaria (en adelante, Ley 12/2013 de cadena alimentaria o LCA) y la Ley 13/2013, de 2 de agosto, de fomento de la integración de cooperativas y de otras entidades asociativas de carácter agroalimentario (en adelante, Ley 13/2013 de integración cooperativa). La primera de ellas establece las bases para una distribución y comercialización justa de los productos del sector primario agrícolas, ganaderos y pesqueros, protegiendo a los operadores de los abusos de poder tan habituales dadas las asimetrías en la negociación en el sector agroalimentario. Su objetivo es velar por una relación equitativa entre los diferentes eslabones de la cadena, desde el productor primario hasta el consumidor final. Por su parte, la Ley 13/2013 de integración cooperativa aboga por fomentar la unión de productores y de entidades para fortalecer su capacidad de negociación, mejorar su eficiencia y competitividad en el mercado.

2. Concepto de entidad asociativa agroalimentaria

De conformidad con la versión consolidada de los referidos textos legislativos, podríamos considerar a las entidades asociativas agroalimentarias como formas de agrupación de productores primarios creadas con la voluntad de representar y defender sus intereses y que ostentan, en algunas materias, un régimen especial distinto al resto de los operadores que actúan en la cadena alimentaria. En particular, la definición legal se encuentra en la letra ñ) del artículo 5 de la Ley 12/2013 de cadena alimentaria y en el artículo 1.3 de la Ley 13/2013 de integración cooperativa. La primera las define indicando que: ...*son entidades asociativas las sociedades cooperativas de primero, segundo y ulterior grado, las sociedades agrarias de transformación, las organizaciones de productores con personalidad jurídica propia, reconocidas de acuerdo con la normativa comunitaria en el ámbito de la Política Agraria, y las entidades civiles o mercantiles, siempre que más del 50 por ciento de su capital social pertenezca a sociedades cooperativas, a organizaciones de productores o a sociedades agrarias de transformación. Las entregas de productos realizadas en el marco de acuerdos intercooperativos tendrán la consideración de entregas de socios*... Por su parte, la Ley 13/2013 de integración cooperativa recoge que ...*son entidades asociativas las sociedades cooperativas de primer, segundo o ulterior grado, los grupos cooperativos, las sociedades agrarias de transformación, y las entidades civiles o mercantiles, siempre que más del 50 por ciento de su capital social pertenezca a sociedades cooperativas o a sociedades agrarias de transformación. En el caso de que estas entidades económicas tengan la forma de sociedad anónima, sus acciones deberán ser nominativas*... Como se advierte en su redactado, ambas normas coinciden en la mayoría[1] de entes que

1 Como diferencia destacable, a efectos de la Ley 12/2013 de cadena alimentaria, se consideran entidades asociativas a ...*las organizaciones de productores con personalidad jurídica propia, reconocidas de acuerdo con la normativa comunitaria en el ámbito de la Política Agraria*..., las cuales no tienen tal consideración en la norma sobre integración cooperativa. De forma inversa, los grupos cooperativos son una entidad asociativa en base a la Ley 13/2013 de integración cooperativa y no en la Ley 12/2013 de cadena alimentaria.

tienen la consideración de entidad asociativa, surgiendo efectos en las respectivas leyes.

3. Clases de entidades asociativas

El paradigma o prototipo de entidad asociativa agroalimentaria es la sociedad cooperativa, tanto la de primer grado de clase agraria o agroalimentaria, formada por productores primarios que aportan conjuntamente su producto a la cooperativa de la que forman parte y lo comercializan desde esta sociedad; como la de segundo grado que agrupa al menos a dos cooperativas agrarias de primer grado y que también comercializa conjuntamente la producción aportada por los socios de base. Sin embargo, como se desprende de las definiciones legales antes transcritas, se considera también como entidad asociativa, entre otras, a la sociedad mercantil en la que más del cincuenta por ciento de su capital social pertenezca a cooperativas, a organizaciones de productores o a sociedades agrarias de transformación. Es decir, aquellas sociedades mercantiles con esta especial estructura de capital en las que, al menos[2] la mayoría de las acciones o participaciones está en manos de las tradicionales entidades asociativas (cooperativas, organizaciones de productores o sociedades agrarias de transformación) serán también consideradas, a efectos de las respectivas normas, entidades asociativas agroalimentarias.

En la presente comunicación nos centraremos en el supuesto de una de una sociedad limitada[3] participada por sociedades coope-

2 Son múltiples las casuísticas que podrían darse, desde el supuesto que la totalidad del capital pertenezca a una o varias de estas entidades o bien que la mayoría pertenezca a estas entidades y la minoría a otros sujetos como por ejemplo empresarios individuales u otras sociedades de capital. En función de la casuística se deberán adaptar los estatutos sociales a sus necesidades y particularidades.

3 La sociedad limitada es una sociedad de capital en base al artículo 1.1 LSC: ...*Son sociedades de capital la sociedad de responsabilidad limitada,*

rativas que ostentan el control, tratándose de una figura cada vez más habitual en el sector agroalimentario español. Como es sabido, las sociedades de capital se rigen por el Real Decreto Legislativo 1/2010, de 2 de julio, por el que se aprueba el texto refundido de la Ley de Sociedades de Capital (en adelante, Ley de Sociedades de Capital o LSC), y la principal obligación de sus socios es realizar las aportaciones dinerarias o no dinerarias al capital de la sociedad. Sin embargo, si para el interés social y/o para el desarrollo de su actividad u objeto social, resulta necesario que sus socios se comprometan a otras obligaciones y que, además, quiera vincularse su exigencia a la propia condición de socio, la forma de articularlo será mediante la incorporación en estatutos de las denominadas "prestaciones accesorias". Se trata de una valiosa herramienta prevista en la LSC que permite exigir a los socios que cumplan con otras obligaciones más allá de las aportaciones al capital social, siempre que estatutariamente se hayan determinado. Ello, a su vez, complica el régimen de transmisión de las participaciones afectas, dada la regulación legal prevista y de acuerdo con las disposiciones estatutarias acordadas en cada supuesto.

4. Régimen contractual de la Ley de cadena alimentaria[4]

La Ley 12/2013 de cadena alimentaria prevé, desde su última modificación introducida por la Ley 16/2021, de 14 de diciembre, por la que se modifica la Ley 12/2013, de 2 de agosto, de

la sociedad anónima y la sociedad comanditaria por acciones... y, la sociedad de capital tiene siempre carácter mercantil ex artículo 2 LSC: ... *Las sociedades de capital, cualquiera que sea su objeto, tendrán carácter mercantil...* Nos centramos en esta clase de entidad asociativa siendo un supuesto habitual en la práctica, dado su carácter más cerrado que la sociedad anónima.

4 Para profundizar sobre la diferencia entre relación comercial y no comercial en las sociedades cooperativas, a efectos de la contratación en materia de la Ley de cadena alimentaria, recomendamos la lectura de MELIÁ MARTÍ, E.,

medidas para mejorar el funcionamiento de la cadena alimentaria un régimen contractual singular para las entidades asociativas agroalimentarias en relación con las entregas de productos alimentarios por parte de sus socios siempre que —y este detalle es importante— estatuariamente se fije la aportación de producto como una obligación societaria. En resumidas cuentas, a pesar del estricto régimen contractual que la norma impone a los operadores de la cadena alimentaria que exige formalizar un contrato alimentario por escrito antes de cualquier intercambio de productos alimentarios (artículo 8 LCA) con un contenido mínimo imperativo (artículo 9 LCA) o la obligación de inscribir tal contrato en el Registro de Contratos Alimentarios[5] (artículo 11bis LCA) en determinados supuestos, cuando en una entidad asociativa sus socios aporten producción agroalimentaria y siempre que tal obligación conste en estatutos, no será necesario ni formalizar ni inscribir los contratos alimentarios, entendiéndose que se trata de una relación no comercial de carácter interno o societario. En estos casos, la norma establece un subsidiario régimen especial de aprobación por la sociedad y de comunicación a sus socios tanto del procedimiento de valoración de sus produc-

PALAU RAMÍREZ, F., VARGAS VASSEROT, C., *Ley de la cadena alimentaria, cooperativas y otras entidades asociativas agrarias*, Tirant lo Blanch, Valencia, 2022, ISBN: 9788411470209; VARGAS VASSEROT, C., "Defensa y condiciones para la no aplicación de la ley de la cadena alimentaria a las entregas de productos de socios a las cooperativas (de primer y segundo grado), a otras entidades asociativas y a las realizadas en virtud de acuerdos intercooperativos", *Revesco: Revista de estudios cooperativos*, 2023, pp. 1-24; y VARGAS VASSEROT, C., "Condiciones para dispensar a las cooperativas y a otras entidades asociativas de la obligación de formalizar contratos individuales con sus socios y para convertir en socios a terceros", *Ley de la cadena alimentaria, cooperativas y otras entidades asociativas agrarias*, Tirant lo Blanch, Valencia, 2022, pp. 99-126.

5 Se regula en el *Real Decreto 1028/2022, de 20 de diciembre, por el que se desarrolla el Registro de Contratos Alimentarios* y se accede en la página web siguiente: https://servicio.mapa.gob.es/regcontratosaica/InicioClave.aao.

tos como del calendario de liquidación, el cual deberá efectuarse con carácter previo a la entrega, en la medida que tal aportación forma parte de una relación interna de tipo societario y no se trata de una relación comercial.

Dicho lo anterior, mientras que en los estatutos de toda sociedad cooperativa[6] de primer grado agraria, de segundo grado o ulterior grado —arquetipo, como se ha dicho, de entidad asociativa agroalimentaria— es imprescindible la cláusula estatutaria que recoja como obligación de los socios la aportación total o parcial de producción a la entidad, por cuanto se trata de la actividad cooperativizada principal de los socios; en el caso de una sociedad limitada que sea entidad asociativa agroalimentaria, la fórmula legal para incorporar estatutariamente la obligación de aportar producción a la entidad debe necesariamente vehicularse por vía de la prestación accesoria. De este modo, la entrega de

6 La LCA no refiere a la cooperativa agraria o agroalimentaria, sino simplemente al término *"cooperativa de primero, segundo y ulterior grado"*. Entendemos que el legislador está pensando principalmente tanto en la cooperativa de primer grado agraria o agroalimentaria, como en la cooperativa de segundo grado que agrupa cooperativas agrarias de primer grado. La cooperativa agraria se definiría como aquella que tiene por objeto *...la producción, transformación y comercialización de los productos obtenidos en las explotaciones o en las tierras de los socios y, accesoriamente, la prestación de servicios y suministros y, en general, cualquier operación y servicio con el objetivo de lograr la mejora económica, social o técnica de los socios o de la propia cooperativa...* (artículo 110.1 Ley 12/2015, de Cooperativas de Cataluña). La Ley 27/1999 de 16 de julio, de Cooperativas (norma estatal) prevé, en su artículo 93 que: ... *Son cooperativas agroalimentarias las que asocien a titulares de explotaciones agrícolas, ganaderas o forestales, incluyendo a las personas titulares de estas explotaciones en régimen de titularidad compartida, que tengan como objeto la realización de todo tipo de actividades y operaciones encaminadas al mejor aprovechamiento de las explotaciones de sus socios, de sus elementos o componentes de la cooperativa y a la mejora de la población agraria y del desarrollo del mundo rural, así como atender a cualquier otro fin o servicio que sea propio de la actividad agraria, ganadera, forestal o estén directamente relacionados con ellas y con su implantación o actuación en el medio rural...*

producto por parte del socio se considerará una relación interna entre el socio y la entidad, no sujeta al régimen contractual de la LCA y exenta de formalizar un contrato alimentario. Como las prestaciones accesorias constituyen una obligación jurídicamente accesoria a la obligación principal de aportación al capital en una sociedad limitada (y su valor no se integra en la cifra del capital social), únicamente restarán obligados a realizar prestaciones accesorias los socios siempre que mantengan tal condición, por lo que, en el supuesto que se quiera mantener la obligación de aportar producción a un exsocio, deberá formalizarse el oportuno contrato alimentario de compraventa o de suministros, con los requisitos y exigencias de la Ley 12/2013 de cadena alimentaria. La razón es evidente: el vínculo societario habrá desaparecido por lo que la relación entre socio y entidad asociativa de carácter no comercial derivará en una relación entre tercero y entidad asociativa, esta sí, de carácter comercial.

III. EL PAPEL DE LA PRESTACIÓN ACCESORIA EN LAS ENTIDADES ASOCIATIVAS AGROALIMENTARIAS

1. Régimen legal de las prestaciones accesorias

Las prestaciones accesorias son obligaciones a cargo de todos o algunos de los socios distintas a la aportación de capital y que no lo integran. Deben preverse en los estatutos detallando su contenido concreto y determinado, su carácter gratuito o retribuido y, en este último caso, la compensación a recibir por los socios, la cual no podrá exceder el valor que corresponda a la prestación[7].

7 Según el artículo 187 RRM, los estatutos detallarán su régimen, con expresión de su contenido concreto y determinado, que podrá ser económico o en general cualquier obligación de dar, hacer y no hacer, así como el carácter gratuito o retribuido de las mismas o, en su caso, las garantías previstas en su cumplimiento. En el supuesto de que sean retribuidas, los estatutos habrán

En la medida que constan en estatutos, se refuerza el carácter de pacto entre socios, ya que afecta también a las sociedades y será oponible frente a terceros[8]. En virtud de estos acuerdos sociales, ya sea desde la constitución de la sociedad o por modificación posterior, algunos o todos los socios se comprometen a realizar una determinada obligación de dar, hacer o no hacer (1088 CC). El objeto o el efecto de la prestación debe de ser de carácter patrimonial o reportar a la sociedad alguna ventaja económica, reconociendo la ley, implícitamente, una amplia libertad para su determinación. Como hemos dicho, no se consideran parte del capital social pero sí del patrimonio social[9], por lo que su incumplimiento puede llegar a ser causa de alteración del contrato social.

Su régimen jurídico se regula de los artículos 86 al 89 LSC, los cuales sistemáticamente se ubican en el Título III de la LSC, relativo a "Las aportaciones sociales". Asimismo, en función de en qué consista la prestación, se regirán también por las normas de

de determinar la compensación a recibir por los socios que las realicen, sin que pueda exceder en ningún caso del valor que corresponda a la prestación. Los estatutos podrán vincular la obligación de realizar prestaciones accesorias a la titularidad de una o varias participaciones sociales concretamente determinadas.

8 En este sentido, véase a PEYRA TORRELLA, J.M., "Las prestaciones accesorias como instrumento para reforzar los pactos entre socios", *Legal Today*, post de 11 de abril de 2016, que indica que al quedar incorporadas a los estatutos las obligaciones mediante las cuales los socios quedan comprometidos a realizar una determinada prestación para la sociedad, la vinculación de los acuerdos alcanzados trasciende a la sociedad, de forma que, además de ser válidos para los socios que los suscriben, pasan a tener eficacia frente a la sociedad. Post disponible en: https://www.legaltoday.com/practica-juridica/derecho-mercantil/societario/las-prestaciones-accesorias-como-instrumento-para-reforzar-los-pactos-entre-socios-2016-04-11/.

9 Así lo indica el profesor ALFARO ÁGUILA-REAL, J., "Lecciones, las prestaciones accesorias", *Almacén de Derecho*, 7 de octubre de 2015. Disponible en: https://almacendederecho.org/lecciones-las-prestaciones-accesorias.

aplicación correspondientes. Por ejemplo, si la prestación implica realizar servicios laborales o de trabajo[10] se aplicará la normativa laboral; o si, como sucede en el sujeto de nuestro estudio, la prestación consiste en el suministro, venta continua o aprovisionamiento de productos, se deberán aplicar las normas relativas a contratación mercantil, sea de compraventa o suministro.

En cualquier caso, podemos decir que la incorporación de prestaciones accesorias es una forma de personalizar la sociedad[11], involucrando de forma intensa a los socios en la actividad

10 Esta figura abre la vía, en las sociedades capitalistas, a las aportaciones de industria, propias de las sociedades personalistas, y que, como hemos visto, quedan expresamente excluidas en el artículo 58 LSC como aportaciones de capital. Véase GONZÁLEZ GARCÍA, A., SEGOVIA DE LA COLINA, J.M., "La alteración de las partes en el contrato de sociedad. Modificación sobrevenida de las condiciones exigidas a los socios. Derecho de exclusión, no previsto en los estatutos sociales, por incumplimiento de una prestación accesoria legal o contractual", *Sobre el contrato de sociedad*, González Fernández, M.B. (dir.), Márquez Lobillo, P., Otero Cobos, M.T. (coords.), Tirant lo Blanch, Valencia, 2024 (TOL9.909.247).

11 El socio no solo dispone de los contratos de intercambio típicos para articular dichas relaciones, sino que puede conectar tales relaciones al contrato social haciendo que sean interdependientes. Además, Este tipo de pacto resulta de gran utilidad para personalizar una sociedad de capital, ya que, **al** aumentar el contenido obligatorio de la posición de socio, implica de forma intensa a los socios en la actividad social y, en general, los sitúa en una posición más comprometida que la de un mero inversor. ALFARO ÁGUILA-REAL, J., "Lecciones, las prestaciones accesorias", *op. cit.* En la misma línea, el profesor D. Alberto Emparanza Sobejano indica este tipo específico de obligaciones asumidas por los socios constituyen una forma de conseguir que las condiciones personales de los socios contribuyan a la consecución de los fines de la sociedad. En una sociedad cerrada, los elementos personales de cada socio juegan un papel muy relevante a la hora de configurar la relación entre la sociedad y sus integrantes. En este sentido, las prestaciones accesorias pueden cumplir una importante función, ya que pueden posibilitar que cada socio «aporte» a la sociedad labores y actuaciones directamente relacionadas con su condición personal, que contribuyan a alcanzar los objetivos de la sociedad. EMPARANZA SOBEJANO, A., "Artículo 86. Carácter estatutario", *Comentario de la*

social. Juntamente con otras herramientas previstas en la LSC como pueden ser los pactos de permanencia, las restricciones a la libre transmisión de participaciones, los derechos de adquisición preferente o el derecho de separación o la exclusión, la prestación accesoria permite personalizar la sociedad de capital y vincular e incluso fidelizar a sus miembros más allá de sus obligaciones como socios capitalistas.

Resulta de especial relevancia en las entidades asociativas ya que las prestaciones accesorias sirven para aumentar el contenido de la posición del socio, incrementando las obligaciones a asumir en su condición de tal con la entrega de todo o parte de su producción a la entidad, con los indudables beneficios que ello supone para ésta: fidelización de los socios, compromiso con el proyecto común, mayor implicación en la marcha de la sociedad, producción agroalimentaria mínima asegurada, etc. En suma, se consigue que los socios no actúen como meros inversores, sino que su participación en las actividades sociales hace que se comprometan con más intensidad en la consecución de los objetivos de la sociedad.

Como hemos adelantado, los estatutos deben determinar su régimen jurídico y, en consecuencia, su creación, modificación[12] y/o extinción será competencia de la junta general, acordándose con los requisitos previstos para la modificación de estatutos (mayoría legal reforzada de más de la mitad de los

Ley de Sociedades de Capital. Tomo I. Disposiciones generales. La constitución de las Sociedades de Capital. Las aportaciones sociales, García Cruces, J.A. y Sancho Gargallo, I. (dirs.), Tirant lo Blanch, Valencia, 2021, pp. 1219-1230, (TOL1.880.028).

12 Recomendamos la lectura atenta de EMPARANZA SOBEJANO, A., "Artículo 89. Modificación de la obligación de realizar prestaciones accesorias", *Comentario de la Ley de Sociedades de Capital. Tomo I. Disposiciones generales. La constitución de las Sociedades de Capital. Las aportaciones sociales*, García Cruces, J.A. y Sancho Gargallo, I. (dirs.), Tirant lo Blanch, Valencia, 2021, pp. 1247-1256, (TOL1.880.028).

votos correspondientes a las participaciones en que se divida el capital social) y requiriéndose, además, el consentimiento individual de los obligados.

2. Disposiciones a incorporar en los Estatutos sociales

Llegados a este punto, es indiscutible que los estatutos sociales adquieren un papel formal[13] pero esencial en la materia que nos ocupa. Por un lado, en virtud del artículo 86.1 LSC, ...*En los estatutos de las sociedades de capital podrán establecerse prestaciones accesorias distintas de las aportaciones, expresando su contenido concreto y determinado y si se han de realizar gratuitamente o mediante retribución, así como las eventuales cláusulas penales inherentes a su incumplimiento*... Por lo tanto, deberá estipularse estatutariamente su previsión, contenido, retribución y cláusulas por incumplimiento.

a. En primer lugar, los estatutos deben definir y determinar adecuadamente la prestación accesoria. En las entidades asociativas agroalimentarias, considerándose esencial para el interés social que los socios aporten producción agroalimentaria a su entidad, esta entrega del producto alimentario (siempre que sea posible, lícita y determinada) podrá perfectamente configurarse estatutariamente por vía de la prestación accesoria. Según como se defina en el texto estatutario, la prestación podría consistir en una obligación de dar, por ejemplo: ...*dar/entregar/aportar la producción agroalimentaria*... o bien una obligación de hacer: ...*suscribir un contrato alimentario por el que el socio se obligara a dar/entregar/aportar la pro-*

---

13 No podrían surtir efecto si la prestación accesoria no estuviera contemplada en los estatutos (vid., en lugar de muchas, la STS de 9 de julio de 2007, ECLI:ES:TS:2007:5668).

ducción agroalimentaria... En este segundo supuesto, es importante que el contenido de este contrato sea determinado o determinable, puesto que la concreción[14] es un elemento esencial para que se admita la prestación accesoria.

b. El segundo punto que debe valorarse es la vinculación de la prestación accesoria a uno o varios socios en particular (señalándose nominalmente los socios afectados) o bien si se prefiere que afecte a una o varias participaciones sociales (identificando la numeración de las participaciones afectas). Es el artículo 86 LSC el que otorga tal posibilidad, y se derivan distintos escenarios en función de la fórmula escogida tales como prestaciones accesorias con carácter obligatorio para uno, varios o todos los socios u obligación de realizar prestaciones accesorias vinculada a la titularidad de una, varias o todas las participaciones sociales que integran el capital social. Asimismo, el artículo 88.1 LSC también diferencia entre estas dos opciones. La fórmula escogida tendrá consecuencias en el régimen contractual de la Ley 12/2013 de cadena alimentaria por cuanto sólo quedarán sometidas al régimen especial enunciado las relaciones propias de la prestación accesoria, entendiendo que esos sujetos son los únicos obligados por un vínculo societario a cumplir con la obligación de entrega de la producción.

14 Sobre el carácter de determinado o determinable, véase la resolución de la DGRN de 18 de junio de 2012 que admite que los estatutos establezcan prestaciones accesorias de aportación suplementaria de dinero, *...con objeto de atender necesidades coyunturales de tesorería durante el plazo de diez años... y que no podrán exceder en conjunto... de la cuantía de treinta euros por participación... previa adopción del acuerdo de exigencia de aportación por la junta general...* (TOL2.591.756).

c. Sobre el carácter gratuito o retribuido, entendiendo que la prestación accesoria que se fijaría estatutariamente supone el compromiso de ejecutar contratos típicamente onerosos como el de compraventa o de suministro, deberá considerarse que revisten carácter remunerado[15], aunque ello dependerá de cómo se estipule estatutariamente. Es decir, si se configura la prestación como una obligación de dar, de aportar la producción, deberá determinarse su carácter retribuido fijándose las reglas para su cálculo en los propios estatutos. Por el contrario, en el caso de que se configure como una obligación de hacer[16], de suscribir el contrato de compraventa o suministro de productos alimentarios, podría interpretarse que la prestación en sí sería gratuita, fijándose la retribución en el propio contrato que se formalizase. En principio, la cuantía de la retribución por la realización de la prestación accesoria es libre y se determinará de confor-

15 Sobre este aspecto, véase ALFARO ÁGUILA REAL, J., "Prestaciones accesorias", *El patrimonio familiar, profesional y empresarial. Sus protocolos,* tomo IV, J.M. Bosch Editor, Barcelona, 2005, pp. 433-480, esp. 415-452. El autor indica que ejecutar contratos típicamente onerosos, tales como una compraventa, un suministro, o un préstamo, deberá considerarse que se reviste carácter remunerado. Defendía inicialmente lo contrario PEÑAS MOYANO, M.J., "Artículo 87. Prestaciones accesorias retribuidas" *Comentario de la Ley de Sociedades de Capital*, Rojo Fernández Río, A.J. y Beltrán Sánchez, E. (coord.), Thomson Reuters-Civitas, 2011, pp. 742-748. En este sentido, también exige que se determine si el socio recibirá o no retribución la resolución de la DGRN de 5 de junio de 2015, (TOL5.205.931). También se recomienda la lectura de EMPARANZA SOBEJANO, A., "Artículo 87. Prestaciones accesorias retribuidas", *Comentario de la Ley de Sociedades de Capital. Tomo I. Disposiciones generales. La constitución de las Sociedades de Capital. Las aportaciones sociales*, García Cruces, J.A. y Sancho Gargallo, I. (dirs.), Tirant lo Blanch, Valencia, 2021, , pp. 1231-1236, (TOL1.880.028).

16 Como ejemplo habitual de prestación accesoria de hacer podemos referirnos al cumplimiento de los pactos de protocolos familiares. Véase la resolución de la DGRN de 26 de junio de 2018 (TOL6.660.344).

midad con lo acordado por la sociedad y el socio. No debe estipularse necesariamente en estatutos una expresión concreta de la cuantía, resultando suficiente que los estatutos reflejen el sistema de retribución que permita determinar su importe, siempre que su cálculo no quede al arbitrio de una de las partes[17]. Ya se ha apuntado que en ningún caso el valor de las prestaciones accesorias puede integrarse en el capital social, y por tanto su realización no podría compensarse con la atribución de participaciones (artículo 86.2 LSC). Sin perjuicio de la autonomía de la libertad en su determinación, el importe de la retribución no puede exceder del valor que corresponda a la prestación (art. 87.2 LSC) con el objetivo de evitar que a través de las prestaciones accesorias se puedan vulnerar las normas del capital social, en otras palabras: que no sea un reparto encubierto de dividendos. Para tener una referencia habrá que estarse a los precios habituales en el sector en este tipo de contratos de intercambio.

d. Por último, sobre el incumplimiento de la prestación accesoria, los estatutos también estipularán las causas y las consecuencias de este incumplimiento por parte del socio, pudiéndose prever cláusulas penales. Este incumplimiento puede también comportar la exclusión del socio que, junto con el derecho de separación, constituye una causa de extinción de la posición de socio. Aunque en ambas instituciones la pérdida de la condición de socio sea el efecto común, debe recordarse que mientras el derecho de separación es un mecanismo de tutela del

17 Así se defiende en el artículo de EMPARANZA SOBEJANO, A., "Transmisión de acciones y participaciones. Prestaciones accesorias", *Tratado Jurídico y Fiscal de la empresa familiar*, Ortega Burgos, E. (dir.), Tirant lo Blanch, Valencia, 2021 (TOL8.372.200).

interés individual que confiere a cada socio la facultad de desvincularse voluntariamente de la sociedad, en la exclusión, por el contrario, la pérdida de esa condición se produce sin la concurrencia de su voluntad y en muchas ocasiones de manera forzosa[18]. A todo ello, además de las consecuencias societarias, también podrían derivarse consecuencias contractuales. Así, en el caso que la prestación accesoria se relacionara con la formalización de un contrato mercantil (de compraventa continuada o de suministro) en el propio contrato se podrían establecer causas de resolución anticipada, de incumplimiento y cláusulas penales. No hay que obviar que el incumplimiento puede darse por cualquiera de las partes, esto es, tanto por el socio como por la sociedad. Si es la sociedad quien incumple con la obligación del pago de la remuneración, el socio se convertirá en acreedor de la sociedad, podrá exigirle el pago de la retribución pactada y la indemnización de daños y perjuicios consiguiente. Lo que no podrá ejercer es el derecho de separación de la sociedad, porque el incumplimiento de pago no conlleva el nacimiento de dicho derecho (artículo 346 LSC) más que si así se ha previsto expresamente en los estatutos ex artículo 347 LSC.

18 La separación del socio se configura como un mecanismo de tutela, un derecho individual del socio que puede, por decisión propia y sin imposiciones externas, separarse de la sociedad cuando concurran las causas legales y estatutarias correspondientes. Por el contrario, podría decirse que la exclusión del socio es un derecho de la sociedad que, a través del acuerdo de la junta general, puede expulsar al socio que, a juicio del resto de socios, y siempre que concurran las causas legales o estatutarias previstas, pueda poner en peligro la paz social. *Esquemas de las sociedades de capital*, Tirant on Line, (TOL8.017.469).

3. Consecuencias en la aplicación de la Ley de cadena alimentaria

A pesar de lo expuesto hasta el momento, la simple incorporación por vía estatutaria de la prestación accesoria de entrega de producción agroalimentaria no es suficiente para cumplir con las exigencias que la Ley 12/2013 de cadena alimentaria impone a las entidades asociativas, tratándose únicamente del presupuesto habilitante que permite a la entidad acogerse al régimen contractual singular. En otras palabras, la previsión estatutaria[19] faculta a la entidad asociativa en concreto a escoger entre la opción de (1) formalizar un contrato alimentario individualizado con los requisitos legales o (2) someterse a la obligación de aprobación y comunicación de forma fehaciente a los socios del procedimiento de determinación del valor del producto aportado y el calendario de pago, todo ello antes de la entrega del producto[20]. Cada entidad decidirá sobre la fórmula escogida para cumplir con la legalidad. De hecho, incorporar la prestación accesoria en estatutos es una cuestión que valorar en profundidad, más allá de las consecuencias

19 El artículo 2.2 Ley 12/2013 así lo dispone: ...*A los efectos de esta ley, y sin perjuicio de lo dispuesto en el artículo 8.1 de la misma, no tendrán la consideración de relaciones comerciales y, por tanto, quedan excluidas de su ámbito de aplicación, las entregas de producto que se realicen a cooperativas y otras entidades asociativas, por parte de los socios de las mismas, siempre que, en virtud de sus estatutos, vengan obligados a su realización...*

20 El artículo 8.1 Ley 12/2013 indica literalmente en su segundo párrafo: ...*No obstante, en el caso de que un socio entregue la producción a una cooperativa, o a otra entidad asociativa, será necesaria la formalización por escrito de un contrato alimentario individualizado, con los mismos elementos mínimos recogidos en el artículo 9, salvo que los estatutos o acuerdos de la cooperativa o de la entidad asociativa establezcan, antes de que se realice la entrega, el procedimiento de determinación del valor del producto entregado por sus socios y el calendario de liquidación y éstos sean conocidos por los socios. A tal efecto, deberá existir una comunicación fehaciente a los interesados, que será incluida en el acuerdo y será aprobado por el órgano de gobierno correspondiente...*

que en sede de contratación alimentaria supone. Puede resultar interesante incorporar la prestación si para la realización del objeto social de la entidad asociativa de tipo capitalista si es necesario o imprescindible que sus socios aporten toda o parte de su producción agroalimentaria. En este caso, la constancia estatuaria es recomendable, en tanto que los estatutos sociales son las normas que regulan el funcionamiento interno y la estructura de la sociedad.

Prever estatutariamente la prestación accesoria de obligación de entrega de producción agroalimentaria, ya sea de forma directa por la obligación de dar o de manera indirecta por la obligación de formalizar un contrato en el que se obligara a tal entrega, implicaría dos consecuencias: (1) en primer lugar, a efectos de la Ley 12/2013 de cadena alimentaria, no sería necesario formalizar contratos alimentarios con sus socios por las compras o adquisiciones de sus productos, siendo suficiente un acuerdo societario que determine cómo se van a valorar y cuándo se les va a pagar (sin perjuicio que, como hemos apuntado, la entidad puede escoger formalizar contratos alimentarios con sus socios); y, (2) en segundo lugar, esta previsión afectaría también al régimen de transmisión de participaciones sociales parcial y total, así como de salida del socio, con las consecuencias societarias, comerciales y económicas que puede conllevar.

IV. TRANSMISIÓN DE PARTICIPACIONES CON PRESTACIÓN ACCESORIA EN LAS ENTIDADES ASOCIATIVAS AGROALIMENTARIAS

1. Transmisión de prestaciones accesorias[21]

Las prestaciones accesorias, aunque no nacen con vocación de circulación, pueden ser objeto de transmisión[22], para lo cual

21 Recomendamos la lectura de EMPARANZA SOBEJANO, A., "Artículo 88. Transmisión de participaciones o de acciones con prestación accesoria", *Co*

deberán ser transmitidas siempre junto con las participaciones sociales o acciones a las que estén vinculadas. En el caso que nos ocupa se garantiza al socio el derecho a no permanecer en la entidad asociativa y a transmitir sus participaciones y se asegura a la sociedad que el socio cumplirá con las prestaciones accesorias a las que se comprometió. La transmisión de participaciones con prestación accesoria en una sociedad limitada que sea entidad asociativa agroalimentaria plantea diversas cuestiones que requieren un análisis exhaustivo. Entre otras, aquellas relacionadas con el procedimiento de transmisión, el régimen jurídico aplicable, las consecuencias de la transmisión para la entidad y sus socios, así como la valoración de las participaciones transmitidas.

2. Consentimiento de la sociedad

Para empezar, la transmisión de participaciones con prestaciones accesorias en una entidad asociativa no es libre puesto que requiere de la autorización de la sociedad. Este hecho implica que el artículo 107 LSC relativo al "*Régimen de la transmisión voluntaria por actos inter vivos*" no pueda aplicarse en su integridad porque se impide *ex lege* que puedan ser objeto de libre transmisión las participaciones con prestaciones accesorias, ni siquiera entre

mentario de la Ley de Sociedades de Capital. Tomo I. Disposiciones generales. La constitución de las Sociedades de Capital. Las aportaciones sociales, García Cruces, J.A. y Sancho Gargallo, I. (dirs.), Tirant lo Blanch, Valencia, 2021, pp. 1237-1246, (TOL1.880.028).

22 Advierte la SAP Barcelona 477/2023, 02 de noviembre de 2023 (TOL9.792.161.) que cuando existe restricción a la transmisión de participaciones sociales en la medida que conllevan una prestación accesoria, esta no se extiende a la transmisión indirecta, consistente en la transmisión de las participaciones de la sociedad tenedora de las participaciones que llevan vinculada la prestación accesoria, cuando no existe acuerdo de vinculación con la intención de proteger el elemento subjetivo de la sociedad.

socios, familiares o sociedades del grupo. Sin embargo, sí que serán de aplicación subsidiaria los demás extremos de este artículo en el caso que no se prevea estatutariamente otra regulación.

El análisis interpretativo debe partir del artículo 88 LSC que regula el régimen legal aplicable a la transmisión voluntaria por actos *inter vivos* de participaciones o de acciones con prestación accesoria. No se recoge legalmente el régimen de aplicación en los supuestos de *mortis causa* ni de transmisión forzosa, por lo que sería resultaría interesante la incorporación por vía estatutaria de la oportuna previsión[23]. Dicho lo anterior, de conformidad con el primer apartado del artículo 88 LSC, *...será necesaria la autorización de la sociedad para la transmisión voluntaria por actos inter vivos de cualquier participación o acción perteneciente a un socio personalmente obligado a realizar prestaciones accesorias y para la transmisión de aquellas concretas participaciones sociales o acciones que lleven vinculada la referida obligación...* En efecto, la sociedad deberá autorizar o denegar la transmisión de participaciones sujetas a prestación accesoria, ya sea en el supuesto de socios obligados personalmente como en el caso de participaciones o acciones que lleven vinculada la prestación. La doctrina fundamenta esta exigencia en el interés de la sociedad en el cumplimiento de las prestaciones accesorias y esta exigencia de autorización podría asimilarse al régimen de las sociedades personalistas (colectivas o comanditarias simples), en las que no puede transmitirse la condición de socio sin que preceda el consentimiento de los restantes socios (artículo 143 Código de Comercio), en la medida que supone una modificación del contrato de sociedad.

Nos preguntamos si este régimen es imperativo o podría modificarse. En primer lugar, no es preciso prever en los estatutos

23 Téngase en cuenta que, si la prestación accesoria consiste en una obligación personalísima, el fallecimiento del socio vinculado por ella implica su extinción.

la necesidad de autorización de la sociedad para la transmisión de las participaciones o acciones con prestación accesoria porque está expresamente previsto en el artículo 88 LSC[24]. Sin embargo, nada obsta para que los Estatutos prevean otras limitaciones de mayor o menor envergadura que el régimen legal[25], por lo que pueden establecer un régimen de transmisión diferente o incluso eximir de la autorización de la sociedad, pero en ausencia de disposiciones estatutarias, la autorización es obligatoria. En el caso de prohibición absoluta, será de aplicación el artículo 108.3 que supedita esta incorporación estatutaria al consentimiento unánime de todos los socios, así como a la obligación de prever un derecho de separación del socio en cualquier momento. En particular, este artículo expresa que: ...*Sólo serán válidas las cláusulas que prohíban la transmisión voluntaria de las participaciones sociales por actos inter vivos, si los estatutos reconocen al socio el derecho a separarse de la sociedad en cualquier momento. La incorporación de estas cláusulas a los estatutos sociales exigirá el consentimiento de todos los socios...* El siguiente apartado, el número 4, de este artículo 108 prevé como excepción la posibilidad de establecer estatutariamente un plazo mínimo de permanencia.

En cualquier caso, el régimen general previsto en este primer apartado contempla tanto a las prestaciones accesorias vincula-

---

24 En contra, véase RECALDE CASTELLS, A.J., "Art. 24", *Comentarios a la Ley de Sociedades de Responsabilidad Limitada*, Arroyo, I., Embid, J. M. y Górriz, C. (coord), Madrid, 2009, pp. 361 y ss.

25 La transmisión voluntaria por actos inter vivos de participaciones sociales que llevan aparejada la obligación de realizar prestaciones accesorias queda condicionada a la autorización de la sociedad, sin perjuicio que, tal como señala el profesor D. Jesús Alfaro Águila-Real, no parece que haya límites a la libertad estatutaria en esta materia. Por tanto, los socios pueden establecer cualquier otra restricción distinta de la autorización, pueden declarar libremente transmisibles estas participaciones o pueden someter su transmisión a idénticas reglas a las que rigen para el resto de las participaciones. ALFARO ÁGUILA REAL, J., "Prestaciones accesorias"..., *op. cit.*

das al socio que va a transmitirlas y también el supuesto en el que las prestaciones accesorias no estén vinculadas subjetivamente al socio transmitente, sino que su vigencia y cumplimiento estén ligados a las acciones o participaciones que van a ser transmitidas. Como acertadamente apunta la doctrina[26], en el caso de prestaciones nominales, la exigencia de autorización tiene sentido cuando se pretenden transmitir todos los títulos, pero no se entiende cuando se transmiten solamente en parte. En nuestro caso, si el socio personalmente obligado a realizar la prestación accesoria relativa aportar su producción agroalimentaria a la sociedad mantiene su condición como socio (y, por tanto, su obligación se mantiene) hasta qué punto necesita de autorización de la sociedad para transmitir participaciones que no quedarían sujetas a esta obligación. Sin embargo, en el segundo supuesto, la autorización siempre cobra pleno sentido porque la obligación de entregar producción dejará de realizarse por el exsocio y va a tener que ser realizada por el adquirente. Es lógico que la sociedad quiera confirmar que el nuevo socio está en condiciones de poder cumplir dicho cometido antes de proceder a autorizar la transmisión. En el caso que la vinculación afectara directamente a unas participaciones en concreto (y no nominalmente), la prestación accesoria se trasmitirá al adquirente cuando se transmitan las participaciones afectas y, por tanto, deberá subrogarse en la obligación que suponga la prestación accesoria.

3. Órgano competente para autorizar la transmisión

El punto 2 del artículo 88 LSC refiere al órgano competente para otorgar esta autorización, indicándose que: ...*Salvo disposición contraria de los estatutos, en las sociedades de responsabilidad*

26 Así lo indica VALPUESTA GASTAMINZA, E.M., *Todas las preguntas y respuestas sobre las sociedades de capital*, Bosch, Madrid, 2019.

limitada la autorización será competencia de la junta general; y, en las sociedades anónimas, de los administradores. En cualquier caso, transcurrido el plazo de dos meses desde que se hubiera presentado la solicitud de autorización sin que la sociedad haya contestado a la misma, se considerará que la autorización ha sido concedida... Por consiguiente, los socios estatutariamente pueden decidir estatutariamente si la competencia de la autorización recae en la junta general o en el órgano de administración y, en el caso de silencio, se aplicará el régimen supletorio que otorga a los socios esta decisión. No se fija legalmente una mayoría reforzada para aprobarla (siendo por tanto exigible una mayoría simple), si bien nada obsta para exigir una mayoría reforzada estatuariamente, con el límite del apartado primero del artículo 200 LSC que permite fijar un porcentaje de votos favorables superior al establecido por la ley sin llegar a la unanimidad (pudiéndose además valorar la posibilidad de articular extraestatutariamente por vía del pacto parasocial una mayoría equivalente a la unanimidad). Según el citado artículo 200 LSC, los estatutos podrán demandar además de la proporción de votos legal o estatutariamente establecida, el voto favorable de un determinado número de socios. Para la aprobación del acuerdo, deberá tenerse en cuenta el régimen del artículo 190 LSC sobre conflictos de interés, no pudiendo el socio transmitente ejercitar su derecho de voto dado que el acuerdo se enmarca en la letra a) relativa a la *...autorización a la transmisión de participaciones sujetas a restricción legal o estatutaria...* En estos supuestos, las participaciones del socio transmitente se deducirán del capital social para el cómputo de la mayoría de los votos que sea necesaria.

Si un socio obligado a aportar producción agroalimentaria a la sociedad desea transmitir sus participaciones sin el conocimiento de la sociedad, la transacción será válida, pero carecerá de efectos para la sociedad según el artículo 112 LSC. En otras palabras, la falta de consentimiento por parte de la sociedad implicará que la transmisión será ineficaz y el adquirente no podrá acreditar ante la sociedad su condición de socio. En consecuencia, la transmisión no podrá ser registrada en el Libro Registro de socios y, por lo tanto, para la sociedad, el transmitente seguirá siendo considerado como socio.

Además de lo expuesto, la autorización se considerará tácitamente concedida por el transcurso de dos meses[27] desde la solicitud de autorización sin respuesta por parte de la sociedad.

4. Procedimiento de transmisión

Los estatutos también pueden incluir en su articulado el régimen de transmisión de participaciones sociales, no siendo exigible ex lege puesto que no está entre las materias obligatorias del artículo 23 LSC, si bien a falta de previsión, se aplicará el régimen legal de los artículos 107 y siguientes de la LSC, con las particularidades del artículo 88 sobre la transmisión de participaciones o acciones con prestación accesoria. Por consiguiente, rige la autonomía de la voluntad de los socios, tanto de los fundadores como los que vayan incorporándose a lo largo de la vida de la sociedad, en cuanto a la relación que les vincula con la sociedad de la que forman parte. En otras palabras, los socios asumen voluntariamente otras obligaciones en su condición de tales, de manera que esta condición queda sometida a la opor-

27 Este corto período de tiempo implica la necesaria celeridad del órgano de administración en convocar la junta con este punto del orden del día, sin perjuicio de la facultad de los socios de constituirse en Junta Universal, en la que no es necesaria la convocatoria. El órgano de administración tiene un papel fundamental y la consiguiente responsabilidad, dado que si transcurre el plazo sin que la junta general se haya reunido, la autorización se entenderá concedida. Por eso será vital que el socio pueda acreditar la fecha de recepción de su solicitud en la sociedad, a efectos del inicio del cómputo de los dos meses.

tuna realización de la prestación accesoria. Se trata por lo tanto de obligaciones personales o exigencias de comportamiento para con la sociedad, cuyo incumplimiento puede acarrear hasta la exclusión de la sociedad incluso aunque que se produzca de forma involuntaria (artículo 89.2 LSC) si así lo disponen los estatutos sociales.

En caso de no disposición contraria en estatutos, el procedimiento para la transmisión sería el siguiente: (1) el socio sujeto a prestación accesoria deberá comunicar por escrito su voluntad de transmisión al órgano de administración, con toda la información tal como el número y características de las participaciones que pretende transmitir, la identidad del adquirente y el precio y demás condiciones de la transmisión (artículo 107.2.a) LSC); (2) si no se ha modificado mediante previsión estatutaria, el órgano competente para autorizar la transmisión en sede de sociedades limitadas es la junta general, por lo que el órgano de administración convocará junta general extraordinaria para autorizar o denegar la transmisión, valorando las condiciones del caso en concreto y atendiendo a las causas establecidas por estatutos; (3) en el caso de autorización, el socio podrá transmitir las participaciones en las condiciones acordadas; (4) en el caso de denegación por la sociedad, el socio no podrá transmitir las participaciones aunque, si igualmente así lo hiciera, la transmisión no devengaría efectos. No se aplicaría aquí la letra c) del artículo 107.2) LSC que restringe la denegación al ejercicio del derecho de adquisición preferente de socios o terceros, porque la sociedad podría decidir no autorizar por otras causas. En efecto, aunque recomendable, no se exige establecer en estatutos las causas de denegación de la autorización, lo que podría acabar resultando una decisión discrecional en manos de la mayoría de los socios no transmitentes y obstaculizar así la salida del socio afectado. En efecto, si los estatutos no especifican causas para denegar la autorización, la sociedad tiene libertad de decisión, aunque esta libertad está limitada por los principios generales de prohibición de abuso de derecho y las exigencias de la buena fe y la igualdad de trato. Es por ello por lo que sería conveniente que la sociedad explicitase las causas que le permiten denegar dicha autorización para que la negativa no sea abusiva[28].

5. Derecho de separación del socio

Tratándose de una prohibición a la transmisión, en virtud del artículo 108.3 LSC nacería el derecho de separación del socio[29], siempre que este viniera estipulado en estatutos ex artículo 346 LSC y artículo 347 LSC. El artículo 346 LSC concede al socio que no haya votado a favor (incluidos los socios sin voto) como causa legal, el derecho de separación[30] entre otros supuestos, en el caso de ...*d) Creación, modificación o extinción anticipada de la obligación de realizar prestaciones accesorias, salvo disposición contraria de los estatutos*... Y, el artículo 347 LSC, relativo a las causas estatutarias de separación, indica que los estatutos podrán establecer otras causas distintas a las previstas en la LSC. Llegados al caso, se activaría el procedimiento de separación (la forma de

28 Véase la citada resolución DGRN de 18 de junio de 2012 (TOL2.591.756), en la que expresamente se declara que en caso de que se trate de una prestación accesoria fungible, como es el dinero, y que, por tanto, cualquier tercero puede realizarla, la negativa de la sociedad deberá estar expresamente motivada para que no sea abusiva).

29 En el anterior artículo 95.f) LSRL se establece que la creación, modificación o extinción anticipada de la obligación de realizar prestaciones accesorias da derecho de separación a los socios que no votaran a favor (aunque los estatutos, a su vez, podrían limitar el derecho de separación).

30 La STS 4/2021, 15 de enero de 2021 (TOL8.271.617), establece que la mera comunicación del socio a la sociedad de sus pretensiones de separación de la misma, no produce por sí sola los efectos propios del derecho de separación, sino que se necesita también que la sociedad realice el pago al socio del valor de sus participaciones. Entonces, el derecho de separación sólo se satisface con el pago, pues hasta ese momento no se pierde la condición de socio.

ejercitarlo y el plazo de su ejercicio) de acuerdo con lo previsto en los estatutos sociales. Al mismo tiempo, se devengarían las consecuencias que contractualmente se hubieren previsto en el contrato de suministro o compraventa continuada entre el sujeto ya no socio y la sociedad.

6. Valoración de las participaciones con prestación accesoria

Otro de los aspectos a considerar será la valoración de las participaciones sujetas a prestación accesoria, ya que la salida de un socio que aporte producción a la entidad asociativa puede suponer un perjuicio significativo que podría ser valorado económicamente para atenuar las consecuencias de su salida. Partimos del hecho que, para determinar el precio de las participaciones, es de aplicación el artículo 107.2.d) que estipula la autonomía de pactos entre las partes para convenir este aspecto: *...d) El precio de las participaciones, la forma de pago y las demás condiciones de la operación, serán las convenidas y comunicadas a la sociedad por el socio transmitente. Si el pago de la totalidad o de parte del precio estuviera aplazado en el proyecto de transmisión, para la adquisición de las participaciones será requisito previo que una entidad de crédito garantice el pago del precio aplazado...* Asimismo, el segundo párrafo prevé los supuestos de transmisiones onerosas distintas a la compraventa o a título gratuito en las que: *...el precio de adquisición será el fijado de común acuerdo por las partes y, en su defecto, el valor razonable de las participaciones el día en que se hubiera comunicado a la sociedad el propósito de transmitir. Se entenderá por valor razonable el que determine un experto independiente, distinto al auditor de la sociedad, designado a tal efecto por los administradores de ésta...* Una posible opción para acordar el cálculo del valor de las participaciones es mediante su regulación por vía de pactos societarios en los que los socios y la sociedad acuerdan la fórmula de determinación de valoración y precio para aplicar en el momento de una posible transmisión. Con este pacto previo se conseguiría, a nuestro entender, un valor justo y equitativo, convenido entre las partes antes de que surjan los conflictos o la voluntad de transmitir por alguna de ellas. Por otro lado, también sería viable la estipulación de cláusulas penales de importe determinado o determinable, ya sea en los estatutos vía prestación accesoria o bien en el propio contrato que se formalice entre socio y entidad.

V. REFLEXIONES Y CONCLUSIONES

A modo recopilatorio, recogemos a continuación las principales reflexiones y conclusiones de esta comunicación:

La Ley 12/2013 de cadena alimentaria y la Ley 13/2013 de integración cooperativa recogen el marco legal de regulación de las entidades asociativas agroalimentarias, con el objetivo de mejorar el funcionamiento de la cadena alimentaria y fomentar la integración cooperativa. Las entidades asociativas agroalimentarias incluyen diferentes tipos de organizaciones, como cooperativas, sociedades agrarias de transformación, así como entidades civiles o mercantiles, siempre que cumplan ciertos requisitos en cuanto a la composición de su capital social. Aunque las cooperativas son el prototipo de entidad asociativa, las sociedades mercantiles participadas mayoritariamente por cooperativas también tienen tal calificación.

La Ley 12/2013 de cadena alimentaria establece un régimen contractual especial para las entidades asociativas agroalimentarias en relación con las entregas de productos por parte de sus socios, siempre y cuando esta obligación esté contemplada estatutariamente en la entidad. Esto comporta una excepción al régimen general de contratos alimentarios, reconociendo la naturaleza interna o societaria de estas transacciones.

En las sociedades de capital, las prestaciones accesorias son obligaciones adicionales para los socios distintas a las aportaciones al capital social y que deben estar detalladas estatutariamente. Esta figura está recogida en el artículo 86 al 89 de la LSC.

La inclusión de prestaciones accesorias en los estatutos de las entidades asociativas con forma de sociedad de capital permite personalizar la sociedad y comprometer más intensamente a los socios con el proyecto común. Esto implica que los socios no actúen únicamente como inversores, sino que estén más implicados en el funcionamiento y los objetivos de la entidad asociativa.

La utilización de prestaciones accesorias en las entidades asociativas que sean sociedades limitadas participadas por cooperativas es una herramienta clave para vincular a sus socios con obligaciones adicionales como puede ser la aportación de producción agroalimentaria a la entidad. Estas obligaciones están íntimamente ligadas a la condición de socio.

Los estatutos adquieren un papel fundamental ya que deben contener disposiciones específicas sobre las prestaciones accesorias, incluyendo su definición, a quiénes afectan, si son gratuitas o retribuidas, las consecuencias del incumplimiento y el régimen de transmisión.

Sin embargo, la incorporación estatutaria de la prestación accesoria no es suficiente para cumplir con la Ley 12/2013 de cadena alimentaria. Sin embargo, esta previsión estatutaria habilita a la entidad asociativa para escoger entre formalizar contratos alimentarios individuales o someterse a un régimen especial de aprobación y comunicación a los socios antes de la entrega del producto.

Respecto a la transmisión, el régimen de transmisión de participaciones con prestación accesoria en las entidades asociativas agroalimentarias no es libre. En este sentido, la obligación de obtener autorización por parte de la sociedad para la transmisión de participaciones con prestación accesoria asegura que la entidad pueda evaluar adecuadamente el impacto de la salida del socio sobre las prestaciones acordadas, así como la idoneidad sobre el nuevo socio que pueda entrar. Esta medida garantiza la protección de los intereses tanto de la sociedad como de los socios restantes, si bien en función del tipo de vinculación de la prestación accesoria (si se exige personalmente a un socio o si está vinculada a unas participaciones en particular) tiene más o menos sentido.

La designación del órgano competente para otorgar la autorización (ya sea la junta general o los administradores) es crucial para garantizar una toma de decisiones eficiente y transparente. Además, el corto plazo de tiempo establecido para la consideración de la solicitud de autorización (máximo 2 meses) asegura que se respeten los derechos tanto del socio transmitente como de la sociedad.

En el supuesto de denegación de la autorización de transmisión nace un derecho de separación del socio potencialmente transmitente, proporcionando un mecanismo de protección adicional para los socios afectados. Esto garantiza que el socio tenga la opción de retirarse de la sociedad si no está de acuerdo con las decisiones tomadas por el resto en relación con la transmisión de participaciones, en particular, con la denegación de la transmisión.

La determinación del precio de las participaciones con prestación accesoria es un aspecto crucial para tener en cuenta, que interesa acordar con carácter previo a cualquier posible transmisión.

En resumen, la transmisión de participaciones con prestación accesoria en las entidades asociativas agroalimentarias de tipo capitalista implica una serie de consideraciones a nivel societario que deben abordarse cuidadosamente para garantizar una gestión adecuada de la salida parcial o total de los socios y la protección de los intereses de la sociedad y del interés social en general.

VI. BIBLIOGRAFÍA

ALFARO ÁGUILA REAL, J., "Prestaciones accesorias", *El patrimonio familiar, profesional y empresarial. Sus protocolos, T. IV*, J.M. Bosch Editor, Barcelona, 2005.

— "Lecciones, las prestaciones accesorias", *Blog El Almacén de Derecho*, 7 de octubre de 2015. Disponible en: https://almacendederecho.org/lecciones-las-prestaciones-accesorias

EMPARANZA SOBEJANO, A., "Artículo 86. Carácter estatutario", *Comentario de la Ley de Sociedades de Capital. Tomo I. Disposiciones generales. La constitución de las Sociedades de Capital. Las aportaciones sociales*, García Cruces, J.A. y Sancho Gargallo, I. (dirs.), Tirant lo Blanch, Valencia, 2021.

— "Artículo 87. Prestaciones accesorias retribuidas", *Comentario de la Ley de Sociedades de Capital. Tomo I. Disposiciones generales. La constitución de las Sociedades de Capital. Las aportaciones sociales*, García Cruces, J.A. y Sancho Gargallo, I. (dirs.), Tirant lo Blanch, Valencia, 2021.

— "Artículo 88. Transmisión de participaciones o de acciones con prestación accesoria", *Comentario de la Ley de Sociedades de Capital. Tomo I. Disposiciones generales. La constitución de las Sociedades de Capital. Las aportaciones sociales*, García Cruces, J.A. y Sancho Gargallo, I. (dirs.) Tirant lo Blanch, Valencia, 2021.

— "Artículo 89. Modificación de la obligación de realizar prestaciones accesorias", *Comentario de la Ley de Sociedades de Capital. Tomo I. Disposiciones generales. La constitución de las Sociedades de Capital. Las aportaciones sociales*, García Cruces, J.A. y Sancho Gargallo, I. (dirs.), Tirant lo Blanch, Valencia, 2021.

— "Transmisión de acciones y participaciones. Prestaciones accesorias", *Tratado Jurídico y Fiscal de la empresa familiar*, Ortega Burgos, E. (dir.) Tirant lo Blanch, Valencia, 2021.

GONZÁLEZ GARCÍA, A., SEGOVIA DE LA COLINA, J.M., "La alteración de las partes en el contrato de sociedad. Modificación sobrevenida de las condiciones exigidas a los socios. Derecho de exclusión, no previsto en los estatutos sociales, por incumplimiento de una prestación accesoria legal o contractual", *Sobre el Contrato de Sociedad*, González Fernández, M.B. (dirs), Márquez Lobillo, P., Otero Cobos, M.T. (coords.), Tirant lo Blanch, Valencia, 2024.

MELIÁ MARTÍ, E., PALAU RAMÍREZ, F., VARGAS VASSEROT, C., *Ley de la cadena alimentaria, cooperativas y otras entidades asociativas agrarias*, Tirant lo Blanch, Valencia, 2022.

PEÑAS MOYANO, M.J., "Artículo 87. Prestaciones accesorias retribuidas" *Comentario de la Ley de Sociedades de Capital*, Rojo Fernández Río, A.J. y Beltrán Sánchez, E. (coord.), Thomson Reuters-Civitas, 2011.

PEYRA TORRELLA, J.M., "Las prestaciones accesorias como instrumento para reforzar los pactos entre socios", *Legal Today*, post de 11 de abril de 2016. Disponible en https://www.legaltoday.com/practica-juridica/derecho-mercantil/societario/las-prestaciones-accesorias-como-instrumento-para-reforzar-los-pactos-entre-socios-2016-04-11/

VALPUESTA GASTAMINZA, E.M., *Todas las preguntas y respuestas sobre las sociedades de capital*, Bosch, Madrid, 2019.

VARGAS VASSEROT, C., "Defensa y condiciones para la no aplicación de la ley de la cadena alimentaria a las entregas de productos de socios a las cooperativas (de primer y segundo grado), a otras entidades asociativas y a las realizadas en virtud de acuerdos intercooperativos", *Revesco: revista de estudios cooperativos*, 2023.

— "Condiciones para dispensar a las cooperativas y a otras entidades asociativas de la obligación de formalizar contratos individuales con sus socios y para convertir en socios a terceros", *Ley de la cadena alimentaria, cooperativas y otras entidades asociativas agrarias*, Tirant lo Blanch, Valencia, 2022.

PARTE TERCERA
TRANSMISIÓN DE ACCIONES Y PARTICIPACIONES Y PACTOS PARASOCIALES

Capítulo 21

EL ALCANCE DE LOS PACTOS PARASOCACIALES EN SUPUESTOS DE TRANSMISIÓN DE ACCIONES Y PARTICIPACIONES SOCIALES

Mónica García Fernández
Abogada
Profesora asociada
Universidad de Barcelona

I. INTRODUCCIÓN

El estudio de los pactos parasociales siempre nos permite obtener debates jurídicos sumamente interesantes, aun tratándose de una materia tradicional que muchos autores ya se han dedicado a analizar. Superada la cuestión de su validez[1], otro de los

1 PAZ-ARES, C., "La cuestión de la validez de los pactos parasociales", *Actualidad jurídica Uría Menéndez. Homenaje al profesor D. Juan Luis Iglesias Prada*, extraordinario, 2011.

aspectos que más se ha discutido entre la doctrina y la jurisprudencia ha sido la cuestión de su oponibilidad.

En particular, los pactos pueden ser definidos como aquellos acuerdos celebrados entre todos o algunos de los socios o entre todos o algunos socios y terceros (como la propia sociedad), con el fin de integrar, completar o modificar algunos aspectos de la vida social al margen de lo dispuesto en el contrato fundacional[2]. De ahí que se haya planteado frente a quienes producen efectos los pactos parasociales. En principio, los pactos parasociales no gozan de la eficacia del contrato social. Esta es una diferencia esencial respecto de los estatutos, porque estos obligan a los socios fundadores y a aquellos que ingresen en la sociedad con posterioridad.

Ahora bien, el principio de separación entre la esfera social y parasocial se ha cuestionado por algunos autores cuando los pactos los suscriben todos los socios, son los denominados pactos parasociales. Sostienen algunos autores que, en ese caso, los pactos parasociales componen junto con los estatutos el contenido contractual de la sociedad y, por tanto, son oponibles a la sociedad[3].

En esta ocasión, lo que se plantea es el análisis de los pactos parasociales desde la óptica de la transmisión de acciones y participaciones sociales a los efectos de determinar cuál es su alcance en relación con los sujetos intervinientes en la transmisión y

2 MARTÍNEZ ROSADO, J., *Los pactos parasociales*, Marcial Pons, Madrid, 2017, p. 63.

3 SÁEZ LACAVE, Mª. I., "Los pactos parasociales de todos los socios en Derecho español. Una materia en manos de los jueces", *InDret Revista para el análisis de Derecho*, núm. 3.2009, 2009 o PAZ-ARES, C., "El enforcement de los pactos parasociales", *Actualidad jurídica de Uría Menéndez*, núm. 5/2003, 2003.

aquellos que permanecen la sociedad tras la transacción. No se abordará la cuestión de su oponibilidad a la sociedad cuando son pactos suscritos por todos los socios, aunque esta cuestión no deje de tener importancia en la discusión, sobre todo, cuando entran nuevos socios a la sociedad.

Como se verá, los pactos parasociales no resultan ajenos a la transmisión de las acciones y participaciones, por lo que se analizará qué efectos producen éstos sobre los socios transmitentes, los socios que permanecen en la sociedad y los adquirientes. A tal efecto, las preguntas que se pretenden abordar son las siguientes:

— ¿Siguen estando vinculados por los pactos parasociales aquellos socios que han transmitido su participación en la sociedad?

— ¿Resultan oponibles los pactos parasociales a los nuevos socios?

— ¿Continúan siendo eficaces los pactos parasociales para aquellos socios que permanecen en la sociedad?

Como veremos, aquellos que deciden abandonar la sociedad no pueden sin más entender resuelta su vinculación por los pactos parasociales que suscribieron. Será necesario realizar un análisis sobre el tipo de pacto para determinar si sigue siendo posible su cumplimiento por quien perdió la condición de socio.

Asimismo, aunque de entrada pudiera parecer lo contrario, no siempre resultan irrelevantes los pactos parasociales al nuevo socio que ingresa en la sociedad, pues sus efectos pueden alcanzarle en algunos casos, aunque no los haya suscrito.

Por último, también resulta de especial interés abordar la cuestión de los efectos que siguen produciendo los pactos parasociales sobre los socios que permanecen en la sociedad. Parece claro que los pactos parasociales continúan desplegando efectos, no obstante, también cabría plantear la ruptura de dichos pactos cuando la salida del socio afectara a la causa del contrato.

II. LA JURISPRUDENCIA

Son pocas las sentencias que se han ocupado de tratar el alcance de los pactos parasociales, en supuestos de transmisión de acciones o participaciones sociales, que nos permitan extraer conclusiones acerca de los efectos que despliegan cuando existen cambios de socios. Conviene ahora traerlas a colación para realizar una primera aproximación a las cuestiones que pretenden abordarse a fin de que el estudio de la jurisprudencia nos permita más tarde dar respuesta a las preguntas planteadas el apartado anterior.

1. La sentencia del Tribunal Supremo núm. 616/2012, de 23 de octubre

Esta sentencia ha tratado principalmente la reserva de los derechos políticos por parte de un socio saliente cuando en la compraventa de las acciones se ha pactado un precio aplazado. En definitiva, lo que se planteaba es si cabía un desmembramiento de los derechos de los derechos políticos de los accionistas en favor a personas distintas a los socios.

Tras analizar una resolución dictada por la Dirección General de los Registros y del Notariado (ahora Dirección General de Seguridad Jurídica y Fe Pública), citada por el recurrente como fundamento de uno de sus motivos de recurso, en la que se destacaban los inconvenientes que para el normal funcionamiento de la sociedad podían derivarse de la disgregación de los derechos políticos, el Tribunal Supremo entiende que, como no puede ser de otra manera, corresponde a los Tribunales el examen de la licitud de los pactos parasociales, acuerdos que no están constreñidos por los límites que imponen las reglas societarias a los estatutos sociales.

En esta sentencia el Tribunal Supremo, haciendo suyas las conclusiones alcanzadas por la Audiencia Provincial de Barcelona, da carta de naturaleza a los pactos parasociales que permiten al socio vendedor reservarse el control de la sociedad mediante un mecanismo de bloqueo (la retención de los derechos de voto del 50% de las acciones) para poder así asegurarse el cobro.

Como veremos más adelante, esta sentencia es relevante pues permitiría justificar la vinculación del socio saliente a determinados pactos parasociales, al continuar manteniendo un interés en la sociedad.

2. La sentencia del Tribunal Supremo núm. 708/2015, de 17 de diciembre

El caso del que se ocupa el Tribunal Supremo en esta sentencia nos servirá para alcanzar conclusiones sobre la posible vinculación de los nuevos socios a pactos prexistentes a su entrada en la sociedad.

El supuesto de hecho se refería a la retribución de una administradora única establecida en un contrato de alta dirección al margen de los estatutos sociales. Son frecuentes los litigios relativos a retribuciones de administraciones sociales previstas en contratos de alta dirección concertados con la sociedad, aunque no exista una previsión estatutaria que prevea que el cargo tenga carácter retribuido o que justifique esa concreta retribución.

La relevancia de este caso respecto a la cuestión de estudio es que dicho contrato de alta dirección había sido suscrito con anterioridad a la transmisión de las acciones de la referida sociedad anónima. Por tanto, la cuestión que se planteaba es si el nuevo socio quedaba vinculado por las previsiones contenidas en un contrato de alta dirección que no habían sido plasmadas en los estatutos sociales. En concreto, lo que reclamaba la administradora única era una indemnización por cese que se recogía en el citado contrato y que no venía contemplada en los estatutos sociales.

En este caso, se daba la particularidad de que, con posterioridad a la suscripción del contrato de alta dirección, el socio único de la sociedad anónima transmitió todas sus acciones a otra sociedad, por lo que la sociedad continuó siendo unipersonal, aunque sus acciones cambiaran de titular.

El Tribunal Supremo concluye que la sociedad adquirente queda vinculada por lo pactado en el contrato de alta dirección, aunque la indemnización reclamada por la administradora única no estuviera reflejada en los estatutos sociales.

En primer lugar, entiende el Tribunal Supremo que *...al tratarse de una sociedad de socio único, este no puede resultar perjudicado por la ausencia de reflejo estatutario del contrato que fija la retribución del administrador, de aquí que sería una mera formalidad, en tanto que los estatutos han podido modificarse por la sola voluntad del accionista único...* Por tanto, entiende el Tribunal Supremo que resultaría un abuso de formalidad denegar la indemnización de la administradora única simplemente por el hecho de que tales pactos no constaren en los estatutos sociales al tratarse de una sociedad unipersonal.

En segundo lugar, esta sentencia reconoce que los efectos de este contrato de alta dirección se trasladan con la transmisión de las acciones: *...El acto propio generado inicialmente por la sociedad propagaría sus efectos con la transmisión de las acciones a un* *nuevo socio único*... El Tribunal Supremo considera que el nuevo accionista único de la sociedad no puede considerarse un tercero de buena fe sorprendido por una previsión de retribución al administrador que no consta en los estatutos, porque se deduce del contrato de compraventa de acciones que el adquirente conocía el contrato de alta dirección y la indemnización que se pactaba en el mismo. En concreto, el contrato de transmisión de acciones contenía una cláusula que liberaba al vendedor del pago de la indemnización prevista como parte del régimen retributivo de la administradora. Por tanto, el Tribunal Supremo termina concluyendo que el adquiriente queda obligado por lo previsto en el contrato de alta dirección, aunque el mismo fuese anterior a su entrada en la sociedad.

3. La sentencia de la Audiencia Provincial de Madrid núm. 406/2016, de 25 de noviembre

La sentencia de la Audiencia Provincial de Madrid plantea un caso en el que, al contrario que la sentencia anterior, se termina concluyendo que el nuevo socio no puede formar parte de un pacto parasocial suscrito con anterioridad a su entrada en el capital social.

Se trataba de una sociedad de responsabilidad limitada en la que sus dos únicos socios habían acordado verbalmente repartirse las tareas de la sociedad y recibir a cambio una retribución idéntica para cada uno de ellos en calidad de trabajadores de la sociedad. En realidad, se trataba de una fórmula de dividendos encubiertos porque, tal y como consta en la sentencia, ninguno de los dos socios prestaba servicios que justificasen la retribución que percibían ni la sociedad repartía dividendos. Tampoco recibían ninguna retribución como administradores, puesto que sólo uno de ellos lo era y, de acuerdo con los estatutos sociales, el cargo era gratuito.

Algunos años más tarde, uno de estos socios se jubiló y entonces la sociedad siguió abonándole una cantidad algo inferior a la que había venido recibiendo los años anteriores. Al mismo tiempo, dicho socio fue cesado como administrador único de la sociedad y se designaron como nuevos administradores mancomunados al hijo del administrador cesado y al hijo de su consocia. De todos modos, los dos socios fundadores mantuvieron poderes generales para que cualquiera de ellos pudiera dirigir y gestionar en toda su extensión los negocios sociales.

El conflicto surgió cuando el socio jubilado transmitió todas sus participaciones a su hijo (el que había sido designado como administrador mancomunado de la sociedad) y poco después, ambos suscribieron un contrato de arrendamiento de servicios en virtud del cual convinieron que el hijo del socio jubilado cobraría la misma retribución que venía percibiendo su padre.

En primer lugar, la Audiencia Provincial concluye que la celebración del referido contrato de prestación de servicios sin autorización de la junta general justifica la nulidad del mismo, con la consiguiente devolución a la sociedad de las cantidades percibidas.

El segundo argumento utilizado por la Audiencia Provincial se refiere al pacto parasocial celebrado entre los dos socios fundadores de la sociedad. En concreto, concluye que *...el pacto parasocial vincula a los socios que lo suscribieron, sin que pueda hacerlo valer don Fermín, ajeno al mismo y adquirente de las acciones de su padre, en quien no pueden concurrir las cualidades que en su día llevaron a la otra socia a suscribirlo...*

Por tanto, la Audiencia Provincial no hace más que aplicar el principio de relatividad de los contratos (artículo 1257 del Código Civil), en virtud del cual, los pactos parasociales no producen efectos más allá de sus firmantes, a menos que éstos lo deseen y consientan la entrada de terceros. En este caso, la mera entrada en el capital social no permite al nuevo socio formar parte de los pactos parasociales suscritos por los socios fundadores.

4. La sentencia de la Audiencia Provincial de Barcelona núm. 229/2019, de 12 de febrero

La sentencia de la Audiencia Provincial de Barcelona trató el problema de la salida de un socio de un pacto parasocial omnilateral al haberse amortizado sus acciones.

El supuesto de hecho lo conforman cuatro sociedades inmobiliarias que decidieron participar en otra con el fin desarrollar un proyecto urbanístico e inmobiliario. A tal efecto, todas las sociedades suscribieron un pacto parasocial consistente en establecer un quórum de constitución de, al menos, el 75% del capital social y una mayoría cualificada de, al menos, el 80% de los partícipes.

El conflicto surgió cuando una vez adquirida la finca en la que se pretendía llevar a cabo el proyecto urbanístico e inmobiliario, se acuerda por unanimidad la reducción de capital social amortizando las participaciones de uno de los socios. Ello comportó una alteración en los porcentajes de los socios que mantuvieron su participación en la sociedad de forma que, si se entendía vigente el pacto parasocial, cualquiera de los socios podía bloquear la celebración de la junta o la adopción de acuerdos por mayoría reforzada, puesto que para alcanzar el quórum de constitución o la mayoría cualificada contenida en los pactos era necesario contar con los tres socios.

Por tanto, la cuestión que se planteó a la Audiencia Provincial de Barcelona se refiere a los efectos jurídicos de la salida de uno de los socios en relación con la vigencia y alcance de los pactos parasociales suscritos respecto a los socios que permanecen en la sociedad. En concreto, en la sentencia se analizó si el pacto entre socios estaba en vigor en el momento en el que tuvo lugar la celebración de la junta impugnada, habida cuenta de la salida de uno de los socios que formaba parte del pacto parasocial.

La Audiencia Provincial de Barcelona concluyó que no es posible resolver o extinguir el pacto parasocial por voluntad unilateral de uno de los socios si el resto de los firmantes no conocieron esa voluntad resolutiva. Por tanto, defendió que el pacto no debe considerarse resuelto por la mera modificación en la composición del capital social de la sociedad, sobre todo en un supuesto en el que la salida de uno de los socios por la amortización de sus participaciones no ha supuesto un cambio respecto de los otros tres, que únicamente han visto incrementado su porcentaje de participación.

No obstante lo anterior, la sentencia contiene también un voto particular firmado por dos de los Magistrados, que se refiere, entre otras cuestiones, a la vigencia de los pactos parasociales. Para esos dos Magistrados, los pactos parasociales no se encontraban en vigor cuando se convocó la junta impugnada, puesto que entienden que la salida de uno de los socios y la consiguiente modificación en la composición del capital social fueron motivos determinantes que hicieron decaer los pactos parasociales.

5. La sentencia del Tribunal Supremo núm. 120/2020, de 20 de febrero

Esta sentencia se ha pronunciado sobre un protocolo familiar en el que se preveía un reparto del capital social entre las diferentes ramas familiares de las sociedades del grupo. En concreto, los demandantes y recurrentes impugnaban determinados negocios de permuta, compraventa y donación de acciones y participaciones sociales que provocaban una modificación de los porcentajes de participación previstos en el protocolo familiar.

Entre otras cuestiones, lo que se discutió es si el protocolo familiar imponía a sus firmantes el deber de mantener los porcentajes de participación en el capital social de las distintas sociedades del grupo. Pudiera parecer que la posición del Tribunal Supremo es que los referidos pactos no imponen a los firmantes el deber de mantener los porcentajes de participación en el capital social: *...dichos acuerdos y criterios de reparto del capital social ni obliga a un mantenimiento perpetuo de dichos coeficientes, lo que sería contrario a la ley; ni comportan ninguna prohibición de transmisión de acciones y participaciones por sus titulares; ni imponen la imposibilidad de cesar a los consejeros. Por lo que concluye que los distintos negocios impugnados de permuta, compraventa y donación de acciones son válidos al no estar prohibidos por la ley ni por el convenio. Conclusiones que esta Sala comparte...*

No obstante, el Tribunal Supremo analizó también la duración del protocolo familiar, como si el pacto sí contuviera una prohibición de transmisión de acciones y participaciones por sus titulares, rechazando la perpetuidad o vinculación permanente de los pactos incluidos en el protocolo familiar. Apuntala esta conclusión haciendo alusión a la similitud de estos pactos con los de sindicación de acciones sin previsión de un plazo de duración, cuya validez ha sido reconocida siempre que no se trate de una vinculación permanente.

6. La sentencia del Tribunal Supremo núm. 674/2023, de 5 de mayo

Aunque esta sentencia no trate sobre un supuesto de transmisión de acciones y participaciones, es importante traerla a colación para poner de manifiesto que un pacto parasocial puede quedar sin efecto por la aplicación de la doctrina de los actos propios.

El procedimiento enfrentaba a dos hermanos propietarios de un grupo de sociedades que en un momento determinado decidieron suscribir un pacto parasocial para regular las relaciones entre ellos. Dicho pacto se suscribió además de por los dos socios, por las tres sociedades que formaban parte del grupo. El procedimiento se inició por uno de los dos hermanos solicitando la resolución del pacto de socios por incumplimiento grave del otro, así como una indemnización de daños y perjuicios.

El Tribunal Supremo desestimó el recurso de casación interpuesto por el demandante, sobre la base del principio general de buena fe y la doctrina de los propios actos. Recoge la sentencia que, si bien es cierto que el demandado incumplió el acuerdo de socios en varias ocasiones, la realidad es que las partes actuaron al margen del mismo durante más de diez años. La inaplicación del pacto parasocial y el carácter concluyente e indubitado de esa conducta, tuvo eficacia suficiente para crear en todas las partes del pacto una creencia de que el mismo carecía de efectos reales para regir la vida social. Por tanto, tal y como concluye el Tribunal Supremo, la demanda por incumplimiento del acuerdo de socios, *...tropieza con el obstáculo de la proscripción de la actuación contraria a las exigencias del principio de la buena fe y de la doctrina de los actos propios que, como hemos dicho antes, constituye un principio general del derecho que veda ir contra los propios actos (nemo potest contra propium actum venire) como límite al ejercicio de un derecho subjetivo o de una facultad...*

III. PACTOS PARASOCIALES Y SOCIOS QUE ABANDONAN LA SOCIEDAD

La cuestión que pretende analizarse es si siguen estando vinculados por los pactos parasociales aquellos socios que los suscribieron y que abandonan la sociedad. No puede ofrecerse una respuesta sin ambages a esta cuestión puesto que en cada caso resultará relevante determinar cuál es el objeto y la causa de dichos pactos. Además, como es lógico, la solución no puede ser común cuando estamos ante pactos que ofrecen una ventaja a la sociedad por parte el socio saliente o, viceversa, esto es, que se trata de pactos en beneficio del socio saliente. A continuación, se analizarán dichas casuísticas.

1. Pactos en beneficio de la sociedad

En cuanto al primer grupo de casos, esto es, aquellos pactos que se caracterizan por proporcionar alguna ventaja o beneficio a la sociedad, podemos encontrar numerosos ejemplos en la práctica, aunque el más común sería aquel en virtud del cual el socio se compromete a realizar determinadas prestaciones a favor de la sociedad (lo que bien puede asimilarse a las prestaciones accesorias en el ámbito estatutario). Supuestos más intrincados son aquellos en los que no solo queda afectado el socio que suscribe el pacto parasocial, sino también determinados terceros. Imaginemos el supuesto en el que el socio saliente se había comprometido a prestar determinados servicios a la sociedad a través de una tercera empresa que cuenta con su participación mayoritaria. Por tanto, la ventaja la obtiene la sociedad a través de un tercero, no directamente del socio saliente.

Entre los autores que se han ocupado de tratar esta cuestión, algunos de ellos ponen especial énfasis en la tipología del pacto. De esta manera, el profesor Miguel Iribarren[4] destaca la importancia de los pactos de atribución en la medida en que su cumplimiento a menudo no exige poseer la condición de socio. Lo anterior resulta relevante habida cuenta que existen muchos otros pactos que sí exigen ostentar la condición de socio, como un sindicato de voto, puesto que el pacto se vincula inexorablemente con los derechos políticos de los socios. En estos últimos casos, cuando los socios abandonan la sociedad, difícilmente pueden

4 IRIBARREN BLANCO, M., "Pactos parasociales y cambios de socios. (Una visión dinámica de los pactos parasociales)", *Revista de Derecho de Sociedades*, núm. 53/2018, 2018, p. 4.

seguir estando vinculados por este tipo de pactos pues ya no gozaran de los derechos políticos inherentes a la condición de socio. No obstante, como veremos en el apartado siguiente, también existen excepciones que permiten al socio que abandona la sociedad mantener su derecho de voto.

Otros autores en cambio, como Marta Flores Segura[5] consideran que el socio queda obligado por los pactos parasociales incluso cuando abandona la sociedad y ello como consecuencia del principio más elemental de relatividad de los contratos (artículo 1257 del Código Civil). Es decir, que la pérdida de su condición de socio no le exime de su cumplimiento ni siquiera en aquellos casos en que los pactos requieren la condición de socio, pues de lo contrario, con la mera transmisión podrá quedar liberado de su obligación. Es por ello por lo que, en tales casos, sugiere la autora Marta Flores Segura que podrá acudirse al mecanismo resarcitorio de la indemnización por daños y perjuicio cuando dichos pactos exigieran la condición de socio y el mismo se desprendiera de sus acciones o participaciones imposibilitando el cumplimiento de los pactos parasociales.

Sin embargo, tesis como la anterior, a mi entender, no pueden ser aplicadas a todos los casos, pues la pérdida de la condición de socio sí puede tener un efecto relevante en los pactos suscritos. Volviendo al ejemplo anterior, ¿continúa estando obligado el socio saliente a prestar servicios a la sociedad cuando ya no forma parte de la misma ni tiene un interés en la compañía? No puede ignorarse que la transmisión de las acciones o participaciones puede crear un desequilibrio en las relaciones de los firmantes de los pactos y una falta de reciprocidad en el caso del socio saliente

5 FLORES SEGURA, M, "Los pactos parasociales a favor de la sociedad", *Estudios jurídicos en memoria de Emilio Beltrán: liber amicorum*, Rojo Fernández Río, A. J., Campuzano Laguillo, B y Beltrán Sánchez, E.M. (coord.), Tirant lo Blanc, Valencia, 2015, pp. 291-314.

si se entendiera que debe continuar realizando la prestación en favor de la sociedad en la que ya no tiene interés alguno.

Para resolver lo anterior, el profesor Miguel Iribarren[6] trata muy bien la cuestión al concluir que lo relevante es estar a la causa de dichos pactos. De forma que, si el carácter del pacto es oneroso, es decir, que produce ventajas y sacrificios para sus firmantes y/o la sociedad, lo importante es determinar si el socio saliente puede continuar beneficiándose de sus ventajas. Pues, de otro modo, es posible que la causa del contrato deje de existir. De esta manera, por ejemplo, cuando todos los socios se han obligado a realizar determinadas prestaciones en favor de la sociedad, carecería de justificación que el socio saliente continuara obligado a realizar su prestación si no puede aprovecharse de las que realizan el resto de los firmantes, al haber abandonado la sociedad.

En cambio, si el pacto se concierta a título gratuito, el profesor Miguel Iribarren[7] entiende que el vendedor seguirá, por lo general, obligado, aunque pierda la condición de socio. No obstante, a mi entender, debe analizarse igualmente la causa de dicha prestación, puesto que, si dicha liberalidad se prometió teniendo en cuenta el interés del socio saliente en la compañía, la falta de reciprocidad debería poder esgrimirse para solicitar su terminación. Lo que parece claro es que la liberación de ese socio no sería automática tras la transmisión de sus acciones o participaciones.

En la práctica, también pueden existir supuestos en los que quien abandona la sociedad continue vinculado con la sociedad en virtud del propio contrato de compraventa. Por ejemplo, aquellos supuestos de transmisión de acciones o participaciones

6 IRIBARREN BLANCO, M., "Pactos parasociales y cambios de socios...", *op. cit.* p. 5.

7 IRIBARREN BLANCO, M., "Pactos parasociales y cambios de socios...", *op. cit.* p. 6.

en los que el socio saliente se compromete a continuar realizando determinadas prestaciones a favor de la sociedad durante un determinado tiempo. En estos casos, claramente, aunque el socio haya perdido tal condición, podrá reclamarse el cumplimiento de las obligaciones asumidas en virtud del contrato de compraventa.

En conclusión, no pueden establecerse reglas generales que determinen que suerte deben correr los pactos parasociales cuando alguna de las partes pierde su condición de socio. Pero lo que es evidente es que la salida de la sociedad no libera al socio sin más de las obligaciones asumidas en el pacto parasocial a favor de la sociedad ni tampoco impide que la sociedad pueda seguir aprovechándose en algunos casos de sus ventajas.

2. Pactos en beneficio del socio que abandona la sociedad

La solución aquí tampoco es automática pues dependerá en gran medida de si los socios salientes conservan un interés en la sociedad. Por ejemplo, cuando la prestación de un servicio por parte del socio le lleva a ostentar también la posición de acreedor de la sociedad. Otro supuesto claro sería cuando en el contrato de compraventa se pacta un precio aplazado cuyo impago comporta la restitución de las acciones o participaciones transmitidas o se pignoran las acciones o participaciones como garantía.

En general, cuando el socio saliente conserva un interés en la sociedad, la doctrina[8] no considera especialmente problemáticos aquellos pactos que tienen como objetivo el mantenimiento del patrimonio social. Por ejemplo, pactos en los que se acuerda destinar los beneficios a reservas y no a dividendos. Su vigencia estaría plenamente justificada pese a la pérdida de la condición de

8 IRIBARREN BLANCO, M., "Pactos parasociales y cambios de socios...", *op. cit.* p. 9.

socio, pues este continúa manteniendo un interés en la sociedad pese a su salida.

Los casos más complicados de resolver son aquellos que involucran a pactos que afectan a los derechos políticos. Como ejemplo cabe citar aquellos supuestos en los que se prevé la propia cesión del derecho de voto a favor del socio que abandona la sociedad. Precisamente este último caso es el supuesto que analizaba la sentencia del Tribunal Supremo núm. 616/2012 de 23 de octubre, a la que nos hemos referido en el apartado de jurisprudencia. El Tribunal Supremo consideró perfectamente válidos este tipo de pactos que permitían al socio saliente retener el derecho de voto, en la medida que el socio mantenía un interés en la sociedad como consecuencia del pago aplazado.

En el plano práctico, otra cuestión interesante que suscita esta sentencia tiene que ver con la oponibilidad de dicha reserva de voto a la sociedad. El profesor Miguel Iribarren[9] entiende que no existen razones de fondo que justifiquen que la reserva de voto no puede ser opuesta. Si se admite el ejercicio de voto a través de representante y se aceptan este tipo de pactos parasociales que regulan la reserva de voto, no cabría oponerse a dicha cesión de voto por posibles peligros para el interés social, máxime, cuando el socio vendedor sigue manteniendo un interés en la compañía al haberse reservado ese derecho de voto hasta cobrar el precio en su totalidad.

No obstante, una aproximación práctica a la cuestión a la luz de la jurisprudencia más reciente del Tribunal Supremo[10]

9 IRIBARREN BLANCO, M. "La reserva de los derechos políticos en la compraventa de acciones con precio aplazado", *Tratado de la compraventa: Homenaje a Rodrigo Bercovitz*, Carrasco Perera, Á. (dir.), Thomson Reuters Aranzadi, 2013, pp. 271-292.

10 Por ser la más reciente, se cita la sentencia del Tribunal Supremo núm. 300/2022, de 7 de abril (ECLI:ES:TS:2022:1386).

en esta materia, implica la aparición de serias dificultades para la oponibilidad a la sociedad de dicha cesión de voto, si esta no ha sido parte en el contrato. Por ello, a la vista del criterio mantenido por el Tribunal Supremo, sería una opción muy recomendable recabar el consentimiento de la sociedad respecto a la reserva de derecho de voto pactada en el marco de la compraventa.

IV. PACTOS PARASOCIALES Y NUEVOS SOCIOS

De entrada, la inoponibilidad de los pactos parasociales al socio entrante resulta bastante evidente, máxime a la luz de la última sentencia del Tribunal Supremo de 7 abril de 2022, núm. 300/2022 (ECLI:ES:TS:2022:1386), en la que se reiteró que los mismos no pueden ser oponibles a terceros ajenos a los mismos. En concreto, el Tribunal Supremo rechazó que pudiera ser oponible a la sociedad un pacto parasocial familiar incluso en un caso en el que los pactos eran omnilaterales (esto es, suscritos por todos sus socios), por no haberlos suscritos la compañía. Sin perjuicio de lo anterior, cabe decir que aún existe doctrina encabezada por el profesor Cándido Paz-Ares[11] que sigue manteniendo la tesis de la oponibilidad de dichos pactos a la sociedad cuando los suscriben todos sus socios.

Partiendo del criterio mantenido por el Tribunal Supremo, como regla general, debe señalarse que los pactos parasociales prexistentes no vinculan al nuevo socio puesto que no circulan junto a las acciones o participaciones sociales adquiridas, salvo que dichos pactos estén también incorporados a los estatutos.

11 PAZ-ARES. C, "Violación de pactos, impugnación de acuerdos y principio de no contradicción", *Revista de Derecho Mercantil*, núm. 325/2022, 2022, pp. 9-86.

No obstante, es evidente que no en todos los supuestos vamos a poder trasladar los pactos parasociales a los estatutos, porque ello supondría revelar el contenido de unos pactos parasociales que queremos mantener reservados y porque a lo mejor su contenido no puede inscribirse en el Registro Mercantil, al estar limitados por las normas del derecho de sociedades. Además, puede suceder también que los firmantes del pacto no sean todos y que no reúnan la mayoría suficiente para adoptar el acuerdo de modificación estatutaria.

Por tanto, si queremos que dichos pactos parasociales vinculen a los nuevos socios, puede ser recomendable prever en los estatutos sociales o en los pactos parasociales que la venta de las participaciones o acciones requiera la previa adhesión a los pactos parasociales por parte del nuevo socio. Sin embargo, estas soluciones tampoco están exentas de dificultades, puesto que no aseguran que adhesión de los nuevos socios a dichos pactos y, en ese caso, entre los remedios disponibles cabrían acciones resarcitorias frente al socio transmitente que suscribió los pactos.

La aparente inoponibilidad de los pactos parasociales a los nuevos socios, queda en entredicho cuando vemos que existen determinados pactos que pueden beneficiarle o perjudicarle por los efectos que producen entre los socios firmantes, aunque dichos pactos no hayan sido suscritos expresamente por el adquirente.

Por ejemplo, pensemos en aquellos casos en los que el socio vendedor continúa ligado por el pacto parasocial a realizar una determinada prestación en beneficio de la sociedad, según lo que hemos indicado en los apartados previos. En este caso entiende el profesor Miguel Iribarren[12] que el socio adquiriente podrá

12 IRIBARREN BLANCO, M., "Pactos parasociales y cambios de socios...", *op. cit.*, p. 21.

ejercitar en la sociedad las acciones que sean de menester para reclamar el cumplimiento del pacto a favor de la sociedad.

No obstante, los nuevos socios no deben soportar aquellos pactos parasociales que sean perjudiciales para el interés de la sociedad. Conviene traer a colación la sentencia de la Audiencia Provincial de Madrid núm. 406/2016, de 25 de noviembre a la que nos hemos referido en el apartado de jurisprudencia, en la que se trataba un pacto que preveía un reparto de dividendos encubiertos entre los socios iniciales de la sociedad. Lo que se analizaba en la sentencia era la validez de un contrato de prestación de servicios suscrito entre el socio transmitente y el socio adquirente (padre e hijo) a fin de que, con la salida del padre, el hijo pudiera cobrar los dividendos encubiertos que hasta la fecha el socio saliente y su consocia habían venido percibiendo. Como se ha visto, esta fórmula no prosperó porque el socio adquirente no formaba parte de los pactos parasociales (principio de relatividad de los contratos *ex.* artículo 1257 del Código Civil) y su mera entrada en el capital social no le permitía de forma automática formar parte de dichos pactos.

Por tanto, en un caso como el que analizó la Audiencia Provincial de Madrid, la acción que le quedaría al socio adquirente sería la de impugnación del contrato de prestación de servicio por ilicitud de causa, al tratarse, en realidad, de dividendos encubiertos. En realidad, se trataría de una ilicitud sobrevenida como consecuencia de la transmisión de las acciones o participaciones.

Otro supuesto al que conviene hacer referencia es aquel en el que socio adquirente queda vinculado como consecuencia de la aceptación tácita del pacto parasocial. Esto podrá ocurrir en aquellos pactos parasociales que tengan vocación de vincular a todos los socios (pactos universales) y no solo algunos de ellos debido a sus circunstancias personales (*intuitu personae*). Para que pueda entenderse que los socios adquirentes han aceptado tácitamente los pactos parasociales es necesario que los conozcan y que realicen actos que inequívocamente presupongan su aceptación.

Según apunta el profesor Miguel Iribarren[13] la mera coherencia de la conducta del nuevo socio con el contenido de los pactos parasociales no es suficiente para deducir que existe una voluntad inequívoca de quedar obligado. ¿Entonces su cumplimiento no equivale a aceptación? Depende del caso. La cuestión es que de la conducta del socio pueda inferirse su aceptación porque la misma no venga respaldada por ningún otro elemento (como los estatutos sociales) que justique su conducta.

Como veíamos en la sentencia del Tribunal Supremo 674/2023, de 5 de mayo, los actos propios y el principio general de buena fe limitaran la conducta del socio adquirente. Si el socio adquirente ha estado actuando conforme a los pactos parasociales, habiendo generado una confianza legítima en el resto de los socios de que los ha aceptado tácitamente, de bien seguro que será complicado que luego pueda esgrimir una vulneración de los estatutos y alegar que no queda vinculado por los mismos al no ser parte.

El consentimiento tácito del nuevo socio también puede inferirse del contenido del propio contrato de compraventa. Para ello, también conviene referirse a la sentencia del Tribunal Supremo núm. 708/2015, de 17 de diciembre, en la que el socio adquirente negaba estar vinculado por la indemnización de la administradora pactada en un contrato de alta dirección suscrito con carácter previo a su entrada en la sociedad. El Tribunal Supremo concluyó que sí quedaba vinculado puesto que conocía dicho pacto al deducirse así del propio contrato de compraventa. Además, al tratarse de una sociedad de socio único los estatutos hubieran podido modificarse por éste, por la falta de reflejo es-

13 IRIBARREN BLANCO, M., "Pactos parasociales y cambios de socios...", *op. cit*, pp. 23-24.

tatutario de la indemnización de la administradora, en este caso, sería una mera formalidad.

V. PACTOS PARASOCIALES Y SOCIOS QUE PERMANECEN EN LA SOCIEDAD

Esta tercera cuestión podría resolverse por aplicación de la regla general de resolución de los contratos, de forma que, los socios que permanecen en la sociedad podrían intentar alegar la frustración del contrato por falta de causa derivada de la salida del socio vendedor. Lo anterior, resulta incluso más claro cuando se trata de pactos omnilaterales, esto es, suscritos por todos los socios.

De nuevo, conviene traer como ejemplo el pacto de sindicación de voto entre todos los socios. Es evidente que, si uno de los socios transmite su participación, la eficacia del compromiso de voto quedaría claramente comprometida si el nuevo socio no se adhiere al pacto.

Por tanto, la venta de las acciones o participaciones puede determinar la pérdida sobrevenida de la causa del pacto parasocial, lo que podría provocar la terminación del mismo.

No obstante, debe traerse a colación la sentencia de la Audiencia Provincial de Barcelona núm. 229/2019, de 12 de febrero en la que tras la salida de un socio se concluye que no es posible entender extinguido el pacto parasocial para el resto de los socios que permanecen en la sociedad. Recodemos que se pactaban una determinadas mayorías reforzadas y quórums de constitución que, con la salida de uno de los socios (por amortización de sus acciones) y el reajuste de sus porcentajes de participación, eran equivalentes a la unanimidad pues solo era posible el alcanzarlas con todos los socios.

De todos modos, esta cuestión no deja de ser controvertida, máxime cuando la sentencia contiene un voto particular firmado por dos de los Magistrados que entienden que los pactos decayeron al modificarse la composición del capital social, esto es, con la salida de uno de los socios que suscribió los pactos parasociales.

Nótese que, en el caso anterior, se trataba de un pacto omnilateral, es decir, suscrito por todos los socios existente en ese momento en la compañía. Por tanto, cuando fue suscrito se tenían en cuenta los porcentajes de participación existentes en ese preciso momento y, con base en ellos, se pactaron las mayorías reforzadas y los quórums de constitución.

El cambio en la composición del capital podría interpretarse como falta de causa sobrevenida que impide la consecución del contrato. No obstante, la tesis que hasta ahora ha defendido el Tribunal Supremo es la de mantener la vigencia de este tipo de pactos universales para los socios que los suscribieron y permanecen en la sociedad. Lo anterior habría que conjugarlo con la duración de dichos pactos parasociales, puesto que el Tribunal Supremo ha rechazado la perpetuidad o vinculación permanente de los mismos. Para ello nos referimos a la sentencia del Tribunal Supremo núm. 120/2020, de 20 de febrero, citada anteriormente.

Por último, deben también mencionarse los supuestos en los que los socios que permanecen están obligados a realizar determinadas prestaciones que no alcanzan al socio adquirente. Aquí podría plantearse la posibilidad de acudir a la ruptura del pacto como consecuencia de la falta de reciprocidad. Por ejemplo, supongamos que los socios se obligan a no cobrar dividendos durante un determinado periodo de tiempo con el ánimo de reinvertir en la sociedad. Si la misma obligación no es asumida por el socio adquirente, obviamente comportará un desequilibrio que podría servir para justificar su extinción.

VI. BIBLIOGRAFÍA Y JURISPRUDENCIA

FLORES SEGURA, M, "Los pactos parasociales a favor de la sociedad", *Estudios jurídicos en memoria de Emilio Beltrán: liber amicorum*, Rojo Fernández Río, A. J., Campuzano Laguillo, B y Beltrán Sánchez, E.M. (coord.), Tirant lo Blanc, Valencia, 2015.

IRIBARREN BLANCO, M., "La reserva de los derechos políticos en la compraventa de acciones con precio aplazado", *Tratado de la compraventa: Homenaje a Rodrigo Bercovitz*, Carrasco Perera, Á. (dir.), Thomson Reuters Aranzadi, 2013.

— "Pactos parasociales y cambios de socios. (Una visión dinámica de los pactos parasociales)", *Revista de Derecho de Sociedades*, núm. 53/2018, 2018.

MARTÍNEZ ROSADO, J., *Los pactos parasociales*, Marcial Pons, Madrid, 2017.

PAZ-ARES, C., "El enforcement de los pactos parasociales", *Actualidad jurídica de Uría Menéndez*, núm. 5/2003, 2003.

— "La cuestión de la validez de los pactos parasociales", *Actualidad jurídica Uría Menéndez Homenaje al profesor D. Juan Luis Iglesias Prada*, extraordinario, 2011.

— "Violación de pactos, impugnación de acuerdos y principio de no contradicción", *Revista de Derecho Mercantil*, núm. 325/2022, 2022.

SÁEZ LACAVE, Mª. I., "Los pactos parasociales de todos los socios en Derecho español. Una materia en manos de los jueces", *InDret Revista para el análisis de Derecho*, núm. 3.2009, 2009.

— Sentencia del Tribunal Supremo núm. 616/2012, de 23 de octubre (ECLI:ES:TS:2012:6729).

— Sentencia del Tribunal Supremo núm. 708/2015, de 17 de diciembre (ECLI:ES:TS:2015:5225).

— Sentencia de la Audiencia Provincial de Madrid núm. 406/2016, de 25 de noviembre (ECLI:ES:APM:2016:17592).

— Sentencia de la Audiencia Provincial de Barcelona núm. 229/2019, de 12 de febrero (ECLI:ES:APB:2018:14143).

— Sentencia del Tribunal Supremo núm. 120/2020, de 20 de febrero (ECLI:ES:TS:2020:5079).

— Sentencia del Tribunal Supremo núm. 674/2023, de 5 de mayo (ECLI:ES:TS:2023:1965).
— Sentencia del Tribunal Supremo núm. 300/2022, de 7 de abril (ECLI:ES:TS:2022:1386).

Capítulo 22

EFICACIA Y VALIDEZ DE LOS PACTOS PARASOCIALES. MEDIDAS PARA ASEGURAR SU CUMPLIMIENTO E INSTRUMENTOS PARA ARTICULAR LA PERMANENCIA DE LOS SOCIOS

Naiara Bueno Aybar
Abogada especializada en Derecho Mercantil y Societario
J&A Garrigues, S.L.P.

SUMARIO: I. EFICACIA Y VALIDEZ DE LOS PACTOS PARASOCIALES. 1. Eficacia de los pactos parasociales. 2. Validez de los pactos parasociales. II. MEDIDAS PARA ASEGURAR EL CUMPLIMIENTO DE LOS PACTOS PARASOCIALES. 1. Medidas generales. 2. Prestación accesoria consistente en la obligatoriedad de suscribir el acuerdo. III. EL COMPROMISO DE PERMANENCIA. 1. Instrumentos para articular la permanencia y protección frente a su incumplimiento. 1.1. Prohibición de transmisión o "Lock-ups". 1.2. Extensión estatutaria o parasocial de la prohibición de transmisión. 2. Refuerzos para proteger a los socios entre sí. 3. Inscripción de cláusulas estatutarias sobre ventas forzosas. 4. Oponibilidad de acuerdos sobre transmisión de participaciones. IV. BIBLIOGRAFÍA.

I. EFICACIA Y VALIDEZ DE LOS PACTOS PARASOCIALES

1. Eficacia de los pactos parasociales

Uno de los elementos más controvertidos en la actualidad en relación con la confección de pactos parasociales es precisamente el debate en torno a su eficacia. La posición tradicional es que los pactos parasociales son inoponibles frente a terceros, pero cada vez se está cuestionando más dicha posición, constatándose una progresiva evolución en favor de un mayor reconocimiento de su eficacia y, en especial, en aquellos casos en que el acuerdo ha sido suscrito por todos los socios titulares del capital social de la sociedad.

Esta fue la conclusión del Tribunal Supremo en su sentencia de 25 de febrero de 2016[1] , cuyo pronunciamiento ha significado un antes y un después en la interpretación del alcance de la eficacia de dichos pactos. Tal y como se desarrolla en el cuerpo argumentativo de la sentencia citada, el tradicional conflicto en el seno de una sociedad se origina cuando existen dos regulaciones contradictorias, es decir, la que resulta de los estatutos sociales o de las provisiones legales y la establecida en los pactos parasociales. Concretamente, y siguiendo la literalidad de lo argumentado por el Tribunal Supremo, *...los problemas derivados de esta contrariedad resultan más acusados cuando el pacto parasocial ha sido adoptado por todos los socios que lo siguen cuando se plantea el conflicto...* A este tipo de pactos se les conoce comúnmente como los pactos omnilaterales.

La posición del Tribunal Supremo se fundamenta en las exigencias derivadas de la buena fe, de manera que estas se infringen cuando un socio impugna un determinado acuerdo social centrado en dar cumplimiento a lo establecido en una cláusula de un pacto parasocial que el mismo socio ha suscrito y acordado: *...Infringe las exigencias derivadas de la buena fe la conducta del socio que ha prestado su consentimiento en unos negocios jurídicos, de los que resultó una determinada distribución de las acciones y participaciones sociales, en los que obtuvo ventajas (la adquisición de la nuda propiedad de determinadas acciones y participaciones sociales) y en los que se acordó un determinado régimen para los derechos de voto asociados a esas acciones y participaciones (atribución al usufructuario de las acciones y participaciones sociales transmitidas), cuando impugna los acuerdos sociales aprobados en la junta en que se hizo uso de esos derechos de voto conforme a lo convenido...*

1 ECLI:ES:TS:2016:659.

Por todo lo anterior, la referida sentencia ha originado un nuevo debate en relación con la interpretación sobre la eficacia de los pactos parasociales. En este sentido, de dicha sentencia han surgido dos posiciones claramente contrapuestas: los que defienden que es conveniente distinguir conceptualmente y diferenciar normativamente el plano societario y el plano contractual y los que defienden que los pactos omnilaterales son reglas del contrato social y, por lo tanto, entran dentro de la esfera de la persona jurídica.

La primera de las posiciones considera que, conceptualmente, cabe distinguir entre las relaciones sociales, emanadas de los estatutos sociales y de la normativa aplicable, de las relaciones parasociales, esto es, de las relaciones originadas en virtud de un contrato entre socios de una sociedad. El planteamiento que fundamenta dicha posición es la siguiente: el plano societario es el que unifica a los socios a través de la sociedad (de ahí el nacimiento de una única personalidad jurídica) y el plano contractual, en cambio, se centra exclusivamente en relaciones obligacionales que no se corresponden propiamente con la sociedad, sino que se quedan únicamente en el ámbito de sus socios, incluso en el caso de los pactos parasociales. Un soporte notable a esta tesis es la que el Tribunal Supremo, contradiciéndose con la sentencia citada en los párrafos anteriores, establece en su sentencia posterior de 7 de abril de 2022[2] : *...se trata de un contrato asociativo distinto del contrato social, que no se integra en el ordenamiento de la persona jurídica, de forma que despliega sus efectos en el ámbito de las relaciones obligatorias de quienes lo celebran...*

Ahora bien, los defensores de la segunda vertiente afirman que los pactos omnilaterales son reglas del contrato social y, por tanto, entran dentro de la esfera de la persona jurídica. En este sentido,

2 ROJ: STS 1386/2022-ECLI:ES:TS:2022:1386.

defienden que las acciones de impugnación de acuerdos sociales son esencialmente acciones de incumplimiento, cuya función es reaccionar frente a conductas incumplidora de "reglas sociales" y, por ello, los pactos parasociales se deben incluir en dichas reglas. Así pues, argumentan que el socio que incumple con las disposiciones del pacto parasocial que ha suscrito, no solamente infringe las exigencias de la buena fe, sino que está incumpliendo un pacto que forma parte de las promesas que ese socio ha hecho a los restantes socios igual que cualquier otra derivada de relaciones obligatorias exigidas por los estatutos y por la normativa aplicable.

Se refuerza todavía más esta idea de integración con la tradicional cláusula de los pactos parasociales que obliga a introducir su contenido en los estatutos en la mayor medida posible. Esto, según argumentan, es un indicio claro que el contenido del pacto omnilateral y el contenido de los estatutos es homogéneo y se debe entender como complementario.

2. Validez de los pactos parasociales

En relación con la validez de los pactos parasociales, la falta de una normativa reguladora ha llevado a cuestionarse constantemente cuáles pueden ser los límites del contenido de estos pactos.

De los límites que condicionan el posible contenido del pacto de socios hay uno que es muy claro, y es el que afecta al régimen general del derecho de obligaciones, donde el reconocimiento a la autonomía de la voluntad (artículo 1.255 CC) se ve supeditado a que no se infrinja la Ley, la moral o el orden público. En este sentido, respecto a los pactos de socios, el límite más claro es la adecuación a la Ley y aquí es donde surge el principal conflicto, el cual se focaliza en la interpretación del término "Ley". La conclusión más consensuada finaliza con que el límite al contenido de los pactos parasociales son las normas imperativas y los principios configuradores de cada tipo social, es decir, que la validez de los pactos parasociales estaría sujeta a que no existieran desviaciones jurídicas de dichas normas. No obstante, dicha conclusión presenta algunas lagunas en la práctica como, por ejemplo, la configuración de una unanimidad encubierta en los estatutos sociales para la toma de decisiones sobre determinadas materias (cuya cuestión es objeto de análisis más adelante).

II. MEDIDAS PARA ASEGURAR EL CUMPLIMIENTO DE LOS PACTOS PARASOCIALES

1. Medidas generales

Las medidas tradicionales para asegurar el cumplimiento de los pactos parasociales e intentar equiparar su validez a la de los estatutos sociales no ha variado desde el cambio comentado en la STS de 25 de febrero de 2016. Consecuentemente, las medidas más utilizadas en la práctica y que derivan en un resultado más certero cuando los tribunales jurisdiccionales entran a valorar el contenido del pacto parasocial, son, entre otras, la obligatoriedad de que un tercero adquirente de participaciones sociales de la sociedad suscriba el pacto de socios en simultaneidad de acto con la adquisición de participaciones (todo ello con la finalidad de que el pacto de socios siga considerándose un pacto omnilateral) o elevar a público el pacto parasocial para dotarlo de fuerza ejecutiva.

Ahora bien, la medida estrella para asegurar el cumplimiento del pacto parasocial es la configuración en los estatutos sociales de las mayorías necesarias en sede de junta general o de órgano de administración para conseguir que determinadas materias consideradas reservadas se acuerden por unanimidad. Así pues, los estatutos sociales quedarían redactados de manera que, sin incorporar el contenido literal del acuerdo entre socios, se asegurase la unanimidad en la toma de decisiones de las materias reservadas (evitando de este modo la aplicación del artículo 200.1 de la Ley de Sociedades de Capital).

Adicionalmente, también suele ser habitual incluir una prestación accesoria a cada participación social consistente en la obligatoriedad de cumplir en todo momento con el pacto de socios.

2. Prestación accesoria consistente en la obligatoriedad de suscribir el acuerdo

Tal y como comentado en el párrafo anterior, uno de los aspectos más importantes en la configuración de todo pacto de socios es la inclusión de medidas encaminadas a asegurar su cumplimiento por parte de los socios actuales. No obstante, también es esencial incluir las medidas necesarias para asegurar el cumplimiento del contrato por parte de futuros socios.

Es por este motivo que, entre otras cuestiones, se suele (i) incluir una cláusula que obligue a suscribir el pacto parasocial por todos los socios (ya sean actuales o futuros); (ii) elevar el pacto parasocial a público para dotarlo de fuerza ejecutiva e (iii) incluir como prestación accesoria el cumplimiento de todos sus términos y condiciones.

La inscripción de este tipo de prestaciones accesorias en los estatutos sociales ha sido objeto de debate en el ámbito de la doctrina y de la jurisprudencia y es por ello que cabe destacar la Resolución de 26 de junio de 2018 de la Dirección General de los Registros y del Notariado (ahora Dirección General de Seguridad Jurídica y Fe Pública). De la lectura de dicha resolución es esencial destacar el texto cuya literalidad se transcribe a continuación: *...y, en el ámbito doctrinal, se admite que la eficacia de los pactos parasociales y, en concreto de los protocolos familiares, se asegure frente a la sociedad y los terceros, en el ámbito del ordenamiento corporativo, mediante determinados remedios esta-*

tutarios, uno de los cuales es precisamente el empleado en el caso del presente recurso: la configuración de la obligación de cumplir el protocolo familiar como una prestación accesoria, de modo que su incumplimiento se sancione con la exclusión del socio incumplidor. Además, añade la DGSJFP que *...la obligación en que consiste la prestación accesoria está perfectamente identificada mediante su formalización en la escritura pública que se reseña, de suerte que su íntegro contenido está determinado extraestutariamente de manera perfectamente cognoscible no solo por los socios actuales que lo han aprobado unánimemente sino por los futuros socios que, al adquirir las acciones quedan obligados por la prestación accesoria cuyo contenido es estatutariamente determinable.*

Así pues, es perfectamente inscribible la prestación accesoria que obliga a cumplir con el pacto parasocial, más aún cuando éste ha sido elevado a público. El efecto jurídico de todo ello, más allá de los efectos que tiene frente a los socios actuales de la sociedad, es que todo nuevo socio que adquiera participaciones sociales de la sociedad estará obligado a cumplir con el pacto de socios y, como consecuencia de las propias obligaciones emanadas del pacto de socios, la obligatoriedad del nuevo socio a suscribir dicho pacto.

De esta manera, se puede afirmar que la inclusión de la prestación accesoria es el mejor remedio para, por un lado, asegurar el cumplimiento de su contenido y, por otro lado, obligar a nuevos socios a adherirse al referido pacto.

III. EL COMPROMISO DE PERMANENCIA

En la confección de los pactos parasociales y, en especial, en la configuración del régimen de transmisión de participaciones o acciones, se suelen incluir determinadas disposiciones con la finalidad de garantizar una cierta previsibilidad respecto al tiempo de permanencia de los socios suscriptores del pacto parasocial.

Estas disposiciones cobran sentido en sociedades vinculadas a un determinado proyecto con vistas a una rentabilidad determinada en un plazo cierto. Se trata de asegurar que los socios que se han considerado recíprocamente adecuados para la sociedad o proyecto permanecen en el capital hasta que acaben los plazos de desarrollo del negocio que se hayan estimado necesarios (comúnmente observable en las *joint ventures*).

Así pues, los pactos parasociales acostumbran a contener tres grandes bloques de regulación: la entrada en el capital social, la explotación del negocio y la terminación o eventual salida de la sociedad, siendo en estas dos últimas fases cuando los compromisos de permanencia cobran mayor relevancia, pues buscan precisamente evitar ciertas situaciones de conflicto entre socios.

Por ello, más allá de regular la toma de decisiones a través de los órganos de gobierno y de ordenar el reparto de los beneficios sociales, las principales cuestiones debatidas en el seno de las negociaciones de un pacto parasocial pasan por asegurar la permanencia de algunos socios en el proyecto durante un tiempo determinado o que, al menos, se proteja a los restantes socios en caso de que alguno de ellos quiera dejar de formar parte del mismo. A tales efectos, se introducen diferentes instrumentos y/o mecanismos que regulan dicha permanencia y son precisamente estos instrumentos unos de los más debatidos y, en consecuencia, de los que generan más controversia en el seno de la jurisprudencia y la doctrina.

1. Instrumentos para articular la permanencia y protección frente a su incumplimiento

En línea con lo anticipado, existen una serie de instrumentos y/o mecanismos de los que pueden valerse los socios para articular los compromisos de permanencia. Ahora bien, el debate en torno a estos instrumentos, más allá de la adecuación de cada uno en función del tipo de proyecto o sociedad, se origina en torno a la posibilidad de incluirlos en los estatutos sociales o si, por el contrario, deben mantenerse en la esfera contractual de los pactos parasociales.

La respuesta varía en función de cada instrumento y/o mecanismo debido a que todos ellos tienen por objeto aplicaciones y protecciones distintas que siguen, en mayor o menor medida, los requisitos de inscripción emanados de la normativa aplicable.

1.1. Prohibición de transmisión o "Lock-ups"

La Ley de Sociedades de Capital y el Reglamento del Registro Mercantil contienen entre sus disposiciones la posibilidad de incorporar en los estatutos sociales prohibiciones de transmisión de las participaciones o acciones de una determinada sociedad durante un periodo de tiempo concreto.

En particular, los artículos 108.3 y 108.4 de la Ley de Sociedades de Capital permiten incluir en los estatutos sociales prohibiciones de transmisión de las participaciones sociales siempre y cuando se le otorgue al socio un derecho libre de separación para que pueda separarse de la sociedad en cualquier momento y dicha prohibición no sea superior a un plazo de cinco años desde la constitución de la sociedad (o desde el otorgamiento de la correspondiente escritura pública de ampliación de capital). Sin embargo, y en relación con las sociedades anónimas, el artículo 123.4 del Reglamento del Registro Mercantil reduce el plazo de prohibición para establecerlo en dos años.

A tales efectos, la propia normativa ya permite a los socios vincularse entre sí por un periodo determinado. No obstante, y centrándonos en el ámbito de la sociedad de responsabilidad limitada, se requiere en muchas ocasiones establecer un periodo de no transmisión superior a cinco años. Por ello, y acudiendo al espíritu de la norma, en caso de que los pactos parasociales incluyan una prohibición a la transmisión de participaciones superior a cinco años, se deberá acompañar a los estatutos sociales de la correspondiente cláusula reconociendo a los socios su derecho de separación en cualquier momento y, por tanto, contar con el voto favorable unánime de todos los socios. Asimismo, y para evitar otorgarles a los socios un derecho de separación unilateral, se acostumbra a no incluir la prohibición de disposición en los estatutos sociales y articularla por vía contractual.

1.2. Extensión estatutaria o parasocial de la prohibición de transmisión

En el plano de los pactos parasociales, esta cuestión ha originado un auténtico debate doctrinal debido, principalmente, a los principios fundamentales del derecho contractual, esto es, la denuncia de un contrato en función de si este es de duración indefinida (la reconocida "denuncia ordinaria", por la cual las partes son libres de resolver la relación contractual unilateralmente) o de duración determinada (artículo 1.256 del Código Civil, por el cual las partes deben atender a la regulación del contrato para articular su salida). Al ser los pactos parasociales de naturaleza contractual, la lógica invitaría a pensar que se les aplican los mismos principios que a cualquier otro tipo de contrato. Sin embargo, atendiendo al artículo 1.705 del Código Civil, si una sociedad se constituye con carácter indefinido, sus socios no pueden "abandonarla" sin justa causa, por lo que se origina la siguiente contradicción: asumiendo que los estatutos sociales no prevén una prohibición de transmisión superior a cinco años y, por ende, no se otorga a los socios un derecho de separación unilateral, ¿por qué esos mismos socios podrían desvincularse libremente sin causa alguna del pacto parasocial?

En el ámbito doctrinal, y en aras de buscar un remedio a la paradoja expuesta, se puede apreciar que se ha distinguido entre los siguientes pactos parasociales: los pactos llamados "pactos parasociales relacionales", cuyo único fin es modular los deberes y prohibiciones entre los socios sin incorporar obligaciones específicas de realizar prestaciones concretas, y los pactos que obligan a los socios a acometer determinadas prestaciones.

Así pues, y desde la más estricta interpretación teleológica de la denuncia ordinaria, su imperatividad emana de la prohibición de establecer vinculaciones "opresivas" y no de la propia regla de la denuncia ordinaria. Por lo tanto, el motivo por el cual se permite desvincularse de una relación contractual indefinida, sin causa alguna, es precisamente dar herramientas a las partes para no encontrarse "enjauladas" en una relación perpetua suponiéndoles tal perjuicio.

En línea con lo anterior, y en el plano societario, el carácter indefinido de un pacto parasocial relacional no supone la perpetuidad de una obligación de prestar de los socios, sino la mera aplicación de los mismos principios observables en las relaciones entre los socios que se infiere del derecho societario. En otras palabras, el pacto parasocial relacional es análogamente equiparable a los estatutos sociales y, por ende, la permanencia de los socios debería contar con la misma protección que la otorgada societariamente (excluyendo de este modo la "denuncia ordinaria").

2. Refuerzos para proteger a los socios entre sí

Otras maneras de articular compromisos de permanencia (o evitar que determinados socios se queden en una sociedad que carece de sentido tras la marcha de aquellos que se lo conferían) es a través de la inclusión de las famosas cláusulas de "*Drag-Along*" (derecho de arrastre) y "*Tag-Along*" (derecho de acompañamiento) en los pactos parasociales. Si bien en la práctica estas cláusulas son del todo habituales en los pactos parasociales, la controversia en torno a ellas radica en su inclusión en los estatutos sociales por el hecho de si son realmente inscribibles.

Tanto las cláusulas de *"Tag-Along"* como de *"Drag-Along"* encajan en el artículo 188.3 del Reglamento del Registro Mercantil y, por lo tanto, a priori, se pueden incorporar en los estatutos sociales: *3. Serán inscribibles en el Registro Mercantil las cláusulas estatutarias que impongan al socio la obligación de transmitir sus participaciones a los demás socios o a terceras personas determinadas cuando concurran circunstancias expresadas de forma clara y precisa en los estatutos.*

Ahora bien, el problema puede aparecer en un supuesto donde el tercero adquirente esté interesado únicamente en adquirir un porcentaje de participación en el capital (el que le asegure el control de la sociedad) y, al verse obligado estatutariamente a adquirir el 100%, pierda el interés de suscribir tal operación. La solución a dicho supuesto sería el siguiente: no obligar a comprar todas las participaciones de los demás socios que manifiesten su voluntad de vender, sino el porcentaje pretendido prorrateando las participaciones entre los socios que las han ofrecido.

No obstante, el impedimento legal de incorporar este mecanismo en los estatutos sociales se encuentra en el artículo 108.2 de la Ley de Sociedades de Capital: *2. Serán nulas las cláusulas estatutarias por las que el socio que ofrezca la totalidad o parte de sus participaciones quede obligado a transmitir un número diferente al de las ofrecidas.*

Entonces, el último recurso con el que se cuenta para incorporar en los estatutos sociales todas estas provisiones y que no se originen problemas de inscripción es el de facultar al socio oferente para que decida si sigue adelante con la operación (a la vista de los socios que han ejercitado su derecho de acompañamiento y de la respuesta del adquirente). Ahora bien, esta solución no es del todo satisfactoria para aquel socio que realmente quiere usar su derecho de acompañamiento para vender sus participaciones, debido a que puede encontrarse con que finalmente no se realice la operación.

En este sentido, se suele recomendar incluir (de manera adaptada a cada sociedad) el régimen vigente para las sociedades cotizadas contenido en los artículos 108 a 117 de la Ley de Mercado de Valores para, por un lado, proteger realmente a los minoritarios en caso de toma de participación mayoritaria de la sociedad por un tercero y, por otro lado, asegurar la inscripción de dicha cláusula en los estatutos sociales. Dado que la solución ofrecida no corrige satisfactoriamente la totalidad del problema, es del todo recurrente completar dichos derechos con el otorgamiento, respectivamente, de una opción de venta a favor del socio que quiera protegerse frente a una venta indeseada (para el caso del "*Tag-Along*") o una opción de compra a favor del socio que pretenda vender (para el caso del "*Drag-Along*"). Como apunte final, en el caso de la opción de compra para completar el derecho de arrastre, es importante subrayar el contenido de la Resolución de la Dirección General de Seguridad Jurídica y Fe Pública (DGSJFP) de 4 de diciembre de 2017. En esencia, la DGSJFP afirma que la cláusula que contenga el derecho de arrastre exige el consentimiento unánime de los socios, sin que pueda suplirse atribuyendo un derecho de separación al socio que no hubiere votado a favor, por no ser una mera cláusula de restricción de transmisión de participaciones sociales. Ahora bien, dicho consentimiento unánime no necesariamente requiere que el acuerdo adoptado en sede de junta general cuente con el voto favorable unánime, sino que es suficiente el acuerdo mayoritario de la junta siempre que a tal acuerdo presten su consentimiento individual todos los demás socios, en la misma junta o en un momento posterior.

Por último, puede observarse el uso cada vez más común de mecanismos como el de "*vesting*", esto es, la adquisición condicionada de participaciones en función del cumplimiento de un determinado plazo de permanencia y/o de determinados hitos u objetivos. El "*vesting*" pretende incentivar la permanencia en la sociedad de determinados socios que aportan valor añadido a la sociedad, alineando sus intereses, incrementando estos su participación en la sociedad mediante dichas adquisiciones condicionadas, con los del resto de socios, que ven incrementado el valor de sus participaciones por la creación de valor generada por el socio del que se pretende la permanencia.

3. Inscripción de cláusulas estatutarias sobre ventas forzosas

Siguiendo con el compromiso de permanencia de los socios, y en relación con la finalidad ya comentada de asegurar una cierta continuidad a un proyecto emprendido entre diferentes partes y de proteger a los socios frente a posibles incumplimientos de los demás, es necesario mencionar la regulación contenida en el Reglamento del Registro Mercantil sobre cláusulas estatutarias aplicables a ventas forzosas.

En este sentido, la permanencia perseguida a través de las medidas jurídicas analizadas en los párrafos anteriores debe configurarse de manera que evite que los socios del proyecto puedan salirse del mismo a su libre antojo pero que, a su vez, permita a los socios de dicho proyecto deshacerse de aquel socio que incumpla reiteradamente sus obligaciones bajo el contrato en cuestión. De nada sirve asegurar una cierta continuidad o permanencia cuando los incumplimientos por parte de unos afectan precisamente a todo el sentido del proyecto empresarial.

Por ello, una de las medidas más comunes frente a incumplimientos del pacto parasocial es la venta forzosa de las participaciones sociales titularidad del socio incumplidor. Así pues, es necesario tomar en consideración los artículos 175.2.b) y 188.3 del Reglamento del Registro Mercantil, cuyo tenor literal se copia a continuación para mejor referencia:

a) Artículo 175.2.b) del Reglamento del Registro Mercantil: *(...) podrán constar en las inscripciones las siguientes cláusulas estatutarias: (...) b) El establecimiento por pacto unánime de los socios de los criterios y sistemas para la determinación del valor razonable de las participaciones sociales previstas para el caso de transmisiones inter vivos o mortis causa o bien para la concurrencia de obligación de transmitir de conformidad con el artículo 188.3 de este Reglamento.*

b) Artículo 188.3 RRM: *Serán inscribibles en el Registro Mercantil las cláusulas estatutarias que impongan al socio la obligación de transmitir sus participaciones a los demás socios o a terceras personas determinadas cuando concurran circunstancias expresadas de forma clara y precisa en los estatutos.*

De los dos artículos anteriores podemos observar claramente que se pueden incluir en los estatutos sociales (i) tanto la exclusión de socios por causas perfectamente delimitadas y (ii) el método de valoración de sus participaciones en caso de que eso ocurra. Por lo tanto, en este asunto no habría conflicto entre pactos parasociales y estatutos, debido a que éstos últimos podrían incorporar de manera literal el contenido del pacto parasocial (siempre y cuando no se incluyeran acuerdos o cláusulas *contra legem*).

Así pues, uno de los caracteres esenciales de los pactos parasociales, esto es, las consecuencias derivadas de su incumplimiento por parte de los socios, se puede incorporar a los estatutos sociales (siempre y cuando se cumplan determinados requisitos), colaborando a una mayor efectividad de dichos pactos parasociales.

4. Oponibilidad de acuerdos sobre transmisión de participaciones

Siguiendo con el hilo del apartado anterior, y con la finalidad de centrar el análisis en las transmisiones de participaciones sociales derivadas de incumplimientos por parte de los socios, es relevante entrar a valorar la oponibilidad a la sociedad de los acuerdos sobre transmisión en pactos parasociales firmados por la propia sociedad. La discusión sobre la oponibilidad de los pactos parasociales a la sociedad es, muy posiblemente, la cuestión que ha centrado mayor atención en la jurisprudencia y en la doctrina de nuestro ordenamiento jurídico.

Cuando hablamos del principio de oponibilidad de los pactos parasociales y, en especial, de la oponibilidad de éstos frente a la sociedad en relación con acuerdos de transmisión de participaciones contenidos en el mismo, entran en juego los siguientes artículos:

a) Artículo 29 de la Ley de Sociedades de Capital: *Los pactos que se mantengan reservados entre los socios no serán oponibles a la sociedad.*

b) Artículo 89.2 de la Ley de Sociedades de Capital: *Salvo disposición contraria de los estatutos, la condición de socio no se perderá por la falta de realización de las prestaciones accesorias por cuas involuntarias.*

c) Artículo 1.091 del Código Civil: *Las obligaciones que nacen de los contratos tienen fuerza de ley entre las partes contratantes, y deben cumplirse a tenor de los mismos.*

d) Artículo 1.257 del Código Civil: *Los contratos sólo producen efecto entre las partes que los otorgan y sus herederos (...).*

La conclusión que se puede extraer desde el punto de vista normativo tras la lectura de los cuatro artículos anteriores es que no se puede defender la inoponibilidad del pacto parasocial frente a la sociedad cuando ésta es suscriptora del mismo.

En primer lugar, el artículo 29 de la Ley de Sociedades de Capital determina que los pactos entre socios son inoponibles frente a la sociedad. Ahora bien, los artículos 1.091 y 1.257 del Código Civil establecen que las obligaciones contractuales tienen fuerza de ley entre las partes contratantes y que sólo producen efectos frente éstas.

Es perfectamente compatible el contenido de los tres artículos mencionados debido a que la Ley de Sociedades de Capital regula la inoponibilidad de los *pactos que se mantengan reservados entre los socios*. Por ello, cuando la sociedad suscribe el pacto parasocial en cuestión, este contrato ya no se mantiene reservado únicamente entre los socios y, al ser parte contratante, está obligada a cumplir con sus obligaciones y a respetar su contenido.

Adicionalmente, y en relación con el artículo 89.2 de la Ley de Sociedades de Capital, aún cobra más fuerza la idea de oponibilidad frente a la sociedad de los pactos parasociales cuando el cumplimiento de éstos se incluye como prestación accesoria en los estatutos sociales. Así pues, tomando en consideración que el principio de inoponibilidad no aplica para los estatutos sociales, el pacto parasocial cuyo cumplimiento se exige mediante disposiciones estatutarias debe recibir la misma protección.

A dicha conclusión ha llegado el Tribunal Supremo en la sentencia ya citada en el presente documento de 7 de abril de 2022 (ROJ: STS 1386/2022-ECLI:ES:TS:2022:1386), todo ello en base al principio de relatividad de los contratos. Si bien dicha sentencia la hemos citado para remarcar la contradicción con la innovadora sentencia de febrero de 2016 centrada en los pactos omnilaterales, nos sirve ahora para determinar que los pactos parasociales parten del principio de inoponibilidad frente a la sociedad.

Ahora bien, existen determinadas excepciones al referido principio de relatividad de los contratos que pueden originar obligaciones de cara a la sociedad (un ejemplo sería el de las estipulaciones a favor de terceros).

Una de las cuestiones controvertidas en relación con el carácter oponible o no oponible de los acuerdos societarios frente a la sociedad es si ésta queda vinculada por los acuerdos sobre transmisión de acciones y participaciones contenidas en los mismos. En este sentido, es interesante acudir a la citada sentencia de abril de 2022 y a otras que la han precedido (a modo de ejemplo: sentencia de 20 de febrero de 2020[3] o sentencia de 15 de marzo de 1994[4], entre otras.

En todas las sentencias citadas se analiza la oponibilidad de los acuerdos sobre transmisión de acciones y participaciones de pactos parasociales frente a la sociedad sobre la que versan dichos pactos parasociales. El análisis del Tribunal Supremo coincide en que el principio de relatividad de los contratos ...*impone que éstos surtan únicamente efectos entre las partes, de donde resulta que, aun cuando los sujetos que han suscrito el contrato de sociedad y el pacto parasocial sean los mismos —que en puridad no lo son, dado que la sociedad resultante del contrato de sociedad es un sujeto distinto de los socios que han convenido el pacto parasocial—, no pueda exigirse en el ámbito societario lo que se ha pactado en la esfera contractual.*

3 ECLI:ES:TS:2020:507.
4 ECLI:ES:TS:1994:209.

Así pues, de la lógica del Tribunal Supremo se puede desprender que, si la sociedad forma parte del pacto parasocial, no podría escudarse en el principio de inoponibilidad en base al principio de la relatividad de los contratos.

En línea con lo comentado anteriormente, y siguiendo con el tradicional debate doctrinal del alcance del principio de inoponibilidad de este tipo de contratos, también es necesario hacer mención a otros principios o mecanismos jurídicos a los que se suele recurrir para enriquecer el referido debate: (i) ¿son impugnables los acuerdos sociales que contravienen un pacto de socios?; (ii) si se pretende exigir el cumplimiento de los pactos parasociales, ¿es el derecho societario el adecuado para entablar las acciones oportunas?; (iii) en el caso de que se demandase a la sociedad por la aprobación de acuerdos sociales que contravienen el pacto de socios, ¿se podría argumentar su indefensión?

En relación con la primera de las cuestiones, el Tribunal Supremo, en determinadas ocasiones, ha recorrido a la siguiente lógica jurídica: los acuerdos sociales incumplidores del pacto de socios no son impugnables debido a que las causas de impugnación del artículo 204.1 de la Ley de Sociedades de Capital es una lista *numerus clausus*. Ahora bien, dicho argumento (conocido comúnmente como principio de taxatividad) presenta dos grandes problemas.

Por un lado, si se reconoce la oponibilidad de los pactos parasociales cuando éstos son omnilaterales, se puede desprender que dichos pactos forman parte de la esfera social al mismo nivel que los estatutos sociales o los reglamentos de la sociedad. Por ello, se debería entender que el incumplimiento de los pactos parasociales debería equipararse por analogía al incumplimiento de los estatutos sociales. Y, por otro lado, si se incumple un pacto parasocial omnilateral, esto es, un pacto suscrito por todos los socios y por la sociedad, ¿no se estaría perjudicando el interés social precisamente por no cumplir la voluntad de todos los socios?

Las respuestas a dichas cuestiones son las que provocan que aun hoy en día exista el debate en torno a la figura de la oponibilidad y que la jurisprudencia del Tribunal Supremo siga presentando deficiencias y contradicciones que impiden una doctrina única y concisa sobre la materia.

En relación con la segunda de las cuestiones, esto es, si el derecho societario es el adecuado para entablar las acciones oportunas para exigir el cumplimiento de los pactos parasociales, es necesario atender a la naturaleza de los pactos parasociales. Si bien es cierto que el pacto parasocial tiene naturaleza contractual y, por ende, su régimen de protección se encuentra fuera del ámbito societario, no se puede prohibir acudir a la tutela societaria cuando precisamente esta puede proporcionar un resultado objetivo equivalente. Impedir la tutela societaria en este tipo de casos implicaría que la única vía posible para remediar un incumplimiento de los pactos omnilaterales pasara por mantener vigente el acuerdo en cuestión, obtener la condena de los incumplidores a emitir su voto a favor de la revocación del acuerdo indebidamente adoptado o promover la celebración de una junta para dejar sin efecto el acuerdo.

De ser así, se observaría una desproporcionada desigualdad en los remedios legales ofrecidos en función de si se tratase del incumplimiento de los estatutos sociales o de los pactos parasociales. Por ello, y tomando en consideración el carácter oponible de los pactos parasociales omnilaterales, la desigualdad en su tutela en comparación con la tutela de los estatutos sociales carece de absoluto sentido. En consecuencia, reconocer la oponibilidad de estos contratos conlleva automáticamente a poder disponer de las acciones de cumplimiento o de protección previstas por el derecho societario.

Por último, y en relación con la tercera cuestión, si se acepta la posición de que es aplicable la tutela del derecho societario en la impugnación de acuerdos sociales que contravienen pactos parasociales omnilaterales, se podría argumentar que, indirectamente, se estaría situando a la sociedad en una posición de indefensión. En otras palabras, dado que la legitimación pasiva en una acción de impugnación de acuerdos sociales recae en la figura de la sociedad y no en la de los socios que votaron a favor del referido acuerdo, se podría defender que la sociedad se encuentra en indefensión por no disponer de la información y documentación necesarias para la adecuada defensa del acuerdo en el juicio.

Ahora bien, dicho argumento carece de fundamento principalmente por dos motivos: (i) la sociedad forma parte del pacto parasocial omnilateral y por lo tanto es conocedor de su contenido y (ii) la propia Ley de Sociedades de Capital reconoce a los socios la posibilidad de intervenir en el proceso a costa de mantener la validez del acuerdo impugnado. Por ello, es del todo improbable que la sociedad no tenga a su disposición la información necesaria para articular su defensa.

IV. BIBLIOGRAFÍA

ALFARO ÁGUILA-REAL, J. "La duración de los pactos parasociales", *Almacén de Derecho*, 14 de junio de 2018. Disponible en https://almacendederecho.org/la-duracion-los-pactos-parasociales-relacion

FERNÁNDEZ DEL POZO, L. "El *enforcement* societario y registral de los pactos parasociales: la oponibilidad de lo pactado en protocolo familiar publicado". *Revista de Derecho de Sociedades*, núm. 29, 2007, pp. 139-183.

MARTÍNEZ ROSADO, J. *Los pactos parasociales*, Marcial Pons, Madrid, 2017.

PAZ-ARES, C, "Violación de pactos, impugnación de acuerdos y principio de no contradicción", *Revista de Derecho Mercantil*, núm. 325, 2022.

Capítulo 23

EFECTOS DERIVADOS DE LA TRANSMISIÓN DE ACCIONES O PARTICIPACIONES EN INCUMPLIMIENTO DEL PROTOCOLO FAMILIAR[1]

Andrea Meijomil González
Profesora de Derecho Mercantil
Universidad del País Vasco

I. INTRODUCCIÓN

Una empresa familiar es una empresa en la que la propiedad o el poder de decisión pertenecen total o parcialmente a un grupo de personas que son parientes consanguíneos o afines entre sí.

1 Este trabajo se inscribe dentro de los resultados de las investigaciones realizadas en el Grupo de Investigación del Sistema Universitario Vasco (IT 1765-22) financiado por el Departamento de Educación, Universidades e Investigación del Gobierno Vasco del que quien suscribe forma parte como investigadora.

Habida cuenta de lo anterior, una compañía es considerada familiar cuando cumple una serie de condiciones[2]. La primera de las características que diferencian a la empresa familiar de otras empresas que operan en el tráfico mercantil es que la mayoría de los votos sean propiedad directa de la persona o personas de la familia que fundó o fundaron la compañía, sean propiedad de la persona que tiene o ha adquirido el capital social de la empresa, o sean propiedad de sus esposas, padres, hijos o herederos directos del hijo. La segunda condición es que al menos haya un representante de la familia pariente que participe en la gestión o gobierno de la empresa. Y, por último, que el relevo generacional sea el objetivo estratégico de la empresa.

La doctrina jurídica ha hecho de estas condiciones el eje principal del concepto de la empresa familiar, insistiendo en la idea de control familiar del capital y de las decisiones empresariales, unida a la participación en la gestión de negocio. Es por esta razón por la que se consideran las sociedades familiares como un paradigma de sociedad cerrada, cualificada por la trascendencia de los vínculos familiares con la titularidad del capital social y la administración de la empresa[3]. Así pues, el objetivo tiene que ser

2 CAMISÓN ZORNAZA, C. y RÍOS NAVARRO, A., "El protocolo familiar como instrumento de alineamiento de los intereses económicos y jurídicos en la dirección de la empresa familiar", *Dirección, organización del gobierno y propiedad de la empresa familiar*, Camisón Zornaza, C., Viniano Pastor, J. (dirs.), Tirant lo Blanch, Valencia, 2015, p. 119, analiza el concepto de empresa familiar conjugándolo alrededor de dos requisitos. Por un lado, la propiedad en manos del fundador o de sus descendientes que concede el control de las decisiones esenciales y, por otro lado, la participación directa de la familia en la estrategia y gestión de la empresa además de su gobierno, de modo que al menos un miembro de la familia pertenece a la alta dirección o asume funciones ejecutivas, sin que ello obligue a que la dirección esté completamente en manos familiares.

3 En este sentido, CAMISON ZORNAZA, C. y RÍOS NAVARRO, A., "El protocolo familiar como instrumento de alineamiento de los intereses económicos y jurídicos en la dirección de la empresa familiar", *op. cit.*, p. 120.

mantener el control de la propiedad, el gobierno y la gestión de la empresa en manos de la familia. Para ello es preciso contar con mecanismos jurídicos para garantizar la continuidad y el control familiar, especialmente en torno a los problemas de transmisibilidad que pueden darse, tanto inter vivos como mortis causa. Así pues, uno de los instrumentos más efectivos para lograr proteger la propiedad no es otro que la construcción de un régimen de transmisión en favor de la familia. Y ello se consigue, entre otros, a través de la suscripción de pactos, en concreto, de un protocolo familiar que restrinja la libre transmisión de las acciones o participaciones a terceros ajenos al círculo familiar. Aceptada la pertinencia y necesidad de modificar el régimen de transmisión a través de la suscripción de protocolos familiares, en este trabajo tratará de analizarse cómo puede restringirse el régimen de transmisión y que es lo que ocurre cuando se produce la transmisión de acciones o participaciones en incumplimiento de las disposiciones del protocolo familiar suscrito.

II. EL RÉGIMEN DE TRANSMISIÓN DE ACCIONES O PARTICIPACIONES EN LA EMPRESA FAMILIAR

1. Preliminar: el régimen legal de transmisión de acciones y participaciones

En el contexto de las empresas familiares, el régimen de transmisión se alza como una interesante forma de proteger el capital social. Ello se logra a través de la adopción de una serie de instrumentos que permitan restringir la libre transmisibilidad de acciones y participaciones, para que éste permanezca siempre y en todo caso en manos de la familia. Antes de analizar las diferentes formas de restricción posibles, y las vías a través de las cuales puede conseguirse, es preciso hacer una breve alusión al régimen legal de transmisión de acciones y participaciones.

Una de las diferencias tipológicas fundamentales entre sociedades anónimas y sociedades de responsabilidad limitada se encuentra en la naturaleza esencialmente cerrada de estas frente al carácter generalmente abierto de las anónimas. Muestra de ello es que, mientras que la libre transmisibilidad de las acciones es susceptible de restringirse por la voluntad de los socios, no puede suprimirse en estatutos toda limitación a la transmisibilidad de las participaciones sociales, estando así vetada la posibilidad de convertir la sociedad de responsabilidad limitada en una sociedad abierta.

Habida cuenta de que los estatutos no tienen por qué establecer necesariamente un régimen específico de transmisión, sino que el régimen legal es suficientemente completo para resolver el asunto sin previsiones estatutarias, muchas sociedades no contemplan un régimen de transmisión propio, incluyendo la mera remisión al régimen legal. El régimen legal vigente, brevemente, puede resumirse de la siguiente forma.

El principio general en la sociedad anónima es la libertad de transmisión. Así lo contempla el artículo 120 LSC, que opta por la libertad plena, no solo en cuanto a las transmisiones inter vivos, sino también en las transmisiones mortis causa y las transmisiones forzosas. Por tanto, y ante la falta de una previsión estatutaria, el socio que pretende transmitir es libre hacerlo, tanto a quien considere, como en las condiciones que estime, incluido el precio.

En la sociedad limitada, al contrario, y debido al carácter más cerrado por el que el legislador ha optado, la LSC señala que la libertad de las transmisiones inter vivos solo es aplicable a las transmisiones entre determinadas personas, en concreto, entre los socios, los cónyuges, los ascendiente o descendientes del socio, o en favor de sociedades pertenecientes al mismo grupo que el transmitente. El artículo 107 LSC parte, pues, del carácter cerrado y personalista del tipo social. Este carácter cerrado se considera que no quiebra cuando adquieren determinados familiares cercanos, otros socios que verán crecer su participación, u otra sociedad del mismo grupo. En consecuencia, las transmisiones a personas distintas a las legalmente señaladas estarán restringidas. La restricción a la transmisibilidad en la sociedad de responsabilidad limitada no consiste en un derecho decisión preferente directo de los restantes socios, sino que la ley prevé un trámite de autorización por la junta general que habilita la transmisión pretendida sin que el resto de los socios puedan evitar la entrada de un extraño, ni tengan preferencia respecto a él. Esta autorización solo puede negarse si, comunicada por al transmitente la identidad de este, más socios o terceros adquieren la totalidad de sus participaciones o subsidiariamente lo hace la propia sociedad. En el caso de las transmisiones mortis causa, la ley presume que las acciones y participaciones se transmiten a los herederos libremente.

Como puede observarse el régimen legal de transmisión de acciones y participaciones resulta no ser el sistema idóneo para salvaguardar el carácter familiar de una empresa, pues, aunque con más o menos facilidades según el tipo social, es posible que terceros ajenos al círculo familiar puedan llegar a ingresar en la sociedad, perdiendo ésta su carácter familiar[4].

2. El régimen de transmisión de acciones y participaciones y su acomodo a la empresa familiar a través de los estatutos

Dado el tinte subjetivo y fundamentalmente cerrado que las empresas familiares tienen, es necesario contar con un régimen

---

4 GARRIDO DE PALMA, V.M., "La familia empresaria ante el Derecho", *El patrimonio familiar, profesional y empresarial. Sus protocolos*, Garrido Melero, M., Fugardo Estivil, J. M., Garrido de Palma, V.M. (coord.), Editorial Bosch, Barcelona, 2005, pp. 72 ss., señala que el mantenimiento del carácter personal de puede lograrse sin la vía de las limitaciones, e incluso a través de la prohibición, a la transmisión de las partes sociales.

de transmisión específicamente diseñado, que permita salvaguardar el carácter familiar de la empresa. Como ya se ha apuntado, en la transmisión de acciones, por ser libre, cualquier accionista puede transmitir sus acciones, por cualquier título, a cualquier tercero que no sea familiar ni socio, permitiendo la entrada de extraños en la sociedad. Por su parte, la sociedad de responsabilidad limitada, con un carácter más cerrado, tampoco soluciona el problema de la libre transmisión. Aunque la transmisión inter vivos está limitada a una serie de personas, puede suceder que incluso las personas entre las que legalmente es libre la transmisión sean muchas más de las que a la familia le interesa, siendo necesario contar con restricciones mayores a las legalmente establecidas. Por ejemplo, podría excluirse la transmisión a los cónyuges para evitar que, como consecuencia de la posterior disolución del matrimonio, las participaciones transmitidas queden en manos de personas ajenas a la familia[5], o restringirse las transmisiones a sociedades de un mismo grupo, en las que pueden tener participación terceros ajenos a la familia que, por tanto, adquirirían de este modo una participación en la sociedad familiar.

Una de las opciones que se plantea al régimen legal es la modificación estatutaria, aunque con los límites que la propia ley marca. Así pues, la construcción del régimen de participaciones en los estatutos puede darse de muy diferentes formas. La primera es la simple remisión al régimen legal. Es un problema que puede surgir en muchas empresas en las que los socios establecen el régimen de transmisión de la sociedad limitándose a remitirse al régimen legal, sin prever nada más. Esta situación trae causa de que sean fundadas por un solo miembro de la familia o un núcleo pequeño,

5 Además, no hay un derecho de adquisición preferente de los socios en las transmisiones a cónyuges. A este respecto cabe destacar que la transmisión a cónyuges es una posibilidad que se rechaza en un gran número de empresas familiares, al ser reticentes a la aceptación de cónyuges como socios.

cerrado y de total confianza y sin prever que en el futuro pueden darse circunstancias que planteen a un socio la venta de su participación, como puede ser un conflicto societario una segunda generación familiar o la expansión de ese núcleo que pasa a estar menos comprometido en el proyecto[6]. Así pues, y como ya se ha adelantado, la simple remisión al régimen legal no aseguraría el carácter familiar futuro de la sociedad.

Ya se ha destacado que el carácter familiar de las empresas se asegura con la continuidad generacional, y esta continuidad puede lograrse estableciendo en los estatutos un régimen de transmisión a favor exclusivo de la familia, una circunstancia que el régimen legal no puede asegurar, pues permite la transmisión a terceros ajenos al círculo. En todo caso, no se trata de impedir la transmisión dejando preso al familiar que quiere transmitir[7], sino de establecer incentivos para que el adquiriente preferido sea familiar o que, aun no siendo el preferido, pueda gozar de un verdadero derecho de preferencia con el que sustituir en condiciones adecuadas al eventual adquirente[8].

La transmisión de la condición de socio es una cuestión fundamental en las empresas familiares. Así pues, resulta necesario re-

6 ROJÍ BUQUERAS, J.M., "Régimen estatutario de transmisión inter vivos de acciones y participaciones de la empresa familiar", *Transmisión de acciones y participaciones en la empresa familiar*, Lefebvre, Madrid, 2023, p. 40 ss.

7 REGO LOPEZ, A. y GOMEZ DE ITURRIAGA, P., Particularidades de la empresa familiar en las previsiones parasociales sobre transmisión de participaciones sociales", *Sobre el contrato social*, González Fernández, B. (dir.), Tirant lo Blanch, Valencia, 2024, p. 676, destacan la conveniencia de que la empresa familiar se dote de pactos de salida para aquellos casos en los que el socio familiar necesite liquidar su participación en el capital. En el mismo sentido, GARRIDO DE PALMA, V.M., "La familia empresaria ante el Derecho", *op. cit.*, pp. 64-67.

8 ROJÍ BUQUERAS, J.M., "Régimen estatutario de transmisión inter vivos de acciones y participaciones de la empresa familiar", *op. cit.*, p. 39.

visar periódicamente si el contenido estatutario pactado y vigente es el adecuado para cada momento de la historia de la empresa familiar y para el futuro previsible. No obstante, esa necesidad de revisión periódica del contenido estatutario, para asegurar que, en cada momento, y sobre todo si se produce un cambio de circunstancias, la sociedad quede en manos de la familia, y así asegurar la continuidad generacional, tiene un importante obstáculo. Y es que, tal y como ha señalado la Sección 28ª de la Audiencia Provincial de Madrid, en una sentencia de 13 de mayo de 2022[9], el régimen de transmisión de las acciones o participaciones no integra por sí mismo el interés social, no siendo las modificaciones en dicho régimen impugnables como fundamento en el interés social[10].

En consecuencia, a pesar de la posibilidad de construir un régimen de transmisión de acciones o participación vía estatutos sociales, consideramos que los estatutos no son el contexto más adecuado para asegurar la continuidad generacional en la sociedad familiar. En el ámbito de la empresa familiar el objetivo es lograr una sociedad que, aunque sea capitalista, sea lo más personalizada posible. Así pues, y dadas las limitaciones legales que la LSC establece, no solo a la hora de flexibilizar el régimen, sino también para la modificación del régimen de transmisión de acciones y participaciones en caso de las circunstancias familiares cambien, surge la posibilidad de acudir al protocolo familiar como el instrumento adecuado para regular la red las restricciones a la libre transmisibilidad de acciones o participaciones sociales, así como cualquier otra medida que garantice el estado familiar dentro del capital social de la empresa.

9 SAP 360/2022, de 13 de mayo.
10 ROJÍ BUQUERAS, J.M., "Régimen estatutario de transmisión inter vivos de acciones y participaciones de la empresa familiar", *op. cit.*, p. 37.

3. El régimen de transmisiones de acciones y participaciones en el protocolo familiar

3.1. Preliminar

La ley se ha limitado a regular el funcionamiento mecánico de la organización de la sociedad, dejando muchas cuestiones que preocupan a los socios, y que constituyen el núcleo de sus conflictos de interés, sin reglamentar normativamente. El modo idóneo de organizar la empresa familiar, y sobre todo la forma de asegurar y garantizar el relevo generacional, manteniendo el control de la propiedad, el gobierno y la gestión de la empresa en manos de la familia, puede ser, y lo es si se hace correctamente, a través de la suscripción de pactos parasociales o más concretamente, a través del protocolo familiar.

El modo ordinario de organizar las relaciones en la sociedad es a través de los estatutos sociales, pero también cabe hacerlo al margen de éstos. Debido a que, en el ámbito de la empresa familiar el objetivo es lograr una sociedad que, aunque sea capitalista, sea lo más personalizada posible, y dadas las limitaciones legales que la LSC establece para la modificación del régimen de transmisión de acciones y participaciones, surge la posibilidad de acudir al protocolo familiar como un instrumento adecuado para regular las restricciones a la libre transmisibilidad de acciones o participaciones sociales, así como cualquier otra medida que garantice la permanencia y el control familiar dentro del capital social de la empresa. Así pues, el protocolo familiar se considera el complemento perfecto a través del cual organizar el régimen de transmisiones.

3.2. El contenido del protocolo familiar

Como ya se ha puesto de manifiesto, los socios, además de la vía de los estatutos sociales, pueden regular sus relaciones a través de acuerdos o pactos privados o reservados, al margen de lo previsto en los estatutos o en la legislación societaria[11]. Estos pactos reservados, también llamados pactos parasociales, son convenios celebrados entre algunos o todos los socios de una sociedad, anónima o limitada, con el fin de completar, concretar o modificar en sus relaciones internas las reglas legales y estatutarias que rigen en ella[12]. Estos pactos parasociales están motivados por la necesidad de los socios de velar por sus intereses económicos en la sociedad, que pueden no quedar atendidos de manera suficiente en la regulación legal o estatutaria[13]. Así, lo que caracteriza a los pactos parasociales es que no se integran en el ordenamiento de la sociedad, sino que únicamente van a regir en las relaciones internas de quienes los suscriben[14].

La manifestación del pacto parasocial en la empresa familiar es el protocolo familiar, que ha sido definido en el artículo 2 del Real Decreto 171/2007, de 9 de febrero, por el que se regula la publicidad de los protocolos familiares, como un conjunto de pactos suscritos por los socios entre sí o con terceros con los que guardan vínculos familiares que afectan a una sociedad no cotizada, en la que tengan un interés común en orden a lograr un modelo de comunicación y consenso en la toma de decisiones para regu-

11 NOVAL PATO, J., *Los pactos omnilaterales: su oponibilidad a la sociedad*, Thomson Reuters, Cizur Menor, 2012, p. 48, pone de manifiesto el uso de este tipo de documentos en las sociedades, destacando su difusión práctica tanto en sociedades familiares como en sociedades abiertas.

12 Así, PAZ ARES, C., "El enforcement de los pactos parasociales", *Actualidad Jurídica Uría & Menéndez*, núm. 5, 2003, p. 19. En idéntico sentido, la Dirección General de Seguridad Jurídica y Fe Pública ha reconocido su naturaleza contractual en diversas resoluciones (véase RDGRN de 19 de febrero de 1998, entre otras).

13 La decisión de optar por suscribir un protocolo familiar puede estar motivada por dos tipos de situaciones. De una parte, el interés de que dichos pactos queden fuera de los estatutos y, de otra, por la imposibilidad de regular determinadas cuestiones por la vía estatutaria.

14 PAZ ARES, C., "El enforcement de los pactos parasociales", *op. cit.*, p. 19.

lar las relaciones entre familia, propiedad y empresa que afectan a la entidad[15].

El contenido de los protocolos es muy heterogéneo. La razón principal es que una de las características principales de los pactos es que no están sometidos a los límites y principios propios que el derecho de sociedades impone a los estatutos y a los acuerdos sociales. La validez de los pactos y, en este caso concreto de los protocolos familiares, queda condicionada a los límites generales del artículo 1255 del Código Civil[16]. Así, consagrándose el principio de autonomía de la voluntad, los socios son libres a aprobar cualesquiera pactos consideren, siempre que no sean contrarios a los límites impuestos por la ley, la moral y el orden público. Por su importancia en la empresa familiar, que busca proteger y mantener el capital social en manos de la familia, destacan los acuerdos que restringen la libre transmisibilidad de las participaciones y las acciones, con el objetivo último de hacer una sociedad lo más cerrada posible.

El protocolo puede restringir contractualmente las transmisiones de capital social para preservarlo en manos de familiares. Incluso en las sociedades cotizadas es común incorporar al protocolo una cláusula que establezca restricciones a la transmisión de acciones. Son muy distintas las restricciones a la libre transmisibilidad que pueden funcionar sobre cualquier tipo de negocio, ya sea inter

15 REGO LOPEZ, A. y GOMEZ DE ITURRIAGA, P., Particularidades de la empresa familiar en las previsiones parasociales sobre transmisión de participaciones sociales", *op. cit.*, p. 680, señalan que las peculiaridades propias de la empresa familiar han hecho que este tipo de empresas sean muy proclives al uso del protocolo familiar, como un instrumento que les permite atender de forma específica cada una de las necesidades que se plantean particularmente en cada familia, *...como si de un traje a medida se tratara"*.

16 El precepto señala que *...Los contratantes pueden establecer los pactos, cláusulas y condiciones que tengan por conveniente, siempre que no sean contrarios a las leyes, a la moral ni al orden público...*

vivos, mortis causa o incluso sobre una transmisión forzosa. Es decir, que las medidas de restricción que pueden adoptarse por la sociedad son de diversa naturaleza. En la empresa familiar el interés recae sobre aquellas cláusulas que sirven como protección de los socios que ejercen el control de la sociedad, quedando ese control en manos de la familia, pero que también permiten asegurar el relevo generacional tan importante en este tipo de empresa.

A continuación, se expondrán, aunque brevemente, diferentes medidas restrictivas del régimen de transmisión de acciones y participaciones.

En primer lugar, aunque la LSC ya contempla un derecho de adquisición preferente en su artículo 107 para las participaciones sociales, este puede ser ampliado mediante una cláusula específica conforme al artículo 188.2 RRM[17]. Según lo dispuesto en el artículo 123.3 LSC esta cláusula podría otorgar a ciertas personas un derecho de adquisición preferente, ya sea como derecho de tanteo o de retracto, tanto en sociedades de responsabilidad limitada como en sociedades anónimas. Además, es posible conceder este derecho no solo a los socios, sino también a la propia sociedad, lo que ayudaría a mantener un equilibrio de poderes y evitaría que un socio pudiera obtener una posición privilegiada respecto a los demás al ejercer su derecho de adquisición preferente.

En segundo lugar, conviene mencionar la regulación expresa sobre la prohibición de la transmisión de acciones del artículo 123.4 RRM. Aunque no existe una disposición similar para las participaciones sociales, esto no implica que la prohibición de transmi-

17 El precepto dispone que ...*Serán inscribibles en el Registro Mercantil las cláusulas estatutarias por las que se reconozca un derecho de adquisición preferente en favor de todos o alguno de los socios, o de un tercero, cuando expresen de forma precisa las transmisiones en las que exista la preferencia, así como las condiciones de ejercicio de aquel derecho y el plazo máximo para realizarlo...*

tir participaciones no pueda establecerse. Es más, es común en la práctica empresarial fijar períodos de restricción, incluso de forma indefinida, para este tipo de sociedades, a diferencia de lo que ocurre con las acciones, donde la prohibición legal tiene un límite de dos años desde la constitución de la empresa[18]. Si se traslada esta prohibición a la empresa familiar, este tipo de cláusulas representa la forma más estricta de restringir el acceso al capital a terceros.

En tercer lugar, resultad necesario mencionar las cláusulas de autorización de las transmisiones. Estas cláusulas imponen que cualquier socio o accionista que desee transferir sus acciones o participaciones obtenga previamente el consentimiento del órgano designado en dicha cláusula. Esta restricción se ampara en el artículo 123.3 LSC en el caso de sociedades anónimas. El fundamento de la cláusula reside en que la sociedad tiene un interés legítimo en controlar quién se convierte en socio, por lo que se reserva este poder a través de la autorización requerida[19]. Las cláusulas de autorización son una medida interesante en el ámbito de la empresa familiar, pues evitarían la entrada de personas ajenas a la familia en la sociedad.

18 En el caso de las sociedades anónimas, esta prohibición también está sujeta a la necesidad de obtener el consentimiento de todos los accionistas, y los estatutos deben garantizar el derecho de cualquier accionista a separarse en cualquier momento, evitando que quede cautivo de la sociedad.

19 Según el artículo 123.3 de la LSC, en ausencia de disposiciones estatutarias específicas, la facultad de conceder o negar dicha autorización recae en los administradores, lo que agiliza el proceso al evitar la convocatoria de una junta para tomar esta decisión. No obstante, es posible estipular estatutariamente que sea la junta quien asuma esta responsabilidad. Además, en el caso de las sociedades anónimas, es imprescindible especificar los motivos por los cuales se podría denegar la transmisión, ya que de lo contrario estas cláusulas podrían generar inseguridad jurídica. Por lo tanto, es recomendable tanto para sociedades anónimas como para sociedades de responsabilidad limitada establecer en los estatutos las causas concretas para rechazar la transmisión.

En cuarto lugar, siendo, quizás, la cláusula más popular que las empresas familiares pueden incluir en sus protocolos familiares es aquella que impone ciertas condiciones al futuro socio que quiera ingresar en la sociedad, o excluyen ciertas circunstancias para poder hacerlo. En el contexto de la empresa familiar, un ejemplo típico sería exigir que el potencial socio sea miembro de la familia o haya suscrito el protocolo familiar como requisito indispensable para acceder a la condición de socio. Sobre cuáles pueden ser las condiciones que los socios pueden imponer, parece existir una total libertad, siempre que respete lo dispuesto en el artículo 1255 CC. Se trata, en todo caso, de que los socios establezcan los requisitos o cualidades adicionales que consideren necesarios para los posibles adquirentes. En este sentido, no solo pueden limitar la condición de futuro adquirente a ser miembro de la familia, sino que también pueden exigir que sean familiares consanguíneos, en lugar de por afinidad. Además, en caso necesario, incluso podrían requerir que pertenezcan a una rama específica de la familia para mantener el equilibrio de poderes dentro de la sociedad cuando el capital social esté dividido entre diversas ramas familiares, por ejemplo.

Y, por último, es necesario mencionar la pertinencia de contar con una cláusula específica para aquellos casos en los que un miembro deje de ser considerado parte de la familia, como en situaciones de disolución del vínculo matrimonial. Así, dada la falta del carácter de familiar, y la necesidad de preservar las acciones o participaciones en manos de personas que tengan este carácter, se recomienda la inclusión de cláusulas que requieran que un socio específico venda su participación a favor de los demás socios, la sociedad misma o incluso a terceros que hayan sido designados con un derecho de rescate, conforme al artículo 188.3 RRM[20].

20 El artículo 188.3 RRM señala que ...*Serán inscribibles en el Registro Mercantil las cláusulas estatutarias que impongan al socio la obligación de transmitir sus*

3.3. *La necesidad de incluir el contenido del protocolo en los estatutos sociales: la oponibilidad del protocolo familiar*

Con lo anteriormente expuesto queda clara la pertinencia de optar por la suscripción de protocolos familiares en los que se garantice la continuidad generacional en la sociedad a través de la construcción de un régimen de transmisión de acciones o participaciones en favor de la familia. Este protocolo, con un claro carácter integrador, coexiste con los estatutos sociales, buscándose, así, el funcionamiento conjunto de ambos textos. Sin embargo, dado que el modo ordinario de organizar las relaciones en la sociedad es a través de los estatutos sociales, el protocolo familiar se considera complementario a la legislación societaria contenida en éstos.

De acuerdo con lo anterior, una de las cuestiones principales que se producen por la coexistencia de protocolos familiares y estatutos sociales es la de dilucidar cuál de las dos regulaciones de las relaciones societarias prima en caso de conflicto. Y a este respecto, lo acordado en el protocolo familiar, a pesar de su licitud y validez, queda al margen del régimen societario establecido en los estatutos[21]. Lo suscrito en el protocolo forma parte de la esfera contractual, que, en base a la autonomía de la voluntad de las partes ex artículo 1255 CC, queda sometido a una regulación diferente. Debido a esta situación, como ya se ha planteado, puede suceder que el contenido de ambas regulaciones sea diferente, y haya que optar por una u otra regulación. Así pues, dada la primacía de los estatutos sobre el contenido del protocolo familiar, en caso de conflicto prevalecerá el contenido recogido en éstos,

participaciones a los demás socios o a terceras personas determinadas cuando concurran circunstancias expresadas de forma clara y precisa en los estatutos...

21 La SAP Murcia núm. 788/2021, de 1 de julio, señala que el pacto parasocial, siempre que no sea contrario a los límites del artículo 1.255 del Código Civil, es lícito.

que queda sujeto al régimen societario. La razón de la primacía reside en que, una vez inscritas en el Registro Mercantil, las previsiones estatutarias tienen eficacia erga omnes y, por tanto, son oponibles a los socios, a la sociedad y a terceros. La consecuencia derivada de tal eficacia es que, en caso de incumplimiento de alguna de las disposiciones estatutarias, se abre la posibilidad de acudir a los remedios previstos en el régimen societario[22], lo que no ocurre con el contenido de los pactos parasociales, que encaja en la esfera contractual.

En virtud de lo expuesto, es necesario plantearse la posibilidad de trasladar el régimen acordado en el protocolo familiar a los estatutos. Y ello con el objetivo de dotar al contenido del protocolo familiar de la protección jurídica del derecho de sociedades, de eficacia erga omnes y de hacerlo verdaderamente efectivo para todos[23].

La eficacia de los protocolos, esto es, la cuestión de la oponibilidad de los pactos parasociales, es un tema que ha suscitado una gran controversia en nuestra experiencia jurídica. En los últimos años ha predominado la idea de que los pactos parasociales son oponibles a la sociedad cuando todos los socios forman parte de ellos, los denominados pactos omnilaterales. Sin embargo, aunque la coincidencia subjetiva se alza como necesaria para quebrar la regla de la inoponibilidad, esta no será condición suficiente[24], y

---

22 De forma particular, en lo que respecta al régimen de transmisión, el artículo 112 LSC declara ineficaz la transmisión con infracción de ley o de los estatutos. Y, en general, el remedio por excelencia que la LSC consagra es la impugnación de acuerdos sociales en contravención de lo dispuesto en los estatutos. El artículo 204 LSC permite impugnar un acuerdo social que sea contrario a la ley, a los estatutos o que lesionen el interés social.

23 Es altamente recomendable incorporar al registro mercantil todas las disposiciones del protocolo familiar que guarden relación con los estatutos, a fin de que tengan validez frente a la sociedad y terceros.

24 MARÍN DE LA BÁRCENA, F., "Pactos parasociales omnilaterales (Comentario a la Sentencia del Tribunal Supremo, Sala Primera, de 7 de abril del 2022)",

ello porque los compromisos asumidos bajo el régimen jurídico de los pactos parasociales solo serán efectivos bajo ese régimen, ya que, si las partes no integran ciertos pactos en sus estatutos, no podrán recurrir más tarde a la tutela societaria[25].

Expuesta la necesidad de incluir el contenido de los protocolos familiares a los estatutos sociales, debemos hacer una serie de apuntes a aquellos casos en los que dicha inclusión no llega a producirse. El hecho de no incluir el pacto de socios en el articulado de los estatutos hace que éste permanezca en la esfera privada de los socios, o concretamente, de la familia. El resultado de ello es que ese pacto queda única y exclusivamente en la esfera obligacional de las partes que lo hayan suscrito. La sociedad no es parte firmante del protocolo, por lo que no se le pueden oponer las disposiciones en él suscritas. De manera que, la consecuencia de limitar a estas personas el contenido del protocolo familiar es que éste no podrá desplegar sus efectos más allá de los socios firmantes. Es decir, no tendrá efecto alguno frente al resto de socios que no lo suscribieran, frente a la sociedad, ni frente a terceros.

Ha sido objeto de numerosos debates la eficacia y la oponibilidad de los pactos establecidos entre los firmantes, y entre estos y la propia sociedad en la que los miembros de la familia son so-

Análisis, Gómez-Acebo & Pombo, Julio 2022, p. 2, señala que el Tribunal Supremo reconoce que la sociedad no es un tercero distinto de los socios que firman el pacto parasocial cuando los firmantes son todos los socios, "*no se cuestiona que la nota de la alteridad concurre cuando alguno de los socios no es parte del pacto*". Sin embargo, el hecho de que la sociedad no sea un tercero respecto de sus socios no implica que los pactos parasociales omnilaterales sean oponibles frente a la sociedad.

25 PAZ ARES, C., "El enforcement de los pactos parasociales", *op. cit.*, p. 33-36, señala que los firmantes han de ser consistentes con la voluntad contractual que expresa la celebración de un pacto parasocial, puesto que nadie debe poder conseguir por la vía societaria más de lo que puede conseguir con la vía nacional o contractual.

cios. Recientemente, el Tribunal Supremo se ha pronunciado al respecto mediante una sentencia de fecha 7 de abril de 2022[26]. El Tribunal Supremo resuelve un conflicto surgido ante la existencia de regulaciones contradictorias de los estatutos y el protocolo. Así, señala que estamos ante el supuesto de un protocolo desarrollado a través de las distintas herramientas que proporciona el ordenamiento jurídico y, ante la contradicción la jurisprudencia de la Sala, señala que la mera infracción de un protocolo no basta por sí sola para la anulación de un acuerdo impugnado. El Tribunal Supremo confirma, fundamentalmente, que la sociedad ha de ser parte del protocolo familiar para luego poder llevarlo a la práctica y que sea eficaz frente a aquella. Así pues, el Alto Tribunal se ha pronunciado afirmando que el protocolo familiar que no forma parte de los estatutos de una sociedad carece de todo carácter jurídico vinculante[27]. Concretamente, el Tribunal Supremo declara que *...los pactos parasociales son válidos y eficaces entre las partes que los suscriben, pero no oponibles, ni por tanto exigibles, a la sociedad...*

En el mismo sentido se manifestó la Sentencia del Tribunal Supremo de 20 de febrero de 2020[28], en un supuesto en el que se pretendía la declaración de nulidad de determinados negocios jurídicos de transmisión de acciones y participaciones sociales que los impugnantes consideraban contrarios a los pactos de un protocolo familiar. En este caso, las limitaciones a su transmisibilidad derivadas del protocolo no se habían incorporado a los estatutos sociales, una falta de adaptación estatutaria que determinaba que

26 STS 1386/2022, de 7 de abril de 2022 (ECLI:ES:TS:2022:1386).

27 En el mismo sentido, sobre la oponibilidad de los pactos, la STS 120/2020, de 20 de febrero (ECLI:ES:TS:2020:507), declara que los pactos parasociales o protocolos familiares son válidos y eficaces entre las partes que los suscriben, pero no son oponibles, ni, por tanto, son exigibles a la sociedad, ni a los socios que no los han suscrito, ni a terceros.

28 STS 120/2020, de 20 de febrero (ECLI:ES:TS:2020:507).

las previsiones del protocolo tuviesen, en principio, una limitada eficacia interna entre socios. El Alto Tribunal establece concretamente que *...este es precisamente el caso del presente supuesto en el que los estatutos no constan adaptados al contenido de los compromisos protocolares, a través de las correspondientes reglas limitativas a la libre disponibilidad de las acciones y participaciones sociales, lo que determina que las previsiones del protocolo tengan, en principio, una limitada eficacia interna entre socios, como pacto parasocial...*

En fin, en muchas ocasiones, redactar un protocolo implica revisar los estatutos para asegurar la coherencia con el contenido del protocolo familiar. Aunque los estatutos y el protocolo tienen objetivos diferentes —los estatutos regulan la organización y funcionamiento de la entidad, mientras que el protocolo establece los principios fundamentales para las relaciones entre los miembros de la familia y la empresa— es común que contengan disposiciones similares. Por esta razón, es crucial coordinar ambos documentos para garantizar su plena efectividad y contribuir a mitigar conflictos internos dentro de la empresa familiar.

III. LA TRANSMISIÓN EN INCUMPLIMIENTO DEL PROTOCOLO FAMILIAR

1. Preliminar

Que una empresa familiar decida regular sus relaciones, su gobierno y su relevo generacional a través de un protocolo familiar, no significa que no vayan a surgir conflictos futuros en torno a dichas cuestiones. A continuación, analizaremos las consecuencias derivadas de una transmisión de acciones o participaciones en contravención del régimen de transmisión dispuesto en el protocolo familiar.

Dado que ya se ha señalado el interés de incluir en los estatutos determinadas cuestiones contenidas en el protocolo familiar, especialmente el régimen de transmisión, conviene analizar cuáles son las consecuencias, muy diferentes, derivadas de una transmisión contraria al régimen de transmisión contenido en el protocolo incorporado al articulado de los estatutos sociales, y cuáles son las consecuencias de transmitir en incumplimiento del protocolo no incorporado al texto social.

2. Consecuencias del incumplimiento del régimen de transmisión del protocolo cuyas disposiciones están incorporadas a los estatutos

Como ha quedado plasmado en líneas anteriores, el traslado del contenido del protocolo familiar a los estatutos es indispensable para que dichas disposiciones sean plenamente efectivas, no solo en términos contractuales, sino también societarios. Como ya se ha tenido ocasión de apuntar, la doctrina del Tribunal Supremo defiende que el pacto parasocial, por omnilateral que sea, no es oponible a la sociedad. Sin embargo, esa regla de la inoponibilidad tiene excepciones, siendo una de ellas que la sociedad sean parte del pacto parasocial[29]. Se trata de que el pacto tenga efectos no solo en los socios que lo han suscrito, sino también

29 La STS 1386/2022 afirma que el pacto parasocial ...*no se integra en el ordenamiento de la persona jurídica (sociedad anónima o limitada)...*, así pues ... *despliega sus efectos en el ámbito de las relaciones obligatorias de quienes lo celebran...* Sin embargo, esta regla tendría su excepción para el caso en que la propia sociedad, debidamente representada por sus administradores, sea firmante del pacto. A este respeto, MARÍN DE LA BÁRCENA, F., "Pactos parasociales omnilaterales (Comentario a la Sentencia del Tribunal Supremo, Sala Primera, de 7 de abril del 2022)", *op. cit.*, p. 4, muy crítico, señala que ... *la totalidad del razonamiento de esta sentencia del Tribunal Supremo en lo que se refiere a la participación de la sociedad como parte del pacto parasocial ha de entenderse referido a pactos con trascendencia patrimonial frente a la socie-*

en aquellos que decidieron no suscribirlo o que no son parte de este, en la sociedad y en terceros. La razón es que si el protocolo familiar, o más concretamente, si el régimen de transmisión de las acciones o participaciones sociales del protocolo familiar fuera trasladado a los estatutos de la sociedad, tras la inscripción en el Registro Mercantil, el pacto sería oponible a todos los socios, la sociedad y a terceros[30]. La consecuencia más importante de dicha oponibilidad será la posibilidad de acudir a los remedios y sanciones del régimen societario. El remedio societario por excelencia es la posibilidad de impugnación de aquellos acuerdos sociales contrarios a la ley, que se opongan a los estatutos o al reglamento de la junta o que lesionen el interés social en beneficio de uno o varios socios o terceros (artículo 204 LSC)[31]. Así pues,

dad, esto es, realizados en el ámbito del desarrollo por los administradores de su función de gestión de la empresa social, incluida la gestión de la autocartera...

30 A este respecto, el Tribunal Supremo en su sentencia de 7 de abril de 2022 (STS 1386/2022), afirma que el pacto *...no se integra en el ordenamiento de la persona jurídica y de eso se extrae la idea de que despliega sus efectos en el ámbito de las relaciones obligatorias de quienes lo celebran...* A este respecto, MARÍN DE LA BÁRCENA, F., "Pactos parasociales omnilaterales (Comentario a la Sentencia del Tribunal Supremo, Sala Primera, de 7 de abril del 2022)", *op. cit.*, p. 3, señala que, sin embargo, esta regla tendría su excepción para el caso en que la propia sociedad, debidamente representada por sus administradores, sea firmante del pacto.

31 Sobre la impugnación del acuerdo, MARÍN DE LA BÁRCENA, F., "Pactos parasociales omnilaterales (Comentario a la Sentencia del Tribunal Supremo, Sala Primera, de 7 de abril del 2022)", *op. cit.*, p. 5, señala que la adopción de un acuerdo de junta general mediante la emisión de votos con infracción del pacto parasocial es un comportamiento abusivo que permite la impugnación del acuerdo (sea positivo o negativo) por una de las causas legalmente tasadas y dentro del plazo de caducidad *...e incluso podría servir de fundamento a una acción declarativa del resultado positivo de una votación descontando los votos nulos...* Sin embargo, la propia idea del comportamiento abusivo de la mayoría como fundamento para declarar nulo el acuerdo *...descansa en el reconocimiento de la eficacia integradora del pacto parasocial omnilateral para el funcionamiento de la propia organización corporativa...* El autor señala *...no se trata de hacer «excepciones» a una regla legal (art. 29 LSC) sobre in-*

si el régimen de transmisión en favor de la familia estuviera incorporado a los estatutos, su contravención, es decir, el acuerdo de transmisión a favor de una persona diferente a las concretamente establecidas, podría ser objeto de impugnación por la vía del artículo 204 LSC.

La posibilidad de impugnar el acuerdo social no es la única vía disponible para atajar una transmisión contraria al régimen construido en el protocolo familiar e incorporado a los estatutos. Así, la propia ley declara la ineficacia de la transmisión de acciones o participaciones sociales realizada en infracción de ley o de los estatutos sociales en el artículo 112 LSC[32]. Así pues, la transmisión que no se ajusta a la ley o, en su caso, a los estatutos no tiene efecto alguno frente a la sociedad. La empresa familiar, por tanto, denegará la inscripción del adquirente en el libro de registro de socios, y seguirá considerando socio al transmitente, y con él se entenderá en lo relativo al ejercicio de los derechos sociales. Sobre la transmisión con infracción de ley o de los estatutos, la jurisprudencia, ha tenido ocasión de pronunciarse, así, entre otras, la Sentencia de la Audiencia Provincial de Alicante, Sección 8ª, de

oponibilidad de los pactos parasociales (que no las admite por tratarse de una norma imperativa), sino de aplicar esa regla de modo conforme a su sentido o finalidad o, si se prefiere, reducir teleológicamente su ámbito de aplicación para preservar precisamente la validez de lo acordado por (todos) los socios que la propia norma reconoce...

32 A este respecto, NAVARRO VIÑUALES, J.M.,"Artículo 112. Ineficacia de las transmisiones con infracción de ley o de los estatutos", *Tratado de Sociedades de Capital*, Tomo I, Thomson Reuters Aranzadi, Cizur Menor, 2017, p. 655, añade que las consecuencias de la vulneración de la ley o de los estatutos no se limita a impedir la legitimación del socio frente a la sociedad, sino que también produce efectos respecto a las partes contratantes. El autor señala que el negocio jurídico incumple las limitaciones a la transmisión de las participaciones se subsumir en el artículo 1259.2 del Código Civil, se trata de un negocio hecho por quien carece de legitimación para transmitir y, por tanto, no produce efectos traslativos entre las partes

4 de abril de 2012, o más recientemente la Sentencia de la Audiencia Provincial de Pontevedra, del 23 de noviembre de 2022, que declaran que la transmisión no surte efecto alguno frente a la sociedad[33]. Sin embargo, no se trata de una transmisión nula, puesto que si produce ciertos efectos entre las partes.

Como se ha apuntado, el hecho de incorporar el régimen de transmisión a los estatutos le otorga una efectiva vía de protección. Las medidas de protección de las disposiciones del protocolo familiar no incorporadas a los estatutos sociales, sin embargo, son menores.

3. Consecuencias y efectos de la contravención del régimen de transmisión del protocolo familiar

La cuestión principal que se suscita es qué ocurre ante el incumplimiento de las disposiciones del protocolo, es decir, si una transmisión realizada conforme a lo establecido en la Ley o en los estatutos, pero que contravenga las disposiciones del protocolo familiar, es ineficaz o si, por el contrario, tiene plenos efectos. La duda que se plantea es la posibilidad de impugnar la transmisión de acciones o participaciones incumpliendo las disposiciones de un protocolo familiar, los posibles acuerdos contrarios al mismo o, dicho de otra forma, si es posible obligar al cumplimiento de éste.

33 Los estatutos sociales de la sociedad concedían, en caso de transmisión de participaciones sociales, a los socios un derecho de retracto a favor de los socios y la sociedad. Al no celebrarse una Junta Universal General, por medio de la cual se autoriza la compraventa de participaciones sociales de la sociedad en cuestión, se produce una infracción del derecho de retracto establecido estatutariamente, por lo que la transmisión es ineficaz frente a la sociedad, aunque pueda tener validez obligacional entre las partes contratantes del negocio de transmisión.

A este respecto, es preciso señalar que, si un pacto parasocial es válido, se convierte en ley entre las partes y, en ese caso, los interesados en su cumplimiento, esto es, las partes que formen parte de este tendrán a su alcance los remedios previstos por el sistema jurídico para la defensa y protección de sus intereses contractuales[34]. Como puede apreciarse, a pesar de que el protocolo familiar es un texto normativo más de la sociedad, los remedios que el ordenamiento jurídico pone a su alcance son de tipo contractual, y no societario. Es decir, no cuenta con el mismo nivel de protección con el que cuentan los estatutos sociales u otros textos de ordenación societaria. Así pues, a diferencia de lo que ocurre con las disposiciones estatutarias, cuya infracción abre la posibilidad de acudir a sistemas de protección societarias, como la impugnación del acuerdo social que contravenga lo contenido en ellos, en el caso de las disposiciones de los protocolos familiares, o en general de los pactos parasociales, su infracción, siempre que no estén incorporadas a los estatutos, únicamente abre la vía contractual.

El hecho de que su cumplimiento únicamente pueda ejecutarse a través de la vía contractual se debe a que el protocolo familiar tiene una eficacia inter partes, y no erga omnes como lo es la eficacia de los estatutos. Es indiscutible que estos pactos son eficaces entre los socios que los suscriben (artículo 1091 CC). La cuestión debatida es si, además, pueden ser oponibles a la sociedad. El debate ha sido superado, tanto por la doctrina como por la jurisprudencia, que afirman que los pactos, incluso siendo omnilaterales, en la medida en que han sido concluidos por los socios, prescindiendo del cauce de los estatutos, son de natura-

34 PAZ ARES, C., "El enforcement de los pactos parasociales", *op. cit.*, p. 21, añade que el hecho de que los pactos parasociales estén ligados funcionalmente a la sociedad a que se refieren y de que, por tanto, le afecten indirectamente no puede servir de pretexto para recortar su alcance, como a veces se sostiene.

leza obligacional. Es decir, que su régimen jurídico se determina en función de las reglas generales del derecho de obligaciones y contratos[35]. En este sentido, el Tribunal Supremo, partiendo de lo dispuesto en el artículo 29 LSC, admite la validez y eficacia inter partes de los pactos, y confirma que no son oponibles a la sociedad[36].

La cuestión de una posible oponibilidad de los pactos parasociales omnilaterales a la sociedad ha sido uno de los debates estrella de los últimos años, pero como se ha apuntado, el Tribunal Supremo señala que la simple infracción de un pacto parasocial no basta por sí sola para la anulación de un acuerdo social[37]. Para ello, además del pacto parasocial, el acuerdo social impugnado debe infringir la ley o los estatutos, o lesionar en beneficio de uno o varios socios o de terceros los intereses de la sociedad.

Así pues, dada la falta de eficacia erga omnes y de oponibilidad a la sociedad, aquellas transmisiones de acciones o participaciones que se produzcan en contravención del régimen de transmisión construido en el protocolo familiar deberán atajarse a través de los remedios de tipo contractual, que no societario, que el ordenamiento jurídico pone a su alcance. Los remedios de tipo contractual que el derecho común pone a disposición de los

---

35 NOVAL PATO, J., Los pactos omnilaterales: su oponibilidad en la sociedad, *op. cit.*, p. 110. A este respecto, PAZ ARES, C., "El enforcement de los pactos parasociales", *op. cit.*, p. 19, señala que los pactos parasociales ...*se nos presentan así como la continuación de la sociedad anónima o limitada por otros medios, por los cauces más débiles del derecho de obligaciones...*

36 La reciente, ya mencionada, sentencia del Tribunal Supremo de 7 de junio de 2022, señala en último párrafo del punto 2.2 del fundamento jurídico quinto, que ...*tanto en la vigente legislación de sociedades de capital como en los precedentes reseñados, los pactos parasociales son válidos y eficaces entre las partes que los suscriben, pero no oponibles, ni por tanto exigibles, a la sociedad...*

37 Entre otras, STS 1136/2008, de 10 de diciembre, STS 128/2009, de 6 de marzo, y STS 131/2009, de 5 de marzo.

socios, la sociedad y terceros son varios. Así, siendo la más común de ellas la acción de daños y perjuicios, aparecen medidas interesantes como la acción de cumplimiento, la acción de remoción, la acción de resolución y ciertas medidas de autotutela que pueden arbitrarse en el ámbito de la autonomía privada para minimizar el riesgo de incumplimiento.

A este respecto, y dado que este trabajo ha tratado de analizar las consecuencias derivadas de la infracción del régimen de transmisión construido en los protocolos familiares. Resulta conveniente hacer un breve apunte a alguna de las medidas, que, por sus interesantes efectos, se alzan como formas de evitar que se produzca la transmisión de acciones o participaciones en contravención del régimen de transmisión del protocolo familiar.

En este sentido, resulta cuando menos conveniente que nos refiramos a las acciones de cumplimiento, y más concretamente, a la posibilidad de acudir a la acción *non facere* o de no hacer. En el ámbito de la empresa familiar, en caso de que se produjera la transmisión de acciones o participaciones a una persona ajena al círculo familiar, o a una persona que no sea una de las incluidas expresamente en el propio protocolo familiar, podría incluirse la condena al deudor para que remueva el estado de cosas provocado por la infracción de su obligación. A lo anterior debe añadirse que la acción de cumplimiento abre la vía a la acción de remoción (art. 1098.2 CC). A través de esta acción se conseguiría que el socio demandante que tenga interés en revocar el acuerdo de transmisión que se adoptó en infracción del protocolo pueda revocarse[38].

38 PAZ ARES, C. "El enforcement de los pactos parasociales", *op. cit.* p. 28, señala que uno y otro resultado pueden alcanzarse mediante la acción de remoción, que se dirige a eliminar el estado de cosas causado por el incumplimiento. El hecho de que sea posible solicitar el cumplimiento in natura de las obligaciones que consistan en no emitir o en emitir una determinada

Por último, no debe rechazarse la idea de que las partes pueden reforzar sus compromisos mediante la inclusión en los protocolos de mecanismos de *enforcement* o garantía que les den seguridad en el cumplimiento de éstos, como las cláusulas penales.

Aunque no cabe duda de que el contenido de los protocolos, aunque no esté incorporado a los estatutos, tiene a su alcance vías de protección en caso de que se produzca su infracción, surgen problemas en torno a su eficacia. Y es que el principal problema de estas acciones es que no podrán proyectarse a aquellos que no sean parte del protocolo, esto es, la sociedad, otros socios o terceros, y adolecerán de las dificultades propias del ejercicio de las acciones[39].

IV. CONCLUSIONES

Por todo lo expuesto, resulta fundamental dotar de eficacia al protocolo, y ello se consigue incluyéndolo o añadiendo sus disposiciones a los estatutos, pues la inclusión en los estatutos sociales otorgará la capacidad de forzar su ejecución. En fin, dado que la vía contractual de protección del contenido de los protocolos resulta insuficiente para atajar las posibles infracciones que del régimen contenido en ellos pueden darse, resulta conveniente que

declaración de voluntad, necesariamente ha de llevarnos a ...*admitir la posibilidad de remover o deshacer lo mal hecho mediante una prohibición de votar o mediante la sustitución coactiva de la voluntad del socio que ha incumplido por el órgano judicial*...

39 Para REGO LOPEZ, A., GOMEZ DE ITURRIAGA, P., Particularidades de la empresa familiar en las previsiones parasociales sobre transmisión de participaciones sociales", *op. cit.*, p. 690, resulta recomendable reforzar estos remedios con fórmulas jurídicas disuasorias tendentes a evitar el incumplimiento del pacto parasocial por las partes tales como las antes referidas cláusulas penales, u otras fórmulas establecidas en el ámbito de la autonomía privada para minimizar el riesgo de incumplimiento.

lo dispuesto en el protocolo familiar haya sido debidamente trasladado a los estatutos e inscrito en el Registro Mercantil como cláusulas estatutarias. Así, una posible infracción del régimen de transmisión construido en el protocolo familiar podrá resolverse a través de las acciones societarias.

No cabe duda, y así lo declara la Sección Cuarta de la Audiencia Provincial de Murcia en su sentencia de 1 de julio de 2021, de que el pacto parasocial, siempre que no sea contrario a los límites del artículo 1.255 del Código Civil, es lícito. Sin embargo, no es exigible si la modificación estatutaria a la que se pretende obligar no es conforme a la legislación societaria vigente en el momento en que se reclama el cumplimiento del pacto parasocial. Así pues, no cabe duda de la pertinencia de trasladar a los estatutos el mayor contenido posible del pacto con el fin de que sean aplicación directa y oponibles frente a la sociedad y para, además, poder acudir a los remedios propios de la legislación societaria. Así, de producirse una transmisión de acciones o participaciones contraria al contenido del protocolo y, por tanto, contraria a los intereses familiares, los remedios al alcance de los socios y de la propia sociedad, no serán únicamente de tipo contractual, sino que el abanico de medidas tendentes a combatir dicha transmisión se abrirá, también, a las medidas de tipo societario.

V. BIBLIOGRAFÍA

CAMISÓN ZORNAZA, C. y RÍOS NAVARRO, A., "El protocolo familiar como instrumento de alineamiento de los intereses económicos y jurídicos en la dirección de la empresa familiar", *Dirección, organización del gobierno y propiedad de la empresa familiar*, Camisón Zornaza, C., Viniano Pastor, J. (dir.), Tirant lo Blanch, Valencia, 2015.

GARRIDO DE PALMA, V.M., "La familia empresaria ante el Derecho", *El patrimonio familiar, profesional y empresarial. Sus protocolos*, Garrido Melero, M., Fugardo Estivil, J. M., Garrido de Palma, V.M. (coord.), Editorial Bosch, Barcelona, 2005.

ROJÍ BUQUERAS, J.M., "Régimen estatutario de transmisión inter vivos de acciones y participaciones de la empresa familiar", *Transmisión de acciones y participaciones en la empresa familiar*, Lefebvre, Madrid, 2023.

MARÍN DE LA BÁRCENA, F., "Pactos parasociales omnilaterales (Comentario a la Sentencia del Tribunal Supremo, Sala Primera, de 7 de abril del 2022)", *Análisis, Gómez-Acebo & Pombo*, julio 2022.

NAVARRO VIÑUALES, J.M., "Artículo 112. Ineficacia de las transmisiones con infracción de ley o de los estatutos", *Tratado de Sociedades de Capital*, Tomo I, Thomson Reuters Aranzadi, Cizur Menor, 2017.

NOVAL PATO, J., *Los pactos omnilaterales: su oponibilidad a la sociedad*, Thomson Reuters, Cizur Menor, 2012.

PAZ ARES, C., "El enforcement de los pactos parasociales", *Actualidad Jurídica Uría & Menéndez*, núm. 5, 2003.

REGO LOPEZ, A. y GOMEZ DE ITURRIAGA, P., Particularidades de la empresa familiar en las previsiones parasociales sobre transmisión de participaciones sociales", *Sobre el contrato social*, González Fernández, B. (dir.), Tirant lo Blanch, Valencia, 2024

ROJÍ BUQUERAS, J.M., "Régimen estatutario de transmisión inter vivos de acciones y participaciones de la empresa familiar", *Transmisión de acciones y participaciones en la empresa familiar*, Lefebvre, Madrid, 2023.

PARTE CUARTA
TRANSMISIONES
Y OPERATIVA SOCIETARIA

Capítulo 24

LA ENAJENACIÓN DE LAS ACCIONES O PARTICIPACIONES COMO MEDIDA DE PROTECCIÓN DEL SOCIO EN LAS TRANSFORMACIONES INTERNAS DE LAS SOCIEDADES DE CAPITAL: LA TRANSMISIÓN DE LAS ACCIONES Y PARTICIPACIONES Y DE LA CONDICIÓN DE SOCIO

Juan Arpio Santacruz
Profesor Titular de Derecho Mercantil
Universidad de Zaragoza

SUMARIO: I. INTRODUCCIÓN. II. EL DERECHO DE SALIDA DEL SOCIO A TRAVÉS DEL DERECHO DE SEPARACIÓN. 1. La transformación como causa legal del derecho de separación. 2. Modalidades de ejecución del derecho de separación en el TRLSC. 3. La transmisión de las acciones o participaciones del socio disconforme. III. EL DERECHO DE SALIDA DEL SOCIO A TRAVÉS DEL DERECHO DE ENAJENAR LAS ACCIONES O PARTICIPACIONES. 1. La transformación como causa legal del derecho de enajenar las acciones o participaciones. 2. Modalidades de ejecución del derecho de enajenar las acciones o participaciones en la NLME. 3. La transmisión de las acciones o participaciones del socio disconforme. IV. CONCLUSIONES. V. BIBLIOGRAFÍA.

I. INTRODUCCIÓN

El Real Decreto Legislativo 1/2010, de 2 de julio, que aprueba el Texto Refundido de la Ley de Sociedades de Capital (en adelante, TRLSC) dispone que las acciones o participaciones de una sociedad de capital atribuyen a su legítimo titular la condición de socio[1]. Esta correspondencia directa entre la titularidad de las acciones o participaciones y la condición de socio tiene como consecuencia que con la transmisión de las acciones o participaciones se transmite igualmente la condición de socio, y el adquirente se convierte en titular de los derechos inherentes a tal condición. Podría decirse que la transmisión de las acciones o participaciones sociales y de la condición de socio casi son una misma cosa.

La normativa corporativa, integrada por la legislación reguladora del tipo social y por los estatutos sociales, determina las reglas de circulación de las acciones y participaciones, así como las restricciones a la libre transmisibilidad que pueden recaer sobre todas o algunas de ellas. En principio, los socios tienen el derecho de negociar la transmisión de sus acciones o participaciones en cualquier momento en el marco de dicha normativa, esto es, observando las reglas de transmisión y las prohibiciones legales o estatutarias y, en su caso, las prohibiciones convencionales resultantes de los pactos a los que hayan podido llegar con otros socios o con terceros, los cuales no son oponibles a la sociedad, pero vinculan a quienes los han celebrado[2].

Sin perjuicio del mencionado derecho de transmitir las acciones o participaciones, en determinadas situaciones la normativa corporativa reconoce a los socios el derecho de desvincularse de la sociedad —o derecho de salida— conforme a un procedimiento reglado que les asegura la obtención del valor real de sus acciones o participaciones. Por tanto, ante la concurrencia de una de estas situaciones, el socio puede optar por transmitir sus acciones o

1 Según el artículo 91 LSC: ...*Cada participación social y cada acción confieren a su titular legítimo la condición de socio y le atribuyen los derechos reconocidos en esta ley y en los estatutos*...

2 Cfr. artículo 29 TRLSC, sobre pactos reservados, y artículo 123 TRLSC sobre la validez de las cláusulas que establecen restricciones a la libre transmisibilidad de las acciones.

participaciones conforme al procedimiento ordinario, negociando con un adquirente los términos de la transacción, o hacer valer su derecho de desvincularse de la sociedad y obtener el valor real de sus acciones o participaciones conforme al procedimiento reglado. Lógicamente, el socio optará por lo más conveniente para sus intereses, pero, ante la incertidumbre de tener que encontrar un comprador y del precio que estará dispuesto a pagar en unas circunstancias que pueden no ser las más propicias para la venta, es habitual que se incline por recuperar el valor real de las acciones o participaciones a través del procedimiento reglado.

Tradicionalmente, el derecho de desvincularse de la sociedad en estas particulares situaciones se ha hecho efectivo mediante el ejercicio del derecho de separación. En las sociedades de capital este derecho se encuentra regulado en los artículos 346-349 y 353-359 del TRLSC. Además, la Ley 3/2009, de 3 de abril, sobre modificaciones estructurales (LME) indicaba cuales eran las modificaciones que daban lugar al reconocimiento del derecho, y remitía al TRLSC en lo atinente al ejercicio del mismo[3].

Tras la derogación de la LME y su sustitución por el libro primero del Real Decreto-ley 5/2023, de 28 de junio (NLME)[4], que

3 Realmente, la LME se limitaba a establecer las modificaciones estructurales que podían dar lugar al derecho de separación. El procedimiento de separación se establecía en los artículos mencionados del TRLSC.

4 Real Decreto-ley 5/2023, de 28 de junio, por el que se adoptan y prorrogan determinadas medidas de respuesta a las consecuencias económicas y sociales de la Guerra de Ucrania, de apoyo a la reconstrucción de la isla de La Palma y a otras situaciones de vulnerabilidad; de transposición de Directivas de la Unión Europea en materia de modificaciones estructurales de sociedades mercantiles y conciliación de la vida familiar y la vida profesional de los progenitores y los cuidadores; y de ejecución y cumplimiento del Derecho de la Unión Europea, *BOE* núm. 154, de 29 de junio de 2023 (Corrección de errores en el *BOE* núm. 156, de 1 de julio de 2023, y *BOE* núm. 176, de 25 de julio de 2023).

adapta el Derecho interno español a las disposiciones de la Directiva 2019/2121 del Parlamento Europeo y del Consejo, de 27 de noviembre de 2019[5] (Directiva de movilidad), el derecho de separación —como medio de desvincularse de la sociedad con ocasión de una modificación estructural— se ha sustituido por el derecho de *...enajenar las acciones y participaciones y a obtener una compensación adecuada...*, cuyo ejercicio ha de hacerse valer a través de un procedimiento específico regulado en esa disposición y que es diferente del establecido en el TRLSC para el derecho de separación. El procedimiento del derecho de separación continúa siendo el pertinente para desvincularse de la sociedad cuando la salida se fundamenta en causas legales diferentes de una modificación estructural[6].

Aunque, inicialmente, la única modalidad prevista en la normativa mercantil para ejecutar el derecho de salida en las sociedades de capital consistía en reducir el capital y amortizar las acciones o participaciones, nuestro derecho societario ha evolucionado y, actualmente, también contempla la enajenación de las acciones o participaciones, ya sea a la propia sociedad o también, si se produce con ocasión de una modificación estructural, a otro socio o a un tercero. Cuando la salida se ejecuta conforme a estas nuevas modalidades, el socio que ejercita el derecho debe transmitir las partes de socio al adquirente de las mismas.

En el presente capítulo se analiza la transmisión de las acciones o participaciones y de la condición de socio, en el marco del procedimiento establecido en la normativa societaria para que el

5 Directiva (UE) 2019/2121 del Parlamento Europeo y del Consejo de 27 de noviembre de 2019 por la que se modifica la Directiva (UE) 2017/1132 en lo que atañe a las transformaciones, fusiones y escisiones transfronterizas, *DOUE* de 12 de diciembre de 2019, nº L 321, p. 1.

6 Las causas legales de separación se establecen en el artículo 346, apartados 1 y 2, TRLSC.

socio se desvincule de la sociedad. Por las limitaciones propias de un trabajo de estas características, el objeto se ha limitado a los supuestos en los que el derecho de salida surge como consecuencia de una transformación interna —o por cambio de tipo social— y la sociedad que se transforma es una sociedad de capital y, en consecuencia, las partes de socio que, en su caso, se transmiten, son acciones o participaciones sociales[7].

Conviene advertir que muchas de las cuestiones que se plantean cuando un socio abandona la sociedad y transmite sus acciones o participaciones con ocasión de una transformación interna, se suscitan igualmente cuando la salida responde a otras causas legalmente previstas. Por ello, algunas de las consideraciones que se vierten en este capítulo son extrapolables a esas otras situaciones.

El capítulo se divide en cuatro apartados. La parte central del estudio se concentra en los dos apartados que siguen a esta introducción, dedicados, respectivamente, a la transmisión de las acciones y participaciones en el marco del derecho de separación y del nuevo derecho de enajenar las partes de socio establecido en la NLME, y termina con un apartado de conclusiones.

II. EL DERECHO DE SALIDA DEL SOCIO A TRAVÉS DEL DERECHO DE SEPARACIÓN

1. La transformación como causa legal del derecho de separación

Como se ha indicado, el Derecho societario reconoce a los socios en determinadas situaciones establecidas en la ley reguladora

7 No se estudian, por tanto, las transformaciones transfronterizas —o por traslado internacional del domicilio social con cambio de *lex societatis*— ni las transformaciones internas de sociedades personalistas.

de los diferentes tipos sociales (causas legales) y en los estatutos sociales (causas estatutarias) el derecho de desvincularse de la sociedad y recuperar el valor de sus acciones o participaciones[8].

El derecho de separación es consustancial al régimen de las sociedades cerradas constituidas por tiempo indefinido[9]. Sin embargo, en las sociedades abiertas, como son generalmente las sociedades de capital[10], las causas legales de separación suelen responder a modificaciones relevantes que alteran las bases esenciales del contrato social[11]. Se considera que no se puede obligar a un socio a continuar en la sociedad en unas condiciones que son muy diferentes de las que existían cuando ingresó, y en atención a las cuales prestó su consentimiento[12]. De ahí que, en estas sociedades, el derecho de separación se contemple como una medida de protección de los socios frente a cambios sustanciales impuestos por la mayoría y con los que aquellos están dis-

8 El elenco de causas susceptibles de justificar el derecho de separación es objeto de debate. Véase sobre este aspecto y, en particular, sobre la posible conveniencia de que las causas de separación sean fijadas convencionalmente ALONSO LEDESMA, C., "El alcance de la autonomía de la voluntad en la separación y exclusión de socios", González Fernández, M.B. (dir.), Márquez Lobillo, P. y Otero Cobos, M.T. (coords.) *El derecho de separación y la exclusión de socios en las sociedades de capital*, 2 Tomos, Tirant Lo Blanch, Valencia 2021, en Tomo I, pp. 179-225.

9 Cfr. artículo 225 Código de comercio (CCom) y artículo 108, apartado 3, TRLSC.

10 Uno de los rasgos caracterizadores de las sociedades de capital es la libertad de la que disponen los socios para transmitir las acciones o participaciones de las que son titulares y abandonar la sociedad. Como regla general, el margen de libertad del que dispone el socio es amplio en el supuesto de las sociedades anónimas o comanditarias por acciones y más reducido en el de la sociedad de responsabilidad limitada, dado que estas tienen el capital dividido en participaciones que, por su propia naturaleza, tienen restringida la transmisibilidad (cfr. artículo 108, apartado 1, TRLSC).

11 GARRIGUES, J., *op. cit.*, p. 597.

12 *Ibid*. En el mismo sentido, BRENES CORTÉS, J., *El derecho de separación del accionista*, Marcial Pons, Madrid, 1999, p. 152-153.

conformes[13], si bien, desde otra perspectiva, también puede considerarse un instrumento facilitador de los cambios y, por tanto, del progreso de la sociedad.

Las modificaciones estructurales son operaciones societarias que alteran las bases esenciales de la sociedad e inciden en la posición jurídica de los socios dentro de la misma. En particular, la transformación constituye una modificación estructural consistente en el cambio de tipo social sin pérdida por la sociedad de la personalidad jurídica[14]. Como consecuencia de la operación, la sociedad transformada va a someterse a una nueva normativa corporativa, pero manteniendo inalteradas sus relaciones jurídicas, por lo que los contratos, créditos, derechos y obligaciones pasan a serlo de la sociedad transformada. Los socios conservan invariable su participación en el capital o, en su caso, en el interés social, pero su posición en la sociedad va a verse afectada, especialmente si como consecuencia de la transformación asumen responsabilidad personal por las deudas sociales. Estos cambios justifican que la transformación se haya considerado una causa legal de separación del socio en las sociedades mercantiles.

Así, la Ley de 17 de julio de 1951, sobre régimen jurídico de las sociedades anónimas (LSA 1951), contemplaba la posibilidad de que la sociedad anónima se transformase en sociedad colectiva, sociedad comanditaria o sociedad de responsabilidad

13 Cfr. GARRIGUES, J., *op. cit.*, p. 597. En el mismo sentido BRENES CORTÉS, J., *op. cit.*, p. 152-153; BUSTILLO SAIZ, M. del M., "El derecho de separación de los socios en las operaciones transfronterizas" (parte I), *Revista Derecho de Sociedades*, núm. 60, septiembre-diciembre 2020, p. RR-4.1. Véase también el Fundamento de Derecho nº 2 de la Resolución de la DGRN de 24 de octubre de 2019, *BOE* núm. 281 de 22 de noviembre de 2019.

14 Este concepto corresponde al de las transformaciones internas ya que, como se ha indicado, las transformaciones externas —o por traslado internacional del domicilio social con cambio de *lex societatis*— no se tratan en este capítulo.

limitada[15]. El acuerdo de transformación solo obligaba a los socios que hubiesen votado a favor, de modo que los accionistas disidentes y los no asistentes a la Junta general quedaban separados a menos que los primeros se adhiriesen al acuerdo en el plazo de un mes contado desde la fecha del acuerdo, o los segundos lo hiciesen en el plazo de tres meses contados desde la fecha de publicación del último anuncio en el Boletín Oficial del Estado, exigiéndose en este último caso, además, que la adhesión tuviese forma escrita[16]. Los socios que abandonaban la sociedad tenían derecho a recibir la parte correspondiente a su participación en el patrimonio social según balance cerrado el día anterior al de la fecha del acuerdo.

El Real Decreto Legislativo 1564/1989, de 22 de diciembre, que aprobó el Texto refundido de Ley de Sociedades Anónimas (TRLSA 1989), limitó el derecho de separación de los accionistas a los supuestos de transformación de la sociedad anónima en sociedad colectiva o comanditaria[17]. Los accionistas que no votaran a favor del acuerdo de transformación quedaban automáticamente separados, a menos que se adhiriesen al mismo por escrito en el plazo de un mes [18]. Sin embargo, cuando la sociedad anónima se transformaba en sociedad de responsabilidad limitada,

15 Artículo 133 LSA 1951.

16 Artículo 135 LSA 1951. Esta regulación de la desvinculación o salida del socio en el artículo 135 LSA 1951 llevó a GIRÓN a afirmar que "el derecho propiamente reconocido es el de adhesión de disidentes y de no presentes". *Vid.* GIRÓN, J., *Derecho de Sociedades Anónimas*, Seminarios de la Facultad de Derecho, Valladolid, 1952, p. 606. Algunos autores se refieren a este derecho como derecho de separación impropio. *Vid.* MARTÍNEZ SANZ en MARTÍNEZ SANZ, F., PUETZ, A., "El derecho de enajenación de las acciones, participaciones o cuotas de los socios", Rojo, A., Campuzano, A.B., Cortés, L.J., Pérez Troya, A. (coords.), *Las modificaciones estructurales de las sociedades mercantiles*, 2ª ed., Aranzadi, Las Rozas, 2024, pp. 389-447, en la p. 410.

17 *Vid.* artículo 225 TRLSA 1989.

18 Artículo 225, apartado 2, TRLSA 1989.

la protección que se confería a los accionistas que no votaran a favor del acuerdo consistía en dispensarles de cumplir el régimen de transmisión de participaciones sociales durante tres meses[19], plazo que podían aprovechar para transmitir sus participaciones sin tener que observar las restricciones a la libre transmisibilidad propias de dicho régimen[20]. El derecho de separación de los accionistas con ocasión de la transformación de sociedades anónimas en sociedades de responsabilidad limitada se restablecerá con la aprobación de la LME.

La exigua regulación de la Ley de 17 de julio de 1953, sobre Régimen Jurídico de las Sociedades de Responsabilidad Limitada (LSRL 1953), no contemplaba expresamente la transformación de la sociedad ni establecía causas que dieran lugar al derecho de separación[21]. No obstante, era generalmente admitido que una sociedad de responsabilidad limitada podía transformarse en otro tipo social observando las exigencias establecidas en el artículo 17 LSRL 1953 para las modificaciones estatutarias[22], y que los socios podían hacer valer el derecho de separación si estaba previsto en los estatutos. Algunos autores mantenían que,

19 Artículo 226 TRLSA.

20 Esta restricción del derecho de separación fue criticada por algunos autores (*vid.* BERCOVITZ RODRÍGUEZ-CANO, A., "Modificación de estatutos aumento y reducción de capital", en Quintana Carlo, I. (dir.), *El nuevo derecho de las sociedades de capital*, Trivium, Madrid 1989, p. 171-193, en la p. 178; BARBA DE VEGA, J. "La sociedad de responsabilidad limitada", en Quintana Carlo, I. (dir.), *op. cit.*, pp. 287-302, en las pp. 296-297), a los que se sumarán otros (*vid.* BRENES CORTÉS, J., *op. cit.*, p. 271 y siguientes) para reclamar el restablecimiento del derecho de separación en los casos de transformación de sociedades anónimas en sociedades de responsabilidad limitada.

21 La LSRL 1953 contemplaba en el artículo 31 la "disolución parcial" de la sociedad en los supuestos de exclusión de socios, incluida la del socio administrador, para lo que remitía al régimen del artículo 219 del Código de comercio.

22 GARRIGUES, J., *op. cit.*, p. 576; URÍA, R., *Derecho Mercantil*, 13ª ed. Imprenta Aguirre, Madrid, 1985, p. 387.

incluso en ausencia de previsión estatutaria, no faltaban razones para defender la existencia del derecho en aquellos casos en que lo admitía la LSA 1951[23].

La Ley 2/1995, de 23 de marzo, de Sociedades de Responsabilidad Limitada (LSRL 1995), desarrolló notablemente el régimen jurídico de este tipo social en relación a la precedente y reguló las modificaciones estructurales, incluida la transformación, así como el derecho de separación de los socios, tanto en lo relativo a las causas que permitían su ejercicio como a los aspectos procedimentales, cuya normativa sería ulteriormente precisada por la Ley 7/2003, de 1 de abril[24]. El elenco de causas legales de separación incluía la *...transformación en sociedad anónima, sociedad civil, cooperativa, colectiva o comanditaria, simple o por acciones, así como en agrupación de interés económico...*[25]. Los socios que no hubieran votado a favor del acuerdo de transformación no quedaban separados de la sociedad, a diferencia de lo que sucedía –como se ha visto– con los accionistas de las sociedades anónimas, pero podían ejercitar el derecho de separación en el plazo de un mes desde la publicación del acuerdo[26].

La diferente regulación del TRLSA 1989 y la LSRL 1995 sobre el ejercicio del derecho de separación con ocasión de una transformación societaria va a superarse con la aprobación de la LME[27]. Esta Ley, que reguló en un solo texto legal las modi-

23 URÍA, R., *op. cit.*, p. 391.

24 Véase, en particular, el artículo Único 3.5 de la Ley 7/2003, de 1 de abril.

25 Artículo 95, letra e), LSRL 1995.

26 Artículos 95 y 97, apartado 1, LSRL 1995.

27 Como se explicaba en la primera parte de la Exposición de Motivos de la LME (Parte I) *...La unificación es específica de la normativa sobre transformación de sociedades mercantiles, cuyo régimen, dividido hasta ahora entre la Ley de Sociedades Anónimas y la más moderna Ley de Sociedades de Responsabilidad Limitada, se actualiza, a la vez que se dilata el perímetro de las transformaciones posibles. La muy amplia concepción de la Ley 2/1995, de 23 de marzo, ha*

ficaciones estructurales de todas las sociedades mercantiles, va a restablecer el derecho de separación a favor de los accionistas en los supuestos de transformación de una sociedad anónima en sociedad de responsabilidad limitada, y a reconocer a los socios de todas las sociedades mercantiles que se transformasen, que no hubieran votado a favor del acuerdo de transformación, el derecho de separarse de la sociedad conforme a lo dispuesto para las sociedades de responsabilidad limitada[28]. La remisión a la normativa de la sociedad de responsabilidad limitada se entenderá efectuada al TRLSC tras su aprobación en 2010.

Conforme a la normativa resultante de la LME, los socios que no hubieran votado a favor del acuerdo de transformación y desearan abandonar la sociedad debían ejercitar el derecho de separación mediante una declaración escrita dirigida a la sociedad manifestando su decisión de separarse[29]. Estaban exceptuados de cumplir este trámite, los socios que no hubieran votado a favor y que, como consecuencia de la transformación, se verían obliga-

terminado por imponerse sobre la mucho más restrictiva de la Ley de Sociedades Anónimas, extendiéndose así sensiblemente el perímetro de las transformaciones posibles al impulso de las necesidades de la realidad...

28 Artículo 15, apartado 1, LME. En concordancia con el artículo 15, apartado 1, LME, la redacción inicial del artículo 346, apartado 3, TRLSC, establecía que "En los casos de transformación de la sociedad y de traslado de domicilio al extranjero los socios tendrán derecho de separación en los términos establecidos en la Ley 3/2009, de 3 de abril, sobre modificaciones estructurales de las sociedades mercantiles".

29 *Vid*. artículo 97, apartado 1, LSRL 1995; y artículo 348, apartado 2, TRLSC. Conviene precisar que la exigencia de forma escrita para efectuar la declaración se establece en el TRLSC. La LSRL 1995 no exigía una forma concreta, si bien la doctrina consideraba aconsejable efectuarla por un conducto fehaciente. En este sentido, URÍA, R., MENÉNDEZ, A., IGLESIAS PRADA, J.L., "La sociedad de responsabilidad limitada: Exclusión y separación de socios", en Uría, R., Menéndez, A. (dirs.), Aparicio González, M.L. (coord.) *Curso de Derecho Mercantil*, Tomo I, 2ª ed., Civitas, Madrid 2006, pp. 1261-1287, en la p. 1282.

dos a asumir responsabilidad ilimitada por las deudas sociales, ya que estos quedaban automáticamente separados a menos que se adhirieran al acuerdo en el plazo de un mes[30]. Con la recepción de la declaración unilateral del socio manifestando su decisión de separarse, la sociedad quedaba obligada a reembolsarle el valor razonable de sus acciones o participaciones, para lo cual debía determinarse ese valor, bien por acuerdo de las partes, bien por un auditor de cuentas diferente del auditor de la sociedad, nombrado por el Registrador mercantil[31]. Una vez establecido el valor, el reembolso debía efectuarse en el plazo de dos meses[32].

Conviene precisar que el derecho del socio que se separaba consistía en obtener el valor razonable de sus acciones o participaciones, y no el fijado libremente por el auditor designado, coincidiera o no con el valor razonable[33]. Por ello, la valoración del auditor era susceptible de ser impugnada ante los tribunales cuando el socio entendía que no reflejaba el valor razonable[34]. La impugnación paralizaba la operación hasta que el litigio se resolvía.

2. Modalidades de ejecución del derecho de separación en el TRLSC

Inicialmente, el TRLSA 1989 y la LSRL 1995 establecían una única modalidad de ejecución del derecho de separación. Una vez que la sociedad reembolsaba el valor de las acciones o participaciones con cargo a la parte del patrimonio social afecto a la cobertura del capital social, o en su caso consignaba el importe, los administradores, sin necesidad de acuerdo específico de la Junta general,

30 Artículo 15, apartado 2, LME.

31 *Vid.* artículo 100, apartado 1, LSRL 1995; artículo 353, apartado 1, TRLSC.

32 *Vid.* artículo 101 LSRL 1995; artículo 356, apartado 1, TRLSC.

33 STS (Civil, Secc. 1ª), de 18 de mayo de 2012, ECLI:ES:TS:2012:4587, párrafo 28.

34 *Ibid.*, párrafo 30.

tenían la obligación de otorgar inmediatamente escritura pública de reducción del capital social expresando en ella las participaciones amortizadas, la identidad del socio o socios afectados, la causa de la amortización, la fecha del reembolso o de la consignación y la cifra a la que hubiera quedado reducido el capital social[35]. Esta escritura debía inscribirse en el Registro Mercantil[36].

La identificación de los socios separados para hacer constar su identidad en las escrituras de separación y transformación podía presentar dificultades cuando la sociedad que se transformaba era una sociedad anónima con el capital dividido en acciones al portador y la separación del socio se producía de forma automática en virtud del artículo 225, apartado 2, TRLSA 1989. La doctrina consideraba que, en esta situación, era suficiente con hacer constar en la escritura el capital global que representaban los socios separados, dato que permitía calcular el capital social que quedaría tras la separación de los socios que hicieran uso de su derecho[37]. Por el mismo motivo, también podía presentar dificultades el reembolso del valor de las acciones o participaciones a esos mismos socios, lo que obligaba a la sociedad a consignar la cantidad correspondiente en el Banco de España o en la Caja General de Depósitos a disposición de los interesados[38].

35 Artículo 102 LSRL 1995. Véase también el artículo 147, apartado 3, TRLSA 1989 y el artículo 208 del Reglamento del Registro Mercantil (RRM).

36 Artículo 208 RRM.

37 URÍA, R., MENÉNDEZ, A., CARLÓN, L., "Transformación (Artículos 223 a 232 LSA)", en *Comentario al régimen legal de las sociedades mercantiles*, Uría, R., Menéndez, A. y Olivencia, M. (dirs.), Tomo IX: Transformación, fusión y escisión de la sociedad anónima, Vol. 1º, Civitas, Madrid, 1993, p. 84; VARA DE PAZ, N., "La transformación de sociedades y la nulidad de acciones", en Iglesias Prada, J.I. (coord.) *Estudios Jurídicos en Homenaje al Profesor Aurelio Menéndez*, 4 tomos, Civitas, Madrid, 1996, en Tomo II, pp. 2609-2623.

38 URÍA, R., MENÉNDEZ, A., CARLÓN, L., "Transformación...", *op. cit.*, p. 59. Véase también el artículo 208, apartado 1-3º, RRM.

La reducción del capital social y la extinción del "puesto de socio" constituían notas esenciales del derecho de separación, que lo diferenciaban de la mera sustitución en la titularidad de las acciones o participaciones como consecuencia de una transmisión[39]. Conviene precisar que la amortización de las acciones o participaciones no requería su previa adquisición por la sociedad, sino que, una vez satisfecho su valor al socio que ejercitaba el derecho de separación, se procedía a su cancelación[40]. En consecuencia, las acciones o participaciones no se transmitían a la sociedad como paso previo a la amortización.

La doctrina clásica consideraba la separación del socio como un supuesto de disolución parcial, es decir, "*de solución del vínculo de sociedad respecto de uno o varios socios solamente*", que daba lugar, posteriormente, a una liquidación parcial de la sociedad[41]. La separación afectaba al contrato social, pues su ejercicio conllevaba reducir el capital y amortizar las acciones o participaciones de los socios que se separaban, pero no suponía la disolución total de la sociedad ni daba lugar a la apertura del proceso de liquidación conducente a su extinción, pues la sociedad subsistía en el tráfico integrada por los socios que no habían ejercitado ese derecho.

Lógicamente, la descapitalización que comportaba la salida definitiva de fondos sociales para pagar el reembolso de las acciones o participaciones de los socios que se separaban podía llegar a comprometer el desarrollo de la actividad social y la propia sub-

39 BRENES CORTÉS, J., *El derecho de separación...*, *op. cit.*, p. 30-31.

40 Algunos autores han indicado que la cancelación de las acciones por la sociedad sin disponer de los títulos era problemática. *Vid.* VARA DE PAZ, N., "La transformación de sociedades y la nulidad...", *op. cit.*

41 GARRIGUES, J., *Curso...*, *op. cit.*, p. 595. En el mismo sentido, URÍA, R., MENÉNDEZ, A., CARLÓN, L., "Transformación...", *op. cit.*, p. 55.

sistencia de la sociedad[42]. Esta situación indujo a los operadores jurídicos a valorar soluciones alternativas que permitieran armonizar mejor la protección del socio con los intereses sociales[43].

Una medida que podía aliviar los efectos adversos de la separación consistía en evitar que la sociedad tuviera que reducir el capital como consecuencia de la salida del socio, permitiendo que sus acciones o participaciones fuesen adquiridas por la propia sociedad, otro socio o un tercero[44]. De esta forma, los intereses del socio que se separaba quedaban protegidos, pues recibía igualmente el valor de sus acciones o participaciones, y la sociedad podía continuar desarrollando su actividad sin tener que reducir el capital.

El legislador atendió esta propuesta, al menos en parte, con la aprobación de la Ley 7/2003, de 1 de abril, de la Sociedad Limitada Nueva Empresa, en cuyo Artículo Único, Tercero, apartados 5º, 6º y 7º dispuso expresamente que las sociedades de responsabilidad limitada, en el marco de un procedimiento de separación, podían adquirir las participaciones del socio que se separaba en lugar de amortizarlas. Sin embargo, el precepto no era aplicable a las sociedades anónimas, las cuales no podrán ejecutar la separación mediante esta nueva modalidad hasta la aprobación de

42 Este inconveniente lo señalaba ya GIRÓN, J., *Derecho de Sociedades..., op. cit.*, p. 468, en relación con el derecho de separación del accionista por cambio del objeto social regulado en la LSA de 1951.

43 Sobre este punto, *vid.* BRENES CORTÉS, J., *El derecho de separación..., op. cit.*, pp. 503-509; GARRIDO DE PALMA, V.M., "La causa del contrato de sociedad y su continuada influencia: la separación y la exclusión de socios", en González Fernández, M.B. (dir.), Márquez Lobillo, P. y Otero Cobos, M.T. (coords.) *El derecho de separación y la exclusión de socios en las sociedades de capital*, 2 Tomos, Tirant Lo Blanch, Valencia 2021, en Tomo I, pp. 53-157, p. 64.

44 *Vid.* BRENES CORTÉS, J., *El derecho de separación..., op. cit.*, p. 504; FARRANDO MIQUEL, I., *El derecho de separación del socio en la LSA y LSRL*, Civitas, Madrid 1998, p. 73.

la LME —que la autorizará en las separaciones que tuvieran su causa en determinadas modificaciones estructurales, incluida la transformación[45]—, y el TRLSC la hará extensible a todos los supuestos de separación, independientemente de su causa[46].

Por lo tanto, tras la reforma llevada a cabo por la Ley 7/2003, de 1 de abril en el caso de las sociedades de responsabilidad limitada, y de la aprobación de la LME y el TRLSC en el de las sociedades anónimas, la amortización de las acciones o participaciones y la extinción del "puesto" de socio dejarán de ser la única vía de ejecutar el derecho de separación en las sociedades de capital. Ante el ejercicio de ese derecho por los socios, estas sociedades podrán optar[47], bien por reducir el capital, amortizar las acciones

45 *Vid.* artículo 15 LME que reconocía el derecho de separación "conforme a lo dispuesto para las sociedades de responsabilidad limitada" a los socios que no hubieran votado a favor del acuerdo de transformación. Otras causas de separación eran la fusión transfronteriza intracomunitaria (artículo 62 LME) y el traslado del domicilio social (Artículo 99 LME).

46 Hay que tener en cuenta que el reconocimiento del derecho de separación en el TRLSA 1989 se limitaba a los supuestos de modificaciones estatutarias consistentes en la sustitución del objeto social (artículo 147, apartado 3); el cambio del domicilio social al extranjero (artículo 149, apartado 2); y la transformación a sociedad colectiva o comanditaria (artículo 225). El TRLSA 1989 establecía que para la inscripción del acuerdo de transformación en el Registro mercantil este debía acompañarse de "la declaración de los Administradores de que ningún socio ha ejercitado el derecho de separación, de haberse reembolsado las acciones de quienes hubieran ejercitado ese derecho, previa amortización de las mismas y reducción del capital social" (artículo 147, apartado 3, al que también remitían los artículos 149, apartado 2, y 227). Esta regulación se mantendrá hasta la aprobación del TRLSC.

47 La elección de la modalidad de ejecución del derecho de separación corresponde a la sociedad. No obstante, como indica SÁNCHEZ GONZÁLEZ, J.C., "Artículo 359. Escritura pública de adquisición", en Prendes Carril, P., Martínez-Echevarría y García De Dueñas, A., Cabanas Trejo, R. (dirs.), *Tratado de Sociedades de Capital. Comentario judicial, notarial, Registral y Doctrinal*, 1ª ed., 2 Tomos, Thomson Reuters-Aranzadi, Cizur Menor 2017, en Tomo II, p. 201-206, en la p. 202, cuando la sociedad que se transforma es una sociedad de responsabilidad limitada la decisión no es indiferente para la posición de

o participaciones y reembolsar su valor, bien por adquirir las acciones o participaciones y pagar su precio con recursos propios de la sociedad, esto es, con beneficios o reservas de libre disposición, ya fuera con el propósito de transmitirlas posteriormente o de mantenerlas en cartera si ello era compatible con el régimen de adquisición derivativa de acciones o participaciones propias[48].

La posibilidad de adquirir las acciones o participaciones del socio que se separaba era conveniente para los intereses sociales, ya que permitía eludir la reducción del capital, pero no impedía el debilitamiento del patrimonio social. Una manera de evitarlo consistía en establecer una cláusula estatutaria disponiendo que, en caso de separación o exclusión de algún socio, los demás tendrían un derecho de opción para adquirir las acciones o participaciones por un valor razonable[49].

los socios que ejercitan el derecho, ya que si opta por reducir el capital estos deberán responder de las deudas sociales *ex* artículos 331, apartado 2, y 357 TRLSC, a menos que la sociedad dote la reserva a que se refiere el artículo 332 TRLSC.

48 Como se sabe, el Ccom. no contempla el fenómeno de la autocartera en las sociedades personalistas. En consecuencia, cuando una sociedad de capital se transforma en una sociedad personalista, esta no puede mantener en cartera la participación del socio saliente y, en principio, está abocada a reducir el capital. En cambio, si la sociedad de capital se transforma en otro tipo de sociedad capitalista puede mantenerlas, una vez canjeadas, cumpliendo lo establecido en los artículos 140-148 TRLSC. El incumplimiento de estos requisitos y límites obliga a la sociedad a enajenar o amortizar las acciones o participaciones en un determinado plazo. De ahí que, como observa SÁNCHEZ GONZÁLEZ, la adquisición por la sociedad podía traducirse en un retraso en la reducción del capital social cuando el régimen de acciones o participaciones propias no permitía mantenerlas en cartera y no se encontraba un adquirente para las mismas antes de que transcurriera el plazo establecido para su enajenación. *Vid.* SÁNCHEZ GONZÁLEZ, J.C., "Artículo 359. Escritura pública...", *op. cit.*, en la p. 201.

49 GARRIDO DE PALMA, V.M., "La causa del contrato de sociedad...", *op. cit.*, p. 151; CERDÁ ALBERO, F., "Artículo 359. Escritura pública de adquisición", García-Cruces González, J.A., Sancho Gargallo, I. (dirs.), *Comentario de la Ley*

La ejecución de la separación conforme a la segunda modalidad no va a requerir, como sucedía con la primera, reducir el capital, ni amortizar las acciones del socio que se separa, ni suprimir su "puesto de socio". La nueva modalidad se basa en el intercambio de las acciones o participaciones por dinero, con la particularidad de que, al realizarse en el marco de un procedimiento reglado o legalmente tipificado[50], muchos aspectos de la transacción vendrán determinados por la ley[51]. Además, como la adquirente de las acciones o participaciones siempre es la sociedad, la transacción deberá cumplir las exigencias resultantes del régimen de adquisición derivativa de las propias acciones o participaciones.

A primera vista, el intercambio de las acciones o participaciones por dinero podía responder a diferentes causas. Así, en primer lugar, podía considerarse consecuencia de la perfección de un contrato de compraventa entre la sociedad y el socio que se separaba. Pero, en segundo lugar, también podía asimilarse a una facultad del socio de resolver el contrato de sociedad con la consiguiente obligación de las partes de restituirse las prestaciones,

de Sociedades de Capital, 5 tomos., Tirant Lo Blanch, Valencia 2021, en Tomo V, pp. 4909-4914, en las pp. 4911-4912. Este tipo de cláusulas estatutarias se admitían expresamente en el artículo 271-19, apartado 2, del Anteproyecto del Código Mercantil.

50 MACHADO PLAZAS, J., "Operaciones y ámbito de aplicación de la regulación de las modificaciones estructurales", en Rojo, A., Campuzano, A.B., Cortés, L.J., Pérez Troya, A. (coords.), *Las modificaciones estructurales de las sociedades mercantiles*, 2ª ed., Aranzadi, Las Rozas, 2024, pp. 47-81, en las pp. 57-59.

51 El procedimiento de separación trata de establecer un equilibrio entre el interés del socio, consistente en abandonar la sociedad y obtener el valor de su participación, y el interés de la sociedad en ejecutar la transformación sin dilación. Por ese motivo, como indica la SAP Barcelona de 20 de junio de 2019, ECLI:ES:APB:2019:7276, "el derecho de separación, una vez ejercitado, no puede quedar al arbitrio ni de la sociedad ni del socio que lo ejercita ni de los demás socios". Con un significado en parte coincidente, la STS (Civil, Secc. 1ª), de 15 de enero de 2021, ECLI:ES:TS:2021:3, afirma que los actos a realizar por la sociedad son actos debidos y no actos potestativos.

tal como se justifica en la dogmática alemana[52]. El TRLSC parece inclinarse por la primera causa cuando, al referirse a la compensación debida al socio por sus acciones o participaciones en el artículo 356, apartado 1, señala que ...*los socios afectados tendrán el derecho a obtener en el domicilio social el valor razonable de sus participaciones sociales o acciones en concepto de* precio *de las que la sociedad adquiere o de* reembolso *de las que se amortizan*...[53]. La utilización del término "precio" para referirse a la compensación debida al socio cuando la sociedad recurre a la segunda modalidad sugiere que el intercambio tiene naturaleza contractual y que responde a un contrato de compraventa.

3. La transmisión de las acciones o participaciones del socio disconforme

La compraventa de una cosa o un derecho exige obliga al vendedor a transmitir la cosa o el derecho objeto del contrato al comprador, lo que ha de hacerse conforme a las normas de circulación del bien o derecho de que se trate[54]. Cuando el objeto del intercambio son acciones o participaciones sociales, las normas a tener en cuenta son las contempladas en el TRLSC, que establecen reglas diferentes para la circulación de unas y otras por el carácter de valores mobiliarios que tienen las pri-

52 Sobre el derecho de separación en el Derecho societario alemán, véase DEL VAL TALENS, P., *El derecho de separación en las modificaciones estructurales transfronterizas*, Tirant Lo Blanch, Valencia, 2023, pp. 200-207.

53 Cursiva añadida. El texto del precepto, procedente del artículo Único, Tercero, apartados 5º, 6º y 7º de la Ley 7/2003, de 1 de abril, se incorporó primeramente al artículo 101 LSRL 1995, y pasará posteriormente al artículo 356 LSC.

54 Conviene advertir que la situación que se expone en el texto principal no cambiaría en este punto si la causa del intercambio fuese la resolución del contrato de sociedad.

meras y del que carecen las segundas[55]. Además, tratándose de acciones, también son relevantes las disposiciones reguladoras del mercado de valores[56].

El TRLSC dedica una mínima atención a la transmisión de las acciones o participaciones y de la condición de socio en el marco del procedimiento de separación. Probablemente, el precepto más relevante es el artículo 359 TRLSC, que regula el otorgamiento de la escritura de adquisición de las acciones y participaciones en el curso de dicho procedimiento. Sin embargo, sus normas no han logrado evitar las dudas sobre aspectos importantes de la transmisión.

Una de las dudas surgidas se refiere al momento en que quien ejerce el derecho de separación debe transmitir las acciones o participaciones sociales al adquirente y deja de tener la condición de socio, cuestión que tiene indudables consecuencias prácticas tanto para el ejercicio de los derechos de socio como para una posible consideración de este como persona vinculada a los administradores[57] o como persona especialmente relacionada con el concursado[58].

La falta de indicación expresa en el TRLSC[59] sobre el momento de producirse la transmisión y la pérdida de la condición de socio,

55 Cfr. artículos 106 y siguientes del TRLSC sobre la transmisión de participaciones, y artículos 120 y siguientes del TRLSC sobre la transmisión de acciones.

56 En particular, la Ley 6/2023, de 17 de marzo, de los Mercados de Valores y Servicios de Inversión (LMVSI); el Real Decreto 814/2023, de 8 de noviembre, sobre instrumentos financieros, admisión a negociación, registro de valores negociables e infraestructuras de mercado, *BOE* núm. 268, de 9 de noviembre de 2023.

57 Cfr. artículo 231 TRLSC.

58 Cfr. artículo 283 del Real Decreto Legislativo 1/2020, de 5 de mayo, por el que se aprueba el texto refundido de la Ley Concursal.

59 La cuestión de la pérdida de la condición de socio como consecuencia del ejercicio del derecho de separación se resuelve expresamente en la Ley 2/2007, de 15 de marzo, de sociedades profesionales, en cuyo artículo 13 establece que “el ejercicio

ha dado lugar a varias interpretaciones en la doctrina académica y en la jurisprudencia, que se fundamentan en las teorías de la recepción y del reembolso. Según la primera, quien ejerce el derecho de separación pierde la condición de socio desde el momento en que la sociedad tiene conocimiento de su declaración manifestando la intención de separarse[60]. Conforme a la segunda teoría, el socio que se separa pierde esa condición cuando la sociedad le paga el valor razonable de las acciones o participaciones o, en su caso, consigna el importe[61].

Tras haberse sucedido jurisprudencia de uno y otro signo[62], el Tribunal Supremo se ha pronunciado a favor de la teoría del

del derecho de separación [por el socio profesional] habrá de ejercitarse de conformidad con las exigencias de la buena fe, siendo eficaz desde el momento en que se notifique a la sociedad". Pero este criterio no se puede extrapolar a todas las sociedades de capital [cfr. STS (Civil, Secc. 1ª), de 15 de enero de 2021, ECLI:ES:TS:2021:3; STS (Secc. 1ª, Civil), de 2 de febrero de 2021, ECLI:ES:TS:2021:259; STS (Civil, Secc. 1ª), de 9 de febrero de 2021, ECLI:ES:TS:2021:380; STS (Civil, Secc. 1ª), de 24 de febrero de 2021, ECLI:ES:TS:2021:630; STS (Civil, Secc. 1ª), de 18 de abril de 2023, ECLI:ES:TS:2023:1485].

60 En un primer momento, algunos autores consideraron suficiente que el socio hubiera emitido la declaración unilateral (así, DUQUE DOMÍNGUEZ, J., "Las formas del derecho de separación del accionista y la reorganización jurídica y financiera de la sociedad", *Boletín de Estudios Económicos*, núm. 139, abril 1990, pp. 75-126). La jurisprudencia posterior ha afirmado que esa declaración unilateral tiene carácter recepticio por lo que no despliega sus efectos hasta que la sociedad tiene conocimiento de la misma. *Vid*. STS (Civil, Secc. 1ª), de 23 de enero de 2006, ECLI:ES:TS:2006:72, F.J 3º, punto 6. En la literatura jurídica reciente, una sólida defensa de la teoría de la recepción se puede encontrar en ROJÍ BUQUERAS, J.M., "Derecho de separación y pérdida de la condición de socio", en González Fernández, M.B. (dir.), Márquez Lobillo, P. y Otero Cobos, M.T. (coords.) *El derecho de separación...*, *op. cit.*, en Tomo I, pp. 515-542.

61 Como se recordará, la teoría del reembolso se establecía en la Propuesta de Código de Sociedades Mercantiles de 2002 (artículo 152), y en el Anteproyecto de ley de Código Mercantil de 2014 (artículo 271-23.1).

62 Se pronuncian a favor de la teoría del desembolso, la SAP Cádiz de 16 de abril de 2015; SAP Castellón de 26 de enero de 2017, ECLI:ES:APCS:2017:86;

reembolso[63]. Considera que la separación supone la culminación de un proceso que se inicia con la recepción por la sociedad de la declaración unilateral del socio comunicando su decisión de separarse, y termina con el pago o el reembolso —o, en su caso, la consignación— por la sociedad del valor establecido y el otorgamiento de la escritura de reducción de capital social o, en su caso, de adquisición de las acciones o participaciones sociales. Según indica el Tribunal Supremo, desde el momento en que la sociedad recibe la declaración del socio surge un derecho de crédito a favor de este[64], pero, para que se produzcan los efectos propios del derecho de separación, consistentes en la extinción del vínculo societario entre el socio y la sociedad, no es suficiente con que la sociedad reciba la declaración del socio, sino que "*debe haberse liquidado la relación societaria y ello únicamente tiene lugar cuando se paga al socio el valor de su participación*"[65].

Como consecuencia de lo anterior, hasta la liquidación de la relación societaria, lo que se produce con la satisfacción del valor de las acciones o participaciones, el socio continúa gozando de los derechos de asistencia a la Juntas generales, información

SAP Málaga de 9 de mayo de 2018, ECLI:ES:APMA:2018:1933. Por contra, acogen la teoría de la declaración la SAP A Coruña de 15 de enero de 2018, ECLI:ES:APC:2018:130, y SAP Sta. Cruz de Tenerife de 2 de diciembre de 2015, ECLI:ES:AP-TF:2015:3054.

63 STS (Civil, Secc. 1ª), de 15 de enero de 2021, ECLI:ES:TS:2021:3. Los fundamentos de esta sentencia se reiteran en la STS (Secc. 1ª, Civil), de 2 de febrero de 2021, ECLI:ES:TS:2021:259; STS (Civil, Secc. 1ª), de 9 de febrero de 2021, ECLI:ES:TS:2021:380; STS (Civil, Secc. 1ª), de 24 de febrero de 2021, ECLI:ES:TS:2021:630; STS (Civil, Secc. 1ª), de 18 de abril de 2023, ECLI:ES:TS:2023:1485. Todas estas sentencias cuentan con el voto particular de un Magistrado discrepante con la solución adoptada y a favor de la teoría de la recepción en los litigios en cuestión.

64 GARRIDO DE PALMA, V.F., "La causa del contrato de sociedad...", *op. cit.*, p. 89, puntualiza a este respecto que el socio tiene la condición de acreedor de la sociedad desde la declaración, y el crédito es exigible desde que se fija la valoración.

65 STS (Secc. 1ª, Civil), de 24 de febrero de 2021, *cit.*, f. d. 3º.

y voto. Por lo tanto, debe ser convocado a las reuniones que se celebren[66], y puede hacer valer su posición en ellas para defender sus intereses, que en ese momento consisten fundamentalmente —aunque no exclusivamente[67]— en que se valoren adecuadamente sus acciones o participaciones y la sociedad le pague la cantidad correspondiente.

Esta jurisprudencia sobre la pérdida de la condición de socio también es relevante para determinar el momento en que deben transmitirse las acciones o participaciones. Por lo demás, es consecuente con el momento establecido en el TRLSC para el otorgamiento de la escritura de adquisición de las acciones o participaciones. Según el artículo 359 TRLSC, "En el caso de adquisición por la sociedad de las participaciones o acciones de los socios afectados, efectuado el pago del precio o consignado su importe, los administradores, sin necesidad de acuerdo específico de la junta general, otorgarán escritura pública de adquisición de participaciones sociales o de acciones, sin que sea preceptivo el concurso de los socios excluidos o separados, expresando en ella las participaciones o acciones adquiridas, la identidad del socio o socios afectados, la causa de separación o de la exclusión y la fecha de pago o consignación". Por lo tanto, una vez efectuado el pago de las acciones o participaciones, el socio pierde la posibilidad de ejercitar los derechos incorporados a ellas y ha de otor-

66 STS (Secc. 1ª, Civil), de 24 de febrero de 2021, *cit.*, f. d. 3º.

67 Por ejemplo, en la Sentencia (Civil, Secc. 1ª) de 18 de abril de 2023, ECLI:ES:TS:2023:1485, el TS ha reconocido que en los casos de aumentos de capital que den lugar al derecho de suscripción o de asunción preferente el socio que ha comunicado su propósito de separarse también puede ejercitar estos derechos *ad cautelam* para el supuesto de que finalmente no vea reconocido el derecho de separación y, en caso de que se acepte su separación, puede devolver las acciones o participaciones y exigir la restitución de las cantidades satisfechas.

garse la escritura de adquisición lo antes posible a fin de que la sociedad, como adquirente, tome posesión de las mismas[68].

Llama la atención que el artículo 359 TRLSC establezca que la sociedad puede otorgar escritura de adquisición de las acciones o participaciones *...sin que sea preceptivo el concurso de los socios [...] separados...* Esto significa que la sociedad puede tomar posesión de las acciones o participaciones sin la intervención del transmitente, lo que a primera vista constituye una singularidad de las transmisiones que se realizan en el marco de la separación.

A nuestro juicio, la facultad de la sociedad de otorgar la escritura de adquisición sin la comparecencia del socio separado se explica por el carácter reglado del procedimiento de separación. Una vez que el socio comunica a la sociedad su decisión de separarse, cabe entender que ha aceptado o consentido la transmisión de las acciones a cambio de su valor razonable, el cual, en ausencia de acuerdo entre las partes, será determinado por un experto independiente nombrado por el Registrador mercantil. Por ello, una vez establecido ese valor y satisfecho su importe la sociedad puede asumir las acciones o participaciones sin necesidad de que el socio comparezca al otorgamiento de la escritura y pueda utilizar este acto para retrasar o entorpecer la modificación. Como se ha indicado, si el socio o la sociedad consideran que la valoración del experto independiente no refleja el valor razonable de las

68 La celeridad con que debe otorgarse la escritura de adquisición, una vez satisfecho su valor por la sociedad, se justifica por la correspondencia existente entre la titularidad de las acciones o participaciones y la condición de socio. La premura con la que debe otorgarse la escritura de adquisición también se requiere si la sociedad opta por ejecutar la separación a través de la primera modalidad. Según el artículo 358 TRLSC, aplicable cuando la sociedad opta por la amortización de las acciones o participaciones, una vez efectuado el reembolso los administradores deben otorgar escritura pública de reducción del capital social "inmediatamente".

acciones o participaciones cualquiera de ellos puede impugnarla ante los tribunales[69].

Mayores reparos suscita que, en el marco de una transformación, la sociedad estuviera legitimada para otorgar, sin la intervención de sus titulares, la escritura de adquisición de las acciones o participaciones de los socios que, en virtud del artículo 15, apartado 2, LME, quedaban automáticamente separados de la sociedad, *ope legis*, sin haber ejercitado el derecho de separación y, por tanto, sin haber prestado su consentimiento expreso a la separación. Probablemente el legislador considerase que el no haber ejercitado el derecho de adhesión suponía un consentimiento tácito del socio a la separación que legitimaba a la sociedad para tomar posesión de las acciones o participaciones del socio separado[70]. No parece que, para el otorgamiento de la escritura, la sociedad debiera demostrar que el socio no había ejercitado el derecho de adhesión, sino que era suficiente con indicar el nombre de los socios afectados por la separación[71]. Si un socio consideraba que había sido indebidamente separado por no encontrarse en la situación descrita en el artículo 15, apartado 2, LME, o porque, encontrándose en ella, había ejercitado el derecho de adhesión, podía impugnar la transformación.

Como se ha señalado, la transmisión de las participaciones y de las acciones debía efectuarse, formalmente, conforme a las normas de circulación establecidas en el TRLSC y, en su caso, en las disposiciones reguladoras del mercado de valores. Y así debería de hacerse, todavía hoy, cuando el socio se separa de la sociedad por la concurrencia de alguna de las causas enunciadas en el artículo 346, apartados 1 y 2, TRLSC.

69 *Vid. supra.*

70 Asimismo, la aceptación del pago podía cumplir la función de acreditar el consentimiento del socio a la separación.

71 Cfr. artículo 359 TRLSC.

La exigencia del artículo 359 TRLSC de formalizar la adquisición en escritura pública se ajusta al sistema de circulación de las participaciones sociales establecido en el TRLSC, ya que el artículo 106, apartado 1, TRLSC dispone que la transmisión ha de hacerse constar en documento público. En consecuencia, cuando la sociedad que se transformaba era una sociedad de responsabilidad limitada y el socio que se separaba se desprendía de sus participaciones sociales, consideramos que, dando cumplimiento a lo dispuesto en el artículo 359 TRLSC, se entendía igualmente satisfecha la exigencia del artículo 106, apartado 1, TRLSC. Una vez otorgada la escritura de adquisición de las participaciones, la sociedad podía hacer constar la transmisión en el libro-registro de socios que debía llevar la sociedad conforme a lo dispuesto en el artículo 104, apartado 1, del TRLSC[72].

La cuestión presentaba unas connotaciones diferentes cuando la sociedad que se transformaba era una sociedad anónima ya que las partes de capital y la condición de socio están incorporadas a acciones, que son valores mobiliarios con un sistema de circulación diferente del de las participaciones. Conforme al artículo 359 TRLSC, la adquisición también debía formalizarse en escritura pública, aunque no fuese un requisito generalmente exigido por la ley para la transmisión de acciones. Pero, a falta de disposición legal que estableciera otra cosa, consideramos que debía observarse asimismo el sistema de circulación propio de las acciones, concebido en atención a su especial naturaleza de valores, y que opera según la forma en que están representadas[73].

---

72 Hay que tener en cuenta que esas participaciones están destinadas a ser canjeadas por las cuotas en se divide el capital del nuevo tipo social o en que se exprese el interés que cada socio tiene en la sociedad.

73 Cfr. artículo 120 TRLSC.

Conforme al mencionado sistema, si las acciones se encontraban representadas por anotaciones en cuenta la transmisión había de efectuarse mediante transferencia contable, y la inscripción a favor del adquirente producía los mismos efectos que la tradición de los títulos.[74] Consideramos que la escritura de adquisición de las acciones, en la medida en que acreditara la decisión del socio de separarse y el pago del valor de las acciones por la sociedad, constituía título suficiente para que esta pudiera ordenar la transferencia de las anotaciones y el cambio de titularidad.

Según dispone el TRLSC, cuando las acciones están representadas por títulos que no se han impreso y entregado, la transmisión debe realizarse de acuerdo con las normas de la cesión de créditos y demás derechos incorporales[75]. Si este era el caso en la sociedad que se transformaba, la escritura de adquisición podía dejar constancia de la cesión, acreditando igualmente la decisión del socio de separarse y el pago del valor razonable de las acciones.

En el caso de que los títulos se hubiesen impreso y entregado, y estuvieran emitidos al portador, la transmisión debía realizarse mediante la entrega o tradición de los mismos[76]. Y, si se trataba de títulos nominativos, podían circular mediante endoso, debiéndose acreditar la transmisión ante la sociedad a los efectos de su

74 Artículo 11, apartado 1, LMVSI y artículo 15, apartado 1, del Real Decreto 814/2023, de 8 de noviembre. Se debe tener en cuenta, además, que desde la aprobación de la LMVSI las acciones también pueden representarse mediante sistemas basados en tecnología de registros distribuidos (cfr. artículo 23, letra d, TRLSC), en cuyo caso la transmisión tiene lugar mediante la transferencia registrada en el registro distribuido (artículo 11, apartado 1, LMVSI).

75 Artículo 120, apartado 1, TRLSC.

76 Cfr. artículo 120, apartado 2, TRLSC, y artículo 545 del Código de comercio. El artículo 11, apartado 5, LMVSI exige también la intervención de fedatario público o la participación o mediación de una sociedad o agencia de valores, o de una entidad de crédito.

inscripción en el libro-registro de acciones nominativas[77], o mediante su entrega con fundamento en un negocio causal válido, debiéndose notificar a la sociedad para que anote la transmisión en el libro-registro de acciones nominativas[78].

Como se puede apreciar, con independencia de la forma en que se hubieren emitido, la ley de circulación de las acciones exige la entrega de los títulos al adquirente[79]. Sin embargo, el TR-LSC no regula dicha entrega en el curso del procedimiento de separación[80]. Conviene precisar que la omisión no solo afecta a los procedimientos de separación en los que los títulos están destinados a ser canjeados, anulados e inutilizados, como normalmente sucede en la transformación de una sociedad anónima en otro tipo social, sino a todos los procedimientos de separación, incluidos los motivados por cualquier otra causa de separación que no conlleve el canje de las acciones, como sucede, por ejemplo, en los casos de separación por sustitución del objeto social. En ausencia de norma específica estableciendo otra cosa, entendemos que el socio debiera entregar los títulos simultáneamente o inmediatamente después del pago por la sociedad del precio de las acciones.

77 Artículo 120, apartado 2, TRLSC.

78 Artículo 120, apartado 1, TRLSC.

79 Esta obligación de entrega es, por lo demás, congruente con la naturaleza de las acciones de valor *mobiliario*.

80 La regulación española contrasta con la de otros ordenamientos jurídicos en los que se dispone expresamente la transmisión de las acciones en el curso del procedimiento de separación. Por ejemplo, en Italia el artículo 2437 *bis* del *Codice Civile* dispone que las acciones con las cuales se ejercita el derecho de separación no pueden ser transmitidas y deben ser depositadas en la sede social al tiempo de formularse la declaración unilateral. Cierto es que el *Codice Civile* asume la denominada teoría de la declaración y, en consecuencia, el socio deja de tener esta condición desde el momento en que la declaración manifestando su decisión de separarse llega a conocimiento de la sociedad (cfr. *Cassazione Civile, Sez. I sentenza n. 5548*, del 19 marzo 2004).

En el caso de que la separación tuviera lugar como consecuencia de la transformación de una sociedad anónima, la falta de entrega de los títulos podía dificultar su posterior inutilización[81], operación que debía seguir al canje y anulación de las acciones y de la que era preciso dejar constancia en la escritura de transformación que había de inscribirse en el Registro Mercantil[82]. En principio, la anulación de las acciones se producía con el otorgamiento de la escritura de transformación y su posterior inscripción en el Registro Mercantil[83]. Pero la anulación de los títulos no conllevaba su inutilización[84].

La inutilización de los títulos no debería resultar problemática cuando la sociedad conocía la identidad de los titulares o cuando los títulos se presentaban a la sociedad para su canje por las

81 La falta de entrega de los títulos podría plantear otras dificultades que, sin embargo, pueden solventarse por el hecho de que la adquirente de las acciones siempre es la propia sociedad. Piénsese, por ejemplo, en el canje de los títulos por las nuevas cuotas, participaciones o acciones de la sociedad de destino.

82 Artículo 220, apartado 1-2°, RRM. Según este precepto, la escritura de transformación debe contener para su inscripción *"La declaración de haber sido anulados e inutilizados los títulos representativos de las acciones"*. A pesar de que el precepto se refiere a la transformación de sociedad anónima en sociedad de responsabilidad limitada, no parece que existan motivos especiales para que no se aplique también a la transformación de la sociedad anónima, o sociedad comanditaria por acciones, en otros tipos sociales. En este sentido, VARA DE PAZ, N., "La transformación de sociedades y la nulidad...", *op. cit.*, p. 2610.

83 VICENT CHULIÁ, F., *Compendio crítico de Derecho Mercantil*, 3ª ed., Tomo I, Vol. 2°, Bosch, Barcelona, 1991, pp. 828-929; VARA DE PAZ, N., "La transformación de sociedades y la nulidad...", *op. cit.*, p. 2618.

84 Como indica VARA DE PAZ, N., "La transformación de sociedades y la nulidad...", *op. cit.*, p. 2609, la inutilización de los títulos tiene por objeto impedir, en aras a la seguridad del tráfico, que sigan circulando unos títulos que ya no incorporan ningún derecho, pues han sido anulados, pero que materialmente siguen existiendo. Generalmente, los títulos se inutilizan mediante su destrucción material o su estampillado.

cuotas, participaciones o acciones de la sociedad de destino. Las dificultades se planteaban cuando la sociedad ignoraba quienes eran los titulares y estos no se presentan al canje, cosa que podía suceder fácilmente cuando el socio había quedado automáticamente separado de la sociedad. Para un sector doctrinal en estas situaciones había que aplicar analógicamente las normas sobre la sustitución de títulos[85]. Otro sector consideraba que la única forma segura de inutilizar los títulos de los socios desconocidos para la sociedad consistía en acudir a la amortización judicial conforme a lo previsto en los artículos 547 y siguientes del Código de Comercio[86].

Finalmente, algunos autores consideraban que, aun cuando los títulos quedasen sin inutilizar tras su anulación, ello no afecta a la seguridad del tráfico ya que, al ser las acciones títulos de literalidad incompleta, no podían ejercitarse los derechos incorporados a ellas frente a la sociedad [87]. Por otra parte, la publicidad de la transformación en el Boletín Oficial del Registro Mercan-

85 *Vid.* artículo 117 TRLSC (anteriormente, artículo 59 TRLSA 1989). En este sentido, URÍA, R., MENÉNDEZ, A., CARLÓN, L., "Transformación...", *op. cit.*, p. 86. Por ejemplo, en Alemania la Ley de sociedades anónimas dispone la posibilidad de que la propia sociedad declare la nulidad de las acciones cuando el accionista no se presenta para realizar el canje, el estampillado o procedimiento semejante, como consecuencia de una reducción de capital (artículo 226 AktG), o cuando el contenido de la acción llegue a ser inexacto por cambio en las relaciones jurídicas preexistentes (artículo 73 AktG), supuesto que es aplicable en los casos de transformación societaria. La anulación debe ser autorizada por un tribunal e ir precedida de un requerimiento para que se presenten para su corrección o canje. *Vid.* VARA DE PAZ, N., "La transformación de sociedades y la nulidad...", *op. cit.*, pp. 2610-2611. Para una traducción de la AktG, véase EMBID IRUJO, J.M., *Ley alemana de sociedades anónimas. Traducción y Estudio preliminar*, Pons, Madrid 2010.

86 VICENT CHULIÁ, F., *Compendio crítico...*, *op. cit.*, pp. 828-829.

87 VARA DE PAZ, N., "La transformación de sociedades y la nulidad...", *op. cit.*, p. 2619.

til permitía a los terceros conocer que esas acciones habían sido anuladas[88].

Por lo demás, conforme al artículo 359 TRLSC, la sociedad podía otorgar la escritura de adquisición "sin necesidad de acuerdo específico de la Junta general". Algunos autores han visto en este inciso una excepción al régimen de adquisición de acciones y participaciones propias establecido en el TRLSC que, como se sabe, exige que estas operaciones sean autorizadas previamente por la Junta general[89]. Aparentemente, el precepto autorizaría a los administradores a realizar la adquisición sin necesidad de contar con el acuerdo favorable del órgano soberano. Consideramos, sin embargo, que no era esa la intención del legislador sino la de dispensar a los administradores de recabar un nuevo acuerdo —"un acuerdo específico"— para otorgar la escritura de adquisición, toda vez que la adquisición había sido previamente autorizada por la Junta general al adoptarse el acuerdo de transformación[90].

88 *Ibid*.

89 Cfr. artículos 140, apartado 1 y 146, apartado 1, TRLSC.

90 Esta interpretación se corrobora por lo dispuesto en el artículo 358 TRLSC, que obliga a la sociedad a reducir inmediatamente el capital, una vez satisfecho el valor de las acciones o participaciones al socio separado, "salvo que la Junta que haya adoptado los acuerdos correspondientes autorice la adquisición por la sociedad de las participaciones o de las acciones de los socios afectados [...]". En el mismo sentido, el artículo 140, apartado 1, letra d), TRLSC condiciona la adquisición por la SRL de sus propias participaciones, o participaciones o acciones de su sociedad dominante, en el marco de los procedimientos de separación o exclusión, a que "la adquisición haya sido autorizada por la junta general, se efectúe con cargo a beneficios o reservas de libre disposición y tenga por objeto participaciones de un socio separado o excluido de la sociedad...". La interpretación que se sostiene en el texto principal la comparten SANCHEZ GONZÁLEZ, J.C., "Artículo 359. Escritura pública...", *op. cit.*, p. 201-202; y CERDÁ ALBERO, F., "Artículo 359. Escritura...", *op. cit.*, pp. 4912-4913.

III. EL DERECHO DE SALIDA DEL SOCIO A TRAVÉS DEL DERECHO DE ENAJENAR LAS ACCIONES O PARTICIPACIONES

1. La transformación como causa legal del derecho de enajenar las acciones o participaciones

Como se ha indicado al comenzar el capítulo, la derogación de la LME y su sustitución por la NLME han estado motivadas por la necesidad de adaptar la normativa societaria interna a lo dispuesto en la Directiva de movilidad. Esta Directiva mejora algunos aspectos del régimen de las fusiones transfronterizas inicialmente establecido en la Directiva (UE) 2017/1132 y añade una regulación de las transformaciones y escisiones transfronterizas con la que se ha querido conjugar la realización de un mercado interior sin fronteras interiores para las sociedades, mediante la supresión de las restricciones al libre establecimiento, con la protección de los trabajadores, los acreedores y los socios[91]. Como resultado, la Directiva (UE) 2017/1132 ha pasado a establecer un marco jurídico armonizado de las transformaciones transfronterizas, las fusiones transfronterizas y las escisiones transfronterizas de las sociedades de capital[92].

La transposición de la disposición europea solo requería adaptar las normas nacionales relativas a la transformación, fusión y escisión transfronterizas. Por lo tanto, nuestro legislador podría haber mantenido inalterado el régimen de la LME aplicable a las modificaciones estructurales internas. Sin embargo, ello hubiera dado lugar a una diferente protección de los socios en función del tipo de modificación estructural[93] y de su alcance territorial

91 Cfr. apartados 3-7 del Preámbulo de la Directiva de movilidad.
92 *Vid.* artículo 1, guion sexto, de la Directiva de movilidad.
93 Téngase en cuenta que la cesión global de activo y pasivo no está comprendida en el ámbito de aplicación de la Directiva de movilidad.

interno o transfronterizo[94]. De ahí que haya preferido efectuar una reforma más amplia para instaurar un sistema de normas coherente[95]. Con este objetivo, el legislador ha hecho extensiva la aplicación de muchas disposiciones de la Directiva a las transformaciones internas. No obstante, el mimetismo del régimen de las transformaciones internas con el de las transfronterizas no es total, ya que al establecer el correspondiente a las transformaciones internas el legislador se ha separado puntualmente de las normas de la Directiva de movilidad.

La transformación se mantiene como causa legal que legitima al socio para desvincularse de la sociedad. Sin embargo, se ha sustituido el derecho de separación, como mecanismo para hacer efectivo ese derecho, por el de enajenar las acciones o participaciones a cambio de una compensación adecuada. Así resulta del artículo 24, apartado 1, NLME, según el cual ...*Los socios y los titulares de acciones o participaciones sin voto tendrán derecho a enajenar sus acciones o participaciones a la sociedad o a los socios o terceros que esta proponga a cambio de una compensación en efectivo adecuada, en los términos previstos para la protección de socios en las disposiciones comunes...*, es decir, en los términos del artículo 12 NLME.

Conforme a las nuevas disposiciones, el procedimiento para enajenar las acciones o participaciones continúa teniendo carácter reglado, si bien presentando importantes diferencias con el

94 En este sentido, PÉREZ TROYA, A., "La protección de los socios en las modificaciones estructurales: Derecho de enajenación y de impugnación de la relación de canje", en Pulgar Ezquerra, J. (dir.), Fuentes Naharro, M. (coord.), *La nueva Ley de modificaciones estructurales*, La Ley, Madrid 2024, p. 155-179, en las pp. 166 y 167.

95 PÉREZ TROYA, A., "La protección de los socios en las modificaciones estructurales...", *op. cit.*, en las p. 160-161 y 166; MARTÍNEZ SANZ, F., PUETZ, A., "El derecho de enajenación...", *op. cit.*, pp. 391-392.

establecido para la separación en el TRLSC. La mayor parte de los cambios tienen por objeto instaurar un nuevo equilibrio entre el interés del socio disconforme, consistente en abandonar la sociedad y obtener el valor de su participación, y el interés de la sociedad en ejecutar la transformación sin dilación, todo ello con el menor coste posible para las partes.

El derecho de enajenar las acciones o participaciones se reconoce a los socios que han votado en contra del acuerdo de transformación[96]. Se ha alterado, por tanto, la regla general del artículo 15, apartado 1, de la derogada LME, que reconocía el derecho de separación a los socios que no hubieran votado a favor del acuerdo. Con el nuevo régimen, se requiere que el socio haya manifestado su posición contraria al proyecto de transformación a través de los cauces habituales de formación de la voluntad social; esto es, asistiendo y votando personalmente o por medio de representante en la Junta general presencial o telemática[97] que conozca del asunto o, en su caso, manifestándolo por medios de comunicación a distancia, como el correo postal o electrónico u otros, si se trata de una sociedad anónima y se ha previsto expresamente esta posibilidad en los estatutos[98].

Como excepción a la regla general que se acaba de exponer, también se reconoce el derecho a enajenar las acciones o participaciones a "los socios que por efecto de la transformación hubieran de asumir una responsabilidad personal por las deudas sociales y no hubieran votado a favor del acuerdo de transforma-

96 Artículo 12, apartado 1, NLME.

97 Sobre la posibilidad de asistir a una Junta general de carácter presencial por medios telemáticos, *vid.* artículo 182 TRLSC. La celebración de Juntas generales exclusivamente por medios telemáticos se contempla en el artículo 182 *bis* TRLSC. En ambos casos es necesario que los estatutos hayan previsto expresamente estas posibilidades.

98 Cfr. artículos 189, apartado 2 TRLSC y 521 TRLSC.

ción"[99]. El origen de esta disposición no se encuentra en la Directiva de movilidad, sino en el artículo 15, apartado 2, LME, y solo se aplica a las transformaciones internas. Los socios en los que concurren estas circunstancias quedan automáticamente separados, salvo que, posteriormente, se adhieran fehacientemente al acuerdo de transformación.

Además, al igual que sucedía con la separación bajo la vigencia de la LME[100], la NLME reconoce el derecho de enajenar su participación a los titulares de acciones o participaciones sin voto[101]. Se trata de otra excepción a la regla general del artículo 12, apartado 1, NLME, que, en este caso, se aplica tanto en las transformaciones internas como en las transfronterizas.

Para que los socios puedan conocer las características e información más relevantes de la operación, la NLME establece que los administradores han de elaborar y publicar, con un plazo mínimo de un mes de antelación a la fecha de celebración de la reunión, el proyecto de transformación que presentan a la Junta para su aprobación[102], dotándolo de un contenido mínimo que incluye, entre otras menciones, los detalles de la oferta de compensación en efectivo que la sociedad se propone pagar a los socios que ejerciten el derecho de enajenar sus acciones o participaciones[103]. Se trata de una novedad importante, pues va a permitir que los socios conozcan, antes de pronunciarse sobre el acuerdo

99 Artículo 24, apartado 2, NLME.
100 Cfr. artículo 346, apartado 1, TRLSC, al que remitía el artículo 15, apartado 1, LME.
101 Artículo 12, apartado 1, NLME.
102 *Vid.* artículo 4 NLME sobre el contenido del proyecto de modificación, y artículo 7 NLME sobre la publicidad preparatoria del acuerdo de transformación. Adviértase que la publicidad de este y otros documentos debe realizarse y anunciarse en el BORME antes de la publicación de la convocatoria de la junta que haya de pronunciarse sobre la operación.
103 Artículo 4, apartado 1, ord. 6º, NLME.

y de ejercitar el derecho de enajenar sus acciones o participaciones, cual es la suma que la sociedad está dispuesta a pagar por su participación social y, en su caso, poder formular observaciones a los administradores sobre cualquier aspecto del proyecto, incluido el importe de la compensación[104].

El proyecto de transformación ha de ir acompañado de un informe del órgano de administración, destinado a los socios y trabajadores, explicando los aspectos jurídicos y económicos de la operación[105], en cuya sección destinada a los socios deben justificarse, entre otros extremos, *...la compensación en efectivo propuesta en el proyecto en caso de ejercicio por los socios que dispongan del derecho a enajenar sus acciones, participaciones o cuotas, y el método empleado para determinar tal compensación...*[106]. La sección del informe dedicada a los socios no es exigible cuando así lo convienen todos los socios con derecho de voto y todas las personas titulares de ese derecho[107]. Asimismo, los administradores pueden abstenerse de poner a disposición o enviar este informe si el acuerdo de transformación se adopta en Junta universal y por unanimidad[108].

Las disposiciones comunes de la NLME establecen que los proyectos de modificación estructural deben ser informados por un

104 Artículo 7, apartado 1-2º, NLME.

105 Sobre el contenido del Informe de los administradores véanse los artículos 5 NLME y 21, apartado 1, NLME. El Informe del órgano de administración debe publicarse junto con el proyecto de modificación con, al menos, un mes de antelación a la celebración de la Junta (artículo 7, apartado 1, NLME).

106 Artículo 5, apartado 3, ord. 1º, NLME. Además, el Informe de los administradores debe explicar en la sección destinada a los socios "Las consecuencias de la modificación estructural para los socios" y "Los derechos y las vías de recurso a disposición de los socios de conformidad con este real decreto-ley" (artículo 5, apartado 3, ords. 3º y 5º, NLME).

107 Artículo 5, apartado 4, NLME.

108 Artículo 21, apartado 3, NLME. Véanse, no obstante, las precisiones que establece el artículo 9 NLME.

experto independiente. Este informe, cuyo contenido se detalla en el artículo 6 NLME, ha de incluir la opinión del experto sobre si la compensación en efectivo propuesta por la sociedad es adecuada y está justificada, así como una explicación acerca de los métodos seguidos por los administradores para determinar su importe[109]. Sin embargo, en el caso concreto de las transformaciones internas el legislador no ha considerado oportuna la emisión de este informe, salvo en los casos de transformación en sociedad anónima o en sociedad comanditaria por acciones, en cuyo caso el informe ha de tener como único objeto la valoración de las aportaciones no dinerarias[110].

Una vez adoptado el acuerdo de transformación, los socios que estén legitimados pueden ejercitar el derecho de enajenar

109 Artículos 6, apartado 1-1º, NLME, y artículo 6, apartado 4 NLME.

110 Artículo 22 NLME. Véase también el artículo 6, apartado 7, NLME. Las disposiciones comunes de la NLME obligan a la publicidad preparatoria tanto del proyecto de modificación estructural como de los informes de los administradores y del experto independiente (artículo 7 NLME). Sin embargo, como se ha señalado, las disposiciones especiales aplicables a las transformaciones internas establecen que la elaboración del informe del experto independiente no es necesaria, y tampoco, por tanto, su publicidad, salvo en los casos de transformación en sociedad anónima o en sociedad comanditaria por acciones con el objeto de valorar las aportaciones no dinerarias (artículo 22 NLME). En nuestra opinión puede resultar confuso que el artículo 89 NLME disponga que la publicidad preparatoria del acuerdo de modificación estructural transfronteriza tenga que realizarse de conformidad con las disposiciones aplicables a las modificaciones estructurales internas, cuando estas no contemplan, por regla general, la elaboración del informe del experto independiente en las transformaciones, y tampoco mencionen su obligatoriedad las disposiciones especiales sobre las transformaciones transfronterizas del Capítulo III, Sección 1ª. La remisión al régimen de las modificaciones estructurales internas podría sugerir que la elaboración del informe pericial o su publicidad preparatoria del acuerdo tampoco son necesarios en los acuerdos de transformación transfronteriza, lo que es equívoco, dado que se trata de sendas exigencias de la Directiva de movilidad.

sus acciones o participaciones comunicándolo a la sociedad en el plazo de 20 días desde la fecha de la Junta[111]. La comunicación puede enviarse a la dirección electrónica indicada por la sociedad[112]. En las transformaciones internas están dispensados de efectuar la comunicación los socios que por efecto de la transformación hubieran de asumir una responsabilidad personal por las deudas sociales y no hubieran votado a favor del acuerdo de transformación, ya que quedan automáticamente separados de la sociedad si no se adhieren fehacientemente al acuerdo en el plazo de un mes contado desde la fecha de su adopción cuando hubieren asistido a la junta de socios, o desde la comunicación de ese acuerdo cuando no hubieran asistido[113]. Esta medida, semejante a la que establecía el artículo 15, apartado 2, LME, persigue la misma finalidad de conferir una especial protección a esos socios cuya posición va a verse especialmente afectada por la transformación. Pero, a su vez, va a ocasionar los mismos inconvenientes que en el derecho de separación.

848 Una vez satisfechas todas las condiciones y cumplimentados los trámites, la operación debe inscribirse en el Registro Mercantil[114]. La eficacia de la transformación se produce desde la inscripción[115], y la compensación en efectivo debe abonarse en el plazo de dos meses contado a partir de esa fecha[116]. Cuando el socio considera que la compensación en efectivo ofrecida por la sociedad no es adecuada, tiene derecho a reclamar una compensación en efectivo complementaria dentro del plazo de

111 Artículo 12, apartado 2, NLME.
112 Artículo 12, apartado 2, NLME.
113 Artículo 24, apartado 2, NLME.
114 Artículo 16, apartado 1, NLME y artículo 31 NLME. Así se establece también en el artículo 100 NLME para las transformaciones transfronterizas en las que España sea el Estado de destino de la sociedad transformada.
115 Artículo 16, apartado 1, NLME.
116 Artículo 12, apartado 3, NLME.

dos meses desde la fecha en que haya recibido o hubiera debido recibir la compensación inicial[117]. La reclamación se debe plantear ante el Juzgado de lo Mercantil del domicilio social, cuya competencia es exclusiva, o ante el tribunal arbitral estatutariamente previsto[118]. A diferencia de lo que sucede en el procedimiento de separación del TRLSC, el ejercicio de este derecho no paraliza la transformación ni impide su inscripción en el Registro Mercantil[119].

2. Modalidades de ejecución del derecho de enajenar las acciones o participaciones en la NLME

Para hacer efectivo el derecho de salida del socio en los supuestos de modificación estructural el nuevo instrumento establecido en la NLME cuenta con sus propias modalidades de ejecución. Siguiendo el modelo de la Directiva de movilidad, el derecho debe ejecutarse mediante la enajenación de las acciones o participaciones, ya sea a la propia sociedad, a los socios o a los terceros que esta proponga, a cambio de una compensación en efectivo adecuada[120].

Como se puede apreciar, la NLME cambia las modalidades de ejecutar la salida del socio con ocasión de una modificación estructural en dos aspectos. En primer lugar, no parece contemplar que el derecho se articule a través de una reducción de capital

117 Artículo 12, apartado 4, NLME.

118 *Ibid.*

119 Artículo 12, apartado 5, NLME.

120 Artículo 24, apartado 1, NLME. Véase también el artículo 346, apartado 3, TRLSC. Aunque lo relacionado con la compensación no es objeto del presente capítulo, conviene precisar que el considerando nº 18 de la Directiva de movilidad puntualiza que la compensación es adecuada cuando sea equivalente a su valor", y el considerando nº 20 indica que su cálculo "debe basarse en métodos de valoración generalmente aceptados".

directa con devolución de aportaciones, como sucedía con la primera modalidad de ejercicio del derecho de separación regulada en el TRLSC, sino que aparentemente ha de efectuarse mediante la sustitución del socio y el intercambio de las acciones o participaciones por dinero[121].

Desde el punto de vista material este cambio parece no tener excesiva trascendencia, pues nada impide que la sociedad, tras adquirir las acciones o participaciones, proceda a su amortización[122]. Aparentemente, la principal diferencia sería de orden procedimental, ya que la sociedad tendría que realizar dos operaciones consecutivas consistentes en adquirir las acciones y, posteriormente, amortizarlas. Consideramos, sin embargo, que nada impide que el procedimiento se simplifique realizando simultáneamente a la transformación una modificación estatutaria adicional, *ex* artículo 29 NLME, para reducir el capital y amortizar las acciones o participaciones, en cuyo caso la operación sería del todo asimilable a una reducción de capital directa con amortización de acciones o participaciones. Entendemos, además, que si las operaciones de adquisición, transformación y reducción de capital se realizan simultáneamente, la sociedad no estaría condi-

121 BUSTILLO SAIZ, *op. cit.*; FUENTES NAHARRO, "The company Law package", p. 8/20; MARTÍNEZ SANZ, F., PUETZ, A., "El derecho de enajenación...", *op. cit.*, pp. 391 y 435. El artículo 24, apartado 1, NLME reproduce lo dispuesto en la Directiva de movilidad. No obstante, DEL VAL TALENS, *El derecho de separación en las modificaciones...*, *op. cit.*, pp. 271-274 y 282 ss. considera que la Directiva hubiera admitido un concepto amplio de enajenación que incluyera la posibilidad de encauzar la desvinculación del socio a través de la separación y reducción de capital directas con devolución de aportaciones siempre que sus normas reguladoras no permitieran obstaculizar la modificación estructural y retrasar su eficacia.

122 QUIJANO GONZÁLEZ, J., "El proyecto de modificación estructural y el papel del experto independiente", en Pulgar Ezquerra, J. (dir.), Fuentes Naharro, M. (coord.), *op. cit.*, pp. 87-124, en la p. 101.

cionada por la necesidad de cumplir el régimen de adquisición de acciones o participaciones propias[123].

En segundo lugar, la NLME establece que el adquirente de las acciones o participaciones puede ser, bien la propia sociedad —como sucede en el procedimiento de separación regulado en el TRLSC—, bien otro socio o un tercero propuestos por la sociedad. Como se recordará, en el procedimiento de separación regulado en el TRLSC la adquisición de las partes de socio por otro socio o por un tercero solo era posible si se había previsto estatutariamente. Sin embargo, en el procedimiento de enajenación de la NLME, cualquier sociedad de capital, aun en ausencia de habilitación estatutaria, puede proponer al socio disconforme el nombre de una persona dispuesta a adquirir su participación, en cuyo caso aquel deberá transmitirla a la persona propuesta por la sociedad.

La posibilidad de ejecutar el derecho a través de la venta de las acciones o participaciones a otro socio o a un tercero permite eludir la disminución del patrimonio social que se producía en el procedimiento de separación cuando las adquiría la sociedad y tenía que pagar por ellas. Además, la operación no se ve afectada por el régimen de adquisición de acciones o participaciones propias.

123 Consideramos que esta es una opción a tener en cuenta cuando una sociedad de capital decide transformarse en una sociedad personalista. Como se ha indicado, el régimen de estos tipos sociales no contempla el fenómeno de la autocartera, por lo que se debe excluir la posibilidad de que la sociedad mantenga la titularidad de la participación del socio saliente. Sin embargo, aparte de enajenar las acciones o participaciones a otro socio o un tercero, la sociedad puede acordar la realización de una modificación estatutaria adicional a la operación de transformación, *ex* artículo 29 NLME, para reducir el capital y amortizarlas.

3. La transmisión de las acciones o participaciones del socio disconforme

La enajenación de las acciones o participaciones conlleva la obligación del socio disconforme con la transformación de transmitirlas al adquirente señalado por la sociedad, que puede ser la propia sociedad, otro socio o un tercero, a menos que, simultáneamente a la transformación de la sociedad, esta acuerde realizar una modificación estatutaria adicional para reducir el capital, en cuyo caso no es indispensable que las acciones o participaciones entren en la esfera patrimonial de la sociedad antes de su amortización.

Al igual que el TRLSC, la NLME también guarda silencio sobre aspectos importantes de la transmisión de las acciones o participaciones y de la condición de socio. Conviene advertir que, aun cuando para regular la protección de los socios en las transformaciones internas se haya seguido el modelo establecido en la Directiva de movilidad, la disposición europea presenta limitaciones para colmar las lagunas de la NLME en este punto, pues el legislador de la Unión, conocedor de los diferentes sistemas nacionales de transmisión de la propiedad, no ha regulado exhaustivamente todos los aspectos, sino que ha dejado un margen de apreciación a los Estados miembros[124].

Ante esta situación, algunos autores han propuesto integrar la normativa de la NLME sobre el derecho de enajenar las acciones o participaciones con las disposiciones del TRLSC sobre el derecho

124 Así se pone de manifiesto, por ejemplo, en el Considerando n.º 18 de la Directiva de movilidad cuando afirma que "La presente Directiva no debe afectar a las normas nacionales relativas a la validez de contratos de compraventa y transmisión de acciones o participaciones de sociedades ni a requisitos específicos relativos a la forma jurídica".

de separación, y en concreto con el artículo 359 TRLSC[125]. Pero, a nuestro juicio, esta solución dista de ser satisfactoria ya que, como advierten quienes lo proponen, el contexto jurídico en el que se plantean y deben resolverse las cuestiones relativas a la transmisión de las partes de socio es diferente al del derecho de separación.

La NLME no determina el momento en que se produce o debe producirse la transmisión de las acciones o participaciones y la condición de socio, lo que abre nuevamente el debate acerca de si debería suceder en el momento de la recepción de la declaración unilateral del socio por la sociedad, en el momento del pago o reembolso de las acciones o participaciones, o en algún momento intermedio.

Como se recordará, en el contexto del derecho de separación el Tribunal Supremo se ha pronunciado en favor del momento del pago o reembolso. Algunos autores se han mostrado favorables al mantenimiento de este mismo criterio en el ámbito del derecho de enajenación de las acciones o participaciones regulado en la NLME[126]. Pero ello supondría que, generalmente, el socio mantendría su estatus más allá del momento en que la transformación deviniera efectiva. No hay que olvidar que, con el nuevo régimen, la eficacia de la transformación se produce desde su inscripción en el Registro Mercantil, lo que normalmente acontecerá antes del pago de la compensación[127].

También cabría plantearse si la pérdida de la condición de socio se produce con la recepción de la declaración unilateral del

125 Así, MARTÍNEZ SANZ, F., PUETZ, A., "El derecho de enajenación...", *op. cit.*, p. 426.

126 Así, PEREZ TROYA, A., "La protección de los socios en las modificaciones estructurales...", *op. cit.*, p. 174.

127 Cfr. artículo 12, apartado 3, NLME.

socio en la que manifiesta su decisión de abandonar la sociedad. Ciertamente, con el nuevo procedimiento ha desaparecido uno de los obstáculos que encontraba esta opción bajo el régimen del TRLSC, que radicaba en la indeterminación de la cuantía de la compensación en el momento de emitir la declaración. Con las nuevas normas la cuantía de la compensación se conoce desde la convocatoria la junta que ha de pronunciarse sobre la transformación, por lo que cabría considerar la declaración unilateral como una aceptación de la oferta[128]. Pero esta solución, que se separaría del criterio aplicable a las operaciones transfronterizas, podría presentar otros inconvenientes, por ejemplo, que sería incompatible con la posibilidad de que la sociedad diera marcha atrás si considerase, a la luz de las disidencias manifestadas, que la operación carece de viabilidad[129].

Finalmente, otra opción, quizá más acorde con los cambios introducidos en el procedimiento para ejecutar el derecho de salida por la NLME y con el silencio del legislador, consiste en considerar que el socio que abandona la sociedad pierde su condición de socio con la transmisión de las acciones o participaciones, la cual deberá producirse en cualquier momento entre la recepción de la declaración unilateral del socio por la sociedad y el otorgamiento de la escritura de transformación[130]. A partir

128 *Vid.* PUETZ en MARTÍNEZ SANZ, F., PUETZ, A., "El derecho de enajenación...", *op. cit.*, p. 424-426.

129 PUETZ en MARTÍNEZ SANZ, F., PUETZ, A., "El derecho de enajenación...", *op. cit.*, p. 427.

130 En este sentido, PUETZ en MARTÍNEZ SANZ, F., PUETZ, A., "El derecho de enajenación...", *op. cit.*, p. 433. Considera este autor que en las transformaciones internas no habría impedimento alguno para seguir manteniendo la teoría del pago o reembolso habida cuenta que nada se establece en la NLME sobre la eficacia de la transformación respecto de los socios que hayan hecho uso del derecho de separación. Sin embargo, a su entender, parece razonable sostener que la condición de socio se pierde con la formalización de la adquisición según las reglas generales, pero siempre antes

del momento en que la transformación es efectiva todos los socios pasan a serlo de la sociedad de destino, como cabe deducir del artículo 30 NLME[131], por lo que el socio que ha mostrado su disconformidad con la operación y ha expresado su decisión de abandonar la sociedad no debe pasar a formar parte de la sociedad transformada. Hay que tener en cuenta, además, que, con el nuevo régimen, la defensa del interés del socio que abandona la sociedad, consistente en obtener el pago de la compensación en efectivo, no se efectúa mediante el ejercicio de los derechos de socio, sino reclamando una compensación en efectivo complementaria ante los tribunales o, en su caso, a través de los mecanismos alternativos de resolución de conflictos estatutariamente previstos[132].

A partir de la transmisión de las participaciones o las acciones, el adquirente podrá ejercitar los derechos inherentes a las mismas, salvo que sea la sociedad (cfr. artículos 142, apartado 1, y

de que adquiera eficacia la modificación estructural. Afirma este autor, en apoyo de esta tesis, que no debe olvidarse que la desvinculación del socio disconforme se regula de manera uniforme en la norma, y que el legislador, de manera consciente, ha hecho extensivo el régimen previsto para las operaciones transfronterizas en la Directiva 2019/2121 a las transformaciones internas. Por ello no parece que la pérdida de la condición de socio vaya a producirse en momentos distintos, en función de la naturaleza (interna o transfronteriza) de la modificación".

131 La NLME no es tan precisa, en cuanto a los efectos de la transformación, cuando regula las transformaciones internas como en las transfronterizas, pues, con referencia a estas últimas, en el artículo 100, apartado 2, letra b, establece que, como consecuencia de la transformación y desde su inscripción en el Registro Mercantil, "*los socios de la sociedad seguirán siendo socios de la sociedad transformada, a menos que hayan enajenado sus acciones o participaciones en el ejercicio del correspondiente derecho de enajenación*". Queda claro, por tanto, que en estas transformaciones el socio que ha enajenado sus acciones o participaciones deja de ser socio cuando la operación es efectiva, aunque todavía no se le haya satisfecho la compensación en efectivo.

132 Cfr. artículo 11, punto 1º, NLME y artículo 12, apartados 4 y 5, NLME.

148 TRLSC), y podrá proceder a su canje por las nuevas partes de socio.

La NLME ha mantenido la salida *ope legis* de los socios que, como consecuencia de la transformación, asumirían responsabilidad personal por las deudas sociales y no hubieran votado a favor del acuerdo, situación que el socio puede revertir ejercitando el derecho de adhesión. Esta separación impropia plantea las mismas dificultades asociadas a la falta de consentimiento y a la identificación de los afectados que en el procedimiento de separación[133]. A ello hay que añadir que estos socios pueden encontrar mayores inconvenientes para defender su posición si consideran que han sido ilegítimamente excluidos de la sociedad, dado que conforme al artículo 16 NLME la transformación no puede impugnarse una vez inscrita en el Registro Mercantil[134]. A partir de ese momento, el perjudicado podrá ejercitar acciones resarcitorias.

856 La NLME no establece requisitos específicos sobre la transmisión de las acciones o participaciones y, en particular, acerca de si la adquisición ha de hacerse constar en escritura pública, como dispone el artículo 359 TRLSC en caso de separación. La Directiva de movilidad tampoco ofrece ninguna regla particular al respecto, ya que, como se ha señalado, confía la regulación de la forma y el modo de transmisión a los Estados miembros. En este sentido, se limita a afirmar en el considerando nº 18 que "*Los Estados miembros deben, por ejemplo, poder exigir una escritura pública o una legitimación de firmas*".

133 Conforme al artículo 30, apartado 2, NLME, la identidad de los socios que quedan automáticamente separados debe constar en la escritura de transformación.

134 Según el artículo 16, apartado 2, NLME, "no podrá declararse la nulidad de una modificación estructural una vez inscrita. Quedan a salvo las acciones resarcitorias que correspondan a socios y terceros".

Creemos que hubiera sido deseable una mayor concreción por parte del legislador en este punto. Ante el silencio de la ley, y teniendo en cuenta que tampoco se exige la inscripción de la enajenación en el Registro Mercantil, parece que las partes deberán atenerse a las normas de circulación de las participaciones y acciones habituales[135]. Así, en el caso de que el objeto de la transmisión sean participaciones sociales, esta deberá hacerse constar en documento público. Sin embargo, si la sociedad que se transforma es una sociedad anónima y lo que se transmite son acciones, la formalización de la transmisión en documento público dependerá de la voluntad de las partes, que podrán decidir, aunque no lo requiera el TRLSC, otorgar escritura pública de adquisición. Se trata de una opción frecuentemente utilizada en la transmisión voluntaria de acciones.

Una cuestión diferente es, en caso de hacerse constar la transmisión en documento público, si la enajenación debe formalizarse en una escritura separada con carácter previo a la escritura de transformación, como establece el TRLSC, o es suficiente con hacerla constar en la propia escritura de transformación. Y, otra, quién debería participar en el otorgamiento de la escritura. Para responder a estas cuestiones, probablemente es relevante distinguir los supuestos en función de quién sea el adquirente de la participación. Si la adquirente es la sociedad la transmisión podrá hacerse constar en la propia escritura de transformación[136]. Se ha sostenido, además, con fundamento en el artículo 359 TRLSC, que en este caso no sería necesaria la comparecencia del socio que se separa al otorgamiento de la escritura[137]. En cambio, si el adquirente es otro socio o un tercero, en principio la transmi-

135 PUETZ, A., en MARTÍNEZ SANZ, F., PUETZ, A., "El derecho de enajenación...", *op. cit.*, p. 433.
136 *Ibid.*
137 *Ibid.*

sión se documentará en escritura separada con comparecencia del transmitente y el adquirente. También en este punto hubiera sido oportuno algún tipo de orientación, bien en la propia Ley o en el desarrollo reglamentario.

En todo caso, se formalice o no la adquisición en escritura pública, las acciones deberán transmitirse, según estén representadas, conforme a las normas de circulación anteriormente expuestas.

IV. CONCLUSIONES

El Derecho societario reconoce a quienes forman parte de una sociedad que decide transformarse para cambiar de tipo social el derecho de desvincularse de la sociedad y recuperar el valor de sus acciones o participaciones conforme a un procedimiento reglado. Tradicionalmente, este derecho se ha hecho efectivo mediante el ejercicio del derecho de separación. Pero, tras la derogación de la LME y su sustitución por la NLME, que adapta el Derecho interno español a las disposiciones de la Directiva de movilidad, el derecho de separación —como medio de desvincularse de la sociedad con ocasión de una modificación estructural— se ha sustituido por el derecho de "enajenar las acciones y participaciones y a obtener una compensación adecuada", cuyo ejercicio ha de hacerse valer a través de un procedimiento reglado diferente del establecido en el TRLSC para el derecho de separación. La separación continúa siendo el procedimiento pertinente para desvincularse de la sociedad cuando concurren causas legales diferentes de las modificaciones estructurales. En consecuencia, en la actualidad nuestro ordenamiento jurídico establece dos procedimientos para que el socio se desvincule de la sociedad que se aplican según la causa consista en una modificación estructural o en alguna de las causas mencionadas en el artículo 346, apartados 1 y 2, TRLSC.

La transposición de la disposición europea solo requería la adaptación de las normas nacionales relativas a la transformación, fusión y escisión transfronterizas. Por lo tanto, nuestro legislador podría haber mantenido inalterado el régimen de la LME aplicable a las modificaciones estructurales internas. Sin embargo, ello hubiera dado lugar a una diferente protección de los socios en función del tipo de modificación estructural y de su alcance territorial interno o transfronterizo. De ahí que haya optado por efectuar una reforma más amplia que le permitiera configurar un sistema de normas coherente. Con este objetivo, las transformaciones internas se han regulado siguiendo el modelo de la Directiva de movilidad. No obstante, el mimetismo del régimen de las transformaciones internas y transfronterizas no es total, ya que el legislador se ha separado puntualmente de las normas de la Directiva al establecer el régimen de las transformaciones internas.

Así, apartándose de la regla general que reconoce el derecho de enajenar las acciones y participaciones a los socios que hubieren votado en contra del acuerdo de transformación, el artículo 24, apartado 2, NLME dispone la salida o separación *ope legis* de los socios que por efecto de la transformación hayan de asumir responsabilidad personal por las deudas sociales y no hubieran votado a favor del acuerdo de transformación, a menos que se adhieran fehacientemente a él en el plazo de un mes. Esta medida tiene como antecedentes la LSA 1951, TRLSA 1989 y LME, y supone la separación automática del socio.

El legislador también se ha apartado del régimen de la Directiva de movilidad y de las normas aplicables a las transformaciones transfronterizas al dispensar a las sociedades que proceden a una transformación interna de someter el proyecto de transformación al informe de un experto independiente, salvo que la sociedad de destino sea una sociedad anónima o una sociedad comanditaria por acciones, en cuyo caso deberá formularse con el único objeto de pronunciarse sobre la valoración de las aportaciones no dinerarias.

A su vez, se ha prescindido de regular algunos aspectos importantes del procedimiento aplicable a las transformaciones internas, como los efectos de la transformación, que, sin embargo, se contemplan en el ámbito de las transformaciones transfronterizas. Por lo tanto, habrá que esperar para comprobar si la praxis y la jurisprudencia interpretan dichos aspectos de forma congruente con las disposiciones aplicables a las transformaciones transfronterizas o establecen nuevas diferencias.

Como consecuencia de lo anterior, el objetivo de establecer un sistema coherente de normas reguladoras de la salida del socio se ha cumplido solo parcialmente, pues subsisten dos procedimientos diferentes —separación y enajenación— para desvincularse de la sociedad en función de la causa, y existen diferencias en el procedimiento de enajenación en función de que la operación sea interna o transfronteriza.

El nuevo procedimiento para la salida del socio trata de articular un nuevo equilibrio entre el interés de este en desvincularse de la sociedad mediante una compensación adecuada, y el interés de la sociedad en ejecutar la transformación sin dilación, y todo ello con el menor coste posible para las partes. Conforme a este procedimiento, la salida ha de ejecutarse mediante la enajenación de las acciones o participaciones a la propia sociedad que se transforma, a otro socio o a un tercero designado por la sociedad. A cambio de las participaciones o acciones, el socio tiene derecho a recibir una compensación en efectivo adecuada, cuya cuantía conoce desde la convocatoria la junta que ha de pronunciarse sobre la transformación, y que deberá ser satisfecha en el plazo de dos meses a partir la inscripción de la transformación en el Registro Mercantil. Cuando el socio considera que la compensación en efectivo ofrecida no es adecuada, la NLME le confiere el derecho de reclamar judicialmente o ante el tribunal arbitral estatutariamente previsto una compensación en efectivo complementaria dentro del plazo de dos meses desde la fecha en que haya recibido o hubiera debido recibir la compensación inicial, pero le priva de la posibilidad de impugnar la transformación por estos motivos.

La enajenación de las participaciones o acciones obliga al socio que se separa a transmitirlas al adquirente. La NLME no determina el momento en que se produce o debe producirse la transmisión de las acciones o participaciones y la condición de socio, lo que abre nuevamente el debate acerca de si debería suceder en el momento de la recepción de la declaración unilateral del socio por la sociedad, en el momento del pago o reembolso de las acciones o participaciones, o en algún momento intermedio. Ante el silencio de la Ley, parece que la opción más acorde con los cambios introducidos en el procedimiento para ejecutar el derecho de salida consiste en que la pérdida de la condición de socio se produce con la transmisión de las acciones o participaciones, la cual deberá realizarse en cualquier momento entre la recepción de la declaración unilateral del socio por la sociedad y el otorgamiento de la escritura de transformación.

La NLME tampoco establece requisitos específicos acerca de si la adquisición ha de hacerse constar en escritura pública, como dispone el artículo 359 TRLSC en caso de separación. En ausencia de previsión legal al respecto, y teniendo en cuenta que la Ley no exige que se inscriba la enajenación en el Registro Mercantil, parece que las partes deberán atenerse a las normas habituales de circulación de las participaciones y acciones.

En todo caso, creemos que hubiera sido deseable una mayor concreción por parte del legislador sobre la transmisión de las acciones o participaciones y de la condición de socio en el marco del nuevo procedimiento. A falta de una regulación más precisa, la práctica notarial y registral y la jurisprudencia desempeñarán un papel relevante para colmar las lagunas existentes.

V. BIBLIOGRAFÍA

ALCOVER GARAU, G., "La insuficiente regulación del derecho a enajenar de los socios que voten en contra del acuerdo de transformación", *La Ley mercantil*, núm. 112, abril 2024.

ALONSO LEDESMA, C., "El alcance de la autonomía de la voluntad en la separación y exclusión de socios", *El derecho de separación y la exclusión de socios en las sociedades de capital*, González Fernández, M.B. (dir.), Márquez Lobillo, P. y Otero Cobos, M.T. (coords.), 2 Tomos, Tirant Lo Blanch, Valencia, 2021, en Tomo I.

BARBA DE VEGA, J., "La sociedad de responsabilidad limitada", Quintana Carlo, I. (dir.), *El nuevo Derecho de las sociedades de capital*, Trivium, Madrid, 1989, p. 287-302.

BERCOVITZ RODRÍGUEZ-CANO, A., "Modificación de estatutos aumento y reducción de capital", *El nuevo derecho de las sociedades de capital*, Quintana Carlo, I. (dir.),Trivium, Madrid, 1989.

BRENÉS CORTÉS, J., *El derecho de separación del accionista*, Marcial Pons, Madrid, 1999.

BUSTILLO SAIZ, M. del M., "El derecho de separación de los socios en las operaciones transfronterizas" (parte I), *Revista Derecho de Sociedades*, núm. 60, septiembre-diciembre 2020.

- "El derecho de separación de los socios en las operaciones transfronterizas" (parte II), *Revista Derecho de Sociedades*, núm. 61, enero-abril 2021.

CERDÁ ALBERO, F., "Artículo 359. Escritura pública de adquisición", *Comentario de la Ley de Sociedades de Capital*, García-Cruces González, J.A, Sáncho Gargallo, I. (dirs.), 5 tomos., Tirant Lo Blanch, Valencia, 2021, en Tomo V.

DEL VAL TALENS, P., *El derecho de separación en las modificaciones estructurales transfronterizas*, Tirant Lo Blanch, Valencia, 2023.

DUQUE DOMÍNGUEZ, J., "Las formas del derecho de separación del accionista y la reorganización jurídica y financiera de la sociedad", *Boletín de Estudios Económicos*, núm. 139, abril 1990.

EMBID IRUJO, J.M., *Ley alemana de sociedades anónimas. Traducción y estudio preliminar*, Marcial Pons, Madrid, 2010.

EMPARANZA SOBEJANO, A. (dir.), *Los intentos de reforzamiento del poder de la junta y de los socios en los grupos de sociedades*, Marcial Pons, Madrid, 2018.

EMPARANZA SOBEJANO, A., "Artículo 359. Escritura pública de adquisición", *Comentario de la Ley de sociedades de capital*, Rojo, A. y Beltrán, E. (dirs.) 2 tomos, 1ª ed., Civitas-Thomson Reuters, Cizur Menor, 2011, en Tomo II.

FUENTES NAHARRO, M., "El company law package", *Revista de Derecho de Sociedades*, núm. 53, mayo-agosto 2018.

GARRIDO DE PALMA, V.M., "La causa del contrato de sociedad y su continuada influencia: la separación y la exclusión de socios", *El derecho de separación y la exclusión de socios en las sociedades de capital*, González Fernández, M.B. (dir.), Márquez Lobillo, P. y Otero Cobos, M.T. (coords.) 2 Tomos, Tirant Lo Blanch, Valencia, 2021, en Tomo I.

GIRÓN TENA, J., *Derecho de Sociedades Anónimas*, Seminarios de la Facultad de Derecho, Valladolid, 1952.

MACHADO PLAZAS, J., "Operaciones y ámbito de aplicación de la regulación de las modificaciones estructurales", *Las modificaciones estructurales de las sociedades mercantiles*, Rojo, A., Campuzano, A.B., Cortés, L.J., Pérez Troya, A. (coords.),2ª ed., Aranzadi, Las Rozas, 2024.

MARTÍNEZ SANZ, F., *La separación del socio en la sociedad de responsabilidad limitada*, McGraw-Hill, Madrid, 1997.

MARTÍNEZ SANZ, F., PUETZ, A., "El derecho de enajenación de las acciones, participaciones o cuotas de los socios", *Las modificaciones estructurales de las sociedades mercantiles*, Rojo, A., Campuzano, A.B., Cortés, L.J., Pérez Troya, A. (coords.), 2ª ed., Aranzadi, Las Rozas, 2024.

NAVARRO PÉREZ, A., "El derecho de separación en las fusiones transfronterizas intracomunitarias como instrumento de protección del socio minoritario y las modificaciones introducidas por la directiva UE 2019/2121, *Revista de Derecho de Sociedades*, núm. 59, mayo-agosto 2020.

PÉREZ TROYA, A., "La protección de los socios en las modificaciones estructurales: Derecho de enajenación y de impugnación de la relación de canje", *La nueva Ley de modificaciones estructurales*, Pulgar Ezquerra, J. (dir.), Fuentes Naharro, M. (coord.), La Ley, Madrid, 2024.

PÉREZ TROYA, A., "Reflexiones sobre el impacto de la Directiva de movilidad transfronteriza", *De Iure Mercatus. Libro Homenaje al Prof. Dr.*

Dr.h.c. Alberto Bercovitz Rodríguez-Cano, García-Cruces González, J. A. (dir.), 3 Vols., Tirant Lo Blanch, Valencia, 2023, en Vol. II.

PULGAR EZQUERRA, J., "Principios de política jurídica, sistemática y ámbito de aplicación de la nueva Ley de modificaciones estructurales", en Pulgar Ezquerra, J. (dir.), Fuentes Naharro, M. (coord.), *La nueva Ley de modificaciones estructurales*, La Ley, Madrid, 2024.

— "Transformaciones transfronterizas y Directiva (UE 2019/2121): prevención del fraude y protección de socios y acreedores", *Diario La Ley*, núm. 9572, Sección Doctrina, 12 de febrero de 2020.

QUIJANO GONZÁLEZ, J., "El proyecto de modificación estructural y el papel del experto independiente", *La nueva Ley de modificaciones estructurales*, Pulgar Ezquerra, J. (dir.), Fuentes Naharro, M. (coord.), La Ley, Madrid, 2024.

ROJÍ BUQUERAS, J.M., "Derecho de separación y pérdida de la condición de socio", *El derecho de separación y la exclusión de socios en las sociedades de capital*, González Fernández, M.B. (dir.), Márquez Lobillo, P. y Otero Cobos, M.T. (coords.), 2 Tomos, Tirant Lo Blanch, Valencia, 2021, en Tomo I.

ROJO FERNÁNDEZ-RÍO, A., "La transformación de sociedades anónimas", *El nuevo derecho de las sociedades de capital*, Quintana Carlo, I. (dir.), Trivium, Madrid, 1989.

SÁNCHEZ GONZÁLEZ, J.C., "Artículo 359. Escritura pública de adquisición", *Tratado de Sociedades de Capital. Comentario judicial, notarial, registral y doctrinal de la Ley de Sociedades de Capital*, Prendes Carril, P., Martínez-Echevarría y García De Dueñas, A., Cabanas Trejo, R. (dirs.), 2 tomos, 1ª ed., Thomson Reuters-Aranzadi, Cizur Menor, 2017, en Tomo II.

SANZ BAYÓN, P., "El derecho de separación del socio ante situaciones de bloqueo en sociedades con distribución de capital 50-50", *Derecho de sociedades: revisando el derecho de sociedades de capital*, González Fernández, M.B. y Cohen Benchetrit, A. (dirs.), Olmedo Peralta, E. y Galacho Abolafio, A.F. (coords.), Tirant lo Blanch, Valencia, 2018.

SEGURA, R. Y VERGONI, J., "La fecha de efectos de la separación y la exclusión de socios", *Revista Jurídica de Cataluña*, 2021, Vol. 120, núm. 4 (octubre).

URÍA, R., *Derecho Mercantil*, 13ª ed. Imprenta Aguirre, Madrid, 1985.

URÍA, R., MENÉNDEZ, A., IGLESIAS PRADA, J.L., "La sociedad de responsabilidad limitada: Exclusión y separación de socios", *Curso de Derecho Mercantil*, Uría, R., Menéndez, A. (dirs.), Aparicio González, M.L. (coord.) Tomo I, 2ª ed., Civitas, Madrid, 2006.

URÍA, R., MENÉNDEZ, A., CARLÓN, L., "Transformación (Artículos 223 a 232 LSA)", *Comentario al régimen legal de las sociedades mercantiles*, Uría, R., Menéndez, A., Olivencia, M. (dirs.), Tomo IX: Transformación, fusión y escisión de la sociedad anónima, Vol. 1º, Civitas, Madrid, 1993.

VARA DE PAZ, N., "Transformación: Concepto, función y caracteres. Supuestos. Transformación de una sociedad anónima", *Revista Derecho de Sociedades*, núm. 16, Año 2001-1.

— "La transformación de sociedades y la nulidad de acciones", *Estudios Jurídicos en Homenaje al Profesor Aurelio Menéndez*, Iglesias Prada, J.I. (coord.) Tomo II, Civitas, Madrid, 1996.

VICENT CHULIÁ, F., *Compendio crítico de Derecho Mercantil*, 3ª ed., Tomo I, Vol. 2º, Bosch, Barcelona, 1991.

Capítulo 25

RESTRICCIONES A LA LIBRE TRANSMISIÓN DE ACCIONES Y PARTICIPACIONES EN EL MARCO DE LAS MODIFICACIONES ESTRUCTURALES[1]

Isabel Contreras de la Rosa
Profesora Contratada Doctora de Derecho Mercantil
Universidad de Málaga

SUMARIO: I. INTRODUCCIÓN. II. LAS ACCIONES Y PARTICIPACIONES SOCIALES COMO OBJETO DE TRANSMISIÓN DIRECTA POR ACTOS VOLUNTARIOS *INTER VIVOS* Y SUS RESTRICCIONES. III. LA SUCESIÓN UNIVERSAL DE ACCIONES Y PARTICIPACIONES EN EL MARCO DE LAS MODIFICACIONES ESTRUCTURALES DE SOCIEDADES MERCANTILES. 1. El bloque patrimonial objeto de transmisión y la autonomía de la voluntad en su configuración. 2. Protección de los intereses en juego. IV. CONCLUSIONES. V. BIBLIOGRAFÍA.

I. INTRODUCCIÓN

El Real Decreto-ley 5/2023[2], de 28 de junio, transpone a nuestro Ordenamiento jurídico, en su Libro primero, la Directiva de

1 Este trabajo se realiza en el marco del Proyecto PRY122/22 titulado "Reconciliar a la empresa andaluza con su entorno: Propuestas para una gobernanza corporativa sostenible (Be SUSTAINABLE Co)", investigador principal: Dr. Juan Ignacio Peinado Gracia, financiado por la Fundación Pública Andaluza Centro de Estudios Andaluces (ROR: https://ror.org/05v01tw04 y Crossref Funder ID 100019858); de la Red de investigación "Contratos Civiles y Desarrollo Social" (PPRP-D5-2024_02), financiada por la Universidad de Málaga; y en el marco de los «Proyectos de I+D+i» de los Programas Estatales de Generación de Conocimiento y Fortalecimiento Científico y Tecnológico del Sistema de I+D+i, denominado "Mecanismos de justicia contractual: Causa y buena fe" (ref.: PID2020-114919GB-I00), investigadores principales: Dr. B. Rodríguez-Rosado Martínez-Echevarría y Dra. R. Caro Gándara.

2 Real Decreto-ley 5/2023, de 28 de junio, por el que se adoptan y prorrogan determinadas medidas de respuesta a las consecuencias económicas y so-

la Unión Europea en materia de modificaciones estructurales de sociedades mercantiles (en adelante, Real Decreto-Ley), derogando con ello la Ley 3/2009, de 3 de abril, sobre Modificaciones Estructurales de sociedades mercantiles (en adelante, LMESM). Estos cambios, importantes en el proceder de estas operaciones para salvaguardar los derechos e intereses en juego, no han supuesto, en nuestra opinión, ningún cambio en el orden teleológico que impregna la esencia de la regulación de estas operaciones y que inspiró la ahora derogada LMESM[3] o, incluso, regulaciones anteriores en esta materia. En este sentido, la finalidad que ha imperado a la hora de regular estas operaciones societarias no ha sido otra que la de facilitar su reorganización apostando decididamente por la conservación de la empresa, en el sentido de que tanto esta, en general, como sus unidades económicas

ciales de la Guerra de Ucrania, de apoyo a la reconstrucción de la isla de La Palma y a otras situaciones de vulnerabilidad; de transposición de Directivas de la Unión Europea en materia de modificaciones estructurales de sociedades mercantiles y conciliación de la vida familiar y la vida profesional de los progenitores y los cuidadores; y de ejecución y cumplimiento del Derecho de la Unión Europea. BOE núm. 154, de 29 de junio de 2023.

3 La redacción del Real Decreto-Ley en materia de modificaciones estructurales, tuvo como principal objetivo transponer la Directiva (UE) 2019/2121 del Parlamento Europeo y del Consejo, de 27 de noviembre de 2019, por la que se modifica la Directiva (EU) 2017/1132 en lo que atañe a las transformaciones, fusiones y escisiones transfronterizas, en busca de una mayor armonización entre estas operaciones transfronterizas. Sin embargo, el Real Decreto-Ley va más allá de la mera transposición reconfigurando, en aras de una mayor simplificación y agilidad, estas operaciones tomando como referencia la Directiva, quedando integradas en un mismo marco las operaciones internas y transfronterizas. Todo ello comporta cambios de caldo especialmente en el ámbito tuitivo de los derecho e intereses en juego (socios, acreedores, trabajadores). Pero, en su Preámbulo, el Real Decreto-Ley no hace referencia a la finalidad última que se pretende alcanzar regulando las modificaciones estructurales, sino a su objetivo inmediato (la transposición de la Directiva) por lo que entendemos que esta sigue inalterada y anclada en la ya derogada LMESM.

o productivas sigan en funcionamiento[4]. Así, en el marco de las modificaciones estructurales de carácter patrimonial[5], encontramos un denominador común que funciona como catalizador para alcanzar esa finalidad: la sucesión universal. Este extraordinario mecanismo jurídico agiliza la transmisión, de todo o parte, de los distintos elementos que conforman las empresas de las sociedades mercantiles y, por ende, su adaptabilidad al mercado según las circunstancias del momento. Este efecto patrimonial es posible gracias al minucioso procedimiento legal por el que debe transitar la operación hasta lograr su plena eficacia. Este ofrece a todos los que puedan verse directamente afectados por él (socios, acreedores, trabajadores) los recursos necesarios para defender sus derechos e intereses[6], preservando el difícil equilibrio que debe existir entre todos ellos.

En este contexto y con la finalidad apuntada, el cauce de la sucesión a título universal se configura en la fusión, escisión (en todas sus modalidades) y la cesión global de activo y pasivo, pese a sus diferencias, como el mecanismo elegido para la consecu-

4 En este sentido, entre otros, MACHADO PLAZAS, J., "Operaciones y ámbito de regulación de las modificaciones estructurales", *Las modificaciones estructurales de las sociedades mercantiles*, Rojo, A./Campuzano, A. B./Cortés, L. J./Pérez Troya, A. (Coords), Aranzadi, las Rozas, 2024, p. 59.

5 Fusión, escisión y cesión global de activo y pasivo, en todas sus versiones.

6 Respecto a la protección de estos colectivos *vid.* PÉREZ TROYA, A., "Capítulo quinto. La protección de los socios en las modificaciones estructurales: Derecho de enajenación y de impugnación de la relación de canje", *La nueva Ley de modificaciones estructurales*, Pulgar Ezquerra, J. (dir.), La Ley, Las Rozas, 2024, pp. 155-179; en relación con los acreedores *vid.* FERNÁNDEZ DEL POZO, L., "Capítulo sexto. La protección de los acreedores frente a las modificaciones estructurales", *La nueva Ley de modificaciones estructurales*, Pulgar Ezquerra, J. (dir.), La Ley, Las Rozas, 2024, pp. 181-273; y sobre la protección de los trabajadores *vid.* PIÑEL LÓPEZ, E., "Capítulo séptimo. La protección y participación de los trabajadores en las modificaciones estructurales de sociedades mercantiles", *La nueva Ley de modificaciones estructurales*, Pulgar Ezquerra, J (Dir.), La Ley, Las Rozas, 2024, pp.275-291.

ción del fin legislativo de simplificar y facilitar la transmisión de los elementos que componen los patrimonios de las sociedades mercantiles en estos supuestos, incluidos derechos y obligaciones que, de otro modo, exigirían irremediablemente la aplicación y respeto de las normas de circulación de cada uno de dichos elementos atendiendo a su naturaleza.

La cuestión que nos trae hasta aquí es valorar si esta transmisión a título universal se configura como una especie de *patente de corso* para la transmisión de cualquier elemento patrimonial, en cualquier circunstancia, siempre que se cumpla el procedimiento previsto para estas operaciones societarias por el Real Decreto-Ley. En concreto, nos centraremos en un elemento patrimonial específico que puede integrar el patrimonio que de este modo quiere ser transmitido: las acciones o participaciones sociales de las que fuera titular la sociedad transmitente en una modificación estructural. En esta línea, analizaremos si, como ha expuesto nuestra doctrina, existe conflicto de normas en el supuesto en el que en el patrimonio a transmitir mediante modificación estructural hubiera acciones o participaciones cuya transmisión estuviera restringida[7] o, si por lo contrario, nos encontramos ante dos dimensiones de una mismo hecho, consecuencia de posibles actuaciones sociales independientes, en las que las normas que regulan ambas realidades deben ser respetadas, no impuestas la una a la otra, ya que su existencia y aplicación responden a fines esencialmente distintos e igualmente legítimos. Por un lado, el de facilitar las, por regla general, complejas reestructuraciones empresariales y, por otro, el de proteger la estructura corporativa de aquellas sociedades que restringen la transmisión de sus acciones o participaciones sociales.

7 De conflicto de normas habla el Prof. OLIVENCIA en su trabajo "Fusión y escisión de sociedades y restricciones estatutarias a la libre transmisibilidad de las acciones", *Estudios de Derecho Mercantil. En homenaje al Profesor Manuel Broseta Pont*, Tomo II, Tirant lo Blanch, 1995, p. 2644.

II. LAS ACCIONES Y PARTICIPACIONES SOCIALES COMO OBJETO DE TRANSMISIÓN DIRECTA POR ACTOS VOLUNTARIOS *INTER VIVOS* Y SUS RESTRICCIONES

Las modificaciones estructurales objeto de nuestra atención son aquellas que, como hemos adelantado, conllevan la transmisión del patrimonio (derechos y obligación) de, al menos, una de las sociedades que intervienen en la operación en la que se produce mediante sucesión a título universal. Configurándose dicha transmisión como un acto voluntario *inter vivos*[8].

La simpleza con la que resuelve nuestro legislador la cuestión de la transmisión de los elementos patrimoniales, puede llevarnos a afirmar su plena adquisición como efecto de la sucesión que garantiza el Real Decreto-Ley. Si bien aquí entra otro dato que no hay que obviar, aunque sí lo haga nuestro legislador, como es la aptitud de algunos elementos patrimoniales para ser transmitidos.

Partiendo de la idea de que las acciones y participaciones sociales otorgan la condición de socio a su titular —reconociéndole en la estructura corporativa de dicha sociedad una posición de mayor o menor poder, según el caso—, la transmisión de las mismas, en cualquier circunstancia es una cuestión sensible para la sociedad en la medida que comporta cambios en su organización social y, quizás, también en su proyecto empresarial que le podría venir impuesto, en este supuesto, vía modificación estructural.

8 Como bien sanciona, entre otros, OLIVENCIA RUIZ, M, "Fusión y escisión de sociedades y restricciones estatutarias...", *op. cit.*, p. 2629, la extinción del *tradens*, en los casos que se produce (añadimos nosotros) no es causa sino efecto de la transmisión. También se pronuncian a favor de esta configuración de las modificaciones estructurales, la Sentencia de la Audiencia Provincial de Madrid, de 14 de febrero de 2008 (TOL1.290.727) y la del Juzgado de lo Mercantil núm. 2 de Madrid de 13 de abril de 2007 (TOL1.078.028).

Cierto es que el régimen legal de transmisión de acciones y participaciones, en general, se concibe en las sociedades de capital como transmisión de la condición de socio por el simple acuerdo entre las partes, sin que ello comporte la novación del contrato social, como sucede en las sociedades personalistas[9]. A pesar de ello, y de las diferencias en la transmisión las acciones y participaciones sociales debido a su naturaleza[10], en ambos casos pueden existir restricciones, legales o estatutarias, que ponen de manifiesto la relevancia que tiene el sustrato personal en dicha sociedad, haciendo depender del cumplimiento de dichos condicionamientos el reconocimiento de la posición de socio ante la misma (artículo 108 y artículo 123 LSC). Concibiéndose, dichas restricciones, como una medida tuitiva del interés de la sociedad por mantener el control sobre sus socios y lo que eso supone[11].

9 En este sentido, RECALDE CASTELLS, A./PÉREZ MILLÁN, D., "Artículo 91. Atribución de la condición de socio", *Comentarios de la Ley de Sociedades de Capital*, Tomo II, García-Cruces, J. A./ Sancho Gargallo, I. (dir.), Tirant lo Blanch, Valencia, 2021, p. 1296.

10 En las sociedades anónimas, prototipo de sociedades de capital, la transmisión de las acciones es por naturaleza libre. Pese a ello, es posible establecer restricciones en los estatutos sociales, que exclusivamente podrán afectar a acciones nominativas (artículo 123.1 LSC), sin que sea posible impedir totalmente su transmisión (artículo 123.2. LSC). En las sociedades de responsabilidad limitada, el régimen de transmisión de participaciones sociales por actos voluntarios *inter vivos* previsto en la LSC, es el propio de una sociedad cerrada. Conforme a ello las modificaciones de la estructura personal son esencialmente restringidas, salvo en algunos supuestos contemplados en el artículo 107.1 de la LSC, siendo posible restringirlo aún más estatutariamente sin que en ningún caso pueda ser libre (artículo 108 LSC). Estas restricciones, estatutarias o, en su defecto, legales, se centran en la cualidad del sujeto adquirente y no en la naturaleza del negocio celebrado, acorde con el corte personalista y sustancialmente cerrado que caracteriza este tipo de sociedades.

11 En relación a las acciones, véase CARBAJO CASCÓN, F., "La supresión de restricciones estatutarias a la libre transmisión de acciones por imposición de la mayoría", en *Estudios de Derecho de Sociedades y de Derecho Concursal. Libro homenaje al profesor Jesús Quijano González*, Valladolid, 2023, pp. 170 y 172.

Esto nos lleva, en definitiva y a través de distintos caminos, a considerar que las restricciones a la libre transmisión de acciones y participaciones limitan la facultad dispositiva del socio sobre ellas, por lo que será la sociedad beneficiaria de las restricciones la que tenga, internamente, la última palabra al respecto[12]. En estas circunstancias, como reconoce la doctrina mayoritaria, con apoyo jurisprudencial, la infracción de las limitaciones contenidas en el régimen de transmisión no afecta al negocio jurídico en sí mismo sino a la eficacia traslativa de dicho negocio respecto de ese elemento patrimonial[13], llevándonos a la inoponibilidad de la transmisión a la sociedad beneficiaria de las restricciones (artículo 112 e, indirectamente, en el artículo 123.1 LCS), que no tiene porqué reconocer como socio al adquirente de sus acciones o participaciones[14]. Los efectos de un negocio que implique la transmisión de las acciones y participaciones quedan circunscri-

12 En línea con lo expresado por VIERA GONZÁLEZ, J. "Modificaciones estructurales y restricciones a la transmisión de acciones y participaciones de una sociedad de capital cerrada integrada por personas jurídicas", en *Estudios sobre órganos de las sociedades de capital. Liber Amicorum Fernando Rodríguez Artigas Gaudencio Esteban Velasco,* Juste, J./ Espín, C. (coords.), Volumen II, Aranzadi, 2017, p. 1049, que concibe el interés de la sociedad adquirente de las acciones o participaciones mediante modificación estructural como un interés exógeno al de la sociedad al que estas acciones o participaciones pertenecen.

13 Tal como manifiestan, entre otros, SARAZÁ JIMENA, R., "Artículo 112. Eficacia de las transmisiones con infracción de ley o de los estatutos", en *Comentarios de la Ley de Sociedades de Capital*, Tomo II, García-Cruces, J. A./ Sancho Gargallo, I. (dir.), Tirant lo Blanch, Valencia, 2021, pp. 1560-1561. En relación con las acciones RECALDE CASTELLS, A./ARIAS VERONA, F.C., "Artículo 123. Restricciones a la libre transmisibilidad", en *Comentarios de la Ley de Sociedades de Capital*, Tomo II, García-Cruces, J. A./ Sancho Gargallo, I. (dir.), Tirant lo Blanch, Valencia, 2021, p. 1744.

14 Las sociedades de responsabilidad limitada, por naturaleza, y las anónimas por voluntad de los socios se convierten en sociedades cerradas en las que el elemento personal es una especie de *aportación social* más que se considera relevante para alcanzar fin común pretendido con esta asociación.

tos, pues, al ámbito de las partes negociantes, las cuales, si han sido diligentes, habrán tenido en cuenta desde, posiblemente, la fase precontractual, las circunstancias que rodean estos elementos (y otros similares[15]) y resuelto, en su caso, a conveniencia y riesgo, el carácter esencial, o no, de estos para la celebración del negocio. Esto lo podemos hacer extensible a cualquiera de las modificaciones estructurales que pueden conllevar la trasmisión directa de acciones o participaciones sociales[16]. Conforme a ello, y las circunstancias en las que se desarrolla una modificación estructural, analizaremos en el siguiente apartado de este estudio cómo podría compaginarse el derecho de la sociedad en la que la transmisión de sus acciones o participaciones está restringida y pretenden incluirse en el lote patrimonial a transmitir mediante una modificación estructural, sin que ello sea inevitablemente un obstáculo jurídico para celebración de esta operación.

Al margen de lo hasta ahora dicho, hay que partir de que, por su parte, las acciones de una sociedad incluidas en el patrimonio objeto de transmisión mediante una modificación estructural soportan, en principio sin problema, la sucesión universal, en la medida que su transmisión es libre por naturaleza. Por su parte, en relación con las participaciones sociales, en el mejor de los casos, podemos encontrarnos con una sociedad en la que estatutaria-

15 Véase al respecto PAZ-ARES, C./SÁEZ LACAVE, C. "Los contratos pendientes de ejecución en la fusión", *Revista de Derecho Mercantil*, núm. 243, 2002, pp. 45-70.

16 En cualquier negocio, más aún si comporta una sucesión universal, en el que se transmitan acciones y participaciones, creemos que, la diligencia debida en la negociación, implica la adecuada información de las partes sobre el alcance de las restricciones y negociar sus consecuencias, pudiendo considerarse contrario a la buena fe que confíen en que, *in extremis*, se imponga su voluntad a la sociedad beneficiaria de las restricciones y afectada por las consecuencias de la celebración de un negocio del que no es parte y a la que el Real Decreto-Ley no defiende por quedar dicho ámbito objetivo de aplicación fuera de su alcance.

mente no se haya establecido un régimen propio de transmisión de participaciones por lo que, en aplicación del régimen legal del artículo 107.1 de la LSC, la sucesión universal de la modificación estructural no generaría dudas sobre el traspaso pleno de estas si la persona receptora de las mismas fuera una de las enumeradas en el precepto mencionado[17].

Ahora bien, en qué circunstancias puede limitarse el libre traspaso de acciones y participaciones. En lo que aquí interesa, las restricciones que se impongan, en el caso de las acciones, deben recogerse estatutariamente, exigiendo el artículo 123 del Reglamento del Registro Mercantil que se exprese de forma precisa. Así se establece en el punto dos de dicho artículo, al referirse a las causas que permiten denegar la transmisión de acciones nominativas sometidas a consentimiento o autorización de la sociedad, y también en el punto tres de esa disposición normativa al referirse a las transmisiones que desencadenarían el derecho de adquisición preferente. A pesar de ello, esto no ha sido óbice para que nuestra doctrina haya considerado suficiente, para cumplir con ese requisito reglamentario de precisión, que estas cláusulas estatutarias se remitan genéricamente a cualquier transmisión voluntaria *inter vivos*[18] de las mismas, lo cual incluiría las modificaciones estructurales[19]. El fundamento a tal afirmación reposa en las diferencias de redacción del artículo 123 respecto de artículo

17 A saber, a favor del cónyuge, ascendiente o descendiente del socio o en favor de sociedades pertenecientes al mismo grupo que la transmitente.

18 Además, aunque para nuestro análisis no es de interés, estas restricciones afectarían también a otros actos de disposición de acciones, tanto si la transmisión se realiza a título particular o universal, *inter vivos* o *mortis causa*, oneroso o gratuito, voluntario o forzoso...

19 En este sentido, véase, OLIVENCIA RUIZ, M, "Fusión y escisión de sociedades y restricciones estatutarias...", *op. cit.*, p. 2636. En la misma línea se pronuncia el Juzgado de lo Mercantil núm. 2 de Madrid en su sentencia de 13 de abril de 2007 (TOL1.078.028), fundamento de Derecho cuarto.

124 de la LSC. Así, mientras que el primero establece la validez de las restricciones o condicionamientos, en las transmisiones de acciones voluntarias por actos *inter vivos*[20], siempre que se establezcan expresamente, sin exigir una enumeración exhaustiva de las causas que las motivan; en el artículo 124, por su parte, sí exige que se recoja expresamente la transmisión mortis causa como causa especial a la que se le aplique las restricciones contenidas en la cláusula estatutaria. De ambos preceptos de la LSC, el primero es el aplicable a las modificaciones estructurales patrimoniales en la medida que estas operaciones se conciben, como adelantamos, como actos voluntarios *inter vivos*, por lo que su inclusión en la limitación establecida no exigiría mención expresa en la correspondiente cláusula[21].

En lo que a las participaciones sociales se refiere, la cuestión parece más sencilla en la medida que este elemento patrimonial es por naturaleza de transmisión restringida, es decir que, legalmente, la facultad dispositiva de los socios sobre las mismas nace con importantes limitaciones legales, que afectan a todo tipo de transmisiones no solo a las que se producen de forma voluntaria por actos *inter vivos*, como sería el caso de las transmisiones mediante modificación estructural, sino también las forzosas y *mortis causa* (artículos 109 y 110 LSC respectivamente).

Conforme a lo expuesto, todo apunta a que, en el caso de transmisiones de acciones o participaciones sociales sometidas a restricciones, el título de la transmisión —individual o universal— por sí solo no es relevante, ya que lo definitivo en el ámbito de la sociedad beneficiaria de las restricciones no es cómo se produce

20 En las que, por definición, quedaría incluida la que se produce por efecto de las modificaciones estructurales de carácter patrimonial.

21 En contra, CONDE TEJÓN, A., *La cesión global de activo y pasivo como operación...*, *op. cit.*, pp.437 y 438, al no considerar suficiente una prohibición genérica para que se entiendan incluidas las modificaciones estructurales.

la transmisión *inter vivos* sino qué efecto produce, que no es otro que el cambio de titularidad[22]. Siendo precisamente este efecto el que la sociedad quiere controlar en su propio beneficio, siendo plenamente conocedores de ello todos sus socios (incluida la sociedad *tradens*). Al respecto hay autores que restan importancia a este hecho en el marco de una modificación estructural, especialmente en aquellas operaciones en las que los socios de la sociedad transmitente o esta misma continúan en la estructura corporativa de la sociedad adquirente (excluyendo, pues, la cesión global), argumentando que efectivamente hay cambio en el sustrato personal, pero este no es total[23]. Sin embargo, a nuestro juicio, no se trata de evaluar el grado de dicho cambio sino la realidad *de facto* que la modificación estructural produce en la sociedad cuyas acciones o participaciones son objeto de transmisión, y que no es otra que el cambio de socio al margen de la composición personal de la sociedad absorbente o beneficiaria resultante de la operación que, a todos los efectos, será otra distinta a la que inicialmente tenía la condición de socio. También se ha argumentado que las sociedades que admiten entre sus socios a otras sociedades, saben de antemano que su sustrato personal puede variar[24], totalmente de acuerdo con esto. Pero aquí no se trata de que el socio cambie de sustrato personal, efectivamente, en dicho supuesto nada podrá hacer la sociedad, salvo previsión

22 OLIVENCIA RUIZ, M, "Fusión y escisión de sociedades y restricciones estatutarias ...", *op. cit.*, p. 2637.

23 Véase SARAZÁ JIMENA, R., "Artículo 110. Régimen de la transmisión mortis causa", *Comentarios de la Ley de Sociedades de Capital*, Tomo II, García-Cruces, J. A./ Sancho Gargallo, I. (dir.), Tirant lo Blanch, Valencia, 2021, p. 1552.

24 En este ámbito, ÁLVAREZ ROYO-VILLANOVA, S., *La sucesión universal en las modificaciones estructurales,* Dykinson, Madrid, 2017 p. 173, trasladando este argumento, SARAZÁ JIMENA, R., "Artículo 107. Régimen de la transmisión voluntaria por actos *inter vivos*", *Comentarios de la Ley de Sociedades de Capital*, Tomo II, García-Cruces, J. A./ Sancho Gargallo, I. (dir.), Tirant lo Blanch, Valencia, 2021, p. 1502.

expresa[25], ya que en tal caso no se produce la transmisión directa de sus acciones o participaciones sino de las de la sociedad-socia. Sin embargo, este hecho no puede interpretarse, en aras de la coherencia, como que la sociedad beneficiaria de las restricciones deba asumir por ello cualquier otro cambio que su sociedad-socia pueda propiciar, por ejemplo, mediante modificación estructural. Y todo ello porque, como se ha dicho anteriormente, no se trata de un simple cambio interno en la composición del sustrato personal del titular de las acciones o participaciones sometidas a restricción, sino que se trata de un cambio en el propio titular de las mismas, en definitiva un cambio, de socio, cuando este (sociedad titular de acciones o participaciones de otra) conocía desde el principio las restricciones existentes y se sometió a ellas al adquirirlas, esto sí sería ir contra sus propios actos al pretender imponer, a su conveniencia y sin más, la transmisión de las acciones o participaciones como parte de un todo pactado exclusivamente con un tercero. Tampoco creemos que la aplicación del régimen de transmisión de acciones o participaciones sometidas a restricciones choque frontalmente con el principio de confidencialidad conforme al que se desarrollan las modificaciones estructurales. Al respecto, consideramos que no existen una obligación del *tradens* de comunicar a la sociedad afectada el motivo por el que se produce la transmisión de acciones o participaciones sino sus condiciones, al igual que la información recibida no debería, en principio, trascender del ámbito interno de la sociedad cuyas acciones o participaciones son objeto de transmisión, especialmente si el socio solicita confidencialidad.

La situación esbozada, puede llevar a pensar que mantener, en el caso de las modificaciones estructurales, las limitaciones a la

25 Respecto a las adquisiciones indirectas nuestra jurisprudencia ha reiterado que solo cabe la aplicación de las restricciones a la transmisión de acciones o participaciones sociales cuando estatutariamente se haya recogido expresamente este supuesto.

facultad de disponibilidad de quien es su titular respecto de ciertos elementos patrimoniales a transmitir, como en el supuesto de acciones y participaciones, supondría una complicación añadida a estas operaciones que podría ponerlas en peligro. Sin embargo, creemos que este dilema tiene una fácil solución en la medida que, en principio, dichas acciones o participaciones no sean parte esencial del patrimonio a transmitir. Como hemos adelantado, no hay que olvidar que de lo que se trata con estas operaciones es de facilitar la reestructuración empresarial de quienes son parte en ellas en aras de la conservación de empresas, así como de mantener y generar más riqueza. En este sentido, esta operativa no puede llevar como contrapartida daños colaterales que lleven al deterioro de otras empresas o del valor que tienen otras sociedades como generadoras de riquezas en el mercado. En estos supuestos, como no podría ser de otro modo, es deber de las partes que negocien la modificación estructural analizar y valorar, en el marco de la operación, los elementos patrimoniales a transmitir, su necesidad, así como su disponibilidad por el *tradens* y actuar en consecuencia conforme a ello, teniendo presentes las reglas que, como en el supuesto que nos ocupa, han sido libremente aceptadas por la sociedad-socia ahora transmitente.

III. LA SUCESIÓN UNIVERSAL DE ACCIONES Y PARTICIPACIONES EN EL MARCO DE LAS MODIFICACIONES ESTRUCTURALES DE SOCIEDADES MERCANTILES

La sucesión universal nace en el ámbito de las transmisiones hereditarias con el propósito de resolver los problemas que genera, la muerte de un sujeto, en la continuidad de sus relaciones jurídicas. Siendo este su origen, el potencial de dicha solución para resolver situaciones que se producen en el ámbito societario fue apercibido por nuestro legislador, atribuyendo legalmente dicho efecto a modificaciones estructurales de carácter patrimonial, que a su vez apuntaban inicialmente cierto paralelismo con la sucesión *mortis causa*, en concreto, por la extinción de la sociedad transmitente evitando pasar por una liquidación, *estricto sensu*. Todo ello basado en que, tanto en el ámbito hereditario como en el societario, la finalidad esencial pretendida era la misma: resolver todas las relaciones jurídicas preexistentes que permitieran la extinción del sujeto.

A pesar del sentido inicial de su utilización en el ámbito de las modificaciones estructurales, la progresiva regulación a nivel nacional de nuevas operaciones societarias en dicho contexto sin efectos extintivos, ha venido a consolidar la sucesión universal, en este entorno, como un instrumento *sui generis* para alcanzar la finalidad propia de estas operativas: reestructuración empresarial y/o corporativa, independientemente del efecto extintivo que pueda tener para las sociedades partícipes.

Desde esta perspectiva, la sucesión universal se constituye legalmente en este contexto como la principal ventaja que aportan las normas que han regulado y regulan las modificaciones estructurales de carácter patrimonial las cuales, recordamos, que al margen del efecto extintivo que pueda tener, son actos voluntarios e *inter vivos*.

En la parte especial del Real Decreto-Ley, en la que el legislador regula las especialidades de cada tipo de modificación estructural, establece para la fusión (artículo 34), escisión (artículos 59, 60 y 61) y cesión global de activo y pasivo (artículo 72), sin excepción, y a pesar de las diferencias existentes entre ellas, la transmisión o traspaso en *bloque* mediante *sucesión universal* del patrimonio de, al menos, una de las sociedades. Todo lo cual debe entenderse en el contexto propio en el que tienen lugar estas operaciones y que nuestro legislador ha ido tallando etapa a etapa a medida que las regulaba[26].

26 Hasta la LMESM, no se zanjó respecto de todas las operaciones de modificación estructural reguladas el debate sobre el tipo de sucesión que com-

Entendemos que el punto de partida latente tras cualquier reestructuración societaria que pretende ser bendecida con la ventaja de la sucesión universal, es promover la conservación y continuidad de unidades patrimoniales con utilidad empresarial, siendo este concepto más o menos flexible en función de la operativa en cuestión. En este sentido, nuestro legislador es menos minucioso en la descripción del bloque a transmitir en el caso de la fusión, escisión total en tanto que la operación debe resolver todas las relaciones de la sociedad transmitente para permitir su extinción. Aparentemente, tampoco es excesivamente exigente en la determinación del bloque en caso de cesión global singular (a un solo cesionario) tenga o no efecto extintivo (aunque luego puntualicemos algo más este tema); siendo más exigente en el caso de la escisión parcial y en la segregación, así como en la cesión global plural en las que el bloque se fragmenta para ser adquirido por dos o más sujetos y en los que se exige que cada parte transmitida constituya una unidad económica. Todos somos conscientes de los ríos de tinta que se han vertido por la doctrina en un intento de concreción de esta expresión y que no parece dejar satisfecho del todo a los que se enfrentan a ella.

Podríamos concluir que este concepto en el ámbito de una modificación estructural que supone no solo una restructuración empresarial sino también corporativa (es el caso de la escisión parcial y segregación), permite cierta relajación en su contenido definiéndose genéricamente por nuestra doctrina como elementos organizados o dotados de una unidad funcional, actual o po-

portaban, al no especificarse en la normativa aplicable hasta entonces en las normas aplicables. Así ocurría en el Régimen Jurídico de las Sociedades Anónimas de 1951 respecto de la fusión y, posteriormente, en la Ley de Sociedades Anónimas de 1989, respecto a la escisión, o en la Ley de Sociedades de Responsabilidad Limitada respecto de la cesión global de activo y pasivo. Sobre este debate, véase a OLIVENCIA RUIZ, M, "Fusión y escisión de sociedades y restricciones estatutarias...", *op. cit.*, p. 2629 y ss.

tencial viable y autónoma, en el momento de su transmisión[27]. Esa equiparación a unidad funcional —entendemos que concebida como conjunto de elementos eficazmente combinados para conseguir un fin (en nuestro caso empresarial)— nos aproxima mucho a la realidad que representa una unidad productiva mucho más precisa en este ámbito que la que recoge el legislador en el Real Decreto-Ley y si bien igualmente indefinida (habrá que concretarla caso a caso) se adapta, a nuestro juicio, mejor al contexto de las modificaciones estructurales[28].

En relación con la cesión global, creemos necesario hacer un paréntesis para tratar el alcance del objeto de la transmisión. La escasa regulación de esta figura, nos lleva a recurrir a la exposición de motivos de la LMESM de 2009 para concretar la auténtica naturaleza de esta operación. Nuestro legislador desliga la cesión del efecto societario que con anterioridad siempre conllevaba: la liquidación de la sociedad cedente, manteniendo la imposibilidad de que la sociedad cedente o sus socios puedan integrarse en el sujeto adquirente que, a diferencia de las demás modificaciones estructurales, puede no ser una sociedad mercantil. Esto permite centrar el efecto en el ámbito patrimonial que define esta operación, concibiéndola como *un instrumento más para la transmisión de empresas*, desligándola de la extinción o no de la sociedad cedente o de posibles divisiones del bloque en atención al número

27 RODRÍGUEZ ARTIGAS, F, "Escisión", *Comentario al régimen legal de las sociedades mercantiles*, Tomo IV, volumen 3º, Civitas, 1993, pp. 71 y ss.

28 Con la evidente distancia que marcan las circunstancias en las que se desarrollan nuestras operaciones de las que ser producen en un contexto concursal, la venta de unidad productiva en este último contexto puede servir para la determinación de la unidad a transmitir en una modificación estructural. Al respecto, resulta de interés el análisis de la noción de unidad productiva que realiza, GONZÁLEZ FERNÁNDEZ, M. B., *Las acciones y participaciones como objeto de la venta de una unidad productiva. Dilema para las sociedades cerradas*, Tirant lo Blanch, Valencia, 2024, pp. 136 a 140.

de cesionarios. Esta configuración de la cesión, en cualquiera de sus modalidades, como instrumento de transmisión de empresas, consideramos que limita más la composición del bloque, tanto si el patrimonio se transmite como un todo o dividido. Entendemos que el objeto de la transmisión debe constituir al menos una empresa, es decir, el bloque debe formarse a partir de elementos que permitan continuar la actividad anteriormente desarrollada por el transmitente, admitiendo esta operación apartar solo elementos ajenos a dicha actividad, si fuera necesario, sin que ello ponga en entredicho la naturaleza de la misma[29]. La cesión se configura como un privilegio concedido a las sociedades mercantiles que, a diferencia de otros empresarios, se benefician de un régimen especialmente simplificado de transmisión de empresas. Esto tiene, en nuestra opinión, un contrapunto sustentado justamente en esa diferencia y que exige una interpretación restrictiva: si no hay empresa o empresas[30] (solo elementos sueltos, aunque sean de alto interés empresarial) no es posible la cesión, lo cual es especialmente relevante, por ejemplo, a la hora de valorar la posibilidad de la cesión global de activo y pasivo de sociedades en liquidación.

En cualquier caso, como ya hemos apuntado, la solidez del bloque patrimonial transmitido mediante sucesión universal siempre ha estado «*amenazada*» por la falta de la cualidad de determinados elementos para ser transmitidos con total libertad, dada la relevancia que en los mismos puede tener el *intuitu personae*[31], siendo esto ampliamente aceptado por nuestra doctrina[32] y ava-

---

29 *Passim*, CONTRERAS DE LA ROSA, I., *Cesión global de activo y pasivo. Aspectos contractuales y societarios*, Aranzadi, 2014.

30 Entendidas como unidad o unidades productivas, esenciales o complementarias.

31 Estas limitaciones y exclusiones al principio de transmisión en bloque por sucesión universal se producen tanto en actos *inter vivos* (modificaciones estructurales) como *mortis causa*.

32 En este sentido, en particular, respecto a las acciones con restricciones OLIVENCIA RUIZ, M, "Fusión y escisión de sociedades y restricciones estatuta-

lado por la falta de la necesaria cobertura legal en nuestro ordenamiento jurídico[33]. Esto nos lleva a la exclusión de la transmisión de algunas relaciones jurídicas unas, por ser personalísimas y otras, por restricciones, que las hacen intransmisibles o no libremente transmisibles. En este último supuesto estarían las acciones o participaciones que son objeto de nuestra atención[34].

Debemos, pues, tener en cuenta que, en ninguna circunstancia (tampoco en las modificaciones estructurales), la sucesión universal implica el cambio de naturaleza de los elementos que componen el bloque patrimonial a traspasar[35]. La ventaja (nada desdeñable) que aporta a las modificaciones estructurales es la agilización del proceso de sucesión en la titularidad de aquellos elementos sobre los que el *tradens* tiene plenas facultades dispositivas. Facultad de la que carece —como se ha apuntado— en el caso de acciones o participaciones sociales cuya transmisión no sea libre conforme a una cláusula estatutaria o imperativo legal.

Como hemos tenido ocasión de analizar anteriormente, en las acciones y participaciones sociales con limitaciones a su transmi-

rias...", *op. cit.*, p. 2638, también en general, entre otros, véase PAZ-ARES, C./SÁEZ LACAVE, C. "Los contratos pendientes de ejecución en la fusión", en la *Revista de Derecho Mercantil*, núm. 243, 2002, pp. 47 y ss., ALONSO LEDESMA, C., "Algunas consideraciones en torno a la sucesión universal...", *op. cit.*; p. 4955 y ss. Con algo más de reservas, también CONDE TEJÓN, A., *La cesión global de activo y pasivo como operación de modificación estructural*, Centro de Estudios. Colegio de Registradores de la Propiedad y Mercantiles de España, Madrid, 2004, p. 433 y ss.

33 Véase VIERA GONZÁLEZ, J. "Modificaciones estructurales y restricciones a la transmisión de acciones y participaciones...", *op. cit.*, pp. 1034-1035.

34 En Derecho comparado encontramos en el *Code de Commerce* artículo L228-23 la cobertura necesaria ante transmisión de acciones mediante sucesión (sin precisar, por lo que puede comprender tanto las mortis causa como inter vivos) a las que no podrá aplicar cláusulas restrictivas de consentimiento.

35 Al respecto, véase, OLIVENCIA RUIZ, M, "Fusión y escisión de sociedades y restricciones estatutarias...", *op. cit.*, p. 2639.

sibilidad, el *tradens* a pesar de la transmisión producida no puede asegurar la sucesión automática en su condición de socio y, por ende, en los derechos inherentes a tal condición cuyo reconocimiento dependen exclusivamente de la sociedad beneficiaria de dichas restricciones[36]. La cuestión que nos planteamos ahora es si, partiendo de la concepción de estas operaciones como negocios voluntarios *inter vivos*, existe margen en su negociación para configurar —dentro de los límites legales— ese bloque patrimonial, sin que su transmisión en el marco de una modificación estructural implique perjuicios a terceros que puedan verse indirectamente afectados por una operación que no les ofrece recursos específicos para su defensa, como ocurre en el caso que nos ocupa. En este punto entra en juego la composición del bloque patrimonial a transmitir.

1. El bloque patrimonial objeto de transmisión y la autonomía de la voluntad en su configuración

Atendiendo a la letra de las normas aplicables a las modificaciones estructurales patrimoniales, todo apunta a que el objeto de transmisión está constituido por un *bloque* integrado por una diversidad de elementos de distinta naturaleza relacionados, en mayor o menor medida, con la actividad económica desarrollada por la sociedad transmitente.

En dichas normas aparece indistintamente la expresión "transmisión en bloque" o "traspaso en bloque". Si atendemos al significado del término *bloque*, conforme a la definición que nos brinda la Real Academia Española, este presupone un conjunto de elementos con alguna característica en común (en

36 Decir lo contrario sería afirmar, en estos supuestos, que la sucesión universal es automática y debe ser asumida por la sociedad cuyas acciones o participaciones son parte del bloque patrimonial a transmitir.

nuestro caso, formar parte de los elementos necesarios para desarrollar una actividad empresarial), constituyendo un todo al que, en las modificaciones estructurales por imperativo legal, es posible aplicar un único régimen jurídico de transmisión, a pesar de los distintos elementos y relaciones jurídicas de carácter económico que lo componen. El bloque constituye, pues, un concepto jurídico indeterminado, que, en algunas modificaciones estructurales como es la fusión y la cesión global singular de la sociedad transmitente, representa un todo, una *universitas iuris* empresarial en sentido productivo. Mientras que en el resto de modificaciones estructurales, escisión (en cualquiera de sus modalidades) y en la cesión global plural, el bloque no permanece unido, sino que se fragmenta en tantas unidades *económicas* como acuerden las partes y permita el patrimonio del *tradens*.

Tomando lo anterior como punto de partida, es preciso empezar por analizar si operaciones de este calado pueden ejecutarse sea cual sea el contenido del patrimonio a transmitir, confiando en el resultado ex lege de la operación tras su inscripción: la plena eficacia de la sucesión universal. En este sentido, la configuración de estas operaciones como de reestructuración empresarial y, en algunas, también corporativa acota, a nuestro juicio, la autonomía de la voluntad de las partes para concretar los elementos a transmitir.

En las modificaciones estructurales que conlleven efectos extintivos (fusión, escisión total, cesión global extintiva), la limitación está en que tras la operación no quede ningún elemento patrimonial que impida la extinción de la sociedad *tradens*. En el caso de aquellas en las que la sociedad transmitente continúa tras la modificación estructural, la no transmisión de algunos elementos patrimoniales es mucho más asumible al no ser necesario *liquidar el patrimonio*.

En estas circunstancias la cuestión se centra en la composición del bloque patrimonial objeto de transmisión. Así en algunas operaciones la negociación de las partes sobre los elementos a transmitir es más restringida, atendiendo los efectos societarios que lleve aparejados la operación. En el supuesto que la extinción del *tradens* sea uno de los efectos de la modificación estructural, todo apunta a que hay poco margen a la autonomía de la voluntad de las partes que negocian en la medida que ello impone, en general, la transmisión y sucesión en todos los elementos patrimoniales (derecho, obligaciones y relaciones jurídicas preexistentes)[37]. Mención aparte merece la cesión global de activo y pasivo que se configuró específicamente como instrumento legislativo de transmisión de empresa. Recordemos que esta operación, a diferencia de lo que sucede con las demás, el único efecto que la define es el patrimonial, como ya adelantamos. Todo ello nos permite deducir que los elementos patrimoniales que, en su caso, no interesen a la operación (por dificultades en la transmisión o desinterés del adquirente) podrían quedarse fuera del negocio, eso sí, sin posibilidad de extinción inmediata de la cedente en el momento que adquiera plena eficacia la operación. Incluso en este supuesto la ventaja de la operación es importante, ya que reduciría la complejidad de la transmisión del patrimonio empresarial, que se produciría en un acto y por sucesión universal, quedando solo por resolver y repartir, *a posteriori*, lo recibido por la cesión y por los elementos que quedaron fuera de la operación de modificación estructural, siempre que el grueso transmitido pueda concebirse, al menos, como una empresa en funcionamiento. No siendo posible, en nuestra opinión, las licencias interpretativas que en las demás operaciones de modificación estructural sí lo son, en la medida que en estas su efecto patrimonial es tan relevante como el corporativo, pudiendo admitirse cierta relaja-

37 Es el caso de las fusiones, escisiones totales.

ción en el primero para favorecer el segundo. Sin embargo, en la cesión global lo determinante es el efecto patrimonial que se concibe como un modo más simplificado de transmisión de empresa.

En estas modificaciones estructurales de carácter patrimonial nos encontramos, en general, con la misma situación: un bloque patrimonial que entero o dividido es transmitido a uno o varios adquirentes en un único acto. En este contexto es lógico deducir que en las operaciones que comportan la extinción de la sociedad transmitente, el contenido patrimonial debe negociarse desde la integridad del patrimonio, independientemente de que el patrimonio se divida o no, para propiciar la extinción de la sociedad transmitente[38], tal como ocurre en la fusión y en la escisión total. En cualquier caso, incluso cuando el titular del patrimonio transmitido se extingue, la sucesión en la titularidad de los distintos elementos patrimoniales frente a terceros, ajenos a la operación, no tiene porqué ser igual de efectiva que entre las partes que negocian la transmisión, por lo que deberían prever cómo resolver esa dificultad antes de concluir la operación societaria.

Por otro lado, como hemos adelantado, el bloque implica la existencia de un nexo entre los elementos que lo componen. En esta otra vertiente de estas operaciones encontramos algún límite más a la autonomía de la voluntad de los contratantes. Así, la idea de empresa en funcionamiento o unidad productiva, incluso en un sentido laxo, debe estar presente en las distintas unidades en las que, en su caso, se divida el bloque patrimonial, siendo esta la base que sustenta su privilegio legal. Incluso en supuestos de fusión, escisión total o cesión global con efecto extintivo sería posible, en la fase inicial, proceder a analizar bien la operación,

---

38 En este sentido, véase ALFARO ÁGUILA-REAL, J., "Las modificaciones estructurales y la sucesión universal como transmisión de patrimonios", en https://almacendederecho.org/las-modificaciones-estructurales-y-la-sucesion-universal-como-transmision-de-patrimonios.

detectar elementos cuyo traspaso pudiera suponer un problema por su naturaleza, y valorar en su caso su relevancia en relación a la totalidad del bloque objeto de transmisión y, conforme a ello, decidir si se sustrae de la operación o se aceptan las consecuencias de no hacerlo. Consideramos inaceptable que, a la falta de previsión de las partes que intervienen en una modificación estructural, la supuesta relevancia de estas operaciones aplaste los derechos igualmente legítimos de los terceros ajenos a ese negocio. Siendo indispensable encontrar una salida distinta a la imposición, *contra natura*, del efecto sucesorio a elementos no transmisibles plenamente por la mera voluntad de su titular.

Partiendo de estas premisas y centrándonos en el bloque patrimonial a traspasar, teniendo en cuenta que la determinación de su contendido depende de cada operación, consideramos de interés el análisis de algunas situaciones que pueden darse al hilo de la composición del bloque objeto de transmisión.

Por un lado, nos planteamos si en las operaciones extintivas (fusión, escisión total o cesión global extintiva) este efecto condiciona o no el patrimonial, en concreto a la composición del bloque. En este sentido, el cauce que nos lleve a la extinción de una sociedad, ya sea vía modificación estructural o vía liquidación tras su disolución, exige que con él se resuelvan todas las relaciones internas y externas de la sociedad que permita la cancelación de su asiento en el Registro Mercantil. Esto nos lleva a que se produzca la sucesión en los elementos de su haber social que lo permitan y la resolución de aquellas relaciones jurídicas, si las hubiera, de carácter más personal. ¿Pero qué sucede con las acciones o participaciones de transmisión restringida que forman parte del patrimonio objeto de la modificación estructural? Como ya apuntamos, el incumplimiento de las restricciones no afecta la validez del negocio patrimonial, sino al efecto interno que en la sociedad beneficiaria de las restricciones produce dicha transmisión (respecto al reconocimiento o no de la condición de socio del adquirente). En este supuesto, podríamos encontrarnos con un sujeto que, habiendo adquirido acciones o participaciones, no pudiera ejercer sus derechos de socio. En tal caso, basándonos en la buena fe negociadora de las partes de una modificación estructural, debemos pensar, que se ha tenido que poner en conocimiento del adquirente (si no lo sabía con antelación) la existencia de esas restricciones, y la limitación comportan a efectos sucesorios. Riesgo que podrá asumir, si así lo desea, el adquirente y negociar en consecuencia la operación, tal vez asegurándose antes de cerrarla su reconocimiento como socio por parte de la sociedad afectada, si para este el elemento en cuestión es importante en el contexto global de la operación. Esto último supondría, en el caso que nos ocupa, tener que comunicar la transmisión de las acciones o participaciones y someterse a las normas, legales o estatutarias aplicables, así como aceptar su efecto.

Más flexibilidad ofrecen las modificaciones estructurales que no implican la extinción de la sociedad transmitente (escisión parcial, segregación, cesión global no extintiva). Por supuesto, no es descartable una actuación similar a la anteriormente descrita con el mismo resultado que el planteado. Pero también entendemos que cabe que la sociedad transmitente, que subsistente en estos casos, pueda reservarse —de común acuerdo con la contraparte en la modificación estructural— aquellos elementos ajenos a la actividad empresarial, unidad económica o empresa de carácter más personal, que no sean libremente disponibles por su titular.

El problema puede surgir cuando el interés del adquirente por esas acciones o participaciones es puramente estratégico, para alcanzar otros fines —posiblemente no confesados— por los que está dispuesto a adquirir otros bienes (incluso todo un patrimonio) de escaso o nulo interés para él, para lo que decide recurrir a una modificación estructural en un intento de desactivar la protección que haya podido establecer una sociedad ante transmisiones *inter vivos* no deseadas, confiando en el efecto sucesorio de estas operaciones de reestructuración.

Partiendo de que, en la práctica, la composición del bloque patrimonial a transmitir es muy variopinta, nos resulta, cuando menos, sorprendente la posibilidad de sugerir la constitución de este con un solo elemento[39], aun cuando este resulte de gran interés organizativo y/o productivo en el contexto de la empresa del adquirente. En esta línea, como señalamos, el significado del concepto *bloque* implica la combinación de un conjunto de elementos adecuada a sus fines productivos, económico y empresariales, circunstancia esta que no se da si solo hay un elemento a transmitir. Al respecto, hay que tener en consideración que las normas aplicables a las modificaciones estructurales se idearon para facilitar las complejas transacciones patrimoniales, implícitas en cualquier reestructuración empresarial que, de otro modo, quedarían sujetas a la aplicación de tantos regímenes distintos como tipos de elementos patrimoniales a transmitir. Así, el privilegio de la sucesión universal implica, a nuestro juicio, pluralidad de elementos con valor empresarial, de ahí que cuando la modificación estructural supone una transmisión parcial del patrimonio, nuestro legislador exija un contenido mínimo al bloque, debiendo constituir al menos una "unidad económica"[40]. En caso contrario, la normativa aplicable pierde su función y finalidad, no existiendo motivo que justifique obviar la ley de circulación propia del elemento a transmitir[41] aun cuando pueda constituir técnicamente

39 Entre otros, contemplan dicha posibilidad, en relación con algunas operaciones RODRÍGUEZ ARTIGAS, F, "Escisión", *Comentario al régimen legal de las sociedades mercantiles*, Tomo IV, volumen 3º, Civitas, 1993, pp. 66 y ss.

40 Piénsese, por ejemplo, en una fusión de una sociedad en liquidación en la que tras las operaciones realizadas no cuenta en su haber nada que pueda considerarse *unidad económica*.

41 Imaginemos el supuesto en el adquirente esté interesado en una patente de la que es titular una sociedad, considerar que esta pueda ser el objeto único

una unidad económica, como puede ser la gestión económica y jurídica de una cartera de acciones o participaciones. En dicho supuesto, como bien señala nuestra doctrina, haya o no restricciones, los operadores no cuentan con dos alternativas análogas, a su elección, para la transmisión[42]. Todo apunta a que la diversidad de los elementos, cuando el bloque patrimonial lo forman acciones o participaciones de diversas sociedades, no lo hace necesariamente más apto para ser fácilmente transmitido en su integridad mediante una operación de modificación estructural.

2. Protección de los intereses en juego

La legislación vigente en materia de modificaciones estructurales implementa mecanismos dirigidos a la protección de los distintos intereses de los socios de las sociedades participantes en la operación, sus acreedores y trabajadores. Pero en ningún momento contempla el interés, igualmente legítimo, que tiene una sociedad beneficiaria de restricciones a la transmisión de sus acciones o participaciones ante una modificación estructural. Esto puede llevarnos a una sensación de impotencia ante lo inevitable, probablemente alentada por la contundencia legal con la que nuestro legislador se refiere a los efectos de estas operaciones.

Como hemos podido constatar a lo largo del análisis realizado sobre esta cuestión, la lógica jurídica apunta a que esto no debe ser así. Ante situaciones como la descrita, es el sujeto interesa-

de una modificación estructural. Sea cual sea el fin último puede alcanzarse de otro modo más sencillo, ya sea mediante una aportación social (incluso a título de propiedad) a un aumento de capital de la sociedad interesada en la adquisición o mediante cualquier negocio que permita la transmisión de dicho elemento conforme a su régimen jurídico.

42 En este sentido, VIERA GONZÁLEZ, J., "Modificaciones estructurales y restricciones a la transmisión de acciones y participaciones...", *op. cit.*, p. 1064.

do, la sociedad que quiera controlar los cambios en su sustrato personal, la que tiene que procurar la mejor defensa posible a sus intereses dentro de los límites legales dejando clara su voluntad. Si lo hace adecuadamente nada debería temer, incluso, ante una modificación estructural.

Parece que la mejor defensa empieza por la elección de tipo social. En este sentido, la sociedad de responsabilidad limitada lleva, por definición legal, implícita un importante control de la transmisión de la condición de socio propio de una sociedad de capital cerrada. Pudiendo restringirse aún más ese régimen vía cláusula estatutaria.

En las sociedades de responsabilidad limitada, en las que su régimen de transmisión de participaciones es el legalmente establecido, nos encontramos con que, ante una transmisión voluntaria por actos *inter vivos*, la protección es parcial al no amparar las restricciones legales la transmisión a determinados sujetos para los que la transmisión es, en principio, libre conforme al artículo 107.1 de la LSC. Para los demás sujetos operarán las restricciones estatutarias o, en su defecto, las legales previstas en el apartado dos del precepto anteriormente citado, que estable que la denegación de la preceptiva autorización por la sociedad para la transmisión de la condición de socio tendrá que acompañarse de una alternativa en forma de notificación de la identidad de las personas a las que la sociedad reconoce un derecho preferente de adquisición (socios, terceros, incluso la propia sociedad *in extremis*— artículo 107.2.c LSC) previendo, por defecto, la consecuencia del silencio de esta[43]: la autorización a la transmisión de la participaciones inicialmente comunicada por el socio (artículo

43 Si transcurren tres meses desde la puesta en conocimiento de la intención de transmitir las participaciones.

107.2.f LSC)[44]. Todo un mecanismo de protección de amplio espectro (que incluiría una modificación estructural) bien medido y secuenciado al que bastaría someter también, tal vez, vía estatutos, a todos o algunos de los sujetos a los que, legalmente, cabe la transmisión libre, si se desea que les alcance este control social[45].

La distinta naturaleza de la acción respecto de la participación, exige a las sociedades por acciones un mayor esfuerzo por demostrar su voluntad de restringir la transmisión de acciones a terceros por ser originariamente libre. La configuración adecuada de la cláusula restrictiva para que no quepa duda sobre su constitución como mecanismo de protección y defensa de los intereses sociales, libre y legalmente, establecidos por voluntad social, será determinante para su efectividad ante una modificación estructural.

La validez de dichas cláusulas queda subordinada al cumplimiento de las previsiones legales que permitirán su inscripción en el Registro Mercantil (artículo 123 LSC), demostrando así de forma irrefutable, su voluntad de controlar dentro de dichos límites la transmisión de sus acciones. Por ello, a pesar de que, como hemos apuntado con anterioridad, la cláusula genérica aplicable a las transmisiones *inter vivos* debe entenderse extensible a todos los casos, independientemente del título por la que se produzca. La experiencia, constatada por nuestra mejor doctrina, recono-

44 Conforme a la redacción de este precepto, la comunicación de la transmisión debe ser notificada a la sociedad con anterioridad a la eficacia de la transmisión, así debe deducirse de la expresión utilizada por el artículo 107.2.a "el socio que ser *proponga* transmitir...".

45 El diseño de cláusulas alternativas implicaría su sometimiento al artículo 188 del Reglamento del Registro Mercantil para que puedan inscribirse. Consideramos que el punto cuarto de dicho precepto que nos remite al régimen de la transmisión *mortis causa* en supuestos de sociedades en liquidación no es aplicable a las modificaciones estructurales incluso extintivas, ya que en ellas no se produce técnicamente una liquidación, sino un negocio voluntario inter vivos con efecto extintivo.

ce que el debate generado en torno a esta cuestión aconseja la mayor concreción posible de las situaciones afectadas por las restricciones con el fin de impedir interpretaciones sobre el alcance restrictivo de una determinada cláusula genérica, en concreto, si esta excluye o no las modificaciones estructurales por producirse estas a título universal[46]. Por todo ello, especialmente para las sociedades anónimas, es esencial elegir bien la cláusula que permita el control deseado de todos los actos *inter vivos* que supongan la transmisión de sus acciones y, en nuestro caso, todas las circunstancias que tiene la modificación estructural en cuestión (transmisión en bloque, extinción o no de la sociedad transmitente, su proceso...).

En caso contrario, si finalmente no se contara con la autorización de la sociedad para la transmisión de sus acciones podemos llegar a una situación no deseada de difícil solución si no existiera un adquirente alternativo al presentado por el *tradens*. Si eso es así y la operación continuara, tendremos acciones sin un titular reconocido que, en la práctica, podría entenderse como una restricción total de la transmisibilidad que rechaza nuestro ordenamiento (artículo 123.2 LSC)[47]. En tales circunstancias, debería añadirse a estas cláusulas un mecanismo que prevea la presentación, en caso de denegación de la autorización, de adquirentes alternativos con un derecho de preferencia, que en caso de no ejercerse transcurrido un determinado plazo pueda interpretarse como una autorización tácita a la transmisión en bloque de las acciones[48].

46 En este sentido, véase OLIVENCIA RUIZ, M, "Fusión y escisión de sociedades y restricciones estatutarias...", *op. cit.*, p. 2636, aconseja añadir a la cláusula restrictiva la coletilla "incluso a título universal".

47 Tal como observa OLIVENCIA RUIZ, M, "Fusión y escisión de sociedades y restricciones estatutarias...", *op. cit.*, p. 2642.

48 El diseño de esta cláusula en las sociedades anónimas estaría en línea con lo previsto en el régimen legal de transmisión de participaciones sociales (artículo 107.2 LSC).

Otra cuestión a tener en cuenta en la correcta transmisión de acciones o participaciones con restricciones es el momento en el que esta debe comunicarse. En general, en las modificaciones estructurales extintivas, las que pueden generar más problemas, la comunicación debe producirse antes de que ese efecto societario tenga lugar. En particular, en el caso de las participaciones sociales, si nos atenemos a su régimen legal, en él se recoge el momento de la comunicación: antes de que la transmisión se produzca[49]. A falta de mayor detalle, se podría incluir alguna matización estatutaria más al respecto, imponiendo, por ejemplo, que la comunicación se realice tras la adopción del acuerdo social de modificación estructural. En el mismo sentido podría redactarse, la cláusula estatutaria, para que recogiera un momento más preciso para solicitar la autorización para la transmisión de acciones. Como bien señala nuestra doctrina, no debe confundirse en este ámbito los efectos estrictos de la comunicación de transmisión de acciones o participaciones con la publicidad de los acuerdos de modificación estructural teniendo, una y otra, distinta finalidad y no necesariamente los mismos destinatarios. Así, mientras que la publicación de los acuerdos de modificación estructural va dirigida a socios, acreedores y trabajadores de las sociedades implicadas en la operación, la comunicación de la transmisión de acciones o participaciones se dirige a la sociedad beneficiaria y a sus socios que tienen en sus manos el reconocimiento de la condición de socio al adquirente de sus acciones o participaciones, completando la limitada facultad dispositiva que en estos supuestos tiene el socio titular de las mismas. En el sentido ahora apuntado, podemos incidir algo más en esa diferencia en tanto que, de forma expresa en las sociedades de responsabilidad limitada, nuestro legislador impone que la comunicación de la transmisión sea por escrito (artículo 107.2.a LSC), lo cual impide que esta

49 El artículo 107.2.a establece "El socio que se *proponga* transmitir su participación o participaciones deberá comunicarlo por *escrito* (...)"

pueda ser tácita, y se sobreentienda su conocimiento cuando la sociedad beneficiaria de las restricciones a la transmisión de sus participaciones sea también socia o acreedora de la sociedad transmitente. Tratándose de transmisión de acciones, no nos quedaría más remedio que exigir, en la cláusula, la necesidad de comunicar por escrito la transmisión para evitar la posibilidad de que se alegue la comunicación tácita, por su conocimiento por otras vías de la operación de reestructuración.

IV. CONCLUSIONES

El efecto de sucesión universal, que se reconoce a las operaciones de modificaciones estructurales patrimoniales en nuestro país, no neutraliza el efecto protector que tiene las normas con las que pueden pertrecharse las sociedades de capital para mantener el control sobre los cambios que cualquier transmisión, mediante actos voluntarios e *inter vivos*, pueda producir. En estas circunstancias el interés de la sociedad adquirente de las acciones o participaciones es un interés exógeno al interés de la sociedad beneficiaria de las restricciones[50]. Como tal, el de esta última sociedad, debe respetarse siempre que las restricciones establecidas cumplan los requisitos legales para ello, de forma que puedan oponerse, en general, a cualquier negocio, voluntario e *inter vivos*, realizado por un socio, en particular, mediante una modificación estructural cuyo bloque patrimonial incluye sus acciones o participaciones.

En este sentido, erradicar las dudas sobre el alcance de las restricciones implementadas a las modificaciones estructurales manifestando con claridad y detalle, en su caso, mediante la co-

50 Así lo considera también, VIERA GONZÁLEZ, J. "Modificaciones estructurales y restricciones a la transmisión de acciones y participaciones...", *op. cit.*, p. 1049.

rrespondiente cláusula, la voluntad de la sociedad por mantener en estos supuestos, especialmente, el control sobre los cambios de socios que pueda comportar en su organización será decisiva, para que este mecanismo pueda oponerse al efecto sucesorio previsto para estas operaciones societarias. Siendo así, es deber de los negociadores de la reestructuración empresarial tener en cuenta dicha circunstancia de las acciones o/y participaciones sociales que forman parte del bloque patrimonial a transmitir para salvaguardar, en su caso, la correcta y plena transición de un titular a otro en el marco de una modificación estructural. Lo cual implica la compatibilidad del cumplimiento del proceso genérico que valida la modificación estructural y el que valida el cambio de titular de las acciones o participaciones en cuestión. Esto debería ser así, a nuestro juicio, porque la aplicación de estas normas responde a distintas finalidades paralelas de análoga importancia, por un lado, la de facilitar las reestructuraciones empresariales, de otro, la de proteger y dar estabilidad a una estructura corporativa, sustentadas ambas en decisiones de estos operadores igualmente estratégicas y decisivas para mantenerse en el mercado. Entendemos que debe rehuirse de aquellos posicionamientos que hagan que cualquiera de las partes perciba la actuación de la otra como una agresión o amenaza a sus derechos e intereses particulares, lo que implica rehuir del conflicto que nace, por regla general, de desconocimiento o mala interpretación de los límites de nuestros actos. Es necesario supera en este ámbito el conflicto que, supuestamente, las circunstancias analizadas generan, debiendo ser escrupulosos en la aplicación de las normas aplicables según corresponda. No siendo aceptable, en pro de una determinada posición, que la otra deba sacrificar sus propios intereses[51]. Las operaciones so-

51 Podría cuestionarse en otras circunstancias la neutralización de las restricciones si existiese un interés superior. Si bien esta cuestión necesitaría de un análisis más profundo que no pretendemos abordar si bien al respecto puede

cietarias y sus tácticas constitutivas o funcionales, dentro de la legalidad, entendemos deben ser respetadas en su justa medida sin entrar en conflicto, especialmente cuando es posible si todos somos conscientes de sus límites y aceptamos las reglas de juego[52].

V. BIBLIOGRAFÍA

ALFARO ÁGUILA-REAL, J., "Las modificaciones estructurales y la sucesión universal como transmisión de patrimonios", *Almacén de derecho*, 2019, consultado en https://almacendederecho.org/las-modificaciones-estructurales-y-la-sucesion-universal-como-transmision-de-patrimonios

— "Las modificaciones estructurales y el principio de especialidad: una fusión no provoca la transmisión a favor de la sociedad absorbente de la propiedad de ninguno de los bienes pertenecientes al patrimonio absorbido. Ni tampoco de un usufructo", *Almacén de derecho*, 2019, consultado en https://derechomercantilespana.blogspot.com/2019/10/las-modificaciones-estructurales-y-el.html

ALONSO LEDESMA, C., "Algunas consideraciones en torno a la sucesión universal como rasgo caracterizador de la segregación frente a la apor-

consultarse a GONZÁLEZ FERNÁNDEZ, M. B., *Las acciones y participaciones como objeto de la venta ..., op. cit.*

52 En este sentido como sanciona la sentencia del Juzgado de lo Mercantil núm. 2 de Madrid, de 13 de abril de 2007 (TOL1.078.028) fundamento de Derecho tercero, cuando dice que ...*A la idea de que la transmisión "en bloque" que se opera a través de la fusión constituye un efecto legal ajeno a la voluntad de los interesados constituye un planteamiento simplificado del problema: si uno de los efectos de toda fusión —y acaso el principal— consiste en esa transmisión patrimonial "en bloque", difícilmente cabrá sostener que se trata de un efecto colateral no querido por parte de quienes han decidido poner en marcha el proceso de fusión, y, aun cuando así fuera, no cabe duda de que, cuando menos, se trataría de un efecto "asumido", siendo como es toda asunción una particular forma de manifestación de la voluntad...*, esto nos lleva a pensar que deben actuar y aceptar las consecuencias de la operación y sus límites, sin pensar en desvirtuar lo previamente aceptado y acordado con terceros con pleno respaldo legal.

tación de rama de actividad", *Derecho de sociedades. Libro homenaje a Fernando Sánchez Calero*, Tomo V, McGraw Hill, 2002.

ÁLVAREZ ROYO-VILLANOVA, S., *La sucesión universal en las modificaciones estructurales*, Dykinson, Madrid, 2017.

— "Las limitaciones a la transmisión de acciones y participaciones en el caso de modificaciones estructurales", *Almacén de derecho*, 2016, consultado en https://almacendederecho.org/las-limitaciones-a-la-transmision-de-acciones-y-participaciones-en-el-caso-de-modificaciones-estructurales.

RODRÍGUEZ ARTIGAS, F, "Escisión", *Comentario al régimen legal de las sociedades mercantiles*, Tomo IV, volumen 3º, Civitas, 1993.

CARBAJO CASCÓN, F., "La supresión de restricciones estatutarias a la libre transmisión de acciones por imposición de la mayoría", *Estudios de Derecho de Sociedades y de Derecho Concursal. Libro homenaje al profesor Jesús Quijano González*, Valladolid, 2023.

CONDE TEJÓN, A., *La cesión global de activo y pasivo como operación de modificación estructural*, Centro de Estudios. Colegio de Registradores de la Propiedad y Mercantiles de España, Madrid, 2004.

CONTRERAS DE LA ROSA, I., *Cesión global de activo y pasivo. Aspectos contractuales y societarios*, Aranzadi, 2014.

FERNÁNDEZ DEL POZO, L., "Capítulo sexto. La protección de los acreedores frente a las modificaciones estructurales", *La nueva Ley de modificaciones estructurales*, Pulgar Ezquerra, J. (dir.), La Ley, Las Rozas, 2024.

GONZÁLEZ FERNÁNDEZ, M. B., *Las acciones y participaciones como objeto de la venta de una unidad productiva. Dilema para las sociedades cerradas*, Tirant lo Blanch, Valencia, 2024.

MACHADO PLAZAS, J., "Operaciones y ámbito de regulación de las modificaciones estructurales", *Las modificaciones estructurales de las sociedades mercantiles*, Rojo, A./Campuzano, A. B./Cortés, L. J./Pérez Troya, A. (coords), Aranzadi, las Rozas, 2024.

OLIVENCIA RUIZ, M., "Fusión y escisión de sociedades y restricciones estatutarias a la libre transmisibilidad de las acciones", *Estudios de Derecho Mercantil. En homenaje al Profesor Manuel Broseta Pont*, Tomo II, Tirant lo Blanch, 1995.

PAZ-ARES, C./SÁEZ LACAVE, C. "Los contratos pendientes de ejecución en la fusión", en la *Revista de Derecho Mercantil*, núm. 243, 2002.

PÉREZ TROYA, A., "Capítulo quinto. La protección de los socios en las modificaciones estructurales: Derecho de enajenación y de impugnación de la relación de canje", *La nueva Ley de modificaciones estructurales*, Pulgar Ezquerra, J (dir.), La Ley, Las Rozas, 2024.

PIÑEL LÓPEZ, E., "Capítulo séptimo. La protección y participación de los trabajadores en las modificaciones estructurales de sociedades mercantiles", *La nueva Ley de modificaciones estructurales*, Pulgar Ezquerra, J (Dir.), La Ley, Las Rozas, 2024.

RECALDE CASTELLS, A./PÉREZ MILLÁN, D., "Artículo 91. Atribución de la condición de socio", en *Comentarios de la Ley de Sociedades de Capital*, Tomo II, García-Cruces, J. A./ Sancho Gargallo, I. (Dir.), Tirant lo Blanch, Valencia, 2021.

RECALDE CASTELLS, A./ARIAS VERONA, F.C., "Artículo 123. Restricciones a la libre transmisibilidad", en *Comentarios de la Ley de Sociedades de Capital*, Tomo II, García-Cruces, J. A./ Sancho Gargallo, I. (Dir.), Tirant lo Blanch, Valencia, 2021.

SARAZÁ JIMENA, R., "Artículo 107. Régimen de la transmisión voluntaria por actos *inter vivos*", *Comentarios de la Ley de Sociedades de Capital*, Tomo II, García-Cruces, J. A./ Sancho Gargallo, I. (Dir.), Tirant lo Blanch, Valencia, 2021.

— "Artículo 108. Cláusulas estatutarias prohibidas", *Comentarios de la Ley de Sociedades de Capital*, Tomo II, García-Cruces, J. A./ Sancho Gargallo, I. (Dir.), Tirant lo Blanch, Valencia, 2021.

— "Artículo 110. Régimen de la transmisión mortis causa", *Comentarios de la Ley de Sociedades de Capital*, Tomo II, García-Cruces, J. A./ Sancho Gargallo, I. (Dir.), Tirant lo Blanch, Valencia, 2021.

— "Artículo 112. Eficacia de las transmisiones con infracción de ley o de los estatutos", *Comentarios de la Ley de Sociedades de Capital*, Tomo II, García-Cruces, J. A./ Sancho Gargallo, I. (Dir.), Tirant lo Blanch, Valencia, 2021.

VIERA GONZÁLEZ, J. "Modificaciones estructurales y restricciones a la transmisión de acciones y participaciones de una sociedad de capital cerrada integrada por personas jurídicas", en *Estudios sobre órganos de las sociedades de capital. Liber Amicorum Fernando Rodríguez Artigas Gaudencio Esteban Velasco,* Juste, J./ Espín, C. (Coords.), Volumen II, Aranzadi, 2017.

Capítulo 26

LA OBLIGACIÓN DE LA SOCIEDAD DE ADQUIRIR Y COMPENSAR LAS ACCIONES Y PARTICIPACIONES EN EL EJERCICIO DEL DERECHO DE SEPARACIÓN EN UNA TRANSFORMACIÓN TRANSFRONTERIZA

Elena Leiñena Mendizábal
Profesora Titular de Derecho Mercantil
Universidad del País Vasco (UPV/EHU)

I. INTRODUCCIÓN

La promulgación de un nuevo instrumento normativo comunitario que articula las operaciones transfronterizas, ha suscitado

1 El trabajo ha sido realizado en el marco del Proyecto de Grupos de Investigación del Sistema Universitario Vasco: «Tendencia actuales del Derecho Mercantil en la era de la digitalización» (Ref. IT1765-22). IP: Alberto Emparanza Sobejano.

nuestro interés y ha derivado en que en esta oportunidad se pretenda abordar la cuestión que afecta a la obligación de la sociedad de adquisición de acciones y participaciones, previa valoración de la compensación efectiva en los supuestos de ejercicio del derecho de separación que asiste a socias y socios en una transformación transfronteriza. Supuestos que parten del ejercicio de la libertad de establecimiento en el espacio europeo (artículos 49 a 55 TFUE)[1], otorgando a las sociedades europeas la posibilidad de elegir la ley que regulará las relaciones de la sociedad con su entorno a través de un cambio en la *lex societatis*, permitiendo que esa elección tenga en cuenta la diversidad de intereses de sus *stakeholders* (accionistas o estructura de capital, órgano de administración, personal y terceros)[2].

Sin obviar los incentivos que habitualmente fundamentan el traslado a otro Estado miembro de una sociedad, sea esta una gran compañía o una PYME[3], relacionados principalmente con la

1 Tratado de Funcionamiento de la Unión Europea-Diario Oficial de la Unión Europea (2016/C 202/01). Disponible en: https://eur-lex.europa.eu/legal-content/ES/TXT/?uri=celex%3A12016ME%2FTXT

2 BUSTILLO SAIZ, Mª M., "El derecho de separación de los socios en las operaciones transfronterizas", *Revista de Derecho de Sociedades*, núm. 61/2021, Bib 2021\1432, pp. 1-30.

3 GONZÁLEZ-MENESES. S. y ÁLVAREZ, M., *Modificaciones estructurales de las sociedades mercantiles*, 2ª edic., Dykinson, Madrid, 2013, pp. 316; MARTÍNEZ SANZ, F. y PUETZ, A., "El derecho de separación de los socios en las modificaciones estructurales", Rojo Fernández Río, A.J.; Campuzano Laguillo, A.B.; Cortés Domínguez, L.J.; Pérez Troya, A. (coords.), *Las modificaciones estructurales de las sociedades mercantiles*, Thomson Reuters-Aranzadi, Cizur Menor (Navarra), 2015, pp. 309-356, 317, destacan que el ámbito de aplicación de la fusión transfronteriza también abarca a las sociedades comanditarias por acciones y a las sociedades de responsabilidad limitada, conforme al artículo 54.2 de la Ley de Modificaciones Estructurales (LME), actualmente derogada. En este sentido, dejando de lado la previsión relativa a las sociedades comanditarias por acciones, cuya regulación sobre esta cuestión cabe asimilarla a la de las sociedades anónimas, no puede negarse que la normati-

imposición tributaria y con variables económicas (optimización de recursos y de producción, mayor competitividad, etc.), el régimen establecido en la Directiva (UE) 2019/2121 para estas operaciones transfronterizas[4], articula un modelo de integración europeo que trata de respetar, e incluso, fomentar la diversidad de las normas societarias de los Estados miembros[5].

Sin embargo, esa diversidad normativa societaria uniforme fundamenta a su vez el derecho de separación de las personas socias disconformes o minoritarias, dado que una operación transfronteriza societaria implica que esas personas queden sometidas a una legislación distinta a la del Estado miembro al que se adhirieron cuando suscribieron el contrato de sociedad.

En ese sentido, independientemente de otras razones que influyen en el devenir societario, como puede ser el funciona-

va de las modificaciones estructurales de 2009 facilitaba y promovía la constitución de nuevas empresas y la colaboración de las PYMEs a nivel europeo.

4 Directiva (UE) 2019/2121 del Parlamento Europeo y del Consejo de 27 de noviembre de 2019 por la que se modifica la Directiva (UE) 2017/1132 en lo que atañe a las transformaciones, fusiones y escisiones transfronterizas (BOE-A-2023-15135).

5 En este sentido el *Tratado de Maastricht* (1992), mediante el que se constitucionaliza el principio de subsidiariedad, que tiene como función general garantizar un cierto grado de independencia a una autoridad inferior respecto de una instancia superior, en particular un poder local respecto de un poder central. En el marco de la Unión, el principio de subsidiariedad sirve para regular el ejercicio de las competencias no exclusivas de la Unión. Excluye la intervención de la Unión en aquellos casos en que los Estados miembros puedan abordar un asunto de forma eficaz a escala central, regional o local. Solo se justifica el ejercicio de las competencias de la Unión en aquellos casos en que los Estados miembros no puedan alcanzar de manera satisfactoria los objetivos de una acción propuesta y cuando se pueda aportar un valor añadido si la acción se lleva a cabo a escala de la Unión. Disponible en: https://www.europarl.europa.eu/factsheets/es/sheet/7/el-principio-de-subsidiariedad#:~:text=El%20principio%20de%20subsidiariedad%20se,la%20Comunidad%20Europea%20 (TCE).

miento de los órganos de la sociedad o la jurisdicción aplicable, la razón esencial del derecho de separación en las sociedades es la protección de la minoría frente al carácter vinculante de los acuerdos mayoritarios, tanto en cuanto éstos conllevan la modificación de los elementos básicos de la configuración de la sociedad o contrato de sociedad, motivo concordante con el previsto en el supuesto de la transformación societaria, aunque articulado con otras especificidades[6].

Por consiguiente, siguiendo la estela de la Directiva (UE) 2019/2121 del Parlamento Europeo y del Consejo de 27 de noviembre de 2019 por la que se modificó la Directiva (UE) 2017/1132 en lo que atañe a las transformaciones, fusiones y escisiones transfronterizas, este trabajo tiene como objeto analizar la articulación jurídica de la obligación que tiene la sociedad de adquirir y compensar las acciones y participaciones sociales del socio o socia que ejercite el derecho de separación debido a una decisión mayoritaria de operación transfronteriza, en particular, de una transformación transfronteriza.

La mencionada Directiva ha sido traspuesta al ordenamiento interno mediante el Real Decreto-ley 5/2023, de 28 de junio[7],

6 BUSTILLO, Mª M., "El derecho de separación...", *op. cit.*, p. 10; CABANAS TREJO, R., "Fusiones y escisiones transfronterizas", *Las modificaciones estructurales de las sociedades mercantiles*, Rojo, A.; Campuzano, A.B.; Cortés, L.J.; Pérez Troya, A., (coords.), Pamplona, 2015, p. 473, hacen referencia específica al artículo 15 de la Ley de Modificaciones Estructurales de 2009, recientemente derogada. FERRANDO VILLALBA, Mª L., "La transformación heterogénea. En especial, la transformación de y en sociedades cooperativas", *Revista de Derecho Patrimonial*, núm. 25, 2010, Bib 2010\1602, pp. 1-30, 23 y 24.

7 Directiva (UE) 2019/2121 del Parlamento Europeo y del Consejo de 27 de noviembre de 2019 por la que se modifica la Directiva (UE) 2017/1132 en lo que atañe a las transformaciones, fusiones y escisiones transfronterizas (BOE-A-2023-15135).

norma que introduce una Disposición derogatoria única derogando la Ley de Modificaciones Estructurales de 2009.

A su vez, unos meses antes, la Comisión promulgó la denominada Directiva de digitalización, Directiva (UE) 2019/1151 del Parlamento Europeo y del Consejo, de 20 de junio de 2019, que regulaba la utilización de herramientas y procesos digitales en el ámbito del Derecho de sociedades y las transformaciones, fusiones y escisiones transfronterizas, integrando ambas directivas de 2019 el conocido paquete, *Company Law Package*[8].

En realidad, la Directiva de movilidad no podría concebirse sin la Directiva de digitalización, dado que las modificaciones estructurales transfronterizas suponen el traslado de la sociedad a otro Estado miembro. En ese sentido, la norma europea de digitalización amplía su ámbito informativo a las webs de los registros europeos, a través de la pasarela digital única (*Single Digital Gateway*), mediante la cual se procura la información de forma fácil y concisa, con objeto de facilitar la constitución de sociedades y el registro de sucursales en la UE[9].

En definitiva, la incorporación de un nuevo régimen uniforme de las modificaciones estructurales intraeuropeas, junto con el nuevo sistema de interconexión registral, permitirá el trasvase de la información requerida en los procesos de supervisión y control

8 FERNÁNDEZ-TRESGUERRES GARCÍA, A., "La digitalización y movilidad de sociedades en Derecho Europeo", *Revista de Derecho de Sociedades,* núm. 58/2020, Bib 2020\9289, pp. 1-46, 3; PÉREZ TROYA, A., "La Directiva sobre transformaciones, fusiones y escisiones transfronterizas: Una primera aproximación, con particular referencia a la tutela de los socios", *Revista de Derecho de Sociedades*, núm. 58, 2020, Bib 2020\9270, pp. 1-47, 1 y 5.

9 FERNÁNDEZ-TRESGUERRES GARCÍA, A., "La digitalización...", *op. cit.*, pp. 6 y 13, señala que este sistema permitirá asignar a las sociedades un identificador único europeo (EUID), que permitirá su individualización inequívoca en las comunicaciones entre los registros.

de legalidad a asumir por los operadores que intervienen en la transformación, fusión o escisión en el entorno comunitario[10].

II. LA INCORPORACIÓN DE LA REGULACIÓN UNIFORME DE LA TRANSFORMACIÓN TRANSFRONTERIZA

Antes de seguir con el análisis de la articulación jurídica de la obligación de adquisición de la sociedad de las acciones de la parte social que no continuará en la sociedad, es conveniente hacer referencia al cambio de dirección del legislador europeo, auspiciado por las resoluciones del Tribunal de Luxemburgo, las cuales hicieron que aquél se decidiese a actuar, aunque lo hiciera con cautela. En este sentido, fue en 2017 cuando el Tribunal de Luxemburgo en la sentencia *Polbud*[11], confirmó que era contrario al derecho de la UE que se impidiera la transformación en sociedad luxemburguesa de una sociedad polaca que se encontraba en liquidación, dado que el derecho originario planteaba una amplia gama de excusas con objeto de evitar la aplicación de las normas imperativas de los Estados miembros en los casos de transformación societaria. La sentencia concluyó que, conforme al principio de la libertad de establecimiento (artículos 49 y ss. TFUE), las sociedades deben poder trasladar su domicilio social de un Estado miembro a otro sin necesidad de trasladar su sede real. Así, el tribunal europeo integró, vía jurisprudencial, el efecto *Delaware*, de manera que las sociedades pueden elegir libremente la *lex so-*

10 FERNÁNDEZ-TRESGUERRES GARCÍA, A., "La digitalización...", *op. cit.*, p. 20, califica la nueva articulación uniforme de un gran avance, para consolidar el principio del libre establecimiento en la Unión.

11 STJ (Gran Sala), de 25 de octubre de 2017, As. C-106/16, *Polbud-Wykonawstwo sp. z.o.o.* en liquidación, (ECLI:EU:C:2017:804). Disponible en: https://curia.europa.eu/juris/document/document.jsf?text=&docid=195941&pageIndex=0&doclang=ES&mode=req&dir=&occ=first&part=1&cid=2284873

cietatis del Estado que prefieran, sin que ello exija una vinculación económica[12]. En respuesta a esta resolución judicial, el legislador comunitario incorporó la regulación de las transformaciones transfronterizas a la Directiva 2019/2121, pues percibió que de no regular la operación la interpretación del tribunal europeo podría afectar y dificultar la uniformización jurídica de la Unión[13].

Ahora bien, al determinar el ámbito de aplicación de la regulación uniforme, el legislador europeo excluyó la posibilidad de que sociedades en liquidación pudieran recurrir a la transformación transfronteriza (artículo 86 *bis*.3.a) de la Directiva (UE) 2017/11324, previendo también que los Estados miembros excluyeran la aplicación de la Directiva a sociedades que se encontrasen inmersas en un proceso de insolvencia, reestructuración preventiva o de liquidación distintos de los que ya recoge su artículo 86 *bis*.3.a)[14].

La cautela es también el fundamento del propio procedimiento instituido, dadas las posibilidades del Estado de origen para oponerse a la operación. En cualquier caso, en general, el procedimiento de la transformación transfronteriza de la Directiva 2019/2121 sigue la estela del articulado correspondiente al tras-

12 ÁLVAREZ ROYO-VILLANOVA, S., "El traslado internacional del domicilio social: novedades jurisprudenciales y legislativas", *El Notario del Siglo XXI*, 2018, núm. 80, p. 144 ss.
Disponible en. https://www.elnotario.es/index.php/hemeroteca/revista-80/academia-matritense-del-notariado/8780-el-traslado-internacional-de-domicilio-social-novedades-jurisprudenciales-y-legislativas); PÉREZ TROYA, A., "La Directiva...", *op. cit.*, p. 8.

13 ARENAS GARCÍA, R., "La Directiva sobre transformaciones, fusiones y escisiones transfronterizas regulación y facilitación de la movilidad de sociedades dentro de la Unión Europea", *La Ley Unión Europea*, núm. 77, 2020, pp. 1-8. 5.

14 Esta previsión se recoge en el artículo 1 de la Directiva 2019/2121, que modifica la Directiva (UE) 2017/1132.

lado de domicilio de las sociedades europeas o de las operaciones de fusión internacional, y responde a la simple lógica de que sean las autoridades del Estado de origen quienes verifiquen el cumplimiento de la regulación y los requisitos relativos a la adopción de la decisión por parte de los órganos competentes de la sociedad, así como a la condición de que se acredite la garantía de los derechos de las personas socias, trabajadoras y acreedoras[15].

Desde la perspectiva de la seguridad jurídica en el entorno societario de la Unión, la regulación del derecho uniforme ha supuesto un gran avance, dado que más de la mitad de los Estados miembros carecían de normas sobre traslados transfronterizos o, en el caso de que existiesen, eran en muchos casos incompatibles, recurriendo para superar el obstáculo a operaciones alternativas[16].

Así cabe destacar que, la decisión de la transformación ha de adoptarse en el Estado de origen, conforme al procedimiento articulado en la Directiva 2019/2121: elaboración de un proyecto de transformación (artículo 86 *quinquies*), informe del órgano de administración o de dirección a las personas socias y trabajadoras (artículo 86 *sexies*), e informe pericial independiente (artículo 86 *septies*). En todo caso, la decisión sobre la transformación deberá ser adoptada por la junta general de la sociedad (artículo 86

---

15 ARENAS GARCÍA, R., "La Directiva...", *op. cit.*, p. 6; GIMENO RIBES, M., "La cogestión en sociedades y grupos transfronterizos", *Revista de Derecho de Sociedades*, núm. 60, 2020, (Bib 2020\36741), pp. 1-56, 55, defiende que la norma contribuirá a consolidar la cogestión en el gobierno corporativo de las sociedades que se transformen o fusionen en el entorno europeo, reduciendo los costes de agencia y transferencia, así como contribuyendo a eliminar obstáculos de los distintos sistemas regulatorios; TAPIA HERMIDA, A. J., "La nueva regulación europea de las operaciones transfronterizas de sociedades. Panorama de la Directiva (UE) 2019/21212", *Revista de Derecho Bancario y Bursátil*, núm.157, 2020, (Bib 2020\7912), pp. 1-24, p. 7.

16 PÉREZ TROYA, A., "La Directiva...", *op. cit.*, p. 13.

nonies) y, una vez se hayan cumplido todos los trámites legales y formales necesarios para adoptar la decisión de transformación en el Estado de origen, se deberá emitir el certificado por una autoridad de ese Estado (artículo 86 *quaterdecies*)[17].

Igualmente, corresponde al Estado miembro origen estipular que sean sus tribunales los exclusivamente competentes para resolver los litigios que puedan surgir en relación a la protección de los derechos de las personas socias (artículo 86 *decies*.5), así como reglas competenciales para la protección de la parte acreedora (artículo 86 *undecies*.4). Reglas que deberán de articularse con las normas existentes en materia de competencia judicial internacional (Reglamento 1215/2012-Bruselas I *bis*)[18].

Es de interés advertir que la trasposición no se ha limitado exclusivamente a incorporar al ordenamiento interno el nuevo régimen jurídico de las operaciones transfronterizas, esto es, las que afectan a las sociedades de capital constituidas en otro Estado miembro, sino que ha modificado la articulación de las modificaciones estructurales nacionales, con objeto de evitar la diferencia de trato en operaciones similares de naturaleza interna[19].

17 ARENAS GARCÍA, R., "La Directiva...", *op. cit.*, pp. 6-7.

18 ARENAS GARCÍA, R., "La Directiva...", cit., p. 7.

19 CLEMENTE CRISTÓBAL, V., "Algunas reflexiones sobre la nueva obligación de estar al corriente en el cumplimiento de las obligaciones tributarias y de la seguridad social en las modificaciones estructurales", *Revista de Derecho de Sociedades,* núm.69, 2023, Bib 2023\2871, pp. 1-9; CERRATO, I., "Impacto del RD-ley 5/2023, sobre el régimen de modificaciones estructurales: primeras (y cautas) impresiones", *Actualidad Jurídica Aranzadi*, núm. 999/2023, Bib 2023\2616, pp. 1-3, 2, destaca el cambio de técnica legislativa en lo que respecta a la nacionalidad de las modificaciones estructurales, como una de las singularidades del nuevo régimen. Así, la nueva regulación asume como especiales las fusiones y escisiones entre sociedades de la misma nacionalidad, al contrario que la anterior regulación que calificaba de especiales a las transfronterizas; CONDE TEJÓN, A., "La reforma en la regulación de las modificaciones estructurales operada por el RDL 5/2023

Además, como se ha reiterado previamente, se reconoce el derecho de las personas socias disidentes a separarse de la sociedad en todas las operaciones transfronterizas armonizadas[20].

En cualquier caso, los cambios incorporados a la regulación de las modificaciones estructurales han resultado escasos si se atiende a la oportunidad perdida de modificar el texto legal e integrar determinados supuestos para amortiguar o resolver situaciones de insolvencia. Así, cabe mencionar, la aplicación de la limitación de responsabilidad a la sociedad escindente equivalente en la escisión parcial al activo neto que quedara en ella, o el reconocimiento como modificación estructural de la cesión parcial del activo y pasivo como operación asimilada a la escisión[21].

A pesar de la anterior consideración, hay que destacar que el proyecto de modificación estructural en el ordenamiento interno se somete a los procedimientos de información, aprobación y control con la finalidad de establecer un régimen de transparencia y legalidad común a todas las operaciones transfronterizas. La exhaustiva publicidad preparatoria de las operaciones exige que la información se publique, al menos un mes antes de la celebración de la junta general, de manera que las personas interesadas

de 28 de junio", *La Ley Mercantil*, núm.105 (septiembre), 2023, pp. 1-15, 1, señala la situación de riesgo de sanción de la Comisión en la que se encontraba España, dado que el plazo de trasposición de la Directiva había expirado el 31 de enero de 2023.

20 AGUIRRE REDONDO, J.M., "Transposición de la Directiva UE de modificaciones estructurales de sociedades mercantiles: análisis del RDley 5/2023, de 28 junio", *Aranzadi digital*, núm. 1, (Bib 2023\1790), 2023, pp. 1-6., p. 7; DEL VAL TALENS, P., *El derecho de separación en las modificaciones estructurales transfronterizas,* Valencia, Tirant Lo Blanch, 2023, defiende en la monografía la armonización de la normativa reduce los costes transaccionales de las modificaciones estructurales.

21 CONDE TEJÓN, A., *"La reforma...", op. cit., p. 2.*

puedan valorar las consecuencias de la operación prevista. Igualmente, se establece que las sociedades puedan cumplir con los requisitos de publicidad a través de su página web corporativa y, en ese caso, deben proporcionar al Registro Mercantil los detalles del sitio web donde se pueda obtener toda la documentación e información correspondiente a la operación[22].

III. LAS OPERACIONES TRANSFRONTERIZAS EN EL RDL 5/2023

1. Novedades de las modificaciones estructurales transfronterizas introducidas por el RDL 5/2023

El Real Decreto-ley 5/2023, de 28 de junio (RDL), ha introducido en el ordenamiento jurídico español, junto con otras modificaciones[23], las novedades relativas a la regulación de las modificaciones estructurales auspiciada por la Directiva (UE) 2019/2121 del Parlamento Europeo y del Consejo, de 27 de noviembre de 2019, en materia de transformaciones, fusiones y escisiones transfronterizas, que modificaba a su vez la Directiva (UE) 2017/1132 en lo que atañe a las transformaciones, fusiones y escisiones transfronterizas.

Se ha mencionado más arriba, que la trasposición no se ha limitado exclusivamente a incorporar al ordenamiento interno el nuevo régimen jurídico de las operaciones transfronterizas, sino que ha modificado la articulación de las modificaciones estruc-

22 AGUIRRE REDONDO, J.M., "Transposición...", *op. cit.*, p. 4.

23 Relativas a determinadas medidas de respuesta a las consecuencias económicas y sociales de la Guerra de Ucrania, de apoyo a la reconstrucción de la isla de La Palma y a otras situaciones de vulnerabilidad; de conciliación de la vida familiar y la vida profesional de los progenitores y los cuidadores; y de ejecución y cumplimiento del Derecho de la Unión Europea.

turales nacionales, con objeto de evitar la diferencia de trato en operaciones similares de naturaleza interna[24], reconociendo el derecho de las personas socias disidentes a separarse de la sociedad en todas las operaciones transfronterizas armonizadas[25]. Se ha advertido, igualmente, acerca de la oportunidad perdida de modificar el texto legal e integrar determinados supuestos para amortiguar o resolver situaciones de insolvencia[26].

En cualquier caso, es de interés destacar que la nueva regulación recoge acertadamente las cautelas necesarias para que las modificaciones estructurales intracomunitarias respondan al principio de legalidad de nuestro ordenamiento interno[27].

El RDL 5/2023 incorpora la regulación de las modificaciones en su Libro I y deroga la Ley 3/2009 de 3 de abril, sobre modificaciones estructurales de las sociedades mercantiles[28]. Entre sus aciertos, está la de introducir el Titulo Primero, que articula disposiciones preliminares y disposiciones comunes para todas

24 CONDE TEJÓN, A., *"La reforma...", op. cit.*, pp. 1-2; CLEMENTE CRISTÓBAL, V., "Algunas reflexiones...", *op. cit.*, p. 1; CERRATO, I., "Impacto del RD-ley 5/2023...", *op. cit.*, pp. 2-3.

25 AGUIRRE REDONDO, J.M., "Transposición...", *op. cit.* p. 7; LEIÑENA MENDIZÁBAL, E., "El derecho de separación del socio minoritario en las modificaciones estructurales de la sociedad", *Los intentos de reforzamiento del poder de la junta y de los socios en los grupos de sociedades*, Emparanza Sobejano, A. (dir.), pp. 203-244, 213.

26 CONDE TEJÓN, A., "La reforma...", *op. cit.*, p. 2.

27 AGUIRRE REDONDO, J.M., "Transposición...", *op. cit.*, p. 4. Estudio de interés en ANDREU MARTÍ, Mª M., "Impugnación de la fusión de sociedades", *Estudios de derecho de sociedades Colegio Notarial de Valencia: diez años de la Ley de Modificaciones Estructurales de las Sociedades Mercantiles*, Nieto Carol, U. (edit.), Valencia, Tirant Biblioteca Virtual, 2023, pp. 299-348.

28 CERRATO, I., "Impacto del RD-ley...", *op. cit.*, p. 2, quedando sujeta a la normativa anterior sobre modificaciones estructurales todas aquellas operaciones anteriores a la derogación prevista en el RDL.

las operaciones, evitando reiteraciones innecesarias en relación a cada una de las figuras[29].

Entre las novedades técnicas de relevancia, destaca la nueva redacción que prevé un informe del órgano de administración relativo al proyecto de modificación mucho más detallado que en la regulación anterior (artículo 5 RDL). Novedad que se complementa igualmente con la información que ha de procurar la persona experta independiente, más completa, detallada y clara (artículo 6 RDL)[30] que elevará la garantía de su juicio así como la transparencia de la operación de compensación.

Otro de los cambios significativos hace referencia a la posibilidad de que la junta general introduzca variaciones en el proyecto de la operación (artículo 8.7 RDL). Si bien las modificaciones estructurales deben ser acordadas necesariamente por la junta general, con los requisitos y formalidades establecidos en el régimen de la sociedad o sociedades que participen en dicha operación, la junta tomará nota de los informes del órgano de administración, así como de las opiniones presentadas por el personal o sus representantes en relación a los mencionados informes[31]. Antes de acordar la aprobación del proyecto de modificación estructural, la junta atenderá a esos informes y a los de las personas expertas independientes, así como a las observaciones presentadas, en su

29 CLEMENTE CRISTÓBAL, V., "Algunas reflexiones...", *op. cit.*, p. 2.

30 CONDE TEJÓN, A., "La reforma...", *op. cit.*, p. 4. MENÉNDEZ, A. y ROJO, A. (dirs.), *Lecciones de Derecho Mercantil*, V. I, Thomson Reuters, Cizur (Navarra), 2019., p. 574, observa una formulación más laxa en relación a la precisión de los informes del órgano de administración y las personas expertas independientes en la derogada LME de 2009 (artículo 15.2).

31 CERRATO, I., "Impacto del RD-ley...", *op. cit.*, p. 3, considera acertada la habilitación del Decreto-ley a las personas trabajadoras, socias y acreedoras a formular observaciones. Circunstancia que implica que el informe del órgano de administración explicando la modificación estructural esté dirigido a ellas.

caso, por las personas socias, trabajadoras o acreedoras (artículo 8.2 RDL)[32].

Aunque la información sobre la operación no se presenta como un mecanismo de tutela específico de las personas socias y acreedoras, es el instrumento principal de protección que tienen, dado que se les hace o se les debe hacer partícipe de los riesgos potenciales de la operación. De ahí que se considere una información de esencial interés[33].

Ahora bien, la información ha de ser equilibrada, sin que ponga en riesgo los objetivos legítimos de la operación y su funcionalidad. En definitiva, las menciones obligatorias a incorporar en el proyecto, así como la publicidad de las operaciones previas sobre la operación a disposición de las partes interesadas, tienen como objetivo facilitar que éstas presenten observaciones relativas al proyecto en un plazo cuyo límite se extiende hasta los 5 días laborales antes de la fecha de la junta general (artículo 7.2 RDL).

La ventaja de la nueva regulación se traduce en que el propio texto legal formula que las observaciones deberán ser tenidas en cuenta; sin embargo, se advierte, a su vez, que habría sido razonable la incorporación de la exigencia de publicación inmediata de la propuesta o proyecto para que las partes afectadas tuvieran tiempo de reflexionar y analizar la cuestión antes de que se celebrara la junta general[34].

Por otra parte, una crítica al nuevo texto legal es que la articulación de la impugnación de las operaciones de modificación estructural no solventa las dudas que el anterior régimen suscitaba. En este sentido, la nueva regulación prevé que no se consi-

---

32 CONDE TEJÓN, A., "La reforma...", *op. cit.*, pp. 4-5.
33 TAPIA HERMIDA, A. J., "La nueva regulación...", *op. cit.*, p. 24.
34 CONDE TEJÓN, A., "La reforma...", *op. cit.*, p. 6.

derarán motivos de impugnación, por sí solos, la discrepancia con la compensación en efectivo, la relación de canje de las partes sociales, o que la información facilitada sobre los aspectos anteriores no cumpla los requisitos legales (artículo 11 RDL)[35]. A nuestro juicio, no obstante, la razón y el fundamento que subyace en la nueva regulación no es otro que la defensa del principio de libre establecimiento que rige en la legislación comunitaria, que se impone ante cualquier obstáculo que se interponga o retrase la efectividad de la operación transnacional, como habría sido asignar a la impugnación por disconformidad en la compensación el poder para neutralizar la operación.

2. La nueva regulación de las transformaciones transfronterizas del RDL 5/2023

Destacadas las cuestiones de mayor interés en relación a las incorporadas por el nuevo texto legal de modificaciones estructurales en la legislación interna, hemos de hacer referencia a una de las reformas fundamentales del RDL, esto es, a la regulación de las transformaciones transfronterizas promovida por la trasposición de la Directiva 2019/2121.

Si bien hasta ese momento las únicas modificaciones estructurales transfronterizas reguladas en España eran el traslado internacional de domicilio social, que carecía de armonización comunitaria, y la fusión transfronteriza, que sí se encontraba armonizada, la Directiva 2019/2121, como se ha anticipado, regula todas las operaciones de modificación estructural transfronteriza: la transformación (antiguo traslado internacional de domicilio social), la fusión, la escisión y la cesión global de activo y pasivo[36].

35 CONDE TEJÓN, A., "La reforma...", *op. cit.*, p. 12.
36 CONDE TEJÓN, A., "La reforma...", *op. cit.*, p. 13.

El legislador comunitario tuvo que afrontar la duda de si para el establecimiento en un determinado Estado miembro era suficiente con la elección formal mediante el establecimiento de la sede social o si se requería también la conexión con la actividad realizada. Se ha observado esta cuestión en detalle en el apartado anterior y se ha expuesto que el TJUE decidió que los principios de libertad de establecimiento y libre prestación de servicios conllevaban la posibilidad de elección de un Estado de establecimiento por cualquier motivo, incluso por su regulación.

No obstante, para el caso de las modificaciones estructurales transfronterizas, en las cuales participan sociedades que no son de nueva creación y tienen relaciones jurídicas previas con personas socias, trabajadoras y acreedoras con derechos a tutelar, habrá que tomar en consideración si la modificación estructural transfronteriza que se plantea implica una conculcación de sus derechos. La normativa interna ha recurrido para ello a una garantía que no es otra que el certificado exigido del Registro Mercantil[37].

En ese sentido, el Registro Mercantil emitirá un certificado previo de control de la legalidad de la operación. Control que se identifica con el cumplimiento de los requisitos formales (artículo 90 RDL) y de legalidad de la operación (artículo 91 RDL)[38], exigencia esta última que complica la emisión del certificado y

37 CONDE TEJÓN, A., "La reforma...", *op. cit.*, p. 14.

38 CERRATO, I., "Impacto del RD-ley...", *op. cit.*, p. 3, califica de trato privilegiado para las instituciones públicas, ralentizando en la práctica la ejecución de la fusión o escisión; CLEMENTE CRISTÓBAL, V., "Algunas reflexiones...", *op. cit.*, pp. 5-6 y 7, señala que los certificados de encontrarse al corriente de las obligaciones fiscales y de la seguridad social, se refieren a los que se han tenido que incorporar al proyecto de modificación estructural y, por lo tanto, se cotejará su validez en el momento de firmarse el proyecto. *A contrario sensu*, el incumplimiento de esta exigencia impedirá a las sociedades a participar en la operación de modificación estructural.

no siempre garantiza la buena fe de la operación, dado que el examen de la documentación aportada no siempre avala que la operación no sea fraudulenta. Ahora bien, cierto es que la simple sospecha de objetivo fraudulento de la operación conlleva que el Registro solicite información adicional a la sociedad y a los organismos públicos correspondientes, además de recurrir a una persona experta independiente, que valore toda la información, cuyo coste corresponderá asumir a la sociedad solicitante. Para el caso de que la valoración experta concluya que la operación es fraudulenta, ésta no se podrá realizar.

No cabe obviar, en cualquier caso, que la supervisión de la naturaleza fraudulenta de la operación es una tarea difícil y complicada para las y los registradores. De ahí que resulte esencial el conocimiento de las observaciones a realizar por las personas socias, acreedoras y la representación sindical al proyecto de modificación, dado que son estos agentes quienes mejor conocen la situación de la sociedad, e incluso, pueden advertir en esas observaciones de la naturaleza fraudulenta de la operación. Precisamente esa advertencia implicará, con toda probabilidad, que desde el Registro se inicie una investigación más profunda en caso de sospecha de irregularidades en la operación (artículo 90.1.4) [39].

A pesar de la complejidad del control *ex ante* de la operación, la nueva normativa ha otorgado una tutela específica para la transformación transfronteriza (artículo 99 RDL), sin perjuicio de otros foros de competencia judicial internacional[40]. Así, en el supuesto de una transformación transfronteriza, las personas

39 CONDE TEJÓN, A., "La reforma...", *op. cit.*, p. 15.

40 FERNÁNDEZ-TRESGUERRES GARCÍA, A., "La digitalización...", *op. cit.*, p. 34, destaca el mantenimiento del foro judicial, a elección de la persona demandante, durante dos años en el Estado de partida, así como el reconocimiento y la ejecución de resoluciones judiciales en materia civil y mercantil (Bruselas I Recast), no aplicable a fusiones y escisiones transfronterizas.

acreedoras cuyos créditos hayan nacido con anterioridad a la publicación del proyecto de transformación, podrán demandar a la sociedad ante los tribunales del domicilio social del Estado de origen. Esta cautela evidencia que la nueva norma ha previsto el perjuicio económico y las molestias que supondría litigar en un estado extranjero. Llama la atención, sin embargo, que ni la Directiva 2019/2121 ni su trasposición hayan otorgado una tutela similar para el resto de operaciones de modificación estructural.

En este orden de cosas, es de interés destacar también que, si bien la Directiva 2019/2121 tiene como ámbito objetivo específico todas aquellas operaciones estructurales intracomunitarias, el RDL incorpora una regulación específica para las extracomunitarias, remitiéndose en su articulación a las operaciones intraeuropeas con salvedades. Respecto a esta regulación de las operaciones estructurales extracomunitarias, doctrina autorizada califica de una regulación carente de efectividad, dado que no existe una regulación equivalente en los Estados no miembros que puedan garantizar la reciprocidad de la operación[41].

IV. LA ADQUISICIÓN Y COMPENSACIÓN DE LAS ACCIONES O PARTICIPACIONES POR PARTE DE LA SOCIEDAD EN LAS TRANSFORMACIONES TRANSFRONTERIZAS

1. El derecho de separación como causa vinculante de la compensación de las partes sociales por parte de la sociedad

La causa vinculante de la obligada adquisición por parte de la sociedad de las acciones o participaciones del accionariado o personas socias de una sociedad transformada es el ejercicio del derecho de separación de la persona socia o accionista discon-

41 CONDE TEJÓN, A., "La reforma...", *op. cit.*, p. 15.

forme con la transformación[42], derecho de separación previsto legalmente en la transformación interna y en las transfronterizas tanto intra como extracomunitarias.

El derecho de separación era el mecanismo de tutela para los socios y socias de una sociedad ante una transformación interna, el traslado de domicilio al extranjero o la fusión intracomunitaria[43]. Sin embargo, en la nueva regulación del RDL 5/2023 se ha ampliado el catálogo de las operaciones transfronterizas intracomunitarias y extracomunitarias en las que ese derecho puede ejercitarse[44]. Así, en el artículo 12 RDL se reconoce el derecho de las personas socias a una compensación en efectivo que, conforme al régimen específico de la modificación estructural proyectada[45], tengan el derecho a enajenar sus acciones, participaciones o cuotas, siempre que hayan votado en contra de la aprobación del correspondiente proyecto o sean titulares de acciones o par-

42 MENÉNDEZ, A. y ROJO, A. (dirs.), *Lecciones..., op. cit.*, pp. 574-575, señala que se trata de un derecho previsto en la derogada Ley 3/2009, de 3 de abril, modificaciones estructurales de las sociedades mercantiles (artículo 15.1), fundamentado en la consideración de que la modificación de la forma jurídica de las sociedades, ofrecía la suficiente relevancia estructural como para justificar en todo caso la atribución del derecho de separación a las partes sociales que no la aprobasen.

43 SEQUEIRA MARTÍN, A., "Derecho de separación y la exclusión del socio", *Revista de Derecho de Sociedades*, núm. 36/2011 1 parte Estudio, Bib 2011\518, pp. 1-15.

44 Artículo 1: ...*El presente real decreto-ley tiene por objeto la regulación de las modificaciones estructurales, tanto internas como transfronterizas, de las sociedades mercantiles consistentes en la transformación, fusión, escisión y cesión global de activo y pasivo...*

45 MASSAGUER, J., "La separación de los socios de las sociedades de capital como operación societaria", Revista de Derecho de Sociedades, núm. 64, 2022, Bib 2022\633, pp. 1-49, observa que la separación implica una devolución del nominal de las participaciones o acciones, no afectadas por pérdidas, y una atribución de los beneficios de la compañía que, en conjunto, nutren el patrimonio social neto y operan como garantía jurídica y fáctica del cumplimiento de las deudas de la sociedad.

ticipaciones sin voto[46]. Asimismo, en el caso de transformación (intra o extracomunitaria) en que las personas socias asuman responsabilidad personal por las deudas sociales, la falta de voto a favor del acuerdo implicará automáticamente la separación de la sociedad aplicándose este procedimiento de compensación conforme a su participación[47].

Para ello, los votos disidentes dispondrán de un plazo de 20 días desde la fecha de la junta general en la que se apruebe la operación y dispondrán de una dirección electrónica dispuesta por la sociedad para trasladar la voluntad de ejercer el derecho de separación (artículo 12.2 RDL 5/2023).

Procede observar que con la nueva regulación se ha facilitado sustancialmente el ejercicio del derecho de separación, dado que el proyecto de la operación de transformación exige estipular previamente la compensación que la sociedad ofertará a las personas socias que decidan separarse de la sociedad, compensación que estará avalada, además, por el pronunciamiento de una persona experta independiente y el detalle del método o métodos empleados para determinar el tipo de compensación (artículo 5.2

46 VIERA GONZÁLEZ, J., "Modificaciones estructurales y restricciones a la transmisión de acciones y participaciones de una sociedad de capital cerrada integrada por personas jurídicas", *La Ley mercantil*, núm. 38, Sección Sociedades, julio-agosto 2017, La Ley 10020/2017, pp. 1-30, 15, observa, en relación a transmisión de las participaciones sociales en las modificaciones estructurales, que estas constituyen un régimen excepcional de transmisión patrimonial que repercute profundamente en la posición jurídica de las partes social, acreedora y trabajadora, por lo que el recurso a dichos procedimientos debe responder a una auténtica necesidad jurídica y económica de las sociedades que participan. A su juicio, debe valorarse si el resultado final no se podría obtener a través de otras técnicas de transmisión que no implicaran dichos riesgos, porque el régimen de las modificaciones estructurales no se puede convertir, sin más, en un cómodo expediente para eludir la aplicación de normas legales y estatutarias que rigen el funcionamiento de una sociedad de capital.

47 CONDE TEJÓN, A., "La reforma...", *op. cit.*, p. 7.

RDL). Esta exigencia, garantiza, de alguna manera que la sociedad no ofrezca una compensación insuficiente en compensación de las participaciones sociales[48].

Así, la persona experta independiente designada por el Registro Mercantil[49], a solicitud del órgano de administración, elaborará el informe correspondiente a cada tipo de operación y decidirá si la compensación ofrecida al accionariado o a las personas socias es la adecuada (artículo 6.1 RDL).

En relación a los métodos empleados para su cálculo, deberá explicar si son métodos adecuados en relación a los valores determinados, así como la importancia relativa atribuida a esos métodos en la determinación del valor considerado. En este sentido, para el caso de que concurrieran dificultades especiales de valoración, deberá explicar si la compensación en efectivo o el tipo de canje están o no justificados.

Al valorar la compensación en efectivo, la persona experta tendrá en cuenta el precio de mercado de las acciones, participaciones o cuotas en la sociedad antes del anuncio del proyecto, o el valor de la sociedad sin considerar el efecto de la operación propuesta, valor determinado de conformidad con los métodos de valoración generalmente aceptados (artículo 6.4 RDL)[50].

48 CONDE TEJÓN, A., "La reforma...", *op. cit.*, p. 8.

49 Sentencia de la Audiencia Provincial de Barcelona (Sección 15ª), núm. 1745/2019, de 7 octubre (ECLI:ECLI:ES:APB:2019:11485), en la que se reafirma la pertinencia de la competencia del Registro de nombrar a la persona experta para valorar las participaciones del socio o socia que ejercita el derecho de separación de la sociedad, sin que ello haya de afectar a la cuestión sustancial sobre la licitud del ejercicio del mencionado derecho de separación, cuestión a dirimirse en los tribunales (FJ 3º).

50 Sentencia del Juzgado de lo Mercantil de Pontevedra, núm. 60/2019 de 8 abril (ECLI:ES:JMPO:2019:218), en la que se impugna la valoración de las participaciones realizadas por la persona experta, alegando conflicto de in-

La elaboración del informe conlleva que se habilite al experto o experta para obtener de la sociedad o de su grupo la información necesaria. Igualmente, el estudio o valoración llevada a cabo estará vigente en el momento de la celebración de la junta de la sociedad o sociedades participantes en la modificación (artículos 6.5 y 6 RDL).

Es de interés destacar la funcionalidad de la nueva norma reguladora también a este respecto, y es que exime a la sociedad de la elaboración del informe sobre la compensación efectiva, cuando así lo hayan acordado todas las socias y socios con derecho de voto de la sociedad o sociedades participantes en la operación o cuando el régimen particular de cada modificación estructural así lo establezca (artículo 6.7 RDL).

En todo caso, el RDL prevé, sin perjuicio de los requisitos y formalidades establecidos por el régimen de la sociedad o sociedades que participan en la operación, un régimen específico en relación a la aprobación del proyecto por la junta general que se cohonesta con el régimen del Derecho societario, lo cual garantiza una supervisión anterior y posterior de la información trasladada y, en consecuencia, facilita la decisión del órgano soberano de la sociedad. Así, para la aprobación del proyecto, en las sociedades anónimas se requerirá, en primera convocatoria, la concurrencia de accionistas presentes o representados que posean, al menos, el cincuenta por ciento del capital suscrito con derecho

tereses y relación indirecta con la sociedad. Sin embargo, la resolución judicial desestima la demanda, considerando que el dictamen emitido utiliza el método de descuentos de flujos de caja para efectuar los cálculos del valor de la empresa, y reconociendo que que se trata de un método que cuenta con amplia aceptación entre los analistas, ya que el valor de la empresa no depende únicamente de la situación actual de la misma, sino que se tendrá en cuenta su evolución previsible y capacidad de generar flujos en el futuro. (FJ 2º).

de voto. En segunda convocatoria, sin embargo, será suficiente la concurrencia del veinticinco por ciento de dicho capital. Cuando el capital presente o representado alcance, al menos, el cincuenta por ciento, bastará la adopción del acuerdo por mayoría absoluta. Ahora bien, cuando en segunda convocatoria concurran accionistas que representen el veinticinco por ciento o más del capital suscrito con derecho de voto, sin alcanzar el cincuenta por ciento, se requerirá el voto favorable de los dos tercios del capital presente o representado en la junta (artículo 201 LSC). Igualmente, cualquier modificación del proyecto requerirá idéntica mayoría (artículo 8. 5 a 8.7 RDL).

Por su parte, cuando se trate de una o varias sociedades de responsabilidad limitada, el proyecto deberá de aprobarse por el voto favorable de, al menos, dos tercios de los votos correspondientes a las participaciones en que se divida el capital social (artículo 199 LSC).

En coherencia con la normativa societaria, los estatutos sociales pueden elevar los *quorum* y mayorías previstas en el RDL, con la única salvedad de que no superen el noventa por ciento de los derechos de voto que corresponden al capital social presente o representado en la junta general (artículo 8.6 RDL).

La compensación en efectivo establecida en el correspondiente proyecto de transformación se abonará dentro del plazo de dos meses, a contar desde la fecha en que surta efecto la modificación (artículo 12.3 RDL).

Sin perjuicio de la garantía del aval del informe independiente, las personas socias que consideren que la compensación en efectivo ofrecida por la sociedad no se ha fijado adecuadamente, podrán reclamar una compensación en efectivo complementaria ante el Juzgado de lo Mercantil del domicilio social, cuya competencia será exclusiva, o bien ante el tribunal arbitral estatutariamente previsto, dentro del plazo de dos meses desde la fecha en que hayan recibido o hubieran debido recibir la compensación inicial (artículo 12.4 RDL).

Otra ventaja de la operatividad de la nueva regulación es que el ejercicio de los derechos previstos en el artículo 12, no paralizará de ninguna manera la operación de modificación estructural o de la transformación societaria ni impedirá su inscripción en el Registro Mercantil (artículo 12.5 RDL).

En definitiva, la nueva estructura normativa facilita el ejercicio del derecho de separación de las partes sociales vinculando indefectiblemente a la sociedad a la adquisición y compensación efectiva y equitativa de sus acciones y participaciones, tras la decisión de abordar una operación transfronteriza (intra o extracomunitaria)[51].

La eficacia de la operación se producirá desde la fecha de su inscripción en el Registro Mercantil, una vez se compruebe el cumplimiento de todas las condiciones requeridas y realizados los trámites necesarios (artículo 16.1 RDL). Ello impedirá que pueda declararse la nulidad de la operación estructural, sin perjuicio de las acciones resarcitorias que correspondan a las personas socias y a terceros, las acciones penales de prevención y lucha contra la financiación del terrorismo y de derecho laboral y tributario (artículo 6.3 RDL).

51 MASSAGUER, J., "La separación de los socios...", *op. cit.*, p. 9, destaca que el efecto práctico de la separación (la liquidación y extinción de la relación jurídico-societaria entre la parte social saliente y la sociedad) queda sujeto al cumplimiento de las condiciones propias de las operaciones de modificación estructural. Igualmente, la liquidación y la extinción de la relación jurídico-societaria de la parte saliente solo podrá ejecutarse válidamente si se observan los requisitos de la reducción de capital o de la adquisición de la participación social por la sociedad.

2. La articulación jurídica de la transformación transfronteriza intracomunitaria

Como se ha adelantado más arriba, la nueva regulación incorpora al ordenamiento, además de las disposiciones comunes a las modificaciones estructurales internas y externas, disposiciones específicas de cada tipología de operación. En este orden de cosas, de seguido se aborda el régimen jurídico de las transformaciones societarias intracomunitarias en el RDL.

La transformación social implica la adopción de otro tipo jurídico social, sin que ello suponga la desaparición de su personalidad jurídica y, en ese sentido, la norma legal recoge que una sociedad mercantil inscrita pueda transformarse en cualquier otro tipo de sociedad mercantil (artículos 17 y 18 RDL). Ahora bien, cuando la transformación suponga transformar una sociedad anónima en una sociedad anónima europea (y viceversa), se ha de estar a lo dispuesto en el Reglamento (CE) número 2157/2001, así como por las normas que lo desarrollan[52]. Igualmente, se ha de seguir

52 Reglamento (CE) nº 2157/2001 del Consejo, de 8 de octubre de 2001, por el que se aprueba el Estatuto de la Sociedad Anónima Europea (SE) (DOUE-L-2001-82441). A este respecto cabe mencionar la Sentencia del Tribunal de Justicia de la Unión Europea (Gran Sala) Caso varios contra varios. Sentencia de 18 octubre 2022 (ECLI:ECLI:EU:C:2022:78800), que resuelve sobre el nombramiento de las personas representantes de la parte trabajadora en el órgano de supervisión o consejo de control de la sociedad anónima europea constituida mediante transformación. En ese sentido, la resolución del TJUE concluye que ...*El artículo 4, apartado 4 , de la Directiva 2001/86/CE del Consejo, de 8 de octubre de 2001, por la que se completa el Estatuto de la Sociedad Anónima Europea en lo que respecta a la implicación de los trabajadores, debe interpretarse en el sentido de que el acuerdo sobre las normas de implicación de los trabajadores aplicable a una sociedad anónima europea (SE) constituida mediante transformación al que se refiere dicha disposición debe prever una votación separada para elegir, como representantes de los trabajadores en el consejo de control de la SE, a una determinada proporción de candidatos propuestos por los sindicatos cuando el Derecho nacional*

lo dispuesto en relación a las personas trabajadoras en las sociedades anónimas y en las cooperativas europeas, según lo previsto en la Ley 31/2006, de 18 de octubre, sobre implicación de los trabajadores en las sociedades anónimas y cooperativas europeas (artículo 19 RDL)[53].

Al igual que en la derogada regulación, la nueva norma presta especial atención a la situación patrimonial de la sociedad a transformar. Así, el proyecto de transformación integrará una documentación acreditativa de la solvencia de la sociedad o sociedades. Irá acompañado del balance de la sociedad a transformar, cerrado en los seis meses anteriores a la fecha prevista para la junta, además de un informe sobre las modificaciones patrimoniales significativas que hayan podido darse en ese plazo previo a la reunión. Junto al balance, corresponde incorporar el informe de auditoría de cuentas, para el caso de que la sociedad esté obligada a realizarlo, así como los justificantes de estar al corriente del pago en cumplimiento de las obligaciones tributarias y de la Seguridad Social (artículo 20 RDL).

El informe del órgano de administración en relación al proyecto integrará las menciones de las disposiciones comunes del RDL, incorporando asimismo cualquier modificación que se haya dado en el activo o pasivo entre la fecha del informe y la de celebración de la junta (artículo 21 RDL). Para el caso de que se trate de la transformación de una sociedad anónima o sociedad comanditaria por acciones, se requerirá de un informe experto en relación a las aportaciones no dinerarias (artículo 22 RDL).

---

aplicable exija tal votación separada en el caso de la composición del consejo de control de la sociedad que vaya a transformarse en SE, debiendo respetarse, en el contexto de tal votación, la igualdad de trato entre los trabajadores de dicha sociedad, de sus filiales y de sus establecimientos y entre los sindicatos ahí representados...

53 BOE-A-2006-18204

La junta general de la sociedad adoptará el acuerdo de transformación conforme a los requisitos y formalidades de su régimen jurídico, conforme a lo dispuesto en el parágrafo precedente (artículo 23 RDL).

En este supuesto de transformación societaria, las personas socias, así como las titulares de acciones o participaciones sin voto tienen derecho a enajenarlas a la sociedad, a otras u otros socios, así como a terceros que la propia sociedad proponga a cambio de una compensación efectiva adecuada (artículo 24.1 RDL). Por consiguiente, la norma define con precisión que la adquisición de las acciones o participaciones corresponde indefectiblemente a la propia sociedad, sin perjuicio de que las partes sociales o terceros también puedan hacerlo[54]. Esta precisión implica que la sociedad haya de presentar el plan detallado y preciso para poder hacer efectiva la compensación, bien adquiriendo sus propias acciones, bien transmitiéndolas a otras personas interesadas.

Como se ha anticipado, para el caso de que, por efecto de la transformación, las y los socios asuman una responsabilidad personal por las deudas sociales y no hayan votado a favor del acuerdo, quedarán separados de la sociedad, salvo que se adhieran fehacientemente al proyecto en el plazo de un mes, a contar desde la fecha del acuerdo en junta, hayan o no asistido a la reunión. La valoración de la compensación de las acciones o participaciones sociales responderá al régimen estipulado en las disposiciones comunes (artículo 24.2 RDL).

54 ALCOVER GARAU, G.,"La insuficiente regulación del derecho a enajenar de los socios que voten en contra del acuerdo de transformación", *La Ley mercantil*, núm. 112, abril de 2024, Editorial La Ley, pp. 1-7, 6, cuestiona la nueva regulación, en particular, la relativa a la coordinación con las normas de Derecho societario que regulan la enajenación de participaciones sociales en las sociedades de responsabilidad limitada. A juicio del autor, la nueva norma obvia los problemas que se pueden dar en la transmisión de participaciones a un tercero propuesto por la sociedad para adquirirlas.

La adopción del acuerdo de transformación no libera a las y los socios de las obligaciones que tengan para con la sociedad. En este sentido, el desembolso íntegro del capital social, para el caso de que el tipo social elegido así lo exigiera, o la reducción del capital para contrarrestar la condonación de dividendos pasivos (artículo 25 RDL).

Por otra parte, se ha de destacar que la participación de las partes sociales no se verá alterada por la transformación. Por consiguiente, para el supuesto de que el tipo de la sociedad transformada no admita personas socias industriales, la participación de éstas en la nueva sociedad será la asignada en la escritura de constitución o la que se convenga, reduciéndose proporcionalmente en ambos casos la participación de las demás partes sociales (artículo 26 RDL).

Es importante subrayar que, a pesar de la funcionalidad de la norma cuya finalidad es facilitar la transformación de una sociedad, ésta será inviable si se opusieran las personas titulares de derechos especiales distintos de las acciones, participaciones o cuotas que no pudieran mantenerse después de la transformación (artículo 28 RDL)[55].

55 GALLEGO LANAU, M., "Las limitaciones estatutarias a la transmisión de la posición de socio en las modificaciones estructurales de sociedades de capital", *La Ley mercantil*, núm. 20, Diciembre de 2015, pp. 1-12, 5, advierte la circunstancia de que nuestro ordenamiento jurídico no ha previsto que ocurre con las cláusulas estatutarias limitativas a la libre transmisibilidad de las acciones y participaciones en el marco de las modificaciones estructurales de las sociedades mercantiles traslativas de patrimonio. La finalidad de estas restricciones a la libre transmisión se encuentra en la voluntad de impedir la entrada en la sociedad de participación social no deseada, las cuales chocan con la función de las modificaciones estructurales cuyo propósito es la reorganización del patrimonio social, a través del mecanismo de la sucesión a título universal. La autora estima que los intereses protegidos por estas cláusulas deben ceder ante el interés de las modificaciones estructurales, siempre que no se recurra a estas operaciones con el único objetivo de vulnerar dichas restricciones estatutarias.

Tras el acuerdo de transformación, la escritura pública será otorgada por la sociedad y por todas las socias y socios que pasen a responder personalmente de las deudas sociales, incorporándose las menciones exigidas por el tipo jurídico que se adopte, además de la relación de las personas socias separadas y el capital que representen, así como la cuota y las acciones o participaciones que se atribuyan a cada parte social en la sociedad transformada (artículo 30 RDL).

3. La compensación efectiva y equitativa conforme al valor razonable de las acciones y participaciones de la sociedad

Conforme a lo dispuesto en el artículo 12.6 RDL, el tipo de canje de acciones, participaciones o cuotas, se realizará conforme a las reglas previstas para la fusión (Capítulo II, artículos 33 a 57). En este sentido, la decisión de separación de un socio o socia vinculará a la sociedad a adquirir indefectiblemente las acciones o participaciones y, por tanto, esa adquisición pasará a integrar el presupuesto para la disolución del vínculo societario, que sólo se producirá con el efectivo pago o reembolso de las partes sociales, como sucede con el derecho a la cuota de liquidación[56]. Es decir, sólo en ese momento la persona socia perderá definitivamente su condición de tal y los derechos inherentes a ese estatus, pasando a ser un tercero con una posición inatacable frente a la sociedad[57].

56 BUSTILLO, Mª M., "El derecho de separación...", *op. cit.*, pág. 22, ante el silencio de la Directiva (UE) 2019/2121 acerca de quién en concreto había de pagar la compensación y adquirir las acciones o participaciones, no apreciaba inconveniente alguno para consentir que sean personas socias o terceros, de común acuerdo con la sociedad, quienes terminen reembolsando al socio o socia separada. A nuestro juicio, la reciente reforma legal recoge indubitadamente que ha de ser la sociedad.

57 BUSTILLO, Mª M., "El derecho de separación...", *op. cit.*, p. 21; CONDE TEJÓN, A., "La reforma...", *op. cit.*, p. 8 ss.; MARTÍNEZ SANZ, F. y PUETZ, A., "El derecho de separación de los socios...", *op. cit.*, p. 331 ss. En descuerdo, NA-

En el apartado de disposiciones generales que regula las fusiones transfronterizas en la nueva norma, se dispone que el tipo de canje de las acciones, participaciones o cuotas de las sociedades que participan en la fusión debe establecerse sobre la base del valor razonable de su patrimonio, previendo en todo caso un ajuste en el tipo de canje, cuando sea conveniente, que no exceda del diez por ciento del valor nominal de las acciones, de las participaciones o del valor contable de las cuotas atribuidas (artículo 36.1 y 2 RD-ley 5/2023).

Asimismo, impone a las sociedades objeto de fusión transfronteriza que las acciones, participaciones o cuotas de las sociedades que se fusionan, que estuvieran en poder de cualquiera de ellas o en poder de otras personas que actuasen en su propio nombre, pero por cuenta de esas sociedades, no podrán canjearse por acciones, participaciones o cuotas de la sociedad resultante de la fusión y, en su caso, deberán ser amortizadas o extinguidas (artículo 37 RD-ley 5/2023)[58].

De esta formulación se deduce que la nueva articulación no deja margen de maniobra e impone una serie de requisitos y restricciones en relación al tipo de canje de las acciones y participa-

VARRO PÉREZ, A., "El derecho de separación en las fusiones transfronterizas intracomunitarias como instrumento de protección del socio minoritario y las modificaciones introducidas por la Directiva UE 2019/2121", *Revista de Derecho de Sociedades*, 2020, núm. 59, (versión electrónica RR-1/23), p. RR-9, para quien la Directiva regula un derecho de enajenación y no un derecho de separación en sentido estricto, de forma que la pérdida de la condición de socio o socia se produce con la transmisión de la propiedad de las participaciones. o acciones, independientemente de cuando se produzca el pago o reembolso al socio por la sociedad.

58 EMBID IRUJO, J.M., "Reflexiones sobre las categorías de las modificaciones estructurales en el Ordenamiento Jurídico Español", Nieto Carol, U. (dir.), *Estudios de Derecho de Sociedades*, Valencia, Tirant lo Blanch, pp. 13-49, 30-31, destaca la necesidad de la simplificación de modelos de la regulación sobre modificaciones estructurales intraeuropeas.

ciones propias que vincula estrechamente a las sociedades fusionadas y/o transformadas.

Igualmente, al valorar la compensación en efectivo, la ley impone que se atenderá al valor razonable, conforme a los métodos de valoración generalmente aceptados, criterios estos que tendrán que guiar en todo caso a las personas administradoras al fijar la compensación. Ello vinculará igualmente al informe de la persona experta independiente, quien podrá obtener de la sociedad la información necesaria para cumplir con su labor pericial[59].

El ejercicio del derecho de separación introduce en la relación entre quien lo ejercita y la sociedad el derecho a obtener su cuota de separación o compensación efectiva y desligarse de la sociedad y la obligación de la sociedad a satisfacerla, recurriendo para ello a la liquidación de su inversión en la sociedad a través, sea de una reducción de capital, sea a través de la adquisición de la participación del socio o socia que se separa. Atendiendo a esa perspectiva, la cuota de separación es el valor razonable de su parte (participaciones sociales o acciones) en la sociedad (artículo 353.1 LSC).

La fijación del valor razonable de las participaciones sociales o acciones, cualquiera que sea la vía elegida para ejercitar el derecho de separación, es el paso previo, no sólo desde la perspectiva del crédito de separación de la parte social, sino también de los cambios a los que se aboca, en particular en determinados supuestos, dado que implicará una reducción del capital o la adquisición de la participación por parte de la propia sociedad o de un tercero.

A pesar de que el valor razonable se identifica con el valor de la cuota de separación (artículo 353.1 LSC), la LSC ni define ni

59 BUSTILLO, Mª M., "El derecho de separación...", *op. cit.*, p. 23.

proporciona los criterios materiales que deben seguirse para su determinación, si bien prevé que "se entenderá como valor razonable el que determine un experto independiente" (artículos 107.2.d y 124.2 LSC), previsión coincidente con lo previsto en materia de separación (artículo 353.1 LSC).

El valor razonable, con carácter general, coincide con el valor de los activos y pasivos en la contabilidad (artículo 38 bis CCom), esto es, el valor de esos activos en las cuentas anuales (artículo 260 LSC)[60].

En ese sentido, la persona experta independiente tomará de referencia los criterios establecidos en el Plan General Contable (PGC)[61], cohonestándose así esos criterios con el mandato legal del RDL que prevé que los métodos de valoración han de ser los generalmente aceptados (artículo 6.4).

Cuando la separación se funde en una causa legal, como se prevé en una modificación estructural como es la transformación, no cabe penalizar a la parte social disidente que ha optado por separarse de la sociedad. En consecuencia, no cabe aplicar criterios de valoración que deriven en un valor inferior al razonable[62].

Si bien la nueva regulación de las modificaciones estructurales impide la impugnación de la transformación transfronteriza, fundamentada en la disconformidad con la compensación efectiva en el ejercicio del derecho de separación, ello no impide, como se ha indicado más arriba, que la parte social disconforme con la compensación interponga una acción reclamando la desviación a

---

60 MASSAGUER, J., "La separación de los socios...", *op. cit.*, pp. 14-15.

61 El Marco Conceptual de la Contabilidad del PGC (apartado 6º 2) lo define como: "el precio que se recibiría por la venta de un activo o se pagaría para transferir o cancelar un pasivo mediante una transacción ordenada entre participantes en el mercado en la fecha de valoración".

62 En otro sentido la Sentencia de la Audiencia Provincial de Valladolid, Secc. 3.ª, núm. 272/2019 de 25 de junio (ECLI:ES:APVA:2019:917).

la baja entre el valor realmente razonable y el valor fijado como razonable en el informe de la persona experta independiente[63].

Por otra parte, su pago se realizará en el plazo de dos meses, a contar desde la fecha en que surta efecto la modificación estructural (artículo 12.3 RDL) en el lugar indicado legalmente (artículo 356 LSC), previo cumplimiento de las condiciones previstas para su materialización[64].

La operación de la separación de la parte social derivada de una causa legal implica la realización de una operación societaria compleja, que ha de recurrir a una modalidad concreta. Así, cabe hacerla a través de la adquisición de acciones o participaciones propias, recurriendo a las reservas, proponiendo la entrada de una nueva parte social adquirente de las participaciones (artículos 358.1 y 359 LSC) o reduciendo el capital social en la proporción correspondiente a la persona socia saliente (artículos 356.1 y artículo 358.1 LSC), es una cuestión que corresponde decidir a la sociedad[65], sin que en este último caso la protección de la parte acreedora vaya más allá de la posibilidad de impugnar la operación de transformación ante los tribunales del Estado miembro de origen (artículo 99 RDL).

En virtud de lo expuesto, queda de manifiesto que la nueva regulación refuerza la garantía de una restitución justa y con garantías para el caso de que un socio o socia disconforme decida irse de la sociedad. Y es que, a pesar de que el cálculo de la oferta de compensación en efectivo se base en métodos de valoración generalmente aceptados, se reconoce además el derecho a reclamar

63 Aunque desestima la impugnación, en su FJ 4º declara en este sentido la Sentencia de la Audiencia Provincial de Barcelona, Secc. 15.ª, núm. 824/2020 de 18 de mayo (ECLI:ES:APB:2020:3118).

64 MASSAGUER, J., "La separación de los socios...", *op. cit.*, p. 17.

65 MASSAGUER, J., "La separación de los socios...", *op. cit.*, pp. 17-18.

una compensación en efectivo complementaria, si el socio o socia considera que la ofrecida por la sociedad no se ha fijado adecuadamente. Es decir, las socias y socios disconformes tienen reconocido el derecho a impugnar ese cálculo y a cuestionar la adecuación de la compensación efectiva, exigiendo su revisión, ante una autoridad administrativa o judicial competente o un organismo habilitado en virtud del Derecho nacional, incluido un tribunal de arbitraje.

V. CONSIDERACIONES FINALES SOBRE LOS EFECTOS JURÍDICOS DE LAS TRANSFORMACIONES INTRACOMUNITARIAS

Una de las novedades de la nueva regulación de las modificaciones estructurales, como se ha reiterado en más de una oportunidad, ha sido la incorporación a nuestro derecho interno la regulación de las transformaciones de sociedades de capital, constituidas conforme al Derecho de un Estado miembro y cuyo domicilio social, administración central o centro de actividad principal se encuentra en la Unión Europea.

En el caso específico de sociedades de capital sujetas a la legislación española, podrán transformarse las sociedades anónimas, comanditarias por acciones y de responsabilidad limitada (artículo 80 RDL). En este sentido, la transformación transfronteriza estará sujeta a las disposiciones comunes de RDL, prevaleciendo en todo caso las disposiciones específicas previstas para las modificaciones intracomunitarias (artículo 83 RDL).

Si bien constituye una novedad la incorporación de las transformaciones intracomunitarias a la regulación interna, promovida por la regulación uniforme, la transformación societaria interna de la Ley de Modificaciones actualmente derogada[66], contemplaba el

66 Ley 3/2009, de 3 de abril, sobre modificaciones estructurales de las sociedades mercantiles (LME), BOE-A-2009-5614.

ejercicio del derecho de separación de la parte social disconforme con el acuerdo social mayoritario de transformación[67]. Por consiguiente, trasladar esta oportunidad a la nueva regulación consolida el principio fundamental del Derecho de la Unión a la libertad de establecimiento en todo el espacio europeo, aunque pudiera parecer que el ejercicio del derecho de separación otorgado por la nueva norma entorpezca el mencionado principio. A este respecto, el nuevo régimen jurídico articula un marco jurídico único facilitador de la movilidad societaria, sin perjuicio del respeto al Derecho societario interno, que consagra la observancia a la adhesión formulada al contrato social de las socias y socios estructurado conforme a unos determinados requisitos y condiciones.

Precisamente, la relevancia de esa modificación estructural, derivada de la modificación del tipo social que implica, a su vez, la contractual y/o estatutaria de la sociedad, hace que se considere oportuno otorgar el derecho de separación al socio o socia disconforme, máxime cuando las partes sociales vayan a quedar sometidas a una ley extranjera. Así, se incluye el derecho a enajenar sus acciones o participaciones a la sociedad a la que pertenezcan o a las personas socias o terceros que la sociedad proponga, a cambio de una compensación efectiva adecuada y bajo la condición de que hayan votado en contra del acuerdo transformativo, o sean titulares de acciones o participaciones sin derecho a voto (artículo 86 RDL)[68].

El acuerdo de modificación estructural o de transformación exige, asimismo, que el Registro Mercantil del domicilio social de la sociedad española controle la legalidad de la operación y expida el certificado de acreditación del cumplimiento de las condi-

67 MASSAGUER, J., "La separación de los socios...", *op. cit.*, p. 6.

68 BROSETA PONT, M. y MARTÍNEZ SANZ, F., *Manual de Derecho mercantil*, V.I, Tecnos, Madrid, 2020, p. 601, menciona la importancia del derecho de separación para la parte social que no es conforme con la decisión en la anterior LME, cuya estela sigue la nueva regulación.

ciones exigidas, así como de los procedimientos y formalidades necesarias (artículo 90 RDL).

El control de legalidad abarcará a la escritura pública del acuerdo de modificación estructural de la junta, además de otra documentación que apoya el cumplimiento de los requisitos normativos exigidos por la ley. Por ello, a la solicitud de transformación se incorporará el proyecto, el informe del órgano de administración, el de la persona experta independiente, las observaciones al proyecto de las partes sociales, acreedoras y de la representación sindical, la declaración de la situación financiera, la aprobación, en su caso, del aumento de obligaciones económicas y el cumplimiento de las obligaciones tributarias y con la seguridad social (artículo 90 RDL). Todo ello eleva sustancialmente la cautela de que la operación responda al marco regulatorio del Estado origen[69].

Sobra decir que el control de legalidad exigido al Registro no es garantía absoluta para eliminar las prácticas abusivas o el fraude en la constitución y/o el objeto de las sociedades en el espacio común. Ahora bien, es un filtro relevante que facilita la detección de indicios fraudulentos o abusivos, en particular, de todas aquellas cuestiones relacionadas con la protección de las partes sociales, la parte acreedora y la trabajadora. En ese caso, el Registro tiene tres meses, ampliables otros tres, para solicitar más documentación de la operación (artículo 91 RDL)[70].

---

69 PÉREZ TROYA, A., "La Directiva...", *op. cit.*, p. 37; TAPIA HERMIDA, A. J., "La nueva regulación...", *op. cit.*, p. 9; TORRALBA MENDIOLA, E.C., "La transformación transfronteriza de sociedades en el ámbito de la UE: una perspectiva de Derecho internacional privado", *Revista de Derecho de Sociedades*, núm. 55, BIB 2019\1555, 2019, pp. 1-27, 9.

70 MATILLA MAHIQUES, L.; FORTEA GORBE, J.L.; AZNAR GINER, E., *La nueva regulación de las modificaciones estructurales de sociedades de capital y otras novedades introducidas por el RD-ley 5/2023, de 28 de junio*, Valencia, Tirant lo Blanch, 2023, pp. 87-88.

Por otra parte, como herramienta que incrementa la seguridad de la operación, cabe señalar que los procedimientos y formalidades a cumplimentarse en los supuestos de solicitud del certificado previo de transformación societaria se regirán por el Derecho del Estado miembro de origen, mientras que los procedimientos y formalidades de recepción del certificado requerido para finalizar la operación se regirá por el Derecho del Estado de destino (artículo 97 RDL).

Además de todas las menciones enumeradas en las disposiciones comunes, en particular, las que afectan, por razón de la materia que estamos analizando, al listado de las personas socias que han solicitado el derecho de separación, el proyecto de transformación aportará la forma jurídica, razón social y domicilio social propuestos, la escritura de constitución, en su caso, los estatutos sociales y el incentivo o subvención recibido por la sociedad en España en los últimos 5 años (artículo 98 RDL).

Todos los requisitos mencionados articulan una cautela suficiente para que las operaciones de transformación intracomunitaria se realicen en un maro seguro y conforma a la legalidad vigente.

VI. BIBLIOGRAFÍA

AGUIRRE REDONDO, J.M., "Transposición de la Directiva UE de modificaciones estructurales de sociedades mercantiles: análisis del RDley 5/2023, de 28 junio", *Aranzadi digital*, núm. 1, 2023, Bib 2023\1790.

ALCOVER GARAU, G., "La insuficiente regulación del derecho a enajenar de los socios que voten en contra del acuerdo de transformación", *La Ley mercantil*, núm. 112, abril de 2024.

ÁLVAREZ ROYO-VILLANOVA, S., "El traslado internacional del domicilio social: novedades jurisprudenciales y legislativas", *El Notario del Siglo XXI*, núm. 80, 2018.

ANDREU MARTÍ, Mª M., "Impugnación de la fusión de sociedades", *Estudios de derecho de sociedades Colegio Notarial de Valencia: diez años de la*

Ley de Modificaciones Estructurales de las Sociedades Mercantiles, Nieto Carol, U. (edit.), Valencia, Tirant Biblioteca Virtual, 2023.

ARENAS GARCÍA, R., "La Directiva sobre transformaciones, fusiones y escisiones transfronterizas regulación y facilitación de la movilidad de sociedades dentro de la Unión Europea", *La Ley Unión Europea*, núm. 77, 2020.

BROSETA PONT, M.; MARTÍNEZ SANZ, F., *Manual de Derecho mercantil*, V. I, Tecnos, Madrid, 2020.

BUSTILLO SAIZ, Mª M., "El derecho de separación de los socios en las operaciones transfronterizas", *Revista de Derecho de Sociedades*, núm. 61/2021, Bib 2021\1432.

CABANAS TREJO, R., "Fusiones y escisiones transfronterizas", *Las modificaciones estructurales de las sociedades mercantiles*, Rojo, A.; Campuzano, A.B.; Cortés, L.J.; Pérez Troya, A. (coords.), Pamplona, 2015.

CERRATO, I., "Impacto del RD-ley 5/2023, sobre el régimen de modificaciones estructurales: primeras (y cautas) impresiones", *Actualidad Jurídica Aranzadi*, núm. 999/2023, Bib 2023\2616.

CLEMENTE CRISTÓBAL, V., "Algunas reflexiones sobre la nueva obligación de estar al corriente en el cumplimiento de las obligaciones tributarias y de la seguridad social en las modificaciones estructurales", *Revista de Derecho de Sociedades*, núm.69, 2023, Bib 2023\2871.

CONDE TEJÓN, A., "La reforma en la regulación de las modificaciones estructurales operada por el RDL 5/2023 de 28 de junio", *La Ley Mercantil*, núm.105, septiembre, 2023.

DEL VAL TALENS, P., *El derecho de separación en las modificaciones estructurales transfronterizas*, Valencia, Tirant Lo Blanch, 2023.

EMBID IRUJO, J.M., "Reflexiones sobre las categorías de las modificaciones estructurales en el Ordenamiento Jurídico Español", *Estudios de Derecho de Sociedades*, Nieto Carol, U. (dir.), Tirant lo Blanch, Valencia, 2019.

FERNÁNDEZ-TRESGUERRES GARCÍA, A., "La digitalización y movilidad de sociedades en Derecho Europeo", *Revista de Derecho de Sociedades*, núm.58/2020, Bib 2020\9289.

FERRANDO VILLALBA, Mª L., "La transformación heterogénea. En especial, la transformación de y en sociedades cooperativas", *Revista de Derecho Patrimonial*, núm. 25, 2010, Bib 2010\1602.

GALLEGO LANAU, M., "Las limitaciones estatutarias a la transmisión de la posición de socio en las modificaciones estructurales de sociedades de capital", *La Ley mercantil*, núm. 20, diciembre de 2015.

GIMENO RIBES, M., "La cogestión en sociedades y grupos transfronterizos", *Revista de Derecho de Sociedades*, núm. 60, 2020, Bib 2020\36741.

GONZÁLEZ-MENESES. S. y ÁLVAREZ, M., *Modificaciones estructurales de las sociedades mercantiles*, 2ª edic., Dykinson, Madrid, 2013.

LEIÑENA MENDIZÁBAL, E., "El derecho de separación del socio minoritario en las modificaciones estructurales de la sociedad", *Los intentos de reforzamiento del poder de la junta y de los socios en los grupos de sociedades*, Emparanza Sobejano, A. (dir.), Marcial Pons, 2018.

MARTÍNEZ SANZ, F. y PUETZ, A., "El derecho de separación de los socios en las modificaciones estructurales", Rojo Fernández Río, A.J.; Campuzano Laguillo, A.B.; Cortés Domínguez, L.J.; Pérez Troya, A. (coords.), *Las modificaciones estructurales de las sociedades mercantiles*, Thomson Reuters-Aranzadi, Cizur Menor (Navarra), 2015.

MASSAGUER, J., "La separación de los socios de las sociedades de capital como operación societaria", *Revista de Derecho de Sociedades*, núm. 64, 2022, Bib 2022\633.

MATILLA MAHIQUES, L.; FORTEA GORBE, J.L.; AZNAR GINER, E., *La nueva regulación de las modificaciones estructurales de sociedades de capital y otras novedades introducidas por el RD-ley 5/2023, de 28 de junio*, Valencia, Tirant lo Blanch, 2023.

MENÉNDEZ, A. y ROJO, A. (dirs.), *Lecciones de Derecho Mercantil*, V. I, Thomson Reuters, Cizur (Navarra), 2019.

NAVARRO PÉREZ, A., "El derecho de separación en las fusiones transfronterizas intracomunitarias como instrumento de protección del socio minoritario y las modificaciones introducidas por la Directiva UE 2019/2121", *Revista de Derecho de Sociedades*, 2020, núm. 59, (versión electrónica RR-1/23).

PÉREZ TROYA, A., "La Directiva sobre transformaciones, fusiones y escisiones transfronterizas: Una primera aproximación, con particular referencia a la tutela de los socios", *Revista de Derecho de Sociedades*, núm. 58, 2020, Bib 2020\9270.

SEQUEIRA MARTÍN, A., "Derecho de separación y la exclusión del socio", *Revista de Derecho de Sociedades*, núm. 36/2011 1 parte Estudio, Bib 2011\518.

TAPIA HERMIDA, A. J., "La nueva regulación europea de las operaciones transfronterizas de sociedades. Panorama de la Directiva (UE) 2019/21212", *Revista de Derecho Bancario y Bursátil*, núm.157, 2020, Bib 2020\7912.

TORRALBA MENDIOLA, E.C., "La transformación transfronteriza de sociedades en el ámbito de la UE: una perspectiva de Derecho internacional privado", *Revista de Derecho de Sociedades*, núm. 55, 2019, Bib 2019\1555, 2019.

VIERA GONZÁLEZ, J., "Modificaciones estructurales y restricciones a la transmisión de acciones y participaciones de una sociedad de capital cerrada integrada por personas jurídicas", *La Ley mercantil*, núm. 38, Sección Sociedades, Julio-Agosto 2017, La Ley 10020/2017.

Capítulo 27

LA TRANSMISIÓN DE LA CONDICIÓN DE ACCIONISTA COMO EFECTO ADVERSO DE LA REMUNERACIÓN MEDIANTE OPERACIONES DE SCRIP DIVIDENDS

Susana Aragón Tardón
Doctora en Derecho
Profesora Colaboradora USP-CEU

I. PRESENTACIÓN DE LAS OPERACIONES DE *SCRIP DIVIDENDS*

La crisis económica iniciada en el año 2008 tuvo una incidencia significativa y desfavorable en los resultados financieros de las sociedades. Por este motivo, estas buscaron una vía de remuneración al accionista que les permitiera transmitir una imagen positiva al mercado, sin que ello les supusiera tener que realizar un desembolso de efectivo importante para satisfacer estas remuneraciones.

En este escenario, las sociedades cotizadas en el mercado español —y, posteriormente, también sociedades no cotizadas— decidieron importar de los mercados internacionales una fórmula retributiva alternativa al tradicional dividendo en efectivo, la cual se mantiene en la actualidad: las operaciones de *scrip dividends*[1].

Las operaciones de *scrip dividends* son una fórmula retributiva que permite al accionista optar entre recibir su dividendo en efectivo o recibirlo en forma de nuevas acciones de la sociedad[2].

Estas operaciones son utilizadas con éxito por un gran número de sociedades españolas de características diversas para remunerar a sus accionistas. Así, por ejemplo, entre las sociedades cotizadas que forman o han formado parte del índice Ibex 35, han recurrido a esta modalidad retributiva sociedades de diversos sectores, entre otros: del sector de los servicios financieros e inmobiliarios (Banco Santander, BBVA, el desaparecido Banco Popular, Bankinter, CaixaBank y Banco Sabadell); del sector del petróleo y de la energía (Iberdrola, Gas Natural y Repsol); del sector

1 Estas operaciones reciben el nombre de *scrip dividends* en Reino Unido, *paiement du dividende en actions* en Francia, *stock dividends* en Estados Unidos, *wahldividende* en Alemania, *dividendi in azioni* en Italia, etc.

2 *Vid.* sobre las operaciones de *scrip dividends* en España, ARAGÓN TARDÓN, S., *Las operaciones de scrip dividends de las sociedades cotizadas*, Thomson Reuters-Aranzadi, 2018; FERRADA LAVALL, E. y SAN MIGUEL BARBÓN, F., "Programa de retribución flexible: efectivo o acciones a opción del accionista", *2010 Anuario mercantil para abogados. Los casos más relevantes en 2009 de los grandes despachos*, Sebastián Quetglas, R. (coord.), Ed. La Ley, Las Rozas, 2010, pp. 713-739; IRIBARREN BLANCO, M., "Los dividendos electivos o *scrip dividends*", *Revista de Derecho Mercantil*, núm. 284, 2012, pp. 141-180.

de los materiales básicos, la industria y la construcción (Siemens Gamesa Renewable Energy [anterior Gamesa Corporación Tecnológica], ACS, Acerinox, Ferrovial, Abengoa, Sacyr y FCC) o del sector de la tecnología y las telecomunicaciones (Telefónica). También han recurrido a esta modalidad retributiva otras sociedades cotizadas no integrantes del referido índice (Almirall, Faes Farma, DAMM, Talgo y Viscofán) o, incluso, sociedades no cotizadas (Corporación Alimentaria Guissona).

Sin embargo, estas operaciones no son una figura regulada en el ordenamiento jurídico español, como sí lo son en otros ordenamientos, por ejemplo, los *scrip dividends schemes* en el Reino Unido o el *paiement du dividende en actions* en Francia.

En la práctica societaria española, las entidades han realizado un ejercicio de ingeniería jurídica para, con la normativa vigente y las operaciones societarias en ella reguladas, configurar una fórmula que, con su propia estructura y procedimiento, permita al accionista elegir entre recibir su remuneración en efectivo o recibirla en forma de nuevas acciones de la sociedad.

En este sentido, en España, estas operaciones de *scrip dividends* se configuran jurídicamente mediante la coordinación de dos operaciones independientes: la distribución de dividendos y el aumento de capital con cargo a reservas.

Aunque, con carácter general, esta configuración jurídica *ad hoc*, ha permitido que estas operaciones españolas se asemejen bastante a las operaciones de derecho comparado que les han servido de referencia, lo cierto es que, en su aplicación práctica, dicha configuración ha generado algunas deficiencias, efectos adversos e, incluso, distorsiones de la finalidad de la operación.

Así, entre otros, debe destacarse el efecto que constituye el objeto del presente trabajo, esto es, la transmisión de la condición de accionista como consecuencia de la libre transmisión de los derechos de asignación gratuita.

II. LA CONFIGURACIÓN JURÍDICA DE LAS OPERACIONES DE *SCRIP DIVIDENDS* EN ESPAÑA

En España, estas operaciones de *scrip dividends* se configuran jurídicamente mediante la coordinación de dos operaciones societarias preexistentes y reguladas independientemente: por un lado, la distribución de dividendos, *ex* artículos 275 y siguientes LSC, y, por otro lado, el aumento de capital con cargo a reservas, *ex* artículo 303 LSC[3].

En la coordinación de estas dos operaciones societarias, aunque ambas operaciones se interrelacionan para formar parte de una operación común —la operación de *scrip dividends*—, cada una de ellas continúa manteniendo sus características principales y sus reglas procedimentales propias. Como consecuencia de ello, los accionistas no pierden ninguna de las opciones que les

3 PAZ-ARES RODRÍGUEZ, C. ("Aproximación al estudio de los dividendos en especie", *Revista Jurídica del Notariado*, núm. 3, julio-septiembre 1992, pp. 207-228, p. 209, nota 3) ha puesto de manifiesto la imposibilidad de que, en España, el acuerdo de la junta general que aprueba las cuentas anuales y decide sobre la distribución de los resultados, pueda aprobar estas operaciones de *scrip dividends*. Este autor afirma que, para lograr un efecto equivalente al que se obtiene a través de los *scrip dividends*, ha de seguirse el procedimiento especial de aumento de capital. *Vid.*, asimismo, la reflexión realizada por GIRÓN TENA, J. (*Derecho de sociedades anónimas. Según la Ley de 17 de julio de 1951,* Publicaciones de los seminarios de la Facultad de Derecho, Valladolid, 1952, p. 204) sobre la posibilidad de ofrecer al socio acciones liberadas en vez de dividendo. De hecho, todas operaciones de *scrip dividends* realizadas por las sociedades cotizadas españolas se han configurado jurídicamente como ampliaciones de capital con cargo a reservas. En el mismo sentido, VÁZQUEZ CUETO, J.C., *Régimen jurídico de la autocartera,* Marcial Pons, Madrid, 1995, p. 168.

corresponderían en caso de que cada una de estas operaciones fuera ejecutada independientemente, sino que se les ofrecen todas ellas.

Sin embargo, lo que sí que sucede es que, para materializar todas estas opciones y poder ofrecer al accionista la posibilidad de elegir entre recibir su dividendo en efectivo o recibirlo en forma de acciones, una de las operaciones toma predominancia sobre la otra, constituyéndose como "operación base". Esta "operación base" es el aumento de capital con cargo a reservas, ya que sus distintos elementos y, más concretamente, los derechos de asignación gratuita atribuidos a los accionistas en el marco de su ejecución, desempeñan un papel esencial en la operación[4].

En este sentido, al aumento de capital con cargo a reservas "puro" regulado en el artículo 303 LSC, se le introduce una especialidad para permitir que el accionista que así lo desee reciba una remuneración prefijada en efectivo. Esta especialidad consiste en que, en el marco de las operaciones de *scrip dividends*, la sociedad asume un compromiso irrevocable de compra de los derechos de asignación gratuita, a un precio garantizado[5].

---

4 De hecho, algunos autores se refieren a las operaciones de *scrip dividends* como "una modalidad de ampliación de capital que tiene como objeto principal la retribución del accionista". *Vid.*, en este sentido VIVES RUIZ, F. y LÓPEZ-JORRÍN HERNÁNDEZ, A., *El derecho de suscripción preferente y su exclusión en las sociedades cotizadas,* Wolters Kluwer La Ley, Las Rozas, 2010, pp. 52-53.

5 FERRADA LAVALL, E. y SAN MIGUEL BARBÓN, F. ("Programa de retribución flexible...", *op. cit.*, pp. 731-732) se refieren a este compromiso irrevocable de compra de los derechos de asignación gratuita que asume la sociedad como un "complemento" al aumento de capital y no como una especialidad. Sin embargo, consideramos más oportuno denominarlo "especialidad" ya que es precisamente dicho compromiso lo que hace "especial" a este aumento de capital con cargo a reservas distinguiéndolo de los aumentos de capital con cargo a reservas "puros".

Con carácter general, en la ejecución de los aumentos de capital que sirven de base a las operaciones de *scrip dividends*, los accionistas reciben un derecho de asignación gratuita por cada acción de la sociedad de la que sean titulares. Estos derechos de asignación gratuita traspasan su función principal de conservar el valor relativo de la cuota de participación del accionista[6], y se convierten en los instrumentos que permiten a los accionistas elegir la opción que más se adecúe a sus preferencias: ejercitándolos para recibir nuevas acciones o transmitiéndolos —a terceros o a la propia sociedad— para recibir una contraprestación en efectivo.

III. LAS OPCIONES DE LOS ACCIONISTAS

De acuerdo con la actual configuración jurídica de las operaciones de *scrip dividends* en España, a los accionistas se les ofrecen como alternativas las mismas opciones que se les ofrecerían en caso de que cada una de las operaciones coordinadas fuera ejecutada independientemente.

En consecuencia, los accionistas pueden elegir entre las siguientes cuatro opciones:

Opción 1: Suscripción de acciones de nueva emisión.

Opción 2: Libre transmisión de los derechos de asignación gratuita.

Opción 3: Transmisión de los derechos de asignación gratuita a la sociedad mediante la aceptación del compromiso irrevocable de compra.

6 SÁNCHEZ ANDRÉS, A., *El derecho de suscripción preferente del accionista*, Civitas, Madrid, 1973, p. 113; MARTÍNEZ NADAL, A., *El aumento de capital con cargo a reservas y beneficios en la sociedad anónima*, McGraw Hill, Madrid, 1996, pp. 383-390.

Opción 4: Combinación de opciones.

Pasamos a analizar cada una de estas opciones de manera detallada.

1. Opción 1: Suscripción de acciones de nueva emisión

En esta primera opción, el accionista decide ejercitar los derechos de asignación gratuita de su titularidad para recibir su dividendo en acciones y, por tanto, para suscribir acciones de nueva emisión.

Pese a que, la finalidad de este aumento de capital es materializar el pago del dividendo en acciones, jurídicamente, opera como un aumento de capital con cargo a reservas del artículo 303 LSC, respecto de aquellos accionistas que no han transmitido sus derechos de asignación gratuita y de aquellos terceros que hayan adquirido los derechos de asignación gratuita como consecuencia de su libre transmisión[7].

De esta manera, en tanto que el aumento de capital se produce con cargo a reservas, no se genera una modificación cuantitativa en el patrimonio de la sociedad respecto al momento previo

7 Es preciso poner de manifiesto que, la mayor parte de las sociedades cotizadas españolas que realizan operaciones de *scrip dividends,* limitan el objeto de su compromiso irrevocable de compra de los derechos de adquisición gratuita exclusivamente a los accionistas que han recibido los derechos de asignación gratuita originariamente, es decir, a aquellos accionistas que lo sean en el momento de asignación de los derechos (*record date*) y, únicamente, en relación con los derechos de asignación gratuita que se les asignen en dicho momento. De esta manera, los derechos de asignación gratuita adquiridos en el mercado secundario, generalmente, están excluidos del ámbito de dicho compromiso de compra por parte de la sociedad. Consecuentemente, la única opción que tienen sus titulares es ejercitarlos y, por tanto, suscribir las acciones de nueva emisión que les correspondan con base en esos derechos.

al aumento, sino únicamente una modificación cualitativa en la estructura de los fondos propios, en la medida en la que se aumenta el capital social y se reducen las reservas en igual cuantía. Así, la sociedad realiza un reforzamiento de sus recursos propios al retener parte de la remuneración al accionista, a cambio de emitir nuevas acciones[8].

Asimismo, esta suscripción de nuevas acciones de la sociedad opera como "opción subsidiaria". Consecuentemente, a falta de comunicación expresa por parte del accionista acerca de cuál es la opción por la que se decanta —o, en concreto, a falta de comunicación expresa por parte del accionista manifestando su deseo de recibir el dividendo en efectivo—, se le aplicará por defecto esta opción y, por tanto, suscribirá acciones de nueva emisión[9].

8 En esta Opción 1, la operación actúa como un aumento de capital con medios propios y, por tanto, cumple la función propia de estos aumentos. *Vid.*, sobre esta función, SÁNCHEZ ANDRÉS, A., "Notas sobre la función económica del aumento de capital con medios propios", *Estudios jurídicos en homenaje a Joaquín Garrigues*, tomo III, Tecnos, Madrid, 1971, pp. 193-215; TORRENS SÁNCHEZ, A.M., "El aumento de capital con cargo a reservas y beneficios en la sociedad anónima: función económica (Boletín nº 28, año 1997, marginal 299)", *Trabajos y notas de colaboración del Boletín del Colegio de Registradores de España. Años 1986-2001*, Corral Dueñas, F. (coord.), tomo II, Servicio de Estudios del Colegio de Registradores, Madrid, 2002, pp. 3547-3557, especialmente, en pp. 3552-3557; MARTÍNEZ NADAL, A., *El aumento de capital...*, *op. cit.*, pp. 41-68.
La retención de beneficios generalmente es preferible al aumento de capital acudiendo al mercado, porque reduce costes e incertidumbres. En este sentido, FERNÁNDEZ DELGADO, L., DE MIGUEL MARTÍNEZ DE ARAGÓN, A. y TORTUERO ORTIZ, J. ("Scrip dividends in Spain: Analysis of current features and latest trends", *International Company and Commercial Law Review*, núm. 5, 2013, pp. 179-188, p. 179) afirman que "Retention of profits is generally preferable to raising equity capital from the market because the former avoids the costs and uncertainties of the latter".

9 Así se recoge, de manera general, en los documentos informativos remitidos por cada sociedad a la CNMV con motivo de la ejecución de cada aumento de capital para instrumentar operaciones de *scrip dividends* mediante previsiones como ...

Este aumento de capital con cargo a reservas de las operaciones de *scrip dividends* en España, permite que los accionistas que así lo desean puedan recibir su dividendo en forma de acciones.

2. Opción 2: Libre transmisión de los derechos de asignación gratuita

En esta opción, el accionista decide transmitir sus derechos de asignación gratuita, obteniendo con ello un importe en efectivo que no está garantizado.

Así, por ejemplo, en el ámbito de las sociedades anónimas cotizadas, esta transmisión se produce en el mercado secundario, por lo que el importe recibido en efectivo depende de las condiciones del mercado, en general, y del precio de cotización de los referidos derechos, en particular. Por su parte, en el ámbito de las sociedades no cotizadas, a la transmisión de estos derechos les resultará de aplicación lo dispuesto para las transmisiones de acciones "inter vivos"[10].

Esta posibilidad de transmisión de los derechos de asignación gratuita es una opción propia y característica de las operaciones de *scrip dividends* en España, ya que se deriva de la

[L]os accionistas que no comuniquen su decisión recibirán el número de acciones nuevas que les correspondan... o *...[F]inalizado el periodo de negociación de los derechos de asignación gratuita en el mercado, los derechos de asignación gratuita se convertirán automáticamente en acciones de nueva emisión de la sociedad...*

10 Así, por ejemplo, en el caso de Corporación Alimentaria Guissona, S. A., la transmisión de los derechos de asignación gratuita están sometidos a las restricciones estatutarias establecidas para las referidas transmisiones de acciones. En este sentido, el artículo 7 de los estatutos sociales de la referida sociedad disponen la necesidad de comunicación previa al órgano de administración de determinados aspectos de la transmisión (cantidad de acciones a transmitir, identificación individual de las acciones por número y serie, identificación del transmitente y del adquirente) para obtener la oportuna autorización de éste.

configuración jurídica que se otorga a estas operaciones en nuestro país. De esta manera, al configurarse jurídicamente como un aumento de capital con cargo a reservas, en el marco de la operación, surgen los derechos de asignación gratuita, cuyo régimen, incluida su transmisibilidad *ex* artículo 306 apartado 2 párrafo segundo LSC, no puede verse alterado por el hecho de que la operación sirva de base para materializar una operación de *scrip dividends*.

En este sentido, esta opción es la causa generadora del efecto adverso que constituye el objeto del presente trabajo, es decir, la transmisión de la condición de accionista como consecuencia de la libre transmisión de los derechos de asignación gratuita.

Este efecto adverso no se produce en los regímenes de las operaciones de *scrip dividends* de otros países como Reino Unido o Francia. Esto obedece a que, en estos países, la operación se configura como una modalidad de pago del dividendo por la que se ofrece al accionista la posibilidad de recibirlo en efectivo o en acciones, pero esta última posibilidad no se configura como un aumento de capital. Consecuentemente, no surgen derechos de asignación gratuita que puedan transmitirse.

3. Opción 3: Transmisión de los derechos de asignación gratuita a la sociedad mediante la aceptación del compromiso irrevocable de compra

El accionista que se decanta por esta opción, vende sus derechos de asignación gratuita a la sociedad y, como contraprestación a dicha transmisión, la sociedad le abona un importe en efectivo cuya cuantía ha sido previamente fijada. Todo ello, en virtud del compromiso irrevocable de compra asumido por parte de la sociedad.

Doctrinalmente, y también en la práctica societaria, esta opción se considera como la opción equivalente al tradicional dividendo en efectivo, ya que el resultado en ambos supuestos es el mismo: el accionista, como remuneración a su participación social, recibe un importe fijo en efectivo desembolsado por la sociedad.

Así, como consecuencia de la mecánica propia de estas operaciones en España, la recepción por los accionistas del correspondiente importe en efectivo por parte de la sociedad en el marco de las operaciones de *scrip dividends* no se configura como un pago tradicional del dividendo, sino que se configura como una compraventa de derechos de asignación gratuita entre la sociedad y los accionistas que así lo desean[11].

Para realizar esta compraventa, con ocasión de la ejecución de cada aumento de capital, la sociedad asume un compromiso irrevocable de compra de estos derechos a un precio preestablecido para cada derecho de asignación gratuita. De esta manera, los accionistas tienen garantizada la posibilidad de vender sus derechos a la sociedad y, consecuentemente, recibir el importe en efectivo que les corresponda conforme al número de derechos vendidos. Este compromiso de compra de derechos asumido por la sociedad constituye la especialidad de las operaciones de *scrip dividends* frente a los aumentos de capital con cargo a reservas "puros" del artículo 303 LSC, en los que la sociedad no asume un compromiso de compra en tal sentido.

11 LYCZKOWSKA, K. ("«Scrip dividend» y usufructo de las acciones: ¿cuántas clases de "scrip dividend" hay en el mercado?", *El Notario del siglo XXI*, núm. 57, septiembre-octubre 2014, pp. 98-102, p. 98) se refiere a esta compraventa de derechos de asignación gratuita entre la sociedad y los accionistas como una "falsa" compra, ya que su única finalidad es la de abonar un importe en efectivo equivalente al dividendo.

La existencia de este compromiso de compra por parte de la sociedad es esencial, pues es el mecanismo que, *de facto*, permite al accionista recibir su dividendo en efectivo como remuneración directa de la sociedad.

4. Opción 4: Combinación de opciones

En las operaciones de *scrip dividends* realizadas en España, no resulta necesario que el accionista participe en la opción elegida con la totalidad de sus acciones —o, en concreto, con la totalidad de sus derechos de asignación gratuita—, sino que se permite que el accionista opte por las distintas opciones que se le ofrecen únicamente con una parte de ellos. Evidentemente, con la parte de los derechos de asignación gratuita que no participe en una opción deberá participar en otra, de manera que, en estos casos, se produce una combinación de las distintas opciones.

Consecuentemente, creemos conveniente considerar esta combinación como una opción propiamente dicha ya que, además, se produce con relativa frecuencia. En concreto, se produce en el supuesto en el que el accionista decida ejercer sus derechos de asignación gratuita para suscribir nuevas acciones, debido a que cada accionista es titular de un número distinto de acciones y, por tanto, resulta poco frecuente que el número de derechos de asignación gratuita que le hayan correspondido como consecuencia de su participación previa en la sociedad, sea un múltiplo exacto del número de derechos de asignación gratuita necesarios para suscribir una acción nueva.

IV. LA TRANSMISIÓN DE LA CONDICIÓN DE ACCIONISTA EN LAS OPERACIONES DE *SCRIP DIVIDENDS*

Como hemos referido anteriormente, en una de las opciones ofrecidas al accionista, concretamente, en la Opción 2), el accionista transmite libremente sus derechos de asignación gratuita como consecuencia de la transmisibilidad de estos, *ex* artículo 306.2 LSC.

En este sentido, procede analizar los principales aspectos de esta transmisibilidad de los derechos de asignación gratuita, principalmente, en el marco de estas operaciones de *scrip dividends*, las condiciones en que ésta se produce y los efectos que genera.

1. La transmisibilidad de los derechos de asignación gratuita

Como venimos apuntando, la transmisibilidad de los derechos de asignación gratuita de las sociedades anónimas viene establecida en el apartado 2 párrafo segundo del artículo 306 LSC. De conformidad con lo dispuesto en este artículo, los derechos de asignación gratuita son transmisibles en las mismas condiciones que las acciones de las que se derivan.

Establecida esta regla de la transmisibilidad, con carácter general, para los derechos de asignación gratuita de los aumentos de capital con cargo a reservas "puros", no existe impedimento para afirmar que los derechos de asignación gratuita atribuidos en el marco de los aumentos de capital a través de los que se materializan las operaciones de *scrip dividends* en España son, asimismo, transmisibles, ya que no existe un régimen específico que les resulte de aplicación y que, por tanto, modificara o impidiera dicha transmisibilidad.

A mayor abundamiento, no cabe duda acerca de que esta posibilidad resulta admisible en el marco de estas operaciones, ya que se encuentra expresamente prevista en los documentos informativos publicados por las sociedades, con ocasión de la ejecución de las operaciones de *scrip dividends*.

Conforme a ello, los accionistas antiguos y, por tanto, titulares de los derechos de asignación gratuita pueden transmitir estos derechos libremente y, con ello, obtener el correspondiente importe en efectivo derivado de dicha transmisión.

2. Las condiciones de transmisibilidad de los derechos de asignación gratuita

Como venimos apuntando, de conformidad con lo dispuesto en el artículo 306 LSC, la transmisibilidad de los derechos de asignación gratuita se produce en las mismas condiciones que las acciones de las que derivan estos derechos. Consecuentemente, de cara a determinar cuáles son estas condiciones en el marco de las operaciones de *scrip dividends*, hemos de partir de las condiciones de transmisibilidad de las acciones de las sociedades que recurren a esta modalidad retributiva.

En primer lugar, hemos de tener en cuenta que, en el ámbito de las sociedades cotizadas, sociedades abiertas por excelencia, rige el "principio de libre transmisibilidad de las acciones", lo cual resulta obvio, ya que las acciones se encuentran admitidas a negociación en un mercado secundario oficial de valores[12]. Consecuentemente, esta libertad en la transmisión de las acciones es extrapolable al ámbito de los derechos de asignación gratuita, de manera que, con carácter general, estos derechos son libremente transmisibles[13].

12 En el ámbito de las sociedades anónimas "comunes", el artículo 123 LSC dispone la nulidad de las cláusulas estatutarias que, en la práctica, hagan intransmisibles la acción, aunque sí que permite establecer restricciones que limiten dicha transmisibilidad.
Por lo que se refiere al régimen de transmisibilidad de las participaciones de las sociedades de responsabilidad limitada, de carácter más cerrado, se restringe considerablemente la libertad de transmisión. Así, estas únicamente serán libremente transmisibles en determinados supuestos (recogidos en el artículo 107 LSC), los cuales se corresponden con supuestos en los que existe una relación previa —de parentesco o societaria— entre transmitente y adquirente, a fin de evitar la entrada de terceros en el capital social.

13 Los derechos de asignación gratuita que surgen en el ámbito de las ampliaciones de capital con cargo a reservas de las sociedades cotizadas, son "instrumentos financieros" que tienen la consideración de "valores negociables", en virtud de lo dispuesto en el artículo 3 apartado 1 letra a) inciso 3º del

Establecida, con carácter general, esta libre transmisibilidad de los derechos de asignación gratuita, procede determinar si esta condición de libertad resulta también aplicable a los derechos de asignación gratuita en el ámbito de las operaciones de *scrip dividends*. Para ello, podemos aplicar el mismo criterio que hemos aplicado con anterioridad para determinar la transmisibilidad de los derechos de asignación gratuita en el ámbito de estas operaciones.

De esta manera, podemos afirmar que, en las operaciones de *scrip dividends* españolas, ante la ausencia de un régimen específico que pudiera establecer modificaciones[14], el principio de libre transmisibilidad también resulta de aplicación a los derechos de asignación gratuita en las operaciones de *scrip dividends* y, por tanto, no existe restricción alguna que impida que los accionistas puedan obtener el importe correspondiente a la transmisión de sus derechos en el mercado secundario, al decantarse por la Opción 2.

En segundo lugar, otro aspecto de relevancia en relación con esta transmisibilidad de los derechos de asignación gratuita, es el mercado en el que se produce la negociación de estos derechos.

Por aplicación directa de la regla establecida en el apartado 2 del artículo 306 LSC, estos derechos de asignación gratuita cotizarán y se negociarán en el mismo mercado en el que lo ha-

---

Real Decreto 814/2023, de 8 de noviembre, sobre instrumentos financieros, admisión a negociación, registro de valores negociables e infraestructuras de mercado.

14 *Vid.* ALONSO UREBA, A. y RONCERO SÁNCHEZ, A., "Aplicación a la transmisión de derechos de suscripción preferente del régimen de restricción a la libre transmisibilidad de las acciones", *Revista de Derecho de Sociedades*, núm. 45, 2015, pp. 435-443, sobre el régimen de transmisibilidad de los derechos de suscripción preferente, que se hace extensible a la transmisibilidad de los derechos de asignación gratuita.

gan las acciones de las que proceden. En este sentido, dado que, principalmente, nos encontramos en el ámbito de las sociedades cotizadas integrantes del índice Ibex 35, sus acciones cotizan en el Mercado Continuo, a través del SIBE. Por tanto, será en este mismo mercado en el que coticen los derechos de asignación gratuita cuya negociación y consecuente transmisión satisfará esta opción a los accionistas que así lo deseen.

3. Los efectos adversos de la libre transmisión de los derechos de asignación gratuita

Los accionistas que optan por la Opción 2, en tanto que, como contraprestación a la transmisión de sus derechos de asignación gratuita, obtienen un importe en efectivo, *de facto,* también están monetizando esos derechos. Sin embargo, en esta monetización de derechos se producen unos efectos adversos que no se producen en la forma tradicional de pago del dividendo en efectivo, por lo que podemos afirmar que distorsionan la finalidad de remuneración al accionista que tienen estas operaciones de *scrip dividends*.

3.1. El "efecto dilutivo"

Como consecuencia de esta monetización de los derechos de asignación gratuita mediante su libre transmisión, los accionistas que se decantan por esta opción no participan en el aumento de capital social que, en el marco de estas operaciones de *scrip dividends,* se produce para satisfacer a los accionistas que desean recibir su dividendo en acciones. Debido a ello, las operaciones de *scrip dividends* generan para estos accionistas que venden sus derechos en el mercado el mismo efecto adverso que para los accionistas que aceptan el compromiso irrevocable de compra asumido por la sociedad: la dilución de su participación previa en la sociedad, en la medida en que otros accionistas opten por la suscripción de nuevas acciones[15].

3.2. *La transmisión de la condición de accionista*

Al margen de este "efecto dilutivo", esta Opción 2 por la que se transmiten libremente los derechos de asignación gratuita, produce otro efecto adverso.

En este sentido, la libre transmisión de los derechos de asignación gratuita permite que terceros no accionistas adquieran estos derechos y, por tanto, puedan suscribir las acciones de nueva emisión. Así, se está permitiendo que estos terceros no accionistas participen en el reparto de las ganancias sociales sin ostentar la condición de accionistas en el momento de la asignación de los derechos de asignación gratuita (*record date*).

Resulta cierto que en el ámbito de los tradicionales dividendos en efectivo también es posible que el titular del derecho al dividendo se lo transmita a un tercero que no ostenta la condición de accionista en el momento de la *record date*. Esta transmisión se efectúa conforme a las reglas de la cesión de créditos recogidas en los artículos 1526 y siguientes CC.

Sin embargo, en el marco de las operaciones de *scrip dividends*, los terceros no accionistas que adquieren los derechos de asignación gratuita como consecuencia de su libre transmisión

15 SÁNCHEZ ANDRÉS, A. (*El derecho de suscripción..., op. cit.*, p. 74) se refiere a esta situación como "aguamiento" afirmando que se produce "como consecuencia de la concurrencia sobre el patrimonio social de un mayor número de títulos".
Sobre los posibles mecanismos que podrían implantarse para evitar este "efecto dilutivo", *vid.*, ARAGÓN TARDÓN, S., *Las operaciones de scrip dividends..., op. cit.*, pp. 222-233 y 239.

participan en el reparto de las ganancias sociales al margen de las referidas reglas de cesión de créditos, sino conforme al régimen de transmisibilidad de los derechos de asignación gratuita *ex* apartado 2 del artículo 306 LSC.

Asimismo, esta transmisión de los derechos de asignación gratuita en tanto que, generalmente, conlleva la suscripción de nuevas acciones de la sociedad como consecuencia de la limitación del ámbito objetivo de su compromiso irrevocable de compra por parte de las sociedades, produce una alteración en la estructura accionarial de la sociedad.

Por un lado, cuando los derechos de asignación gratuita sean adquiridos por antiguos accionistas de la sociedad, estos incrementarán su participación en la misma, al haber adquirido más derechos de asignación gratuita que los que les corresponderían de acuerdo con su número inicial de acciones.

Por otro lado, cuando dichos derechos se transmiten a terceros no accionistas, se posibilita la entrada de nuevos accionistas en la sociedad produciéndose, *de facto*, una transmisión de la condición de accionista.

Esta modificación subjetiva de la sociedad no se produce en el tradicional pago del dividendo en efectivo. Consecuentemente, en la medida en que se exceden los efectos propios de una modalidad de retribución al accionista, este efecto puede calificarse como un efecto adverso de las operaciones de *scrip dividends* en España.

V. LA ELIMINACIÓN DEL EFECTO ADVERSO DE LA TRANSMISIÓN DE LA CONDICIÓN DE ACCIONISTA

La posibilidad de trasmitir libremente los derechos de asignación gratuita —generadora del efecto adverso de transmisión de la condición de accionista descrito anteriormente— es una opción propia y característica de las operaciones de *scrip dividends* en España, derivada de la actual configuración jurídica de estas operaciones.

Esta transmisión de los derechos de asignación gratuita es una opción válida en el ámbito de los aumentos de capital con cargo a reservas "puros", pero, su introducción en materia de dividendos, produce unos efectos no deseados.

Procede, por tanto, analizar las opciones jurídicas que permitirían eliminar este efecto adverso.

1. La exclusión de la transmisibilidad de los derechos de asignación gratuita

Una posible forma de eliminación de este efecto adverso, sería la exclusión de la transmisibilidad del derecho de asignación gratuita en el marco de estas operaciones de *scrip dividends*.

Sobre la posibilidad de exclusión de la transmisibilidad de este derecho se han pronunciado algunos autores. Estos han concluido que la sociedad no puede ir más allá de lo dispuesto por el artículo 306 LSC. De esta manera, únicamente podrá limitarse la transmisibilidad de estos derechos en aquellos supuestos en los que la transmisibilidad de las acciones de las que derivan se encuentre limitada, esto es, cuando existan restricciones a la libre transmisibilidad de las acciones[16].

Consecuentemente, en el caso de las sociedades cotizadas, no resulta posible dicha exclusión de la negociabilidad de los dere-

16 MARTÍN ARESTI, P., *La participación de los socios en los aumentos nominales de capital. Sobre el denominado derecho de asignación gratuita*, Thomson-Aranzadi, Cizur Menor, 2006, pp. 83-85. Sobre la posibilidad de exclusión del derecho de suscripción preferente, SÁNCHEZ ANDRÉS, A., *El derecho de suscripción..., op. cit.*, pp. 377-386.

chos de asignación gratuita, ya que esta negociabilidad tiene una importante incidencia sobre el funcionamiento eficaz y transparente del mercado de valores.

En este sentido, dado que las operaciones coordinadas en la actual configuración jurídica de las operaciones de *scrip dividends* —y, en concreto, el aumento de capital con cargo a reservas—, conservan sus reglas y características propias, no resultaría aplicable la solución propuesta, ya que no sería posible la referida exclusión del carácter transmisible de estos derechos.

2. La regulación de las operaciones de *scrip dividends* como modalidad de pago del dividendo

Otra opción para eliminar este efecto adverso se produciría mediante la regulación de las operaciones de *scrip dividends* como una modalidad de pago del dividendo[17].

Esta configuración jurídica dotaría a las operaciones de *scrip dividends* en España de mayor simplicidad y atractivo, otorgando la máxima protección a los derechos e intereses de los accionistas —tanto de aquellos que opten por recibir el dividendo en acciones, como de aquellos que opten por recibirlo en efectivo—, y eliminando efectos adversos del régimen español actual como la indeseada transmisión de la condición de accionista.

La regulación de estas operaciones como modalidad de pago del dividendo conseguiría que, a consecuencia del pago del dividendo —tanto en efectivo como en acciones—, únicamente se produzca un desplazamiento de bienes del patrimonio de la so-

17 Sobre la conveniencia de establecer un régimen específico para estas operaciones, *vid.* ARAGÓN TARDÓN, S., "La necesidad de regulación de las operaciones de *scrip dividends* como fórmula para satisfacer el derecho del socio a participar en las ganancias sociales en España", *CEFLegal: Revista práctica de derecho. Comentarios y casos prácticos*, núm. 265, 2023, pp. 5-36.

ciedad al patrimonio de sus accionistas, no al patrimonio de terceros no legitimados *a priori* para recibir el dividendo.

2.1. *La posibilidad de establecer normativamente modalidades alternativas de pago del dividendo en efectivo*

El reconocimiento legal y el fundamento positivo de la participación del socio en las ganancias de la sociedad lo encontramos en la relación de derechos contenida en el artículo 93 LSC, concretamente, en su letra a).

El régimen jurídico de este derecho, recogido en el articulado de la LSC, nos lleva a poder afirmar que resulta posible establecer modalidades de pago del dividendo distintas al pago del dividendo en efectivo.

Así, por un lado, los accionistas, en ejercicio de su autonomía de la voluntad, pueden establecer en sus estatutos sociales fórmulas de pago de su dividendo en bienes distintos del dinero, sin que se haya considerado que la existencia de cláusulas estatutarias en ese sentido se oponga a las leyes (artículo 28 LSC).

Por otro lado, el apartado 1 del artículo 276 LSC, confiere a la junta general de accionistas la facultad para determinar, en el acuerdo de distribución de dividendos, la forma de pago de estos. A estos efectos, dicho artículo no recoge un elenco de formas en las que puede satisfacerse el pago del dividendo, ni establece una forma de pago del dividendo subsidiaria para el supuesto de falta de determinación por la junta[18].

---

18 Por el contrario, el malogrado Anteproyecto de Ley del Código Mercantil —tanto en su versión de 30 de mayo de 2014 como en su versión de marzo de 2018, tras el Dictamen del Consejo de Estado— sí que preveía el pago en dinero como forma subsidiaria de pago del dividendo. Concretamente, el artículo 245-5 en su apartado 2 establecía que ...*[A] falta de determinación*

Si resulta posible establecer modalidades de pago del dividendo distintas al dividendo en efectivo a través de estas vías, también será posible introducirlas a través de una modificación normativa que, en concreto, regule las operaciones de *scrip dividends* como modalidad de pago del dividendo. Esta previsión legal aportaría una mayor seguridad jurídica a estas operaciones en nuestro país.

2.2. *La configuración de las operaciones de scrip dividends como modalidad de pago del dividendo*

La configuración jurídica de las operaciones de *scrip dividends* como modalidad de pago del dividendo implica que se encontrarían sometidas al régimen de aplicación del resultado y de distribución de dividendos, ya que esta es la finalidad de la operación y, por tanto, las reglas a las que debe someterse.

Así, se produciría una variación de la mecánica de la operación al alterarse el orden de concreción de los diferentes aspectos de la misma. El punto de partida sería la concreción del importe del dividendo como si de un dividendo tradicional en efectivo se tratase y, a partir de dicho importe en relación con el precio de emisión de las nuevas acciones, se determinaría el número de estas que le correspondería a cada accionista que decidiera satisfacer su derecho a participar en las ganancias sociales de esa forma[19].

---

sobre esos particulares, el dividendo será pagadero en dinero en el domicilio social a partir del día siguiente al del acuerdo...

19 La mecánica de la operación se correspondería con la establecida por SÁNCHEZ CALERO, F. (*La determinación y la distribución del beneficio neto en la sociedad anónima, Cuadernos del Instituto Jurídico Español-CSIC Delegación de Roma*, Roma-Madrid, 1955, p. 164) para el supuesto en que la junta general ordinaria de accionistas pudiera fijar el dividendo en especie: *...los beneficios que son calculados en el balance y, por tanto, solamente en su cuantía dineraria, habrían de ponerse en relación con la especie que se quiere repartir,*

Con esta configuración, las opciones ofrecidas al accionista se limitarían únicamente a dos: la posibilidad de recibir el dividendo en efectivo o la posibilidad de recibir el dividendo en acciones.

Al no configurarse como un aumento de capital con cargo a reservas, no existirían derechos de asignación gratuita.

Consecuentemente, ya no resultaría necesario que, como hasta ahora, la sociedad asuma un compromiso de compra de los derechos de asignación gratuita ni, por tanto, que se instrumente la compraventa de estos derechos para que los accionistas puedan recibir el importe correspondiente en efectivo.

Asimismo, esos derechos de asignación gratuita tampoco pueden transmitirse a terceros en el mercado. De esta manera, desaparecería la Opción 2 de transmisión de los derechos de asignación gratuita, generadora del efecto adverso que tratamos de eliminar.

VI. CONCLUSIONES

Las operaciones de *scrip dividends* son una fórmula de remuneración al accionista que no se encuentra regulada en España. Consecuentemente, las sociedades españolas han realizado una configuración jurídica propia de estas operaciones, coordinando el aumento de capital con cargo a reservas con la distribución de dividendos.

Dado que las dos operaciones coordinadas mantienen sus características propias, en la configuración actual de estas operaciones, se presentan al accionista las mismas opciones que se

---

valuando ésta y averiguando qué cantidades de unidades de estos bienes tienen un valor igual a los beneficios que se pueden repartir. Una vez realizada esta operación podría repartirse las unidades de esas especies no dinerarias proporcionalmente al capital desembolsado por cada accionista...

le presentarían en el supuesto de que esas operaciones fueran ejecutadas independientemente. Consecuentemente, para materializar el ofrecimiento del pago del dividendo en efectivo o en acciones, los derechos de asignación gratuita ostentan un papel relevante y esencial. Así, estos pueden ejecutarse, para recibir acciones de nueva emisión de la sociedad, o pueden transmitirse —a terceros o a la propia sociedad—, para recibir una contraprestación en efectivo.

Alguna de esas opciones que se presentan al accionista conforme a la configuración jurídica actual de estas operaciones de *scrip dividends,* genera efectos adversos que exceden los efectos propios de la retribución al accionista.

Entre estos, hemos de destacar la Opción 2, en virtud de la cual se transmiten los derechos de asignación gratuita. La transmisibilidad de estos derechos, *ex* artículo 306.2 LSC, modifica la estructura accionarial: por un lado, los antiguos accionistas incrementaran su participación en la sociedad, en la medida en que adquieran derechos de asignación gratuita adicionales; por otro lado, posibilita la entrada de nuevos accionistas en la sociedad, en la medida en que se estos derechos se transmitan a terceros no accionistas.

De esta manera, se produce, *de facto*, una transmisión de la condición de accionista que no se produce en el tradicional pago del dividendo en efectivo.

En este sentido, aunque valoramos positivamente la incorporación de esta fórmula retributiva a la práctica societaria española, consideramos que resultaría apropiado dar un paso más y establecer una regulación específica para estas operaciones, semejante a la regulación establecida en regímenes extranjeros, esto es, como una modalidad de pago del dividendo.

Ello implicaría que las operaciones de *scrip dividends* se encontraran sometidas al régimen de aplicación del resultado y de distribución de dividendos, ya que esta es la finalidad de la operación.

De esta manera, la operación ya no se configuraría como un aumento de capital y, por tanto, no surgirían derechos de asignación gratuita transmisibles. Consecuentemente, se elimina el efecto adverso de transmisión de la condición de accionista que actualmente distorsiona la finalidad de retribución al accionista de estas operaciones de *scrip dividends*.

VII. BIBLIOGRAFÍA

ALONSO UREBA, A. y RONCERO SÁNCHEZ, A., "Aplicación a la transmisión de derechos de suscripción preferente del régimen de restricción a la libre transmisibilidad de las acciones", *Revista de Derecho de Sociedades*, núm. 45, 2015.

ARAGÓN TARDÓN, S., *Las operaciones de scrip dividends de las sociedades cotizadas*, Thomson Reuters-Aranzadi, 2018.

— "La necesidad de regulación de las operaciones de *scrip dividends* como fórmula para satisfacer el derecho del socio a participar en las ganancias sociales en España", *CEFLegal: Revista práctica de derecho. Comentarios y casos prácticos*, núm. 265, 2023.

FERNÁNDEZ DELGADO, L., DE MIGUEL MARTÍNEZ DE ARAGÓN, A. y TORTUERO ORTIZ, J., "Scrip dividends in Spain: Analysis of current features and latest trends", *International Company and Commercial Law Review*, núm. 5, 2013.

FERRADA LAVALL, E. y SAN MIGUEL BARBÓN, F., "Programa de retribución flexible: efectivo o acciones a opción del accionista", *2010 Anuario Mercantil para abogados. Los casos más relevantes en 2009 de los grandes despachos*, Sebastián Quetglas, R. (coord.), La Ley, Las Rozas, 2010.

GIRÓN TENA, J., *Derecho de sociedades anónimas. Según la Ley de 17 de julio de 1951*, Publicaciones de los seminarios de la Facultad de Derecho, Valladolid, 1952.

IRIBARREN BLANCO, M., "Los dividendos electivos o *scrip dividends*", *Revista de Derecho Mercantil*, núm. 284, 2012.

LYCZKOWSKA, K., "«Scrip dividend» y usufructo de las acciones: ¿cuántas clases de «scrip dividend» hay en el mercado?", *El Notario del siglo XXI*, núm. 57, septiembre-octubre 2014, pp. 98-102. Disponible en http://www.elnotario.es/index.php/hemeroteca/revista-57/3850-scrip-dividend-y-usufructo-de-las-acciones-cuantas-clases-hay-en-el-mercado (consultado el 19 de enero de 2024).

MARTÍN ARESTI, P., *La participación de los socios en los aumentos nominales de capital. Sobre el denominado derecho de asignación gratuita*, Thomson-Aranzadi, Cizur Menor, 2006.

MARTÍNEZ NADAL, A., *El aumento de capital con cargo a reservas y beneficios en la sociedad anónima,* McGraw Hill, Madrid, 1996.

PAZ-ARES RODRÍGUEZ, C., "Aproximación al estudio de los dividendos en especie", *Revista Jurídica del Notariado*, núm. 3, julio-septiembre 1992.

SÁNCHEZ ANDRÉS, A., "Notas sobre la función económica del aumento de capital con medios propios", *Estudios jurídicos en homenaje a Joaquín Garrigues*, tomo III, Tecnos, Madrid, 1971.

— *El derecho de suscripción preferente del accionista,* Civitas, Madrid, 1973.

SÁNCHEZ CALERO, F., *La determinación y la distribución del beneficio neto en la sociedad anónima,* Cuadernos del Instituto Jurídico Español-CSIC Delegación de Roma, Roma-Madrid, 1955.

TORRENS SÁNCHEZ, A.M., "El aumento de capital con cargo a reservas y beneficios en la sociedad anónima: función económica (Boletín nº 28, año 1997, marginal 299)", *Trabajos y notas de colaboración del Boletín del Colegio de Registradores de España. Años 1986-2001*, Corral Dueñas, F. (coord.), tomo II, Servicio de Estudios del Colegio de Registradores, Madrid, 2002.

VÁZQUEZ CUETO, J.C., *Régimen jurídico de la autocartera,* Marcial Pons, Madrid, 1995.

VIVES RUIZ, F. y LÓPEZ-JORRÍN HERNÁNDEZ, A., *El derecho de suscripción preferente y su exclusión en las sociedades cotizadas,* Wolters Kluwer La Ley, Las Rozas, 2010.

Capítulo 28

EL VESTING DE PARTICIPACIONES: LA TRANSMISIÓN DE PARTICIPACIONES COMO INCENTIVO RETRIBUTIVO EN EL MARCO DE LAS START-UP

Emilio Martínez Cappa

Abogado de Garrigues Málaga

SUMARIO: I. INTRODUCCIÓN. II. LA REGULACIÓN DE LA REMUNERACIÓN MEDIANTE ENTREGA DE PARTICIPACIONES EN NUESTRO DERECHO DE SOCIEDADES. 1. Regulación en la Ley de Sociedades de Capital (LSC). 2. La Ley 28/2022, de 21 de diciembre, de fomento del ecosistema de las empresas emergentes. III. SOBRE LAS DIVERSAS FÓRMULAS DE RETRIBUCIÓN MEDIANTE ENTREGA DE PARTICIPACIONES. 1. Las *Stock options*. 1.1. Concepto y negocio jurídico. 1.2. Función económica. 2. Otras figuras similares. 2.1. Acciones restringidas o restricted stocks. 2.2. Stocks appreciations rights. 2.3. Phantom shares o acciones fantasma. IV. EL SISTEMA DE *VESTING* O CONSOLIDACIÓN DE DERECHOS SOBRE ACCIONES: ASPECTOS PRÁCTICOS DE LOS SISTEMAS DE RETRIBUCIÓN CON ESPECIAL ATENCIÓN A LA INFLUENCIA DEL *VESTING*. 1. El sistema de *vesting* o de consolidación de derechos sobre acciones. 2. Operativa del sistema de retribución mediante *vesting*. 2.1. Documentos contractuales: Plan de retribución (ESOP) y el Contrato de Opción de Compra. 2.2. Ejercicio de la opción de compra. 2.3. Recompra de las participaciones o reducción de capital. 3. Alcance subjetivo y prohibición de la asistencia financiera. V. CONCLUSIONES. VI. BIBLIOGRAFÍA.

I. INTRODUCCIÓN

La figura que ocupa el administrador en las sociedades de capital, desde el punto de vista de los intereses que representa y promueve, ha sido objeto de análisis y de estudio con gran detalle por la doctrina. No en vano, el administrador es el ejecutor en el día a día de los intereses de la sociedad, los cuales no siempre mantienen una identidad con los intereses de este.

La referida falta de identidad —que no siempre se da, puesto que el socio fundador o mayoritario acostumbra a ocupar los puestos de responsabilidad y dirección— puede generar una disociación o tensión entre los intereses propios del administrador y aquellos que representa. Esta reflexión tiene su origen con el propio nacimiento de derecho de sociedades, aglutinándose todas aquellas disquisiciones que se han hecho sobre la misma en la llamada teoría de la agencia. No es necesario o no debemos pensar en el supuesto único de los intereses contrapuestos de administradores y propiedad por las razones que sean (competencia, acuerdos que pueden beneficiar directa o indirectamente a los administradores...) que pueden o no generar un perjuicio para la sociedad en beneficio del administrador, que en nuestro ordenamiento tiene su regulación específica en lo contemplado por las normas sobre responsabilidad de los administradores y sobre el deber de lealtad[1], sino también en aquellos casos en los que la aversión al riesgo por parte de los administradores o miembros del órgano de administración sea manifiesta de forma menor puesto que el patrimonio que someten a este riesgo los administradores no es de nuestra propiedad, sino de un tercero, lo que lleva a los administradores a la adopción de decisiones más arriesgadas por no experimentar en ellos este riesgo. Es decir, el administrador en el momento de toma de decisiones no está ante un escenario en el que esté poniendo en juego su propio patrimonio, sino que es el patrimonio ajeno, de la sociedad, el que se encuentra sometido a ese riesgo. Ello provoca que las decisiones en un caso y en otro,

1 En este sentido, la definición que nos dan sobre el deber de lealtad y el deber de diligencia, EASTERBOK, F.H. y FISCHEL, D.R., *The Economic Structure of Corporate Law*, Harvard University Press, Cambridge (US), 1991, p. 103., que resulta de interés por su concreción ...*It is conventional to draw a sharp distinction between the duty of care (to act as a prudent person does in the management of his own affairs of equal gravity) and the duty of loyalty (to maximize the investors' rather than one's own...*

no lleguen a ser las mismas[2]. Esto, es una consecuencia natural de la distribución de responsabilidades y papeles en el juego societario, en la que no tiene porqué mediar un comportamiento poco diligente del administrador, sino que se debe al sesgo que provoca su posición respecto del patrimonio que entra en riesgo, y que supone una deficiencia del sistema que regula el Derecho de sociedades.

Es en este contexto en el que aparecen las retribuciones variables como una potencial solución a esta cuestión. A través de ligar el resultado de la sociedad a la retribución del administrador se persigue que los administradores asuman como suyo el riesgo que conlleve la hora de adoptar decisiones, y se vinculen o fidelicen al proyecto que constituye el objeto social de la sociedad que administran.

Si bien, en el caso español, la no identidad de la propiedad con el gobierno de la sociedad —que es el supuesto de hecho en el que se suelen manifestar las cuestiones que trata la teoría de la agencia— no concurre en la mayoría de los casos de sociedades no cotizadas puesto que, como hemos señalado, la propiedad y la dirección suelen tener una identidad e incluso en muchos esce-

2 Así, ROSANAS MARTÍ, J. M., "Las retribuciones variables de los directivos", *Revista de Contabilidad y Dirección,* vol. 17, 2013, p. 86., disponible en https://accid.org/wp-content/uploads/2018/10/Las_retribuciones_variables_de_los_directivos.pdf, ...*Toda esta literatura (o, mejor dicho, el conjunto de las dos literaturas, la formalizada y la más verbal) pone un cierto énfasis en un problema que después se ha considerado «menor»: el de las posibles diferencias entre propietarios y directivos en su actitud hacia el riesgo, es decir, todos los problemas de riesgo y seguro (Gibbons, 1998). Un propietario sería, según estos análisis, neutral al riesgo y quisiera maximizar el valor esperado de su inversión, mientras que el directivo sería adverso al riesgo y por tanto tomaría decisiones más conservadoras. O bien al contrario: como el directivo no puede perder unos activos que no son suyos, tomaría decisiones más arriesgadas en las que sólo tiene algo que ganar (nunca puede perder unos activos que, como decimos, no son suyos)...*

narios nos encontramos con sociedades de base familiar que provocan que tanto la propiedad y la administración se encuentren dentro de una misma esfera de influencia.

Sin embargo, el Legislador creyó conveniente la inclusión de mecanismos de retribución asociados a los resultados de la sociedad u otros parámetros para paliar los posibles impactos negativos de la disociación entre administración y propiedad. Como veremos, la Ley de Sociedades de Capital (de aquí en adelante, "LSC"), contempla la posibilidad de retribuir en especie a los administradores a través de acciones de la compañía en sede de sociedades anónimas.

A pesar de que esta previsión se limitaba a sociedades anónimas (si bien existían autores que consideraban esta norma extensible a las sociedades limitadas como veremos adelante), la recientemente aprobada Ley 28/2022, de 21 de diciembre, de fomento del ecosistema de las empresas emergentes (de aquí en adelante, LEE), ha extendido dicha posibilidad también a sociedades limitadas, dotándole de un nuevo matiz conceptual, ya que trasciende su conceptualización como un sistema de mitigación de la descoordinación de intereses entre propiedad y dirección, para adoptar un cariz de sistema de atracción y retención de talento en el marco de las empresas emergentes o *start-up*[3].

3 Así en la propia exposición de motivos de la LEE se indica que *...las empresas emergentes tienen dificultades para atraer y retener a colaboradores con perfiles especializados y escasos. Desde el punto de vista retributivo, no pueden pagar sueldos altos porque no tienen liquidez y no pueden comprometer una participación en los beneficios de la empresa por las limitaciones que el Derecho mercantil y tributario establecen a la emisión de acciones con este fin. Esta ley facilita a las empresas la adecuación de la política retributiva a tal situación y necesidades, al flexibilizar la generación de autocartera en las sociedades limitadas —que es la forma jurídica de la mayoría de las empresas emergentes— y mejorar la tributación a la retribución mediante las*

Así, las *start-up,* como fenómeno económico, implican la inclusión de un nuevo tipo de entidad económica que se manifiesta, en lo que a este trabajo interesa, en particularidades económicas y estructurales en los tipos de sociedades por las que se vehiculizan, que acaban requiriendo de un marco jurídico que tome en consideración y se adapte a las mencionadas particularidades. Estas sociedades se constituyen por los socios fundadores, titulares o emprendedores promotores de una idea o proyecto empresarial en concreto, que, si posteriormente prospera y encuentra interés en el mercado, da entrada en el capital a inversores interesados en el mismo y con la inversión de los mismos experimenta un crecimiento exponencial[4]. Ello provoca un interés por retener a los promotores iniciales de la idea —los conocidos en la práctica como *founders*— para asegurar la viabilidad del proyecto, así como captar talento fuera del proyecto para dotarlo de viabilidad.

Como podemos ver, la retribución variable adopta en este escenario una doble naturaleza: actúa como un incentivo para la captación de talento y también como un mecanismo de control para mejorar el desempeño de las funciones de los administradores.

El objetivo de este trabajo es, dentro de esta clase de remuneración, estudiar la entrega de participaciones de la sociedad como sistema de retención o atracción del talento en *start-ups,* concretamente bajo la nueva regulación de entrega de participaciones como retribución en sede de sociedades limitadas. En concreto, se exami-

acciones o participaciones sociales propias de las empresas emergentes a sus trabajadores...

4 Estos inversores, no suelen ser inversores que se involucren en la actividad, más allá de un ejercicio de fiscalización, sino que adoptan un papel de propiedad y se limitan a aportar capital, fondos o deuda y retornar su inversión.

nará la implementación de un sistema que, mediante la aplicación de criterios cuantitativos o temporales, atribuya paulatinamente mayores derechos o la entrega de nuevas participaciones a los miembros del órgano de administración cuyo cumplimiento sea verificado, lo que denominaremos de aquí en adelante *vesting*[5]. Todo ello, desde la óptica de la transmisión de participaciones, como eje central para la ejecución de este modelo de remuneración.

II. LA REGULACIÓN DE LA REMUNERACIÓN MEDIANTE ENTREGA DE PARTICIPACIONES EN NUESTRO DERECHO DE SOCIEDADES

1. Regulación en la Ley de Sociedades de Capital (LSC)

La retribución a los administradores mediante la entrega de acciones de la sociedad en nuestro Derecho de sociedades se regulaba exclusivamente, hasta la entrada en vigor de la LEE, en el artículo 219 de la LSC, por el que se hacía mención del sistema de remuneración mediante entrega de acciones en sede de sociedades anónimas. Este precepto establecía como requisitos, que se hiciese constancia expresa de dicho sistema en los estatutos de la sociedad y que contase con el acuerdo de la junta general, que debía incluir el número máximo de acciones que se podrán asignar en cada ejercicio a este sistema de remuneración, el precio de ejercicio o el sistema de cálculo del precio de ejercicio de las opciones sobre acciones, el valor de las acciones que, en su caso, se tome como referencia y el plazo de duración del plan.

Esta mención expresa a las sociedades anónimas ha suscitado opiniones encontradas respecto de su aplicabilidad a las

5 GIMENO BEVIÁ, V., "El sistema de retribución e incentivos en las empresas emergentes", *Revista de Derecho del Mercado de Valores*, núm. 31, 2022, versión electrónica (Thomson Reuters Proview).

sociedades de responsabilidad limitadas, con pronunciamientos doctrinales en un sentido y en otro[6]. Si bien no existen razones para no incluir estos sistemas de retribución en sede de sociedades limitadas, el inconveniente era que la aplicación de planes retribución mediante entrega de participaciones sociales se enfrentaban a un régimen notablemente estricto en materia de autocartera. Esto es, conforme a la estricta regulación en materia de adquisiciones originarias de participaciones propias —consideradas como nula de pleno derecho conforme al artículo 135 de la LSC— los mencionados planes retributivos no podían basarse la suscripción por parte de la sociedad de sus propias participaciones para su posterior entrega a los directivos, al entenderse dicha suscripción en sede de limitadas nulas en todo momento.

Esta situación provocó que, como es usual, la práctica sobrepasase lo que la norma limita, y se adoptasen planes de retribución con entrega de participaciones mediante el uso de mecanismos extra societarios, *v.gr.* pactos parasociales o contratos mercantiles con los administradores, manteniendo en la esfera contractual la regulación de este mecanismo de retribución.

Cabe señalar que más allá de los problemas que pudiese plantear tratar de incluir de una cláusula que deja abierta la posibilidad

6 A favor de su aplicación a la responsabilidad limitada: TUSQUETS TRÍAS DE BES, F., "Artículo 219. Remuneración Mediante Entrega De Acciones", *Tratado de Sociedades de Capital. Comentario Judicial, Notarial y Registral de las Sociedades de Capital*, Prendes Carril, P; Cabanas Trejo, R.; Martínez-Echevarría y García De Dueñas, A. (dirs.), tomo I., Aranzadi, Navarra, 2017, versión electrónica. En contra de su aplicación a la responsabilidad limitada, LEÓN SANZ, F., "Artículo 219. Remuneración vinculada a acciones de la Sociedad", *Comentario de la reforma del régimen de las sociedades de capital en materia de gobierno corporativo (Ley 31/2014). Sociedades no cotizadas*, Juste Mencía, J. (coord.), Thomson Reuters-Civitas, Navarra, 2015, versión electrónica.

de suscribir con los administradores contratos o percibir contraprestaciones complementarias a lo previsto en los estatutos[7], la no constancia estatutaria de la retribución de los administradores ha sido aceptada, en determinados supuestos, a efectos de deducibilidad fiscal, por el Tribunal Supremo[8].

No obstante, con la aprobación de la LEE se ha tenido a bien, como veremos, ampliar los supuestos de aplicabilidad de los sistemas de retribución asociados a participaciones para permitir su inclusión en estatutos y dotar de un revestimiento societario, así como favorecer sus incentivos fiscales, para sociedades de responsabilidad limitada que cumplan con los requisitos normativos dispuestos en la LEE.

2. La Ley 28/2022, de 21 de diciembre, de fomento del ecosistema de las empresas emergentes

La Ley 28/2022, de 21 de diciembre, de fomento del ecosistema de las empresas emergentes, cuya entrada en vigor se produjo

---

7 No obstante, la Dirección General ha tratado esta cuestión en su resolución de 3 de abril de 2013, estableciendo que ...*parece claro que no debe servir la previsión estatutaria relativa a la fijación del sistema de retribución o remuneración de los administradores para vaciar de contenido material la reserva estatutaria y dar cobertura a cualquier fijación extraestatutaria de una retribución «complementaria» en contratos celebrados, quizás, en régimen de conflicto de intereses. No sería inscribible una cláusula estatutaria de una sociedad limitada que estableciese que los administradores o consejeros disfrutarán, por sus servicios como tales, además de la retribución cuyo sistema se describa en estatutos, de sueldos u honorarios a percibir, en virtud de cualesquiera contratos, laborales, civiles o mercantiles, la celebración de los cuales se contempla en estatutos*...

8 Cabe señalar que en la reciente sentencia del Tribunal Supremo núm. 449/2024 de 13 de marzo se abre la puerta a deducir en el Impuesto sobre Sociedades las retribuciones de administradores que no se encontrasen recogidas en los Estatutos Sociales (*Vid.*, Sentencia núm. 449/2024, de 13 de marzo de 2024, del Tribunal Supremo, Sala 3ª de lo Contencioso-administrativo, Sección 2ª [ECLI: ES:TS:2024:1622]).

a finales de 2022, manifestó el reconocimiento por el Legislador de la importancia que suponen para la innovación y la economía de nuestro país las empresas emergentes con proyectos innovadores. Este reconocimiento va de la mano con una voluntad del mismo Legislador de generar un "ecosistema favorable" para las empresas emergentes. Esta voluntad por crear un "ecosistema favorable" y la complejidad que supone el encaje de estas empresas emergentes en los modelos tradicionales, lleva a la promulgación de una serie de ventajas fiscales, administrativas y mercantiles. En particular, en lo que a este trabajo respecta y en línea con esas ventajas anteriormente citadas, la LEE establece un marco de retribución variable en sede de sociedades limitada.

Así, con la entrada en vigor de la LEE, el escenario expuesto en el apartado anterior relativo a la aplicabilidad del régimen de retribución mediante entrega de acciones o participaciones es radicalmente distinto. De esta forma, la LEE en su artículo 10 extiende la posibilidad de adoptar el régimen de retribución mediante entrega de participaciones a las sociedades limitadas que sean consideradas empresas emergentes, bajo los parámetros establecidos en la LEE[9].

En este sentido, se entiende por empresas emergentes a los efectos de la LEE, toda persona jurídica —no necesariamente sociedades de capital—, incluyendo las empresas de base tecnológica de la Ley 14/2011, de 1 de junio, de la Ciencia, la Tecnología y la Innovación[10], que cumplan unos determinados requisitos como son: (i) ser de nueva creación o no haber surgido de una operación

9 Este extremo ha sido considerado inadecuado por diversos autores debido al escaso alcance subjetivo de esta medida (*Vid.*, GIMENO BEVIÁ, V., "Análisis del marco jurídico de las startup tras el Proyecto de Ley de fomento del ecosistema de las empresas emergentes", *Anuario del Capital Riesgo*, núm. 2021, 2021, p. 170).

10 Aquellas empresas que tengan una antigüedad inferior a 6 años y cumpla los siguientes requisitos:

de modificación estructural, (ii) no haber repartido dividendos, (iii) no cotizar en un mercado regulado (iv) tener su sede social en España y, al menos, un 60% de los trabajadores con contrato laboral en España y (vi) desarrollar un "proyecto de emprendimiento innovador que cuente con un modelo de negocio escalable" en los términos que recoge la ley[11]. Cuando la empresa pertenezca a un grupo de sociedades definido en el artículo 42 del Código de Comercio, el grupo o cada una de las empresas que lo componen deberá cumplir con los requisitos anteriores. Asimismo, La LEE excluye a aquellas empresas que no se encuentren al corriente en sus obligaciones tributarias y con la Seguridad Social o hayan sido condenadas por la comisión de determinados delitos.

El régimen legal y los requisitos para adoptar este sistema de retribución previsto en la LEE es idéntico al que prevé la LSC para las sociedades anónimas. Esto es, deberá estar previsto en los estatutos y aprobado por la junta general, mediante acuerdo que incluirá el número máximo de participaciones que se podrán asignar en cada ejercicio a este sistema de remuneración, el valor de las participaciones que se tome como referencia y el plazo de duración del plan (art. 10.2 de la LEE).

---

a) Que haya realizado unos gastos en investigación, desarrollo e innovación tecnológica que representen al menos el 15% de los gastos totales de la empresa durante los dos ejercicios anteriores, o en el ejercicio anterior cuando se trate de empresas de menos de dos años.

b) Que el Ministerio de Ciencia e Innovación haya constatado, mediante una evaluación de expertos, en particular sobre la base de un plan de negocios, que la empresa desarrollará, en un futuro previsible, productos, servicios o procesos tecnológicamente novedosos o sustancialmente mejorados con respecto al estado tecnológico actual del sector correspondiente, y que comporten riesgos tecnológicos o industriales.

11 Este último punto es quizás el más criticable, puesto que acaba sometiendo la obtención de estos beneficios a la concesión por parte de la Empresa Nacional de Innovación, S.M.E., S.A., de una certificación que acredite el cumplimiento de esta condición. El procedimiento de su condición es una evaluación del proyecto, por un plazo no superior a tres meses, basado en una serie de criterios que recoge la Ley.

Como novedad, la LEE plantea la posibilidad de que la junta general de la sociedad autorice la adquisición de hasta un máximo del 20% del capital social en participaciones propias bajo el régimen de autocartera, siempre que se destinen dichas participaciones a los administradores, empleados u otros colaboradores de la empresa, con la exclusiva finalidad de ejecutar un plan de retribución (art. 10.1 de la LEE). No especifica la LEE si se refiere a una adquisición originaria o derivativa de las participaciones, no obstante, atendiendo a su exposición de motivos, parece incluir ambas[12].

La adquisición por la sociedad de participaciones propias para la posterior entrega a los administradores, empleados o colaboradores solo podrá producirse cumpliendo determinadas condiciones como pueden ser: que se encuentre íntegramente desembolsadas, que no se produzca un desequilibrio patrimonial y que se transmitan las participaciones en un plazo de cinco años desde el acuerdo de autorización (art. 10.3 de la LEE). Asimismo, la norma impone que, en caso de que no se cumpla lo previsto en el artículo, se aplicará lo dispuesto en el artículo 139 de la LSC para las sociedades anónimas.

III. SOBRE LAS DIVERSAS FÓRMULAS DE RETRIBUCIÓN MEDIANTE ENTREGA DE PARTICIPACIONES

1. Las *Stock options*

1.1. Concepto y negocio jurídico

Las *stock options* u opciones sobre acciones o participaciones consisten en la concesión de una opción de compra por parte de

12 Así, la Exposición de Motivos de la LFEE, que indica que ...*Con el fin de facilitar la articulación de esta forma de remuneración, en el artículo 10 se permite a estas empresas la emisión de acciones para autocartera...*

la sociedad sobre sus participaciones o acciones a sus administradores, directivos o empleados bajo una valoración fijada en un momento determinado y previo a su transmisión, para que pueda ser ejercitada en un futuro bajo ese precio o valoración predeterminada[13]. Esta transmisión de participaciones puede articularse a través de la entrega por parte de la sociedad de un número de participaciones destinadas a autocartera, o bien mediante la adopción de un aumento de capital con el objeto de una posterior entrega a los administradores, directivos o empleados.

La dinámica del negocio jurídico se ve influenciado por el mecanismo societario que se utilice como base para su ejecución. Esto es, si la sociedad adquiere acciones por autocartera y, como veremos, se dan por cumplidas las condiciones del *vesting*, pasado el *cliff period*[14], los administradores podrán autorizar la transmisión de participaciones sociales sin necesidad de acudir a la autorización de la junta general, por lo que este sistema será más favorable a los administradores, directivos o colaboradores. No obstante, esto puede plantear posibles conflictos de interés, puesto que son los propios administradores los que suscriben los contratos con los otros miembros del órgano de administración[15]. Por el contrario, si las opciones se ar-

---

13 En este sentido, GIMENO RIBES, M., *Régimen jurídico de los sistemas de retribución de los administradores sociales,* Marcial Pons, 2021, p. 168, al indicar que ...*La obligación principal del primero, es el abono de una prima por la obtención del derecho de ejercicio. Por su parte, la prestación de la parte que enajena la opción consistente en deber comprar o vender la acción a la que se refiere el derivado llegado un momento temporal prefijado en el contrato en caso de que el comprador así lo exige...*

14 Esto es, el periodo en el que no se devengan los derechos concedidos al beneficiario de la retribución en virtud del ESOP o, en su caso, del contrato de opción.

15 IBAÑEZ JIMÉNEZ, J., "Remuneración en opciones sobre participaciones de sociedad limitada emergente", *Revista de Derecho de Sociedades,* núm. 69, 2023, versión electrónica.

ticulan mediante la suscripción de participaciones en una ampliación de capital, la junta general de la sociedad debe adoptar la referida ampliación y los socios renunciar a su derecho de suscripción preferente[16].

1.2. Función económica

La función económica de este tipo de retribución es doble: para los administradores permite una retribución flexible con perspectivas de una ganancia exponencial, mientras que para la sociedad, supone una retribución que no compromete su caja en etapas iniciales, en las que el flujo de tesorería puede ser sensible.

Así, la retribución para los administradores mediante entrega de participaciones permite a los mismos disponer de un valor a través del que pueden obtener remuneración en concepto de dividendos o a través de una posible desinversión futura. A diferencia de un sistema "tradicional" de remuneración a través de una cuantía monetaria, este sistema permite obtener a los administradores participaciones por un importe esencialmente bajo cuyo valor de mercado puede crecer exponencialmente, en función del devenir del proyecto. Así, el elemento retributivo de esta figura no consiste únicamente en la mera entrega de acciones o participaciones, sino la entrega de estas en unas condiciones previamente pactadas, fijando un precio favorable para el adquirente de las mismas[17], a valor nominal de las participaciones, por ejemplo.

16 Si bien, esto se permitía en la propuesta del Código Mercantil: *Artículo 233-47. Remuneración mediante entrega de acciones. 6. Al adoptar cualquiera de los acuerdos a que se refiere este artículo, la junta general deberá acordar el aumento del capital social en la medida necesaria o delegar en los administradores la adopción de este acuerdo de aumento.*

17 GIMENO BEVIÁ, V. "El sistema de retribución ...", *op. cit.*

Es en esta diferencia de las condiciones económicas del mercado, donde el administrador, directivo o empleado, experimenta su enriquecimiento[18].

Por su parte, para las *start-up*, especialmente para las de reciente creación o en una fase inicial, permite retribuir a sus administradores sin salidas de liquidez en el inicio del proyecto, que, en esas etapas, quizás no se pueda permitir. De esta forma, permite al proyecto contar con servicios y vincular a perfiles especializados en un momento en el que el proyecto no tiene suficiente caja o tesorería como para afrontar el pago de su salario en líquido[19].

2. Otras figuras similares

Además de las *stock options*, existen figuras afines que, por su interés, vamos a conceptualizar brevemente puesto que, en la articulación de los planes de retribución, se observan como las características definitorias de un tipo acaban surgiendo en otro en función de las circunstancias de los administradores.

2.1. Acciones restringidas o restricted stocks

Este tipo de retribución se encuadra en el artículo 219 de la LSC, de igual forma que ocurre con las *stock options*, al suponer una entrega de participaciones de la sociedad. La principal característica de las acciones o participaciones restringidas es que las mismas están sometidas, en el momento de su entrega, a diversas restricciones que la convierten en participaciones virtua-

18 MORALEJO MENÉNDEZ, I., "La remuneración vinculada a las acciones", *Retribución y prestación de servicios de los administradores de sociedades*, García-Cruces González, J.A. (coord.), Tirant Lo Blanch, Valencia, 2018, versión electrónica (Tirant Lo Blanch).

19 Así, GIMENO BEVIÁ, V., "El sistema de retribución ...", *op. cit.*

les del capital, sin derechos políticos o económicos, los cuales se adquieren por el transcurso del tiempo o por la consecución de hitos económicos[20].

Tales restricciones pueden ser: su prohibición de venta a terceros ajenos a la sociedad, opciones de recompra por parte de la sociedad, suspensión de derechos políticos, no percepción de dividendos, etc....[21].

Este tipo de participaciones pueden ir asociadas con sistemas de *vesting*, en los términos que más adelante expondremos, de forma que a través de la consecución de determinados hitos temporales o económicos las restricciones impuestas a las participaciones pueden ir siendo eliminadas hasta alcanzar una participación plena.

El problema que puede plantear este tipo de figura es la compatibilidad de las mismas entre ellas. Un ejemplo de ellos es que la creación de participaciones sin derechos políticos lleva aparejada por disposición imperativa un derecho a dividendo preferente, así como otros privilegios (artículos 98 y sus siguientes de la LSC). Así, una participación sin voto, cuando no se reparte dividendo —un escenario más que posible en el contexto de una *start-up*— se le conceden derechos de voto (artículo 99.3 LSC)[22], por lo que quedaría mermado el objetivo que se pretende alcanzar con este sistema.

20 SÁNCHEZ ANDRÉS, A., "Las llamadas stock options y las fórmulas mágicas de la ciencia jurídica", *Revista Jurídica Universidad Autónoma de Madrid*, núm. 2, 2000, pp. 32., disponible en: https://revistas.uam.es/revistajuridica/article/view/6282

21 MARQUÉS TRIAY, B., "Las acciones fantasma o phantom shares: un breve estudio jurídico sobre la participación virtual en el capital social", *La Ley Mercantil*, núm. 56, marzo, 2019 (La Ley 4629/2019).

22 GIMENO BEVIÁ, V., "El sistema de retribución ...", *op. cit.*

Por ello, crear una participación con un contenido nulo de derechos asociados a las mismas es difícilmente defendible.

2.2. *Stocks appreciations rights*

Los *stocks appreciations rights* (de aquí en adelante, SAR) han sido definidos como un derecho de liquidación que concede a los administradores *...la potestad de liquidar a su voluntad las diferencias de cotización que a vencimiento resulten favorables para su patrimonio, voluntad que manifestará ejercitando sus derechos de opción siempre que, obviamente, experimente un incremento final la cotización de las acciones subyacente, por encima del precio límite de ejercicio pactado...*[23]

Esto puede establecerse a través de *naked* SAR, que en lugar de conllevar una transmisión de las participaciones, se articula a través de la utilización de las participaciones como un indicador de valor de referencia para calcular el incremento de su valor y, por tanto, el importe de la retribución[24].

Este sistema, en cotizadas, tiene un gran funcionamiento práctico, puesto que existe un valor de referencia que permite la liquidación de las acciones, como es el valor de cotización. En el caso de las *start-up*, es necesario una valoración de estas para poder determinar el incremento de su valor en el mercado, por lo que, salvo que se introduzcan sistemas previos de cálculo —basados, por ejemplo, en rendimientos financieros o en una transmisión de las participaciones—, resulta más compleja la determinación de este.

---

23 IBAÑEZ JIMÉNEZ, J., *Stock options: regulación, economía, política retributiva y debate social*, Dykinson, Madrid, 2000, p. 74.

24 SÁNCHEZ ANDRÉS, A., "Las llamadas stock options y las fórmulas mágicas de la ciencia jurídica", *op. cit.*, p. 11

2.3. *Phantom shares o acciones fantasma*

Las *phantom sares* no son propiamente participaciones o acciones materiales, sino que se tratan de acciones virtuales, ficciones, —en el sentido que no se corresponden con participaciones emitidas en favor de los mismos— que conceden a los directivos, administradores o miembros del consejo de administración un derecho sobre los beneficios.

En este sentido, las *phantom shares,* a pesar de constituir una forma de retribución variable y que se asocie al sistema de *vesting*, su regulación se configura desde el artículo 217 de la LSC, concretamente en la letra c) de su apartado segundo, siendo un sistema de retribución de participación en los beneficios, debiendo, en consecuencia, seguir lo dispuesto en el artículo 218 de la LSC.

Este sistema de retribución, no exige, por lo tanto, transmisión alguna de acciones o participaciones, sino la concesión de derechos sobre los beneficios como si de participaciones se tratasen. No obstante, es habitual que una vez finalizado el periodo de *vesting* en los planes de retribución que incluyen phantom shares, estas se transformen en participaciones o acciones de la sociedad.

IV. EL SISTEMA DE *VESTING* O CONSOLIDACIÓN DE DERECHOS SOBRE ACCIONES: ASPECTOS PRÁCTICOS DE LOS SISTEMAS DE RETRIBUCIÓN CON ESPECIAL ATENCIÓN A LA INFLUENCIA DEL *VESTING*

1. El sistema de *vesting* o de consolidación de derechos sobre acciones

Los diversos sistemas anteriormente expuestos deben ser contrastados con el denominados sistema de cláusula *vesting* o cláusula de consolidación. Mediante este, añadimos a la entrega de acciones o participaciones, requisitos de carácter temporal y económico, que sirven como complemento a la finalidad incentivadora de los mismos ejerciendo como una condición suspensiva ya sea en la adquisición de las participaciones como en la obtención de derechos o beneficios asociados a las misma.

Podemos definir el *vesting* como el sistema que se incluye en los planes de retribución de administradores, directivos o empleados consistente en la evolución o consecución de hitos económicos, temporales o de permanencia, que, a través de la concurrencia de los mismos se activa o desbloquea un derecho o la entrega de una participación. Así, este sistema puede establecerse a través de que el administrador permanezca un número determinado de años en el proyecto, que la *start-up* alcance un determinado nivel de EBITDA o que se produzca una inversión en la misma. De igual forma el sistema puede incluir metas más específicas atendiendo al beneficiario del plan de retribución[25].

Para el caso de los administradores o empleados, el cumplimiento de los hitos económicos o temporales permite la entrega de participaciones o desbloquea el derecho a ejercer la opción de compra sobre las mismas. El objetivo de este sistema es doble, permitir una fidelización de los trabajadores a través de un incentivo a su permanencia mediante la fijación de los *vesting periods* e incentivar el mejor desempeño de su actividad para llevar a cabo la entrega de participaciones. Estamos, en resumen, ante lo que podríamos considerar como una condición suspensiva, que permitiría la transmisión de las participaciones una vez cumplida la misma en los términos del artículo 1.114 del Código Civil.

Cuando el sistema afecta a un *founder*, cuya participación es, en un primer momento, plena —esto es, con todos los derechos

25 GIMENO BEVIÁ, V., "El sistema de retribución ...", *op. cit.*

asociados a las participaciones disponibles o con plena disposición de su participación— se establece un sistema por el cual se restringe esa participación en un momento inicial y, a medida que se consiguen objetivos temporales y/o económicos, se va desbloqueando o liberando la participación. Este sistema es conocido como *reverse vesting*[26]. A diferencia de la anterior, además de la condición suspensiva de cumplimiento de los hitos económicos o temporales, las participaciones van asociadas a una condición resolutoria que implica que, en caso de incumplimiento de determinados parámetros de rendimiento, la sociedad recompraría las participaciones sociales al trabajador[27]. No obstante, esta figura recuerda más a la de las participaciones restringidas, cuyos inconvenientes han sido analizados en el punto anterior.

2. Operativa del sistema de retribución mediante *vesting*

La figura del plan de entrega de participaciones no se ha regulado en detalle en nuestro ordenamiento jurídico, dejando amplio margen a su contenido, siempre y cuando se someta a las regulaciones básicas de la normativa societaria[28]. El plan de retribución mediante entrega de participaciones (de aquí en adelante, ESOP) no es en sí un documento contractual si no que será el documento base que podrá servir bien como un documento de adhesión, bien como un acuerdo marco de bases sobre el que suscribir contratos con los administradores, directivos o empleados.

Independientemente del medio por el que se recoja el sistema de retribución, siempre irá seguido, cumplidas las condiciones o

26 IBAÑEZ JIMÉNEZ, J., "Remuneración en opciones...", *op. cit.*
27 IBÁÑEZ JIMÉNEZ, J., "Remuneración en opciones...", *op. cit.*
28 IBÁÑEZ JIMÉNEZ, J., "Remuneración en opciones...", *op. cit.*

los requisitos que se establezcan dentro de los documentos por los que se formalice la retribución, por el ejercicio de la opción o de los derechos retributivos que se le conceda en los mencionados documentos.

Por tanto, con todo lo anterior, podemos identificar los siguientes documentos o actos jurídicos relevantes para la retribución: (i) el ESOP por el que se fijan las bases de los sistemas de retribución mediante entrega de participaciones sociales o se regula como documento ; (ii) el Contrato de Opción de Compra y (iii) el ejercicio de la opción de compra.

No obstante, esta distribución de actos jurídicos puede variar. No necesariamente han de concurrir un ESOP y un contrato de opción de compra, sino que puede, bien adoptarse por la sociedad un ESOP y, posteriormente, los administradores, directivos o empleados adherirse a él; o bien, la sociedad suscribir, de forma posterior al cumplimiento de los requisitos societarios, un contrato de opción de compra de participaciones con aquellos beneficiarios con los que esté interesados remunerar por esta vía.

2.1. Documentos contractuales: Plan de retribución (ESOP) y el Contrato de Opción de Compra

Los planes de retribución son figuras complejas que no disponen, como ya hemos indicado, de una regulación propia en nuestro ordenamiento jurídico. Se tratan de documentos adoptados por la junta general que incluyen condiciones generales que permiten a los beneficiarios del plan adherirse a los mismos o utilizarlos como base para la negociación posterior de un contrato individualizado.

En general, el contenido del plan no se encuentra definido más allá de lo que establece el artículo 219 de la LSC, sino que la práctica ha establecido un contenido usual[29] que amplia lo previsto por la normativa[30]. Podemos citar como ejemplos: el número de acciones que se entregarán, el sistema de valoración de las mismas, el periodo del plan y del *vesting*, clásulas de *good leaver* y *bad leaver*, así como otras.

En cualquier caso, este contenido dependerá del alcance del alcance subjetivo del mismo. Esto es, un ESOP en el contexto de una *start-up* con un número relativamente alto de trabajadores tendrá más la tipología de un documento de adhesión que uno previsto en una *start-up* cuyo sistema de retribución va destinado a uno o varios administradores o colaboradores cuya incorporación a la compañía y su fidelización con la misma se pretende[31],

29 MERINO MADRID, I., *Stock Options: una Visión Jurídica, Económica, Financiera y Contable*, Instituto de Contabilidad y Auditoría de Cuentas, Madrid, 2012, p. 202

30 Según IBÁÑEZ JIMÉNEZ, J., "Remuneración en opciones...", *op. cit.*, , el contenido de los ESOP es el siguiente: ...*(i) Número y clases de opciones para adquirir participaciones, y beneficiarios. (ii) Precios de ejercicio a los que cabe comprarlas. (iii) Tramos de concesión, temporales y cuantitativos. (iii) Vencimiento o vencimientos (fechas de ejercicio) y modalidades de revestimiento y acumulación de derechos según de cumplimiento de objetivos. (iv) Cláusulas de fidelidad o tenencia forzosa si se reciben las participaciones subyacentes, especificando la permanencia mínima en cartera del beneficiario. (v) Referencia de cálculo del valor intrínseco final (por ejemplo, valor real en el caso de SL emisora de opciones de compra). (vi) Características del subyacente entregable, sistema de cobertura, provisión o de reserva, y garantías de entrega efectiva. (vii) Sistema de control y evaluación del activo subyacente, incluida la designación de expertos independientes; y de las propias opciones...*; Por otro lado, MERINO MADRID, I., *Stock Options: una Visión Jurídica..., op. cit.*, p. 16. identifica los siguientes... *i. Los datos de la empresa y los antecedentes que han llevado a la aprobación del Plan. ii. Los objetivos perseguidos por la empresa, con el establecimiento de este sistema de retribución. iii. Las condiciones específicas del plan, referidas al activo subyacente, tipo de cobertura adaptada, beneficiarios, precio y fecha de ejercicio, la forma de pago, cumplimiento de objetivos por parte de los beneficiarios, etc...*

31 IBÁÑEZ JIMÉNEZ, J., "Remuneración en opciones...", *op. cit.*

que probablemente no requiera de un ESOP en sí, sino del acuerdo adoptado por la junta general y los sucesivos contratos de opciones que se suscriban con los administradores o directivos, más ajustados a su situación particular.

En relación con su duración, la LSC no establecía una duración máxima, no obstante, la LEE ha establecido un plazo de máximo de entrega de participaciones de cinco años, similar al régimen de autocartera de la sociedad anónima. Esto no quiere decir que el plan no pueda tener una previsión de duración superior, ya que el mismo puede ser ejecutado por una duración superior mediante varias adquisiciones de autocartera que se liberen en un plazo inferior a cinco años. En cualquier caso, la práctica ha establecido, como mínimo, un primer año de *cliff* y posteriormente, en función de las previsiones del proyecto, la duración del plan se adaptará a el horizonte temporal de la retribución[32].

Respecto del contrato de opción sobre participaciones, los podemos definir como el contrato suscrito entre la sociedad concedente y los beneficiarios del plan, en su condición de optante, en virtud del cual la mencionada concedente atribuye un derecho de opción sobre sus participaciones o acciones bajo un valor predeterminado, normalmente por debajo del valor de mercado, obligándose, una vez acaecido los eventos que den lugar al ejercicio de la opción, a transmitir en las condiciones que se establezcan en el propio contrato, las referidas participaciones al beneficiario del plan, en caso de que este ejercite su derecho[33].

El contenido del contrato no dista mucho de lo ya mencionado para los planes ESOP, concretando o desarrollando lo que en él se

32 IBÁÑEZ JIMÉNEZ, J., "Remuneración en opciones ...", *op. cit.*
33 IBÁÑEZ JIMÉNEZ, J., *Stock options: regulación, economía..., op. cit.*, p. 36

establezca o, en caso de que no se establezcan el ESOP, ejecutando directamente el acuerdo de la junta general que establece el sistema de retribución mediante entrega de participaciones.

2.2. Ejercicio de la opción de compra

El ejercicio de la opción de compra se regirá por lo dispuesto en el ESOP o en el contrato de opción sobre las participaciones sociales, que estará condicionado esencialmente por el sistema de *vesting* y su articulación.

Respecto del ejercicio de la opción de compra, resultan de aplicación las consideraciones tradicionales sobre el derecho de opción, esto es, el beneficiario del plan ejercita la opción, una vez cumplidos los presupuestos objetivos para su ejercicio —tal y como hemos indicado— mediante comunicación a la sociedad, bajo el principio de cognición del artículo 1.262 del Código Civil[34].

2.3. Recompra de las participaciones o reducción de capital

Existe la posibilidad de que se produzca una salida de los beneficiarios del plan de la empresa —cuyas consecuencias variarán en función de la tipología de la salida, esto es, un *bad leaver* o *good leaver*— o que no se alcancen los objetivos económicos previstos.

En el escenario de que la entrega de participaciones se realice mediante aumentos de capital adoptados una vez alcanzados los objetivos económicos o temporales y suscritos por los administradores, no plantea mayor problema, puesto que simplemente la sociedad no procederá a acordar la ampliación de capital al no

---

34 SANCIÑENA ASURMENDI, C., *La opción de compra*, Dykinson, Madrid, 2003, versión electrónica.

concurrir los requisitos tasados para que se de la retribución y, por consiguiente, no se procederá a la entrega de participaciones.

En caso de que se haya generado autocartera para la entrega de participaciones, se aplicará lo dispuesto en el artículo 10 de la LEE y el artículo 139 de la LSC[35], debiendo la sociedad o bien enajenar sus participaciones o reducir capital por el importe creado en concepto de autocartera.

3. Alcance subjetivo y prohibición de la asistencia financiera

Merece esta cuestión un apartado independiente, debido a las particularidades que presenta. Por un lado, en la LEE se establece que el sistema de retribución de entrega de participaciones podrá estar pensado para su entrega a *...administradores, empleados u otros colaboradores de la empresa...* No obstante, el alcance subjetivo del artículo 219 LSC se refiere exclusivamente a los administradores. No parece discutido que la norma preveía que los sistemas de retribución mediante entrega de acciones o participaciones incluyesen a los directivos y trabajadores de la empresa —tesis que se sostiene si atendemos al tenor del artículo 152.3 LSC— no obstante, la referencia a *...otros colaboradores de la empresa...* abre una nueva ventana al ámbito subjetivo del precepto, puesto que estaríamos hablando de prestadores de servicios externos a la sociedad que pueden recibir acciones o participaciones como contraprestación de los mismos.

Esto no supondría un problema, puesto que parece que tenemos un régimen de entrega de participaciones como retribución que difiere de su ámbito subjetivo, lo cual es asumible entendiendo que la realidad económica que gira en torno a la *start-up* es distinta de la sociedad anónima al uso.

35 IBÁÑEZ JIMÉNEZ, J., "Remuneración en opciones...", *op. cit.*

No obstante, si tomamos en consideración la prohibición de asistencia financiera si podemos apreciar ciertos inconvenientes que no parecen del todo resueltos. Cuando analizamos el artículo 143.2 LSC observamos que la asistencia financiera se encuentra censurada en sede de sociedades de responsabilidad limitada. Si bien es cierto que el artículo 150.2 LSC si prevé para las sociedades anónimas que se puedan incurrir en asistencia financiera cuando el objetivo es retribuir a empleados de la sociedad, no encontramos un artículo reflejo para las sociedades limitadas[36]. No se aprecia una mención en la LEE a esta cuestión. Se podría plantear llegar a acudir a una aplicación analógica del precepto para salvar esta deficiencia legislativa. No obstante, no está del todo claro.

Por otro lado, es necesario señalar que el Tribunal Supremo[37] ha aplicado, de forma restrictiva, el concepto subjetivo que abar-

36 Así lo señala GIMENO RIBES, M., Régimen jurídico de los sistemas de retribución..., *op. cit.*, p. 187, indicando que ...*Las consideraciones realizadas en torno a la prohibición de asistencia financiera conducen a excluir al menos los subconceptos afectados en este tipo social, habida cuenta de la ausencia de cualquier referencia a estas compañías en los arts. 217.2.e) y 219 LSC. Además, para el sector doctrinal que planteó la mayor amplitud del concepto de personal, la ausencia de excepciones a la prohibición en sede de limitadas (art. 143.2 LSC) podría contribuir a explicar en parte la ausencia. Es una realidad, con todo, que la razón por la que en este tipo social no se cuenta con una pauta comprable a la del art. 150.2 LSC no es algo incontrovertido."*

37 En este sentido la Sentencia del Tribunal Supremo núm. 472/2010 de 20 de julio, que establece que ...*La excepción de que se trata responde a una idea reformadora de la empresa mediante el fomento de la participación del trabajo en el capital de la misma. Constituye, además, el reflejo de la exigencia contenida en el artículo 129, apartado 2 , de la Constitución Española (RCL 1978, 2836) y, como excepción a la operación prohibida, de la previsión del apartado 2 del artículo 23 de la Segunda Directiva . El término " personal ", tomado de otros ordenamientos, está referido a las personas unidas a la sociedad por una relación laboral, común o especial, de conformidad con lo dispuesto en el Estatuto de los Trabajadores (RCL 1995, 997) y en la legislación complementaria...* (*Vid.* Sentencia núm. 472/2010, de 20 de julio de 2010, del Tribunal Supremo, Sala de lo Civil, Sección 1ª [ECLI:ES:TS:2010:4621]).

ca la exención de asistencia financiera para la adquisición de acciones propias en sede de sociedades anónimas, restringiéndolo a aquellos que tenga una relación laboral común o especial, pero no a aquellas como consejeros delegado o consejeros con funciones ejecutivas que no mantengan una relación laboral con la sociedad[38]. Por tanto, aunque nos pudiésemos plantear una aplicación de forma analógica el precepto, nos encontraríamos con que la interpretación que se ha llevado a cabo por la jurisprudencia es restrictiva en contraposición al ámbito subjetivo de los planes de retribución mediante entrega de participaciones en la LEE. En cualquier caso, nos encontramos ante un defecto en la previsión de la norma que los tribunales habrán de resolver a través de su casuística.

V. CONCLUSIONES

PRIMERA. Cabe señalara que, si bien se abre la puerta con la LEE al uso por las sociedades de responsabilidad limitada de los sistemas de retribución mediante entrega de participaciones sociales, su ámbito de aplicación es muy restringido, debido a los requisitos que se han de alcanzar para poder beneficiarse del mismo. Es difícil pensar que la incidencia práctica del precepto en este sentido será considerable, puesto que tal y como se configura parece probable que acabe siendo usada por número ínfimo de sociedades. Sobre todo, teniendo en consideración que existen caminos la para las *start-up* menos rigurosos y flexibles para adoptar este tipo de retribuciones, como pueden ser la suscripción de contratos con los administradores que prevean opciones sobre las participaciones de la sociedad. Por tanto, quizás sería conveniente plantear una ampliación de su ámbito de aplicación y reducir las exigencias o limitaciones en materia de asistencia fi-

38 MORALEJO MENÉNDEZ, I., "La remuneración vinculada a...", *op. cit.*

nanciera a efectos de que se puedan beneficiar de estos sistemas una mayor cantidad de sociedades.

SEGUNDA. En cualquier caso, la entrega de participaciones como sistema retributivo mediante el uso de sistemas de *vesting* ha adquirido una utilidad relevante en el contexto de empresas emergentes como medio para incentivar a los administradores, directivos, empleados o colaboradores para prestar servicios a la empresa, identificarse con el proyecto y desempeñar su labor en el mayor beneficio de esta.

TERCERA. De igual forma, la regulación sigue dejando dudas —en materia de aplicación subjetiva y asistencia financiera— que tampoco han quedado del todo resueltas con la LEE, por lo que las *start-up* que acudan a este tipo de sistemas retributivos no van a encontrar certezas en esta materia.En cualquier caso, parece que el sistema de retribución mediante entrega de participaciones no es un reflejo del previsto para las sociedades anónimas, estando previsto que su ámbito subjetivo trascienda del tradicionalmente conceptualizado en las sociedades anónimas, por lo que, si bien podríamos plantear la aplicación analógica de preceptos de las sociedades anónimas para cubrir las deficiencias de este régimen, la motivación de la retribución en sede de empresas emergentes, así como su realidad económica es radicalmente distinta. Será necesario en un futuro, ya sea el Legislador o los tribunales, que se resuelvan aquellos aspectos que han quedado susceptibles de interpretación anteriormente mencionados.

VI. BIBLIOGRAFÍA

EASTERBOK, F.H. y FISCHEL, D.R., *The Economic Structure of Corporate Law,* Harvard University Press, Cambridge (US), 1991.

GIMENO BEVIÁ, V., "Análisis del marco jurídico de las startup tras el Proyecto de Ley de fomento del ecosistema de las empresas emergentes", *Anuario del Capital Riesgo*, núm. 2021, 2021

— "El sistema de retribución e incentivos en las empresas emergentes", *Revista de Derecho del Mercado de Valores*, núm. 31, 2022.

GIMENO RIBES, M., *Régimen jurídico de los sistemas de retribución de los administradores sociales*, Marcial Pons, Madrid, 2021.

IBÁÑEZ JIMÉNEZ, J., "Remuneración en opciones sobre participaciones de sociedad limitada emergente", *Revista de Derecho de Sociedades*, núm. 69, 2023.

— *Stock options: regulación, economía, política retributiva y debate social*, Dyckinson, Madrid, 2000.

IÑENA ASURMENDI, C., *La opción de compra*, Dykinson, Madrid, 2003.

LEÓN SANZ, F., "Artículo 219. Remuneración vinculada a acciones de la Sociedad", *Comentario de la reforma del régimen de las sociedades de capital en materia de gobierno corporativo (Ley 31/2014). Sociedades no cotizadas*, Juste Mencía, J. (coord.), Thomson Reuters-Civitas, Navarra, 2015.

MARQUÉS TRIAY, B., "Las acciones fantasma o phantom shares: un breve estudio jurídico sobre la participación virtual en el capital social", *La Ley Mercantil*, núm. 56, marzo, 2019.

MERINO MADRID, I., *Stock Options: una Visión Jurídica, Económica, Financiera y Contable*, Instituto de Contabilidad y Auditoría de Cuentas, Madrid, 2012.

MORALEJO MENÉNDEZ, I., "La remuneración vinculada a las acciones", *Retribución y prestación de servicios de los administradores de sociedades*, García-Cruces González, J.A. (coord.), Tirant Lo Blanch, Valencia, 2018.

ROSANAS MARTÍ, J. M., "Las retribuciones variables de los directivos", *Revista de Contabilidad y Dirección*, Vol. 17, 2013, disponible en: https://accid.org/wp-content/uploads/2018/10/Las_retribuciones_variables_de_los_directivos.pdf.

SÁNCHEZ ANDRÉS, A., "Las llamadas stock options y las fórmulas mágicas de la ciencia jurídica", *Revista Jurídica Universidad Autónoma de Madrid*, núm. 2, 2000, disponible en: https://revistas.uam.es/revistajuridica/article/view/6282.

TUSQUETS TRÍAS DE BES, F., "Artículo 219. Remuneración Mediante Entrega De Acciones" , *Tratado de Sociedades de Capital. Comentario Judicial, Notarial y Registral de las Sociedades de Capital*, Prendes Carril, P; Cabanas Trejo, R.; Martínez-Echevarría y García De Dueñas, A., (dirs.), tomo I., Aranzadi, Navarra, 2017.

Capítulo 29

LAS *STOCK OPTIONS*. LA TRANSMISIÓN DE ACCIONES COMO BASE DE LA RETRIBUCIÓN DEL ÓRGANO DE ADMINISTRACIÓN

Lucía Márquez Lobillo
Doctoranda en Derecho Mercantil
Universidad de Málaga

I. INTRODUCCIÓN

Si bien no podemos considerar el supuesto de análisis como un sistema de transmisión propiamente dicho, el reconocimiento en el seno del artículo 217.2. apartado e) de la LSC (y el desarrollo de forma expresa y separada en el art. 219 de la misma) da la posibilidad de retribuir al órgano de administración mediante la entrega de acciones lo que supone, en toda regla, un cambio en la propiedad de las mismas y la activación de unos mecanismos de transmisión que se encuentran expresamente tasados en la Ley.

La posibilidad de retribuir al órgano de administración mediante acciones no es algo nuevo. Fue introducida por primera vez en la LSA de 1989 mediante la Ley 55/1999, aunque ya constituía una forma de retribución utilizada en la práctica, y, posteriormente, encontró su reflejo en la LSC en los mencionados artículos 217.2.e) y 219, siendo las modificaciones sufridas a lo largo de la vida de la norma prácticamente mínimas[1]. En la actualidad ha recobrado un mayor interés, dada la preocupación del legislador europeo por alcanzar una mayor vinculación (tanto por los accionistas como por el órgano de administración y los trabajadores) a largo plazo con la sociedad, así como por la inclusión expresa de la opción de retribuir mediante *stock options* al órgano de administración en las denominadas "empresas emergentes"[2].

La finalidad principal del reconocimiento expreso de este sistema de retribución no es otra que alcanzar una mayor vinculación por parte del órgano de administración en la gestión y adopción de actuaciones para la sociedad. Los administradores, al ser titulares de una parte del capital social, mostrarán una mayor implicación con la sociedad, siendo mayor el interés de que la misma alcance sus propósitos sociales con la obtención del mayor beneficio posible. Se alinean, de este modo, los intereses del órgano de administración con los de los accionistas (quienes por regla

1 Si bien, el contenido de la norma está establecido de forma expresa para las S.A., de ahí la referencia a las acciones, existen autores que han abogado, ya que al no existir prohibición legal expresa, por una aplicación extensiva a las S.L., principalmente en pequeñas empresas, y siempre que se cumpla con los requisitos estatutarios y de acuerdos de la Junta, que la LSC establece. Al respecto, *Vid.* IBAÑEZ JIMENEZ, J.W., "Remuneración en opciones sobre participaciones de sociedad limitada emergente", *Revista de Derecho de Sociedades*, núm. 69, 2023.

2 En concreto, el desarrollo realizado en la Exposición de Motivos de dicha Ley, esto es, Le y 28/2022, de 21 de diciembre, de fomento del ecosistema de las empresas emergentes

general no solo están interesados en participar en las ganancias de la sociedad mediante dividendos, sino en lograr el aumento de su patrimonio personal) al vincular la retribución del administrador con el incremento del valor de la acción.

No obstante, debe tenerse en consideración los riesgos de optar por este sistema de retribución y las consecuencias que el mismo puede tener sobre los antiguos accionistas. Estos pueden ver diluida su participación en el capital social, como consecuencia de la atribución de parte del mismo a los miembros del órgano de administración, y, con ello, alterar la base subjetiva de la sociedad. La norma establece una regulación de estos sistemas que garantiza, principalmente, la tutela de estos accionistas.

Mediante el presente trabajo realizaremos un acercamiento a los sistemas de retribución basados en la entrega de acciones[3] (que, como desarrollaremos, no implica en sentido estricto la entrega de las mismas) partiendo del desarrollo de la norma en la materia y teniendo en especial consideración todo lo que la misma no refleja sobre la ejecución y materialización de dichos sistemas que llevarán, finalmente y de forma efectiva, a la transmisión de las acciones en favor del administrador.

II. SOBRE LOS SISTEMAS DE RETRIBUCIÓN BASADOS EN LA ENTREGA DE ACCIONES

Dentro de los distintos sistemas de retribución del órgano de administración encontramos, en la categoría de retribución va-

3 En el presente trabajo se usará de forma indiscriminada los términos "sistema de retribución basados en entrega de acciones", "*stock options*" o programas de acciones (entendidos como aquellos contratos celebrados con los destinatarios, administradores, de opción de compra o de suscripción de acciones).

riable, los que la norma denomina *remuneración vinculada a las acciones* (artículo 219 LSC)[4]. El desarrollo de la norma es de contenido mínimo y dentro de la misma encontramos tres subsistemas de retribución: 1) entregar de forma directa a los administradores las acciones de la sociedad; 2) otorgar a los integrantes del órgano de administración derechos de opción sobre las acciones y 3) realizar la retribución tomando como referencia el valor de las acciones[5].

Para la determinación de este sistema de retribución no solo será necesario el cumplimiento de los requisitos para la fijación de la retribución que contempla el artículo 217 LSC (que implicará la previsión en estatutos del sistema o sistemas elegidos y un posterior acuerdo de la junta general que determine el importe máximo de la retribución) sino que, además, deberán cumplirse los requisitos expresamente establecidos en el artículo 219.

Así será necesario que, en caso de optarse por un sistema de retribución basado en la entrega de acciones esto se realice con mención expresa en los estatutos sociales y que, posteriormente, se aplique mediante acuerdo de la junta general, con los requisitos indicados expresamente para ello. Dada la mayor complejidad, el

---

4 En el año 2014 se modifica la nomenclatura del precepto, quedando conforme aquí se indica, ello en búsqueda de una mayor inclusión en el sistema de retribución de la opción de política empresarial. Se busca que dicho sistema de retribución no garantice únicamente la entrega de acciones, sino el reconocimiento de otras modalidades (derecho de opción, suscripción, bonos, etc.). MORALEJO MENÉNDEZ, I., "La remuneración vinculada a las acciones", *Retribución y prestación de servicios de los administradores de sociedades,* García-Cruces González, J.A. (dir.), Tirant lo Blanch, Valencia, 2018, p. 153.

5 No obstante, en el presente trabajo únicamente se analizarán la aplicación y los distintos sistemas de materialización de la entrega de forma directa. No siendo objeto de análisis los otros dos sistemas.

acuerdo de la junta será analizado en el apartado III del presente, centrándonos en este momento en la necesidad de regulación estatutaria y en las competencias orgánicas para ello.

La norma produce una reiteración de la necesidad de incluir, dentro de los estatutos sociales, una mención (eso sí, esta vez expresa y concreta) de la opción por este sistema de remuneración del órgano de administración. Ello cumple una función principalmente garantista de los intereses de los accionistas, pretendiendo evitar los problemas de interpretación que podrían generar la inclusión de la retribución mediante la entrega de acciones en supuestos en los que se incluyan en los estatutos sociales cláusulas genéricas y no se realice posteriormente un mayor desarrollo de las mismas.

La cláusula de los estatutos que establezca de forma expresa el sistema de retribución vinculado a las acciones no debe de forma obligatoria decantarse por uno de los tres sistemas concretos determinados en el artículo 219 LSC. Es posible la redacción de forma genérica y su posterior determinación por la junta general, al adoptar el acuerdo, teniendo en consideración las circunstancias concurrentes en el momento.

La principal problemática de este sistema retributivo, respecto a su inclusión en los estatutos sociales, es como ya hemos señalado anteriormente la necesidad de una segunda aprobación por parte de la junta. Así, sería posible que el órgano de administración se viese privado de toda retribución si la junta no alcanzase el acuerdo que materialice la misma, principalmente en aquellos casos en los que la entrega de acciones haya sido establecida como el único método de retribución del cargo. Por ello, resulta especialmente relevante la interpretación que algunos autores realizan respecto de la redacción dada al artículo 219.1 LSC por la reforma de 2014, que consideran la retribución basada en acciones como un sistema de retribución complementario, que no agota el sistema de remuneración al que se incorpora[6].

III. ACUERDO DE LA JUNTA GENERAL

Una vez analizados los principales requisitos respecto a la inscripción en los estatutos sociales de esta posibilidad de retribución, debemos tomar en consideración el segundo requisito establecido en el artículo 219 LSC, esto es, el acuerdo de la junta general de accionistas.

El contenido de dicho acuerdo (más allá de los requisitos formales del apartado 219.2 LSC) dependerá de la consideración que los programas de retribución mediante acciones tengan para el ordenamiento jurídico. Por ejemplo, en países como Francia o Alemania se consideran estos programas como medidas de ejecución, esto es, la norma define el programa y la junta solo se limitará a aprobar cual resultará de aplicación dentro del catálogo legal, por lo que el acuerdo de la junta será, propiamente, el acuerdo que garantice dicha ejecución. Por ejemplo, el aumento de capital o el acuerdo de adquisición de acciones propias, estableciéndose en estos casos garantías similares a las establecidas para estas operaciones.

Por el contrario, en países como Inglaterra o EE.UU., el contenido del programa de retribución mediante acciones se configura dentro de los acuerdos de retribución, sin establecer instrucciones claras sobre su materialización. Por ello, y para lograr la ejecución, deberá tenerse en consideración todas las posibles especialidades que la norma establezca para la operación que deba llevarse a cabo para la ejecución, lo que hace más difícil que se

6 IBAÑEZ JIMENEZ, J.W., "Remuneración en opciones sobre participaciones...", *op.cit.*, pp. 170-171.

haga efectivo el pago de retribución al administrador mediante entrega de acciones o mediante el ejercicio de derecho de opción, al no ser medios expresamente pensados para la ejecución de los acuerdos de retribución, sino sistemas ya existentes que se adaptan para dicha finalidad.

La principal diferencia entre ambos sistemas[7] es que en los primeros, la Ley establece los mecanismos a aplicar para la ejecución que hará efectiva el contrato de opción por la sociedad, sin embargo en los segundos, la Ley no establece tal procedimiento específico de ejecución, por lo que tendrán que aplicarse los procedimientos y normas existentes para otras actuaciones que no cubren las necesidades específicas de este tipo de programas de opción ni terminan de casar en su totalidad con la finalidad requerida, por ejemplo, el aumento de capital o la adquisición de acciones propias.

Dentro de este segundo grupo de países encontramos el ordenamiento español en el que, para establecer este sistema de retribución serían necesarios dos acuerdos de la junta: El primero de ellos, estableciendo el régimen de retribución, se trata de un acuerdo de modificación estatutaria (artículo 288 LSC) y el segundo, desarrollando este programa de opción, se trataría del acuerdo que concreta y permite materializar el programa, se realiza para mayor garantía de los socios y debe cumplir con las especialidades normativas que se establezcan en cada caso, en función del tipo de operación societaria por la que se lleve a cabo.

En los apartados que siguen a continuación, analizaremos las características propias de este tipo de acuerdos a adoptar por la junta general de cara al correcto desarrollo de estos planes de opción.

7 Para un desarrollo más profundo de los distintos sistemas de nuestro entorno, *Vid.* MONTERO GARCÍA-NOBLEJAS, M.ª.P., *Las opciones sobre acciones como sistema de retribución de administradores de sociedades anónimas cotizadas*, La Ley, Madrid, 2009, pp. 543 y ss.

1. Requisitos previos: convocatoria de junta y derecho de información de los accionistas

Respecto a la convocatoria de la junta, entendemos que la misma debe cumplir con los mismos requisitos generales que la LSC establece para la convocatoria de cualquier tipo de junta de la sociedad anónima (artículos 166-177 LSC) y los específicos de la modificación de estatutos (artículo 287 LSC). Sin olvidar que, la junta universal es competente para deliberar sobre cualquier tipo de asunto, por lo que podría prescindirse de los mencionados requisitos de convocatoria si se dan las condiciones establecidas en el artículo 178 LSC.

El aspecto que cobra especial relevancia dentro de la convocatoria de esta junta es la garantía del correcto funcionamiento del derecho de información de los accionistas[8] , dada la especial complejidad de este sistema de retribución y las consecuencias que el mismo tiene tanto para la propia sociedad como para los accionistas previos.

Respecto a este derecho de información de los accionistas es digno de mención el informe previo relativo al programa pretendido (artículo 286 LSC), cuya finalidad principal es otorgar a los accionistas toda la información necesaria sobre la operación a realizar. El contenido u obligatoriedad de dicho informe ha tenido una regulación muy dispar en los países de nuestro entorno.

---

8 Resulta pues, de especial relevancia, el contenido de los artículos 286 y 287 LSC (relativos a la modificación estatutaria) y el artículo 197 LSC (sobre el derecho de información en la SA).
Aspecto que siempre ha sido duramente criticado por la doctrina al considerar que existían claras deficiencias respecto a la información facilitada a los socios en materia de retribución. *Vid.* ALONSO LEDESMA, C., "El papel de la junta general en el gobierno corporativo de las sociedades de capital", *El gobierno de las sociedades cotizadas,* Esteban Velasco, G. (coord.), Marcial Pons, 1999, pp. 649-650.

Así, el Derecho francés considera de forma obligatoria la necesidad de desarrollar dos informes, uno realizado por el órgano de administración y otro por los auditores de cuentas, que establezcan los motivos por los que es aconsejable este sistema retributivo y los métodos de cálculo del precio, en idéntico sentido encontramos la normativa italiana, que establece la necesidad de entregar dicho informe. Por el contrario, el Derecho alemán no considera la necesidad de elaborar este informe específico como una obligación, aunque si es recomendable, y, en todo caso, debe facilitarse a los accionistas toda la información completa y necesaria por parte de los administradores.

El principal problema respecto de este informe es que el encargado de materializarlo y de llevar a cabo posteriormente su ejecución es el órgano de administración, quien a su vez es el destinatario principal de dicho acuerdo, lo que puede dar lugar a situaciones de conflicto de interés. Una forma de evitar dicho problema es la formación de un Comité de retribución (principalmente en aquellos países en los que la realización del Informe es obligatoria), quien será el encargado de debatir sobre el nuevo sistema de retribución a aplicar y podrá responder a eventuales preguntas planteadas por los accionistas, sin perjuicio de que el informe por ellos emitidos sea finalmente modificado o revisado por el órgano de administración.

En Derecho español no se ha establecido nada respecto a la necesidad de desarrollar un informe con carácter previo[9], debiendo quedar vinculado a la normativa ordinaria de acuerdos de la junta

---

9 La propuesta de Código de Sociedades Mercantil español aportaba más peso al derecho de información de los accionistas, estableciendo la necesidad de que los administradores suscribieran un informe previo respecto a la retribución a realizar, que debía ser firmado por todos ellos y, si alguno de ellos no firmaba, debía establecerse de forma expresa los motivos de dicha desviación de opinión.

y, específica de modificación de estatutos, al no existir requisitos específicos respecto al mismo (artículos 197, 286 y 287 LSC). Por lo tanto, la obtención de dicha información requerirá, en primer lugar, que se establezca de forma expresa en un punto separado del orden del día, artículo 197.bis.b) LSC, [10] la propuesta de aprobar este programa de opción como forma de remuneración al órgano de administración. Del mismo modo deberán establecerse acuerdos respecto a la forma de ejecución, que deberán ser desarrollados por la junta general en el momento en el que se acuerde la retribución mediante un programa de opción, garantizando de ese modo que el cumplimiento del acuerdo no quede condicionado a una ulterior aprobación de dichas medidas[11].

Con lo expuesto podemos manifestar que las garantías que nuestro derecho ofrece respecto a un adecuado cumplimiento del derecho de información previo a la celebración de la junta son mínimas, siendo que las normas nada garantizan al respecto y las recomendaciones que se puedan contener en Códigos de buen gobierno y en otra normativa de *soft law* no resultan suficientes para proporcionar una garantía al interés de los accionistas.

10 Entendemos que no bastaría con indicar de forma genérica un punto en el que se vaya a tratar la aprobación de la retribución de los administradores o acordarlo, de forma soslayada, en cualquier otro acuerdo mínimamente relacionado con la retribución de los administradores, como puede ser la aprobación de las cuentas anuales.
Por su parte, ordenamientos como el italiano consideran que si el punto del orden del día versa sobre el nombramiento de los administradores será posible tratar sobre la retribución de los mismos, entendiéndose como acuerdos conexos.

11 Si bien esto será objeto de un concreto desarrollo en el apartado IV del presente trabajo, debemos señalar que las medidas que permitan la ejecución dependerán, evidentemente, de la forma en la que el ordenamiento jurídico haya tratado estos acuerdos de opción. Así en los ordenamientos jurídicos que regulen los programas de opción en sede de las medidas de ejecución, la adopción de este acuerdo se insertará en los acuerdos de medidas de ejecución. Por el contrario, en los ordenamientos que lo regulan en sede de retribución es poco común que se realicen menciones sobre las posibilidades de ejecución.

Por ello, a la vista de las exigencias en materia de información de los accionistas y de las normas establecidas en países de nuestro entorno, resulta recomendable establecer una exigencia o, al menos, una sugerencia de la necesidad de que todo acuerdo de junta que decida sobre el sistema de retribución mediante programas de opción vaya precedido de un informe al respecto elaborado por los administradores, que deberá establecer los términos y condiciones del programa, determinando el contenido mínimo del acuerdo que celebrará la junta y los objetivos que se persiguen y su relación con la política de retribución existente, estableciendo los posibles sistemas que permitan el cumplimiento de las obligaciones y la materialización de dicha ejecución, con mención a los efectos y costes que genera[12].

2. Contenido del acuerdo de la junta de accionistas

La formalización del acuerdo de la junta de accionistas busca un mayor grado de control y garantía por parte de los socios que ya eran titulares de parte del capital social. Se evitan así posibles conductas que podrían acarrear situaciones de conflicto de interés, si el propio órgano de administración fuera el que determinase la retribución de sus miembros.

Así, el artículo 219.2. LSC establece el contenido mínimo con el que debe contar el acuerdo por el que se establezca el programa de opciones. El contenido concreto de la norma y su capacidad para garantizar el derecho de información de los accionistas y de concreción de la operación serán analizados de forma separada, dada su relevancia.

---

12 Para un mayor desarrollo, *vid.* MONTERO GARCÍA-NOBLEJAS, M.ª.P., *Las opciones sobre acciones..., op. Cit.* pp. 392-395.

1.1. *La determinación de los destinatarios*[13]

Respecto a los mismos, es necesario realizar una identificación de la identidad de los destinatarios[14] en el informe que el órgano debe de aportar a la junta de forma previa[15]. Con esto se pretende garantizar una mayor precisión de la decisión a adoptar dado que, de conocerse la identidad concreta de la persona, se permitirá valorar las funciones realizadas, la necesidad de orientarlo a determinados objetivos y las características personales del destinatario.

Dentro de este programa de opción será necesario igualmente que los accionistas determinen si el mismo se dirige exclusivamente a los administradores con funciones delegadas o a todo el órgano de administración. La Unión europea, en sus recomendaciones sobre retribución[16], es partidaria de considerar que este tipo de remuneración no debe aplicar a los consejeros

13 Recordemos que, si bien este sistema de retribución puede resultar de aplicación igualmente para trabajadores y altos directivos, la finalidad del presente artículo se centra en el órgano de administración, no haciendo mención de las otras figuras y sus especialidades más allá de supuestos en los que sea de imperiosa necesidad para el contenido del presente.

14 Entendiendo esta traducción de *identidad* como más cercana a la adoptada por el resto de países de nuestro entorno, esto es, una identificación nominativa de los destinatarios.

15 No obstante, la legislación española al establecer el contenido mínimo del acuerdo de la junta de socios respecto a la adecuación del programa de opción no establece la necesidad de determinar a los destinatarios del mismo. Esto ha sido criticado, por considerar este dato como un elemento esencial que determina la necesidad y procedencia de este tipo de acuerdos. Al respecto, *Vid.* JENSEN, M.C y MURPHY, K.J., "CEO incentives-its not how much you pay, but how", *Harvard Business Review,* núm. 68, 1990, p. 142.

16 Así el punto 4.4. de la Recomendación de la Comisión de 30 de abril de 2009 aboga por que la remuneración de los consejeros no ejecutivos no incluya opciones sobre participaciones.
Por el contrario, la Recomendación 57.II del Código de Buen Gobierno de las Sociedades Cotizadas sí establece la posibilidad de retribuir a los consejeros

no ejecutivos. No obstante, la norma española no realiza ningún tipo de diferenciación entre los miembros del órgano de administración.

Teniendo en consideración la importancia respecto de la determinación de las personas a las que aplicará este derecho de opción que se recibirá como retribución, debemos cuestionarnos, ¿es posible realizar una transmisión del mismo? No existe, como tal, impedimento jurídico que evite que el titular del derecho pueda realizar su transmisión. No obstante, la transmisión de este tipo de derechos iría en contra de la finalidad propia de esta retribución[17], esto es, alinear el interés del administrador con los de los accionistas y la sociedad, garantizar una mayor implicación y dedicación a largo plazo, en búsqueda de mejores beneficios.

No obstante, nada establece la norma al respecto, por lo que, en caso de querer impedir, o al menos limitar, dicha transmisión deberá ser la sociedad la que restrinja la misma estatutariamente, requiriendo la autorización previa por acuerdo en junta de la enajenación de los derechos de opción. Este no puede ser considerado como el sistema más óptimo, aunque sea acertada como solución, siendo más conveniente la determinación, mediante obligación legislativa, de la necesidad de aprobación previa de la junta como requisito para la transmisibilidad[18].

no ejecutivos mediante la entrega de acciones, con la condición de que mantengan la titularidad de las mismas tras su cese.

17 FERNÁNDEZ DEL POZO, L., "Participación de trabajadores y directivos en el capital de las Sociedades Anónimas. Examen de la cuestión en Derecho societario", *Revista de Derecho Mercantil*, núm. 234, 1991, pp. 1450-1451.

18 ÁVILA DE LA TORRE, A. y MORALEJO MENÉNDEZ, I, "Los nuevos sistemas de retribución de los administradores, trabajadores y personal de alta dirección. La reforma introducida por la Ley 55/1999, de 29 de diciembre", *La(s) reforma(s) de la Ley de Sociedades Anónimas*, García-Cruces González, J.A., Tecnos, 2000, pp. 200-201.

1.2. Número de acciones a asignar en cada ejercicio

El término recogido en el artículo 219.2 LSC a partir de la reforma de 2014 deja de hacer mención a un concepto que había dado lugar a múltiples discusiones doctrinales, esto es *las acciones a entregar*. Como hemos indicado en el apartado II, este sistema de retribución no lleva aparejada exclusivamente la entrega de acciones, por lo que dicha mención en la norma era interpretada en algunos supuestos como que el número de acciones solo debía determinarse en el caso de que el sistema de retribución consistiese en la entrega de acciones (esto en todo caso) o en la adquisición de derechos de compra sobre acciones (esto en algunos casos). Otros autores[19] consideraban que no aplicaba la determinación del número de acciones y que, por ende, no existían límites del número de acciones que podrían recibir de los derechos de opción, quedando en todos los casos fuera aquellos programas que tomasen como referencia el valor de las acciones[20].

Posteriormente, y para zanjar dicho debate, el artículo 219.2 LSC se modifica, incluyendo la obligación de indicar en el acuerdo el número máximo que se podrá asignar en cada ejercicio. Esta mención resulta imprescindible para que los socios puedan realizar un adecuado juicio respecto de esta forma de retribución, teniendo en consideración los costes que implicará su ejecución y el posible efecto de dilución del capital social que puede acarrear.

El establecimiento del número máximo de acciones que van a estar destinada a este programa de opciones no se encuentra expresamente limitado, más allá de los límites propiamente es-

19 IBÁÑEZ JIMÉNEZ, J.W., Stock *options: regulación, economía, política retributiva y debate social,* Dykinson, 2001, pp. 176 y ss.

20 VÁZQUEZ LEPINITTE, T., "Los planes de opciones sobre acciones (stock options): perfiles jurídicos-privados, *Revista de Derecho de los negocios*, núm. 120, 2000, pp. 6 y ss.

tablecidos, de forma general, en los mecanismos de ejecución[21]. No obstante, existen ordenamientos jurídicos[22] que han realizado limitaciones en dicho sentido, garantizando de esta forma la protección de los antiguos accionistas.

Del mismo modo, es necesario que los accionistas, en el acuerdo de la junta, concreten las características que permitirán identificar las acciones (clase, número, serie), pudiendo realizar la retribución mediante distintas clases de acciones (previamente reflejadas en estatutos sociales y previo cumplimiento de la normativa establecida para cada caso), pudiendo comprender, por lo tanto, acciones especiales, esto es, acciones sin derecho de voto, acciones rescatables[23], etc.

1.3. Precio del ejercicio

El precio de ejercicio del derecho de opción es una condición esencial, pudiendo consistir bien en el establecimiento de un precio determinado, que podrá ser fijo o variable atendiendo a las

21 Autores como VAZQUEZ LEPINETTE consideran criticable la ausencia de límites en la normativa española, considerando que debería fijarse como límite la no dilución significativa del capital social. Otros autores consideran la necesidad de establecer límites legales, de forma anual, en proporción al capital social y al número de administradores. Al respecto, *Vid.* VÁZQUEZ LEPINITTE, T., "Los planes de opciones sobre acciones...", *op.cit,* pp. 6 y 7, o HUERTA VIESCA, Mª.I., RODRÍGUEZ RUIZ DE VILLA, D. y VILLIERS, C., "Una reflexión sobre el stock options plan de los administradores de las sociedades cotizadas", *La Ley: Revista jurídica española de doctrina, jurisprudencia y bibliografía,* núm. 4, 2000, p. 1468.

22 Ordenamientos como el francés establecen un límite global en función de la cifra del capital, indicando que no es posible entregar un número de acciones superior a un porcentaje determinado del mismo, en el Derecho alemán se debe respetar el importe máximo establecido en función del sistema de ejecución.

23 Al respecto, *Vid.* BELLVEHÍ MUÑOZ, J., "Características del activo subyacente: acciones sin voto, acciones rescatables, la prenda y el usufructo", *Las stock options en España,* Sagarra Trías, E. (Dir.), Deusto, Bilbao, 2002.

circunstancia, o en el establecimiento del sistema de cálculo. Será entendido como el precio que los beneficiarios abonarán para poder adquirir las acciones de la sociedad cuando transcurra el plazo establecido[24].

La concreción del precio determina la posibilidad de ganancia del beneficiario y, por ende, el importe de su retribución, convirtiéndolo en un requisito esencial del programa, ya que la existencia de ganancia para el administrador dependerá, de forma directa, de la relación entre el precio de ejercicio y el precio de la acción en el momento de su adquisición.

Es usual que el precio de ejercicio se corresponda con el valor de la acción el día de la celebración del contrato, pero también es posible que se establezca un precio de ejercicio superior o inferior, conocido en el último caso como *programa de opción con descuento*[25], proporcionando en estos casos una ganancia automática para el destinatario del programa desde el momento del otorgamiento. En estos supuestos se produce una pérdida patrimonial que es asumida por la sociedad.

1.4. Valor de referencia

Este concepto, de difícil concreción, ha sido interpretado de forma diversa por nuestra doctrina[26] dada la imposibilidad de realizar

24 MONTERO GARCÍA-NOBLEJAS, M.ª.P., *Las opciones sobre acciones..., op. Cit*, p. 455.

25 Alerta sobre los problemas de esta práctica y aconseja que el valor de la acción se corresponda con su valor de cotización, RONCERO SÁNCHEZ, A., "La retribución variable de los consejeros ejecutivos tras la reforma del régimen legal sobre retribución de los administradores de las sociedades de capital", *Revista de Derecho social y empresa*, núm. 5, 2016.

26 Una parte considera que el legislador se refiere al precio inicial del mercado de la acción en el momento en el que se concede el programa o, en todo caso, a los costes históricos —entre otros, IBÁÑEZ JIMÉNEZ, J.W., Stock *op-*

una definición única. No obstante, se trata de un dato de gran relevancia para los accionistas a la hora de determinar su dilución patrimonial y fijar de forma exacta la retribución real del administrador.

Así, el valor de referencia puede configurarse como un sustraendo, en el que el precio de ejercicio es el minuendo de la resta en donde la diferencia es la ventaja patrimonial del administrador resultante del programa. Por lo que el valor de cotización no tiene por qué ser, necesariamente, el valor de cotización[27].

No obstante, hay quien considera[28] que esta mención al valor de referencia solo resultará de aplicación cuando se aprueban programas de retribución que tomen como referencia el valor de las acciones, ya que en estos casos será el valor que permitirá determinar la existencia de beneficio y, en su caso, el importe.

1.5. Plazo de duración del plan

El último requisito exigido por la norma en el acuerdo de la junta de accionistas es la determinación del plazo de duración de dicho sistema de retribución. No obstante, dada la posibilidad de incluir dentro de este sistema de retribución hasta tres subsistemas distintos, resulta difícil delimitar el plazo concreto, al no existir mayor precisión y dada la variedad de plazos que pueden ser incluidos en este programa.

---

tion (...), op. cit.—, otros consideran la posibilidad de entender que se hace referencia al precio del ejercicio o a las bases para determinarlo, o que se trata del valor de la acción en el momento en el que se ceden los derechos de opción.

27 MORALEJO MENÉNDEZ, I., "La remuneración vinculada a las acciones", *op. cit.*, p. 182.

28 MONTERO GARCÍA-NOBLEJAS, Mª.P., *Las opciones sobre acciones..., op. cit*, pp. 474 y 475.

Ello ha llevado a una interpretación de este requisito en dos vertientes: la consideración de que la determinación del plazo se refiere al momento en el que la opción puede ser ejercitada y los que consideran que se hace referencia al periodo total de duración, siendo esta la más seguida, al considerar que el plazo se refiere al que media entre la concesión de la opción y su ejercicio, siendo el plazo mínimo el plazo de ejercicio del derecho de opción, sin perjuicio de que este pueda ser ampliado.

Además de lo anterior, el acuerdo puede contener otros aspectos de interés para la materialización del mismo, así puede considerarse como esencial la explicación concreta de los motivos que impulsan la elección de este sistema retributivo, debiendo indicarse de forma expresa las finalidades pretendidas y los pasos y contenidos de ese programa para lograr el objetivo.

IV. MEDIDAS DE EJECUCIÓN

Tal y como hemos adelantado al comienzo del presente trabajo, el mismo se centra, por su mayor complejidad, en la entrega de derechos de opciones sobre acciones, los mismos serán aquellos por los que se celebren con los destinatarios de la retribución, los administradores, un contrato de opción de compra o de suscripción de acciones que permita la adquisición de las mismas por el destinatario. La sociedad consiente la celebración de ese contrato eventual de opción y, del mismo modo, la formalización del contrato de adquisición definitivo, para ello es necesario que el objeto del contrato de opción, las acciones, estén a disposición de la sociedad[29].

29 GHESTIN, J., *"Traité de Droit Civil"*, LGDJ, p. 304, afirma que en el momento de la conclusión del contrato el concedente debe disponer del bien prometido, aunque es posible que la cosa se encuentre aún en su patrimonio, siempre que sea determinable.

Por lo tanto, los acuerdos que aprueban el programa de retribución mediante opciones deben completarse con acuerdos que garanticen los derechos que surgen como consecuencia de los mismos.

Así la sociedad podrá recurrir a diversas alternativas para la ejecución, entre otras, (i) aumento de capital con exclusión del derecho de adquisición preferente de los socios; (ii) emisión de obligaciones convertibles para realizar un aumento de capital diferido o (iii) ejercicio de una opción de compra sobre acciones propias de la sociedad (adquisición de acciones en autocartera). Todas ellas, que son los principales medios de ejecución del acuerdo, serán analizadas en este apartado de forma expresa y separada.

Debemos tener en consideración que, en materia de ejecución de los programas de opción, nos encontramos con dos formatos en función del ordenamiento jurídico. Ordenamientos como el francés o el alemán realizan unos procedimientos de ejecución específicos, dentro de las medidas más usuales[30], vinculando la normativa aplicable a los programas de opción con las medidas de ejecución. Existe, pues, un régimen específico que regula el sistema de ejecución y establece las consecuencias que tiene para la sociedad el ejercicio de estos derechos por parte de los beneficiarios.

En ordenamientos como España o Italia no se ha realizado un sistema de ejecución específico, aunque se han admitido los programas de opción como un sistema de retribución del órgano de

30 Por ejemplo, si se opta por el aumento de capital, se configura como un aumento de capital simplificado, no estando sometido a las normas ordinarias, lo que permite la celebración de un aumento de capital en diferido, conforme se vayan ejercitando los derechos de opción.
Si se opta por celebrar contratos de adquisición de acciones debe realizarse, de forma previa, un contrato de opción con los beneficiarios y, del mismo modo, debe adoptarse de forma previa acuerdo de la junta en este sentido, procediéndose a las entregas de las acciones mediante el pago acordado que bien puede ser en metálico, bien en compensación de créditos.

administración, lo que genera inconvenientes a la hora de materializar la aplicación. Como consecuencia, se han aplicado fórmulas que no son del todo compatibles con el derecho de sociedades, siendo lo más común realizar aumentos de capital o contratos de opción a compra[31], al no ser posible realizar un aumento de capital de forma diferida, por lo que es común que las acciones sean asumidas por un tercero, de forma itinerante, y, posteriormente, adquiridas por los administradores.

El principal problema de estos ordenamientos, en los que la regulación que se ha dado respecto de los programas de opción es en sede de retribución y no en sede de ejecución, es que las medidas que se aplican para ejecutarlos no cumplen con los requisitos necesarios para la materialización de este sistema de retribución, por lo que no resultan plenamente aplicables ninguno de los señalados. Los procedimientos previstos para los instrumentos que analizaremos a continuación son excesivamente rígidos e inadecuados.

En el presente apartado analizaremos los principales sistemas de ejecución aplicables (principalmente en el derecho español, pero con guiños a la regulación de los países de nuestro entorno) teniendo en consideración las características y defectos que presentar respecto de la correcta ejecución de este sistema de retribución.

1. Aumento de capital como medida de ejecución

Si la sociedad decide materializar la ejecución mediante la emisión de nuevas acciones, se deberá recurrir a un sistema de au-

31 Sobre los mecanismos más usuales en Derecho español, *vid.*, entre otros: TAPIA HERMIDA, A.J. y TAPIA FRADE, A.D., "Stock options (opciones sobre acciones) y planes de stock options dirigidos a los trabajadores (enployee stock options plans ESOPs), *Revista de Derecho bancario y bursátil,* núm. 87, 2002, pp. 133-137.

mento de capital. En estos casos la junta de accionistas adopta un acuerdo por el cual decide aplicar este sistema de retribución, pero, en un principio, no decide nada sobre la materialización del mismo. Es decir, ningún acuerdo se alcanza sobre el aumento de capital ni la norma tampoco obliga a su establecimiento. Se precisa un segundo acuerdo para garantizar el cumplimiento de la obligación relativa al contrato de opción[32], que de esta forma queda totalmente condicionado a la ulterior aprobación de la junta.

Lo más oportuno sería la unificación de ambos acuerdos, aunque presentaría un problema principal, cuando la junta de accionistas delibera sobre la necesidad de establecer la retribución mediante el programa de opciones no se conoce, de forma cierta, si finalmente será necesario realizar un aumento de capital y en qué medida. Así pues, no será posible realizar el aumento conforme a la normativa que, recordemos, no permite los aumentos de capital en diferido. El acuerdo requeriría, en todo caso, una habilitación al órgano competente para producir el aumento, en la cuantía necesaria, una vez se concreten las mismas, ex artículo 297 LSC. Así, el aumento que efectivamente se materialice dependerá del importe, del momento de realización, de la exclusión de los derechos de adquisición preferente, etc., para poder cumplir con su función.

Conforme lo indicado, queda acreditado que el procedimiento de aumento de capital, conforme se encuentra regulado en la LSC, no es el más adecuado para la ejecución de los programas de opción, no obstante, dada su aplicación, consideramos necesario realizar una serie de anotaciones respecto al mismo.

32 Se tratan de acuerdos conexos, quedando condicionada la eficacia de uno de los acuerdos —el aumento de capital— a otro de los acuerdos —la aprobación del programa de opción—. El aumento de capital se configura como una operación instrumental, tratándose de la técnica protectora del derecho de suscripción otorgado a los administradores.

1.1. Categoría del aumento

A la hora de valorar el aumento de capital como una posibilidad para dar ejecución a la determinación de la retribución del administrador mediante el programa de opción, es necesario determinar en concepto de que se realizaría la aportación del administrador que da lugar a la misma.

El objetivo principal de este tipo de aumento de capital es la contraprestación por el trabajo realizado por el administrador en su condición de tal, se toma como base del aumento los servicios prestados por el administrador, que serán los que le permitan, mediante el sistema de retribución, la adquisición de las acciones. No obstante, esto contraviene expresamente lo establecido en el art. 58 LSC, que excluye de los bienes a aportar en las sociedades de capital el trabajo o los servicios.

Otra opción sería realizar el aumento con base a una compensación de créditos, para ello sería necesario que los servicios ya se hubiesen prestado por el administrador, que estos se hallaran valorados económicamente y que cumplan con los requisitos de liquidez y exigibilidad establecidos en la norma. Este sistema resulta de aplicación si el administrador ya tiene un crédito frente a la sociedad, pero en relación con el procedimiento de retribución no casa, ya que la finalidad del mismo es retribuir e incentivar unos servicios a futuro[33].

Por último, tampoco se considera que el aumento pueda realizarse con cargo a reservas, ya que el mismo solo beneficia a los

33 FERNÁNDEZ FERNÁNDEZ, I., *Aportaciones no dinerarias en la sociedad anónima*, Aranzadi, Cizur Menor, 1997, p. 154, establece que no se podrá hablar de trabajo a futuro como un crédito, ya que el objeto de la aportación no es el servicio sino el crédito existente, por lo que de tratarse de trabajos a futuro se trata de una mera expectativa y no de un derecho de crédito.

antiguos socios y nada establece la norma sobre la obligatoriedad de que los administradores ostenten dicha condición, al contrario.

Así, el sistema más conveniente para que se realice el aumento de capital es mediante aportación dineraria, que deberá mantener igualmente las condiciones ventajosas que la propia modalidad del programa de opción establece[34], para la materialización de este acuerdo de aumento deberán cumplirse lo establecido en la norma (artículos 296 y ss LSC), teniendo en especial consideración la exclusión del derecho de adquisición preferente, *ex.* artículo 308 LSC[35].

1.2. Aumento de capital mediante la participación de intermediarios

Las dificultades indicadas para la correcta ejecución de los programas de opción implican que en la práctica se recurran a sistemas que, si bien no están del todo alineados con el derecho de sociedades, permiten cumplir los efectos queridos con estas actuaciones.

34 El aumento de capital se realiza mediante una revalorización que implicará el pago del incentivo del administrador, ya que en el momento del ejercicio del derecho de opción el administrador es propietario de acciones que, cuando ejerce las opciones, tiene un valor de mercado muy superior al que pagó por ellas. IBÁÑEZ JIMENES, J.W., "Sacrificio y coste social de la reasignación de derechos de compra de acciones en las ampliaciones de capital. Stockoptions buendi causa", *Derecho de sociedades: Libro homenaje al profesor Fernando Sánchez Calero*, Volumen 3, McGraw-Hill Interamericana de España, 2002, pp. 2345 y 2355.

35 ÁVILA DE LA TORRE, A. y MORALEJO MENÉNDEZ, I, "Los nuevos sistemas de retribución...", *op.cit.*, p. 196, consideran que el acuerdo de aumento de capital necesario para obtener este sistema de retribución basado en programas de opción, únicamente implica la exclusión del derecho de suscripción preferente de los socios.

Así, por ejemplo, en los países como España que no disponen de un sistema concreto de ejecución se recurre, de forma mayoritaria, a la intervención de intermediarios. Así, la sociedad emitiría acciones que estarán previstas para la futura ejecución de los programas pero que serán suscritos por un tercero[36], por regla general, una entidad de crédito, de forma interina, para posteriormente cederla, bien a la propia sociedad bien a los beneficiarios finales del programa.

Dentro de estas actuaciones suele establecerse el sistema de actuación de la intermediaria, que intervendrá en calidad de mandataria, no ejercitando derechos derivados de las acciones adquiridas y obligándose a, en caso del ejercicio del derecho de opción, transmitir las acciones a la sociedad o a los propios administradores. A cambio, el intermediario recibe una contraprestación, no asumiendo, además, el riesgo de la operación.

1020

2. Las obligaciones convertibles como medida de ejecución

Dados los problemas existentes en materia de ejecución y cumplimiento de las obligaciones derivadas de los contratos de opción, cada vez se ha visto más conveniente[37] la aplicación, de forma analógica, de las normas sobre emisión de obligaciones convertibles en los programas de opción. Para valorar si es posible aplicar el régimen de obligaciones convertibles a los programas de opciones es necesario ver si pueden adaptarse los requisitos exigidos.

36 Esto no supondrá una vulneración del concedente del contrato de opción respecto de su obligación de transmitir la cosa en el plazo pactado, al contrario, la transmisión se realiza para permitir el ejercicio de los derechos de opción por los beneficiarios. En este sentido, TORRES LANA, J.A., *Contrato y derecho de opción*, Trivium, 1987, p.100.

37 FERNÁNDEZ DEL POZO, L., "Participación de trabajadores y directivos en el capital...", *op.cit.*, pp. 890 y ss.

Si bien es cierto que el uso de este sistema evita muchos de los problemas señalados respecto al aumento de capital, no deja de presentar inconvenientes a tener en consideración, entre otros: (i) necesita que el beneficiario tenga condición de acreedor, es decir, requiere de la existencia de una deuda frente a la sociedad, ya que se trata principalmente de un sistema de financiación[38]; (ii) el órgano de administración cobra mayor protagonismo en esta operación, mediante la realización de dos informes, uno de los propios administradores y otro de auditores independientes, respecto de la operación a realizar (artículo 414.2 LSC). Respecto a los mismos habría que tener en consideración los problemas de conflicto de interés, ya que el órgano que elabora el informe es el principal beneficiario de la operación; (iii) debe aplicarse igualmente, el procedimiento de suscripción preferente de acciones conforme lo establecido en la ley y (iv) no existe límite a la emisión de obligaciones convertibles.

Esto último, que puede suponer una ventaja en materia de retribución, se convierte en algo negativo desde la óptica de la garantía de los accionistas que pueden verse diluidos en su participación en el capital de la sociedad de forma indefinida e ilimitada, al poderse crear todas las obligaciones convertibles que se consideren oportunas[39].

38 Este inconveniente puede verse solventado a través de dos sistemas, 1) que el órgano de administración realice un préstamo a la sociedad, aunque no se considera lo más conveniente que se realice un desembolso previo para obtener una remuneración posterior, o 2) que los derechos de opción se concedan en contrapartida a un crédito que tenga el administrador frente a la sociedad. Ninguna de estas dos opciones se presenta como una solución clara y ventajosa para el administrador. MONTERO GARCÍA-NOBLEJAS, M.ª.P., *Las opciones sobre acciones..., op. Cit*, pp. 648 y ss.

39 Debemos entender esta afirmación dentro de los límites establecido en el propio acuerdo por el que la junta general autoriza la emisión (artículo 414 LSC).

A la vista de todo ello, si bien es un régimen un poco más cercano al necesario para la correcta ejecución de los planes de opción que ha sido usado por algunas compañías para adoptar este sistema de retribución, resulta insuficiente e inadecuado para la aplicación del mismo.

3. La adquisición de acciones propias como medida de ejecución

Parece que el legislador se decanta por el camino de la adquisición de acciones en autocartera como el más adecuado para ejecutar los programas de opción, al establecer expresamente en la regulación del artículo 146 LSC la posibilidad de adquirir acciones en situación de autocartera con finalidad de retribución del órgano de administración.

Esto hace que no sea necesario celebrar un aumento de capital, ya que se usan acciones que la sociedad tiene en cartera, no se produce así una modificación de la cifra del capital social. No obstante, este régimen tampoco termina de ser el más indicada para este tipo de operaciones, ya que resulta excesivamente costoso y muy poco flexible —aunque cada vez las normas europeas y de los países de nuestro entorno tienden a una mayor flexibilización al respecto.

El mencionado art. 146 LSC establece que el acuerdo de la junta que autorice la operación debe tener un determinado contenido (estableciendo, modalidad de adquisición, número máximo, precio mínimo y máximo de adquisición y la duración de la autorización[40]), además, en los supuestos en los que la adquisición de acciones tuviera como finalidad la ejecución de los programas de

40 El plazo máximo de la autorización se encuentra expresamente previsto en la norma no pudiendo exceder de 5 años.

opción, el acuerdo de la junta debía establecer de forma expresa que se otorgaba con dicha finalidad[41].

Esta causalización respecto al acuerdo de adquisición (esto es, la necesaria determinación de la finalidad de la adquisición para la retribución de administradores o trabajadores) pretende garantizar la transparencia y establecer un mayor grado de control por parte de los accionistas de la operación, vinculando la adquisición de las acciones a una finalidad concreta se evita que se puedan emplear con otro fin[42].

Consideramos que la adquisición de las acciones en autocartera debe realizarse con anterioridad a la celebración del acuerdo que establezca el sistema de retribución mediante programa de opciones, para evitar que, en caso contrario, la materialización de la retribución quedaría eternamente condicionada al acuerdo de la junta[43]. No obstante, es posible una alteración del orden de la adopción, siendo necesario en todo caso que la junta autorice

41 Esta mención fue igualmente incluida por la modificación realizada por la Ley 55/1999.

42 El resto de países de nuestro entorno, por ejemplo, el ordenamiento alemán o el italiano, no reconocen esta obligación de causalización con la extrema rigidez que lo hace el ordenamiento español. Considerándose que hubiese sido suficiente con la especificación, por la junta general, de la finalidad con la que se adquieren las acciones y, principalmente, en los supuestos en los que no se respetase el principio de igualdad de trata de los socios, principio que debe basar y cumplirse en los contratos de opción celebrados en ejecución del programa de opción.
Sobre esta cuestión, *Vid.* VELASCO SAN PEDRO, L., "Acciones propias e igualdad de los accionistas, cuestiones de derecho de sociedades y de derecho del mercado de valores", Revista de Derecho de Sociedades, núm. 2, 1994.

43 Son muchos los autores que consideran que no es posible realizar en primer lugar la adquisición en este sentido y posteriormente un acuerdo de la junta que lo ratifique, ya que no se cumpliría la finalidad de control de las actuaciones del órgano de control que se pretende. Entre otros, FLORES DOÑA, M.S, *Participaciones recíprocas entre sociedades de capital*, Aranzadi, Navarra,

la adquisición de la autocartera, condicionada a la retribución del administrador, y que establezca el sistema de retribución.

Conforme lo señalado, la necesidad de hacer referencia expresa de la finalidad de la adquisición establecida por Ley nos lleva a otra pregunta, ¿cuál sería la consecuencia jurídica de no incluir dicha mención en el acuerdo? Parte de la doctrina considera que la gravedad del incumplimiento es relativa y que, en ningún caso, tendría magnitud suficiente como para dejar sin efecto la adquisición realizada y, en todo caso, bastaría con realizar la enajenación en el plazo de un año que confiere la LSC (artículo 139 por remisión del 147 LSC) para evitar cualquier tipo de "sanción" por el mencionado incumplimiento[44].

Además de establecer la finalidad con la que se realiza la adquisición, el acuerdo deberá determinar el precio mínimo y máximo con el que se realiza. Esta fijación del precio presenta gran importancia ya que la comparación con el precio del ejercicio del derecho de opción determina el coste de la operación para la sociedad. Así, el precio de adquisición de las acciones se considera como contenido mínimo del acuerdo de adquisición en autocartera, y el precio de enajenación como contenido mínimo del programa de opción como retribución.

En segundo lugar, será necesario que el acuerdo de la junta establezca el número máximo de acciones a percibir, por lo tanto, si todas las acciones adquiridas no cumplen con la finalidad de servir como sistema de retribución esto deberá indicarse en el acuerdo, expresando de forma expresa la cantidad o el porcentaje que se

1998; VÁZQUEZ CUETO, J.C., Régimen jurídico de la autocartera, Marcial Pons, Madrid, 1995.

44 ÁVILA DE LA TORRE, A. y MORALEJO MENÉNDEZ, I, "Los nuevos sistemas de retribución...", *op.cit.*, pp. 187-188 o MORALEJO MENÉNDEZ, I., "La remuneración vinculada a las acciones", *op.cit.*, p. 156.

ha adquirido con dicha finalidad. El número máximo de acciones que la sociedad puede adquirir en autocartera viene limitado por la Ley, no obstante, la doctrina[45] y la propia regulación comunitaria y de países de nuestro entorno tienden a su flexibilización al considerarlo como un requisito excesivamente rígido.

3.1. Los programas de opciones y el régimen de asistencia financiera

Debemos cuestionarnos si, en los supuestos de adquisición de acciones propias como consecuencia de la aplicación de este sistema de retribución, resultará igualmente aplicable la prohibición contenida en la LSC respecto a la asistencia financiera o si, por el contrario, resultará de aplicación lo establecido en el apartado 2 del artículo 150 LSC y se considerará al órgano de administración como *personal de la empresa*.

La doctrina se ha mostrado dispar respecto a la consideración o no del administrador como personal de la empresa y, si bien la mayoría se inclina por considerar que solo resultará de aplicación para aquellas personas unidas a la sociedad por una relación laboral,[46] por lo que no resulta de aplicación para el órgano de admi-

45 Autores como PAZ-ARES se han mostrado partidarios de esta tendencia hacía la flexibilización, PAZ-ARES RODRÍGUEZ, C. y PERDICES HUETOS, A.B., *Comentario al régimen legal de las sociedades mercantiles*, Tomo IV, Volumen 2, Civitas, Madrid, 2003, p. 153.
Por el contrario, ALONSO LEDESMA manifestó ciertas reticencias, al considerar que la flexibilización evita los mecanismos que buscan impedir manipulaciones del mercado, ALONSO LEDESMA, C., "Propuesta de modificación de la Segunda Directiva de Sociedades relativa a la constitución de la Sociedad Anónima y al mantenimiento y modificación de su capital", *Revista de Derecho de Sociedades*, núm. 25, 2005, pp. 517 y ss.

46 La mayoría de la doctrina coincide al indicar que la consideración del administrador como personal de la empresa, y por ende la posibilidad de excepcionar conforme al artículo 150.2 LSC, pondría en peligro la finalidad del régimen de

nistración, hay quienes defienden que en estos supuestos debe aplicar una interpretación extensiva[47].

Del mismo modo, aunque respecto a la redacción contenida en la LSA, algunos autores[48] consideraron que la mera regulación de la retribución mediante acciones supone, pues, una excepción tácita de la prohibición de asistencia financiera, siempre y cuando la finalidad de la misma tenga un carácter puramente retributivo[49].

No podemos compartir ni la excepción tácita de la asistencia financiera al tratarse de un sistema de retribución ni la consideración del órgano de administración como personal de la sociedad, considerando que en estos supuestos debe cumplirse con la prohibición contenida en el artículo 150. El reconocimiento de la posibilidad de retribuir al órgano de administración a través de la entrega de acciones no supone, de forma automática, una excepción a la prohibición de asistencia financiera, ya que, en primer lugar, no podemos considerar que la mera retribución de los ser-

prohibición, dando lugar a posibles actuaciones abusivas por el administrador y la materialización de conflictos de intereses. *Vid.* BAYONA GIMENEZ, R. "La prohibición de asistencia financiera para la adquisición de acciones propias", *Revista de Derecho de Sociedades,* núm. 19, 2002, p. 502 o NIETO ROJAS, P., *La participación financiera de los trabajadores en la empresa,* Tirant lo Blanch, Madrid, 2011, p. 95.

47 Lo anterior ha sido especialmente reseñado en supuestos en los que el administrador no solo mantenía una relación orgánica con la sociedad sino también una relación laboral. Donde autores han abogado por una interpretación más extensiva que permita la aplicación de la excepción. Al respecto, *Vid.* FERNANDEZ DEL POZO, L. "Participación de los trabajadores y directivos en el capital...", *op. cit.*, p. 385.

48 Al respecto, *Vid.* MONTERO GARCÍA-NOBLEJAS, Mº. P., *Las opciones sobre acciones..., op. cit.*, pp. 555-558.

49 Llegando a considerar la retribución en entrega de acciones como una remuneración similar a la retribución en especie, por lo que no entraría dentro del supuesto de hecho del art. 81 LSA. *Comentarios a la Ley de Sociedades Anónimas,* Sección Tercera: De los Administradores, Tecnos, Madrid, 2009, p. 1385.

vicios de los administradores con acciones propias de la sociedad suponga una forma de financiación y, en segundo lugar porque, si el legislador hubiese querido que resultase al administrador dicha excepción, la habría incluido en la norma (tal y como hizo expresamente con los trabajadores), por lo que cualquier programa de acción suscrito bajo asistencia financiera consideramos contraviene la norma.

V. BIBLIOGRAFÍA

ALONSO LEDESMA, C., "El papel de la junta general en el gobierno corporativo de las sociedades de capital", *El gobierno de las sociedades cotizadas,* Esteban Velasco, G (Coord.), Marcial Pons, 1999.

— "Propuesta de modificación de la Segunda Directiva de Sociedades relativa a la constitución de la Sociedad Anónima y al mantenimiento y modificación de su capital", *Revista de Derecho de Sociedades,* núm. 25, 2005.

ÁVILA DE LA TORRE, A. y MORALEJO MENÉNDEZ, I, "Los nuevos sistemas de retribución de los administradores, trabajadores y personal de alta dirección. La reforma introducida por la Ley 55/1999, de 29 de diciembre", *La(s) reforma(s) de la Ley de Sociedades Anónimas,* García-Cruces González, J.A., Tecnos, 2000.

BAYONA GIMENEZ, R. "La prohibición de asistencia financiera para la adquisición de acciones propias", *Revista de Derecho de Sociedades,* núm. 19, 2002.

FERNÁNDEZ DEL POZO, L., "Participación de trabajadores y directivos en el capital de las Sociedades Anónimas. Examen de la cuestión en Derecho societario", *Revista de Derecho Mercantil,* núm. 234, 1991.

FERNÁNDEZ FERNÁNDEZ, I., *Aportaciones no dinerarias en la sociedad anónima,* Aranzadi, Cizur Menor, 1997.

HUERTA VIESCA, Mº.I., RODRÍGUEZ RUIZ DE VILLA, D. y VILLIERS, C., "Una reflexión sobre el stock options plan de los administradores de las sociedades cotizadas", *La Ley: Revista jurídica española de doctrina, jurisprudencia y bibliografía,* núm. 4, 2000

IBÁÑEZ JIMÉNEZ, J.W., *Stock options: regulación, economía, política retributiva y debate social*, Dykinson, 2001.

— "Sacrificio y coste social de la reasignación de derechos de compra de acciones en las ampliaciones de capital. Stockoptions buendi causa", *Derecho de sociedades: Libro homenaje al profesor Fernando Sánchez Calero*, Volumen 3, McGraw-Hill Interamericana de España, 2002.

— "Remuneración en opciones sobre participaciones de sociedad limitada emergente", *Revista de Derecho de Sociedades*, núm. 69, 2023.

JUSTE MENCÍA, J., "Artículo 219. Remuneración vinculada a las acciones de la sociedad", *Comentario de la Ley de Sociedades de Capital*, García-Cruces González, J.A. y Sancho Gargallo, I. (Dirs.), Tomo III, Tirant lo Blanch, Valencia, 2021.

MONTERO GARCÍA-NOBLEJAS, M.ª.P., *Las opciones sobre acciones como sistema de retribución de administradores de sociedades anónimas cotizadas*, La Ley, Madrid, 2009.

MORALEJO MENÉNDEZ, I., "La remuneración vinculada a las acciones", *Retribución y prestación de servicios de los administradores de sociedades*, García-Cruces González, J.A. (Dir.), Tirant lo Blanch, Valencia, 2018.

PAZ-ARES RODRÍGUEZ, C. y PERDICES HUETOS, A.B., *Comentario al régimen legal de las sociedades mercantiles*, Tomo IV, Volumen 2, Civitas, Madrid, 2003.

RONCERO SÁNCHEZ, A., "La retribución variable de los consejeros ejecutivos tras la reforma del régimen legal sobre retribución de los administradores de las sociedades de capital", *Revista de Derecho social y empresa*, núm. 5, 2016.

RUIZ CAMACHO, A., "Reglas especiales sobre remuneración en caso de participación en beneficios y de remuneración vinculada a acciones de la sociedad", *Comentario práctico a la nueva normativa de gobierno corporativo: Ley 31/2014, de reforma de la Ley de Sociedades de Capital*, Arias Varona, F.J. y Recalde Castells, A.J. (Coords.), Dykinson, Madrid, 2015.

TAPIA HERMIDA, A.J. y TAPIA FRADE, A.D., "Stock options (opciones sobre acciones) y planes de stock options dirigidos a los trabajadores (enployee stock options plans ESOPs), *Revista de derecho bancario y bursátil*, núm. 87, 2002

VÁZQUEZ CUETO, J.C., *Régimen jurídico de la autocartera*, Marcial Pons, Madrid, 1995.

VÁZQUEZ LEPINITTE, T., "Los planes de opciones sobre acciones (stock options): perfiles jurídicos-privados, *Revista de Derecho de los negocios*, núm. 120, 2000.

Capítulo 30

LA ADJUDICACIÓN DE PARTICIPACIONES SOCIALES POR DISOLUCIÓN DE LA SOCIEDAD TITULAR DE AQUELLAS A UNO O VARIOS DE SUS SOCIOS EN CONCEPTO DE CUOTA DE LIQUIDACIÓN: ASPECTOS CONTROVERTIDOS

Martín González-Orús Charro
Profesor Ayudante Doctor de Derecho Mercantil
Universidad de Salamanca

SUMARIO: I. INTRODUCCIÓN. II. SOCIEDAD LIMITADA COMO ENTIDAD PARCIALMENTE CERRADA Y TRANSMISIÓN DE PARTICIPACIONES: PRINCIPIOS RECTORES. III. LA ADJUDICACIÓN DE PARTICIPACIONES AL SOCIO EN LA LIQUIDACIÓN DE LA SOCIEDAD TITULAR DE AQUÉLLAS: RÉGIMEN APLICABLE Y VALORACIÓN. 1. Régimen legal del artículo 188.4 RRM: la aplicación del sistema de transmisión *mortis causa* del artículo 110 LSC. 1.1. La libertad de transmisión como principio consagrado en el artículo 110.1 LSC. 1.2. Excepción del artículo 110.2 LSC: el pacto estatutario de adquisición preferencial. 2. Cuestiones controvertidas y problemáticas. 2.1. ¿Es asimilable el fallecimiento de la persona física a la disolución de la sociedad a los efectos del artículo 110 LSC?. 2.2. La compatibilidad del artículo 188.4 RRM: posturas. 2.3. Nuestra opinión y propuesta de lege ferenda. IV. BIBLIOGRAFÍA.

I. INTRODUCCIÓN

El régimen aplicable a la transmisión de las participaciones por causa de disolución de la sociedad transmitente aparece recogido en el artículo 188.4 RRM, que equipara el fallecimiento de la persona física con la disolución de la sociedad y, en consecuencia, aplica el régimen dispuesto en el artículo 110 LSC. Considerando que la sociedad en liquidación transmite la cuota —donde se incluyen las participaciones de las que sea titular— a los socios antes de extinguirse como persona, discutimos la precisión del artículo 188.4 RRM y entendemos que no debería proceder aplicar el régimen de la transmisión *mortis-causa* de las participaciones adjudicadas.

En su defecto, consideramos que habría que reflexionar una eventual reforma de aquél, pues la aplicación del régimen citado puede conducir a situaciones de fraude donde se buscar aprovechar el respeto a la libre elección del adquirente. Por ejemplo, en una sociedad unipersonal que titula participaciones de otra, el socio único interesado en adquirirlas puede optar por instar la disolución al único fin de resultar adjudicatario de dicha participación, evitando deliberadamente el control de acceso de nuevos socios que establece la LSC para la sociedad limitada (en aquellos casos en que no exista previsión estatutaria que determine un derecho de adquisición preferente); todo ello, en lugar de iniciar el procedimiento de transmisión *inter-vivos* del artículo 107 LSC. Por este y otros problemas que presenta la actual regulación para este supuesto concreto, realizamos una serie de propuestas, entre ellas, una de *lege ferenda*, en la que ofrecemos la redacción de un nuevo precepto en la LSC, concretamente, el simulado artículo 110 bis.

II. SOCIEDAD LIMITADA COMO ENTIDAD PARCIALMENTE CERRADA Y TRANSMISIÓN DE PARTICIPACIONES: PRINCIPIOS RECTORES

El régimen de transmisión de participaciones sociales siempre ha presentado aspectos ciertamente candentes, aparte de los múltiples interrogantes ante la concurrencia de supuestos muy variados. Se trata de un régimen muy discutido, esencialmente por su carácter restringido. A diferencia de la sociedad anónima —caracterizada por un régimen de transmisión de acciones abierto—, la limitada presenta una naturaleza diversa. Esta última queda encuadrada a medio camino entre la sociedad de capital abierta y la personalista. La sociedad limitada se constituye como una compañía mercantil de capital parcialmente cerrada, que sin perder su esencia de sociedad de capital, asume ciertos "tintes personalistas". Esta caracterización surge para dar cobertura a las necesidades de los muchos ciudadanos que optan por fundar entidades de este tipo para el desempeño de actividades empresariales o profesionales. La sociedad de responsabilidad limitada, tradicionalmente es el prototipo social más constituido —con sustancial diferencia—, sobre todo en los últimos años[1]. Cabe considerar que es la modalidad más idónea para la gestión de las PYMES, sistema empresarial predominante. Además, la mayoría de ellas están conformadas por un número reducido de socios, que en muchos casos guardan vínculos familiares entre sí.

Este último aspecto ha sido el desencadenante de establecer unos principios y reglas que restringen la entrada de nuevos socios. Ese cierto "personalismo" de la entidad queda incardinado en la idea de que los socios fundadores o pre-existentes pueden mostrarse reticentes frente a la integración de "extraños" en la sociedad[2]. Así lo ha manifestado nuestro Tribunal Supremo en va-

1 Durante los cuatro primeros meses del 2024, en el territorio nacional se constituyeron un total de 44.111 sociedades, de las cuales 43.947 fueron sociedades limitadas, 133 anónimas y 11 de los tipos restantes (S. COM., S. COM. P.A. y S.C.). Estos datos han sido extraídos del I.N.E., pueden consultarse en: https://www.ine.es/jaxiT3/Datos.htm?t=13913

2 Incluso ha sido admitido, en ocasiones por los órganos jurisdiccionales y administrativos, la incorporación de cláusulas estatutarias que dispongan la disolución social frente al fallecimiento de alguno de sus socios, susceptible de operar como un término final cierto en el qué pero incierto en el cuándo. Así se pronunció la RDGRN de 13 de enero de 2014 (RJ 2014\862): *...no debe haber inconveniente en que los socios prevean por vía estatutaria, que el fallecimiento de uno o de todos ellos suponga o implique que la sociedad incurra en causa de disolución. (...) nada obsta, y así lo reconoce expresamente la Ley, que la sociedad se constituya por tiempo determinado (artículo 360.1.a), o determinable para la realización de una empresa específica (artículo 363.1.b). No existe consecuentemente cuestión estructural que impida que su duración*

rias ocasiones; una de ellas en su sentencia de 5 de julio de 2022[3] con motivo del ejercicio del derecho de separación: ...*El régimen de la representación voluntaria en la junta general de la sociedad de responsabilidad limitada es propio de dicho tipo social y diferente al previsto en la sociedad anónima, en atención a la configuración de la sociedad limitada como sociedad cerrada. La particularidad reside, fundamentalmente, en que solo se permite el otorgamiento de la representación en favor de un determinado círculo [de confianza] de personas, evitando la presencia indiscriminada de extraños en la junta general...* Por tanto, el contrato social de la SL está provisto de un cierto grado de confianza entre las partes que lo promueven, más allá de la simple voluntad de querer constituir una persona jurídica para el desarrollo de una empresa. De este modo, el régimen de transmisión de participaciones está diseñado, en gran medida, para propiciar una estabilidad acerca de quiénes sean los socios que han de componer la sociedad[4].

La participación cumple una función constreñida a ser una mera parte alícuota, indivisible y acumulable del capital social, y que otorga a quien la titule los correspondientes derechos de socio; sin embargo, ésta —a diferencia de la acción— no reviste el carácter de valor mobiliario, ni tampoco está concebida para una estar sometida a una circulación constante (artículo 92.2

se condicione a la vida de sus socios o de otras personas. El principio de autonomía de la voluntad, salvado el imprescindible contenido imperativo, permite que los socios de la compañía adecúen su contenido al conjunto de sus necesidades negociales... Respecto de la doctrina científica, avala algún autor que dicha cláusula puede ser incorporada al tiempo de fundar la sociedad o en un momento posterior: *vid.*: FERNÁNDEZ-TRESGUERRES GARCÍA, A., "Protocolo familiar: un instrumento para la autorregulación de la sociedad familiar", *Revista de Derecho de Sociedades*, núm. 19, 2002, pp. 89-113, p. 112.

3 STS de 5 de julio de 2022 (ECLI:ES:TS:2022:2774).

4 GARCÍA-CRUCES GONZÁLEZ, J. A., *Derecho de sociedades mercantiles*, Tirant lo Blanch, Valencia, 2021, p. 255.

LSC). La transmisión inter-vivos goza de una sucinta regulación en nuestro ordenamiento jurídico, y queda configurada siguiendo unos patrones muy concretos.

En primer término, la decisión de enajenar la participación es un derecho reconocido al socio en todo caso; no obstante, presenta limitaciones en lo relativo a la elección del adquirente. Con el objeto de proteger el carácter semi-cerrado de la sociedad limitada, el régimen de la transmisión está, por norma general, sometido a una autorización previa de la entidad. Una medida de control materializada en la posibilidad de denegar la transmisión a un tercero tras examinar su identidad y condiciones de venta exigidas por el socio transmitente. Tal aspecto va encaminado, esencialmente, a respectar el deseo de los socios restantes —o, incluso, de la propia compañía— de adquirir las participaciones con preferencia al candidato inicialmente propuesto. Un derecho reconocido y protegido en la mayoría de los supuestos de transmisión: tanto en la modalidad *inter-vivos* ordinaria (arts. 107-108 LSC), como en aquélla que tiene lugar de manera forzosa (artículo 109 LSC); o, igualmente, ante determinadas situaciones de transmisión *mortis-causa*, concretamente, la que regula el artículo 110.2 LSC.

Para garantizar la efectividad del control de acceso a la sociedad frente a terceros, se activa otro efecto anudado al régimen de transmisión de las participaciones, que más bien es una medida restrictiva y tutelar: la ineficacia (nulidad radical) de las cláusulas estatutarias que dispongan la libre o cuasi-libre transmisibilidad de la participación en transacciones realizadas *inter-vivos* (artículo 108.1 LSC). Esta restricción procura un doble objeto: por un lado, evitar la desnaturalización de la sociedad limitada en su ligero personalismo apuntado; y, correlativamente, el interés de los socios fundadores o actuales de mantener el capital en "manos hermanas o cercanas"; así, para hacer efectiva esta medida, se impone este límite legal a la autonomía de la voluntad (artículo 1255 CC).

En último término, cabe señalar una cierta flexibilidad del legislador a la imposición de filtros o barreras a la entrada de nuevos socios, que, en ocasiones, decaen en favor de la libre transmisibilidad. Concretamente, esa libertad de transmisión de las participaciones *inter-vivos*, siempre y cuando ocurra entre socios o entre éstos y sus familiares más próximos (cónyuge, ascendiente o descendiente), o hacia sociedades que formen parte del mismo grupo que la transmitente —por razón del vínculo jurídico-económico— (artículo 107.1 LSC). En otros casos, tal libertad se predica en términos absolutos, concretamente en transmisiones *mortis causa* del socio persona física (artículo 110.1 LSC); supuesto, este último, que está directamente relacionado con el objeto de estudio que proponemos para esta intervención.

III. LA ADJUDICACIÓN DE PARTICIPACIONES AL SOCIO EN LA LIQUIDACIÓN DE LA SOCIEDAD TITULAR DE AQUÉLLAS: RÉGIMEN APLICABLE Y VALORACIÓN

1. Régimen legal del artículo 188.4 RRM: la aplicación del sistema de transmisión *mortis causa* del artículo 110 LSC

El régimen aplicable a la transmisión de las participaciones por disolución de la sociedad transmitente, bien resulte por un procedimiento de disolución automática o voluntaria a instancia de sus socios o por mandato judicial, o bien ocurra por alguna modificación estructural que conlleve la extinción de la entidad —fusión o escisión—, no aparece contemplado en la LSC; sin embargo, el supuesto si viene recogido en el artículo 188.4 RRM, que viene a expresar lo siguiente: ...*Las adquisiciones de participaciones sociales que tengan lugar como consecuencia de las adjudicaciones efectuadas a los socios en la liquidación de la sociedad titular de aquéllas, se sujetarán al régimen estatutario previsto para la transmisión mortis causa de dichas participaciones...* La opción acogida por el legislador en este caso ha sido la de equiparar el fallecimiento de la persona física con la disolución de la sociedad y, en consecuencia, aplicar a este caso concreto el régimen dispuesto en el artículo 110 LSC; no obstante, pese a la aparente lógica del precepto, lo cierto es que no queda exento de cierta crítica, como comprobaremos, pues las consecuencias que arroja no parecen respetar los principios configuradores de la sociedad limitada.

El objeto de la discusión no descansa tanto en el hecho de pretender asimilar el deceso humano con la disolución social —que también—, sino de considerar y valorar las verdaderas razones que han llevado al legislador a establecer un régimen específico para la transmisión de participaciones en situación *mortis-causa*, distinto del procedimiento *inter-vivos*, y si su aplicación al caso de la extinción de sociedad se adecúa o respeta los principios proscritos de la sociedad limitada. Pero antes de entrar de lleno en la materia, procede examinar cuál es la normativa dispuesta para la transmisión *mortis-causa* de participaciones sociales y el porqué del sentido en que está establecida.

1.1. La libertad de transmisión como principio consagrado en el artículo 110.1 LSC

Dispone el artículo 110.1 LSC: *...La adquisición de alguna participación social por sucesión hereditaria confiere al heredero o legatario la condición de socio...* El precepto excepciona la regla general, basada en el sistema restrictivo sometido a la autorización de la sociedad, e incorpora en este supuesto el respeto a la libertad de decisión del testador sobre el destino de sus participaciones o, mejor, dicho, sobre su elección del adjudicatario. La razón de esta previsión descansa en lo que la doctrina denomina como "presunción de inocuidad" en la transmisión de las participaciones sociales a los herederos o legatarios del socio fallecido[5].

La finalidad de incorporar esta regla de la libertad de elección del testador para decidir quién será el adjudicatario de sus participaciones responde a diversas razones. La básica y fundamental reside en el respeto de la última voluntad del causante, su decisión de distribuir a su criterio todos sus bienes y derechos patrimoniales, incluidas las participaciones; el motivo es, por tanto, de índole humanitaria. La segunda razón está ligada a esta última, y descansa en el principio de inocuidad: en la gran mayoría de las ocasiones, el caudal relicto va a parar dentro del círculo familiar o más cercando del fallecido, como hijos y descendientes, padres y ascendientes y el cónyuge. Personas que, casualmente, el legislador considera como libres destinatarios-adquirentes de las participaciones sociales (artículo 107.1 LSC). En cualquier caso, el principio de libre transmisión de las participaciones resultó muy criticado por nuestra doctrina —ya desde la derogada Ley 2/1995, de 23 de marzo, de Sociedades de Responsabilidad Limitada (LSRL), considerando que las reglas básicas en materia de enajenación para la sociedad limitada debían responder, en todo caso, a un principio general de restricción[6].

5 Expone VIEIRA GONZÁLEZ, A. J., (*Las sociedades de capital cerradas*, Aranzadi. Revista de Derecho de Sociedades (núm. monográfico), Cizur Menor, 2002, p. 186) que el régimen de libre transmisión mortis-causa en la sociedad limitada obedece a una supremacía del derecho sucesorio sobre el derecho de sociedades. Además, el autor considera inútil *...buscar la coherencia entre el sistema de transmisión de participaciones inter-vivos con el de mortis-causa, aunque sea para justificar aquélla dudosa opción de política jurídica de nuestro legislador...*

6 En efecto, VÉRGEZ, M., ["Comentario a los arts. 23-34", en Uría, R., Menéndez, A. y Olivencia, M. (dirs.), *Comentario al régimen legal de las sociedades mercantiles*, Tomo XIV, Vol. 1.º B, Civitas, Madrid, 1999, pp. 17-209, p.152] considera la regla de la libertad de transmisión de participaciones en sede mortis-causa incongruente con el régimen inter-vivos, pues *...la admisión in-*

Considerando lo expuesto, fallecido el socio, el adquirente por vía de herencia o legado pasará a integrarse en la junta de socios, bastando la comunicación por los administradores a la sociedad por cualquier cauce para que aquél pueda ejercer los derechos que le confieren en virtud de las participaciones sociales recibidas[7]. En caso de pluralidad de herederos, existiría una situación de comunidad o copropiedad de las participaciones sociales entre los herederos aceptantes e incluso antes de la aceptación hereditaria, en situaciones de interinidad, *...parece lógico reconocer los derechos derivados de las participaciones sociales a quien corresponda la administración y representación de la herencia...*[8].

Todas estas circunstancias apuntadas son propias de la extinción del socio persona física; sin embargo, no parecen existir, como veremos, en los supuestos de disolución de una sociedad, que es lo que discutimos en este trabajo. No obstante, esta digresión queda reservada para los apartados posteriores.

1.2. Excepción del artículo 110.2 LSC: el pacto estatutario de adquisición preferencial

El principio de libre transmisión del artículo 110.1 LSC no es absoluto, simplemente está configurado como una regla de carácter general, y puede ceder mediante pacto estatutario encaminado a evitar la dispersión de las participaciones a personas

---

controlada de cualquier heredero o legatario supone también un serio peligro de permitir la entrada en la sociedad a un indeseable, de manera que hubiera sido preferible restringir el principio de libre transmisión mortis-causa.... En sentido similar: CARLÓN SÁNCHEZ, L., "Ley de sociedades de responsabilidad limitada", en Albaladejo, M. y Motos, M. (dirs.), *Comentarios al Código de Comercio y legislación mercantil especial*, Tomo XXIII, Edición Revista de Derecho Privado, Madrid, 1984, p. 272.

7 SAP de Las Palmas (Sección 4ª) de 20 de abril de 2001 (JUR 2001\210622).

8 SAP de Las Palmas (Sección 4ª) de 20 de abril de 2001 (JUR 2001\210622).

"extrañas": *...No obstante lo dispuesto en el apartado anterior, los estatutos podrán establecer a favor de los socios sobrevivientes, y, en su defecto, a favor de la sociedad, un derecho de adquisición de las participaciones del socio fallecido, apreciadas en el valor razonable que tuvieren el día del fallecimiento del socio, cuyo precio se pagará al contado. La valoración se regirá por lo dispuesto en esta ley para los casos de separación de socios y el derecho de adquisición habrá de ejercitarse en el plazo máximo de tres meses a contar desde la comunicación a la sociedad de la adquisición hereditaria...* La regla general del artículo 110 LSC puede ser revertida mediante pacto estatutario, incorporando una adquisición preferencial en favor de los socios supérstites o, en su defecto, la sociedad; de este modo, se blinda el acceso a cualquier tercero. El legislador no ha establecido la aplicación imperativa del artículo 110.1 LSC porque considera preponderante, para el interés social y de los socios, mantener el capital en manos próximas.

En torno a los requisitos del artículo 110.2 LSC, el primero de ellos es la existencia de previsión contenida en los estatutos, bien al tiempo de constituir la entidad, o bien en sede posterior mediante una modificación de aquéllos; la cláusula constituye un elemento accidental del contrato societario cuya incorporación responde al principio de autonomía de la voluntad de las partes (los socios) (artículo 1255 CC). Sobre este punto, a mi juicio, habría resultado conveniente establecer, en todo caso y sin necesidad de pacto previo, el derecho de adquisición preferente de la sociedad o los socios preexistentes, concediendo al interesado un plazo para comunicar su ejercicio y ejecutarlo; de este modo, en caso de silencio, el adquirente designado por el testador se convertiría en socio de manera firme. En segundo lugar, un requisito de plazo, pues el socio —o, en su caso, la sociedad— habrá de ejercitar el derecho de adquisición preferente en un término de tres meses desde la comunicación a la sociedad de la adquisición hereditaria; adquisición para la que no basta el testamento, sino que se necesita la adjudicación de los bienes a los herederos o la entrega a los legatarios (artículo 1.068 CC)[9]. En tercer lugar, el precio de las participaciones deberá establecerse en función de su valor razonable, aspecto sobre el que volveremos en seguida. Y, en cuarto y último término, la forma de satisfacer el precio de las participaciones deberá ser al contado[10].

El pacto de adquisición preferencial arroja un resultado claro: el adquirente inicial quedará despojado de la participación, pero resultará protegido como sujeto interesado en la transacción. Esto se traduce en que la prestación a recibir deja de ser "in natura" para convertirse en un cumplimiento "por equivalente". Y, para evitar que su posición quede desfavorecida o sobrefavorecida, el legislador es exigente en determinar con elevado grado de precisión el precio de las participaciones que debe recibir; razón, esta, por la que el heredero o legatario señalado como propietario inicial de las participaciones, habrá de recibir su valor económico al contado (pues ya la imposibilidad de obtener las participaciones ya supone un perjuicio suficiente que ha de soportar). En todo caso, el heredero o legatario inicialmente designado como adquirente de las participaciones, habrá de actuar de buena fe, facilitando el ejercicio por tercero del derecho de adquisición preferencial[11].

9 SAP de Zaragoza (Sección 4ª) de 16 de noviembre de 2004 (JUR 2005\36177); Sentencia del Juzgado de lo Mercantil (núm. 3) de Gijón de 2 de enero de 2020 (ECLI:ES:JMO:2020:797); y Sentencia del Juzgado de lo Mercantil (núm. 1) de Palma de 23 de febrero de 2021 (ECLI:ES:JMIB:2021:951).

10 HERRERO JIMÉNEZ, M., "La transmisión mortis causa de las acciones de la sociedad anónima y las participaciones de la sociedad limitada", *Estudios sobre la sucesión hereditaria: Fundamentos doctrinales y jurisprudenciales*, Acedo Penco, Á. (coord.), Dykinson, Madrid, 2023, pp. 77-90, p. 84.

11 La SAP de Asturias (Sección 1ª) de 31 de octubre de 2019 (ECLI: ES:APO:2019:947ª) abordó un caso de transmisión mortis-causa donde las herederas no comunicaron a la sociedad ni la aceptación ni la adjudicación de la herencia (dejaron transcurrir más de diez años desde su fallecimiento),

Respecto de la valoración de las participaciones sociales transmitidas, la norma establece atenerse al "valor razonable", que en todo caso no es un valor exacto, sino aproximado al valor real y que debe efectuarse atendiendo a ciertos factores[12]. La jurisprudencia exige que el experto justifique el método de valoración empleado, que ha de ponderarse con algunos datos que influyen en el cálculo del valor (valor de la empresa administrada por la entidad, la plusvalía inmobiliaria o el fondo de comercio), no bastando una mera valoración realizada a "ojo de buen perito".

La STS de 18 de mayo de 2012[13] abordó un caso de rescate por un socio de las participaciones sociales de otro fallecido. Los sucesores del difunto impugnaron el informe del auditor donde valoró las citadas participaciones: números 501-3.000 de la mercantil Toquero Estructuras Metálicas, S.L. Cuantificó cada participación en 370 euros, mientras que el Tribunal Supremo estimó su valor en 426, lo que arroja un valor total de 639.190,50 euros. Entendió la Sala que el informe adolecía de graves irregularidades. El perito no se ajustó a los estándares, apreció ausencia de datos y desconocimiento de las concretas operaciones sobre las

impidiendo con ello a la demandante poder ejercitar, en su condición de socio, el derecho de adquisición preferente de las participaciones que fueron del socio difunto.

12 En este sentido, dispuso la SAP de Madrid (Sección 28ª) de 5 de mayo de 2014 (TOL 4366769): *...Debe tenerse en cuenta que no existe un único "valor razonable" de acciones y participaciones sociales, habida cuenta de los múltiples factores que pueden influir en su determinación. De ahí que el apartado 8 de la Resolución del Presidente del Instituto de Contabilidad y Auditoría de Cuentas de fecha 3 de enero de 1991, por la que se publica la norma técnica de elaboración del informe especial sobre valoración de acciones, en el supuesto de los artículos 64, 147, 149 y 225 del texto refundido de la Ley de Sociedades Anónimas, afirme que sólo puede hablarse de aproximaciones o juicios razonables sobre el valor real. Ello permite utilizar, individualmente o combinados entre sí, diversos métodos...*

13 STS de 18 de mayo de 2012 (ECLI:ES:TS:2012:4587).

que el auditor ha construido su informe: *...el informe emitido por el Auditor designado por el Registrador Mercantil carece de toda fuerza de convicción, ya que en él se limitó a afirmar, que a 31 de diciembre de 2005 el valor de las participaciones era de 555.356,64 euros, sin facilitar ningún dato concreto sobre la cuantía de fondos propios tenidos en cuenta, ni las plusvalías tácitas computadas, ni las específicas operaciones realizadas, de tal forma que no puede constatarse si incurre en error, de modo que, difícilmente podemos valorar si aquel es razonable...*

En base al principio de autonomía de la voluntad del artículo 1255 CC, también cabe la posibilidad de establecer en estatutos un sistema de valoración de participaciones específico para los casos de ejercicio del derecho de adquisición preferente, siempre que sea objetivo[14]. En este sentido, la RDGSJFP de 15 de noviembre de 2016[15] consideró aceptable establecer, como sustituto al valor razonable, el valor contable que resulte del último balance aprobado[16]; si bien, únicamente lo entendió acertado para aquellos casos en que la adquisición preferencial es ejercitada por alguno de los socios y no por la sociedad, pues

14 RDGSJFP de 2 de noviembre de 2010 (RJ 2011/415). En el mismo sentido, detalló la RDGSJFP de 19 de agosto de 2011 (TOL 2258130): *"Con base en el principio de autonomía de la voluntad pueden admitirse sistemas objetivos de valoración de las participaciones sociales (véase Resolución de 2 de noviembre de 2010). La valoración por auditor, bien sea éste el de la sociedad o el designado por el registrador Mercantil, para la fijación del valor real o razonable de las participaciones, sólo rige en defecto de acuerdo que puedan lograr las partes bien directamente sobre ese valor, bien por la indirecta de convenir sobre la persona o personas que han de valorar y el procedimiento a seguir al respecto (véase Resolución de este Centro Directivo de 15 de octubre de 2003, que rechazó la fijación del valor unilateralmente por la sociedad a través del administrador)"*. Vid., también: RDGSJFP de 28 de enero de 2012 (TOL 2451490).

15 RDGSJFP de 15 de noviembre de 2016 (TOL 5905277).

16 También: RRDGSJFP de 23 de mayo de 2019 (TOL 7274542) y de 28 de agosto de 2023 TOL (9724962), entre otras.

en este supuesto no se garantizan las exigencias legales de imparcialidad y objetividad, en tanto en cuanto dicho valor es aprobado por la junta general. Por otro lado —en consonancia con este principio—, la doctrina administrativa rechaza ...*todos aquellos sistemas de tasación que no respondan de modo patente e inequívoco a las exigencias legales de imparcialidad y objetividad, y garanticen debidamente la adecuación de sus resultados al verdadero valor del bien justipreciado. (...) no cabe atribuir a una de las partes (sociedad o socio) la determinación de su cuantía, como ocurre cuando se atribuye a una persona designada por la sociedad, sea empleado o auxiliar externo o interno, pues con ello se estaría dejando el cumplimiento del «contrato al arbitrio de una de las partes, contraviniendo con ello lo preceptuado por el artículo 1256 del Código Civil...*[17].

2. Cuestiones controvertidas y problemáticas

2.1. ¿Es asimilable el fallecimiento de la persona física a la disolución de la sociedad a los efectos del artículo 110 LSC?

El artículo 110 LSC aborda un supuesto de transmisión relacionado con el fallecimiento del socio titular, situación que, en términos estrictos, sólo procede en casos de persona física. La muerte es un proceso biológico que pone fin a la vida de la persona natural, mientras que la disolución de una sociedad es un procedimiento jurídico encaminado a lograr un efecto similar que, si bien próximo[18], presenta diferencias reseñables respecto del sentido que procura el legislador a través del artículo 110 LSC.

17 RDGRN de 28 de enero de 28 de enero de 2012 (RJ 2012\3259).

18 Señala ALFARO ÁGUILA-REAL, J., ["La disolución como «muerte» de la sociedad mercantil", publicado en su blog *El Almacén de Derecho*, 19 de abril de 2021 (disponible en: https://almacendederecho.org/la-disolucion-como-muerte-de-la-sociedad-mercantil)] que los paralelismos entre la liquida-

El fallecimiento es una circunstancia generalmente no prevista de antemano, ni sometida a una casuística legalmente tasada; es un hecho probable y —antes o después— seguro, que es objeto de cierta previsión y, en la gran mayoría de los casos, involuntario al sujeto, no deseado y suele ocurrir de manera súbita. En cambio, la disolución de la sociedad es un efecto previs-

ción de la herencia y la liquidación de un patrimonio social son notables. Así, el autor señala los siguientes ejemplos: ...*En ambos casos, (i) el patrimonio se pone bajo el control de alguien que recibe el encargo de pagar las deudas y de distribuir lo que reste. El "liquidador" de la herencia es, normalmente, el propio heredero y los liquidadores, del patrimonio social son, normalmente, los propios administradores sociales o los socios en las sociedades de personas. (ii) El conflicto de interés entre herederos se plantea de forma semejante si son varios los herederos y sólo alguno o algunos administran como entre los socios en la liquidación. (iii) La gestión se inicia con la elaboración de un inventario de los bienes hereditarios, que es también la primera obligación de los liquidadores; (iv) la representación del patrimonio hereditario corresponde al heredero, como corresponde al liquidador la del patrimonio social en liquidación; (v) el heredero, como el liquidador social, ha de pagar los créditos y, a continuación, los legados —art. 1027 CC—; (vi) los legatarios, como los socios, se arriesgan a tener que devolver parte de lo recibido si aparecen acreedores tras el pago de los legados y los bienes de la herencia no son bastantes para satisfacerlos. (vii) Si hace falta vender bienes hereditarios para pagar a los acreedores, se pueden vender —art. 1030 CC— y la malversación de lo obtenido hace perder el beneficio de inventario como en la liquidación societaria a través de distintas instituciones. (viii) El heredero, como gestor, responde frente a legatarios y acreedores si no han podido recibir la totalidad de sus legados y créditos por insuficiencia del caudal hereditario (arts. 1031-1032 CC). (ix) La sanción de pérdida del beneficio de inventario es, mutatis mutandi, el equivalente a la responsabilidad de los liquidadores ex art. 397 LSC porque se traduce en la responsabilidad "personal" del heredero —es decir, con su patrimonio personal— por las deudas de la herencia o los legados que hayan quedado impagados debido a su gestión negligente de la liquidación de la herencia...*. Así, MELERNO BOSCH, L. V., (*La disolución judicial de las sociedades de capital por paralización de órganos sociales*, Tirant lo Blanch, Valencia, 2023, pp. 183-184) indica que el Tribunal Supremo extiende la teoría de los efectos meramente declarativos de la cancelación registral, puesto que el mantenimiento de la personalidad jurídica de la sociedad se anuda a la falta de conclusión "de hecho" de las operaciones de liquidación.

to en la ley y en los estatutos que, a veces, se activa por causas automáticas y en otras procede a instancia de los socios, bien en virtud de mandato legal o de forma estrictamente voluntaria —por ejemplo, por el mero deseo de poner fin al a existencia social. En consecuencia, la transmisión de participaciones por causa de muerte es un efecto producido por un acontecimiento —generalmente— no premeditado y que exige, irremediablemente, el traslado de la titularidad de un caudal hacia manos distintas. Desaparecida la persona, con ella se extingue el sujeto de derechos y obligaciones.

La disolución social comparte algunas de estas notas, pero despliega otras diferencias que han de ser analizadas. En primer término, la extinción de la sociedad nunca ocurre de manera inmediata, debe ser materializada mediante un proceso complejo y que lleva su tiempo; luego existe un margen de actuación y cierta libertad para la adjudicación del patrimonio sobrante a los socios (cuota de liquidación). Pero, sin dejar de considerar estos argumentos, la cuestión clave se centra en otro aspecto que nos lleva a cuestionar el sentido del artículo 188.4 LSC. ¿Realmente es posible equiparar el fallecimiento de la persona natural con la disolución social, especialmente a los efectos de aplicar el régimen mortis causa para transmitir la condición de socio? Considerando este régimen, las participaciones se transmiten bajo esta modalidad una vez que la persona ha fallecido, momento en que desaparece el sustrato jurídico-personal del individuo. En el caso de la persona física, la desaparición de su personalidad ocurre con la muerte (artículo 32 CC): la sucesión en sus bienes y derechos tiene lugar, por tanto, en un momento posterior (artículo 657 CC). En cambio, el pago de la cuota de liquidación de cada socio —que puede realizarse *in natura* mediante la entrega de bienes o derechos sociales (artículo 393.2 LSC)— se efectúa antes de que la personalidad de la sociedad se extinga [artículos 394 y 395.1

c) LSC][19], efecto, este último, que sucede en un momento posterior, que es la cancelación de su asiento en el registro mercantil con la inscripción de la escritura pública de disolución (artículo 396 LSC); incluso, a veces, la personalidad subsiste más allá de este momento, generalmente para supuestos de posible aparición de pasivo sobrevenido[20].

Conforme a lo anterior, cabe concluir que la transmisión de participaciones de la sociedad transmitente en disolución se efectúa antes de su extinción: una adjudicación patrimonial realizada "en vida". En consecuencia, no parece muy acertada la previsión recogida en el artículo 188.4 RRM; no obstante, desarrollamos en el apartado siguiente algunos problemas.

19 Pues durante la fase de liquidación, la sociedad aún conserva su personalidad jurídica: *vid*.: MORALEJO MENÉNDEZ, I., *La disolución de sociedades de capital*, Tirant lo Blanch, Valencia, 2023, p. 15; CARBAJO CASCÓN, F., "La sociedad en extinción", *Revista de Derecho de Sociedades*, núm. 62, 2021 (Bib 2021\3986); y BOQUERA MATARREDONA, J., *La sociedad unipersonal de responsabilidad limitada*, Civitas, Madrid, 1996, p. 173.

20 Expuso la STS (Sección Pleno) de 24 de mayo de 2017 (ECLI:ES:TS:2017:1991) que la personalidad de las sociedades no concluye con la con la formalización de las operaciones liquidatorias sino cuando se agotan todas sus relaciones jurídicas, debiendo mientras responder de las obligaciones antiguas no extinguidas y de las obligaciones sobrevenidas: *...aunque la inscripción de la escritura de extinción y la cancelación de todos los asientos registrales de la sociedad extinguida conlleva, en principio, la pérdida de su personalidad jurídica, en cuanto que no puede operar en el mercado como tal, conserva esta personalidad respecto de reclamaciones pendientes basadas en pasivos sobrevenidos, que deberían haber formado parte de las operaciones de liquidación. A estos efectos, relacionados con la liquidación de la sociedad, esta sigue teniendo personalidad, y por ello capacidad para ser parte demandada*". Vid., también: GARCÍA-CRUCES GONZÁLEZ, J. A., "La reactivación de la sociedad", en *Disolución y liquidación de sociedades mercantiles*, Rojo, Á. y Beltrán, E. (dirs.), Tirant lo Blanch, Valencia, 2009, pp. 90-159, pp. 97-100; y LARA GONZÁLEZ, R., "La extinción de la sociedad", *Disolución y liquidación de sociedades mercantiles*, Rojo, Á. y Beltrán, E. (dirs.)Tirant lo Blanch, Valencia, 2009, pp. 333-363, pp. 352-352.

2.2. *La compatibilidad del artículo 188.4 RRM: posturas*

La adjudicación de las participaciones por la sociedad en liquidación al socio plantea un problema de aplicación del artículo 188.4 RRM, pues si su efectiva transmisión se produce por la junta general y, por tanto, antes de la pérdida de la personalidad societaria, entendemos que no es posible hablar, *strictu sensu*, de una transmisión *mortis causa* (artículo 110 LSC). La aplicación de la libre transmisión del artículo 110.1 LSC, a mi juicio, es cuestionable en este caso, con independencia de lo prescrito en el artículo 188.4 RRM, pues es una transmisión *inter-vivos*. No obstante, la doctrina y la jurisprudencia han defendido posturas dispares, dividiendo a aquel sector que concibe el reparto del haber social como un fenómeno sucesorio y particional de aquél otro reacio a considerar que dicha distribución sea equiparable a integrar a los socios de la entidad extinta en una comunidad hereditaria. Dicho, en otros términos, existe una controversia entre quienes entienden que el reparto de la cuota de liquidación de una sociedad titular de una participación social equivale a un acto de transmisión mortis-causa de aquéllos que lo entienden como un acto inter-vivos.

En primer lugar, un sector defiende el tenor de la legislación vigente: el artículo 188.4 RRM es compatible y adecuado al régimen previsto en el artículo 110 LSC, de modo que equiparan el fallecimiento de la persona física con la disolución de la persona jurídica. En primer lugar, defiende Sarazá Jimena que procede aplicar el régimen del artículo 110 LSC, tanto al fallecimiento de una persona física titular de participaciones como a la extinción de la persona jurídica[21]. Ello supone respetar el deseo del fallecido

21 SARAZÁ JIMENA, R., "Comentario al art. 110 LSC". Régimen de la transmisión mortis causa", *Comentario de la Ley de Sociedades de Capital*, García-Cruces González, J. A. (dir.), Tomo II. *Participaciones sociales y acciones*, Tirant lo Blanch, Valencia, 2021, pp. 1541-1552, pp. 1550-1551.

o la voluntad social de la entidad disuelta de distribuir la participación que hasta ahora titulaba sobre los destinatarios que hubieran sido señalados como nuevos propietarios de aquéllas en virtud de la sucesión universal. Además, en caso de querer evitar la entrada a la sociedad de las participaciones repartidas en la cuota de liquidación, bastará con incorporar una cláusula genérica en estatutos disponiendo un derecho de adquisición preferente en favor de los socios o la sociedad, abonando al adjudicatario inicial el valor razonable, al amparo del artículo 110.2 TRLC[22]. Misma postura mantiene otro sector para el caso de una adquisición de participaciones cuando la sociedad titular se disuelve por acción de una fusión o escisión[23].

En idéntico sentido, Alonso Espinosa declaró que el régimen del artículo 188.4 RRM manifiesta, inequívocamente, la extensión del régimen del artículo 32.1 LSL (hoy 110.1 LSC) a los supuestos de adquisición de participaciones en concepto de cuota de liquidación por la distribución patrimonial de la sociedad disuelta y tenedora de aquéllas. Además, expuso el autor que ... *en consonancia con el principio de libre transmisibilidad que rige para las participaciones sociales en sede mortis-causa, dicha libertad puede proclamarse incluso aunque exista un pacto estatutario limitativo de la libre enajenación de participaciones...*[24].

---

22 GARCÍA-CRUCES GONZÁLEZ, J. A., *Derecho de sociedades mercantiles*, cit., p. 262.

23 En este sentido: NAVARRO VIÑUALES, J. M., ["Art. 110. Régimen de transmisión «mortis causa»", *Tratado de sociedades de capital*, Prendes Carril y otros (dirs.), Tomo I, Aranzadi, Cizur Menor, 2017, pp. 647-653, p. 652] quien entiende que en toda disolución de sociedad, sea realizada bajo el régimen de la LSC o por acción de una modificación estructural, la transmisión de su patrimonio se transmite en bloque y por sucesión universal, lo que justifica aplicar el régimen de la transmisión mortis-causa del artículo 110 LSC causa cuando en su haber existen participaciones sociales que van a ser adjudicadas a un nuevo titular.

24 ALONSO ESPINOSA, F. J., "Comentario al art. 32", *Comentarios a la Ley de Sociedades de Responsabilidad Limitada*, Arroyo Martínez, I., Embid Irujo, J. M. y Górriz López, C. (dirs.), Tecnos, Madrid, 2009, pp. 454-465, p. 464.

En sede jurisprudencial, son pocas las resoluciones emanadas sobre el asunto. La SAP de Madrid (Sección 28ª) de 5 de julio de 2022[25] mantuvo una postura similar a la desarrollada por la doctrina. GARBA JOR, S.L., y BIG RED TUNA, S.L., eran dos compañías mercantiles de responsabilidad limitada que iniciaron su proceso de disolución. En el haber de ambas constaba, entre otros activos, un total de 12.750 participaciones que conformaban parte del capital de GRUPO GIATICO S.L. (5.100 de la primera entidad disuelta y 7.650 de la segunda). Esta última sociedad interpone demanda frente a los dos adquirentes de las participaciones por los procesos de disolución social antes indicados, solicitando al juez que declare la ineficacia de ambas transmisiones por contravenir lo dispuesto en los artículos 106, 107 y 112 LSC. La AP de Madrid entiende que el caso enjuiciado existe una transmisión mortis-causa, y refleja las diversas posibilidades que pueden concurrir en una liquidación societaria: *...en la liquidación de una sociedad son varias las situaciones en las que nos podemos encontrar. En primer lugar, el liquidador podrá enajenar a terceros las participaciones sociales de que fuera titular la sociedad (como otro activo más), en cuyo caso estaremos ante una transmisión inter vivos, sujeta al artículo 107.2 y 108 LSC. En segundo lugar, si durante la liquidación se produce la traba y ejecución forzosa de las participaciones sociales por los acreedores, a esa adjudicación se aplicará el régimen del artículo 109 LSC. Finalmente, si no se realizan y permanecen en el activo social, y con arreglo al artículo 393 LSC se adjudican a los socios en pago de la cuota de liquidación, el régimen a aplicar a esa transmisión es el de art 110 LSC, que es el caso aquí concurrente...*

Por otro lado, existe la postura inversa, que defiende la trasmisión de participaciones por disolución de la sociedad tenedora

25 SAP de Madrid (Sección 28ª) de 5 de julio de 2022 (ECLI:ES:APM:2022:10723); y Sentencia del Juzgado de lo Mercantil (núm. 5) de Madrid de 27 de abril de 2023 (ECLI:ES:JMM:2023:640).

como un acto inter-vivos y no mortis-causa; precisaría, por tanto, autorización de la sociedad afectada o permitiría un derecho de adquisición preferente de las participaciones afectadas por la operación.

Sobre este punto, Perdices formula una idea interesante. Entiende el autor que en la referencia del artículo 188.4 RRM y la sujeción ...*al régimen estatutario previsto para la transmisión mortis causa de dichas participaciones*..., la intención del legislador no es aplicar la regla del artículo 110.1 con su presunción de libre transmisión, sino que sólo trae a colación la regla de la adquisición forzosa o rescate típica de las restricciones mortis causa del artículo 110.2 LSC[26]: ...*No es admisible en efecto establecer un principio de contemplación subjetiva de las sociedades partícipes en una sociedad cerrada, cargando sobre sus socios la presunción de idoneidad de cualquiera de los socios de una sociedad partícipe, y, en consecuencia, con la obligación de establecer reglas expresas en contrario (artículo 110.1)*...[27]. Mantiene el citado autor que no debe resultar aplicable el principio de libre transmisibilidad en las operaciones de disolución, fusión o escisión de una sociedad limitada que desaparece y deja en su haber participaciones de otra sociedad que existiera en su haber al tiempo de su extinción: ...*a diferencia de la muerte de la persona física, estas operaciones de disolución fusión o escisión no producen uno actu, sino que supo-*

26 PERDICES, A., "Comentario al art. 110 LSC", *Comentario de la Ley de Sociedades de Capital*, Rojo, Á. y Beltrán, E. (dirs.), Tomo I, Aranzadi, Cizur Menor, 2011, pp. 905-912, p. 911.

27 De la misma opinión: VALPUESTA GASTAMIZA, E., (*Comentario a la Ley de Sociedades de Capital*, Wolters Kluwer, Madrid, 2018, p. 275) para quien la adjudicación de participaciones sociales de la sociedad tenedora al socio en la cuota de liquidación es una transmisión *mortis-causa*, pero exclusivamente regida por el artículo 110.2 LSC, y no por el 110.1 LSC, pues en este caso *"no existe la intimidad o confianza que se presupone entre una persona física y sus herederos directos"*.

nen un proceso que se prolonga en el tiempo; de ahí que la lógica de las cosas y la buena fe obliguen a la sociedad que va a ser absorbida a anticipar ese rescate y ofrecer, en las condiciones que el mismo habría de proceder, esas acciones o participaciones al beneficiario de la restricción. Eso supone que la sociedad objeto de fusión o de escisión debería ofrecer de forma cautelar a la sociedad emisora las participaciones de la misma que tenga en su patrimonio, y, si no lo hace, la sociedad emisora o en general los beneficiarios de la restricción, si bien no podrán oponerse a la operación, tendrán la facultad de rescatar las participaciones de la sociedad absorbente o que resulte de la fusión...

Otros autores reconocen que no es equiparable la situación fáctica y jurídica del fallecimiento de una persona física con el de la disolución societaria, lo que pone en duda —si bien de forma indirecta— la compatibilidad del precepto con el artículo 110.1 LSC. En este sentido, afirmó Vérgez[28] que: ...*si se trata de permitir la libre transmisión mortis causa de las participaciones sociales ha de entenderse admitida también la adjudicación en caso de liquidación (...), aunque los términos exactos no sean absolutamente trasladables de un supuesto a otro...*

Por otro lado, la misma Sección 28 de la Audiencia Provincial de Madrid abordó en su sentencia de 1 de febrero de 2008[29] el caso de una escisión total de una compañía mercantil de responsabilidad limitada, CRISOS, S. L., que implicó la transmisión por sucesión universal de su patrimonio a varias sociedades beneficiarias. En su haber la entidad era tenedora de las acciones números 21 a 28 de EL OLIVILLO 87 S. A.; y la sociedad beneficiaria, GAFIVIA, S. L., exigía ser inscrita como accionista de la anterior. EL OLIVILLO 87 S. A. niega la transmisión alegando el contenido

28 VÉRGEZ, M., "Comentario a los arts. 23-34", p. 178.
29 SAP de Madrid (Sección 28ª) de 14 de febrero de 2008 (JUR 2008\122474).

de una cláusula estatutaria, que reconoce a los socios un derecho de tanteo en los casos en que se produzca una transmisión inter vivos de acciones. Alegó que la transmisión accionarial tuvo lugar sin haberlo comunicado previamente a la sociedad afectada, lo que hubiera permitido a los socios de ésta comprar las acciones en las mismas condiciones que resultaban de la comunicación. Consideró ineficaz la operación por infracción del artículo 8 de los Estatutos, reiterando la negativa a entregar documentación alguna por no concurrir en la sociedad adquirente la condición de socia. Lo relevante de esta sentencia es que la AP de Madrid considera, en esta ocasión, la sucesión universal derivada de la escisión como una transmisión inter-vivos de las acciones: *...Lo relevante es, por tanto, que haya existido una transmisión inter vivos de las acciones, aunque lo hubiese sido como parte de un bloque patrimonial inherente a una operación societaria de escisión...*

2.3. *Nuestra opinión y propuesta de lege ferenda*

Como ya adelantamos previamente, no compartimos la idea que equipara el fallecimiento de un socio persona física a la disolución de un socio persona jurídica (sociedad); así, entendemos que no debería proceder la aplicación del régimen de transmisión mortis causa a las participaciones que recibe un socio por adjudicación de su cuota en la liquidación —procedente de la sociedad que las titulaba—. Además, este sistema puede esconder un supuesto de fraude; por ejemplo, valoremos el caso de una sociedad unipersonal (A) que tiene participaciones de otra entidad (B). El socio único puede adjudicarse esas participaciones con cierta facilidad instando la disolución de A, sin que la sociedad B pueda hacer nada al respecto; o bien, pensemos en que un tercero que está interesado en entrar en la sociedad B, el socio único sólo tiene que transmitir en bloque todas sus participaciones de A para que el adquirente la disuelva y así devenga nuevo titular de las participaciones de B.

Supuestos como los que acabamos de exponer obligan a realizar una crítica valoración del artículo 188.4 RRM. En primer término, porque no se produce en sentido estricto una transmisión *mortis causa* de la posición del socio resultado de adjudicarla a un tercero como cuota de liquidación de la sociedad titular de la participación transferida (por las razones que se han expuesto). En segundo lugar, en consonancia con la primera razón expuesta, estando la sociedad activa al tiempo de la enajenación, y para evitar una actitud fraudulenta por aplicación del 110.1 LSC a este supuesto, consideramos que debería ser preceptivo un deber de la sociedad en liquidación de comunicar la adjudicación a la sociedad afectada. Y ello para que ésta última —o sus socios— puedan ejercer, en todo caso, la adquisición de la participación en los términos expuestos en el artículo 110.2 LSC. Por otro lado, algún autor, incluso, ha llegado a restar legitimidad el artículo 188.4 RRM al concluir que su contenido excede de lo propio de una norma de carácter reglamentario, y ello quizá sea resulte en una vulneración del principio de jerarquía normativa del artículo 9 CE[30].

En mi opinión, regular el supuesto de la transmisión de participaciones por vía de cuota de liquidación de la sociedad tenedora de aquéllas, no debe hacerse en una norma de carácter registral como ese el RRM, sino que debió haberse incorporado en otra de naturaleza societaria, como es la LSC. A tal efecto, elaboramos una propuesta de *lege ferenda*, consistente, primero, en derogar el artículo 188.4 RRM (y, en consecuencia, también el 123.8 RRM, relativo a la sociedad anónima); y, segundo, proponer la inclusión de un nuevo artículo 110 bis LSC, cuya redacción es la que sigue: ...*1. La adquisición de participaciones sociales que tenga lugar como consecuencia de las adjudicaciones efectuadas a los*

30 ALONSO ESPINOSA, F. J., "Comentario al art. 32", cit., p. 464. Misma postura manifestó en su día VÉRGEZ, M., "Comentario a los arts. 23-34", p. 177.

socios por la liquidación de la sociedad titular de aquéllas, tendrá la consideración de transmisión inter-vivos y quedará sujeta a las reglas que establece este precepto...

2. Cuando una sociedad en disolución acuerde en junta la atribución de alguna participación social de la que fuera titular a un socio en exclusiva o a varios en cotitularidad, en concepto de cuota de liquidación, los liquidadores comunicarán la transmisión por conducto notarial a la sociedad afectada en los cinco días siguientes. La comunicación indicará el número y características de las participaciones, así como la identidad de su adquirente o adquirentes. Recibida la comunicación, la sociedad afectada dispondrá de quince días para contestar por la misma vía, indicando cuál o cuáles de sus socios o, en su defecto, la propia sociedad, adquirirá la participación por el valor razonable que tuvieren el día en que la sociedad titular de aquélla aprobó la adjudicación del patrimonio entre sus socios. Dicho valor se calculará conforme a lo dispuesto en el apartado segundo del artículo precedente.

3. Transcurrido el citado plazo de quince días sin que la sociedad afectada por la transmisión hubiera formulado respuesta, la sociedad en disolución procederá a ejecutar la adjudicación de las participaciones al socio o socios que hubiera indicado en su comunicación...

IV. BIBLIOGRAFÍA

ALFARO ÁGUILA-REAL, J., "La disolución como «muerte» de la sociedad mercantil", publicado en su blog *El Almacén de Derecho*, 19 de abril de 2021 (disponible en: https://almacendederecho.org/la-disolucion-como-muerte-de-la-sociedad-mercantil).

ALONSO ESPINOSA, F. J., "Comentario al art. 32", *Comentarios a la Ley de Sociedades de Responsabilidad Limitada*, Arroyo Martínez, I., Embid Irujo, J. M. y Górriz López, C. (dirs.), Tecnos, Madrid, 2009.

BOQUERA MATARREDONA, J., *La sociedad unipersonal de responsabilidad limitada*, Civitas, Madrid, 1996.

CARBAJO CASCÓN, F., "La sociedad en extinción", *Revista de Derecho de Sociedades*, núm. 62, 2021 (Bib 2021\3986).

CARLÓN SÁNCHEZ, L., "Ley de sociedades de responsabilidad limitada", *Comentarios al Código de Comercio y legislación mercantil especial*, Albaladejo, M. y Motos, M. (dirs.), Tomo XXIII, Edición Revista de Derecho Privado, Madrid, 1984.

FERNÁNDEZ-TRESGUERRES GARCÍA, A., "Protocolo familiar: un instrumento para la autorregulación de la sociedad familiar", *Revista de Derecho de Sociedades*, núm. 19, 2002.

GARCÍA-CRUCES GONZÁLEZ, J. A., "La reactivación de la sociedad", *Disolución y liquidación de sociedades mercantiles*, Rojo, Á. y Beltrán, E. (dirs.), Tirant lo Blanch, Valencia, 2009.

— *Derecho de sociedades mercantiles*, Tirant lo Blanch, Valencia, 2021.

HERRERO JIMÉNEZ, M., "La transmisión mortis causa de las acciones de la sociedad anónima y las participaciones de la sociedad limitada", *Estudios sobre la sucesión hereditaria: Fundamentos doctrinales y jurisprudenciales*, Acedo Penco, Á. (coord.), Dykinson, Madrid, 2023.

LARA GONZÁLEZ, R., "La extinción de la sociedad", *Disolución y liquidación de sociedades mercantiles*, Rojo, Á. y Beltrán, E. (dirs.), Tirant lo Blanch, Valencia, 2009.

MELERNO BOSCH, L. V., (*La disolución judicial de las sociedades de capital por paralización de órganos sociales*, Tirant lo Blanch, Valencia, 2023.

MORALEJO MENÉNDEZ, I., *La disolución de sociedades de capital*, Tirant lo Blanch, Valencia, 2023.

NAVARRO VIÑUALES, J. M., ("Art. 110. Régimen de transmisión «mortis causa»", en *Tratado de sociedades de capital*, Prendes Carril y otros (dir.), Tomo I, Aranzadi, Cizur Menor, 2017, pp. 647-653.

PERDICES, A., "Comentario al art. 110 LSC", *Comentario de la Ley de Sociedades de Capital*, Rojo, Á. y Beltrán, E. (dirs.), Tomo I, Aranzadi, Cizur Menor, 2011.

SARAZÁ JIMENA, R., "Comentario al art. 110 LSC". Régimen de la transmisión mortis causa", *Comentario de la Ley de Sociedades de Capital*, García-Cruces González, J. A. (dir.), Tomo II. *Participaciones sociales y acciones*, Tirant lo Blanch, Valencia, 2021.

VALPUESTA GASTAMIZA, E., *Comentario a la Ley de Sociedades de Capital*, Wolters Kluwer, Madrid, 2018.

VÉRGEZ, M., "Comentario a los arts. 23-34", *Comentario al régimen legal de las sociedades mercantiles*, Uría, R., Menéndez, A. y Olivencia, M., Tomo XIV, Vol. 1.º B, Civitas, Madrid, 1999.

VIEIRA GONZÁLEZ, A. J., *Las sociedades de capital cerradas*, Aranzadi. Revista de Derecho de Sociedades (número monográfico), Cizur Menor, 2002.

Capítulo 31

LA PROBLEMÁTICA EXISTENTE EN EL SUPUESTO DE ADQUISICIÓN POR LA PROPIA SOCIEDAD DE LAS PARTICIPACIONES SOCIALES DEL SOCIO EXCLUIDO CON UNA PARTICIPACIÓN IGUAL O SUPERIOR AL VEINTICINCO POR CIENTO DEL CAPITAL SOCIAL

Raúl Morales Avilés
Abogado

I. INTRODUCCIÓN

Una de las formas de transmisión de las participaciones sociales es mediante la adquisición por la propia sociedad de las participaciones del socio que ha sido excluido por incumplir alguno de los supuestos o causas determinados en la Ley o en los estatutos (artículo 359 LSC). El objeto del presente trabajo se va a centrar en una situación que se puede dar durante la tramitación del procedimiento de exclusión y anterior a la adquisición de las participaciones por la propia sociedad que puede repercutir en la decisión última de optar por esta opción, en lugar de la reducción del capital social (artículo 358 LEC).

Estamos hablando del supuesto en el que el socio afectado por la exclusión tiene, al menos, un porcentaje del 25 % del capital social, en cuyo caso, el procedimiento legal para su determinación exige, además del acuerdo de la Junta General en tal sentido, resolución judicial firme. Hasta ese momento puede transcurrir mucho tiempo durante el cual el socio afectado conserva intactos todos sus derechos económicos y políticos lo que puede dar lugar a que el socio pueda llevar a cabo acciones que dificulten o bloqueen el funcionamiento de la sociedad. Todo hace pensar que lo coherente es que el comportamiento del socio sea correcto y no interfiera en la actividad de la sociedad, sin perjuicio de defender sus derechos en cuanto al procedimiento judicial sobre la exclusión se refiere, puesto que un comportamiento contrario podría repercutir negativamente en el resultado de la actividad, lo que le perjudicaría a la hora de determinar el valor razonable de sus participaciones sociales. Pero todos sabemos lo complicadas que son las relaciones societarias en las que a veces se pierde la perspectiva de las cosas y todos los esfuerzos se centran en tomar represalias frente a quienes te han expulsado de la sociedad de la que formabas parte. Se trata de una situación complicada, porque no olvidemos que nos encontramos ante un socio con una importante participación en el capital social con amplias facultades de actuación. Pero no vamos a analizar solo esta posición, sino que también nos vamos a situar en el otro lado y valorar el comportamiento que pudiera adoptar la sociedad frente al socio cuya exclusión se pretende para que el valor de sus participaciones, llegado el momento, sean lo más bajas posibles por haber existido un "empeoramiento" de la actividad. Se trata de dos posiciones contrapuestas en las que ambas partes pueden incurrir, y sobre las que existen soluciones muy limitadas que vamos a analizar. Para ello, vamos a exponer de forma sucinta la regulación que envuelve a las causas de exclusión y su procedimiento, citando distintas posiciones respecto a determinadas cuestiones que pueden afectar a la exclusión del socio, centrando de este modo la controversia que se quiere poner de relieve.

II. BREVE REFERENCIA A LA EVOLUCIÓN DE LA REGULACIÓN DE LA EXCLUSIÓN DEL SOCIO

La regulación de la exclusión del socio de las sociedades de capital no ha seguido la misma cadencia que la del derecho de separación del socio estando siempre presente este último para el legislador quien ha ido ofreciendo al socio disidente puertas de salida ante determinados supuestos.

Es en la Ley 2/1995, de 23 de marzo, de Sociedades de Responsabilidad Limitada donde se regula de manera más minuciosa la exclusión del socio, concretamente en sus artículos 98 y 99, relativos a las causas de exclusión y al procedimiento de exclusión, respectivamente, y en los artículos 100 a 103 de aplicación común a la separación del socio, relativos a la valoración de las participaciones, reembolso de las participaciones sociales, escritura pública de reducción de capital y responsabilidad de los socios separados o excluidos, respectivamente.

El primer atisbo de regulación lo encontramos inicialmente en el Código de Comercio de 1.829, en cuyo artículo 326 se hacía referencia a las causas de rescisión parcial del contrato de compañía regulando siete motivos. Los dos artículos siguientes hacían referencia a los efectos de esa rescisión parcial (327) y a la responsabilidad mancomunada del socio cesante hasta que no constara el asiento en el registro público (328). Es de significar que, en este momento, dicha rescisión parcial afectaba a la compañía regular colectiva, a la compañía comandita y a la compañía anónima reconocidas en el artículo 265 de dicho cuerpo legal.

Posteriormente, el Código de Comercio de 1.885, mantiene esa regulación en su artículo 218, si bien limita la posibilidad de rescisión parcial del contrato a la compañía mercantil colectiva o en comandita, dejando fuera a la compañía anónima, que no volverá a entrar en el juego normativo sobre la exclusión del socio hasta la actual Ley de Sociedades de Capital cuando en el artículo 351 abre la posibilidad de regular causas de exclusión de socios por la vía estatutaria a toda sociedad de capital, entre la que hay que entender incluidas a las sociedades anónimas.

Siguiendo el iter regulatorio, y por lo que respecta a las sociedades de capital, en la Ley de 17 de julio de 1953 sobre Régimen Jurídico de las Sociedades de Capital de Responsabilidad Limitada, se reguló en su artículo 31 la exclusión de los socios por los motivos previstos en los números primero, segundo y séptimo del artículo 218 del Código de Comercio de 1.885, y por primera vez se hace mención a la exclusión del socio que es además administrador en el supuesto de que infrinja la prohibición establecida en el artículo doce de esta Ley de 17 de Julio de 1953. Dichos tres motivos que permitían excluir a los socios de las sociedades de responsabilidad limitada son: 1º Por usar un socio de los capitales comunes y de la firma social para negocios por cuenta propia; 2º Por injerirse en funciones administrativas de la compañía el socio a quien no compete desempeñarlas según las condiciones del contrato de sociedad; 7º Por faltar de cualquier otro modo uno o varios socios al cumplimiento de las obligaciones que se impusieron en el contrato de compañía.

Posteriormente a dicha regulación, como hemos expuesto, es en la Ley 2/1995, de 23 de marzo, de Sociedades de Responsabilidad Limitada, donde se dedica un mayor desarrollo normativo al supuesto de la exclusión del socio regulando las causas y el procedimiento de exclusión del socio, y en el que por primera vez se regula de manera particular el supuesto en el que el socio cuya exclusión se pretenda tenga una participación igual o superior al veinticinco por ciento del capital social, exigiendo en este supuesto como requisito para la exclusión, además del acuerdo de la Junta general resolución judicial firme, salvo que el socio se conforme con la exclusión acordada. Sobre este supuesto y su posible problemática nos extenderemos más adelante.

Por último, llegamos al Real Decreto Legislativo 1/2010, de 02 de julio, por el que se aprueba el texto refundido de la Ley de Sociedades de Capital, en cuyo artículo primero se expone que son sociedades de capital la sociedad de responsabilidad limitada, la sociedad anónima y la sociedad comanditaria por acciones. Pese a que es una ley común para todas las sociedades de capital, lo cierto es que la regulación que se hace en dicho texto legal sobre las causas legales de exclusión del socio únicamente son de aplicación a las sociedades de responsabilidad limitada (artículo 350). Es en el artículo siguiente relativo a las causas estatutarias de exclusión de socios (artículo 351), donde se hace extensiva dicha posibilidad a todas las sociedades de capital, pero por la vía estatutaria, siendo en este momento, como hemos expuesto anteriormente, donde se vuelve a relacionar a las sociedades anónimas con esta materia, de la que se apartó en el Código de Comercio de 1.885 donde ya no se permitió la rescisión parcial del contrato de compañía anónima, sí prevista en el anterior Código de Comercio de 1829.

Para finalizar con este repaso evolutivo, significar que dicho Real Decreto Legislativo 1/2010 de 02 de julio, mantiene la esencia de su antecesora, con matizaciones importantes, y se desarrollan determinados aspectos que son comunes a la separación y la exclusión de socios (artículos 353 a 359, ambos inclusive). Así mismo, y en relación con la materia que más adelante se va a analizar, indicar que se mantiene la regulación especial para el supuesto de exclusión de la exclusión del socio con una participación igual o superior al 25 %, y el doble requisito para su tramitación expresamente regulado en el artículo 352.

III. CAUSAS DE EXCLUSIÓN DEL SOCIO

1. Causas legales de exclusión

Siguiendo la estela de la normativa anterior, el Real Decreto Legislativo 1/2010, de 02 de julio, por el que se aprueba el texto refundido de la Ley de Sociedades de Capital (en adelante, LSC), mantiene esa voluntad de sancionar o penalizar al socio que incumple gravemente sus obligaciones enumerando unas causas legales de exclusión cuya aplicación limita a las sociedades de responsabilidad limitada. Establece el artículo 350 que: *...La sociedad de responsabilidad limitada podrá excluir al socio que incumpla voluntariamente la obligación de realizar prestaciones accesorias, así como al socio administrador que infrinja la prohibición de competencia o hubiera sido condenado por sentencia firme a indemnizar a la sociedad los daños y perjuicios causados por actos contrarios a esta ley o a los estatutos o realizados sin la debida diligencia...* Tenemos, pues, tres supuestos legales en los que procede excluir al socio que, a su vez, podemos dividir en dos bloques atendiendo a si el socio, además, ostenta el cargo de administrador de la sociedad.

Por un lado, el incumplimiento voluntario de la obligación de realizar prestaciones accesorias por parte del socio. Aquí ya tenemos una modificación respecto a la regulación realizada en el artículo 98 de la LSRL de 1995 en la que no se hacía referencia a la exigencia de que el incumplimiento tuviera que ser voluntario (ni involuntario). Ahora bien, nada parece impedir que vía estatutaria se pueda regular también como causa de exclusión del socio el incumplimiento involuntario de la prestación accesoria. El artículo 89.2 LSC establece expresamente que no se pierde la condición de socio por falta de realización de las prestaciones accesorias ...*salvo disposición contraria en los estatutos*...[1]. Por lo tanto, al amparo del citado precepto en conexión con la facultad establecida en el artículo 351 LSC para regular nuevas causas de exclusión a través de los estatutos sociales parece que no habría problema en abarcar también el incumplimiento involuntario de las prestaciones accesorias como causa de exclusión.

Por otro lado, está la expulsión del socio que, además, es administrador. Estaríamos en presencia de una doble sanción en la que se le cesa como administrador de la sociedad y se le excluye como socio. Se regulan dos supuestos:

— Infracción de la prohibición de competencia. Se trata del incumplimiento de una de las obligaciones básicas del deber de lealtad del administrador prevista en el artículo 228, e) LSC: ... *Adoptar las medidas necesarias para evitar incurrir en situaciones en las que sus intereses, sean por cuenta propia o ajena, puedan entrar en conflicto con el interés social y con sus deberes para con la sociedad*... Y a su vez, desarrollada en el artículo 229, f) LSC relativo a deber de evitar situaciones de conflicto de interés, prohibiendo: ...*Desarrollar actividades por cuenta propia o cuenta ajena que entrañen una competencia efectiva, sea actual o potencial, con la sociedad o que, de cualquier otro modo, le sitúen en un conflicto permanente con los intereses de la sociedad*...

1 DEL VALLE HERNÁNDEZ, A. "Causas estatutarias de exclusión", *Derecho de separación y exclusión de socios en las sociedades de capital*, González Fernández, Mª.B. (dir.), Tirant lo blanch, Valencia, 2021, p. 1367.

No obstante lo anterior, existe una excepción a esta causa, consistente en la dispensa prevista en el artículo 230.2 LSC en los casos en los que no quepa esperar daño para la sociedad o el que quepa esperar se vea compensado por los beneficios que prevén obtenerse de la dispensa (apartado 3). Para que tenga lugar la concesión de la dispensa deberá de ser necesariamente acordada por la junta general cuando tenga por objeto la prohibición de obtener una ventaja o remuneración de terceros, o afecte a una transacción cuyo valor sea superior al diez por ciento de los activos sociales. En las sociedades de responsabilidad limitada, también deberá otorgarse por la junta general la autorización cuando se refiera a la prestación de cualquier clase de asistencia financiera, incluidas garantías de la sociedad a favor del administrador o cuando se dirija al establecimiento con la sociedad de una relación de servicios u obra. En los demás casos, la autorización también podrá ser otorgada por el órgano de administración siempre que quede garantizada la independencia de los miembros que la conceden respecto del administrador dispensado (apartado 2).

La dispensa se concederá mediante acuerdo expreso y separado de la junta general, y a instancia de cualquier socio, la junta general resolverá sobre el cese del administrador que desarrolle actividades competitivas cuando el riesgo de perjuicio para la sociedad haya devenido relevante.

Tenemos en esta dispensa, por lo tanto, la excepción o suspensión de una de las causas legales de exclusión, siéndole únicamente aplicables es este caso al socio-administrador beneficiado por la misma, el incumplimiento de las prestaciones accesorias o haber sido condenado a resarcir a la sociedad. De este modo, se reducen las causas de exclusión y consecuentemente se minora la posibilidad de conflicto. Ahora bien, esta no debe de entenderse esta vía como una solución para evitar el conflicto al que nos referimos, ya que no es su finalidad, y sería absolutamente desproporcionada e incoherente.

— Hubiera sido condenado por sentencia firme a indemnizar a la sociedad los daños y perjuicios causados por actos contrarios a esta ley o a los estatutos o realizados sin la debida diligencia. Se trata de una causa de carácter objetivo que no suscita mayor controversia, bastando su acreditación con el testimonio de la sentencia firme. Cuando concurre esta causa, para que la exclusión tenga eficacia basta con el acuerdo de la Junta General en tal sentido, aun en el caso de que el socio tenga una participación de al menos el 25 % en el capital social. Por lo tanto, esta causa, quedaría fuera de la controversia planteada en el presente trabajo.

Como hemos expuesto, dichas causas legales son de aplicación únicamente a las sociedades de responsabilidad limitada, quedando fuera del ámbito de aplicación de las sociedades anónimas. No obstante, ello no implica una prohibición de dicha regulación, sino que se les permite regular abiertamente las causas de exclusión a través de los estatutos sociales al amparo de lo previsto en el artículo 351 LSC.

2. Causas estatutarias de exclusión

Adquiere especial relevancia, en relación con la problemática que se plantea en el presente trabajo, la facultad de poder regular las causas de exclusión de los socios a través de los estatutos sociales, ya que parece ofrecer la posibilidad de que se pueda utilizar esta vía para anticipar la casuística conflictiva que se pueda generar durante la tramitación de la exclusión del socio en el supuesto en el que sea obligatoria la resolución judicial firme, además del acuerdo de la Junta General. Pero adelanto que no es tan sencillo.

Establece el artículo 351 LSC que: ...*En las sociedades de capital, con el consentimiento de todos los socios, podrán incorporarse a los estatutos causas determinadas de exclusión o modificarse o suprimirse las que figurasen en ellos con anterioridad...*

Dicho precepto, encuentra su razón de ser en los artículos 1.255 del CC y 28 LSC relativos a la autonomía de la voluntad, que permiten incluir en la escritura y los estatutos los pactos que estimen convenientes los socios fundadores, *...siempre que no se opongan a las leyes ni contradigan los principios configuradores del tipo social elegido...* Y es en relación con esta limitación, donde se plantea por parte de la doctrina dudas acerca de si es posible derogar o modificar a través de esta vía de los estatutos sociales las casusas legales previstas en el artículo 350 LSC, atendiendo a la facultad dada en el artículo 351 que permite la incorporación, modificación o supresión de determinas causas de exclusión.

El debate se centra en el carácter imperativo o dispositivo de la norma que regula las causas legales de exclusión. Algún sector de la doctrina opina que sí que es posible eliminar por la vía estatuaria las causas legales recogidas en el artículo 350 LSC, fundamentándolo en que al requerir la exclusión del socio el acuerdo de la Junta General y ser adoptada estatutariamente por todos los socios, no habría obstáculo para ello, ya que la Junta podría decidir no aplicar una causa legal de exclusión[2].

En cambio, existe otra corriente, que opina que la propia regulación legal de las causas de exclusión implica el carácter imperativo, ya que cuando se pretende que el carácter sea dispositivo, la propia norma se ocupa de señalarlo al expresar "salvo disposición contraria en los estatutos", como sucede con el cercano artículo 348 bis LSC relativo al derecho de separación, al regular la separación por falta de distribución de dividendos pasivos[3].

2 PULGAR EZQUERRA, J. "Separación y Exclusión de Socios en sociedades de capital", *Tratado de Conflictos Societarios*. Ortega Burgos, E. (dir.), Tirant lo Blanch, Valencia, 2019, p. 561-562. Cita a su vez a Emparanza Sobejano, A., como partidario de esta opinión.

3 DEL VALLE HERNÁNDEZ, A. "Causas estatutarias de exclusión...". *op. cit.*, p 1385-1386

El Tribunal Supremo también se ha pronunciado sobre esta discusión, abogando por esta última opinión declarando que las causas legales de exclusión de los socios son inderogables. Dice, la Sentencia 314/2015 de 12 de junio[4], al interpretar el artículo 98 de la LRSL de 1995, que: ...*El derecho de exclusión es un mecanismo de protección del interés de la mayoría frente a la conducta de determinados socios que incumplan las obligaciones derivadas de su pertenencia a la sociedad (la obligación de realizar prestaciones accesorias), así como al socio administrador (que infrinja la obligación de competencia o hubiere sido condenado por sentencia firme a indemnizar a la sociedad). Junto a las causas legales de exclusión de socios, inderogables, los estatutos de la sociedad pueden ampliar el número de causas, bien porque se pactaron en la fundación de la sociedad, bien porque se incorporaron a los estatutos con el consentimiento de todos (artículo 351 LSC)...*

IV. PROCEDIMIENTO DE EXCLUSIÓN

1. Procedimiento de exclusión general

El procedimiento de exclusión viene regulado en el artículo 352 LSC, ramificando a su vez en dos tipos de procedimientos atendiendo a si el socio excluido tiene una partición de menos del 25 % o, igual o superior.

El procedimiento general es el estipulado en el primer apartado del citado precepto, en el que se exige un acuerdo de la Junta General, y que conste en el acta la identidad de los socios que hayan votado a favor de la exclusión. Este último requisito tiene su razón de ser en el apartado tercero del mismo artículo, a los efectos de determinar qué socios estarían legitimados con carác-

4 Sentencia del Tribunal Supremo núm. 314/2015 de 12 de junio. (Roj: STS 3191/2015-ECLI:ES:TS: 2015:3191).

ter subsidiario para ejercitar la acción de exclusión cuando la sociedad no lo hubiere hecho en el plazo de un mes a contar desde la fecha de la adopción del acuerdo de exclusión.

En cuanto a la mayoría necesaria para la adopción de dicho acuerdo, viene expresamente estipulada en el artículo 199.b) LSC que regula la mayoría legal reforzada, exigiendo el voto favorable de, al menos, dos tercios de los votos correspondientes a las participaciones en que se divida el capital social.

Por lo que respecta a la participación del socio que se pretende excluir en la Junta General, el mismo tiene legalmente prohibido poder ejercitar su derecho al voto por existir una situación de conflicto de intereses prevista expresamente en el artículo 190.1.b) LSC. Ahora bien, para no verse perjudicado dicho socio por esta limitación sus participaciones sociales *...se deducirán del capital social para el cómputo de la mayoría de los votos que en cada caso sea necesaria...* (artículo 190.2 LSC)

En el caso de que sean varios los socios que se pretendan excluir, y siempre que la junta pueda resolver en diferente sentido, los asuntos serán independientes de tal manera que los acuerdos se adopten de forma separada, estando privado del derecho de voto el socio al que se refiere la exclusión, pero no el resto de los socios afectados que podrán participar en la adopción del acuerdo atendiendo a dicha separación[5].

En cuanto al momento en el cual se entiende excluido al socio con menos de un 25 % de participación en el capital social, existe una opinión dividida entre los que entienden que atendiendo a la literalidad de la norma es el momento en el que se adopta el acuerdo de la Junta General, y los que entienden que es en el mo-

---

5 IRIBAREN BLANCO, M., "Exclusión plural de socios", *Revista de Derecho de Sociedades*, núm. 65, mayo-agosto, 2022.

mento en el que se liquida el valor de las participaciones al socio excluido entre los que se encuentra Emparanza Bobejano, A[6]. Así parece también desprenderse de la Resolución núm. 8809/2020 de 05 de junio Dirección General de Seguridad Jurídica y Fe Pública cuando dice: ...*Ahora bien, no puede entenderse que desde que la exclusión del socio ha sido confirmada por sentencia firme el socio haya quedado automáticamente convertido en un mero acreedor de la sociedad por la cuota de liquidación, pues tal efecto sólo se produce en el momento en que comienza el pago de dicha cuota liquidativa. Por ello, como conserva derechos de carácter económico, debe estimarse que hasta ese momento tienen interés en el nombramiento de auditor de cuentas de la sociedad./ Por otro lado, la culminación del proceso de exclusión no queda al arbitrio del socio excluido, pues el art. 356 LSC atiende también a los intereses de la sociedad, pues en caso de que aquel no reciba la cantidad correspondiente a su cuota de liquidación puede quedar liberada de su obligación de pago mediante la consignación de dicha (cantidad) en una entidad de crédito en la forma establecida en dicha norma...*

No obstante, parece que la jurisprudencia se decanta hacia la pérdida de la cualidad de socio desde que se adopte el acuerdo de exclusión del socio o, en su caso, desde la sentencia que confirme dicha exclusión para el supuesto de socio con al menos 25 % de participación en el capital social. Esta tendencia, viene referida i) a las conocidas sentencias del Tribunal Supremo núm. 345/2013, de 27 de mayo y núm. 776/2007, de 9 de julio, en las cuales el Tribunal determina que el socio deja de ostentar dicha condición con la firmeza de la resolución judicial que haga efectiva la exclusión, en caso de que este tuviera una participación significativa en el capital social, ii) así como como al voto particular inclui-

6 ESPARANZA SOBEJANO, A., "Comentario del artículo 352", *Comentario de la Ley de Sociedades de Capital*, Rojo, A. y Beltrán, E. (dirs.), Tomo II, Aranzadi, 2011, p. 2503.

do en las más recientes sentencias del Tribunal Supremo núm. 4/2021, de 15 de enero; núm. 46/2021, de 2 de febrero; y núm. 64/2021, de 9 de febrero. Si bien el objeto de estas últimas es la determinación de la fecha de efectos del derecho de separación, se argumenta su similitud con la exclusión y se recuerda que la jurisprudencia del Tribunal Supremo vincula el momento de efectividad de la exclusión con la efectividad de la firmeza de la correspondiente resolución judicial. Como resultado de ello, y pese a las dudas suscitadas por la doctrina y por la mencionada resolución de la DGSPFP, parece que el Alto Tribunal ha dejado encauzado el camino para determinar que la fecha de efectos de la exclusión es la de adopción del acuerdo de la Junta General o, en su caso, la de la firmeza de la resolución que confirme dicha exclusión [7].

El acuerdo adoptado, puede ser impugnado por el socio excluido si así lo considera oportuno, pudiendo solicitar como medida cautelar la suspensión del acuerdo hasta que se dicte sentencia firme si tiene una participación de al menos el 5 % del capital social al amparo delo dispuesto en el artículo 727.10ª LEC, debiendo de cumplir con las exigencias legales.

Por último, hay que indicar que el acuerdo de exclusión deberá de inscribirse en el Registro Mercantil, debiendo de ajustarse a los requisitos exigidos en el artículo 208 del RRM, en cuyo apartado primero establece que la escritura en la que conste la separación o la exclusión del socio deberá de contener lo siguiente : ...*1.ª La causa de la separación o de la exclusión del socio y, en caso de exclusión, el acuerdo de la Junta General o testimonio de la resolución judicial firme, que se unirá a la escritura. En el caso de que el socio excluido fuera titular de un porcentaje igual o superior al 25 por 100 del ca-*

7 SEGURA, R. y VERGONI. J., "La fecha de efectos de la separación y la exclusión de socios", *Revista Jurídica de Catalunya*, núm. 4, octubre, 2021, pp. 1003-1022.

pital social, se consignará, además, esta circunstancia./ 2.ª El valor real de las participaciones del socio separado o excluido, la persona o personas que las hayan valorado y el procedimiento seguido para esa valoración, así como la fecha del informe del auditor, en el caso de que se hubiera emitido, el cual se unirá a la escritura./ 3.ª La manifestación de los administradores o de los liquidadores de la sociedad de que se ha reembolsado el valor de las participaciones al socio separado o excluido o consignado su importe, a nombre del interesado, en entidad de crédito del término municipal en que radique el domicilio social, acompañando documento acreditativo de la consignación...

2. Procedimiento de exclusión extraordinario

Se regula un procedimiento excepcional o extraordinario para el supuesto de que el socio afectado por la exclusión tenga una participación de más de un 25 % (artículo 352.2 LSC), en el que se exige, además del acuerdo de la Junta General, resolución judicial firme en el caso de que el socio no esté conforme con la exclusión. Queda fuera de esta obligación el supuesto de condena al socio administrador a indemnizar a la sociedad (causa legal de exclusión regulada en el artículo 350 LSC).

Por lo tanto, en este supuesto en el que el socio tiene una participación relevante en el capital social se exige un doble requisito para que tenga lugar la exclusión, coincidiendo con el cumplimiento del segundo de ellos la eficacia de la exclusión. Esto es, la resolución judicial firme tiene efectos constitutivos, entendiéndose excluido al socio desde ese momento, perdiendo todos sus derechos [8].

El plazo del que dispone la sociedad para ejercitar la acción de exclusión es de un mes a contar desde la fecha de adopción

8 Sentencia del Tribunal Supremo núm. 345/2013 de fecha 27 de mayo (Roj: STS 2888/2013-ECLI:ES:TS: 2013:2888).

de acuerdo. En el caso de que no lo haga en ese plazo cualquier socio que hubiera votado a favor, y así conste en el acta, estará legitimado subsidiariamente para ejercitar la acción. En cuanto al plazo del que dispone el socio para ejercitar la acción, ha sido objeto de controversia estableciendo el Tribunal Supremo que el plazo es igualmente de un mes desde que tuvo o debió de tener conocimiento que la sociedad no la había ejercitado. Dice la Sentencia del Tribunal Supremo núm. 440/2016 de fecha 29 de junio de 2016[9]: *...4. En suma, lo que establece el art. 352.3 LSC es que la sociedad tiene un plazo de un mes, desde la fecha de adopción del acuerdo, para ejercitar la acción de exclusión prevista en el apartado 2º del mismo precepto; y si deja transcurrir dicho plazo sin hacerlo, la legitimación se traslada de manera subsidiaria a cualquier socio que hubiera votado a favor del acuerdo, que deberá ejercitar la acción en el mismo plazo de un mes, a contar desde que tuvo o debió tener conocimiento de que la sociedad no lo había hecho. Si, por el contrario, ni la sociedad ni ningún socio legitimado ejercen la acción en tales plazos sucesivos, decaerá el acuerdo adoptado en la junta...*

En el caso de que no se ejercite dicha acción en los plazos mencionados, decaerá el acuerdo adoptado por la Junta General, careciendo de efecto alguno.

Desde la adopción del acuerdo de la Junta General y hasta que recaiga la sentencia firme, pueden surgir una serie de situaciones de complicada gestión que puede afectar al funcionamiento y viabilidad de la sociedad a las que nos referiremos a continuación.

---

9 Sentencia del Tribunal Supremo núm. 440/2016 de fecha 29/ de junio de 2.016 (Roj: STS 3142/2016-ECLI:ES:TS:2016:3142)

V. PROBLEMÁTICA EN LA EXCLUSIÓN DEL SOCIO CON EL 25 % O MAS DEL CAPITAL SOCIAL

1. Enfoque del problema

Cuando uno de los socios es excluido de la sociedad por concurrir en alguno de los supuestos o causas determinados en la Ley o en los estatutos, la propia sociedad puede adquirir dichas participaciones sociales si así lo acuerda la Junta General, materializándose en ese momento la transmisión de las mismas (amortizándose en caso contrario vía reducción de capital). Pero hasta ese momento hay un largo y tosco viaje si el socio excluido ostenta más del veinticinco por ciento del capital social.

Como acabamos de exponer, el procedimiento para proceder a la exclusión requiere únicamente el acuerdo adoptado por la Junta General, salvo que la exclusión sea de un socio con participación igual o superior al veinticinco por ciento en el capital social en cuyo caso requerirá, además del acuerdo de la junta general, resolución judicial firme, siempre que el socio no se conforme con la exclusión acordada. La única excepción a esta condición adicional sería en el caso de condena del socio administrador a indemnizar a la sociedad (artículo 351.2 LSC).

Y es en este supuesto de exclusión de socios con un porcentaje igual o superior al veinticinco por ciento del capital social, donde la situación del socio excluido genera una especie de limbo societario hasta que adquiere firmeza la resolución judicial por la que se declara la exclusión del socio, situación esta que genera una verdadera problemática no solo respecto del socio cuya exclusión se pretende hacia la sociedad, sino también de la sociedad hacia el socio, siendo esta última menos tratada o inicialmente menos preocupante pero que también puede tener su relevancia a la hora de determinar el valor razonable de las participaciones sociales que le correspondería al socio excluido.

Como se ha señalado, la condición de socio no se pierde hasta que la sentencia judicial es firme, momento en el que se debe de atender al valor razonable de las participaciones sociales. Este efecto constitutivo de la resolución judicial firme hace que durante toda la duración del procedimiento el socio excluido mantenga todos sus derechos políticos y económicos, lo que implica tener un socio con una importante participación en la sociedad participando en la adopción de los acuerdos sociales. Pero esta situación se puede ver desde una doble perspectiva, ambas totalmente posibles y que dependerán del perfil del socio. Por un lado, nos podemos encontrar con un socio colaborativo, lo cual sería lógico y entendible, puesto que el buen funcionamiento de la sociedad conllevaría a aumentar las probabilidades de obtener un buen resultado económico, lo que se traduciría en un mayor importe del valor razonable que le correspondería al materializarse la exclusión con la resolución judicial firme. Pero, por otro lado, nos podemos encontrar con un socio que puede tener una postura hostil, adoptando un comportamiento obstativo y perjudicial para la actividad de la sociedad, lo cual puede desencadenar en un empeoramiento del resultado económico, hecho este que perjudicaría a todas las partes.

Pero dicha problemática puede ser bidireccional, como hemos comentado. También nos podemos encontrar con determinadas sociedades (órgano de administración y socios) que, por su perfil, también pueden llevar a cabo actuaciones o gestiones realizadas sutilmente con aparente amparo legal en perjuicio del socio que pueden conducir a minusvalorar la sociedad[10] y, en consecuencia, a disminuir el valor razonable de las participaciones sociales, sobre todo cuando estatutariamente se ha hecho constar que el

10 Sin perjuicio de las responsabilidades civiles y penales en las que pudiera incurrir el órgano de administración si se demostrase dicho comportamiento.

valor razonable es igual al valor contable que resulte del último balance aprobado por la Junta[11].

Ante este escenario que, como decimos, será duradero en el tiempo sobre todo si la firmeza de la resolución judicial viene acompañada de los recursos pertinentes, se hace necesario poder prever las consecuencias de este supuesto, si bien las mismas son limitadas, ya que hasta ese momento de la firmeza el socio sigue manteniendo todos sus derechos.

2. Conducta obstativa del socio excluido. Socio hostil

La pendencia del procedimiento judicial instado en busca de una resolución judicial firme que acuerde la exclusión del socio con una participación igual o superior al veinticinco por ciento, como requisito extra además del acuerdo adoptado por la Junta General en tal sentido, deja a la sociedad en una situación o limbo legal puesto que dicha resolución tiene carácter constitutivo manteniendo el socio todos sus derechos políticos y económicos hasta la firmeza de la resolución judicial.

Este acuerdo, que en un primer momento puede dar la sensación de liberalización para el resto de los socios y la propia sociedad y hacerle vislumbrar el futuro de la sociedad de una forma ordenada y viable, pues se está prescindiendo de un socio que ha incurrido en un incumplimiento grave, y más aún si además es el administrador de la sociedad, se puede tornar en un espejismo encontrándose en la realidad con una situación agónica de lucha constante con el socio cuya exclusión se pretende, que en la mayoría de las ocasiones estará despechado, si este

11 Resoluciones de la DGSJFP de fecha 05 de noviembre de 2016, de fecha 17 de mayo de 2017, de 23 de mayo de 2019, de 27 de febrero de 2020 y 28 de agosto de 2023, entre otras.

decide adoptar un comportamiento hostil contra el funcionamiento de la sociedad.

Recordemos que, además de mantener su derecho a participar de los beneficios de la sociedad por la vía del reparto de dividendos en proporción a su participación en el capital social, sigue manteniendo otros derechos económicos como el de participar en el patrimonio resultante de la liquidación en la cuota que le corresponda (en este supuesto se finalizaría este conflicto, y se iniciarían probablemente otros), y el derecho de adquisición preferente, que le permitiría poder adquirir las participaciones o acciones antes que terceros interesados en las mismas.

Así mismo, y atendiendo a la importante participación que tiene en la sociedad, puede ejercer numerosos derechos de carácter político, como i) el de convocar la Junta General, requiriéndose para ello al menos un 5 % del capital social tanto para las sociedades anónimas como para las sociedades limitadas (artículo 168 LSC), ii) solicitar la información que consideren oportuna relacionada con la sociedad y con los puntos comprendidos en el orden del día (artículos 93, 196 y 197 LSC), iii) solicitar un complemento de convocatoria con la inclusión de puntos en el orden del día en las sociedades anónimas (artículo 172 LSC) iv) asistir a las Junta Generales, donde podrá v) ejercer su derecho de voto teniendo una relevante repercusión sobre la adopción de los acuerdos. Y, por último, y de gran impacto en el funcionamiento de la sociedad, el socio cuya exclusión se pretende, puede vi) impugnar los acuerdos sociales que se adopten si los considera lesivos o ilegales, solicitando la suspensión de los mismos por la vía de la medida cautelar prevista en la LEC, con los efectos devastadores que ello puede significar en determinadas supuestos para el buen curso de la sociedad.

En definitiva, este escenario que se va a prolongar en el tiempo deja al alcance del socio un amplio abanico de posibilidades de actuación, con las que puede poner todo tipo de trabas al funcionamiento de la sociedad si decide adoptar una posición hostil hacia esta, dejándose cegar por la inquina en lugar de darle cancha a la razón, puesto que, como dije anteriormente, lo que es malo para uno, lo es para otro. En muchas ocasiones (la mayoría), dicho comportamiento lo que buscará en realidad será una salida satisfactoria para el socio, que utilizará todos "esos derechos" para presionar o coaccionar a la sociedad para llegar a un acuerdo económico que satisfaga sus intereses. De hecho, y como más adelante me referiré, esta será en muchos casos la mejor solución para todos, la del acuerdo, si bien el momento de su adopción también repercutirá en los intereses de ambas partes.

3. Comportamiento impropio de la sociedad. Pérdida de valor intencionada de la sociedad

La sociedad que ha acordado legalmente en Junta General la exclusión de un socio con una participación igual o superior al 25 % del capital social, y que está a la espera de que recaiga la resolución firme a la que se refiere el artículo 352.2 LSC, también podría adoptar un comportamiento inadecuado o impropio al fin social y en perjuicio del socio que se pretende separar, mediante actuaciones intencionadas que llevaran a la pérdida de valor de la sociedad, y en consecuencia, de las participaciones sociales en aquellos supuestos en los que estatutariamente se hubiera regulado que para el caso de exclusión de un socio, el valor razonable de las participación será igual al valor contable que resulte del último balance aprobado por la Junta General, posibilidad está expresamente reconocida por la DGSJFP como se ha comentado, salvando de este modo y de forma anticipada el proceso de valoración de las participaciones o acciones del socio excluido previsto legalmente a falta de acuerdo.

Huelga decir que se trataría de un comportamiento ilegal con graves consecuencias para sus autores, al frente de los cuales estarían principalmente los administradores de la sociedad, por un lado, y los socios y terceros (trabajadores, contables, asesores, acreedores...) que contribuyeran a que dicha conducta consiguiera su fin último, por otro. Así mismo, también es evidente que no en todos los casos se puede llevar esta actuación, dependiendo principalmente del tipo de sociedad, siendo más accesible para las sociedades cerradas, del número de socios, más viable cuanto más reducido sea, y del nivel de control que exista sobre el órgano de administración.

Un caso típico lo podríamos encontrar en una sociedad que reduce su volumen de actividad y facturación de forma progresiva durante el ejercicio, de forma sutil a base de preconstituir prueba de los motivos que le han llevado a ese empeoramiento de cara a poder justificarlo en un futuro, mientras que paralelamente desvía dicho trabajo a otra sociedad constituida *ad hoc* entre el resto de socios (normalmente de forma indirecta mediante la interposición de terceras personas) o a otras sociedades preexistentes de los propios socios ajena e inaccesible para el socio en trámite de exclusión que no podría pedir información alguna sobre estas más allá de la pública, de tal manera que estos nunca vean perjudicadas sus ganancias. Puede resultar retorcida en un primer momento esta actuación, e incluso arriesgada, pero lo cierto y verdad es que dependiendo del nivel de intensidad del conflicto societario la creatividad y el envalentonamiento de las personas crece de forma significativa perdiendo la perspectiva de la prudencia cuyas consecuencias pueden ser fatales. Obviamente nos encontraríamos ante un claro supuesto de responsabilidad de los administradores prevista en el artículo 236 LSC ya que dicho comportamiento implicaría un daño por actos u omisiones contrarios a la ley o a los estatutos, que se habría llevado a cabo incumpliendo los deberes inherentes al desempeño del cargo mediando dolo. Pero lo más relevante, y que se debe de tener siempre presente, es que también se estaría dentro de la esfera de los delitos societarios, de las defraudaciones y de las insolvencias punibles[12]. Así, a modo de ejemplo, se cita la Sentencia del Tribunal Supremo, Sala de lo Penal, núm. 352/2024, de fecha 30 de abril, del que podemos extraer algunos extractos si bien desarrolla de forma muy clara cada uno de los delitos:

Respeto del delito societario: ...*En suma, el acusado, administrador de la sociedad, falseó las cuentas de la misma, faltó a la verdad en la narración de los hechos, cometió graves irregularidades contables y lo hizo "en forma idónea para causar un perjuicio económico a un tercero", según exige el tipo penal del artículo 290 CP, llegándose, además, a irrogar efectivamente el perjuicio económico, como establece el segundo párrafo del precepto...*

Respecto del delito de insolvencia punible: ...*Es decir, y, en definitiva, el acusado realizó una suerte de vaciamiento patrimonial de la empresa en perjuicio de terceros, de manera que, para tratar de librarse de la crisis económica, lleva a cabo una serie de actuaciones constitutivas de ilícitos penales, que arrastran a terceros a los que arruina, entre ellos la sociedad de su cuñado...*

Respecto del delito de estafa: ...*La acción del que, consciente de su insolvencia y la imposibilidad de pago, omite informar al otro, con el que ha tenido relaciones mercantiles anteriores, circunstancias que son relevantes para decidir la celebración del contrato que se le ofrece, comete el engaño típico del art. 248.1º CP. (SSTS 448/2007, de 4 de junio y 591/2007, de 2 de julio)...*

---

12 Sentencia del Tribunal Supremo núm. 352/2024 de fecha 30 de abril (Roj: STS 2210/2024-ECLI:ES:TS: 2024:2210). Dicha Sentencia valora un supuesto de descapitalización dolosa de una empresa en perjuicio de terceros, en este caso, acreedores, en la que sus autores llevan a cabo conductas constitutivas de delito societario del artículo 290 del CP, delito de insolvencia punible del artículo 259 del CP, y delito de estafa del artículo 248 del CP.

...El acusado, habiendo descapitalizado su empresa y habiendo situado a la misma en situación de insolvencia, la cual fue ocultada en las cuentas, continuó subcontratando obras [...]. Como consecuencia de tan elevados impagos, dicha subcontrata entró en concurso. Es decir, Don [...] le siguió dando/contratando obras [...], pese a saber de antemano que éste no las iba a cobrar. En estos sencillos términos puede resumirse todo. Existió, pues, un claro engaño, precedente, y un perjuicio patrimonial a la otra parte, que confió siempre en el acusado. El delito de estafa es muy evidente. Todos los requisitos expuestos concurren, como se ha visto y sin duda alguna, en el supuesto enjuiciado...

Otro caso típico, que puede ser complementario al anterior, y también se puede llevar a cabo de forma independiente y menos sofisticada, es falsear las cuentas anuales u otros documentos que deban reflejar la situación jurídica o económica de la entidad, de forma idónea para causar un perjuicio económico a la misma, a alguno de sus socios, o a un tercero. De esta manera, se alteraría el resultado de las cuentas anuales a tomar como referencia para el cálculo del valor razonable de las participaciones sociales. Dicha conducta, está prevista y penada expresamente en el artículo 290 CP como se puede observar en la sentencia anteriormente citada.

Al igual que sucede cuando estamos ante un socio hostil, esta vía también podría utilizarse de manera coercitiva por parte de la sociedad quien a base de alertar de un empeoramiento económico podría alcanzar un acuerdo acorde a sus intereses y prescindir de forma anticipada y a bajo precio del socio excluido sin necesidad de esperar a la sentencia firme exigida legalmente.

4. Abordaje del problema

No resulta fácil adoptar una solución que garantice la estabilidad y viabilidad económica de la sociedad, por un lado, y los intereses (valor de las participaciones) y buen hacer del socio que se quiere excluir titular del al menos el 25 % del capital social, por otro, atendiendo al largo período de tiempo que puede transcurrir desde que se adopta el acuerdo de exclusión en la Junta General, hasta que adquiere firmeza la resolución judicial constitutiva de la eficacia de la exclusión, y atendiendo a que el socio mantiene todos sus derechos intactos, teniendo total libertad para ejercitar los mimos según entienda procedente. Ante este escenario, vamos a abordar algunas de las posibilidades que se pueden plantear para ver si el recorrido de las mismas se hace transitable o si, por el contrario, nos encontramos con una barrera infranqueable.

4.1. ¿Se puede adoptar una medida cautelar?

Una de las posibilidades o hipótesis que se pueden plantear para abordar esta problemática es la de solicitar como medida cautelar (artículos 721 y ss de la LEC) cuando se presente la demanda judicial en la que se inste la exclusión del socio, la suspensión de los derechos del socio atendiendo a la apariencia de buen derecho (fumus boni iuris), prestando caución por el valor razonable que tuvieran las participaciones sociales en ese momento, cantidad esta que habría que ajustar en última instancia al alza o la baja en función del valor de la empresa en el momento en el que recaiga la sentencia firme. No obstante, la regulación legal existente parece ser ineficiente para dar cobertura a este planteamiento[13]. De manera adicional, considero que la solicitud de la suspensión de los derechos del socio como medida cautelar excede de las medidas cautelares específicas previstas en el artículo 727 de la LEC no encontrando encaje en ninguno de los once supuestos allí regulados. Además de ello, implicaría

13 ALFARO ÁGUILA-REAL, J. "Exclusión del socio-administrador titular de más del 25 % del capital social de una limitada", https://derechomercantilespana.blogspot.com, 18 de junio 2013.

una privación ilegítima de derechos ya que dicha exclusión del socio todavía no ha sido acordada de manera definitiva, puesto que solo se cumple uno de los dos requisitos, cual es el de haberlo acordado la Junta General, pero no el de la resolución judicial firme. Por lo tanto, cualquier medida que acarreara la suspensión o imposibilidad de ejercitar sus derechos como socio sería privarle arbitrariamente (e ilegalmente) de unos derechos que todavía le son legítimos. Cuestión distinta sería el supuesto de que el socio excluido tuviera menos del veinticinco por ciento de las participaciones sociales en cuyo caso sí se podría recurrir por éste a la suspensión del acuerdo de la Junta General a través de la media cautelar 10ª del citado artículo 727 de la LEC, que expresamente regula como medida cautelar: ...*La suspensión de acuerdos sociales impugnados, cuando el demandante o demandantes representen, al menos, el 1 o el 5 por 100 del capital social, según que la sociedad demandada hubiere o no emitido valores que, en el momento de la impugnación, estuvieren admitidos a negociación en mercado secundario oficial...*, acreditando los requisitos para su concesión (*periculum in mora, fumus bonus iuris*) y con la posible exigencia judicial de prestar caución adecuada[14]. En este caso nos encontraríamos en un supuesto similar al caso que nos ocupa en tanto la suspensión se prolongaría hasta que el procedimiento finalizara.

Lo expuesto, nos lleva a considerar que no sería viable la adopción de una medida cautelar que pudiera solucionar la complicada situación que se genera durante la pendencia del procedimiento judicial hasta obtener una resolución firme.

En el caso de las sociedades de profesionales, y atendiendo a las características de las mismas, se puede prever en los estatu-

14 CERDA ALBERO, F., "Artículo 352. Procedimiento de exclusión", *Comentario de la Ley de Sociedades de Capital*, García-Cruces, J.A. y Sancho Gallardo, I. (dir.), tomo V, Tirant Lo Blanch, Valencia, 2021, pp. 4791 y 4792.

tos sociales que el órgano de administración decida la suspensión cautelar del ejercicio de funciones del socio en el seno de la sociedad por un tiempo máximo prudencial, hasta que la junta general acuerde la exclusión del socio al amparo de los dispuesto en el artículo 14 de la LSP, y se liquide el valor de su participación[15]. Si bien dicha medida permite rebajar el impacto de la exclusión hasta que se alcance el acuerdo, lo cierto es que el socio afectado también sigue manteniendo sus derechos como tal durante la suspensión de sus funciones.

4.2. ¿Se puede derogar o modificar el procedimiento previsto del articulo 352 LSC por la vía de los estatutos sociales?

Otra alternativa que nos podríamos plantear es si se puede derogar o modificar el contenido del artículo 352 LSC que regula el procedimiento de exclusión para tratar de adelantarnos a una situación conflictiva que pudiera afectar a la buena marcha de la sociedad. Plantea Álfaro Águila-Real que, dado que la regulación no se corresponde con las expectativas de las partes de una sociedad cerrada, lo preferible es introducir una cláusula que derogue el artículo 352 LSC, en la que se regule que la fecha para tener en cuenta el valor razonable de las participaciones sociales sea la fecha en la que se adoptó en acuerdo de la Junta General, dejando en suspenso los derechos del socio a partir de ese momento sin perjuicio de que pueda impugnar el acuerdo. Y continúa diciendo que, dado que el artículo 352.2 LSC es una norma de protección del socio, que no debería de haber problema alguno en admitir la derogación si votan a favor los socios que tengan una participación de al menos el 25 % del capital social, no siendo una cláusula que beneficie o perjudique a ningún socio en ese momento de su

15 CERDA ALBERO, F., "Artículo 352. Procedimiento de exclusión", *op. cit.*, p. 4788.

regulación, bien en el momento de la constitución de la sociedad, bien en el momento de la modificación estatutaria[16].

Cierto es que dicho planteamiento permitiría tener controlado al socio excluido en beneficio de la sociedad, escenario que habrían asumido todos los socios (*ex ante*), a sabiendas de que se podrían ver en dicha situación en futuro y afectarle esa cláusula. Ahora bien, entendemos que de nuevo chocaría con el carácter imperativo de la norma (artículo 352 LSC), no siendo la misma disponible por las partes, y en el caso que nos ocupa, como ya se adelantó, se estaría privando ilegítimamente a un socio del ejercicio de sus derechos cuando todavía no se habría incurrido en el supuesto legal de exclusión puesto que faltaría el segundo de los requisitos, cual es, la sentencia firme.

4.3. ¿Se puede dejar preestablecido en los estatutos sociales cuál va a ser el valor razonable en caso de exclusión de un socio?

La otra posibilidad que se puede plantear en aras de evitar, o minimizar un futuro conflicto para el caso de exclusión de un socio es la de dejar establecido cual va a ser el valor razonable que se va a abonar en el supuesto de exclusión de un socio, pero esta posibilidad ya ha sido descartada por la DGSJFP insistiendo en que el valor razonable se tiene que corresponder con el valor real, y que no es posible determinar en los estatutos cual va a ser ese valor a futuro, postergando dicha cuantificación al momento en el que el socio sea legalmente excluido. A estos efectos, como hemos comentado, sí que se ha considerado ajustado a derecho por dicho organismo que el valor razonable sea igual al valor contable del último balance aprobado por la Junta General[17]. Entre

16 ALFARO ÁGUILA-REAL, J. "Exclusión del socio-administrador titular de más del 25 % del capital social de una limitada", *op. cit.*

17 *Vid.* Resoluciones DGSJFP citadas en la nota 11.

otras, dice la Resolución de 28 de agosto de 2023, de la Dirección General de Seguridad Jurídica y Fe Pública: 2. *A partir de la Resolución de 15 de noviembre de 2016, este Centro Directivo ha mantenido una posición favorable al establecimiento por vía estatutaria de un procedimiento de valoración de las participaciones sociales sustitutivo del legalmente instituido, y en concreto la opción por el valor contable como criterio de fijación del valor razonable (en el mismo sentido se han pronunciado las Resoluciones de 9 y 23 de mayo de 2019, 6 y 27 de febrero 2020, y 17 de mayo de 2021). Por su referencia expresa a los casos de exclusión de socios, y a título de ejemplo, resulta oportuno transcribir el fundamento tercero de la Resolución de esta Dirección General de 6 de febrero de 2020: «Respecto de la forma de valoración de las participaciones del socio excluido deben recordarse las consideraciones de la Dirección General de los Registros y del Notariado en las citadas Resoluciones de 9 y 23 de mayo de 2019./ En relación con el régimen de transmisión voluntaria de participaciones sociales por acto "inter vivos", a título oneroso o gratuito, esa Dirección General, en Resolución de 15 de noviembre de 2016, admitió —en vía de principios— la inscripción de la disposición estatutaria por la que se atribuía a los socios un derecho de adquisición preferente que habría de ejercitarse por el valor razonable de las participaciones de cuya transmisión se tratara, que sería el valor contable resultante del último balance aprobado por la Junta (o el precio comunicado a la sociedad por el socio comprador si fuera inferior a ese valor contable)./ Según dicha Resolución, se puede afirmar que el valor razonable es el valor de mercado, sin bien, al no existir propiamente un mercado de participaciones sociales y —salvo en el caso de sociedades abiertas— tampoco de acciones, dicho valor debe determinarse por aproximación, según la normativa contable. Conforme a la Primera Parte, apartado 6.2, del Plan General de Contabilidad aprobado por el Real Decreto 1514/2007, de 16 de noviembre, "valor razonable es el importe por el que puede ser intercambiado un activo o liquidado un pasivo, entre partes interesadas y debi-*

damente informadas, que realicen una transacción en condiciones de independencia mutua". Y la Norma Técnica de elaboración del informe especial del auditor de cuentas para estos casos publicada mediante resolución de 23 de octubre de 1991, del presidente del Instituto de Contabilidad y Auditoría de Cuentas, se refiere a algunos métodos de valoración dinámicos que se consideran más adecuados respecto de las acciones de una sociedad que sigue en marcha, con criterios de flexibilidad, pues según reconoce dicha Norma "sólo puede hablarse de aproximaciones o juicios razonables". Por ello, generalmente, el valor contable no será equivalente al valor razonable o de mercado de las participaciones sociales. El régimen de transmisión voluntaria de las participaciones sociales por actos "inter vivos" únicamente queda sujeto a los límites generales derivados de las leyes y de los principios configuradores del tipo social elegido (artículo 28 de la Ley de Sociedades de Capital) así como a las limitaciones específicas establecidas en el artículo 108 de la misma ley./ Entre tales limitaciones legales no existe ninguna que prohíba pactar como precio o valor de las participaciones objeto del derecho de adquisición preferente el valor contable que resulte del último balance aprobado por la junta general...

Por último, debemos de hacer mención del riesgo que constituye para el socio excluido que la sociedad realmente tenga una evolución negativa lo que le puede llevar a obtener un valor inferior al que realmente le pudiera corresponder que, a falta de acuerdo entre el socio y la sociedad, será fijado por un experto independiente (artículo 353 LSC). En el caso de que en los estatutos sociales se hubiera previsto "ex ante" para el caso de exclusión de los socios que el valor razonable sería el valor contable resultante del último balance aprobado por la Junta, no cabe duda de que la pendencia de este procedimiento judicial para determinar la exclusión podría incidir en la elaboración del mismo siempre.

4.4. ¿En qué posición queda el socio afectado si la sociedad incurre en causa de disolución o es declarada en concurso de acreedores antes de que recaiga la sentencia judicial firme?

Qué duda cabe, que en el devenir de una sociedad pueden darse muchas situaciones y no está exenta de incurrir en una situación de insolvencia (real o provocada) que la aboque a la disolución y liquidación, o a la declaración de un concurso de acreedores. Esta situación también puede suceder durante la pendencia del procedimiento judicial de exclusión. Ahora bien, ¿qué sucedería con el socio afectado y con el valor razonable que se le correspondería?

En la medida en la que la firmeza de la resolución judicial por la que se acuerda la exclusión tiene carácter constitutivo, y el socio mantiene intactos todos sus derechos, hay que considerar que el socio lo sigue siendo.

Por lo tanto, en caso de incurrir en causa de disolución, y de que la misma se acuerde por la Junta General, se seguirán los trámites previstos en los artículos 360 y siguientes de la LSC, finalizando con la división del patrimonio social en la que cada socio tendrá derecho a su cuota de liquidación, en su caso. Ahora bien, nada impide que sea el propio socio afectado por la exclusión el que plantee la disolución haciendo valer su participación en el capital social en el momento en el que pueda observar que concurre una de las causas legales o estatutarias, evitando de este modo la descapitalización de la sociedad que pueda perjudicarle en un futuro.

En caso de declaración de concurso de acreedores, por su parte, a los efectos del Real Decreto Legislativo 1/2020, de 5 de mayo, por el que se aprueba el texto refundido de la Ley Concursal, el socio afectado sería una persona especialmente relacionada con la sociedad concursada tal y como expone el artículo 283.1.1º LC respecto de los socios, y el apartado 2º respecto de los administradores. Ello nos llevaría a que cualquier crédito que tuviera frente a la sociedad sería considerado como subordinado atendiendo a lo expuesto en el artículo 281.1. 5º LC. Pero en la medida en la que se ha opuesto a la exclusión, y está el procedimiento judicial pendiente de resolución, no existe crédito alguno frente a la sociedad. En esta situación la propia sociedad podría desistir de la acción de exclusión, lo que dejaría al socio afectado, en idéntica posición a la del resto de los socios, teniendo derecho a su parte de liquidación (si fuera esta la vía del concurso) una vez que fueran satisfechos los créditos de todos los acreedores, lo que con una alta probabilidad implicaría no percibir reembolso alguno tras la liquidación.

VI. CONCLUSIÓN

Nos encontramos ante una situación que genera incertidumbre y desconfianza para las dos partes (socio excluido y sociedad) que puede durar varios años hasta que se tiene la sentencia judicial firme que se exige como segundo de los requisitos y constitutiva de la exclusión del socio. Todo hace pensar que lo que es bueno para el uno, lo es para el otro, y hasta que se obtenga la sentencia judicial firme su comportamiento debe de ser colaborativo por un fin común, ya que cualquier acción o actuación realizada de mala fe que pudiera afectar al resultado económico puede implicar una pérdida del valor razonable de las participaciones sociales, e incluso incurrir en responsabilidades no solo civiles y de carácter societario, sino también penales, en el caso del órgano de administración de la sociedad y resto de intervinientes.

A diferencia de la regulación de la separación del socio en la que, en algunos supuestos, se deja la salida para realizar regulaciones distintas por medio de los estatutos sociales, no ocurre así con el supuesto de exclusión de los socios (artículo 350 LSC), en los que la norma es de aplicación imperativa, no disponible para las partes, impidiendo el acceso de nuevas regulaciones que pudieran ser más protectoras, o que redujeran el régimen de conflictividad, lo que repercutiría en el interés social.

Los reducidos pronunciamientos judiciales existentes sobre esta materia, lejos de implicar una negación de esta problemática, lo que nos lleva es a concluir que tras un largo período de conflicto se llega a un acuerdo extrajudicial en cuanto a la salida del socio y el pago del valor razonable de sus participaciones sociales, porque aun en el hipotético caso de que la sentencia pudiera ser favorable para el socio afectado, lo cierto es que esa conflictividad mantenida en el tiempo merma las relaciones y las ganas por querer seguir compartiendo intereses. Fructifica así la postura de ambas partes de situarse en un escenario idóneo en el que les permita alcanzar un acuerdo que satisfaga sus intereses, bien por el constante bloqueo, bien por la depreciación de la sociedad. Solo en ese momento, estará la junta general en disponibilidad de valorar si autoriza la adquisición por la sociedad de las participaciones sociales u opta por la reducción del capital social amortizando las mismas.

De lo expuesto, parece vislumbrarse que, ante una falta de regulación legal, o cambio de criterio jurisprudencial que permita adoptar anticipadamente decisiones de carácter preventivo por la vía estatutaria, la mejor solución siempre será la de alcanzar un acuerdo lo más cercano a la adopción del acuerdo de exclusión de la Junta General, que permita romper ese vínculo con carácter definitivo. No obstante, por motivos estratégicos ese acuerdo se postergará hasta el momento en el que sus posiciones adquieran la suficiente fuerza como para alcanzar el acuerdo más satisfactorio a sus intereses.

VII. BIBLIOGRAFÍA

ALFARO ÁGUILA-REAL, J. "Exclusión del socio-administrador titular de más del 25 % del capital social de una limitada", https://derechomercantilespana.blogspot.com, 18 de junio 2013.

CERDA ALBERO, F., "Artículo 352. Procedimiento de exclusión", *Comentario de la Ley de Sociedades de Capital*, García-Cruces, J.A. y Sancho Gallardo, I. (dir.), tomo V, Tirant Lo Blanch, Valencia, 2021

DEL VALLE HERNÁNDEZ, A. "Causas estatutarias de exclusión", *Derecho de separación y exclusión de socios en las sociedades de capital*, González Fernández, Mª.B. (dir.), Tirant lo blanch, Valencia, 2021.

ESPARANZA SOBEJANO, A., "Comentario del artículo 352", *Comentario de la Ley de Sociedades de Capital,* Rojo, A. y Beltrán, E. (dirs.), Tomo II, Aranzadi, 2011

IRIBAREN BLANCO, M. Exclusión plural de socios. *Revista de Derecho de Sociedades*, núm. 65, mayo-agosto 2022.

PULGAR EZQUERRA, J. "Separación y Exclusión de Socios en sociedades de capital", *Tratado de Conflictos Societarios*. Ortega Burgos, E. (dir.), Tirant lo Blanch, Valencia, 2019.

SEGURA, R. y VERGONI. J., "La fecha de efectos de la separación y la exclusión de socios", *Revista Jurídica de Catalunya*, núm. 4, octubre, 2021.

PARTE QUINTA
TRASMISIÓN EN SITUACIONES DE CRISIS Y LITIGACIÓN

Capítulo 32

CONFLICTO ENTRE LA REGULACIÓN CONCURSAL Y SOCIETARIA CUANDO LA SOCIEDAD CONCURSADA ES TITULAR DE ACCIONES O PARTICIPACIONES SOCIALES AJENAS CON RESTRICCIONES A LA TRANSMISIBILIDAD

Beatriz Ballesteros Palazón
Magistrada especialista en asuntos propios de lo mercantil
Audiencia Provincial de Murcia, Sección Cuarta

I. INTRODUCCIÓN

Pretendemos resolver el conflicto que concurre entre la normativa concursal (actualmente el Texto Refundido de la Ley Concursal 1/2020, de 5 de mayo, con las importantes modificaciones introducidas por la Ley 16/2022, de 5 de septiembre[1]) y la normativa societaria (Ley de Sociedades de Capital[2]) cuando se produce una transmisión de acciones o participaciones sociales en el marco de un concurso de acreedores, y, en concreto, en una operación de venta de la unidad productiva, y en los estatutos de la sociedad existe cláusula de restricción a la transmisión.

El supuesto más interesante es aquél en el que una sociedad, de responsabilidad limitada o anónima, es declarada en concurso de acreedores, se plantea una venta de unidad productiva en el seno de dicho concurso de acreedores, dentro del perímetro que será transmitido, se incluyen participaciones sociales o acciones que componen el capital social de otra sociedad, distinta, en cuyos estatutos sociales existen cláusulas de restricción a la transmisión. En este caso se debe distinguir los efectos del concurso para la sociedad-socia deudora y para la sociedad principal.

Esta cuestión no ha merecido especial atención por la doctrina[3] y han sido escasos los supuestos en que se ha planteado en

1 Ley 16/2022, de 5 de septiembre, de reforma del texto refundido de la Ley Concursal, aprobado por el Real Decreto Legislativo 1/2020, de 5 de mayo, para la transposición de la Directiva (UE) 2019/1023 del Parlamento Europeo y del Consejo, de 20 de junio de 2019, sobre marcos de reestructuración preventiva, exoneración de deudas e inhabilitaciones, y sobre medidas para aumentar la eficiencia de los procedimientos de reestructuración, insolvencia y exoneración de deudas, y por la que se modifica la Directiva (UE) 2017/1132 del Parlamento Europeo y del Consejo, sobre determinados aspectos del Derecho de sociedades (Directiva sobre reestructuración e insolvencia), BOE núm.. 214, de 6 de septiembre de 2022.

2 Real Decreto Legislativo 1/2010, de 2 de julio, por el que se aprueba el texto refundido de la Ley de Sociedades de Capital, BOE núm. 161, de 3 de julio de 2010, en su versión consolidada.

3 *Vid.* GONZÁLEZ FERNÁNDEZ, MªB., *Las acciones y participaciones como objeto de la venta de la unidad productiva. Dilemas para las sociedades de capital cerradas* Tirant lo Blanch, Valencia, 2024.

los tribunales, a pesar de la trascendencia que puede tener en la práctica. Precisamente por su novedad y porque son múltiples los problemas que puede suscitar consideramos interesante prestarle atención.

Por otro lado, conocemos que, en la actualidad, desde la aprobación de la Ley 16/2022, dicho conflicto reside en los planes de reestructuración, en el ámbito del derecho preconcursal[4].

Sin embargo, para poder llegar a resolver la cuestión que nos planteamos, será necesario avanzar paulatinamente para analizar primero cuál es el régimen jurídico que debemos aplicar a estos elementos del activo y los titulares de derechos legales sobre ellos, cómo pueden conocer y participar en el concurso los titulares de los derechos legales o estatutarios sobre dichas acciones o participaciones sociales y cómo pueden hacer valer tales derechos, en su caso. En una segunda parte analizaremos la transmisión —entendida como la concreta realización— de las acciones o participaciones sociales de sociedades terceras, en el ámbito de un procedimiento concursal, a través de una enajenación individualizada o a través de una venta de unidad productiva y en cada caso cómo se resuelve el concurso de normas: a favor de la norma societaria y los derechos de los socios sobre la transmisión o a favor de la norma concursal y prevalece la transmisión realizada en el procedimiento concursal sin reconocer otros derechos extraconcursales.

4 Ley 16/2022, de 5 de septiembre, Libro II, Del derecho preconcursal, Título III, De los planes de reestructuración (arts. 614 y ss.).

II. CONFLICTO ENTRE LA REGULACIÓN CONCURSAL Y LA REGULACIÓN SOCIETARIA SOBRE LAS ACCIONES O PARTICIPACIONES SOCIALES AJENAS EN EL CONCURSO

1. Régimen jurídico sobre la transmisión forzosa de las acciones o participaciones sociales

1.1. Sociedades de responsabilidad limitada

En sede de sociedades de responsabilidad limitada, supuesto más habitual, nos encontramos, claramente, en el marco del artículo 109 de la Ley de Sociedades de Capital. Así lo afirma la sentencia del Juzgado Mercantil núm. 1 de Castellón de 22 de marzo de 2022[5].

En su primer apartado contempla el *embargo de participaciones sociales, en cualquier procedimiento de apremio*, y en ese sentido debemos entender el concurso de acreedores como un procedimiento de ejecución colectiva —dejando al margen los casos de convenio[6], que tienen otra naturaleza—, por contraposición a la ejecución individual. De igual manera, aunque no opere un "embargo" en términos procesales[7], lo cierto es que declarado el concurso el deudor concursado pierde sus facultades de libre disposición sobre los bienes que componen la masa activa, quedando sometido a un régimen de intervención o suspensión (artículo 106 del Texto Refundido de la Ley Concursal).

5 ECLI:ES:JMCS:2022:13280.

6 En este trabajo no vamos a analizar qué sucede con las acciones o participaciones sociales titularidad de la concursada que pertenecen a terceras sociedades en las que existen restricciones a la transmisibilidad cuando se aprueba un convenio en el concurso de acreedores. Nos vamos a centrar en los supuestos que consideramos más traumáticos, como es la realización forzosa de dichas acciones o participaciones.

7 Ley de Enjuiciamiento Civil, Título IV, De la ejecución dineraria, Capítulo III, Del embargo de bienes.

En el segundo apartado menciona la *subasta* o *cualquier otra forma de enajenación forzosa legalmente prevista*, que es precisamente lo que acontece en el concurso de acreedores.

El régimen dispositivo previsto en el artículo 107 de la mencionada norma legal establece unas reglas para la transmisión voluntaria de las participaciones sociales en defecto disposición estatutaria (en los apartados 1 y 2: consentimiento de la sociedad expresado en junta general, derecho de adquisición preferente de los socios —o terceros en su defecto—) y que han dado lugar a una gran variedad de cláusulas estatutarias restrictivas de la transmisión voluntaria de las participaciones sociales (cláusulas de autorización, cláusulas de preferencia, cláusulas de *lock-up* o bloqueo, cláusulas de arrastre (*drag-along*) y de acompañamiento (*tag-along*)), cada una con características propias en las que no nos vamos a detener en este momento. Incluso se admite la prohibición de transmisión voluntaria en las participaciones sociales en el artículo 108 de la misma norma si, como contraposición, se reconoce el derecho de separación del socio, cuando haya transcurrido el plazo legal que contempla el mismo precepto, pues en caso contrario cabrá dicha prohibición sin derecho de separación.

Sin embargo, cuando nos encontramos en el ámbito de la transmisión forzosa, dicho régimen voluntario queda desplazado por el previsto en el artículo 109 de la Ley de Sociedades de Capital. Es decir, en una ejecución no cabe la posibilidad de impedir la transmisión de las participaciones sociales porque exista una determinada cláusula de restricción de la transmisión voluntaria, pues aparece otro derecho superior digno de protección, como es el derecho del acreedor a satisfacer su derecho de crédito sobre el patrimonio del deudor socio. En tal tesitura, habrá que estar a lo dispuesto en este artículo 109. El tenor literal del precepto se define en términos imperativos, que no dejan lugar a duda, y a diferencia del artículo 107, no admite cláusula estatutaria en contrario —sólo se menciona para reconocer un derecho de adquisición preferente a la sociedad, que, en defecto de disposición estatutaria, carecerá de tal derecho—.

Debemos llamar la atención sobre la decisión adoptada por la Sentencia de la Audiencia Provincial de Vizcaya, Sec. 4ª, de 20 de julio de 2021[8] en cuanto a la normativa aplicable. Nos encontramos ante un juicio ordinario interpuesto por quien había adquirido unas participaciones sociales, mediante compraventa en virtud de un plan de liquidación en sede concursal, demanda —fuera del concurso de acreedores de la sociedad socia deudora— a la sociedad principal que le niega tal carácter para que se declare la validez de la transmisión y el reconocimiento de todos los derechos que le corresponden por su condición de socio. Durante el concurso el juez a quo había tramitado la solicitud de venta individual como un supuesto del artículo 107 LSC en sede concursal, pero en la sentencia dictada en el procedimiento declarativo desestima la oposición de la sociedad principal demandada porque afirma que es un supuesto de transmisión forzosa, acordada en virtud del plan de liquidación en sede concursal, al que es aplicable el artículo 109 de la Ley de Sociedades de Capital. El tribunal *ad quem*, sin embargo, estima el recurso de apelación en cuanto a la normativa aplicable —desestima el fondo y confirmar la sentencia— porque en sede concursal se había tramitado de acuerdo con el artículo 107 de la misma norma. Consideramos que determinar la normativa aplicable forma parte del principio *iura novit curia* siempre que no modifique la causa de pedir[9].

8 ECLI:ES:APBI:2021:2278.

9 STS de 24 de enero de 2023 (ECLI:ES:TS:2023:271) … *El brocardo da mihi factum, dabo tibi ius (dame un hecho, yo te daré el derecho), utilizado indistintamente con el brocardo iura novit curia (el tribunal conoce el derecho), permite que, alegados los hechos pertinentes y ejercitada la acción basada en tales hechos, el tribunal pueda fundar la estimación de dicha acción en la apli-*

Lo cierto es que, declarado el concurso, la sociedad-socia deudora pierde la posibilidad de disponer libremente de dichas acciones o participaciones y éstas —salvo que se aprobara un convenio[10]—, se van a realizar forzosamente en el seno del concurso, ya sea venta directa, que sería una transmisión individual; en venta de la unidad productiva, que sería una transmisión en conjunto; mediante subasta, supuesto previsto legalmente como regla general supletoria (artículo 423 del Texto Refundido de la Ley Concursal), aunque sería extraño a la naturaleza del bien a subastar. Por ello concluimos que nos encontramos, definitivamente, en el ámbito del artículo 109 de la Ley de Sociedades de Capital.

1.2. Sociedades anónimas

En el caso de las sociedades anónimas, el artículo 125 de la Ley de Sociedades de Capital, con una redacción muy amplia, que alcanza a cualquier *procedimiento judicial o administrativo de ejecución*, se remite al precepto anterior, el artículo 124, que regula las transmisiones *mortis causa*.

Este concreto precepto, en su apartado primero especifica que *las restricciones estatutarias a la transmisibilidad de las accio-*

---

cación de normas legales o de jurisprudencia no invocadas expresamente en la demanda, siempre que no se aparte de la causa de pedir.
8. Pero la aplicación de este principio no puede llevar a que la sentencia sea incongruente, esto es, a que otorgue algo distinto a lo solicitado en la demanda pues el art. 218.1 de la Ley de Enjuiciamiento Civil exige que las sentencias sean congruentes con las demandas y con las demás pretensiones de las partes y hagan las declaraciones que aquellas exijan.
9. Para dar cumplimiento a esta norma es indispensable respetar lo solicitado en lo que se ha venido en llamar el "suplico" de la demanda, esto es, la petición final en la que se precisa cuáles son los pronunciamientos que se solicitan del tribunal, sin perjuicio de que no sea exigible un ajuste literal a los términos de dicha petición final de la demanda...

10 Título III, Del convenio (artículos 315 a 405 del Texto Refundido de la Ley Concursal)

nes sólo serán aplicables a las adquisiciones por causa de muerte cuando así lo establezcan expresamente los propios estatutos. En consecuencia, las restricciones estatutarias a la transmisibilidad de acciones, en caso de concurso de acreedores —o cualquier otro procedimiento judicial de ejecución— únicamente operarán cuando expresamente los estatutos sociales hayan previsto que se apliquen a este supuesto, también, en los casos de procedimientos judiciales o administrativos de ejecución. Así resulta del tenor literal del precepto. En caso contrario, si no hubiera previsión expresa este supuesto, no serán oponibles dichas cláusulas de restricción a la transmisión de acciones.

Esta disposición resulta compatible con el régimen de libre transmisibilidad de las acciones previsto en el artículo 123.

Las cláusulas de autorización o consentimiento están expresamente contempladas en el artículo 123.3 de la Ley de Sociedades de Capital, y su establecimiento supone que la transmisión de las

acciones queda condicionada a la autorización de la sociedad —que emitirá el órgano de administración salvo disposición contraria—. Será necesario que los estatutos establezcan también las causas de denegación con carácter obligatorio y ello con relación expresa al procedimiento de ejecución judicial o administrativa, de acuerdo con una interpretación sistemática de ambos preceptos.

Las cláusulas de adquisición preferente o tanteo están previstas en el artículo 123.3 del Reglamento del Registro Mercantil[11]. Son las más habituales en los estatutos de las sociedades y a las que prestaremos más atención porque coinciden con el tenor del artículo 109 de la Ley de Sociedades de Capital anteriormente descrito.

11 Real Decreto 1784/1996, de 19 de julio, por el que se aprueba el Reglamento del Registro Mercantil, BOE núm. 184, de 31 de julio de 1996.

Las cláusulas *lock-up*, también llamadas cláusulas de bloqueo, impiden a los accionistas la transmisión voluntaria de sus acciones durante un concreto periodo de tiempo y, en ningún caso, pueden tener carácter vitalicio. El legislador español las contempla tomando como punto de partida el momento de constitución de la sociedad, de forma que sería un bloqueo de transmisión para un período inicial, fundamentado en el interés que pueden tener los socios fundadores en mantener la composición de la sociedad en una primera etapa. Y se establece un plazo máximo de prohibición de dos años desde la fecha de constitución de la sociedad (artículo 123.4 del Reglamento del Registro Mercantil), entendiendo por esta fecha la de inscripción de la escritura de constitución de la sociedad en el Registro Mercantil. Será poco frecuente que los estatutos sociales prevean esta cláusula en una transmisión forzosa y, en su caso, la solución al conflicto con el interés legítimo del acreedor se encuentra en el artículo 124.2 de la Ley de Sociedades de Capital, que reconoce un derecho legal de adquisición preferente a favor de otros accionistas o de la sociedad.

Algo similar sucede con las cláusulas *drag-along* y *tag-along*, pues aun considerando que este tipo de cláusulas puedan ser incluidas en los estatutos sociales y debidamente registradas, será difícil que estén previstas para un caso de transmisión forzosa.

A la vista de la regulación legal de la transmisión forzosa, donde el artículo 109 de la Ley de Sociedades de Capital establece un derecho de adquisición preferente legal para los socios y estatutariamente reconocido a la sociedad en las sociedades limitadas y que las cláusulas restrictivas de la transmisión de las acciones más frecuentes en las sociedades anónimas serán de autorización o de derecho preferente, nos vamos a centrar especialmente en el régimen del derecho de adquisición preferente.

2. Notificación de la declaración del concurso y ejercicio de derechos

2.1. Laguna en la normativa concursal

Se ha prestado muy poca atención a la trascendencia que tiene la declaración de un concurso de acreedores de una sociedad socia deudora respecto la sociedad principal de cara a que ésta segunda o sus socios puedan ejercer sus derechos en el procedimiento concursal. Igualmente, tampoco se han analizado los daños que la falta de respeto de estos derechos titularidad de terceros le puede deparar.

El artículo 109 de la Ley de Sociedades de Capital impone, respecto las sociedades limitadas, con carácter previo que *el embargo ... deberá ser notificado inmediatamente a la sociedad por el juez o autoridad administrativa que lo haya decretado, haciendo constar la identidad del embargante así como las participaciones embargadas...* A continuación, ... *la sociedad procederá a la anotación del embargo..., remitiendo de inmediato a todos los socios copia de la notificación recibida*. No existe norma similar en sede de sociedades anónimas, pues no hay previsión en tal sentido en los artículos 124 y 125 del mismo texto legal, pero es consustancial al tenor del artículo 124.2 que se haya notificado previamente a la sociedad la situación concursal de la sociedad socia deudora.

En sede concursal no existe ninguna norma, dentro del Título III del Libro I, sobre los efectos de la declaración de concurso, que contemple los efectos que dicha declaración tiene respecto las acciones o participaciones sociales que formen parte de la masa activa del concurso y, en su caso, respecto las sociedades principales. La regulación de los efectos específicos de la persona jurídica (artículos 126 y ss.) se limita al funcionamiento de los órganos, su representación —frente a terceros y en el concurso— y el ejercicio de acciones frente los socios, administradores, liquidadores o auditores y el embargo de los bienes de éstos.

Lo mismo ocurre en el Titulo IV sobre la masa activa, donde tampoco existe previsión específica cuando en la masa activa del concurso haya acciones o participaciones sociales, centrándose la norma en el régimen de los bienes conyugales y de la unidad productiva como únicos elementos del activo merecedores de una norma propia.

Finalmente, tampoco existe previsión expresa, en el auto de declaración de concurso (artículos 28 y ss. del Texto Refundido de la Ley Concursal). Así, dentro de las previsiones del auto no se contempla ningún pronunciamiento expreso respecto la sociedad principal cuando se declare el concurso de la sociedad socia deudora, como sí hace respecto el llamamiento de los acreedores o la notificación a los representantes legales de los trabajadores cuando el deudor es empleador. Tampoco se dispone que el auto deba notificarse a la sociedad principal, limitándose las menciones del artículo 33 a la notificación al cónyuge del deudor casado, a la Agencia Estatal de la Administración Tributaria y a la Tesorería General de la Seguridad Social.

Consideramos que la publicación del auto de declaración de concurso en el Boletín Oficial del Estado o en el Registro Público Concursal no llena la previsión específica de la sociedad principal por dos razones. En primer lugar, la normativa societaria exige notificación en las ejecuciones individuales, por tanto, con más razón en las ejecuciones colectivas; y, en segundo lugar, porque la sociedad principal ostenta unos derechos en el concurso de la sociedad socia deudora cuya salvaguarda es incompatible con la imposición de la carga a la propia sociedad principal de comprobar las publicaciones del Boletín Oficial del Estado o del Registro Público Concursal. En resumen, el equilibrio entre los derechos de la sociedad principal y la facilidad de notificación que tiene en sede concursal la administración concursal —e incluso el mismo auto de declaración de concurso que pudiera acordarlo—, incluso respecto los meros acreedores, a quienes hace un llamamiento, exige que se produzca un acto de notificación a la sociedad principal.

Nos encontramos, pues, ante una laguna en la normativa concursal, que no contempla la especialidad de las acciones o participaciones sociales como elementos de la masa activa del concurso de la sociedad socia deudora ni la notificación de dicho concurso a la sociedad principal.

2.2. Notificación por el administrador concursal

Aunque la norma concursal no lo prevea, debemos llenar la laguna concursal acudiendo al tenor del artículo 109 de la Ley de Sociedades de Capital anteriormente descrito.

Por tanto, deberá ser el administrador concursal quien, una vez declarado el concurso y aceptado el cargo, notifique a la sociedad principal la declaración de concurso de la sociedad socia deudora a los efectos del mencionado precepto, y no sólo a los acreedores como establece el artículo 252 del Texto Refundido de la Ley Concursal. Tampoco habría óbice legal ni procesal para que el propio auto de declaración de concurso, cuando se trate de una sociedad socia deudora, contemple la notificación del auto a la sociedad principal, ya lo haga el letrado de la administración de justicia o se encomiende a la administración concursal. Ambas posibilidades son factibles y ambas aparecen en el artículo109 de la Ley de Sociedades de Capital.

Y, aunque el artículo 109 citado se encuentre en sede de sociedades de responsabilidad limitada, a los efectos del artículo 124 de la Ley de Sociedades de Capital, también se deberá realizar dicha notificación para las sociedades anónimas principales para que puedan ejercer sus derechos a la transmisión.

Ahora bien, la responsabilidad del administrador concursal alcanza a la notificación a la sociedad principal pero no a los socios que son titulares del capital social de dicha sociedad principal, a los que deberá informar y notificar la propia sociedad principal (*... remitiendo de inmediato a todos los socios copia de la notificación recibida...*, artículo 109.1 citado). Cualquier perjuicio que les deparara la falta de conocimiento de la situación concursal de la sociedad socia deudora respecto su interés legítimo para ejercer el derecho de adquisición preferente u otro que se haya previsto estatutariamente, en su caso, no será imputable al administrador concursal sino a los propios administradores sociales de la sociedad principal. Y esta conclusión también alcanza a las sociedades anónimas aunque no lo prevea expresamente el artículo 214 de la Ley de Sociedades de Capital.

Debemos tener en cuenta que la sociedad principal puede no estar personada en el concurso de acreedores. Por ello habrá que diferenciar aquellos supuestos en que no esté personada en el concurso, que deberá realizar la notificación el administrador concursal o el juez del concurso al domicilio social de la sociedad principal o telemáticamente —para que comparezca y se persone a través de su administrador social— y aquéllos otros en que la sociedad principal ya esté personada a través de su administrador social, donde la notificación operará mediante la notificación a su representación procesal de la providencia que tramite la solicitud de venta directa, como sucede en el supuesto de la Sentencia de la Audiencia Provincial de Vizcaya, Sec. 4ª, de 20 de julio de 2021[12]. En el primer caso, la providencia que tramite la solicitud de venta directa deberá acordar específicamente la notificación a la sociedad principal y la forma de llevarse a cabo. En el segundo caso, la providencia debería advertir que su notificación a la

12 ECLI:ES:APBI:2021:2278.

sociedad principal personada a través de su administrador social equivale a la notificación prevista en el artículo 109 de la Ley de Sociedades de Capital, para mayor certeza.

Por otro lado, y al margen de la notificación, el administrador concursal debe tener conocimiento de las características de las acciones y, en su caso, de la existencia de cláusulas de restricción a la transmisibilidad, de acuerdo con el artículo 199 del Texto Refundido de la Ley Concursal[13] y reflejarlo debidamente en el inventario.

2.3. Ejercicio de derechos

Si partimos de la premisa de que declarado el concurso de la sociedad socia deudora las acciones o participaciones sociales ajenas de las que sea titular se van a realizar en el marco de dicho procedimiento concursal como ejecución colectiva —dejando al margen, como ya hemos indicado, el caso de aprobación de convenio— y que dicho procedimiento concursal ha sido notificado a la sociedad —y ésta a los socios— adquiere plena virtualidad las cláusulas de restricción a la transmisibilidad de las acciones (principalmente cláusula de autorización o cláusulas de derecho de adquisición preferente) en el caso de las sociedades anónimas o el derecho legal de adquisición preferente de las participaciones sociales del artículo 109 de la Ley de Sociedades de Capital en el caso de las sociedades limitadas a partir del momento de la notificación.

13 Artículo 199. Descripción de los bienes y derechos: *La administración concursal expresará en el inventario la naturaleza, las características, el lugar en que se encuentren y, en su caso, los datos de identificación registral de cada uno de los bienes y derechos relacionados. Se indicarán también en el inventario los derechos, los gravámenes, las trabas y las cargas que afecten a estos bienes y derechos, a favor de acreedor o de tercero, con expresión de la naturaleza que tuvieren y, en su caso, los datos de identificación registral.*

La sociedad principal y los socios pueden esperar al momento en que se vaya a producir la realización de las acciones o participaciones sociales (venta directa, venta de unidad productiva, subasta) o, consideramos, pueden hacer valer sus derechos a la transmisión desde el primer momento, lo que será especialmente relevante en el caso de derechos de adquisición preferente. Precisamente por ello resulta tan crucial que el administrador concursal —o el auto de declaración de concurso— notifiquen a la sociedad principal la existencia del procedimiento concursal.

Debemos tener en cuenta que, en caso que opere la venta de la unidad productiva, como veremos más adelante, los derechos de adquisición preferente —u otra cláusula estatutaria en las sociedades anónimas, como las cláusulas de autorización— respecto un elemento de dicha unidad productiva —en este caso, las acciones o participaciones sociales ajenas— son difíciles de ejercitar; por lo que esperar a conocer la forma concreta de realización de las acciones o participaciones sociales puede conllevar un riesgo para la sociedad principal o los socios. Ello no ocurrirá en caso de venta directa o subasta; pero, al inicio del procedimiento concursal, habitualmente no habrá elementos que permitan adelantar cuál será la forma concreta de realización. En todo caso, ser el primero en ejercitar los derechos en sede concursal puede conferir fuerza a los socios —o la sociedad cuando estatutariamente se prevea— frente posteriores transmisiones de estos elementos del activo, pues, así, cuando el administrador concursal fuera a plantear la venta individualizada o la enajenación de la unidad productiva—o un tercero presentara una oferta— los derechos de los socios ya habrían quedado ejercitados y frustrada cualquier forma de realización de las acciones o participaciones sociales al margen de la normativa societaria.

Por ello, una vez notificado el procedimiento concursal, el derecho legal de adquisición preferente a favor de los socios o de la sociedad principal —si estuviera previsto en los estatutos sociales (artículo 109.3 de la Ley de Sociedades de Capital) respecto la sociedad limitada o la cláusula estatutaria de autorización o derecho de adquisición preferente de la sociedad anónima— podrá ser ejercitado mediante notificación al administrador concursal.

En este punto, debemos tener en cuenta que, como se deriva de la Sentencia de la Audiencia Provincial de Vizcaya, Sec. 4ª, de 20 de julio de 2021 ya citada y reconoce abiertamente la sentencia del Juzgado Mercantil núm. 1 de Castellón de 22 de marzo de 2022[14], se ha negado legitimación a la sociedad para impugnar la adquisición de dichas participaciones por tercero cuando los estatutos sociales de la sociedad limitada no han previsto el derecho de adquisición preferente de la sociedad principal, entendiendo los tribunales que debían ser los socios quienes ejercitaran su derecho o impugnaran la adquisición del tercero. Parece que se niega que pueda existir un interés social del que sea titular la sociedad distinto del interés individual que pudieran tener los socios.

Respecto las sociedades anónimas, para el caso que se prevean expresamente en los estatutos sociales las restricciones estatutarias a la transmisibilidad de las acciones en caso de procedimiento judicial, podrá ejercitar el derecho de adquisición preferente la sociedad o presentar ésta un tercero, al amparo del artículo 124.2 de la Ley de Sociedades de Capital (... *para rechazar la inscripción de la transmisión en el libro registro de acciones nominativas, la sociedad deberá presentar al heredero un adquirente de las acciones u ofrecerse a adquirirlas ella misma por su valor razonable*...) sin que el precepto exija previsión estatutaria expresa para reconocer legitimación a la

14 *"... de conformidad con el art. 109 LSC , el ejercicio de semejante derecho por parte de la sociedad requiere, a diferencia del socio, de un reconocimiento expreso por vía estatutaria que no figura en los estatutos de ... (art. 7. 4), motivo por el cual dicha pretensión acumulada podría ser desde luego desestimada sin necesidad de mayor argumentación...* (SJM núm. 1 Castellón, 22 de marzo de 2022, ECLI:ES:JMCS:2022:13280).

sociedad anónima ni tampoco exija ni prohíba que ese tercero sea socio. Otro tanto cabría reconocer si se tratara de una cláusula de autorización. En ambos casos la sociedad anónima en sí es titular de derechos sobre la transmisión de sus acciones, no sólo los socios; parece entonces que sí se contemplaría un interés social superior al interés individual de los socios en el caso de las sociedades anónimas que estaría reconocido en el mismo tenor legal del precepto.

A la hora de determinar el importe que debe abonarse en el concurso por dicho derecho de adquisición preferente deberá tomarse en cuenta la disposición del artículo 109.3 de la Ley de Sociedades de Capital para las sociedades de responsabilidad limitada (... *aceptación expresa de todas las condiciones de la subasta y la consignación íntegra del importe del remate...*) o la norma del artículo 124.2 de la Ley de Sociedades de Capital para las sociedades anónimas (... *su valor razonable en el momento en que se solicitó la inscripción, de acuerdo con lo previsto para la adquisición derivativa de acciones propias...*) con relación al artículo 201 del Texto Refundido de la Ley Concursal (... *con arreglo al valor de mercado que tuvieren...* deduciendo ... *los derechos, los gravámenes o las cargas de naturaleza perpetua, temporal o redimible que directamente les afecten e influyan en su valor, así como las garantías reales y las trabas o embargos que garanticen o aseguren créditos no incluidos en la masa pasiva...*

III. CONFLICTO EN LA REALIZACIÓN DE LAS ACCIONES O PARTICIPACOINES SOCIALES

1. Venta individualizada en sede concursal

1.1. Fase común

Una vez declarado el concurso, si no prosperara la terminación mediante convenio, procederá la realización de todos los bienes y derechos que componen el activo de la sociedad socia deudora, incluidas las acciones o participaciones sociales.

La venta individualizada de estos elementos tiene una tramitación y un alcance muy distintos a la venta como elemento de una unidad productiva y puede llevarse a cabo en fase común o a través del plan de liquidación.

En caso de venta individualizada no existe óbice legal, concursal ni societario, para hacer valer el derecho de adquisición preferente en los términos del artículo 109 de la Ley de Sociedades de Capital respecto las sociedades limitadas u otra cláusula limitativa de la transmisión de las acciones de acuerdo con el artículo 124.1 del mismo texto legal para las sociedades anónimas, que habitualmente serán cláusulas de autorización o de derechos de adquisición preferente o el derecho legal de adquisición preferente del segundo apartado. En todo caso, la venta en fase común exigirá que se declare que dichas acciones o participaciones sociales no son necesarios para la continuidad de la actividad y que las ofertas coincidan sustancialmente con el valor fijado en el inventario (artículo 206 del Texto Refundido de la Ley Concursal). Ambas pretensiones —declaración de innecesaridad y autorización de la venta— se presentarán ante el juez del concurso de forma simultánea y los socios o la sociedad principal tienen que presentar las alegaciones que estimen conveniente o ejercitar su derecho de adquisición preferente.

Será necesario compatibilizar el plazo de diez días previsto en el artículo 206 del Texto Refundido de la Ley Concursal y el plazo que el artículo 109 de la Ley de Sociedades de Capital reconoce a los socios, que comienza a contar desde que la sociedad les diera traslado de la oferta de compra de las acciones o participaciones, para lo que la sociedad principal tiene, a su vez, cinco días. Por tanto, el plazo concursal de 10 días deberá flexibilizarse cuando el objeto de la oferta de compra sean participaciones sociales de una sociedad principal, permitiendo que se notifique a la sociedad principal la oferta —en función que esté o no personada, como ya hemos expuesto— y que ésta pueda, a su vez, notificarlo a los socios, para lo que tendrá cinco días. En todo caso, como dispone el artículo 109.3, la oferta ... *será(n) firme(s) transcurrido un mes a contar de la recepción por la sociedad del testimonio*... de la oferta. La total transparencia del proceso exigiría que el administrador concursal acreditara la fecha en que tal notificación tuvo lugar, ya sea judicial o extrajudicialmente.

En el caso de las sociedades anónimas, si hubiera una cláusula de autorización, puede que sea necesario tomar en consideración el plazo de dos meses de silencio positivo consagrado en el artículo 123.3 in fine de la Ley de Sociedades de Capital, a contar desde la notificación a la sociedad anónima —por analogía al momento en que ... *se presentó la solicitud de autorización*... Para el caso de cláusula estatutaria de adquisición preferente habrá que estar al plazo establecido en ella para el ejercicio de tal derecho, sin que tampoco contenga previsión sobre plazos el artículo 124.2 del mismo texto legal.

Sin embargo, en la mayoría de los supuestos, este plazo no se respeta, lo que tendrá relevancia si los socios se vieran privados de su derecho de adquisición preferente y plantearan la ineficacia de la transmisión de las participaciones sociales al amparo del artículo 112 de la Ley de Sociedades de Capital. De hecho, los supuestos analizados por los tribunales, en la mayoría de los casos, conoce de procedimientos declarativos en los que se solicita la nulidad e ineficacia de la transmisión forzosa de las participaciones sociales por infracción de las normas legales reguladoras de tal transmisión. No abundan los ejemplos jurisprudenciales sobre limitaciones a la transmisión de las acciones de las sociedades anónimas por transmisión *mortis causa*. Así se infiere de la motivación de la sentencia de la Audiencia Provincial de Vizcaya, Sec. 4ª, de 20 de julio de 2021 —no entra al fondo porque quien presentó la demanda fue la sociedad, que carecía del derecho de adquisición preferente— y la sentencia del Juzgado Mercantil núm. 1 de Castellón de 22 de marzo de 2022, ya mencionados. En todo caso, del tenor de esta última sentencia, ... *la vulneración de las previsiones del art. 109 LSC podría justificar, en su caso, el ejercicio de los derechos de adquisición preferente y retracto por los legitimados para ello, los socios, pero no puede alegarse por la sociedad para negar la validez de una transmisión operada hace más de seis años*..., parece que no se plantearía en el ámbito de la nulidad de la transmisión sino del ejercicio del derecho de adquisición preferente por los socios.

A ello se añade, sin que debamos entrar en profundidad, que contra el auto que acuerda la venta de las acciones o participaciones sociales sólo cabe recurso de reposición, por lo que las partes acuden al procedimiento declarativo al amparo del artículo 112 de la Ley de Sociedades de Capital en defensa de sus derechos.

En todo caso, dejamos como tema aparte la previsión del artículo 147.2 del Texto Refundido de la Ley Concursal, sobre la declaración de necesidad de las acciones o participaciones de sociedades *cuyo objeto real exclusivo fuera la tenencia de un activo y del pasivo necesario para su financiación*, por ser un supuesto especifico y distinto, propio de las acciones de ejecución de garantías reales contra los bienes o derechos de la masa activa.

1.2. Fase de liquidación

a) Consideraciones generales

Abierta la fase de liquidación, el plan de liquidación se convierte en el instrumento principal a través del que se va a encauzar la realización de los bienes y derechos del activo.

A este respecto con mucha frecuencia nos encontramos con planes de liquidación en los que no se prevé ninguna especialidad para la realización de las acciones o participaciones sociales, no se advierte de la existencia de cláusulas estatutarias restrictivas de la transmisibilidad en la sociedad anónima o los derechos legales de adquisición en la sociedad limitada, e incluso en los que no se ha notificado a la sociedad principal la existencia del concurso ni la apertura de la fase de liquidación.

De nuevo insistimos en la procedencia de notificar a la sociedad principal la existencia del concurso desde el primer momento, pero necesariamente a partir de la apertura de la fase de liquidación para que pueda, o bien ejercitar los socios o la sociedad —si estatutariamente está previsto en la sociedad limitada— el derecho de adquisición preferente, o bien pueda presentar alegaciones al plan de liquidación sobre la forma de realizar sus acciones o participaciones sociales.

b) Plan de liquidación

Podemos definir el plan de liquidación como aquel ... *instrumento que, previa contradicción con los acreedores (418) y la revisión judicial (419), permite a la AC adaptar a la realidad de las circunstancias del concurso los mecanismos de realización previstos en la Ley, entre los cuales, a la luz de los arts. 209 y ss. y 415 y ss. TRLC, podemos distinguir entre los ordinarios , a saber, la llamada venta concurrencial en sus distintas formas, judicial o extrajudicial; y los excepcionales , esto es, la adjudicación directa al acreedor privilegiado (cesión en pago o para pago) o la adjudicación a un tercero que ha realizado una oferta previa (venta directa)*...[15].

15 Así lo define la sentencia del Juzgado Mercantil núm. 1 de Castellón de 22 de marzo de 2022 (ECLI:ES:JMCS:2022:13280) haciéndose eco del auto de la Audiencia Provincial de Barcelona, Sec. 15ª, de 2 de mayo de 2017.

Nos encontramos con posiciones jurisprudenciales contradictorias sobre la naturaleza y alcance del plan de liquidación respecto los derechos legales reconocidos a determinados acreedores —en este caso, reconocidos a los socios por ministerio de la ley y la sociedad principal cuando se prevé estatutariamente en el caso de la sociedad limitada y los derechos estatutarios previstos en su caso o los derechos legales del artículo 124.2 de la Ley de Sociedades de Capital en la sociedad anónima—. Se discute, en realidad, qué ocurre cuando un plan de liquidación ignora las normas legales o estatutarias sobre transmisión de acciones o participaciones sociales y es aprobado judicialmente: debe prevalecer el tenor del plan de liquidación aprobado judicialmente o debe imperar el tenor legal o estatutario sobre el régimen de transmisibilidad de las acciones o participaciones sociales.

En un extremo, estaría la sentencia del Juzgado Mercantil núm. 1 de Oviedo de 23 de abril de 2018[16], que defiende *la soberanía del plan de liquidación*, de forma que la especialidad de la normativa concursal desplazaría la normativa societaria y, en caso que excluyera el derecho de adquisición preferente de los socios, en virtud del artículo 109 y del artículo 124.2 de la Ley de Sociedades de Capital, se debería respetar.

En estos términos, los socios tendrían la obligación de presentar observaciones al plan de liquidación para hacer valer sus derechos, pues en caso de silencio les precluiría esa posibilidad. Esta postura impone a los socios la carga de tener que estar personados en el concurso para que se les notifiquen todas las resoluciones que recaigan y puedan actuar en defensa de sus derechos, pues, llevada la interpretación a su último extremo, al quedar desplazados los preceptos societarios mencionados, se aplicarían

16 ECLI:ES:JMO:2018:1763.

únicamente los plazos legales previstos en la normativa concursal, que son diez días desde la notificación del auto.

Una segunda postura, descrita en la sentencia del Juzgado Mercantil núm. 1 de Castellón, de 22 de marzo de 2022, ya citado, mantiene la vigencia de los derechos legales o estatutarios reconocidos a los socios o a la sociedad principal. En la misma línea, consideramos que los derechos configurados por una norma legal o estatutaria debidamente inscrita no pueden quedar desplazados o ser ignorados por la voluntad —activa o pasiva— de la administración concursal en la redacción del plan de liquidación, pues expresamente lo prevé el artículo 112 de la Ley de Sociedades de Capital (*Las transmisiones de participaciones sociales que no se ajusten a lo previsto en la ley o, en su caso, a lo establecido en los estatutos no producirán efecto alguno frente la sociedad*) y tal carácter tiene el artículo 109 y el artículo 124.2 de la misma norma —o, en su caso, la norma especial que se establezca en los estatutos sociales).

Como expusimos anteriormente, de acuerdo con el artículo 199 del Texto Refundido de la Ley Concursal, es la administración concursal quien debe garantizar el respeto del régimen jurídico del bien o derecho que forme parte del inventario —con todas sus características— para su correcta realización, conociendo y haciendo valer todas las características, derechos, cargas, gravámenes o trabas de los bienes y derechos que componen la masa activa, calculando el oportuno valor de realización adecuado a *... deducir los derechos, los gravámenes o las cargas de naturaleza perpetua, temporal o redimible que directamente les afecten e influyan en su valor...*), por exigencia del artículo 201 del mismo texto legal y, por tanto, será responsabilidad suya el cumplimiento de las normas, no sólo concursales, sino también sustantivas, como en este caso la Ley de Sociedades de Capital que regula un régimen propio de transmisión de acciones o participaciones sociales con derechos de terceros que deben ser respetados.

Otra cuestión, más compleja sería si el administrador concursal podría ser responsable de los daños y perjuicios causados a la sociedad principal o a los socios si el contenido del plan de liquidación no se ajustara a los artículos 199 y 201 del Texto Refundido de la Ley Concursal, y ello porque dicho plan no deja de estar sometido, en última instancia, a la aprobación judicial, de forma que la decisión final es del juez del concurso. En todo caso, tal y como ha quedado regulada actualmente la fase de liquidación y la aprobación de las reglas de liquidación[17], donde ha desaparecido el plan de liquidación y la decisión recae casi en exclusiva en el juez del concurso —salvo informe o audiencia al administrador concursal y sin autorización judicial de venta—, esta eventual responsabilidad se ha difuminado en gran medida y quedará reducida a hacer las debidas advertencias sobre la naturaleza de las acciones o participaciones sociales, las eventuales cláusulas estatutarias sobre la transmisión o los derechos legales o estatutarios de los socios y la sociedad.

Como afirma la sentencia del Juzgado Mercantil núm. 1 de Castellón de 22 de marzo de 2022, sobre la aprobación judicial del plan de liquidación que no contempla el derecho de adquisición preferente de los socios y la imposibilidad de éstos de atacar dicha aprobación, ... *dicho efecto preclusivo difícilmente puede lle-*

17 El artículo 415.1 y 2 del Texto Refundido de la Ley Concursal expresa *1. Al acordar la apertura de la liquidación de la masa activa o en resolución posterior, el juez, previa audiencia o informe del administrador concursal a evacuar en el plazo máximo de diez días naturales, podrá establecer las reglas especiales de liquidación que considere oportunas, así como, bien de oficio bien a solicitud de la administración concursal, modificar las que hubiera establecido. Las reglas especiales de liquidación establecidas por el juez podrán ser modificadas o dejadas sin efecto en cualquier momento, bien de oficio bien a solicitud de la administración concursal. 2. El juez no podrá exigir la previa autorización judicial para la realización de los bienes y derechos, ni establecer reglas cuya aplicación suponga dilatar la liquidación durante un periodo superior al año.*

gar a producirse convirtiendo en inexpugnable el negocio jurídico otorgado, cuando de la infracción de una norma imperativa como, en mi opinión, es el art. 109 LSC se trata, puesto de lo contrario estaríamos atribuyendo al PL y a la autorización judicial subsiguiente un efecto convalidante (a salvo del juego de la cláusula de la buena fe del adquirente o subadquirente) de actos hipotéticamente nulos del que carecen. A lo dicho se une, como argumento de refuerzo, el hecho de que, estrictu sensu, no ha recaído pronunciamiento judicial alguno sobre la regularidad del ejercicio del derecho de adquisición preferente del socio... la llamada soberanía o autonomía del PL deducible del art. 415 TRLC no debe ser concebida en el sentido de entender que el PL se erige como un instrumento que, yendo más allá de la modulación de los mecanismos de realización en los términos descritos y de situaciones concretamente previstas en la LC, puede limitar o restringir derechos que de forma imperativa ésta Ley u otra norma extraconcursal reconozcan, especialmente, en favor de ciertos acreedores o de terceros... Así sucede respecto los derechos legalmente reconocidos a los acreedores privilegiados en los artículos 210 y ss. del Texto Refundido de la Ley Concursal con relación a la Sentencia del Tribunal Supremo de 23 de julio de 2013, con los derechos del arrendatario previstos en el artículo 25 de la Ley de Arrendamientos Urbanos con relación a la sentencia de la Audiencia Provincial de Barcelona, Sec. 15ª, de 13 de mayo de 2019, la sentencia de la Audiencia Provincial de Jaén de 13 de mayo de 2020 y la sentencia de la Audiencia Provincial de Albacete de 7 de abril de 2017, así como los derechos del comunero en caso de venta de la cosa común contemplados en el artículo 1522 del Código Civil[18].

En tales casos siempre prevalece, por delante del contenido del plan de liquidación y el auto que lo aprueba, los derechos le-

18 Todos estos ejemplos se citan y valoran en la mencionada sentencia del Juzgado Mercantil núm. 1 de Castellón reproducida.

gales reconocidos a terceros, en este caso socios titulares de derechos de adquisición preferente con base en el artículo 109 y en el artículo 124.2 de la Ley de Sociedades de Capital, o en su caso, el derecho de la sociedad limitada principal previsto estatutariamente o la disposición estatutaria sobre transmisión de acciones de las sociedades anónimas.

c) Redacción de la Ley 16/2022

Actualmente esta cuestión, sobre el alcance del plan de liquidación con relación a los derechos de los socios o la sociedad en virtud de la Ley de Sociedades de Capital, debe quedar meridianamente clara de acuerdo con el tenor del artículo 415 del Texto Refundido de la Ley Concursal dado por la Ley 16/2022, puesto que desaparece el plan de liquidación presentado por la administración concursal, dado que se derogan los artículos 416 a 420 y sólo se prevé una *audiencia o informe* de la administración concursal, en el artículo 415, y será el juez quien establezca, en su caso, reglas especiales de liquidación. Igualmente, estas reglas especiales se pueden modificar, de oficio o a instancias de la administración concursal, en cualquier momento. La única intervención que contempla el artículo 415.4 en la redacción actual se refiere a los acreedores cuyos créditos representen más del 50% del pasivo ordinario o más del 50% del total del pasivo, sin que el socio titular de un derecho de adquisición preferente, o la sociedad en su caso, tengan tal condición. De nuevo frente al auto que establezca o modifique estas reglas especiales sólo cabe recurso de reposición.

En todo caso, en la audiencia o informe citados, la administración concursal deberá poner de manifiesto la existencia de acciones o participaciones sociales a los efectos del artículo 109 o del artículo 124 de la Ley de Sociedades de Capital y, en su caso, de cláusulas limitativas de la transmisión de las acciones, para que el juez del concurso valore estos extremos a la hora de fijar las reglas especiales de realización de dichos bienes y, en caso de venta, respetar los derechos legales y/o estatutarias contemplados.

En todo caso seguirá vigente la disposición prevista en el artículo 112 de la Ley de Sociedades de Capital.

La conclusión, en resumen, es que la regulación de la transmisión de las acciones o participaciones, en este caso conforme al artículo 109 y el artículo 124 de la Ley de Sociedades de Capital —salvo previsión de los estatutos sociales de las sociedades anónimas— debe respetarse en caso de venta directa de las participaciones sociales, ya sea en fase de liquidación o en fase común. Ahora bien, debemos precisar que ello ocurre cuando se trata de una venta individualizada, cuando sólo se transmiten las acciones o participaciones sociales.

2. Venta como elemento de la unidad productiva

En este apartado vamos a analizar la transmisión de las acciones o participaciones como un elemento incluido en el perímetro de la venta de la unidad productiva[19] de la sociedad concursada. Vaya por delante que la conclusión es radicalmente distinta a la alcanzada en el apartado anterior (venta individualizada) y es la misma ya se lleve a cabo la venta de la unidad productiva en fase

19 El artículo 200 del Texto Refundido de la Ley Concursal define las *unidades productivas* con el siguiente tenor: ... *uno o varios establecimientos, explotaciones o cualesquiera otras unidades productivas de bienes o de servicios...*, aunque era más completa la noción legal prevista en el artículo 7.1º de la Ley del IVA, que dispone ... *un conjunto de elementos corporales y, en su caso, incorporales que, formando parte del patrimonio empresarial o profesional del sujeto pasivo, constituyan o sean susceptibles de constituir una unidad económica autónoma en el transmitente, capaz de desarrollar una actividad empresarial o profesional por sus propios medios...*

común o en fase de liquidación, aunque tiene una regulación propia y la cosa cambiaría en sede de *prepack*[20].

2.1. Fijación del perímetro

La transmisión de la unidad productiva se desarrolla en el proceso concursal en dos fases distintas. La primera de ellas consiste en la configuración del perímetro que va a constituir el objeto a realizar, de forma global y como un todo. Es decir, la descripción de la composición de todos los bienes y derechos, elementos corporales e incorporales, en su caso, elementos personales, —trabajadores, en su caso—, incluso deudas y obligaciones, contratos y relaciones jurídicas, que configuran el conjunto que va a ser transmitido de forma conjunta como actividad empresarial o profesional independiente.

Esta descripción no puede ser aleatoria, sino que tiene que tener un criterio unitario y ello lo constituye la autonomía en el desarrollo de una actividad económica o empresarial independiente, que puede continuar el nuevo adquirente. En esta línea, debe ser razonada, de forma que sea necesaria la transmisión de forma conjunta de todos los elementos incluidos en el perímetro como elementos necesarios para el desempeño de esa actividad económica o empresarial autónoma.

Y, en este sentido, la titularidad de acciones o participaciones sociales de la sociedad principal puede ser relevante como elementos de una unidad productiva pues no puede tenerse un planteamiento reduccionista, que sólo contemple el perímetro de una unidad productiva como elementos, todos ellos, dirigidos directamente al desarrollo de una actividad industrial o empre-

20 Contemplado en los artículos 224 bis y ss. del Texto Refundido de la Ley Concursal.

sarial (herramientas, nave industrial, trabajadores, etc.). Ahora bien, esa inclusión de las acciones o participaciones sociales de la sociedad principal debe estar motivada y razonada en la propuesta del perímetro de la unidad productiva que presente el tercero adquirente o la propia administración concursal para su aprobación judicial por el juez del concurso, ya sea en fase común o en la fase de liquidación.

Para ello se ha valorado en la jurisprudencia, como elemento revelador de dicha justificación, la existencia de sinergias entre las sociedades —sociedad socia deudora titular de las acciones o participaciones sociales y la sociedad adquirente u oferente— que motivan que, a través de la sucesión de la sociedad adquirente en la titularidad que tenía la concursada, que la inclusión de tales acciones o participaciones sociales sea indispensable para el mantenimiento funcional de la unidad productiva cedida.

Y esta inclusión será responsabilidad del administrador concursal, en el sentido que el juez del concurso, salvo que haya alegaciones de terceros, no puede condicionar la composición de la unidad productiva propuesta, incluyendo o excluyendo elementos de la masa activa del concurso. De ahí la relevancia de que la administración concursal explique de forma completa la inclusión de los distintos bienes y derechos, relaciones jurídicas, elementos incorporales, trabajadores, etc. en la unidad productiva; con más razón, en este caso, cuando puede afectar derechos de terceros reconocidos legalmente, como sucede en el artículo 109 y en el artículo 124 de la Ley de Sociedades de Capital.

Partiendo de esta premisa, como resulta de la sentencia de la Audiencia Provincial de Alicante, Sec. 8ª, de 3 de julio de 2017[21] y como afirma la sentencia del Juzgado Mercantil núm. 1 de Castellón

21 ECLI:ES:APA:2017:2137

de 22 de marzo de 2022[22], es carga de la sociedad, si fuera titular de derechos de adquisición preferente por disposición estatutaria o de los socios, como titulares de los derechos legales de adquisición preferente, discutir la inclusión de las acciones o participaciones sociales como elemento del activo realmente necesario en el *conjunto de una empresa o de una o varias unidades productivas*, conforme con el tenor del artículo 215 del Texto Refundido de la Ley Concursal[23].

La forma en que los socios y la sociedad principal pueden tener conocimiento de la existencia de una oferta de venta de unidad productiva que incluya las acciones o participaciones sociales de la sociedad principal es que, como ya hemos expresado en el apartado 3.2 de este capítulo, de acuerdo con el artículo 109 de la Ley de Sociedades de Capital y aunque no haya norma expresa para las sociedades anónimas, en cuanto se declare el concurso y la administración concursal acepte el cargo —aunque dicho precepto admite que lo haga el juez o autoridad administrativa— deberá comunicar esta circunstancia a la sociedad, haciendo constar la identidad del socio concursado y el número de acciones o participaciones que quedan incluidas en la masa activa del concurso.

De todas formas, conforme el artículo 109.2 y 124.2 de la misma norma, parece que, igualmente, cuando se reciba la oferta de compra de la de la unidad productiva se deberá comunicar esa

22 ECLI:ES:JMCS:2022:13280

23 En la fase de liquidación la única mención a la venta de la unidad productiva aparece en la *regla de conjunto* prevista en el artículo 422 del Texto Refundido de la Ley Concursal, que establece la preferencia por la venta de la unidad productiva (... *conjunto de los establecimientos, explotaciones y cualesquiera otras unidades productivas de bienes o de servicios de la masa activa*...) frente la enajenación individualizada. Por ello, para la venta de la unidad productiva que se lleve a cabo en la fase de liquidación, al margen de reglas especiales fijadas por el juez a quo, puede aplicarse por analogía las normas generales previstas en los artículos 215 y ss. de mismo texto legal, con más razón cuando el artículo 216 se inicia expresando "*En cualquier estado del concurso*...".

concreta oferta también a la sociedad para que ésta, a su vez, la notifique a los socios y éstos puedan ejercitar el derecho de adquisición preferente —o la sociedad si lo prevén expresamente los estatutos sociales— o, en el caso de la sociedad anónima, hacer valer una cláusula estatutaria concreta sobre transmisión. El hecho que la sociedad principal ya esté personada en el concurso no exime que se notifique específicamente a la sociedad principal cualquier oferta de enajenación de la unidad productiva.

En cualquier caso, resulta necesario, una vez recibida la comunicación, que la sociedad —en todo caso— y los socios —quienes vayan a ejercitar el derecho de adquisición preferente— y, con carácter general cualquier interesado, se personen en las actuaciones para poder hacer alegaciones en cuanto a la oferta de transmisión, pero, especialmente, respecto la composición del perímetro. El Texto Refundido de la Ley Concursal prevé la comunicación directa entre determinados interesados y la administración concursal[24], pero consideramos que, en este caso, dado que se trata de ejercitar derechos legal o estatutariamente reconocidos fuera del concurso respecto la enajenación de la unidad productiva en sede concursal, no bastaría con presentar alegaciones por vía extrajudicial dirigidas a la administración concursal sino que habría que presentar ese escrito en el procedimiento concursal.

En esta primera fase es cuando deben oponerse a la inclusión de las acciones o participaciones sociales en el perímetro de la unidad productiva que se trata de enajenar. Planteada dicha con-

---

24 El artículo 232 del Texto Refundido de la Ley Concursal en sede de acciones de reintegración, el artículo 255 para la comunicación de los créditos por los acreedores, el artículo 289 en cuanto a la comunicación previa por la administración concursal al deudor, a los acreedores y a los interesados personados del proyecto de inventario y de la lista de acreedores, entre otros supuestos

troversia, con relación a la inclusión o exclusión de las acciones o participaciones sociales de la sociedad principal en la enajenación de la unidad productiva de la sociedad socia deudora, deberá ser resuelta por el juez del concurso mediante auto la concreta fijación del perímetro y ello, entendemos, como cuestión previa a la autorización de la venta de la unidad productiva. La pasividad y el silencio de la sociedad principal o de los socios en este momento tiene efectos preclusivos y no se podrá revisar posteriormente y ello, como hemos expuesto, porque el juez del concurso no va a controlar de oficio la concreta composición del perímetro si no hay una expresa oposición por los interesados.

El hecho de que la administración concursal deba motivar y justificar la inclusión en el perímetro de la unidad productiva de determinados bienes sensibles, y especialmente derechos (marcas, patentes, acciones o participaciones sociales, derechos reales y gravámenes, contratos vigentes) en el perímetro, no obsta la carga que tienen los socios, la sociedad principal o cualquier interesado de combatir este extremo para que el juez del concurso dictamine sobre esta circunstancia.

Finalmente, la resolución del juez del concurso tendrá forma de auto, frente al que sólo cabe recurso de reposición, sin perjuicio que los interesados —la sociedad principal o los socios de ésta— siempre tengan la opción de acudir al artículo 112 de la Ley de Sociedades de Capital.

En la práctica nos podemos encontrar con que el juez del concurso dicte un solo auto que resuelva tanto la fijación del perímetro como la aprobación de la enajenación de la unidad productiva. En tal caso cabe la impugnación del auto por cualquiera de los dos pronunciamientos, siempre que se hubieran formulado previamente las alegaciones expresas a la fijación del perímetro, como hemos expuesto, y ello tanto a través del cauce los recursos legales —que será reposición, con un alcance muy limitado— o a través de la impugnación de la transmisión de las acciones o participaciones prevista en el mencionado artículo 112.

2.2. Aprobación de la enajenación de la unidad productiva

En la segunda fase, una vez han sido incluidas las acciones o participaciones sociales en el perímetro de la unidad productiva, nos planteamos si los socios que ostentan un derecho legal de adquisición preferente contemplado en el artículo 109 y 124.2 de la Ley de Sociedades de Capital —o la sociedad anónima que titular de una cláusula de autorización u otro supuesto similar— pueden hacer valer este derecho de adquisición preferente respecto las participaciones sociales o acciones, de tal forma que dicho elemento quedaría excluido de la transmisión. Y ello con independencia que hubieren discutido la composición del perímetro de la unidad productiva y hubiere sido rechazado por el juez del concurso.

La conclusión de la sentencia de la Audiencia Provincial de Alicante, Sec. 8ª, de 3 de julio de 2017[25], compartida y aplicada en la sentencia del Juzgado Mercantil núm. 1 de Castellón de 22 de marzo de 2022[26], y la sentencia del Juzgado Mercantil núm. 1 de San Sebastián de 12 de julio de 2018[27] —si bien ésta respecto los derechos legales de tanteo y retracto previstos en el artículo 46 de la Ley de Marcas—, resuelve la controversia a favor de la normativa concursal. En consecuencia, el socio o la sociedad que ostente un derecho sobre la transmisión de las acciones o participaciones sociales no puede hacer valer este derecho en el caso de la enajenación conjunta de las acciones o participaciones sociales

25 ECLI:ES:APA:2017:2137.
26 ECLI:ES:JMCS:2022:13280.
27 ECLI:ES:JMSS:2018:3152.

como parte de una unidad productiva y habrá que estar a la enajenación de la unidad productiva como un todo.

No se trata tanto de un conflicto de normas donde se reconozca que la Ley Concursal sea una norma especial, como valorar cuáles son los intereses en juego. En un supuesto de venta de la unidad productiva el conflicto no se plantea entre un tercer adquirente y el socio o la sociedad que ostenta un derecho en virtud de una cláusula estatutaria o una previsión legal, sino que surge un interés superior que es el mantenimiento de la actividad de la explotación o actividad empresarial que se transmite como unidad productiva. Los derechos del socio y, en última instancia el interés social sobre la composición de su capital social, ceden frente este interés superior.

En el caso de la sentencia del Juzgado Mercantil de San Sebastián citada, en derechos de marcas, se niega la preferencia del titular de la marca porque tiene lugar una "conmixtión" en la

enajenación de la unidad productiva y se transmite un conjunto global de bienes, derechos y relaciones jurídicas, de forma que no hay identidad entre el objeto de transmisión en el procedimiento concursal y aquél sobre el que recae el derecho de adquisición preferente o la cláusula estatutaria de transmisión. La sentencia de la Audiencia Provincial de Alicante, con un argumento similar, lo denomina "novación subjetiva forzosa" de la totalidad de los contratos incluidos en la unidad productiva y no se produce, en sentido estricto, una transmisión que haga nacer el derecho de adquisición preferente, porque no se transmite el mismo objeto sobre el que recae el derecho de adquisición preferente, previsto para una enajenación individualizada.

En este caso se transmite un ... *conjunto patrimonial dinámico, la unidad productiva, cuya transmisión como bloque, expresamente contemplada en la normativa concursal, que, por un lado , desplaza la normativa general, y por otro permite entender que como conse-*

cuencia de la misma no pueden activarse mecanismos que actúen de forma contradictoria con los fines de la norma especial...

Ahora bien, para que se produzca esta cesión forzosa conjunta de la unidad productiva deben concurrir dos presupuestos al tiempo de formularse la propuesta de su enajenación: los contratos estén vigentes —la sociedad socia deudora sea titular de las acciones o participaciones sociales—, de forma que no se haya solicitado su resolución —no se haya ejercitado el derecho de adquisición preferente con anterioridad o puesto en funcionamiento la cláusula de transmisión—, y que los derechos estén afectos a la continuidad de la actividad empresarial. Dado que el segundo lo hemos analizado en el apartado anterior, nos centraremos en el primero.

Será necesario, para que prevalezca la enajenación de la unidad productiva, que, al tiempo de solicitarse dicha transmisión como un todo, la sociedad socia deudora continúe siendo titular de las acciones o participaciones sociales porque no se haya ejercitado por el socio o la sociedad principal el derecho de adquisición preferente o se haya reclamado la aplicación de la cláusula de transmisión de las acciones. Si se hubiere iniciado el procedimiento para el reconocimiento del derecho de adquisición preferente o de la cláusula limitativa de la transmisión de las acciones con anterioridad a la autorización de la venta de la unidad productiva, no podríamos reconocer a la sociedad socia deudora con tal condición. Se trataría de una situación intermedia en la que, aunque formalmente pueda continuar siendo la sociedad socia deudora titular de sus acciones o participaciones sociales, esté en curso el procedimiento estatutario o legal para el cambio de titularidad. Como afirma el aforismo latino *prior tempore potior iure*. De ahí, como mencionábamos en el primer epígrafe de este capítulo, apartado 3.3, que sea relevante para la sociedad principal o para los socios ejercitar cuanto antes su derecho si les interesa mantener el control sobre la titularidad del capital social.

Nuestra conclusión, conforme dicha jurisprudencia, es que la venta de la unidad productiva donde motivadamente se incluyen acciones o participaciones sociales, desplaza el régimen de la Ley de Sociedades de Capital y los derechos de los socios y las sociedades. Nos encontramos ante el único supuesto en sede de transmisión de acciones o participaciones sociales en que la norma concursal desplaza a la normativa societaria y ello ocurre porque existen otros intereses superiores en juego merecedores de mayor protección que los derechos de los socios o de la sociedad, ya sean de configuración legal o estatutaria.

2.3. Derecho de retracto a favor de los socios por incumplimiento de su derecho de adquisición preferente previo a la transmisión

Por último, se ha negado expresamente, que exista, con carácter general, un derecho de retracto a favor de los socios titulares de derechos en la transmisión de las participaciones sociales o de las acciones, legal o estatutario, como una especie de sanción por la infracción del previo derecho de tanteo de los socios. Se trataría de reconocer un derecho de retracto posterior a los socios titulares de un derecho respecto los terceros adquirentes de las acciones o participaciones sociales y se ha negado que dicho derecho de retracto tenga un carácter general, reconocido en cualquier caso.

El hecho que en algunas leyes que establecen derechos de tanteo se regule también un derecho de retracto, de forma que el derecho de adquisición preferente se pueda plantear en dos momentos distintos —*ex ante* y *ex post*— no eleva a categoría el retracto natural cuando la norma que regula el derecho de preferencia no lo prevé expresamente y salvo previsión expresa de los estatutos sociales, en este supuesto. Así resulta de la sentencia del Juzgado Mercantil núm. 2 de Madrid de 13 de abril de 2007[28].

En resumen, sólo se reconocerá un derecho de retracto cuando exista norma legal que, en el caso del derecho de tanteo prevea también el derecho de retracto, y, en sede societaria, también se admite que tal previsión se pueda contemplar en la cláusula de restricción a la transmisión prevista en los estatutos sociales o prevista para la transmisión forzosa. En caso concreto no existirá derecho de retracto de los socios titulares de derechos de adquisición preferente por transmisión de acciones o participaciones sociales.

IV. CONCLUSIONES

Una vez declarado el concurso de una sociedad socia deudora que sea titular de acciones o participaciones sociales ajenas, que pertenezcan a otra sociedad principal en cuyos estatutos estén previstas cláusulas de restricción a la transmisibilidad, debemos tener en cuenta, en primer lugar, que será necesario que se notifique la existencia de tal concurso de acreedores a la sociedad principal, que, a su vez, deberá comunicarlo a sus propios socios.

Nos encontramos ante un procedimiento de ejecución colectiva, por su propia naturaleza, y salvo que se apruebe un convenio, en el que se van a realizar dichas acciones o participaciones como elementos del activo. Estas operaciones de transmisión quedan sometidas, por tanto, al régimen jurídico previsto en el artículo 109 de la Ley de Sociedades de Capital —se desplaza el régimen de transmisión voluntaria descrito en el artículo 107— en el caso de sociedades limitadas y de los artículos 124 y 125 de la misma

28 ECLI:ES:JMM:2007:55

norma respecto las sociedades anónimas. En este segundo caso será necesario que los estatutos sociales contemplen cláusulas estatutarias sobre la transmisión de acciones que prevean su aplicación concreta al supuesto de la transmisión forzosa, pues de lo contrario no tendrán vigencia.

Conocida la declaración del concurso, la sociedad y los socios pueden decidir ejercitar sus derechos, legales o estatutarios, sobre la transmisión de las acciones o participaciones sociales o esperar a que se plantee una operación concreta sobre dichos elementos del activo.

En todo caso, si se planteara una venta individualizada —o subasta, aunque será extraño por la propia naturaleza de este bien—, sería necesario notificar también a la sociedad —y ésta a los socios— la concreta operación para que se pudieran ejercitar los derechos legales o estatutarios por la sociedad o los socios con preferencia a la venta individualizada. En este caso, los derechos de terceros previstos en la normativa societaria se reconoce con preferencia a los derechos contemplados en la normativa concursal para acreedores o eventuales adquirentes.

Sin embargo, si se tratara de una venta de la unidad productiva, aparecen intereses superiores en la operación que prevalecen sobre los derechos sociales de los socios o la sociedad y sobre el interés social. En este supuesto, la sociedad y los socios deberán oponerse a la inclusión de las acciones o participaciones sociales en el perímetro de la venta de la unidad productiva, pues esta primera fase es el momento procesal en que pueden defender con más fuerza su posición.

Si no lo hicieran o se desestimara su pretensión y se incluyeran las acciones o participaciones sociales en el perímetro de la unidad productiva, salvo que con anterioridad a la propuesta u oferta de la venta de la unidad productiva hubieran instado sus derechos legales o estatutarios para la adquisición de las acciones o participaciones sociales (prior tempore, potior iure), prevalecerá la venta de la unidad productiva.

De forma que la venta de la unidad productiva es la única transmisión de acciones o participaciones sociales donde prevalece la normativa concursal sobre la normativa societaria o estatutaria cuando se hayan incluido dichos bienes en el perímetro y no se hubieran hecho valer los derechos sociales con antelación y ello porque existen intereses superiores dignos de protección.

V. JURISPRUDENCIA

- Sentencia del Juzgado Mercantil núm. 1 de Castellón de 22 de marzo de 2022 (ECLI:ES:JMCS:2022:13280)
- Sentencia de la Audiencia Provincial de Vizcaya, Sec. 4ª, de 20 de julio de 2021 (ECLI:ES:APBI:2021:2278)
- Sentencia del Tribunal Supremo, Sala Primera, de 24 de enero de 2023 (ECLI:ES:TS:2023:271)
- Sentencia del Juzgado Mercantil núm. 1 de Oviedo de 23 de abril de 2018 (ECLI:ES:JMO:2018:1763).
- Sentencia de la Audiencia Provincial de Alicante, Sec. 8ª, de 3 de julio de 2017 (ECLI:ES:APA:2017:2137).
- Sentencia del Juzgado Mercantil núm. 1 de San Sebastián de 12 de julio de 2018 (ECLI:ES:JMSS:2018:3152)
- Sentencia del Juzgado Mercantil núm. 2 de Madrid de 13 de abril de 2007 (ECLI:ES:JMM:2007:55).

Capítulo 33

LA TRANSMISIÓN DE ACCIONES Y PARTICIPACIONES OBTENIDAS POR CAPITALIZACIÓN DE DEUDA EN UN PLAN DE REESTRUCTURACIÓN CONCURSAL

Antonio Alonso-Bartol Bustos
Profesor Ayudante Doctor de Derecho Mercantil
Universidad Complutense de Madrid

SUMARIO: I. INTRODUCCIÓN. II. ¿CUÁNDO SE ENTIENDE ACORDADO EL AUMENTO DE CAPITAL? 1. La tríada consensual o bilateralidad del plan de reestructuración. 1.1. El consentimiento de la sociedad concursada. 1.2. El consentimiento de los acreedores. 1.3. El consentimiento del Juzgado de lo mercantil encargado del concurso. 2. La necesariedad de la tríada consensual. III. LA TRANSMISIÓN DE LAS ACCIONES O PARTICIPACIONES FRUTO DE LOS PLANES DE REESTRUCTURACIÓN. IV. LA TRANSMISIÓN DE ACCIONES O PARTICIPACIONES SOCIALES ANTE LA IMPUGNACIÓN DEL AUTO DE HOMOLOGACIÓN. 1. Ineficacia total o parcial del plan de reestructuración como consecuencia de la revocación. 2. Momento en el que se revoca el auto de homologación del plan de reestructuración. 2.1. Revocación del auto de homologación del plan de reestructuración anterior a la entrega. 2.2. Revocación del auto de homologación del plan de reestructuración posterior a la entrega. V. CONCLUSIONES. VI. BIBLIOGRAFÍA.

I. INTRODUCCIÓN

La incorporación de la Directiva (UE) 2019/1023, sobre marcos de reestructuración preventiva, exoneración de deudas e inhabilitaciones, y sobre medidas para aumentar la eficiencia de los procedimientos de reestructuración, insolvencia y exoneración de deudas, ha introducido en nuestro ordenamiento jurídico una regulación más profusa de los acuerdos de reestructuración en los artículos 614 y siguientes del TRLC. En el marco de estos acuerdos se puede imponer a los acreedores la capitalización de su deuda mediante una ampliación de capital que les otorgará la condición de socios (artículo 632 de la LSC). No obstante, esta solución plantea problemas cuando alguno de los acreedores afectados no tiene la intención de permanecer, sino de transmitir sus acciones o participaciones lo antes posible.

Los artículos 295 y siguientes de la LSC tienen una regulación del aumento de capital, pero pensada como acuerdo voluntario de la junta general y no en el marco de un procedimiento concursal donde también se requiere de la aprobación de los acreedores[1]. De hecho, en el marco de los planes de reestructuración preventiva, este aumento de capital por conversión de créditos se puede hacer en contra del consentimiento de alguno de estos acreedores o, incluso, de los socios[2], pues en cada clase de créditos el acuerdo se considera aprobado cuando haya votado a favor más de dos tercios de los titulares de deuda (artículo 629.1 de la LSC) y existen reglas para derogar estas mayorías.

1 Las particularidades no quedan ahí, pues la doctrina sostiene que en estos supuestos particulares de ampliaciones de capital por conversión de créditos, debe excluirse automáticamente el derecho de preferencia de los socios.
En este sentido, *Vid.* FERNÁNDEZ DEL POZO, L. "El derecho de preferencia en los aumentos de capital preconcursales", *Almacén de derecho*, 2021. Disponible En. https://almacendederecho.org/el-derecho-de-preferencia-en-los-aumentos-de-capital-preconcursales
Así mismo, *Vid.* Resolución de 7 de febrero de 2020, de la Dirección General de Seguridad Jurídica y Fe Pública, en el recurso interpuesto contra la negativa del registrador mercantil XIII de Madrid a inscribir una escritura de aumento del capital social de una sociedad, disponible en: https://www.boe.es/boe/dias/2020/06/26/pdfs/BOE-A-2020-6793.pdf

2 *Vid.* GONZÁLEZ VÁZQUEZ, J. C., "Contenido de los acuerdos de reestructuración", *Reestructuraciones e insolvencia*, Aznar Giner, E. y Zubizarreta Urcelay, V. (dirs.), Tirant lo Blanch, Valencia, 2023.
No obstante, el artículo 684.2 del TRLC establece que en el procedimiento especial para microempresas no se puede imponer un acuerdo de reestructuración al deudor, sino que tiene que aprobarlo.

Como podemos ver, existe una regulación que guarda cierta coordinación entre sí, pero todavía quedan problemas por resolver al conjugar estos dos sectores del ordenamiento jurídico. En esta comunicación no trataremos la necesidad de inscribir la ampliación de capital en el Registro Mercantil para que esta sea plenamente efectiva, pues es una cuestión que la doctrina ya ha resuelto. Pese a las dudas que pudieran generar los artículos 290 y 315 de la LSC, parece que hay consenso en considerar que la inscripción registral tiene efectos meramente declarativos. Para ello, podemos acudir al artículo 316 de la LSC, deja entrever que las participaciones o acciones ya existen con independencia de que el acuerdo se haya inscrito[3] desde el momento en el que hay una escritura pública de ampliación de capital social.

A lo largo de este capítulo abordaremos una cuestión esencial: la forma en la que los acreedores pueden transmitir las participaciones o acciones adquiridas en el marco de este acuerdo de refinanciación, incluso antes de que se inscriba este acuerdo en el Registro Mercantil. Para ello daremos respuesta a tres preguntas que plantea este supuesto de hecho.

3 *Vid.* ALFARO ÁGUILA-REAL, J., "El contrato de suscripción de un aumento de capital", *Almacén de Derecho*, 2017, disponible en: https://almacendederecho.org/contrato-suscripcion-aumento-capital quien también cita la Sentencia del Tribunal Supremo, Sala de lo Civil, de 27 de febrero de 2013.
Así mismo, *Vid.* ROJO FERNÁNDEZ-RÍO, Á., "La conversión de créditos en acciones o participaciones en los planes de reestructuración", *Estudios de Derecho de sociedades y de Derecho concursal: libro en homenaje al profesor Jesús Quijano González*, Peñas Moyano, Mª J. (coord.), Ediciones Universidad de Valladolid, 2023, pp. 739-768, quien inicialmente plantea que la regulación de los acuerdos de reestructuración podría indicar que es necesaria la previa inscripción del acuerdo en el Registro Mercantil para adquirir la condición de socio, aunque, posteriormente niega rotundamente esta posición
Para más información, *Vid.* NIETO DELGADO, C. "Acuerdos de junta general con singular relevancia en la generación de conflictos societarios: aprobación de cuentas, aumento y reducción de capital", *Tratado de conflictos societario*, Alonso Muñumer, M. E.; García-Villarubia, M.; García Marrero, J. y Ortega Burgos, E. (dirs.), Tirant lo Blanch, Valencia, 2019.

II. ¿CUÁNDO SE ENTIENDE ACORDADO EL AUMENTO DE CAPITAL?

Todas las instituciones que conforman el derecho de sociedades tienen que convivir en un complejo equilibrio entre el formalismo destinado a proteger a terceros de buena fe y el igualmente necesario antiformalismo que facilita la toma de decisiones en el seno de la sociedad. Los aumentos de capital social no son una excepción al respecto.

El principal formalismo que debemos abordar en este apartado es la obligación de elevar a documento público esa confluencia de voluntades para la modificación estatutaria propuesta, siendo necesario un acuerdo mayoritario en virtud de los artículos 199.a) y 201.2 de la LSC. De esta forma, la inscripción en el Registro Mercantil de dicha modificación de los estatutos sociales tendrá únicamente efectos declarativos frente a terceros y no constitutivos.

Se trata de una solución lógica, pues sigue el mismo canon interpretativo que en la propia constitución de las sociedades de capital. En este sentido, para tener una entidad societaria nos basta con una concurrencia de voluntades de las personas que van a asumir la posición de socios. No obstante, tratándose de sociedades de capital, la inscripción será necesaria para acceder a todos los beneficios que otorga esta condición, especialmente la limitación de responsabilidad. Ahora bien, con independencia de que se tengan o no todos los beneficios asociados a esta condición, la sociedad existe y las acciones o participaciones también.

1. La tríada consensual o bilateralidad del plan de reestructuración

Hemos afirmado que el aumento de capital existe desde el momento en el que hay un documento público que recoge la voluntad de hacer esta modificación de Estatutos. Ahora bien, cuando el acuerdo de aumento de capital se adopta en un plan de reestructuración preventiva homologado judicialmente debemos ser capaces de señalar el momento temporal en el que se produce esa confluencia de voluntades, dado que no podemos acudir a las reglas de la LSC. De hecho, no se requiere solamente el consentimiento de los socios, sino que también requiere de la concurrencia de los acreedores y de otros formalismos que no están previstos en la LSC.

El título del epígrafe plantea la existencia de una tríada consensual porque la intención del legislador es que estén todos de acuerdo, pero las dificultades para conseguirlo han obligado a forzar este tipo de acuerdos por distintos medios. Por este motivo, parte de la doctrina[4] considera que las particularidades que ahora veremos anulan el carácter consensual o contractual del plan de reestructuración.

1.1. El consentimiento de la sociedad concursada

En relación con el consentimiento que debe prestar la sociedad concursada, determinado por su faceta interna, el artículo 631 del TRLC añade una serie de especificidades no previstas en la LSC sobre la aprobación del acuerdo de ampliación de capital por la junta general. La más importante es la modificación del régimen de mayorías, pues ya no será necesaria una mayoría reforzada para la adopción del acuerdo, sino que bastará la mayoría ordinaria prevista en los artículos 198 y 201.1 de la LSC. Con esta modificación se pretende evitar una paralización del plan de rees-

---

4 *Vid.* GONZÁLEZ VÁZQUEZ, J. C. y VILLARIN VINENT, R., "Contenido de los planes de reestructuración", *Reestructuraciones e insolvencia*, Aznar Giner, E. y Zubizarreta Urcelay, V. (dirs.), Tirant lo Blanch, Valencia, 2023, pp. 667-682.

tructuración por los socios del deudor persona jurídica[5] y cumplir con la finalidad de prevención de la insolvencia.

A esto debemos añadir el deber de fidelidad o lealtad que los socios deben guardar con la sociedad[6] lo que podría llegar a imponerle la obligación de votar a favor del acuerdo por ser la decisión más beneficiosa para el interés de la sociedad. De hecho, el legislador fomenta este tipo de acuerdos preconcursales de capitalización de deuda como solución al concurso de acreedores para mantener más valor económico[7] y para evitar las tentaciones de los socios de obtener ventajas por su condición de guardianes de acceso al plan de reestructuración[8].

La intención del legislador llega hasta tal punto que se permite la aprobación de un plan de reestructuración sin la aprobación de la junta general, pues el artículo 640.2 del TRLC nos da las reglas

5 *Vid.* PULGAR EZQUERRA, J. "El papel de los socios en reestructuraciones de empresas en crisis y la proyectada reforma del Texto refundido concursal", *El notario del siglo XXI: revista del Colegio Notarial de Madrid*, núm. 102, 2022, pp. 50-57, quien señala que este cambio en el régimen de mayorías no puede ser calificado como un arrastre concursal, sino societario.

6 *Vid.* ÁLVAREZ ROYO-VILLANOVA, S. "Deber de lealtad de los socios y negativa a la capitalización en un acuerdo de refinanciación", *El acreedor en el Derecho concursal y preconcursal a la luz del texto refundido de la ley concursal*, Martínez Muñoz, M. y Veiga Copo, A. B. (coords.), Thomson Reuters-Civitas, 2020. p. 1045-1078; YANES YANES, P. "Notas sobre las nuevas mayorías de votación en la junta general de accionistas (art. 201 LSC)", *Estudios sobre Derecho de Sociedades: "Liber Amicorum" Profesor Luis Fernández de la Gándara*, Rodríguez Artigas, F.; Esteban Velasco, G.; y Sánchez Álvarez, M. M. (coords.), Aranzadi, Navarra, 2016, pp. 337-357; e IRIBARREN, M., "Voto en la junta y deberes de lealtad de la minoría", *Almacén de Derecho*, 18 de junio de 2021, disponible en: https://almacendederecho.org/voto-en-la-junta-y-deberes-de-lealtad-de-la-minoria.

7 *Vid.* ÁLVAREZ ROYO-VILLANOVA, S. "Deber de lealtad de los socios y negativa a la capitalización en un acuerdo de refinanciación", *op. cit.*, pp. 1045-1078.

8 *Vid.* DÍAZ MORENO, A. "Socios, planes de reestructuración y capitalización de créditos en la Directiva (EU) 2019/1023, sobre reestructuración e insolvencia", *Anuario de Derecho concursal*, núm. 49, 2020, pp. 7-64.

para acceder a esta posibilidad. Para ello el precepto exige que la concursada se encuentre en situación de insolvencia actual o inminente y no haya socios legalmente responsables de las deudas sociales[9]. Por lo tanto, se trata de una situación excepcional en la que el legislador estima que el plan de reestructuración es la mejor solución para la conservación de la actividad económica.

1.2. El consentimiento de los acreedores

Los socios no son los únicos que deben votar a favor de este acuerdo, sino que los acreedores deben aprobar el acuerdo por clases, estableciéndose una mayoría reforzada de dos tercios del pasivo (artículo 629.1 del TRLC) o tres cuartos del pasivo si fuera una clase de créditos con garantía real (artículo 629.2 del TRLC). Ahora bien, en el momento en el que existe una mayoría dentro de la clase de créditos, se entiende que todos sus miembros están conformes y se arrastra a los que votaron en contra.

A la hora de valorar el régimen de mayorías debemos tener en cuenta que las clases que se conformen en el plan de reestructuración no son necesariamente uniformes, sino que se podrá ser "creativo" y proponer una clasificación que no se ajuste a los conceptos jurídicos a los que estamos acostumbrados *ex* artículo 269 del TRLC. De hecho, algunas resoluciones judiciales recientes vienen confirmando la posibilidad de crear clases unipersonales dentro de un mismo rango de créditos[10]. De esta forma, el poder

9 Esta posibilidad queda descartada en el caso de que estemos ante una microempresa ex artículo 684 del TRLC.

10 Vid. Sentencia de la AP de Pontevedra, Sección Primera, (Sede en Vigo), Núm. 179/2023, de 10 de abril, ECLI: ES:APPO:2023:336; en el concurso de acreedores de la mercantil XELDIST CONGELADOS, S.L.U, una resolución pionera en esta materia.
Así mismo, *Vid.* PULGAR EZQUERRA, J. "Los nuevos Planes de Reestructuración: un año de aplicación práctica", *Diario La Ley*, núm. 10.374, Sección

que tiene cada acreedor en relación con la aprobación de este plan es bastante desigual.

El artículo 639 del TRLC prevé que alguna de las clases de acreedores no apruebe el plan y, aun así, permite homologar el acuerdo siempre que se cumplan los requisitos regulados en el precepto gracias al arrastre vertical[11]. Por lo tanto, será difícil que alguno de los acreedores tenga un poder de veto sobre la aprobación del plan de reestructuración, favoreciendo, así, la adopción de este tipo de instrumentos preconcursales.

Por último, debemos señalar que los acreedores también pueden proponer su propio plan de reestructuración con independencia de la voluntad del deudor y solicitar su homologación judicial ante la negativa de la concursada a aceptarlo[12].

1.3. El consentimiento del Juzgado de lo mercantil encargado del concurso

El último consentimiento que debe concurrir es el del Juez encargado del concurso de acreedores, quien debe homologar el

Tribuna, 24 de octubre de 2023, quien hace hincapié en que las Audiencias Provinciales y los Juzgados de lo mercantil deberían dar criterios uniformes sobre cómo debe procederse a formar las clases de acreedores para evitar los incentivos perversos a la "atomización" de clases para lograr una mayoría simple *ex* artículo 639 del TRLC. En este sentido, trae a colación la Sentencia del Tribunal de primera instancia de Colonia, AG Karlsruhe, de 25 de marzo de 2022-102, RES 2/21, ZIP 2023,651,657.

11 Para más información *Vid.* PULGAR EZQUERRA, J., "Las "fugas" del principio mayoritario en los nuevos planes de restructuración". *El notario del siglo XXI. Revista del Colegio Notarial de Madrid*, núm. 109, 2023, pp. 32-39.
Así mismo, LEURA, M., "La reestructuración forzosa de la deuda: una evolución del «intra-class cramdown» al «cross-class cramdown»", *Anuario de Derecho concursal*, núm. 51, 2020, pp. 171-200.

12 *Vid.* PULGAR EZQUERRA, J., "Los nuevos Planes de Reestructuración: un año de aplicación práctica", *op. cit.*

plan de reestructuración antes de su otorgamiento en escritura pública ante Notario. No se trata de una cuestión baladí, sino que debemos dilucidar si el auto de homologación es un formalismo que deja poco margen de maniobra al Juez para revocar el plan de reestructuración preventiva, o no. De esta forma, en el momento en el que hay mayorías suficientes en la concursada y en los acreedores, el auto de homologación sería un automatismo innecesario para la validez del plan.

El artículo 647 del TRLC señala que el Juez no tiene más opción que homologar el acuerdo salvo que ...*se deduzca manifiestamente que no se cumplen los requisitos de la Sección 1ª*... Por lo tanto, cabría considerar que en el momento en el que los socios y los acreedores han aprobado el plan de reestructuración existe un cierto automatismo que impide al Juez oponerse al mismo salvo en casos extraordinarios, de ahí la utilización de la expresión "manifiestamente".

A sensu contrario, cabría considerar que es el auto de homologación le da validez plena al acuerdo por la necesidad de salvaguardar el interés del concurso mediante la convalidación judicial[13]. Esta respuesta parece más adecuada si tenemos en cuenta que el artículo 10.1 de la Directiva (UE) 2019/2023 señala que los planes de restructuración únicamente serán vinculantes para quienes no votaron favorablemente ...*únicamente si han sido confirmados por una autoridad judicial o administrativa*.... De esta forma, parece lógico entender que la homologación del acuerdo mediante auto es un requisito esencial para la existencia y validez del plan de reestructuración.

Sería cuestionable calificarlo como un consentimiento, pues el Juez del concurso no da su consentimiento en el sentido negocial

13 *Vid.* GARCÍA LÓPEZ, S. y SUÁREZ LÓPEZ, A. "Acuerdos de refinanciación: modificaciones estructurales", *Actualidad Mercantil*, Valencia, Tirant lo Blanch, 2021, pp. 59-74.

de la palabra al plan de reestructuración[14], sino que evalúa la concurrencia de una serie de requisitos expresados en los artículos 635 y siguientes del TRLC. De esta forma, se excluye la posibilidad de realizar un juicio de oportunidad del plan de reestructuración preventiva[15]. No obstante, aunque no sea un consentimiento en el sentido estricto de la palabra, podemos tratarlo como un requisito de validez unido al consentimiento de la concursada y de los acreedores.

Ahora bien, al margen de estas consideraciones, la homologación del plan de reestructuración no es obligatoria si hay un acuerdo mayoritario entre la concursada y los acreedores. Solamente será obligatorio si se quiere arrastrar los efectos a un deudor disconforme con el acuerdo por falta de acuerdo entre los socios o a algunas clases de acreedores que no hayan votado a favor.

Por este motivo, la participación del Juzgado como homologador del acuerdo de reestructuración opera como sustituto del consentimiento de la concursada o de los acreedores. De esta forma, no estamos ante una participación propia e independiente del Juzgado, pues solamente tiene que examinar una serie de

---

14 *Vid.* DE CASTRO Y BRAVO, F., *El negocio jurídico*, Civitas, 1985.

15 *Vid.* PÉREZ DE MADRID CARRERAS, V. "Los acuerdos de refinanciación en el Decreto 4/2014", *Cuadernos de Derecho y Comercio*, núm. 63, 2015, pp. 147-163, quien hace esta precisión sobre los antiguos acuerdos homologados judicialmente en virtud de la Disposición Adicional 4ª de la ya derogada Ley Concursal de 2003 que podemos hacer extensible a los planes de reestructuración del TRLC.

No obstante, el artículo 638.4º del TRLC obliga al Juzgado a examinar si todos los créditos de la misma clase están siendo tratados de forma paritaria, lo que sí le permite examinar el contenido material del acuerdo. Ahora bien, resulta difícil calificar este control como juicio de oportunidad, pues simplemente debe comparar el tratamiento que se hace a unos acreedores y otros dentro de la misma clase, sin evaluar si el tratamiento de unos y otros es correcto desde el punto de vista económico.

requisitos[16] recogidos en los artículos 638 y 639 del TRLC, sino que actúa como complemento o sustituto del consentimiento de los acreedores o del propio deudor persona jurídica, siempre que éste no sea una microempresa.

2. La necesariedad de la tríada consensual

El legislador pretende que el plan de reestructuración preventiva se apruebe con el consentimiento de la concursada y de los acreedores, con el complemento o sustitución, en su caso, del juez del concurso para proceder al arrastre. No obstante, hemos podido apreciar que, consciente de las dificultades de conjugar las voluntades de un número de personas potencialmente elevado, el legislador permite mecanismos de flexibilización para priorizar la aprobación del plan[17]. Estas normas de flexibilización nos llevan a las siguientes conclusiones:

a) El consentimiento de los socios es prescindible, pues según el artículo 640.2 del TRLC el acuerdo se puede adoptar aun sin el consentimiento de los socios que van a soportar la modificación estructural con la consecuente dilución de los socios.

b) El consentimiento unánime de los acreedores es prescindible, pues según el artículo 639.1 del TRLC bastará con

16 Como regla general se trata de requisitos formales, a saber: que el deudor esté en situación de insolvencia, que concurran los consentimientos necesarios, que el plan tenga el contenido marcado por la legislación, etc. No obstante, el artículo 638.4º del TRLC indica que el Juzgado debe evaluar si los créditos dentro de una misma clase son tratados de forma paritaria, que excede de un control meramente formal y le permite evaluar el contenido material del plan.

17 *Vid.* DÍAZ MORENO, A. "Socios, planes de reestructuración y capitalización de créditos en la Directiva (EU) 2019/1023, sobre reestructuración e insolvencia", *op. cit.*, pp. 7-64, quien considera que estas son medidas facilitadoras o favorecedoras del consentimiento.

una mayoría simple de clases de acreedores si concurre el consentimiento de alguno de los acreedores allí indicados.

c) El asentimiento del juez mediante la homologación es indispensable para la aprobación del plan de reestructuración cuando se quiera realizar un arrastre sustituyendo la voluntad de los acreedores o del deudor. No obstante, la posibilidad de conseguir un acuerdo de este tipo sin homologar, cuando exista un concurso de voluntades entre la concursada y los acreedores, es perfectamente posible.

Ante esta situación parece que el aumento de capital por capitalización de deudas en un plan de reestructuración mantiene un cierto carácter consensual, en contra de lo que plantea parte de la doctrina[18]. Siempre va a ser necesario el concurso de voluntades del deudor y de los acreedores, pero en el caso de que falte alguno de estos, se podrá acudir al Juzgado de lo mercantil para su homologación de tal forma que sustituya ese consentimiento.

18 *Vid.* GARNACHO CABANILLAS, L. "La reestructuración preconcursal de deudas desde una perspectiva interna y comunitaria", *Anuario de Derecho concursal*, núm. 53, 2021, pp. 47-88; PULGAR EZQUERRA, J. "El papel de los socios en reestructuraciones de empresas en crisis y la proyectada reforma del Texto refundido concursal", *op. cit.*, pp. 50-57; y GONZÁLEZ VÁZQUEZ, J. C. y VILLARIN VINENT, R. "Contenido de los planes de reestructuración", *op. cit.*

De hecho, en resoluciones previas a esta modificación de la normativa concursal, la Dirección General de los Registros y del Notariado (actualmente DGSJFP) en su Resolución de 30 de noviembre de 2012 señaló que los acuerdos de capitalización de deudas tienen naturaleza contractual o consensual. En el mismo sentido, *Vid.* HERNÁNDEZ SAIZ, E. "La capitalización de deuda como instrumento preconcursal preventivo o paliativo de la insolencia y los acuerdos de refinanciación", *Los acuerdos de refinanciación y de reestructuración de la empresa en crisis*, García Cruces, J. A. (dir.), Editorial Bosch, 2013, quien señala que la introducción de este mecanismo se inspira en el derecho italiano, que pretende preservar la autonomía de la voluntad.

En definitiva, tenemos dos situaciones que dan lugar a dos soluciones distintas. Por un lado, tendremos los planes puramente consensuales donde tendremos una ampliación de capital en el momento del otorgamiento de la escritura pública en la que se acuerda el plan de reestructuración sin necesidad de obtener una homologación judicial y las acciones o participaciones sociales existirán desde el otorgamiento de la escritura.

Por otro lado, en el resto de situaciones en las que no hay un concurso de voluntades pleno entre el deudor y los acreedores, tendremos un plan consensual por sustitución judicial, debiendo retrasar la existencia de la ampliación de capital hasta la homologación judicial del plan para que supla alguno de estos dos consentimientos.

III. LA TRANSMISIÓN DE LAS ACCIONES O PARTICIPACIONES FRUTO DE LOS PLANES DE REESTRUCTURACIÓN

Con independencia de las dos modalidades de planes de reestructuraciones, consensuales puros o consensuales por sustitución, en el momento en el que existe un acuerdo para capitalizar las deudas de los acreedores, las acciones y participaciones han nacido. La inscripción de las ampliaciones de capital, con independencia de cómo se realicen, son meramente declarativas para que puedan ser oponibles a terceros, que es la forma en la que debe interpretarse el artículo 315 de la LSC.

Hemos determinado que las acciones o participaciones que emanan de un plan de reestructuración preventiva existen desde que existe el consentimiento necesario para la ampliación de capital, pero debemos estudiar si pueden ser transmitidas antes de la inscripción de esta. Este problema ya ha sido resuelto por la doctrina, que ha señalado que la inscripción en el Registro Mercantil no es constitutiva, sino meramente declarativa.

Ahora bien, el hecho de que la inscripción de la ampliación de capital no sea obligatoria plantea diversos problemas. El problema principal llega cuando la transmisión de acciones o participaciones pretenda hacerse antes de la inscripción de la ampliación en el Registro Mercantil. En este caso, debemos acudir a la regulación general de las ampliaciones de capital recogida en la LSC. El artículo 34 de la LSC establece que hasta que no se inscriba una sociedad en el Registro Mercantil, sus acciones o participaciones serán intransmisibles. Ahora bien, parece que la jurisprudencia ha encontrado alguna excepción a este principio de intransmisibilidad en el artículo 120.1 de la LSC[19].

Ahora bien, el precepto solamente habla de acciones y no dice nada de las participaciones sociales. Hay un sector de la doctrina[20] que considera que donde se dice acciones deben incluirse también las participaciones sociales aludiendo a la necesidad de homogeneizar el régimen de transmisión previo a la inscripción.

Sin embargo, podemos oponer un argumento opuesto a esta interpretación, pues la capacidad de transmitir la acción por el régimen de cesión ordinaria de créditos deriva de la naturaleza de título-valor y de valor mobiliario de las acciones[21], lo que la doctrina ha denominado "títulos de contrato"[22]. Por el contrario,

---

19 Sentencia del Tribunal Supremo, Sala de lo Civil, Núm. 19/2009, de 4 de febrero.

20 *Vid.* ROJO FERNÁNDEZ-RÍO, Á. "La conversión de créditos en acciones o participaciones en los planes de reestructuración", *op. cit.*, quien considera que esta doctrina es perfectamente extensible a la transmisión de participaciones sociales, aunque no sean títulos-valores.
Para más información, MADRID PARRA, A. "Representación y transmisión de acciones: Cláusulas limitativas", *Revista de Derecho mercantil*, núm. 203, 1992, pp. 147-242.

21 *Vid.* PÉREZ MILLÁN, D. "La transmisión de acciones representadas mediante títulos-valores". *Revista de Derecho mercantil*, núm. 264, 2007, pp. 413-444.

22 *Vid.* ALONSO ESPINOSA, F. J. "Problemas en materia de documentación y transmisión de acciones". *Revista de Derecho Bancario y Bursátil*, 1992.

las participaciones sociales no tienen esta condición y, en consecuencia, cabría considerar que este régimen de transmisión pre-inscripción no sería aplicable a las participaciones sociales.

La doctrina también señala que hasta que la sociedad no está inscrita en el Registro Mercantil, esta no tiene el carácter de sociedad de capital plena, sino de sociedad en formación. Por este motivo, las acciones no tendrían, tampoco, la consideración de títulos valores ni de valores mobiliarios antes de la inscripción de la sociedad[23]. Esta diferencia determina que, ante la transmisión de la acción, el titular no estará protegido por la apariencia de titularidad que le da la tenencia del título, sino que tienen que demostrar la transmisión y notificar a la sociedad dicha transacción.

En este sentido, la Sentencia del Tribunal Supremo, Sala de lo Civil, Núm. 169/2005, de 18 de marzo llegó a decir que se trata de un contrato sobre títulos que no han sido creados[24], dado que la ejecución de la transmisión se posterga a la efectiva inscripción de la sociedad en el Registro Mercantil, que daría nacimiento efectivo a los títulos. De esta forma, admite que se concluyan contratos preparatorios de una transmisión posterior, posibilidad confirmada por la doctrina[25].

Por ello, si el régimen de transmisión previo a la inscripción no está justificado por la naturaleza de título valor de las acciones,

23 *Vid.* PERDICES HUETOS, A. "Intransmisibilidad de participaciones y acciones antes de la inscripción", *Almacén de derecho,* 1 de octubre de 2020, disponible en: https://almacendederecho.org/intransmisibilidad-de-participaciones-y-acciones-antes-de-la-inscripcion y ALONSO ESPINOSA, F.J., "Problemas en materia de documentación y transmisión de acciones", *op. cit.*

24 Debemos matizar este extremo, pues no podemos admitir que las acciones o participaciones no existan hasta la inscripción en el Registro Mercantil, sino que estas no son transmisibles. Precisamente, por el hecho de que el artículo 34 de la LSC dig que son intransmisibles, está reconociendo su existencia, puesto que no se puede dar una cualidad a algo que no existe.

25 *Vid.* PERDICES HUETOS, A., "Intransmisibilidad de participaciones y acciones antes de la inscripción", *op. cit.*,

no tiene sentido excluir a las participaciones sociales del régimen de cesiones de créditos establecido en el artículo 120 de la LSC. Por este motivo, parece que la aplicación práctica de la prohibición de transmitir *ex* artículo 34 de la LSC debe tener un ámbito de aplicación ciertamente limitado[26].

Como podemos apreciar, esta cuestión está resuelta por la doctrina pese a las dudas doctrinales que puedan plantearse sobre la transmisión de participaciones sociales antes de su inscripción en el Registro Mercantil. Aunque el artículo 34 de la LSC provoque dudas razonables, la transmisión es posible, ya sea mediante la cesión de créditos prevista en el artículo 120 de la LSC para las acciones no titulizadas o mediante los contratos sometidos a condición como ha admitido el Tribunal Supremo[27].

Para el caso que nos ocupa, debemos aplicar los mismos criterios a las ampliaciones de capital fruto de un plan de reestructuración como estamos tratando aquí. Las acciones y participaciones que emanan de las ampliaciones de capital siguen un régimen idéntico al de las nuevas acciones y participaciones de una sociedad que todavía no está inscrita.

26 *Vid.* CASTELLANO RAMÍREZ, M. J. "La ejecución del aumento del capital de las sociedades cotizadas tras la Ley 5/2021, de 12 de abril", *Revista de Derecho mercantil*, núm. 326, 2022, p. 4, quien plantea que la reforma del artículo 508 de la LSC rompe los dogmas que hasta ahora habían justificado la prohibición de transmisión de acciones o participaciones de sociedades no inscritas establecida en el artículo 34 de la LSC. A partir de ahora basta con inscribir el acuerdo de la junta general por el que se adopta el aumento de capital para la transmisión de las acciones o participaciones creadas sin esperar a la inscripción de la ejecución.
En el mismo sentido, *Vid.* PALÁ LAGUNA, R. "El nuevo régimen de sociedades de capital (Ley 5/2021)", *Gómez-Acebo y Pombo, Análisis*, 2021; disponible en: https://www.ga-p.com/wp-content/uploads/2021/04/Nuevo_régimen_sociedades_Ley-5_2021.pdf

27 Sentencia del Tribunal Supremo, Sala de lo Civil, núm. 204/2014, de 22 de abril (TOL4.259.520).

En este sentido, la participación del Juzgado del concurso en la ampliación de capital acordada en un plan de reestructuración no afecta en absoluto, pues ya hemos señalado que, en todo caso, estamos ante una ampliación consensual, ya sea pura o con intervención judicial.

IV. LA TRANSMISIÓN DE ACCIONES O PARTICIPACIONES SOCIALES ANTE LA IMPUGNACIÓN DEL AUTO DE HOMOLOGACIÓN

En el apartado anterior hemos concluido que, en los planes de reestructuración consensuales por sustitución, el auto de homologación es un requisito esencial de validez para conseguir el efecto de arrastre. Ante esta situación, debemos estudiar qué ocurre cuando el auto es revocado en sede de apelación por la Audiencia Provincial[28] competente con posterioridad a la transmisión. Nos encontramos ante una situación complicada, puesto que, en estos casos, el auto se considera un requisito necesario para concluir la ampliación de capital por sustituir el consentimiento del deudor o de los acreedores. Por este motivo, debemos evaluar las consecuencias que tendría dicha revocación en las transmisiones ya concluidas. La impugnación del auto, dentro de los amplios motivos recogidos en el TRLC[29], forma parte de una de las posibles estrategias del acreedor que no ha consentido el plan de reestructuración y se ha visto obligado a integrarse en el capital social del deudor.

El artículo 661 del TRLC nos da algunas pistas sobre los efectos que tendría la revocación del auto de homologación en sede

28 El artículo 659.3 del TRLC excluye la posibilidad de plantear ulteriores recursos frente a la Sentencia que resuelva el recurso de apelación contra la homologación del acuerdo de reestructuración.

29 *Vid.* GARCÍA-VILLARUBIA BERNABÉ, M. "Socios y Reestructuración", *Actualidad Jurídica Uría Menéndez*, núm. 58, enero-abril de 2022, pp. 71-100.

de apelación, pues dedica su contenido a la protección de la confianza legítima de terceros y de la seguridad jurídica. En este sentido, prevé que la impugnación solamente afecte a quien la ha presentado, dejando intactos los efectos frente al resto de partes del plan de reestructuración.

Asimismo, su apartado tercero nos deja claro que la sentencia no perjudicará los derechos adquiridos por terceros de conformidad con la legislación hipotecaria. El precepto nos remite al artículo 34 de la Ley Hipotecaria, que recoge el principio de fe pública registral por quien adquiere un bien de mano de quien constaba como titular registral del mismo.

Este precepto no nos da una solución real teniendo en cuenta que la transmisión de acciones y participaciones no se inscribe en ningún registro público porque no son bienes inscribibles[30]. Esta discordancia deriva de que el precepto está dedicado a proteger la transmisión de inmuebles en sede concursal.

En consecuencia, debemos plantear distintos escenarios para ver cuál sería la solución más adecuada en cada uno de ellos.

30 Se llegó a plantear la posibilidad de inscribirlas en el Registro de Bienes Muebles, pero la Resolución de la Dirección General de los Registros y del Notariado de 29 de abril de 2003 (disponible en: https://www.boe.es/diario_boe/txt.php?id=BOE-A-2003-11688) negó esta posibilidad y señaló que el Registro Mercantil tampoco tiene esta función. En particular, señala lo siguiente: ... *Es doctrina de este Centro (cfr. Resoluciones de 27 y 28 de diciembre de 1990 y 11 de octubre de 1999, entre otras) que nuestro Registro Mercantil no tiene por objeto, respecto de las sociedades anónimas y de las sociedades de responsabilidad limitada, la constatación y protección sustantiva del tráfico jurídico sobre las acciones o las participaciones en que se divide el capital social de aquéllas, sino la de la estructura y régimen de funcionamiento de tales entidades...*
Tampoco en las acciones representadas por anotación en cuenta podemos hablar de una inscripción registral de la transmisión de las acciones, porque es un registro contable privado, no de acceso público. En este sentido, Resolución de la Dirección General de los Registros y del Notariado de 3 de febrero de 1999.

1. Ineficacia total o parcial del plan de reestructuración como consecuencia de la revocación

El efecto previsto para la estimación de la impugnación sería que el auto de homologación no es conforme a derecho y, por lo tanto, el plan de reestructuración preventiva quedaría derogado por falta de consentimiento. Recordemos que la intervención del juzgado va a ser necesaria para suplir o complementar el consentimiento de alguna de las partes y, así, extender los efectos.

Ahora bien, debemos tener en cuenta que el artículo 661 del TRLC nos da dos posibilidades. En primer lugar, en el párrafo primero se señala que, como regla general, la estimación de la impugnación del auto que homologa el plan de reestructuración supondrá que al acreedor o acreedores impugnantes no se les extenderá su contenido, manteniendo el plan para el resto. Este supuesto plantea serias dudas en lo que a una ampliación de capital se refiere, dado que ello supondría que la ampliación de capital quedaría mermada. De esta forma, la viabilidad de la ampliación de capital como mecanismo de reestructuración preventiva podría quedar seriamente comprometida y no satisfacer la voluntad preventiva que le había asignado el legislador. Además, ello provocaría un claro desajuste entre lo que se ha pactado en el plan de reestructuración y lo que realmente se hace[31]; situación que podría llevarnos a un incumplimiento de este.

No estamos ante un supuesto de suscripción incompleta de la ampliación de capital, supuesto regulado en los artículos 310 y 311 de la LSC, que dejan lugar a pocas dudas. Por el contrario, estaríamos ante una ineficacia incompleta del aumento de capital por vicios sobrevenidos en el acuerdo por el que se aprue-

---

31 *Vid.* CASTELLANO RAMÍREZ, M. J., *La suscripción incompleta del aumento del capital social en la sociedad anónima*. 2004, Civitas, Madrid.

ba dicho instrumento societario, pues, como consecuencia del plan de reestructuración y de su homologación, el aumento de capital ha sido plenamente exitoso y ha sido íntegramente desembolsado.

Es cierto que la normativa antes citada prevé los aumentos de capital incompletos, pero únicamente cuando esta situación es consecuencia de una suscripción parcial del capital que se pretende aumentar. Sin embargo, entre las causas de impugnación que nos pueden llevar a la ineficacia parcial no está esta situación tan específica.

Por lo tanto, aplicar la misma solución a supuestos distintos podría plantear problemas. No obstante, en virtud del principio de conservación al que tanta relevancia le da la legislación concursal, parece razonable entender que, ante una impugnación del auto de homologación del plan de reestructuración, la ampliación de capital quedará resuelta parcialmente en lo que afecte al impugnante y se tendrán que remover sus efectos. Para ello, podemos acudir a los artículos 310 y 311 de la LSC, que en sus respectivos párrafos segundos regulan la ineficacia de los aumentos de capital en sociedades de responsabilidad limitada y anónimas, respectivamente.

En segundo lugar, en el párrafo segundo se regula una situación que no admite lugar a dudas, pues si se estimara la impugnación por las causas señaladas (falta de concurrencia de las mayorías necesarias o en la formación defectuosa de las clases), la sentencia declarará la ineficacia total del plan. De esta forma, la ampliación de capital quedaría íntegramente anulada.

Por lo tanto, debemos analizar si la protección de los derechos de terceros que se da de conformidad con la legislación hipotecaria (artículo 34 de la Ley Hipotecaria) sería extensible también a las transmisiones de acciones y participaciones.

La respuesta más deseable sería extender este mecanismo de tutela de terceros, directamente ligado al principio de protección de su confianza legítima, a los adquirentes de las acciones o participaciones resultantes de una ampliación de capital ante la exitosa impugnación del auto de Homologación. No obstante, esta solución plantea un problema principal. En el caso de que el auto de homologación fuera revocado por la Audiencia Provincial y con este la ampliación de capital, las acciones y participaciones sociales desaparecerían automáticamente.

Por lo tanto, no nos encontramos en una situación como en la prevista en el artículo 661.3 del TRLC en relación con el artículo 34 de la Ley Hipotecaria, dado que, en el supuesto de la transmisión de inmuebles comprometida en un plan de reestructuración, la existencia del bien no está vinculada a la vigencia de estos instrumentos. Sin embargo, en el caso de las ampliaciones de capital vinculadas a un concurso de acreedores, su existencia tiene como requisito previo que este acuerdo haya sido adoptado de conformidad con lo previsto en la normativa concursal y, en determinados casos, que haya sido confirmado por el Juzgado de lo Mercantil mediante el auto de homologación.

Tanto en el caso del párrafo primero del artículo 661 del TRLC como del segundo, la resolución total o parcial[32] de una ampliación de capital nos llevaría a la ineficacia de la transmisión por falta sobrevenida de objeto posterior al cambio en la titularidad de las acciones o participaciones.

De esta forma, en ningún caso podemos acudir a la confianza legítima protegida por los artículos 661.3 del TRLC y 34 de la

32 A priori resulta extraño que una persona que se ha opuesto al plan de reestructuración y que ha impugnado el auto de homologación haya transmitido las acciones o participaciones sociales que le correspondan como consecuencia de la ampliación acordada en el plan. No obstante, es una situación que por muy extraña que nos pueda parecer, no es imposible.

Ley Hipotecaria, pues el objeto ha desaparecido. No puede haber una conservación de la transmisión cuando el objeto ya no existe, pues ya no hay nada sobre lo que se pueda atribuir titularidad.

Esta calificación nos puede ayudar a reconducir la situación y a darle una solución factible en términos jurídicos y económicos, pues estaríamos ante una reparación por los daños causados al adquirente por la desaparición del objeto transmitido.

2. Momento en el que se revoca el auto de homologación del plan de reestructuración

Para valorar los efectos, debemos diferenciar dos posibilidades sobre el momento temporal en el que se produce la desaparición de las acciones o participaciones.

2.1. Revocación del auto de homologación del plan de reestructuración anterior a la entrega[33]

Nos encontramos en el supuesto en el que la revocación del auto de homologación del plan de reestructuración se produce en el tiempo que media entre el compromiso contractual de transmisión y la conclusión de esta, motivo por el cual debemos acudir al artículo 1182 del Código Civil, según el cual la obligación de entregar quedará extinguida. No obstante, debería tratarse de un obstáculo que las partes no podían haber tenido en cuenta a la hora de formalizar el compromiso de transmisión, luego no debería imputarse responsabilidad al transmitente por ello. Ahora bien, en el momento en el que las partes acuerdan la transmisión

33 Estamos ante el mismo régimen jurídico cuando la transmisión se hace una vez impugnado el auto de homologación, pero antes de que la Audiencia Provincial resuelva.

dentro del plazo de impugnación de 15 días desde la publicación en el Registro Público Concursal, las partes deben ser conscientes de la existencia de esta posibilidad y deben asumir el riesgo que ello conlleva. Por lo tanto, en ningún caso podemos hablar de una circunstancia imprevisible para las partes contratantes[34].

Así, debemos determinar quién debe soportar el riesgo de la pérdida de la cosa antes de la entrega de las acciones o participaciones sociales *ex* artículo 1258 del Código Civil[35] o si, por el contrario, debe extinguirse la obligación aplicando la cláusula *rebus sic stantibus* por una excesiva onerosidad del contrato como consecuencia del cambio en las circunstancias[36], a pesar de que no estemos ante un contrato de larga duración.

A este respecto, debemos considerar que la impugnación del auto de homologación es un riesgo propio que debemos atribuir al transmitente, pues la regla de la prudencia dicta que antes de transmitir un objeto cuya existencia depende de una resolución judicial, debería esperarse a que la resolución adquiera firmeza. Por lo tanto, si el bien pereciera antes de la entrega prevista, será el deudor quien deba soportar el riesgo e indemnizar al acreedor con un resarcimiento *in natura*. Estamos ante un riesgo que no puede desconocer o ignorar, pues el auto de homologación es

34 *Vid.* GARCÍA-PITA LASTRES, J. L. *Contratos y COVID. El principio "Pacta Sunt Servanda" y la Regla "Rebus Sic Stantibus"*, Tirant lo Blanch, Valencia, 2021.

35 *Vid.* CASTIÑEIRA JEREZ, J., "Ausencia de asignación del riesgo contractual y ruptura de la economía del contrato ante la excesiva onerosidad sobrevenida", *La Rebus Sic Stantibus en Tiempos de Pandemia: Análisis General e Impacto por Sectores Económicos*, Izaguirre Gómez, S. y Perales Viscasillas, P. (dirs.). Tirant lo Blanch, Valencia, 2021.

36 Para más información, *Vid.* CASTIÑEIRA JEREZ, J. *El incumplimiento justificado del contrato ante el cambio de circunstancias*, *op. cit.*, pp. 1-339 y ALBIÑANA CILVETI, I. "La reciente doctrina jurisprudencial de la cláusula rebus sic stantibus y su aplicación a las operaciones inmobiliarias", *Actualidad Jurídica Uría-Menéndez*, núm. 49, 2018, pp. 115-140.

conditio sine qua non de la existencia de las acciones o participaciones sociales que va a transmitir[37].

En este sentido, es necesario estudiar el deber de diligencia exigido al adquirente en relación con la contingencia de las acciones o participaciones sociales que nacen en virtud de un plan de reestructuración preventivo que debe ser homologado ante el Juzgado de lo Mercantil que tramita el concurso. Por lo tanto, debemos evaluar si una conducta más diligente del adquirente hubiera evitado esta falta sobrevenida de objeto, pues de haber conocido la información no hubiera adquirido las acciones o participaciones sociales, una situación parecida a la del error excusable[38]. De los supuestos planteados por la doctrina a este respecto, debemos centrarnos en el deber de informarse que asumiría el adquirente.

No parece razonable atribuir el riesgo al adquirente este no tiene por qué conocer las circunstancias que rodean a la ampliación de capital y la posibilidad de impugnación, pues no es parte del procedimiento concursal y no ha participado en la homologación del plan de reestructuración. Es cierto que tanto la declaración de concurso de acreedores como el auto de homologación se publican en el Boletín Oficial del Estado y en el Registro Público Concursal, pero esa publicación solamente está dirigida a que los

37 *Vid.* DE VERDA Y BEAMONTE, J. R., *et al.* "Del saneamiento por vicios ocultos al deber de conformidad: un examen de la cuestión en el derecho comunitario a la luz de las recientes propuestas de Directiva en materia de consumo", *Revista Crítica de Derecho Inmobiliario*, 2018, vol. 94, 770, pp. 2929-3002.

38 *Vid.* DE CASTRO Y BRAVO, F., *El negocio jurídico*, *op. cit*, quien reproduce una serie de Sentencias históricas del Tribunal Supremo español: ... *Se atiende a "la negligencia manifiesta en ese particular (venta de acciones), sino su absoluta indiferencia acerca de quienes fueron los compradores", y buena fe de éstos (S. 30 marzo 1955). Se dice: "sin que pueda alegarse (el error) al que tenga su causa en la propia negligencia, pues si bien esta doctrina es cierta, aunque sujeta a matización y grados" (S. 22 noviembre 1956)...*

acreedores conozcan el contenido del plan, que les afecta directamente, para que puedan ejercitar la acción de impugnación si lo consideran oportuno.

A este respecto, conviene analizar correctamente el proceso de transmisión de acciones y participaciones sociales, ya que durante el proceso se pueden revelar indicios que deberían hacer sospechar al adquirente de la contingencia de los elementos transmitidos.

En primer lugar, en el caso de que estemos ante participaciones sociales, la intervención de un notario es un requisito de forma de la transmisión. El incumplimiento de esta formalidad no determina la nulidad de la transmisión, es un requisito *ad probationem*. Ahora bien, lo deseable es que la trasmisión de participaciones sociales se haga mediante este instrumento jurídico, en el que el titular de la notaría describirá las circunstancias relevantes para esta compraventa. Uno de esos elementos relevantes será la identificación de la sociedad cuyas participaciones se van a transmitir, donde debería constar la comunicación al Juzgado de lo Mercantil de la apertura de negociaciones en el marco del preconcurso con una identificación suficiente de las participaciones sociales y el momento de su creación, así como con una referencia a la publicación del auto de homologación en el Registro Público Concursal y en el BOE.

Por lo tanto, si dado el contenido de la escritura el adquirente conoce o no puede ignorar la situación preconcursal y que el nacimiento de las participaciones sociales deriva de un plan de reestructuración preventiva, la posibilidad de la impugnación de dicho instrumento es una posibilidad que debería tener en cuenta.

En la compraventa de acciones la situación no es tan sencilla, pues el ordenamiento jurídico no impone una obligación formal equivalente. En este caso, la transmisión debería hacerse mediante la cesión ordinaria de créditos, pero nada obliga a las partes a incluir datos sobre la identidad de la sociedad ni la vinculación de esas acciones con el plan de reestructuración. Por lo tanto, aquí la valoración del conocimiento del adquirente sobre la situación preconcursal del transmitente dependerá de una valoración de las circunstancias del caso concreto.

En definitiva, si el adquirente conoce o no puede ignorar que las acciones o participaciones sociales pueden desaparecer si se revoca el auto de homologación, estaríamos ante un contrato de compraventa sobre un objeto incierto. No podemos hablar de un contrato aleatorio, pero sí de un contrato sobre un objeto o crédito litigioso o que puede llegar a serlo.

Por este motivo, si el adquirente es consciente del riesgo que conlleva la adquisición de unas acciones o participaciones sociales que son fruto de una ampliación de capital en sede preconcursal y que el auto de homologación no es firme, asume el riesgo de que posteriormente sea revocado y no se le pueda hacer entrega de estas. No se puede reclamar el cumplimiento de una obligación que se conoce incierta y cuya posibilidad no depende de la voluntad o de las acciones del transmitente, con la única excepción de que sea éste, el transmitente, quien impugne el auto de homologación ante la Audiencia Provincial.

Ahora bien, en el supuesto en el que el adquirente no contara con esta información, no habrá asumido el riesgo de adquirir un objeto incierto, luego podría reclamar una indemnización por los daños y perjuicios causados.

2.2. Revocación del auto de homologación del plan de reestructuración posterior a la entrega

Nos encontramos en el supuesto en el que la revocación del auto de homologación del plan de reestructuración se produce una vez entregadas las acciones o participaciones sociales, motivo por el que podríamos acudir a la protección del adquirente frente a los vicios ocultos. En este caso se trataría de un vicio tan relevante que determinaría la desaparición del bien.

Podríamos considerar que, si el bien desaparece estando en poder del adquirente, el riesgo ya ha sido transmitido en el momento de la entrega. No obstante, la causa de la desaparición no se le puede imputar directamente a él.

Por lo tanto, debemos analizar si la causa sigue es imputable al transmitente en los mismos términos que en el apartado anterior por haber transmitido las acciones o participaciones antes de que el auto de homologación deviniera firme o, incluso, durante la tramitación del recurso de apelación; o, por el contrario, el adquirente debe asumir el riesgo de la desaparición.

El tratamiento de la cuestión debe ser exactamente el mismo que el expuesto en el apartado anterior. Todo dependerá de la información con la que cuente el adquirente o aquella que no pueda ignorar sin faltar a las reglas de la buena fe. Así, por un lado, en el caso de que conozca el riesgo asociado a adquirir unas acciones o participaciones sociales que derivan de un plan de reestructuración homologado por un auto que no es firme, asumirá ese riesgo. Por otro lado, si desconocía tal circunstancia y no había indicios que le obligaran a ser consciente de estas circunstancias, deberá ser el adquirente quien asuma el riesgo y responda mediante una indemnización dineraria por el daño causado.

V. CONCLUSIONES

La transmisión de acciones o participaciones nacidas como consecuencia de una ampliación de capital en sede preconcursal a raíz de un plan de reestructuración preventiva es claramente posible, ya sea por la vía del artículo del artículo 120 de la LSC, mediante un contrato con condición suspensiva, o por la vía regular de transmisión.

Ahora bien, queda por resolver distintas cuestiones sobre la efectividad de la ampliación de capital. En primer lugar, hay que determinar en qué momento queda acordada dicha modificación estatutaria de la sociedad de capital. Hemos concluido que, pese a las dudas doctrinales, la ampliación de capital preconcursal sigue siendo un negocio jurídico de tipo consensual. No obstante, se introduce la importante excepción de que el Juzgado de lo mercantil encargado del preconcurso puede sustituir el consentimiento de alguna de las partes si se cumplen una serie de requisitos recogidos en el TRLC. Por lo tanto, tendremos una ampliación de capital en el momento en el que haya un consentimiento válido y efectivo.

En segundo lugar, la revocación del auto de homologación del plan de reestructuración puede determinar la invalidez total o parcial de la ampliación de capital, lo que pone en riesgo la transmisión, pues el objeto transmitido dejará de existir. Hemos concluido que no podemos ofrecer una regla clara, puesto que las circunstancias del caso concreto pueden determinar distintos resultados. En definitiva, todo dependerá del conocimiento que tuviera el adquirente sobre la posibilidad de que el auto fuera revocado. Como hemos visto, hay indicios que podrían ayudarnos a demostrar este conocimiento efectivo o esa imposibilidad de ignorar dicha situación como una referencia en la escritura pública de transmisión o la publicación del auto en el BOE. Así, si el adquirente fuera consciente del riesgo de revocación, tendrá que ser éste quien soporte la desaparición de las acciones o participaciones. Por el contrario, si no fuera consciente del riesgo porque no hubiera indicios suficientes, deberá ser el transmitente el que deba indemnizar al adquirente por la pérdida de las acciones o participaciones.

En resumen, las prisas nunca fueron buenas consejeras y una salida rápida de una sociedad puede acarrear importantes problemas. La diligencia del buen padre de familia o del ordenador empresario, según el caso, imponen una obligación a ambas partes contratantes de evaluar la situación prudentemente. Así, si el resultado no fuera el esperado, las partes deberán asumir las consecuencias conforme a la diligencia prestada.

VI. BIBLIOGRAFÍA

ALBIÑANA CILVETI, I. "La reciente doctrina jurisprudencial de la cláusula rebus sic stantibus y su aplicación a las operaciones inmobiliarias", *Actualidad Jurídica Uría-Menéndez*, núm. 49, 2018.

ALFARO ÁGUILA-REAL, J., "El contrato de suscripción de un aumento de capital", *Almacén de Derecho*, 2017.

ALONSO ESPINOSA, F. J. "Problemas en materia de documentación y transmisión de acciones". *Revista de Derecho Bancario y Bursátil*, 1992.

ÁLVAREZ ROYO-VILLANOVA, S. "Deber de lealtad de los socios y negativa a la capitalización en un acuerdo de refinanciación", *El acreedor en el Derecho concursal y preconcursal a la luz del texto refundido de la ley concursal*, Martínez Muñoz, M. y Veiga Copo, A. B. (coords.), Thomson Reuters-Civitas, 2020.

CASTIÑEIRA JEREZ, J., "Ausencia de asignación del riesgo contractual y ruptura de la economía del contrato ante la excesiva onerosidad sobrevenida", *La Rebus Sic Stantibus en Tiempos de Pandemia: Análisis General e Impacto por Sectores Económicos*, Izaguirre Gómez, S. y Perales Viscasillas, P. (dirs.). Tirant lo Blanch, Valencia, 2021.

CASTELLANO RAMÍREZ, M. J. "La ejecución del aumento del capital de las sociedades cotizadas tras la Ley 5/2021, de 12 de abril", *Revista de Derecho mercantil*, núm. 326, 2022.

— *La suscripción incompleta del aumento del capital social en la sociedad anónima*, Civitas, Madrid, 2004.

DE CASTRO Y BRAVO, F., *El negocio jurídico*, Civitas, 1985.

DE VERDA Y BEAMONTE, J. R., *et al.* "Del saneamiento por vicios ocultos al deber de conformidad: un examen de la cuestión en el derecho comunitario a la luz de las recientes propuestas de Directiva en materia de consumo", *Revista Crítica de Derecho Inmobiliario*, vol. 94, 770, 2018.

DÍAZ MORENO, A. "Socios, planes de reestructuración y capitalización de créditos en la Directiva (EU) 2019/1023, sobre reestructuración e insolvencia", *Anuario de Derecho concursal*, núm. 49, 2020.

FERNÁNDEZ DEL POZO, L. "El derecho de preferencia en los aumentos de capital preconcursales", *Almacén de derecho*, 2021.

GARCÍA LÓPEZ, S. y SUÁREZ LÓPEZ, A. "Acuerdos de refinanciación: modificaciones estructurales", *Actualidad Mercantil*, Valencia, Tirant lo Blanch, 2021.

GARCÍA-PITA LASTRES, J. L. *Contratos y COVID. El principio "Pacta Sunt Servanda" y la Regla "Rebus Sic Stantibus"*, Tirant lo Blanch, Valencia, 2021.

GARCÍA-VILLARUBIA BERNABÉ, M. "Socios y Reestructuración", *Actualidad Jurídica Uría Menéndez*, núm. 58, enero-abril de 2022.

GARNACHO CABANILLAS, L. "La reestructuración preconcursal de deudas desde una perspectiva interna y comunitaria", *Anuario de Derecho concursal*, núm. 53, 2021.

GONZÁLEZ VÁZQUEZ, J. C., "Contenido de los acuerdos de reestructuración", *Reestructuraciones e insolvencia*, Aznar Giner, E. y Zubizarreta Urcelay, V. (dirs.), Tirant lo Blanch, Valencia, 2023.

GONZÁLEZ VÁZQUEZ, J. C. y VILLARIN VINENT, R., "Contenido de los planes de reestructuración", *Reestructuraciones e insolvencia*, Aznar Giner, E. y Zubizarreta Urcelay, V. (dirs.), Tirant lo Blanch, Valencia, 2023.

HERNÁNDEZ SAIZ, E. "La capitalización de deuda como instrumento preconcursal preventivo o paliativo de la insolencia y los acuerdos de refinanciación", *Los acuerdos de refinanciación y de reestructuración de la empresa en crisis*, García Cruces, J. A. (dir.), Editorial Bosch, 2013.

IRIBARREN, M., "Voto en la junta y deberes de lealtad de la minoría", *Almacén de Derecho*, 18 de junio de 2021.

LEURA, M., "La reestructuración forzosa de la deuda: una evolución del «intra-class cramdown» al «cross-class cramdown»", *Anuario de Derecho concursal*, núm. 51, 2020.

MADRID PARRA, A. "Representación y transmisión de acciones: Cláusulas limitativas", *Revista de Derecho mercantil*, núm. 203, 1992.

NIETO DELGADO, C. "Acuerdos de junta general con singular relevancia en la generación de conflictos societarios: aprobación de cuentas, aumento y reducción de capital", *Tratado de conflictos societario*, Alonso Muñumer, M. E.; García-Villarubia, M.; García Marrero, J. y Ortega Burgos, E. (dirs.), Tirant lo Blanch, Valencia, 2019.

PALÁ LAGUNA, R. "El nuevo régimen de sociedades de capital (Ley 5/2021)", *Gómez-Acebo y Pombo, Análisis*, 2021.

PERDICES HUETOS, A. "Intransmisibilidad de participaciones y acciones antes de la inscripción", *Almacén de derecho,* 1 de octubre de 2020.

PÉREZ DE MADRID CARRERAS, V. "Los acuerdos de refinanciación en el Decreto 4/2014", *Cuadernos de Derecho y Comercio,* núm. 63, 2015

PÉREZ MILLÁN, D. "La transmisión de acciones representadas mediante títulos-valores". *Revista de Derecho mercantil,* núm. 264, 2007.

PULGAR EZQUERRA, J., "Los nuevos Planes de Reestructuración: un año de aplicación práctica", *Diario La Ley,* núm. 10.374, Sección Tribuna, 24 de octubre de 2023.

— "Las "fugas" del principio mayoritario en los nuevos planes de restructuración". *El notario del siglo XXI: revista del Colegio Notarial de Madrid,* núm. 109, 2023

— "El papel de los socios en reestructuraciones de empresas en crisis y la proyectada reforma del Texto refundido concursal", *El notario del siglo XXI: revista del Colegio Notarial de Madrid,* núm. 102, 2022.

ROJO FERNÁNDEZ-RÍO, Á., "La conversión de créditos en acciones o participaciones en los planes de reestructuración", *Estudios de Derecho de sociedades y de Derecho concursal: libro en homenaje al profesor Jesús Quijano González,* Peñas Moyano, Mª J. (coord.), Ediciones Universidad de Valladolid, 2023.

YANES YANES, P. "Notas sobre las nuevas mayorías de votación en la junta general de accionistas (art. 201 LSC)", *Estudios sobre Derecho de Sociedades: "Liber Amicorum" Profesor Luis Fernández de la Gándara,* Rodríguez Artigas, F.; Esteban Velasco, G.; y Sánchez Álvarez, M. M. (coords.), Aranzadi, Navarra, 2016.

Capítulo 34

LA TRANSMISIÓN DE ACCIONES Y PARTICIPACIONES EN SOCIEDADES DE CAPITAL EN CRISIS

Marina Vázquez Esteban
Profesora Contratada Doctora (acred.)
Universidad de Alicante

I. PLANTEAMIENTO

La promulgación y entrada en vigor de la Ley 16/2022 de 5 de septiembre, de reforma del texto refundido de la Ley Concursal[1] es resultado del proceso de transposición de la Directiva (UE)

1 Ley 16/2022, de 5 de septiembre, de reforma del texto refundido de la Ley Concursal, aprobado por el Real Decreto Legislativo 1/2020, de 5 de mayo, para la transposición de la Directiva (UE) 2019/1023 del Parlamento Eu-

2019/1023 par a la armonización del Derecho de la insolvencia, la reestructuración preventiva y la exoneración de deuda (Directiva sobre reestructuración e insolvencia)[2] y, con él, de la incorporación de profundos e importantes cambios en el Derecho español de la preinsolvencia.

Por medio de la reforma, la Unión Europea busca la defensa del conjunto de la economía y la eficiencia de los mercados a través de la conservación de sociedades viables y como consecuencia, el nuevo Texto Refundido de la Ley Concursal prescinde de los instrumentos preconcursales para el tratamiento de la crisis conocidos previamente, a saber, los acuerdos de refinanciación y acuerdos extrajudiciales de pago, sustituyéndolos por los planes de reestructuración. Estos contemplan la aprobación y ejecución de planes no consensuales mediante la aplicación de instrumentos de arrastre forzoso, como la homologación judicial (en la terminología anglosajona que lo inspira, *cross-class cram down*)[3].

De entre las numerosas cuestiones que surgían en el momento de la aprobación de la Directiva, destacaba la posibilidad de que estos nuevos planes de reestructuración se tradujeran en la ex-

ropeo y del Consejo, de 20 de junio de 2019, sobre marcos de reestructuración preventiva, exoneración de deudas e inhabilitaciones, y sobre medidas para aumentar la eficiencia de los procedimientos de reestructuración, insolvencia y exoneración de deudas, y por la que se modifica la Directiva (UE) 2017/1132 del Parlamento Europeo y del Consejo, sobre determinados aspectos del Derecho de sociedades (Directiva sobre reestructuración e insolvencia); publicado en el BOE núm. 214, de 6 de septiembre de 2022, BOE-A-2022-1458.

2 Directiva 2019/1023 del Parlamento Europeo y del Consejo, de 20 de junio de 2019, sobre marcos de reestructuración preventiva, exoneración de deudas e inhabilitaciones, y sobre medidas para aumentar la eficiencia de los procedimientos de reestructuración, insolvencia y exoneración de deudas, y por la que se modifica la Directiva (UE) 2017/1132. DO L 172/18, de 26 de junio de 2019.

3 Artículo 11 de la Directiva (UE) 2019/1023.

pulsión de los socios de la sociedad apalancada y, con ello, en la expropiación de sus derechos. Particularmente cuando el plan de reestructuración consista en una capitalización de deuda, medida estrella en las reestructuraciones de sociedades adolecidas por altos niveles de apalancamiento. La homologación de un plan no consensual con el referido contenido supone la aplicación forzosa de medidas que afectan directamente a los derechos de los socios en una sociedad de capital en contra de su consentimiento o sin haberles ni tan siquiera consultado, como correspondería de conformidad con las competencias que el artículo 160 de la Ley de Sociedades de Capital les atribuye en exclusiva. La consecuencia última es la dilución de la posición del socio o incluso su expulsión de la sociedad.

Como se verá, estas razones, unidas a las similitudes que presentan a efectos prácticos la capitalización de deuda y la transmisión derivativa de los derechos de los socios de la sociedad deudora a los acreedores, permiten plantearse si es posible que esta última se incorpore como contenido de un plan de reestructuración y cuáles son los inconvenientes que plantea. En particular, se trata de una opción que prevé la transposición alemana de la Directiva con el §7(4) StaRUG y su reflejo en el §225ª(3) InsO[4]. Ambos regulan el contenido de los *restrukturierungsplans* sin seguir un principio enumerativo. No obstante, no está tan claro que pueda pactarse la cesión forzosa de transmisiones o participaciones en el sistema español[5]. Se trataría de una operación atípica

4 La literalidad del artículo establece que ...*Im Plan kann jede Regelung getroffen werden, die gesellschaftsrechtlich zulässig ist, insbesondere die Fortsetzung einer aufgelösten Gesellschaft oder die Übertragung von Anteils-oder Mitgliedschaftsrechten....*

5 IRIBARREN BLANCO, M., "Los socios en los planes de reestructuración en la reforma del Texto Refundido de la Ley Concursal", *Revista General de Insolvencias & Reestructuraciones*, núm. 6, 2022, p. 114, considera que, en todo caso, la medida debe estar justificada, garantizar el valor real a los socios y

a pesar de buscar el mismo resultado que una capitalización de deuda.

El presente trabajo se plantea dar respuesta a la pregunta de si la actual normativa autoriza que una transmisión de acciones o participaciones forme parte del contenido de un plan de reestructuración que podrá ejecutarse sin contar con el consentimiento de los socios; y si dicha operación cumple con las expectativas sanadoras de la reestructuración temprana. En tal caso, cabe preguntarse si la capitalización responde a una vía encubierta en la norma que permite obtener los mismos resultados que una transmisión de acciones y participaciones o cuáles son las razones que llevaron en la transposición a no contemplar expresamente la transmisión de acciones o participaciones. Además, en todo caso, resulta obligado cuestionarse si la transmisión de acciones y participaciones no representa una medida expropiatoria de los derechos del socio o si existen garantías suficientes en la norma vigente que lo impidan.

II. LA TRANSMISIÓN FORZOSA DE ACCIONES Y PARTICIPACIONES. ANTECEDENTES EN LA DIRECTIVA DE REESTRUCTURACIONES Y EXPERIENCIA EUROPEA

1. La transmisión como posible contenido de los planes de reestructuración

El planteamiento anterior requiere en, primer lugar, analizar cuáles han sido las reformas introducidas por la Directiva de reestructuraciones que autorizan la adopción de medidas de esta naturaleza.

---

contar con su aprobación, junto con el resto de los requisitos para la confirmación de un plan de reestructuración.

La primera circunstancia que ha permitido cuestionarse si la transmisión puede constituir parte del contenido de un plan de reestructuración que derive en su aplicación forzosa son los amplios márgenes con los que delimita dicho potencial contenido. No en vano, la Directiva puntualiza que en ella únicamente se establecen unas "normas mínimas de contenido"[6] y exige que los planes incorporen formalmente las condiciones de reestructuración incluyendo, particularmente, "cualquier medida de reestructuración"[7]. En aclaración de esta última expresión el texto europeo define la reestructuración con amplios márgenes que permiten abarcar cambios en los activos y pasivos de la sociedad modificando tanto su composición, como sus condiciones o estructura; en la estructura de capital del deudor; cambios operativos; e incluso, en relación con la venta de activos, partes de la empresa, o también la venta de la empresa en funcionamiento. De este modo, una sociedad de capital podrá reestructurarse a través de las típicas operaciones societarias como aumentos o reducciones de capital, así como operaciones acordeón o las modificaciones estructurales ya conocidas. Es decir, permitiéndose todas aquellas operaciones que no estén prohibidas por el Derecho de sociedades[8].

No cabe duda de la amplitud tolerada por la norma europea en tanto en cuanto las operaciones de reestructuración permitan a una sociedad evitar una probable insolvencia, una insolvencia inminente o, en el peor de los casos, revertir la insolvencia actual

6 Considerando 42 de la Directiva (UE) 2019/1023.

7 Artículo 8.1.g)., apartado i), de la Directiva (UE) 2019/1023.

8 Sobre este particular en concreta relación con la transposición alemana, ver BRAUN, BRAUN y FRANK "InsO § 225ª Rechte der Anteilsinhaber", *Insolvenzordnung (InSO)*, 9ª Edición, Braun, E. y Bauch, R. (dirs.), C. H. Beck, München, 2022, marginal 2. Los autores recuerdan la exclusión de contenido de un plan de reestructuración que, si bien estaba permitida por la norma de urbanismo, no lo estaba por la ley societaria.

en la que haya recaído. Un abanico de posibilidades que no contempla exclusión normativa ni impedimento alguno a simple vista para considerar la transmisión de acciones o participaciones de los socios a los acreedores de la sociedad deudora. La muestra en el Derecho comparado de esta posibilidad está en el ya mencionado §7(4) StaRUG y su reflejo en el §225ª(3) InsO. Ambos regulan el contenido de los *restrukturierungsplans* sin seguir un principio enumerativo. Aún más, la norma hace mención a la posibilidad de que contemplen una transmisión de acciones o participaciones de los antiguos socios, si bien únicamente como ejemplo dentro del listado *numerus apertus* legalmente previsto.

2. La afectación de la estructura de capital por el Derecho de la crisis

La segunda circunstancia consiste en la afectación de la estructura de capital. No se cuestiona la validez de un plan de reestructuración consensual en el que se pacta una transmisión de los derechos de participación del socio a los acreedores de la sociedad en virtud del principio de autonomía de la voluntad y a la propia Ley de Sociedades de Capital. Aun así, el artículo 631.3. del Texto Refundido de la Ley Concursal es claro al determinar que cualquier operación societaria prevista en el plan deberá ajustarse a la legislación societaria. La aplicación de los artículos 106 a 112 y 120 a 126 de la Ley de Sociedades de Capital, relativos al régimen de transmisión de acciones y participaciones, pueden en relación con ello generar ciertos problemas de coordinación normativa. Los mismos serán objeto de tratamiento más adelante.

El problema surge con los planes no consensuales cuya homologación judicial se solicite por alguno de los acreedores cuando no cuentan con el consentimiento de los socios para la transmisión. Esto es, la posibilidad de que los socios se vean afectados por un plan de reestructuración. Se trata de una novedad expresamente introducida por la Directiva de reestructuraciones[9], si bien cabe mencionar que ya se contemplaba un ejemplo anterior de capitalización forzosa para las entidades de crédito por el FROB[10]. Su inspiración anglosajona y en teorías de corte económico lleva a considerar al socio un inversor financiero a largo plazo de la sociedad y, por lo tanto, un acreedor residual[11]. Un tratamiento

9 El artículo 2 de la Directiva (UE) 2019/1023, también en relación con el considerando 2, sujeta al socio como parte de la estructura de capital al perímetro de afectación de los planes de reestructuración. Ello va un paso más allá de la idea que sostiene que los socios siempre se verán directa o indirectamente afectados por los efectos que despliega la reestructuración en una sociedad. Idea apuntada por FERNÁNDEZ DEL POZO, L., "La tutela de los socios frente a los planes de reestructuración preventiva de su sociedad. Hacia un derecho societario preconcursal", *La Ley Mercantil*, núm. 88, 2022, consultado el 20 de abril de 2024.

10 Artículo 35 de la Ley 11/2015, de 18 de junio, de recuperación y resolución de entidades de crédito y empresas de servicios de inversión, <BOE-A-2015-6789>.

11 La consideración del socio como acreedor residual es tratada en la doctrina por EIDENMÜLLER, H., "Contracting for an european insolvency regime", *ECGI*, working paper núm. 341, 2017, p. 8; FERRI Jr., G., "Il ruolo dei soci nella ristrutturazione finanziaria dell'impresa alla luce di una recente proposta di direttiva europea", *Cuestiones actuales de Derecho Mercantil. La reforma europea del Derecho de sociedades y del Derecho concursal*, León Sanz, F. J. Y Rodríguez Sánchez, S., (dirs.), Marcial Pons, Madrid, 2018, p. 132; VATERMOLLI, D., "La posizione dei soci nelle ristrutturazioni. Dal principio di neutralità organizzativa alla residual owner doctrine?", *Revista delle Società*, LXIII, núm. 4, 2018, p. 888; EASTERBROOK, F. H., y FISCHEL, D. R., *The economic Structure of Corporate Law*, Harvard University Press, United States of América, 1991, pp. 36 a 39; o STOUT, L. A., "Bad and Not-so-Bad Arguments..." ..., *op. cit.* pp. 1192 a 1195. En el espectro nacional cabe destacar a GARCIMARTÍN ALFÉREZ, F.J., "La probabilidad de insolvencia", *Almacén de Derecho*, 9 de junio de 2021, consultado el 24 de abril de 2024 en https://almacendederecho.org/; BERMEJO GUTIÉRREZ, N., "Los socios y el reparto del excedente de la reestructuración", *El Derecho Concursal y la transposición de la Directiva sobre Reestructuración preventiva*, Garnacho Cabanillas, L., y Arias Varona, F. J. (dirs.), Wolters Kluwer, Madrid, 2021, p. 207; "Socios, planes de reestructuración y capitalización de créditos en la Directiva (EU) 2019/1023, sobre reestructuración e insolvencia", *Anuario de Derecho Con-*

que ya se observaba en Europa con el sistema alemán y la reforma en 2012 de la *Insolvenz Ordnung*, la cual seguía el ejemplo del *Chapter 11* de la *Bankruptcy Act* estadounidense. Pero, a pesar de la gravedad que anuncia la novedad en la legislación española de autorizar la inclusión del socio en el perímetro de afectación por un plan de reestructuración —cuya aplicación puede devenir forzosa—, se trata de una afirmación cuyas consecuencias últimas son igualmente alcanzables desde tres perspectivas jurídicas diferentes, aunque convergentes. En concreto desde la idea de las "ventas virtuales" de sociedades apalancadas, desde la perspectiva concursal y, por último, la idea de la cristalización de los derechos de opción del socio.

En primer lugar, se ha afirmado que la reestructuración de sociedades funciona como una suerte de venta virtual[12] de la sociedad al buscar con ella la maximización del valor de sus activos como se va a tratar de explicar sucintamente. De acuerdo con este planteamiento, el procedimiento de reestructuración puede producir una reasignación por la vía preconcursal de los derechos de control de la sociedad, de los socios a los acreedores[13]. Estos últimos son en definitiva quienes soportan el riesgo empresarial de una sociedad

cursal, Núm.49, 2020, p. 12; o FERNÁNDEZ DEL POZO, L., "La tutela de los socios frente a los planes de reestructuración...", *op. cit.* Consultado el 20 de abril de 2024. Asimismo, de entre sus muchas publicaciones al respecto, se ha de nombrar a PULGAR EZQUERRA, J., "Gobierno corporativo, sociedades cotizadas y proximidad de la insolvencia: Administradores, accionistas y acreedores", *Revista de Derecho concursal y paraconcursal: Anales de doctrina, praxis, jurisprudencia y legislación*, núm. 30, 2019, p. 28, o PULGAR EZQUERRA, J., "Hold out accionarial, reestructuración forzosa y deber de fidelidad del socio", *Revista de Derecho concursal y paraconcursal: Anales de doctrina, praxis, jurisprudencia y legislación*, núm. 7, 2017, pp. 43-67.

12 Para su estudio ver BERMEJO GUTIÉRREZ, N., "Los socios y el reparto del excedente...", *op. cit.*, p. 204.

13 La reasignación preconcursal representa aquí una alternativa a otras vías contractuales como las OPAS o los *covenants* en los que pueden producirse abusos, o frente al tradicional oportunismo cortoplacista de los socios.

que se encuentra en crisis y no podrá previsiblemente satisfacer sus créditos[14]. Durante el proceso —o en dicha venta virtual— se valora la empresa de manera que aquellos créditos que puedan ser satisfechos con el patrimonio de la sociedad siguiendo la regla de prelación absoluta recibirán derechos en la sociedad resultante de la reestructuración a través de una reformulación de las condiciones de sus créditos, una participación en la sociedad o de ambas. Tales acreedores se hallan en lo que se ha denominado como "dentro del valor del dinero" o *in-the-money*. En el otro extremo se encuentran los créditos que no pueden satisfacerse, atendiendo a la gravedad de la insolvencia, y por lo tanto están "fuera del valor del dinero" o *out-of-the-money*[15]. Estos últimos serán los socios. A mayor irreversibilidad de la crisis, mayor probabilidad de que el socio se encuentre fuera del valor del dinero.

La dogmática societaria y la separación perfecta propia de las sociedades de capital también apoya esta visión. Muestra de ello es el artículo 391.2. de la Ley de Sociedades de Capital, el cual confirma la idea básica en Derecho societario de que los socios no pueden recibir valor alguno sin antes haber satisfecho a los acreedores de la sociedad el importe de sus créditos[16].

14 En favor de la toma de control por los acreedores desde la perspectiva del gobierno corporativo se posiciona EIDENMÜLLER, H., "Comparative corporate insolvency law", *European Corporate Institute*, working paper núm. 319, 2016, p. 15.

15 Utilizando esta terminología cabe destacar a SCHMIDT, K. "Schöne neue Sanierungswelt: Die Glaubiger okkupieren die Burg", *Zeitschrift für Wirtschaftsrecht (ZIP)*, núm. 33/2, 2012, pp. 2085 y ss.; reiterándose en su trabajo SCHMIDT, K. "¿Desbanca el derecho concursal al derecho de sociedades? Disputas societarias, debt-to-equity-swap y take over", *Revista de Derecho concursal y paraconcursal: Anales de doctrina, praxis, jurisprudencia y legislación*, Núm.22, 2015, p. 311; BERMEJO GUTIÉRREZ, N., "Los socios y el reparto del excedente...", *op. cit.* p. 5; o GARCIMARTÍN ALFÉREZ, F. J., "La probabilidad de insolvencia", *op. cit.*; entre otros.

16 A salvo de que se trate un socio con la doble condición de socio-acreedor o en la terminología alemana *Gläubiguerrechtte*, como apuntaba GIRÓN TENA,

Por último, la perspectiva concursal permite alcanzar la misma conclusión. La rápida degradación de valor de los activos de una sociedad apalancada que además experimente las tradicionales reticencias a una reestructuración temprana por parte de los socios[17] supondrá que estos no cuenten con patrimonio suficiente para cubrir sus créditos siguiendo con la prelación concursal de los mismos[18]. Riesgo que aumentará a medida que se sucedan los tres estados de insolvencia. La alternativa que le queda al socio es la "recompra de la sociedad" de acuerdo con la teoría de "la cristalización de los derechos de opción del socio"[19]. En definitiva, no

J., *Apuntes de Derecho Mercantil. La empresa I*, Universidad Complutense. Facultad de Derecho, Madrid, p. 123, quien distinguía también GIRÓN TENA, J., *Derecho de Sociedades Anónimas. Según la Ley de 17 de julio de 1951*, Universidad de Valladolid. Seminarios de la Facultad de Derecho, Valladolid, 1952, p. 179, entre las dos vertientes del socio, a saber, la ya mencionada o la denominada *Mitgliedschaftsrechte*, también en la terminología alemana.

17 FERRI Jr., G., "Il ruolo dei soci nella ristrutturazione finanziaria...", *op. cit.* pp. 133 a 134; PULGAR EZQUERRA, J., "Hold out accionarial, reestructuración forzosa...", *op. cit.* pp. 43-67; BERMEJO GUTIÉRREZ, N., "Los socios y el reparto del excedente...", *op. cit.* pp. 210-215; FERNÁNDEZ DEL POZO, L., "La tutela de los socios frente a los planes..." ..., *op. cit.* Consultado el 20 de abril de 2024.

18 SQUIRE, R., *Corporate Bankruptcy and Financial Reorganization*, Aspen Publishing, United States, 2016, p. 2. La norma preconcursal derivada de la Directiva de reestructuraciones adelanta el momento en el que el socio recibe el tratamiento de acreedor residual con la incorporación de la *probabilidad de insolvencia*. Es en ese momento, en el que se activa la aplicación del Derecho preconcursal y, en su caso, de la teoría de la "cristalización de los derechos de opción del socio".

19 O, lo que es lo mismo, el vencimiento anticipado de los derechos u opciones que, como acreedores residuales, tienen sobre el valor futuro del negocio. A su disposición quedaría la posibilidad de "recomprar la sociedad" o, en el Derecho norteamericano, la "*new value exception*". Sobre estas cuestiones puede consultarse a BLACK, F. y SCHOLES, M., "The Pricing of Options...", *op. cit.* p. 637; y en la doctrina española también a GARCIMARTÍN ALFÉREZ, F. J., "La probabilidad de insolvencia...", *op. cit.* y BERMEJO GUTIÉRREZ, N., "Los socios y el reparto del excedente...", *op. cit.* pp. 206 y 207. En particular, sobre la *new value exception* ver MILLER, W., "Bankruptcy's new value exception: no longer necessity", *Boston University Law Review*, 77(5), 1997, pp.

se mantiene en la sociedad a quien no está dispuesto a invertir en ella, pudiendo verse afectada su posición o derechos políticos por la reestructuración de la sociedad[20].

La consecuencia de lo anterior es la vinculación o correlación de los derechos económicos y políticos del socio[21] y el vencimiento de la dimensión económica o política sobre la dimensión personal del socio. Encontrándose este fuera del valor del dinero o habiendo quedado sus derechos sin valor económico, se produce el decaimiento de los derechos políticos y, si bien mantienen la titularidad formal de la sociedad, la titularidad material se atribuye a los acreedores de la sociedad.

3. El desplazamiento del Derecho societario por el Derecho de la crisis

La conducta reticente u obstruccionista anteriormente mencionada es la que motiva que la Directiva de reestructuraciones haya establecido el deber de los Estados miembros de adoptar las medidas necesarias para que los intereses de los socios "no puedan impedir injustificadamente la adopción de planes de reestructuración que permitirían que el deudor recuperara su viabilidad"[22]. Con ello se permite a los Ordenamientos que introduzcan excep-

975-1024 y RUSCH, L. J., "The new value exception to the absolute priority rule in chapter 11 reorganizations: what should the rule be", *Pepperdine Law Review*, 19(4), 1992, p. 1319.

20 Considerando 57 de la Directiva (UE) 2019/1023.

21 En cierta forma se refieren a este suceso THERY MARTÍ, A., "Directiva de reestructuraciones, capitalización de créditos y gobierno corporativo", *Revista de Derecho concursal y paraconcursal: Anales de doctrina, praxis, jurisprudencia y legislación*, núm. 31, 2019, p. 63; y FERRI Jr., G., "Il ruolo dei soci nella ristrutturazione finanziaria...", *op. cit.* p. 135.

22 Artículos 12.3. y 32, y considerando 57 de la Directiva (UE) 2019/1023. El primero añade un apartado al artículo 84 de la Directiva (UE) 2017/1132.

ciones o modificaciones[23] a diversos preceptos de la Directiva de Sociedades[24]. Se consolida de esta manera el desplazamiento del Derecho de sociedades por el preconcursal[25].

En la transposición española de la Directiva de reestructuraciones el desplazamiento se ha manifestado en el artículo 631 del Texto Refundido de la Ley Concursal, por el que se regulan expresamente algunas de las tradicionales tensiones entre ambas áreas del Derecho reflejando el denominado Derecho material de la (pre)insolvencia[26].

Esta se encarga de alterar las normas societarias sobre la convocatoria de la junta, su desarrollo y votación. Artículo que se ha de considerar en conexión con otros preceptos como el artículo 640.2. del Texto Refundido de la Ley Concursal, ya que permite la homologación de un plan de reestructuración, aunque no haya

23 Considerando 96 de la Directiva (UE) 2019/1023.

24 Directiva (UE) 2017/1132 del Parlamento Europeo y del Consejo, de 14 de junio de 2017, sobre determinados aspectos del Derecho de sociedades (DO L 169 de 30.6.2017, p. 46).

25 Este asunto ya era tratado por la doctrina. En particular, la alemana, pudiendo mencionar a SCHMIDT, K., "¿Desbanca el Derecho concursal al Derecho de sociedades? Disputas societarias...", *op. cit.* pp. 1 a 19.

26 Consiste en Derecho especial asociado a situaciones de insolvencia actual, inminente o probable en determinados aspectos de la adopción de planes de reestructuración. En concreto, ver FERNÁNDEZ DEL POZO, L., "La tutela de los socios frente a los planes...", *op. cit.* Consultado el 20 de abril de 2024. Pero también puede consultarse COHEN BENCHETRIT, A., "La posición del socio ante la reestructuración en el Anteproyecto de reforma concursal", *La Ley Mercantil*, núm. 86, 2021, consultado el 17 de abril de 2024. Asimismo, resultan de especial relevancia las conclusiones que alcanzaba en esta línea el Informe de INSOL EUROPE de 2010 para la armonización de las legislaciones sobre insolvencia en toda la UE, Parlamento Europeo, Dirección General de Políticas Interiores, Departamento Temático C: Derechos de los ciudadanos y asuntos constitucionales, Asuntos Jurídicos, (PE 419. 633), consultado en http://www.europarl.europa.eu/studies

sido aprobado por los socios de la sociedad cuando la sociedad se encuentre en insolvencia inminente o actual.

Descarta en consecuencia aquellas situaciones en las que se haga una previsión a dos años de la situación de insolvencia[27].

Esto último refleja cómo la adopción de una medida gravosa para los derechos de los socios, como es la reestructuración forzosa, se condiciona atendiendo a la gravedad de la insolvencia y a la urgencia en la adopción de medidas tendentes a revertir la crisis de la sociedad.

III. LA CAPITALIZACIÓN DE DEUDA COMO ELEMENTO RESOLUTIVO DE LA CRISIS

1. Ventajas y desventajas de la capitalización

Se ha mencionado que las dudas que surgen alrededor de la transmisión forzosa de los derechos del socio en contextos de crisis de las sociedades son consecuencia de la reforma sufrida por las herramientas de reestructuración forzosa y del recurso de la capitalización de deuda como medida destacada dentro de las reestructuraciones de sociedades y de su deuda.

Esto se debe, primeramente, a la idoneidad de la operación para el saneamiento financiero de la sociedad en crisis por los beneficiosos efectos que despliega tanto para la sociedad, como para los acreedores e, incluso, para los socios de la sociedad.

Las virtudes de la conversión de deuda en capital consisten, en primer lugar, en la reducción del pasivo de la sociedad, así como

27 También se descartan las situaciones de hecho en las que el deudor es una pequeña o mediana empresa (artículo 684.2. TRLC) o una microempresa (artículo 698.1. TRLC).

del pago de los intereses. Ello mejora el balance y la liquidez de la sociedad en dificultades[28]. Esta recuperación aumenta el patrimonio neto lo que, al tiempo que evita una disolución obligatoria por pérdidas, disminuye la carga financiera y mejora la *ratio* de endeudamiento de la sociedad[29]. De este modo es posible que la sociedad en dificultades destine sus recursos a nuevas inversiones o fines distintos de la satisfacción de deuda pendiente, lo que atrae otras mejoras como la de nueva disponibilidad financiera.

Asimismo, podrían mencionarse numerosos efectos positivos atendiendo al caso concreto, como la liberación de un bien gravado cuando el crédito goza de garantía real o aquellos referidos a una mejora de la posición económica, tanto de los acreedores, como del propio acreedor capitalizado. Los primeros pueden ver cómo sus créditos experimentan una mejora en las posibilidades de cobro. En cuanto al segundo podrá no sólo recuperar su crédito, sino cobrar más de lo que le correspondía antes de la reestructuración de la sociedad, debido a que una enajenación posterior (esta vez, de su participación) se nutre de la mejora en la situación de la sociedad en cuyo saneamiento ha participado el acreedor (y de la que ahora es miembro). Además, este último disfrutaría de otras ventajas derivadas de su nueva posición de socio, como el cobro de los nuevos créditos[30]. La capitalización

28 EIDENMÜLLER, H., "Comparative corporate insolvency law", *op. cit.* p. 22.

29 GALLEGO CÓRCOLES, A., *La capitalización de créditos mediante aumento del capital social (debt-equity swap)*, Aranzadi, Cizur Menor (Navarra), 2019, pp. 19 y 20.

30 GALLEGO CÓRCOLES, A., *La capitalización... op. cit.* pp. 20 y 21. La autora recoge todas estas causas que justifican el éxito de la conversión de deuda en capital, sin por ello obviar los posibles efectos adversos que también produce para el socio o el acreedor capitalizado, como en el caso de la problemática *free-rider* o incluso el riesgo del *turn around*. Mientras que el primero puede ver su posición diluida, el segundo modifica su posición como acreedor por la del socio que, como ya se ha mencionado en el presente trabajo, es de carácter residual tanto si se considera desde una perspectiva societaria como concursal.

permite con esto que el acreedor consolide una posición de control de la que ya disponía anteriormente (el control material de la sociedad) al autorizar su entrada en la sociedad por cuya refinanciación y continuidad apuesta[31].

Sin embargo, no todo son luces en la conversión de deuda, sino que la operación también esconde sombras que se ciernen sobre los socios preexistentes en la sociedad deudora. La capitalización con emisión de nuevas acciones o participaciones produce un efecto de dilución de la posición política del socio preexistente en la sociedad y de sus derechos políticos. Lo que a la postre produce a su vez la dilución de los económicos como son la participación en los beneficios, la cuota de liquidación futura e, incluso, los derechos económicos que puedan derivarse de una transmisión de sus acciones o participaciones. En definitiva, el socio pierde participación en la sociedad, viéndose afectados tanto sus derechos políticos como económicos. Un debilitamiento que en el peor escenario puede incluso suponer la expulsión del socio de la sociedad. Concretamente cuando la operación se materializa mediante una operación acordeón con reducción a cero de su capital.

Ciertamente, la capitalización por medio de la emisión de nuevas acciones y, en concreto, por medio de una operación acordeón están reconocidas como las más habituales y como aquéllas en las que piensa el legislador al tratar la conversión en el ámbito

31 En palabras de THERY MARTÍ, A., "Directiva de reestructuraciones...", *op. cit.* pp. 58 y 59, este fenómeno se denomina "*permeabilidad de la estructura de capital*". Entrada en el capital que se justifica, incluso de manera forzosa frente a los socios, por la posición que ocupan los acreedores financieros externos en relación con su inversión a largo plazo. Así lo sostienen también RICHTER, T., "Reconciling the European Registered Capital Regime with a Modern Corporate Reorganization Law. Experience from the Czech Insolvency Law Reform", IES FSV, Occasional Paper 1/2009, Charles University, p. 1; o PULGAR EZQUERRA, J., "Holdout accionarial, reestructuración forzosa..." ..., *op. cit.* p. 47.

de la crisis de la sociedad[32]. Más aún, la operación acordeón en estos escenarios puede llegar a ser conveniente o, incluso, necesaria.

Pero la clave radica en que es con esta operación[33] con la que los socios afrontan el riesgo de dilución y uno aún mayor denunciado por la doctrina, a saber, la expropiación de los derechos del socio[34]. Esta se produce cuando en la operación de reestructuración a través de la capitalización con una operación acordeón se infravalora el valor de la sociedad resultante de la reestructuración o, directamente, si no se tiene en cuenta dicho valor para calcular el que le correspondería a los acreedores capitalizados, así como el valor de las nuevas acciones o participaciones[35]. La consecuencia es el surgimiento de un conflicto sobre el reparto del excedente o valor resultante tras la reestructuración —de la que formará parte la capitalización de la forma explicada a continuación.

Primero, se produce una reducción a cero del capital o a una cifra cercana. Simultáneamente, se procede al aumento de capital.

32 GALLEGO CÓRCOLES, A., *La capitalización... op. cit.* p.27.

33 La operación acordeón no es la única. Por el contrario, este efecto puede darse en modificaciones estructurales como la fusión.

34 Este asunto ha sido mencionado en la doctrina nacional, entre otros por FERNÁNDEZ DEL POZO, L., "La tutela de los socios frente a los planes...", *op. cit.* Consultado el 20 de abril de 2024; VIERA GONZÁLEZ, J., "Gobierno corporativo de sociedades no cotizadas en la proximidad de la insolvencia", *Reestructuración y Gobierno Corporativo en la proximidad de la insolvencia*, Pulgar Ezquerra, J. (dir), Wolters Kluwer, Madrid, 2020, p.848; IRIBARREN BLANCO, M., "Los socios en los planes de reestructuración...", *op. cit.* p. 104; o GALLEGO CÓRCOLES, A., *La capitalización de créditos..., op. cit.* p. 135. En el Derecho comparado, entre otros, EIDENMÜLLER, H., "Comparative corporate insolvency law" ..., *op. cit.* p. 22; o SCHMIDT, K., "¿Desbanca el Derecho concursal al Derecho de sociedades? Disputas societarias...", *op. cit.* p. 311.

35 Valor que ha de determinarse de acuerdo con una estimación del valor *ex post* de la sociedad, menos el valor *ex ante* de la misma y el crédito que el acreedor ostenta frente a la sociedad.

No obstante, si, como se ha mencionado anteriormente el socio se encuentra fuera del valor del dinero, no le corresponderán o no le quedarán derechos en la sociedad resultante de la reestructuración y, por lo tanto, no podrá asumir o suscribir acciones o participaciones en dicho aumento simultáneo de capital. Lo que ocurre entonces es que, de haberse infravalorado la sociedad con anterioridad, el socio no se habría encontrado fuera del valor del dinero, por lo que aún debería mantener derechos en la sociedad resultante.

Por otro lado, de tratarse de una infravaloración de la sociedad *ex post*, los acreedores estarían adquiriendo mayores derechos o un mayor valor del que les correspondería conforme a su crédito y que debiera corresponderles a los socios de la sociedad de acuerdo con la condición de socio que ostentan al momento de iniciar la operación. De nuevo, en el peor de los casos, la expropiación podría venir acompañada de una expulsión del socio de la sociedad. Especialmente cuando la reducción del capital social sea a cero, cuando el socio no mantiene acciones o participaciones tras el aumento. Se estaría ante la privación de su condición de socio.

2. La transmisión de acciones en autocartera como vía de ejecución de la capitalización

No es menos cierto que la conversión de deuda en capital admite diversos formatos o vías de ejecución. En este sentido se ha planteado si el legislador procuraba con las sucesivas reformas concursales una exclusión del resto de vías para ejecutarla. Para encontrar una respuesta cabe ampararse en la argumentación presentada por Gallego Córcoles[36] en la anterior regulación

36 GALLEGO CÓRCOLES, A., *La capitalización... op. cit.* pp. 29 a 34, con especial referencia a la página 32.

concursal, de acuerdo con la cual, se admite la ejecución de una conversión de deuda mediante la entrega de acciones o participaciones en autocartera[37]. Más ahora que la ley concursal elimina la referencia expresa al aumento por compensación, al margen de la que realiza en el artículo 631.4. del Texto Refundido de la Ley Concursal. En él se menciona la operación acordeón, pero ello no es óbice para entender posible que la capitalización se materialice mediante otras vías alternativas. Es decir, que la referencia expresa que realiza a la operación acordeón es de carácter ejemplificativa y no excluyente de otras posibilidades. Esta podrá ejecutarse bien como una dación de acciones o participaciones en pago de la deuda, bien como venta de participaciones o acciones que se compensa con la cuantía del crédito, o bien como una permuta en la que la deuda se extingue por confusión de patrimonios al recaer sobre la sociedad la misma condición de deudor y acreedor de un mismo derecho de crédito.

La ejecución de una capitalización por medio de una transmisión de acciones o participaciones en autocartera no necesariamente ha de considerarse de forma aislada. También es posible sostener que una conversión de deuda que combinase la transmisión de acciones o participaciones en autocartera con la emisión de otras de nueva emisión reduciría el negativo efecto diluyente de la posición del socio[38]. Una combinación incluso conveniente dado el reducido volumen de acciones o participaciones que puede conformar la autocartera en relación con el probable alto nivel de deuda financiera[39]. Sin mencionar que la operación rela-

37 Cabe apuntar que una capitalización con emisión de nuevas acciones supone una adquisición originaria de la condición de socio para el acreedor capitalizado, mientras que su ejecución por medio de la transmisión de acciones en autocartera implica una transmisión derivativa.

38 GALLEGO CÓRCOLES, A., *La capitalización... op. cit.* p. 33.

39 GALLEGO CÓRCOLES, A., *La capitalización... op. cit.* p. 30.

cionada con la autocartera no necesitará el *engorroso* acuerdo de la junta de socios.

Con todo, han de realizarse algunas apreciaciones respecto de los límites temporales y cuantitativos que conforman su restrictivo régimen jurídico[40]. Si bien es cierto que la norma societaria recoge plazos muy breves para la posesión de acciones o participaciones en autocartera, el Tribunal Supremo aclaró en 2018[41] que el transcurso de dicho plazo, que varía entre los tres años o los diez cuando se hayan adquirido de la sociedad dominante, no obliga a la sociedad a su amortización inmediata. En realidad, únicamente faculta a los socios o interesados a solicitar judicialmente su amortización. Por lo que, aun no habiéndose amortizado, podría procederse a la transmisión de un número mayor de acciones o participaciones acumuladas en autocartera de las que corresponden al mínimo legal (al caso que aquí compete, en la reestructuración). Asimismo, tampoco será un obstáculo para la operación la restricción que contiene el artículo 142 de la Ley de Sociedades de Capital sobre el ejercicio de los derechos correspondientes a las acciones o participaciones propias o de la sociedad dominante, ya que esta se levantaría tras la enajenación al acreedor.

40 Los artículos 141 y ss. LSC recogen las condiciones de amortización o enajenación de las participaciones y acciones de una adquisición derivativa condicionada o libre, salvo que su valor nominal no exceda del veinte por ciento del capital social junto con el valor nominal de las que "*ya posean la sociedad adquiriente o sus filiales y, en su caso, la sociedad dominante y sus filiales*". Además, su enajenación deberá ser por el valor razonable. Junto a esto, también se hayan los arts. 144 y ss. LSC para las adquisiciones derivativas libres.

41 STS del 1 de octubre de 2018, (ECLI: ES:TS:2018:3333). Del análisis doctrinal de esta resolución se encarga ALFARO ÁGUILA-REAL, J., "Venta de la autocartera en una sociedad limitada por acuerdo adoptado en junta universal", *Almacén de Derecho*, octubre de 2018, consultado el 12 de abril de 2024 en https://almacendederecho.org/

IV. LA TRANSMISIÓN DE ACCIONES O PARTICIPACIONES COMO ELEMENTO RESOLUTIVO DE LA CRISIS

1. Planteamiento

Expuesto lo anterior, es posible apreciar paralelismos entre el efecto práctico de la operación acordeón en este contexto y una mera transmisión de acciones o participaciones. Ambos posibilitan la entrada del acreedor en la estructura de capital de la sociedad con el consecuente traslado del control societario a sus *dueños* materiales, generando la dilución de la posición del socio en la estructura de capital que en el peor de los casos significará la expulsión total de este. Por ello, cabe preguntarse si, dado que se permite una capitalización mediante la transmisión de acciones en autocartera, no sería posible ejecutar la conversión de deuda a través de una transmisión de acciones y participaciones cuya titularidad conserven todavía los socios. Asimismo, si es posible sustituir directamente la capitalización por una transmisión forzosa

de acciones o participaciones de los antiguos socios a aquellos acreedores financieros dispuestos a apostar por la continuidad de la sociedad. Siendo además quienes gozan de la titularidad material de la compañía.

En cualquier caso, ambas opciones deberán permitir la reestructuración de la deuda mediante la reducción del pasivo y el aumento del patrimonio neto, como ocurre en el caso de la capitalización mediante la emisión de nuevas acciones o participaciones. Por ello, las preguntas que caben hacerse son, si esta operación sería posible de acuerdo con la legalidad vigente y, especialmente, la reciente reforma del Texto Refundido de la Ley Concursal; en su caso, qué efectos desplegaría esto sobre la normativa societaria; y, por supuesto, cuáles son las razones que llevan al legislador español a mantener distancias con la regulación alemana al no contemplar esta opción entre los posibles contenidos explícitos y apostar fuertemente por la capitalización de deuda como alternativa.

2. La transmisión derivativa de acciones o participaciones titularidad de los socios

Como es sabido y aquí se ha expuesto, es posible ejecutar una conversión de deuda mediante la entrega de acciones o participaciones en autocartera. Pero la posibilidad de sustituir estas por aquellas que todavía conserva el socio presenta dificultades de diversa índole.

Las complicaciones se muestran, en primer lugar, respecto de la naturaleza de la operación y su ejecución técnica. Tomando como referencia la transmisión de la autocartera, esta podía realizarse como una venta de participaciones, como una dación en pago o como una permuta. Pero frente a la estructura de la operación con transmisión de la autocartera, en la de acciones o participaciones cuya titularidad conservan los socios los sujetos intervinientes varían. Los sujetos vinculados en las diferentes operaciones serán los socios y el acreedor, dejando al margen a la sociedad. En consecuencia, ni en la venta de participaciones ni en la permuta se produce una confusión de patrimonios que permitan cancelar la deuda existente y reducir los pasivos. El derecho de crédito seguirá vigente y exigible por su nuevo titular, el socio transmitente o socio permutante. Lo mismo ocurre en el supuesto de orientarlo por la vía de la venta de participaciones, en la cual, la contraprestación consiste en la cesión del crédito al socio transmitente. Incluso, resultaría indiferente que el socio se encontrase fuera del valor del dinero y el acreedor no tuviese que desembolsar cantidad alguna por adquirir la nueva condición de socio, puesto que los pasivos causantes de la crisis se conservarían.

Lo anterior tampoco asegura que la operación de capitalización con transmisión de los derechos del socio permita cumplir el objetivo que se propone, esta es, la reversión o solución de la crisis. Para que la operación cumpla las expectativas sanadoras de la insolvencia, sería necesario que en el sinalagma de las prestaciones recíprocas entre las partes se incorpore la obligación por parte de los socios adquirentes de cancelar la deuda objeto de transmisión. Lo que, por un lado, supone la atipicidad de la operación y, por el otro, resulta harto improbable que se produzca.

La alternativa a estas operaciones consistiría en prescindir de la capitalización. Habida cuenta de la libertad con la que se regula el contenido de los planes de reestructuración, nada obsta a la incorporación directamente al plan de la transmisión junto con otras medidas típicas que aseguren el efecto sanador de la reestructuración. Es decir, prever una quita sobre el crédito al mismo tiempo. Pero en tal supuesto, el socio transmitente no percibiría contraprestación por sus acciones o participaciones. Por esta razón cabe afirmar que la practicidad de la transmisión de acciones o participaciones cuya titularidad pertenece a los socios de la sociedad deudora dependerá del valor que tengan estas. Dicho de otro modo, a mayor gravedad de la crisis, mayor eficacia de la medida y más beneficiosa para todos. La idea de que el socio no reciba una contraprestación no será problemática cuando se encuentre fuera del valor del dinero, es decir, cuando su participación valga cero. No obstante, de hallarse todavía dentro del valor del dinero en el momento de la negociación de un plan de reestructuración debería recibir una contraprestación por sus derechos, puesto que todavía conserva valor en la sociedad que resulte de la reestructuración, esto es, el derecho a su cuota como parte de la condición de socio.

En relación con lo anterior, al igual que con la capitalización con la transmisión sería necesario una valoración previa de la sociedad en crisis y del valor de las participaciones. Al acontecer en el marco de una reestructuración temprana el valor de las mismas se calcularía considerando igualmente la diferencia entre el valor *ex post* de la sociedad y el valor *ex ante*, así como el valor del crédito capitalizable[42]. De esta manera se permite conocer si el socio se encuentra dentro del valor del dinero y cuál habría de ser su compensación por la transmisión de derechos; si la contraprestación por la transmisión debe ser cero o si, por el contrario, el acreedor deberá abonar alguna cantidad o, alternativamente, conservar parte de las acciones o participaciones que posee.

Difícilmente, sin embargo, el acreedor que ostenta una deuda frente a la sociedad estará dispuesto a desembolsar nuevas cantidades de dinero a cambio de las acciones o participaciones que se transmiten. Esta opción sólo se valora cuando el acreedor financiero decide apostar por la reestructuración y la revalorización de la sociedad a modo de inversión que le permitiría, con su entrada en la gestión, aumentar el valor de la misma —en comparación con el del crédito que ya tenía y a cualquier nueva cantidad desembolsada— con la obtención de beneficios sociales en el ejercicio de la nueva condición de socio o con la enajenación en un momento posterior de dichos derechos. En su lugar, el socio podrá conservar derechos en la sociedad en lugar de recibir una contraprestación, experimentando el acreedor un menor porcentaje de rebaja en el derecho de crédito, lo que implica una menor reducción de los pasivos de la sociedad en crisis.

A pesar de los obstáculos, es posible concluir que nada impide alcanzar un acuerdo en el cual se combinen ambas medidas, a saber, la transmisión de la condición de socio y la aplicación de quitas o esperas al acreedor. Opción que permite reducir los pa-

42 A favor del valor razonable, IRIBARREN BLANCO, M., "Los socios en los planes de reestructuración...", *op. cit.* p. 114. Siguiendo lo dispuesto por el artículo 107.2.d) LSC en su segundo párrafo, la valoración debe ser la pactada por las partes y, en su defecto, conforme al valor real. Pero, para que la valoración no oculte efectos expropiatorios y dada la posibilidad de aplicación forzosa de las medidas adoptadas, es posible entender necesario que se realice conforme al valor real de las acciones y tomando como referencia el valor *ex post*.

sivos de la sociedad, al tiempo que se minimizan las consecuencias negativas para ambos. Especialmente evita que se reduzca la fuerza sanadora de una sola operación aisladamente considerada cuando el socio todavía se encuentra dentro del valor del dinero, dado que la sociedad experimentaría en ese último caso, una menor reducción de sus pasivos.

Pero la posibilidad de incluir una transmisión de acciones o participaciones también afronta la tradicional reticencia de los socios a colaborar en la reestructuración. Reservas que llegan a convertirse en el conocido obstruccionismo o *hold out behaviour* en la terminología anglosajona[43].

Lo hasta aquí expuesto permite afirmar que ni la norma societaria, la norma concursal, o la autonomía de la voluntad parecen oponerse a la transmisión de los derechos del socio como mecanismo resolutivo de la crisis. Sin embargo, tanto el arrastre por la voluntad social de una junta sin unanimidad, como la homologación judicial de un plan con el contenido aquí expuesto, continúa planteando serias dudas sobre la posibilidad de que se produzca con ello una expropiación de los derechos del socio. Sobre estos aspectos se hablará más adelante.

43 Sobre la conducta del socio frente a las reestructuraciones se han pronunciado, entre otros, FERRI Jr., G., "Il ruolo dei soci nella ristrutturazione finanziaria...", *op. cit.* pp. 133 a 134; PULGAR EZQUERRA, J., "Hold out accionarial, reestructuración forzosa...", *op. cit.* pp. 43-67; BERMEJO GUTIÉRREZ, N., "Los socios y el reparto del excedente...", *op. cit.* pp. 210-215; FERNÁNDEZ DEL POZO, L., "La tutela de los socios frente a los planes..." ..., *op. cit.* Consultado el 20 de abril de 2024; GARCIMARTÍN ALFÉREZ, F.J., "La Propuesta de Directiva europea sobre reestructuraciones y segunda oportunidad: el arrastre de acreedores disidentes y la llamada "regla de prioridad absoluta", *Anuario de Derecho concursal*, núm. 43, 2018, p. 6; o SÁNCHEZ CALERO, F., La junta general..., *op. cit.* p. 480, quien apunta a un agravamiento en las sociedades cerradas.

3. Coordinación normativa y ausencia de conflicto con los principios configuradores del tipo en sociedades cerradas

Desde su creación en 1953[44] la sociedad de responsabilidad limitada es conocida por su carácter tendencialmente cerrado pensado para un reducido número de socios más o menos estable y base personal. Esta caracterización que integra un matiz personalista en una sociedad de capital y resuelta tras el triunfo de los sistemas dualistas en España frente a los sistemas unitarios del Derecho Comparado, favorables a la creación de una única forma social con una pluralidad de posibles organizaciones internas, se resuelve en una regulación legal que se propone la protección del *intuitu personae* en las sociedades limitadas. Así, la regulación restrictiva de la transmisión de acciones y participaciones conforma una de las características propias de esta diferenciación tipológica entre sociedades anónimas o limitadas, siendo un elemento del tipo de estas últimas[45]. Su configuración como una "vigilancia controlada" evoluciona hasta la actual previsión de un régimen estatutario libre con un régimen legal supletorio restrictivo[46]. La Ley de Sociedades de Capital prevé en los artículos 106 y siguientes un régimen estatutario con cierta libertad de pacto, siempre y cuando este no contenga una transmisión prácticamente libre o excesivamente restringida de las participaciones sociales, y un ré-

44 Ley de 17 de julio de 1953 y sucesivas reformas.

45 SEQUEIRA MARTÍN, A., "Normas supletorias para la transmisión voluntaria por actos inter vivos de las participaciones sociales", *Derecho de sociedades de responsabilidad limitada. Estudio sistemático de la ley 2/1995*, Tomo I, Rodríguez Artigas, F., García Villaverde, R., Fernández de la Gándara, L., Alonso Ureba, A., Velasco San Pedro, L.A., Esteban Velasco, G. (coords.), McGraw-Hill/Interamericana de España, Aravaca (Madrid), 1996, p. 431, confronta así los sistemas de Derecho comparado como el francés, con los sistemas alemán o italiano, más centrados controlar el procedimiento de circulación de las participaciones.

46 Ampliamente sobre este modelo de la antigua reforma de 1995, SEQUEIRA MARTÍN, A., "Normas supletorias para la transmisión...", *op. cit.* p. 346 y ss.

gimen legal supletorio restrictivo para la transmisión *inter vivos*[47]. El legislador tutela con ello el interés de los socios que acuden a esta tipología de evitar que se produzcan alteraciones de poder. Igualmente les permite mantener cierto *status quo*[48], así como evitar potenciales problemas derivados de la entrada de personas no deseadas por el conjunto de los socios[49].

De entender que en la reestructuración de sociedades es posible que se llegue a aplicar una transmisión forzosa de participaciones, cabría pensar en cómo la *lex specialis* afecta al régimen societario de dicha transmisión, cómo se coordinarían los preceptos aplicables de ambas normas y, más aún, si esta no supone una alteración de los principios configuradores del tipo por lo que respecta las sociedades de responsabilidad limitada. Debido a las especialidades que estas presentan, el estudio se centra en adelante únicamente en estas últimas.

Lo primero que se ha de apuntar es que el artículo 631 del Texto Refundido de la Ley Concursal es terminante al asegurar la aplicación de las normas societarias del tipo que corresponda cuando el contenido de un plan requiera el acuerdo de los socios de la sociedad deudora. A continuación, detalla cuáles son las especialidades

47 De esta manera, no caben ni la total prohibición para la transmisión *inter vivos*, salvo que se reconozca un derecho de separación; ni la restricción en el número de participaciones que se transmiten; ni tampoco cabe prohibir la transmisión por un periodo superior a cinco años.

48 VIERA GONZÁLEZ, A. J., *Las Sociedades de Capital cerradas. Un problema de Relaciones entre los tipos SA y SRL*, Aranzadi, Cizur Menor (Navarra), 2002, p. 48.

49 GÓMEZ MENDOZA, M., "Cláusulas estatutarias de transmisión voluntaria por actos inter vivos de las participaciones sociales de una sociedad limitada", *Derecho de sociedades de responsabilidad limitada. Estudio sistemático de la Ley 2/1995*, Tomo I, Rodríguez Artigas, F., García Villaverde, R., Fernández de la Gándara, L., Alonso Ureba, A., Velasco San Pedro, L., Esteban Velasco, G. (coords.), McGraw-Hill/Interamericana de España, Aravaca (Madrid), 1996, p. 403.

preconcursales que en ese procedimiento decisorio de la junta se aplican sobre el Derecho de sociedades. Por lo tanto, cabe entender que, salvo dichas excepciones, los artículos 106 y siguientes de la Ley de Sociedades de Capital siguen siendo de aplicación.

Al hilo de lo anterior, no habría mayor conflicto entre un plan con el contenido que aquí se plantea y el artículo 107 de la Ley de Sociedades de Capital, referido a las transmisiones *inter vivos* y el artículo 631 del Texto Refundido de la Ley Concursal, sobre la decisión de los socios para la aprobación del plan. La junta celebrada conforme a este último y convocada de acuerdo con las especialidades preconcursales temporales, así como del orden del día, coincide sin mayores inconvenientes con la junta que la norma societaria exige. Eso sí, siempre que dicho plan de reestructuración y, la transmisión como parte de su contenido, sean aprobados conforme a la mayoría ordinaria de los socios. Nótese que las mayorías exigidas en ambas normas resultan coincidentes.

El problema surgiría con el quorum de constitución, puesto que en el Derecho de sociedades el socio transmitente queda excluido de la transmisión[50], especialmente cuando todos los socios se vieran afectados. No hay inconveniente para que los socios transmitentes asistan a la junta, pero sí queda afectado el *quorum*, lo que obliga a una votación separada para cada uno de los socios que transmite. Una opción que no parece razonable, especialmente cuando existe un gran número de socios. Además, se trata de una posibilidad contraria a la exigencia del apartado cuarto del artículo 631.2. del Texto Refundido de la Ley Con-

50 PERDICES HUETO, A., "Artículo 107. Régimen de la transmisión voluntaria por actos *inter vivos*", *Comentario de la Ley de Sociedades de Capital*, Tomo I, Rojo, A., y Beltrán, E., (dirs.), Aranzadi, Thomson Reuters, Navarra, 2011, p. 889, destaca la particular situación que provoca el artículo 190 LSC, por la que la transmisión por un socio mayoritario puede quedar sometida al a voluntad de la minoría.

cursal. Este indica que el orden del día de la junta debe limitarse exclusivamente a la aprobación o rechazo del plan en todos sus términos, afectando también al derecho de información relacionado. Se entiende que con ello se exige una única votación sobre la totalidad del plan, sin admitir la aprobación parcial al admitir algunas de las transmisiones y otras no.

Ahora bien, en una reestructuración temprana, por razones de equidad y de paridad de trato que eviten que la operación tenga carácter expropiatorio, todos los socios deberán quedar afectados proporcionalmente. No será razonable que la transmisión afecte, por ejemplo, solo a uno de ellos. Por ello, la disyuntiva que presenta el Derecho de sociedades sobre el *quorum* trasladada al contexto preconcursal puede solventarse entendiendo que votarán todos en un solo acto sobre la transmisión y sobre el plan en su totalidad. Cualquier opción referida a una votación individual o la celebración de dos juntas resultaría contraria a la celeridad que se propone el proceso de reestructuración temprana, además de resultar inoperativa en los términos expuestos y contraria al artículo 631 del Texto Refundido de la Ley Concursal.

Por otra parte, se mantiene vigente la necesidad de que los socios transmitentes comuniquen a los administradores por escrito la transmisión, el número y las características de las participaciones[51].

Otro asunto es la compatibilidad del arrastre forzoso preconcursal con las medidas de tutela del *intuitu personae* de las

51 El proceso de transmisión no se abre hasta la *denuntiatio*, esto es, hasta que se le comunica al administrador, iniciando el proyecto. Ver, PERDICES HUETO, A., "Artículo 107. Régimen de la transmisión voluntaria por actos...", *op. cit.* p. 889. Ahora bien, al producirse en el seno de un plan de reestructuración, la comunicación resulta superflua, entendiendo que la transmisión es el resultado de un proceso de negociación con los acreedores y que tanto socios, como administradores y acreedores están informados al respecto.

sociedades limitadas[52]. Una transmisión forzosa de la condición de socio podría neutralizar estas disposiciones al eliminar todo control o voluntad manifestada en el acuerdo de la junta general del artículo 107.2.b) de la Ley de Sociedades de Capital. La entrada de acreedores en la sociedad es contraria a la protección del interés de los socios de evitar que se produzcan alteraciones de poder por la entrada de personas no deseadas[53]. Así, el régimen eminentemente restrictivo se configura tradicionalmente como una característica diferenciadora de los modelos empíricos legales o la tipología social dualista protagonizada por el binomio sociedad anónima-sociedad limitada. No en vano se ha afirmado que la restricción a la transmisión voluntaria *inter vivos* de participaciones es "la quintaesencia del carácter cerrado de la sociedad limitada"[54].

Pero igualmente cierto es que la hipotética transmisión forzosa en una reestructuración no es estrictamente un supuesto de libertad total de transmisibilidad, ni tampoco una prohibición absoluta de la misma. Las cuestiones relativas a la transmisión han de dejarse a la autonomía de la voluntad como un ámbito privado de la sociedad o de sus relaciones internas[55]. Sin embargo, en las situaciones de crisis que aquí se contemplan, la autonomía de la voluntad se sustituye por la homologación judicial en el seno de un proceso de reestructuración. De igual modo que el interés de

52 Dichas medidas son las que contenga el régimen estatutario, el artículo 108 de la Ley de Sociedades de capital, así como el régimen legal supletorio mencionado.

53 VIERA GONZÁLEZ, A. J., *Las Sociedades de Capital...*, *op. cit.* p. 48 y GÓMEZ MENDOZA, M., "Cláusulas estatutarias de transmisión...", *op. cit.* p. 403.

54 PERDICES HUETO, A., "Artículo 107. Régimen de la transmisión voluntaria por actos...", *op. cit.* p. 888.

55 GIRÓN TENA, J., *La transmisión inter vivos de participaciones en la LSRL*, Bilbao, 1956, p. 18, al que también se refiere GÓMEZ MENDOZA, M., "Cláusulas estatutarias de transmisión...", *op. cit.* p. 417.

los socios manifestado en la junta general para decidir sobre la transmisión de las participaciones es sustituido por el interés que prima en la reestructuración y que encierra notas de corte institucionalista al incluir a *otros interesados* en el procedimiento[56]. El supuesto es distinto y orbita sobre la pregunta de si se trata, más bien, de una expropiación de los derechos del socio. Además, la propia Ley de Sociedades de Capital regula en su artículo 109 un supuesto de transmisión forzosa.

Empero de los esfuerzos por delimitar y distinguir la estructura, funcionamiento y elementos esenciales de las sociedades de responsabilidad limitada frente a los de la sociedad anónima, también se ha sostenido que la caracterización de los distintos tipos sociales no puede depender exclusivamente de uno de sus elementos aisladamente considerado[57]. En este caso, la caracterización de la sociedad limitada no puede condicionarse al mantenimiento de un régimen restrictivo de la transmisión de participaciones. Por el contrario, depende de la coherencia interna del conjunto de los elementos y la forma en la que se interconectan.

Por estas razones, no es posible afirmar que con la ausencia aislada de uno de los elementos esenciales se vulneran los princi-

56 La Directiva (UE) 2019/1023 busca la maximización del valor de la empresa en funcionamiento que se combina con la tendencia desde 2015 con el Código Unificado de Buen Gobierno Corporativo de 2015 y especial referencia a su recomendación 12. Esto introduce ideas como la del buen gobierno corporativo o la responsabilidad social corporativa, así como la necesidad de que los administradores dirijan la gestión hacia la protección de trabajadores e interesados distintos de los socios. La idea de la institucionalización en estos escenarios de crisis ya se mencionaba por PULGAR EZQUERRA, J., "<<Holdout accionarial>>, reestructuración forzosa..." ..., *op. cit.* p. 44.

57 Más recientemente, VIERA GONZÁLEZ, A. J., *Las Sociedades de Capital...*, *op. cit.* p. 51. Con anterioridad, GIRÓN TENA, J., *La transmisión inter vivos...*, *op. cit.* p. 13 insistía sobre la utilidad delimitadora del régimen de transmisiones entre los tipos sociales.

pios configuradores del tipo[58]. Sin perder de vista que, además, el arrastre forzoso preconcursal no altera ni el régimen estatutario, ni el régimen legal de la sociedad, que seguirá siendo más o menos cerrada quedando el tipo social intacto. Una idea pacífica con la reconocida polivalencia funcional entre las sociedades anónimas y las de responsabilidad limitada, debido a la flexibilidad de ambos regímenes internos regulables por vía estatutaria. Maleabilidad que, por otro lado, ha sido criticada debido a las dificultades que provoca a la hora de distinguir entre ambos modelos[59] y que mantendría las dudas acerca la utilidad y claridad de la distinción tipológica actual.

4. Especial referencia al derecho de preferencia

Junto con las dificultades prácticas que presenta la transmisión de los derechos del socio en un procedimiento de reestructuración temprana de la crisis, existe otro asunto que puede haber llevado al legislador a descartar su mención legal expresa como posible contenido de un plan de reestructuración. Se trata de la existencia de un derecho de preferencia.

58 En un análisis concreto sobre las SA, DUQUE DOMÍNGUEZ, J.F., "Escritura, estatutos y límites a la libertad estatutaria en la fundación de sociedades anónimas", *Derecho de sociedades anónimas: [en homenaje al profesor Girón Tena]*, Volumen I, Alonso Ureba, A. (coord.), Civitas, Madrid, 1991, pp. 100-101, analiza la relación entre el "*concepto [de la sociedad anónima]*" y "el tipo". En el mismo sentido se posiciona, VIERA GONZÁLEZ, A. J., *Las Sociedades de Capital…, op. cit.* p. 51.

59 FERNÁNDEZ DE LA GÁNDARA, "La sociedad de responsabilidad limitada en el sistema español de sociedades de capital", *Derecho de sociedades de responsabilidad limitada. Estudio sistemático de la Ley 2/1995*, Tomo I, Rodríguez Artigas, F., García Villaverde, R., Fernández de la Gándara, L., Alonso Ureba, A., Velasco San Pedro, L., Esteban Velasco, G. (coords.), McGraw-Hill/Interamericana de España, Aravaca (Madrid), 1996, p.12.

Fruto de las últimas reformas, el artículo 631.4. del Texto Refundido de la Ley Concursal, suprime el derecho de preferencia para el caso de que se emitan nuevas acciones o participaciones como parte de un plan de reestructuración cuya homologación se solicita. Menciona que, en particular, no se contemplará cuando la emisión sea parte de una operación acordeón. Se trata de una decisión del legislador criticable. Primero, por cuanto elimina una herramienta de protección del socio frente la dilución política y económica que sufriría con la emisión de nuevas acciones y en particular, con la capitalización. En segundo lugar, porque impide que el socio pueda, al tiempo que protege su posición, contribuir a la refinanciación de la sociedad. Esta medida parece procurar una obstrucción de los socios que se quedan en la sociedad gracias a su ejercicio[60]. Al mismo tiempo, anula el desincentivo que puede suponer para el acreedor que refinancia la sociedad el potencial ejercicio del derecho de preferencia por los socios[61]. Por añadidura, la eliminación representa un incentivo negativo para que los socios apuesten por una reestructuración en un momento temprano (insolvencia probable), antes de que las consecuencias por una insolvencia inminente o actual supongan la adopción de medidas que diluyan su posición en la sociedad de manera forzosa y sin posibilidad de ejercitar un derecho de preferencia que lo evite.

60 GARCIMARTÍN ALFÉREZ, F.J., "Derecho de preferencia y planes de reestructuración", *Almacén de Derecho*, 20 de julio de 2022, consultado el 25 de abril de 2024 en https://almacendederecho.org/

61 GALLEGO SÁNCHEZ, E., "La posición de los socios y administradores sociales en situación de preinsolvencia según el proyecto de reforma del Texto Refundido de la Ley Concursal", *El concurso y la conservación de la empresa: debates sobre nuestra inminente nueva Ley Concursal*, Herbosa Martínez, I., (coord.), Thomson Reuters, Aranzadi, Navarra, 2022, p. 555. Ciertamente, los acreedores se mostrarán reacios a compartir valor en la sociedad con los antiguos socios.

Por lo que respecta a la operación de la transmisión de la condición de socio, sí que contempla un derecho de preferencia en el artículo 107.2.c) de la Ley de Sociedades de Capital como un mecanismo restrictivo de dicha transmisión[62]. Incluso se reconoce en las transmisiones *mortis causa* como un derecho de adquisición o rescate frente al nuevo socio en la tutela del *intuitu personae*[63].

No hay precepto alguno en el Texto Refundido de la Ley Concursal que impida entender vigente la existencia del derecho de preferencia en los términos previstos por el artículo 107.2.c). del texto societario. Sin duda, esta entorpecería la reestructuración forzosa y reduciría la certeza de los acreedores afectados sobre el éxito de su adquisición. Así, el socio cuyas acciones o participaciones se transmiten todavía goza de la posibilidad de *recomprarlas* realizando un nuevo desembolso por ellas conforme a su valor razonable. Ahora bien, mientras que el mero derecho de preferencia se antoja un obstáculo a la reestructuración, su consideración como un derecho de *recompra* o de rescate resulta más útil[64]. Téngase en cuenta que la transmisión se produciría de manera forzosa y automática tras la homologación judicial[65]. Mediante su ejercicio, el socio recupera sus derechos procedien-

62 PERDICES HUETO, A., "Artículo 107. Régimen de la transmisión voluntaria por actos...", *op. cit.* p. 891.

63 PERDICES HUETO, A., "Régimen de transmisión *mortis causa*", *Comentario de la Ley de Sociedades de Capital*, Tomo I, Rojo, A., y Beltrán, E., (dirs.), Aranzadi, Thomson Reuters, Navarra, 2011, p. 906.

64 Una opción que ya se ha contemplado por el legislador al diseñar el derecho de preferencia del artículo 110 LSC, relativo a las transmisiones *mortis causa*. En particular, PERDICES HUETO, A., "Régimen de transmisión *mortis causa*", *op. cit.* p. 906, hace referencia a la existencia de un "rescate" o "venta forzosa", dado que los socios no pueden impedir la transmisión a los causahabientes, dado que se trata de una transmisión *ex lege*.

65 Sobre este particular consultar el artículo 650.2. TRLC, relativo a la ejecución de un plan de reestructuración homologado.

do a cubrir con el desembolso que realiza en favor del acreedor la cantidad equivalente al derecho de crédito que ostentaba este frente a la sociedad. Así, primero el acreedor adquiere las acciones o participaciones, ejecutándose al mismo tiempo una quita por el precio equivalente sobre el derecho de crédito que deberá corresponderse con la diferencia entre el valor *ex post* y *ex ante* de la sociedad reestructurada. Posteriormente, el socio ejercita el *derecho* de preferencia o de *recompra*, abonando, de nuevo el valor razonable al antiguo acreedor. Como resultado, el socio que puede permitirse refinanciar la sociedad mantiene sus derechos como socio, mientras que el acreedor ve satisfecho su crédito.

V. GARANTÍAS FRENTE A UNA POSIBLE TRANSMISIÓN DE ACCIONES Y PARTICIPACIONES FORZOSA EXPROPIATORIA

La transmisión de acciones o participaciones en un contexto de reestructuración temprana que autoriza el arrastre forzoso de los socios por los acreedores mediante la homologación exige plantearse si no representa un caso de expropiación de los derechos del socio[66]. De entenderse así, se trataría de una medida

66 El peligro que afrontan los socios de ser expropiados de sus derechos ya se anunciaba por el Informe de INSOL Europe 2010 (p. 31), en relación con el artículo 1 del CEDH. En la doctrina nacional, entre otros, FERNÁNDEZ DEL POZO, L., "La tutela de los socios frente a los planes..." ..., *op. cit.* Consultado el 20 de abril de 2024; BERMEJO GUTIÉRREZ, N., "Los socios y el reparto del excedente...", *op. cit.* pp., 215-216; GALLEGO CÓRCOLES, A., *La capitalización de créditos...*, *op. cit.* p. 135; VIERA GONZÁLEZ, J., "Gobierno corporativo de sociedades no cotizadas...", *op. cit.* p. 848; o IRIBARREN BLANCO, M., "Los socios en los planes de reestructuración...", *op. cit.* p. 104. También en Derecho comparado, entre otros, EIDENMÜLLER, H., "Comparative corporate insolvency law", *op. cit.* p. 22; o SCHMIDT, K., "¿Desbanca el Derecho concursal al Derecho de sociedades? Disputas societarias...", *op. cit.* p. 311, quien denuncia esta situación a través del supuesto alemán del concurso de acreedores de la sociedad anónima y bursátil "Pfleider AG", estudio desarrollado en SCHMIDT, K. "Schöne neue Sanierungswelt...", *op. cit.* pp. 2085-

inconstitucional. En concreto, quedarían afectados los derechos a la propiedad, el derecho a la libertad de empresa, e incluso el de asociación[67]. Para resolver esta cuestión es posible extrapolar

2088. Por su parte, GIRÓN TENA, J., *Apuntes de Derecho Mercantil... op. cit.* pp. 121 y 122 sostenía que la relación jurídica compleja es ...*suficiente para explicar que el socio no pueda ser desposeído de ella*...

67 Arts. 38, 33 y 22 CE, respectivamente. Además, el derecho a la propiedad encuentra también reconocimiento en el artículo 17 de la Carta de Derechos Fundamentales de la Unión Europea de 18 de diciembre del 2000, DOCE (2000/C 364/01) y en el artículo 1 del Protocolo adicional del Convenio Europeo para la Protección de los Derechos Humanos y Libertades Fundamentales, firmado en París, en 1952, incorporado al Convenio Europeo para la Protección de los Derechos Humanos y Libertades Fundamentales firmado en Roma en 1950 [BOE-A-1979-24010]. La doctrina mayoritaria considera que el debate sobre la constitucionalidad de las medidas debe llevarse sobre la vía del derecho de la propiedad, quedando amparados tanto los derechos políticos como los económicos. Por ejemplo, REY MARTÍNEZ, F., *La propiedad privada en la Constitución española*, Centro de Estudios Constitucionales, Madrid, 1994, p. 276. Conforme, PAZ-ARES RODRÍGUEZ, C., "Aproximación al estudio de los *squeeze-outs* en el Derecho español", *Revista de Derecho Bancario y Bursátil*, núm. 91, 2003, p. 14. Lo mismo se ha planteado en la doctrina alemana, como WIRTH, G., y ARNOLD, M., "Anfechtungsklagen gegen Squeeze out-Hauptversammlungsbeschlüsse wegen angeblicher Verfassungswidrigkeit", *Die Aktiengesellschaf (AG)*, 2002, pp. 309-312. En relación con el derecho de asociación, consular Con más detalle, PAZ-ARES RODRÍGUEZ, C., "Ensayo sobre la libertad de empresa", *Estudios jurídicos en homenaje al profesor Luis Díez-Picazo*, Volumen 4, Cabanillas Sánchez, A., (coord.), Thomson Civitas, Madrid, 2002, pp. 5986-5989. También hacer mención BERCOVITZ RODRÍGUEZ-CANO, A., "Los acuerdos impugnables en la Sociedad Anónima", *Estudios de Derecho Mercantil en homenaje al profesor Manuel Broseta Pont*, Broseta Pont, M., Tirant lo Blanch, Valencia, 1995, p. 380. Sin embargo, con carácter actual, la afectación del derecho de libertad de empresa se reconoció por la SJM de Barcelona (Sección 2ª), de 4 de septiembre de 2023, [ECLI:ES:JMB:2023:1949], con el ya conocido como "caso Celsa". En el Derecho comparado, la conexión entre el derecho a la propiedad y el de la libertad de empresa es reconocida por el *Bundesverfassungsgericht* o Tribunal Constitucional alemán en su Sentencia de 23 de agosto del 2000. Sobre esto último, PAZ-ARES RODRÍGUEZ, C., "Ensayo sobre la libertad...", *op. cit.* pp. 5984-5985. Asimismo, ver MADAUS, S., "Keine Reorganisation ohne die Gesellschafter", *Zeitschrift für Unternehmens-und Gesellschaftsre-*

algunos de los argumentos esgrimidos en el debate surgido en 2002 acerca de la constitucionalidad *sequeeze-out*[68]. De acuerdo con ella, no toda injerencia por el legislador en los derechos es inconstitucional cuando encuentre una justificación suficiente. Ambos exigen un interés superior, general o social, que lo justifique. Sin embargo, la intromisión en el derecho a la propiedad mediante expropiación exige el reconocimiento de una indemnización, así como el de una revisión judicial de la misma, que no corresponde de infringirse el de la libertad de empresa[69].

En relación con lo anterior, es posible afirmar que en estos escenarios la transmisión de la condición de socio responde al interés general superior asegurar la defensa del conjunto de la economía y la eficiencia de los mercados a través de la conservación de sociedades viables, de acuerdo con los objetivos planteados por la Directiva de reestructuraciones. Por su parte, el Texto Refundido de la Ley Concursal prevé garantías dirigidas a la tutela de dicho interés, representadas por el plan de viabilidad que formará parte del contenido del plan de reestructuración y será imprescindible para la homologación[70]. Conforme a este, el plan sólo

cht (ZGR), Volumen 40, núm. 6, 2011, pp. 761-767, en relación con la teoría del *Midgliedschaft* o derecho de asociación o membresía.

68 El debate versaba sobre el riesgo de que el *squeeze-out* fuese una expropiación de los derechos de los accionistas, lo que impediría incorporar esta medida al ordenamiento español para las sociedades cotizadas y estando en el aire incluso su extensión a las sociedades no cotizadas. En profundidad, ver, RONCERO SÁNCHEZ, A., "La compra y venta forzosa de acciones (*sell out* y *squeeze out*)", *Revista de Derecho de sociedades,* Núm.33, 2009, pp. 54-58. Quien apunta las diferencias entre la expropiación que debe venir justificada por razones de utilidad pública o interés social, mientras que la conformación del derecho (*squeeze-out*) está delimitada por su función social y no requiere identificarse con un interés superior.

69 PAZ-ARES RODRÍGUEZ, C., "Ensayo sobre la libertad...", *op. cit.* p. 5982.

70 Artículo 633.10ª TRLC. Por su intermedio el juez comprobará la necesidad de la medida para evitar la insolvencia de la sociedad. No queda tan claro, no obstante, si dicha necesidad se debe tener en cuenta en contraposición con

podrá homologarse cuando el valor de la sociedad en funcionamiento (tras la reestructuración) es superior al que resultaría de su liquidación[71]. De tal forma que, cuando la probabilidad de que el plan no asegure la viabilidad sea superior a la probabilidad de que sí lo haga, resultaría desproporcionado exigir cualquier sacrificio a los socios[72]. Además, el arrastre forzoso, sólo será posible si el deudor se encuentra en insolvencia inminente o actual.

Por lo que respecta a la compensación de los socios, esta queda asegurada por la regla de prioridad absoluta en sentido inverso o "*reverse* rule" contenida en el artículo 656 del Texto Refundido de la Ley Concursal[73]. Permite que el auto de homologación pueda impugnarse por los socios que hayan votado en contra en

otras medidas menos gravosas. Sin embargo, el control de la viabilidad se posterga al momento de la impugnación de la homologación (Arts. 654.4º y 656.1.4º TRLC), puesto que del artículo 647.1. del Texto Refundido de la Ley Concursal se desprende que el control al momento de la homologación no es verdaderamente de fondo.

71 Para ello se exige certeza sobre la viabilidad, no es necesario que esta esté garantizada. Sobre estos aspectos, ver PULGAR EZQUERRA, J., "Artículo 597. Acuerdos de refinanciación", en Pulgar Ezquerra, J., (dir.), *Comentario a la Ley Concursal. Texto Refundido de la Ley Concursal*, Tomo I, Wolters Kluwer, 2ª edición, Madrid, 2020, p. 142; y la SJM de Sevilla de 2017 Núm.442, de 25 de septiembre de 2017, [ECLI:ES:JMSE:2017:675]. No está tan clara, sin embargo, el arco temporal de la viabilidad.

72 CAMPUZANO LAGUILLO, A. B., "Artículo 598. Requisitos de los acuerdos colectivos de refinanciación", *Comentarios al articulado del Texto Refundido de la Ley Concursal. Real Decreto Legislativo 1/2020, de 5 de mayo*, Tomo IV, Peinado García, J. I. y Sanjuán y Muñoz, E., (dirs.), Sepín, Madrid, 2020, p. 148.

73 GALLEGO SÁNCHEZ, E., "La Directiva (UE) 2019/1023 para aumentar la eficiencia de los procedimientos de reestructuración, insolvencia y exoneración de deudas", *Litigación internacional en la Unión Europea V: Derecho concursal internacional: Reglamento (UE) 2015/848, Texto Refundido Ley Concursal (Libro Tercero) de 2020, Directiva (UE) 2019/1023*, Calvo Caravaca, A. L. y Carrascosa González, J., (coords.), Thomson Reuters Aranzadi, Navarra, 2021, pp. 569-648.

caso de que "una clase de acreedores afectados vaya a recibir, como consecuencia del cumplimiento del plan, derechos, acciones o participaciones, con un valor superior al importe de sus créditos". Constituye por ello, una herramienta tuitiva de los derechos económicos del socio frente a la expropiación al impedir la apropiación del excedente de valor tras la reestructuración —que el socio percibiría como una cuota de liquidación o como valores en la sociedad—, toda vez que se han satisfecho los derechos de crédito vencidos y exigibles[74].

Por último, también queda satisfecha por el Texto Refundido de la Ley Concursal la necesidad de que exista una vía de revisión judicial de la compensación a través del mencionado artículo.

Cabe concluir, por lo tanto, que la transmisión en el contexto aquí descrito no necesariamente supondrá una expropiación siendo que, además, es la propia norma preconcursal la que ha previsto garantías suficientes para proteger los derechos de los socios de las injerencias injustificadas.

VI. BIBLIOGRAFÍA

ALFARO ÁGUILA-REAL, J., "Venta de la autocartera en una sociedad limitada por acuerdo adoptado en junta universal", *Almacén de Derecho*, octubre de 2018, https://almacendederecho.org/

BERCOVITZ RODRÍGUEZ-CANO, A., "Los acuerdos impugnables en la Sociedad Anónima", *Estudios de Derecho Mercantil en homenaje al profesor Manuel Broseta Pont*, Broseta Pont, M. (dir.), Tirant lo Blanch, Valencia, 1995.

74 IRIBARREN BLANCO, M., "Los socios en los planes de reestructuración...", *op. cit.* p. 130. En la misma línea, FERNÁNDEZ DEL POZO, L., "El derecho de preferencia en los aumentos de capital preconcursales", *Almacén de Derecho*, 21 de diciembre, 2021, consultado el 17 de abril de 2024, https://almacendederecho.org/.Ver también la SJM de Barcelona (Sección 2ª), de 4 de septiembre de 2023, [ECLI:ES:JMB:2023:1949] o "caso Celsa" en el FJ OCTAVO (8.1.).

BERMEJO GUTIÉRREZ, N., "Los socios y el reparto del excedente de la reestructuración", *El Derecho Concursal y la transposición de la Directiva sobre Reestructuración preventiva*, Garnacho Cabanillas, L., y Arias Varona, F. J. (dirs.), Wolters Kluwer, Madrid, 2021.

BRAUN, BRAUN y FRANK "InsO § 225ª Rechte der Anteilsinhaber", *Insolvenzordnung (InSO)*, 9ª Edición, Braun, E. y Bauch, R. (dirs.), C. H. Beck, München, 2022, marginales 1-32.

CAMPUZANO LAGUILLO, A. B., "Artículo 598. Requisitos de los acuerdos colectivos de refinanciación", *Comentarios al articulado del Texto Refundido de la Ley Concursal. Real Decreto Legislativo 1/2020, de 5 de mayo*, Tomo IV, Peinado García, J. I. y Sanjuán y Muñoz, E., (dirs.), Sepín, Madrid, 2020.

COHEN BENCHETRIT, A., "La posición del socio ante la reestructuración en el Anteproyecto de reforma concursal", *La Ley Mercantil*, Núm.86, 2021.

DUQUE DOMÍNGUEZ, J.F., "Escritura, estatutos y límites a la libertad estatutaria en la fundación de sociedades anónimas", *Derecho de sociedades anónimas: [en homenaje al profesor Girón Tena]*, Volumen I, Alonso Ureba, A. (coord.), Civitas, Madrid, 1991, pp. 15-110.

EIDENMÜLLER, H., "Comparative corporate insolvency law", *European Corporate Institute*, working paper núm. 319, 2016, pp. 1-30.

EIDENMÜLLER, H., "Contracting for an european insolvency regime", *ECGI*, working paper núm.341, 2017.

FERNÁNDEZ DE LA GÁNDARA, "La sociedad de responsabilidad limitada en el sistema español de sociedades de capital", *Derecho de sociedades de responsabilidad limitada. Estudio sistemático de la Ley 2/1995*, Tomo I, Rodríguez Artigas, F., García Villaverde, R., Fernández de la Gándara, L., Alonso Ureba, A., Velasco San Pedro, L., Esteban Velasco, G. (coords.), McGraw-Hill/Interamericana de España, Aravaca (Madrid), 1996.

FERNÁNDEZ DEL POZO, L., "El derecho de preferencia en los aumentos de capital preconcursales", *Almacén de Derecho*, 21 de diciembre, 2021, https://almacendederecho.org/

FERNÁNDEZ DEL POZO, L., "La tutela de los socios frente a los planes de reestructuración preventiva de su sociedad. Hacia un derecho societario preconcursal", *La Ley Mercantil*, núm. 88, 2022.

FERRI Jr., G., "Il ruolo dei soci nella ristrutturazione finanziaria dell'impresa alla luce di una recente proposta di direttiva europea", *Cuestiones actua-*

les de Derecho Mercantil. La reforma europea del Derecho de sociedades y del Derecho concursal, León Sanz, F. J. Y Rodríguez Sánchez, S., (dirs.), Marcial Pons, Madrid, 2018.

GALLEGO CÓRCOLES, A., *La capitalización de créditos mediante aumento del capital social (debt-equity swap)*, Aranzadi, Cizur Menor (Navarra), 2019.

GALLEGO SÁNCHEZ, E., "La Directiva (UE) 2019/1023 para aumentar la eficiencia de los procedimientos de reestructuración, insolvencia y exoneración de deudas", *Litigación internacional en la Unión Europea V: Derecho concursal internacional: Reglamento (UE) 2015/848, Texto Refundido Ley Concursal (Libro Tercero) de 2020, Directiva (UE) 2019/1023*, Calvo Caravaca, A. L. y Carrascosa González, J., (coords.), Thomson Reuters Aranzadi, Navarra, 2021.

GALLEGO SÁNCHEZ, E.,"La posición de los socios y administradores sociales en situación de preinsolvencia según el proyecto de reforma del Texto Refundido de la Ley Concursal", *El concurso y la conservación de la empresa: debates sobre nuestra inminente nueva Ley Concursal*, Herbosa Martínez, I., (coord.), Thomson Reuters, Aranzadi, Navarra, 2022.

GARCIMARTÍN ALFÉREZ, F.J., "La Propuesta de Directiva europea sobre reestructuraciones y segunda oportunidad: el arrastre de acreedores disidentes y la llamada "regla de prioridad absoluta", *Anuario de Derecho concursal*, núm. 43, 2018.

GARCIMARTÍN ALFÉREZ, F.J., "Derecho de preferencia y planes de reestructuración", *Almacén de Derecho*, 20 de julio de 2022, https://almacendederecho.org/

GARCIMARTÍN ALFÉREZ, F.J., "La probabilidad de insolvencia", *Almacén de Derecho*, 9 de junio de 2021, https://almacendederecho.org/

GIRÓN TENA, J., *Apuntes de Derecho Mercantil. La empresa I, Universidad Complutense. Facultad de Derecho*, Madrid, 1983-1984.

GIRÓN TENA, J., *Derecho de Sociedades Anónimas. Según la Ley de 17 de julio de 1951, Universidad de Valladolid. Seminarios de la Facultad de Derecho*, Valladolid, 1952.

GIRÓN TENA, J., *La transmisión inter vivos de participaciones en la LSRL*, Bilbao, 1956.

GÓMEZ MENDOZA, M., "Cláusulas estatutarias de transmisión voluntaria por actos inter vivos de las participaciones sociales de una sociedad limitada", *Derecho de sociedades de responsabilidad limitada. Estudio sistemático de la Ley 2/1995*, Tomo I, Rodríguez Artigas, F., García Villaverde, R., Fernández de la Gándara, L., Alonso Ureba, A., Velasco San Pedro, L., Esteban Velasco, G. (coords.), McGraw-Hill/Interamericana de España, Aravaca (Madrid), 1996.

IRIBARREN BLANCO, M., "Los socios en los planes de reestructuración en la reforma del Texto Refundido de la Ley Concursal", *Revista General de Insolvencias & Reestructuraciones*, núm. 6, 2022.

MADAUS, S., "Keine Reorganisation ohne die Gesellschafter", *Zeitschrift für Unternehmens-und Gesellschaftsrecht (ZGR)*, Volumen 40, núm. 6, 2011.

MILLER, W., "Bankruptcy's new value exception: no longer necessity", *Boston University Law Review*, 77(5), 1997.

PAZ-ARES RODRÍGUEZ, C., "Aproximación al estudio de los squeeze-outs en el Derecho español", *Revista de Derecho Bancario y Bursátil*, núm. 91, 2003, pp. 7-38.

PAZ-ARES RODRÍGUEZ, C., "Ensayo sobre la libertad de empresa", *Estudios jurídicos en homenaje al profesor Luis Díez-Picazo*, Volumen 4, Cabanillas Sánchez, A., (coord.), Thomson Civitas, Madrid, 2002.

PERDICES HUETO, A., "Artículo 107. Régimen de la transmisión voluntaria por actos inter vivos", *Comentario de la Ley de Sociedades de Capital*, Tomo I, en Rojo, A., y Beltrán, E., (dirs.), Aranzadi, Thomson Reuters, Navarra, 2011.

PERDICES HUETO, A., "Régimen de transmisión mortis causa", *Comentario de la Ley de Sociedades de Capital*, Tomo I, Rojo, A., y Beltrán, E., (dirs.), Aranzadi, Thomson Reuters, Navarra, 2011.

PULGAR EZQUERRA, J., "Hold out accionarial, reestructuración forzosa y deber de fidelidad del socio", *Revista de Derecho concursal y paraconcursal: Anales de doctrina, praxis, jurisprudencia y legislación*, núm. 27, 2017.

PULGAR EZQUERRA, J., "Artículo 597. Acuerdos de refinanciación", en Pulgar Ezquerra, J., (dir.), *Comentario a la Ley Concursal. Texto Refundido de la Ley Concursal, Tomo I*, Wolters Kluwer, 2ª edición, Madrid, 2020.

PULGAR EZQUERRA, J., "Gobierno corporativo, sociedades cotizadas y proximidad de la insolvencia: Administradores, accionistas y acreedores", *Revista de Derecho concursal y paraconcursal: Anales de doctrina, praxis, jurisprudencia y legislación*, núm. 30, 2019.

REY MARTÍNEZ, F., *La propiedad privada en la Constitución española*, Centro de Estudios Constitucionales, Madrid, 1994.

RICHTER, T., "Reconciling the European Registered Capital Regime with a Modern Corporate Reorganization Law. Experience from the Czech Insolvency Law Reform", IES FSV, Occasional Paper 1/2009, Charles University.

RONCERO SÁNCHEZ, A., "La compra y venta forzosa de acciones (sell out y squeeze out)", *Revista de Derecho de sociedades*, núm. 33, 2009.

RUSCH, L. J., "The new value exception to the absolute priority rule in chapter 11 reorganizations: what should the rule be", *Pepperdine Law Review*, 19(4), 1992.

SCHMIDT, K. "¿Desbanca el derecho concursal al derecho de sociedades? Disputas societarias, debt-to-equity-swap y take over", *Revista de Derecho concursal y paraconcursal: Anales de doctrina, praxis, jurisprudencia y legislación*, núm. 22, 2015.

SCHMIDT, K. "Schöne neue Sanierungswelt: Die Glaubiger okkupieren die Burg", *Zeitschrift für Wirtschaftsrecht (ZIP)*, núm. 33/2, 2012.

SEQUEIRA MARTÍN, A., "Normas supletorias para la transmisión voluntaria por actos inter vivos de las participaciones sociales", *Derecho de sociedades de responsabilidad limitada. Estudio sistemático de la ley 2/1995,* Tomo I, Rodríguez Artigas, F., García Villaverde, R., Fernández de la Gándara, L., Alonso Ureba, A., Velasco San Pedro, L.A., Esteban Velasco, G. (coords.), McGraw-Hill/Interamericana de España, Aravaca (Madrid), 1996.

SQUIRE, R., *Corporate Bankruptcy and Financial Reorganization*, Aspen Publishing, United States, 2016.

THERY MARTÍ, A., "Directiva de reestructuraciones, capitalización de créditos y gobierno corporativo", *Revista de Derecho concursal y paraconcursal: Anales de doctrina, praxis, jurisprudencia y legislación*, núm. 31, 2019.

VATERMOLLI, D., "La posizione dei soci nelle ristrutturazioni. Dal principio di neutralità organizzativa alla residual owner doctrine?", *Revista delle Società*, LXIII, núm. 4, 2018.

VIERA GONZÁLEZ, A. J., *Las Sociedades de Capital cerradas. Un problema de Relaciones entre los tipos SA y SRL*, Aranzadi, Cizur Menor (Navarra), 2002.

VIERA GONZÁLEZ, J., "Gobierno corporativo de sociedades no cotizadas en la proximidad de la insolvencia", *Reestructuración y Gobierno Corporativo en la proximidad de la insolvencia*, Pulgar Ezquerra, J. (dir), Wolters Kluwer, Madrid, 2020.

WIRTH, G., y ARNOLD, M., "Anfechtungsklagen gegen Squeeze out-Hauptversammlungsbeschlüsse wegen angeblicher Verfassungswidrigkeit", *Die Aktiengesellschaf (AG)*, 2002.

Capítulo 35

LA PÉRDIDA DE LA CONDICIÓN DE SOCIO Y SU INCIDENCIA SOBRE EL "INTERÉS LEGÍTIMO" EN LOS PROCESOS DE LITIGACIÓN SOCIETARIA

Lucía Astarloa Araluce
Abogada

Amador Navarro Morales
Abogado - Cuatrecasas

SUMARIO: I. INTRODUCCIÓN. II. LA PÉRDIDA DEL INTERÉS LEGÍTIMO COMO EXCEPCIÓN A LA *PERPETUATIO* CONTENIDA EN EL ARTÍCULO 413 LEC. III. EL CONCEPTO DE "*LEGITIMACIÓN*". ESPECIAL REFERENCIA A LA LEGITIMACIÓN ACTIVA EN PROCESOS DE LITIGACIÓN SOCIETARIA. 1. La legitimación. 2. Breve referencia a la legitimación activa en los principales procedimientos de litigación societaria: impugnación de acuerdos sociales, acciones de responsabilidad de administradores por daños, diligencia preliminar de exhibición de documentos, expedientes de jurisdicción voluntaria en materia mercantil y medidas cautelares. IV. EL CONCEPTO DE "INTERÉS LEGÍTIMO". V. LA PÉRDIDA DEL INTERÉS LEGÍTIMO. 1. La carencia sobrevenida de interés legítimo. 2. El trámite para declarar la pérdida del interés legítimo. VI. LA CARENCIA SOBREVENIDA DE INTERÉS LEGÍTIMO, EN PROCESOS DE LITIGACIÓN SOCIETARIA, COMO CONSECUENCIA DE LA PÉRDIDA DE LA CONDICION DE SOCIO. 1. Introducción. 2. Impugnación de acuerdos sociales. 2.1. Previo: la reforma de la LSC operada por la Ley 31/2014. 2.2. Revocación o sustitución del acuerdo social que ha sido impugnado. 2.3. Pérdida de la condición de socio. Inciso sobre la imposibilidad de alterar, durante el proceso, el fundamento de la legitimación activa. 3. Acción social de responsabilidad. Especial referencia a los supuestos de (i) liquidación de la sociedad y (ii) pérdida de la condición de socio durante la pendencia del procedimiento iniciado por la minoría. 4. Otros procedimientos mercantiles: nulidad de la cláusula de contrato de financiación por infracción del artículo 160 f) y g) LSC. 5. Diligencias preliminares. 6. Expedientes de jurisdicción voluntaria en materia mercantil. 7. Inciso: la pérdida de la condición de socio como consecuencia del ejercicio de separación. VII. LA EXCLUSIÓN DE LA ACCIÓN

POPULAR EN EL PROCESO CIVIL. IMPOSIBILIDAD DE MANTENER UNA ACCIÓN EN INTERÉS DE UN TERCERO SIN OBTENER EL DEMANDANTE UN BENEFICIO DIRECTO Y PERSONAL EN LA EVENTUAL ESTIMACIÓN DE LA PRETENSIÓN EJERCITADA. VIII. BIBLIOGRAFÍA.

I. INTRODUCCIÓN

Se atribuye al humorista Marx (Groucho, no Karl) la frase de que *...el matrimonio es la principal causa de divorcio...*

Pues bien, esa unión y, en su caso, eventual ruptura posterior, no son exclusivas de dos personas físicas que pretenden establecer y mantener una comunidad de vida e intereses, sino que también se pueden predicar de las sociedades mercantiles y, en especial, por ser las que aquí nos interesan, de las sociedades de capital. Y ello es así hasta el punto de que se ha llegado a afirmar que es sólo *...el sexo y sus prolíficas consecuencias lo que ha distinguido siempre el Derecho de familia del Derecho de sociedades...*[1]. En ese mismo sentido, el historiador del Derecho Petit subrayó que *...en latín, el raro término* affectio *(y no* consensus, *que es el término normalmente utilizado en Derecho de Contratos) se empleaba para expresar el amor que existía entre los socios [...], y era semejante al amor entre los esposos [...]. Cuando tan noble sentimiento desaparecía, la única opción era el divorcio o, en el caso de la compañía mercantil, la disolución...*[2].

Efectivamente, como hemos señalado en anteriores trabajos[3], esa *affectio societatis* (o voluntad de los socios *...de creación de una*

1 PANTALEÓN PRIETO, F., "Bromas y veras sobre un siglo de Derecho Civil", *El Derecho español en el siglo XX*, Marcial Pons, Madrid-Barcelona, 2000, p. 180.

2 PETIT CALVO, C., "From Commercial Guilds to Commercial Law. Spanish Company Regulations (1737-1848)", 2017, doi: 10.1163/9789004351868_009.

3 NAVARRO MORALES, A., "El control del cumplimiento del contrato social a través de la documentación societaria: las diligencias preliminares de exhi-

entidad —la sociedad— con vocación de permanencia..., en palabras de la sentencia del Tribunal Supremo, Sala de lo Civil, núm. 114/2012, de 22 de febrero[4] quebrará y, tarde o temprano, con mayor o menor intensidad y por una miríada de motivos[5], surgirán, en el seno de la sociedad, divergencias entre quienes son sus socios, o entre éstos y quienes tienen encomendada la gestión social.

Cuando se haya detonado ese conflicto societario, es decir, cuando se haya roto la relación de confianza o el interés común que llevó a los socios a constituir la sociedad o a invertir en ella, la experiencia demuestra que, en una primera fase, y como expone con mucha claridad la sentencia del Juzgado de lo Mercantil núm. 11 de Barcelona núm. 18/2023, de 1 de marzo[6], los socios revisarán la normativa societaria y los estatutos para exigir que, en el seno de la mercantil, se empiecen a cumplir las reglas formales que debieran haber regido el funcionamiento de la sociedad y que, sin embargo, hasta entonces, y por razón de la confianza existente entre ellos, se habrán estado obviando.

En relación con ello, el patrón habitual propio de los conflictos societarios nos indica que si, más tarde, dichas las controversias se agravan, esos socios recurrirán a cuantos resortes legales, es-

bición de documentos y cuentas (artículo 256.1.4.º LEC) y el expediente mercantil de jurisdicción voluntaria de exhibición de libros (artículos 112 a 116 LJV)", *Sobre el contrato de sociedad*, González Fernández (dir.), Tirant lo Blanch, 2024.

4 ECLI:ES:TS:2012:1585.

5 Por ejemplo, discrepancias acerca de la gestión social; falta de consenso en el modo de repartir los beneficios o de acometer inversiones; déficit de información del socio que no participa en la gestión; retribuciones percibidas por el órgano de administración; frustración del proyecto empresarial; deseo de un socio de separarse o desinvertir; e, incluso —o, mejor dicho, sobre todo—, circunstancias y desavenencias de índole personal o familiar que se terminan proyectando sobre la compañía.

6 ECLI:ES:JMB:2023:359.

tatutarios o contractuales (parasociales) dispongan para la defensa de sus derechos e intereses. Nos estamos refiriendo, por ejemplo, en el ámbito interno, al ejercicio de los derechos del socio (bien individuales, bien de minoría), y, en el ámbito externo, al ejercicio de acciones judiciales, tanto civiles (impugnación de acuerdos sociales; responsabilidad de administradores; expedientes de jurisdicción voluntaria de índole mercantil; ejercicio judicial de opciones de compra y venta contenidas en pactos de socios; etc.), como penales (fundamentalmente, querellas por delitos societarios o por administración desleal).

El motivo de que los socios minoritarios recurran a estas acciones judiciales radica en que, habitualmente, estos partícipes se encontrarán en sociedades cerradas (que, como es sabido, constituyen la gran mayoría de las sociedades de capital de nuestro país[7]) y, por tanto, sin posibilidad de desinversión. En consecuencia, los minoritarios se verán "obligados" a servirse de dichos mecanismos como medios de presión hacia la sociedad, hacia el socio mayoritario y/o hacia el órgano de administración, con la finalidad última de *...forzar una salida de la sociedad o su permanencia en ella en términos económicamente más ventajosos...*

Precisamente por ello, es decir, porque la pretensión del socio será lograr salir de la sociedad, no es infrecuente, sino todo lo contrario, que, en ese escenario bélico-societario, el socio que haya promovido tales procesos, propios de la conflictividad intrasocietaria y de la litigación que a ésta le es inherente, termine

7 En el año 2022 se constituyeron en España 99.136 sociedades de capital y, de ellas, un 98,58% (98.720 sociedades) fueron de responsabilidad limitada, según datos obtenidos del Anuario de 2022 de Estadística Mercantil elaborado por los registradores de España, disponible en https://www.registradores.org/actualidad/portal-estadistico-registral/estadisticas-mercantiles.

transmitiendo (o pretenda transmitir) las acciones o participaciones sociales que titule en la sociedad de capital.

En esas circunstancias se plantea una cuestión que es la que pretendemos abordar en el presente trabajo: cuál es la incidencia que la pérdida de la condición de socio puede tener sobre aquellos procesos judiciales de litigación societaria que, en ese momento, se hallen en tramitación. En concreto, analizaremos cómo puede afectar, al *interés legítimo* en la obtención de la tutela judicial respecto de la pretensión ejercitada, el hecho de que, estando pendiente un proceso, el actor deje de ser socio; y ello como consecuencia de haber trasmitido aquellas acciones o participaciones sociales cuya titularidad fue, precisamente, lo que le confirió la legitimación activa para promover dicho proceso.

II. LA PÉRDIDA DEL INTERÉS LEGÍTIMO COMO EXCEPCIÓN A LA *PERPETUATIO* CONTENIDA EN EL ARTÍCULO 413 LEC

El artículo 413 Ley 1/2000, de 7 de enero, de Enjuiciamiento Civil ("LEC") dispone, en su primer apartado, que *...no se tendrán en cuenta en la sentencia las innovaciones que, después de iniciado el juicio, introduzcan las partes o terceros en el estado de las cosas o de las personas que hubiere dado origen a la demanda y, en su caso, a la reconvención...*

Como señala Tapia, dicho precepto sanciona, dentro de los artículos dedicados a los efectos de la pendencia del proceso (la "litispendencia"), *...una especie de* perpetuatio *en el estado de las cosas o de las personas que motivaron la iniciación del proceso. Establece esta norma que en la sentencia que se dicte todos los factores condicionantes del proceso deben tomarse en consideración tal como existían en el momento de presentarse la demanda. [...] se trata de aquel superefecto tendente a «congelar la imagen» en el momento de la proposición de la demanda: órgano jurisdiccional, sujetos y objeto del proceso. O, lo que es lo mismo, y por expresarlo* *con una máxima latina suficientemente conocida por la jurisprudencia:* ut lite pendente, nihil innovetur...[8].

En relación con ello, el Tribunal Supremo, Sala de lo Civil (Pleno), en sentencia núm. 241/2013, de 9 de mayo[9], y en doctrina que ha sido reiterada en sentencias posteriores, como la núm. 701/2022, de 25 de octubre[10], señaló que *...en nuestro sistema, la litispendencia provoca la perpetuatio facti (perpetuación del hecho o estado de las cosas), la perpetuatio iurisdictionis (perpetuación de la jurisdicción), la* perpetuatio legitimationis *(perpetuación de la legitimación), la* perpetuatio obiectus *(perpetuación del objeto), la* perpetuatio valoris *(perpetuación del valor) y la* perpetuatio iuris *(perpetuación del derecho), de tal forma que, como regla, la decisión del tribunal debe referirse a la situación de hecho y de derecho existente en el momento de interposición de la demanda, en el supuesto de que la misma fuese admitida...*

No obstante, dichos efectos no son incondicionados y absolutos, sino que constituyen tan sólo una regla que admite excepciones. Así, el propio artículo 413.1 LEC, tras señalar, como hemos visto, que las innovaciones sobrevenidas atinentes al estado de las cosas o de las personas no afectan a la pendencia del proceso, añade, en el inciso final, la siguiente previsión: *...excepto si la innovación privare definitivamente de interés legítimo las pretensiones que se hubieran deducido en la demanda o en la reconvención, por haber sido satisfechas extraprocesalmente o por cualquier otra causa...* Es decir, contempla expresamente el supuesto de que, por las referidas circunstancias, se produzca una privación definitiva del "interés legítimo" del actor en obtener la tutela judicial deprecada en la demanda. Y ello debe

8 TAPIA FERNÁNDEZ, I. "Comentario al art. 413", *Comentarios a la Ley de Enjuiciamiento Civil,* Cordón Moreno, Armenta Deu, Muerza Esparza y Tapia Fernández (coords.), Thomson Reuters, Navarra, 2011, p. 1721.

9 ECLI:ES:TS:2013:1916.

10 ECLI:ES:TS:2022:3849.

ponerse en relación con el artículo 22 LEC al que el propio artículo 413.2 LEC, en su apartado 2, se remite al señalar que cuando ... *las pretensiones hayan quedado privadas de interés legítimo, se estará a lo dispuesto en el artículo 22...* Como señala el Tribunal Supremo, Sala de lo Civil, en sentencia núm. 1430/2023, de 17 de octubre[11], *...conforme a estos preceptos es causa de terminación anticipada del proceso que, por circunstancias sobrevenidas a la demanda, dejare de haber interés legítimo en obtener la tutela judicial pretendida...*

Para determinar si concurre tal situación, debemos antes comprender el alcance y contenido del referido precepto (artículo 413.1 LEC), analizando los conceptos de "legitimación activa" e "interés legítimo" y la relación existente entre ambos, pues es conocido que, si bien son presupuestos próximos, constituyen instituciones diferentes, como señaló el Tribunal Supremo, Sala de lo Civil, en auto de 23 de abril de 2014[12]: *...un presupuesto próximo a la legitimación es el interés legítimo, aunque no suponga una identidad ni se considere el interés como fundamento de la legitimación. Mientras que ésta deriva de una determinada posición del sujeto con el objeto, el interés puede mantenerse o desaparecer durante el proceso, aunque nada haya alterado la posición del actor en el mismo...*

Lo anterior implica que, en el inicio de un procedimiento, deben concurrir el interés y la legitimación activa, pero que, una vez iniciado, ambas figuras funcionan de manera independiente, debido a que la legitimación ya no cambia por mor del artículo 413 LEC, pero sí es posible que, manteniéndose ella, se pierda el interés y, en consecuencia, la tramitación del procedimiento carezca ya de sentido.

Siendo ello así, la clave *...para decidir sobre la prosecución del procedimiento...* es realizar el examen que indica el ya referido auto del

11 ECLI:ES:TS:2023:4282.
12 ECLI:ES:TS:2014:3563.

Tribunal Supremo de 23 de abril de 2014, es decir, *...determinar no si* [el demandante] *tiene legitimación, sino si sigue ostentando interés legítimo en resolver el objeto del proceso...* Pues sólo de esta forma se dota de verdadero contenido a la excepción prevista en la segunda parte del artículo 413.1 LEC, ya que, como señaló la sentencia del Tribunal Supremo, Sala de lo Civil, núm. 450/2014, de 4 de septiembre[13], ese precepto *...sólo prevé una excepción al régimen de la perpetuación de la acción y de la legitimación que se produce como uno de los efectos de la litispendencia, y es que la innovación prive de interés legítimo las pretensiones deducidas en la demanda...*

Todo lo anterior determina que si una de las partes (actor o demandado reconviniente, aunque en lo sucesivo haremos sólo referencia al demandante) ha perdido el "interés legítimo" en el resultado del procedimiento, su acción no debe proseguir y, por tanto, sus pretensiones deben ser desestimadas. Y ello aun cuando mantenga la "legitimación activa" para el ejercicio de las mismas por el principio de la "perpetuatio legitimationis".

Ello nos obliga a detenernos, aun someramente, en ambos conceptos.

III. EL CONCEPTO DE "*LEGITIMACIÓN*". ESPECIAL REFERENCIA A LA LEGITIMACIÓN ACTIVA EN PROCESOS DE LITIGACIÓN SOCIETARIA

1. La legitimación

La condición de parte procesal legítima se determina por el artículo 10 LEC, en cuya virtud, *...serán considerados partes legítimas quienes comparezcan y actúen en juicio como titulares de la relación jurídica u objeto litigioso. Se exceptúan los casos en que por ley se atribuya legitimación a persona distinta del titular...*

13 ECLI:ES:TS:2014:3554.

Respecto de esa legitimación, podemos traer a colación la sentencia del Tribunal Supremo, Sala de lo Civil, núm. 123/2022, de 16 de febrero[14], que recuerda que *...consiste en una posición o condición objetiva en conexión con la relación material objeto del pleito, que determina una aptitud o idoneidad para ser parte procesal activa o pasiva. Se trata de una cualidad de la persona para hallarse en la posición que fundamenta jurídicamente el reconocimiento de la pretensión que se trata de ejercitar...* De tal modo que *...exige una adecuación entre la titularidad jurídica afirmada (activa o pasiva) y el objeto jurídico pretendido...* En definitiva, *...la relación jurídica sobre la que la parte actora plantea el proceso, con independencia de su resultado, es la que determina quiénes están legitimados, activa y pasivamente, para intervenir en el mismo...*

En el caso de la activa, esa misma resolución, con cita de la jurisprudencia anterior de la Sala, señala que esta legitimación ... *se visualiza en una perspectiva de relación objetiva, entre el sujeto que demanda y el objeto del proceso; más concretamente entre el derecho o situación jurídica en que se fundamenta la pretensión y el efecto jurídico pretendido...*

2. Breve referencia a la legitimación activa en los principales procedimientos de litigación societaria: impugnación de acuerdos sociales, acciones de responsabilidad de administradores por daños, diligencia preliminar de exhibición de documentos, expedientes de jurisdicción voluntaria en materia mercantil y medidas cautelares

En este punto, debemos recordar quiénes tienen legitimación para promover cada uno de los principales procedimientos en materia mercantil.

14 ECLI:ES:TS:2022:620.

Partiendo de la acción societaria por excelencia, la de impugnación de acuerdos sociales, que *...constituye una garantía de los socios, accionistas o partícipes que asegura su posición, evitando la eficacia de acuerdos que vulneran el ordenamiento jurídico en general, las normas que la propia sociedad se ha dado para su organización y gobierno o bien perjudican el interés social en beneficio de uno o varios socios...* (sentencia del Juzgado de lo Mercantil núm. 16 de Madrid, núm. 66/2023, de 29 de septiembre[15]), la ley concede legitimación a *...cualquiera de los administradores, los terceros que acrediten un interés legítimo y los socios que hubieran adquirido tal condición antes de la adopción del acuerdo, siempre que representen, individual o conjuntamente, al menos el uno por ciento del capital...*, con la excepción de los acuerdos que sean contrarios al orden público, para los que *...estará legitimado cualquier socio, aunque hubieran adquirido esa condición después del acuerdo, administrador o tercero...* (artículo 206 del Real Decreto Legislativo 1/2010, de 2 de julio, por el que se aprueba el texto refundido de la Ley de Sociedades de Capital, "LSC").

En el caso de responsabilidad de administradores por daños, para la acción individual están legitimados los "socios y terceros" (artículo 241 LSC), y la acción social puede entablarse "por la sociedad" (artículo 238 LSC) o, en determinados supuestos, por "la minoría" (es decir, por socios titulares de, al menos, un cinco por ciento del capital social —artículo 239.1 LSC) y por "los acreedores de la sociedad" (artículo 240 LSC).

Junto a esos dos procedimientos, merece la pena hacer mención, por su frecuente utilización en la práctica, a otros cauces por los que se desenvuelve la litigación societaria.

15 ECLI:ES:JMM:2023:3306.

El primero de ellos es la diligencia preliminar de exhibición de "documentos y cuentas de la sociedad", para la cual están exclusivamente legitimados los "socios" (artículo 256.1.4º LEC).

El segundo son los expedientes de jurisdicción voluntaria en materia mercantil, que están previstos en el Título VIII de la Ley 15/2015, de 2 de julio, de la Jurisdicción Voluntaria ("LJV"). Se trata de un cauce que da soporte "procesal" a una multitud de supuestos mercantiles, cada con su específica legitimación activa. Así, y centrándonos sólo en los más relevantes, en el caso de la exhibición de libros (artículos 112 y siguientes LJV), que es muy cercano a la diligencia preliminar referida, están legitimados todos los titulares de "derechos o intereses legítimos" (artículos 114.1 y 3.1 LJV)[16]. Para la convocatoria de junta general, que desde el año 2015 puede solicitarse no sólo judicialmente, sino también ante el registro mercantil, están legitimados: (i) en el caso de la junta ordinaria, "cualquier socio" (artículo 169 LSC, por remisión del artículo 118.2 LJV); y (ii) en el caso de la junta extraordinaria, el socio o socios, titulares de, al menos el cinco por ciento del capital social, que lo hayan requerido notarialmente por el cauce del artículo 168 LSC (también por remisión del artículo 118.2 LJV). Y, finalmente, para la disolución judicial de sociedades, lo están "los administradores, los socios y cualquier interesado" (artículo 126.2 LJV).

Por último, en tercer lugar, en la litigación societaria son muy relevantes las eventuales medidas cautelares que, como regla general, pueden ser instadas por "todo actor" (artículo 727.1 LEC),

16 Para un análisis de ambas instituciones nos remitimos a NAVARRO MORALES, A., "El control del cumplimiento del contrato social a través de la documentación societaria: las diligencias preliminares de exhibición de documentos y cuentas (artículo 256.1.4.º LEC) y el expediente mercantil de jurisdicción voluntaria de exhibición de libros (artículos 112 a 116 LJV)", *Sobre el contrato de sociedad, op. cit.*

de tal modo que quien tenga legitimación activa para promover la demanda principal también la tendrá para impetrar esta tutela cautelar. Sin embargo, en materia de litigación societaria existe una excepción muy notable, pues en relación con la acción societaria por excelencia (de impugnación de acuerdos sociales[17]), la medida cautelar de "suspensión de acuerdos sociales impugnados" sólo atribuye legitimación activa a los socios y siempre que, además, sean titulares, al menos, del uno o cinco por 100 del capital social, dependiendo de si la sociedad cotice o no (artículo 727.10ª LEC). Se trata, como decíamos, de un aspecto de enorme importancia porque, mientras el acuerdo no sea anulado o, al menos, se adopte una medida cautelar de suspensión, se deberá reputar válido (y así lo señaló el Tribunal Supremo, Sala de lo Civil, en sentencia de 15 de diciembre de 1992[18]: todo acuerdo social tendrá que reputarse *...válido y eficaz, en tanto el mismo no sea declarado nulo a través del correspondiente proceso impugnatorio del mismo...*).

IV. EL CONCEPTO DE "INTERÉS LEGÍTIMO"

El artículo 24 de la Constitución Española ("CE") hace referencia, en su primer apartado, al concepto de "interés legítimo"; y lo hace en estos términos: *...todas las personas tienen derecho a obtener la tutela efectiva de los jueces y tribunales en el ejercicio de sus derechos e intereses legítimos, sin que, en ningún caso, pueda producirse indefensión...*

17 GONZÁLEZ MOZAS, N. señala que *...la impugnación de acuerdos sociales es el cauce más importante a través del cual se resuelve una parte sustancial de la abundante conflictividad intrasocietaria...* ("La cuestión incidental de previo pronunciamiento en los procedimientos de impugnación de acuerdos sociales (art. 204.3 LSC)", *Revista de Derecho de Sociedades*, núm. 48, julio-diciembre 2016).

18 ECLI:ES:TS:1992:9104.

En relación con ello, el Tribunal Constitucional, Sala Primera, en sentencia núm. 62/1983, de 11 de julio, abordó tal concepto señalando que *...hace referencia a la idea de un interés protegido por el Derecho, en contraposición a otros que no son objeto de tal protección. Dentro de los intereses protegidos hay que distinguir los de carácter personal, pues en relación a ellos se establece el derecho fundamental del artículo 24.1 de la Constitución («sus ... intereses legítimos»), lo que significa que si el que ejercita la acción es titular de un interés legítimo y personal, lo que está ejercitando es un derecho fundamental, que goza de la protección reforzada que otorga la Constitución a los comprendidos en la sección 1.ª del capítulo 2.º de su título I, incluido el recurso de amparo...*

Pues bien, para definir la situación de interés legítimo, el Tribunal Constitucional declara que se trata de aquella situación que ... *resulta identificable con cualquier ventaja o utilidad jurídica derivada de la reparación pretendida...* (sentencia de la Sala Segunda, núm. 136/2014, de 8 septiembre, reiterada en otras posteriores, como la de la Sala Primera núm. 26/2020, de 24 de febrero). En ese mismo sentido se pronunció el Tribunal Supremo, Sala de lo Contencioso-Administrativo, Sección 4ª, que, en sentencia de 9 de marzo de 2005[19] recalcó que el interés debe ser propio, cualificado o específico: *...como señala la sentencia de 19 de mayo de 2000, «el mismo Tribunal Constitucional ha precisado que la expresión "interés legítimo", utilizada en el artículo 24.1 de la Norma Fundamental, aun cuando sea un concepto diferente y más amplio que el de "interés directo", ha de entenderse referida a un interés en sentido propio, cualificado o específico (sentencia del Tribunal Constitucional 257/1989, de 22 de diciembre)...* Y, en la misma línea, la Sala de lo Contencioso-Administrativo, Sección 7ª, del Tribunal Supremo, en sentencia de 30 enero de 2001[20], dejó

19 ECLI:ES:TS:2005:1481.
20 ECLI:ES:TS:2001:549.

sentado que el interés legítimo equivale a la titularidad de una posición de utilidad jurídica que se materializaría de prosperar la pretensión[21].

La Audiencia Provincial de Madrid, Sección 22ª, en auto núm. 93/2012, de 13 marzo[22] resumió con precisión el concepto de "interés legítimo" desarrollado por nuestra jurisprudencia: ... *la cuestión suscitada se resuelve en una correcta aplicación de la doctrina del Tribunal Constitucional, al respecto del concepto del interés legítimo, sustantivo y formal, señalándose que se trata de algo que abarca diversos supuestos, todos ellos relacionados con el artículo 24 de la Constitución, en cuanto que ello tiene íntima conexión con el derecho a la tutela judicial efectiva y el acceso a la jurisdicción con todas sus consecuencias, de tal modo que las notas características de dicho concepto exige que dicho interés legítimo sea tutelable, en cuanto que abarca un derecho-deber reconocido y protegido por el derecho, derivándose en un interés personal, directo, real y actual, en virtud de la producción de consecuencias que afecten al círculo del afectado por dicho interés, definido como cualificado y especifico, y suficiente para servir de título de legitimación para actuar en vía procesal...*

Es claro, por tanto, que para que concurra un "interés legítimo", la actora debería poder obtener un beneficio por medio de la tutela judicial de su interés. Así en palabras de Montero[23], ... *el interés es entonces la ventaja o utilidad jurídica que se obtendría en caso de prosperar la pretensión ejercitada en el proceso, y*

21 *...Como ha dicho el Tribunal Constitucional (STC 143/1987), el interés legítimo al que se refiere el art. 24.1 CE [...] equivale a una titularidad potencial de una posición de ventaja o de una utilidad jurídica por parte de quien ejercita la pretensión, y que se materializaría de prosperar ésta...*

22 ECLI:ES:APM:2012:4679.

23 MONTERO AROCA, J., *De la legitimación en el proceso civil*, Bosch, Madrid, 2006, p. 205.

su existencia viene determinada por la efectividad de esa utilidad. Normalmente, no podrá tratarse obviamente de la exigencia por el tercero de que por otras personas se respete el derecho objetivo, en general, pues no puede existir una acción popular civil, pero sí de que no realicen esas otras personas actuación alguna que le suponga un perjuicio que no tenga que soportar al venirle impuesto por la ley. De ahí la exigencia de que el interés legítimo tiene que ser personal, en el sentido de que se diferencie del mero interés general...

En definitiva, debe tratarse de un interés personal y propio, que afecte a la situación del demandante de alguna forma, directa o indirectamente, de tal modo que, de la reparación pretendida, se derive siempre una ventaja o beneficio.

V. LA PÉRDIDA DEL INTERÉS LEGÍTIMO

1. La carencia sobrevenida de interés legítimo

Una vez expuesto el concepto de "interés legítimo", procede analizar más detalladamente en qué supuestos se produce su pérdida, la cual, como se ha dicho, constituye una excepción al principio de la perpetuación de la legitimación.

Siguiendo al Tribunal Supremo, Sala de lo Civil, en sentencia núm. 1430/2023, de 17 de octubre[24], debemos señalar que *...el concepto de "interés legítimo" se invoca con frecuencia en nuestra norma procesal: el art. 22 LEC permite la terminación del proceso cuando dejare de haberlo en obtener la tutela judicial pretendida, bien porque las pretensiones hubieran sido satisfechas fuera del proceso o "por cualquier otra causa" (art. 22 .1 LEC), salvo que "alguna de las partes sostuviere la subsistencia del interés legítimo..." (art. 22.2 LEC). Vuelve a referirse al "interés legítimo" el art. 413 LEC al*

24 ECLI:ES:TS:2023:4282.

regular "las innovaciones" que las partes pretendieran introducir en el proceso que no deben ser tenidas en cuenta excepto si la "innovación privare definitivamente de interés legítimo las pretensiones..." de las partes, remitiéndose en el apartado 2, al art. 22 LEC...

De acuerdo con lo expuesto por el Tribunal Supremo, Sala de lo Civil, en la ya citada sentencia núm. 450/2014, de 4 de septiembre[25], el interés legítimo se pierde cuando se produce un abuso del proceso, lo que tiene lugar en los casos en los que "*no existe una explicación razonable sobre la ventaja o beneficio legítimo que supone la continuación del proceso*" para el demandante.

Para Cordón, un claro ejemplo de supuesto en el que se produce una pérdida del interés legítimo es aquel en el que, ejercitada una pretensión encaminada exclusivamente a obtener la suspensión de una obra nueva, ésta se hunde por razones naturales[26]. Igualmente, se produce, a su juicio, una pérdida del interés cuando la servidumbre de paso para cuya finca solicita el demandante deja de ser necesaria por existir con posterioridad un acceso a vía pública[27]. Y Gascón enumera, a su vez, a título de ejemplo, una serie de hechos motivadores de la pérdida del interés legítimo. Así pues, señala que nos encontraríamos en esta situación en supuestos como el pago íntegro de la cantidad reclamada, el fallecimiento del demandado en los procesos matrimoniales o de incapacitación, la confusión de partes *lite pendente*, la pérdida o destrucción absoluta de la cosa reivindicada, o la declaración de inconstitucionalidad de la norma en la que el demandante se am-

25 ECLI:ES:TS:2014:3554.

26 CORDÓN MORENO, F., "Comentario al art. 22", *Comentarios a la Ley de Enjuiciamiento Civil,* Volumen I, Cordón Moreno, Armenta Deu, Muerza Esparza y Tapia Fernández (Coords.), Thomson Reuters, Navarra, 2011, p. 363.

27 CORDÓN MORENO, F., "Comentario al art. 22", *Comentarios a la Ley de Enjuiciamiento Civil, op. cit.*, p. 1724.

pare[28]. En definitiva, el interés legítimo se pierde en los casos en los que la continuación del proceso ya no supone un beneficio para el demandante que solicitó la tutela por medio de la demanda rectora de aquel proceso.

Si ello lo aplicamos a los supuestos en los que el actor ha perdido la condición que determinaba su legitimación activa al interponer la demanda, debemos señalar que, ...*en sí misma, tal pérdida de legitimación no determina la terminación del proceso porque las circunstancias relevantes para determinar la existencia de tal legitimación son las existentes al inicio del proceso, que se perpetúan una vez constituida válidamente la relación procesal, en virtud del principio que ha venido en llamarse de "perpetuatio legitimationis*... (Tribunal Supremo, Sala de lo Civil, en sentencia núm. 1430/2023, de 17 de octubre[29]).

Es decir, la pérdida de la cualidad en que la demandante basaba su legitimación en la demanda no supone, necesariamente, esa pérdida sobrevenida de interés legítimo. Y ello porque, para poder apreciar la pérdida del interés legítimo, el Tribunal Supremo, Sala de lo Civil, exige, además de la pérdida de dicha cualidad, la concurrencia de lo que denomina un "*plus*", que no es sino la existencia de un abuso del proceso. Y así lo dejó sentado en su auto de 23 de abril de 2014[30]: ...*para considerar concurrente la pérdida sobrevenida de interés legítimo en la obtención de la tutela judicial respecto de la pretensión ejercitada en la demanda es preciso algo más que la pérdida de la cualidad que determinaba la legitimación activa al interponerse la demanda. Ese "plus" ha de ponerse en relación con el abuso del proceso, y se producirá*

28 GASCÓN INCHAUSTI, F., *La terminación anticipada del proceso por desaparición sobrevenida del interés*, Civitas, Madrid, 2003, p. 60, 61 y 64.

29 ECLI:ES:TS:2023:4282.

30 ECLI:ES:TS:2014:3560A.

cuando no exista una explicación razonable sobre la ventaja o beneficio legítimo que obtiene la parte actora con la continuación del proceso...

De este modo, dicho abuso del proceso se produce, por tanto, cuando el demandante está solicitando una tutela de la que no va a percibir ninguna ventaja o beneficio.

2. El trámite para declarar la pérdida del interés legítimo

En esos casos, de pérdida del interés en el seno de un proceso declarativo, los juzgados siguen el trámite incidental previsto en el artículo 22 LEC ("*Terminación del proceso por satisfacción extraprocesal o carencia sobrevenida de objeto. Caso especial de enervación del desahucio*"). Ése fue el criterio que fijaron los jueces de lo mercantil en 2015, tras plantearse si debía el juez necesariamente acordar el archivo si le acreditan la aprobación de esos nuevos acuerdos sociales, es decir, un control meramente formal, de legalidad, o debía aplicar las reglas del artículo 22 LEC, es decir, valorar si el actor seguía teniendo o no interés legítimo en que se resolviera el fondo. Y, efectivamente, la opinión mayoritaria se mostró favorable, en cuanto al cauce procesal a seguir, "*a dar audiencia previa a las partes y en cuanto al grado de enjuiciamiento, que éste no debía ser un control meramente formal sino que el juez debía valorar, aplicando las mismas reglas del art. 22 LEC, si pese a que el acuerdo ha sido sustituido por otro, si el actor sigue ostentando interés legítimo en que se dicte sentencia sobre el fondo*"[31].

Pues bien, en virtud de dicho artículo 22 LEC, cuando, por circunstancias sobrevenidas a la demanda, dejare de haber interés legítimo en obtener la tutela judicial pretendida, ello se pondrá de

---

31 "Cuestiones sobre Derecho de Sociedades", Jornadas de Magistrados Especialistas en Mercantil, Pamplona, 2015.

manifiesto y, si hubiere acuerdo de las partes, se decretará por el Letrado de la Administración de Justicia la terminación del proceso. Y, en el caso de que alguna de las partes sostuviere la subsistencia de interés legítimo, se convocará a las partes a una comparecencia, que versará sobre ese único objeto; de modo que, una vez terminada, el tribunal decidirá mediante auto si procede, o no, continuar el juicio.

De hecho, en el caso de que no se siguiera ese trámite y se resolviera la cuestión de "forma indirecta" mediante una resolución desestimatoria de las pretensiones de fondo que afirmara la ausencia de interés en la pretensión deducida en la demanda, nos podríamos hallar ante una causa de nulidad de actuaciones (artículos 225 LEC y 238 LOPJ) al haberse vulnerado una norma esencial del procedimiento, concurriendo, además, indefensión, pues se habría impedido al actor efectuar alegaciones sobre la subsistencia de interés legítimo, aportando la prueba oportuna al respecto, e interponiendo, en su caso, recurso de apelación contra la decisión contraria a la continuación del procedimiento (sentencia de la Audiencia Provincial de Alicante, Sección 9ª, núm. 374/2022, de 18 de julio, y, en un caso similar, auto de la Audiencia Provincial de Bilbao, Sección 4ª, núm. 126/2023, de 15 de febrero)[32].

VI. LA CARENCIA SOBREVENIDA DE INTERÉS LEGÍTIMO, EN PROCESOS DE LITIGACIÓN SOCIETARIA, COMO CONSECUENCIA DE LA PÉRDIDA DE LA CONDICION DE SOCIO

1. Introducción

Como hemos indicado al inicio de este trabajo, muchos de los procedimientos de litigación societaria se promueven por socios minoritarios como medios de presión con los que pretenden for-

32 ECLI:ES:APA:2022:1338 y ECLI:ES:APBI:2023:488A, respectivamente.

zar una salida de la sociedad, ante la ausencia de mecanismos legales, estatutarios y parasociales. De este modo, en gran parte de las ocasiones, una vez que ese demandante haya transmitido todas las acciones o participaciones sociales que titule en una sociedad y, por tanto, haya perdido su condición de socio, volverá a reinar la "paz social" y se solicitará, por medio de escritos en los que se haga uso del principio dispositivo que rige el proceso civil (artículos 19 y siguientes de la LEC), la terminación de dichos procedimientos (por ejemplo, por medio de escritos de renuncia —artículo 20.1—, desistimiento —artículo 20.2— u homologación de acuerdo transaccional —artículo 19.2—)

En otros casos, cuando el adquirente pretenda continuar con la acción ejercitada por quien era el anterior socio, se podrá promover, de manera análoga a lo previsto en el artículo 17 LEC ("sucesión por transmisión del objeto litigioso"), un incidente de sucesión procesal en virtud del cual el nuevo socio pueda situarse, en el correspondiente litigio, la posición que hasta entonces ocupaba el demandante (así lo indica la Audiencia Provincial de Madrid, Sección 9ª, en sentencia núm. 48/2006 de 27 de febrero (*...la interpretación del término "objeto litigioso" del artículo 17 LEC debe hacerse en sentido amplio, permitiendo incluir aquellos supuestos en los que se transmite un bien que es el que confiere la legitimación activa o pasiva...)*[33]. Ejemplos de ello los encontramos, sin ánimo de ser exhaustivos, en nuevos socios que desean mantener la pretensión de nulidad de acuerdos sociales de aprobación de cuentas anuales al considerar que éstas no muestran la imagen fiel del patrimonio, de la situación financiera y de los resultados de la sociedad (artículo 254.2 LSC), o de acuerdos sociales en virtud de los cuales se han concedido a los administradores unas remuneraciones que se reputan excesivas (artículo 217.4 LSC).

33 ECLI:ES:APM:2006:2445.

Pero, por otro lado, en algunas ocasiones sí se produce también una pérdida sobrevenida de interés legítimo en la obtención de la tutela judicial respecto de la pretensión ejercitada en la demanda, al no concurrir, como ya hemos indicado, una explicación razonable sobre la ventaja o beneficio legítimo que obtendría la parte actora con la continuación del proceso y una eventual sentencia.

2. Impugnación de acuerdos sociales

2.1. Previo: la reforma de la LSC operada por la Ley 31/2014

A finales de 2014, la LSC sufrió una reforma de calado en virtud de la Ley 31/2014, de 3 de diciembre, por la que se modificaba la Ley de Sociedades de Capital para la mejora del gobierno corporativo, y uno de los aspectos que sufrió cambios más relevantes fue el régimen jurídico de la impugnación de los acuerdos sociales[34].

34 Para una exposición más detallada de la reforma operada por la Ley 31/2014 me remito a los trabajos que, al efecto, se publicaron, entre los que destacamos VIVES RUIZ, F., *La impugnación de acuerdos sociales en la reforma de la legislación mercantil*, Real Academia de Jurisprudencia y Legislación, Madrid, 2014; *Comentario de la reforma del régimen de las sociedades de capital en materia de gobierno corporativo (Ley 31/2014) [Sociedades no cotizadas]*, Juste, J. (coord.), Civitas, Madrid, 2015; *La reforma de la Ley de Sociedades de Capital en materia de gobierno corporativo*, García de Enterría, J. (dir.), Thomson Reuters Aranzadi, Navarra, 2015; y *El proceso de impugnación de acuerdos de las sociedades de capital*, Garberí, J., González, A., Melero, L.V., Bosch, Barcelona, 2015. Asimismo, pueden consultarse comentarios a la LSC en las siguientes obras: *Tratado de Sociedades de Capital, [Tratado Judicial, Notarial y Registral de las Sociedades de Capital]*, Tomo I, Cabanas Trejo, R., Martínez-Echeverría y García de Dueñas, A. y Prendes Carril, P. (dirs.), Aranzadi, Navarra, 2017; *Comentario de la Ley de Sociedades de Capital*, Tomo 3, García-Cruces, J. A. y Sancho Gargallo, I. (dirs.), Tirant lo Blanch, Valencia, 2021; *La junta general de las sociedades de capital, Comentario de los artículos 159 a 208 LSC*, Juste, J. y Recalde, A. (coords.), Civitas, Madrid, 2022 y

Así, el Preámbulo de la Ley 31/2014 afirmaba que se habían *...ponderado las exigencias derivadas de la eficiencia empresarial con las derivadas de la protección de las minorías y la seguridad del tráfico jurídico...* y, por tanto, se adoptaban *...ciertas cautelas en materia de vicios formales poco relevantes y de legitimación, para evitar los abusos que en la práctica puedan producirse...* Es decir, lo que pretendió la reforma fue evitar las impugnaciones por causas nimias o vicios poco relevantes, admitiendo sólo las impugnaciones en las que hubiera un interés realmente legítimo.

Cosa que no era en absoluto novedosa, porque ya el Preámbulo de la LSA de 1951 señalaba que *...el postulado de la soberanía de la junta general de accionistas no debe impedir que los acuerdos de este órgano social puedan ser combatidos judicialmente...*, pero siempre que exista *...un interés digno de protección jurídica...*

2.2. *Revocación o sustitución del acuerdo social que ha sido impugnado*

El artículo 204.3 LSC, en su redacción original, y transcribiendo casi literalmente lo que disponía el artículo 115.3 del Real Decreto Legislativo 1564/1989, de 22 de diciembre, por el que se aprobaba el texto refundido de la Ley de Sociedades Anónimas, señalaba que *...no será procedente la impugnación de un acuerdo social cuando haya sido dejado sin efecto o sustituido válidamente por otro...* Sin embargo, dicho precepto no contemplaba qué sucedía cuando el acuerdo social se había dejado sin efecto o sustituido después de la presentación de la demanda impugnatoria.

Como señala Sancho, la jurisprudencia que aplicó esos artículos rechazó que la subsanación posterior a la demanda provocara

VALPUESTA GASTAMINZA, E., *Comentarios a la Ley de Sociedades de Capital*, Bosch, Barcelona, 2022.

necesariamente la terminación del procedimiento por carencia sobrevenida de objeto, al considerarlo contrario al principio de la perpetuación *...que obliga, por razones de seguridad jurídica y garantía del proceso, a resolver los litigios de acuerdo con la situación existente en el momento de la interposición de la demanda...*[35].

Sin embargo, autores, como Rodríguez Achútegui, defendían que, en ese caso, sí se producía una pérdida de interés legítimo, porque *...si el interés de quien impugna es obtener la declaración de nulidad o anulabilidad del acuerdo, carecería de interés legítimo si luego se deja sin efecto...*[36].

Y ése fue finalmente el criterio acogido por el legislador en la reforma operada por la Ley 31/2014, que alteró el artículo 204 LSC para añadir, en su apartado 2, el siguiente inciso: *"si la revocación o sustitución hubiera tenido lugar después de la interposición, el juez dictará auto de terminación del procedimiento por desaparición sobrevenida del objeto"*. El motivo es que, evidentemente, una vez que el acuerdo impugnado ha sido dejado sin efecto o sustituido, es indiscutible que ha desaparecido el interés legítimo en obtener la tutela que ha sido solicitada en la demanda.

Un ejemplo lo encontramos en la sentencia de la Audiencia Provincial de Santa Cruz de Tenerife, Sección 4ª, núm. 54/2016, de 24 de febrero[37] que analizaba una impugnación del acuerdo por el que se autorizaba a la administradora a serlo de una sociedad competidora. En la contestación a la demanda se alegó que el acuerdo ya no era impugnable porque, antes de la presen-

35 SANCHO GARGALLO, I., "Acuerdos impugnables, artículo 204", *Comentario de la Ley de Sociedades de Capital*, tomo II, García-Cruces, J. A. y Sancho Gargallo, I. (dirs.), Tirant lo Blanch, Valencia, 2021.

36 RODRÍGUEZ ACHÚTEGUI, E., *"Enjuiciamiento Civil. Comentarios y jurisprudencia. Ley 1/2000, de 7 enero"*, Xiol (coord.), Sepin, Madrid, 2008, p. 2.560.

37 ECLI:ES:APTF:2016:594.

tación de la demanda, la administradora había sido destituida y sustituida por otro administrador. Por ello, la Audiencia Provincial concluyó que *...la condición de no impugnable del acuerdo por su pérdida de eficacia o por sustitución por otro posterior con anterioridad a la presentación de la demanda, no se pierde por el hecho de que sea nulo de pleno derecho, de manera que habiendo quedado sin efecto la autorización de la administradora para ejercer el mismo cargo en otra sociedad como consecuencia de su renuncia y cese en la entidad demandada, tal acuerdo había quedado sin efecto y sustituido por el posterior antes de la presentación de la demanda, por lo que su impugnación era improcedente según lo dispuesto en el precepto citado y la demanda no debió de estimarse respecto de la impugnación de dicho acuerdo...*

En esos supuestos, de sustitución o revocación del acuerdo social, el socio sí tiene derecho *...a instar la eliminación de los efectos o la reparación de los daños que el acuerdo le hubiera ocasionado mientras estuvo en vigor...* (artículo 204.2.II LSC). Esa nueva pretensión del actor, de eliminación de efectos y reclamación de daños y perjuicios, se debe canalizar, a juicio de la mayoría de los jueces de lo mercantil, *...en un nuevo proceso declarativo, con demanda independiente y con plenitud de pruebas, no bastando su consideración como una incidencia en el mismo pleito. Asimismo se concluyó que esos daños y perjuicios no son las costas procesales, sino algo distinto...*[38].

A ese respecto, y precisamente sobre las costas, una cuestión relevante es la de si deben imponerse a la sociedad demandada. Esto ha sido abordado por la sentencia de la Audiencia Provincial de Lleida, Sección 2ª, núm. 230/2022, de 21 de octubre[39], que

38 "Cuestiones sobre Derecho de Sociedades", Jornadas de Magistrados Especialistas en Mercantil, Pamplona, 2015.

39 ECLI:ES:APL:2022:320A.

considera que, aunque se favorecen los acuerdos de sustitución y revocación, ...*y que su adopción en fecha posterior a la interposición de la demanda determine la finalización del procedimiento no significa, sin más, que la parte actora tenga que hacer frente a las costas que ineludiblemente le ha comportado la interposición de la demanda. La aplicación del art. 204-2 LSC excluye la del art. 22-1 de la LEC, sin que el hecho de que aquél no establezca ninguna previsión en cuanto a las costas determine que la solución haya de ser la misma que en la de este último. De haber sido ésa la voluntad del legislador así lo habría previsto, bien expresamente o por remisión al art. 22-1 LEC, lo cual no ha hecho. [...] lo que persigue el precepto en estos supuestos de revocación o sustitución del acuerdo impugnado cuando ya está interpuesta la demanda es, por un lado, poner fin al procedimiento y favorecer que no persista la litigiosidad y, por otro, que esa circunstancia sobrevenida no perjudique al impugnante, que es lo que en definitiva sucedería en este supuesto si hubiera de hacer frente a los gastos que le ha comportado la interposición de la demanda...*

En relación con esas cuestiones (costas y daños), Banacloche[40] afirma que ...*el auto que acuerde la terminación anticipada del proceso por pérdida sobrevenida de objeto debería contener un pronunciamiento acerca de las costas generadas en ese proceso, y cualquier otra reclamación derivada de los efectos o daños originados por el acuerdo social impugnado y ya desaparecido debería formularse en un proceso posterior...*. En contra, autos como el del Juzgado de lo Mercantil núm. 6 de Madrid, de 27 de febrero de 2017[41], que sos-

40 BANACLOCHE PALAO, J., "Algunas reflexiones sobre el incidente del artículo 204.3 de la Ley de Sociedades de Capital en materia de impugnación de acuerdos sociales", *Revista de Derecho Bancario y Bursátil*, núm. 147, julio-septiembre 2017.

41 ECLI:ES:JMM:2017:21A. En el mismo sentido, la Audiencia Provincial de Ciudad Real, Sección 2ª, en sentencia 124/2024, de 29 de abril.

tiene, en primer lugar, que ...*tal pronunciamiento no llevará condena en costas en cuanto conformes las partes con la realidad de aquella desaparición el apartado 1º de dicho precepto* [artículo 22 LEC] *ordena su terminación sin pronunciamiento de las costas...* y, en segundo lugar, respecto de los daños, que debe ...*ser el trámite de ejecución de sentencia o autos firmes para las acciones de remoción y el cauce de los arts. 712 y ss LEC el idóneo para determinar por conceptos resarcibles y su cuantificación, a costa de la demandada...*

2.3. Pérdida de la condición de socio. Inciso sobre la imposibilidad de alterar, durante el proceso, el fundamento de la legitimación activa

En este punto debemos partir de la regla general que recuerda el Tribunal Supremo, Sala de lo Civil, en sentencia núm. 1430/2023, de 17 de octubre[42], de que ...*la pérdida de la condición de socio durante la tramitación del proceso no ha sido considerada como causa determinante de la terminación anticipada del proceso de impugnación de acuerdos sociales, en virtud del mencionado principio de "perpetuatio legitimationis" en sentencias de esta sala tales como las núm. 676/2003 de 7 de julio, y 450/2005, de 8 de junio...*

De este modo, para estimar la pérdida sobrevenida de interés legítimo en la obtención de la tutela judicial respecto de la pretensión ejercitada en la demanda es preciso que la parte demandada expresamente alegue que, como consecuencia de la pérdida de la condición de socio por parte del demandante, se ha producido la pérdida sobrevenida de interés legítimo en la obtención de la tutela judicial respecto de la pretensión ejercitada en la demanda, poniendo en marcha en mecanismo contemplado en el artículo

42 ECLI:ES:TS:2023:4282.

22 LEC (sentencia de la Audiencia Provincial de Madrid, Sección 28ª, núm. 396/2023, de 12 de mayo[43]). Y, a esos efectos, debe acreditar que concurre, además de la pérdida de la cualidad que determinaba la legitimación activa al interponerse la demanda, el "plus" de abuso del proceso (es decir, de que no exista una explicación razonable sobre la ventaja o beneficio legítimo que obtiene la parte actora con la continuación del proceso), que señalaba el Tribunal Supremo en el ya mencionado auto de 23 de abril de 2014.

En la jurisprudencia encontramos precedentes en los que sí concurre dicha carencia sobrevenida de interés legítimo al, entendemos, no haberse acreditado que el demandante se beneficiara de algún modo de la acción ejercitada.

Y así lo señaló el Tribunal Supremo, Sala de lo Civil, en auto de 5 de diciembre de 2001[44] que negó, a quien ya no era socio, interés legítimo en continuar una acción impugnatoria: *...la continuación de un procedimiento de impugnación de acuerdos sociales instado por un accionista en esa cualidad no es posible cuando ha dejado, durante la tramitación, de ser socio de la sociedad demandada. Ningún interés legítimo ostenta ya para obtener la nulidad de unos acuerdos sociales, con lo que ello supone para la vida de la sociedad a la que ya ha dejado de pertenecer...*. Y, en idéntico sentido, el auto de la Sala del Tribunal Supremo de fecha 31 de enero de 2002 y la sentencia de la Audiencia Provincial de Madrid, Sección 9ª, núm. 48/2006 de 27 de febrero[45].

Además, el referido auto del Tribunal Supremo, Sala de lo Civil, de 5 de diciembre de 2001[46] aborda una cuestión también interesan-

43 ECLI:ES:APM:2023:9772
44 ECLI:ES:TS:2001:1383A.
45 ECLI:ES:TS:2002:4821A y ECLI:ES:APM:2006:2445, respectivamente
46 ECLI:ES:TS:2001:1383A.

te en el ámbito de la litigación societaria: quien ha fundamentado su legitimación activa en una determinada condición (por ejemplo, socio), no puede modificarla a lo largo del proceso (por ejemplo, alegando haberse convertido en tercero con interés legítimo): *... mucho menos puede aceptarse el cambio de su legitimación, que de basarse en la cualidad de socio, y como tal argumenta en el recurso, pasaría a ser de tercero interesado en la nulidad, todo por un mero acto de su voluntad, es decir, en el momento de adoptarse los acuerdos impugnados no era un tercero ajeno a la sociedad...* Un aspecto que también había abordado antes la sentencia del Tribunal Supremo, Sala de lo Civil, núm. 376/2012, de 18 de junio[47] al señalar que, cuando las demandantes *...tan sólo han invocado su condición de socias para justificar su legitimación, no cabe tener en consideración otro "interés legítimo" que no fue oportunamente invocado...*

3. Acción social de responsabilidad. Especial referencia a los supuestos de (i) liquidación de la sociedad y (ii) pérdida de la condición de socio durante la pendencia del procedimiento iniciado por la minoría

La acción social de responsabilidad de administradores se ejercita en interés o por cuenta de la sociedad y ello porque, mientras que la acción individual pretendería reparar un perjuicio causado directamente en el patrimonio de los socios o de los terceros ("recomponer su patrimonio particular", en palabras de la sentencia del Tribunal Supremo, Sala de lo Civil, núm. 140/2005, de 11 de marzo[48]), la finalidad de la acción social sería restablecer el patrimonio de la mercantil.

De este modo, la acción social tiene como presupuesto de hecho un daño al patrimonio social, causado por los actos u omisio-

47 ECLI:ES:TS:2012:4213.
48 ECLI:ES:TS:2005:1529.

nes negligentes o dolosas de sus administradores en el ejercicio de su cargo, y su objeto es resarcir económicamente a la sociedad los daños y perjuicios que le han sido causados. De ahí que la legitimación para su ejercicio corresponda, en primer lugar y con carácter principal a la sociedad (artículo 238 de la LSC).

Sin embargo, como ya se ha indicado, y es un instrumento al que se recurre habitualmente en conflictos societarios en sociedades cerradas, la LSC otorga, en su artículo 239, legitimación activa extraordinaria a la minoría para entablar esa acción de responsabilidad en defensa del interés social, en determinados supuestos (cuando los administradores no convocasen la junta general solicitada a tal fin, cuando la sociedad no la entablare dentro del plazo de un mes, contado desde la fecha de adopción del correspondiente acuerdo, o bien cuando este hubiere sido contrario a la exigencia de responsabilidad —apartado 1—; además de cuando la acción se fundamente en la infracción del deber de lealtad sin necesidad de someter la decisión a la junta general —apartado 2—).

Y ello en atención al interés indirecto o reflejo que los socios tienen en que se restituya en patrimonio de la sociedad[49]. Ese es el fundamento de la legitimación subsidiaria de la minoría para el ejercicio de la acción social, tal y como ha reconocido nuestra

49 Respecto del interés indirecto de los socios que ejercitan la acción social de responsabilidad por sustitución, señala JUSTE MENCÍA, J.: *...en el caso de los accionistas, se ha señalado, sin embargo, que el interés que pueden mantener es indirecto (HUERTA, "Acción social"), puesto que la eventual reparación se produciría, al tratarse de una acción social, en el patrimonio de la sociedad, lo que sólo indirectamente beneficiaría a los socios, Pero, aun admitiendo el anterior punto de vista, se puede establecer alguna gradación en el carácter indirecto del interés: ciertamente, el socio es sujeto distinto a la persona societaria; aunque no tan ajeno a las vicisitudes del patrimonio social como pueda estarlo un tercero...* (*La responsabilidad de los administradores de las sociedades mercantiles*, Rojo y Beltrán —dir.—, Campuzano —coord.—, Tirant lo Blanch, Valencia, 2016, p. 163).

jurisprudencia, siendo especialmente ilustrativa a este respecto la sentencia de la Audiencia Provincial de Guipúzcoa, Sección 2ª, núm. 2251/2003 de 5 de noviembre de 2003[50], al señalar que: *...se trata en estos casos de una variante de la acción subrogatoria, que se les concede debido a que el perjuicio patrimonial de la sociedad supone también para ellos, de manera indirecta, un perjuicio...*

También ha tenido ocasión de pronunciarse sobre esta cuestión la doctrina, pudiendo citar, entre otros a Juste, quien ha señalado que *...la ratio de la legitimación subsidiaria de la minoría es de sencilla justificación: el riesgo de que el primer legitimado (mayoría de socios o accionistas en junta general) no actúe contra los administradores es elevado: ordinariamente, los administradores responsables serán personas de la confianza de los mayoritarios, cuando no coincidan unos y otros; además, aun en el caso de que un cambio de accionaria determine con aquella confianza, razones tales como el desprestigio consiguiente al ejercicio de la acción puede retraer a la mayoría de iniciar el proceso...*[51].

Teniendo en cuenta, por tanto, que el ejercicio de la acción social tiene por objeto reintegrar al patrimonio de la sociedad, como ente vivo y en funcionamiento, los daños que le hayan causado sus administradores por una conducta ilícita y culpable en el ejercicio del cargo, dicho resarcimiento no se produce, como tal, en los supuestos de sociedades en liquidación, ya que en tales casos existe una identidad entre el interés directo de la sociedad y el interés reflejo del socio, convirtiéndose, en estos casos, el interés social cuya protección se pretende en el interés particular de los socios a obtener una mayor cuota de liquidación.

50 ECLI:ES:APSS:2003:646.

51 JUSTE MENCÍA, J., *La responsabilidad de los administradores de las sociedades mercantiles*, *op. cit.*, p. 143.

Ello es así puesto que toda cantidad que pudiera revertir en el patrimonio de la sociedad, como consecuencia de una eventual condena derivada del ejercicio de la acción social, no permanecería en el patrimonio de la sociedad (cosa que sí sucede en el caso de sociedades en funcionamiento), sino que inmediatamente tendría como destino el patrimonio de los socios vía cuota de liquidación, sobre todo cuando no existen deudas sociales que satisfacer antes del reparto de la cuota de liquidación. Y ello porque, habiéndose ya extinguido el vínculo societario entre sus partícipes, sólo resta llevar a cabo las labores propias de la liquidación antes de su desaparición definitiva del tráfico mercantil.

Nos encontramos, por tanto, en una situación en la que el supuesto interés del tercero, es decir, de la compañía, todavía se desvanece más (hasta el punto de ser inexistente): al encontrarse la mercantil en liquidación, lo que se trata de resarcir no es el interés de la sociedad —que ya sólo se tratará de un mero patrimonio en liquidación—, sino el de los socios que ostentan la cuota de liquidación.

Lo anterior lleva a plantearse qué ocurre en aquellos supuestos en los que, encontrándose la sociedad en liquidación, el socio minoritario que ejercita la acción social de responsabilidad por cuenta de dicha sociedad pierde la condición de socio como consecuencia de la venta de su participación a un tercero.

Pese a que pudiera parecer un caso de laboratorio, lo cierto es se trata de una circunstancia que, dada la duración media de los procedimientos judiciales tramitados en nuestro país ante los juzgados de lo mercantil, se ha planteado en alguna ocasión en la práctica.

Y, en nuestra opinión, la transmisión de las participaciones en estas circunstancias determina inevitablemente la pérdida del derecho a la cuota de liquidación que le correspondería al socio demandante, haciendo que dicho socio pierda cualquier interés en el resultado del procedimiento, pues éste no recibirá ninguna cantidad por la vía de la liquidación. Es evidente que la continuación del proceso no supone un beneficio legítimo para el demandante en ninguno de estos supuestos, dado que, en todos ellos, ya no tiene la necesidad de ver tutelada su posición jurídica. Si el demandante pretendiese su continuación, estaría produciéndose un abuso del proceso, ya que, aunque él sintiese que sigue existiendo dicha necesidad, *...no es objetivamente asumible que la jurisdicción subvenga a esa necesidad meramente afirmada...*[52].

Y ello, unido al hecho de que, como desarrollaremos en el último apartado de este trabajo, no es admisible, en el proceso civil, el ejercicio de una acción en interés de un tercero o en defensa de la mera legalidad y el interés público, nos lleva a concluir que lo que procede en estos casos es el archivo del procedimiento, por esa pérdida sobrevenida de interés legítimo en obtener la tutela judicial efectiva que se pretende por medio del ejercicio de la acción social.

Cuestión distinta es qué ocurriría en caso de no encontrarse la sociedad en liquidación pudiendo existir, en consecuencia, un interés del resto de socios (incluyendo el nuevo socio) que merezca ser protegido por los tribunales y, por tanto, justifique la continuación del procedimiento pese a haber transmitido sus participaciones el socio que inició el procedimiento en interés de la sociedad.

Pues bien, al margen de la posible sucesión procesal del nuevo socio que podría, en su caso, producirse en los términos que han sido planteados al inicio del artículo, entendemos que se abrirían distintas alternativas o interrogantes en función de las concretas circunstancias del caso, como son: ¿recuperaría la junta general la legitimación con carácter principal? ¿podría ésta, cómo órgano soberano para transigir o renunciar al ejercicio de la acción social conforme a lo dis-

52 GASCÓN INCHAUSTI, F., *La terminación anticipada del proceso por desaparición sobrevenida del interés, op. cit.*, p. 62.

puesto en el artículo 238.2 LSC, hacer uso de dichas facultades[53]? ¿en qué términos y bajo qué requisitos de quórum y mayoría?[54].

Entendemos que no hay una respuesta única pues dependerá, como decíamos, de las circunstancias concurrentes, debiendo valorar, en cada caso, la solución que mejor conjugue la defensa del interés legítimo de la sociedad y sus socios, con la viabilidad procesal del remedio escogido en función del estado en el que se encuentre el procedimiento. Así, no merecerán la misma solución, por ejemplo, aquellos casos en los que ejercicio de la acción fue previamente rechazado por el resto de los socios mediante el correspondiente acuerdo de junta general, que aquellos en los que el socio minoritario ejercitó directamente la acción sin someter la decisión a la junta sobre la base de una infracción del deber de lealtad. Ni tampoco precisarán el mismo remedio aquellas sociedades que tienen una pluralidad de socios (que, por ejemplo, han podido votar en un sentido distinto respecto del ejercicio de la acción social planteada) que aquellas que únicamente tiene otro socio que es, a su vez, el administrador frente a quien se ha ejercitado la acción social.

Además del análisis pormenorizado del caso concreto, debe tenerse en cuenta la dificultad que supone el hecho de que la

53 En relación con el poder de disposición sobre el proceso en los casos en los que el socio ejercita la acción social por sustitución, en opinión de JUSTE MENCÍA, J., *...puesto que la titularidad última de la acción corresponde a la sociedad y el resultado del pleito beneficiará, en su caso, al patrimonio social, es también razonable entender que a la minoría sólo le corresponde, por sustitución, la legitimación subsidiaria, pero no el poder de disposición sobre el proceso como si actuara exclusivamente en nombre e interés propio, de forma que la renuncia o transacción, también en este caso, sólo pueden ser válidas si son aprobadas por la mayoría, sin la oposición de (otra) minoría... (La responsabilidad de los administradores de las sociedades mercantiles, op. cit.*, p. 179.

54 En este aspecto, constituye obra de referencia *La renuncia a la acción social de responsabilidad*, GANDÍA PÉREZ, E., Civitas, Madrid, 2017.

legitimación de la minoría en estos casos no tenga una regulación propia y autónoma en la normativa procesal que desarrolle el tratamiento que debe darse a conceptos contemplados en la legislación mercantil, como son la renuncia a la acción social de responsabilidad o la transacción entre la sociedad y sus administradores en relación con dicha acción[55].

Por último, debemos hacer referencia a otra cuestión de notable relevancia en la práctica: si la titularidad del porcentaje mínimo de capital social que otorga legitimación de la minoría para el ejercicio de la acción social (en la actualidad y para las sociedades no cotizadas, del 5%, *ex* artículo 239.1 LSC) debe concurrir no sólo al iniciarse el pleito, sino que mantenerse durante toda su tramitación, atribuyendo a la transmisión de las acciones o participaciones sociales el valor de una "renuncia" a la acción entablada. A ese respecto, la sentencia de Audiencia Provincial de Madrid, Sección 28ª, núm. 7/2024, de 10 de enero[56] señala que esas alteraciones sobrevenidas en la composición del capital no determinan la pérdida de la legitimación. Interpretando el artículo 413 LEC distingue entre la legitimación, ...*que se mantiene*

55 En palabras de JUSTE MENCÍA, J., ...*es posible criticar a nuestro legislador por el excesivo esquematismo con el que ha abordado esta compleja cuestión. En su aplicación práctica pueden surgir algunas incertidumbres para cuya solución la ley no da una respuesta suficientemente clara. Con ocasión de la reforma procesal civil de 2000, la legitimación de las minorías no ha sido objeto de tratamiento procesal separado (a pesar de que una de las finalidades de la LEC ha sido la de atraer las normas procesales presentes en las leyes sustantivas, cfr. DE LA OLIVA/ DIEZ PICAZO, Derecho procesal civil, pp.6 y ss.).Pero algunas de sus disposiciones deben ser tenidas en cuenta a la hora de interpretar esta legitimación subsidiaria de los accionistas, de perfilar el tratamiento procesal de conceptos manejados por la Ley de Sociedades Anónimas (renuncia a la acción, transacción) o de considerar que cuentan con otros poderes no reconocidos expresamente en la legislación sustantiva (intervención junto con la mayoría)...* (*La responsabilidad de los administradores de las sociedades mercantiles, op. cit.,* p. 144).

56 ECLI:ES:APM:2024:72.

por efecto de la litispendencia..., y el interés legítimo, *...que puede o no hacerlo...*, y concluye, con precedentes jurisprudenciales, que subsiste el interés legítimo en el socio cuyo porcentaje se reduce por efecto de una ampliación de capital o que pierde tal condición durante el procedimiento, pero sigue siéndolo de la sociedad a la que había transmitido sus participaciones.

4. Otros procedimientos mercantiles: nulidad de la cláusula de contrato de financiación por infracción del artículo 160 f) y g) LSC

Un supuesto reciente de pérdida de interés legítimo lo encontramos en la sentencia del Juzgado de lo Mercantil núm. 13 de Madrid núm. 44/2022, de 1 de febrero[57] que analizaba una pretensión de nulidad parcial de una cláusula ("*sale process*") de un contrato de financiación, por, entre otras cuestiones, infracción del artículo 160.1 letras f y g y del artículo 234.1 de la LSC (al transmitirse activos esenciales de la compañía sin acuerdo previo de junta).

La parte demandada alegaba que, después de presentada la demanda y antes de que las demandas presentaran sus escritos de contestación, se produjo la salida de una mercantil del accionariado de la sociedad, de modo que el actor no tenía ya ninguna participación directa ni indirecta, ni tampoco ostenta cargo alguno en sus órganos de administración, por lo que no ostenta interés legítimo alguno en defender la nulidad de la cláusula de un contrato al o causarle perjuicio alguno.

A ese respecto, la sentencia recuerda que, siguiendo la jurisprudencia, la pérdida de la condición de socio durante el transcurso del proceso no es por sí solo, en principio, motivo suficiente para aplicar el artículo 22 de la LEC, por aplicación de la *perpetuatio iu-*

57 ECLI:ES:JMM:2022:1961.

risdictionis. Ahora bien, también recuerda que ello es así *...siempre y cuando subsista en el actor un interés legítimo en obtener la tutela judicial efectiva sobre el fondo...*. Y, en ese caso, el actor carecía *...ya de cualquier interés legítimo en sustentar una pretensión de nulidad de una cláusula de un contrato que en modo alguno le puede perjudicar...*, lo que condujo estimar la aplicación del artículo 22 de la LEC y ordenar el archivo del procedimiento, por esa pérdida sobrevenida de interés legítimo en obtener la tutela judicial pretendida.

5. Diligencias preliminares

En el caso de la diligencia de exhibición de "documentos y cuentas de la sociedad" (artículo 256.1.4º LEC), que tiene por finalidad preparar un juicio, la pérdida de la condición de socio del solicitante debe determinar la terminación de esta actuación jurisdiccional.

Y ello porque ya no concurriría uno de los presupuestos que, junto con la adecuación de la diligencia y la justa causa, son exigidos por el artículo 258 LEC: el "interés legítimo". Un interés legítimo que, como ha señalado la Audiencia Provincial de Madrid, Sección 28ª, en auto núm. 115/2017 de 7 de julio[58] exige que *el solicitante acredite que ...se halla ante una situación de la que puede derivarse para él la obtención de un beneficio o la evitación de un perjuicio de un modo cierto y efectivo...*

6. Expedientes de jurisdicción voluntaria en materia mercantil

La pérdida de la condición de socio podría determinar, también, la terminación de los expedientes de jurisdicción voluntaria que pudieran hallarse en tramitación y que hubieran sido

---

58 ECLI:ES:APM:2017:3728.A.

promovidos por aquel. En todo caso, aunque ello será así en la mayoría de los de índole mercantil, no sucederá siempre, sino que dependerá del concreto expediente ante el que nos encontremos.

Así, en el caso de convocatoria de junta general ordinaria o extraordinaria (artículos 117 y siguientes LJV), la pérdida de la condición de socio debería conllevar la del interés legítimo, porque el solicitante ya no podría ejercer ninguno de los derechos que, en relación con la eventual junta general, le corresponderían como socio (a modo ilustrativo, asistir, hacerse representar, recabar información, efectuar propuestas, votar, requerir la presencia de notario, solicitar complemento de convocatoria, etc.).

Más dudas plantean otros expedientes, como el de exhibición de "libros, documentos y soportes contables" de la sociedad (artículos 112 y siguientes LJV) y el de disolución de sociedades (artículos 125 y siguientes LJV), en los que tienen legitimación activa, además de los socios, cualquier interesado (artículos 114.1 y 126.2 LJV, respectivamente). En esos casos se podría tratar de alegar que, aunque ya no se posea la condición de socio, sí se mantiene un interés legítimo. Pero también es cierto que otros interesados, como la sociedad o su órgano de administración, podrían defender la aplicación analógica de la doctrina antes referida, propia de los procedimientos de impugnación de acuerdos sociales, en virtud de la cual quien ha fundamentado su legitimación activa en la condición de socio, no puede modificarla a lo largo del proceso invocando ser tercero con interés legítimo.

7. Inciso: la pérdida de la condición de socio como consecuencia del ejercicio de separación

En el seno de un conflicto societario, otro de los mecanismos que es utilizado recurrentemente por los socios, tanto para presionar, como para tratar de salir de la sociedad, es el derecho de separación (artículos 346 y siguientes de la LSC).

En ese caso, se planteaba cuándo perdían esos socios tal condición: si en el momento de ejercitar el derecho, si en el momento en el que la sociedad lo reconocía, etc. Finalmente, el Tribunal Supremo, Sala de lo Civil, ha zanjado esa cuestión, señalando que *...para que se produzcan los efectos propios del derecho de separación, es decir, la extinción del vínculo entre el socio y la sociedad no basta con ese primer eslabón, sino que debe haberse liquidado la relación societaria y ello únicamente tiene lugar cuando se paga al socio el valor de su participación. Mientras no se llega a esa culminación del proceso, el socio lo sigue siendo y mantiene la titularidad de los derechos y obligaciones inherentes a tal condición (art. 93 LSC) ...* (sentencia núm. 102/2021, de 24 de febrero[59], que recoge el criterio asentado en sentencias núm. 4/2021, de 15 de enero, núm. 46/2021, de 2 de febrero y núm. 64/2021, de 9 de febrero).

De este modo, si, como es ciertamente habitual, el socio que ha ejercitado el derecho de separación es parte actora en procedimientos societarios como los que acabamos de señalar (impugnación de acuerdos sociales, responsabilidad de administradores, etc.), no se podrá alegar pérdida de la condición de socio en tanto en cuanto no se le haya abonado el valor razonable de su participación.

Un supuesto así se resuelve en la sentencia de la Audiencia Provincial de Barcelona, Sección 15ª, núm. 5/2022, de 10 de enero[60] , que desestimó la alegación de que la demandante había ejercitado su derecho de separación de la sociedad y, por

59 ECLI:ES:TS:2021:630.
60 ECLI:ES:APB:2022:427.

ello, se habría producido la pérdida de la condición de socio y de cualquier ventaja, beneficio o perjuicio para la actora con la continuación del proceso, de modo que interesaba, con base en el artículo 22 LSC, la terminación del proceso por pérdida sobrevenida de interés legítimo en la prosecución del procedimiento.

VII. LA EXCLUSIÓN DE LA ACCIÓN POPULAR EN EL PROCESO CIVIL. IMPOSIBILIDAD DE MANTENER UNA ACCIÓN EN INTERÉS DE UN TERCERO SIN OBTENER EL DEMANDANTE UN BENEFICIO DIRECTO Y PERSONAL EN LA EVENTUAL ESTIMACIÓN DE LA PRETENSIÓN EJERCITADA

Una última cuestión que debemos abordar es si, en caso de que concurriera la pérdida de interés legítimo de la actora, al no obtener ésta ningún beneficio directo y personal en la eventual estimación de la pretensión ejercitada, podría mantenerse, en el ámbito civil y, más concretamente, en el mercantil, una acción en interés de un tercero o en defensa de la mera legalidad y el interés público.

Pues bien, en palabras de Montero[61], *...la legitimación por el interés legítimo excluye la existencia misma, en el proceso civil, de la llamada acción popular, en la que no se trata tanto de mantener el mero respeto a la ley como de pretender la defensa del interés público...* Y así lo ha dejado sentado el Tribunal Supremo, Sala de lo Civil, en, entre otras, sentencia de fecha 2 de diciembre de 1991[62] : *...no cabe en el civil el ejercicio de la acción popular...*

Más recientemente, es muy ilustrativa la sentencia núm. 241/2013, de 9 mayo[63], dictada por la misma Sala del Tribunal

---

61 MONTERO AROCA, J., *De la legitimación en el proceso civil*, *op. cit.*, p. 206.
62 ECLI:ES:TS:1991:6743.
63 ECLI:ES:TS:2013:1916.

Supremo , que señala que: ...*el artículo 24.1 CE atribuye a todas las personas el derecho a obtener la tutela efectiva de los jueces y tribunales en el ejercicio de sus derechos e intereses legítimos, sin que en ningún caso pueda producirse indefensión. Lo que excluye la posibilidad de instar la tutela efectiva respecto de derechos e intereses subjetivos que no se invoquen como propios, en cuanto el derecho fundamental viene referido al ejercicio de los derechos legítimos de cada litigante y no a los derechos e intereses de otro, de tal forma que, como regla, en el orden civil no cabe la acción popular que permita la defensa de los ajenos intereses. En definitiva, el derecho de acceso a la jurisdicción, en la órbita civil, se ciñe a aquel que tiene por objeto la defensa de los propios derechos —en este sentido, SSTS 28/1996, de 29 de enero, 202/2009, de 24 de marzo, 320/2012, de 18 de mayo y 557/2012, de 1 octubre. En consecuencia, como regla, la legitimación para promover eficazmente un proceso solo corresponde a quien afirma la titularidad del derecho subjetivo que será, en todos o en parte de sus aspectos, objeto de controversia*.... Lo cual ha sido ratificado en sentencia núm. 183/2023, de 7 de febrero[64] , que reitera que la acción popular no está admitida "en el ámbito civil".

Como señala Montero, ...*la interpretación amplia del interés legítimo no puede llevar a que se pretenda la defensa de la mera legalidad civil, pues esa defensa de la legalidad se resuelve sólo en el interés público y para la defensa de ésta la ley legitima expresamente cuando lo estima oportuno*...[65]. En definitiva, para estar legitimado en el orden civil es preciso ostentar un interés legítimo que, como hemos visto, ha de ser un interés personal, propio, por lo que la posibilidad de interponer una acción popular en este ámbito está, salvo que la ley así expresamente lo prevea, vedada en nuestro ordenamiento.

64 ECLI:ES:TS:2023:817.

65 MONTERO AROCA, J., *De la legitimación en el proceso civil, op. cit.*, p. 207.

VIII. BIBLIOGRAFÍA

BANACLOCHE PALAO, J., "Algunas reflexiones sobre el incidente del artículo 204.3 de la Ley de Sociedades de Capital en materia de impugnación de acuerdos sociales", *Revista de Derecho Bancario y Bursátil*, núm. 147, julio-septiembre 2017.

CORDÓN MORENO, F., "Comentario al art. 22", *Comentarios a la Ley de Enjuiciamiento Civil*, Volumen I, Cordón Moreno, Armenta Deu, Muerza Esparza y Tapia Fernández (Coords.), Thomson Reuters, Navarra, 2011.

GANDÍA PÉREZ, E., *La renuncia a la acción social de responsabilidad*, Civitas, Madrid, 2017.

GARBERÍ, J., GONZÁLEZ, A. y MELERO, L.V., *El proceso de impugnación de acuerdos de las sociedades de capital*, Bosch, Barcelona, 2015.

GASCÓN INCHAUSTI, F., *La terminación anticipada del proceso por desaparición sobrevenida del interés*, Civitas, Madrid, 2003.

GONZÁLEZ MOZAS, N., "La cuestión incidental de previo pronunciamiento en los procedimientos de impugnación de acuerdos sociales (art. 204.3 LSC)", *Revista de Derecho de Sociedades*, núm. 48, julio-diciembre 2016.

JUSTE MENCÍA, J., *La responsabilidad de los administradores de las sociedades mercantiles*, Rojo y Beltrán —dir.—, Campuzano —coord.—, Tirant lo Blanch, Valencia, 2016.

MARTÍNEZ MARTÍNEZ, Mª. T., "La restricción en los motivos de impugnación de los acuerdos sociales y su control en el proceso (art. 204.3 LSC). En particular, la impugnación por información insuficiente o errónea", *Revista de Derecho Bancario y Bursátil*, núm. 147, julio-septiembre 2017.

MONTERO AROCA, J., *De la legitimación en el proceso civil*, Bosch, Madrid, 2006.

NAVARRO MORALES, A., "El control del cumplimiento del contrato social a través de la documentación societaria: las diligencias preliminares de exhibición de documentos y cuentas (artículo 256.1.4.º LEC) y el expediente mercantil de jurisdicción voluntaria de exhibición de libros (artículos 112 a 116 LJV)", *Sobre el contrato de sociedad*, González Fernández (dir.), Tirant lo Blanch, 2024.

PANTALEÓN PRIETO, F., "Bromas y veras sobre un siglo de Derecho Civil", *El Derecho español en el siglo XX*, Marcial Pons, Madrid-Barcelona, 2000.

PETIT CALVO, C., "From Commercial Guilds to Commercial Law. Spanish Company Regulations (1737-1848)", 2017.

RODRÍGUEZ ACHÚTEGUI, E., *"Enjuiciamiento Civil. Comentarios y jurisprudencia. Ley 1/2000, de 7 enero"*, Xiol (coord.), Sepin, Madrid, 2008.

SANCHO GARGALLO, I., "Acuerdos impugnables, artículo 204", *Comentario de la Ley de Sociedades de Capital*, tomo II, García-Cruces, J. A. y Sancho Gargallo, I. (dirs.), Tirant lo Blanch, Valencia, 2021.

TAPIA FERNÁNDEZ, I. "Comentario al art. 413", *Comentarios a la Ley de Enjuiciamiento Civil,* Volumen I, Cordón Moreno, Armenta Deu, Muerza Esparza y Tapia Fernández (Coords.), Thomson Reuters, Navarra, 2011.

VALPUESTA GASTAMINZA, E., *Comentarios a la Ley de Sociedades de Capital*, Bosch, Barcelona, 2022.

VIVES RUIZ, F., *La impugnación de acuerdos sociales en la reforma de la legislación mercantil*, Real Academia de Jurisprudencia y Legislación, Madrid, 2014.

VV.AA., "Anuario de Estadística Mercantil", Registradores de España, 2021, https://www.registradores.org/actualidad/portal-estadistico-registral/estadisticas-mercantiles.

VV.AA., *Comentario de la Ley de Sociedades de Capital*, Tomo 3, García-Cruces, J. A. y Sancho Gargallo, I. (dirs.), Tirant lo Blanch, Valencia, 2021.

VV.AA., "Cuestiones sobre Derecho de Sociedades", Jornadas de Magistrados Especialistas en Mercantil, Pamplona, 2015.

VV.AA., *La junta general de las sociedades de capital, Comentario de los artículos 159 a 208 LSC,* Juste, J. y Recalde, A. (coords.), Civitas, Madrid, 2022.

VV.AA., *La reforma de la Ley de Sociedades de Capital en materia de gobierno corporativo,* García de Enterría, J. (dir.), Thomson Reuters Aranzadi, Navarra, 2015.

VV.AA., *Tratado de Sociedades de Capital, [Tratado Judicial, Notarial y Registral de las Sociedades de Capital]*, Tomo I, Cabanas Trejo, R., Martínez-Echeverría y García de Dueñas, A. y Prendes Carril, P. (dirs.), Aranzadi, Navarra, 2017.

Capítulo 36

LA ACCIÓN DE ANULACIÓN DE LA TRANSMISIÓN DE ACCIONES O PARTICIPACIONES SOCIALES. EFECTOS DE LA PENDENCIA DEL PROCESO EN ACUERDOS SOCIALES ADOPTADOS CON POSTERIORIDAD Y PROBLEMAS PARA LA SATISFACCIÓN ÍNTEGRA DE LA PRETENSIÓN EJERCITADA

Adriana González García
José María Segovia de la Colina
Abogados
Cuatrecasas[1]

1 El presente trabajo refleja la opinión de sus autores y no necesariamente la del despacho colectivo *Cuatrecasas*

mecanismos adicionales de los socios y/o accionistas para impugnar la eficacia de la modificación estructural. 3. La opción del legislador: cuestiones por resolver. IV. BIBLIOGRAFÍA Y JURISPRUDENCIA.

INTRODUCCIÓN

Existe una aceptación plena sobre la posibilidad de que, en la vida de cualquier sociedad de capital, existan restricciones (de origen legal, estatutario o convencional) para la libre transmisión de sus acciones o participaciones sociales. Las citadas reglas operan, por tanto, como normas caracterizadoras de la convivencia social y como límites a la libertad y autonomía de las personas en el ejercicio de su derecho de propiedad sobre los títulos de participación en el capital. Por ello, el potencial incumplimiento de estas restricciones habilita al resto de socios o accionistas a impugnar, conforme a lo previsto en el artículo 204 de la Ley de Sociedades de Capital (en adelante, LSC), los acuerdos sociales que las vulneren, además de los negocios jurídicos en los que se concreten, en su caso, dichas transmisiones.

De esta manera, la validez y eficacia de cualquier transmisión de acciones y/o participaciones sociales debe analizarse en relación con dos planos: por un lado, el acuerdo social por el que se autorice o ejecute la transmisión; y, por otro lado, el propio negocio jurídico por medio del cual se articule la operación.

En este contexto, ¿qué efectos produce la potencial anulación del acuerdo social por medio del cual se autorizó o se ejecutó una transmisión de acciones o participaciones sociales?, ¿qué efectos tiene, en acuerdos sociales adoptados con posterioridad, la pendencia de un procedimiento en el que se esté discutiendo la validez de la citada autorización o ejecución de la transmisión?, ¿es exigible a los socios o accionistas demandantes que impugnen todos y cada uno de los acuerdos sociales que se adopten tras la impugnación originaria? o, en otro sentido, ¿es posible satisfacer la pretensión planteada cuando, con el paso del tiempo, la situación en la sociedad ha cambiado de manera radical?, ¿cómo se satisface la pretensión y frente a quién se ejercita ésta?

La cuestión que subyace en la presente comunicación es el análisis, a futuro, de los efectos de la impugnación y, en su caso, de la anulación del acuerdo social por el que se autoriza o se ejecuta una transmisión de acciones o participaciones, así como de la anulación del negocio jurídico por medio del que se articule la transmisión. Esta cuestión, que se inserta dentro del debate clásico entre la primacía de la seguridad jurídica o de la seguridad del tráfico mercantil, no está resuelta en nuestro ordenamiento jurídico de manera clara y la respuesta tiene un impacto frontal en la posibilidad de satisfacer de manera íntegra la pretensión del socio o accionista impugnante.

Como veremos en la presente comunicación, parece que el legislador ha optado por la primacía de la seguridad en el tráfico mercantil en un caso concreto, tras la reciente reforma de la normativa reguladora de las modificaciones estructurales, operada por el Real Decreto-ley 5/2023, de 28 de junio, que prevé que cualquier modificación estructural, una vez inscrita, deviene inatacable.

I. LA TRANSMISIÓN VOLUNTARIA DE ACCIONES Y/O PARTICIPACIONES SOCIALES

1. Contenido esencial del régimen de transmisión voluntaria de acciones y participaciones sociales

Se podría decir que, en términos generales, los socios y accionistas de una sociedad de capital tienen la facultad de transmitir sus participaciones sociales[2] y acciones (ya sea a título oneroso o lucrativo). Sin embargo, el régimen de transmisión de las cuotas de socio está sometido a importantes restricciones, siendo uno de los campos en los que más se diferencian las sociedades de responsabilidad limitada y las sociedades anónimas.

Así, dado el carácter eminentemente cerrado de las primeras, el artículo 108.1 LSC señala que serán nulas las cláusulas estatutarias que hagan prácticamente *libre* la transmisión voluntaria de las participaciones sociales, por lo que siempre deberán establecerse restricciones a la transmisión por actos *inter vivos* o someterse al régimen legal que aplica de manera supletoria, que es el de la autorización de la transmisión por la sociedad[3]. Todo ello

2 En el caso de las sociedades limitadas, el artículo 108.3 LSC prevé la posibilidad de introducir en los estatutos sociales cláusulas que prohíban la transmisión voluntaria de las participaciones sociales por actos *inter vivos*. Sin embargo, esto sólo podrá darse si los estatutos reconocen al socio el derecho a separarse de la sociedad en cualquier momento. Además, para la introducción *ex novo* de este tipo de cláusulas en los estatutos será necesario el voto a favor unánime de todos los socios.
Además, el artículo 108.4 LSC también recoge la posibilidad de que los estatutos prohíban la transmisión voluntaria de participaciones o el ejercicio del derecho de separación (*vid.* artículo 108.3 LSC) ...*durante un período no superior a cinco años*... a contar desde la constitución de la sociedad o desde el otorgamiento de la escritura pública de ejecución de la ampliación de capital si las participaciones proceden de ella.

3 Como explica VALPUESTA GASTAMINZA, E., no se trata de un derecho de adquisición preferente del resto de socios, sino de una autorización o denegación de la venta por la sociedad, siendo que, si la deniega, tiene que indicar a otro socio o socios adquirente que asuma las participaciones por el precio y condiciones comunicados por el socio que desea transmitir. La diferencia es importante porque, a diferencia de un derecho de tanteo, en este supuesto, la doctrina ha aclarado que el transmitente podría desistir de la operación en el cualquier momento (VALPUESTA GASTAMINZA, E., *Comentarios a la Ley de Sociedades de Capital*, Estudio legal y jurisprudencial, 4ª ed., Bosch, Madrid, 2022, parra. 106.11). En todo caso, también existen posiciones doctrinales que defienden la irrevocabilidad de la comunicación del socio transmitente; sobre todo, desde que la sociedad comunica quién será el adquirente. Apoya

salvo que las participaciones se transmitan a otros socios, al cónyuge, ascendientes o descendientes del socio o, en caso de que el socio sea una persona jurídica, en favor de sociedades pertenecientes al mismo grupo que la transmitente; en todos estos casos, la LSC (de nuevo, salvo disposición estatutaria en contrario) permite la libre transmisibilidad de participaciones, pues se parte de la "afinidad personal" o "intimidad social" entre transmitente y adquirente[4]; o lo que otros autores han denominado "presunción de inocuidad"[5].

Sin embargo, en el caso de las sociedades anónimas, de carácter abierto, la regla general es la libre transmisibilidad de las acciones, señalando el artículo 123.2 LSC que serán nulas aquellas cláusulas que hagan prácticamente *intransmisible* la acción[6]. Además, las restricciones o condicionamientos a la libre transmisibilidad deberán recaer sobre acciones nominativas y constar en los estatutos sociales (artículo 123.1 LSC)[7]. Dicha transmisibilidad

esta última interpretación el lenguaje imperativo del apartado (e) del artículo 107.2 LSC, que señala que *...el documento público de transmisión deberá otorgarse en el plazo de un mes...* (*vid.* SARAZÁ JIMENA, R., "Artículos 107 a 112", *Comentarios de la Ley de Sociedades de Capital*, García-Cruces, J.A. y Sancho Gargallo, I. (dirs.), Tirant lo Blanch, Valencia, 2021, pp. 1490-1491 y 1500).

4 VALPUESTA GASTAMINZA, E., *Comentarios a la Ley ..., op. cit.*, parra 106.08.

5 Se considera que la transmisión de participaciones por un socio a otras mercantiles a las que está unido por vínculos societarios o a otras personas a las que le unen vínculos familiares *...no perjudica a la sociedad ni a los demás socios, porque se supone que los adquirentes comparten sustancialmente las cualidades del transmitente...* (SARAZÁ JIMENA, R., "Artículos 107 a 112", *op. cit.*, p. 1487).

6 El artículo 123.4 RRM introduce una excepción a dicha prohibición de intransmisibilidad cuando señala que *...podrán inscribirse en el Registro Mercantil las cláusulas estatutarias que prohíban la transmisión voluntaria de las acciones durante un período de tiempo no superior a dos años a contar desde la fecha de constitución de la sociedad...*

7 Señala este artículo que los accionistas que no hayan votado a favor del acuerdo consistente en la introducción en los estatutos de una limitación a

sólo podrá supeditarse a la previa autorización de la sociedad[8] cuando los estatutos mencionen las causas que permitan denegarla (artículo 123.3 LSC).

La razón de esta diferencia de régimen entre sociedades de responsabilidad limitada y sociedades anónimas radica en el modelo "ideal" del legislador (ideal que no guarda relación con la práctica mayoritaria en el tráfico jurídico mercantil), basado en el carácter cerrado y el *intuitus personae* de la sociedad limitada, frente al carácter abierto y el *intuitus pecunie* de las anónimas. La norma en las primeras es mantener el "grupo humano" fundacional, lo que justifica que cualquier cambio esté sometido a algún tipo de control o restricción, pues la ley permite que los socios preexistentes cierren el paso a la entrada de determinadas personas en el círculo social mediante la aplicación de cláusulas restrictivas de las transmisiones sociales[9]. Por el contrario, la norma en las sociedades anónimas es la irrelevancia de las cualidades personales del accionista (de corte eminentemente capitalista en el plano teórico), por lo que la alteración de los accionistas es algo normal, que favorece, además, la liquidez de la inversión[10].

2. Restricciones o condicionamientos a la transmisibilidad de acciones y participaciones sociales

Sin perjuicio de que no serán válidas las cláusulas que hagan prácticamente intransmisibles las acciones (en las sociedades anó-

la libre transmisibilidad no quedarán sometidos a él durante un plazo de tres meses a contar desde la publicación del acuerdo en el BORME.

8 En la votación del acuerdo en que se decida sobre si la sociedad concede o no la autorización para la transmisión comunicada, el socio o accionista que se propone transmitir carece de derecho de voto, por existir un conflicto de interés, ex. artículo 190.1.a) LSC.

9 SARAZÁ JIMENA, R., "Artículos 107 a 112", *op. cit.*, p. 1485.

10 VALPUESTA GASTAMINZA, E., *Comentarios a la Ley ...*, *op. cit.*, parra.106.06.

nimas) y prácticamente libre la transmisión de las participaciones sociales o incurran en alguna de las demás prohibiciones reguladas en el artículo 108 LSC (en las sociedades de responsabilidad limitada), en ambos casos nuestro ordenamiento jurídico prevé una serie de restricciones a la libre transmisibilidad de estos títulos. Este régimen legal es, además, supletorio, pues los socios y accionistas son libres para establecer un régimen estatutario de restricciones, que prevalecerá sobre el legal[11] pero que deberá respetar el régimen imperativo de los artículos 108 y 123 LSC[12]. A este respecto, el artículo 188.1 del Reglamento del Registro Mercantil (en adelante, RRM) reconoce el carácter de inscribible de cualesquiera cláusulas que restrinjan la transmisión de todas o algunas de las participaciones sociales, *...sin más limitaciones que las establecidas por la Ley...*

Entre las restricciones a la libre transmisibilidad de acciones y participaciones sociales podemos destacar las siguientes, por ser las más habituales (a las dos primeras se refiere expresamente el citado artículo 188 RRM en sus apartados 2º y 3º):

— El establecimiento de un derecho de adquisición preferente (puede ser solo de tanteo o sólo de retracto, pero lo normal es combinar ambos derechos)[13] en favor de los socios[14] y/o de la sociedad (ex. artículo 140.1.d LSC).

---

11 VALPUESTA GASTAMINZA, E., *Comentarios a la Ley ..., op. cit.*, parra. 106.20.

12 SARAZÁ JIMENA, R., "Artículos 107 a 112", p. 1508.

13 VALPUESTA GASTAMINZA, E., *Comentarios a la Ley ..., op. cit.*, parra. 106.21.

14 La inclusión en estatutos de un derecho de adquisición preferente suele acompañarse del otorgamiento de un carácter vinculante a la comunicación del socio, en el sentido de que sea irrevocable y obligue al socio a transmitir a quien haga uso correcto de ese derecho, de manera que la comunicación funcione como una verdadera oferta que, una vez aceptada, perfecciona el negocio transmisivo. De no existir previsión alguna en ese sentido, parece razonable decantarse por la irrevocabilidad de la comunicación una vez el beneficiario del derecho de adquisición preferente lo haya ejercitado (así lo entendió la Sala Primera del Tribunal Supremo en su sentencia núm. 635/2012,

— Imposición al socio de la obligación de transmitir sus participaciones a los demás socios o a terceras personas cuando concurran determinadas circunstancias, que deberán ser expresadas de forma clara y precisa en los estatutos. Un ejemplo claro de este tipo de cláusulas lo constituyen las llamadas cláusulas de "transmisión indirecta" o "de rescate", que persigue neutralizar el impacto de un cambio de control en uno de los socios (persona jurídica), que, en ese caso, quedaría obligado a transmitir sus participaciones a los demás socios o a la sociedad.

— Cláusulas de "arrastre" (*drag along*) o de "acompañamiento" (*tag along*). Mientras que las primeras se refieren a una obligación de venta para el resto de los socios para el caso de que un socio pretenda transmitir sus participaciones a un tercero (expresamente reconocida en el artículo 188.3 RRM), las segundas (de "acompañamiento") se conciben como un mecanismo de protección de los socios minoritarios, que permiten su salida de la sociedad ante eventuales cambios de control; a diferencia de las cláusulas de arrastre, éstas funcionan como una opción (no una obligación), que posibilita a los socios minoritarios adherirse a la oferta de venta que ha recibido el mayoritario para vender su paquete en las mismas condiciones y al mismo precio que el ofrecido a éste[15].

— La posibilidad de condicionar la transmisión de las acciones a la autorización por parte de la sociedad. La regulación de esta opción cobra especial sentido en las sociedades anónimas, pues el artículo 123.3 LSC —a diferencia de lo que ocurre con las sociedades de responsabilidad limitada, en las que la autorización por la sociedad apli-

de 2 de noviembre [TOL2.697.538]) (*vid.* SARAZÁ JIMENA, R., "Artículos 107 a 112", *op.cit.*, p. 1518).

15 SARAZÁ JIMENA, R., "Artículos 107 a 112", *op. cit.*, p. 1529.

ca por defecto como régimen supletorio— exige que los estatutos señalen expresamente las causas por las que la sociedad podrá denegar dicha autorización (combatiendo de este modo una potencial falta de seguridad jurídica y/o arbitrariedad en la toma de decisión[16]). Se prevé, además, una suerte de "silencio positivo" favorable al otorgamiento de la autorización en el caso de que la sociedad no conteste en el plazo de dos meses.

En todo caso, nótese que los supuestos de "obligación de transmitir cuando concurran determinadas circunstancias" y de "cláusulas de arrastre" no actúan tanto como restricciones a la libre transmisión de participaciones, sino, más bien, como "transmisiones forzosas"; constituyen, en definitiva, condicionantes que limitan la capacidad del socio para decidir si quiere vender, cuándo, a quién y a qué precio. Por su naturaleza, estas cláusulas resultan problemáticas en el caso de las sociedades anónimas[17].

También cabe que los pactos parasociales regulen la transmisión de acciones y participaciones sociales pero, como señala el artículo 29 LSC, su eficacia no será oponible frente a la sociedad[18] (*vid*. STS núm. 120/2020, de 20 de febrero de 2020 y STS núm. 300/2022, de 7 de abril de 2022[19]) y, por tanto, la consecuencia

16 RECALDE CASTELLS, A. y ARIAS VARONA, F.J., "Artículo 123", *Comentarios de la Ley de Sociedades de Capital*, García-Cruces, J.A. y Sancho Gargallo, I. (dirs.), Tirant lo blanch, Valencia, 2021, p. 1729.

17 Respecto de las sociedades anónimas, la sentencia del Tribunal Supremo núm. 889/2010, de 10 de enero de 2011 (TOL2.054.596) ha venido a prohibir, casi en su totalidad, estas cláusulas de obligación de transmitir cuando concurran determinadas circunstancias, por considerar que son propias de un tipo personalista y se oponen a los principios configuradores de la anónima. El artículo 188.3 RRM sólo reconoce la validez de este tipo de cláusulas para las sociedades de responsabilidad limitada.

18 VALPUESTA GASTAMINZA, E., *Comentarios a la Ley ...*, *op. cit.*, parra. 106.07.

19 TOL7.790.005 y TOL8.909.439, respectivamente.

de su vulneración no será la prevista en el artículo 112 LSC[20] (la inoponibilidad a la sociedad), que sí se aplica cuando lo infringido sea la Ley o los estatutos, como veremos en el apartado II.2.

II. LA IMPUGNACIÓN DE LA TRANSMISIÓN DE ACCIONES Y/O PARTICIPACIONES SOCIALES

1. Los efectos derivados del ejercicio de las acciones de impugnación de los acuerdos sociales

La única norma de carácter material en nuestro ordenamiento jurídico que determina los efectos derivados de una sentencia estimatoria de una demanda de impugnación de un acuerdo social está prevista en el artículo 208 LSC, el cual solo aporta una serie de reglas concretas en cuanto a los efectos registrales de la resolución judicial o arbitral[21].

Dicha norma debe completarse con la regla adjetiva contenida en el tercer párrafo del artículo 222.3 de la Ley 1/2000, de 7 de enero, de Enjuiciamiento Civil (en adelante, LEC), que establece que ...[l]*as sentencias que se dicten sobre impugnación de acuerdos societarios afectarán a todos los socios, aunque no hubieren litigado*...

De esta manera, debemos analizar la naturaleza de los efectos derivados de la estimación de la impugnación de un acuerdo social, pues la ineficacia del acuerdo no se acomoda a ninguna de

20 SARAZÁ JIMENA, R., "Artículos 107 a 112", *op. cit.*, pp. 1531 y 1562.

21 El artículo 208 LSC prevé que ...1. *La sentencia firme que declare la nulidad de un acuerdo inscribible habrá de inscribirse en el Registro Mercantil. El «Boletín Oficial del Registro Mercantil» publicará un extracto."* y "*2. En el caso de que el acuerdo impugnado estuviese inscrito en el Registro Mercantil, la sentencia determinará además la cancelación de su inscripción, así como la de los asientos posteriores que resulten contradictorios con ella...*

las categorías clásicas de ineficacia de los negocios jurídicos. En otras palabras, los efectos de la estimación *...no son los propios de la nulidad absoluta ni de la anulabilidad...*[22], pues esta *...da lugar a una declaración de ineficacia, que si bien puede calificarse de nulidad, su proyección retroactiva sobre los actos y acuerdos vinculados no necesariamente es absoluta, ni por supuesto automática...*[23].

El alcance de los efectos de la estimación de una acción de impugnación de acuerdos sociales se ha tratado de definir por nuestra jurisprudencia. Citamos la sentencia de la Sala Primera del Tribunal Supremo, núm. 37/2012, de 23 de febrero[24], que dibujó el esquema teórico de estos efectos: *...el apartado 2º del número 2 de la disposición derogatoria única de la LEC derogó el número 1 del artículo 122.1 TRLSA , a cuyo tenor "[l]a sentencia que estime la acción de impugnación producirá efectos frente a todos los accionistas, pero no afectará a los derechos adquiridos por terceros de buena fe a consecuencia del acuerdo impugnado"—,por lo que, dada su naturaleza declarativa, en la medida en que declara con eficacia de cosa juzgada una situación preexistente, una vez firme produce sus efectos " ex tunc" o, lo que es lo mismo, se retrotrae al momento de la aprobación del acuerdo y se proyecta sobre los acuerdos posteriores que se sustentan en el anulado...*

El motivo de la dicotomía señalada es claro, y es que el Derecho de Sociedades se inspira en dos grandes principios articuladores de la norma: la seguridad jurídica y la seguridad del tráfico mercantil. Como apuntó la resolución de la entonces denominada Dirección General de los Registros y el Notariado (actual Dirección General de Seguridad Jurídica y Fe Pública, en adelante,

22 SANCHO GARGALLO, I., "Artículo 208", *Comentarios de la Ley de Sociedades de Capital*, García-Cruces, J. A. y Sancho Gargallo, I. (dirs.), Tirant lo Blanch, Valencia, 2021, p. 2932.
23 TOL2.503.425.
24 SANCHO GARGALLO, I., "Artículo 208", *op. cit.*, p. 2932.

DGSJFP) de 6 de junio de 2019[25], la jurisprudencia del Tribunal Supremo "*exige actuar con criterios de prudencia y cautela*" a la hora de determinar los concretos efectos derivados de la declaración de ineficacia de los acuerdos sociales que son objeto de impugnación, pues se han de tener en cuenta ...*las exigencias impuestas por el principio constitucional de seguridad jurídica y de la exclusividad de la función jurisdiccional en cuanto a la correcta delimitación del alcance de las resoluciones judiciales en un ámbito en el que* [queda afectado] *el tráfico jurídico mercantil y el derecho de posibles terceros y acreedores sociales...*

Sin embargo, la concreción de esta realidad no ha sido precisada por el legislador, lo que deriva en un elevado número de conflictos que cristalizan, especialmente, en materia de transmisión de acciones y/o participaciones sociales. Máxime, en la medida en que el ejercicio de la impugnación de acuerdos sociales que son contrarios a la Ley o a los estatutos, si bien es potestativa, no lo es en un plano teórico, toda vez que la facultad de los administradores de impugnar deviene en una obligación necesaria para poder cumplir con su deber como administrador y para poder exonerarse de responsabilidad[26].

Así, como decíamos, la jurisprudencia y la doctrina han tratado de perfilar las consecuencias jurídicas que produce la anulación de los acuerdos sociales. En este sentido, si atendemos a los pronunciamientos judiciales en relación con esta materia, observamos que, con carácter general, la jurisprudencia ha convenido que existe una disociación entre los efectos generales de la nulidad de los contratos (siguiendo el artículo 1300 y ss. del Código Civil), y los concretos efectos de la anulación de los acuerdos sociales.

25 BOE núm. 158, de 3 de julio de 2019, pp. 71487-71498.

26 FRIGOLA I RIERA, A., *Órganos de la sociedad de capital*, Gimeno Bayón Cobos, R. y Garrido Espa, L. (dirs.), Tirant lo Blanch, 2008, p. 1.393.

En este sentido, citamos también la Resolución de la DGSJFP de 20 de diciembre de 2019[27] , que, con base en la doctrina jurisprudencial del Tribunal Supremo (sentencia núm. 589/2012, de 18 de octubre[28] y, con cita de la resolución de la propia DGSJFP de 30 de mayo de 2013[29], trató de recoger una regla más precisa a la hora de analizar los efectos de la estimación de una acción de impugnación de un acuerdo social: ...*El problema radica, en nuestro Derecho, en un extendido y a veces mal formulado, así como equivocado entendimiento de la supuesta eficacia radical y retroactiva o «ex tunc» de la declaración judicial de nulidad de los acuerdos sociales impugnados. Frente a lo que algunos presuponen, la sentencia declarativa de nulidad no produce de manera automática u «ope legis» una especie de radical «restitutio in integrum» societaria o automático regreso al estado de cosas anterior al acuerdo anulado ni tan siquiera a efectos internos. Como bien expone el recurrente en su escrito de recurso, no cabe extender en este ámbito el régimen jurídico común de la nulidad y anulabilidad de los negocios jurídicos. No puede obviarse la existencia en la sociedad de dos planos, el contractual y el organizativo, y que los sucesivos actos organizativos adoptados por la sociedad, una vez sea declarada nula la causa jurídica de los mismos, deben ser convalidados o regularizados conforme a las reglas y principios propios del ordenamiento societario y con pleno respeto al principio de seguridad jurídica recogido en el artículo 9.3 de la Constitución. En definitiva: no es posible la aplicación poco meditada del brocardo «quod nullum est nullum effectum producit*" (énfasis añadido)...

En el contexto citado y partiendo de la anterior doctrina, resulta necesario abordar qué problemas concretos se dan en la práctica en determinados casos de impugnación de acuerdos sociales

27 BOE núm. 66, de 14 de marzo de 2020, pp. 25226-25246
28 TOL2.674.382.
29 BOE 28 julio de 2013.

en los que se autorice o se ejecute una transmisión de acciones y/o participaciones sociales.

2. Consecuencias de las transmisiones de acciones o participaciones sociales realizadas con infracción de la Ley o los estatutos sociales

En nuestro ordenamiento jurídico encontramos, exclusivamente, una regla en relación con la ineficacia de la transmisión de las participaciones sociales en las sociedades de responsabilidad limitada. Se trata del artículo 112 LSC, que señala que la consecuencia de llevar a cabo una transmisión de participaciones sociales que no se ajuste a lo previsto en la Ley o, en su caso, en los estatutos sociales, es que dicha transmisión *...no producirá efecto alguno frente a la sociedad...* Por tanto, la primera conclusión que se extrae de este precepto es que una transmisión de participaciones sociales que no respete lo previsto en la Ley o los estatutos no es —por ese sólo motivo— nula de pleno derecho y, por tanto, ineficaz entre las partes[30] [31], sino únicamente inoponible frente a la sociedad[32].

30 El artículo 20 de la derogada Ley de Sociedades de Responsabilidad Limitada (en adelante, "**LSRL**") de 1953 establecía que "*serán nulas las transmisiones a persona extraña a la sociedad que no se ajusten a lo establecido en la escritura social o, en su defecto, a lo prevenido en este artículo*". Posteriormente, el artículo 34 de la LSRL de 1995 optó por una solución distinta a la anterior y similar a la recogida por el actual artículo 112 LSC, al señalar que esas transmisiones "*no producirán efecto alguno frente a la sociedad*".

31 Ello sin perjuicio de que pueda instarse la nulidad del contrato transmisivo (como los de cualquier negocio jurídico) si no concurren en él todos los requisitos necesarios para su validez (consentimiento, objeto y causa cierta, junto con precio cierto).

32 No obstante, señala VALPUESTA que, en algunos casos, se ha admitido una suerte de "aceptación implícita" de la transmisión por la sociedad, si, una vez conocida una transmisión realizada con infracción de las normas, no se opone nada o se reconoce al adquirente como verdadero socio (*vid.* VALPUESTA GASTAMINZA, E., *Comentarios a la Ley ..., op. cit.*, parra. 106.37 y 120.46).

En este sentido se han pronunciado, entre muchas otras, la Audiencia Provincial (Sección 9ª) de Madrid en su sentencia núm. 375/2011, de 6 de julio[33], o la Sección 28º en sus sentencias núm. 43/2012, de 6 de febrero y núm. 138/2016, de 15 de abril[34]. Y también el Tribunal Supremo (Sala de lo Civil) en sentencias núm. 384/2007, de 10 de abril; núm. 926/2007, 21 de septiembre; núm. 823/2011, de 14 de noviembre; núm. 215/2013, de 8 de abril y de 24 de noviembre de 1987[35].

En esta línea, destacamos lo expuesto por la Audiencia Provincial de Madrid en una de las citadas sentencias (la núm. 43/2012, de 6 de febrero), en la que declaró: *...Según el criterio expuesto, es necesario que en los casos de infracción de las cláusulas que imponen restricciones, la transmisión no produzca frente a la sociedad el efecto que normalmente se desprende de ella, la adquisición por parte del adquirente de la cualidad de accionista. Con ello se consigue que ni la sociedad ni los socios sufran las consecuencias de la infracción. En definitiva, la vulneración de la cláusula no impide la validez del negocio y la eficacia de la transmisión, pero dicho negocio no es oponible frente a la sociedad. Las restricciones tutelan el interés de la sociedad, que queda suficientemente protegido impidiendo que el adquirente pueda ser considerado accionista, sin que quede afectado el negocio inter-partes, del que derivarán las correspondientes obligaciones y efectos según su naturaleza...*

Sin perjuicio de que no exista, respecto de la sociedad anónima, un precepto como el artículo 112 LSC, la doctrina y la jurisprudencia vienen aplicando la misma solución que la prevista en dicho precepto para las sociedades de responsabilidad limitada cuando una transmisión de acciones infringe lo dispuesto en la

33 TOL2.220.298.

34 TOL2.490.151 y TOL5.823.843, respectivamente.

35 En el orden citado, TOL1.080.414; TOL1.150.973; TOL2.304.253; TOL3.836.309 y RJ 1978, 4171.

Ley o los estatutos sociales; esto es, limitar la eficacia de la transmisión entre las partes y considerar que, frente a la sociedad y a terceros, la transmisión no ha operado[36]. Esta solución también podría deducirse de la literalidad del artículo 123 LSC (referido a las sociedades anónimas), que dispone que ...*solo serán válidas frente a la sociedad*...[37].

En cualquiera de estos casos, las consecuencias de esta inoponibilidad frente a la sociedad —una vez declarada judicialmente— se traducen en que ésta (**i**) no anotará la transmisión en el libro registro de socios; (**ii**) no reconocerá como socio al adquirente —por lo que, a todos los efectos, el "socio" seguirá siendo el transmitente[38]; y (**iii**) consecuentemente, no le reconocerá legitimación para ejercitar los derechos que le corresponden en su condición de socio[39].

No obstante, el artículo 112 LSC no regula expresamente otros aspectos, como los efectos de este incumplimiento respecto de las partes del negocio transmisivo[40] y de terceros

36 VALPUESTA GASTAMINZA, E., *Comentarios a la Ley ..., op. cit.*, parra. 120.45.

37 RECALDE CASTELLS, A. y ARIAS VARONA, F.J., "Artículo 123", *op. cit.*, p. 1744.

38 Así lo ha señalado la jurisprudencia, como la sentencia del Tribunal Supremo de 24 de noviembre de 1987 (RJ 1978,4171) (*Vid.* la cita a ese pronunciamiento que se contiene en la sentencia de la Sección 28ª de la Audiencia Provincial de Madrid núm. 43/2012, de 6 de febrero (TOL2.490.151)).

39 SARAZÁ JIMENA, R., "Artículos 107 a 112", *op. cit.*, p. 1560.

40 La eficacia interna de la transmisión entre las partes podría conducir a que el "adquirente" obligara al "enajenante" a que realizara todos los actos precisos para garantizar la efectividad de la transmisión frente a la sociedad (en cuanto al ejercicio de los derechos como, por ejemplo, el de percibir dividendos). Algunos autores sostienen que, en estos casos en que, como consecuencia del incumplimiento del régimen legal o estatutario, la transmisión no es oponible frente a la sociedad, en realidad no ha habido transmisión (*vid.* VALPUESTA GASTAMINZA, E., *Comentarios a la Ley ..., op. cit.*, parra. 106.36); y ello porque la infracción del régimen de transmisión de las participaciones, si

distintos de la propia sociedad; aspectos éstos que deben ser analizados a la luz de las reglas ordinarias del derecho de obligaciones y contratos[41].

Por tanto, partiendo de este régimen de ineficacia relativa, una eventual sentencia que declare que la transmisión de acciones o participaciones ha infringido el régimen legal o estatutario establecido producirá efectos únicamente frente a la sociedad (no *per se* entre las partes), y sólo desde la fecha en la que sea dictada y adquiera firmeza (*ex nunc*), sin efectos retroactivos. Del mismo modo, si lo que se impugna es el acuerdo social mediante el que se autoriza o ejecuta la transmisión, como hemos visto en el apartado II.1, los efectos de una sentencia estimatoria no serán los propios de la nulidad radical, por lo que no operará de manera automática una ineficacia retroactiva, siendo sus efectos modulados en atención de las circunstancias y con "cautela" por los tribunales.

Durante el tiempo que transcurra entre la impugnación del acuerdo social y/o el negocio jurídico en cuestión y el dictado de

bien no afecta a la validez del negocio jurídico, sí afecta a su eficacia translativa (pues, para que se produzca la transmisión del derecho, es necesario que, junto con un contrato causal válido, el transmitente tenga capacidad de disposición y, si el transmitente carece de la facultad de disposición porque no ha dado cumplimiento a las exigencias del régimen de transmisión de participaciones sociales, la transmisión de éstas no habría operado). En cualquier caso, quien contrató con el socio y no obtuvo la transmisión de las participaciones podrá ejercitar contra el socio una acción de incumplimiento contractual (*vid.* SARAZÁ JIMENA, R., "Artículos 107 a 112", *op. cit.*, pp. 1560-1561). A este panorama ciertamente confuso sobre las consecuencias de la vulneración de las cláusulas restrictivas de la transmisión de acciones y participaciones se refiere en profundidad la citada sentencia de la Sección 28ª de la Audiencia Provincial de Madrid núm. 43/2012, de 6 de febrero (TOL2.490.151), que expone las distintas corrientes doctrinales que existen a este respecto.

41 SARAZÁ JIMENA, R., "Artículos 107 a 112", *op. cit.*, p. 1559.

una sentencia o laudo firme que, aunque estimara la demanda, carecería de efectos retroactivos, la sociedad seguirá adoptando acuerdos sociales relevantes (con las nuevas mayorías resultantes de la operación de transmisión de acciones o participaciones objeto de impugnación) e, incluso, pudiendo quedar extinguida o siendo objeto de alguna modificación estructural. En este contexto se insertan un grupo de casos que son los que destacamos como problemáticos en esta comunicación, los cuales analizamos en el siguiente apartado II.3.1.

3. La satisfacción íntegra de la pretensión ejercitada por el socio/accionista que impugnó, en origen, el acuerdo social consistente en la autorización o la ejecución de la transmisión de acciones y/o participaciones sociales y/o el negocio jurídico en que ésta se concretó

Dado el esquema que nuestro ordenamiento jurídico prevé para la anulación de los acuerdos sociales (que hemos descrito en el apartado II.1) y para los efectos de ineficacia relativa de los negocios jurídicos celebrados con infracción del régimen legal o estatutario de transmisión de acciones/participaciones (apartado II.2), existen una serie de casos en los que la satisfacción íntegra del accionista o socio impugnante de un acuerdo social por el que se autorice o se ejecute una transmisión de acciones y/o participaciones sociales (o del negocio jurídico en sí mismo), puede no ser posible.

El objeto de la presente comunicación, como decíamos al inicio, es analizar los distintos grupos de casos en los que los derechos del socio/accionista impugnante se ven comprometidos, así como ciertas limitaciones de origen jurisprudencial que encontramos a la hora de intentar salvaguardar los referidos derechos.

3.1. *Grupos de casos*

Con carácter previo a apuntar los supuestos de hecho en los que la satisfacción íntegra de la pretensión de impugnación queda comprometida, debemos partir del contexto en el que un accionista o socio ha impugnado el acuerdo social por medio del cual se ha autorizado[42] o ejecutado una transmisión de acciones o participaciones sociales (o el negocio jurídico en sí mismo) y cuyo resultado ha conllevado la pérdida de un potencial incremento de su porcentaje en el capital social (ya sea por incremento del resto de socios o accionistas, o por la entrada en el capital de un tercero de buena fe).

Así, destacamos los derechos que podrían verse comprometidos por los socios o accionistas y que componen todos los grupos de casos en los que subyace un conflicto a la hora de satisfacer la pretensión de impugnación:

— El ejercicio del derecho de voto del accionista o socio que no pudo ser ejercitado en todos aquellos acuerdos sociales que se hayan adoptado con posterioridad a la impugnación.

— El ejercicio de los derechos complementarios que requieren de un porcentaje mínimo en el capital social (solicitud de convocatoria de junta general, complemento de convocatoria, derecho de información, requerimiento de la presencia de notario en la junta general, oposición a la renuncia o transacción en el ejercicio de la acción social de

42 Recordamos en este punto que, conforme al artículo 123.3 LSC, en las sociedades anónimas, salvo disposición estatutaria en contra, *...la autorización será concedida o denegada por los administradores de la sociedad...*, por lo que, la impugnación del acuerdo social de autorización solo podrá plantearse en caso de que los estatutos fijen la competencia de la junta o bien el órgano de administración sea un consejo, *ex* artículo 251 LSC.

responsabilidad, nombramiento de auditor, examen de la documentación soporte para la elaboración de las cuentas anuales, o la impugnación de acuerdos sociales[43]).

— El ejercicio de cualesquiera de sus derechos en caso de que la mayoría del capital decida la disolución y liquidación de la sociedad.

Los tres grupos de casos planteados cuentan con un elemento común: si la potencial estimación de una acción de impugnación del acuerdo social que autorizó o ejecutó la transmisión de acciones o participaciones sociales no determina la automática retroacción del estado de las cosas al momento en que se adoptó el acuerdo social (*vid.* apartado II.1) y si la infracción de las restricciones legales o estatutarias a la transmisión de acciones / participaciones sociales sólo provoca la ineficacia frente a la sociedad y sin efectos retroactivos (*vid.* apartado II.2), ¿todos esos derechos que no se han podido ejercitar durante la pendencia del proceso, se han perdido para siempre?

Además de lo anterior, en el apartado II.2 observábamos que la única regla que determina el efecto de la impugnación de los negocios jurídicos en los que se articula la transmisión de acciones o participaciones es, a la luz del artículo 112 LSC, la ineficacia de ésta frente a la sociedad.

A la vista de las dos restricciones existentes a la hora de impugnar, ya sea los acuerdos sociales, o los negocios jurídicos en los que se articula la transmisión, parece que cualquier manera de garantizar la satisfacción futura de la pretensión de impugnación pasaría por la interposición de una medida cautelar de anotación en el libro registro de socios o de acciones nominativas. No obs-

43 Artículos 168, 172, 494, 196, 197, 238, 265, 272, 206, 251 y 491 LSC.

tante, como vemos a continuación, existen una serie de reglas desarrolladas por la jurisprudencia que, de alguna manera, limitan el ejercicio de esta clase de pretensiones.

3.2. Limitaciones al ejercicio de los derechos de impugnación

La jurisprudencia ha desarrollado dos ideas o límites relevantes que tienen un impacto directo en los efectos que se derivan de las acciones de impugnación de determinados tipos de acuerdos sociales.

— Por un lado, en relación con la posibilidad de que los órganos sociales sigan operando, dentro del grupo de casos de solicitudes de medidas cautelares de suspensión de los acuerdos sociales impugnados por medio de los cuales se ha producido el nombramiento o cese de administradores.

Existe en este sentido jurisprudencia constante que deniega estas solicitudes de medidas cautelares bajo la premisa de que la sociedad puede seguir operando y el peligro en la mora procesal no se da de manera automática por el mero hecho de modificar la composición del consejo (autos de la Audiencia Provincial de Madrid, Sección 28ª, núm. 110/2011, de 14 de julio de 2011, o núm. 49/2010, de 26 de marzo de 2010[44]).

En estos casos, la potencial anulación del acuerdo por el que se nombró o cesó a un consejero no tiñe de nulidad de manera automática los acuerdos sociales posteriores adoptados por un consejo de administración con o sin dicho consejero.

Esta regla, llevada al supuesto de hecho que analizamos en la presente comunicación, supondría que devendrían inatacables

44 TOL5.333.030 y TOL5.283.709, respectivamente.

(salvo que fueran todos ellos impugnados) todos los acuerdos sociales que se adoptaran en el intervalo de tiempo entre la acción de impugnación del acuerdo social sobre la transmisión de acciones o participaciones sociales o del negocio jurídico en sí mismo y la resolución estimatoria de dicha impugnación.

— Por otro lado, y en conexión con la anterior limitación, existe una línea jurisprudencial uniforme que atiende al "test de resistencia", que consiste en valorar si el porcentaje en el capital representado por aquellos socios o accionistas que no estaban legitimados para asistir a la junta general y votar fue esencial para conformar la voluntad social[45].

En otras palabras, los acuerdos sociales adoptados aun con el voto de aquellos socios o accionistas que no podían ejercitar tal derecho sobreviven en la medida en que dicho voto ilegítimo no fue determinante para la conformación de la voluntad social.

Aplicada esta limitación al supuesto de hecho que analizamos en el presente caso, parece que solo podrá restituirse de manera íntegra el derecho del socio o accionista impugnante que habría obtenido una participación mayoritaria o de control en el capital social, negando, de facto, la satisfacción íntegra de los derechos

45 Sobre el "test de resistencia", la sentencia del Tribunal Supremo núm. 697/2013, de 15 de enero [TOL4.390.917] declaró: ...*La doctrina, ya desde la vigencia de la originaria Ley de Sociedades Anónimas de 1951, como después bajo la aplicación del Texto Refundido de 1989 y ahora con la Ley de Sociedades de Capital, sostiene la procedencia de aplicar el test o prueba de resistencia. La prueba de resistencia se traduce en que de la cifra originariamente considerada (para el quórum de constitución o para la mayoría) se restan el porcentaje en el capital (o los votos) atribuidos irregularmente a personas que no estaban legitimadas para asistir (o para votar). Si, tras realizar esta sustracción, con el restante porcentaje de capital asistente se alcanza el quórum suficiente, la junta se entiende válidamente constituida; en caso contrario, la junta es nula (y con ella los acuerdos adoptados) por estar irregularmente constituida. Y del mismo modo en lo que respecta al cálculo de la mayoría...*

de los impugnantes cuyos votos no fueran esenciales a la hora de conformar la voluntad de los órganos sociales.

En definitiva, la dicotomía entre la seguridad jurídica y la seguridad del tráfico mercantil vuelven a hacerse patentes, con lo que debemos elegir entre la imposibilidad de satisfacer íntegramente la pretensión del socio/accionista impugnante o la paralización de la junta general para adoptar acuerdos, provocando de este modo el bloqueo de la sociedad.

III. EL CASO PARTICULAR DE LAS MODIFICACIONES ESTRUCTURALES TRAS LA REFORMA OPERADA POR EL REAL DECRETO-LEY 5/2023, DE 28 DE JUNIO

En el presente apartado queremos apuntar una solución que ha adoptado el legislador de manera reciente en relación con la elección entre la prevalencia del principio de seguridad en el tráfico mercantil, frente al principio de seguridad jurídica, la cual tiene un impacto relevante en la tipología de casos que analizamos en la presente comunicación; se trata de la posibilidad de impugnar la validez de las modificaciones estructurales.

1. El nuevo régimen de impugnación de las modificaciones estructurales

El Real Decreto-ley 5/2023, de 28 de junio (en adelante, el RDL 5/2023), que sustituye a la ya derogada Ley 3/2009, de 3 de abril, sobre modificaciones estructurales, modifica el régimen de impugnación de las modificaciones estructurales.

En este sentido, tal y como prevé el artículo 8.1 del RDL 5/2023, ...[l]*as modificaciones estructurales deben ser acordadas necesariamente por la junta general...*, por lo que, para su ejecución, requieren de, al menos, un acuerdo social adoptado por el órgano de gobierno de una sociedad o una decisión del socio único, en su caso. La consecuencia derivada de este requisito no es otro que la impugnabilidad del referido acuerdo social (o decisión del socio único[46], si bien en este caso la doctrina se encuentra dividida[47]) conforme al régimen general contenido en el artículo 204 LSC.

No obstante, el nuevo régimen introducido por el RDL 5/2023 impide la declaración de nulidad de la modificación estructural una vez inscrita en el Registro Mercantil. En concreto, el artículo 16.2 del RDL 5/2023, determina que ...[n]*o podrá declararse la nulidad de una modificación estructural una vez inscrita. Quedan a salvo las acciones resarcitorias que correspondan a socios y terceros...*[48].

De esta manera, la inscripción de la modificación estructural tiene un efecto definitivo a la hora de impugnar su validez, lo cual incide de lleno en el objeto de la presente comunicación: si existe un acuerdo social sobre una transmisión de acciones o participaciones sociales que ha sido previamente impugnado y, con posterioridad y con base en las nuevas mayorías, se ha aprobado e inscrito una modificación estructural: ¿es posible la satisfacción íntegra de la pretensión impugnatoria en origen?

46 ROJO, Á., *Comentario de la Ley de Sociedades de Capital*, Tomo I, Civitas, 2011, p. 1435.

47 ALFARO, J., "Comentario al artículo 204 de la LSC", *Comentario a la Reforma del Régimen de las Sociedades de Capital en Materia de Gobierno Corporativo (Ley 31/2014)*, Juste Mencía, J. (coord.), Thomson-Civitas, 1ª ed., 2015.

48 Los artículos 20, 47 y 90 de la anterior Ley 3/2009, de 3 de abril, sobre modificaciones estructurales de las sociedades mercantiles, preveía un plazo de caducidad de tres meses desde la inscripción en el Registro Mercantil para la impugnación de la modificación estructural.

2. El papel del Registrador Mercantil y los mecanismos adicionales de los socios y/o accionistas para impugnar la eficacia de la modificación estructural

Como se desprende del artículo 16.1 del RDL 5/2023[49], el papel que asume el Registrador Mercantil a la hora de calificar la validez de una modificación estructural no es distinto al que se sometía conforme al régimen anterior, si bien, los efectos derivados de este control (la ausencia de posibilidad de impugnación una vez inscrita), le otorga una responsabilidad cuyo encaje podría ser discutible en nuestro ordenamiento jurídico.

En este sentido, citamos la resolución de la DGSJFP de 19 de abril de 2006 [BOE núm. 128, de 30 de mayo de 2006, pp. 20340-20348], que fijó los límites de la función revisora del Registro: ...*En consecuencia, en el procedimiento registral el registrador no puede ejercer su función pública como si de un juez se tratara —no adopta la posición o función de un juez— pues no sólo el ámbito objetivo de su control se encuentra limitado, sino que también lo está los medios con los que ejerce su función y, todo ello, porque en la calificación de un título el registrador no resuelve acerca de pretensiones contradictorias como, al contrario, sí sucede con el Juez en el ejercicio de su función jurisdiccional*...

En consecuencia, la nueva norma otorga al Registrador Mercantil una potestad de validación superior a la que operaba hasta la reforma, en un contexto en el que vicisitudes como la que analizamos en la presente comunicación solo habrán podido ser puestas de manifiesto como observaciones de los accionistas o socios al proyecto de modificación estructural[50].

---

49 El precepto determina que ...[e]*l Registrador Mercantil procederá a la inscripción de la operación de modificación estructural una vez que compruebe que se han cumplido debidamente todas las condiciones exigidas y se han cumplimentado correctamente todos los trámites necesarios*...

50 El artículo 8.2 del RDL 5/2023, contiene una mención que obliga a la junta general, previo a la aprobación o no del proyecto de modificación estructural, a "tomar nota" de ...*las observaciones presentadas, en su caso, por*... los socios o

3. La opción del legislador: cuestiones por resolver

En el contexto de la nueva regulación sobre modificaciones estructurales, parece posible la solicitud de una medida cautelar de suspensión de la citada modificación, que, para ser potencialmente eficaz, tendría que ser presentada y adoptada en el lapso temporal entre la adopción del acuerdo social y su inscripción en el Registro Mercantil.

No obstante lo anterior, el legislador ha optado de manera clara por la primacía de la seguridad en el tráfico mercantil en la dicotomía clásica que hemos expuesto en la presente comunicación. Así, el artículo 16.2 del RDL 5/2023, que impide impugnar la validez de la modificación estructural una vez inscrita, prevé que ...[q]*uedan a salvo las acciones resarcitorias que correspondan a socios y terceros*...

De esta manera, la solución dada por el legislador para el grupo de casos de modificaciones estructurales podría servir de guía a la hora de analizar el resto de los grupos de casos que hemos analizado en el apartado II.3.1, si bien se abren una serie de interrogantes que dificultan la protección del socio o accionista impugnante en origen: ¿quién debe resarcir al socio o accionista?, ¿cómo se calcularía esa compensación?, ¿cómo garantizar los derechos del socio o accionista durante el tiempo en que se encuentra pendiente el procedimiento de impugnación?

Confiamos en que en los próximos años podamos encontrar respuestas más concretas a los interrogantes planteados en el presente trabajo. Por el momento, parece evidente que, en la

accionistas. Entendemos que sería en este espacio en el que el socio habría de hacer valer la existencia de una impugnación previa, si bien desconocemos el alcance de la implicación que estas opiniones puedan tener a la hora de que el Registrador Mercantil valore la validez de la modificación estructural.

mencionada dicotomía, se hace necesario optar por primar uno de los dos principios en pugna, ya que ni la doctrina ni la jurisprudencia han ofrecido una solución que permita salvaguardar ambos principios de manera satisfactoria.

IV. BIBLIOGRAFÍA Y JURISPRUDENCIA

ALFARO ÁGUILA-REAL, J., "Comentario al artículo 204 de la LSC", *Comentario a la Reforma del Régimen de las Sociedades de Capital en Materia de Gobierno Corporativo (Ley 31/2014)*, Juste Mencía, J. (coord.), Thomson-Civitas, 1ª ed., 2015.

FRIGOLA I RIERA, A., *Órganos de la sociedad de capital*, Gimeno Bayón Cobos, R. y Garrido Espa, L. (dirs.), Tirant lo Blanch, 2008.

SANCHO GARGALLO, I., "Artículo 208", *Comentarios de la Ley de Sociedades de Capital*, García-Cruces, J.A. y Sancho Gargallo, I. (dirs.), Tirant lo blanch, Valencia, 2021.

SARAZÁ JIMENA, R., "Artículos 107 a 112", *Comentarios de la Ley de Sociedades de Capital*, García-Cruces, J.A. y Sancho Gargallo, I. (dirs.), Tirant lo blanch, Valencia, 2021.

RECALDE CASTELLS, A. y ARIAS VARONA, F.J., "Artículo 123", *Comentarios de la Ley de Sociedades de Capital*, García-Cruces, J.A. y Sancho Gargallo, I. (dirs.), Tirant lo blanch, Valencia, 2021.

ROJO, Á., *Comentario de la Ley de Sociedades de Capital*, Tomo I, Civitas, 2011.

VALPUESTA GASTAMINZA, E., *Comentarios a la Ley de Sociedades de Capital, Estudio legal y jurisprudencial,* 4ª ed., Bosch, Madrid, 2022.

— Auto de la Audiencia Provincial de Madrid, Sección 28ª, núm. 110/2011, de 14 de julio de 2011 [TOL5.333.030].

— Auto de la Audiencia Provincial de Madrid, Sección 28ª, núm. 49/2010, de 26 de marzo de 2010 [TOL5.283.709].

— Resolución de la DGSJFP de 19 de abril de 2006 [BOE núm. 128, de 30 de mayo de 2006, pp. 20340-20348].

— Resolución de la DGSJFP de 30 de mayo de 2013 [BOE 28 julio de 2013].

— Resolución de la DGSJFP de 6 de junio de 2019 [BOE núm. 158, de 3 de julio de 2019, pp. 71487-71498)].

— Resolución de la DGSJFP de 20 de diciembre de 2019 [BOE núm. 66, de 14 de marzo de 2020, pp. 25226-25246)].

— Sentencia de la Audiencia Provincial (Sección 9ª) de Madrid núm. 375/2011, de 6 de julio [TOL2.220.298].

— Sentencia de la Audiencia Provincial (Sección 28º) núm. 43/2012, de 6 de febrero [TOL2.490.151].

— Sentencia del Tribunal Supremo (Sala de lo Civil) núm. 215/2013, de 8 de abril [TOL3.836.309].

— Sentencia de la Audiencia Provincial (Sección 28º) núm. 138/2016, de 15 de abril [TOL5.823.843].

— Sentencia del Tribunal Supremo de 24 de noviembre de 1987 (RJ 1978, 4171).

— Sentencia de la Sala Primera del Tribunal Supremo núm. 384/2007, de 10 de abril [TOL1.080.414].

— Sentencia de la Sala Primera del Tribunal Supremo núm. 926/2007, 21 de septiembre [TOL1.150.973].

— Sentencia de la Sala Primera del Tribunal Supremo núm. 823/2011, de 14 de noviembre (TOL2.304.253).

— Sentencia de la Sala Primera del Tribunal Supremo núm. 37/2012, de 23 de febrero [TOL2.503.425].

— Sentencia de la Sala Primera del Tribunal Supremo núm. 589/2012, de 18 de octubre [TOL2.674.382].

— Sentencia de la Sala Primera del Tribunal Supremo núm. 635/2012, de 2 de noviembre [TOL2.697.538].

— Sentencia del Tribunal Supremo núm. 697/2013, de 15 de enero [TOL4.390.917].

— Sentencia de la Sala Primera del Tribunal Supremo núm. 300/2022, de 7 de abril [TOL8.909.439].

— Sentencia de la Sala Primera del Tribunal Supremo núm. 120/2020, de 20 de febrero de 2020 [TOL7.790.005].

PARTE SEXTA
APRENDIENDO DEL FUTURO

Capítulo 37

A PROPÓSITO DE UNA ANIMADA TERTULIA SOBRE LA ORIENTACIÓN DE LA REFORMA DEL DERECHO DE SOCIEDADES

Jesús Quijano González
Catedrático emérito de Derecho Mercantil
Universidad de Valladolid
Vocal permanente de la Comisión General de Codificación

SUMARIO: I. INTRODUCCIÓN. II. ANTECEDENTES. III. LA INICIATIVA ACTUAL. IV. EL DESARROLLO DEL PROCESO: SIMPLE INDICACIÓN. V. LO QUE LA TERTULIA PUSO DE MANIFIESTO. VI. UNA BREVE REFLEXIÓN FINAL.

I. INTRODUCCIÓN

Tuvieron los organizadores de VII Congreso Nacional de Derecho de Sociedades, celebrado en la Facultad de Derecho de la Universidad de Málaga los días 1 y 2 de febrero de 2024, la particular y, sin duda, sugerente, valiente y encomiable idea de incluir en el programa, como actividad final del evento, nada menos que una tertulia, que tenía por título: *¿Hacia dónde va la reforma del Derecho de Sociedades?*. Obviamente, tenían conocimiento de que la Sección de Derecho Mercantil de la Comisión General de Codificación está ocupada, y empeñada desde hace ya algún tiempo, en llevar adelante una revisión general del estado de nuestro Derecho de Sociedades, con el fin de actualizarlo y sistematizarlo con criterios racionales en forma de un Código Societario de nueva planta. Y se propusieron que el estado de ese proceso de debate y elaboración fuera uno de los asuntos a considerar en el Congreso, como complemento del conjunto del programa que, en esta ocasión, estaba monográficamente dedicado a una materia tan significativa y problemática como lo es la transmisión de las acciones y participaciones de los socios, llena de implicaciones jurídicas en la teoría y en la práctica, en la medida en que en ella se entrecruzan las reglas legales imperativas o dispositivas, las previsiones estatutarias, más permisivas o más limitativas, las cláusulas contractuales derivadas de pactos de socios de diversa naturaleza y contenido, además de la dimensión particular de los múltiples supuestos especiales que pueden distinguirse por razón del tipo de transmisión, del objeto transmitido o de las circunstancias negociales o societarias concurrentes. Era, pues, evidente que el objetivo de la citada tertulia no tenía una relación directa ni exclusiva con tal materia, lo que le proporcionaba un carácter complementario y más flexible en cuanto a forma y contenido. Y ahí estaba probablemente su mayor interés y utilidad, en la reflexión compartida que podría suscitar entre los contertulios y los congresistas sobre las necesidades y conveniencias normativas del Derecho Societario español en esta fase de su evolución histórica.

A participar en la tertulia fuimos convocados cinco miembros de la Sección Mercantil de la Comisión: la Profesora Doña Carmen Alonso Ledesma, que, en su condición de Presidenta de la citada Sección, promotora e impulsora de la tarea encomendada, habría de cumplir la función de dirigir la tertulia, y las vocales Doña María Ángeles Alcalá Díaz y Doña María Teresa Martínez Martínez, ambas Catedráticas de Derecho Mercantil, el vocal Don Enrique Piñel López, Abogado del Estado jubilado y con amplia experiencia en la tarea prelegislativa de la Comisión, y quien esto suscribe, con la pretensión de ofrecer un relato expresivo de lo que allí se planteó, asumiendo de antemano el riesgo de la segura insuficiencia, e incluso de la probable inexactitud en el traslado del conjunto de las ideas que se pusieron de manifiesto, en la confianza de que los colegas intervinientes, con cuyo beneplácito escribo estas líneas, sabrán valorar la buena intención y disculpar las comprobadas carencias.

II. ANTECEDENTES

Convendrá iniciar el relato con una breve consideración de los antecedentes de este nuevo intento de revisar el estado de nuestra legislación societaria en conjunto, pues es bien sabido que no es el único, ni el primero, como es igualmente conocido que los anteriores no tuvieron el final feliz que hubieran merecido.

Tomando como referencia temporal el tiempo transcurrido en lo que va de siglo XXI, en el que nuestra materia entró razonablemente actualizada con el Texto Refundido de la Ley de Sociedades Anónimas de 1989, la Ley de Sociedades Limitadas de 1995 y el Reglamento del Registro Mercantil de 1989, luego actualizado en 1996, en lo que atañe, que sustituyeron la respectiva normativa de 1951, 1953 y 1956, la primera iniciativa de reforma general la constituyó la *Propuesta de Código de Sociedades Mercantiles*, elaborada en 2002, también en el seno de la Sección de Derecho Mercantil de la Comisión General de Codificación, por una Ponencia especial compuesta por los Profesores Sánchez Calero, Bercovitz Rodríguez-Cano y Rojo Fernández-Río. A pesar del tiempo transcurrido, aquel texto sigue siendo una referencia obligada para cualquier nuevo intento de actualización y sistematización.

En efecto, la Propuesta aplicaba una dimensión integrada de la legislación societaria, perfectamente descrita en una Exposición de Motivos de muy recomendable lectura. Lo decía así: *entre los postulados básicos que han servido de guía para la elaboración del Código de Sociedades mercantiles, destaca la generalización a toda clase de sociedades de preceptos que, hasta el momento presente, eran específicos de alguno de los tipos sociales.* El criterio daba lugar a una sistemática en la que se distinguía un Libro I, de Disposiciones generales, compuesto por diez Títulos (a saber, ámbito de aplicación; contrato de sociedad mercantil; constitución e inscripción de la sociedad; sociedades mercantiles no inscritas; denominación, nacionalidad y domicilio; cuotas, acciones y participaciones; acuerdos sociales; administración de la sociedad; separación y exclusión de socios; y sociedades unipersonales) y un Libro II, cuyos cinco Títulos ordenaban los tipos sociales (sociedad colectiva, comanditaria simple, anónima, comanditaria por acciones y limitada), regulando en cada uno todo lo que le resultara propio en las distintas materias (constitución, aportaciones al capital, títulos, derechos del socio, órganos, etc.). El resto de los Libros, hasta ocho, incorporaban materias que, por su reconocida singularidad, eran objeto de un presentación sistemática y de un tratamiento diferenciados (así, la sociedad cotizada; las cuentas anuales; las modificaciones estructurales, que ya entonces eran la transformación, la fusión, la escisión y el traslado de domicilio al extranjero; la disolución y liquidación; las uniones empresas, donde destacaba una novedosa propuesta sobre los grupos de sociedades; y la sociedad anónima europea domiciliada en España).

La citada Exposición de Motivos, con encomiable sinceridad, explicaba el que se hubiera optado por mantener la tradicional ordenación tipológica, diferenciando anónimas y limitadas, sin abordar una posible reestructuración que quizá hubiera conducido ya a configurar una limitada esencialmente cerrada y una anónima esencialmente abierta, respectivamente con y sin limitaciones a la transmisión de participaciones y acciones, prestaciones accesorias, causas adicionales de separación y exclusión, etc.; lo hacía invocando razones histórico-prácticas relacionadas con el amplio espacio que ocupó la anónima en nuestra realidad jurídico-empresarial antes de que la exigencia de capital mínimo, y otros motivos de dimensión del tejido empresarial, hubieran inclinado la estadística hasta el 90%, al menos, de sociedades limitadas inscritas en nuestros Registros Mercantiles. Con similar argumentación se explicaba la permanencia de las sociedades de personas, trayendo a la Propuesta el material procedente del Código de Comercio, con algunas actualizaciones. Pero también aquel texto ponía énfasis en destacar lo que consideraba las tres novedades más significativas: el tratamiento diferenciado de las sociedades cotizadas, sin perjuicio de reconocer el espacio propio de la legislación del mercado de valores a los efectos oportunos; la inédita incorporación de un régimen de los grupos de sociedades, donde aparecían todas las cuestiones que venían siendo objeto de debate desde que aquella encallada Propuesta de Novena Directiva dejase abierto el planteamiento en los ordenamientos nacionales (el concepto, la incorporación al grupo y sus efectos, la tipología, el alcance del poder de dirección, las relaciones intragrupo, la protección de los socios externos, la responsabilidad, la consolidación contable, etc.); la inclusión de la figura de la Sociedad Anónima Europea, cuyo Estatuto acababa de ser aprobado por el Reglamento de 2001, habida cuenta de que el acuerdo final que permitió aprobar este Estatuto dejaba remitido al Derecho nacional del domicilio de la sociedad una parte sustancial de su régimen jurídico, quedando como único objeto del Reglamento comunitario las vías de acceso a la constitución de la figura y las opciones organizativas.

Lamentablemente, la Propuesta de Código societario, que hubiera supuesto un avance muy relevante en la evolución de nuestro Derecho de Sociedades, tanto en lo sistemático, como en lo material, no prosperó, sin que los motivos que desaconsejaron su tramitación, más allá del consabido vértigo económico y empresarial a la adaptación a un nuevo marco jurídico, estén suficientemente explicados. El tiempo transcurrió, se sucedieron algunas reformas y adiciones de calado, como fue el caso, entre otras, de la reforma llamada de transparencia, de 2003, que trasponía al nivel legislativo, en la Ley de Sociedades Anónimas y en la

Ley del Mercado de Valores, algunos principios del buen gobierno corporativo que por entonces se formulaban. Obligado es estacar las iniciativas con que nuestro país se sumó al movimiento internacional del *buen gobierno societario*, primero con el Informe Olivencia, y el Código de Buen Gobierno que lo acompañaba, en 1998, luego con el Informe Aldama, en 2003, y más recientemente con los Códigos de segunda generación, elaborados en 2006 y 2015 y respectivamente actualizados en 2013 y 2020; baste recordar que del Informe y Código Olivencia proceden las primeras propuestas en materia de composición, organización y funcionamiento de los órganos de administración, todavía con perspectiva de asunción voluntaria por las sociedades cotizadas, mientras que el Informe Aldama ya propuso que algunas de las reglas más relevantes del buen gobierno, tanto para la junta general, como para el consejo de administración, debían alcanzar nivel legislativo, incluso con carácter imperativo en algunos casos, como así ocurrió en la citada reforma societaria de 2003, y volvería a ocurrir, con mucha mayor dimensión en la de 2014. De ese periodo procede también la primera experiencia de elaboración en 2009 de una Ley societaria diferenciada, de modificaciones estructurales de las sociedades mercantiles, que, con ocasión de la trasposición de la Directiva de fusiones transfronterizas, puso en marcha un régimen transversal integrado, separado de la normativa de los tipos societarios, para la transformación, la fusión, interna y transfronteriza, la escisión, la cesión global de activo y pasivo y el traslado del domicilio al extranjero.

Llegó así el momento, y la oportunidad, de la refundición. La citada Ley de Modificaciones Estructurales había dado la pista: si, por primera vez, se había materializado una norma societaria horizontal, sin distinción de tipos, sería deseable ir más allá, hacia una perspectiva integrada de los tipos, al menos de los que, por utilidad práctica y por homogeneidad jurídica, ofrecían más posibilidades, que eran las sociedades de capital. Y así, la citada

Ley, en su Disposición Final Séptima, mandató una refundición que alcanzaba a las dos leyes reguladoras de los tipos (de anónimas y limitadas), a los preceptos que el Código de Comercio mantenía para la sociedad comanditaria por acciones y al Título X de la Ley del Mercado de Valores, donde se habían incluido algunas reglas propias de las sociedades anónimas cotizadas. El condicionante era obvio: se trataba de una refundición del material normativo prexistentes, no de una configuración nueva del Derecho de las sociedades de capital. Sin embargo, aprovechando la amplitud que el mandato de refundición permite en su expresión constitucional (el artículo 82. 5, de la Constitución Española considera que la refundición puede consistir en regularizar, aclarar y armonizar los textos objeto de refundición), la desde entonces conocida como Ley de Sociedades de Capital, aprobada, como Texto Refundido, por Real Decreto Legislativo de 2 de julio de 2010, apuró hasta ese límite (el dictamen preceptivo el Consejo de Estado así lo entendió y convalidó), con el resultado conocido, que la Exposición de Motivos explicitaba y que lleva vigente ya catorce años. Como miembro del Grupo de trabajo constituido en la Comisión General de Codificación (integrado, además, por los añorados D. Fernando Sánchez Calero, que lo presidió, y D. Emilio Beltrán, junto con Doña Mercedes Vérgez, D. Ángel Rojo y D. Gaudencio Esteban) doy fe de dos cosas: del intenso debate previo respecto al modelo que debía orientar la refundición y de la declarada intención de llegar lo más lejos posible en la voluntad correctora, no obstante el condicionante que supone un mandato de refundición, que no se limita a acumular los textos preexistentes en su mismo estado literal, pero que tampoco permite innovar como si no hubiera nada previo que mantener, ni alterar lo existente como si se pudiera reformar hasta modificarlo sustancialmente.

La decisión final tenía algo de transacción intermedia: el propio TRLSC se consideraba a sí mismo como un régimen provisional, a la espera de un nuevo avance más definitivo, que vendría de la mano de un Código de Sociedades o de un Código Mercantil, y, mientras tanto, se optaba por aplicar una técnica de sistematización por materias, integrando en ellas reglas comunes para las sociedades de capital, a menudo procedentes de uno de los tipos, indistintamente la anónima o la limitada, y total o parcialmente generalizadas al otro, haciéndolas comunes, y reglas especiales de uno u otro tipo, cuando el respeto a la refundición así lo exigía. También se trajeron al acervo legal algunas reglas procedentes del Reglamento del Registro Mercantil, pues era notorio que en aquella actualización de 1996 se habían llevado allí normas que no encontraron encaje en los textos previos de anónimas o limitadas. La citada opción sistemática de ordenar por materias llevó a distinguir hasta catorce Títulos que iban recorriendo el Derecho Societario con un criterio ciertamente clásico: unas Disposiciones Generales, que acogían el concepto de cada tipo por su orden (limitada, anónima, comanditaria por acciones), así como las reglas, básicamente comunes, sobre denominación, nacionalidad, domicilio y página web, además de la peculiaridad de la sociedad unipersonal y la consabida remisión al artículo 42 del Código de Comercio en materia de grupos de sociedades; a continuación, el régimen de la constitución, donde se han ido incorporando las nuevas formas de constitución electrónica, las aportaciones sociales y las participaciones y acciones; luego la estructura orgánica, junta general y administración; las cuentas anuales; la modificación de estatutos; la separación y exclusión de socios; la disolución y liquidación; y las obligaciones. Los últimos Títulos acogían la especialidad de ciertas figuras: la Sociedad Nueva Empresa, hoy afortunadamente desaparecida habida cuenta de la escasa utilidad que tuvo; la Sociedad Anónima Europea; y la Sociedad anónima cotizada, ésta ya en camino de configurarse como tipo diferenciado, más que como simple variante de la sociedad anónima, pues la traslación aquí de las iniciales reglas procedentes de la Ley del Mercado de Valores y las que estaban dispersas en la Ley de Anónimas, además de la incorporación de nuevas reglas, principalmente extraídas del acervo de los Códigos de Buen Gobierno, han terminado por integrar una figura societaria propia, ya muy alejada de lo que en otros momentos fue un mero acopio de especialidades puntuales.

Desde 2010 hasta el presente se han sucedido múltiples reformas, de desigual calado, que procede enumerar, aunque solo sea simplificadamente, en la medida que proyectan una imagen de fraccionamiento disperso que viene a justificar, más si cabe, la conveniencia de ordenar y revisar en su conjunto el material acumulado. Sin contar con reformas más puntuales (algunas tan significadas como las sucesivas suspensiones de vigencia y modificaciones de que fue objeto el novedoso artículo 348 bis), prácticamente no hubo año en que, por la trasposición de Directivas, o por propia iniciativa del legislador nacional, no se produjeran cambios, de mayor o menor calado: así, ya en 2010 se introdujeron modificaciones para facilitar la publicidad de actos societarios vía web; en 2011, para trasponer la Directiva sobre ejercicio de derechos del socio; en 2012, también a causa de la Directiva de simplificación de obligaciones de información y documentación; en 2013, para acoger medidas de apoyo a los emprendedores; en 2014, para la mejora del gobierno corporativo, con cambios especialmente relevantes en el régimen de los órganos sociales y en otras materias, en buena parte extraídos del Código Unificado de Buen Gobierno, de 2006, y llevados tanto al régimen general de todas las sociedades de capital, como al específico de las sociedades cotizadas, todo ello en paralelo a la actualización de ese Código, que se materializó en 2015 y se revisó de nuevo en 2020; en 2015, para coordinar con la nueva legislación de auditoría, para actualizar el régimen de emisión de obligaciones, o como consecuencia de las novedades en la jurisdicción voluntaria, con repercusión en relevantes aspectos procedimentales, como ya antes, en 2009, había ocurrido con ocasión de la implantación de la nueva Oficina Judicial; en 2017, sobre competencia para cambiar el domicilio social; en 2018, de nuevo para acoger las exigencias de la información no financiera; en 2021, otra vez con amplio calado, para trasponer la Directiva de fomento de la implicación de los accionistas en las sociedades cotizadas; en 2022, en diversos aspectos derivados de la legislación de creación y crecimiento de empresas, del llamado ecosistema de empresas emergentes, o de la refundición concursal que tuvo lugar entonces; en 2023, para avanzar en el proceso de digitalización societaria, o para coordinar con el nuevo régimen de las modificaciones estructurales, internas y transfronterizas, que, a partir de la Directiva de operaciones transfronterizas, fue introducido por el Real Decreto-Ley ómnibus de 28 de junio de 2023. Y, a corto o medio plazo, no será todo: las emblemáticas Directivas de información de sostenibilidad y, más reciente aún, de diligencia debida habrán de ser objeto de trasposición con importantes efectos sobre aspectos esenciales de la función de las sociedades en relación con la protección de intereses generales en materia de medio ambiente, derechos humanos y gobernanza.

En este tiempo de vigencia del TRLSC se produjo el, hasta ahora, último intento de abordar una reordenación del Derecho Societario español, esta vez en el seno del Anteproyecto de Código Mercantil (ACM), elaborado en la Comisión General de Codificación, siendo Presidente de la Sección el Profesor Don Alberto Bercovitz Rodríguez Cano, cuyo tesón en la llevanza de la tarea, es digna de reconocimiento y elogio. El texto contó con una versión inicial de 2013, actualizada luego en 2018, con el fin de acoger las propuestas del dictamen del Consejo de Estado y también de que recogiera las reformas que fue experimentando la materia precodificada. El amplio Libro II del ACM estaba, en efecto, íntegramente dedicado a recopilar el Derecho de Sociedades y de nuevo cumplía la función de integrar, actualizar y reordenar sistemáticamente la materia. La Exposición de Motivos, en su amplio apartado III, referido a este Libro II, explica con claridad y con detalle los criterios con que se había abordado el Derecho de Sociedades.

Abandonando el criterio del TRLC, se volvía ahora a la estructura mixta que combinaba sucesivamente disposiciones generales para todas las sociedades mercantiles, categorías (sociedades de personas y de capital, con disposiciones comunes para cada una de ellas) y tipos dentro de ellas, con las correspondientes especialidades en cada caso.

En las Disposiciones generales, de aplicación común a todas las sociedades, se partía de una enumeración extensiva de sociedades consideradas mercantiles y se incluían la denominación, la nacionalidad y el domicilio, las reglas básicas de la constitución, las aportaciones y los pactos de socios, de los modos de adoptar los acuerdos sociales, incluida su impugnación, y de organizar la administración social, incluidos los deberes y la responsabilidad de los administradores.

En las sociedades de personas se aplicaba ya la distribución entre disposiciones comunes y específicas para la sociedad colectiva y la comanditaria simple, al igual que luego en las sociedades de capital, aquí, lógicamente, con el correspondiente detalle. Las Disposiciones comunes de las sociedades de capital abarcaban la constitución, el régimen concurrente de participaciones y acciones, como también de la junta general y de la administración. Los dos tipos de referencia aparecían debidamente jerarquizados: primero las disposiciones especiales de la sociedad limitada, con las especialidades propias en cuanto a la constitución electrónica, las participaciones, la junta general y la administración; a continuación, las especialidades de la sociedad anónima, en cuanto al capital, las aportaciones, las acciones, e igualmente la junta y la administración. También en este ámbito de las sociedades de capital quedaba incluida la sociedad anónima europea y el régimen de la emisión de obligaciones. Ya en Títulos propios se contemplaban las cuentas anuales, la modificación de los estatutos, las modificaciones estructurales, traídas entonces de la LMESM de 2009, la separación y exclusión de socios, junto con la disolución y liquidación, y finalmente, las dos materias sin duda más novedosas, la sociedad cotizada, con un completo despliegue de especialidades en las acciones y las obligaciones, los órganos, los pactos parasociales, el aumento y reducción del capital y la información societaria, y los grupos de sociedades, con reglas de concepto y tipos, publicidad, control y responsabilidad, garantías, socios externos y consolidación de cuentas, incluyendo también aquí las agrupaciones de interés económico y las uniones temporales de empresas.

III. LA INICIATIVA ACTUAL

Esta era la situación cuando se ha abordado el nuevo intento de poner al día el régimen societario, lo que ha acaecido en esta reciente etapa, siendo ya Presidenta de la Sección Mercantil la Profesora Doña Carmen Alonso Ledesma, a cuya iniciativa se debe la puesta en marcha del proceso. Ocurrió que, tras su designación para el cargo, entre las propuestas de trabajo en la Sección presentadas al Ministerio de Justicia en junio de 2022, figuraba ésta, con el carácter de objetivo básico en estos términos: *...la codificación del Derecho Societario para dotar de coherencia sistemática a un conjunto normativo actualmente disperso en distintos cuerpos legales y carente de una parte general común a todos los tipos de sociedades mercantiles...*

Confirmado el encargo, la metodología seguida supuso una primera fase de análisis de la situación actual, en la que los diversos vocales de la Sección fueron adscritos a Ponencias específicas con el encargo de que cada una efectuara una valoración concreta de un sector del Derecho de Sociedades vigente. Se constituyeron cinco Ponencias, con la siguiente distribución: Parte General de las Sociedades Mercantiles; Sociedades personalistas; Revisión de la Ley de Sociedades de Capital; Otras Sociedades; Normas de Derecho Internacional Privado. Obviamente, la Ponencia Tercera se organizó con una amplia dimensión: mientras que las demás tenían un alcance monográfico, el análisis de la situación de la Ley de Sociedades de Capital comprendía hasta 23 subgrupos, siguiendo el itinerario típico del régimen de la categoría, desde las Disposiciones Generales, la constitución, las aportaciones, las participaciones y acciones, la junta general, los administradores, las cuentas anuales, la modificación de los estatutos, la separación y exclusión de socos, la disolución y liquidación, las obligaciones, la sociedad anónima europea, la sociedad cotizada y los grupos de sociedades, con variado despliegue en algunos de estos apartados.

Cada Ponencia preparó y presentó una propuesta en la que, tras analizar el estado actual legislativo en la correspondiente materia, indicaba posibles reformas necesarias para actualizarla debidamente, lo que dio lugar a un inicial debate sobre el alcance que llegaría a tener la labor iniciada en su conjunto. Dicho debate, por el conjunto de información y de opiniones que se acumularon, puso de manifiesto que el Derecho Societario español necesitaba una completa revisión, para adecuarlo, actualizarlo y reordenarlo. Sucedía que el acervo legal vigente, aunque sobre él hubieran recaído múltiples reformas, seguía siendo una refundición, con los condicionamientos que ello supuso, de dos leyes, de anónimas y limitadas, ya de cierta antigüedad, de 1989 y 1995, respectivamente. De manera que enseguida se convirtió en convicción compartida la conveniencia, acaso la necesidad, y desde luego la oportunidad, de proceder a abordar la ambiciosa tarea de adecuar y sistematizar debidamente nuestro Derecho de Sociedades utilizando un instrumento que tiene tanto de política jurídica, por la estabilidad que genera, como de técnica jurídica, por su eficacia sistematizadora. El objetivo, obviamente, no podía ser otro que un Código de Sociedades Mercantiles, y así se planteó en un decisivo "Informe sobre la necesidad de elaborar un Código de Sociedades Mercantiles", resultado de esa tarea previa de análisis y propuesta.

El Informe se iniciaba con un acopio de antecedentes, partiendo de los más remotos (Código de Comercio de 1885 y Leyes de Anónimas y Limitadas, de 1951 y 1953, respectivamente), en los que ya se plasmó un modelo que había prescindido tempranamente de la unidad legislativa; vino luego el momento de la incorporación de España a la entonces Comunidad Económica Europea y, con ella, la necesidad de adaptación a las Directivas que se habían ido aprobando hasta entonces, fruto de lo cual fue la razonable actualización llevada a cabo, primero en 1989 para la sociedad anónima, y después en 1995, para la sociedad limitada, en ambos casos con notorio efecto reglamentista, que culminó en el texto del nuevo Reglamento del Registro Mercantil de 1996, donde se introdujeron reglas que no se habían apreciado en el nivel legislativo. La consolidación de este modelo dual (leyes diferenciadas de anónimas y limitadas, además de la permanencia de las sociedades de personas en el Código de Comercio), que no había dado solución a los problemas de descoordinación, ni a la cuestión tipológica, tendría luego el efecto añadido de incrementar la dispersión normativa a medida que se fueron produciendo nuevas reformas e incorporaciones, a la vez que se apreciaba cómo los intentos de racionalización (en el Informe se mencionan tanto la Propuesta de Código de Sociedades, de 2002, como el Anteproyecto de Código Mercantil, de 2013-2018) quedaban detenidos por circunstancias ajenas a los planteamientos propios de una adecuada política jurídica, pues, obviamente, y por su propia naturaleza y contenido, el Texto Refundido de la Ley de Sociedades de Capital, aprobado en 2010, tras la experiencia de legislación societaria transversal que fue la Ley de Modificaciones estructurales, de 2009, no colmaba las exigencias sistemáticas y de actualización que se consideraba necesario abordar.

Se extendía también el Informe en detallar el diagnóstico en los tres aspectos fundamentales en que se manifestaba principalmente el estado de nuestro Derecho Societario: la dispersión normativa, el problema tipológico; las incoherencias y la descoordinación del sistema.

Frente a la dispersión, se alegaba la aspiración a una deseable unidad legal, invocando algunas experiencias comparadas de reconocido interés (así, Francia, Portugal, Bélgica).

El problema tipológico ocupaba un lugar central en el texto, pues no en vano estaba planteado desde hacía tiempo y como cuestión siempre pendiente en el ámbito de las sociedades de capital, donde han convivido los dos tipos societarios, anónimas y limitadas, con señaladas diferencias teóricas en cuanto al grado de la autonomía de la voluntad o la intensidad de la imperatividad normativa, pero indistintamente utilizadas desde largo tiempo en la práctica empresarial, sea por la permisividad legal, sea por razones de preferencia mientras no hubo exigencia de una distinta cifra de capital. Afirmaba literalmente el Informe que ...*la inmensa mayoría de las sociedades anónimas existentes no se corresponden con el modelo natural previsto en la Ley, con la lógica excepción de las sociedades cotizadas*...; lo que más bien ocurre es que ...*bajo el tipo sociedad anónima conviven dos modelos tipológicos diferentes: el de la gran sociedad con numerosos socios, que puede recurrir o no al mercado de capitales para su financiación, y el de la sociedad con escaso número de socios y con financiación interna o particular*... Junto a esta anónima (pequeña o mediana), pero generalmente cerrada, convive la sociedad limitada, que se ha convertido en la realidad en el verdadero tipo general de las sociedades de capital, generando una notable confusión tipológica. De manera que se plantea si tiene sentido mantener dos formas societarias que se utilizan indistintamente en el mismo ámbito económico y con las mismas finalidades jurídicas, o si resultaría oportuna una reordenación tipológica con criterios claros de diferenciación de caracteres, tomando como punto de referencia la distinción entre sociedades abiertas y sociedades cerradas, con impacto principal, aunque no único, en el régimen de transmisión, libre o limitado, de acciones y participaciones. Junto a ello, la tendencia a flexibilizar, simplificar y desregular el régimen de la sociedad limitada, presente ya en la mayoría de las legislaciones de nuestro entorno, que acogen reglas de constitución digital, con capital insignificante, o sin capital, y ámbitos crecientes de autonomía de la voluntad, incide cada vez con más intensidad en la mencionada diferenciación tipológica.

Ponía también de manifiesto el Informe una tercera circunstancia del sistema vigente bajo el diagnóstico de *incoherencias y descoordinación*. Reconociendo que la refundición de 2010, dentro de las obligadas limitaciones, alcanzó cierto grado de armonización, suprimió algunas diferencias y redujo algunas imperfecciones, la persistencia de la cuestión tipológica y la acumulación de reformas posteriores sobre el texto refundido han podido ser causa de nuevas incertidumbres interpretativas y de nuevos problemas de coordinación, que incluso irán en aumento con la incorporación de disposiciones comunitarias, pendientes de trasposición, o nacionales, de distinto alcance. Para ilustrar esta situación, el Informe efectuaba un repaso de las principales reformas que se habían ido produciendo en distintos momentos, y que ya se indicaron en los antecedentes de esta reflexión.

La conclusión de esta tarea de análisis y diagnóstico de la situación resultaba evidente en estos términos literales: *...no solo es conveniente y útil proceder a una reordenación, sino totalmente necesario, por lo que se hace preciso afrontar de manera decidida una reforma del Derecho societario en vigor para eliminar las numerosas deficiencias detectadas...* Además de la tipología, como cuestión central, en la que se ponía de manifiesto una progresiva convergencia de caracteres que debiera facilitar la coordinación (se mencionaba como indicio relevante que estuviera admitida la configuración estatutaria de causas de separación y exclusión en la anónima, siendo un asunto tan estrechamente ligado a la limitada), un buen número de materias aparecían citadas como muestra de la necesidad de aclaración, reforma, coordinación o ubicación sistemática, como era el caso, entre otras, de la constitución de la sociedad, las aportaciones y las prestaciones accesorias, el régimen de las acciones y participaciones, la impugnación de acuerdos, la celebración de la junta general, múltiples aspectos de la administración social, la modificación de estatutos, el aumento y reducción del capital, la emisión de obligaciones, o la disolución y liquidación. Como también se insistía en la oportunidad de suprimir cuestiones como la fundación sucesiva de la sociedad anónima, o la figura de la comanditaria por acciones, a la vez que añadir otras, como sería la actualización del régimen del domicilio y la nacionalidad de las sociedades, y, sobre todo, la normativa básica para la regulación de los grupos de sociedades. Mención particular se dedicaba a la conveniencia de revisar la regulación propia de la sociedad cotizada, apuntando la posibilidad de acoger, como opción estatutaria, el modelo dual de administración, con consejo de vigilancia y comité de dirección, como ya se ha hecho en ordenamientos próximos al nuestro.

Así descrita la situación, y afirmada la necesidad de proceder a una reordenación sistemática del Derecho de Sociedades, el Informe se disponía a valorar la forma más adecuada de abordar tal objetivo, estableciendo como opción preferible la del reagrupamiento en un cuerpo legal unitario, un Código o Ley general de Sociedades, con normas comunes para todas las sociedades y específicas en lo que proceda para los tipos, superando así la pluralidad legislativa y la dispersión normativa existente. Tal opción se presentaba como el resultado de una reflexión sobre los modelos posibles, ya utilizados aquí o en otros ámbitos jurídicos cercanos, quedando descartada previamente una nueva refundición, que supondría la continuidad en lo fundamental de la actual disciplina.

La formulación sistemática de un Código de Sociedades ofrecía también posibilidades diversas, destacando las tres más significativas: la que se utiliza en el Derecho anglosajón, donde la estructura jurídica unitaria de las sociedades de capital gira en torno a una única categoría de sociedades anónimas, dentro de la que se distinguen los dos conocidos tipos de la sociedad abierta (*public company*) y la sociedad cerrada (*private company*); la que supondría optar por una dualidad de sociedad anónima cotizada y sociedad limitada, ésta como tipo general para las sociedades de capital que dan forma a empresas pequeñas y medianas, lo que supondría prescindir de la sociedad anónima intermedia, cerrada y no cotizada; la que, finalmente, mantendría un triple nivel con sociedad cotizada, plenamente abierta, sociedad anónima ordinaria, abierta pero no cotizada, en la que no tendrían aplicación los *elementos de cierre o personalizantes*, y sociedad limitada, naturalmente cerrada y polivalente, todo ello sin perjuicio de la disposición de normas comunes a los distintos tipos en aquellos aspectos societarios que tengan la suficiente homogeneidad.

En esta misma propuesta sistemática debe plantearse también el papel que hayan de jugar las sociedades personalistas, admitiendo que deben ser incluidas, tanto la colectiva como la comanditaria, pero especialmente la sociedad colectiva, por el interés añadido de que a ella se reconducen las sociedades irregulares, lo que puede ser igualmente útil para encajar ahí otras figuras con que se ejerce actividad empresarial, como así ocurre a menudo con comunidades de bienes, agrupaciones, etc., y, muy singularmente la sociedad civil, actualmente inscribible en el Registro Mercantil, lo que podría cubrir la necesidad de disponer de una figura de *sociedad simple*, orientada por el tradicional concepto amplio de sociedad, al que puedan acogerse variados supuestos de asociación voluntaria para la promoción de un fin lícito de carácter principalmente económico.

El Informe, cuyo contenido simplemente ha sido aquí sintetizado, concluía exponiendo lo que, tras el prolongado debate sobre los aspectos referidos, podía entenderse como *posición mayoritaria* en la Sección de Derecho Mercantil de la Comisión General de Codificación: la opción preferida como propuesta sistemática sería el modelo de tres niveles de sociedad de capital (sociedad limitada, sociedad anónima abierta pero no cotizada, sociedad anónima cotizada), sin perjuicio de incorporar las sociedades de personas en los términos indicados, considerando la sociedad limitada como tipo general básico de las sociedades de capital, bajo criterios de accesibilidad (posibilidad de constituirla en forma telemática inmediata y con un euro de cifra de capital inicial ya está contemplada en nuestro Derecho), flexibilidad y libertad contractual, con un régimen simple de imperatividad mínima necesaria; su regulación bajo esa perspectiva constituiría la tarea inicial de la Sección, como así se viene ya desarrollando desde que se iniciaron los trabajos encaminados a la preparación de un Código societario; el objetivo sería configurar un tipo en el que los socios dispusieran de un alto grado de libertad para articular la estructura interna mediante pactos estatutarios, de modo que se evitara el exceso al recurso de los pactos parasociales, a la vez que el interés de terceros quedara protegido con disposiciones necesarias suficientes; determinadas cuestiones (así, la admisión de aportaciones de industria o servicios, la fijación de una cifra de capital máximo que ayudara a preservar el carácter cerrada, la conveniencia de acompañar la constitución de la sociedad con un proyecto o plan financiero, que permitiera apreciar la solvencia más allá del capital insignificante, etc.) serían objeto de reflexión para valorar su incorporación, debate que se consideraba resuelto a favor de la incorporación en el caso de las modificaciones estructurales, dado su carácter transversal aplicable al conjunto de las sociedades mercantiles; finalmente, tanto la sociedad anónima cotizada, como la no cotizada, dispondrían de un régimen propio, previendo para las anónimas cerradas existentes un plazo transitorio de adaptación a su nueva función y a su carácter de sociedad de capital abierta. Como cuestión abierta permanecía la de extender el Código hacia el ámbito de las sociedades especiales (profesionales, deportivas, agrarias de transformación, laborales, sectoriales por razón de la actividad, etc.) y, más limitadamente a las sociedades de base mutualista (mutuas de seguros, de garantía recíproca, etc.) y a las sociedades cooperativas, al menos en la dimensión de la legislación estatal, sin perjuicio de la posibilidad de abordar una legislación propia de sociedades de economía social.

IV. EL DESARROLLO DEL PROCESO: SIMPLE INDICACIÓN

Establecido así el método de trabajo y los objetivos, se inició de inmediato el proceso dirigido a un replanteamiento sistemático

del Derecho de Sociedades en forma codificada y, a la vez, a una actualización material del contenido, con una división de la materia para su distribución entre grupos de vocales encargados de preparar las propuestas que se irían sometiendo a la Sección para su debate y aprobación, con criterios de coordinación adecuada. Obviamente, y teniendo en cuenta que el avance, si se quiere que cada paso esté suficientemente reflexionado, como es el caso, ha de ser pausado, no hay todavía resultados apreciables, ni sería razonable difundir en detalle los aspectos aislados o parciales que se han ido plasmando en las sesiones celebradas, estando, como están, pendientes de ajustes y de coordinación final cuando haya una propuesta más completa.

Hasta el momento, con absoluta fidelidad a la idea de que la prioridad temática debía ser el examen del régimen de la sociedad limitada como tipo común de referencia de las sociedades de capital, se han sometido a consideración, y amplio debate, las reglas sobre la constitución de la sociedad limitada, donde se agrupan un conjunto de Disposiciones generales (sobre concepto, capital, plan financiero, responsabilidad por las deudas sociales, requisitos de la constitución, estatutos, pactos parasociales y documentos que deben publicarse) y tres apartados dedicados específicamente a la constitución en línea y la utilización de medios electrónicos, a las aportaciones sociales y a las prestaciones accesorias. El siguiente aspecto sometido a consideración es el referido a las participaciones sociales y los derechos del socio, con interesantes cuestiones planteadas, especialmente en lo relativo a la transmisión de las participaciones; a ello seguirá el debate sobre los órganos de la sociedad, junta general y administradores, avanzando así en la construcción actualizada del régimen de la sociedad limitada, que, además de completarse, habrá de coordinarse en su momento con lo que hayan de ser las normas comunes a todas las sociedades mercantiles o a las sociedades de capital en particular, buena parte de las cuales surgirán de la propia sociedad limitada para alcanzar el grado suficiente y justificado de generalización que permita aplicarlas en su momento con esa dimensión trasversal a los demás tipos societarios, entendiendo que se tratará de normas básicas vinculadas a los elementos más esenciales y homogéneos, previos a los aspectos específicos de cada tipo.

V. LO QUE LA TERTULIA PUSO DE MANIFIESTO

Aquella Tertulia, mencionada al comienzo de este relato, con que se cerró el Congreso malagueño en su VII edición fue ciertamente expresiva respecto de los retos que el Derecho de Sociedades tiene en este momento, con vistas al proceso de reforma y recomposición ya en marcha. Bastaría recordar las cuestiones que fueron directamente planteadas por la Presidenta de la Sección Mercantil de la Comisión General de Codificación a los vocales, miembros de ésta, que participaron para dar fe de ello.

Se plantearon sucesivamente tanto cuestiones de orientación general de la reforma, a partir del diagnóstico de la situación actual, como cuestiones más concretas, de elevado significado tipológico, a fin de valorar su permanencia como tales, o su modificación o supresión, si fuera necesario o conveniente.

Sobre la orientación general de la reforma, la necesidad de simplificar la normativa actual, en la convicción de que hay una sobrerregulación societaria, con una abundancia notoria y excesiva de normativa reglamentista, más propia de un nivel reglamentario, y no tanto objeto de una ley, resultaba abiertamente compartida, sin perjuicio de los matices que siempre deben acompañar a este tipo de orientaciones generales. Igualmente, quedó patente la coincidencia en que hay una dispersión, nada conveniente, en la materia societaria, con la permanencia en el

Código de Comercio de un régimen anticuado e incompleto de las sociedades personalistas, con la proliferación, junto a la Ley de Sociedades de Capital, de leyes especiales para subtipos y modalidades de sociedades anónimas y limitadas, etc., lo que aconseja proceder a una armonización, con unificación formal en un único texto, lo que podría conseguirse a través de un Código Societario, o una Ley General de Sociedades, lo que, además, constituiría una opción útil y atractiva para los operadores económicos, en el contexto del fenómeno, tan vivo y tan real en la actualidad, de la competencia entre legislaciones en un mercado abierto. Obviamente, en ese proceso de unificación sistemática y material no puede dejarse de lado la incidencia del otro nivel de armonización, con dimensión comunitaria, que viene impulsado por las Directivas comunitarias de última generación en temas como las operaciones transfronterizas, los objetivos de la sostenibilidad, las exigencias de la diligencia debida, etc., lo que debería suponer una potenciación del papel que corresponde a la Comisión General de Codificación en la tarea de trasposición e incorporación de esas nuevas pautas, sin perjuicio de una cooperación adecuada de las dos dimensiones que deben coordinarse y complementarse (la jurídica y la económica, el régimen societario propiamente dicho y la regulación del mercado de valores, invocadas respectivamente por los Ministerios de Justicia y de Economía). Si hubiera que resumir los objetivos prioritarios en este plano general, podría decirse que simplificar y sistematizar, en lo formal, y actualizar y completar, en lo material, la normativa societaria en nuestro ordenamiento constituye un buen programa de trabajo en este momento, aplicando siempre un equilibrio racional entre el ámbito imperativo, que debe limitarse a lo que exige la configuración básica del tipo y a la protección de intereses legítimos de terceros, y el ámbito dispositivo, que debe concebirse con amplitud, concretamente en el caso de la sociedad limitada en sus diversos aspectos.

El compendio de aspectos más concretos que fueron objeto de debate, y que deben serlo en cualquier revisión del Derecho societario vigente, es igualmente revelador. Como cuestión inicial se planteó directamente si tiene sentido la coexistencia de una sociedad anónima y una sociedad limitada con un régimen jurídico prácticamente idéntico; la respuesta, conocidas ya las preferencias tipológicas expuestas anteriormente, era más matizada y menos drástica, en el sentido de que esas sociedades anónimas no cotizadas pueden seguir existiendo, pero al precio de prescindir de los elementos que pueden contribuir a cerrarlas, sea en el momento de su constitución, sea en posteriores modificaciones estatutarias que pretenden el cierre, afectando al sistema de transmisión de las participaciones, a los derechos y obligaciones de los socios, a las causas de separación y exclusión, etc., etc.

Otros aspectos, como, por ejemplo, el procedimiento de fundación sucesiva de la sociedad anónima, o la figura de la sociedad comanditaria por acciones, se consideraron prescindibles, teniendo en cuenta la escasa utilización que siempre los acompañó. No era el caso, obviamente, de las sociedades de personas, aún reguladas en el Código de Comercio de 1885, que deberían actualizarse, en fondo y forma, e incorporarse al futuro Código de Sociedades, dentro de la ordenación sistemática propuesta anteriormente.

Finalmente, no faltaron consideraciones sobre cuestiones particulares de gran incidencia en el régimen societario, algunas de las cuales se han incorporado a partir de la experiencia de funcionamiento telemático de los órganos sociales a causa de la declaración del estado de alarma con que se respondió a la pandemia en marzo de 2020. Es, por ejemplo, el caso de la celebración íntegramente telemática de la junta general, que, a su vez, suscita serias dudas sobre la conveniencia de mantener las formalidades para celebrar la junta en sociedades limitadas de pocos socios, que son la mayoría de las existentes. Lo es también, por el significado y el efecto de tipicidad que despliega el asunto, el régimen de transmisión de las participaciones, donde cabe plantear la opción de dejar absoluta libertad al respecto, suprimiendo las excesivas vinculaciones y limitaciones que tanto afectan a la entrada y salida de socios en la sociedad limitada. Con el mismo planteamiento, visto desde el ángulo contrario, se planteó la oportunidad de eliminar o, al menos, reducir la válida o lícita inclusión de cláusulas restrictivas de la libre transmisión de las acciones de la sociedad anónima, por coherencia con el papel asignado a este tipo social, como sociedad abierta no cotizada. Mereció, en fin, atención especial la proliferación de pactos parasociales, que suelen incluir reglas de transmisión de participaciones de acciones, además de oros variados aspectos organizativos, de derechos de socios, etc. y que necesitan criterios legales claros sobre la tipología, el contenido, la oponibilidad a la sociedad, la vigencia y revisión, la vinculación de futuros socios, etc.

Muchos otros asuntos en materia de órganos sociales (junta y administradores, en este caso con un ámbito casuístico amplio), de derechos y deberes de los socios, de modificaciones estatutarias, etc., fueron también objeto de consideración más limitada, si bien todo ello, en conjunto, da una idea cabal del interés que suscitó la forma coloquial de abordarlos, y de la riqueza de contenido que alcanzó la iniciativa propuesta. Fue una apropiada manera de mostrar el escenario en que se está desarrollando un ambicioso proceso de modernización, en la forma y en el contenido, del Derecho de Sociedades en nuestro país, tarea pendiente, teniendo en cuenta la experiencia ya acumulada en los países de nuestro entorno más cercano.

VI. UNA BREVE REFLEXIÓN FINAL

De todo lo expuesto hasta el momento se podrá obtener fácilmente la conclusión de que el Derecho Societario español se encuentra en este momento en una particular encrucijada. Si se analiza con algo de detalle la evolución y la situación actual de su estructura, se percibirá que, salvo en lo que limitadamente supuso la refundición de las sociedades de capital en 2010, la arquitectura jurídica inmanente, materializada en los textos de anónimas y limitadas, de 1989 y 1995 respectivamente, conserva aún una impronta básica procedente de las primeras expresiones legales de regulación de los tipos. Baste recordar que la Ley de anónimas de 1989 aparecía, con toda la actualización que se precisó para incorporar el acervo comunitario y siendo, además, aprovechada la ocasión para introducir otras novedades, no exigidas, pero convenientes y oportunas, como un texto refundido de la ley de anónimas de 1951. La Ley de limitadas de 1995, por su parte, se mostraba con un alcance renovador mucho más intenso respecto de la Ley de 1953, y con una notable voluntad de autonomía respecto de la legislación de anónimas, a pesar de lo cual los evidentes paralelismos y las frecuente remisiones indicaban que la cuestión tipológica no estaba planteada en sus propios términos, ni se consideraba entonces que la limitada cumpliera la función de tipo básico y general de las sociedades de capital; precisamente de entonces procede la exigencia de distinto capital mínimo, que fue uno de los motivos por los que se invirtiera la estadística, hasta entonces favorable a la anónima por razones de imagen empresarial, hacia la limitada, de forma progresivamente abrumadora.

Ese punto de partida no fue sustancialmente revertido en el vigente Texto Refundido de la Ley de Sociedades de Capital; sencillamente no podía serlo. Por mucho que se pretendan apurar los márgenes que la refundición permite o tolera, la conservación del material normativo preexistente es una servidumbre insalvable. Tampoco la armonización comunitaria, proyectada sobre un molde no suficientemente adecuado y de manera un tanto fragmentaria, ha posibilitado una solución de conjunto a los grandes problemas pendientes, aunque haya tenido considerable utilidad para la actualización de las partes afectadas.

De manera que hay una tarea pendiente; ésa que, hasta ahora, los intentos que se pusieron de manifiesto en los antecedentes de estas páginas no pudieron completar, ni bajo la forma de un específico Código de Sociedades, ni en forma integrada, dentro de un Código Mercantil, por más que las iniciativas fueran solventes y rigurosas. Debiera ser esta nueva oportunidad, con el debido sosiego, pero también con un horizonte temporal razonable, la que diera como resultado un modelo societario, ordenado en el sistema y actualizado en el contenido, capaz de abordar los problemas clásicos de la tipología con criterios modernos que sirvieran para aportar claridad y coordinación. Un modelo, en fin, que cumpliera el doble objetivo de poner al día nuestro Derecho de Sociedades y ofrecer un marco coherente de acogida de las reformas, comunitarias o nacionales, que, en el contexto jurídico en el que nos movemos, han de proponerse en el futuro.

ÍNDICE ANALÍTICO

(referencia a capítulos)

ÍNDICE DE AUTORES

ROJÍ BUQUERAS, José María. *10. De las puertas blindadas a las puertas giratorias: restricciones estatutarias a la transmisión voluntaria inter vivos de acciones y participaciones*

Árbitro. Abogado. Socio. CMS Albiñana & Suárez de Lezo

ROLDÁN DESSY, Julio. *17. Vicisitudes del ejercicio del derecho de adquisición preferente en una sociedad anónima cerrada: perfección y ejecución de la compraventa e impugnación de la valoración*

Abogado. Cuatrecasas, Gonçalves, Pereira

SEGOVIA DE LA COLINA, José María. *36. Posterioridad y problemas para la satisfacción íntegra de la pretensión ejercitada*

Abogado. Cuatrecasas

VÁZQUEZ ESTEBAN, Marina. *34. La transmisión de acciones y participaciones en sociedades de capital en crisis*

Profesora Contratada Doctora (acred.) de Derecho Mercantil. Universidad de Alicante

VIVES RUIZ, Fernando. *1. Acciones, participaciones sociales y derechos de los socios*

Abogado. Garrigues. Académico de número de la Real Academia de Jurisprudencia y Legislación de España

Inteligencia jurídica
en expansión

Trabajamos para
mejorar el día a día
del **operador jurídico**

Adéntrese en el universo
de **soluciones jurídicas**

atencionalcliente@tirantonline.com

prime.tirant.com/es/